朝鮮예수敎長老會史記 下

조선예수교장로회사기 하 개정판
ⓒ 한국기독교사연구소 2017

2017년 1월 25일 1판 1쇄 인쇄
2017년 1월 25일 1판 1쇄 발행
2020년 12월 25일 1판 2쇄 발행

원저자: 조선예수교장로회 총회 사기편찬위원회(검열·수정위원: 양전백, 함태영, 김영훈)
편 집: 박용규
번 역: 이교남
펴낸이: 박용규
펴낸곳: 한국기독교사연구소
등 록: 2005. 10. 5. 등록 제 25100-2005-212호
주 소: 122-8 서울 마포구 합정동 376-32
전 화: 070-8235-1963, (02) 3141-1964
이 메일: kich-seoul@hanmail.net

기 획: 한국기독교사연구소
표지디자인: 김은경
인 쇄: 아람 P&B

한국교회사학회의 원문 사용 허락을 받아 출판했으며, 수정개정판의 저작권은 본 연구소에 있습니다.
저작권자의 허락 없이 이 책의 일부 또는 전체를 무단 복제, 전재, 발췌하면
저작권법에 의해서 처벌받습니다.
ISBN 979-11-87274-05-6 (04230)

이 도서의 국립중앙도서관 출판예정도서목록(CIP)은 서지정보유통지원시스템 홈페이지
(http://seoji.nl.go.kr)와 국가자료공동목록시스템(http://www.nl.go.kr/kolisnet)
에서 이용하실 수 있습니다. (CIP제어번호 : CIP2016031029)

朝鮮예수敎長老會史記 下

朝鮮예수敎長老會史記 下

主紀元一千九百六十八年

한국기독교사연구소
The Korea Institute of Church History

A HISTORY OF THE PRESBYTERIAN CHURCH OF KOREA
(1912−1923)
(Continuing Vol. I: 1865−1911)

Originally Compiled by
the History Committee of the General Assembly
of the Presbyterian Church of Korea

Revised & Published by
Korea Institute of Church History
Seoul, Korea
2017

조선예수교장로회사기 해제

<조선예수교장로회사기 상>은 1928년에 출간되었다. 하권은 1930년에 교정이 완료되었지만 일제 강점기 경제적 어려움과 6·25라는 민족적 수난으로 인해 40년이 지난 1968년에야 출간되었다.

이 두 책은 1934년에 간행된 Harry Rhodes가 편집한 History of the Korea Mission, PCUSA 1884-1934 와 더불어 한국장로교회 초기 역사를 이해하는 가장 중요한 문헌이다. 후자가 한국 주재 장로교선교사가 한국 선교 초기부터 선교 희년을 맞는 1934년까지 한국장로교의 역사를 영어로 정리했다면 전자는 초기 한국장로교의 역사를 한글로 정리한 역사서이다. 후자는 한국장로교, 특별히 북장로교 역사만 기술한 반면 전자는 한국장로교 전체의 역사를 기술했다는 점에서 더욱 중요한 의미를 지닌다.

독자들의 이해를 돕기 위해 조선예수교장로회사기 상하가 어떤 과정을 거쳐 출간하게 되었는지, 또 그 책에 담고 있는 핵심 내용이 무엇인지를 기술하려고 한다. 사기 준비 기간은 왕길지(王吉志, [George O. Engel])를 편집위원장으로 한 초기(1916-1922), 박덕일을 편집위원장으로 한 중기(1922-1925), 양전백을 검열위원장으로 한 후기(1924-1928), 그리고 사기 하권 출간위한 수정위원회 활동기(1928-1934)로 나눌 수 있다.

시기 별 활동에 대한 이해는 본서를 이해하는 데 매우 중요하다. 처음 선교사 중심의 사기 편집 준비가 시간이 지나면서 한국인 중심으로 리더십이 옮겨갔다.

1. 왕길지(George O. Engel)를 편집위원장으로 한 초기(1916-1922)

<조선예수교장로회사기 상>은 비록 1928년에 출간되었지만 그 준비는 1916년 제 5회 조선예수교장로회총회에서부터 진행되었다. 1916년 9월 2일 평양 신학교에서 열린 제 5회 총회는 "죠선예수교장로회교회ᄉ긔" 편집위원으로 마포삼열(馬布三悅, [Samuel A. Moffett]), 길션두, 리눌셔(李訥瑞, [William D. Reynolds]), 김인젼, 공위량(孔韋亮, [William C. Kerr]), 림튁권, 업아력(鄴亞力, [A. F. Robb]), 박챵영, 왕길지(王吉志, [George O. Engel]), 졍지슌, 곽안련(Charles Allen Clark), 함태영, 함가륜(咸嘉倫, [Clarence S. Hoffman]), 이상 14명을 선임했다.[1]

본래 출판하려고 한 책 이름이 "조선예수교장로회사기"가 아니라 "조선예수교장로회교회사기"였다. 두 명칭 사이에는 시각에 따라 다소 차이가 있을 수 있다. 조선예수교장로회사기라고 했을 때는 당회, 노회, 총회라고 하는 장로회 제도를 중심으로 한 역사를 의미하고 조선예수교장로회교회사기라고 했을 때는 조선에 있는 장로교회 전반의 역사를 의미한다. 본서는 교회 당회록, 노회록, 총회록을 중심으로 기술했다는 점에서 지금의 <조선예수교장로회사기>가 더 내용에 부합된 제목이라 여겨진다. 사기 편집위원 14명 가운데 7명이 선교사이고 7명이 한국인이다. 위원회가 선교사와 한국인이 동수로 구성되었다. 7명의 선교사들 중 마포삼열(馬布三悅, [Samuel A. Moffett]), 곽안련(郭安連, [Charles Allen Clark]), 공위량(孔韋亮, [William Kerr])은 북장로교 선교회 소속이고, 이눌서(李訥瑞, [William David Reynolds, 1867-1951])는 남장로교선교회, 왕길지(王吉志, [George O. Engel])는 호주장로교선교회, 업아력(鄴亞力, [A. F. Robb])은 캐나다장로교선교회 소속으로 4개 장로교 선교회에 위원들이 고루 분포되었다.

---

[1] 조선예수교장로회 총회 제 五회회록 (평양: 광문사, 1916), 91.

1917년 9월 1일 서울 승동교회당에서 열린 제 6회 총회에서 심취명, 김진근, 안의와(安義窩, [James Edward Adams], 1867-1929), 사락슈(謝樂秀, [Alfred M. Sharrocks]) 등 4명이 위원회에 추가되었다. 추가된 4명 중 2명이 선교사이고 2명이 한국인이다. 한 가지 주목하는 것은 1916년 제 5회 총회에서는 명칭이 "조선예수교장로회ᄉᆞ긔 위원"이었는데 1917년 제 6회 총회에서는 조선예수교장로회ᄉᆞ긔 편집부원"으로 바뀌었다.[2] 호주장로교 선교회 소속으로 전(前) 해 위원장을 맡았던 평양장로회신학교에서 교회사를 가르쳤던 왕길지(王吉志, [George O. Engel]) 선교사가 편집부 부장을 맡았다.

장로회사기 편집위원회는 각 교회 당회록, 노회록, 총회록 자료로만 가지고 사기를 편집한다는 중요한 원칙을 정했다. 1918년 8월 31일 평북 선천읍 북예배당에서 열린 제 7회 총회에서 "교회ᄉᆞ긔" 편집부장 왕길지(王吉志, George O. Engel)가 다음과 같이 보고했다:

교회사기 편집부쟝 왕길지시 보고ᄒᆞ매 채용한 전문이 여좌하니
1. 경성 곽안련시의 선교ᄉᆞ긔 편즙이 잇ᄉᆞ와 죠션교회 ᄉᆞ긔에 참고 건이 되온 즉 각 교회의 현금 ᄉᆞ긔 지료를 슈집중이오미 본 ᄉᆞ긔 편찬을 1년 만 더 연긔홀 일
2. 각 로회에서 슈집한 ᄉᆞ긔 지료ᄂᆞᆫ 경남 부산딘 왕길지시의게로 보낼 일
3. 본 총회에셔 각 로회에 부탁ᄒᆞ야 속히 보니게 홀일[3]

여기서 우리는 몇 가지 중요한 사실을 도출할 수 있다. 평양장로회신학교에서 교회사를 교수하는 왕길지(王吉志, [George O. Engel]) 선교사가 자료 수집의 총책임을 맡아 진행했다. 그는 자료 수집과 관련하여 각 교회는 노회에, 각 노회는 총회에 보고하는 순서를 택했다. 왕길지(王吉志, [George O. Engel])가 1년만 더 연장하자고 제안한 것으로 볼 때 편집부원들은 사기

---

[2] 조선예수교장로회 총회 제 六회회록 (평양: 광문사, 1917), 70.
[3] 조선예수교장로회 총회 제 七회회록 (평양: 광문사, 1918), 27-28.

출간이 단시일에 끝날 작업으로 생각하고 계획을 했던 것으로 여겨진다.

많은 노력에도 불구하고 사기 편집은 큰 진척이 없었다. 그것은 1919년 10월 4일 평양신학교에서 열린 제8회 총회에 보고한 장로회사기편집부장의 보고를 통해서 어렵지 않게 읽을 수 있다:

1. 작년 총회시에 각로회에서 스긔 지료를 속히 보뉘기로 결뎡ᄒᆞ여 스되 오직 황회|로회에셔만 보뉘여 스니 금년은 十一로회가 면력ᄒᆞ여 속히 보뉘주시기를 원하오며
2. 각로회가 슈집ᄒᆞ는 스긔 지료는 평양부신학교 뉘 왕길지 시의게 보내주심을 바라나이다.[4]

황해노회에서만 왕길지(王吉志, [George O. Engel])에게 사기 자료를 보내왔고 그 외 11개 노회는 반응이 없었다. 왜 그랬는지 좀 더 연구를 해야 하겠지만 일단 당시 분명한 한 가지는 1919년 3.1운동으로 교회나 노회나 총회 모두 불안정했기 때문으로 여겨진다. 목사와 장로와 집사 중 상당수가 구속되거나 고문을 당하거나 심지어 살해당하는 바람에 총회나 노회는 이를 수습하기조차 힘들었다. 이런 상황에서 장로회사기를 예정대로 진행하기가 현실적으로 불가능했다.

1920년 10월 2일 서울 안동예배당에서 열린 제9회 총회에서 사기 편집 부장은 3가지를 보고했다:

一, 스긔 편집지료가 각 로회에셔 오지 아니ᄒᆞ오니 총회쟝 ᄭᅴ셔는 각 로회 스긔편즙위원의게 각셩케ᄒᆞ야 본 위원회로 가져오게 ᄒᆞ여 주시며,
二, 각 로회에서 스긔 지료를 편셩ᄒᆞ여 평양부 신양리(신양리 103번지) 김션두시의게로 보뉘기를 ᄇᆞ라오며
三, 스긔 슈집ᄒᆞ는 딕 비용은 총회에서 지출ᄒᆞ기를 ᄇᆞ라ᄂᆞ이다.[5]

---

[4] 조선예수교장로회 총회 제 八회회록 (평양: 광문사, 1918), 21.
[5] 조선예수교장로회 총회 제 九회회록 (평양: 광문사, 1920), 64.

1920년 9회 총회에서 수집 담당이 왕길지(王吉志, [George O. Engel])에서 김선두로 바뀌었다. 지체되자 편집부장이 총회 석상에서 총회장의 직권으로 각 노회에 재촉해 줄 것과 자료 수집과정에서 드는 비용도 총회가 지원해줄 것을 요청했다.

1921년 9월 10일 평양장대현교회에서 열린 제 10회 총회에서는 사기 편집을 위해 일곱 가지 "史記編輯樣式" 내용을 다음 순서로 보고해 줄 것을 정했다.

1. 교회설립자와 인도자
2. 교회설립과 교육에 관한 사
3. 교회 환란
4. 치리회가 조직된 사 (당회와 노회)
5. 교회 직원과 장립, 집사, 장로, 목사
6. 전도사업, 전도회, 전도인 파송, 선교사 파송
7. 교회의 특별 사항[6]

교회 환란이 보고 항목으로 들어간 것은 1919년 3.1운동으로 개교회와 노회가 큰 피해를 입고 이로 인해 교회가 많은 어려움을 겪고 있었기 때문이다.

2. 박덕일을 편집위원장으로 한 중기 (1922-1925)

사기 편집을 중단하지 않고 지속하면서 편집은 조금씩 진전이 있었다. 그것은 1922년 서울 승동교회당에서 열린 제 11회 총회에서 편집부장 왕길지(王吉志, [George O. Engel])의 다음과 같이 보고에서도 읽을 수 있다:

---

[6] 조선예수교장로회 총회 제 十회회록 (평양: 광문사, 1921), 86.

1. 황히, 남만, 간도 三로회 ᄉ긔는 잘되엿ᄉ옵기 밧앗사오며
2. 경북로회의 박뎍일, 경안로회의 권찬영[John Young Crothers] 량시의 보넌 사긔는 너머 간단ᄒ오니 다시 보니여 더 자셰히 슈집ᄒ야 보낼 것시오며
3. 지금ᄭ지 편즙못ᄒ 로회 ᄉ긔는 리년 총회 一삭전에 노니여 보고케 ᄒ디 만일 명년총회 ᄭ지 못ᄒ면 이번 편즙ᄒᄂ ᄉ긔에는 편입지 못ᄒ 거시오나 특별 쥬의ᄒ여 주실 거시오며[7]

    1916년 제 5회 총회에서 조직된 사기편집위원회가 6년이 지난 1922년에도 사기를 완성하지 못한 것이다. 박덕일이 편집부장을 맡고 장덕생이 서기를 맡은 것은 편집을 좀 더 효율적으로 진행하기 위해 내린 결단으로 풀이된다. 왕길지(王吉志, [George O. Engel])는 여전히 편집위원으로 남아 지금까지 진행해 온 것이 단절되지 않도록 배려했다.

    착수 6년이 지난 1922년에도 9개 노회만 자료를 보냈다. 무작정 기간을 연장할 수 없어 총회 사기 편집부는 "ᄉ긔원고는 명년 11월말 ᄭ지 접수ᄒ기로"[8] 결정했다. 사기는 출간해서 각 노회와 교회에 판매하는 것을 원칙으로 했으며, 신속한 진행을 위해서 편집위원들도 대폭 교체했다. 새로 구성된 편집위원은 "왕길지 뎡긔뎡 변린셔 정덕싱 차샹진 박뎍일 김ᄂ범 홍죵필 오득인"이었다. 새로 구성된 편집위원들은 왕길지(G. Engel)를 제외하고는 모두 한국인들었다. 편집부장도 선교사에서 한국인으로 바뀌었다. 이것은 선교사들이 사기 편찬을 한국인들에게 전적으로 위임하겠다는 의지로 보인다. 왕길지(王吉志, [George O. Engel])가 계속 위원에 남아 있었던 것은 편집의 연속성과 교회사적 안목을 갖춘 사람이 필요했기 때문이다.

    1924년에 와서 사기는 상당히 진척되었다. 1924년 9월 13일 함흥 신창리 예배당에서 회집된 제 13회 총회에서 편집부장 박덕일은 다음과 같이 보고했다.

---

    [7] 조선예수교장로회 총회 제 十一회회록 (평양: 광문사, 1921), 52-53.
    [8] 조선예수교장로회 총회 제 十二회회록 (평양: 광문사, 1922), 52.

사긔편집보고. 사긔 편집부쟝 박덕일시가 여좌히 보고와 쳥원을 하매 보고는 채용하고 쳥원은 허락하기로 동의하다.
一. 본 위원등이 사셰로 인하야 금년 三월 一일에 모히지 못하고 七월 九일에 평양신학교에 모혀 각 로회에셔 수집하여 보낸 원고에 의하야 편집에 착슈하엿난대 위원 박덕일, 왕길지(G. Engel), 김내범, 차샹진, 졍덕생, 변린셔, 홍종일 졔시오 졍긔졍, 오득인 량시난 미참 되엿사오며
二, 평양셔 일쥬간 시무하다가 일긔가 너무 더워셔 원산 봉슈동 셩경학원에 가셔 一개월 동안 편집하엿난대 원고를 바다 수정된 로회난 경츙, 젼북, 경북, 경안, 경남, 함남, 간도, 황해, 평양, 평셔, 평북, 의산, 산셔, 남만이오 안쥭난 늣게 밧어셔 수정치 못하고 젼남과 순텬은 원고가 불완젼하야 각하하엿스며 함북과 셔비리아난 아즉도 아니 왓사오며

쳥원건.
一, 원고를 보내지 아니한 로회난 금년 十一월말일내로 경셩셔대문뎡 피어션셩경학원니 차샹진 목사의게로 보내쥬시기를 쳥원하오며 (京城府西大門町 一丁目六八 車相晋)
二, 남은 원고를 편집하난 일은 차샹진, 홍종필 량시의게 젼임하기를 쳥원하오며
三, 스긔가 다 탈고(脫稿)되면 一천부 위한하고 출간하기를 쳥원하오며 (한 三四천부를 인쇄하되 사긔 검열위원 三인을 회장이 자병션정하야 검열 후에 출간하기로 함) (검열위원 량뎐백, 함태용, 김영훈)
四, 출간 되는대로 각로회 디경 큰 교회에 난 一부식 배부하야 발매케ᄒ기를 쳥원ᄒ오며
五, 츌간비용은 총회회계가 위션 대츌하기를 쳥원ᄒ나이다. (총회재졍 예산이 부죡하니 셔회나 창문사에 위탁츌간케 ᄒ기로 함)[9]

편집위원들은 1924년 7월 평양에서 1주일간 모여 편집 작업을 진행했다. 장로회사기 원고를 아직 보내지 못한 노회는 차상진, 홍종필이 책임을

---

[9] 조선예수교장로회 총회 제 十三회회록 (평양: 광문사, 1924), 46.

맡았다.

3. 양전백을 검열위원장으로 한 후기(1925-1928)

1924년부터는 사기 출간의 속도를 내기 위해 기성의 편집위원회에다 검열위원회를 새로 구성했다. 검열위원으로 양전백, 함태영, 김영훈 세 사람이 임명되었다. 검열 위원 3인의 검열을 거쳐 장로회사기 3, 4천부를 발행하기로 의견을 모았고, 출판은 창문사에 맡기기로 정했다. 판매를 위해서는 각 노회와 큰 교회에서 1부씩 구입하도록 한다는 원칙도 세웠다. 이미 총회 안에 중요한 리더십을 발휘하는 이들 3 사람이 검열 책임을 맡았기 때문에 사기 출간은 더욱 속도를 내기 시작했다.

이런 상황에 1925년 9월 12일 평양서문밖교회에서 열린 제 14회 총회에서 검열위원회는 더욱 중요한 것을 결정했다. 시대구분을 공의회, 독노회, 총회 셋으로 나누고 실제로 내용도 각 시대에 맞도록 조정하기로 했다. 앞으로 출간될 장로회사기가 본격적으로 모양을 갖추기 시작한 것이다.

> 사긔 검열위원 함태영시가 죄긔와 여히 보고하매 채용하고 검열교고사에 졍하는 전 책임을 검열위원의게 다시 맛기기로 가결하다.
> 一, 본 사긔를 공의회, 독노회, 총회 의 삼시대로 분편한 거슨 테재가 합당한 줄노 인뎡하오며
> 一, 임의시대로 분편한 이상에는 긔사도 명확히 분간하야 편찬하는 것이 가하온바 차시대 긔사에 타시대 긔사가 련손된 거슨 개졍 편찬케하는 거시 가한 듯 하오나 본 위원 등은 쳐단키 난하오니 지시하심을 바라오며
> 一, 사긔검열은 신즁한 일이온대 토의할 만한 것이 잇서도 토의치 못하고 각기교역의 죵사하는 즁 모호하게 열람하는 것은 너무도 소홀하와 검열에 효가 무하오니 합석 교열 홀 긔회를 주심을 바라나이다.[10]

---

[10] 조선예수교장로회 총회 제 十四회회록 (평양: 광문사, 1925), 41-42.

1925년 총회에 이르러 시베리아 노회만 원고를 보내지 않았다.[11] 사기 편집위원회는 1개월간 모여 각 노회에서 보낸 원고를 모두 편집하고 검열위원에게 원고를 넘기고, 장차 원고 초본은 총회에서 보관하기를 청원했다. 13회 총회 이후에는 사기검열위원들이 사기 출판에 대한 전적인 책임을 맡아 추진했다. 그것은 이미 원고가 각 노회와 교회에서 모두 올라와 편찬위원회를 통해 자료 편집이 완료되었기 때문이다.

　　원고를 건네받은 검열위원들은 1926년 7월 서울에서 모임을 갖고 의금강 온정리에 장소를 정하고 1개월간 집무를 했다. 이들이 맡은 주요 책임은 공의회시대, 독노회시대, 총회시대 셋으로 구분하고 각 시대에 맞게 내용을 수정하는 일이었다. 1개월간 함께 모여 작업을 한 결과 제 2편 독노회 시대까지 수정을 완료했다.[12] 검열위원들은 사기 역사 구분을 확정하고 검열위원장 양전백 이름으로 다음과 같이 보고했다.

제 1편 계발시대(啓發時代) 1865년 – 1892년
　제 1 장 총론(總論)
　제 2 장 개척(開拓)
　　1. 천주교의 유래　2. 예수교의 유래
　제 3 장 발전(發展)
　　1. 전도(一, 傳道) 2. 환란(二, 患難)　3. 교육(三, 敎育)
제 2 편 공의회 시대(公議會時代) 1893년-1907
　제 1 장 총론(總論)
　제 2 장 영어공의회 1893년-1900년
　　1. 교회설립(敎會設立) 2. 환난(患難) 3. 교육(敎育) 4. 자선사업
　　　(慈善事業)
　제 3 장 선어공의회(鮮語公議會) 1901년-1906년
　　1. 교회설립(敎會設立) 2. 전도(傳道) 3. 환난(患難) 4. 교육(敎育) 5. 자선사업(慈善事業) 6. 진흥(振興)

---

[11] 조선예수교장로회 총회 제 十四회회록, 42.
[12] 조선예수교장로회 총회 제 十五회회록 (평양: 광문사, 1925), 49.

제 3 편 독노회시대(獨老會時代) 1907년 - 1911년

    제 1 장 총론 (總論)
    제 2 장 경충대리회(京忠代理會)
    제 3 장 평북대리회 (平北代理會)
    제 4 장 평남대리회(平南代理會)
    제 5 장 황해대리회(黃海代理會)
    제 6 장 전라대리회(全羅代理會)
    제 7 장 경상대리회(慶尙代理會)
    제 8 장 함경대리회(咸鏡代理會)

제 4 편 총회시대(總會時代) 1912년 - 1924년

    제 1 장 총론 (總論)
    제 2 장 경충노회(京忠老會)
    제 3 장 북평안노회 (平北安老會)
    제 4 장 남평안노회(平南老會)
    제 5 장 황해노회(黃海老會)
    제 6 장 전라노회(全羅老會)
    제 7 장 경상노회(慶尙老會)
    제 8 장 함경노회(咸鏡老會)
    제 9 장 경남노회 (慶南老會)
    제 10 장 산서노회(山西老會)
    제 11 장 전남노회 (全南老會)
    제 12 장 함북노회(咸北老會)
    제 13 장 의산노회(義山老會)
    제 14 장 안주노회(安州老會)
    제 15 장 평서노회(平西老會)
    제 16 장 경안노회(慶安老會)
    제 17 장 남만노회(南滿老會)
    제 18 장 순천노회(順天老會)
    제 19 장 충청노회(忠淸老會)
    제 20 장 함중노회(咸中老會)
    제 21 장 동만노회(東滿老會)[13]

위 연대표에서 읽을 수 있듯이 본래 검열위원들은 총회시대까지 다루기

---

[13] 조선예수교장로회 총회 제 十五회회록, 79-80.

로 한 것이다. 1927년 7월 검열위원들은 피어선 신학교에서 1개월간 모여 마지막 검열 작업을 했다. 그러나 3편까지 밖에 완료하지 못해 3편까지만 먼저 출간하기로 결정하고 9월 9일 원산부 관석동 예배당에서 회집된 제 16회 총회에 이를 보고했다. 그동안 들어간 경비도 상세하게 보고했다.

> 사긔 검열위원장 함태영시가 여좌히 보고하매 보고는 밧고 회계는 재경부에 보내기로 가결하다.
> 一, 본위원등이 본년 七월 분에 경성피어선학원에 회집하야 一개월간 시무하엿사오며
> 二, 사긔 테재는 작년보고와 갓치 분류하엿사오며
> 三, 시일관계로 간신히 제 三편신지 수정하엿사오며
> 四, 수정한 三편은 출간코져 하엿사오나 당국에 검열을 경과치 못한고로 검열을 수속 중이오며
> 五, 회계는 여좌히 보고하나이다.
> 一, 수입금 二百원 총회 회계의게셔
> 二, 지출금 一百八十八원 二十田 이하 생략[4]

1927년 3편까지 검열을 마친 원고를 가지고 검열위원회는 <조선예수교장로회교회사긔> 출간에 들어갔다. 1928년 총회록에 기록된대로 조선예수교장로회 "교회사 제 1편으로 3편은 교섭 위원 차재명시의게 위탁하야 당국의 발행 허가를 엇어 1만부를 챵문사에 인쇄하 온바 편집 及 발행은 총회대표로 하랴고 하엿스나 당국에셔 불허함으로 차재명시의 명의로 출간"[15]하였다. 총회 대표로 발행하는 것을 당국이 반대하는 바람에 실제로 제 16회 총회 총회장 이름은 <조선예수교장로회사기> 상권의 발행인에도 없고 다른 어느 곳에서도 찾아볼 수 없다.

사기 상은 328쪽으로 1865년 토마스(Robert Jermain Thomas)에 의해 복음이 전해지고 1912년 총회가 설립되기 전까지의 역사를 제 1편 계발시대

---

[14] 조선예수교장로회 총회 제 十六회회록 (평양: 광문사, 1927), 19-21.
[15] 조선예수교장로회 총회 제 十七회회록 (평양: 광문사, 1928), 30.

(1865-1892), 제 2편 공의회시대(1893-1906), 제 3편 독노회시대 (1907-1911)등 세 시대로 구분하여 기술하였다.

계발시대를 1865년으로 잡은 것은 토마스(Robert Jermain Thomas) 선교사가 황해도 창린도에 와서 3개월 머물면서 조선어를 배우고 가지고 온 한문 쪽 복음을 나누어 주던 때를 출발점으로 잡았기 때문이다. 공의회 시대는 1893년부터 1900년까지 선교사들이 영어로 공의회를 진행하던 선교사공의회 시대와 1901년부터 1906년까지 선교사들과 한국인들이 합동으로 공의회를 진행하던 합동공의회 시대로 구분된다. 1907년부터 진행되는 독노회 시대는 경충대리회, 평북대리회, 평남대리회, 황해대리회, 전라대리회, 경상대리회, 함경대리회로 대별하여 기술하였다.

4. 사기(史記) 하권 출간위한 수정위원회 활동기(1928-1934)

양전백 사기 검열위원장은 하권 출간을 위해 4편 수정을 1928년 여름에 마치기를 원했다. 하지만 검열위원 김영훈이 "내환과 가사"로 인해 참석하지 못하고 그 대신 임시로 역할을 맡은 김종수도 중도에 그만 두는 바람에 끝내 지를 못했다.

> 二, 제 四편은 금년 하긔에 마산에 회집하야 다 맛하엿스나 위원 중 김영훈시는 내환과 가사를 인하야 샹약한 시긔에 츌석지 못하고 길 종슈 시를 림시 대시케 ᄒ엿삽더니 해시도 역시 十五일이 불과하야 친환을 인하야 도라감으로 경성 차샹진 시를 쳥하야 오게 되엿고 인쇄에 대한 교정의 불편과 시급함을 인하야 위원 중 함태영 시를 츌쟝케 됨으로 二十일 만에 검열의역을 마치엿사오며
> 三, 데 사편을 계속 슈정 할 거시 급하온데 시일 쳔연이 미안하오니 금년에는 특별히 쳐분하심을 요망하나이다.[16]

---

[16] 조선예수교장로회 총회 제 十七회회록, 31.

사기 하권의 출판을 위해 검열위원들은 계속 모임을 가졌다. 1928년 총회에서는 검열위원회가 수정위원회로 전환되었고, 위원장에 함태영이 맡았다. 1929년 9월 6일 새문안교회에서 소집된 제 18회 총회에서 사기수정위원장 함태영은 다음과 같이 보고했다.

一, 본 위원들이 五월 一일로 六월 十일까지 四十일 간 슈졍하엿사오며
二, 위원 중 량뎐백 목사난 유병 불참으로 김셕항 시를 청하야 시무게 하엿사오며
三, 현금 총회시대 사긔를 슈정 중이온대 당초 편즙시로 회의안이 루락 됨을 인하야 각 로회에 회록을 청구하야 로회의 안을 긔입케 됨으로 시일이 지연되나이다.[17]

이 보고는 총회에서 채용되었다. 위 보고 내용에 있는 대로 사기 하권의 출판이 예상보다 지연되었다. 1930년 여름에야 제 4편 수정을 완료했다. 양전백 목사가 신병으로 불참하는 바람에 1930년 7월 18일부터 8월 22일까지 중국 안동현에서 함태영과 김영훈 두 사람만 모여 4편 수정을 마친 것이다. 그러나 본래 1912년부터 1924년까지 총회 역사를 다루기로 했으나 1924년도 사기 사료를 보내온 노회가 많지 않아 통일을 기하기 위해 1년을 앞당겨 1923년까지 총회 역사만 다루기로 했다. 1930년 9월 12일 평양서문밖예배당에서 열린 제 19회 총회에서 사기 수정위원회 함태영과 김영훈은 다음과 같이 보고했다.

一, 본 위원 중 량뎐백 목사는 신병으로 회합지 못하옵고 본인들만 본년 七월 十八일부터 八월 二十二일까지 중국 안동현에 회집하야 본 쟝로회 사 뎨 四편 슈졍을 필료한 일이오며
二, 본편은 총회 셜립후 사건으로만 셜립한 쟈인대 년대를 一九一二년 으로 긔하야 一九二三년으로 종함은 각 교회의 슈집된 사건이 一九

---

[17] 조선예수교장로회 총회 제 十八회회록 (평양: 광문사, 1929), 34.

二三년까지 긋친 것이 만혼 연고이오며 一九二四년까지 슈집된 로회가 혹 잇스나 일치키 위하야 이는 긔재치 안키로 하얏고 一九二三년에 불급한 로회도 혹 잇스니 다른 로회에 비하면 몃 개년 사가 결루됨이 유감의 일이지만은 슈합 보츙의 겨를이 업슴으로 부득이 슈집된 대로 만 편입함.
三, 각로회의 의안을 각기로 회사 션두에 긔재하야 그 사긔 강령을 쟉한 바 혹 엇던 로회의 회록은 젼부를 엇지 못한고로 혹 루기된 것이 잇스나 후일 속슈의 긔히를 기다려 이에 보츙을 도모할 뿐이오며
四, 긔간한 샹편 즁 오락에 대하야 인명 디명은 각 쳥구대로 졍오표를 편두에 게하나 지약 년대와 긔사에 대하야는 一九一二년 이후 사는 쳥구대로 긔입하고 그 이젼사는 샹편을 개편 재간하는 외에는 다른 도리가 업사오며
五, 샹권 편집에 루락된 몃개 교회사는 부득불 긔재하야만 되갓는고로 샹편 보유라 명명하야 일편을 따로 셰울 일이오며
六, 우리교회 헌법 젼부를 총회란에 긔재코저 하엿스나 여러 폐지를 요케됨으로 신경만 긔입하야 독쟈의 고구의 고한 일이오며
七, 셔사의 홀략과 문샤의 조렬에 대하야는 졔위의 관량을 심망하나이다.[18]

　함태영, 김영훈이 위에서 보고한 대로 1930년 8월에 장로회사기 하권에 해당하는 제 4편 총회시대, 좀 더 구체적으로 1912년부터 1923년까지 총회 역사 원고의 수정이 완료되었다. 상권에 누락된 교회들의 역사는 하권에 "보유"라는 이름으로 한편을 별도로 출간할 계획도 세우고 보고도 했다. 보고 내용은 총회에서 채용되었다. 이후 수정위원회의 활동은 더 이상 기록에서 찾을 수 없다. 아마도 1930년 수정위원회가 맡은 수정 책임을 완료했기 때문에 이후 수정위원회 활동이 중지된 것으로 보인다.
　수정을 완료했지만 사기 하권은 출판되지 않았다. 출판하지 않은 것이 아니라 못한 것으로 보인다. 정확한 이유는 알 수 없지만 몇 가지 가능성은 추론할 수 있다. 1928년에 출간된 사기 상권이 총회 예산이 없어 창문사에

---

[18] 조선예수교장로회 총회 제 十九회회록 (평양: 광문사, 1930), 29.

위탁하여 출판한 상황에서 하권 출판 예산을 총회 예산에서 뽑아내기가 쉽지 않았을 것이다. 더구나 당시 금강산수양관이 총회가 총력을 기울여 진행하는 사업이어서 다른 목적으로 경비를 지출하는 것은 현실적으로 어려웠다. 금강산수양관을 건립하면서 부족한 재원을 장로회사기 판매 수익금에서 충당할 계획도 세운 것에서 짐작할 수 있다. 1930년 당시 한국경제는 말할 수 없이 어려운 상황이었다.

총회와 노회의 경제상황도 예외가 아닌 듯하다. 사기가 출판된 후 비용 문제를 해결하기 위해 "사긔청산위원회"가 조직되었고 정일선이 책임을 맡았다. 1930년 9월 총회에 사긔청산위원 정일선은 다음과 같이 보고했다.

> 一, 사긔 대가로 챵문샤 一七七八원 七十젼과 슈양관 건축비 중 一千원 대입됴를 쳥산하려 하엿사오나 각 로회에서 실행치 안엇슴으로 지불할 길이 업사오니 총회에서 二千六百원 지불 쳥원은 (재정부에 보내기로)
> 二, 사긔 분배는 각 교회, 목사, 장로, 전도사, 제직까지 一책식 사게하여 주심을 바라나이다.[19]

장로회사기 상권 출판비로 1,778원 70전이 들었던 것을 알 수 있다. 1931년 제 20회 총회에서 "사긔분배위원" 정일선은 그동안 분배한 사기와 관련하여 보고한 내용 중에 이런 내용이 있다.

> 二, 책수, 각인의게 분배한 것 四千七百七十二권 챵문사 재고품 제본된 一千二百三十九권 제본되지 못한 것 三千권 총합계 九千十一권
> 一, 쳥원건, 일금 五百九十원은 챵문사 출판비 미불건, 일금 九百四十원 은 슈양관 건축비 미불건과 챵문사 재고품과 각인의게 잇는 책을 쳐분쳥원 건은 미지출건은 재정부로 보내고 재고품에 대하야는 제본 못된 것은 그대로 두고 제본된 것은 이제브터 견포의 한권에 五十젼 식 감하야 발매하기로 가결하다.[20]

[19] 조선예수교장로회 총회 제 十九회회록, 37.

여기서 우리는 4가지 중요한 사실을 도출할 수 있다. 첫째, 장로회사기 상권이 9,011권이 출간되었고, 그 외 인쇄되었으나 제본이 되지 않은 미간행 3천권이 출판사에 보관되어 있다는 사실, 둘째 출판비 1,778원 중에서 590원을 총회가 아직 창문사에 지불하지 못했다는 사실, 셋째 4,772권을 개인에게 배본했으나 대금을 받지 못한 경우가 많다는 사실, 넷째 아직 배본되지 않은 1,239권은 할인 판매를 하겠다는 것이 바로 그것이다.

이후 정일선은 장로회사기 상권의 보급을 맡아 판매하거나 수금하고 수입과 지출을 총회에 계속해서 보고했다. 1932년 총회에서는 아직 판매가 되지 않은 사기 보급을 위해 노회장이 책임지고 "가급적 발매케 하도록 하기로" 결정했다.[21] 평북 선천읍 남예배당에서 열린 제 22회 총회에서는 사기분배위원장 정일선의 청원대로 창문사에 보관되어 있는 "未製品 三千권"을 총회종교교육부 사무실로 옮겨 보관하기로 결정했다.[22] 이런 과정을 거치면서 1934년 제 23회 총회까지 재고로 남아 있는 상당수의 책이 배본되었다.[23]

이후 총회는 사기 하권을 출간하지 못하고 해방을 맞았다. 김광수는 그 이후 사기 하권이 출판되기까지 진행 상황을 이렇게 기록했다.

> 사기 상권이 발행된 후 총회시대 부분의 편집작업이 속행되어 1930년에 수정이 완료되었다. 그러나 상권의 판매 수입이 용이하지 않고 또한 재력이 없었기 때문에 하권은 출간을 보류해야 하였다. .. 그후 6·25사변 당시 사기 하권의 원고는 총회 사기 편찬위원이던 함태영 목사가 일본에서 모국을 방문한 오윤태(五允台) 목사에게 사기 하권의 고본(稿本)을 넘겨주고 일본에서 출판하도록 부탁하였다. 그러나 오윤태 목사 개인의 힘으로 출간계획이 실현되지 못하고 있었다. 1965년 일본을 방문했던 백낙준(白樂濬) 박사가 오윤태 목사를 만나 사기 하권의 고본을

---

[20] 조선예수교장로회 총회 제 二十회회록 (평양: 광문사, 1931), 25.
[21] 조선예수교장로회 총회 제 二十一회회록 (평양: 광문사, 1932), 29.
[22] 조선예수교장로회 총회 제 二十二회회록 (평양: 광문사, 1933), 50.
[23] 조선예수교장로회 총회 제 二十三회회록 (평양: 광문사, 1934), 16.

입수하여 그것을 복사하고 1967년 한국교회사학회(韓國敎會史學會) 제 2차 발표회 때 이 사진판을 전 회원에게 회람케 하고 간행의 필요성을 역설하였다. 그리하여 전 회원이 원고정리 및 편집비용을 담당하기로 하고 마침내 1968년 7월 5일 하권을 발행하였다.[24]

참으로 어려운 과정을 거쳐 장로회사기 하권이 출간된 것이다. 6·25전쟁에 원고가 소실되지 않고 남아 오늘날 우리에게 전해졌다는 것이 하나님의 은혜요, 축복 중에 축복이 아닐 수 없다.

1968년 하권이 출간될 때 사기 하 편자를 한국교회사학회(회장 백낙준)로 해서 연세대학교 출판부가 발행했으며, 편제는 국판 404면, 국한문혼용, 내려쓰기로 인쇄했다. 사기 하권은 본래 준비했던 대로 제 4편은 총회시대(1912-1923)를 다루고 있다. 1923년 총회 당시까지 22개 노회 역사를 기술했다. 사기 하는 제 1장 총론(總論), 제 2장 경충노회(京忠老會), 제 3장 평북노회(平北老會), 제 4장 평남노회(平南老會), 제 5장 황해노회(黃海老會), 제 6장 전라노회(全羅老會), 제 7장 경상노회(慶尙老會), 제 8장 함경노회(咸鏡老會), 제 9장 경북노회(慶南老會), 제 10장 경남노회(慶南老會), 제 11장 산서노회(山西老會), 제 12장 전북노회(全北老會), 제 13장 전남노회(全南老會), 제 14장 함남노회(咸南老會), 제 15장 함북노회(咸北老會), 제 16장 의산노회(義山老會), 제 17장 평양노회(平安老會), 제 18장 안주노회(安州老會), 제 19장 평서노회(平西老會), 제 20장 경안노회(慶安老會), 제 21장 남만노회(南滿老會), 제 22장 간도노회(間島老會), 제 23장 순천노회(順天老會)로 구성되었다.

이들 외에 상권 출간 시 미쳐 노회에서 사기 자료를 보내지 않아 출판하지 못한 누락된 부분이 "보유(補遺)"라는 이름으로 실렸다.

---

[24] 김광수, "조선예수교장로회사기" 기독교대백과사전 (서울: 교문사, 1986), 1226.

5. 〈조선예수교장로회사기 상하〉의 한국교회사적 평가

곤잘레스는 만약 유세비우스의 <교회사>가 없었다면 초대교회 문헌 3분의 1은 소실되었을 것이라고 말한 적이 있다. 조선예수교장로회사기가 그렇다. 이 책이 출간된 것은 한국교회로서는 대단한 축복이다. 이 책을 통해 이 땅에 복음이 전해지고 어떻게 교회가 공의회를 거쳐 노회와 총회로 발전되었는지, 또한 총회가 초기 어떤 과정을 거쳐 발전되어 왔는지를 한눈에 볼 수 있기 때문이다. 초기 문헌이 많지 않은 상황에서 사기는 매우 중요한 가치를 지닌다.

양전백이 사기 상의 "서언"을 쓴 것은 왕길지(G. Engel)가 오랫동안 편집책임을 맡아 수고했지만 마지막 양전백이 검열위원장으로 책이 출간되기까지 실무 책임을 맡았기 때이다. 조선예수교장로회사기 상의 간지에는 "저작자겸 발행자"가 차재명으로 되어 있다. 앞에서 언급한 것처럼 교섭위원으로 당국의 발행 허가를 받고 총회장 이름으로 발행하려고 하였으나 당국이 허락지 않아 불가불 차재명 명의로 발행한 것이다. 발행소도 서울 서대문구 신문내교회당이다. 이 모든 것은 어느 정도는 출판을 하기 위해 불가피한 조치였다.

하지만 차재명이 저작자를 자신의 이름으로 한 것은 문제이다. 그가 편집에 관여한 것도 그렇다고 검열에 참여한 것도 아니고 다만 교섭위원으로 당국과 교섭하는 책임을 맡은 것일 뿐인데 자신을 저작자로 한 것은 이해하기 힘들다. 저작자를 "조선예수교장로회교회사기 편집부 (혹은 편집위원회)"로 하는 것이 더 정확했다.

사기 하권 "서언"은 백낙준이 썼다. 원고를 오윤태로부터 입수하고 그것을 일일이 타이핑하고 학회 회원들에게 회람하여 다시 교정 작업을 거치는 수고를 담당했다는 의미에서 백낙준이 한국교회사학회 회장으로 사기 하권 서언을 충분히 쓸 자격이 있다. 하지만 사실 엄밀한 의미에서 사기 하 "서언"

은 사기하권 편찬을 위해 검열위원과 수정위원으로 여러 해 동안 수고한 양전백(梁甸伯)이나 함태영(咸台永) 혹은 김영훈((金永勳)이 썼어야 했다. 앞서 언급한 것처럼 이들은 함께 숙식하며 검열과 수정의 노력을 아끼지 않았다. 총회록에 있는 대로 1930년 이들은 출판을 진행할 수 있을 정도로 조선예수교장로회 사기 하권의 검열과 수정을 완료하였다. 이들 삼인에게 최종 검열과 수정을 맡긴 것은 당시로서는 그 이상의 적격자가 없었기 때문이다. 양전백(1869-1933)은 1907년 평양장로회신학교를 졸업하고 최초의 일곱 명의 장로교 목사였으며 1916년 제 5회 총회장을 지냈다. 그는 3.1 독립운동 때 민족대표 33인 중 1명이었고 한학에 조예가 깊었다. 함태영(1873-1964)은 1898년 법관양성소를 수석으로 졸업하고 법관생활을 하다 1921년 평양장로회신학교를 졸업하고 1923년 제 12회 총회장을 역임했다. 3.1독립운동 때 민족대표 48명 중 한명이었고, 부통령을 지냈다. 김영훈(1877-1939)은 1913년 평양장로회신학교를 졸업하고 바로 그해 중국산동성 선교사로 파송을 받았으며, 1927년 제 16회 총회장을 역임했다. 중국 선교사로 활동해 한학과 중국어에 능통했다. 1968년 한국교회사학회가 사기 하권을 출간할 때 백낙준 박사가 "서언"을 쓴 것은 위 3인의 검열위원과 수정위원 모두가 세상을 떠난 상태였고, 자신이 한국교회사학회 회장을 맡았기 때문에 이해가 간다. 그러나 엄밀한 의미에서 1968년 초판이 출판되었을 때 편저의 영예는 "조선예수교장로회 사기 편찬위원회" 혹은 위 세 사람에게 돌렸어야 했다.

조선예수교장로회사기 상하권의 특징, 한계, 문제점은 다음 몇 가지로 정리할 수 있다.

첫째, 김광수가 지적한 대로 "조선예수교장로회사기는 공식적인 문서인 당회록과 노회록, 총회록만을 자료로 편집하는 것을 원칙으로 하였기 때문에 철저하게 술이부작(述而不作)이 적용되어 있어 역사적 사실을 파악하는 데 있어서 전혀 오류가 있을 수 없는 장점을 지니고 있다."[25] 한 개인의 관점으로

---

[25] "조선예수교장로회사기" 기독교대백과사전, 1226.

기술되지 않고 편집위원회를 구성하고 각 노회 노회록, 각 교회 당회록, 총회 총회록을 중심으로 역사를 편집하여 객관적이고 사실적으로 기술하여 초기 장로교 역사를 정확히 전달한다. 한국선교가 언제 어떻게 시작되었는지 처음 선교사들이 입국한 시기부터 공의회시대와 독노회시대까지 한국장로교회의 태동과 발전을 객관적으로 한눈에 볼 수 있다.

둘째, 책 제목, <조선예수교장로회사기 상>이 말해주듯 이 책은 전체 사기 중에서 상권에 해당하는 것이다. 사기 상은 앞서 15회 총회에서 보고한 시대구분을 거의 그대로 따르되 총회시대는 원고가 정리되지 않아 불가불 계발시대, 공의회시대, 독노회시대까지 역사만 출판했다. <조선예수교장로회사기 하>에는 1912년 총회 설립부터 1923년 제 12회 총회까지 12년간의 총회 역사와 함께 22개 노회의 역사를 담고 있다.

셋째, 각 교회와 각 노회가 자체적으로 수집한 자료이기 때문에 당시 한국장로교의 실제 모습을 담아내고 있다. 왜곡되거나 한쪽에 치우치거나 어느 부분이 누락되지 않고 각 교회와 각 노회의 형편을 충실하게 반영하고 있다. 교회의 역사는 하나님께서 어떻게 한 교회, 노회, 총회를 통해서 당신의 나라를 확장해 나가시는가를 조명하는 것이라고 할 때 조선예수교장로회사기는 본연의 사명에 충실했다. 이 때문에 당시 출간된 어느 책보다도 신뢰도가 높다.

넷째, 그럼에도 불구하고 장로회사기는 다음 몇 가지 점에서 문제점과 한계를 지닌다. 상권 목차에는 있는데 실제 책 내용에서는 빠져 있는 것이 있다. 예를 들어 상권 제 3편 독노회 시대 제 1장 3항에 "시대의 형편"과 같은 항목이다. 하권에 "보유"라는 이름으로 보완하기는 했지만 <조선예수교장로회사기 상>에는 일부 누락된 부분이 있다. 상권의 경우 편집과정에서의 실수인지 아니면 인쇄과정에서의 실수인지 몰라도 오자 탈자가 발견되고 글자 순서가 바뀐 것도 몇 군데 있으며, 한문을 잘못 기재한 경우도 여러 군데 있고, 연도와 내용이 틀린 경우도 있다. 상권에는 외국인의 경우 인명이 통일되지 않고 달리 기록된 것도 있으며, 매우 중요한 역사적 사건이나 사실도 틀린 경우도 종종 있다. 상권은 오랜 기간 동안 준비했지만 원고가 출간

불과 2-3년 전에 모두 취합되어 검토할 시간이 충분하지 않은데다 그것도 여름 한 달 동안 집중적으로 작업을 진행한 데서 야기된 현상으로 보인다.

다섯째, 이 같은 상황은 <조선예수교장로회사기 하>에서도 찾아볼 수 있는 현상이다. 어떤 의미에서 더 많은 문제점이 노출되고 있음을 발견할 수 있다. 목차에 있는데 실제 내용에서는 없는 경우가 있고, 목차와 실제 내용이 다른 경우도 있었다. 또 몇몇 경우에는 목차에 있는 이름과 실제 내용상의 제목이 약간씩 달랐다. 예를 들어 교회의 조직을 교회의 설립으로 기술한 경우가 대표적인 사례이다. 사기편찬위원회에서는 각 노회에 수집을 의뢰하면서 수집해야 할 형식을 구체적으로 제시하고 그 형식을 따르도록 하였다. 1. 총론(노회설립, 노회의 안), 2. 교회조직, 3. 전도, 4. 환난, 5. 교육, 6. 자선, 6. 진흥 순이다. 거의 모든 노회가 이 순서를 따랐지만 몇몇 노회는 이 중에 몇 가지만 위원회에 보고를 했고, 명칭도 달리했다. 교회조직을 교회 설립이라고 한 경우가 대표적인 사례이다.

독자의 이해를 돕기 위해 "조선예수교장로회사기 해제"를 추가하고 "서언"과 제 1편 "총론"은 번역문과 원문을 병기했다. 현대적 의미로 전달하기 위해 세로쓰기로 된 원문을 가로쓰기로 바꾸고 읽기 편하게 편집과 체제를 바꾸었다. 학문적 연구나 원본과 대조할 수 있도록 원본의 페이지를 페이지가 끝나는 곳에 [   ]를 하고 그 안에 해당 페이지를 기입했다.

대부분이 한문으로 되어 일일이 토를 달아 읽기 쉽도록 하였고, 원본에서는 각 편마다 매 장을 1번부터 다시 시작했는데 새로 편집하면서 목차의 연속성을 갖도록 전체 14장으로 통일시켰다. 외국지명이나 외국 이름 밑에는 원본에 있는 대로 밑줄을 그었다. 선교사 이름 혹은 선교사의 한글 이름 옆에 [   ]를 하고 영어 이름을 병기하고 영어 이름을 확인할 수 없는 선교사는 한글명 그대로 두었다. 원본상 오류는 가능한 수정하지 않고 그대로 두었다. 대신 각주를 통해 틀린 부분을 교정하고, 내용 중에서 틀린 것이나 보충 설명을 필요로 하는 경우 각주를 통해 보완했다. 참고로 조선예수교장로회사기에는 각주가 전혀 없다. 독자들의 이해와 편의를 돕기 위해 상세하게 색인을 만들었다.

한국기독교사연구소가 본서를 새로운 체제로 간행하게 되어 영광으로 생각한다. 앞으로 한국교회사연구에 꼭 필요한 귀중한 사료들을 계속해서 발굴하여 한국교회에 소개하는 일을 하려고 한다. 이 책이 출간되기까지 수고를 아끼지 않은 여러 사람들의 노고를 기록으로 남겨야 할 것 같다. 1968년 판 <조선예수교장로회사기 하> 원문을 사용할 수 있도록 허락해준 한국교회사학회에 깊이 감사드린다. 본서 <조선예수교장로회사기 상·하> 한자를 한글로 옮긴 이교남 목사, 본문과 옮긴 내용 전체를 타이핑하고 섬세하게 색인을 만들며 인쇄 과정에서의 오자 탈자를 찾아낸 강현주 자매, 상권 서언과 제 1편 "총론," 하권 "교회사 후기"를 매끄럽게 번역해 준 고영조 목사, 본 연구소를 섬기는 이영식 목사, 박양수 목사, 그리고 표지를 아름답게 디자인 해준 김은경 자매에게 깊이 감사한다.

　　무엇보다도 부족한 본 한국기독교사연구소를 변함없이 후원해준 여러 목사님들과 후원교회에 진심으로 감사드리며, 주님께서 크신 은혜를 더하시길 두 손 들어 기원한다. 사기에 수록된 북한의 수많은 교회들이 다시 회복되어 북녘 하늘 아래에서도 마음 놓고 하나님을 찬양하고 예배하는 그날이 오기를 간절히 소망한다.

　　본서가 한국교회사 연구에 작은 기여를 할 수 있기를 바라며 하나님께 영광을 올려드린다.

2016년 12월 23일
박용규
(한국기독교사연구소 소장, 총신대 신대원 교수)

朝鮮예수敎長老會史記 下 緒言

　역사(歷史)는 역사(歷事)이다. 우리 일상생활(日常生活)은 그 다음날부터 역사(歷事)[사(史)]가 된다. 역사(歷事)를 문서(文書)로 서술(敍述)하면 사서(史書)가 된다. 사서(史書)에 의(依)하여 역사(歷事)의 의의(意義)를 해석(解釋)하면 사의(史義)가 된다.

　역사(歷史) 그 자체(自體)는 면면(綿綿)히 진전(進展)되고 있다. 그러나 사실(史實)을 수록(收錄)한 저술(著述)이 있고 없음을 따라 사서(史書)의 비(備) 부비(不備)가 생기게 된다. 또한 사서(史書)는 비존(備存)되어서도 보전(保全)하고 전수(傳授)함이 없으면 사적(史蹟)은 민멸(泯滅)되어진다. 사가(史家)는 재(才), 학(學), 식(識)의 3장(三長)이 있어야 된다고 하거니와 사서(史書)는 적는 이, 전(傳)하는 이, 읽는 이 있어야만 살아있는 사서(史書)가 될 것이다. 적는 이 없으면 사(史)가 이루어지지 못하고, 전(傳)하는 이 없으면 잃어져 버리고, 읽는 이 없으면 사문(死文)이 되고 말 것이다.

　<조선예수교장로회사기 상권>(朝鮮예수敎長老會史記上卷)은 1928년(一九二八年)에 장로교총회(長老敎總會)에서 간행(刊行)하였다. 그 후(後)에 하권(下卷)이 동총회사기편찬위원회(同總會史記編纂委員會)에서 다년 적공(多年積功)하여 편집(編輯)되었다. 그러나 그 고본(稿本)이 일광(日光)을 보지 못하고 국내(國內), 또는 교계(敎界)의 혼란기(混亂期)를 치러왔다. 더욱이 그 고본(稿本)의 보관책임자(保管責任者)와 보관장소(保管場所)를 알 길이 없어 우리 교계선배(敎界先輩)들의 수사과업(修史課業)은 이룩되고도 전(傳)하여 오지 못하였음을 개탄(慨嘆)하여 왔다.

1965년(一九六五年) 추(秋) 향항래왕간(香港來往間) 동경과차(東京過次)에 재(在) 동경(東京) 한인교회(韓人敎會) 담임목사(擔任牧師) 오윤태 박사(吳允台 博士)를 상회(相會)하였다. 오박사(吳博士)는 교회사연구가(敎會史硏究家)이다. 나는 한국교회사료(韓國敎會史料)의 과안처(過眼處)를 질(質)하였더니 천만료(千萬料) 외(外)에 <조선예수교장로회사기 하권>(朝鮮예수敎長老會史記 下卷) 고본(稿本)을 수장(收藏)한 사실(事實)을 보(報)하고 그 유서(由緒)를 술(述)하였다.

　한국동란(韓國動亂) 시(時)에 오목사(吳牧師)는 부산(釜山) 피난지(避難地)에서 함태영목사(咸台永牧師)를 내방(來訪)하였었다. 함목사(咸牧師)는 총회사기편찬위원(總會史記編纂委員)의 일인(一人)이었다.[1]

　그는 사기완성고본일부(史記完成稿本壹部)를 피난지(避難地)까지 휴래(携來)하였다. 함목사(咸牧師)는 그 고본(稿本)이 간행(刊行)되기를 절망(切望)하였다. 오목사(吳牧師)는 그 고본(稿本)의 간행(刊行)을 실현(實現)시키려고 그 천하고본(天下稿本)을 동경(東京)으로 휴거(携去)하였다. 당시(當時) 오목사(吳牧師)의 출간계획(出刊計劃)이 실현(實現)되지 못하고 있었다. 나는 이 고본(稿本)을 복사비치(複寫備置)할 목적(目的)으로 오목사(吳牧師)에게서 대출(貸出)하여 서울로 환원(還元)하여 왔다.

　그 사기(史記) 하권(下卷) 완성고본(完成稿本)이 복사(複寫)되었던 부수(部數)를 알 수 없다. 오목사(吳牧師) 소장본(所藏本)은 유괘미농지(有罫美濃紙)에 묵지복사본(墨紙複寫本)이다. 나는 그 전책(全册) 404장(四〇四張)의 진판(眞版)을 제작(製作)하여 7권(七卷)의 사진첩(寫眞帖)을 작성수장(作成收藏)하고 원본(原本)은 오목사(吳牧師)에게 반환(返還)하였다.

　1967년(一九六七年) 추(秋) 본(本) 한국교회사학회(韓國敎會史學會) 제2차(第二次) 발표회(發表會)가 있을 때에 나는 이 사진첩(寫眞帖)을 학회원(學會員)에게 공람(供覽)하였더니, 동호제익(同好諸益)이 간행(刊行) 반포(頒布)를 착(捉)하였다. 그러나 출간자금(出刊資金)을 마련할 길이 없어 회원(會員) 전원(全員)이 원고정리(原稿整理) 및 편집비용(編輯費用)을 해낭부담(解囊負擔)하고, 이영린(李榮麟), 마삼락(馬三樂) 양위(兩位)는 합력(合

力)하여 출판비(出版費)를 대여(貸與)하였다. 사진판(寫眞版)에서 원고지(原稿紙)에 전사(轉寫)와 철자법(綴字法)의 개정(改正) 등(等) 필역(筆役)은 수개월(數個月)에 걸쳐 본회서기(本會書記)인 민경배교수(閔庚培敎授)의 지도하(指導下)에 완성(完成)되었다. 편집(編輯)에는 원고체재(原稿體裁)를 활자화(活字化)하였을 뿐이다. 조판(組版) 교정(校正) 등(等) 제작과업(製作課業)은 이영린교수(李榮麟 敎授)의 경험(經驗)과 노력(努力)과 성의(誠意)에 의(依)하여 완성(完成)되었다.

본(本) 학회(學會)는 사서(史書)를 전(傳)하고 사료(史料)를 보(保)하고 사가(史家)의 유업(遺業)을 승(承)하고 우리 교회발전상(敎會發展相)을 명(明)하려는 미성(微誠)으로, 우리의 적은 힘을 몰아 <조선예수교장로회사기 하권>(朝鮮예수敎長老會史記 下卷)을 간행(刊行)한다.

간행(刊行)에 제(際)하여 이 고본(稿本)의 간행(刊行)을 보시지 못하시고 고인(故人)이 되신 함태영목사(咸台永牧師)와 이 고본(稿本)을 보전(保全)하시고 제공(提供)하여 주신 오윤태목사(吳允台牧師)와 이영린(李榮麟), 마삼락(馬三樂), 민경배(閔庚培) 제익(諸益)과 기타(其他) 본(本) 회원(會員) 제위(諸位)의 협력(協力)에 심사(深謝)하는 바이다.

우리 교회사학회(敎會史學會)는 조직(組織)도 오래지 않고 회원(會員)도 많지 못한데 첫 사업(事業)으로 이 책(冊)을 간행(刊行)하였다. 이 앞으로 우리 교회사연구(敎會史硏究)에 정진(精進)할 것을 기약(期約)한다.

1968년 6월 20일
한국교회사학회(韓國敎會史學會) 회장(會長)
백낙준(白樂濬) 지(識)[2]

범례(凡例)

1. 본편(本編)은 총회설립(總會設立) 후(後) 기사(紀事)로만 성립(成立)한 자(者)인데 연대(年代)를 1912년(一九一二年)으로 기(起)하여 1923년(一九二三年)으로 종(終)함은 각(各) 교회(敎會)의 수집(蒐集)된 기사(記事)가 1923년(一九二三年)까지에 지(止)한 것이 다(多)한 고(故)이며, 1924년사(一九二四年史)까지 수집(蒐集)한 노회(老會)가 혹(或) 유(有)하나 일치(一致)ㅎ기 위(爲)하여 차(此)는 부재(不載)하였고, 1923[년](一九二三[年])에 부급(不及)한 자(者)가 혹(或) 유(有)하나 차(此)는 수합보충(收合補充)의 가(暇)가 무(無)함으로 타(他) 노회사(老會史)에 비(比)하여 기개년사(幾個年史)가 결루(缺漏)되는 것이 유감(遺憾)의 사(事)이지만 부득기(不得已) 수집(蒐集)된 대로만 편입(編入)함.

2. 각(各) 교회(敎會)의 의안(議案)을 각기(各其) 노회사(老會史) 관두(冠頭)에 기재(記載)하여 해사(該史)의 강령(綱領)을 작(作)한 바 혹(或) 어떤 노회(老會) 회록(會錄)은 전부(全部)를 얻지 못한 고(故)로 간혹(間或) 누기(漏記)된 것이 유(有)하나 후일(後日) 개편(改編)의 기회(機會)를 준(竣)함.

3. 기간(旣刊)한 상권사(上卷史) 오락(誤落)에 대(對)하여 인명(人名), 지명(地名)은 청구(請求)대로 정오표(正誤表)를 편두(編頭)에 게(揭)하나 지약(至若) 연대기사(年代記事)에 대(對)하여는 각(各) 개사(個史)에 연대(年代)를 두서(頭書)한 것 아니요, 1개년(一個年) 내(內)에 된 각(各) 교회사(敎會史)를 총괄(總括) 편입(編入)한 것인즉 약기(若其) 일일(一一) 교회(敎

會)의 연대(年代)를 개정(改正)하면 상하연대(上下年代)가 문란(紊亂)ㅎ게 된즉 개편(改編) 외(外)에는 타도(他道)가 무(無)하고 기사(紀事)도 원기사(原紀事)와 개정(改正)을 요구(要求)하는 기사(紀事)가 대동소이(大同小異)하고 상략장단(詳略長短)의 차(差)뿐인데 1,20자(一二十字)의 개정(改正)이 아니요, 기십행(幾十行), 기혈(幾頁)을 비(費)하게 된즉 차역(此亦) 개편(改編) 외(外)에 타도(他道)가 무(無)함에 후일(後日) 본사(本史) 속수(續修) 개편(改編)을 준(竣)할 수밖에 무(無)한 사(事)이며,

 4. 상권(上卷) 편집(編輯)에 누락(漏落)된 기개(幾個) 교회사(敎會史)는 부득불(不得不) 기재(記載)하여야 하겠는데 정오표(正誤表)로는 불능(不能)한 고(故)로 상권보유(上卷補遺)라고 제(題)하여 1편(一編)을 영립(另立)함.

 5. 우리 교회(敎會) 헌법(憲法) 전부(全部)를 총회의사란(總會議事欄)에 기재(記載)함이 가(可)하나 다혈(多頁)을 요(要)하게 됨으로 우리 교회(敎會) 신경(信經)만 기입(記入)하여 독사자(讀史者)의 고구(考究)에 공(供)함.

 6. 서사(叙事)의 홀략(忽略)과 저술(著述)의 조력(粗力)에 대(對)하여는 제위(諸位)의 관량(寬諒)을 심망(深望)함.[3]

조선예수교장로회사기(朝鮮예수敎長老會史記)下
목록(目錄)

조선예수교장로회사기 해제 ·· 5

조선예수교장로회사기 하(朝鮮야소敎長老會史記 下) 서언(序言) ··· 27

범례(凡例) ··· 31

보유(補遺) ··· 41

제 4편 총회시대(總會時代) 1912년 - 1923년 ····················· 45

제 1장 총론(總論) ··· 46
  1. 총회의 설립(一, 總會의 設立) ·· 46
  2. 총회의 의안(二, 總會의 議案) ·· 47
  3. 선교회의 사업(三, 宣敎會의 事業) ·································· 95
    (1) 신학사업(神學事業) · 95
    (2) 성서공회(聖書公會) 급(及) 야소교서회(耶蘇敎書會) · 99
    (3) 교육(敎育) · 100
    (4) 자선(慈善) · 103
  4. 청년운동(四, 靑年運動) ·· 103
    (1) 기독청년회(基督靑年會) · 103
    (2) 면려청년회(勉勵靑年會) · 106
  5. 시대의 형편(五, 時代의 形便) ······································· 107
    (1) 사회형편(社會形便) · 107
    (2) 선교사형편(宣敎師形便) · 108
    (3) 교역자형편(敎役者形便) · 109

제 2장 경기충청노회(京畿忠淸老會) ······ 111
1. 총론(一, 總論) ······ 111
(1) 노회설립(老會設立) · 111
(2) 노회의안(老會議案) · 112
2. 교회조직(二, 敎會組織) ······ 137
3. 전도(三, 傳道) ······ 155
4. 교육, 환난(四, 敎育, 患難) ······ 156
5. 진흥(五, 振興) ······ 156

제 3장 평북노회(平北老會) ······ 158
1. 총론(一, 總論) ······ 158
(1) 노회설립(老會設立) · 158
(2) 노회의안(老會議案) · 159
2. 교회조직(二, 敎會組織) ······ 187
3. 전도(三, 傳道) ······ 202
4. 환난(四, 患難) ······ 205
5. 교육(五, 敎育) ······ 207
6. 자선(六, 慈善) ······ 208
7. 진흥(七, 振興) ······ 208

제 4장 평남노회(平南老會) ······ 213
1. 총론(一, 總論) ······ 213
(1) 노회설립(老會設立) · 213
(2) 노회의안(老會議案) · 214
2. 교회조직(二, 敎會組織) ······ 227
3. 전도(三, 傳道) ······ 245
4. 환난(四, 患難) ······ 247
5. 교육(五, 敎育) ······ 252
6. 자선(六, 慈善) ······ 254
7. 진흥(七, 振興) ······ 256

제 5장 황해노회(黃海老會) ······ 259
1. 총론(一, 總論) ······ 259

(1) 노회설립(老會設立) · 259
　　(2) 노회의안(老會議案) · 260
　2. 교회조직(二, 敎會組織) ·· 285
　3. 환난(三, 患難) ·· 289
　4. 이단(四, 異端) ·· 291

제 6장 전라노회(全羅老會) ·· 292
　1. 총론(一, 總論) ·· 292
　　(1) 노회설립(老會設立) · 292
　　(2) 노회의안(老會議案) · 293
　2. 교회조직(二, 敎會組織) ·· 306
　3. 전도(三, 傳道) ·· 319
　4. 환난(四, 患難) ·· 320
　5. 교육(五, 敎育) ·· 320
　6. 진흥(六, 振興) ·· 321

제 7장 경상노회(慶尙老會) ·· 324
　1. 총론(一, 總論) ·· 324
　　(1) 노회설립(老會設立) · 324
　　(2) 노회의안(老會議案) · 325
　2. 교회조직(二, 敎會組織) ·· 333
　3. 전도(三, 傳道) ·· 343
　4. 환난(四, 患難) ·· 343
　5. 교육(五, 敎育) ·· 343
　6. 진흥(六, 振興) ·· 345

제 8장 함경노회(咸鏡老會) ·· 346
　1. 총론(一, 總論) ·· 346
　　(1) 노회설립(老會設立) · 346
　　(2) 노회의안(老會議案) · 347
　2. 교회조직(二, 敎會組織) ·· 354
　3. 전도(三, 傳道) ·· 368
　4. 환난(四, 患難) ·· 368
　5. 교육(五, 敎育) ·· 369

제 9장 경북노회(慶北老會) ·· 370
   1. 총론(一, 總論) ·· 370
     (1) 노회설립(老會設立)·370
     (2) 노회의안(老會議案)·370
   2. 교회조직(二, 敎會組織) ··· 386
   3. 전도(三, 傳道) ·· 406
   4. 환난(四, 患難) ·· 409
   5. 교육(五, 敎育) ·· 410
   6. 진흥(六, 振興) ·· 412
   7. 치리(七, 治理) ·· 414

제 10장 경남노회(慶南老會) ·· 416
   1. 총론(一, 總論) ·· 416
     (1) 노회설립(老會設立)·416
     (2) 노회의안(老會議案)·417
   2. 교회조직(二, 敎會組織) ··· 430
   3. 전도(三, 傳道) ·· 436
   4. 환난(四, 患難) ·· 437
   5. 진흥(五, 振興) ·· 437

제 11장 산서노회(山西老會) ·· 439
   1. 총론(一, 總論) ·· 439
     (1) 노회설립(老會設立)·439
     (2) 노회의안(老會議案)·440
   2. 교회조직(二, 敎會組織) ··· 470
   3. 환난(三, 患難) ·· 473
   4. 자선(四, 慈善) ·· 474

제 12장 전북노회(全北老會) ·· 475
   1. 총론(一, 總論) ·· 475
     (1) 노회설립(老會設立)·475
     (2) 노회의안(老會議案)·476
   2. 교회조직(二, 敎會組織) ··· 499

3. 전도(三, 傳道) …………………………………………… 503
  4. 환난(四, 患難) …………………………………………… 504
  5. 교육(五, 敎育) …………………………………………… 505
  6. 진흥(六, 振興) …………………………………………… 506

제 13장 전남노회(全南老會) …………………………………… 507
  1. 총론(一, 總論) …………………………………………… 507
   (1) 노회설립(老會設立) · 507
   (2) 노회의안(老會議案) · 508
  2. 교회조직(二, 敎會組織) ………………………………… 537
  3. 전도(三, 傳道) …………………………………………… 558
  4. 환난(四, 患難) …………………………………………… 559
  5. 교육(五, 敎育) …………………………………………… 561
  6. 진흥(六, 振興) …………………………………………… 562
  7. 이단(七, 異端) …………………………………………… 565

제 14장 함남노회(咸南老會) …………………………………… 567
  1. 총론(一, 總論) …………………………………………… 567
   (1) 노회설립(老會設立) · 567
   (2) 노회의안(老會議案) · 568
  2. 교회조직(二, 敎會組織) ………………………………… 574
  3. 전도(三, 傳道) …………………………………………… 576
  4. 환난(四, 患難) …………………………………………… 577
  5. 진흥(五, 振興) …………………………………………… 578

제 15장 함북노회(咸北老會) …………………………………… 579
  1. 총론(一, 總論) …………………………………………… 579
   (1) 노회설립(老會設立) · 579
   (2) 노회의안(老會議案) · 580
  2. 교회조직(二, 敎會組織) ………………………………… 602
  3. 전도(三, 傳道) …………………………………………… 610
  4. 환난(四, 患難) …………………………………………… 612
  5. 교육(五, 敎育) …………………………………………… 614
  6. 진흥(六, 振興) …………………………………………… 615

제 16장 의산노회(義山老會) ································· 617
　　1. 총론(一, 總論) ································ 617
　　　(1) 노회설립(老會設立)·617
　　　(2) 노회의안(老會議案)·618
　　2. 교회조직(二, 敎會組織) ···················· 628
　　3. 전도(三, 傳道) ································ 629
　　4. 환난(四, 患難) ································ 630
　　5. 교육(五, 敎育) ································ 630
　　6. 진흥(六, 振興) ································ 631

제 17장 평양노회(平壤老會) ································· 634
　　1. 총론(一, 總論) ································ 634
　　　(1) 노회설립(老會設立)·634
　　　(2) 노회의안(老會議案)·635
　　2. 교회조직(二, 敎會組織) ···················· 638
　　3. 전도(三, 傳道) ································ 639
　　4. 교육(四, 敎育) ································ 640
　　5. 자선(五, 慈善) ································ 640
　　6. 진흥(六, 振興) ································ 641

제 18장 안주노회(安州老會) ································· 642
　　1. 총론(一, 總論) ································ 642
　　　(1) 노회설립(老會設立)·642
　　　(2) 노회의안(老會議案)·643
　　2. 교회조직(二, 敎會組織) ···················· 647

제 19장 평서노회(平西老會) ································· 649
　　1. 총론(一, 總論) ································ 649
　　　(1) 노회설립(老會設立)·649
　　　(2) 노회의안(老會議案)·650
　　2. 교회조직(二, 敎會組織) ···················· 652
　　3. 교육(三, 敎育) ································ 653
　　4. 진흥(四, 振興) ································ 653

제 20장 경안노회(慶安老會) ··· 654
　　1. 총론(一, 總論) ··· 654
　　　(1) 노회설립(老會設立) · 654
　　　(2) 노회의안(老會議案) · 655
　　2. 교회조직(二, 敎會組織) ································ 664
　　3. 환난(三, 患難) ·· 666
　　4. 교육(四, 敎育) ·· 667

제 21장 남만노회(南滿老會) ··· 668
　　1. 총론(一, 總論) ··· 668
　　　(1) 노회설립(老會設立) · 668
　　　(2) 노회의안(老會議案) · 669
　　2. 교회설립(二, 敎會設立) ································ 675
　　3. 환난(三, 患難) ·· 675

제 22장 간도노회(間島老會) ··· 677
　　1. 총론(一, 總論) ··· 677
　　　(1) 노회설립(老會設立) · 677
　　　(2) 노회의안(老會議案) · 678
　　2. 교회조직(二, 敎會組織) ································ 685

제 23장 순천노회(順天老會) ··· 686
　　1. 총론(一, 總論) ··· 686
　　　(1) 노회설립(老會設立) · 686
　　　(2) 노회의안(老會議案) · 687
　　2. 교회조직(二, 敎會組織) ································ 689
　　3. 진흥(三, 振興) ·· 690
　　4. 교육(四, 敎育) ·· 691

식 교회사기후(識 敎會史記後) ···································· 693

교회사기 후기 ··· 694

색인(索引) ··· 697

보유(補遺)

　1893년(一八九三年) 계사(癸巳) 강동군(江東郡) 삼등교회(三登敎會)가 설립(設立)되다. 선시(先是)에 피병렬(皮炳烈), 김용려(金用呂), 유신복(劉信福), 최영생(崔永生), 김치옥(金致玉) 등(等)이 문도신주(聞道信主)하고 열심전도(熱心傳道)함에 신자(信者)가 증가(增加)하여 교회(敎會)가 성립(成立)되고 기후(其後) 피병렬(皮炳烈)을 장로(長老)로 장립(將立)하여 당회(堂會)가 조직(組織)되고 선교사(宣敎師) 마포삼열(馬布三悅, [Samuel A. Moffett]), 편하설(片夏薛, [Charles F. Berheisel]), 허일(許一, [Harry James Hill])과 조사(助師) 이태항(李泰恒), 김준택(金俊澤), 이성윤(李成允), 최문경(崔文景), 김관일(金觀一), 윤두병(尹斗柄), 정명채(鄭明菜) 등(等)이 상계시무(相繼視務)하니라.

　1895년(一八九五年) 을미(乙未)에 고양군(高陽郡) 세교리교회(細橋里敎會)가 설립(設立)되다. 선시(先是)에 선교사(宣敎師) 기보부인(奇普夫人, [Mary Hayden Gifford])과 원두우(元杜尤, [Horace G. Underwood]) 목사(牧師)가 당지거(當地居) 고군보(高君甫) 가(家)에서 피서(避暑)하며 전도(傳道)하였고 조사(助師) 천광실(千光實)이 계속전도(繼續傳道)하므로 이원순(李元順), 김치삼(金致三), 신동운(申同運), 최봉인(崔鳳仁), 나봉구(羅鳳九), 고군보부처(高君甫夫妻) 등(等)이 신교(信敎)하기를 시작(始作)하여 초가(草家) 6간(六間)의 예배당(禮拜堂)을 건축(建築)하니 교회(敎會)가 완성(完成)되어 경성(京城) 신문내교회(新門內敎會)와 연락(聯絡)되었으며, 기후(其後) 교역자(敎役者)는 조사(助師) 홍성서(洪性瑞), 이용석(李容錫),

김기현(金其鉉), 김영한(金永漢) 등(等)이 계속시무(繼續視務)하여 교회(敎會)는 점점(漸漸) 진흥(振興)되니라.

봉산군(鳳山郡) 은파리교회(銀波里敎會)가 설립(設立)되다. 선시(先是)에 본리거(本里居) 이성복(李成福), 최남수(崔南守) 등(等)이 믿고 이성복(李成福) 자택(自宅)에서 예배(禮拜)하더니 모동거(牟洞居) 최행권(崔行權)의 노력(努力)으로 태근교회(邰近敎會)에서 당시(當時) 통화(通貨) 450량(四百五十兩)을 얻어 초가(草家) 6간(六間)을 매수(買收)하여 예배당(禮拜堂)으로 사용(使用)함에 남녀교도(男女敎徒)가 100여명(百餘名)에 달(達)하였고 선교사(宣敎師) 이길함(李吉咸, [Graham Lee])과 조사(助師) 조원국(趙元國), 송린서(宋麟瑞), 이병규(李炳奎), 김맹순(金孟淳), 임수우(林守愚) 제씨(諸氏)가 시무(視務)하였으며, 1898년(一八九八年)에 지(至)하여 교회(敎會)는 큰 환난(患難)을 만나 교인(敎人)이 오산(澳散)되고 교회당(敎會堂)까지 매각(賣却)하였으나 이성복(李成福), 최남수(崔南守), 이씨(李氏) 광현(光鉉) 등(等) 제인(諸人)이 열심기도(熱心祈禱)하고 성경(聖經)을 공부(工夫)하며, 3,4년간(三四年間) 이성복(李成福) 자택(自宅)에서 예배(禮拜)할새 선교사(宣敎師) 한위렴(韓偉廉, [William B. Hunt])과 조사(助師) 이원민(李元敏)이 시무(視務)하였으며, 1904년(一九○四年)에 본군(本郡) 영천면(靈泉面) 신촌거(新村居) 오봉래(吳鳳來)가 이래(移來)하고 기익년(其翌年)엔 재령군(載寧郡) 종포거(宗浦居) 윤양기(尹良祈)와 해주거(海州居) 윤광수(尹光秀)와 황해거(黃海居) 이석련(李錫連)과 신천거(信川居) 이영용(李永容) 등(等) 제인(諸人)이 본리(本里)에 이주(移住)하여 협력전도(協力傳道)하여 교회(敎會)가 부흥(復興)하게 되었고, 1906년(一九○六年)에 지(至)하여 초가(草家) 6간(六間)을 매수(買收)하여 예배(禮拜)하는 중(中) 교회(敎會)는 점진(漸進)하여 1907년(一九○七年)에는 160원(一百六十圓)을 연보(捐補)하여 예배당(禮拜堂)을 건(建)[11]축(築)하였는데 기시(其時) 직원(職員)은 집사(執事)에 김문흥(金文興), 김봉현(金鳳鉉), 영수(領袖)에 오봉래(吳鳳來), 윤양기(尹良祈), 조사(助師)에 윤문옥(尹文玉), 김규현(金奎鉉), 김현점(金炫漸) 등(等)이 시무(視務)하였으며 1913년(一九一

三年)에는 윤양기(尹良祈)를 장로(長老)로 장립(將立)하여 당회(堂會)를 조직(組織)하였고, 1922년(一九二二年) 춘(春)에 목사(牧師) 유만섭(柳萬燮)을 청(請)하여 사경(査經)하는 중(中) 전반교인(全般敎人)이 은혜(恩惠)를 받아 예배당(禮拜堂) 건축(建築)을 위(爲)하여 당석(當席)에서 600여원(六百餘圓)을 연보(捐補)하고 수년(數年) 저축금(貯蓄金) 급(及) 구(舊) 예배당(禮拜堂) 대금(代金)을 합(合)하여 천여원(千餘圓)으로 와가(瓦家) 12간(十二間)의 예배당(禮拜堂)을 건축(建築)하니라.

1908년(一九〇八年) 무술(戊戌)에 안악군(安岳郡) 생근리(生芹里) 객산교회(客山敎會)가 설립(設立)하다. 선시(先是)에 선교사(宣敎師) 소안론(蘇安論, [William L. Swallen])의 전도(傳道)로 유정도(柳貞道)가 믿고 대동촌교회(大洞村敎會)에 내왕예배(來往禮拜)하더니 무수(無數)한 핍박(逼迫)을 받으면서 열심(熱心)으로 전도(傳道)한 결과(結果) 신자(信者) 점진(漸進)하여 유정도(柳貞道) 가(家)에서 회집(會集)하다가 시년(是年)에 예배당(禮拜堂)을 건축(建築)하고 분립(分立)하여 객산교회(客山敎會)라 칭(稱)하였고, 1914년(一九一四年)에 유정도(柳貞道)를 장로(長老)로 장립(將立)하여 당회(堂會)를 조직(組織)하였으며, 기후(其後) 교역자(敎役者)는 목사(牧師) 임익재(任益宰), 조사(助師)에 이필근(李弼根)이더라.

익산군(益山郡) 황등면(黃登面) 용산촌교회(龍山村敎會)가 설립(設立)되다. 선시(先是)에 본리거(本里居) 허심(許心)[이성일(李性一)]이 문도신주(聞道信主)하고 열심전도(熱心傳道)하여 교회(敎會)를 설립(設立)하고 씨(氏)가 계속(繼續)하여 주(主)의 사업(事業)에 진력(盡力)하다가 1918년(一九一八年)에 이세(離世)하였고, 그의 자손(子孫) 중(中)에 교회(敎會)에 헌신자(獻身者)가 있고 교회(敎會)는 의연(依然) 발전(發展)하며 교역(敎役)에 종사자(從事者)는 선교사(宣敎師) 하위렴(河偉廉, [W. B. Harrison]), 목사(牧師)에 황재삼(黃在三), 조사(助師)에 허숙(許翻), 김정복(金正福), 임영호(任永好), 장로(長老)에 박공업(朴公業) 등(等)이더라. 의령군(宜寧郡) 이목정교회(梨木亭敎會)가 설립(設立)되다. 선시(先是)에 선교사(宣敎師) 손안로(孫安路, [Andrew Adamson])와 조사(助師) 곽경묵(郭敬默)의 전도(傳道)로 최병윤(崔秉允), 김위상(金渭尙), 최병규(崔秉圭), 최문렬(崔文烈) 등(等)이 신종(信從)하여 예배당(禮拜堂)을 건축(建築)하니 교회(敎會)가 성립(成立)되고 기후(其後)엔 선교사(宣敎師) 권임함(權任咸, [Frank William Cunningham])과 조사(助師) 문덕인(文德仁), 이춘화(李春華)가 상계시무(相繼視務)하니라.

　맹산군(孟山郡) 북창교회(北倉敎會)가 설립(設立)되다. 선시(先是)에 김홍련씨(金弘連氏)의 전도(傳道)로 김관모(金觀模), 이응길(李應吉), 김병렬(金炳烈), 김상렬(金相烈) 등(等)이 믿고 시년(是年)에 초가(草家) 3간(三間)을 매수(買收)하여 회집(會集) 예배(禮拜)하니 교회(敎會)가 시성(始成)되었고 조사(助師) 명광호(明光浩), 강도원(姜道元), 나기환(羅基煥) 등(等)이 상계시무(相繼視務) 중(中) 교회(敎會)가 점익왕성(漸益旺盛)하여 석제(石製) 14간(十四間)의 예배당(禮拜堂)을 건축(建築)하니라. 1910년(一九一〇年) 경자(更子)에 맹산읍교회(孟山邑敎會)가 성립(成立)되다. 선시(先是)에 평성교회(平城敎會)에서 차국헌(車國軒)을 본리(本里)에 파송(派送)하여 성근(誠勤)히 전도(傳道)한 결과(結果) 이수문(李守文), 안기창(安基昌), 한화목(韓化睦), 임영원(林永元) 등(等)이 신종(信從)하여 교회(敎會)가 성립(成立)되고 조사(助師) 김홍련(金弘連), 이만기(李萬基), 명광호(明光浩), 강도원(姜道元) 등(等)이 봉직(奉職) 중(中) 교회(敎會)가 진흥(振興)하여 와가(瓦家) 16간(十六間)의 예배당(禮拜堂)을 건축(建築)하니라.[12]

조선(朝鮮)예수교장로회사기(敎長老會史記)
하권(下卷)

제 4 편 총회시대(總會時代) 1912年-1923年

제 1 장
총론(總論)

1912년 임자 9월 1일에 조선예수교장로회총회(朝鮮예수敎長老總會)가 성립하다.

총론, 조선예수교장로회사기 하

1. 총회의 설립(總會의 設立)

　1912년(一九一二年) 임자(壬子) 9월(九月) 1일(一日)에 조선(朝鮮)예수교장로총회(敎長老總會)가 성립(成立)하다. 선시(先是)에 조선(朝鮮)예수교장로회(敎長老會)가 독립노회(獨立老會)를 조직(組織)하여 진행(進行)한지 불과(不過) 5, 6년간(五六年間)에 교회(敎會)가 진전(進展)하고 사무(事務)가 호대(浩大)한지라. 소이(所以) 왕년(往年) 노회석(老會席)에 총회조성(總會組成)의 제의(提議)가 등안(登案)하매 제성위가(齊聲爲可)하므로 차(此)에 준비위원(準備委員)을 선정(選定)하였더니 금(今)에 지(至)하여 기(其) 준비(準備)가 완성(完成)되었기 시일(是日)에 평양부(平壤府) 여성경학원(女聖經學院)에 회집(會集)하여 전(前) 노회장(老會長) 이눌서(李訥瑞, [William David Reynolds])의 사회(司會) 하(下) 제 1회(第一回) 총회(總

會)가 엄연(嚴然) 성립(成立)되다. 태조지계(太早之計)이라고 회의(懷疑)하는 자(者)도 혹(或) 유(有)하였으나 연이(然而) 조선교회(朝鮮敎會)는 설립 이후(設立以後)로 전도야(傳道也)와 연금야(捐金也)와 사경야(查經也) 무일불독립(無一不獨立) 자진(自進)하였으니 기재(其在) 실제(實際)에 기위총회(其爲總會)가 역불위괴(亦不爲怪)라. 급기(及其) 개회지일(開會之日)에는 영국(英國), 오스트리아와 가나다 각(各) 총회(總會)와 미국(美國) 북장로(北長老), 남장로(南長老), 양(兩) 총회(總會)와 중국(中國) 산동노회(山東老會)와 일본(日本) 기독교회(基督敎會)에서 각기(各其) 축사(祝辭)로 치하(致賀)하였고 본(本) 총회(總會)는 각국(各國) 장로회총회(長老會總會)와 만국연합총회(萬國聯合總會)에 본회(本會)의 성립(成立)을 통고(通告)하였다.

만국장로회(萬國長老會)의 통례(通例)로 언급(言及)할진대 노회(老會)의 상(上)과 총회(總會)의 하(下)에 대회(大會)가 당유(當有)할 것이나 당시(當時) 선각자배(先覺者輩)의 동찰(洞察)로는 지리(地理)를 안(按)하며 형편(形便)을 의(依)하여 대회(大會)를 치(置)할 필요(必要)가 없기로 직(直)혀 총회(總會)를 입(立)하니라.[13]

2. 총회의 의안(二, 總會의 議案)

1912년(一九一二年) 임자(壬子) 9월(九月) 1일(一日)에 조선(朝鮮)예수교장로회(敎長老會)가 평양부(平壤府) 경창리(景昌里) 여성경학원(女聖經學院)에 회집(會集)하여 총회(總會)를 조직(組織)하니 출석원(出席員)은 목사(牧師) 52인(五十二人), 장로(長老) 125인(一百二十五人), 선교사(宣敎師) 44인(四十四人)이요 임원(任員)은 회장(會長)에 원두우(元杜尤, [Horace G. Underwood]), 부회장(副會長)[에] 길선주(吉善宙), 서기(書記)에 한석진(韓錫晋), 부서기(副書記)에 김필수(金弼秀), 회계(會計)에 방위량(邦緯良), 부회계(副會計)에 김석창(金錫昌)이 선거(選擧)되니라.

1. 전도국(傳道局) 보고(報告)와 청원(請願)에 의(依)하여 총회(總會)의 창립(創立)을 기념(記念)하기 위(爲)하여 중화민국(中華民國) 내양현(萊陽縣)에 선교사(宣敎師)를 파송(派送)하여 외국전도(外國傳道)를 시작(始作)하고 매년(每年) 감사일(感謝日)은 외국전도(外國傳道)를 위(爲)하여 예배(禮拜)하는 날로 정(定)하고 차(此)를 위(爲)하여 강도(講道)하며 기도(祈禱)하고 특별(特別)히 연보(捐補)하여 선교비(宣敎費)에 충용(充用)키로 하였으며 해삼위(海蔘威) 전도사업(傳道事業)은 정지(停止)하고 최관흘목사(崔寬屹牧師)의 시무(視務)도 정지(停止)케 한 후(後) 해전도비(該傳道費)로 제주(濟州)에 전도인(傳道人)을 가파(加派)ᄒ기로 하니라.

  2. 동경유학생(東京留學生) 전도위원(傳道委員)의 보고(報告)에 의(依)하여 교회(敎會)는 연합예수교장로회(聯合敎長老會)라 칭(稱)하고 용비(用費)는 장로교총회(長老敎總會)와 감리교연회(監理敎年會)에서 분담(分擔)하고 각기(各其) 위원(委員) 3인(三人)씩 택(擇)하여 사무(事務)를 담임(擔任)ᄒ게 하니라.

  3. 규칙부(規則部)가 좌기(左記) 규칙(規則)을 제정보고(制定報告)하여 시용(施用)하니라.

    (1) 총회(總會) 총계서기(總計書記)는 폐회(閉會) 전(前)에 선택(選擇)할 사(事).

    (2) 총회(總會) 총계서기(總計書記)는 총회(總會) 개회(開會) 전(前) 3삭(三朔) 이상(以上)으로 총계보고용지(總計報告用紙)를 인쇄(印刷)하여 각(各) 장로(長老)에 분배(分排)할 사(事).

    (3) 각(各) 노회(老會) 총계위원(總計委員)은 총계보고(總計報告)를 총회(總會) 개회(開會) 전(前) 15일(十五日) 이상(以上)으로 총회(總會) 총계서기(總計書記)에게 송교(送交)할 사(事).

    (4) 총계서기(總計書記)와 각(各) 노회(老會) 총계위원(總計委員) 1인식(一人式)이 총회(總會) 총계위원(總計委員)이 되되 만일 노회(老會) 총계위원(總計委員)이 총대(總代)가 아닌 경우(境遇)에는 노회서기(老會書記)가 총계사무(總計事務)를 담당(擔當)할 사(事).

(5) 총회(總會) 개회일(開會日) 오전(午前)에 신임회장(新任會長)이 헌의위원(獻議委員)을 자쇄선정(自碎選定)하며 공천위원(公薦委員)은 각(各) 노회(老會) 회장(會長)과 서기(書記)로 예임(例任)할 사(事).[14]

(6) 학무(學務), 신문(新聞), 전도(傳道), 총계(總計), 내지전도(內地傳道) 공천위원(公薦委員)은 총회(總會) 개회(開會) 전일(前日)에 회집(會集)하여 보고(報告)를 준비(準備)할 사(事).

(7) 각(各) 노회(老會)가 총회(總會)의 허락(許諾)없이는 총회(總會) 중(中)에 집회(集會)ᄒ지 못할 사(事).

(8) 각(各) 노회(老會) 서기(書記)는 총대(總代)의 씨명(氏名)을 총회(總會) 전(前)에 총회서기(總會書記)에게 기송(記送)하여 총대명부(總代名簿)를 예선(預先) 인쇄(印刷)하여 총회(總會) 개회(開會) 전(前) 각(各) 회원(會員)에게 분급(分給)할 사(事).

(9) 노회(老會)가 대리회(代理會) 조직(組織)을 허(許)ᄒ지 아니할 사(事).

(10) 미조직교회(未組織敎會)에서 안수집사(按手執事)를 세우지 못할 사(事).

4. 정치위원(政治委員)의 보고(報告)에 의(依)하여 혼인연령(婚姻年齡)은 여자(女子) 만 15세(滿十五歲), 남자(男子) 만 17세(滿十七歲)로 정(定)하니라.

5. 감사일(感謝日)은 음력(陰曆) 10월(十月) 4일(四日)로 정(定)하니라.26

6. 총회(總會)의 인장(印章)과 고추(叩椎)를 제조사용(製造使用)하니라.

1913년(一九一三年) 계축(癸丑) 총회(總會)가 제 2회(第二回)도 경성부(京城府) 승동예배당(勝洞禮拜堂)에 회집(會集)하니 회원(會員)은 매(每) 5개(五個) 당회(堂會)에서 목사(牧師), 장로(長老) 각(各) 1인식(一人式) 파송

---

26 예수교장로회 조선총회 뎨 일회 회록 (서울: 야소교서회, 대정 2년), 40. 이듬해 1913년 제 2회 총회에서 평남노회에서 헌의하여 감사일을 10월 2일로 조정하였다. 예수교장로회 죠션총회 뎨 이회 회록 (서울: 야소교서회, 대정 2년), 29을 참고하라.

(派送)한 총대(總代) 목사(牧師) 38인(三十八人), 장로(長老) 38인(三十八人), 선교사(宣敎師) 52인(五十二人)이요, 임원(任員)은 회장(會長)에 왕길지(王吉志, [G. Engel]), 부회장(副會長)에 한석진(韓錫晋), 서기(書記)에 김필수(金弼秀), 부서기(副書記)에 김선두(金善斗), 회계(會計)에 사락수(謝樂秀, [Alfred M. Sharrocks]), 부회계(副會計)에 김석창(金錫昌)이 피선(被選)되다.

1. 궁핍(窮乏)ㅎ게 된 목사(牧師)와 기가족(其家族)의 구조사업(救助事業)을 위(爲)하여 위원(委員)을 설치(設置)하고 목사가족(牧師家族) 구조위원(救助委員)이라 칭(稱)한다.

2. 본(本) 지방(地方) 전도위원(傳道委員)의 보고(報告)에 의(依)하여 각(各) 노회(老會) 구역(區域) 내(內) 미전도지방(未傳道地方)에 전도(傳道)하는 사업(事業)은 각(各) 노회전도회(老會傳道會)에 위임(委任)하니라.

3. 전도국(傳道局) 위원(委員) 15인(十五人)이 부족(不足)하여 6인(六人)을 가택(加擇)하니라.

4. 제주(濟州) 전도사업(傳道事業)은 전라노회(全羅老會)에 위임(委任)하니라.

5. 해삼위(海蔘威) 전도사업(傳道事業)은 함경노회(咸鏡老會)에 위임(委任)하고 총회(總會) 전도국(傳道局)이 협조(協助)하기로 하니라.[15]

6. 중화민국(中華民國) 산동성(山東省) 내양현(萊陽縣) 선교사(宣敎師)는 목사(牧師) 박태로(朴泰魯), 사병순(史秉淳), 김영훈(金永勳)을 택정(擇定)하니라.

7. 규칙위원(規則委員)의 보고(報告)에 의(依)하여 좌기(左記) 제조(諸條)를 채용(採用)하니라.

　　(1) 중화민국(中華民國) 선교사(宣敎師)가 본국(本國)에 귀래(歸來)할 시(時)에는 총회(總會)에 언권위원(言權會員)으로 출석(出席)ㅎ게 할 사(事).

　　(2) 감사일(感謝日) 연보(捐補)는 전부(全部)를 전도국(傳道局)에 송교(送交)ㅎ게 권면(勸勉)할 사(事).

(3) 감사일(感謝日)은 음력(陰曆) 10월(十月) 2일(二日)로 작정(作定)할 사(事).

8. 정치위원(政治委員)의 보고(報告)에 의(依)하여 좌기(左記)와 여(如)히 의정(議定)하니라.

(1) 각양(各樣) 예식서(禮式書)를 간행(刊行)하기 위(爲)하여 기일(奇一, [James S. Gale]), 이눌서(李訥瑞, [William David Reynolds], 김필수(金弼秀), 한석진(韓錫晋), 양전백(梁甸伯) 등 5인(五人)을 위원(委員)으로 선정(選定)할 사(事).

(2) 총회(總會)가 개인(個人)의 헌의(獻議)는 수리(受理)ㅎ지 아니하되 개인(個人)이 사사(私事)로는 청원(請願)함을 득(得)할 사(事).

(3) 전라노회(全羅老會) 중(中) 기개교회(幾個敎會)가 연합(聯合)하여 목사(牧師)를 위임(委任)할까 묻는 일에 대(對)하여는 1 교회(一敎會)에서 1목사(一牧師)를 청(請)하는 것이 합당(合當)하나 부득기(不得已)한 경우(境遇)에 4지회(四支會)에 초통(沼通)함은 부당(不當)할 사(事).

1914년(一九一四年) 갑인(甲寅) 9월(九月) 6일(六日) 총회(總會)가 제3회(第 三回)로 황해도(黃海道) 재령군(載寧郡) 남산현예배당(南山峴禮拜堂)에서 개회(開會)하니 회원(會員)은 목사(牧師) 46인(四十六人), 장로(長老) 46인(四十六人), 선교사(宣敎師) 46인(四十六人), 합(合) 138인(百三十八人)이요, 임원(任員)은 회장(會長)에 배유지(裵裕祉, [E. Bell, 1868-1925], 부회장(副會長)에 양전백(梁甸伯), 서기(書記)에 김필수(金弼秀), 부서기(副書記)에 김선두(金善斗), 회계(會計)에 피득(彼得, [Alexander A. Pieters]), 부회계(副會計)에 김석창(金錫昌) 피선(被選)하니라.

1. 각(各) 교회(敎會)의 소유재산(所有財産) 관리(管理)에 대(對)하여 재단(財團) 9개소(九個所)를 설치(設置)하기로 결의(決議)하고 전일(前日)에 있던 토지문권위원(土地文卷委員)은 재단위원(財團委員)으로 개칭(改稱)하니라.

2. 전라노회(全羅老會)에서 감사연보(感謝捐補)에서 3분지 1(三分之一)

을 총회(總會) 전도국(傳道局)에 납부(納付)하고 3분지 2(三分之二)는 제주 전도비(濟州傳道費)에 사용(使用)하기를 청원(請願)하는 것은 1년(一年)만 허(許)하니라.

  3. 자유교(自由敎)를 주창(主唱)하던 최금진(崔金珍)의 자복서(自服書)를 회중(會中)이 흔연(欣然) 청취(聽取)한 후(後) 위(爲)하여 기도(祈禱)하고 위원(委員)을 택정(擇定)하여 안위(安慰)의 답(答)[16]서(書)를 선송(繕送)ᄒᆞ게 하니라.

  4. 정치위원(政治委員) 보고(報告)에 의(依)하여 좌(左)의 사항(事項)을 의결(議決)하니라.

  (1) 총회(總會) 회집규칙(會集規則) 중(中) 3년(三年)에 1차식(一次式) 대회(大會)로 회집(會集)하자는 것은 폐지(廢止)하고 원칙(原則)대로 매년(每年) 매(每) 5당회(五堂會)에서 목사(牧師), 장로(長老) 1인식(一人式) 파송(派送)하기로 개정(改正)하고 각(各) 노회(老會)에 수의(垂議)할 사(事).

  (2) 평북노회(平北老會)에서 중국(中國) 길림성(吉林省)에 전도(傳道)하기를 청원(請願)한 사(事)는 허(許)하고 분계(分界)하는 사(事)는 평북(平北), 함경(咸鏡) 양(兩) 노회(老會)에서와 총회(總會)에서 각(各) 1인식(一人式) 위원(委員)을 선정(選定)하여 분할(分割)ᄒᆞ게 할 사(事).

  5. 학무위원(學務委員)의 보고(報告)에 의(依)하여 좌(左)의 사항(事項)을 의결(議決)하니라.

  (1) 각(各) 학교(學校)의 교원(敎員)을 초빙(雇聘)할 시(時)에 각기(各其) 거주지(居住地) 당회(堂會) 천서(薦書)를 받을 사(事).

  (2) 학무위원(學務委員) 사무국(事務局)을 경성(京城)에 치(置)할 사(事).

  6. 규칙위원(規則委員)의 보고(報告)에 의(依)하여 영어과(英語科)를 치(置)하게 할 사(事).

  (1) 감사일(感謝日)은 음력(陰曆) 11월(十一月) 셋째 주일(第三週日) 후(後) 수요일(水曜日)로 결정(決定)할 사(事). 차(此)는 선교사(宣敎師)

가 조선(朝鮮)에 시도(始到)하던 일을 채용(採用)한 것이라.27

(2) 혼인연령(婚姻年齡)은 전일(前日) 정치위원(政治委員)의 정(定)한 대로 갱정(更定)할 사(事).

(3) 임시목사(臨時牧師)와 임시동사목사(臨時同事牧師)는 위임식(委任式)이 없고 위임목사(委任牧師)와 동사목사(同事牧師)는 위임예식(委任禮式)을 할 사(事).

(4) 총대(總代)의 여비지출(旅費支出)하는 예(例)를 정할 사(事).

(5) 임시노회(臨時老會)는 회원(會員) 5인(五人) 이상(以上)이라야 개회(開會)하되 차(此)를 임시보고(臨時報告)로 할 완전(完全)한 보고(報告)는 내정기(來定期)에 할 사(事).

(6) 공천회원(公薦會員)이 총대(總代)로 미참(未參)ᄒ게 될 시(時)에는 해노회장(該老會長)이 총대(總代) 중(中)에 대리(代理)ᄒ게 할 사(事).

7. 예수교회보(敎會報) 위원(委員)의 보고(報告)에 의(依)하여 총회(總會)에서 발행(發行)하는 일은 정지(停止)하고 개인(個人)의 영업(營業)으로 경영(經營)ᄒ게 하되 주금(株金)을 보(報)[17]상(償)ᄒ기 위(爲)하여 소득이금(所得利金)에서 기분식(幾分式)을 저축(貯蓄)하게 하고 차(此)를 위선(爲先) 장로회선교사연합공의회(長老會宣敎師聯合公議會)에 위탁(委託)하기로 결정(決定)하니라.

8. 서간도(西間島), 수안(遂安), 상원(祥原) 등지(等地)에 수해(水害)로 인(因)하여 곤란(困難) 중(中)에 있는 교회(敎會)를 구조(救助)하기 위(爲)하여 위원(委員)을 선파(選派)하니라.

1915년(一九一五年) 을묘(乙卯) 9월(九月) 4일(四日)에 총회(總會)가 전주군(全州郡) 서문외예배당(西門外禮拜堂)에서 개회(開會)하니 회원(會員)은 목사(牧師) 60인(六十人), 장로(長老) 60인(六十人), 선교사(宣敎師) 50인(五十人)이요 임원(任員)은 회장(會長)에 김필수(金弼秀), 부회장(副會長)에 마포삼열(馬布三悅, [Samuel A. Moffett]), 서기(書記)에 함태영

---

27 1914년 제 3회 총회에서 "감사일은 규칙위원의게 맞겨 보고ᄒ기로 동의 가결"하였다. 이듬해 1915년에 감사일은 수요일이 아니라 11월 24일(화)이었다. 1915년 제 4회 **총회록**, 36.

(咸台永), 부서기(副書記)에 장덕로(張德魯), 회계(會計)에 피득(彼得, [Ale-xander A. Pieters]), 부회계(副會計)에 김석창(金錫昌)이 피임(被任)하니라.

 1. 본(本) 총회(總會)에서 중국(中國)에 파송(派送)한 선교사(宣敎師)는 본(本) 총회원(總會員)으로 출석(出席)ㅎ게 하기를 결정(決定)하니라.
 2. 주일공과위원(主日工課委員)의 보고(報告)에 의(依)하여 주일학교(主日學校) 교원(敎員)을 양성(養成)하는 일을 장려(獎勵)하며 제도(制度)를 갱신(更新)ㅎ게 하는 사(事)와 동경(東京)에 개최(開催)되는 연합주일학교(聯合主日學校)에 위원(委員) 파송(派送)하는 일을 결정(決定)하니라.
 3. 예수교회보(敎會報)는 개인(個人)의 영업(營業)으로 위탁(委託)할 데가 없음으로 폐지(廢止)하고 청산위원(淸算委員)을 선정(選定)하였는데 연합선교회(聯合宣敎會)에서 예수교연합회보(敎聯合會報)를 간행(刊行)하겠다 함으로 허(許)하니라.
 4. 전도위원(傳道委員)의 보고(報告)에 의(依)하여 각(各) 노회(老會)에 총회(總會) 전도국(傳道局) 지회계(支會計) 1인식(一人式) 치(置)하여 연보금(捐補金)을 수납(收納)ㅎ게 하고 전라노회(全羅老會)에서 감사연보금(感謝捐補金) 중(中) 3분지 2(三分之二)를 제주(濟州) 전도비(傳道費)에 충용(充用)하기를 청구(請求)하는 사(事)는 허(許)하기로 결정(決定)하니라.
 5. 규칙위원(規則委員)의 보고(報告)에 의(依)하여 좌(左)와 여(如)히 결의(決議)하니라.
  (1) 임시노회(臨時老會)는 15일(十五日) 전(前) 기(期)하여 소집(召集)할 사(事).
  (2) 장로(長老)를 택(擇)하는 투표(投票)는 3분지 2(三分之二)의 가표(可票)로 택(擇)할 사(事).
  (3) 고아(孤兒)를 수양(收養)하는 자선사업(慈善事業) 하(下)에 의남매(義男妹), 수양남매(收養男妹) 등(等)의 명칭(名稱)으로 관계(關係)하여 친근(親近)하는 것을 금(禁)할 사(事).
  (4) 총노회비(總老會費)는 내명연도(來明年度)부터는 성찬(聖餐)에

참여(參與)하는 교인수(敎人數)를 표준(標準)하여 분배(分排)할 사(事).

(5) 부모(父母) 기일(忌日)에 음식(飮食)을 설비(設備)하여 친우(親友)를 초대(招待)하는 것을 금지(禁止)하고 범죄(犯罪)에 급(及)하는 줄로 인(認)할 시(時)는 당회(堂會)는 징(懲)[18]계(戒)할 사(事).

6. 정치위원(政治委員)의 보고(報告)에 의(依)하여 좌(左)와 여(如)히 결정(決定)하니라.

(1) 예수 재강림(再降臨) 제칠일(第七日) 안식회(安息會)의 유감(誘感)을 받는 자(者)에게 당회(堂會)가 권려(勸勵)하여 불전(不悛)할 시(時)에는 직임(職任)이 유(有)한 자(者)는 면직(免職)하고 해회(該會)에 투입(投入)하는 자(者)는 제명(除名)할 사(事).

(2) 포교규칙시행(布敎規則施行)에 대(對)하여 교섭(交涉)하기 위(爲)하여 위원(委員)을 선정(選定)할 사(事).

(3) 정치(政治)를 준비(準備)하기 위(爲)하여 위원(委員)을 선정(選定)할 사(事).

7. 예수교연합회보(敎聯合會報) 사장(社長)을 김필수(金弼秀)로 선정(選定)하니라.

8. 총독부(總督府) 신학령(新學令)에 의(依)하여 10년(十年) 후(後)부터는 학교(學校)에서 예배식(禮拜式)을 행(行)하는 것과 성경(聖經)을 교수(敎授)하는 것을 폐지(廢止)하라는 사(事)에 대(對)하여 교섭위원(交涉委員)을 선정(選定)하니라.

9. 장(長), 감(監) 양파(兩派)가 감사일(感謝日)을 동일(同一)하게 하기 위(爲)하여 회장(會長)에게 위기(委記)하여 교섭(交涉)하게 하니라.

1916년(一九一六年) 병진(丙辰) 9월(九月) 2일(二日)에 총회(總會)가 제5회(第五會)로 평양부(平壤府) 서문외(西門外) 신학교(神學校)에서 개회(開會)하니 회원(會員)은 목사(牧師) 67인(六十七人), 장로(長老) 67인(六十七人), 선교사(宣敎師) 5인(五人)이요, 임원(任員)은 회장(會長)에 양전백(梁甸伯), 부회장(副會長)에 업아력(鄴亞力, [A. F. Robb]), 서기(書記)에 함태영(咸台永), 부서기(副書記)에 장덕로(張德魯), 회계(會計)에 곽안련(郭

安連, [Charles Allen Clark]), 부회계(副會計)에 김석창(金錫昌)이 피선(被選)되니라.

1. 학무위원(學務委員)의 보고(報告)에 의(依)하여 인허(認許)받은 학교(學校)는 무슨 방책(方策)으로든지 유대(維待)하고 학교(學校)를 설립(設立)하지 못한 지방(地方)에는 학당(學堂)이라도 설립(設立)하여 교인(敎人)의 자녀(子女)를 교육(敎育)할 사(事), 기외(其外) 방학기(放學期)를 이용(利用)하여 교원(敎員)의 사범강습(師範講習)을 장려(獎勵)하는 사(事)와 각(各) 학교(學校) 과정(課程)에 대한 의논(議論)을 편리(便利)ㅎ게 하기 위(爲)하여 위원(委員)을 선정(選定)하기로 결정(決定)하니라.

2. 신학교육위원(神學敎育委員)의 보고(報告)에 의(依)하여 이사(理事) 3인(三人)을 선정(選定)하여 신학교(神學校)와 총회(總會)에 상관(相關)되는 사항(事項)을 협의(協議)ㅎ게 하기로 결정(決定)하니라.[19]

3. 정치편집위원(政治編輯委員)을 확장(擴張)하고 정치위원(政治委員)과 합병(合倂)하여 정치개정(政治改正)을 준비(準備)ㅎ게 하니라.

4. 신경(信經)과 규칙(規則)과 권징조례(勸懲條例)와 각양예식서(各樣禮式書)를 정치편집위원(政治編輯委員)에 위탁(委託)하여 선한문(鮮漢文)으로 완전(完全)히 제정(制定)ㅎ게 하니라.

5. 규칙위원(規則委員)의 보고(報告)에 의(依)하여 포교담임자(布敎擔任者)는 목사(牧師) 외(外)에 조사(助師)는 되지 못할 것을 결정(決定)하니라.

6. 각(各) 학교위원(學校委員)의 보고(報告)에 의(依)하여 주일학교진흥일(主日學校振興日)은 매년(每年) 10월(十月) 제일(第一) 토요(土曜) 후(後) 주일(主日)로 정(定)하였고 각(各) 노회(老會)에 주일학교(主日學校) 찬성위원(贊成委員)을 설치(設置)하여 노회(老會) 시(時)에 주일학교(主日學校) 발전책(發展策)을 권고(勸告)ㅎ게 하기로 결정(決定)하니라.

7. 정치위원(政治委員)의 보고(報告)에 의(依)하여 좌(左)의 사항(事項)을 결정(決定)하니라.

(1) 경상노회(慶尙老會)를 분(分)하여 남도(南道)에 속[(屬)]한 자(者)

는 경남노회(慶南老會)라 칭(稱)하고 북도(北道)에 속[(屬)]한 자(者)는 경북노회(慶北老會)라 칭(稱)할 사(事).

(2) 평북안노회(平北安老會)를 분(分)하여 벽동이남(碧潼以南)은 평북노회(平北老會)로 잉존(仍存)하고 초산이북(楚山以北) 위원(渭原), 강계(江界), 자성(慈城), 원창(原昌)과 서간도(西間島), 임강(臨江), 즙안(戢安), 회인(懷仁)·통화(通化)·유하(柳河), 해용(海龍), 흥경(興京), 동평(東平)과 함남(咸南) 장진서편(長津西便)을 합병(合倂)하여 산서노회(山西老會)로 칭(稱)할 사(事).

(3) 기일(奇一, [James S. Gale])의 번역(飜譯)한 예식서(禮式書)에 대(對)하여 고열위원(考閱委員)을 선정(選定)할 사(事).

(4) 장로(長老) 감리(監理) 양(兩) 교파(敎派)가 연합공의회(聯合公議會)를 조직(組織)하자는 제의(提議)를 시인(是認)하고 차(此)에 관(關)한 규정(規定)을 의칙(議則)하기 위(爲)하여 교섭위원(交涉委員)을 선정(選定)하니라.

(5) 중화민국(中華民國)에 파송(派送)한 선교사(宣敎師)의 이명(移名)을 허(許)하되 권징(勸懲)에 관(關)한 사(事)는 본(本) 총회(總會)가 협의처리(協議處理)ᄒ게 하고 귀국(歸國)할 시(時)에는 조선목사(朝鮮牧師)로 인정(認定)하고 본(本) 총회원(總會員)될 사(事).

8. 조선예수교장로회사기(朝鮮예수敎長老會史記)를 편집(編輯)하기 위(爲)하여 위원(委員)을 선정(選定)하니라.

1917년(一九一七年) 정사(丁巳) 9월(九月) 1일(一日)에 총회(總會)가 제6회(第六回)로 경부(京府) 승동예배당(勝洞禮拜堂)에 개회(開會)하니 회원(會員)은 목사(牧師) 76인(七十六人), 장로 76인(七十六人), 선교사(事) 42인(四十二人)이요, 임원(任員)은 회장(會長)에 한석진(韓錫晋), 부회장(副會長)에 곽안련(郭安連, [Charles Allen Clark]), 서기(書記)에 장덕로(張德魯), 부서기(副書記)에 김성봉(金聖鋒), 회계(會計)에 곽안련(郭安連, [Charles Allen Clark]), 부회계(副會計)에 김석창(金錫昌)이 피선(被選)하니라.[20]

1. 정치부(政治部)의 보고(報告)에 의(依)하여 좌기(左記) 사항(事項)을 결의(決議)하니라.
　　　(1) 라마교인(羅馬敎人)과 결혼(結婚)하는 사(事)는 위태(危殆)한즉 당회(堂會)가 성혼(成婚) 아니 하도록 권면(勸勉)하고 이성(已成)한 자(者)이면 범죄(犯罪) 안 되도록 권면(勸勉)할 사(事).
　　　(2) 목사(牧師) 칭호(稱號)에 대(對)하여 석명(釋明)한 사(事).
　　　(3) 함경노회(咸鏡老會)를 분(分)하여 성진(城津)부터 원산(元山)까지는 함남노회(咸南老會)라 칭(稱)하고 경성(鏡城), 부영(富寧), 무산(茂山), 회령(會寧), 경성(鏡城), 경원(慶源), 온성(穩城)과 북간도(北間島)는 함북노회(咸北老會)라 칭(稱)하되 해삼위지방(海蔘威地方)은 함남노회(咸南老會)에 부속(付屬)할 사(事).
　　　(4) 전라노회(全羅老會)를 분(分)하여 전라북도(全羅北道) 지방(地方)은 전북노회(全北老會)라 칭(稱)하고 전라남도(全羅南道)는 전남노회(全南老會)라 칭(稱)할 사(事).
　　　(5) 각(各) 노회(老會)의 정사위원(定事委員)은 임사위원(任事委員)으로 개정(改定)하고 총회(總會)와 노회(老會) 하(下)에 있는 각(各) 위원회(委員會)는 부(部)로 개정(改正)할 사(事).
　　　(6) 중화(中華) 목능현이서(穆陵縣以西)는 사무(事務)의 편리(便利)를 인(因)하여 평북노회(平北老會)에 환부(還付)할 사(事).
　　2. 예식서(禮式書) 교열위원(校閱委員)의 보고(報告)에 의(依)하여 해예식서(該禮式書)는 참고건(參考件)으로 승인간행(承認刊行)하기로 결정(決定)하니라.
　　3. 목사청빙서식(牧師請聘書式)을 채용간행(採用刊行)ㅎ게 하니라.
　　4. 정치편집위원(政治編輯委員)이 좌기(左記)와 여(如)히 보고(報告)하니 채용(採用)하니라.
　　　(1) 정치(政治) 권징(勸懲) 조례(條例) 예배모범(禮拜模範)을 본(本) 장로(長老)가 인용(引用)하는 웨쓰[트]민스터 원서(原書)와 본(本) 총회(總會)에서 간행(刊行)한 바에 의(依)하여 편집(編輯)한 사(事).

(2) 정치(政治)는 본(本) 위원(委員) 중(中) 곽안련(郭安連, [Charles Allen Clark]), 함태영(咸台永) 양인(兩人)에게 위기편집(委記編輯)하여 등사분배(謄寫分排)하여 방재고열(方在考閱) 중(中)이온즉 본(本) 위원(委員) 등(等)이 완전(完全)한 줄로 인정(認定)하면 인쇄(印刷)하여 명년(明年) 총회(總會)에 제출(提出)할 사(事).

(3) 권징(勸懲) 조례(條例) 예배모범(禮拜模範)은 곽안련(郭安連, [Charles Allen Clark]) 함태영(咸台永) 배유지(裵裕祉, [E. Bell, 1868-1925] 남궁혁(南宮赫) 등(等)에게 위임역간(委任譯刊)케 하여 각(各) 노회(老會)에 분배(分排)하였으니 각기(各其) 고열(考閱)한 후(後) 개정(改正)할 것은 의견(意見)을 부(付)하여 명년(明年) 5월(五月) 말일(末日) 내(內)로 부장(部長) 마포삼열(馬布三悅, [Samuel A. Moffett])에게 송부(送付)할 사(事).[21]

5. 전도부(傳道部) 보고(報告)에 의(依)하여 좌기(左記) 사항(事項)을 결정(決定)하니라.

(1) 선교구역(宣敎區域)은 동서(東西) 20리(二十里), 남북(南北)이 20리(二十里)에 촌락(村落)이 120여처(一百二十餘處)요, 인호(人戶)가 번다(繁多)하며 선교이래(宣敎以來) 세례인(洗禮人)이 20인(二十人), 학습(學習)이 25인(二十五人), 집사(執事)가 2인(二人), 기도처소(祈禱處所)가 6(六), 학교(學校)가 3처(三處)인 사(事).

(2) 선교사(宣敎師) 김영훈(金永勳), 사병순(史秉淳)은 자의환국(自意還國)하고 박태로(朴泰魯)는 신병(身病)으로 귀국(歸國)하였으니 선교(宣敎) 3인(三人)은 파송(派送)하되 방노원(方老元), 홍승모(洪承模)를 위선(爲先) 갱파(更派)하여 줄 사(事).

(3) 기초(起草)한 전도부규칙(傳道部規則)과 선교회규칙(宣敎會規則)은 위원(委員)을 선정(選定)하여 교정보고(校正報告)ㅎ게 한 사(事).

6. 총회총대규칙(總會總代規則)은 매(每) 7당회(七堂會)에서 목사(牧師), 장로(長老) 각(各) 1인식(一人式) 파송(派送)하기로 개정(改定)하니라.

7. 규칙부(規則部)에 제출(提出)한 총회규칙(總會規則)과 회규(會規)를

채용(採用)하고 총회일자(總會日字)는 매년(每年) 10월(十月) 첫째 주일(第一主日)로 정(定)하되 기장소(其場所)를 따라 토요석(土曜夕)에 회집(會集)함이 편리(便利)한 경우(境遇)에는 변경(變更)하기로 결정(決定)하니라.

 8. 장(長), 감(監) 양(兩) 교파(敎派) 연합협의회(聯合協議會) 교섭위원(交涉委員)이 기초(起草)한 규칙(規則)을 보고(報告)하니 1년 간(一年間) 임시채용(臨時採用)하기로 결정(決定)하고 해회(該會)에 출석(出席)할 위원(委員) 20인(二十人)을 선정(選定)하니라.

 9. 목사가족(牧師家族) 구조위원(救助委員)이 보고(報告)한 구조(救助)에 관(關)한 규칙(規則)을 채용(採用)하니라.

 1918년(一九一八年) 무오(戊午) 8월(八月) 31일(三十一日)에 총회(總會)가 제 7회(第七回)로 선천군(宣川郡) 북예배당(北禮拜堂)에서 개회(開會)하니라.

 1. 고(故) 원두우(元杜尤, [Horace G. Underwood]) 박사(博士)의 선교유적기념물(宣敎遺跡記念物)을 설립(設立)하기 위(爲)하여 연구위원(硏究委員) 5인(五人)을 선정(選定)하니라.

 2. 신호신학교(神戶神學校)에 유학(遊學)하는 정덕생(鄭德生)의 헌의(獻議)에 의(依)하여 신호(神戶)에 거류(居留)하는 신자(信者)와 노동자(勞動者)를 위(爲)하여 가옥(家屋)을 임차(賃借)하여 주일(主日)마다 회집예배(會集禮拜)ᄒ게 하되 신학교(神學校) 교사회(敎師會)에서 파송(派送)한 목사(牧師)에게 위임(委任)하여 차(此)를 인도(引道)ᄒ게 하니라.

 3. 규칙부(規則部)의 보고(報告)에 의(依)하여 좌(左)의 사항(事項)을 결정(決定)하니라.

  (1) 회규(會規)는 정치문답조례(政治問答條例) 618 문답(六百十八問答)에 기재(記載)된 장로회(長老會) 각(各) 치리회규칙(治理會規則)을 본(本) 총회(總會) 의회규칙(議會規則)으로 적용(適用)할 사(事).[22]

  (2) 본(本) 총회(總會) 서기(書記)와 회계(會計)는 총대(總代)가 아니라도 필요(必要)한 경우(境遇)에는 잉임(仍任)할 사(事).

 4. 나병원(癩病院)을 위(爲)하여 각(各) 교회(敎會)가 연보(捐補)하기로

작정(作定)하고 수금위원(收金委員)을 선정(選定)하니라.

5. 신문위원(新聞委員)의 보고(報告)에 의(依)하여 **기독신보(基督申報)** 주필(主筆) 김필수(金弼秀)의 계속시무(繼續視務)를 허(許)하고 그에게 경제상(經濟上) 용난(用難)이 없게 하기를 결정(決定)하니라.

6. 각(各) 교회(敎會)가 성신(聖神)의 은석(恩錫)를 받아 진흥완전(振興完全)하여 주(主)를 영화(榮華)롭게 하는 성결(聖潔)한 교회(敎會)가 될 목적(目的)으로 동년(同年) 9월(九月) 16일(十六日)부터 22일(二十二日)까지 특별기도회(特別祈禱會)로 매일(每日) 3, 4회(三四回) 혹(或) 2회식(二回式) 회집(會集)하기로 결정(決定)하니라.

7. 개회(開會) 제 3기(第三杞)에 상해재류동포(上海在留同胞)의 정황(情況)과 해삼위(海蔘威) 전도상황(傳道狀況) 보고(報告)를 들은 회원(會員)과 방청인(傍聽人)은 극도(極度)로 감동(感動)되어 열심연보(熱心捐補)한 금액(金額)이 1,800여원(一千八百餘圓)에 달(達)하였고, 재석(在席)하였던 전도국(傳道局) 총무(總務) 조선인(朝鮮人)을 위하여 해삼위(海蔘威)에 선교사(宣敎師) 파송(派送)을 운동(運動)하기로 성언(聲言)하니라.

8. 학무부(學務部) 보고(報告)에 의(依)하여 작년(昨年) 총회(總會)에 제의(提議)한 고등교육(高等敎育)을 적립(積立)ㅎ기 위(爲)하여 세례인(洗禮人)을 표준(標準)하여 매명(每名)에 1전식(一錢式) 수납(收納)ㅎ게 하고 각(各) 학교(學校)는 매년(每年) 6일(六日)부터 익년(翌年) 5월(五月)까지의 상황보고(狀況報告)를 학무부(學務部)에 송선(送繕)ㅎ게 하니라.

9. 신학교육부(神學敎育部)의 보고(報告)에 의(依)하여 본(本) 노회(老會)의 인도(引導)가 없이 타(他) 신학교(神學校)를 졸업(卒業)한 이가 본(本) 장로회(長老會)에 사역(使役)하려는 자(者)는 먼저 기노회(其老會)의 인도(引導)와 관리(管理)를 받고 본교(本校) 별신학(別神學)에 출석(出席)하여 신경정치규칙(信經政治規則)을 강습(講習)한 후(後) 취직(就職)ㅎ게 하기로 결정(決定)하니라.

10. 목사가족(牧師家族) 구조부(救助部)의 보고(報告)에 의(依)하여 각(各) 노회(老會)가 일치적(一致的)으로 실시(實施)할 것과 구조금(救助金)

모집방법(募集方法)은 목사구역(牧師區域)에 5원(五圓) 이상(以上), 조사구역(助師區域)에 2원(二圓) 이상식(以上式) 수합(收合)ᄒ게 할 사(事)와 별위원(別委員)을 택(擇)하여 규칙(規則)을 제정(制定)ᄒ게 하니라.

11. 전도부(傳道部) 보고(報告)에 의(依)하여 좌기(左記) 사항(事項)을 결의(決議)하니라.

(1) 중국(中國) 산동(山東)에 선교사(宣敎師) 1인(一人)을 가파(加派)하되 박상순(朴尙純)으로 선정(選定)하고 평양노회(平壤老會)와 전도국(傳道局)에 위임(委任)하여 시립파송(始立派送)할 사(事).

(2) 해삼위(海蔘威)와 상해(上海)에 전도목사(傳道牧師) 1인식(一人式) 파송(派送)하되 해삼위(海蔘威)는 김현찬목사(金鉉贊牧師)를 파송(派送)케 하고 상해(上海)에는 전도부(傳道部)에 위(委)[23]임(任)하여 5개월(五個月) 간(間)만 예의(預義)하여 목사(牧師)를 파송(派送)하고 기후(其後) 형편(形便)에 의(依)하여 진행(進行)ᄒ게 할 사(事).

(3) 전도비(傳道費) 수입(收入) 10,657원(一萬六百五十七圓零)이요, 지출(支出) 9,381원(九千三百八十一圓零)이더라.

12. 정치부(政治部) 보고(報告)에 의(依)하여 좌기(左記) 사항(事項)을 결의(決議)하니라.

(1) 평북노회(平北老會)를 분(分)하여 용천(龍川), 철산(鐵山), 선천(宣川), 정주(定州), 박천(博川), 구성(龜城), 합(合) 6군(六郡)과 중국(中國) 안봉선(安奉線) 철도이서(鐵道以西)와 길림성(吉林城), 목능현(穆陵縣) 등지(等地)는 평북노회(平北老會)로 정(定)하고, 신의주(新義州), 의주(義州), 삭주(朔州), 창성(昌城), 벽동(碧潼) 합(合) 5군(五郡)과 중국(中國) 안봉선(安奉線) 철도이동(鐵道以東)[6도강(六道講) 전시(全市) 포함(包含)] 안동현(安東縣) 반부(半部), 관전현(寬甸縣) 봉천부(奉天府) 전부(全部)는 의주노회(義州老會)로 정(定)할 사(事).

13. 북간도(北間島) 전도국구역(傳道局區域)을 인(因)하여 발생(發生)한 쟁점(爭點)에 대(對)하여 총회(總會)가 감리회감독(監理會監督)에게 기서(寄書)하여 상침상해(相侵相害)가 무(無)ᄒ게 하도록 신탁(申託)하니라.

14. 중국(中國)에 파송(派送)하였던 선교사(宣敎師) 박태로(朴泰魯)의 병(病)이 위중(危重)하다 하므로 위문서(慰問書)를 송치(送致)하니라.

당년(當年) 총계(總計)에 교인(敎人) 160,915인(十六萬九百十五人), 목사(牧師) 235인(二百三十五人), 장로(長老) 721인(七百二十一人), 교회당(敎會堂) 1,078(一千○百七十八), 용비금(用費金) 287,904원(二十八萬七千九百四圓零)이더라.

1919년(一九一九年) 기미(己未) 10월(十月) 4일(四日)에 총회(總會)가 제8회(第八回)로 평양부(平壤府) 신학교(神學校)에서 개회(開會)하니 회장(會長) 김선두(金善斗)가 3·1운동사건(三一運動事件)으로 인(因)하여 재감(在監) 중(中)인 고(故)로 부회장(副會長) 마포삼열(馬布三悅, [Samuel A. Moffett])의 사회(司會)로 개회(開會)하니 회원(會員)은 목사(牧師) 73인(七十三人), 장로(長老) 73인(七十三人), 선교사(宣敎師) 55인(五十五人)이요, 신임원(新任員) 회장(會長)에 마포삼열(馬布三悅, [Samuel A. Moffett]), 부회장(副會長)에 김익두(金益斗), 서기(書記)에 김성탁(金聖鐸), 부서기(副書記)에 채필근(蔡弼近), 회계(會計)에 피득(彼得, [Alexander A. Pieters]), 부회계(副會計)에 김석창(金錫昌)이 피선(被選)하니라.

1. 각(各) 교회(敎會)를 진흥(振興)하게 하기 위(爲)하여 진흥위원(振興委員)은 각(各) 노회(老會) 3인식(三人式) 36인(三十六人)을 선정(選定)하니라.

2. 경성(京城) 서대문감옥(西大門監獄)에 재수(在囚)된 증경회장(曾經會長) 김선두(金善斗), 양전백(梁甸伯), 증경서기(曾經書記) 함태영(咸台永), 전도사무국장(傳道事務局長) 길선주(吉善宙)에게 기서위문(奇書慰問)하니라.[24]

3. 전도부(傳道部) 보고(報告)에 의(依)하여 좌기(左記) 사항(事項)을 결의(決議)하니라.

(1) 선교사(宣敎師) 박상순(朴尙純)의 주택건축(住宅建築)을 허(許)한 사(事). [평양부인전도회(平壤婦人傳道會)에서 8백원(八百圓)을 기부(寄

附)하다.]

　　(2) 중국(中國) 선교병원기지(宣敎病院基地) 매수(買收)를 허(許)한 사(事). [평양교우(平壤敎友) 1인(一人)이 분담(分擔)하다.]

　　(3) 해삼위(海蔘威)에 계속전도(繼續傳道)하기를 허(許)한 사(事). [형제(兄弟) 4인(四人)이 300원(三百圓)을 연보(捐補)하다.]

　4. 해삼위(海蔘威) 전도상황(傳道狀況)에 대(對)한 김현찬(金鉉贊)의 연설(演說)을 듣고 감동(感動)된 회중(會衆)의 연보금액(捐補金額)이 2,000여원(二千餘圓)에 달(達)하니라.

　당년(當年) 산동성(山東省) 선교비(宣敎費) 대양계(大洋計) 13,000원(一萬三千圓)이요, 해삼위(海蔘威) 전도비(傳道費) 1,262원(一千二百六十二圓零)이더라.

　5. 만국장로연합협의회(萬國長老聯合協議會)의 공함(公函)을 청취(聽取)한 후(後) 의회(議會)에 파송(派送)할 대표(代表)를 선정(選定)하기로 결의(決議)하고 원총대(原總代)에 임종순(林鍾純), 후보(候補)에 남궁혁(南宮赫)을 투표선정(投票選定)하니라.

　6. 환난(患難) 중(中)에 있는 형제자매(兄弟姉妹)를 위(爲)하여 1주간(一週間) 기도(祈禱)하기를 결정(決定)하니라.

　7. 기독신보지국원(基督申報支局員)은 각(各) 노회원(老會員) 중(中) 1인식(一人式) 선정(選定)하여 신보발전(申報發展)을 협조(協助)하게 하니라.

　8. 정치편집위원(政治編輯委員)이 외국선교사(外國宣敎師)와 조선야소교장로회(朝鮮耶蘇敎長老會)와 관계조례(關係條例)를 의정보고(議定報告)하니라.

　　(1) 외국선교사(外國宣敎師)가 본(本) 장로회(長老會) 내(內)에 사역(使役)에 착수(着手)할 시(時)에는 총회(總會)에서 동역회원(同役會員)이 되어 언권회원(言權會員)만 될 사(事).

　　(2) 총회(總會)가 해선교사(該宣敎師)를 위원(委員)으로 선정(選定)할 시(時)에는 해위부(該委部)에서는 투표권(投票權)이 있는 사(事).

(3) 노회(老會)에서도 우(右)와 동일(同一)한 법(法)으로 하되 교회(敎會)를 위임(委任)할 시(時)에는 투표권(投票權)이 있는 사(事).

(4) 조선목사(朝鮮牧師)와 동사(同事)할 시(時) 동사목사(同事牧師)가 불참(不參)할 때에만 투표권(投票權)이 있나니라.

9. 규칙부(規則部)에서 규칙(規則)을 증감보고(增減報告)하니라.

10. 주일(主日) 공과부(工課部) 보고(報告)에 의(依)하여 주일학교진흥일(主日學校振興日)을 10월(十月) 17일(十七日)로 정(定)하고 기익년(其翌年) 동경(東京)에 개최(開催)되는 만국주일학교연합회(萬國主日學校聯合會)에 출석(出席)될 대표(代表) 23인(二十三人) 중(中) 3인(三人)의 여비(旅費)를 본(本) 총회(總會)가 지불(支拂)하기로 의결(議決)하니라.[25]

11. 장, 감(長監) 연합협의회(聯合協議會)에서 결정(決定)한 해회(該會) 총대(總代) 40인(四十人)을 잉존(仍存)할 사(事)와 만주(滿洲) 전도사업(傳道事業)을 균일(均一)ᄒ게 하기 위(爲)하여 구역(區域)을 결정(決定)하자는 사건(事件)과 포와(布蛙)에 거류(居留)하는 동포(同胞)들의 지불(支拂)하는 금액(金額)으로 순회전도목사(巡回傳道牧師) 설립(設立)하는 사(事)와 해회헌법(該會憲法)은 1년간(一年間) 계속사용(繼續使用)하는 사(事)와 전도구역(傳道區域) 분계위원(分界委員) 선정(選定)하는 의안(議案)을 채용(採用)하니라.

12. 정치부(政治部)의 보고(報告)에 의(依)하여 인가(認可)받은 의사(醫師) 외(外)에는 아편연(鴉片烟)을 흡긱(吸喫)하는 것과 막아비 사용(使用)하는 것이나 영속각(罌粟角)을 재배(栽培)하는 것을 치리(治理)하기로 의정(議定)하니라.

13. 신학교육부(神學敎育部)는 좌기(左記) 사항(事項)을 보고(報告)하니라.

(1) 금춘(今春)에는 이사(理事) 김선두(金善斗), 김창건(金昌鍵) 양인(兩人)이 재감(在監)됨을 인(因)하여 이사회(理事會)를 개(開)하지 못할 사(事).

(2) 춘기개학(春期開學) 시(時)에 학생(學生) 85인(八十五人)이 내회

(來會)하였으나 기중(其中) 5인(五人)은 조선독립운동사건(朝鮮獨立運動事件)으로 태형(笞刑)을 수(受)하고 80인(八十人)은 기지방사무(其地方事務)를 인(因)하여 각귀(各歸)함으로 개학(開學)ᄒ지 못할 사(事).

(3) 추기개학(秋期開學)에 학생(學生)이 40인(四十人)인 사(事).

(4) 자금(自今) 이후(以後)로는 개학(開學)을 춘추(春秋) 양기(兩期)로 분(分)할 사(事).

(5) 임택권(林澤權), 이인식(李仁植)을 일본(日本) 신호신학(神戶神學)에 유학(遊學)ᄒ게 한 사(事).

(6) 신학지남(神學指南) 대금(代金)을 80전(八十錢)으로 인상(引上)할 사(事).

(7) 왕길지(王吉志, [G. Engel]), 이눌서(李訥瑞, [William David Reynolds, 1867-1951])는 선교사회(宣敎師會) 작정(作定)으로 신학교(神學校) 교사(敎師)로 시무(視務)된 사(事).

(8) 신학교장(神學校長) 마포삼열(馬布三悅, [Samuel A. Moffett])이 귀국(歸國) 시(時)에 나부열(羅富悅, [Stancy L. Roberts])이 대리(代理)ᄒ게 될 사(事).

당년(當年) 총계(總計)에 교인(敎人) 144,062인(十四萬四千六十二人), 목사(牧師) 192인(百九十二人), 장로(長老) 837인(八百三十七人), 교회당(敎會堂) 1,705(一千七百五), 용비금(用費金) 377,348원(三十七萬七千三百四十八圓零)이라.

1920년(一九二〇年) 경오(庚午) 10월(十月) 2일(二日)에 총회(總會)가 제9회(第九回)로 경성(京城) 안동예배당(安洞禮拜堂)에서 개회(開會)하니 회원(會員)은 목사(牧師) 80인(八十人), 장로(長老) 80(八十)[26]인(人), 선교사(宣敎師) 55인(五十五人)이요, 임원(任員)은 회장(會長)에 김익두(金益斗), 부회장(副會長)에 이기풍(李基豊), 서기(書記)에 김성탁(金聖鐸), 부서기(副書記)에 차재명(車載明), 회계(會計)에 주공삼(朱孔三), 부회계(副會計)에 노해리(魯解理, [Harry A. Rhodes])가 피선(被選)되니라.

1. 경성(京城) 서대문감옥(西大門監獄)에 3·1운동(三一運動)을 인(因)

하여 재감(在監)된 목사(牧師)와 장로(長老)에게 기서위문(寄書慰問)하기로 결의(決議)하니라.

2. 해삼위(海蔘威)에 전도(傳道)하기 위(爲)하여 총회당석(總會當席)에서 연보(捐補)한 금액(金額)이 1,300여원(千三百餘圓)에 달(達)하니라.

3. 평북노회경내(平北老會境內) 정주읍(定州邑), 오산(五山), 곽산(郭山) 3교회당(三敎會堂)과 의산노회경내(義山老會境內) 삭주읍(朔州邑), 삼하단(三下端), 도령(都嶺), 추동(楸洞), 방산(方山) 5 교회당(五敎會堂)이 작년(昨年) 3·1운동(三一運動) 시(時)에 소실(燒失)된 바 건축비(建築費)를 자담(自擔)하기 불능(不能)함으로 보조(補助)하여 달라는 청원(請願)은 각(各) 교회(敎會)가 음력(陰曆) 11월(十一月) 첫째 주일(第一主日)에 연보(捐補)하여 보조(補助)하기로 결정(決定)하니라.

4. 전도지(傳道地) 분계위원(分界委員)이 분계계획서(分界計劃書)를 첨부보고(添付報告)하니라.

(1) 아령(俄領)에서는 소왕령(蘇王嶺)에서 동청철도이북(東淸鐵道以北)으로 감리회(監理會)의 전도구역(傳道區域)으로 소왕령(蘇王嶺)에서 수청(水淸)·해삼위(海蔘威)·추풍(秋風)·연추(延秋) 등지(等地)는 장로교(長老敎)의 전도구역(傳道區域)으로 정(定)하고 소왕령(蘇王嶺)은 양교회(兩敎會)의 공동전도지(共同傳道地)로 할 사(事).

(2) 중국(中國) 영지(領地)에서는 북간도(北間島), 서간도(西間島), 목능현(穆陵縣), 소왕령(蘇王嶺), 합시(哈市) 연선(沿線)에 있는 교회(敎會)들과 해철도이남(該鐵道以南)은 장로회(長老會)가 전도(傳道)하고 합시(哈市) 전부(全部)와 동청선이북(東淸線以北)은 감리회(監理會)가 전도(傳道)하기로 예정(豫定)할 사(事).

5. 기독신보(基督申報) 주필(主筆) 김필수(金弼秀)의 청원(請願)에 의(依)하여 해신보(該申報) 지국원(支局員) 가선권(加選權)을 위임(委任)하니라.

6. 중국(中國) 산동(山東) 선교구역(宣敎區域)이 확대(擴大)되고 평원군(平原郡) 나정렴(羅廷廉)은 중국(中國) 선교비(宣敎費)를 위(爲)하여 화전

(花田) 2,439평(二千四百三十九坪)을 기부(寄附)하였고 선교사(宣敎師) 방노원(方老元)을 산동노회(山東老會)에 속(屬)하고 홍승한(洪承漢), 박상순(朴尙純)은 교동노회(膠東老會)에 속(屬)하게 하였고, 중국(中國)에 선교사(宣敎師) 1인(一人)을 가파(加派)하기로 결의(決議)하니라.

7. 해삼위(海蔘威) 전도사업(傳道事業)을 함남노회(咸南老會)가 단독(單獨) 경영(經營)ᄒ기 불능(不能)함으로 해전도목사(該傳道牧師) 김현찬(金鉉贊)을 서백리아지경(西伯利亞地境) 순행전도사(巡行傳道師)로[27] 택(擇)하고 일본(日本) 신호(神戶)와 중국(中國) 상해(上海)에 전도목사(傳道牧師) 1인식(一人式) 파견(派遣)할 사(事)는 전도사무국(傳道事務局)에 위임(委任)하니라.

8. 산서노회(山西老會)를 분립(分立)하여 압록강 이북(鴨綠江 以北) 만주지경(滿州地境)은 남만노회(南滿老會)라 칭(稱)하고 기이남(其以南) 조선지경(朝鮮地境)은 산서노회(山西老會)라 잉칭(仍稱)하니라.

9. 고등교육(高等敎育) 장려부(獎勵部)를 치(置)하여 각(各) 노회(老會) 내(內) 중등학력(中等學力)과 독실(篤實)한 신앙(信仰)이 있는 청년(靑年)을 택(擇)하여 외국(外國)에 유학(遊學)ᄒ게 하기로 하니라.

10. 주일공과부(主日工課部)는 주일학교부(主日學校部)로 변경(變更)하고 해부(該部)에 제출(提出)한 주일학교(主日學校) 제도표(制度表)는 교열위원(校閱委員)을 선정(選定)하여 교열(校閱) 후(後)에 채천(採川)하니라.

11. 신학교육부(神學校育部) 보고(報告)에 의(依)하여 총회일자(總會日字)는 매년(每年) 9월(九月) 둘째 주일(第二主日)로 개정(改定)하니라.

12. 총계(總計)에 교인(敎人) 153,615인(十五萬三千六百十五人), 목사(牧師) 160인(百六十人), 장로(長老) 963인(九百六十三人), 교회당(敎會堂) 1,738(一千七百三十八), 용비금(用費金) 575,997원(五十七萬五千九百九十七圓零)이다.

1921년(一九二一年) 신유(辛酉) 9월(九月) 10일(十日)에 총회(總會)가 제10회(第十回)로 평양부(平壤府) 장대현예배당(將臺峴禮拜堂)에서 개회(開會)하니 회원(會員)은 목사(牧師) 89인(八十九人), 장로(長老) 89인(八十

九人), 선교사(宣敎師) 45인(四十五人)이요, 임원(任員)은 회장(會長)에 이기풍(李基豊), 부회장(副會長)에 유서만(劉西萬), 서기(書記)에 차재명(車載明), 부서기(副書記)에 남궁혁(南宮赫), 회계(會計)에 주례삼(朱禮三), 부회계(副會計)에 김동원(金東元)이 피임(被任)되니라.

1. 평북여전도회(平北女傳道會)에서 선교사(宣敎師) 1인(一人)의 선교비(宣敎費)를 담당(擔當)하였고 선교사(宣敎師) 방노원(方老元)이 귀국순행(歸國巡行) 시(時)에 기사택(其舍宅) 건축비(建築費)에 대(對)하여 각(各) 교회(敎會)에서 연보(捐補)한 금액(金額)이 1,430여원(一千四百三十餘圓)에 지(至)하였고 아령(俄領)에 계속전도(繼續傳道)하기 위(爲)하여 목사(牧師) 김현찬(金鉉贊), 최여종(崔與琮)을 파송(派送)하기로 경영(經營)하고 신호(神戶)에 파송(派送)할 전도목사(傳道牧師)의 경비(經費)를 위(爲)하여 음력(陰曆) 정월(正月) 둘째 주일(第二主日)에 연보(捐補)하여 경남노회(慶南老會)에 위임(委任)하기로 하고 중국(中國) 산동(山東)에 가파(加派)할 선교사(宣敎師)는 목사(牧師) 이대영(李大永)으로 선정(選定)하니라. 산동성(山東省) 선교비(宣敎費)는 17,194원(一萬七千一百九十四圓)이요, 노영전도비(露領傳道費)는 1,593원(一千五百九十三圓零)이라.

2. 정치편집부(政治編輯部)가 기초(起草)한 헌법(憲法) 신경(信經) 정치(政治) 권징(勸懲) 조례(條例) 예택모범(禮擇模範)을 각(各) 목사(牧師), 장로(長老)의 교열(校閱)을 경(經)하여 교정보고(校正報告)하니 채용(採用)[28]하여 각(各) 노회(老會)에 수의(垂議)하고 1년간(一年間) 임시(臨時) 사용(使用)하기로 하니라.

3. 정치부(政治部)의 보고(報告)에 의(依)하여 좌기(左記) 사항(事項)을 결의(決議)하니라.

(1) 함남(咸南)·함북노회(咸北老會)를 분(分)하되 간도일대(間島一帶)는 독립(獨立)하여 간도노회(間島老會)로 정(定)하고, 성진구역(城津區域)과 회령구역(會寧區域)을 합(合)하여 함북노회(咸北老會)로 정(定)하고 기이남(其以南)은 함남노회(咸南老會)로 정(定)한 사(事).

(2) 평남노회(平南老會)를 분(分)하여 평양(平壤), 평서(平西), 안주

(安州) 3노회(三老會)를 조립(助立)하되 평양부(平壤府), 대동군(大同郡), 동남(東南), 중화(中和), 황주(黃州), 도안(道安), 곡산(谷山), 성천(成川), 강동(江東) 등지(等地)는 평양노회(平壤老會)에 속(屬)하고 강서(江西), 용강(龍岡), 삼화(三和), 남포(南浦) 등(等) 서면(西面), 서북(西北)은 평서노회(平西老會)에 속(屬)하고 안주(安州), 덕천(德川), 영원(永遠), 맹산(孟山), 순천(順天) 등지(等地)는 안주노회(安州老會)에 속(屬)한 사(事).

(3) 경북노회(慶北老會)를 분(分)하여 경북(慶北), 경안노회(慶安老會)로 정(定)하되 영덕군(盈德郡) 영덕면(盈德面) 삼은교회(三恩敎會) 전부(全部)와 남정면(南正面) 남정교회(南正敎會)와 청송군(淸松郡) 부동면(府東面), 부남면(府南面), 안덕면이북(安德面以北)과 의성군(義城郡) 부곡면(否谷面)과 의성읍이북(義城邑以北)과 상주군(尙州郡) 이안면(利安面), 함창군(咸昌郡) 서면(西面) 낙동강(洛東江) 동안(東岸)은 경안노회(慶安老會)에 속(屬)하고 기여(其餘)는 경북노회(慶北老會)에 잉속(仍屬)할 사(事).

(4) 정치(政治) 제 12장(第十二章) 2조(二條) 중(中) 7개당(七個堂)을 10개(十個) 당회(堂會)로 개정(改定)하려는 의안(議案)을 채용(採用)하여 각(各) 노회(老會)에 수의(垂議)하니라.

4. 규칙부(規則部)에서 총회규칙(總會規則)을 개정보고(改定報告)하니라.

5. 의산(義山), 남만(南滿), 함남(咸南) 등지(等地)에 불의(不意)의 재해(災害)로 인(因)하여 총회비수납(總會費收納)이 불능(不能)한 부분(部分)은 면제(免除)하니라.

6. 학무부(學務部)에 사무국(事務局)을 치(置)하기로 결정(決定)하니라.

7. 신학부(神學部)는 신학교(神學校)는 1학기(一學期)에 3개월(三個月) 반식(半式) 춘추(春秋) 2학기(二學期)에 합(合) 7개월간(七個月間) 수학(授學)하고 교과(敎科)에는 고고학(考古學), 교회서신(敎會書信) 청년(靑年) 중(中) 시무(視務), 지혜문(智慧文), 이방종교(異邦宗敎) 등(等) 과목(課目)을 증가(增加)하고 신학지남(神學指南) 편집인(編輯人) 왕길지(王吉志, [G. Engel])가 사임(辭任)하고 배위량(裵緯良, [William M. Baird, 1862-

1931])이 피임(被任)함을 보고(報告)하니라.

8. 고등교육(高等敎育) 장려부(獎勵部)를 학무부(學務部)와 합(合)하고 교육장려(敎育獎勵) 출자금(出資金) 모집(募集)에 대(對)하여 당국(當局)의 취체(取締)가 가혹(苛酷)함으로 교섭위원(交涉委員)에[29]게 위임(委任)하여 총독부(總督府)에 교섭(交涉)ㅎ게 하니라.

9. 장·감연합협의회(長監聯合協議會)에서 조선야소교(朝鮮耶蘇敎) 감사일(感謝日)은 매년(每年) 11월(十一月) 둘째 주일(第二主日) 후(後) 수요일(水曜日)로 기념(紀念)ㅎ기로 결의(決議)한 것을 총회(總會)가 채용(採用)하니라.

10. 사기편집부(史記編輯部)는 사기재료수집(史記材料蒐集)에 관(關)하여 좌기(左記) 양식(樣式)을 제정(制定)하니라.

　　(1) 교회설립자(敎會設立者)와 인도자(引導者),

　　(2) 교회설립(敎會設立)과 교육(敎育)에 관(關)한 사(事),

　　(3) 교회(敎會)의 환난(患難),

　　(4) 치리회(治理會)[당회(堂會)]가 조직(組織)된 사(事),

　　(5) 교회직원(敎會職員)[집사(執事), 장로(長老), 목사(牧師)]의 장립(將立)한 사(事),

　　(6) 전도사업(傳道事業)[전도회(傳道會), 전도인(傳道人), 선교사(宣敎師) 파견(派遣) 등(等)의 사(事)],

　　(7) 교회(敎會) 특별사항(特別事項) 등(等)이다.

11. 특별위원(特別委員)의 보고(報告)에 의(依)하여 불의참사(不意慘事)를 당(當)한 교회(敎會) 중(中) 지극(至極)히 곤란(困難)한 4개소(四個所)에만 각(各) 100원식(一百圓式) 기부(寄附)하여 위무(慰撫)하기로 결정(決定)하니라.

12. 주일학교부(主日學校部)는 본년(本年) 11월경(十一月頃)에 1주간(一週間) 경성(京城)에 대강습회(大講習會)를 개(開)하고 미국(美國) 유명(有名)한 강사(講師)를 청요(請邀)하여 각(各) 노회(老會) 내(內) 주일학교(主日學校) 관계자(關係者)를 소집(召集)하여 강습(講習)하고, 기후(其後)

각(各) 노회(老會) 내(內) 중요처(重要處)에 강습회(講習會)를 개(開)하고 우(又) 기후(其後)에는 각(各) 지방(地方) 중요처(重要處)에 강습회(講習會)를 개(開)하여 기부근(其附近) 각(各) 주일학교(主日學校) 직원(職員)을 망라(網羅)하여 강습(講習)하기를 경영(經營)하는 의안(議案)을 보고(報告)하니라.

13. 총계(總計)에 교인(敎人) 179,158인(十七萬九千一百五十八人), 목사(牧師) 208인(二百八人), 장로(長老) 1,115인(一千一百十五人), 교회당(敎會堂) 1,876(一千八百七十六), 용비금(用費金) 71,711원(七十一萬七百十一圓零)이더라.[30]

1922년(一九二二年) 임술(壬戌) 9월(九月) 10일(十日)에 총회(總會)가 제11회(第十一回)로 경성(京城) 승동예배당(勝洞禮拜堂)에서 개회(開會)하니 회원(會員)은 목사(牧師) 70인(七十人), 장로(長老) 70인(七十人), 선교사(宣敎師) 30인(三十人)이요, 위원(委員)은 회장(會長)에 김성탁(金聖鐸), 부회장(副會長)에 박정찬(朴貞燦), 서기(書記)에 차재명(車載明), 석근옥(石根玉), 회록서기(會錄書記)에 김우석(金禹錫), 김가전(金嘉全), 회계(會計)에 임택권(林澤權), 부회계(副會計)에 주공삼(朱孔三)이 피선(被選)되니라.

1. 조선야소교장로회헌법(朝鮮耶蘇敎長老會憲法)은 노회(老會)에 수의(垂議)한 결과(結果) 완전(完全)히 채용(採用)하고 정치편집부(政治編輯部)는 사무(事務)가 준료(竣了)된 고(故)로 폐지(廢止)하니라.

2. 황해노회(黃海老會) 관내(管內) 수해(水害) 당(當)한 각(各) 교회(敎會)를 위(爲)하여 9월(九月) 넷째 주일(第四主日) 연보(捐補)를 수합(收合)하여 다소(多少)를 물론(勿論)하고 해노회(該老會) 회계(會計)에 부송(付送)하여 구조(救助)하기로 하니라.

3. 학무부(學務部) 보고(報告)에 의(依)하여 고등교육(高等敎育) 장려부(獎勵部)를 고등교육(高等敎育) 후원회(後援會)로 개정(改定)하고 각(各) 교회(敎會)에 매년(每年) 3월(三月) 첫째 주일(第一主日) 연보(捐補)는 학무기본금(學務基本金)으로 정(定)하여 여행(勵行)하기로 하고 규칙(規則) 13

조(十三條)와 세칙(細則) 4조(四條)를 제정(制定)하니라. [세칙(細則) 4조(四條)는 성략(省略)함].

4. 주일학부(主日學部)의 청원(請願)에 의(依)하여 주일학교연합(主日學校聯合)의 경비(經費)를 위(爲)하여 매년(每年) 6월(六月) 첫째 주일(第一主日)에 각(各) 교회(敎會) 장(壯), 유년(幼年) 주일학교(主日學校) 장(壯), 유년(幼年) 전부(全部)가 연보(捐補)하여 각기(各其) 노회(老會) 주일학교부(主日學校部)에 보내고, 해노회(該老會)는 해금액(該金額) 반분(半分)은 본(本) 노회(老會) 주일학교(主日學校)를 위(爲)하여 사용(使用)하고 반부(半部)는 총회(總會) 주일학교부(主日學校部)에 송교(送交)하여 일반경비(一般經費)에 충용(充用)ᄒ게 할 사(事)와 신학교(神學校)에 청원(請願)하여 각(各) 노회(老會) 주일학교(主日學校) 권장위원(勸獎委員)을 위(爲)하여 특별사범과(特別師範課)를 경영(經營)ᄒ게 하고 각(各) 노회(老會)는 권장위원(勸獎委員)의 강습비(講習費)를 부담(負擔)ᄒ게 할 사(事)와 주일학교연합회(主日學校聯合會) 규칙개정안(規則改正案)을 보고(報告)하매 채용(採用)하니라. [규칙(規則)은 성략(省略)함].

조선연합(朝鮮聯合) 주일학교(主日學校)에 파송(派送)할 총대(總代) 13인(十三人)을 주일학교부(主日學校部) 공천(公薦)에 의(依)하여 선정(選定)하니라.

5. 의산노회(義山老會) 관내(管內) 환난(患難)과 흉년(凶年)을 당(當)한 4처(四處) 교회(敎會)의 본년도(本年度) 총회비(總會費)를 면제(免除)하고 황해노회(黃海老會) 관내(管內) 수해(水害) 당(當)한 각(各) 교회(敎會)의 내년도(來年度) 총회비(總會費)를 면제(免除)하니라.

6. 평양도직회(平壤都職會)에 작년(昨年) 총회(總會) 총대식비(總代食費) 중(中) 잉여금(剩餘金) 243원(二百四十三圓) 환부(還付)한 사(事)에 대(對)하여 서기(書記)로 감사장(感謝狀)을 선교(繕交)ᄒ게 하[31]니라.

7. 경남노회장(慶南老會長) 박정찬(朴貞燦)이 신호(神戶) 전도사업(傳道事業)에 대(對)하여 각(各) 노회장(老會長)을 신호(神戶) 전도연보금(傳道捐補金) 지회계(支會計)로 지정(指定)할 사(事)와 본년도(本年度) 말(末)

납금(納金)을 1월(一月) 내(內) 수봉(收捧)하여 원회계(原會計)에 송부(送付)ㅎ게 할 사(事)를 청원(請願)하니라.

8. 장·감(長監) 연합회의부(聯合會議部)에서 해협의회(該協議會) 헌법(憲法) 중(中) 제 14조(第十四條) 본회(本會)는 2년(二年) 1회식(一回式) 정기회집(定期會集)하되 필요(必要)한 경우(境遇)에는 회장(會長)이 실행위원(實行委員)의 문의(問議)로 임시회집(臨時會集)함을 득(得)함이라고 개정(改正)하였다는 보고(報告)를 채용(採用)하니라.

9. 정법부(政法部)의 보고(報告)에 의(依)하여 좌(左)의 사항(事項)을 결의(決議)하니라.

(1) 함북노회(咸北老會)를 분(分)하여 함북(咸北) 4군(四郡)과 함경(咸鏡) 전경(全境)을 합(合)하여 명칭(名稱)은 함북노회(咸北老會)라 하고 서백리아(西伯利亞) 일대(一帶)를 거(擧)하여 서백리아노회(西伯利亞老會)라 명칭(名稱)할 사(事).

(2) 전남노회(全南老會)를 분(分)하여 구례(求禮), 곡성(谷城), 순천(順天), 광양(光陽), 보성(寶城), 고흥(高興)을 합(合)하여 명칭(名稱)은 순천노회(順天老會)라 하고 장성(長城), 영광(靈光), 광주(光州), 나주(羅州), 고창(高敞), 순창(淳昌), 담양(潭陽), 화순(和順), 함평(咸平), 무안(務安), 장흥(長興), 영암(靈岩), 강진(康津), 완도(莞島), 진도(珍島), 제주(濟州), 해남(海南)을 합(合)하여 명칭(名稱)은 전남노회(全南老會)라 할 사(事).

(3) 노회(老會) 서기(書記)가 노회(老會) 총대(總代)로 피선(被選)되지 못하면 선거(選擧)와 피선거권(被選擧權)은 없고 노회(老會)가 허락(許諾)하면 언권(言權)만 있을 사(事).

(4) 예배당(禮拜堂)에서 교회(敎會)와 상관(相關)없는 연설(演說)을 허락(許諾)ㅎ지 않는 것이 가(可)할 사(事).

(5) 산서노회(山西老會)에서 남만노회(南滿老會)에 속(屬)하였던 8교회(八敎會)는 본(本) 노회(老會)에 부속(附屬)ㅎ게 하였던 바 금(今)에는 교통(交通)이 불편(不便)함을 인(因)하여 남만노회(南滿老會)에 환부(還付)하여 달라는 청원(請願)을 허(許)하는 것이 불가(不可)할 사(事).

(6) 무임목사(無任牧師)라도 해노회(該老會)가 총회(總會) 총대(總代)로 파견(派遣)할 시(時)에는 투표권(投票權)이 있는 회원(會員)이 될 사(事).

10. 전도부(傳道部)의 보고(報告)에 의(依)하여 좌기(左記) 사항(事項)을 결의(決議)하니라.

(1) 산동(山東) 선교사(宣敎師)의 봉급(俸給) 60원(六十圓)은 70원(七十圓)으로 할 사(事).[32]

(2) 선교사(宣敎師)의 귀국규칙(歸國規則)을 5년(五年)으로 변경(變更)할 사(事).

(3) 선교사(宣敎師)가 친환(親患)이 있는 시(時)에 여비(旅費)를 자담(自擔)하고 즉시(卽時) 귀국(歸國)하는 규칙(規則)을 정(定)할 사(事).

(4) 경남노회(慶南老會)에서 신호(神戶) 전도(傳道)를 위(爲)하여 부채(負債)한 금액(金額)을 총회전도부(總會傳道部)에서 보상(報償)할 사(事).

(5) 서백리아(西伯利亞) 전도인(傳道人) 1명(一名)의 봉급(俸給) 급(及) 전도비(傳道費) 840원(八百四十圓)을 허(許)할 사(事).

(6) 서백리아(西伯利亞) 전도목사(傳道牧師)는 김현찬(金鉉贊), 최흥종(崔興琮)으로 선정(選定)할 사(事).

(7) 산동성(山東省) 선교비(宣敎費)는 20,898원(二萬八百九十八圓零)이요, 노령(露領) 전도비(傳道費)는 3,346원(三千三百四十六圓零)이러라.

11. 경산군(慶山郡) 전응서(全應西)가 금 1,000원(金一千圓)을 전도국(傳道局)에 기부(寄附)한 사(事)에 대(對)하여 총회(總會)가 박수(拍手)로 환영(歡迎)하니라.

12. 신호(神戶) 전도사업(傳道事業)에 대(對)하여 선교사(宣敎師) 곽안련(郭安連, [Charles Allen Clark])과 경남노회장(慶南老會長)이 장·감연합선교회(長監聯合宣敎會)에 교섭(交涉)하여 계속(繼續)하게 하되 해선교회(該宣敎會)가 경비(經費)를 담당(擔當)ㅎ지 아니할 시(時)에는 총회(總會)에서 반액(半額)을 담당(擔當)하고라도 계속(繼續)하기로 결의(決議)하니라.

13. 분계위원(分界委員)의 보고(報告)에 의(依)하여 위원(委員) 4인(四人)을 가파(加派)하니 차(此)는 서백리아(西伯利亞), 북간도(北間島), 남만주(南滿州) 등지(等地)의 전도구역(傳道區域)에 대(對)하여 감리회(監理會)와 교섭(交涉)하는 사(事)가 난중(難重)하다 하므로 해지방(該地方)에 관계(關係)가 있는 목사(牧師) 박창영(朴昌英), 박례헌(朴禮獻)과 박걸(朴傑, [A. H. Barker]), 업아력(鄴亞力, [A. F. Robb])을 가택(加擇)하니라.

14. 전도지(傳道地) 교섭위원(交涉委員)의 보고(報告)에 의(依)하여 좌기(左記) 사항(事項)을 결의(決議)하니라.

　　(1) 감리회(監理會)가 진남포부(鎭南浦府)에서 장·감(長監) 양교회(兩敎會)가 공동전도(共同傳道)하는 것을 승인(承認)할 시(時)에는 본(本) 총회(總會)도 사리원(沙里院)에서 장·감(長監) 양교회(兩敎會)가 공동전도(共同傳道)하는 것을 승인(承認)할 사(事).

　　(2) 본(本) 사건(事件)은 중대(重大)한 고(故)로 특별위원(特別委員)을 선택(選擇)하여 전권(專權)으로 처리(處理)ᄒ게 할 사(事).

　　(3) 특별위원(特別委員)은 곽안련(郭安連, [Charles Allen Clark]), 차상진(車相晋), 위대모(魏大模, [Norman C. Whittemore]), 김선두(金善斗), 화위량(和緯良), 김성탁(金聖鐸), 함태영(咸台永) 제씨(諸氏)로 정(定)할 사(事).

　　(4) 신학교육부(神學敎育部)는 본년(本年) 춘기(春期)부터 신규칙(新規則)에 의(依)하여 교수(敎授)하는 것과 작년(昨年) 동기(冬期)에 17인(十七人)이 졸업(卒業)한 것과 미국(美國) 시카고 노부인(老婦人) 매고벽(麥古黙, [맥코믹, McCormick])의 기부(寄附)한 70,000여원(七萬餘圓)으로 신교사(新校舍)를 건축(建築)하는 사(事)를 보고(報告)하니라.[33]

16[15.]. 11월(十一月) 9일(九日)부터 선교사업(宣敎事業)을 위(爲)하여 기도(祈禱)하고 연보(捐補)하기로 결의(決議)하니라.

17[16.]. 만국장로회연합공의회(萬國長老會聯合公議會)에 파송(派送)되었던 총대(總代) 임종순(林鍾純)의 보고(報告) 대개(大槪)[상략(上略)] 교제(敎弟)는 본(本) 총회(總會)의 사명(使命)을 받아 만국장로회연합협의회(萬

國長老會聯合協議會)에 출석(出席)하였읍니다. [중략(中略)] 9월(九月) 16일(十六日)부터 25일(二十五日)까지 핏스벅에서 모였는데 37처(三十七處) 총회대표자(總會代表者)가 왔사옵고 회소(會所)는 핏스벅 제 1(第一)장로회 예배당(長老會禮拜堂)인데 각(各) 교회(敎會) 보고(報告)를 들어본즉 구라파교회(歐羅巴敎會)가 전쟁(戰爭) 시(時)에 곤란(困難)을 당(當)하였으니 라마교(羅馬敎) 압박(壓迫)에서 벗어나서 장로회(長老會)로 돌아오는 일도 많사오며, 도와줌을 요구(要求)하는 일도 많읍니다. [중략(中略)] 23일(二十三日) 오전(午前) 10시 반(十時半)부터는 우리 조선교회(朝鮮敎會)가 말할 터인데 시간(時間)은 총대(總代)가 10분식(十分式) 밖에는 더 허락(許諾)하지 않는데 우리는 좀 더 허락(許諾)을 받았으나 프로그램에 작정(作定)해 놓은 고(故)로 많이는 얻지 못하고 윤산온(尹山溫, [George Shannon McCune, 1872-1941]) 목사(牧師)는 자기(自己) 학교(學校)일로 가고 정의종씨(鄭義鐘氏)가 와서 도와주고 교제(敎弟)의 통역(通譯)은 대구(大邱)에서 오신 방혜법(邦惠法, [Herbert E. Blair]) 목사(牧師)가 하였는데 만장(滿場)이 박수갈채(拍手喝采)하였읍니다. 낙루(落淚)하는 이도 많이 있었고 칭찬(稱讚)하는 일이 있었고 위로(慰勞)될 만한 말도 많이 들었삽나이다. 연(然)이온즉 우리가 하나님의 은혜(恩惠)로 인(因)하여 교회(敎會)로는 세계(世界)에 남부럽지 않읍니다. [중략(中略)]

두어 가지 문제(問題)를 회(會)에 제출(提出)하였으나 우리 마음대로 아니 되고 본(本) 국교회(國敎會)에 위문장(慰問狀)이나 보내겠다 합니다. 그런즉 [중략(中略)] 우리의 일은 우리가 할 것 뿐이오니 실력양성(實力養成)이 제일(第一)인줄 압니다. 총회(總會)에 고등교육(高等敎育) 장려부(獎勵部) 일을 속(速)히 힘쓰시와 인물양성(人物養成)을 어서 속히 힘쓰기를 간절히 바랍니다. 우리 교회(敎會)도 세계인물(世界人物)이 많이 나와야하겠읍니다. [중략(中略)] 금후(今後) 총회(總會)는 1925년(一九二五年)에 영국(英國) 웰쓰지방(地方)[Cardy Wales]에서 모입니다. 우리 총회(總會)에 예비(豫備)할 것은 ① 여비(旅費) ② 의안(議案) ③ 조선대표(朝鮮代表) 선정(選定)이요, 기외(其外)에 총회(總會) 개회(開會) 시(時) 축하장(祝賀狀)과 또는 환영(歡迎)하는 기(旗) 혹(或)은 기타(其他) 물품(物品)을 잘 만들어 보내면 좋겠읍니다. 이번 평양여전도회(平壤女傳道會)에서 기(旗) 하나를 보내었는데 우리 밖에는 보낸 이가 없읍니다. 만장(滿場)이 박수갈채(拍手喝采)하였는데 당일(當日)은 오전(午前) 오후(午後)가 다 코리안의 천지(天地)가 되었읍니다. 어찌 하였던지 코리안교회(敎會)가 세계(世界)에 크게 표시(表示)는 되었읍니다. 이제부터는 늘 불가불(不可不) 참석(參席)할 터이온데 기간(其間) 잘 준비(準備)하시기를 바랍니다. [이하(以下) 약(略)] 운운(云云)[34]

시년(是年)에 채용(採用)한 헌법(憲法) 중(中) 소요리문답(小要理問答) 정치(政治) 권징(勸懲) 조례(條例) 예배모범(禮拜模範) 등(等)은 웨스트민스터회(會)의 제정원안(制定原案)에 의(依)하여 증칙개수(增則改修)함에 불과(不過)한 것인즉 번재(煩載)의 요(要)가 무(無)하고 지약(至若) 신경(信經)은 조선예수교장로회(朝鮮예수敎長老會)의 남정(男定) 반행자(頒行者)인 고(故)로 자(玆)에 전문(全文)을 기재(記載)하여 후감(後鑑)을 작(作)하노라.

一조선예수교장로회 신경(朝鮮예수敎長老會 信經)一

1. 신구성경(新舊聖經)은 하나님의 말씀이시니 믿고 행(行)하는 본분(本分)의 확실(確實)한 법례(法例)가 다만 이밖에 없느니라.

2. 하나님은 홀로 하나이시니 오직 그만 경배(敬拜)할 것이라. 하나님은 신(神)이시니 자연(自然)히 계시고 부소부재(不所不在)하시고 다른 신(神)과 모든 유형물(有形物)과 같이 아니하시며, 그 계신 것과 지혜(智慧)와 권능(權能)과 거룩하심과 공의(公義)와 인애(仁愛)하심과 진실(眞實)하심과 사랑하시는 일에 대(對)하여 무한(無限)하시며 무궁(無窮)하시며 변(變)하지 아니 하시느니라.

3. 하나님의 본체(本體)에 3위(三位)가 계시니, 성부(聖父), 성자(聖子), 성신(聖神)이신데 이 3위(三位)는 하나님이시니 원체(原體)도 같고 권능(權

능)과 영광(榮光)이 동등(同等)이시니라.

4. 하나님께서 권능(權能)의 말씀으로 유형물(有形物)들과 무형물(無形物)들을 창조(創造)하셨고 보호(保護)하여 주장(主掌)하시며 모든 것은 자기(自己)의 뜻대로 행(行)하사 지혜(智慧)롭고 선(善)하시고 거룩하신 목적(目的)을 이루게 하시다. 그러나 결단(決斷)코 죄(罪)를 내신 이는 아니시니라.

5. 하나님이 사람을 남녀(男女)로 지으시되 자기(自己)의 형상(形象)을 의지(依支)하사 지식(知識)과 의리(義理)와 거룩함으로써 지으사 동물(動物) 위에 주장(主掌)하게 하셨으니 모든 세상(世上) 사람이 다 한 근원(根源)에서 났은즉 한 동포형제(同胞兄弟)이니라.

6. 우리 시조(始祖)가 선악간(善惡間) 택(擇)할 자유능(自由能)이 있었는데 필경(畢境) 시험(試驗)을 받아 하나님께 범죄(犯罪)한지라. 모든 인종(人種)들이 시조(始祖) 아담으로부터 범상(犯上)한 세대(世代)를 이어 내려옴으로 인(因)하여 그 범죄(犯罪)한 속에 참예(參預)하여 함께 빠졌으니 사람의 원죄(原罪)와 미상(味傷)한 성품(性稟)을 받은 외(外)에 범죄(犯罪)할 줄 아는 자(者)가 일부러 짓는 죄(罪)도 있나니 모든 사람이 금세(今世)와 내세(來世)에 하나님의 공(公)변된 진노(震怒)와 형벌(刑罰)을 받는 것이 마땅하니라.[35]

7. 하나님이 사람을 무한(無限)히 사랑하사 죄(罪)를 속(贖)하시고 상(傷)한 성품(性稟)을 고치시고 형벌(刑罰)을 면(免)하게 하시며, 영생(永生)을 주시려고 자기(自己)의 영원(永遠) 독생자(獨生子) 주(主) 예수 그리스도로 이 세상(世上)에 보내사 육신(肉身)을 이루게 하신지라. 이 예수의 몸밖에는 하나님께서 육신(肉身)을 입은 것이 없느니라. 다만 예수로 말미암아 사람이 능(能)히 구원(救援)을 얻는지라. 그 원(遠)한 아들이 참사람 되사 전(前)과 지금(只今)과 영원(永遠)까지 한 위(位)에 각(各) 다른 두 성품(性稟)을 겸(兼)하였으니 참 하나님이시오, 참 사람이시니라. 성신(聖神)의 권능(權能)으로 잉태(孕胎)하사 동정녀(童貞女) 마리아에게 났으되 오직 죄(罪)는 없는 자(者)시라. 죄인(罪人)을 대신(代身)하여 하나님의 법(法)을 완전

(完全)히 복종(服從)하시고 몸을 드려 참되고 온전(穩全)한 제물(祭物)이 되사 하나님의 공의(公議)에 적당(適當)하게 하시며, 사람으로 하여금 하나님과 화목(和睦)하게 하시려고 십자가(十字架)에 돌아가시고 묻히셨다가 죽은 가운데서 3일(三日)만에 부활(復活)하사 하나님 우편(右便)에 승좌(升坐)하시고 그 백성(百姓)을 위(爲)하여 기도(祈禱)하시다가 그리로써 재강(再降)하사 죽은 자(者)를 다시 살리시고 세상(世上)을 심판(審判)하시니라.

8. 성부(聖父)와 성자(聖子)의 보내신 성신(聖神)께서 사람으로 하여금 죄(罪)와 환난(患難)을 깨닫게 하시며 마음을 밝게 하사 그리스도를 알게 하시며 뜻을 새롭게 하시고 권려(勸勵)하사 복음(福音)에 기록(記錄)한대로 값없이 주시는 예수 그리스도를 능(能)히 받게 하시며, 의(義)로운 열매를 맺게하사 구원(救援)을 얻게 하시나니라.

9. 하나님께서 세상(世上)을 창조(創造)하시기 전(前)에 그리스도 안에서 자기(自己) 백성(百姓)을 택(擇)하사 사랑함으로 거압해서 거룩하고 흠(欠)이 없게 하시고 그 기쁘신 뜻대로 저희도 미리 작정(作定)하사 예수 그리스도로 말미암아 자기(自己)의 아들을 삼으셨으니 그 사랑하시는 아들의 안에서 저희에게 후(厚)하게 주시는 은혜(恩惠)와 영광(榮光)을 찬미(讚美)하게 하려는 것이로되 오직 모든 세상(世上) 사람에게 대(對)하여는 온전(穩全)한 구원(救援)을 값없이 주시려 하여 명(命)하시기를 너희 죄(罪)를 회개(悔改)하고 주(主) 예수 그리스도를 자기(自己)의 구주(救主)로 믿고 의지(依支)하여 본받으며 하나님의 나타내신 뜻을 복종(服從)하여 겸손(謙遜)하고 거룩하게 행(行)하라 하셨으니 그리스도를 믿고 복종(服從)하는 자(者)는 구원(救援)을 얻는지라. 너희가 받는 바 특별(特別)한 이익(利益)은 의(義)가 있게 하심과 의자(義子)가 되어 하나님의 아들의 수(數)에 참예(參預)하게 하심과 성신(聖神)의 감화(感化)로 거룩하게 하심과 영원(永遠)한 영광(榮光)이니 믿는 자(者)는 이 세상(世上)에서도 구원(救援)있는 줄[36]을 확실(確實)히 알고 기뻐할지라. 성신(聖神)께서 은혜(恩惠)의 직분(職分)을 행(行)하시는 때에 은혜(恩惠) 베푸시는 방도(方道)는 특별(特別)히 성경(聖經) 말씀과 성례(聖禮)와 기도(祈禱)니라.

10. 그리스도께서 세우신 성례(聖禮)는 세례(洗禮)와 성찬(聖餐)이니 세례(洗禮)는 성부(聖父), 성자(聖子), 성신(聖神)의 이름으로 물로 씻음이니 그리스도와 연합(聯合)하여 성신(聖神)으로 말미암아 거듭나고 새롭게 하심과 우리 주(主)의 종이 되는 언약(言約)을 믿는 것을 인(印)쳐 증거(證據)하는 표(票)인즉 이 예(禮)는 그리스도를 믿는 자(者)와 및 그 자녀(子女)들에게 행(行)하는 것이요, 주(主)의 성찬(聖餐)은 그리스도의 죽으심을 기념(紀念)하여 떡과 잔(盞)에 참예(參預)하는 것이니 이는 믿는 자(者)가 그 죽으심을 말미암아 나는 이익(利益)을 받는 것을 인(印)쳐 증거(證據)하는 표(票)라. 이 예(禮)는 주(主)께서 오실 때까지 주(主)의 백성(百姓)이 행(行)할 것이니 이로 표(標)하는 것은 주(主)를 믿고 그 속죄제(贖罪祭)를 의지(依支)함과 거기서 좇아나는 이익(利益)을 받음과 더욱 주(主)를 섬기기로 언약(言約)함과 주(主)와 및 여러 교우(敎友)로 더불어 교통(交通)함이라. 성례(聖禮)의 이익(利益)은 성례(聖禮)의 본덕(本德)으로 말미암음도 아니요, 성례(聖禮)를 베푸는 자(者)의 덕(德)으로 말미암음도 아니요, 다만 그리스도의 복(福)주심과 및 믿음으로써 성례(聖禮)를 받는 자(者) 가운데 계신 성신(聖神)의 행(行)하심으로 말미암음이니라.

11. 모든 믿는 자(者)의 본분(本分)은 그 교회(敎會) 가운데서 서로 합심(合心)되어 그리스도의 성례(聖禮)와 다른 법례(法禮)를 지키며 주(主)의 법(法)을 복종(服從)하며 항상(恒常) 기도(祈禱)하며 주일(主日)을 거룩하게 지키며 주(主)를 경배(敬拜)하기 위(爲)하여 함이며 주(主)의 말씀을 강도(講道)함을 자세(仔細)히 들어서 하나님께서 저희로 하여금 풍성(豊盛)하게 하심을 좇아 연보(捐補)하며 그리스도의 마음과 같은 마음으로써 서로 사랑하며 또한 모든 사람에게도 그와 같이 할 것이요, 그리스도의 나라가 온 세상(世上)에 퍼지기 위(爲)하여 힘쓰며 주(主)께서 영광(榮光) 가운데서 나타나심을 바라고 기다릴 것이니라.

12. 마지막 날에 죽은 자(者)가 부활(復活)함을 받고 그리스[도]의 심판(審判)하시는 보좌(寶座) 앞에 서서 이 세상(世上)에서 선악간(善惡間)에 행(行)한 바를 따라 보응(報應)을 받을 것이니 그리스도를 믿고 복종(服從)

하는 자(者)는 현저(顯著)히 사(赦)함을 얻고, 영광(榮光) 가운데로 맞아 드리는 바 되려니와 오직 믿지 아니하고 악(惡)을 행(行)한 자(者)는 정죄(定罪)함을 입어 그 죄(罪)에 적당(適當)한 형벌(刑罰)을 받을지니라.[37]

인가식(認可式)

내가 이 교회(敎會)의 신경(信經)은 하나님의 말씀을 의지(依持)하여 세운 줄로 믿사오며 곧 나의 신경(信經)으로 삼고 공포(公布)하노라.

총계(總計)에 교인(敎人) 167,261인(十六萬七千二百六十一人)이요, 목사(牧師) 246인(二百四十六人)이요, 장로(長老) 1,250인(一千二百五十人)이요, 교회당(敎會堂) 1,941(一千九百四十一)이요, 용비금(用費金) 1,065,235원(一百六萬五千二百三十五圓零)이더라.

1923년(一九二三年) 계해(癸亥) 9월(九月) 8일(八日)에 총회(總會)가 제 [1]2회(第[十]二回)로 신의주부(新義州府) 제 1예배당(第一禮拜堂)에서 개회(開會)하니 회원(會員)은 목사(牧師) 74인(七十四人), 장로(長老) 74인(七十四人), 선교사(宣敎師) 31인(三十一人)이요, 임원(任員)은 회장(會長)에 함태영(咸台永), 부회장(副會長)에 안승원(安承源), 서기(書記)에 김우석(金禹錫), 홍종필(洪鍾弼), 회록서기(會錄書記)에 백신칠(白信七), 장홍범(張弘範), 회계(會計)에 임택권(林澤權), 부회계(副會計)에 황보덕삼(皇甫德三)이 피선(被選)되니라.

1. 학무부(學務部)의 보고(報告)에 의(依)하여 좌기(左記) 사항(事項)을 결의(決議)하니라.

　(1) 장로회선교사연합회(長老會宣敎師聯合會)에서 여자대학(女子大學)을 설립(設立)하고자 하는 사(事)에 대(對)하여 크게 환영(歡迎)하고 경비찬조(經費贊助)하기 위(爲)하여 협의위원(協議委員) 3인(三人)을 선택(選擇)한 사(事).

　(2) 경성(京城) 세부란시(世富蘭偲) 의학전문학교(醫學專門學校)에서 이사(理事) 2인(二人)을 택(擇)하여 달라는 청원(請願)에 대(對)하여 김

필수(金弼秀), 김선두(金善斗)를 임명(任命)할 사(事).

(3) 경성(京城) 연희전문학교(延禧專門學校)에 이사(理事) 2인(二人)을 택(擇)하여 달라는 청원(請願)에 대(對)하여 차재명(車載明), 김길창(金吉昌)을 임명(任命)할 사(事).

(4) 북장로파선교회(北長老派宣敎會)에서 각(各) 중학교(中學校)에 대(對)하여 조선교회(朝鮮敎會)에서도 이사(理事)를 선택(選擇)하여 경제상(經濟上)에 보조(補助)까지도 하여 달라 함에 대(對)하여는 각(各) 노회(老會)에 기선교사회(其宣敎師會)와 협의(協議)하여 이사(理事)를 세우매 협력(協力)할 사(事).

(5) 연합선교회(聯合宣敎會) 하(下)에 있는 각(各) 학교(學校) 협의원(協議員)을 이사(理事)로 변경(變更)하되 각(各) 노회(老會) 학무부원(學務部員) 중(中)으로 1인(一人)을 참여(參與)ㅎ게 할 사(事).

(6) 각(各) 노회(老會) 하(下)에 있는 각(各) 학교(學校) 교원(敎員)의 신지식(新知識)을 증진(增進)ㅎ기 위(爲)하여 하기강습회(夏期講習會)를 각(各) 노회(老會) 관내(管內)에 개최(開催)ㅎ게 할 사(事).

(7) 각(各) 학교(學校) 성경교원(聖經敎員)은 상당(相當)한 목사(牧師)로 교수(敎授)ㅎ게 할 것이며 특(特)히 고등정도(高等程度) 이상(以上)의 학교(學校)에서는 신학(神學)의 전문지식(專門知識)이 있는 자(者)로 채용(採用)할 사(事).[38]

2. 정치부(政治部)의 보고(報告)에 의(依)하여 좌기(左記)의 사항(事項)을 결의(決議)하니라.

(1) 예배당(禮拜堂)을 연극장(演劇場)으로 사용(使用)하는 것은 크게 불합당(不合當)한 사(事)인즉 각(各) 당회(堂會)가 신중(愼重)히 처리(處理)할 사(事).

(2) 황해노회(黃海老會)에서 봉산(鳳山) 신원(新院) 본(本) 교회당사(敎會堂事)로 김장호(金庄鎬)와 소송(訴訟)하는 사건(事件)에 대(對)하여 청구(請求)한 것은 본(本) 노회(老會) 헌법(憲法) 제 10장(第十章) 제 7조(第七條) 4항(四項)에 의(依)하여 노회(老會)의 책임(責任)을 다하게 하되 마포

삼열(馬布三悅, [Samuel A. Moffett]), 김선두(金善斗)를 별위원(別委員)으로 선정(選定)하여 방조(幇助)ㅎ게 할 사(事).

(3) 황해노회(黃海老會)에서 제출(提出)한 본(本) 장로(長老) 정치(政治) 제3장(第三章) 1조(一條) 말서(末瑞)[금일(今日)에는 이적(異蹟) 행(行)하는 권능(權能)이 정지(停止)되었느니라] 내(內)에 함을 개정(改定)하자는 의안(議案)은 채용(採用)하여 각(各) 노회(老會)에 수의(垂議)하니라.

(4) 경안노회(慶安老會)에서 전선교회(全鮮敎會)가 교적(敎籍)을 일정(一定)ㅎ게 사용(使用)하자는 의안(議案)은 김우석(金禹錫), 황영규(黃永奎), 차상진(車相晋)을 별위원(別委員)으로 정(定)하여 식양(式樣)을 제정(制定)하여 명년(明年) 총회(總會)에 보고(報告)ㅎ게 할 사(事).

(5) 순천노회(順天老會)에 제의(提議)한 총계표(總計表) 교인란(敎人欄)에 관(關)한 건(件)은 총계위원(總計委員)에게 위기(委記)하여 의무상실(義務喪失)한 입교인란(入敎人欄)을 치(置)케 할 사(事).

(6) 경북노회(慶北老會) 관하(官下) 이만집(李萬集), 박영조(朴永祚) 등(等)이 해치회(該治會)의 치리(治理)를 불복(不服)하고 본(本) 장로회(長老會)를 탈퇴(脫退)하여 자치(自治)를 선언(宣言)하여 본(本) 장로회(長老會)의 헌법(憲法)을 위배(違背)한 자(者)가 본(本) 장로회(長老會)에 속(屬)한 교회당(敎會堂)을 관리(管理)함을 무리(無理)한 사(事)인데 경북노회(慶北老會)가 차(此)에 대(對)하여 대소(對訴)함은 합당(合當)한 사(事)인즉 본(本) 총회(總會)는 전(前) 회장(會長) 김성탁(金聖鐸), 현(現) 회장(會長) 함태영(咸台永)과 김영옥(金泳玉)을 별위원(別委員)으로 선정(選定)하여 일변(一邊)으로는 해노회(該老會)를 방조(幇助)하고 일변(一邊)으로는 총독부(總督府)에 교섭(交涉)하여 본(本) 장로회(長老會) 헌법(憲法)대로 각(各) 교회(敎會)의 설립자(設立者)를 각(各) 노회장(老會長)으로 개선(改選)하기를 교섭(交涉)ㅎ게 할 사(事).

(7) 작년(昨年) 총회(總會) 시(時)에 본(本) 정치부(政治部)에 위임(委任)한 정치(政治)와 규칙(規則)으로 시행(施行)한지 3개년(三個年)이 못되었으면 대절(大切)한 관계(關係)가 없는 경우(境遇)에는 졸연(卒然)히 개정

(改正)하자는 제출(提出)을 하지 말자는 제의(提議)는 그대로 실행(實行)하는 것이 가(可)한 사(事).

(8) 조선기독교청년연합회(朝鮮基督敎靑年聯合會[YMCA]) 회장(會長) 이상재(李商在)의 청원(請願)한 독년(毒年) 1차식(一次式) 기독청년(基督靑年)을 위(爲)하여 매년(每年) 2월(二月) 마지막 주일(最終主日)에 각(各) 교회(敎會)가 기도(祈禱)하여 달라는 것은 허락(許諾) 실행(實行)할 사(事).

3. 재단위원(財團委員)이 좌기(左記) 사항(事項)을 보고(報告)하여 채용(採用)하고 총독부(總督府)에 교섭(交涉)할 사무(事務)는 교섭위원(交涉委員)에 위임(委任)하니라.[39]

(1) 각(各) 노회(老會)에 재단부(財團部)를 설립(設立)하고 총회(總會)에는 재단총본부(財團總本部)를 설치(設置)할 사(事).

(2) 법인(法人)의 명칭(名稱)은 각(各) 노회(老會)의 명칭(名稱)을 의(依)하여 정(定)할 사(事).

(3) 법인(法人)의 목적(目的)은 조선예수교장로회(朝鮮예수敎長老會) 경영(經營)에 속(屬)한 토지(土地), 건물(建物)을 소유관리(所有管理)할 사(事).

(4) 각(各) 노회(老會) 총대회(總代會)에서 재단실행위원(財團實行委員) 3인식(三人式) 택정(擇定)하여 본(本) 위원(委員)과 협의(協議)ᄒ게 할 사(事).

(5) 명노회(名老會)는 재단부(財團部) 이사(理事)를 3년조(三年組)로 9인식(九人式) 선정(選定)할 사(事).

(6) 재단총본부(財團總本部) 위원(委員)은 상비위원(常備委員)으로 9인(九人)을 선(選)할 사(事).

4. 신학교육부(神學敎育部)는 신학교(神學校) 건축교실(建築校室)이 낙성(落成)되어 작년(昨年) 9월(九月)부터 사용(使用)하는 사(事)와 본년(本年) 3월(三月)부터 주일학교(主日學校) 강습과(講習課)를 실시(實施)하는 사(事)와 신학생(神學生)의 기숙(寄宿)은 연급(年級)에 의(依)하여 공유(共留)ᄒ게 한 사(事)를 보고(報告)하니라.

5. 혼상예식(婚喪禮式) 제정위원(制定委員)이 보고(報告)함에 혼례(婚禮)에 관(關)한 사항(事項)은 내총회(來總會)까지 유안(留案)하고, 기타(其他) 보고(報告)만 회장(會長)이 검열위원(檢閱委員)을 자벽(自辟)하여 내총회(來總會)에 검열(檢閱)ᄒ게 하기로 결의(決議)하니 양전백(梁甸伯), 차상진(車相晋)을 검열위원(檢閱委員)으로 택정(擇定)하니라.

6. 총회(總會)는 서간도(西間島) 전도상황(傳道狀況)을 들은 후(後) 전도비(傳道費) 부족(不足)을 보충(補充)하기 위(爲)하여 즉석(卽席)에 연보(捐補)한 금액(金額)이 800여원(八百餘圓)에 달(達)하니라.

7. 각(各) 노회(老會) 주일학교부(主日學校部) 회계(會計)는 본(本) 총회(總會) 주일학교부(主日學校部) 지회계(支會計)로 지정(指定)하니라.

8. 사기편집부(史記編輯部)는 명년(明年) 2월(二月) 말(末)까지만 사기원고(史記原稿)를 접수(接受)하기로 하고, 위원(委員) 왕길지(王吉志, [G. Engel]), 정기정(鄭基定), 변린서(邊麟瑞), 정덕생(鄭德生), 차상진(車相晋), 박덕일(朴德逸), 김내범(金迺範), 홍종필(洪鍾弼), 오덕화(吳德化) 등(等)으로 명년(明年) 3월(三月) 1일(一日)부터 평양신학교(平壤神學校)에 회집(會集)하여 편집(編輯)에 종사(從事)ᄒ게 한 바는 보고(報告)하니라.

9. 일본(日本) 진재(震灾)를 인(因)하여 막대(莫大)한 손해(損害)를 당(當)하였으므로 위문(慰問)하기 위(爲)하여 박용희(朴容義), 김영구(金永耈)를 별위원(別委員)으로 택정(擇定)하니라.

10. 장, 감연합협의부(長監聯合協議部)는 예정(豫定)과 같이 작년(昨年) 10월(十月) 26일(二十六日)에 경성(京城)에 전집(全集)하였을 시(時)에 선교사연합회(宣敎師聯合會)와 연합(聯合)할 의논(議論)이 제출(提出)되어 본년(本年) 3월(三月) 15일(十五日)에 경성(京城)에 합동(合同) 회집(會集)한 결과(結果) 양연합회(兩聯合會)가 통일(統一)하여 조선야소교연합회의회(朝鮮耶蘇敎聯合會議會)를 조직(組織)[40]하여 각기(各其) 상회(上會)에 보고(報告)하여 승인(承認)을 구(求)하기로 결의(決議)하고 규칙(規則)을 첨부(添附) 보고(報告)하매 규칙(規則) 제 4조(第四條) 하(下)에 신경(信經)과 정치(政治)와 예배모범(禮拜模範)과 규칙(規則)은 간여(干與)하지 아니 못

할 사(事)라는 구어(句語)를 편입(編入)한 후(後) 채용(採用)하니라. 해공의회(該公議會) 규칙(規則)은 6장(六章) 11개조(十一個條)로 성립(成立)한 것인데, 기요점(其要點)을 선거(選擧)하면 제 1장(第一章)은 명칭(名稱)과 목적(目的)인데 본회(本會)는 조선야소교연합공의회(朝鮮耶蘇敎聯合公議會)라 칭(稱)하고, 목적(目的)은 ① 협동(協同)하여 복음(福音)을 전파(傳播)할 것, ② 협동(協同)하여 사회도덕(社會道德)의 향상(向上)을 계도(計圖)할 것, ③ 협동(協同)하여 기독교문화(基督敎文化)의 보급(普及)을 계도(計圖)할 것과 제 2장(第二章) 연합단체(聯合團體)와 권한(權限)인데 연합단체(聯合團體)는 조선야소교장로회(朝鮮耶蘇敎長老會)와 남북양감리회(南北兩監理會)와 조선선교회(朝鮮宣敎會) 장로파(長老派) 4단체(四團體)와 감리파(監理派) 2단체(二團體)와 영국성서공회(英國聖書公會)와 조선중앙기독교청년회(朝鮮中央基督敎靑年會)로 할 것. [단(但) 상기(上記) 외국단체(外國團體)에서 가입(加入)ㅎ고저 하면 1년(一年) 전(前)에 회중(會中)에 예고(豫告)한 후(後) 차회(次會) 출석원교(出席員敎) 3분지 2(三分之二) 이상(以上)과 연합(聯合) 단체교(團體敎)로 3분지 1(三分之一) 이상(以上)의 가결(可決)을 요(要)할 것]과 제 3장(第三章) 회원(會員), 제 4장(第四章) 임원(任員)과 직무(職務), 제 5장(第五章) 집회(集會), 제 6장(第六章) 회비(會費), 제 7장(第七章) 규칙(規則) 개정(改正) 등(等)이니라.

11. 장, 감(長監) 양교구역(兩敎區域) 분계위원(分界委員)은 작년(昨年) 총회(總會)에 보고(報告)한대로 진남포부(鎭南浦府)와 사리원(沙里院)은 양교(兩敎) 공동(共同) 전도지(傳道地)로 성립(成立)되도록 협의(協議)한 것과 선교사(宣敎師) 허일(許馹[許一, Harry James Hill])의 구역(區域) 내(內) 남정교회(楠亭敎會)에서 전도(傳道)하던 수안군(遂安郡) 대천면(大川面) 사창리(司倉里)는 본래(本來) 감리회(監理會) 지경(地境)인 고(故)로 의회(議會)에 양여(讓與)한 사(事)와 구삼화지방(舊三和地方)에 경계(境界) 미분명(未分明)한 고(故)로 위원(委員)을 택(擇)하여 기경계(其境界)를 분명(分明)ㅎ게 할 사(事)와 경기도(京畿道) 진위지경(振威地境)에 감리회(監理會)에서 전도(傳道)하던 지방(地方)은 장로회(長老會)에 환부(還付)케 한

사(事)를 보고(報告)하니라.

12. 당년(當年) 산동성(山東省) 선교비(宣敎費) 급(及) 노령(露領) 전도비(傳道費)는 21,616원(二萬一千六百十六圓零)이더라.

13. 당년(當年) 총계(總計)에 교인(敎人)은 193,850인(十九萬三千八百五十人)이요, 목사(牧師)는 234인(二百三十四人)이요, 장로(長老)는 1,372인(一千三百七十二人)이요, 교회당(敎會堂) 2,097(二千九十七)이요, 용비금(用費金)이 998,009원(九十九萬八千九圓零)이더라.

1924년(一九二四年) 갑자(甲子) 9월(九月) 13일(十三日)에 본(本) 총회(總會)가 제 13회(第十三回)로 함흥군(咸興郡) 신창예배당(新昌禮拜堂)에서 개회(開會)하니, 회원(會員)은 목사(牧師) 79인(七十九人), 장로(長老) 79인(七十九人), 선교사(宣敎師) 38인(三十八人)이요, 임원(任員)은 회장(會長)에 이백익(李白益), 부회장(副會長)에 임택권(林澤權), 서기(書記)에 김우석(金禹錫), 장금명(張金明), 전록서기(全錄書記)에 홍종필(洪鍾弼), 박용희(朴容羲), 회계(會計)에 이춘섭(李春燮), 부금계(副金計)에 이상백(李尙白)이 피선(被選)되니라.[41]

1. 본(本) 장로회(長老會) 헌법(憲法)에 의(依)하여 상설재제국(常設裁制局)을 설치(設置)하기로 결의(決議)하니라.

2. 작년(昨年) 총회(總會)에서 각(各) 노회(老會)에 수의(垂議)한 헌법(憲法) 제 3장(第 三章) 제 1조(第 一條) 괄고(括孤) 내(內)에 있는 문구(文句)를 삭제(削除)하자는 것은 부결(否決)되니라.

3. 외지 전도부(外地 傳道部) 보고(報告)에 의(依)하여 산동(山東) 선교사(宣敎師) 홍승한(洪承漢)을 소환(召還)하고 아령(俄領) 등지(等地) 급(及) 기타(其他) 재외동포(在外同胞)에게 전도(傳道)하는 사업(事業)은 내지(內地) 전도부(傳道部)를 설치(設置)하여 관리(管理)ㅎ게 하기로 의결(議決)하니라.

4. 서백리아노회(西伯利亞老會) 청원(請願)에 의(依)하여 서백리아(西伯利亞) 순행목사(巡行牧師)는 박정찬씨(朴禎燦氏)로 선정(選定)하니라.

5. 신학교육부(神學敎育部)는 교장(校長) 마포삼열(馬布三悅, [Samuel

A. Moffett])이 사임(辭任)함으로 원로교장(元老校長)으로 추대(推戴)하고 나부열(羅富悅, [Stancy L. Roberts])을 교장(校長)에 선임(選任)한 사(事)를 보고(報告)하니라.

6. 정치부(政治部)는 경기충청노회(京畿忠淸老會)를 분(分)하여 충청노회(忠淸老會), 경기노회(京畿老會)라 칭(稱)하고 구역(區域)을 충청노회(忠淸老會)는 충청북도(忠淸北道) 청주(淸州), 괴산(槐山), 보은(報恩), 옥천(沃川), 영동(永同) 각(各) 군경내(郡境內)에 있는 장로교회(長老敎會)를 통할(統轄)하고, 경기노회(京畿老會)는 경기도(京畿道) 양평(楊平), 용인(龍仁), 광주(廣州), 시흥(始興), 김포(金浦), 파주(坡州), 고양(高陽), 양주(楊州) 일부(一部)에 있는 장로교회(長老敎會)를 통할(統轄)할 사(事)와 산서노회(山西老會) 관할(管轄)에 속(屬)한 함남(咸南) 장진군(長津郡) 일원(一圓)을 함남노회(咸南老會)에 이속(移屬)할 것과 정치(政治) 제 10장(第 十章) 2조(二條) 노회(老會)는 1지방(一地方) 내(內)에 있는 모든 목사(牧師)[5인(五人) 이상(以上)됨을 요(要)함]와 당회(堂會)에서 총대(總代)로 파송(派送)되는 치리장로(治理長老)로써 조직(組織)하되 어느 목사(牧師)나 조사구역(助事區域)에 당회(堂會)의 수(數)를 좇아 4당회(四堂會) 이하(以下)가 되면 총대(總代) 장로(長老) 1인(一人)만 파송(派送)하고 5당(五堂) 이상(以上)이 되면 총대(總代) 장로(長老) 2인(二人)을 파송(派送)하고 또 조사(助師)가 없는 선교사구역(宣敎師區域)에도 이상(以上)과 같이 할 것이라고 개정(改正)함이 가(可)함을 보고(報告)하니 정치개정안(政治改正案)은 각(各) 노회(老會)에 수의(垂議)하고 기여(其餘)는 그대로 채용(採用)하기로 결의(決議)하니라.

7. 혼상예식서(婚喪禮式書) 기관위원(機關委員)이 검열보고(檢閱報告)함에 혼례(婚禮)에 대(對)하여는 주례자(主禮者)가 혼례집행(婚禮執行)하기 전(前)에 양방(兩方)의 호적등본(戶籍騰本)이나 해당회(該堂會)의 증명서(證明書)[교적등본(敎籍謄本) 등(等)]를 요(要)할 것이라는 것을 첨부채용(添附採用)하기로 결의(決議)하니라.

8. 규칙부(規則部)는 총회(總會)에서 자초(自初)로 의결(議決)한 사항(事項) 중(中) 규칙적(規則的) 성질(性質)이 있는 것과 본회(本會) 규칙(規

則)을 수정인쇄(修正印刷)하여 소책자(小冊子)로 제정(制定)하되 제위원(諸委員)은 홍종필(洪鍾砢), 이인식(李仁植), 이승길(李承吉)로 택정(擇定)하여 내회(來會)에 보고(報告)ᄒ게 할 사(事)와 재내(在內), 재외(在外)를 물론(勿論)하고 조선인(朝鮮人)에게만 전도(傳道)하는 사업(事業)을 경영(經營)하는 자(者)를 전도부(傳道部)라 칭(稱)하고 외국인(外國人)에게 전도(傳道)하는 사업(事業)을 경영(經營)하는 자(者)를 외지전도부(外地傳道部)가 칭(稱)할[42] 것과 비품대장(備品臺帳)과 제반물품(諸般物品)과 문부(文簿)를 보장(保障)할 궤(樻)를 비치(備置)할 사(事)를 제의(提議)하여 채용(採用)되니라.

9. 주일학교부(主日學校部)는 조선주일학교(朝鮮主日學校) 대표(代表) 남궁혁(南宮赫), 정인과(鄭仁果) 등(等)이 영국(英國) 스코틀란드, 클라스고에 개최(開催)된 세계주일학교대회(世界主日學校大會)에 출석(出席)하여 환영(歡迎)받은 사(事)와 미국(美國) 상항신학교(桑港神學校)에서 졸업(卒業)하고 프린스톤대학교(大學校)에서 문학사(文學士) 학위(學位)를 얻은 정인과(鄭仁果)를 조선주일학교(朝鮮主日學校) 부총무(副總務)로 시무(視務)될 사(事)와 주일학교(主日學校)의 신령상(神靈上) 발전(發展)을 위(爲)하여 목사(牧師)의 헌신회(獻身會)를 조직(組織)할 사(事)와 각(各) 노회(老會)는 각(各) 교회(敎會)에 대(對)하여 하기아동학교(夏期兒童學校) 여행(旅行)을 권장(勸獎)ᄒ게 할 사(事)를 의정보고(議定報告)함에 채용(採用)하니라.

10. 고(故) 원두우(元杜尤, [Horace G. Underwood]) 박사(博士) 기념위원(紀念委員)이 기념비(記念碑)를 평양신학교(平壤神學校) 내(內)에 건립(建立)하기로 기지(基地)를 얻은 것과 건설(建設)에 관(關)한 사(事)를 이식환(李湜煥), 임영석(林英奭)에게 전부(全部) 위임(委任)한 것과 비석(碑石)을 경성(京城) 서소문내(西小門內) 석재상점(石材商店) 여승지(呂承旨), 최포천(崔抱川) 양인(兩人)이 고(故) 원두우(元杜尤, [Horace G. Underwood]) 박사(博士)와 친절(親切)한 교의(交誼)가 있어 특(特)히 염가(廉價)로 허락(許諾)하나 200원(二百圓)이 부족(不足)됨을 보고(報告)함에

재정부(財政部)에 위임(委任)하기로 결의(決議)하니라.

  11. 전도부(傳道部)는 부활주일(復活主日) 연보금(捐補金) 전부(全部)를 본(本) 전도부(傳道部)에 송부(送付)하여 사업(事業)을 경영(經營)ㅎ게 할 사(事)와 서백리아(西伯利亞) 순행목사(巡行牧師)의 기간(期間)은 5개월(五個月)로, 여비(旅費)는 650원(六百五十圓)으로 정(定)한 사(事)와 전도목사(傳道牧師) 파송경비(派送經費) 1,500원(一千五百圓)은 본년(本年)만 한(限)하여 외지전도부(外地傳道部)에서 지불(支拂)ㅎ게 할 사(事)와 본부(本部) 지회계(支會計)를 각(各) 노회(老會)에 설치(設置)ㅎ게 할 사(事)를 청원(請願)함에 허락(許諾)ㅎ기로 의결(議決)하니라.

  12. 장감분계위원(長監分界委員)이 좌기(左記)와 여(如)히 보고(報告)함에 채용(採用)하니라.

  (1) 장로회(長老會) 전도구역(傳道區域)은 남만(南滿), 길림성(吉林省) 남편(南便), 반석(磐石), 화전(花田), 몽강(蒙江), 교화(敎化) 등(等) 현(縣)과 길림성(吉林省)에 액목(額穆)으로 가는 대로(大路) 서남편(西南便)과 북만(北滿)에 동령(東寧), 목능(穆陵), 장수(長水), 방정현(方正縣)과 기동북(其東北) 9현(九縣)과 서간도(西間島) 전부(全部)와 개원(開原) 전경(全境).

  (2) 감리회(監理會) 전도구역(傳道區域)은 길림성(吉林省) 이동(以東) 덕혜(德惠), 유수(楡樹), 쌍성(雙城), 서란현(西蘭縣)과 길림성(吉林省)에서 액목현(額穆縣)으로 가는 대로(大路) 동북편(東北便)과 북간도(北間島) 영안(永安), 오상(五上), 아성(阿城), 빈강현(濱江縣), 합장선(哈長線) 서편(西便)과 흑룡성(黑龍省) 전부(全部).

  (3) 미결안(未決案)은 배형식(裵亨湜)이 미참(未參)된 고(故)로 타(他) 회원(會員) 의결(議決)하였으나 배형식(裵亨湜)에게는 서신(書信)으로 의결(議決)ㅎ게 함.

  ① 봉천성(奉天城) 내(內)에는 동역(同役)ㅎ게 하고 장로회구역(長老會區域)은 남만노회(南滿老會) 조직(組織)된 지방(地方)의 전부(全部)와 심양(瀋陽), 신민(新民), 요중(遼中) 3현(三縣)을 포함(包含)함.[43]

  ② 봉천성(奉天城) 내(內)에는 장·감(長監) 양파(兩派)가 동역(同役)

ㅎ게 하고 감리회구역(監理會區域)은 장봉선(長奉線) 서편(西便)과 오양(五陽), 매성(梅城), 대련(大連) 전부(全部)를 포함(包含)함.

(4). 남북만주(南北滿洲)와 서백리아(西伯利亞)의 전도지분계사건(傳道地分界事件)이 미료(未了)하였으니 본(本) 위원(委員) 잉존(仍存)을 청원(請願)함.

13. 재정위원부(財政委員部)는 경성(京城)에 회집(會集)하여 재단법인(財團法人) 설치(設置) 수속(手續) 실행위원(實行委員) 5인(五人)을 선정(選定)하여 당국(當局)에 교섭(交涉)하여 재단법인(財團法人) 출원수속(出願手續)에 관(關)한 식양(式樣)을 얻었고 경기충청노회(京畿忠淸老會)가 선차(先次) 이 양식(樣式)에 의(依)하여 허가(許可)를 얻은 후(後) 기수속(其手續)에 관(關)한 일절(一切) 사항(事項)을 인쇄(印刷)하여 각(各) 노회(老會)에 기부(記付)ᄒ기로 하였으나 사정(事情)에 인(因)하여 지연(遲延)됨을 보고(報告)하니라.

14. 교육협의위원부(敎育協議委員部)는 평양신학교(平壤神學校)에서 선교사회위원(宣敎師會委員) 3인(三人)과 합동협의(合同協議)한 바 남자대중학교(男子大中學校)를 협동(協同) 경영(經營)하는 것이 가(可)할 줄로 인정(認定)하고 규칙(規則)을 기초(起草)하였고 여자대학교(女子大學校) 설립(設立)에 대(對)하여는 조선예수교장로회(朝鮮예수敎長老會) 선교사회(宣敎師會)와 교회(敎會)가 연합기성(聯合期成)하는 것이 가(可)한 줄로 인정(認定)하고 규칙(規則)을 기초(起草)함을 보고(報告)함에 채용(採用)하니라.

「남자대중학교(男子大中學校) 규칙(規則)」

① 학교(學校)의 목적(目的)은 선량(善良)한 인재(人材)를 양성(養成)하되 신자(信者)의 자제(子弟)를 교육(敎育)하고 또 충실(忠實)한 교역자(敎役者)의 자격(資格)을 양성(養成)하기로 목적(目的)함.

② 학교과목(學校科目)은 보통과목(普通科目)과 성경(聖經)을 염(廉)하여 교육(敎育)할 사(事).

③ 학교관리(學校管理)는 이사제(理事制)로 하되 기정원(其定員)은 노회(老會)와 미순회가 그 지방형편(地方形便)에 의(依)하여 회원(會員) 중(中)에서 자격(資格)이 유(有)한 자(者)로 선정(選定)할 사(事). 본(本) 회원(會員)이 아닌 자(者)를 선정(選定)ㅎ고 할 사(事)는 미순회와 노회(老會)가 협의(協議)하여 정(定)할 사(事).

④ 학교(學校) 경비(經費)는 미순회(會)와 노회(老會)가 협동(協同)하여 진력(盡力) 변출(辦出)할 사(事).

⑤ 교원(敎員)의 자격(資格)은 무결(無缺)한 교인(敎人) 중(中) 완전(完全)한 교원(敎員)의 자격(資格)을 득(得)한 자(者)로 채용(採用)할 사(事).

⑥ 학교(學校)의 목적(目的)을 위반(違反)할 시(時)는 하방(何方)에서든지 각기(各其) 변출(辦出)한 재산(財産)을 취압탈퇴(取押脫退)함을 득(得)할 사(事).

「여자대학교(女子大學校) 규칙(規則)」[44]

전기(前記) 남자대중학교(男子大中學校) 규칙(規則)과 동일(同一)하고 제1조(第一條) 중(中) 신자(信者)의 자제(子弟)를 신자(信者)의 여자(女子)로 개(改)한 것뿐인 고(故)로 성략(省略)하노라.

15. 동경(東京) 진재위문위원부(震災慰問委員部)는 내각(內閣) 총리대신(總理大臣)에게 좌기(左記) 위문서(慰問書)를 송달(送達)함을 보고(報告)하니라.

「산명해소세계개경(山鳴海嘯世界皆驚)
　옥파시열거국동경(屋破市裂擧國同驚)
　성자패시복종재래(成自敗始福從災來)
　감이미사원축대흥(敢以微詞願祝大興)」

16. 총독부(總督府) 교섭위원부(交涉委員部)는 교회설립자(敎會設立者)에 관(關)한 사(事)에 대(對)하여 시금(是今) 이후(以後)로는 본(本) 장로(長老) 헌법(憲法)에 의(依)하여 각(各) 노회장(老會長)이 교회설립자(敎會設

立者)될 것과 설립굴(設立屈) 등(等)은 노회장(老會長)의 명의(名義)로 제출(提出)할 것을 당국(當局)에서 쾌허(快許)한 사(事)와 본(本) 총회(總會)에서 경영(經營)하는 종교사업(宗敎事業)을 위(爲)하여 수집(收集)하는 감사연보금(感謝捐補金)을 기부금(寄附金)으로 간주(看做)함은 지방경관(地方警官)의 오해(誤解)인즉 그런 사(事)가 있을 시(時)에는 도경찰부(道警察部)에 교섭(交涉)할 것이요, 만일 잘 해결(解決)이 못될 시(時)에는 경무국(警務局)에 내언(來言)하라는 지시(指示)받은 교섭결과(交涉結果)를 보고(報告)하고 우지(右旨)를 각(各) 노회(老會)에 통지(通知)함을 요(要)하니라.

17. 경북노회(慶北老會) 방조위원(幇助委員)은 대구(大邱)에 출장(出張)하여 교인(敎人)을 집합(集合)하여 성경(聖經)의 말씀으로 위안(慰安)하고 총회(總會)의 의결사항(議決事項)을 설명(說明)한 후(後) 도지사(道知事)는 부산(釜山)에 출장(出張)함을 인(因)하여 내무부장(內務部長)과 학무과장(學務課長)과 경찰서장(警察署長)을 방문(訪問)하고 총회(總會)가 이만집(李萬集) 일파(一派)에 대(對)하여 적법(適法)히 처리(處理)할 사(事)를 헌법(憲法)에 의(依)하여 설명(說明)하여 양해(諒解)얻은 전말(顚末)을 보고(報告)하니라.

18. 사기편집위원부(史記編輯委員部)는 평양신학교(平壤神學校)와 원산(元山) 봉수동성경학원(烽燧洞聖經學院)에 회집(會集)하여 각(各) 노회(老會)에서 수집(蒐集)한 원고(原稿)대로 편집(編輯)한 사(事)를 보고(報告)하고 잉(仍)하여 원고부착(原稿不着)한 각(各) 노회(老會)는 금년(今年) 11월(十一月) 내(內) 경성(京城) 피어선성경학원(皮魚善聖經學院) 차상진목사(車相晋牧師)에게 송치(送致)할 것과 미진(未盡)한 원고편집(原稿編輯)하는 일은 차상진(車相晋), 홍종필(洪鍾弼)에게 전임(專任)할 것과 사기(史記)가 탈고(脫稿)되는 대로 출간(出刊)할 것과 출간(出刊)되는 대로 각(各) 노회경내(老會境內) 큰 교회(敎會)에는 1부식(一部式) 기부(記付)하여 발매(發賣)ㅎ게 할 사(事)와 출판비용(出版費用)은 총회회계(總會會計)가 위선(爲先) 대출(貸出)할 사(事)를 청원(請願)함에 총회(總會)는 양전백(梁甸伯), 함태영(咸台永), 김영훈(金永勳) 3인(三人)을 검열위원(檢閱委員)으로 선정(選

定)하여 검열(檢閱) 후(後) 3, 4천부(三四千部) 출간(出刊)하되 총회(總會)에 재정(財政)이 부족(不足)하니 셔회(書會)나 창문사(彰文社)에 위탁(委托)하여 출간(出刊)ㅎ게 하기로 결의(決議)하니라.

19. 신(申)빼별 씨(氏)로 박정찬목사(朴禎燦牧師)의(依) 서백리아(西伯利亞) 순행(巡行)에 도와줄 일은 전도국(傳道局)에 위임(委任)하고 동씨(同氏)가 총회(總會) 전도사업(傳道事業)을 위(爲)하여[45] 많이 수고(手苦)한 일에 대(對)하여 사의(謝意)를 표(表)하기로 결의(決議)하니라.

20. 총회(總會)는 서기(書記)의 청원(請願)에 의(依)하여 총회(總會)의 인(印)과 총회장(總會長)의 장(章)과 총회서기(總會書記)의 장(章)을 제조(製造)ㅎ기로 결의(決議)하니라.

21. 전도부(傳道部) 청원(請願)에 의(依)하여 각(各) 당회(堂會)에서 연보(捐補)하니 현금(現金)이 333원 40전(三百三十三圓四十錢)이더라.

22. 나병원위원부(癩病院委員部)의 청원(請願)에 의(依)하여 각(各) 노회(老會)의 서기(書記)로 해위원부(該委員部) 회계(會計) 겸임(兼任)하는 일을 허락(許諾)ㅎ기로 결의(決議)하니라.

23. 재정부(財政部)는 수한재(水旱災)를 인(因)하여 총회비(總會費) 감면(減免)하기를 청원(請願)하는 황해(黃海), 평북(平北), 의산(義山), 서백리아노회(西伯利亞老會)에 대(對)하여 청감금액(請減金額)의 반(半)을 청허(聽許)할 사(事)와 고(故) 원두우(元杜尤, [Horace G. Underwood]) 박사(博士) 기념위원(紀念委員) 청구(請求)에 대(對)하여는 기념비(紀念費) 미납교회(未納敎會)에 독촉(督促)할 사(事)를 보고(報告)하여 채용(採用)되니라.

3. 선교회사업(三, 宣敎會事業)

(1) 신학사업(一, 神學事業)

금거(今距) 30여년(三十餘年) 전(前)에 평양(平壤)에 사경회(査經會)를

개(開)하고 성경(聖經)을 구원(救援)하여 조사(助事) 수인(數人)을 양성(養成)하던 바 시대(時代)의 추세(趨勢)에 감(鑑)하여 복음(福音)선전(宣傳)할 교역자(敎役者) 양성(養成)의 필요(必要)를 감(感)하고 1901년(一九〇一年)에 목사후보자(牧師候補者) 2인(二人)을 선택(選擇)하여 성경문답(聖經問答)으로 시취(試取)한 후(後) 5년제(五年制)로 과목(科目)을 작정(作定)하여 선교사(宣敎師) 마포삼열(馬布三悅, [Samuel A. Moffett]), 이길함(李吉咸, [Graham Lee]) 양씨(兩氏)가 분담교수(分擔敎授)ᄒ게 하고 동년(同年) 공의회(公議會)에서는 신학위원(神學委員)을 선정(選定)하여 신학생(神學生) 양성(養成)의 사(事)를 위임(委任)하였으며 1902년(一九〇二年)에 제1회(第一回)로 김종섭(金宗燮), 방기창(邦基昌) 2인(二人)에게 교수(敎授)하였고, 1903년(一九〇三年)에는 매(每) 3개월식(三個月式) 수업(修業)ᄒ게 하기로 하고 목사후보자(牧師候補者) 3인(三人)에게 교수(敎授)하였으며, 1904년(一九〇四年)에는 19인(十九人)에게 교수(敎授)하였고, 동년(同年) 공의회(公議會)에서 종래(從來) 사용(試用)하던 매년(每年) 3개월식(三個月式) 5년제(五年制) 과정(課程)을 정식(正式)으로 인허(認許)하였고, 1906년(一九〇六年) 조선(朝鮮) 내(內)에 있는 4장로(四長老)[46]파(派) 선교회(宣敎會)에서 대표목사(代表牧師)를 파송(派送)하고 각기(各其) 구역(區域)에서 학생(學生)을 선송(選送)하여 수학(修學)ᄒ게 하였으며, 1907년(一九〇七年) 서경조(徐景祚), 한석진(韓錫晋), 송린서(宋麟瑞), 방기창(邦基昌), 이기풍(李基豊), 길선주(吉善宙), 양전백(梁甸伯) 등(等) 7인(七人)이 제1회(第一回)로 졸업(卒業)하였고, 동년(同年)에 해학교(該學校)를 「대한야소교신학교(大韓耶蘇敎神學校)」 [일한합병(日韓合倂) 후(後) 대한(大韓) 2자(二字)를 조선(朝鮮)으로 개정(改正)함]라 명명(命名)하였고, 동년(同年) 9월(九月) 17일(十七日)에 해졸업생(該卒業生) 7인(七人)을 목사(牧師)로 안수(按手) 임직(任職)하고 조선노회(朝鮮老會)를 비로소 조직(組織)하니 차(此)가 독립적(獨立的) 조선야소교장로회(朝鮮耶蘇敎長老會)가 되었고 차(此)로 인(因)하여 각(各) 교회(敎會)가 해신학교(該神學校) 사업(事業)을 시인(始認)하게 되니라. 1908년(一九〇八年)에 미국(美國) 시아고(市俄古)

어라사(於羅司) 맥고묵(麥古默, [McCormick]) 여사(女史)의 기부금(寄附金)으로 조선제(朝鮮制) 교사(校舍)를 건축(建築)하였고, 1909년(一九〇九年)에 입학조례(入學條例)와 기타(其他) 일반규칙(一般規則)을 개정(改正) 사용(使用)하였으니, 1910년(一九一〇年)에 졸업자(卒業者)를 위(爲)하여 별신학과(別神學科)를 시치(始置)하였으며, 1911년(一九一一年)부터 1913년(一九一三年)까지 기숙사(寄宿舍)를 건축(建築)하였으며, 1915년(一九一五年)에 졸업생(卒業生) 동창회(同窓會)가 조직(組織)되어 양전백씨(梁甸伯氏)가 제 1회(第一回) 회장(會長)이 되었으며, 1916년(一九一六年)에 정교수(正敎授) 5인(五人)으로 교수회(敎授會)를 조직(組織)하여 상설기관(常設機關)이 되게 하였는데 해교수(該敎授)는 교장(校長) 겸(兼) 교회학(敎會學) 급(及) 선교사담임(宣敎師擔任)에 선교사(宣敎師) 마포삼열(馬布三悅, [Samuel A. Moffett])이요, 도서관리(圖書管理) 급(及) 교회사(敎會史), 희랍어담임(擔任)에 동(同) 왕길지(王吉志, [G. Engel])요, 조직신학담임(組織神學擔任)에 동(同) 이눌서(李訥瑞, [William David Reynolds, 1867-1951])요, 실천신학(實踐神學) 급(及) 종교교육담임(宗敎敎育擔任)에 동(同) 곽안련(郭安連, [Charles Allen Clark])이요, 구약문학(舊約文學) 급(及) 주해담임(註解擔任)에 동(同) 어도만(魚塗萬, [Walter C. Erdman, 1877-1948]) 이요, 신약문학(新約文學) 급(及) 주해담임(註解擔任)에 동(同) 나부열(羅富悅, [Stancy L. Roberts])로 정(定)하였고 동년(同年)에 희백래어(希伯來語), 희랍어(希臘語), 영어(英語) 등(等) 3과목(三科目)을 수의과(隨意科)로 설치(設置)하였으며, 1917년(一九一七年)에 조선야소교장로회(朝鮮耶蘇敎長老會) 총회(總會)에서 본교(本校) 청원(請願)에 의(依)하여 이사(理事) 3인(三人)을 선정(選定)하였는데 김선두(金善斗), 김창건(金昌鍵), 이명혁(李明赫)이 피임(被任)되었고, 동년(同年)에 본교(本校) 기관잡지(機關雜誌) 「신학지남(神學指南)」을 발행(發行)하는데 교수(敎授) 왕길지(王吉志, [G. Engel])가 주간(主幹)이 되었으며, 1919년(一九一九年) 3월(三月) 1일(一日)에 기(起)한 조선독립운동(朝鮮獨立運動)을 인(因)하여 학생(學生) 전부(全部)가 각기(各其) 귀향(歸鄕)함으로 부득기(不得已) 추

기(秋期)에 개학(開學)ᄒ게 되니 개교(開校) 이래(以來) 수십년(數十年)에 춘기(春期)에 휴교(休校)하고 추기(秋期)에 개학(開學)함은 전무(全無)의 예(例)가 되니라.

　　1920년(一九二〇年)에 종래(從來)의 5년제(五年制)를 개(改)하여 1년(一年) 2기식(二期式) 3년제(三年制)를 정(定)하고 동년(同年) 공의회(公議會)에서 해교과목(該敎科目)에 대(對)하여 고정교리적(固定敎理的) 기초(基礎)를 채용(採用)하게 되었으며, 1921년(一九二一年)에 교수(敎授) 나부열(羅富悅, [Stancy L. Roberts])을 학감(學監)으로 임용(任用)하였고, 1922년(一九二二年) 현교사(現校舍)를 신축(新築)하게 되니 구교사(舊校舍) 건축(建築)에 대(對)하여 기부(寄附)하던 맥고묵여사(麥古默女史, [Nettle F. McCormick])가 갱(更)히 거대(巨大) 금액(金額)을 기증(寄贈)하여 건축(建築)하게 되니라. 1923년(一九二三年)에[47] 본과(本科) 외(外) 종교교육과(宗敎敎育科)를 갱설(更設)하니라. 이상(以上)과 여(如)히 각파(各派) 선교회(宣敎會)가 협심합력(協心合力)하여 경영(經營)한 결과(結果) 수백(數百) 교역자(敎役者)를 양성(養成)하여 전도사업(傳道事業)에 막대(莫大)한 공헌(貢獻)이 유(有)하게 됨은 실(實)로 감탄(感歎)을 불승(不勝)ᄒ게 하는 바니라.

부(附) 성서교육(聖書敎育)

　　각(各) 교파(敎派) 선교사회(宣敎師會)가 각기(各其) 구역(區域) 내(內)에 남녀성경학원(男女聖經學院)을 설립(設立)하여 성경지식보급(聖經知識普及)에 주력(注力)하는데 혹(或)은 3년제(三年制) 혹(或)은 4년제(四年制)로 수업(授業)하여 복음선전(福音宣傳)과 신앙수련(信仰修鍊)에 막대(莫大)한 공효(功効)가 유(有)한 중(中) 경성(京城) 피어선기념(皮魚善紀念) 성경학원(聖經學院)은 1911년(一九一一年)에 원두우(元杜尤, [Horace G. Underwood]) 선교사(宣敎師)의 주선(周旋)으로 설립(設立)되어 1915년(一九一五年) 이래(以來)로 강당(講堂)과 기숙사(寄宿舍)를 건축(建築)하고 장·감(長監) 양파(兩派)가 연합(聯合)하여 성경(聖經)을 전문(專門)으로 교수(敎授)하여 교사(敎師)의 교역자(敎役者) 양성(養成)의 일대(一大) 보조기관(補助機關)이 되었고 평양(平壤) 여성경학원(女聖經學院)은 여교육자(女敎育者) 양육(養育)에 다대(多大)한 공(功)이 유(有)하니 대구(大邱), 전주(全州), 원산(元山), 광주(光州), 강계(江界), 구의주(舊義州), 순천(順天), 청주(淸州), 부산(釜山) 등지(等地)에 각기(各其) 상당(相當)한 시설(施設)로 성경교육(聖經敎育)을 비진(備盡)하여 신앙(信仰)의 실력(實力)을 충실(充實)ㅎ게 하여 주(主)의 역자(役者)를 배양(培養)하는 선미(善美)의 사업(事業)을 진기(盡記)ㅎ기 난(難)하니라.

(2) 성서공회 급 야소교서회(二, 聖書公會 及 耶蘇敎書會)

대영성서공회(大英聖書公會)가 조선(朝鮮)에 사업(事業)을 창시(刱始)한 유래(由來)는 공의회시대사(公議會時代史)에 약기(略記)인 바 1911년(一九一一年)에 **구약전서(舊約全書)**를 역간(譯刊)하여 전교회(全敎會)에 사용(使用)ㅎ게 되었고 문구어의(文句語義)에 실착(失錯)이 무(無)하도록 개량(改良)하기 위(爲)하여 **신구약(新舊約)**을 계속(繼續) 개역(改譯)에 착수(着手)하여 전력(專力) 중(中)인데 선문성서(鮮文聖書)에 대(對)하여 북영공회(北英公會)는 자초지종(自初至終) 대영공회(大英公會)와 협력(協力)하였고, 미국공회(美國公會)는 1885년(一八八五年) 선문(鮮文) **마가복음(馬可福音)**을 간행(刊行)하였으며, 기후(其後) 연합(聯合) 혹(或) 독립(獨立)으로 사업(事業)을 진행(進行)하다가 1919년(一九一九年)부터 비율빈성서사무(比律賓聖書事務)를 전관(專管)하기 위(爲)하여 교환적(交換的) 조건(條件)으로 조선지부(朝鮮支部)를 철귀(撤歸)하니라.

대영공회(大英公會)가 조선(朝鮮)에 성서사업(聖書事業)을 경영(經營)한지 40여년(四十餘年)에 매년(每年)에 10여만원(十餘萬圓)의 경비(經費)로 반도(半島) 내(內)에 성서(聖書)를 간행(刊行) 전파(傳播)한 총계(總計)가 900만권(九百萬卷)에 달(達)하였고 1923년(一九二三年)도 사업성적보고

(事業成績報告)에는 성서전파(聖書傳播)가 565,765책(五十六萬五千七百六十五册)이요, 경비(經費)는 146,662원 5전(十四萬六千六百六十二圓五錢)인데 기중(其中) 520,408책(五十二萬四百八册)은 남녀(男女) 권서(勸書) 123인(一百二十三人)의 1개년(一個年) 근무(勤務)한 성적(成績)이니, 그[48] 수입(收入)한 대금(代金)은 14,968원 59전(一萬四千九百六十八圓五十九錢)이요, 권서(勸書) 제인(諸人)에 관(關)한 경비(經費)는 59,060원 78전(五萬九千六十圓七十八錢)인즉 차(此)는 1원치(一圓値)의 성서(聖書)를 매하(賣下)함에 4원금(四圓金)을 비용(費用)하는 것인즉 재정상(財政上) 손액(損額)이 거대(巨大)하나 성경전파(聖經傳播)에 직접(直接) 혹(或)은 간접(間接)으로 생(生)하는 결과(結果), 그 수익(收益) 총계(總計)를 정등(精等)ᄒ기 불능(不能)하니라. 해공회(該公會)의 사업(事業)에 대(對)하여 시종(始終) 근로(勤勞)한 자(者)는 선교사(宣敎師) 민휴(閔休, [Hugh Miller])요 협력찬조자(協力贊助者)는 허엽(許燁, [Tomas Hobbs])이러라.

부(附) 야소교서회(耶蘇敎書會)는 1893년(一八九三年)에 혜륜(惠倫, [John W. Heron]) 의사(醫師)의 발기(發起)로 북장로회(北長老會) 미순회장(美郇會長) 마포삼열(馬布三悅, [Samuel A. Moffett])이 각파(各派) 선교사(宣敎師)를 소집(召集)하고 협의(協議)한 결과(結果)로 조직(組織)하여 성경강의(聖經講義) 혹(或) 주석(註釋)과 종교서류(宗敎書類)와 성경(聖經)의 전기(傳記)를 역술(譯述) 발간(發刊)하여 기독교회문화(基督敎會文化)를 촉진(促進)함에 패익(稗益)이 불소(不少)하니라.

(3) 교육(三, 敎育)

선교사업(宣敎事業)에 착수(着手)하는 동시(同時)에 교세발전상(敎勢發展上) 교육(敎育)의 필요(必要)를 절실심각(切實深覺)하고 각지(各地)에 남녀학교(男女學校)를 설립(設立)하여 신자(信者)의 자녀(子女)를 교육(敎育)하여 인재(人材)를 양성(養成)하였는데 경성(京城)에 경신(儆新), 정신(貞信), 남녀중학교(男女中學校) 급(及) 연희세부란시의학전문학교(延禧世

富蘭偲醫學專門學校)와 평양(平壤)에 숭실(崇實), 숭의(崇義) 남녀중학교(男女中學校) 급(及) 숭실전문학교(崇實專門學校)와 선천(宣川)에 신성학교(信聖學校), 대구(大邱)에 계성학교(啓聖學校), 동래(東萊)에 일신여중학교(日新女中學校), 마산(馬山)에 호신남학교(儌信男學校), 의신여학교(義信女學校), 광주(光州)에 숭일(崇一), 수피아남녀학교(須彼亞男女學校)와 진주(晋州)에 시원여학교(柴園女學校), 순천(順天)에 매산남녀학교(梅山男女學校), 전주(全州)에 신흥남학교(新興男學校), 기전여학교(紀全女學校), 옥구(沃溝)에 영명학교(永明學校), 멜본딘여학교(女學校), 함흥(咸興)에 영흥남녀학교(永興男女學校) 등(等)이요, 차외(此外)에 보통(普通) 소학정도(小學程度)의 학교(學校)도 역다(亦多)하나 매거(枚擧)하기 불능(不能)인 바 30년래(三十年來) 각(各) 학교(學校)에서 훈용(薰鎔)을 받은 자(者) 중(中) 혹(或)은 교역(敎役)에, 혹(或)은 상공업(商工業)에, 혹(或)은 교육(敎育)에, 혹(或)은 의업(醫業)에, 혹(或)은 사회봉사(社會奉仕)에 각기(各其) 술능(術能)을 발휘(發揮)하여 막대(莫大)한 공헌(貢獻)이 유(有)한데 기중(其中) 특저(特著)한 자(者)는 세관란시의학전문학교(世寬蘭偲醫學專門學校), 연희전문학교(延禧專門學校), 숭실대학교(崇實大學校)라. 세의전문학교(世醫專門學校)는 1908년(一九〇八年)에 졸업생(卒業生) 홍중언(洪重彦), 김필순(金弼淳), 홍석후(洪錫厚), 박서양(朴瑞陽), 김희영(金熙永), 신장희(申章熙), 주현칙(朱賢則) 등(等) 7인(七人)을 제 1회(第一回)로 산출(産出)하였고, 1912년(一九一二年)에 현교실(現校室)을 건축(建築)하였고, 1913년(一九一三年)에 장·감선교회(長監宣敎會)서 연합제(聯合制)로 변경(變更)하였으며, 1917년(一九一七年)에 지정인허(指定認許)까지 득(得)하게 되니 교장(校長) 어비신(魚丕信, [Oliver R. Avison])의 다년(多年) 근로(勤勞)로 융숭(隆崇)한 발전(發展)을 견(見)하게 되었으며[49] 연희전문학교(延禧專門學校)는 고(故) 원두우(元杜尤, [Horace G. Underwood]) 박사(博士)의 종신(終身) 노력(努力)의 결과(結果), 1917년(一九一七年) 4월(四月) 7일(七日)에 사립연희전문학교(私立延禧專門學校) 기독교연합재단법인(基督敎聯合財團法人)의 설립허가(設立許可)와 사립연희전문학교(私立延禧專門學

校)[문학과(文學科), 신학과(神學科), 상업과(商業科), 농업과(農業科), 수학(數學) 급(及) 물리과(物理科), 응용화학과(應用化學科)]의 설립인가(設立認可)를 득(得)하였고, 경기도(京畿道) 고양(高揚) 연희면(延禧面)에 송목삼림(松木森立)한 토지(土地) 190,320평(十九萬三百二十坪)의 교지(校址)를 매입(買入)하고 기후(其後) 연속(連續) 매수(買收)한 지단(地段)을 합(合)하여 약(約) 260,680여평(二十六萬六百八十餘坪)의 광대(廣大)한 기지(基址)와 수 3동(樹三棟)의 굉걸(宏傑)한 교실(校室)과 완전(完全)한 설비(設備)로 전도(前途)에 무한(無限)한 희망(希望)이 유(有)하며, 숭실전문학교(崇實專門學校)는 1906년(一九〇六年)에 창립(創立)하였고 1907년(一九〇七年)에 지(至)하여 장, 감(長監) 양파(兩派)가 기동(其同) 경영(經營)하다가 1913년(一九一三年)에 조직(組織)을 변경(變更)하여 장로파(長老派) 선교회(宣敎會)가 단독경영(單獨經營) 중(中)이고, 1908년(一九〇八年)에 졸업생(卒業生) 변린서(邊麟瑞), 김두화(金斗和) 2인(二人)을 제 1회(第一回)로 산출(産出)하였고 기후(其後) 계속(繼續)하여 현금(現今)까지 총 졸업생(總 卒業生) 144인(一百四十四人)에 목사(牧師)된 자(者) 11인(十一人)이요, 교원(敎員)된 자(者) 80인(八十人)인데 학생청년회(學生靑年會)가 유(有)하니라. 남녀중학교(男女中學校)에는 경신학교(儆新學校)가 창립(創立) 이래(以來)로 1923년(一九二三年) 춘기(春期)까지 졸업생(卒業生) 총계(總計) 290인(二百九十人)인데 혹(或)은 교육(敎育)에 종사자(從事者)가 43인(四十三人), 교역(敎役)에 종사자(從事者)가 13인(十三人), 전문(專門) 급(及) 대학교(大學校)에 재학자(在學者)가 43인(四十三人), 상업(商業)에 종사자(從事者) 35인(三十五人), 의사(醫師)와 회사원(會社員)된 자(者) 70여인(七十餘人)이요, 1923년(一九二三年) 지정인허(指定認許)까지 되었으므로 일점발전(日漸發展)이며 정신여학교(貞信女學校)는 1912년(一九一二年)에 기숙사(寄宿舍) 3층옥(三層屋)을 건축(建築)하여 백여명(百餘名)의 기숙(寄宿)을 수용(受容)하게 되었고, 전후(前後) 16회(十六回)에 졸업생(卒業生) 182인(百八十二人)을 산출(産出)하여 가정(家庭)과 종교교육(宗敎敎育)에 종사(從事)하여 사회(社會)에 막대(莫大)한 공헌(貢獻)이 유(有)하게 되었으며, 숭

실중학교(崇實中學校)는 1898년(一八九八年)에 창립(創立) 이래(以來) 지금(至今)까지 562인(五百六十二人)의 졸업생(卒業生)을 산출(產出)한 중(中) 교역(敎役)에 종사자(從事者) 36인(三十六人), 교육(敎育)에 종사자(從事者) 181인(百八十一人), 의학(醫學), 대학(大學), 전문학교(專門學校)·신학교(神學校) 급(及) 외국유학자(外國留學者)가 공계(共計) 220여인(二百二十餘人)이더라. 숭의여교(崇義女校)는 1903년(一九○三年) 창립(創立) 이래(以來) 지금(至今)까지 250인(二百五十人)의 졸업생(卒業生)을 산출(產出)하였으며, 기여(其餘) 각(各) 학교(學校)에 대(對)하여는 사기편집(史記編輯)에 수집(蒐集)된 자료(資料)가 무(無)함으로 부득기(不得己) 후일(後日)에 편집(編輯)을 유준(留竣)하노라.

(4) 자선(四, 慈善)

각지(各地)에 병원(病院) 혹(或)은 고아원(孤兒院) 등(等)을 설치(設置)하여 복음(福音)의 대의(大意)를 실현(實現)하는 중(中) 대구(大邱), 부산(釜山), 광주(光州)에 설립(設立)한 나병원(癩病院)은 더욱[50] 가련(可憐)한 자(者)에게 구주(救主)의 인애(仁愛)를 체험(體驗)ᄒ게 됨으로 복음선전(福音宣傳)에 막대(莫大)한 찬조(贊助)를 득(得)하니라. 차(此)에 관(關)한 사(事)는 각(各) 편(編) 자선사업란(慈善事業欄)에 약술(略述)한 바가 유(有)한 고(故)로 췌진(贅陳)을 피(避)하노라.

4. 청년운동(四, 靑年運動)

(1) 기독교청년회(一, 基督敎靑年會)

1903년(一九○三年) 10월(十月) 28일(二十八日)에 선교사(宣敎師) 길례첨(吉禮忝), 파락만(巴樂萬, [Frank M. Brockman]) 등(等)과 조선신도

(朝鮮信徒) 김정식(金貞植) 등(等)의 협동(協同)으로 만국기독교청년회(萬國基督敎靑年會)에 의방(依倣)하여 조선(朝鮮) 내(內) 청년(靑年)을 덕육(德育), 지육(智育), 체육(體育), 사교(社交) 등(等)으로 계발(啓發)하기를 목적(目的)하고 경성(京城) 중앙기독청년회(中央基督靑年會)를 창립(創立)하였는데 당시(當時) 회원(會員)은 정회원(正會員) 28인(二十八人), 준회원(準會員) 9인(九人)으로 조직(組織)되었고, 유지방법(維持方法)은 내외국인(內外國人)의 동정(同情)과 재뉴육(在紐育) 북미기독교청년연합회(北米基督敎靑年聯合會)의 보조(補助)로 사업(事業)을 진행(進行)하게 되었으며 창립(創立) 즉시(卽時)에 중국(中國) 향항기독교청년연합회(香港基督敎靑年聯合會)에 가맹(加盟)하였고, 한일합병(韓日合倂) 후(後) 많은 파란(波瀾) 중(中)에서 일본기독교청년연합회(日本基督敎靑年聯合會)에 가맹(加盟)하였다가 1914년(一九一四年) 4월(四月)에 조선(朝鮮) 내(內)에도 기독교청년회연합회(基督敎靑年聯合會)가 조직(組織)됨에 따라 외국관계(外國關係)를 단절(斷絶)하게 되니라. 1907년(一九〇七年)에 경성(京城)의 중앙(中央)되는 종로(鐘路)에 3층(三層) 회관(會舘)을 건축(建築)하게 되고, 구한국(舊韓國) 황태자(皇太子) 전하(殿下)께서 친임(親臨)하여 낙성식(落成式)을 거행(擧行)하게 되었으며 건축(建築)에 대(對)한 기부(寄附)는 고(故) 현흥택씨(玄興澤氏)가 회관기지(會舘基址)로 금(金) 8,000원(八千圓), 고(故) 미국인(美國人) 원아메커[John Wanamaker, 1838-1922]씨(氏) 기부(寄附) 80,000원(八萬圓), 구한국(舊韓國) 황실(皇室)의 하사금(下賜金) 26,000원(二萬六千圓)이더라. 1915년(一九一五年)에 공업부(工業部)를 건축(建築)하고 1916년(一九一六年) 5월(五月) 6일(六日)에 운동실(運動室)을 건축(建築)하였는데 금(金) 68,810원(六萬八千八百十圓)을 미국(美國) 감덴시(市), 구란두라피드시(市) 양(兩) 청년회(靑年會)의 발기(發起)로 모집기부(募集寄附)한 것이요, 금(金) 60,000원(六萬圓)은 구한국(舊韓國) 정부(政府)에서 매년(每年) 10,000원식(壹萬圓式) 6개년 간(六個年間) 하부(下附)한 것이요, 금(金) 10,000원(壹萬圓)은 조선유지(朝鮮有志)의 의연(義捐)한 바이니라. 기본금(基本金)에 대(對)하여는 구한국(舊韓國) 황태자(皇太子) 전하(殿下)

께서 하사(下賜)하신 것이요, 금(金) 11,600원(一萬一千六百圓)은 고(故) 이등(伊藤) 공작(公爵)과 전(前) 동경(東京) 주차대사관(駐箚大使館) 서기관(書記官) 밀러(Miller)씨(氏)의 찬성(贊成) 모집(募集)한 것이요, 금(金) 10,000원(一萬圓)은 영국인(英國人) 백탁안(栢卓安, [James McLeavy Brown]씨(氏), 금(金) 5,000원(五千圓)은 목하전종태랑씨(目賀田鍾太郞氏), 금(金) 1,000원(一千圓)은 미국선교회(美國宣敎會) 등(等)의 기부(寄附)한 바인데 현금(現金) 기본금(基本金)이 50,500여원(五萬五百餘圓)에 달(達)하였으[51]며 이래(以來) 20년간(二十年間) 사업(事業)의 중요(重要)한 것은 제 1(第一), 종교사업(宗敎事業)으로 일요강화(日曜講話), 성경연구(聖經硏究), 특별전도(特別傳道) 급(及) 강연(講演) 병(幷) 사회사업(社會事業)과 제 2(第二), 교육사업(敎育事業)으로 1906년(一九〇六年)부터 위시(爲始)하여 공업교육(工業敎育)<인쇄(印刷), 목공(木工), 철공(鐵工), 제화(製靴)[현무(現無)], 등공(藤工)[현무(現無)], 사진(寫眞)>, 외국어학(外國語學)<영어(英語), 한어(漢語), 독일어(獨逸語), 에수페란토[현무(現無)]>, 중학과(中學科)[1919년(一九一九年) 폐지(廢止)함], 속성과(速成科)[1921년(一九二一年)에 특설(特設)], 노동야학과(勞動夜學科) 등(等) 교육(敎育)과 제 3(第三), 소년사업(少年事業)과 제 4(第四), 체육사업(體育事業)인데 해회(該會)가 창립(創立) 이래(以來)로 체육적(體育的) 지도(指導)에 주력(注力)하였으므로 각종(各種) 동서양식(東西洋式) 체육(體育) 보급(普及)에 있어서는 가장 선도(先導)됨을 자임(自任)하게 되었으니 해체육부(該體育部)를 통(通)하여 수입(輸入)된 운동(運動)은 야구(野球), 축구(蹴球), 배구(排球), 권투(拳鬪), 각종(各種) 기계운동(機械運動), 유도(柔道), 격검(擊劍), 씨름, 궁술(弓術) 등(等)이요, 차(此)를 발전(發展)시키는 동시(同時)에 일본(日本) 급(及) 하와이 등지(等地)에 원정(遠征)한 것이 수회(數回)에 달(達)하였으며 현금(現金) 사업기관(事業機關)은 종교부(宗敎部), 사회부(社會部), 회우부(會友部), 농촌부(農村部), 교육부(敎育部), 체육부(體育部), 공업부(工業部) 등(等)으로 분(分)하고, 각(各) 부(部)에 간사(幹事)를 치(置)하여 사업(事業)을 진행(進行)ㅎ게 하며 회원(會員)은 평생(平生), 유지(維持),

보통(普通)의 3종(三種)으로 분(分)하였는데 장년부(壯年部)에 980명(九百八十名), 소년부(少年部)에 1,218명(一千二百十八名)에 달(達)하고 1921년(一九二一年)부터는 외국(外國)의 보조(補助)를 받지 아니하고 자립유지(自立維持)하여 가게 되니라.

(2) 면려청년회(二, 勉勵靑年會)

조선장로교회(朝鮮長老敎會) 내(內)에 면려청년회(勉勵靑年會)의 명칭(名稱)을 표현(表現)하여 조직(組織)하지 못하였으나 1904, 1905년경(一九〇四五年頃) 평북(平北) 선천읍교회(宣川邑敎會)에서는 선교사(宣敎師) 윤산온(尹山溫, [George Shannon McCune, 1872-1941])과 경성(京城) 승동교회(勝洞敎會)에서는 선교사(宣敎師) 곽안련(郭安連, [Charles Allen Clark])의 활동(活動)으로 창설(創設)되었고 기후(其後) 타(他) 교회(敎會)에도 혹(或)은 면려회(勉勵會) 혹(或)은 공려회(共勵會) 명칭(名稱)으로 조직체(組織體)가 있었더니 1922년(一九二二年)에 안동(安東)에 거류(居留)하는 선교사(宣敎師) 안대선(安大善, [Wallace Jay Anderson])이 차(此)에 대(對)한 소양(素養)이 유(有)함으로 적극적(積極的)으로 활약(活躍)하여 안동읍교회(安東邑敎會)에서부터 창시(創始)하되 권대윤(權大潤)은 회장(會長)으로 안대선(安大善, [Wallace Jay Anderson])은 총무(總務)로 인근(隣近) 각(各) 교회(敎會)에 선전(宣傳)하여 당년(當年)에 10여처(十餘處)의 조직(組織)을 견(見)하게 되었고, 1923년(一九二三年)에는 선교사연합회(宣敎師聯合會)에서 해사업(該事業)의 장래(將來) 발전책(發展策)을 안대선(安大善, [Wallace Jay Anderson])에게 위탁(委託)하는 고(故)로 씨(氏)는 차(此)의 대사명(大使命)을 심각(深覺)하고 권대윤(權大潤), 윤치병(尹耻炳) 등(等) 수삼인(數三人)으로 더불어 협동(協同)하여 각지(各地) 교회(敎會)에 순행(巡行)하면서 청년(靑年)을 권유(勸誘)하여 세포단체(細胞團體)의 조직(組織)에 노력(努力)함으로 전선(全鮮) 각(各) 교회(敎會)에 면려청년회사업(勉勵靑年會事業)의 장족발전(長足發展)의 보(步)를 취(取)하게 되어

교회사업(敎會事業)에 막대(莫大)한 패익(稗益)이 유(有)하게 되니라.[52]

5. 시대의 형편(五, 時代의 形便)

차시대(此時代)의 형편(形便)을 논(論)하려 할 시(時)에 하(何)로 기점(起點)을 작(作)하여 하로 종점(終點)을 작(作)할른지 복잡(複雜)이 심(甚)하다. 연(然)이나 약론(略論)하려면 현사회(現社會)로 기점(起點)을 작(作)하여 현교회(現敎會)로 종점(終點)을 작(作)하지 아니하면 안 되겠다. 고(故)로 제 1(第一)의 사회형편(社會形便)으로, 제 2(第二)에 서양(西洋) 선교사 형편(宣敎師形便)으로, 제 3(第三)에 조선교역자(朝鮮敎役者)의 형편(形便)으로, 제 4(第四)에 교회형편(敎會形便)으로 4강령(四綱領)을 입(立)하여 약술(略述)하련다.

(1) 사회형편(一, 社會形便)

전시대(前時代) 사회(社會)와 금시대(今時代) 사회(社會)를 대조(對照)하여 분류(分類)하면,

1. 왈(曰) 도덕(道德)이니 전시대(前時代)에는 귀의경재(貴義輕財)하더니 금시대(今時代)에는 견리망의(見利忘義)하니 도덕(道德)이 부패(腐敗)요.

2. 왈(曰) 윤리(倫理)니 전시대(前時代)에는 효부모경장상(孝父母敬長上)하더니 금시대(今時代)에는 박부모능장상(薄父母凌長上)하니 윤리배역(倫理背逆)이요.

3. 왈(曰) 경제(經濟)니 전시대(前時代)에는 유항산유항업(有恒産有恒業)하더니 금시대(今時代)에는 실항산실항업(失恒産失恒業)하니 경제파멸(經濟破滅)이요.

4. 왈(曰) 사상(思想)이니 전시대(前時代)에는 유교(儒敎)와 일신론(一

神論)이 사상(思想)을 지배(支配)하더니 금시대(今時代)에는 유물론(唯物論)과 무신론(無神論)이 사상(思想)을 지배(支配)하니 사상타락(思想墮落)이요.

5. 왈(曰) 학술(學術)이니 전시대(前時代)에는 동양(東洋)의 유일문자(唯一文字)인 한자(漢字)를 숭상(崇尙)하여 구미과학(歐美科學)에 종사(從事)하더니 금시대(今時代)에는 과학만능(科學萬能)을 창(唱)할 뿐 아니라 문명(文明)의 창폐(敞弊)인 향락(享樂)과 도덕(道德)의 부패(腐敗)와 윤리(倫理)의 배역(背逆)과 경제(經濟)의 파멸(破滅)과 사상(思想)의 타락(墮落)과 학술(學術)의 황잡(荒雜)을 수(誰)가 능(能)히 구(救)하리요.

(2) 선교사형편(二, 宣敎師形便)

찬송(讚頌)하리로다. 하나님이 우리 조선(朝鮮)을 사랑하시사 태평양(太平洋) 수만리(數萬里) 외(外)와 대서양(大西洋) 수만리(數萬里) 외(外)에 재(在)한 미국(美國) 남북장로파(南北長老派) 선교사(宣敎師)와 영국(英國), 가나다와 오스트렐리아 장로파(長老派) 선교사(宣敎師)를 파견(派遣)하여 복음(福音)을 전파(傳播)하여 순교(殉敎)의 고(苦)와 핍박(逼迫)의 난(難)을 비경(備經)[53]하고 교회(敎會)를 산출(産出)하여 4장로파(四長老派)가 합동(合同)하니 1총회(一總會)를 조직(組織)하였으니 영광(榮光)은 세세(世世)에 주(主)께 귀(歸)할지어다. 선교사(宣敎師) 제군(諸君)의 공(功)과 역(力)이 진실(眞實)로 의(義)하고 감사(感謝)할 것은 4장로파(四長老派)가 문호(門戶)를 각립(各立)ㅎ지 않고 합동(合同)하여 1총회(一總會)를 성(成)함이 신(神)의 지(旨)를 성취(成就)한 의거(義擧)요 성사(盛事)이다. 조선야소교장로회(朝鮮耶蘇敎長老會) 총회(總會)가 조직(組織)된 후(後)에는 독립(獨立)하여 하전도국(何傳道局)에도 속(屬)하지 않은 것은 사실(事實)이며 선교사(宣敎師) 제군(諸君)이 역시(亦是) 자증명(自證明)하는 바인데 하고(何故)인지 선교사(宣敎師) 제군(諸君)이 자기(自己) 노회(老會)와 전도국(傳道局)에서 이명(移名)ㅎ지 않고 엄연(儼然)히 조선노회(朝鮮老會)와 총회(總會)의 회원(會員)이 되며 또 회원(會員)이 될 시(時)에는 기회(其會)에 속(屬)함이 분명(分明)한 것인데 하고(何故)인지 조선노회(朝鮮老會)와 총회(總會)가 치리(治理)할 권(權)이 무(無)하다 함으로 차(此)로 유(由)하여 모순(矛盾)이 심(甚)하지 아니한가. 차(此)는 무타(無他)가 선교사(宣敎師) 제군(諸君)이 조선교회(朝鮮敎會)를 동인시(同人視)하며 형제시(兄弟視)하지 않고 야만시(野蠻視)하며 노예시(奴隷視)함이다. 선교사(宣敎師) 제군(諸君)이여 성신(聖神)으로 시작(始作)하여 육체(肉體)로 결국(結局)하려느냐. 속(速)히 회개(悔改)할지어다. 차외(此外) 개인(個人)의 부족(不足)은 거론(擧論)ㅎ지 아니 하노라.

(3) 교역자형편(三, 敎役者形便)

교역자(敎役者)를 의론(議論)하면 구파(舊派)와 신파(新派)의 별(別)이 자연(自然) 중(中) 출현(出現)되었다. 기출현(其出現)은 면(免)ㅎ지 못할 사세(事勢)이다. 전시대(前時代)에 평양신학교(平壤神學校) 일문(一門)으로 교역자(敎役者)를 양성(養成)할 시(時)에는 파별(派別)도 무(無)하고 사상(思想)에 충돌(衝突)도 없었지마는 현대(現代)에 입(入)하여 사조(思潮)가 복잡(複雜)하고 교통(交通)이 빈번(頻繁)함에 따라 신신학사상(新神學思想)을 포래(包來)한 선교사(宣敎師)도 유(有)하며 미국(美國)에 유학(留學)하고 귀국자(歸國者)도 유(有)하며 일본(日本)에 전학(轉學)하고 입국자(入國者)도 유(有)하여 장단(長短)을 상평(相評)하며 곡직(曲直)을 도변하는 중(中)에서 신구(新舊)의 교리(敎理)와 학설(學說)이 현수(縣殊)하니 방관자(傍觀者)로 하여금 심사(深思)ㅎ지 아니하고도 하장하단(何長何短)과 하곡하직(何曲何直)을 판명(判明)하게 한다. 영광(榮光)이 신(神)에게 귀(歸)할지어다. 진실(眞實)로 명확(明確)한 신앙(信仰)이 유(有)한 자(者)면 구(舊)의 고루(固陋)가 기심(其心)을 구속(拘束)하지 못할지며, 신(新)의 혼란(混亂)이 기심(其心)을 미혹(迷惑)하지 못할지라. 연(然)하나 세계(世界) 말기(末期)가 점박(漸迫)하여 생존(生存)을 경쟁(競爭)하여 우자(優者)가 열자

(劣者)를 승(勝)하며 강(强)이 약(弱)을 식(食)함은 소위(所謂),[54] [이하 문장 누락]

제 2장
경기충청노회(京畿忠淸老會)

1911년 신해(辛亥) 12월 4일에 경기충청노회(京畿忠淸老會)가 경성부(京城部) 신문내예배당(新門內禮拜堂)에서 설립하다.

경기충청노회, 조선예수교장로회사기 하

1. 총론(總論)

(1) 노회설립(一, 老會設立)

1911년(一九一一年) 신해(辛亥) 12월(一二月) 4일(四日)에 경기충청노회(京畿忠淸老會)가 경성부(京城部) 신문내예배당(新門內禮拜堂)에서 설립(設立)하다. 개차(盖此) 경성(京城)은 500여년(五百餘年)의 역사(歷史)를 유(有)한 전선(全鮮)의 중심(中心)되는 대도회(大都會)인 고(故)로 정교(政敎)의 시설(施設)과 문화(文化)의 발전(發展)이 차(此)에 불유(不由)한 자(者)가 기희(幾希)이로다. 기독(基督)의 진리(眞理)의 대광(大光)이 본토(本土)를 환조(環照)함에 당(當)하여도 구신양파(舊新兩派)가 거개차(擧皆此)에 착근개기(着根開基)하였도다. 선교사(宣敎師) 원두우(元杜尤, [Horace G.

Underwood])가 내경(來京)하여 사저(私邸)에서 전도(傳道)함으로부터 교회(敎會)는 장족(長足) 진전(進展)하여 불과(不過) 20여재(二〇餘載)에 총회(總會)의 조성(組成)에 임(臨)ㅎ게 되어 7노(七老)의 성립(成立)이 선현(先顯)ㅎ게 됨으로 사(斯)에 본(本) 노회(老會)가 조직(組織)되니 만민(萬民)을 일시(一視)하사 벽우(僻隅)를 척원(脊願)하시는 전능(全能)의 신(神)께 감사(感謝)할 뿐이로다. 매년(每年) 독노회(獨老會) 성립(成立)의 날에 본(本) 장로회(長老會) 소속교회(所屬敎會)가 충청북도(忠淸北道) 수군(數郡)에 산재(散在)인 바 교세(敎勢)가 미약(微弱)하여 독립(獨立)ㅎ기 불능(不能)함으로 경기(京畿)와 연합(聯合)하여 대리회(代理會)를 조직(組織)하였더니 금(今)에도 복구(復舊)하여 노회(老會)를 조직(組織)ㅎ게 되어서 경기충청노회(京畿忠淸老會)라 명명(命名)하니라.

(2) 노회의 의안(二, 老會의 議案)

1911년(一九一一年) 신해(辛亥) 12월(一二月) 4일(四日)에 경기충청대리회(京畿忠淸代理會)가 경성부(京城部) 신문내예배당(新門內禮拜堂)에 회집(會集)하여 총회(總會)의 결의(決議)에 의(依)하여 경기충청노회(京畿忠淸老會)를 조직(組織)하니 회원(會員)은 목사(牧師) 11인(一一人), 장로(長老) 5인(五人) 합(合) 16인(一六人)이요, 임원(任員)을 선거(選擧)하니 회장(會長)에 민노아(閔老雅, [Frederick S. Miller]), 역(亦) 곽안련(郭安連, [Charles Allen Clark]), 서기(書記)에 김규식(金奎植), 회계(會計)에 김소(金昭)이러라. 노회(老會)는 각(各) 부(部)를 조직(組織)하고 규칙(規則)을 제정(制定)ㅎ게 하여 각(各) 교회(敎會) 장로선택(長老選擇)에 관(關)한 일과 전(前) 대리회(代理會)에서 이부(移付)한 사업(事業)을 의결(議決)하고 신학생(神學生) 시취(試取)할 임시위원(臨時委員)과 각(各) 교회(敎會)를 시찰(視察)할 위원(委員)을 선정(選定)하니라. 시찰구역(視察區域)은 신문내(新門內), 승동(勝洞), 안동(安洞), 남문외(南門外), 동막(東幕), 묘동(妙洞), 경동편(京東便), 경서편(京西便), 경남편(京南便), 청주읍(淸州邑), 청주

북편(淸州北便), 청주동편(淸州東便), 청주남편(淸州南便)으로 정(定)[55]하니라. 묘동교회(妙洞敎會)에 장로(長老) 1인(一人) 이원긍(李源兢), 승동교회(勝洞敎會)에 장로(長老) 2인(二人) 박성춘(朴成春), 김일선(金一善), 양평(楊平) 상심리교회(上心里敎會) 배운선(裵雲善), 동문신교회(同汶新敎會) 정윤수(鄭允洙), 동사곡교회(同砂谷敎會) 여승현(呂升鉉), 양주(楊州) 봉현교회(烽峴敎會) 김인수(金仁秀)에 장로(長老) 각(各) 1인식(一人式) 선택(選擇)하기를 허락(許諾)하니라.

교회(敎會) 부동산(不動產) 관리(管理)를 위(爲)하여 문권위원(文券委員) 3인(三人)을 선정(選定)하니라.

1912년(一九一二年) 임자(壬子) 3월(三月) 2일(二日) 임시노회(臨時老會)에서는 연동교회(蓮洞敎會)에 장로(長老) 2인(二人) 신문내교회(新門內敎會)[차재명(車載明)]와 경기남편(京畿南便) 신촌교회(新村敎會)[유성칠(劉成七)]와 양지(陽智) 각골교회(敎會)[원세성(元世性)]에 장로(長老) 각(各) 1인식(一人式) 택(擇)할 사(事)와 상심리교회(上心里敎會) 장로(長老) 차상진(車相晉)을 퇴계원교회(退溪院敎會) 장로(長老)로 이임(移任)함을 허락(許諾)하니라.

동년(同年) 6월(六月) 25일(二五日) 제2회(第二回) [경기충청]노회(老會)가 경성(京城) 남문외예배당(南門外禮拜堂)에 개회(開會)하니 회원(會員)은 목사(牧師) 10인(一〇人), 장로(長老) 9인(九人)이러라. 장로선택(長老選擇) 급(及) 장립(將立)과 시찰위원(視察委員)의 직무(職務) 급(及) 보고양식(報告樣式)과 신학생(神學生) 시취방법(試取方法)과 조사선택(助事選擇)에 관(關)한 규칙(規則)을 제정(制定)ᄒ게 하고 묘동교회(妙洞敎會)에서 장로(長老) 1인(一人) 택(擇)할 것과 청주읍교회(淸州邑敎會) 목사(牧師) 박정찬(朴禎燦)의 1년간(一年間) 휴식(休息)하는 것을 허락(許諾)하고 당회록(堂會錄) 검사(檢査) 시(時)에는 교인명부(敎人名簿)까지 검사(檢査)하기로 결의(決議)하니라.

동년(同年) 8월(八月) 31일(三一日) 평양신학교(平壤神學校)에서 개최(開催)한 [경기충청]특별노회(特別老會)에서는 청주교회(淸州敎會)에서 목사(牧師) 이원민(李元敏) 청빙(請聘)하는 것을 허락(許諾)하고 황해노회(黃海老會)에서 교섭(交涉)하기로 결의(決議)하고 동(同) 10월(一〇月) 29일(二九日) 경성(京城) 종로청년회관(鐘路靑年會舘)에서 계속개최(繼續開催)하는 특별노회(特別老會)에서는 평양(平壤) 김백원장로(金百源長老)를 묘동교회(妙洞敎會) 장로(長老)로 택(擇)하는 일과 파주(坡州) 신점교회(新店敎會)에서 최덕준(崔德俊), 고양(高陽) 행주교회(幸洲敎會)에서 이호근(李浩根), 김포읍교회(金浦邑敎會)에 이춘경(李春景)을 장로(長老)로 택(擇)함을 허락(許諾)하니라.

동년(同年) 11월(一一月) 29일(二九日) 제3회(第三回) [경기충청]노회(老會)가 경성(京城) 안동예배당(安洞禮拜堂)에 개최(開催)하니 회원(會員)은 목사(牧師) 12인(一二人), 장로(長老) 11인(一一人) 합(合) 23인(二三人)이요, 회장(會長)에 한석진(韓錫晋), 부회장(副會長)에 박정찬(朴禎燦), 서기(書記)에 김일선(金一善)이 피선(被選)되니라. 작년(昨年)부터 충청북도(忠淸北道)에 전도(傳道)하기 위(爲)하여 부활주일(復活主日)에 각(各) 교회(敎會)에서 특별연보(特別捐補)할 것과 안동교회(安洞敎會)에 목사(牧師) 한석진(韓錫晋), 남문외교회(南門外敎會)에 목사(牧師) 박정찬(朴禎燦)을 위임(委任)하고 신학생(神學生) 이여한(李如漢), 김영환(金榮煥), 김종상(金鍾商), 차재명(車載明), 차상진(車相晋), 함열(咸悅), 이석진(李錫璡), 김정현(金正賢), 최영택(崔榮澤), 배진성(裵振聲), 여운형(呂運亨), 정윤수(鄭允洙), 김백원(金百源), 김(金)[56]홍식(洪植) 등(等)의 취학(就學)을 허(許)하니라.

1913년(一九一三年) 6월(六月) 13일(一三日) 경성(京城) 묘동교회당(妙洞敎會堂)에 개최(開催)한 제 4회(第四回) 노회(老會)의 회원(會員)은 목사(牧師) 9인(九人), 장로(長老) 18인(一八人)이더라. 의안(議案)으로는 신학졸업생(神學卒業生) 김백원(金百源)을 목사(牧師)로 장립(將立)하여 묘동교회(妙洞敎會)에 위임(委任)할 것과 묘동교회(妙洞敎會)에서 장로(長老) 3인(三人), 동막교회(東幕敎會)에서 장로(長老) 1인(一人), 양주교회(楊州敎會)와 청주교회(淸州敎會)에 장로(長老) 2인(二人) 택(擇)할 것과 양평군(楊平郡) 4처(四處) 교회(敎會)에서 목사(牧師) 1인(一人) 청원(請願)하는 것과

과천교회(果川敎會)에 장로(長老) 박태선(朴泰善) 위임(委任)하는 것과 목사(牧師) 서경조(徐景祚) 사직(辭職)함을 청허(聽許)하고 경성(京城) 각(各) 교회(敎會)를 연합(聯合)하여 도당회(都堂會)를 조직(組織)하여 도사경(都査經)과 각차(各次) 회합(會合)에 관(關)한 사항(事項)을 의정(議定)ㅎ게 하니라.

1913년(一九一三年) 계축(癸丑) 9월(九月) 6일(六日)에 경성(京城) 승동(勝洞)에서 개최(開催)한 [경기충청]임시노회(臨時老會)에서는 평남노회원(平南老會員) 황준국(黃濬國)을 본(本) 회원(會員)으로 청빙(請聘)할 것과 평남노회원(平南老會員) 김성호(金聲瑚)로 충북전도사(忠北傳道師)로 청빙(請聘)할 일을 결의(決議)하고 해노회(該老會)에 공함(公函)하니라.

동월(同月) 12일(一二日) 임시노회(臨時老會)에서는 평남노회(平南老會)의 이명공함(移名公函)을 접수(接受)하여 황준국(黃濬國)을 본(本) 노회(老會)으로 영접(迎接)하고 양평읍(楊平邑), 고읍(古邑), 상심리(上心里), 묘곡(妙谷) 3교회(三敎會)에 선교사(宣敎師) 곽안련(郭安連, [Charles Allen Clark])과 동사목사(同事牧師)로 장립(將立)하니라.

동년(同年) 12월(一二月) 2일(二日)에 제 5회(第五回) [경기충청]노회(老會)는 연동예배당(蓮洞禮拜堂)에 개최(開催)하여 회집(會集)에 박정찬(朴禎燦), 부회장(副會長) 박승봉(朴勝鳳), 서기(書記)에 김일선(金一善), 회계(會計)에 김소(金昭)를 선임(選任)하니 회원(會員)은 목사(牧師) 11인(一一人), 장로(長老) 18인(一八人)이더라. 죽산교회(竹山敎會)에서 박용희(朴容義)로 장로(長老)를 택(擇)할 것과 청주읍교회(淸州邑敎會)에서는 기왕(己往) 얻은 장로(長老) 천망(薦望)은 격소(激消)하고 최원진(崔元珍), 곽경한(郭京漢), 최영택(崔榮澤) 3인(三人) 중(中) 2인(二人)을 택(擇)할 사(事)를 허(許)하다. 전도국(傳道局)에서 전도대(傳道隊)를 상비(常備)로 조직(組織)하여 각(各) 지방전도(地方傳道)에 종사(從事)ㅎ게 할 사(事)와 전도국(傳道局)을 위(爲)하여 매(每) 토요일(土曜日)에 특(特)히 기도(祈禱)하기로 결의(決議)하다. 시찰구역(視察區域) 중(中) 경성(京城) 각(各) 교회(敎會)를 합(合)하여 1구(一區)로 경성내(京城內)라 칭(稱)하고 신학생(神學生) 이명혁(李明赫), 이여한(李如漢), 김홍식(金弘植), 김영한(金永漢), 김정현(金正賢), 김승구(金勝九), 차상진(車相晉), 차재명(車載明), 함열(咸悅), 최영택(崔榮澤), 장붕(張鵬), 정윤수(鄭允洙), 여운형(呂運亨), 배진성(裵振聲), 신홍균(申弘均), 권영식(權瑛湜), 이재형(李載馨), 김용진(金龍鎭), 오건영(吳建泳) 등(等)의 취학(就學)을 허(許)하니라.

1914년(一九一四年) 갑인(甲寅) 1월(一月) 30일(三〇日) 특별노회(特別老會)에서는 서간도(西間島)에서 기근(飢饉) 당(當)한 교인(敎人)과 일본(日本) 녹아도(鹿兒島)에서 화재(火災)와 기근(飢饉) 당(當)한[57] 자(者)를 위(爲)하여 구제방침제정위원(救濟方針制定委員)을 선택(選擇)하니라.

동년(同年) 6월(六月) 1일(一日) 제주읍(濟州邑)에서 개최(開催)한 제6회(第六回) 노회(老會)의 회원(會員)은 목사(牧師) 9인(九人), 장로(長老) 18인(一八人)이라. 의안(議案)으로는 영동군(永同郡)에 전도실(傳道室) 설치(設置)하고 전도인(傳道人)을 파송(派送)하게 하였으며 안동교회(安洞敎會) 목사(牧師) 한석진(韓錫晋)의 휴직(休職)과 청주(淸州) 신대교회(新垈敎會), 동(同) 국성리교회(里敎會)에서 장로(長老) 각(各) 1인식(一人式) 택(擇)할 일과 청주읍교회(淸州邑敎會)에서 이원민목사(李元敏牧師)를 국유치(鞠裕致, [Welling Thomas Cook]) 선교사(宣敎師)와 위임동사(委任同事)로 시무(視務)하게 함을 허(許)하니라.

동년(同年) 12월(一二月) 1일(一日) 제7회(第七回) [경기충청]노회(老會)가 승동예배당(勝洞禮拜堂)에 개최(開催)하니 회원(會員)은 목사(牧師) 7인(七人), 장로(長老) 20인(二〇人) 합(合) 27인(二七人)이요, 회장(會長)에 김백원(金百源), 부회장(副會長)에 이여한(李如漢), 서기(書記)에 함태영(咸台永), 부서기(副書記)에 차상진(車相晋), 회계(會計)에 김소(金昭)가 피선(被選)되니라.

청주읍교회(淸州邑敎會)가 이원민(李元敏)의 사임(辭任)을 청허(聽許)한 후(後) 황해노회(黃海老會)에 이명서(移名書)를 선송(繕送)하고 전(前) 서기(書記)가 고권(叩權) 노회인장(老會印章)을 제정(製呈)하매 받아 사용(使用)하니라. 학무위원(學務委員)의 교육장려학교(敎育獎勵學校) 유지(維

持)에 대(對)하여 기본금(基本金) 급(及) 의연금(義捐金) 모집방법(募集方法)과 교원강습소(敎員講習所) 설립안(設立案)을 의정보고(議定報告)함에 채용(採用)하다. 신학생(神學生) 이재형(李載馨), 이여한(李如漢), 이석진(李錫璡), 김영한(金永漢), 오운영(吳運泳), 장붕(張鵬), 김기현(金基鉉), 박용희(朴容義), 김홍식(金弘植), 김승구(金勝九), 권영식(權瑛湜), 신홍균(申弘均), 최영택(崔榮澤), 배진형(裵振馨), 김정현(金正賢), 차상진(車相晋), 이명혁(李明赫), 차재명(車載明), 최덕준(崔德俊), 함열(咸悅)과 신학지원자(神學志願者) 곽경한(郭京漢), 강준(姜準), 함태영(咸台永), 김경환(金慶煥) 등(等)의 취학(就學)을 허(許)하다.

연동교회(蓮洞敎會)에 임공진(林公鎭), 민영선(閔泳善), 신문내교회(新門內敎會)에 경환(慶煥), 승동교회(勝洞敎會)에 이재형(李載馨), 김포읍교회(金浦邑敎會)에 고봉조(高鳳祚), 김포(金浦) 송마리교회(松麻里敎會)에 김상현(金尙鉉), 고양(高陽) 삼위교회(敎會)에 박윤삼(朴允三), 세교리교회(細橋里敎會)에 최봉인(崔鳳仁), 고양(高陽) 놀뫼교회(敎會)에 김춘삼(金春三)을 장로(長老)로 택(擇)함을 허(許)하고 선교사(宣敎師) 채피득(蔡彼得, [Victor D. Chaffin])을 본(本) 노회원(老會員)으로 받아 원두우(元杜尤, [Horace G. Underwood])와 임시(臨時) 동사목사(同事牧師)로, 황준국(黃濬國)은 청주교회(淸州敎會)에 국유치(鞠裕致, [Welling Thomas Cook])와 동사목사(同事牧師)로 시무(視務)ㅎ게 하고 묘동교회(妙洞敎會) 목사(牧師) 김백원(金百源)의 사직원(辭職願)은 허(許)하다. 규칙위원(規則委員)이 노회규칙(老會規則)을 제정보고(制定報告)하니 수정채용(修正採用)하다. 전도국(傳道局) 청원(請願)에 대(對)하여 토론(討論)할새 영동읍(永同邑) 전도인(傳道人) 김영식(金英植)의 전도상황(傳道狀況)을 듣고 전도실(傳道室)은 100원(百圓) 내지(乃至) 50원(五〇圓) 위한(爲限)하여 매수(買收)하고 계속전도(繼續傳道)ㅎ기로 결정(決定)하다. 시흥(始興) 양평리교회(楊平里敎會)에서 이거(移居)한 장로(長老) 이춘경(李春景)을 해교회(該敎會) 장로(長老)로 위임(委任)할 것과 상심리교회(上心里敎會)에 장로(長老) 3인(三人) 택(擇)함을 허(許)하다.

1915년(一九一五年) 을묘(乙卯) 6월(六月) 30일(三〇日)에 제 8회(第八回) [경기충청]노회(老會)가 경성(京城) 신문내예배당(新門內禮拜堂)에서 개최(開催)하니 회원(會員)은 목사(牧師) 10인(一〇人), 장로(長老) 17(一七)[58]인(人)이더라. 본(本) 노회경내(老會境內)에 전도사업(傳道事業)은 여하(如何)한 곳에 좇아 시작(始作)하든지 본(本) 노회(老會) 전도국(傳道局)이 반드시 연합(聯合)하여 살펴보기도 하고 도와주기도 할 사(事)와 영동(永同) 전도사업(傳道事業)은 계속(繼續)하고 전도인(傳道人) 최지한(崔芝翰)은 잉구시무(仍舊視務)하게 하니라. 목사(牧師) 외(外)에는 안수축복(按手祝福)하지 아니하기로 결정(決定)하고 교인(敎人)이 부모(父母)의 기일(忌日)에 음식(飮食)을 준비(準備)하여 교인(敎人)을 모아 분식(分食)하는 사(事)와 교인(敎人) 중(中) 남녀(男女)가 의남매(義男妹) 혹(或) 수양남매(收養男妹)라 하고 친밀(親密)히 교제(交際)하는 것과 제7일안식일교(第七日安息日敎)의 유혹(誘惑)을 받아 해교회(該敎會)로 가는 자(者)를 어떻게 처리(處理)할 것을 지시(指示)하라고 총회(總會)에 문의(問議)하기로 결정(決定)하다. 경성(京城) 묘동교회(妙洞敎會)가 주일예배(主日禮拜)를 폐(廢)하고 제7일안식일교회(第七日安息日敎會)에 부속(附屬)하려는 사(事)로 분쟁(紛爭)이 기(起)하였음으로 경성(京城) 시찰위원(視察委員)과 해당회(該堂會)에 위임(委任)하여 화협(和協)하게 하기로 하다. 신학졸업생(神學卒業生) 이여한(李如漢)은 목사(牧師)로 장립(將立)하여 승동교회(勝洞敎會)에 선교사(宣敎師) 곽안련(郭安連, [Charles Allen Clark])과 위임동사(委任同事)로 시무(視務)하게 하고 선교사(宣敎師) 채피득(蔡彼得, [Victor D. Chaffin])은 감리회(監理會)의 이명서(移名書)를 받아 본(本) 노회원(老會員)이 되고 목사(牧師) 김백원(金百源)은 묘동교회(妙洞敎會) 분규(紛糾)가 해결(解決)되기까지 돌아보게 하고 청주읍교회(淸州邑敎會)에서 장로(長老) 2인(二人) 가택(加擇)함을 허(許)하니라.

　　동년(同年) 9월(九月) 6일(六日) 전주군(全州郡) 서문외(西門外) 남중학교(男中學校)에 개최(開催)한 노회(老會)에는 경성시찰(京城視察)과 목사(牧師) 김백원(金百源)이 묘동교회(妙洞敎會)가 본(本) 장로회교리(長老會

敎理)를 다시 순종(順從)하기로 한 일과 목사(牧師) 이여한(李如漢)이 해교회(該敎會)를 임시(臨時) 돌아보게 한 일과 해교회(該敎會) 교인(敎人) 일부(一部)가 분리(分離)하여 가교(可橋) 근처(近處)에 1옥(一屋)을 임차(賃借)하여 교회(敎會)를 조직(組織)하고 하교교회(河橋敎會)라 명명(命名)한 사(事)를 보고(報告)하매 채용(採用)하고 중국(中國) 산동성(山東省) 선교사(宣敎師) 김영훈(金永勳)을 기일간(幾日間) 청요(請邀)하기로 결정(決定)하니라.

　동년(同年) 12월(一二月) 1일(一日)에 제 9회(第九回) 노회(老會)가 광주군(廣州郡) 신촌예배당(新村禮拜堂)에 개최(開催)하니 회원(會員)은 선교사(宣敎師) 7인(七人), 목사(牧師) 5인(五人), 장로(長老) 24인(二四人), 합(合) 36인(三十六人)이요, 회장(會長)에 곽안련(郭安連, [Charles Allen Clark]), 부회장(副會長)에 황준국(黃濬國), 서기(書記)에 차상진(車相晋), 부서기(副書記)에 함태영(咸台永), 회계(會計)에 도창원(都瑒元), 부회계(副會計)에 차재명(車載明)이러라.

　영동군(永同郡) 전도사업(傳道事業)은 1년간(一年間) 더 계속(繼續)하기로 하고 안동교회(安洞敎會) 목사(牧師) 한석진(韓錫晋)은 1년간(一年間) 휴직(休職)하는 사(事)와 청주읍교회(淸州邑敎會)에 목사(牧師) 황준국(黃濬國)을 선교사(宣敎師) 국유치(鞠裕致, [Welling Thomas Cook])와 위임동사(委任同事)로 시무(視務)할 일과 장로(長老) 정윤수(鄭允洙)를 퇴계원교회(退溪院敎會)에 이임(移任)할 일과 문조교회(汶潮敎會)와 상심리교회(上心里敎會)와 영지포교회(永芝浦敎會)에 장로(長老) 각(各) 1인식(一人式) 택(擇)할 일과 청주읍교회(淸州邑敎會)에서 선택(選擇)한 장로(長老) 곽경한(郭京漢), 이동순(李東淳)을 장립(將立)할 일과 용산교(龍山敎)[59]회(會)를 목사(牧師) 김백원(金百源)에게 위임(委任)하여 돌아보게 할 사(事)와 신학생(神學生) 차재명(車載明), 신홍균(申弘均), 함열(咸悅), 차상진(車相晋), 이명혁(李明赫), 이석진(李錫璡), 배진성(裵振聲), 김승구(金勝九), 최영택(崔榮澤), 김영한(金永漢), 이재형(李載馨), 김홍식(金洪植), 오운영(吳運泳), 함태영(咸台永), 곽경한(郭京漢), 김기현(金基鉉), 경환(慶煥), 강준

(姜準), 김경덕(金鏡德) 등(等)의 취학(就學)을 허(許)하니라. 영동읍(永同邑) 전도사업(傳道事業)은 1년간(一年間) 더 계속(繼續)하되 경성(京城) 도사경회(都査經會) 시(時)에 특별연보(特別捐補)를 청구(請求)하기로 결정(決定)하다.

　　1916년(一九一六年) 병진(丙辰) 6월(六月) 27일(二十七日) 경성(京城) 연동예배당(蓮洞禮拜堂)에 개최(開催)한 제 10회(第一〇回) 노회(老會)의 회원(會員)은 선교사(宣敎師) 6인(六人), 장로(長老) 19인(一九人)이러라. 의안(議案)으로는 경기(京畿) 서편교회(西便敎會) 주임(主任)된 원두우(元杜尤, [Horace G. Underwood]) 선교사(宣敎師)는 신병(身病)으로 귀국(歸國)하고 동사선교사(同事宣敎師) 채피득(蔡彼得, [Victor D. Chaffin])은 별세(別世)함을 인(因)하여 교회형편(敎會形便)이 적막(寂寞)하다는 시찰(視察)의 보고(報告)를 받고 목사(牧師) 박정찬(朴禎燦)을 경기(京畿) 서편교회(西便敎會)에 임시당회장(臨時當會長)으로 선정(選定)하고 종금(從今) 이후(以後) 신학졸업생(神學卒業生)에 대한 시취(試取)는 본문강도(本文講道)와 성경해석(聖經解釋)과 신경(信經)은 노회(老會) 앞에서 문답(問答)ㅎ게 하고 정치(政治)와 신도사론(信道事論)과 교회사(敎會史)는 졸업증서(卒業證書)로 대신(代身)할 것과 당회(堂會), 제직회(諸職會), 집사회(執事會)에 관(關)한 규칙(規則)과 시찰(視察)의 직권(職權)에 관(關)한 규칙(規則)을 증감(增減)하니라.

　　신학졸업생(神學卒業生) 이명혁(李明赫)은 연동교회(蓮洞敎會)에 선교사(宣敎師) 기일(奇一, [James S. Gale])과 위임동사목사(委任同事牧師)로, 차상진(車相晋)은 양평군(楊平郡) 4처(四處) 교회(敎會)에 선교사(宣敎師) 곽안련(郭安連, [Charles Allen Clark])과 위임동사목사(委任同事牧師)로 장립(將立)하여 위임(委任)하고, 함열(咸悅)은 경신학교(儆信學校) 전도목사(傳道牧師)로, 차재명(車載明)은 강도사(講道師)로 장립(將立)하고, 안동교회(安洞敎會)에서 한필상(韓弼相), 홍운표(洪運杓) 2인(二人)을 장로(長老)로 택(擇)할 일과 광주군(廣州郡) 신대(新垈), 상동막(上東幕), 쌍령리(雙령里) 3교회(三敎會)가 연합(聯合)하여 손흥집(孫興集), 소인군(騷仁郡) 아곡리교회(牙谷里敎會)에서 오건영(吳健泳), 안성읍교회(安城邑敎會)에 원세성(元世性), 양주군(楊州郡) 소진교회(騷津敎會)에 김세(金世)경, 이(李)경성을 장로(長老)로 택(擇)함을 허(許)하고 교회(敎會) 내(內) 신행(信行)이 구비(具備)하고 지식(知識)이 초월(超越)한 청년(靑年)을 택(擇)하여 외국(外國)에 유학(留學)ㅎ게 하여 인재(人才)를 양성(養成)할 사(事)와 총회(總會) 시(時) 선교사(宣敎師)도 조선목사(朝鮮牧師)와 여(如)히 총대(總代)로 수효(數爻)를 작정(作定)한 것과 각(各) 선교사(宣敎師)의 선교구역(宣敎區域)을 작정(作定)할 것과 외국(外國) 각(各) 신학교(神學校)에 안서(安書)하여 본(本) 노회(老會)나 본(本) 교회(敎會)의 소개서(紹介書)가 있는 자(者)에게만 입학(入學)을 허(許)ㅎ게 하기를 총회(總會)에 헌의(獻議)하기로 결의(決議)하고 노회(老會)에서 목사(牧師)와 조사(助事)에게 증명서(證明書)를 환부(還付)ㅎ기로 결정(決定)하고 목사가족구제부(牧師家族救濟部)를 조직(組織)하고 재정구취방법(財政鳩聚方法)은 위선(爲先) 본(本) 노회(老會) 관내(管內) 각(各) 교역자(敎役者) 봉급(俸給) 100분지 2(百分之二.)를 의연(義捐)ㅎ게 하기를 결정(決定)하고 옥천군(沃川郡)에 전도인(傳道人)을 파송전도(派送傳道)하는 선천(宣川) 신성중학교(信聖中學校)에 대(對)하여 감사장(感謝狀)과 신병(身病)으로 귀국(歸國)한 원두우(元杜尤, [Horace G. Underwood])에게 위문서(慰問書)를 보내기로 결의(決議)하니라. 영동군(永同郡) 전도사업(傳道事業)은 계속(繼續)하고 전도인(傳道人) 최지한(崔芝翰)을 복구시무(復舊視務)ㅎ게 하다.[60]

　동년(同年) 8월(八月) 31일(三一日) 임시노회(臨時老會)에서는 전(前) 정기노회(定期老會)에서 결의(決議)한 것 외(外)에 조선(朝鮮) 본(本) 장로교사기(長老敎史記)를 전무위원(專務委員)을 택(擇)하여 편집(編輯)할 것과 본(本) 장로회(長老會)의 헌법(憲法)을 완전(完全)히 제정(制定)할 것과 총회서기(總會書記)의 수로금(酬勞金)을 작정(作定)할 것을 첨부(添附)하여 총회(總會)에 헌의(獻議)하였고 동년(同年) 9월(九月) 20일(二〇日) 임시노회(臨時老會)에서는 승동교회(勝洞敎會) 목사(牧師) 이여한(李如漢)이 동경(東京) 유학생(留學生) 전도목사(傳道牧師)로 청빙(請聘)받음을 인(因)하여 해교회담임(該敎會擔任)을 해제(解除)하고 선교사(宣敎師) 군예빈(君芮彬, [Edwin Wade Koons])의 제의(提議)에 의(依)하여 강도사(講道師) 차재명(車載明)을 시흥(始興), 김포(金浦), 양군(兩郡) 각(各) 교회(敎會)의 순행전도목사(巡行傳道牧師)로 장립(將立)하여 시무(視務)하기를 결의(決議)하였고 동년(同年) 10월(一〇月) 10일(一〇日) 임시노회(臨時老會)에서는 경성(京城) 묘동교회(妙洞敎會)가 본(本) 장로회(長老會)를 탈퇴(脫退)하고 시내(市內) 장곡천정(長谷川町)에 있는 일본기독교회(日本基督敎會)와 합병(合倂)하였다가 해사(該事)에 주창(主唱)인 묘동교회(妙洞敎會) 전(前) 장로(長老) 이원긍(李源兢)과 일본기독교(日本基督敎) 장곡천교회(長谷川敎會) 목사(牧師) 정구손수남(井口孫壽男)에게 교섭(交涉)하여도 무효(無效)하였다는 묘동교회(妙洞敎會) 임시당회장(臨時堂會長)의 보고(報告)와 경성시찰(京城視察)의 보고(報告)를 받고 해교회(該敎會)는 본(本) 노회(老會) 명부(名簿)에서 삭제(削除)하기로 결의(決議)하고 목사(牧師) 한석진(韓錫晋)의 청원(請願)에 의(依)하여 경상교회(慶尙敎會)에 이명서(移名書)를 환송(還送)하니라.

동년(同年) 12월(一二月) 5일(五日) 제 11회(第一一回) 노회(老會)가 승동예배당(勝洞禮拜堂)에서 개최(開催)하니 회원(會員)은 선교사(宣敎師) 6인(六人), 목사(牧師) 8인(八人), 장로(長老) 20인(二〇人)이요, 회장(會長)에 차상진(車相晋), 부회장(副會長)에 이명혁(李明赫), 서기(書記)에 함열(咸悅), 차재명(車載明), 회계(會計)에 도서원(都瑞元, [John U. Selwyn Toms]), 부회계(副會計)에 이강원(李康原)이더라. 파주(坡州) 신산리(新山里), 양주(楊州) 이문동(里門洞) 양교회(兩敎會)는 폐지(廢止)하고 장로(長老) 최덕준(崔德俊)은 영등포교회(永登浦敎會) 장로(長老)로, 장로(長老) 정윤수(鄭允洙)는 지새울교회(敎會) 장로(長老)로, 장로(長老) 이강원(李康原)은 봉현교회(烽峴敎會) 장로(長老)로 이임(移任)하고, 하교교회(河橋敎會), 남문외교회(南門外敎會), 김포읍교회(金浦邑敎會), 신문내교회(新門內敎會)에 장로(長老) 각(各) 1인식(一人式) 택(擇)할 사(事)와 연동교회(蓮洞敎會), 양평군(楊平郡) 고송리교회(高松里敎會)에 장로(長老) 각(各) 2인식(二

人式) 택(擇)할 일과 안동교회(安洞敎會) 임시목사(臨時牧師) 서경조(徐景祚) 사임(辭任)한 대(代)에 목사(牧師) 김백원(金百源)을 임시(臨時) 시무(視務)ㅎ게 한 일과 신학생(神學生) 이석진(李錫瑨), 배진성(裵振聲), 최영택(崔榮澤), 함태영(咸台永), 김영한(金榮漢), 김기현(金基鉉), 곽경한(郭京漢), 경환(慶煥), 이강원(李康原) 등(等)의 취학(就學)할 일을 허(許)하고 장로투표(長老投票) 후(後) 장립기간(將立期間)과 총대여비(總代旅費)에 관(關)한 규칙(規則)을 제정(制定)하고 신병(身病)으로 귀국(歸國)하여 별세(別世)한 선교사(宣敎師) 원두우(元杜尤, [Horace G. Underwood])의 유족(遺族)에게 위문(慰問)하고 노회(老會) 내(內)에 순행전도목사(巡行傳道牧師)를 두어 각(各) 교회형편(敎會形便)을 따라 도와주기로 결의(決議)하고 목사(牧師) 함열(咸悅)은 동막(東幕), 독현도(毒縣島) 왕십리교회(往十里敎會)에 선교사(宣敎師) 군예빈(君芮彬, [Edwin Wade Koons])과 동사전도목사(同事傳道牧師)로 시무(視務)ㅎ게 하니라.

 1917년(一九一七年) 정사(丁巳) 6월(六月) 19일(一九日) 경성(京城) 남문외예배당(南門外禮拜堂)에 개최(開催)한 제 12회(第一二回) 노회(老會)의 회원(會員)은 선교사(宣敎師) 6인(六人), 목사(牧師) 8인(八人), 장(長)[61]로(老) 25인(二五人)이러라. 의안(議案)은 목사(牧師) 차상진(車相晉)을 승동교회(勝洞敎會)에 선교사(宣敎師) 곽안련(郭安連, [Charles Allen Clark])과 위임동사(委任同事)로 임명(任命)하고 양평구역(楊平區域)은 이재형(李載馨)을 조사(助事)로 시무(視務)ㅎ게 하고 퇴계원당회(退溪院堂會)는 당분간(當分間) 폐지(廢止)하고 신문내교회(新門內敎會)와 승동교회(勝洞敎會)에 장로(長老) 각(各) 2인(二人), 안동교회(安洞敎會)에 장로(長老) 3인(三人), 남문외교회(南門外敎會), 하교교회(河橋敎會), 시흥(始興) 양평리교회(楊平里敎會), 고양(高陽) 세교리교회(細橋里敎會)에 장로(長老) 각(各) 1인식(一人式) 택(擇)함을 허(許)하고 신학졸업생(神學卒業生) 배진성(裵振聲)을 목사(牧師)로 장립(將立)하여 양평군(楊平郡) 고송(高松) 등(等) 4교회(四敎會)에 선교사(宣敎師) 곽안련(郭安連, [Charles Allen Clark])과 위임동사목사(委任同事牧師)로 시무(視務)ㅎ게 하고 경신

학교(儆新學校) 급(及) 서문외구역(西門外區域) 전도목사(傳道牧師) 함열(咸悅)의 사면(謝免)을 허(許)하다. 전도국사업(傳道局事業)을 찬조(贊助)하기 위(爲)하여 전도회(傳道會)를 조직(組織)하고 각(各) 당회(堂會)와 각(各) 교회(敎會)의 보고(報告)는 각기(各己) 구역시찰(區域視察)이 수합(收合)하여 요긴사항(要緊事項)만 총괄(總括)하여 보고(報告)ㅎ게 하니라.

동년(同年) 8월(八月) 30일(三〇日) 임시노회(臨時老會)에서 경북(慶北) 안동지방(安東地方)에 이거(移去)한 선교사(宣敎師) 국유치(鞠裕致, [Welling Thomas Cook])의 이명(移名)을 허(許)하니라.

동년(同年) 9월(九月) 3일(三日)에 임시노회(臨時老會)에서 목사(牧師) 함열(咸悅)을 경남교회(慶南敎會)에 이명(移名)하니라.

동년(同年) 12월(一二月) 4일(四日) 경성(京城) 안동교회(安東敎會)에서 개최(開催)한 제13회(第一三回) 노회(老會)의 회원(會員)은 선교사(宣敎師) 7인(七人), 목사(牧師) 7인(七人), 장로(長老) 24인(二四人)이요, 회장(會長)에 이명혁(李明赫), 부회장(副會長)에 황준국(黃濬國), 서기(書記) 차재명(車載明), 부서기(副書記)에 장붕(張鵬), 회계(會計)에 도석원(都錫元), 부회계(副會計)에 박강원(朴康原)이러라.

총대(總代) 천서(薦書)와 시찰(視察)의 보고(報告)와 기외(其外) 청원서(請願書) 등(等) 각양서식(各樣書式)을 규칙위원(規則委員)에게 위임(委任)하여 제정(制定)ㅎ게 하고 신학생(神學生)의 입학규정(入學規定)을 개정(改定)하였으며 노회(老會)에 재판국(裁判局)을 설치(設置)하였고 정사위원(定事委員)을 위임위원(委任委員)으로 개칭(改稱)하니라. 목사(牧師) 서경조(徐景祚)는 근로퇴은목사(勤勞退隱牧師)로 임명(任命)하고 연동교회(蓮洞敎會), 양평군(楊平郡) 문조교회(汶潮敎會), 봉현교회(烽峴敎會), 광주(廣州) 온곡교회(穩谷敎會), 신촌교회(新村敎會), 삼성리교회(三星里敎會), 김포읍교회(金浦邑敎會), 고양(高陽) 토당리교회(土堂里敎會)에서 장로(長老) 각(各) 1인식(一人式) 택(擇)할 일과 김포(金浦) 롱강리교회(里敎會)와 군하리교회(里敎會)가 연합(聯合)하여 장로(長老) 1인(一人)과 용인군(龍仁郡) 문촌(文村)과 백암리교회(白岩里敎會)가 연합(聯合)하여 장로(長老) 1인(一

人)과 용인(龍仁) 장평리(里)와 백봉리교회(栢峯里敎會)와 합(合)하여 장로(長老) 1인식(一人式) 택(擇)할 일을 허(許)하고 목사(牧師) 김백원(金百源)은 1년간(一年間) 안동교회(安洞敎會)에서 임시시무(臨時視務)ㅎ게 하고 목사(牧師) 차재명(車載明)은 고양(高陽) 세교리(細橋里), 시흥(始興), 영등포(永登浦), 양평리교회(楊平里敎會)에 전임시무(專任視務)ㅎ게 하다. 신학생(神學生) 박용희(朴容羲), 오건영(吳建泳), 신홍균(申弘均), 김영한(金榮漢), 김기현(金基鉉), 장붕(張鵬), 함태영(咸台永), 이강원(李康原), 김경덕(金鏡德), 곽경한(郭京漢), 경환(慶煥), 최영택(崔榮澤), 이재형(李載馨) 등(等)의 취학(就學)을 허(許)하다. 남문외교회(南門外敎會) 목사(牧師) 박정찬(朴禎燦)의 사임원(辭任願)은 허(許)하고 해교회(該敎會) 당회장(堂會長)은 경성시찰(京城視察)에 위임작정(委任作定)ㅎ게 하니라.[62]

1918년(一九一八年) 무오(戊午) 4월(四月) 12일(一二日) 임시노회(臨時老會)에서 제주읍교회(濟州邑敎會) 목사(牧師) 황준국(黃濬國)의 사임원(辭任願)은 허(許)하고 목사사면(牧師辭免)에 관(關)한 중대(重大)한 보고(報告)를 당회총대(堂會總代)가 재래(齎來)ㅎ지 아니하고 해목사(該牧師)에게 부송(付送)함을 해당회(該堂會) 체면(體面)에 부족(不足)한 점(點)이 불무(不無)한 고(故)로 서기(書記)에 위임(委任)하여 기서경책(奇書警責)하니라.

동년(同年) 6월(六月) 17일(一七日) 승동예배당(勝洞禮拜堂)에 개최(開催)한 제14(第一四) [경기충청노회의 회원은 선교사 7인, 목사 8인이요,] 장로(長老) 21인(二一人)이러라. 의안(議案)은 박용희(朴容羲)를 순회전도인(巡廻傳道人)으로 선정(選定)하여 각(各) 구역(區域)의 청구(請求)에 의(依)하여 파송(派送)할 것과 목사가족구제금(牧師家族救濟金) 모집방법(募集方法)은 목사구역(牧師區域)에 매년(每年) 5원(五圓) 이상(以上), 조사구역(助事區域)에 매년(每年) 2원 50전(二圓五〇錢) 이상(以上)으로 수합(收合)하기를 결의(決議)하니라. 제주읍(濟州邑) 장로(長老) 2인(二人), 양평읍(楊平邑敎會), 괴산읍교회(槐山邑敎會), 청주(淸州) 묵방리교회(墨坊里敎會), 경성(京城) 용산교회(龍山敎會)에서 장로(長老) 각(各) 1인(一人), 용인(龍仁) 금량교회(金良敎會), 원촌교회(遠村敎會)가 연합(聯合)하여 장로

(長老) 1인(一人) 택(擇)함을 허(許)하니라. 신학졸업생(神學卒業生) 이석진(李錫珍), 이재형(李載馨), 최영택(崔榮澤), 신홍균(申弘均)은 목사(牧師)로 장립(將立)하여 이재형(李載馨)은 양평읍(楊平邑), 고읍(古邑), 대신리(里), 사곡(沙谷) 4교회(四敎會)에 전임목사(專任牧師)로 이석진(李錫珍)은 경성중앙구역(京城中央區域) 각(各) 교회(敎會)에 선교사(宣敎師) 곽안련(郭安連, [Charles Allen Clark])과 임시동사목사(臨時同事牧師)로, 최영택(崔榮澤)은 청주읍교회(淸州邑敎會)에 계군(桂君, [Edwin H. Kagin])과 위임동사목사(委任同事牧師)로, 신홍균(申弘均)은 고양군(高陽郡) 토당리(土堂里), 행주(幸州), 준은리(濬隱里), 행신리(里) 4교회(四敎會)에 전임목사(專任牧師)로 시무(視務)ㅎ게 하니라.

재판국(裁判局)은 조혼(早婚)한 광주(廣州) 신촌(新村) 장로(長老) 유시칠(劉是七)을 1노회(一老會) 기간(期間) 정직(停職)에 처(處)함을 보고(報告)하니라. 고(故) 선교사(宣敎師) 원두우(元杜尤, [Horace G. Underwood])의 선교사업(宣敎事業) 기념(紀念)할 사(事)를 총회(總會)에 제의(提議)하기로 결정(決定)하고 경기남편(京畿南便)에서 교회사업(敎會事業)에 다년근로(多年勤勞)하던 고(故) 손흥집장로(孫興集長老)의 가족(家族)에 위문서(慰問書)와 위자금(慰藉金)을 송치(送致)하니라.

영동읍(永同邑) 전도사업(傳道事業)은 민노아(閔老雅, [Frederick S. Miller])에게 위임(委任)하고 충북지방전도회(忠北地方傳道會)에서 유병찬(劉秉燦)을 청산(靑山)에 파송전도(派送傳道)한 결과(結果) 예배당(禮拜堂)까지 건축(建築)하였고 조치원(鳥致院)에는 고려불(高麗佛)의 전도(傳道)로 66인(六六人)이 집합(集合)하게 되다.

동년(同年) 7월(七月) 23일(二三日) 임시노회(臨時老會)에서 목사(牧師) 김여한(金如漢)을 김포읍(金浦邑), 풍곡리(楓谷里), 태리(台里) 3교회(三敎會)에 전임목사(專任牧師)로 시무(視務)ㅎ게 하고 동년(同年) 8월(八月) 21일(二一日) 임시노회(臨時老會)에서 목사(牧師) 박정찬(朴禎燦)은 경남교회(慶南敎會)에 이명(移名)하는 증서(證書)를 후송(後送)하니라.[63]

동년(同年) 12월(一二月) 3일(三日) 승동교회(勝洞敎會)에 제 15회(第

一五回) 노회(老會)가 회집(會集)하니 회원(會員)은 선교사(宣敎師) 10인(一〇人), 목사(牧師) 10인(一〇人), 장로(長老) 20인(二〇人)이요, 회장(會長)에 최영택(崔榮澤), 부회장(副會長)에 차재명(車載明), 서기(書記)에 장붕(張鵬), 이원한(李源漢), 회계(會計)에 도서원(都瑞元, [John U. Selwyn Toms]), 부(副) 이강원(李康原)이러라. 회무(會務)를 처리(處理)할새 영등포(永登浦), 양평리(楊平里), 행주(幸州), 신문내(新門內), 동막(東幕), 양평읍교회(楊平邑敎會)에서 장로(長老) 각(各) 1인식(一人式) 택(擇)함과 신학생(神學生) 함태영(咸台永), 김승구(金勝九), 장붕(張鵬), 김경덕(金鏡德), 박용희(朴容義), 이강원(李康原), 오건영(吳建泳), 김영한(金榮漢), 김기현(金基鉉), 김홍식(金弘植) 등(等)의 취학(就學)을 허(許)하니라. 김기현(金基鉉)을 왕십리(往十里), 독현도(毒縣島) 양교회(兩敎會)에 전도(傳道)ᄒ게 하고 박용희(朴容義)를 순회전도인(巡廻傳道人)으로 선정(選定)하다.

1919년(一九一九年) 기미(己未) 6월(六月) 16일(一六日) 승동예배당(勝洞禮拜堂)에 개최(開催)한 제 16회(第一六回) 노회(老會)의 회원(會員)은 선교사(宣敎師) 7인(七人), 목사(牧師) 8인(八人), 장로(長老) 26인(二六人)이러라. 의안(議案)으로는 김포읍교회(金浦邑敎會) 김중인(金重仁), 양평읍교회(楊平邑敎會) 박근배(朴根培), 양평리교회(楊平里敎會) 송봉서(宋奉西), 행주교회(幸州敎會) 신순익(申順益), 광주(廣州) 신촌교회(新村敎會) 이상문(李相文) 등(等)의 장로장립(長老將立)을 허(許)하고 박용희(朴容義) 순회전도(巡廻傳道)는 정지(停止)하니라.

동년(同年) 12월(一二月) 2일(二日) 승동예배당(勝洞禮拜堂)에 제 17회(第一七回) 노회(老會)가 개최(開催)하니 회원(會員)은 선교사(宣敎師) 10인(一〇人), 목사(牧師) 10인(一〇人), 장로(長老) 27인(二七人)이요, 회장(會長)에 차재명(車載明), 부(副) 이재형(李載馨), 서기(書記)에 오건영(吳建泳), 부(副) 이강원(李康原), 회계(會計)에 도서원(都瑞元, [John U. Selwyn Toms]), 부(副) 원세성(元世性)이러라. 회무(會務)를 처리(處理)할새 양평읍교회(楊平邑敎會)에 변명섭을 장로설립(長老設立)할 것과 신학생(神學生) 김영한(金永漢), 김홍식(金弘植), 이강원(李康原), 곽경한(郭京

漢), 오건영(吳建泳), 안기수(安基秀), 백남익(白南)익 등(等)의 취학(就學)을 허(許)하고 재감인(在監人)의 가족(家族)을 구조(救助)하기 위(爲)하여 위원(委員)을 선정(選定)하고 전도사업(傳道事業)은 계속(繼續)하니라.

　　1920년(一九二〇年) 경신(庚申) 3월(三月) 3일(三日) 임시노회(臨時老會)에서 행주구역(幸州區域) 목사(牧師) 신홍균(申弘均)의 사임(辭任)을 허(許)하고 해교회(該敎會) 당회장(堂會長)은 군예빈(君芮彬, [Edwin Wade Koons]) 선교사(宣敎師)에게 위임(委任)하고, 오천향(吳天鄕), 권영정(權暎淀)을 신학(神學)에 취(就)하기를 허(許)하니라.

　　동년(同年) 6월(六月) 15일(一五日) 고양군(高陽郡) 행주(幸州) 신촌예배당(新村禮拜堂)에 개최(開催)한 제18회(第一八回) [경기충청]노회(老會)의 회원(會員)은 선교사(宣敎師) 6인(六人), 목사(牧師) 8인(八人), 장로(長老) 29인(二九人)이더라. 의안(議案)은 김포읍교회(金浦邑敎會) 목사(牧師) 이여한(李如漢)의 사임원(辭任願)과 피선(被選)된 장로(長老) 청주읍교회(淸州邑敎會) 김태희(金泰熙), 최원진(崔元珍), 시흥(始興) 영등포교회(永登浦敎會) 김상옥(金相玉)의 장립(將立)을 허(許)하고 본년(本年) 10월(一〇月) 3일(三日) 동경(東京)에 개최(開催)하는 만국주일학교연합회(萬國主日學校聯合會)에 파송(派送)할 위원(委員) 8인(八人)은 각(各) 구역(區域)에 분배선정(分配選定)하고 진흥위원(振興委員)을 각(各) 구역(區域)에 1인식(一人式) 선택(選擇)하여 총회(總會) 진흥위원(振興委員)과 협의(協議)하여 각(各) 교회(敎會)를 진흥(振興)ᄒ게 하기로 결정(決定)하[64]니라. 재감(在監)한 함태영장로(咸台永長老)에게 위문서(慰問書)를 보내고 기가족(其家族)에게 대(對)하여는 다소간(多少間) 보조(補助)하기로 하니라. 진흥(振興) 목사(牧師)를 선치(選置)하기 위(爲)하여 8월(八月) 29일(二九日)에 각(各) 교회(敎會)가 연보(捐補)하여 전도국(傳道局) 회계(會計)에 송부(送付)하기로 결의(決議)하니라.

　　동년(同年) 12월(一二月) 7일(七日) 시흥군(始興郡) 영등포예배당(永登浦禮拜堂)에 제19회(第一九回) [경기충청]노회(老會)가 개최(開催)하니 회원(會員)은 선교사(宣敎師) 6인(六人), 목사(牧師) 8인(八人), 장로(長老) 36

인(三六人)이요, 회장(會長)에 이재형(李載馨), 부(副) 이석진(李錫璡), 서기(書記) 오천향(吳天鄕), 부(副) 이강원(李康原), 회계(會計) 김백원(金百源) 부(副) 원세성(元世性)이러라. 회무(會務)를 처리(處理)할새 전도국(傳道局)은 전도단(傳道團)을 조직(組織)하여 각지(各地)에 전도(傳道)하여 부흥(復興)하게 된 처소(處所)가 다유(多有)한 사(事)를 보고(報告)하였고 묘동교회(妙洞敎會)가 본(本) 노회(老會)에 귀환(歸還)하기를 청(請)함으로 본(本) 노회(老會)는 환영(歡迎)하여 하교교회(河橋敎會)와 연합당회(聯合堂會)를 조직(組織)하고 목사(牧師) 김백원(金百源)으로 임시시무(臨時視務)ᄒ게 하니라. 선택(選擇)된 장로(長老) 금량리교회(金良里敎會) 김상은(金相殷), 문촌교회(汶村敎會) 이용태(李容泰), 백봉리교회(栢峯里敎會) 심원용(沈遠用), 신대교회(新岱敎會) 김홍식(金弘植), 묵방리교회(墨坊里敎會) 백동규(白東奎), 안경연(安慶淵)의 장립(將立)을 허(許)하니라. 귀국(歸國)하는 선교사(宣敎師) 계군(桂君, [Edwin H. Kagin])의 사직원(辭職願)과 경기중앙구역(京畿中央區域) 목사(牧師) 이석진(李錫璡), 양평읍교회(楊平邑敎會) 목사(牧師) 이재형(李載馨), 영등포목사(永登浦牧師) 차재명(車載明)의 사임(辭任)을 허(許)하고 목사(牧師) 김백원(金百源)은 안동교회(安洞敎會) 전임목사(專任牧師)로, 차재명(車載明)은 신문내교회(新門內敎會) 전임목사(專任牧師)로, 이재형(李載馨)은 남문외교회(南門外敎會) 전임목사(專任牧師)로, 이여한(李如漢)은 양평(楊平) 고읍교회(古邑敎會) 전임목사(專任牧師)로, 최대진(崔大珍)은 묘동교회(妙洞敎會) 임시목사(臨時牧師)로 시무(視務)ᄒ게 하고 신학생(神學生) 김경덕(金鏡德), 김홍식(金弘植), 김영한(金永漢), 박용희(朴容羲), 곽경한(郭京漢), 경환(慶煥), 오천향(吳天鄕), 권영식(權英湜), 이용우(李龍雨), 유병찬(劉秉燦) 등(等)의 취학(就學)을 허(許)하니라.

안성(安城), 평양(平壤) 양교회(兩敎會)의 잔약(殘弱)함을 인(因)하여 전도부(傳道部)에 위임(委任)하고 미약(微弱)한 중앙구역(中央區域)에 위원(委員) 2인(二人)을 파송(派送)하여 시찰효면(視察効勉)ᄒ게 하니라. 금년(今年) 성탄(聖誕)에는 각(各) 교회(敎會)가 연보(捐補)하여 재감인(在監人)

의 가족(家族)을 구조(救助)하기 위(爲)하여 위원(委員) 3인(三人)을 선정(選定)하고 중국(中國) 산동성(山東省) 기근(飢饉)을 구제(救濟)하기 위(爲)하여 발기위원(發起委員) 3인(三人)을 선정(選定)하니라.

1921년(一九二一年) 신유(辛酉) 6월(六月) 21일(二一日) 승동예배당(勝洞禮拜堂)에 개최(開催)한 제 20회(第二〇回) 노회(老會)의 회원(會員)은 선교사(宣敎師) 7인(七人), 목사(牧師) 8인(八人), 장로(長老) 34인(三四人)이러라. 의안(議案)은 선교사(宣敎師) 소열도(蘇悅道, [T. Stanley Saltau])를 본(本) 노회원(老會員)으로 환영(歡迎)하다. 경성(京城)에서 조직(組織)한 주일학교(主日學校) 협성회(協成會)를 찬조(贊助)하기 위(爲)하여 본 노회(老會) 구내(區內) 각(各) 교인(敎人)은 주일학교(主日學校) 협성찬성원(協成贊成員)이 되어 해사업(該事業)을 찬조(贊助)ㅎ게 하고 묘동교회(妙洞敎會)와 하교교회(河橋敎會)는 분립(分立)ㅎ게 하고 선택(選擇)된 장로(長老) 시흥(始興) 양평교회(楊平敎會) 노경빈(盧景彬), 용산교회(龍山敎會) 박용희(朴容羲), 김포읍교회(金浦邑敎會) 김사여(金思汝), 김포군(金浦郡) 하리교회(下里敎會) 임청현(林淸鉉)의 장(將)[65]립(立)과 신학생(神學生) 김경덕(金鏡德), 이강원(李康原)의 취학(就學)을 허(許)하니라.

각(各) 교회(敎會)에서 사용(使用)하는 면려회(勉勵會) 규칙(規則)을 일치(一致)ㅎ게 하기 위(爲)하여 규칙제정위원(規則制定委員)을 선정(選定)하다. 야소교서회사업(耶蘇敎書會事業)을 위(爲)하여 본(本) 장로회(長老會)가 1년(一年) 중(中) 1주일(一主日)을 서회주일(書會主日)로 정(定)하기를 총회(總會)에 제의(提議)하기로 결의(決議)하니라.

영동(永同)에는 정인식(鄭寅熄)을 파송전도(派送傳道)하고 안성(安城)에는 오건영(吳建泳)이 의무(義務)로 전도(傳道)한 결과(結果) 다대(多大)한 성적(成績)이 유(有)하니라.

동년(同年) 9월(九月) 27일(二七日) 임시노회(臨時老會)에서 전북노회(全北老會) 목사(牧師) 최대진(崔大珍)의 이명서(移名書)를 접수(接受)하고 안동교회(安洞敎會) 목사(牧師) 김백원(金百源)의 사임사(辭任事)에 대(對)하여 권유위원(勸諭委員) 3인(三人)을 택송(擇送)하기로 결의(決議)하니라.

1922년(一九二二年) 임술(壬戌) 1월(一月) 7일(七日) 신문내예배당(新門內禮拜堂)에 제 21회(第二一回) [경기충청]노회(老會)가 개최(開催)하니 임원(任員)은 선교사(宣敎師) 6인(六人), 목사(牧師) 10인(一○人), 장로(長老) 35인(三五人)이요, 회장(會長)에 이석진(李錫璡), 부회장(副會長) 최대진(崔大珍), 서기(書記)에 박용희(朴容義), 부(副) 이강원(李康原), 회계(會計)에 윤치소(尹致昭), 부(副) 권영식(權瑛湜)이러라. 회무(會務)를 처리(處理)할새 승동교회(勝洞敎會) 목사(牧師) 차상진(車相晋), 남대문교회(南大門敎會) 목사(牧師) 이재형(李載馨), 청주읍교회(淸州邑敎會) 목사(牧師) 최영택(崔榮澤)의 사임원(辭任願)과 선택(選擇)된 장로(長老) 안동교회(安洞敎會) 유성준(兪星濬), 연동교회(蓮洞敎會) 정규환(鄭圭煥), 장준하교회(張竣河敎會) 윤상훈(尹庠勳), 남문외교회(南門外敎會) 방명우(方明宇), 김병찬(金炳贊), 시흥(始興) 하안리 김(金)연순, 양평(楊平) 묘동교회(妙洞敎會) 김(金)익량, 영동읍교회(永同邑敎會) 최지한(崔芝翰) 등(等)의 장립(將立)을 허(許)하고 목사(牧師) 김대진(金大珍)은 묘동교회(妙洞敎會)에 위임동사(委任同事)로, 이여한(李如漢)은 양평읍(楊平邑), 고읍(古邑) 등(等) 4교회(四敎會)에 위임동사(委任同事)로, 김백원(金百源)은 시흥(始興) 양평리교회(楊平里敎會)에 임시목사(臨時牧師)로 시무(視務)ㅎ게 하고 신학졸업생(神學卒業生) 이강원(李康原)은 안동교회(安洞敎會) 임시목사(臨時牧師)로 장립(將立)하여 시무(視務)ㅎ게 하니라. 안성(安城), 평택(平澤) 2교회(二敎會)의 전도사업(傳道事業)을 위(爲)하여 각(各) 교회(敎會)가 특별연보(特別捐補)ㅎ게 하니라. 신학생(神學生) 오택관(吳澤寬), 김영구(金永耉), 김지환(金智煥)의 취학(就學)을 허(許)하고 2월(二月) 끝 주일(主日)은 청년주일(靑年主日)이라 명명(命名)하고 특(特)히 청년(靑年)의 헌신적(獻身的) 사상(思想)이 환기(喚起)되도록 강설(講說)하고 차기일(且其日)에 고(故) 원두우(元杜尤, [Horace G. Underwood]) 박사(博士)의 기념사(紀念事)를 위(爲)하여 연보(捐補)ㅎ게 할 것과 매(每) 정기(定期)에는 특별강사(特別講士)를 청(請)하여 특별강연(特別講演)을 하기로 결의(決議)하니라.

동년(同年) [1922] 6월(六月) 19일(一九日) 연동(蓮洞)에 개최(開催)한

제 22회(第二二回) 노회(老會)의 회원(會員)은 선교사(宣敎師) 5인(五人), 목사(牧師) 10인(一〇人), 장로(長老) 39인(三九人)이러라. 의안(議案)은 신학생(神學生) 오택관(吳澤寬), 안(安)기수, 최창근(崔昌根), 백남익(白南翊), 오천향(吳天鄕), 오건영(吳建泳), 김경덕(金鏡德), 함태영(咸台永)의 취학(就學)과 선택(選擇)된 장로(長老) 세교교회(細橋敎會) 김영한(金永漢), 영(永)[66]등포교회(登浦敎會) 전성춘, 괴산교회(槐山敎會) 경환(慶煥), 김주현(金周鉉), 청주읍교회(淸州邑敎會) 이호재(李鎬宰), 송파교회(松坡敎會) 김준현(金俊鉉) 등(等)의 장립(將立)과 양평군(楊平郡) 지평구역(砥平區域) 목사(牧師) 배진성(裵振聲)의 사임(辭任)을 허(許)하고 신학졸업생(神學卒業生) 김영구(金永耉)는 승동교회(勝洞敎會)에 곽안련(郭安連, [Charles Allen Clark])과 동사목사(同事牧師)로 장립(將立)하여 위임(委任)하고 목사(牧師) 배진성(裵振聲)은 양주(楊州) 봉현교회(烽峴敎會)에 임시목사(臨時牧師)로 시무(視務)ㅎ게 하고 평북노회원(平北老會員) 이시웅(李時雄)을 영등포교회(永登浦敎會)에 임시목사(臨時牧師)로 시무(視務)ㅎ게 하고 피어선성[서학]원(皮漁善聖[書學]院)의 청원(請願)에 의(依)하여 교사(敎師) 1인(一人)을 허(許)하니라.

조선예수교장로회(朝鮮예수敎長老會) 정치(政治)는 총회(總會)에서 결정(決定)한 대로 접수채용(接受採用)할 일과 무고(無故)히 피착(被捉)하여 다대(多大)히 용비(用費)가 난 최영택목사(崔榮澤牧師)에게 60원(六〇圓), 전차(電車)에 낙상(落傷)한 김상현장로(金尙鉉長老)에 5원(五圓)을 위로금(慰勞金)으로 시여(施與)할 일과 환난(患難) 중(中)에 있는 알메니신자(信者)들을 구조(救助)하기 위(爲)하여 7월(七月) 셋째 주일(第三主日)에 각(各) 교회(敎會)가 연보(捐補)할 일과 신생활사(神生活社)에서 교회(敎會)에 대(對)하여 폄론(貶論)한 사(事)에 대(對)하여는 위원(委員) 3인(三人)을 선정(選定)하여 전임처리(專任處理)ㅎ게 하기로 결의(決議)하니라.

평양(平壤)에 초가(草家) 11간(一一間)을 전도실(傳道室)로 매수(買收)하고 안성(安城)에는 김(金)상배를 전도인(傳道人)으로 파송(派送)하였는데 경비(經費)는 427원(四百二七圓) 영(零)이러라.

동년(同年) [1922] 12월(一二月) 26일(二六日) 승동예배당(勝洞禮拜堂)에 제 23회(第二三回) [경기충청]노회(老會)가 개최(開催)하니 회원(會員)은 선교사(宣敎師) 8인(八人), 목사(牧師) 12인(一二人), 장로(長老) 41인(四一人)이요 회장(會長)에 배진성(裵振聲), 부(副) 이강원(李康原), 서기(書記)에 장준(張竣), 부(副) 김영구(金永耉), 회계(會計)에 윤치소(尹致昭), 부(副) 이재형(李載馨)이러라. 회무(會務)를 처리(處理)할새 신학졸업생(神學卒業生) 이필로(李弼魯), 김지환(金智煥)은 강도사(講道師)로 함태영(咸台永), 김경덕(金鏡德), 김홍식(金弘植)은 목사(牧師)로 장립(將立)하여 함태영(咸台永)은 청주읍교회(淸州邑敎會)에 소열도(蘇悅道, [T. Stanley Saltau]) 선교사(宣敎師)와 위임동사(委任同事)로, 김경덕(金鏡德)은 양평(楊平), 고송(高松), 용문동(龍門洞), 마배 3교회(三敎會)에 선교사(宣敎師) 곽안련(郭安連, [Charles Allen Clark])과 동사(同事)로, 김홍식(金弘植)은 김포읍(金浦邑) 등(等) 6교회(六敎會)에 선교사(宣敎師) 군예빈(君芮彬, [Edwin Wade Koons])과 순행동사목사(巡行同事牧師)로 시무(視務)ㅎ게 하고 황해노회(黃海老會)에서 이래(移來)한 김익두(金益斗)는 남문외교회(南門外敎會)에 임시목사(臨時牧師)로 목사(牧師) 김백원(金百源)은 양평리(楊平里敎會) 위임목사(委任牧師)로, 이용원(李庸原)은 안동교회(安洞敎會) 위임목사(委任牧師)로 시무(視務)ㅎ게 하고 양평(楊平) 4교회(四敎會) 목사(牧師) 이여해(李如海) 사임(辭任)과 둔전리교회(屯田里敎會) 피택장로(被擇長老) 김기배(金기배)의 장립(將立)을 허(許)하고 강도사(講道師) 이필로(李弼魯)는 승동교회(勝洞敎會), 김지환(金智煥)은 연동교회(蓮洞敎會)에 시무(視務)ㅎ게 하니라.

전도국(傳道局)이 직할전도(直轄傳道)한 안성교회(安城敎會)를 위(爲)하여 3,000원(三千圓) 예산(豫算)하고 양제(洋製)로 예배당(禮拜堂)을 신축(新築)하기로 결정(決定) 후(後) 당제(當帝)에서 연보(捐補)한 금액(金額)이 520여원(五百二〇餘圓)이니 제교회(諸敎會)에 연출(捐出)한 금액(金額) 700원(七百圓)과 전도부원(傳道部員)의 연출(捐出)한 금(金) 200원(二百圓)을 합(合)한즉 1,500여원(一千五百餘圓)[67]이 되는 고(故)로 부족액(不足

額) 1,500원(一千五百圓)은 부흥회목사(復興會牧師) 김익두(金益斗), 배진성(裵振聲) 양인(兩人)에게 위탁(委託)하여 모집(募集)하게 하니라. 신학신입생(神學新入生) 김(金)면진, 김(金)홍기, 김재형(金在衡)의 취학(就學)을 허(許)하고 교회(敎會)에서 1인(一人)을 택(擇)하여 평양신학교(平壤神學校)에 보내서 주일학교(主日學校) 사범과(師範科)를 학수(學修)하게 하기로 결의(決議)하니라.

1923년(一九二三年) 계해(癸亥) 6월(六月) 13일(一三日)에 제 24회(第二四回) [경기충청]노회(老會)가 경성(京城) 묘동예배당(妙洞禮拜堂)에 개최(開催)하니 회원(會員)은 선교사(宣敎師) 6인(六人), 목사(牧師) 15인(一五人), 장로(長老) 33인(三三人)이러라. 목사(牧師) 배진성(裵振聲)은 양주군(楊州郡) 봉현교회(烽峴敎會)에 선교사(宣敎師) 안대선(安大善, [Wallace Jay Anderson])과 위임동사목사(委任同事牧師)로 시무(視務)하게 하고 피택장로(被擇長老) 광주(廣州) 신대리교회(新垈里敎會) 김(金)승해, 남문외교회(南門外敎會) 김태상(金泰相)의 장립(將立)을 허(許)하고 시흥(始興) 양평리교회(楊平里敎會) 목사(牧師) 김백원(金百源)의 사임(辭任)을 허(許)하니라. 신학생(神學生) 오건영(吳建泳), 오천향(吳天鄕), 경환(慶煥), 방계승(方啓承)의 취학(就學)을 허(許)하다. 선교사(宣敎師) 안대선(安大善, [Wallace Jay Anderson])의 제의(提議)에 의(依)하여 본(本) 노회구역(老會區域) 내(內) 각(各) 교회(敎會)에 면려청년회(勉勵靑年會)를 조직(組織)하게 하기로 결의(決議)하다. 전도부(傳道部)는 평택(平擇), 안성(安城) 전도사업(傳道事業)이 잘 진취(進就)됨과 평택(平澤)에는 조종만(趙鍾萬), 안성(安城)에는 박용희(朴容羲)로 사역(事役)하게 함과 안성예배당(安城禮拜堂) 건축(建築)이 불원(不遠) 준공(竣工)될 것과 건축비(建築費)는 위선(爲先) 전도위원(傳道委員)이 출채지불(出債支拂)하게 됨과 전도비부수(傳道費不收)로 곤란(困難)한 상황(狀況)을 보고(報告)함에 각(各) 교회(敎會) 분배액(分配額)대로 연보(捐補)하여 유지(維持)할 것과 영동읍전도실(永同邑傳道室)은 매각(賣却)하여 신축예배당(新築禮拜堂) 건축비(建築費) 부족액(不足額)을 보충(補充)하게 함을 허락(許諾)하니라.

동년(同年) 7월(七月) 17일(十七日) [경기충청]임시노회(臨時老會)가 경성(京城) 승동예배당(勝洞禮拜堂)에 개최(開催)하여 강도사(講道師) 이필로(李弼魯)를 목사(牧師)로 장립(將立)하여 양평읍(楊平邑), 고읍교회(古邑敎會)에 위임목사(委任牧師)로 임명(任命)하다.

동년(同年) 12월(一二月) 19일(一九日) 제 25회(第二五回) [경기충청]노회(老會)가 경성(京城) 남문외예배당(南門外禮拜堂)에 개최(開催)하니 회원(會員)은 선교사(宣敎師) 6인(六人), 목사(牧師) 15인(一五人), 장로(長老) 36인(三六人)이요, 임원(任員)은 회장(會長)에 김영구(金永耈), 부(副) 이강원(李康原), 서기(書記)에 박용희(朴容義), 부(副) 이필로(李弼魯), 회계(會計)에 이석진(李錫璡), 부(副) 정규환(鄭圭煥)이러라. 목사(牧師) 차재명(車載明)을 평양신학교(平壤神學校)에 파송(派送)하여 주일학교(主日學校) 사범과(師範科)를 연구(硏究)ㅎ게 하기로 결정(決定)하니라. 전도국채무(傳道局債務)를 청산(淸算)ㅎ기 위(爲)하여 위원(委員) 3인(三人)을 선정(選定)하고 신학졸업생(神學卒業生) 오건영(吳建泳), 경환(慶煥)은 목사(牧師)로 장립(將立)하여 오건영(吳建泳)은 경기남편(京畿南便) 4교회(四敎會)에 임시목사(臨時牧師)로, 경환(慶煥)은 괴산읍교회(槐山邑敎會)에 선교사(宣敎師) 소열도(蘇悅道, [T. Stanley Saltau])와 위임동사목사(委任同事牧師)로, 이석진(李錫璡)은 노량진교회(鷺梁津敎會)에 선교사(宣敎師) 고언(高彦, [Roscoe C. Coen])과 위임동사목사(委任同事牧師)로, 김홍(金弘)[68]식(植)은 김포읍(金浦邑) 풍곡리교회(豊谷里敎會)에 위임목사(委任牧師)로 시무(視務)ㅎ게 하고, 피택(被擇)된 장로(長老) 옥천군(沃川郡) 청산교회(靑山敎會) 이기만(李基萬), 경성(京城) 신문내교회(新門內敎會) 박희병(朴熙秉), 노량진교회(鷺梁津敎會) 이원시(李元詩)의 장립(將立)과 함남(咸南) 단천지방(端川地方)에 이주(移住)한 목사(牧師) 신홍균(申弘均)의 이명(移名)과 양평리교회(楊平里敎會) 목사(牧師) 김백원(金百源)과 묘동교회(妙洞敎會) 목사(牧師) 최대진(崔大珍)의 사임원(辭任願)을 허(許)하고 평택(平澤) 등지(等地) 전도(傳道)에 근무(勤務)하던 조종만장로(趙鍾萬長老)와 병중(病中)에 있는 윤상훈장로(尹庠勳長老)와 상중(喪中)에 있는 장로(長老) 김영한(金永漢)과 별세(別世)한 장로(長老) 이(李)원서의 유족(遺族)에게 위문(慰問)하니라.

신학생(神學生) 권영식(權瑛湜), 오택관(吳澤寬), 최덕준(崔德俊), 김영한(金永漢), 박용희(朴容羲), 김창덕(金昌德), 신장균(申長均), 민(閔)홍식, 안국선(安國善), 정인환(鄭寅煥), 방계승(方啓承) 등(等)의 취학(就學)을 허(許)하니라. 전도부사업(傳道部事業)을 위(爲)하여 유급교역자(有給敎役者)의 봉급(俸給) 중(中) 100분지 2(百分之二) 이상(以上) 비례(比例)로 연보(捐補)할 일과 각(各) 교회(敎會) 제직원(諸職員)은 매인분(每人分) 1원(一圓) 이상(以上)의 연보(捐補)를 하기로 결의(決議)하였다.

1924년(一九二四年) 갑자(甲子) 3월(三月) 4일(四日) 임시노회(臨時老會)에서는 평양노회(平壤老會) 관내(管內)에 이주(移住)한 이여한(李如漢)의 이명증(移名證)을 선송(繕送)하니라.

동년(同年) 6월(六月) 17일(一七日)에 제 26회(第二六回) 노회(老會)가 경성(京城) 신문내예배당(新門內禮拜堂)에 개최(開催)하니 회원(會員)은 선교사(宣敎師) 5인(五人), 목사(牧師) 14인(一四人), 장로(長老) 31인(三一人), 합 50인(五〇人)이러라. 선교사(宣敎師) 부피선(富被善)의 이명(移名)을 접수(接受)한 후(後) 본(本) 노회원(老會員)으로 환영(歡迎)하니라. 안성읍교회(安城邑敎會) 예배당(禮拜堂) 건축비(建築費)를 청상(淸償)하기 위(爲)하여 전회(前會) 결의안(決議案)대로 실행(實行)하기로 결의(決議)하고 안성(安城) 여전도인(女傳道人)의 비용(費用)은 사경부(査經部)에서 계속담당(繼續擔當)하기로 하니라. 피택(被擇)한 장로(長老) 광주(廣州) 신촌교회(新村敎會) 여(呂)종익, 안성(安城) 방축리교회(坊築里敎會) 정원모(鄭元模), 청주읍교회(淸州邑敎會) 서상필(徐相泌), 청주(淸州) 신대리교회(新垈里敎會) 오삼근(吳三根), 하교교회(河橋敎會) 이태선(李泰善), 남문외교회(南門外敎會) 김태화(金泰和), 이용와(李容窩) 등(等)의 장립(將立)과 신학생(神學生) 곽경한(郭京漢), 김정현(金正賢), 최창근(崔昌根), 권영식(權瑛湜), 오택관(吳澤寬), 김재형(金在衡), 김(金)홍기, 김(金)면진 등(等)의 취학(就學)을 허(許)하고 충북시찰구역(忠北視察區域)에 노회(老會)를 분립(分

立)할 사(事)와 총회전도국(總會傳道局)에 상설사무국(常設事務局)과 전임 국장(專任局長)과 총무(總務)를 치(置)하여 선교사업(宣敎事業)과 연보수집(捐補收集)을 전담(專擔)할 사(事)를 총회(總會)에 헌의(獻議)하기로 하고 제 12회(第一二回) 총회(總會)에서 수의(垂議)한 본(本) 장로회(長老會) 정치(政治) 제 3장(第三章) 1조(一條) 말단(末段) 괄호(括弧) 내(內)에 「금일(今日)에는 이적(異蹟) 행(行)하는 권능(權能)이 정지(停止)되었느니라」한 문구(文句)에 대(對)하여 개정여부(改正與否)를 투표(投票)할새 총투표(總投票) 40인(四〇人) 중(中) 개정(改定)이 가(可)하다는 투표(投票)가 23인(二三人)이요 불가(不可)하다는 투표(投票)가 17인(一七人)이니 규칙(規則)에 의(依)하여 3분지 2(三分之二)가 못됨으로 부결(否決)되니라.[69]

2. 교회의 조직(二, 敎會의 組織)

1912년(一九一二年) 임자(壬子) 김포군교회(金浦郡敎會)에서 읍내북변리(邑內北邊里)에 반양제(半洋製)로 예배당(禮拜堂)을 광대지미(廣大至美)하게 건축(建築)하고 학교(學校)와 목사주택(牧師住宅)을 병(幷)하여 수축(修築)하다.

광주군(廣州郡) 신사리교회(新沙里敎會)에서 유성칠(劉星七)[면직(免職)]을 장로(長老)로 장립(將立)하여 당회(堂會)를 조직(組織)하였고 기후(其後) 이상문(李相文)이 장로(長老)로 계속복무(繼續服務)하였으며 교역자(敎役者)로는 선교사(宣敎師) 원두우(元杜尤, [Horace G. Underwood]), 피득(彼得, [Alexander A. Pieters]), 곽안련(郭安連, [Charles Allen Clark]), 고언(高彥, [Roscoe C. Coen])과 조사(助事) 김성집(金聖集), 박태선(朴泰善), 유남순(劉南順), 이기남(李起南), 함열(咸悅), 이석진(李錫璡), 이춘경(李春京), 문명화(文明化), 김명진(金明振) 등(等)이 상계인도(相繼引導)하다.

시흥군(始興郡) 노량진교회(鷺梁津敎會)가 전도(傳道)의 편의(便宜)를 인(因)하여 예배당(禮拜堂)을 노량진(鷺梁津)에 이전건축(移轉建築)하니 교회(敎會)가 승차전진(承次前進)하고 선교사(宣敎師)에 고언(高彥, [Roscoe C. Coen]), 조사(助事)에 박태선(朴泰善), 함열(咸悅) 등(等)이 순회인도(巡廻引導)하였다.

양평군(楊平郡) 문조교회(汶潮敎會)에서 정윤수(鄭允洙)를 장로(長老)로 장립(將立)하여 당회(堂會)를 조직(組織)하였고 기후(其後)에는 김성실(金成實), 임순화(林順和)가 상계(相繼)하여 장로(長老)로 시무(視務)하였고 교역자(敎役者)는 양주군(楊州郡) 용진(龍津) 월산(月山) 등(等) 4, 5교회(四五敎會)가 연합(聯合)하여 정윤수(鄭允洙), 김성실(金成實), 김경덕(金鏡德) 등(等)을 조사(助事)로 상계공역(相繼供役)ㅎ게 하고 선교사(宣敎師) 도서원(都瑞元, [John U. Selwyn Toms]), 안대선(安大善, [Wallace Jay Anderson]), 군예빈(君芮彬, [Edwin Wade Koons])이 상계관리(相繼管理)하다.

파주군(坡州郡) 신산리교회(新山里敎會)에서 최덕준(崔德俊)을 장로(長老)로 장립(將立)하여 당회(堂會)를 조직(組織)하였고 이성겸(李聖謙), 윤익건(尹益健) 등(等)이 인도자(引導者)가 되다.

양주군(楊州郡) 봉화현교회(烽火峴敎會)에서 강필순(姜弼淳)을 장로(長老)로 장립(將立)하여 당회(堂會)를 조직(組織)하였고 최영운(崔永雲) [면직(免職)], 이용원(李庸原)이 상계(相繼)하여 장로(長老)로 공역(供役)하다.

양주군(楊州郡) 퇴계원교회(退溪院敎會)에서 장로(長老) 차상진(車相晋)을 이임(移任)함으로 당회(堂會)가 조직(組織)되다.

옥천군(沃川郡) 청산교회(靑山敎會)가 성립(成立)하다. 선시(先是)에 청주거(淸州居) 권서(勸書) 김성호(金聖晧)와 조사(助事) 최영택(崔榮澤)의 전도(傳道)로 김준구(金駿九), 이중익(李重益), 이중필(李重弼), 이기만(李基萬), 조동우(趙東祐), 이중정(李重貞), 육인숙(陸仁淑), 진영이(陳英伊) 등(等)이 믿고 이중익(李重益) 사저(私邸)에 회집예배(會集禮拜)하다가 충북전도회(忠北傳道會)에서 파송(派送)한 안기수(安基秀)가 열심(熱心) 근로

(勤勞)함으로 교회(敎會)가 점진(漸進)하여 예배당(禮拜堂)을 건축(建築)하다.[70]

　보은군(報恩郡) 산외면(山外面) 원평교회(院坪敎會)가 성립(成立)하다. 선시(先是)에 북감리파(北監理派)가 차지(此地)에서 전도(傳道)를 시작(始作)하매 현금제파목사(現今諸派牧師) 신홍식(申弘植)과 안기수(安基秀)가 처음 믿고 허다(許多)한 파란(波瀾)과 곤란(困難)을 감내(堪耐)하며 성심전도(誠心傳道)의 결과(結果) 교회(敎會)가 설립(設立)되였는데 장, 감(長監) 양파분계(兩派分界) 시(時)에 신홍식(申弘植)은 감리파(監理派)에 잉속(仍屬)하고 안기수(安基秀)는 장로파(長老派)에 잉속(仍屬)하여 금일(今日)까지 교회(敎會)를 위(爲)하여 노력(勞力) 중(中)이다.

　1913년(一九一三年) 계축(癸丑) 김포읍교회(金浦邑敎會)에서 이춘경(李春景)을 장로(長老)로 장립(將立)하여 당회(堂會)를 조직(組織)하였으며 기후(其後)는 고봉상(高鳳祥), 신홍균(申弘均), 김사필(金思泌), 김중인(金重仁)이 장로(長老)로 종사(從事)하였고 선교사(宣敎師)에는 원두우(元杜尤, [Horace G. Underwood]), 채피득(蔡彼得, [Victor D. Chaffin]), 윤예빈(尹芮彬), 순회전도목사(巡廻傳道牧師)로는 서경조(徐景祚), 차재명(車載明), 조사(助事)로는 고봉상(高鳳祥), 김영한(金永漢), 유현오(柳賢五), 김홍기(金弘基), 위임목사(委任牧師)로는 이여한(李如漢), 김홍식(金弘植) 등(等)이 상계공직(相繼供職)하는 중(中) 교회(敎會)가 점진(漸進)하다.

　광주군(廣州郡) 둔전리교회(屯田里敎會)에서 장로(長老) 박태선(朴泰善)을 이임(移任)함으로 당회(堂會)를 조직(組織)하였고 기후(其後) 교역자(敎役者)로는 조사(助事) 박태선(朴泰善), 목사(牧師) 이석진(李錫璡)이 순회시무(巡廻視務)하다.

　경성(京城) 남대문외교회(南大門外敎會)에서 목사(牧師) 박정찬(朴禎燦)을 위임(委任)시직(視職)하니 이후(以後) 교회(敎會)가 점익진흥(漸益振興)되다.

　양평군(楊平郡) 상심리(上心里)에서는 황준국(黃濬國)을 위임목사(委任牧師)로 연빙(延聘)하였고 기후(其後) 차상진(車相晉), 이재형(李載馨),

이여해(李如海), 이필로(李弼魯) 등(等)이 목사(牧師)로 계속재직(繼續在職)하였고 선교사(宣敎師)는 곽안련(郭安連, [Charles Allen Clark]), 도서원(都瑞元, [John U. Selwyn Toms]), 안대선(安大善, [Wallace Jay Anderson]), 군예빈(君芮彬, [Edwin Wade Koons])과 조사(助事) 변홍순(卞洪純)이 상계시무(相繼視務)하다.

양평읍교회(楊平邑敎會)는 고읍(古邑), 묘곡(妙谷), 상심리(上心里) 등(等) 3교회(三敎會)와 연합(聯合)하여 목사(牧師) 황준국(黃濬國)을 청빙인도(請聘引導)하게 하였고 기후(其後)에는 차상진(車相晉), 이재형(李載馨), 이여해(李如海), 이필로(李弼魯) 등(等)이 상계(相繼)하여 목사(牧師)로 시무(視務)하다.

경성(京城) 승동교회(勝洞敎會)에 신축(新築)한 예배당(禮拜堂)이 준공(竣工)되어 봉헌(奉獻)하니 장엄굉대(壯嚴宏大)함이 경성(京城)에 거관(居冠)이었다.

1914년(一九一四年) 갑인(甲寅) 용진교회(龍津敎會)에서 이강원(李康原)을 장로(長老)로 장립(將立)하여 당회(堂會)를 조직(組織)하였고 기후(其後) 김세경(金世經), 이정수(李正守)가 장로(長老)로 계속재직(繼續在職)하여 열심(熱心)과 성력(誠力)을 다하여 예배당(禮拜堂)을 와가(瓦家)로 중건(重建)하고 인허(認許)얻은 소학교(小學校)로 증축(增築)하고 교회(敎會)가 전도(傳道)한 결과(結果) 봉안리(奉安里)에 교회(敎會)도 설립(設立)하고 맹곡(孟谷)에 기도회실(祈禱會室)도 성립(成立)되었으니 선교사(宣敎師) 안대선(安大善, [Wallace Jay Anderson]), 군예빈(君芮彬, [Edwin Wade Koons])이 계속시무(繼續視務)하고 강문호(康文昊)가 교사(敎師), 의사(醫師)로 공직(供職)하다.[71]

양평군(楊平郡) 묘곡교회(妙谷敎會)에서 여승현(呂升鉉)을 장로(長老)로 장립(將立)하여 당회(堂會)를 조직(組織)하였고 김익량(金益良)이 장로(長老)로 계속시무(繼續視務)하였는데 교역자(敎役者)에 대(對)한 사(事)는 상심리교회(上心里敎會)와 동일(同一)하다.

1915년(一九一五年) 을묘(乙卯) 고양군(高陽郡) 세교리교회(細橋里敎

會)에서 최봉인(崔鳳仁)을 장로(長老)로 장립(將立)하여 당회(堂會)를 조직(組織)하였고 기후(其後) 나봉구(羅鳳九)가 계속(繼續)하여 장로(長老)로 재직(在職)하였으며 양평리(楊平里)와 영등포교회(永登浦敎會)가 연합(聯合)하여 차재명(車載明)을 전도목사(傳道牧師)로 시무(視務)ㅎ게 하였다.

김포(金浦) 송마리교회(松麻里敎會)에서 김상현(金尙鉉)을 장로(長老)로 장립(將立)하여 당회(堂會)를 조직(組織)하였고 목사(牧師)에 원두우(元杜尤, [Horace G. Underwood]), 김홍식(金弘植), 서경조(徐景祚), 차재명(車載明), 조사(助事)에 김영헌(金永漢), 김홍기(金弘基), 김기현(金基鉉) 등(等)이 상계시무(相繼視務)하다.

양평군(楊平郡) 고송리교회(高松里敎會)에서 배진성(裵振聲)을 장로(長老)로 장립(將立)하여 당회(堂會)를 조직(組織)하고 박순여(朴順汝), 맹철호(孟哲鎬 [후위면직(後爲免職)])등(等)이 상계(相繼)하여 장로(長老)로 재직(在職)하였으니 본회(本會)가 당초(當初) 감리회관할(監理會管轄)에 속(屬)하였을 때에는 권사(勸師) 이수보(李壽甫)가 내조(來助)하고 장로회구역(長老會區域)에 이속(移屬)된 후(後)로는 선교사(宣敎師)에 곽안련(郭安連, [Charles Allen Clark]), 도서원(都瑞元, [John U. Selwyn Toms]), 안대선(安大善, [Wallace Jay Anderson]), 군예빈(君芮彬, [Edwin Wade Koons])과 조사(助事)에 박태선(朴泰善)과 목사(牧師)에 배진성(裵振聲), 김경덕(金鏡德) 등(等)이 상계시무(相繼視務)하였는데 교역자(敎役者)를 위(爲)하여 성심(誠心)의 연보(捐補)로 토지(土地)를 매수(買收)하고 신점리(新店里), 화전리(花田里)의 양교회(兩敎會)와 연합(聯合)하여 목사(牧師)를 청빙(請聘)하게 되다.

시흥군(始興郡) 양평리교회(楊坪里敎會)에서 이춘경(李春景)을 장로(長老)로 장립(將立)하여 당회(堂會)를 조직(組織)하였고 기후(其後) 김준기(金俊基), 송봉서(宋奉西), 노경빈(盧景彬) 등(等)이 장로(長老)로 재직(在職)하였고 와가(瓦家)로 12간(十二間) 예배당(禮拜堂)과 6간(六間) 전도실(傳道室)을 중건(重建)하고 학당(學堂)도 설립(設立)하여 아동(兒童)을 교육(敎育)하였고 영등포(永登浦)와 연합(聯合)하여 교역자(敎役者)를 청빙

(請聘)할 때도 있었는데 목사(牧師)에 차재명(車載明), 김백원(金百源)과 조사(助事)에는 순회조사(巡廻助師) 외(外) 유재한(劉載漢)이 전무공직(專務供職)하다.

경성(京城) 승동교회(勝洞敎會)에서 이여한(李如漢)을 목사(牧師)로 청빙(請聘)하여 곽안련(郭安連, [Charles Allen Clark])과 동사시무(同事視務)ᄒ게 하다. 기후(其後) 목사(牧師) 차상진(車相晋), 김영(金永)고가 계속 근로(繼續勤勞)하였고 장로(長老)에는 김일선(金一善), 박성춘(朴成春), 김덕윤(金德潤), 이재형(李載馨), 서준표(徐俊杓), 이순영(李淳英), 정윤수(鄭允洙), 김대현(金大鉉) 등(等)이 재직(在職)하여 성심협찬(誠心協贊)하여 교회(敎會)가 발전(發展)하다.

경성(京城) 묘동교회(妙洞敎會) 장로(長老) 이원긍(李源兢)이 기동(其同) 지일파(志一派)와 계도(計圖)하고 조선예수교장로회(朝鮮예수敎長老會)를 탈퇴(脫退)하고 경성(京城)에 재(在)한 일본기독교(日本基督敎)[72] 회(會)에 투입(投入)하여 토지건물(土地建物)을 해중회관할(該中會管轄)에 이속(移屬)하고 이원긍(李源兢)이 관리자(管理者)가 되다. 선시(先是)에 이원긍(李源兢)이 본(本) 노회(老會)에 대(對)하여 불만(不滿)한 바가 유(有)하여 안식교(安息敎)에 연로(聯路)하여 해교파(該敎派)의 교리(敎理)를 시인(是認)하고 전교회(全敎會)를 안식교화(安息敎化)하려 함으로 이희원(李熙元), 조종만(趙鍾萬) 등(等)과 충돌(衝突)되었고 차(此)에 대(對)한 노회(老會)의 치리(治理)에 불복(不服)하여 필경(畢竟) 차거(此擧)에 출(出)한지라, 당시(當時) 목사(牧師) 김백원(金百源)은 이희원(李熙元), 조종만(趙鍾萬), 민영옥(閔泳玉) 등(等) 80여인(八〇餘人)을 자기(自己)의 사저(私邸)에 회집예배(會集禮拜)하다가 하교교회(河橋敎會)를 설립(設立)하게 되다.

경성부(京城部) 용산교회(龍山敎會)가 자립(自立)하고 최봉구(崔鳳九)를 장로(長老)로 장립(將立)하여 당회(堂會)를 조직(組織)하였고 선교사(宣敎師) 원두우(元杜尤, [Horace G. Underwood]) 목사(牧師) 박정찬(朴禎燦), 김백원(金百源)이 상계관고(相繼管顧)하고 정신여학교(貞信女學校) 교원(敎員) 오장준(吳張俊)이 열심조역(熱心助役)하는 중(中) 점차발전(漸次

發展)되고 기후(其後) 조사(助事) 겸(兼) 장로(長老) 박용희(朴容羲)가 전무인도(專務引導)하다가 교인(敎人)의 이산(移散)을 인(因)하여 갱(更)히 남문외교회(南門外敎會)에 의부(依附)ᄒ게 됨으로 목사(牧師) 김익두(金益斗)와 제직(諸職)이 윤회인도(輪回引導)하다.

경성(京城) 하교교회(河橋敎會)가 설립(設立)되다. 선시(先是) 묘율교회(妙汨敎會) 이원긍(李源兢)이 경성(京城) 일본기독교회(日本基督敎會)에 이부(移附)하는 일에 대(對)하여 목사(牧師) 김백원(金百源)과 이희원(李熙元), 조종만(趙鍾萬), 민영옥(閔泳玉), 최영노(崔榮老), 김원집(金元集) 등(等) 80여인(八〇餘人)이 차(此)를 반대(反對)하고 분립(分立)하여 목사사저(牧師私邸)에 회집(會集)하다가 동년(同年) 추(秋)에 시내립정정(市內笠井町)에 12간(十二間) 와가(瓦家)를 매수(買收)하여 예배당(禮拜堂)으로 사용(使用)하다.

용인군(龍仁郡) 마북리교회(麻北里敎會)가 설립(設立)하다. 권서(勸書) 유경일(柳慶一)의 전도(傳道)로 신자(信者) 초진(稍進)하여 교회(敎會)가 시립(始立)되었고 선교사(宣敎師) 도서원(都瑞元, [John U. Selwyn Toms]), 조사(助事) 오건영(吳健泳)이 순회시무(巡廻視務)하다.

영동읍교회(永同邑敎會)가 성립(成立)하다. 선년(先年)에 경기충청노회(京畿忠淸老會)가 원두우(元杜尤, [Horace G. Underwood]) 목사(牧師)의 선교(宣敎) 30년(三〇年) 기념(紀念)으로 전도인(傳道人) 이필로(李弼魯), 김영식(金英植), 목사(牧師) 김백원(金百源)으로 전도(傳道)ᄒ게 하고 시년(是年)에는 최지한 부부(崔芝翰 夫婦)를 파송(派送)하여 내외합력근로(內外合力勤勞)의 결과(結果) 신자(信者)가 증진(增進)함으로 동읍(同邑) 계산리(稽山里)에 초옥(草屋)을 매수(買收)하여 예배당(禮拜堂)으로 사용(使用)하고 조사(助師) 정인환(鄭寅煥), 박정훈(朴定勳)이 상계시무(相繼視務)하다.

보은읍교회(報恩邑敎會)가 성립(成立)하다. 선시(先是)에 선교회(宣敎會) 전도인(傳道人) 김성호(金聖皓)가 전도(傳道)한 결과(結果) 이태교(李泰敎), 이동선(李東善)이 신종(信從)함으로 교회(敎會)가 설립(設立)하게 되었고 선교사(宣敎師) 소열도(蘇悅道, [T. Stanley Saltau])와 조사(助師) 곽경한

(郭京漢), 이병식(李秉植) 등(等)이 상호시무(相互視務) 중(中) 당시(當時) 동군군수(同郡郡守) 손현수(孫顯秀)가 협력찬조(協力贊助)함으로 교세(敎勢)는 점점발전(漸漸發展)되다.

보은군(報恩郡) 회북면(懷北面) 중앙리교회(中央里敎會)가 성립(成立)하다. 선시(先是)에 선교사(宣敎師) 계군(桂君, [Edwin H. Kagin])과 기타(其他) 전도인(傳道人) 등(等)의 전도(傳道)로 설립(設立)되었고 자금(自今)에 미약(微弱)[73] 중(中)에 재(在)하다.

1916년(一九一六年) 병진(丙辰) 고양군(高陽郡) 행주교회(幸州敎會)에서 이호근(李浩根)을 장로(長老)로 장립(將立)하여 당회(堂會)를 조직(組織)하였고 신순익(申淳益)이 계속(繼續)하여 장로(長老)로 재직(在職)하였다.

고양군(高陽郡) 토당리교회(土堂里敎會)가 구역조사(區域助師) 이용석(李容錫)을 장로(長老)로 장립(將立)하여 당회(堂會)를 조직(組織)하였고 신화순(申和淳)이 계속(繼續)하여 장로(長老)로 재직(在職)하였다.

시흥군(始興郡) 영등포교회(永登浦敎會)가 김기현(金基鉉)을 장로(長老)로 장립(將立)하여 당회(堂會)를 조직(組織)하였고 기후(其後) 홍성서(洪性瑞), 김서윤(金瑞允), 김상옥(金相玉), 김성순(金聖淳), 정인환(鄭寅煥) 등(等)이 상계(相繼)하여 장로(長老)로 재직근로(在職勤勞)함으로 교회(敎會)가 전진(前進)하여 1921년(一九二一年)에 예배당(禮拜堂)을 연와양제(煉瓦洋製)로 광대(廣大)히 중건(重建)하다.

광주군(廣州郡) 진촌교회(鎭村敎會)가 설립(設立)하다. 선시(先是)에 송경지(宋京池), 김성필(金聖弼), 백인우(白仁宇) 등(等)이 신주(信主) 후(後) 예배당(禮拜堂)을 신건(新建)하고 주익선(朱益善)이 인도자(引導者)가 되었으며 경기중앙구역(京畿中央區域) 선교사(宣敎師) 피득(彼得, [Alexander A. Pieters]), 도서원(都瑞元, [John U. Selwyn Toms]), 고언(高彥, [Roscoe C. Coen]), 조사(助師)에 손흥집(孫興集), 박태선(朴泰善) 등(等)이 상계시무(相繼視務)하다.

1917년(一九一七年) 정사(丁巳) 광주군(廣州郡) 신대리교회(新垈里敎會)가 상동막교회(上東幕敎會)와 연합(聯合)하여 손흥집(孫興集)을 장로(長

老)로 장립(將立)하여 당회(堂會)가 조직(組織)되고 기후(其後)에 김홍식(金弘植), 김성해(金聖海) 등(等)이 계속(繼續)하여 장로(長老)로 시무(視務)하다.

용인군(龍仁郡) 아곡교회(牙谷敎會)에서 오건영(吳健泳)을 장로(長老)로 장립(將立)하여 당회(堂會)를 조직(組織)하였고 선교사(宣敎師) 도서원(都瑞元, [John U. Selwyn Toms])과 고언(高彦, [Roscoe C. Coen]) 등(等)이 순회인도(巡廻引導)하다.

시흥군(始興郡) 학현교회(鶴峴敎會)에서 4간(四間) 옥(屋)을 매수(買收)하여 예배당(禮拜堂)으로 사용(使用)하다.

양평군(楊平郡) 화전리교회(花田里敎會)는 고송리교회(高松里敎會)와 연합(聯合)하여 목사(牧師) 배진성(裵振聲)을 청빙시무(請聘視務)ㅎ게 하고 기후(其後)에는 김경덕(金鏡德)이 목사(牧師)로 재직근로(在職勤勞)하여 현상(現狀)을 보존(保存)하다.

경성(京城) 남문외교회(南門外敎會)에 박중근(朴重根)[후면직(後免職)], 최창수(崔昌洙)를 장로(長老)로 장립(將立)하였고 목사(牧師) 박정찬(朴禎燦)은 총회(總會)전도국(傳道局) 위탁(委托)을 인(因)하여 해삼위전도(海蔘威傳道)로 출왕(出往)ㅎ게 되므로 연동교회(蓮洞敎會) 장로(長老) 함태영(咸台永)을 조사(助師)로 시무(視務)ㅎ게 하다.

경성(京城) 하교교회(河橋敎會)에서 이희원(李熙元)을 장로(長老)로 장립(將立)하여 당회(堂會)를 조직(組織)하고 기후(其後) 조종만(趙鍾萬), 윤상훈(尹庠勳), 이태선(李泰善)이 계속(繼續)하여 장로(長老)[74]로 재직(在職)하였으며 조사(助師) 오택관(吳澤寬)이 성근시무(誠勤視務)하고 목사(牧師) 이재형(李載馨)이 관리(管理)하였으며 묘동(妙洞)과 연합(聯合)하여 목사(牧師) 최대진(崔大珍)을 청빙(請聘)한 사(事)도 유(有)하다.

1918년(一九一八年) 무오(戊午) 파주군(坡州郡) 죽원리교회(竹院里敎會)에서 신산리(新山里) 장로(長老) 최덕준(崔德俊)을 본(本) 교회장로(敎會長老)로 이임(移任)하여 당회(堂會)를 조직(組織)하였고 차지방(此地方) 순회선교사(巡廻宣敎師) 원두우(元杜尤, [Horace G. Underwood]), 오

월번(吳越藩, [Arthur G. Welbon]), 도서원(都瑞元, [John U. Selwyn Toms]), 노해리(魯解理, [Harry A. Rhodes]) 등(等)이요, 조사(助師)는 최덕준(崔德俊), 이여한(李如漢), 김사여(金思汝) 등(等)이 시무(視務)하다.

괴산군(槐山郡) 상모면(上芼面) 수회리교회(水回里敎會)가 성립(成立)하다. 선시(先是) 이춘명(李春明)의 전도(傳道)로 신자(信者)가 초진(稍進)하여 초(初)에는 신자(信者) 가(家)에 회집(會集)하다가 가옥(家屋)을 매수(買收)하여 예배당(禮拜堂)으로 사용(使用)하고 순회조사(巡廻助事) 백남익(白南益), 방계승(方啓承), 우상길(禹相吉), 이병식(李秉植), 남기종(南基宗) 등(等)이 시무(視務)하고 선교사(宣敎師) 소열도(蘇悅道, [T. Stanley Saltau]), 부례선(富禮善, [Jason G. Purdy])이 상호관리(相互管理)하다.

1919년(一九一九年) 기미(己未) 광주군(廣州郡) 금량리교회(金良里敎會)에서 유흥렬(劉興烈)을 장로(長老)로 장립(將立)하여 당회(堂會)를 조직(組織)하고 기후(其後) 김준언(金俊彦)이 계속(繼續) 장로(長老)로 시무(視務)하다.

경성(京城) 남문외교회(南門外敎會) 조사(助師) 함태영(咸台永)이 3·1운동(三一運動) 간부(幹部)에 참가(參加)되어 수금(囚禁)됨으로 송창근(宋昌根)이 조사(助師)로 시무(視務)하고 기후(其後) 목사(牧師) 이재형(李載馨), 김익두(金益斗), 조사(助師) 김창덕(金昌德)이 상계시무(相繼視務)하였고 김병찬(金炳贊), 김태상(金泰相), 고명우(高明宇), 이용설(李容卨), 김태화(金泰和) 등(等)이 장로(長老)로 재직근로(在職勤勞)하다.

경성(京城) 안동교회(安洞敎會) 목사(牧師) 김백원(金百源)이 3·1운동(三一運動)에 참가(參加)되어 입감(入監)됨으로 장로(長老) 오천향(吳天鄕)을 조사(助事)로 근무(勤務)하게 하다.

시흥(始興) 삼성리교회(三星里敎會)에서 곽규석(郭奎錫)을 장로(長老)로 장립(將立)하여 당회(堂會)를 조직(組織)하였고 선교사(宣敎師) 밀의두(密義斗, [Edward Hughes Miller]), 고언(高彦, [Roscoe C. Coen])이 계속관리(繼續管理)하고 장로(長老) 박태선(朴泰善)이 조사(助事)를 겸임시무(兼任視務)하다.

괴산군(槐山郡) 탁수면(沰壽面) 수리교회(壽里敎會)가 성립(成立)하다. 선시(先是)에 경거(京居) 임순익(林淳益)이 동지(同地)에 이임(移任) 이후(以後) 전도(傳道)하여 교회(敎會)를 설립(設立)하고 기후(其後) 임순익(林淳益)이 신자(信者) 5, 6가(五六家)를 휴견(携牽)하고 북간도(北間島)에 이거(移去)함으로 교회(敎會)는 자연(自然) 미약(微弱)하더니 전도인(傳道人) 남기종(南基宗)이 순회시무(巡廻視務) 중(中) 임춘득(林春得)을 서리집사(署理執事)로 택(擇)하여 근무(勤務)하니 교황(敎況)이 초진(稍進)하다.[75]

1920년(一九二○年) 경신(庚申) 경성(京城) 묘동(妙洞) 이중화(李重和), 이병덕(李秉德), 고경환(高京煥) 등(等) 일반교인(一般敎人)이 전비(前非)를 자각(自覺)하고 본(本) 장로(長老)교회(敎會)에 다시 귀속(歸屬)되기를 노회(老會)에 청원(請願)하여 복구(復舊)되고 익년(翌年)에 하교교회(河橋敎會)와 연합(聯合)하여 목사(牧師) 최대진(崔大珍)과 조사(助事) 오택관(吳澤寬)을 청빙시무(請聘視務)ㅎ게 하였고 반년(半年) 후(後) 분립(分立)하여 최대진(崔大珍)을 선교사(宣敎師) 노해리(魯解理, [Harry A. Rhodes])와 동사목사(同事牧師)로 시무(視務)하다. 청주군(淸州郡) 미원면교회(米院面敎會)가 성립(成立)하다. 선시(先是)에 충북전도회(忠北傳道會) 전도인(傳道人) 유병찬(劉秉贊)이 극력전도(極力傳道)한 결과(結果) 교회(敎會)가 설립(設立)되었고 아편흡입(鴉片吸入)으로 중병(重病)에 이(罹)한 이종원(李鍾元)이 신주(信主)하고 고질(痼疾)된 흡연(吸烟)을 용단(勇斷)하여 완인(完人)이 됨에 인리(隣里)가 탄복(嘆服)하여 진리(眞理)의 광영(光榮)을 시현(始顯)ㅎ게 되니 교회(敎會)가 점진(漸進)하여 예배당(禮拜堂)까지 즉시(卽時) 건축(建築)하였고 선교사(宣敎師) 소열도(蘇悅道, [T. Stanley Saltau]), 조사(助事) 곽경한(郭京漢), 김정현(金正賢), 이호재(李鎬宰) 등(等)이 진력시무(盡力視務)하다.

청주군(淸州郡) 사주면(四州面) 외덕교회(外德敎會)가 성립(成立)하다. 선시(先是)에 청주읍교회(淸州邑敎會) 신자(信者) 나정일(羅正日)이 매(每) 수요기도회(水曜祈禱會)를 자기(自己) 가(家)에 회집(會集)하며 인리(隣里)에 열심전도(熱心傳道)함으로 신자(信者) 점가(漸加)하는지라. 청주읍(淸州

邑) 본회(本會)에 분립(分立)하여 자기(自己) 가(家) 낭사(郎舍)를 증축(增築)하여 예배실(禮拜室)로 공(供)하였다가 월2년(越二年)에 약간(略干)의 연보(捐補)를 수합(收合)하여 10여간(十餘間) 예배당(禮拜堂)을 건축(建築)하는데 기지(基地)와 다액(多額)의 금전(金錢)을 공헌(供獻)하였고 영수직(領袖職)에 재(在)하여 본읍교회(本邑敎會) 목사(牧師) 함태영(咸台永)과 선교사(宣敎師) 소열도(蘇悅道, [T. Stanley Saltau])와 협력근로(協力勤勞)함으로 교회(敎會)가 점익진전(漸益進展)이었다.

　　1921년(一九二一年) 신유(辛酉) 안성군(安城郡) 서리교회(西里敎會)가 점익(漸益) 쇠퇴(衰退)함을 인(因)하여 노회(老會) 전도국(傳道局)이 노회(老會)의 위탁(委托)을 받아 조사(助師) 오건영(吳建泳), 전도인(傳道人) 김상배(金相培)를 임시(臨時) 파송(派送)하여 퇴세만회(退勢挽回)에 전력(專力)ᄒ게 하였고 기익년(其翌年)에는 목사(牧師) 차상진(車相晋)을 시찰(視察)ᄒ게 한 후(後) 장로(長老) 박용희(朴容羲)와 여전도(女傳道) 윤경신(尹敬信)을 파송근로(派送勤勞)한 결과(結果) 4,000평(四千坪) 석조(石造) 예배당(禮拜堂)을 건축(建築)하고 교회(敎會)가 점차발전(漸次發展)하다.

　　시흥군(始興郡) 노량진교회(鷺梁津敎會)에서 와가(瓦家) 10간(十間)의 예배당(禮拜堂)을 중건(重建)하였고 기익년(其翌年)에는 이원시(李源詩)를 장로(長老)로 장립(將立)하여 당회(堂會)를 조직(組織)하고 이석진(李錫璡)을 전임목사(專任牧師)로 청빙시무(請聘視務)ᄒ게 하니 교회(敎會)가 점진(漸進)하여 신자(信者)의 가옥(家屋)이 번창(繁昌)하여지고 무녀(巫女)의 호수(戶數)는 감축(減縮)됨으로 전일(前日) 유명(有名)하던 노량무녀촌(鷺梁巫女村)이 변(變)하여 천성(天城)을 화성(化成)ᄒ게 되는 감(感)이 불무(不無)하였다.

　　용인군(龍仁郡) 장평리교회(長坪里敎會)에서 열심전도(熱心傳道) 결과(結果) 김정현(金正鉉), 안석주(安錫柱), 심종서(沈鍾瑞) 등(等) 수십인(數十人)이 귀도(歸道)함으로 백봉리교회(栢峯里敎會)와 연합(聯合)하고 심원용(沈遠用)을 장로(長老)로 장립(將立)하여 당회(堂會)를 조직(組織)하였으며 선교사(宣敎師) 피득(彼得, [Alexander A. Pieters]), 도서원(都瑞元,

[John U. Selwyn Toms])과 조사(助事) 유흥렬(劉興烈), 손흥집(孫興集) 등(等)이 순회시무(巡廻視務)하였고[76] 시하(視下)에는 문촌(文村), 백암리(白岩里), 백봉리(栢峯里), 장원리(長院里) 등(等) 교회(敎會)와 연립(聯立)하여 조사(助師) 구용회(具龍會), 목사(牧師) 오건영(吳建泳)이 시무(視務)하다.

안성군(安城郡) 방축리교회(防築里敎會)가 분립(分立)하다. 선시(先是)에 정원모(鄭元模), 민홍식(閔洪植), 김춘배(金春培) 등(等)이 신주(信主) 후(後) 용인군(龍仁郡) 대갈리교회(大葛里敎會)로 7, 8년간(七八年間) 왕래예배(往來禮拜)하다가 신자초진(信者稍進)함을 인(因)하여 본리(本里)에 예배당(禮拜堂)을 신축(新築)하고 교회(敎會)를 분립(分立)하다. 보은군(報恩郡) 삼승면(三升面) 상가리교회(上可里敎會)가 성립(成立)하다. 선시(先是)에 선교사(宣敎師) 소열도(蘇悅道, [T. Stanley Saltau])의 파송(派送)한 전도인(傳道人) 박창빈(朴昌彬)의 성심전도(誠心傳道)의 결과(結果) 김희탁(金羲鐸), 권자룡(權者龍) 외(外) 십수인(十數人)이 신주(信主)하고 김희탁(金羲鐸) 사저(私邸)에서 3년간(三年間) 회집예배(會集禮拜) 중(中) 김윤백(金允伯)과 여도(女徒) 오해완(吳海琓)이 열심전도(熱心傳道)하여 수십명(數十名) 신자(信者)가 생기(生起)므로 합력연보(合力捐補)하여 예배(禮拜)에 공(供)할 가옥(家屋)을 매수(買收)하매 교회(敎會)가 어시(於是) 완성(完成)하였고 선교사(宣敎師) 소열도(蘇悅道, [T. Stanley Saltau]), 조사(助師) 유병찬(劉秉瓚), 이창재(李彰宰) 등(等)이 계속시무(繼續視務)하다. 청주군(淸州郡) 남일면(南一面) 황청리교회(黃淸里敎會)가 성립(成立)하다. 선시(先是)에 북감리파(北監理派) 교인(敎人) 송태용(宋泰用)의 여(女) 송마리아(宋瑪利亞)가 불신자(不信者)의 가정(家庭)에 출가(出嫁)하였는데 송마리아(宋瑪利亞)의 전도(傳道)에 신앙생활(信仰生活)을 결심(決心)하고 부가(夫家)의 핍박(逼迫)을 불구(不拘)하고 상거요(相距遙)한 노계예배당(魯溪禮拜堂)에 풍우한서(風雨寒暑)를 불피(不避)하고 성근(誠勤)히 출석(出席)하면서 벌뜸과 점촌(店村)에 전도(傳道)하여 약간(若干)의 신자(信者)가 생기(生起)므로 신자(信者) 중(中) 1옥(一屋)을 차(借)하여 회집예배(會集禮拜)하

나 인도인(引導人)이 무(無)함으로 항상유감(恒常遺憾)으로 지내다가 청주
교회(淸州敎會) 집사(執事) 김세종(金世鍾)을 청요(請邀)하여 매주일예배
(每主日禮拜)를 인도(引導)ᄒ게 하고 상호협력(相互協力)하여 간고(艱苦)를
비상(備嘗)하며 열심근로(熱心勤勞)의 결과(結果) 교회(敎會)가 성립(成立)
되고 예배당(禮拜堂)까지 건축(建築)하였고 청주(淸州) 동북구역(東北區域)
에 속(屬)ᄒ게 되어 선교사(宣敎師) 소열도(蘇悅道, [T. Stanley Saltau]),
조사(助師) 곽경한(郭京漢), 김정현(金正賢)이 상계시무(相繼視務)하다. 송
마리아여사(宋瑪利亞女史)의 부(夫) 김영기(金永基)도 필경(畢竟) 감응(感
應)되어 유력(有力)한 신자(信者)가 되어 청주읍교회(淸州邑敎會)에서 부부
(夫婦)가 다 집사(執事)의 직(職)에 재(在)하여 청년사업(靑年事業)에 열심
활동(熱心活動)하게 되니 신자(信者)의 주(主)를 위(爲)하여 노고(勞苦)하
는 결과(結果)는 향형(香馨)의 가치(價値)를 발휘(發揮)ᄒ게 됨을 가증(加
證)이니라.

옥천읍교회(沃川邑敎會)가 성립(成立)하다. 선시(先是)에 선천군(宣川
郡) 신성학교(信聖學校) 학생회(學生會)에서 파송(派送)한 전도인(傳道人)
김득창(金得昌), 장인화(張仁華), 최성곤(崔成坤) 등(等)이 차제왕래(次第往
來)하여 노력전도(勞力傳道)한 결과(結果) 신자(信者)가 점진(漸進)하여 교
회(敎會)가 설립(設立)되었고 기후(其後)는 선교사(宣敎師) 소열도(蘇悅道,
[T. Stanley Saltau])와 충북전도회(忠北傳道會)에서 김정현(金正賢)을
파송전도(派送傳道)하다.

청주군(淸州郡) 북일면(北一面) 묵방리교회(墨坊里敎會)에서 안경연
(安慶淵), 백동규(白東奎)를 장로(長老)로 장립(將立)하여 당회(堂會)를 조
직(組織)하였고 선교사(宣敎師) 민노아(閔老雅, [Frederick S. Miller]), 조
사(助師) 경(慶)[77]환(煥), 김정현(金正賢) 등(等)이 상호시무(相互視務)하
였다.

청주군(淸州郡) 북이면(北二面) 화죽리교회(花竹里敎會)에서 예배당
(禮拜堂)과 종각(鐘閣)을 건축(建築)하였고, 교회(敎會)가 점진(漸進)하였
다. 선교사(宣敎師) 민노아(閔老雅, [Frederick S. Miller]), 조사(助師) 김

정현(金正賢), 이찬규(李燦奎), 김승구(金勝九)[후(後) 초교(肖敎)], 김기환(金基煥) 등(等)이 상계시무(相繼視務)하였고 여도(女徒) 김갑생(金甲生)은 2,000원(二千圓) 가격(價格)되는 토지(土地) 3,280평(三千二百八十坪)을 교회(敎會)에 기부(寄附)하다.

  1922년(一九二二年) 임술(壬戌) 송파교회(松坡敎會)에서 김준현(金俊鉉)을 장로(長老)로 장립(將立)하여 당회(堂會)를 조직(組織)하였고 선교사(宣敎師) 민노아(閔老雅, [Frederick S. Miller]), 피득(彼得, [Alexander A. Pieters]), 도서원(都瑞元, [John U. Selwyn Toms])이 관리(管理)하고 목사(牧師) 이석진(李錫璡), 김석윤(金錫潤), 손흥집(孫興集), 유홍렬(劉興烈), 박태선(朴泰善), 김기현(金基鉉) 등(等)이 상계시무(相繼視務)하다.

  김포군(金浦郡) 용강리교회(龍康里敎會)에서 임청현(林淸鉉)을 장로(長老)로 장립(將立)하여 당회(堂會)를 조직(組織)하였으며 순회목사(巡廻牧師) 서경조(徐景祚), 차재명(車載明), 김홍식(金弘植)과 조사(助師) 김영한(金永漢), 정석창(鄭錫昌), 김홍기(金弘基) 등(等)이 상계시무(相繼視務)하다.

  양평군(楊平郡) 고읍교회(古邑敎會)에서 변명섭(邊明燮)을 장로(長老)로 장립(將立)하여 당회(堂會)를 조직(組織)하고 점점(漸漸) 흥왕(興旺)하여 옥천리(沃泉里)에 20간(二十間) 와가(瓦家)를 매수(買收)하여 예배당(禮拜堂)으로 사용(使用)하였고 읍교회(邑敎會)와 연합(聯合)하여 목사(牧師) 이필로(李弼魯)와 조사(助師) 김영한(金永漢)을 청빙시무(請聘視務)ㅎ게 하다.

  영동읍교회(永同邑敎會)에서 최지한(崔芝翰)을 장로(長老)로 장립(將立)하여 당회(堂會)를 조직(組織)하고 교회(敎會)가 점진(漸進)하여 36평(三十六坪)의 신선(新鮮)한 예배당(禮拜堂)을 건축(建築)하였고 선교사(宣敎師) 소열도(蘇悅道, [T. Stanley Saltau])와 조사(助師) 이호재(李鎬宰)가 근로(勤勞)하다.

  시흥군(始興郡) 하안리교회(下安里敎會)에서 김연순(金連順)을 장로(長老)로 장립(將立)하여 당회(堂會)를 조직(組織)하였고 목사(牧師) 차재명(車載明)이 순회시무(巡廻視務)하다.

　괴산군(槐山郡) 칠성면(七星面) 사평리교회(沙坪里敎會)가 성립(成立)하다. 선시(先是)에 이춘명(李春明)이 본지(本地)에 이주(移住)하여 신자(信者)가 점진(漸進)함으로 교회(敎會)가 시설(始設)되고 매년(每年) 춘추(春秋)로 연조(年租)를 연보저축(捐補貯蓄)하여 가옥(家屋)을 매수(買收)하여 예배당(禮拜堂)으로 사용(使用)하고 이춘명(李春明), 엄명삼(嚴明三) 등(等)은 집사(執事)로 근로(勤勞)하고 조사(助師) 방계승(方啓承), 이병식(李秉植), 우상길(禹相吉), 남기종(南基宗) 등(等)은 조사(助師)로 순회시무(巡廻視務)하다.

　1923년(一九二三年) 계해(癸亥) 양주군(楊州郡) 봉화현교회(烽火峴敎會)에서 목사(牧師) 배진성(裵振聲)을 청빙시무(請聘視務) 중(中) 부흥(復興)의 특은(特恩)을 수(受)하여 20간(二十間) 예배당(禮拜堂)을 반양제(半洋製)로 중건(重建)하였고 소학당(小學堂)도 설립(設立), 60여명(六十餘名)의 아동(兒童)을 교육(敎育)하다.[78]

　청주군(淸州郡) 주원면(朱院面) 운암리교회(雲岩里敎會)가 설립(設立)하다. 선시(先是)에 당지인(當地人) 송국헌(宋國憲)이 주원교회(朱院敎會) 신자(信者) 이종원(李鍾元)의 전도(傳道)를 인(因)하여 믿고 성심전도(誠心傳道)하며 예배당(禮拜堂)을 자담건축(自擔建築)하니 교회(敎會)가 시성(始成)하고 선교사(宣敎師) 소열도(蘇悅道, [T. Stanley Saltau])가 관리(管理)하고 조사(助師) 곽경한(郭京漢), 김정현(金正賢) 등(等)이 시무(視務)하다.

　보은군(報恩郡) 마노면(馬老面) 세중리교회(世中里敎會)가 성립(成立)하다. 선시(先是)에 선교사(宣敎師) 소열도(蘇悅道, [T. Stanley Saltau])의 파송(派送)한 전도인(傳道人) 오기주(吳基周)의 전도(傳道) 결과(結果) 김용제(金容濟), 정해익(鄭海益), 박성만(朴成滿), 김정귀(金正貴), 전상구(全相九), 오해일(吳海一) 등(等)이 신주(信主)하여 가옥(家屋)을 매수(買收)하여 예배당(禮拜堂)으로 사용(使用)하고 선교사(宣敎師) 소열도(蘇悅道, [T. Stanley Saltau])와 조사(助師) 방계승(方啓承), 이창재(李彰宰) 등(等)이 계속시무(繼續視務)하다.

1924년(一九二四年) 갑자(甲子)에 경성(京城) 하교교회(河橋敎會)에서 교회점진(敎會漸進)함으로 인(因)하여 예배당(禮拜堂)을 확대(擴大) 중건(重建)하다.

안성군(安城郡) 방축리교회(防築里敎會)에 정원모(鄭元模)를 장로(長老)로 장립(將立)하여 당회(堂會)를 조직(組織)하고 선교사(宣敎師) 도서원(都瑞元, [John U. Selwyn Toms]), 고언(高彦, [Roscoe C. Coen])이 관리(管理)하고 조사(助師) 오건영(吳建泳), 박용의(朴容義) 등(等)이 시무(視務)하다.

옥천군(沃川郡) 낭성면(琅城面) 무성교회(武城敎會)가 성립(成立)하다. 선시(先是)에 세무교회(洗務敎會) 박종환(朴鍾煥)이 신앙타락(信仰墮落) 중(中) 내지(內地)에 이주(移住)하여 각(各) 방면(方面)에 자책(自責)을 받고 회개(悔改) 후(後) 선교사(宣敎師) 소열도(蘇悅道, [T. Stanley Saltau])에게 역청(力請)하여 방계승(方啓承), 이상기(李相基)를 파송전도(派送傳道)하여 이광호(李光浩), 이승순(李承淳), 이승욱(李承旭), 정구선(鄭求善) 등(等) 수 30인(數 三十人)이 귀주(歸主)하여 박종환(朴鍾煥) 사저(私邸)에서 2년간(二年間) 예배(禮拜)하다가 열심연보(熱心捐補)하여 예배당(禮拜堂) 건축(建築)을 계도(計圖)할새 박종환(朴鍾煥)이 100여원(百餘圓) 가치(價值)의 가옥(家屋)을 기부(寄附)함으로 수보증축(修補增築)하여 예배당(禮拜堂)으로 사용(使用)하니 교회시성(敎會始成)되고 선교사(宣敎師) 소열도(蘇悅道, [T. Stanley Saltau]), 조사(助師) 이창재(李彰宰) 등(等)이 시무(視務)하다.

옥천군(沃川郡) 청산교회(靑山敎會)에 이기만(李基萬)을 장로(長老)로 장립(將立)하여 당회(堂會)를 조직(組織)하였고 선교사(宣敎師) 계군(桂君, [Edwin H. Kagin]), 소열도(蘇悅道, [T. Stanley Saltau]), 조사(助師)에 최영택(崔榮澤), 곽경한(郭京漢), 유병찬(劉秉瓚), 방계승(方啓承), 이창재(李彰宰) 등(等)이 계속시무(繼續視務)하다.

영동군(永同郡) 용화면(龍化面) 조동교회(肇洞敎會)가 성립(成立)하다. 선시(先是)에 침례교인(沈禮敎人)이 전도(傳道)하다가 중지(中止)하였고 기후(其後) 영동읍교회(永同邑敎會) 최지한(崔芝翰)이 내왕전도(來往傳道)한 결과(結果) 신자(信者)가 초진(稍進)하여 예배당(禮拜堂)을 건축(建築)하였고 선교사(宣敎師) 소열도(蘇悅道, [T. Stanley Saltau]), 조사(助師) 이호재(李鎬宰) 등(等)이 순회시무(巡廻視務)하다.[79]

청주군(淸州郡) 북이면(北二面) 석화리교회(石花里敎會)가 성립(成立)하다. 선시(先是)에 김성호(金聖皓)의 전도(傳道)로 이창영(李昌榮)이 먼저 믿고 신자(信者)가 점점(漸漸) 가(加)하여 교회(敎會)가 설립(設立)되었는데 영수(領袖) 김경석(金慶錫), 집사(執事) 김영한(金榮漢), 권찰(勸察) 이창영(李昌榮)이 협력시무(協力視務)함으로 교회(敎會)가 유망(有望)하였다.

청주군(淸州郡) 오빈면(梧貧面) 각리교회(角里敎會)가 성립(成立)하다. 선시(先是)에 전종갑(全宗甲)의 열심전도(熱心傳道)의 결과(結果) 교회(敎會)가 성립(成立)되어 예배당(禮拜堂)을 건축(建築)하다. 청주군(淸州郡) 오빈면(梧貧面) 탑리교회(塔里敎會)가 성립(成立)하다.

선시(先是)에 충북전도회(忠北傳道會)에서 전도인(傳道人) 이병식(李秉植)을 파송전도(派送傳道)하여 교회(敎會)를 설립(設立)하였고 신자(信者) 중(中) 마응락(馬應洛), 이상필(李相弼) 등(等) 협력전도(協力傳道)함으로 교회전진(敎會前進)하다.

청주군(淸州郡) 오빈면(梧貧面) 복현교회(卜峴敎會)가 성립(成立)하다. 선시(先是)에 김정호(金正鎬)의 전도(傳道)로 김팽렬(金彭烈), 곽재윤(郭在潤) 등(等)이 먼저 믿고 신자(信者) 점흥(漸興)하여 교회(敎會)가 설립(設立)되다.

청주군(淸州郡) 오빈면(梧貧面) 구룡리교회(九龍里敎會)가 성립(成立)하다. 선시(先是)에 장환복(張還福)의 전도(傳道)로 신자(信者) 초진(稍進)하여 예배당(禮拜堂)을 건축(建築)하고 열심전도(熱心傳道)하니 도회점진(都會漸進)이었다.

괴산군(槐山郡) 증평교회(曾坪敎會)가 성립(成立)하다. 선시(先是)에 안시중(安時中), 오재일(吳在日) 등(等)이 합심전도(合心傳道)한 결과(結果) 신자(信者) 점진(漸進)하여 예배당(禮拜堂)을 건축(建築)하고 조사(助師)

유병찬(劉秉瓚)과 영수(領袖) 안시중(安時中)이 열심시무(熱心視務)하다.

3. 전도(三, 傳道)

1913년(一九一三年) 계축(癸丑) 청주읍교회(淸州邑敎會)에 부인전도회(婦人傳道會)를 조직(組織)하고 전도사업(傳道事業)에 주력(注力)함으로 교회(敎會)에 다대(多大)한 비익(裨益)이 있게 되다.

1914년(一九一四年) 갑인(甲寅) 경기, 충청노회(京畿忠淸老會) 전도부(傳道部)는 당시(當時) 선교사(宣敎師) 원두우(元杜尤, [Horace G. Under-wood])의 근로(勤勞) 30년(三十年) 기념(紀念) 사업(事業)으로 전도인(傳道人) 이필로(李弼魯)를 영동읍(永同邑)에 파송(派送)하여 전도(傳道)에 착수(着手)하고 기익년(其翌年) 춘(春)에 최지한(崔芝翰) 내외(內外)를 파견(派遣)하여 영주전도(永住傳道)한 바 해씨(該氏)는 한의학(漢醫學)에 능(能)한 자(者)임으로 해지방(該地方)인에게 환심(歡心)을 얻고 계속(繼續) 전도(傳道)의 결과(結果) 옥천읍교회(沃川邑敎會)가 설립(設立)되다.

1919년(一九一九年) 기미(己未) 청주읍교회(淸州邑敎會)에서 남자전도회(男子傳道會)를 조직(組織)하고 청주군(淸州郡) 문의(文義)와 쌍수(雙樹) 등지(等地)에 전도(傳道)하여 교회(敎會)를 설립(設立)하다.[80]

충북(忠北) 각(各) 교회(敎會)가 연합전도회(聯合傳道會)를 조직(組織)하고 안기수(安基秀), 유병찬(劉炳瓚)을 청산(靑山), 보은(報恩) 등지(等地)에 파송전도(派送傳道)하고 안기환(安琦煥), 이병식(李秉植)을 청주(淸州) 탑리(塔里) 등지(等地)에 전도(傳道)하여 교회(敎會)가 성립(成立)하다.

1921년(一九二一年) 신유(辛酉) 노회전도국(老會傳道局)에서 안성읍(安城邑)과 평택역전(平澤驛前)에 전도(傳道)할 때 안성읍(安城邑)에는 오건영(吳建泳), 김상배(金相培)를 위시(爲始)하여 박용익(朴容益), 윤경신(尹敬信)을 파송전도(派送傳道)한 결과(結果) 교회(敎會)가 복구(復舊)되었고 평택역전(平澤驛前)에는 장로(長老) 조종만(趙鍾萬)을 파송전도(派送傳道)

하다.

동년(同年)에 청주읍교회부인전도회(淸州邑敎會婦人傳道會)는 안기환(安琦煥)을 부강역전(芙江驛前) 5대(五垈)에 파송전도(派送傳道)의 결과(結果) 교회(敎會)가 설립(設立)되고 예배당(禮拜堂)을 건축(建築)하다.

청주읍교회청년회(淸州邑敎會靑年會)는 매년(每年) 하기(夏期)를 이용(利用)하여 특별(特別)히 전도대(傳道隊)를 조직(組織)하여 수로(數路)에 분(分)하여 충북(忠北) 각지(各地)에 순회전도(巡廻傳道)함으로 다대(多大)한 유익(有益)을 얻게 되다.

4. 교육, 환난(四, 敎育, 患難)

1923년(一九二三年)에 경성(京城) 경신학교(儆新學校)는 총독부(總督府)와 내무성(內務省)의 지정(指定)을 받아 완전(完全)한 자격(資格)이 있는 고등보통학교(高等普通學校)가 되었고 당년(當年)까지 18회(十八回) 졸업생(卒業生) 209인(二百九人)을 산출(産出)ᄒ게 하고 기중(其中)에 교육(敎育)에 종사(從事)하는 자(者)도 있고 교역(敎役)에 헌신(獻身)하는 자(者)도 있고 외국(外國)에 유학(留學)하는 자(者)도 다(多)하다.

5. 진흥(五, 振興)

1923년(一九二三年)에 충북(忠北) 영동읍교회(永同邑敎會)는 진흥(振興)되어 경성(京城) 원한경장로(元漢慶長老)의 천여원(千餘圓)의 연보(捐補)와 교우(敎友)의 협력(協力)으로 예배당(禮拜堂)을 굉대(宏大)히 건축(建築)하다. 시시(是時)에 경충노회경내(京忠老會境內) 각(各) 교회(敎會)가 진흥(振興)되어 동(東)으로 양주(楊州), 양평(楊平) 등지(等地)에서는 교역자(敎役者)를 자담(自擔)ᄒ게 되고 양평읍(楊平邑)과 상심리교회(上心里

敎會)에서는 다액(多額)을 연보(捐補)하여 예배당(禮拜堂)을 중건(重建)한 사(事)도 있고 서(西)로 김포읍(金浦邑), 영등포(永登浦), 세고리(細稿里), 행주(幸州), 죽원리(竹院里), 하안리(下安里) 등(等) 교회(敎會)와 남(南)으로 노량진(鷺梁津), 신사리(新沙里), 안성읍(安城邑), 방축리(防築里) 등(等) 교회(敎會)에서는 혹(或)은 반양제(半洋製) 혹(或) 연와제(煉瓦製)로 예배당(禮拜堂)을 미려(美麗)하게 중건(重建)하다.[81]

제 3장
평북노회(平北老會)

1919년 기미(己未) 3월 1일 조선독립운동으로 33인이 독립을 선언하니 차시(此時) 교회유직자(敎會有職者)로 참가자는 선천 양전백(梁甸伯), 의주 유여대(劉如大), 김병위[조](金秉祚[祚]), 정주 이승훈(李承薰), 이명용(李明龍) 제인(諸人)이라.

조선예수교장로회사기 하

1. 총론(總論)

(1) 노회설립(一, 老會設立)

1912년(一九一二年) 임자(壬子) 2월(二月) 15일(十五日)에 평북노회(平北老會)가 선천읍(宣川邑) 남예배당(南禮拜堂)에 창립(刱立)하다. 원년(元年) 독노회(獨老會) 시(時)에 조선야소교장로회(朝鮮耶蘇敎長老會) 총회(總會) 준비차(準備次)로 각(各) 대리회(代理會)가 7노회(七老會)로 성립(成立)ᄒ기를 선고(宣告)ᄒ더니 지시(至是)하여 전(前) 대리회장(代理會長) 노세영(盧世永, [Cyril Ross])이 회중(會中)에 취지(趣旨)를 설명(說明)하고 평북노회(平北老會)를 창립(刱立)함에 직원(職員)을 선정(選定)하니 회장(會

長) 위대모(魏大模, [Norman C. Whittemore]), 서기(書記) 정기정(鄭基定), 회계(會計) 김석창(金錫昌)이었다. 당시(當時) 회원(會員)은 선교사(宣敎師) 5인(五人), 목사(牧師) 13인(十三人), 장로(長老) 11인(十一人)이었다.

(2) 노회의안(二, 老會議案)

각(各) 교회형편(敎會形便)을 주찰(周察)하기 위(爲)하여 시찰구역(視察區域)을 획정(劃定)하니 산군(山郡) [초산(楚山), 위원(渭原), 강계(江界), 자성(慈城), 후창(厚昌), 피남(皮南), 만주(滿洲) 등지(等地)], 강변(江邊) [삭주(朔州), 창성(昌城), 벽동(碧潼) 3군(三郡)], 의성(義城), 용천(龍川), 철산(鐵山), 선천동편(宣川東便) [정주(定州), 박천(博川), 구성(龜城) 3군(三郡)], 범 7구(凡七區)이었다. 상비(常備), 정기(定期), 특별위원(特別委員)을 선정(選定)하여 회무(會務)를 분담(分擔)하니 공천(公薦), 정치(政治), 정사(定事), 규칙(規則), 재정(財政), 전도(傳道), 총계(總計), 주일공과(主日工課), 고아원(孤兒院), 문답(問答), 천서(薦書), 검사절차(檢査節次), 수권(收券), 학무(學務), 시찰(視察) 등(等)이었다. 선교사(宣敎師) 시무구역(視務區域)을 획정(劃定)하니 의주서변(義州西邊), 선천북변(宣川北邊)에 위대모(魏大模, [Norman C. Whittemore]), 용천(龍川), 철산(鐵山)에 노세영(盧世永, [Cyril Ross]), 선천남변(宣川南邊)에 윤산온(尹山溫, [George Shannon McCune, 1872-1941]) [신성학교장(信聖學校長) 겸임(兼任)], 곽산(郭山), 정주(定州), 가산(嘉山), 박천(博川), 구성(龜城)에 나부열(羅富悅, [Stancy L. Roberts]), 의주동변(義州東邊), 삭주(朔州), 창성(昌城), 벽동(碧潼)에 남행리(南行里, [Henry Willard Lampe]), 강계(江界), 수상(水上), 위원(渭源), 후창(厚昌)에 방혜법(邦惠法, [Herbert E. Blair]), 강계(江界), 수하(水下), 자성(慈城) 급(及) 남만주(南滿州)에 노해리(魯解理, [Harry A. Rhodes])이었다. 신학생(神學生) 취교자(就校者)는 김진화(金鎭華), 김용승(金龍承), 김병례(金炳禮), 김창협(金昌洽), 계시항(桂時恒), 계이영(桂利榮), 장덕로(張德櫓), 윤희복(尹希福), 박승호(朴承

浩), 방노원(方老元), 송병조(宋秉祚), 양준식(梁俊湜), 한경희(韓敬禧), 이기선(李基宣), 함석규(咸錫奎), 유여대(劉如大), 신기초(申基礎), 백봉수(白奉守), 문세일(文世逸), 고봉조(高鳳祚), 김관일(金貫一), 김승만(金承萬), 한응수(韓應秀), 조상섭(趙尙燮), 이준화(李俊化), 박인도(朴麟道), 박신택(朴信擇), 김영훈(金永勳), [82] 허정(許鼎), 김민철(金敏哲), 박용거(朴用巨), 안호(安灝)이었다. 조사(助師) 시무자(視務者)는 박신택(朴信擇), 박인도(朴麟道), 김병농(金炳禮), 김건주(金建柱), 유여대(劉如大)이었다. 장로안수자(長老按手者)는 차배관(車輩舘)에 김인부(金仁富), 박천구읍(博川舊邑)에 김진화(金鎭華)이었다. 전도사업(傳道事業)은 백봉수(白奉守)를 창성(昌城)에, 김진근(金振瑾)은 서간도(西間島)에, 김민철(金敏哲)은 벽동(碧潼)에 파송(派送)하다.

동년(同年) 8월(八月) 20일(二十日)에 평북노회(平北老會) 제 2회(第二回)가 의주읍(義州邑) 서교회(西敎會)에 회집(會集)하니 선교사(宣敎師) 4인(四人), 목사(牧師) 10인(十人), 장로(長老) 15인(十五人)이 출석(出席)하였다. 신임원(新任員)은 회장(會長) 노세영(盧世永, [Cyril Ross]), 서기(書記) 백정진(白貞振), 회계(會計) 김석창(金錫昌)이었다. 강도사(講道師) 김건주(金建柱)를 안수(按手)하여 양시교회(楊市敎會) 목사(牧師)로, 신학준사(神學準士) 김병농(金炳禮)을 안수(按手)하여 남제(南齊), 낙원(樂元), 용상(龍上) 3교회(三敎會) 목사(牧師)로 임명(任命)하다. 신학준사(神學準士) 박승호(朴承浩)를 시취(試取)하여 강도사(講道師)로 승인(承認)하다. 장운식(張運栻)은 용산(龍山), 남산(南山) 2교회(二敎會) 위임목사(委任牧師)로 시무(視務)하다. 장로안수자(長老按手者)는 차련관(車輦舘)에 정석기(鄭석기), 남회(南會)에 최봉서(崔鳳瑞), 신성(新城)에 신기초(申基礎), 신창(新倉)에 송병조(宋秉祚), 마전(麻田)에 장덕로(張德櫓), 양자회(楊子會)에 백시관(白時瑄)이었다. 전도사업(傳道事業)은 점점(漸漸) 양호(良好)하여 김진근(金振瑾)은 서간도(西間島)에, 백봉수(白奉守)는 창성(昌城)에 계속파송(繼續派送)하고 박정흠(朴禎欽)은 후창(厚昌)에, 장신희(張信熙)는 자성(慈城)에 기타(其他) 전도(傳道) 2인(二人)을 삭주(朔州), 구성(龜城) 등지

(等地)에 새로 파송(派送)하다. 시시(是時) 목사(牧師) 양전백(梁甸伯), 김창건(金昌鍵), 장관선(張寬善)은 105인사(百五人事)로 경성감옥(京城監獄)에 체재(滯在)하여 미참(未參)하다.

동년(同年) 11월(十一月) 25일(二十五日)에 평북노회(平北老會)가 양시예배당(楊市禮拜堂)에 임시(臨時)로 회집(會集)하여 김병농목사(金炳穠牧師)의 사면(辭免)을 받고 전라노회(全羅老會)로 이명(移名)하다.

1913년(一九一三年) 계축(癸丑) 2월(二月) 19일(十九日)에 평북노회(平北老會) 제 3회(第三回)가 선천읍예배당(宣川邑禮拜堂)에 회집(會集)하니 선교사(宣敎師) 4인(四人), 목사(牧師) 9인(九人), 장로(長老) 14인(十四人)이 출석(出席)하였다. 강도사(講道師) 박승호(朴承浩), 차형준(車亨駿)을 안수(按手)하여 선천(宣川), 원동외(院洞外) 4교회(四敎會) 급(及) 정주(定州), 청정외(淸亭外) 4교회(四敎會) 목사(牧師)로 임명(任命)하다. 목사(牧師) 김덕선(金德善)은 의주서교회(義州西敎會)에, 김진근(金振瑾)은 선천북교회(宣川北敎會)에 임시시무(臨時視務)하다. 백봉수(白奉守)는 철산읍교회(鐵山邑敎會)에, 조상섭(趙尙燮)은 남제외(南齊外) 2교회(二敎會)에, 이기선(李基宣)은 고령(古寧), 수창교회외(數倉敎會外) 4교회(四敎會)에, 김정하(金偵河)는 곽산외(郭山外) 3교회(三敎會)에, 김창하(金昌夏)는 신시외(新市外) 3교회(三敎會)에 조사(助師)로 시무(視務)하다. 신학생(神學生) 취교자(就校者)는 김진화(金鎭華), 김현모(金賢模), 김민철(金敏哲), 계시항(桂時恒), 계이영(桂利榮), 한경희(韓敬禧), 윤희복(尹希福), 양준식(梁俊湜), 박형빈(朴亨彬), 방효원(方孝元), 장덕로(張德櫓), 이기선(李基宣), 이준화(李俊化), 한응수(韓應秀), 송병조(宋秉祚), 김용승(金龍承), 김병조(金秉祚), 허정(許鼎), 문세일(文世逸), 임준철(林俊哲), 함석규(咸錫奎), 곽상하(郭尙夏), 이(李)[83]지은(枝殷), 이원익(李元益), 박규현(朴奎顯), 박시모(朴時模), 박인도(朴麟道), 박신택(朴信擇), 김영훈(金永勳), 김관일(金貫一), 김대건(金大建), 김승만(金承萬), 유여대(劉如大), 길종수(吉宗秀), 김석항(金碩伉), 김청달(金淸達), 송윤진(宋潤鎭), 권형모(權衡模)이었다. 장로안수자(長老按手者)는 선천(宣川) 보신회(會)에 김치행(金致行), 영동(嶺洞)에 방효원(方

孝元), 태산(台山)에 김현모(金賢模), 호엄(虎嚴)에 김영훈(金永勳), 미산(美山)에 박형빈(朴亨彬), 대현(大峴)에 김승만(金承萬), 용봉(龍峯)에 김익범(金益範)이었다. 전도사업(傳道事業)은 점점(漸漸) 확장(擴張)하여 남인전도회(男人傳道會), 부인전도회(婦人傳道會), 학생전도회(學生傳道會) 등(等)이 4처(四處)에 조직(組織)되며 개인(個人)의 의연금(義捐金)도 유(有)하여 박정흠(朴禎欽)은 후창(厚昌)에, 장신희(張信熙)는 광평(廣坪)에, 정승은(鄭承恩)은 삭주(朔州)에, 김신일(金信一)은 창성(昌城)에, 신기초(申基礎), 김기형(金基亨)은 서간도(西間島)에 파송(派送)하여 성서(聖書)와 전도지(傳道紙)를 가가호호(家家戶戶)에 분배(分配)하다.

동년(同年) 8월(八月) 26일(二十六日)에 평북노회(平北老會) 제 4회(第四回)가 양시예배당(楊市禮拜堂)에 회집(會集)하니 회원(會員)은 선교사(宣教師) 4인(四人), 목사(牧師) 21인(二十一人), 장로(長老) 25인(二十五人)이었다. 신임원(新任員)은 회장(會長) 위대모(魏大模, [Norman C. Whittemore]), 서기(書記) 백정진(白貞振), 회계(會計) 김석창(金錫昌)이 피선(被選)하다. 창회외(倉會外) 5교회(五敎會)에 이기선(李基宣), 산정외(山亭外) 4교회(四敎會)에 양준식(梁俊湜), 미산외(美山外) 4교회(四敎會)에 박형빈(朴亨彬), 남제외(南齊外) 2교회(二敎會)에 조상섭(趙尙燮), 강북영내(江北嶺內)에 안동식(安東湜), 영외(嶺外)에 백시관(白時瑁), 강계(江界) 수상(水上)에 송윤진(宋潤鎭), 수하(水下)에 김대건(金大建), 위원군(威原郡)에 권형모(權衡模), 초산군(楚山郡)에 최명현(崔明賢), 세평외(世坪外) 5교회(五敎會)에 김민철(金敏哲), 영동외(嶺東外) 3교회(三敎會)에 방효원(方孝元), 신창외(新倉外) 1교회(一敎會)에 송병조(宋秉祚), 남시외(南市外) 4교회(四敎會)에 한경희(韓敬禧), 고읍구(古邑區)에 한응수(韓應秀), 내동(內洞)에 길종수(吉宗秀), 남창구(南倉區)에 계시항(桂時恒), 대현외(大峴外) 3교회(三敎會)에 백봉수(白奉守), 삭주읍(朔州邑) 급(及) 창성읍회(昌城邑會)에 박신탁(朴信鐸), 선천북회(宣川北會)에 강규찬(姜奎燦), 곽산구(郭山區)에 강제현(姜濟賢), 구성지방(龜城地方)에 허정(許鼎), 태외(台外) 2교회(二敎會)에 김현모(金賢模), 당준외(堂俊外) 3교회(三敎會)에 최명준(崔

明俊), 박천지방(博川地方)에 김진화(金鎭華), 호암외(虎岩外) 5교회(五敎會)에 이준화(李俊化), 관리외(舘里外) 2교회(二敎會)에 김병조(金秉祚), 지천구읍외(誌川舊邑外) 5교회(五敎會)에 함석규(咸錫奎), 신미도(身彌島)에 김도희(金道熙), 대관지방(大舘地方)에 박인도(朴麟道) 제인(諸人)이 조사(助師)로 시무(視務)하다. 장로안수자(長老按手者)는 서회(西會)에 강필태(姜㻶泰), 용상(龍上)에 김학련(金學鍊), 남제(南濟)에 조상섭(趙尙燮), 용산(龍山)에 장낙요(張洛堯), 남동(南洞)에 김영준(金永俊), 양시(楊市)에 이(李)형조, 용암(龍巖)에 김기범(金基範), 남시(南市)에 한찬희(韓粲熙), 수부산(壽富山)에 이상백(李尙白), 차련관(車輦舘)에 김(金)자경, 북회(北會)에 노정관(盧正琯), 남창(南倉)에 이봉조(李鳳朝), 원동(院洞)에 유상환(劉尙煥), 정주읍(定州邑)에 박시창(朴時昌)이었다. 신학준사(神學準士) 5인(五人)을 안수(按手)하여 최봉석(崔鳳奭)은 벽동지방(碧潼地方)에 목사(牧師)로, 장덕로(張德櫓)는 마전외(痲田外) 3교회(三敎會) 목사(牧師)로, 윤희복(尹希福)은 입암(立巖), 신창(新倉) 2교회(二敎會) 목사(牧師)로, 계이영(桂利榮)은 가물남(嘉物南), 은암(殷岩) 2교회(二敎會) 목사(牧師)로, 김영훈(金永勳)은 총회명령(總會命令)에 의(依)하여 중화민국(中華民國) 선교사(宣敎師)로 임명(任命)하고 양준식(梁俊湜), 김민철(金敏哲), 박규현(朴奎顯)은 시취(試取)하여 강도사(講道師)로 승인(承認)하다. 선교사(宣敎師) 지방(地方)을 분정(分定)하니 선천북편(宣川北便), 의(義)[84]주서편(州西便)에 위대모(魏大模, [Norman C. Whittemore]), 용천(龍川), 철산(鐵山), 선천남편(宣川南便)에 노세영(盧世永, [Cyril Ross]), 곽산(郭山), 정주(定州), 가산(嘉山), 박천(博川), 구성(龜城)에 나부열(羅富悅, [Stancy L. Roberts]), 의주동편(義州東便), 삭주(朔州), 창성(昌城), 벽동(碧潼)에 남행리(南行里, [Henry Willard Lampe]), 강계읍(江界邑), 수하(水下), 자성(慈城), 서간도(西間島)에 노해리(魯解理, [Harry A. Rhodes]), 강계읍(江界邑), 수상(水上), 위원(渭原), 후창(厚昌)에 함가륜(咸嘉倫, [Clarence S. Hoffman])이었다. 전도사업(傳道事業)은 조덕찬(趙德粲)을 후창(厚昌)에, 김진근(金振瑾)을 서간도(西間島)에, 김덕선(金德善)을 봉천(奉

天)에, 차신주(車信柱), 장신희(張信熙)를 후창(厚昌)에, 정승은(鄭承恩)을 창성(昌城)에, 이영신(李永信)을 선천(宣川)에, 신기초(申基礎)를 가산(嘉山)에 파송(派送)하다.

　　1914년(一九一四年) 갑인(甲寅) 2월(二月) 4일(四日)에 평북노회(平北老會) 제 5회(第五回)가 선천읍(宣川邑) 남예배당(南禮拜堂)에 회집(會集)하니 선교사(宣敎師) 4인(四人), 목사(牧師) 20인(二十人), 장로(長老) 28인(二十八人)이 출석(出席)하였다. 신학생(神學生) 취교자(就校者)는 김현모(金賢模), 김석항(金碩伉), 김병조(金秉祚), 이기선(李基宣), 이준화(李俊化), 유여대(劉如大), 박형빈(朴亨彬), 백봉수(白奉守), 조상섭(趙尙燮), 함석규(咸錫奎), 문세일(文世逸), 송병조(宋秉祚), 한경희(韓敬禧), 김청달(金淸達), 신기초(申基礎), 김관일(金貫一), 방효원(方孝元), 한응수(韓應秀), 이지은(李枝殷), 계시항(桂時恒), 길종수(吉宗秀), 강규찬(姜奎燦), 이원익(李元益), 박신택(朴信澤), 박인도(朴麟道), 허정(許鼎), 김창협(金昌洽), 박시모(朴時模), 임준철(林俊哲), 김진화(金鎭華), 김도희(金道熙), 김영찬(金永粲), 한응주(韓應柱), 최득의(崔得義), 이봉태(李鳳泰), 조시한(趙時漢), 이상백(李尙白), 조승윤(趙承允), 양준희(梁濬熙), 이상조(李尙祚), 차원환(車元煥), 김취곤(金聚坤), 문윤국(文潤國), 김탁하(金倬河), 손정욱(孫貞郁), 김영화(金永化)이었다. 청정교회(淸亭敎會) 목사(牧師) 차형준(車亨駿)은 불근신(不謹愼)한 건과(愆過)로 1년간(一年間) 휴직(休職)하다. 강도사(講道師) 김민철(金敏哲)을 안수(按手)하여 수부산(壽富山), 영천(永川) 2교회(二敎會) 목사(牧師)로 임명(任命)하다. 조사(助師)는 별무이동이(別無移動而) 이상조(李尙祚)가 새로 피임(被任)하다. 장로안수자(長老按手者)는 동회(東會)에 김기창(金基昌), 정심(正心)에 유천복(劉天福), 용산(龍山)에 고승화(高承華), 창회(倉會)에 이기선(李基宣), 입암(立巖)에 장준태(張俊泰), 양시(楊市)에 송자현(宋子賢), 동상(東上)에 김지용(金志用), 동산(東山)에 차수경(車洙景), 신성(新城)에 백성련(白成鍊), 구읍(舊邑)에 김정열(金貞悅), 무산(舞山)에 고산륜(高山侖), 북회(北會)에 강규찬(姜奎燦), 고읍(古邑)에 최운기(崔雲起), 남창(南倉)에 이정일(李靖逸), 구율(舊律)에 이(李)정선, 남시(南

市)에 허정(許鼎)이었다. 전도국사업(傳道局事業)으로 최봉석(崔鳳奭), 최성주(崔聖柱) 양목사(兩牧師)를 서간도(西間島)로 파송(派送)하다. 김진근(金振瑾)은 강계읍(江界邑) 목사(牧師)로, 김석항(金碩伉)은 벽동군(碧潼郡) 7교회(七敎會) 조사(助師)로 피임(被任)하다.

 동년(同年) 8월(八月) 10일(十日)에 평북노회(平北老會) 제 6회(第六回)가 철산읍예배당(鐵山邑禮拜堂)에 회집(會集)하니 회원(會員)은 선교사(宣敎師) 4인(四人), 목사(牧師) 24인(二十四人), 장로(長老) 34인(三十四人)이었다. 신임원(新任員)은 회장(會長) 양전백(梁甸伯), 서기(書記) 백정진(白貞振), 회계(會計) 김석창(金錫昌)이었다. 조사시무(助師視務)는 별무이동이(別無移動而) 이지은(李枝殷), 이인백(李仁伯), 함석용(咸錫溶)이 새로 피임(被任)하다. 신학준사(神學準士) 3인(三人)을 안수(按手)하여 길종수(吉宗秀)는 선천(宣川) 내동외(內洞外) 4교회(四敎會) 목사(牧師)로, 송병조(宋秉祚)는 신창(新倉), 동상(東上) 2교회(二敎會) 목사(牧師)로, 한경희(韓敬禧)는 길림(吉林) 등지(等地) 전도목사(傳道牧師)로 임명(任命)하다. 장로안수자(長老按手者)는 동장(東場)에 최명현(崔明賢), 위원읍(渭原邑)에 김정록(金正祿), 강계읍(江界邑)에 명운(明運)[85]행(行), 진두(津頭)에 정원익(鄭元益), 마전(麻田)에 이준화(李俊化), 관리(舘里)에 김병조(金秉祚), 동상(東上)에 최봉상(崔鳳祥), 토교(土橋)에 한명학(韓明鶴), 남산(南山)에 최재형(崔在亨), 동회(東會)에 유여대(劉如大), 양시(楊市)에 조정벽(趙鼎壁), 강윤직(姜允稷), 덕천(德川)에 김용건(金容健), 김기봉(金起鳳), 입암(立巖)에 박성광(朴成光), 백암(白巖)에 장효량(張孝良), 구읍(舊邑)에 정세주(鄭世珠), 철산읍(鐵山邑)에 황종호(黃鍾浩), 이안(移安)에 정여돈(鄭如敦), 영동(嶺洞)에 안정모(安正模), 원동(院洞)에 정봉주(鄭鳳主), 신미도(身彌島)에 김도희(金道熙), 신시(新市)에 김달선(金達善), 정주읍(定州邑)에 박시모(朴時模)이었다. 전도사업(傳道事業)은 착착(着着) 진행(進行)하여 전도인(傳道人) 남녀(男女) 10인(十人)을 계속(繼續)하여 내외각지(內外各地)에 파송이(派送而) 의주군(義州郡) 위탁(委託)으로 한경희목사(韓敬禧牧師)를 길림(吉林) 등지(等地)에, 신성학교(信聖學校) 위탁(委託)으로 김석항(金碩伉)

을 벽동군(碧潼郡)에 새로 파송(派送)하다.

　　1915년(一九一五年) 을묘(乙卯) 2월(二月) 23일(二十三日)에 평북노회(平北老會) 제 7회(第七回)가 선천읍(宣川邑) 북예배당(北禮拜堂)에 회집(會集)하니 출석원(出席員)은 선교사(宣敎師) 5인(五人), 목사(牧師) 22인(二十二人), 장로(長老) 45인(四十五人)이었다. 조사시무(助師視務)는 거개 여전이(擧皆如前而) 조승윤(趙承允), 조시한(趙時漢), 김관일(金貫一), 이봉태(李鳳泰), 고재륜(高載崙) 제군(諸君)이 새로 피임(被任)하다. 목사(牧師) 김건주(金健柱)를 양시교회(楊市敎會)에 위임(委任)하다. 목사(牧師) 윤희복(尹希福)은 차련관구역(車輦舘區域)으로 이임(移任)하다. 신학생(神學生) 취교자(就校者)는 허정(許鼎), 함석규(咸錫奎), 방효언(方孝彦), 유여대(劉如大), 김진화(金鎭華), 조상섭(趙尙燮), 김현모(金賢模), 김관일(金貫一), 박정빈(朴亭彬), 백봉수(白奉守), 이준화(李俊化), 박인도(朴麟道), 계시항(桂時恒), 한응수(韓應秀), 김병조(金秉祚), 이지은(李枝殷), 강규찬(姜奎燦), 김도희(金道熙), 이원익(李元益), 김취곤(金聚坤), 김석항(金碩伉), 최득의(崔得義), 문윤국(文潤國), 이봉태(李鳳泰), 이상조(李尙祚), 양준희(梁俊熙), 김영화(金永化), 차원환(車元煥), 최명준(崔明俊), 조유승(趙有承)이었다. 장로안수자(長老按手者)는 관리(舘里)에 박준석(朴俊錫), 김영근(金永根), 체마(替馬)에 이기수(李基秀), 강성태(姜性泰), 대현(大峴)에 백봉수(白奉守), 서회(西會)에 김태주(金泰周), 미산(美山)에 최하즙(崔夏楫), 창회(倉會)에 김복설(金福說), 신창(新倉)에 조학룡(趙學龍), 대성(大城)에 이치화(李致和), 철산읍(鐵山邑)에 심치규(沈致奎), 세평(世坪)에 이상조(李尙祚), 북회(北會)에 한덕제(韓德濟), 남회(南會)에 이창석(李昌錫), 남창(南倉)에 계시항(桂時恒), 내동(內洞)에 김기하(金基夏), 곽산(郭山)에 이지은(李枝殷)이었다. 전도사업(傳道事業)은 여전(如前)히 용력(用力)하여 박봉철(朴鳳喆)을 후창(厚昌)에, 박정흠(朴禎欽)을 구성(龜城)에, 박시모(朴時模)는 정주(定州)에, 안성모(安成模)는 철산(鐵山)에, 김상현(金尙賢)은 예천군(醴川郡)에, 이영복(李永福), 정승은(鄭承恩)은 창성군(昌城郡)에 파송(派送)하다. 휴직(休職)하였던 차형준목사(車亨駿牧師)는 복직(復職)하고 백정진(白

貞振)은 7계(七戒) 범과(犯過)로 목사(牧師)의 직(職)을 삭제(削除)하고 책벌(責罰)하여 해본교회(該本教會)로 이명(移名)하다.

　1915년(一九一五年) 을묘(乙卯) 8월(八月) 23일(二十三日)에 평북노회(平北老會) 제 8회(第八回)가 의주군(義州郡) 서예배당(西禮拜堂)에 회집(會集)하니 선교사(宣教師) 5인(五人), 목사(牧師) 28인(二十八人), 장로(長老) 54인(五十四人)이 참석(參席)하였다. 백영엽(白永燁), 이근진(李根振), 이승봉(李承鳳) 제군(諸君)이 조사(助師)로 신임(新任)하고 기타(其他)는 의구시무(依舊視務)하다. 신학준사(神學準士) 4(四)[86]인(人)을 안수(按手)하여 이기선(李基宣)은 창회외(倉會外) 5교회(五教會)에 목사(牧師)로, 방효원(方孝元)은 영동외(嶺洞外) 3교회(三教會)에 목사(牧師)로, 김진화(金鎭華)는 구진외(舊鎭外) 6교회(六教會)에 목사(牧師)로, 허정(許鼎)은 남시외(南市外) 4교회(四教會)에 목사(牧師)로, 유여대(劉如大)는 동교회(東教會) 목사(牧師)로 임명(任命)하고, 함석규(咸錫奎)는 시취(試取)하여 강도사(講道師)로 승인(承認)하다. 장관선(張寬善)은 철산읍교회(鐵山邑教會) 전임목사(專任牧師)로, 조덕찬(趙德燦)은 정주지방(定州地方) 임시목사(臨時牧師)로, 한득롱(韓得壠)은 벽동지방(碧潼地方) 임시목사(臨時牧師)로 임명(任命)하다. 신학취교자(神學就校者)는 윤하영(尹河英), 양성하(梁成河), 송윤진(宋潤鎭), 권형모(權衡模), 오현척(吳賢倜), 박창선(朴昌善), 김기형(金琪亨), 주하룡(朱夏龍), 이용규(李容奎)이었다. 장로안수자(長老按手者)는 초산(楚山)에 김승호(金承浩), 중강(中江)에 강제선(姜濟善), 벽동읍(碧潼邑)에 이가은(李稼殷), 차련관(車輦舘)에 김관일(金貫一), 당후(堂后)에 이창록(李昌祿), 삼하(三下)에 박경무(朴敬懋), 옥상삼하(玉尙三下)에 최정태(崔廷泰), 남회(南會)에 주봉루(朱鳳樓)이었다. 전도사업(傳道事業)은 목사(牧師) 최봉석(崔鳳奭), 최성주(崔聖柱), 한경희(韓敬禧), 김덕선(金德善)은 청국지방(清國地方)에 여전시무(如前視務)하고 이승봉(李承鳳)은 문경군(文慶郡), 박봉철(朴鳳喆)은 후창(厚昌)에, 강윤직(姜允稷)은 서간도(西間島), 정승은(鄭承恩)은 구성(龜城)에, 이영복(李永福)은 삭주(朔州)에, 한반명(韓磐明)은 박천(博川)에, 차형준(車亨駿)은 안동현(安東縣)에 파송(派送)

하다. 학교(學校) 권유사(勸諭師) 1인(一人)을 입(立)하여 각(各) 학교(學校)를 순회(巡廻) 협조(協助)ㅎ게 하다.

1916년(一九一六年) 병진(丙辰) 2월(二月) 15일(十五日)에 평북노회(平北老會) 제 9회(第九回)가 선천읍(宣川邑) 남예배당(南禮拜堂)에 회집(會集)하니 회원(會員)은 선교사(宣敎師) 5인(五人), 목사(牧師) 25인(二十五人), 장로(長老) 47인(四十七人)이었다. 목사(牧師) 윤희복(尹希福)은 천년(天年)으로 본년(本年) 1월(一月) 19일(十九日)에 별세(別世)하다. 경북노회(慶北老會) 한득롱목사(韓得壠牧師)의 이명서(移名書)를 접수(接受)하여 이원익(李元益)이 조사(助師)로 신임(新任)하다. 차형준(車亨駿)은 안동현(安東縣) 전도목사(傳道牧師)로 임명(任命)하고, 장관선목사(張寬善牧師)는 혼인위규(婚姻違規)로 1삭간(一朔間) 휴직(休職)하다. 신학생(神學生) 취교자(就校者)는 조상섭(趙尙燮), 이준화(李俊化), 백봉수(白奉守), 박형빈(朴亨彬), 김현모(金賢模), 김관일(金貫一), 계시항(桂時恒), 한응수(韓應秀), 박인도(朴麟道), 김병조(金秉祚), 강규찬(姜奎燦), 이원익(李元益), 이지은(李枝殷), 김영화(金永化), 최득의(崔得義), 문윤국(文潤國), 김석항(金碩亢), 조승윤(趙承允), 조유승(趙有承), 최명준(崔明俊), 조시한(趙時漢), 이봉태(李鳳泰)이었다. 장로안수자(長老按手者)는 산군(山郡)에 양익준(梁翊俊), 간도(間島)에 안동식(安東湜), 조대원(趙大源), 차련관(車輦舘)에 김상현(金祥賢), 남회(南會)에 홍성익(洪成益), 대관(大舘)에 구영록(具永祿), 백암(白巖)에 백창회(白昌회)이었다. 전도사업(傳道事業)은 각군(各郡) 지방전도회(地方傳道會)와 부인전도회(婦人傳道會)의 위탁(委託)을 수(受)하여 목사(牧師) 5인(五人), 남전도(男傳道) 7인(七人), 여전도(女傳道) 4인(四人), 합(合) 16인(十六人)을 산군(山郡), 각읍(各邑), 봉천(奉天), 안동(安東), 간도(間島) 등지(等地)에 파송(派送)하다. 학교(學校) 권유사(勸諭師) 강규찬군(姜奎燦君)이 6군(六郡)에 산재(散在)한 82교회(八十二敎會)와 65학교(六十五學校)를 순시(巡視)하여 과정(課程)과 문부(文簿)를 정제(整齊)하니라.

동년(同年) 8월(八月) 22일(二十二日)에 평북노회(平北老會) 제 10회(第十回)가 선천읍(宣川邑) 북예배당(北禮拜堂)에 회집(會集)하니 출석원

(出席員)은 선교사(宣敎師) 4인(四人), 목사(牧師) 31인(三十一人),[87] 장로(長老) 53인(五十三人)이었다. 신임원(新任員)은 회장(會長) 장운식(張運栻), 서기(書記) 장덕로(張德櫓), 회계(會計) 김석창(金錫昌)이었다. 조사(助師)의 직(職)에 신임자(新任者)는 벽동읍회외(碧潼邑會外) 3교회(三敎會)에 김석항(金碩伉), 간도중구(間島中區)에 정락영(鄭樂永), 무산외(舞山外) 5교회(五敎會)에 고봉조(高鳳祚), 선천읍(宣川邑) 북회(北會)에 박경린(朴聖麟)이었다. 김병농목사(金炳穠牧師)를 차배관교회(車輩舘敎會)에 임명(任命)하다. 신학준사(神學準士) 10인(十人)을 안수(按手)하여 조상섭(趙尙燮)을 남제외(南齊外) 2교회(二敎會) 목사(牧師)로, 김현모(金賢模)를 태산외(台山外) 2교회(二敎會) 목사(牧師)로, 이준화(李俊化)를 마룡(麻龍), 남동(南洞) 2교회(二敎會) 목사(牧師)로, 박형빈(朴亨彬)을 미산외(美山外) 4교회(四敎會) 목사(牧師)로, 백봉수(白奉守)를 운천외(雲川外) 4교회(四敎會) 목사(牧師)로, 김관일(金貫一)을 철산서편(鐵山西便) 5교회(五敎會) 목사(牧師)로, 계시항(桂時恒)을 선천남편(宣川南便) 5교회(五敎會) 목사(牧師)로, 한응수(韓應秀)를 고읍외(古邑外) 3교회(三敎會) 목사(牧師)로, 박인도(朴麟道)를 삭주읍외(朔州邑外) 3교회(三敎會) 목사(牧師)로, 김대건(金大鍵)을 강계(江界), 수하(水下) 18교회(十八敎會) 목사(牧師)로, 강도사(講道師) 함석규(咸錫奎)는 용유외(龍遊外) 4교회(四敎會) 목사(牧師)로 임명(任命)하다. 신학생(神學生) 취교자(就校者)는 이지은(李枝殷), 백시찬(白時瓚), 송윤진(宋潤鎭), 권형모(權衡模), 김기형(金琪亨), 이용기(李容基), 박창선(朴昌善), 함석용(咸錫溶), 백시관(白時琯), 주하룡(朱夏龍)이었다. 장로안수자(長老按手者)는 신의주(新義州)에 김병원(金炳源), 김치복(金致福), 마전(麻田)에 장윤현(張允賢), 남제(南齊)에 조광준(趙光俊), 창회(倉會)에 김영찬(金永燦), 입암(立巖)에 장학섭(張鶴燮), 철산읍회(鐵山邑會)에 장기조(張基祚), 수부(壽富)에 이일성(李日聖), 북회(北會)에 박성린(朴聖麟), 남회(南會)에 장시욱(張時郁), 가물남(嘉物南)에 김병희(金炳熙), 이봉혁(李鳳赫), 용경(龍慶)에 최상규(崔尙奎), 덕흥(德興)에 문윤국(文潤國), 학면(鶴面)에 김정준(金貞俊), 창성읍(昌城邑)에 이봉태(李鳳泰), 삭주읍(朔州邑)에

김명봉(金明奉)이었다. 산군시찰(山郡視察)의 노회분립원(老會分立願)은 안수(按手)하여 총회(總會)에 보고(報告)ᄒᆞ게 하다. 전도사업(傳道事業)은 일가월증(日加月增)하여 강도사(講道師) 양준식(梁俊湜)을 안수(按手)하여 관전현(寬甸縣) 전도목사(傳道牧師)로 파송(派送)하고 또 최봉석(崔鳳奭), 최성주(崔聖柱), 한경희(韓敬禧), 김덕선(金德善) 제목사(諸牧師)와 박봉철(朴鳳喆), 박정흠(朴禎欽), 강윤직(姜允稷), 김익범(金益範), 황용호(黃龍浩), 김득창(金得昌), 안성모(安聖模), 이영복(李永福), 정승은(鄭承恩), 김윤백(金倫伯), 장신희(張信熙), 한반명(韓磐明), 김신환(金信煥), 남자전도인(男子傳道人) 병합(並合) 18인(十八人)을 내외지(內外地)에 파송(派送)하여 성적(成績)이 양호(良好)하다.

1917년(一九一七年) 정사(丁巳) 1월(一月) 31일(三十一日)에 평북노회(平北老會) 제 11회(第十一回)가 선천읍(宣川邑) 남예배당(南禮拜堂)에 회집(會集)하니 회원(會員)은 선교사(宣敎師) 4인(四人), 목사(牧師) 35인(三十五人), 장로(長老) 48인(四十八人)이었다. 조사(助師)의 직(職)을 신임자(新任者)는 취봉(鷲峯)에 문간국(文澗國), 선천동편(宣川東便)에 김병희(金炳熙), 벽동남편(碧潼南便)에 김영화(金永化)이었다. 의주서교회(義州西敎會) 김창건(金昌鍵)을 전임목사(專任牧師)로 임명(任命)하였다. 신학생(神學生) 취교자(就校者) 김병조(金秉祚), 이원익(李元益), 강규찬(姜奎燦), 문윤국(文潤國), 김석항(金碩伉), 이봉태(李鳳泰), 차원환(車元煥), 최명준(崔明俊), 임준철(林俊哲), 이상조(李尙祚), 고봉상(高鳳祥), 조시한(趙時漢), 조승윤(趙承允), 조유승(趙有承), 이승봉(李承鳳), 김승만(金承萬), 양성하(梁成河), 이승훈(李承薰), 홍성익(洪成益), 백영엽(白永燁), 윤하영(尹河英), 김옥련(金玉鍊), 김정준(金貞俊), 박성린(朴聖麟), 서상현(徐相賢), 김병희(金炳熙), 김득창(金得昌), 장규명(張奎明), 한종혁(韓宗赫), 백몽량(白夢良) 제군(諸君)이었다.[88] 장로(長老)의 직(職)을 신임자(新任者)는 삭주읍(朔州邑)에 김찬정(金燦貞), 의주읍(義州邑) 서회(西會)에 김영률(金永律), 낙원(樂元)에 한종혁(韓宗赫), 옥상삼하(玉尙三下)에 김시혁(金時赫), 남산(南山)에 최석지(崔錫祉), 태산(台山)에 최세용(崔世用), 용산(龍山)에 조학선

(趙學璇), 용운(龍雲)에 이경즙(李景楫), 신창(新倉)에 조한험(趙漢嶮), 차원환(車元煥), 광화(光和)에 한도욱(韓道郁), 우령(右寧)에 이상겸(李尙謙), 이안(移安)에 정경환(鄭敬煥), 북회(北會)에 백시찬(白時瓚), 계영수(桂英秀), 노정린(魯正麟), 조규찬(趙奎燦), 오산(五山)에 이승훈(李承薰)이었다. 전도사업(傳道事業)은 의주(義州), 용천(龍川), 선천(宣川), 각(各) 교회(敎會)가 심가용력(心加用力)하여 차형준(車亨駿)을 안동현(安東縣)에, 양준식(梁俊湜), 박봉철(朴鳳喆)은 관전(寬甸)에 박정흠(朴禎欽)은 회인현(懷仁縣)에 김영철(金永哲)은 벽동군(碧潼郡)에, 김윤백(金倫伯), 정승은(鄭承恩)은 가산(嘉山)에 파송(派送)하다.

동년(同年) 8월(八月) 21일(二十日일)에 평북노회(平北老會) 제 12회(第十二回)가 북예배당(北禮拜堂)에 회집(會集)하니 회원(會員)은 선교사(宣敎師) 4인(四人), 목사(牧師) 35인(三十五人), 장로(長老) 53인(五十三人)이었다. 신임원(新任員)은 회장(會長)에 김창건(金昌鍵), 서기(書記)에 장덕로(張德櫓), 회계(會計)에 김승만(金承萬)이었다. 조사(助師)의 직(職)을 신임자(新任者)는 신시외(新市外) 4교회(四敎會)에 윤하영(尹河英), 당후(堂後), 영평(永坪) 2교회(二敎會)에 백일진(白日鎭), 용운(龍雲), 운천(雲川) 2교회(二敎會)에 김승만(金承萬), 정심회(正心會)에 김취곤(金聚坤), 산정외(山亭外) 2교회(二敎會)에 조유승(趙有承), 신미도(身彌島)에 장규명(張奎明)이었다. 남회(南會)에 김석창(金錫昌), 마전(麻田)에 장덕로(張德櫓)를 전임목사(專任牧師)로 임명(任命)하다. 안승원(安承源)은 용산(龍山), 태산(台山) 2교회(二敎會) 목사(牧師)로, 김현모(金賢模)는 북하외(北下外) 2교회(二敎會) 목사(牧師)로 전임(專任)하다. 신학준사(神學準士) 3인(三人)을 안수(按手)하여 김병조(金秉祚)는 관리외(舘里外) 2교회(二敎會) 목사(牧師)로, 이원익(李元益)은 창회외(倉會外) 5교회(五敎會) 목사(牧師)로, 이지은(李枝殷)은 산서지방(山西地方) 목사(牧師)로 임명(任命)하다. 장로(長老)의 직(職)을 신임자(新任者)는 동회(東會)에 김지하(金志河), 이윤각(李允珏), 송인홍(宋麟弘), 마룡(麻龍)에 양은석(梁殷錫), 신의주(新義州)에 조보근(趙普根), 고정륜(高正崙), 북하(北下)에 송석찬(宋錫燦), 중단(中端)

에 이종섭(李鍾聶), 정심(正心)에 김취곤(金聚坤), 미산(美山)에 최상즙(崔尙楫), 토교(土橋)에 백영명(白永明), 남제(南齊)에 조찬벽(趙贊璧), 양시(楊市)에 정봉희(鄭鳳熙), 신서(新西)에 김정수(金正秀), 덕천(德川)에 황성호(黃聖浩), 백암(白巖)에 황신호(黃信浩), 용봉(龍峯)에 원의상(元義祥), 입암(立巖)에 장준용(張俊用), 영동(嶺洞)에 최득우(崔得雨), 화탄(和灘)에 엄인선(嚴麟善), 영천(永川)에 김민찬(金敏燦), 북회(北會)에 주현칙(朱賢則), 대륙(大陸)에 김봉준(金鳳俊), 가물남(嘉物南)에 박윤근(朴潤根), 정주읍(定州邑)에 김윤환(金潤煥), 김례은(金禮殷), 김준환(金俊煥), 덕흥(德興)에 이명룡(李明龍), 서면(西面)에 김익증(金益增), 장곡(長谷)에 이응룡(李應龍)이 었다. 전(前) 노회장(老會長) 장운식목사(張運栻牧師)가 선시년(先是年) 6월(六月)에 천년(天年)으로 영면(永眠)하다. 전도부사업(傳道部事業)은 점점(漸漸) 향상(向上)하여 각처(各處)에 결심자(決心者)가 봉기(蜂起)하여 교회창립(敎會刱立)도 비지일이(非止一二)이었다. 시년(是年) 파송(派送)한 전도인(傳道人)은 관전현이북(寬甸縣以北)에 양준식(梁俊湜), 이남(以南)에 이경호(李景灝), 안동현(安東縣)에 차형준(車亨駿), 박봉철(朴鳳喆), 박천군(博川郡)에 정승은(鄭承恩), 김윤백(金允伯), 벽동(碧潼)에 김영철(金永哲), 박천(博川)에 황용호(黃龍浩), 구성(龜城)에 김이순(金履淳), 삭주(朔州)에 백윤룡(白允龍), 충북(忠北) 조치원(鳥致院)에 김득창(金得昌), 구성(龜城)에 박(朴)[89]정흠(楨欽) 범 11인(凡十一人)이었다.

　1918년(一九一八年) 무오(戊午) 2월(二月) 19일(十九日)에 평북노회(平北老會) 제 13회(第十三回)가 남예배당(南禮拜堂)에 회집(會集)하니 회원(會員)은 선교사(宣敎師) 5인(五人), 목사(牧師) 35인(三十五人), 장로(長老) 63인(六十三人)이었다. 조사(助師)의 직(職)을 신임자(新任者)는 용천구읍외(龍川舊邑外) 2교회(二敎會)에 조시한(趙時漢), 광화(光化), 덕동(德洞) 2교회(二敎會)에 한도욱(韓道郁), 북평외(北坪外) 3교회(三敎會)에 차원환(車元煥), 양시(楊市)에 김옥련(金玉鍊), 의주서회(義州西會)에 김태주(金泰周), 대관외(大舘外) 5교회(五敎會)에 임준철(林濬哲) 제군(諸君)이었다. 정주읍회외(定州邑會外) 2교회(二敎會)에 정기정(鄭基定)을 전임목사(專任牧

師)로, 김덕선(金德善)은 차련관외(車輦舘外) 3교회(三敎會) 임시목사(臨時牧師)로, 김병농(金炳穠)은 안동현(安東縣) 임시목사(臨時牧師)로 임명(任命)하다. 평남노회(平南老會) 김강선목사(金剛善牧師)의 이명서(移名書)를 접수(接受)하다. 장로직(長老職)을 신임자(新任者)는 창회(倉會)에 김우설(金雨說), 송천(松川) 정군모(鄭君模), 영평(永坪)에 한응우(韓應祐), 낙원(樂元)에 김호건(金浩鍵), 횡산(橫山)에 조창묵(趙昌默), 양시(楊市)에 김옥련(金玉鍊), 북평(北平)에 김중련(金重鍊), 양시(楊市)에 김수일(金秀日), 영동(嶺洞)에 이의즙(李義楫), 동문(東門)에 송찬옥(宋燦玉), 이안(移安)에 김인승(金隣承), 북회(北會)에 이경만(李擎萬), 농경(農慶)에 김모기(金模基), 청정(淸亭)에 최승조(崔承祚), 수도에 신태연(申泰淵), 장요(長腰)에 유상찬(劉尙贊)이러라. 구신신학생(舊新神學生) 취교자(就校者) 문윤국(文潤國), 김석항(金碩伉), 이봉태(李鳳泰), 최명준(崔明俊), 이상조(李尙祚), 조승윤(趙承允), 조유승(趙有承), 조시한(趙時漢), 차원환(車元煥), 홍성익(洪成益), 김승만(金承萬), 김취곤(金聚坤), 윤하영(尹河英), 이승훈(李承薰), 장규명(張奎明), 한종혁(韓宗赫), 김병희(金炳熙), 백시찬(白時贊), 백일진(白日鎭), 김태주(金泰周), 박춘근(朴春根), 김병규(金炳奎), 오상근(吳相根), 신봉정(申鳳廷), 김상현(金尙賢), 김득창(金得昌), 홍택기(洪澤祺), 김태간(金泰幹) 등(等) 범 28인(凡二十八人)이었다. 전도사업(傳道事業)은 점차(漸次) 성공(成功)되어 서간도교회(西間島敎會)에서 한경희(韓敬禧), 최성주(崔聖柱) 양(兩) 전도목사(傳道牧師)의 월봉(月俸)은 차시(此時)부터 자담자립(自擔自立)하다. 시춘(是春)에 파송(派送)한 전도사(傳道師)는 목릉현(穆陵縣)에 장관선(張寬善), 봉천(奉天)에 김강선(金剛善), 관전(寬甸)에 이경호(李景灝), 벽동서편(碧潼西便)에 김영철(金永哲), 구성(龜城)에 정승은(鄭承恩), 창성(昌城)에 안성모(安聖模), 벽동동편(碧潼東便)에 박정흠(朴禎欽) 범 7인(凡七人)이었다.

동년(同年) 8월(八月) 19일(十九日)에 평북노회(平北老會) 제 14회(第十四回)가 정주읍예배당(定州邑禮拜堂)에 회집(會集)하니 회원(會員)은 선교사(宣敎師) 4인(四人), 목사(牧師) 37인(三十七人), 장로(長老) 70인(七十

人)이었다. 신임원(新任員)은 회장(會長) 윤산온(尹山溫, [George Shannon McCune, 1872-1941]), 서기(書記) 장덕로(張德櫓), 회계(會計) 계시항(桂時恒)이었다. 청정(淸亭)에 조덕찬(趙德粲), 미산(美山)에 박형빈(朴亨彬), 박천(博川)에 김진화(金鎭華), 목사사면원(牧師辭免願)은 접수허락(接受許諾)하다. 용산(龍山)에 안승원(安承源), 남제(南齊)에 조상섭(趙尙燮), 관리(舘里)에 김병조(金秉祚), 토교(土橋)에 송문정(宋文正)을 전임목사(專任牧師)로 임명(任命)하다. 차형준(車亨駿)은 용암(龍巖), 신도(薪島) 2교회(二敎會) 임시목사(臨時牧師)로, 박형빈(朴亨彬)은 남창외(南倉外) 4교회(四敎會) 임시목사(臨時牧師)로, 김진화(金鎭華)는 남시외(南市外) 4교회(四敎會) 임시목사(臨時牧師)로, 장관선(張寬善)은 철산읍회(鐵山邑會) 임시목사(臨時牧師)로 임명(任命)하다. 신학준사(神學準士) 3인(三人)을 시취(試取)하여 김석항(金碩伉)은 벽동읍회(碧潼邑會), 동상(東上), 태(太)[90]평(平), 장사(章士), 창평(倉坪) 5교회(五敎會) 위임목사(委任牧師)로, 문윤국(文潤國)은 덕흥(德興), 연봉 2교회(二敎會) 임시목사(臨時牧師)로 임명(任命)하고 이시웅(李時雄)은 강도사(講道師)로 승인(承認)하다. 조사(助師)의 직(職)을 신임자(新任者)는 취봉외(鷲峯外) 4교회(四敎會)에 신봉정(申鳳廷), 창원외(昌原外) 3교회(三敎會)에 김리순(金利淳), 청정외(淸亭外) 4교회(四敎會)에 김병규(金炳奎), 박천읍회외(博川邑會外) 5교회(五敎會)에 이관석(李寬錫)이었다. 장로(長老)의 직(職)을 신임자(新任者)는 운천(雲川)에 허상일(許尙日), 마전(麻田)에 최경린(崔景麟), 신의주(新義州)에 이항엽(李恒燁), 상단(上端)에 황사영(黃思英), 황사민(黃思敏), 용운(龍雲)에 정태곤(鄭泰坤), 토교(土橋)에 유효근(柳孝根), 체마(替馬)에 이문옥(李文玉), 영평(永坪)에 조시환(趙時桓), 중단(中端)에 김도순(金道淳), 취봉(鷲峯)에 신봉상(申鳳祥), 광화(光化)에 이세근(李世根), 남동(南洞)에 이도근(李道根), 장좌(長佐)에 장연수(張延洙), 용폭(龍幅)에 최우진(崔禹眞), 동림(東林)에 장창현(張昌賢), 장곡(長谷)에 박규서(朴奎瑞), 고라치(古羅峙)에 방만환(方萬煥), 장규명(張奎明), 보신에 김국명(金國明), 서면(西面)에 차주헌(車周憲), 창성읍(昌城邑)에 강제희(姜濟義), 안동(安東) 탕처즈에 최규희(崔奎熙) 범

23인(凡二十三人)이었다. 전도사업(傳道事業)은 서간도(西間島)에 최봉석(崔鳳奭), 봉천성(奉天省)에 김강선(金剛善), 목릉현(穆陵縣)에 백봉수(白奉守), 안봉(安奉)에 조덕찬(趙德粲), 관전(寬甸)에 이경호(李景灝), 구성(龜城)에 신봉상(申鳳祥), 동서편(東西便)에 김윤백(金允伯), 창성(昌城)에 박봉철(朴鳳喆), 벽동(碧潼)에 박정흠(朴禎欽) 범 9인(凡九人)이었다. 의주(義州), 삭주(朔州), 창성(昌城), 벽동(碧潼) 4군(四郡)이 합(合)하여 노회명의(老會名義)를 의산(義山)이라 하고 분립(分立)하기를 구(求)하매 가납(加納)하고 총회(總會)에 청원(請願)ᄒ게 하다.

동년(同年) 6월(六月) 18일(十八日)에 평북노회(平北老會)가 차련관예배당(車輦舘禮拜堂)에 별노회(別老會)로 회집(會集)하여 철산읍회(鐵山邑會) 분규사건(紛糾事件)에 대(對)하여 목사(牧師) 장관선(張寬善)은 정직(停職)하고 장로(長老) 황용호(黃龍浩), 심치규(沈致奎)도 정직(停職)하다.

1919년(一九一九年) 기미(己未) 2월(二月) 12일(一二日)에 평북노회(平北老會) 제 15회(第十五回)가 남예배당(南禮拜堂)에 회집(會集)하니 회원(會員)은 선교사(宣敎師) 3인(三人), 목사(牧師) 21인(二十一人), 장로(長老) 45인(四十五人)이었다. 내동교회(內洞敎會) 길종수(吉宗秀)를 전임목사(專任牧師)로 임명(任命)하다. 신학생(神學生) 취교자(就校者)는 차원환(車元煥), 이상조(李尙祚), 이승훈(李承薰), 홍성익(洪成益), 김청달(金淸達), 백시찬(白時瓚), 김병희(金炳熙), 홍택기(洪澤祺), 이관석(李寬錫), 한도욱(韓道郁), 이학봉(李學鳳), 박기호(朴基浩), 이도경(李道敬), 김경주(金敬柱) 범 14인(凡十四人)이었다. 장로(長老)의 직(職)을 신임자(新任者)는 장윤선(張潤善), 최문식(崔文湜), 김(金)희봉, 김지현(金志賢), 김순서(金淳瑞), 조형균(趙衡均), 김창협(金昌洽), 김익주(金益周), 주백영(朱伯英), 김추옥(金秋玉) 제군(諸君)이었다. 강도사(講道師) 이시웅(李時雄)을 안수(按手)하여 목사(牧師)로 임명(任命)하다. 전도사업(傳道事業)은 박천(博川)에 조형균(趙衡均), 서간도(西間島)에 최봉석(崔鳳奭), 조덕찬(趙德粲), 구성(龜城)에 신봉상(申鳳祥), 정주(定州)에 김윤백(金允伯), 김해(金海)에 안성모(安成模) 제군(諸君)을 계속파송(繼續派送)하다.

동년(同年) 8월(八月) 19일(一九日)에 평북노회(平北老會) 제 16회(第十六回)가 북예배당(北禮拜堂)에 회집(會集)하니 회원(會員)은 선교사(宣敎師) 3인(三人), 목사(牧師) 15인(十五人), 장로(長老) 39(三十九)[91]인(人)이었다. 신임원(新任員)은 회장(會長) 김석창(金錫昌), 서기(書記) 길종수(吉宗秀), 회계(會計) 김용건(金容乾)이었다. 시년(是年) 춘(春) 조선[독립]만세사건(朝鮮○○萬歲事件)으로 인(因)하여 선언서(宣言書) 중(中) 33인(三十三人)의 1인(一人)인 양전백목사(梁甸伯牧師)로 위시(爲始)하여 기타(其他) 노회원(老會員)이 당국(當局)에 취체구금(取締拘禁)을 당(當)한 자(者) 심다(甚多)하여 회무처리(會務處理)에 곤란(困難)이 막심(莫甚)하였다. 정주읍회(定州邑會) 목사(牧師) 정기정(鄭基定)의 사면(辭免)을 수(受)하다. 산서교회(山西敎會) 목사(牧師) 김진근(金振瑾)의 이명서(移名書)를 접수(接受)하다. 조사(助師)의 피임자(被任者)는 가물남(嘉物南)에 이창호(李昌浩), 남창(南倉)에 박기호(朴基浩), 신시외(新市外) 5교회(五敎會)에 김창흡(金昌洽), 박천구(博川區)에 이관석(李寬錫), 장요구(長腰區)에 이경호(李景灝), 남시구(南市區)에 고봉상(高鳳祥) 범 6인(凡六人)이었다. 곽산회(郭山會)에 김진근(金振瑾)을 임시목사(臨時牧師)로, 철산읍회(鐵山邑會)에 정기정(鄭基定)을 임시목사(臨時牧師)로 임명(任命)하다. 장로(長老)의 직(職)을 신임자(新任者)는 고읍(古邑)에 노효(魯孝)함, 덕흥(德興)에 허근신(許根身), 미도(彌島)에 김학인(金學仁), 무산(舞山)에 장효삼(張孝三), 당령에 이(李)자협이었다. 신학생(神學生) 취교자(就校者)는 이상조(李尙祚), 이도경(李道敬), 홍종섭(洪鍾涉), 최정탁(崔正鐸) 제군(諸君)이었다. 전도부(傳道部) 사업(事業)은 안봉(安奉)에 조덕찬(趙德燦), 관전(寬甸)에 박봉철(朴鳳喆), 옥천군(沃川郡)에 장인화(張麟華), 박천(博川)에 이재순(李在淳), 구성(龜城)에 신봉상(申鳳祥), 괴산군(槐山郡)에 백중생(白重生), 길림성(吉林省)에 백봉수(白奉守)이었다.

1920년(一九二〇年) 경신(庚申) 3월(三月) 2일(二日)에 평북노회(平北老會) 제 17회(第十七回)가 남예배당(南禮拜堂)에 회집(會集)하니 회원(會員)은 선교사(宣敎師) 3인(三人), 목사(牧師) 17인(十七人), 장로(長老) 48인

(四十八人)이었다. 신학생(神學生) 취교자(就校者) 고봉상(高鳳祥), 장규명(張奎明), 김창협(金昌洽), 김청달(金淸達), 이관석(李寬錫), 이창호(李昌浩), 박기호(朴基浩), 안주흡(安周洽), 원성덕(元性德), 이학봉(李學鳳), 김홍식(金弘栻), 김영로(金永潞), 고익수(高益秀)이었다. 장로(長老)의 직(職)을 신임자(新任者)는 용암(龍岩)에 이석영(李錫泳), 입암(立巖)에 김의건(金義健), 하호(下虎)에 서병두(徐丙斗), 용유(龍遊)에 김봉조(金奉朝), 철산읍(鐵山邑)에 김근익(金斤益), 수부(壽富)에 이종석(李鍾錫), 월안에 김(金)병석, 남회(南會)에 한준겸(韓俊謙), 사사(莎士)에 김(金)영수 범 9인(凡九人)이었다. 조사(助師) 피임자(被任者)는 입암구(立岩區)에 이학봉(李學鳳), 동림(東林)에 장규명(張奎明), 백현구(白峴區)에 홍택기(洪澤祺), 고라치(古羅峙)에 장윤선(張潤善)이었다. 정주읍외(定州邑外) 2교회(二敎會)에 김진화(金鎭華)를 위임목사(委任牧師)로, 곽산외(郭山外) 3교회(三敎會)에 김진근(金振瑾)을 위임목사(委任牧師)로, 효자동구(孝子洞區)에 계시항(桂時恒)을 위임목사(委任牧師)로, 원동구(院洞區)에 박승호(朴承浩)를 위임목사(委任牧師)로, 철산읍(鐵山邑)에 정기정(鄭基定)을 위임목사(委任牧師)로, 차련관(車輦舘)에 김관일(金貫一)을 위임목사(委任牧師)로, 장요(長要)에 이시웅(李時雄)을 임시목사(臨時牧師)로 임명(任命)하다. 신학준사(神學準士) 2인(二人)을 안수(按手)하여 이상조(李尙祚)는 수부외(壽富外) 3교회(三敎會) 위임목사(委任牧師)로, 조시한(趙時漢)을 용천구읍외(龍川舊邑外) 2교회(二敎會) 위임목사(委任牧師)로 임명(任命)하다. 전도사업(傳道事業)은 조선[독립]만세(朝鮮○○萬歲)를 고창(高唱)한 후(後)로 교회(敎會)는 무쌍(無雙)한 핍박(逼迫)을 당(當)하며, 교역자(敎役者) 기타(其他) 남녀신도(男女信徒)가 혹(或)은 감옥(監獄)에 체재(滯在)하며, 혹(或)은 외지(外地)에 방랑(放浪)하였으나 전도(傳道)의 열심(熱心)은 가일층(加一層) 고조(高調)하여 백봉수(白奉守), 이경호(李景顥), 김윤백(金允伯), 조덕찬(趙德粲), 이재순(李在順) 등(等) 5(五)[92]인(人)을 남만주(南滿洲) 급(及) 경남(慶南) 우(又) 타(他) 각부(各部)에 파송(派送)하다.

동년(同年) 8월(八月) 24일(二十四日)에 평북노회(平北老會) 제 18회

(第十八回)가 차련관(車輦舘)에 회집(會集)하니 회원(會員)은 선교사(宣敎師) 2인(二人), 목사(牧師) 21인(二十一人), 장로(長老) 50인(五十人)이었다. 신임원(新任員)은 회장(會長) 김건주(金建柱), 서기(書記) 길종수(吉宗秀), 회계(會計) 김용건(金容建)이었다. 신학생(神學生) 취교자(就校者)는 윤하영(尹河英), 백시찬(白時贊), 김옥련(金玉鍊), 홍택기(洪澤祺), 고익수(高益秀), 원성덕(元聖德), 홍종섭(洪鍾涉) 제군(諸君)이었다. 장로(長老)의 직(職)을 신임자(新任者)는 북회(北會)에 양기혁(梁基赫), 이석근(李錫根), 백경옥(白敬玉), 진석(眞石)에 손영진(孫永鎭), 동림(東林)에 최기순(崔基順), 승지동(承志洞)에 전인상(田麟祥), 이봉운(李鳳運), 고읍(古邑)에 이규정(李奎正), 송현(松峴)에 김예달(金禮達), 김천서(金天瑞), 고라치(古羅峙)에 유병곤(劉炳坤), 원동(院洞)에 박세건(朴世健), 양시(楊市)에 김성찬(金聖贊), 학령(鶴嶺)에 송준홍(宋俊弘), 원성(元城)에 함원택(咸元澤), 신도(薪島)에 김태일(金泰日), 신곡(新谷)에 이원현(李元賢), 덕성(德城)에 조황균(趙璜均) 범 18인(凡十八人)이었다. 조사(助師)의 직(職)을 신임자(新任者)는 구성(龜城) 남시역(南市域)에 신봉상(申鳳祥), 신시역(新市域)에 윤하영(尹河英), 박천역(博川域)에 이재순(李在淳), 남시역(南市域)에 공수(孔洙), 원성역(元城域)에 백병민(白炳敏), 무산역(舞山域)에 최정탁(崔正鐸), 용암(龍岩)에 김상현(金祥賢) 제군(諸君)이었다. 이시웅(李時雄)을 곽산(郭山), 장요(長腰) 2교회(二敎會) 위임목사(委任牧師)로, 김민철(金敏哲)을 산령동구(山嶺洞區)에 위임목사(委任牧師)로, 문기항(文其恒)을 고령(古寧), 덕흥(德興) 2교회(二敎會) 전임목사(專任牧師)로 임명(任命)하다. 김국주(金國柱), 박승호(朴承浩) 양목사(兩牧師)의 사직원(辭職願)은 접수허락(接受許諾)하다. 선교사(宣敎師) 인노절(印魯節, [Roger E. Winn])을 동편시찰(東便視察) 조사(助師) 지경치리권(地境治理權)을 여(與)하다. 신학준사(神學準士) 차원환(車元煥)을 안수(按手)하여 백암구(白巖區)에 위임목사(委任牧師)로 임명(任命)하다. 차형준(車亨駿)을 덕천교회(德川敎會) 임시목사(臨時牧師)로 임명(任命)하다. 전도사업(傳道事業)은 계속(繼續)하여 조덕찬(趙德粲)을 안봉(安奉)에, 백봉수(白奉守)를 길림(吉林)에, 이경호(李景灝)를 김해군

(金海郡)에, 장인화(張麟華)를 옥천군(沃川郡)에, 백중생(白重生)을 청안군(淸安郡)에, 김윤백(金允伯)을 구성군(龜城郡)에, 안성모(安成模)를 울산군(蔚山郡)에 파송(派送)하다. 성결부(聖潔部)의 청원(請願)에 의(依)하여 각(各) 교회(敎會)는 내노회(來老會) 전(前)으로 성결회(聖潔會)를 조직(組織)ᄒᆞ게 하다. 곽산(郭山), 오산(五山), 정주읍(定州邑) 3교회(三敎會) 예배당(禮拜堂)이 만세사건(萬歲事件)으로 피소(被燒)되어 개건비(改建費) 부족금(不足金)을 총회(總會)에 청원(請願)ᄒᆞ게 하다.

　1921년(一九二一年) 신유(辛酉) 2월(二月) 16일(十六日)에 평북노회(平北老會) 제 19회(第十九回)가 남예배당(南禮拜堂)에 회집(會集)하니 회원(會員)은 선교사(宣敎師) 3인(三人), 목사(牧師) 19인(十九人), 장로(長老) 54인(五十四人)이었다. 장로(長老)의 직(職)을 신임자(新任者)는 용천구읍(龍川舊邑)에 정(鄭)홍조, 김세록(金世祿), 학령(鶴嶺)에 이희청(李希淸), 용유(龍遊)에 김지혁(金志赫), 덕흥(德興)에 홍정락(洪貞洛), 고령(古寧)에 장덕환(張德煥), 용봉(龍峰)에 조문목, 덕동(德洞)에 김경섭(金敬涉), 광화(光化)에 김세홍(金世鴻), 장령(長嶺)에 김(金)태정, 신창(新倉)에 조덕보(趙德普), 세평(世坪)에 방락선(方樂善), 이안(移安)에 홍규범(洪奎範), 동문(東門)에 함(咸)재경, 송교에 박봉태(朴奉泰), 북회(北會)에 이인백(李仁伯), 김천모(金天模), 은봉(殷峰)에 홍택기(洪澤祺), 사교에 박기호(朴基浩), 고(古)[93]라치(羅峙)에 조(趙)성하, 정주읍(定州邑)에 김(金)성호, 최(崔)성득, 서면(西面)에 선우(鮮于)섭, 장요(長要)에 지군일(池君一), 청정(淸亭)에 안주흡(安周洽), 곽산(郭山)에 이달승(李達承) 범 26인(凡二十六人)이었다. 신학취학자(神學就學者)는 고익수(高益秀), 이학봉(李學鳳), 김상현(金祥賢), 최정탁(崔正鐸), 박기호(朴基浩), 홍택기(洪澤祺), 이관용(李寬鎔), 공수(孔洙), 김세홍(金世鴻), 백병민(白炳敏), 소(蘇)찬식, 이형기(李亨基), 박영근(朴永根), 박(朴)종석, 홍석민(洪錫敏), 김(金)정룡, 임성일(林聖一), 조형균(趙衡均), 지군일(池君一) 범 12인(凡十二人)이었다. 목사(牧師) 김민철(金敏哲), 이시웅(李時雄), 한응수(韓應秀)의 사면원(辭免願)은 허락(許諾)하다. 장동구(長洞區)에 김덕선(金德善)을 임시목사(臨時牧師)로, 신미도

(身彌島) 3교회(三敎會)에 한응수(韓應秀)를 임시목사(臨時牧師)로, 영동구(嶺洞區)에 조덕찬(趙德粲)을 임시목사(臨時牧師)로, 입석구(立石區)에 이시웅(李時雄)을 임시목사(臨時牧師)로 임명(任命)하다. 조사(助師)의 직(職)을 신임자(新任者)는 고읍(古邑)에 강훈채(姜燻采), 북회(北會)에 장규명(張奎明), 남회(南會)에 장윤선(張潤善), 가물남(嘉物南)에 백영삼(白永三), 원동구(院洞區)에 홍종섭(洪鍾涉), 대목구(大睦區)에 서상현(徐相賢), 장요(長要)에 김홍식(金弘杙), 박천구(博川區)에 원성덕(元聖德), 신시(新市)에 김창협(金昌洽) 제군(諸君)이었다. 전도사업(傳道事業)은 홍(洪)태주를 안봉지방(安奉地方)에, 고익수(高益秀)를 울산군(蔚山郡)에, 김화식(金化湜)을 박천군(博川郡)에, 조형균(趙衡均)을 정주(定州)에, 김민철(金敏哲)을 본부지시(本部指示)하는 지방(地方)에 파송(派送)하다.

　동년(同年) 8월(八月) 16일(十六日)에 평북노회(平北老會) 제 20회(第二十回)가 양시예배당(楊市禮拜堂)에 회집(會集)하니 회원(會員)은 선교사(宣敎師) 1인(一人), 목사(牧師) 21인(二十一人), 장로(長老) 34인(三十四人)이었다. 조사(助師)의 직(職)을 신임(新任)한 자(者)는 구성(龜城) 남시구(南市區)에 박기호(朴基浩), 당공구(區)에 김경주(金敬柱)이었다. 한응수(韓應秀)를 고라치(古羅峙)에, 문윤국(文潤國)을 덕흥구(德興區)에, 조시한(趙時漢)을 덕천구읍구(德川舊邑區)에 전임목사(專任牧師)로, 백봉수(白奉守)를 월안구(月安區)에, 최성주(崔聖柱)를 세평구(世坪區)에 임시목사(臨時牧師)로 임명(任命)하다. 신학준사(神學準士) 서상현(徐相賢)을 안수(按手)하여 대목구(大睦區) 위임목사(委任牧師)로 임명(任命)하다. 용폭교회(龍幅敎會)에서 동천교회(東川敎會)가 분립(分立)하다. 신학취교자(神學就校者)는 이학봉(李學鳳), 장규명(張奎明), 박기호(朴基浩), 한도욱(韓道郁), 홍석민(洪錫敏), 임성일(林聖一), 안주흡(安周洽), 최정탁(崔正鐸), 이형기(李亨基) 범 9인(凡九人)이었다. 장로(長老)의 직(職)을 신임자(新任者)는 남회(南會)에 이병주(李炳柱), 박찬빈(朴贊斌), 송현(松峴)에 최성문(崔性文), 가물남(嘉物南)에 백영삼(白永三), 무산(舞山)에 허서원(許瑞元), 용폭(龍幅)에 정(鄭)승엽, 덕천(德川)에 김봉국(金奉國), 백암(白巖)에 김명환

(金明煥), 북평(北坪)에 장하식(張河植), 양시(楊市)에 김영하(金永河), 김영일(金永一), 입암(立巖)에 이학봉(李學奉), 장창식(張昌植) 범 13인(凡十三人)이었다. 전도사업(傳道事業)은 백중생(白重生)을 청주군(淸州郡), 조형균(趙衡均)을 정주(定州)에, 김윤백(金允伯)을 구성(龜城)에, 임성일(林聖一)을 박천(博川)에 계이영(桂利榮)을 길림성(吉林省)에 파송(派送)하다.

1922년(一九二二年) 임술(壬戌) 2월(二月) 7일(七日)에 평북노회(平北老會) 제 21회(第二十一回)가 북예배당(北禮拜堂)에 회집(會集)하니 회원(會員)은 목사(牧師) 22인(二十二人), 장로(長老) 63인(六十三人)이었다. 전도사업(傳道事業)은 점점(漸漸) 발전(發展)하여 김덕선목사(金德善牧師)를 길림(吉林) 등지(等地)에 파송(派送)하여 교회(敎會)를 조직(組織)하며, 장로원(長老願), 영수(領袖), 집사(執事)를[94] 택립(擇立)하며, 학습(學習)과 세례(洗禮)로 입교허락자(入敎許諾者) 십수인(十數人)에 달(達)하였다. 계속(繼續)하여 최성곤(崔聖坤)을 옥천군(沃川郡)에, 조형균(趙衡均)을 박천(博川)에, 김윤백(金允伯), 이경호(李景浩)를 정주군(定州郡)에, 김성호(金聖浩)를 구성군(龜城郡)에, 조덕찬(趙德粲)을 길림성(吉林省)에 분견(分遣)하다. 정기정(鄭基定)을 철산읍회(鐵山邑會)에, 차형준(車亨駿)을 덕천회(德川會)에 전임목사(專任牧師)로, 월안구(月安區)에 백봉수(白奉守)를 위임목사(委任牧師)로, 서상상(徐相尙)을 남회(南會)에 임시목사(臨時牧師)로, 김덕선(金德善)을 진석구(眞石區)에 위임목사(委任牧師)로 임명(任命)하다. 세평구(世坪區)에 장정수(張廷洙)를, 광화구(光化區)에 김세홍(金世鴻)을 조사(助師)로 신임(新任)하다. 목사(牧師) 계이영(桂利榮)은 남만노회(南滿老會)로, 이시웅(李時雄)은 경충노회(京忠老會)로 이명(移名)하다. 봉동회(鳳洞會)에서 석화교회(敎會)가 분립(分立)하다. 신학생(神學生) 취교자(就校者)는 장규명(張奎明), 안주흡(安周洽), 홍석민(洪錫民), 홍종섭(洪鍾涉), 한도욱(韓道郁), 고익수(高益秀), 원성덕(元聖德), 홍택기(洪澤祺), 김경주(金敬柱), 백영삼(白永三), 이승준(李承俊), 장윤선(張潤善), 조황균(趙璜均) 범 13인(凡十三人)이었다. 장로(長老)의 직(職)을 신임자(新任者)는 백윤홍(白允鴻), 장(張)영수(洙), 김(金)균석, 김(金)봉수, 김(金)덕룡, 박(朴)

상훈, 김응즙(金應楫), 심윤조, 이상민(李尙敏), 백병민(白炳敏), 최영은(崔永恩), 최정탁(崔正鐸), 문(文)종언, 이(李)병률, 이(李)원준, 이(李)현근, 심(沈)성록, 김동하(金棟廈), 이(李)고근 범 19인(凡十九人)이었다. 미주(美洲)에 유(留)하는 사병순목사(史秉淳牧師)의 자선소용(慈善所用)으로 혜송금(惠送金) 82원 70전(八十二圓七十錢)을 고아원(孤兒院)에 기부(寄附)하다.

동년(同年) 8월(八月) 29일(二十九日)에 평북노회(平北老會) 제 22회(第二十二回)가 정주읍예배당(定州邑禮拜堂)에 회집(會集)하니 회원(會員)은 선교사(宣敎師) 1인(一人), 목사(牧師) 21인(二十一人), 장로(長老) 66인(六十六人)이었다. 신임원(新任員)은 회장(會長) 계시항(桂時恒), 서기(書記) 서상현(徐相賢), 회계(會計) 김용건(金容建)이었다. 박승호목사(朴承浩牧師)가 시년(是年)에 천년(天年)을 영면(永眠)하다. 정주읍외(定州邑外) 3교회(三敎會)에 김진화(金鎭華)를 전임목사(專任牧師)로, 용봉외(龍峯外) 2교회(二敎會)에 차원환(車元煥)을 전임목사(專任牧師)로, 고읍외(古邑外) 3교회(三敎會)에 최성주(崔聖柱)를 전임목사(專任牧師)로 허락(許諾)하다. 신학생(神學生) 취교자(就校者)는 이학봉(李學鳳), 김상현(金祥賢), 김세홍(金世鴻), 백병민(白炳敏), 이관식(李寬植), 박기호(朴基浩), 고익수(高益秀), 홍종섭(洪鍾涉), 조황균(趙璜均), 지군일(池君一), 장윤선(張潤善), 방선관(方善寬) 범 12인(凡十二人)이었다. 장로직(長老職)을 신임자(新任者)는 서석(西石)에 안(安)병환, 남시(南市)에 이시건(李時健), 철산읍(鐵山邑)에 정(鄭)창권, 차련관(車輦舘)에 강(姜)석호, 남회(南會)에 김지일(金志一), 고부에 한(韓)덕언, 가물남(嘉物南)에 차(車)인규, 신시(新市)에 백일용(白日龍), 대성(大城)에 이(李)익호, 대목(大睦)에 김(金)응백(伯), 내동(內洞)에 길(吉)성수 범 11인(凡十一人)이었다. 전도사업(傳道事業)은 길림(吉林)에 함설(咸說), 옥천(沃川)에 최성곤(崔聖坤)을 파송(派送)하다. 원동구(院洞區)에 백중생(白重生)이 조사(助師)의 직(職)을 신임(新任)하다. 허정목사(許鼎牧師)의 사직원(辭職願)을 접수허락(接受許諾)하다. 남시구(南市區)에 김관일(金貫一)을 임시목사(臨時牧師)로 임명(任命)하다. 학무부(學務部) 청원(請願)에 의(依)하여 각(各) 교회(敎會) 내(內) 외국유학생(外國留學生)의

씨명(氏名)을 조사보고(調査報告)ㅎ게 하다.[95]

　1923년(一九二三年) 계해(癸亥) 2월(二月) 26일(二十六日)에 평북노회(平北老會) 제 23회(第二十三回)가 북예배당(北禮拜堂)에 회집(會集)하니 회원(會員)은 선교사(宣敎師) 1인(一人), 목사(牧師) 21인(二十一人), 장로(長老) 76인(七十六人)이었다. 경남노회(慶南老會) 목사(牧師) 함열(咸悅)의 이명(移名)을 접수(接受)하다. 선교사(宣敎師) 피득(彼得, [Alexander A. Pieters])이 시년(是年)에 초도(初到)하여 선천일방(宣川一方) 조사구(助師區)와 용천군(龍川郡) 조사구(助師區)에 전도(傳道)하며 치리(治理)ㅎ게 하다. 전도사업(傳道事業)은 목릉현(穆陵縣)에 김숙제(金肅齊), 함열(咸悅)을 길림성(吉林省)에 송윤진(宋潤鎭)을, 박천(博川)에 안주흡(安周洽)을 파송(派送)하다. 학무부(學務部) 청원(請願)에 의(依)하여 신성학교(信聖學校)를 협동경영(協同經營)ㅎ게 하다. 선교사(宣敎師) 노세영(盧世榮, [Cyril Ross])은 동편시찰경내(東便視察境內)에 시무(視務)ㅎ게 하고, 선교사(宣敎師) 나부열(羅富悅, [Stancy L. Roberts])의 사면원(辭免願)은 허락(許諾)하다. 신학생(神學生) 취교자(就校者)는 장규명(張奎明), 이학봉(李學鳳), 한도욱(韓道郁), 최정탁(崔正鐸), 조황균(趙璜均), 김홍식(金弘栻), 안주흡(安周洽), 백중생(白重生) 범 8인(凡八人)이었다. 장정수(張廷洙)를 신학교(神學校) 주일학교(主日學校) 강습생(講習生)으로, 김덕선(金德善), 백봉수(白奉守)를 별신학생(別神學生)으로 선정(選定)하다. 장로(長老)의 직(職)을 신임자(新任者)는 내동(內洞) 장기학(張起學), 김(金)성준, 남회(南會)에 김태헌(金泰軒), 농건(農建)에 강(姜)화제, 원동(院洞)에 박순익(朴順益), 학현(鶴峴)에 정(鄭)기태, 장공(長空)에 김경주(金敬柱), 정주읍(定州邑)에 신(申)석의, 덕흥(德興)에 강(姜)리형, 장요(長要)에 김(金)홍식, 수두리에 김(金)탁하, 박천당(博川堂)후에 이관석(李寬錫), 덕흥(德興)에 김(金)종우, 최(崔)탁세, 북평(北坪)에 백(白)봉의, 신창(新倉)에 조(趙)봉근, 입암(立岩)에 박(朴)성규, 고령(古寧)에 안(安)기로, 백상(白祥)금, 철산읍(鐵山邑)에 함(咸)찬봉, 최(崔)정락, 차련관(車輦舘)에 계(桂)항순 범 22인(凡二十二人)이었다. 목사(牧師) 윤하영(尹河英), 한응수(韓應秀)의 사면원(辭免

願)은 허락(許諾)하다. 곽산구(郭山區)에 김(金)의홍을, 세평구(世坪區)에 홍종섭(洪鍾涉)을, 구성지방(龜城地方)에 김창흡(金昌洽)을 조사(助師)로 신임(新任)하다. 광화(光化), 덕동(德洞) 2교회(二敎會)에 윤하영(尹河英)을 위임목사(委任牧師)로 허락(許諾)하다.

동년(同年) 5월(五月) 16일(十六日)에 평북노회(平北老會)가 차련관예배당(車輦舘禮拜堂)에 별노회(別老會)로 회집(會集)하여 7계범(七戒犯) 김관일(金貫一)을 혁직묵교(革職默敎)하다.

동년(同年) 8월(八月) 20일(二十日)에 평북노회(平北老會) 제 24회(第二十四回)가 철산읍예배당(鐵山邑禮拜堂)에 회집(會集)하니 회원(會員)은 목사(牧師) 27인(二十七人), 장로(長老) 75인(七十五人)이었다. 신임원(新任員)은 장로(長老) 길종수(吉宗秀), 서기(書記) 차원환(車元煥), 회계(會計) 김용건(金容健)이었다. 신학생(神學生) 취교자(就校者)는 조황균(趙璜均), 김홍식(金弘栻), 이학봉(李學鳳), 최정탁(崔正鐸), 장규명(張奎明), 한도욱(韓道郁), 박기호(朴基浩), 이관석(李寬錫), 홍택기(洪澤祺), 김상현(金祥賢), 원성덕(元性德), 김경주(金敬柱), 김병규(金炳奎), 백영삼(白永三), 임성일(林聖一), 문(文)종우 범 10인(凡十人)이었다. 장로(長老)의 직(職)을 신임자(新任者)는 학암(鶴岩)에 이(李)양록, 화탄에 장(張)인경, 방(方)창복, 북회(北會)에 이(李)관식, 청정(淸亭)에 이(李)토영, 하호(下虎)에 이택언(李宅彦), 차련관(車輦舘)에 김응수(金應秀), 광화(光化)에 이세협(李世協), 용암(龍岩)에 이시원(李時元), 동천(東川)에 정승국(鄭承國), 풍천(豊川)에 박(朴)신협, 김(金)일경, 신읍(新邑)에 원성덕(元性德), 동상(東上)에 문삼언(文三彦) 범 14인(凡十四人)이었다. 신시구(新市區)에 최준긍군(崔俊兢君)이 조사(助師)의 직(職)을 신임(新任)하다. 목사(牧師) 최성주(崔聖柱), 계시항(桂時恒)의 사면(辭免)은 접수허락(接受許諾)[96]하다. 선교사(宣敎師) 피득(彼得, [Alexander A. Pieters])을 철산(鐵山) 조사구역(助師區域) 회장(會長)으로 허락(許諾)하였다. 오산(五山), 덕암(德岩) 2교회(二敎會)에 계이영(桂利榮)을 위임목사(委任牧師)로, 청정(淸亭), 운산(雲山) 2교회(二敎會)에 송문정(宋文正)을 임시목사(臨時牧師)로, 남시구(南市區)에 한응수

(韓應秀)를 임시목사(臨時牧師)로, 용암(龍岩)에 송윤진(宋潤鎭)을 임시목사(臨時牧師)로, 장요구(長要區)에 최관흘(崔寬屹)을 임시목사(臨時牧師)로, 목릉현(穆陵縣) 6교회(六敎會)에 전숙제(全肅齊)를 위임목사(委任牧師)로 임명(任命)하다. 전도사업(傳道事業)은 길림(吉林)에 함열(咸悅), 박천(博川)에 안주흡(安周洽), 옥천(沃川)에 최성곤(崔聖坤)을 파송(派送)하다.

1924년(一九二四年) 갑자(甲子) 2월(二月) 12일(十二日)에 평북노회(平北老會) 제 25회(第二十五回)가 선천(宣川) 남예배당(南禮拜堂)에 회집(會集)하니 회원(會員)은 선교사(宣敎師) 1인(一人), 목사(牧師) 29인(二十九人), 장로(長老) 66인(六十六人)이었다. 장로(長老)의 직(職)을 신임자(新任者)는 곽산(郭山)에 강기석(姜基錫), 김치만(金致萬), 조(趙)광목, 운용(雲龍)에 임(林)윤성, 덕동(德洞)에 김천원(金天源), 남호동(南湖洞)에 임(林)처강, 서평(西坪)에 방길곤(方吉坤), 용봉(龍峯)에 김명록(金明祿), 신시(新市)에 이(李)정준, 가도(加島)에 선우(鮮于)섭, 장요(長要)에 강훈채(姜燻采), 갑암(甲巖)에 이(李)학준, 성리에 김창걸(金昌傑) 범 13인(凡十三人)이었다. 신학생(神學生) 취교자(就校者)는 조황균(趙璜均), 원성왕(元性徃), 한도욱(韓道郁), 홍택기(洪澤祺), 최정탁(崔正鐸), 백영삼(白永三), 김치만(金致萬), 백병민(白炳敏), 안주흡(安周洽), 최준궁(崔俊兢) 급(及) 주일학교(主日學校) 강습생(講習生) 장연수(張延洙) 범 11인(凡十一人)이었다. 목사(牧師) 김진근(金振瑾), 허정(許鼎)의 사직원(辭職願)은 허락(許諾)하고 허정(許鼎)은 근로퇴은목사(勤勞退隱牧師)로 명명(命名)하다. 시년(是年)에 임시목사(臨時牧師)로 피임자(被任者)는 남시(南市)에 한응수(韓應秀), 신서(新西)에 조덕찬(趙德燦), 용암(龍巖)에 송윤진(宋潤鎭), 차련관(車輦舘)에 김진근(金振瑾)이었다. 한도욱(韓道郁)은 광화회(光化會) 조사(助師)로, 백영엽(白永燁)는 신도회(薪島會) 조사(助師)로, 백중생(白重生)은 입암회(立巖會) 조사(助師)로 시무(視務)하다. 신학준사(神學準士) 장규명(張奎明)을 안수(按手)하여 북회(北會) 동사목사(同事牧師)로, 남경(南京) 신학준사(神學準士) 김하원(金河源)을 안수(按手)하여 남시회(南市會) 임시목사(臨時牧師)로 임명(任命)하다. 전도사업(傳道事業)은 목사(牧師) 함열(咸悅)을 길림(吉林)에 전도사(傳道師) 김정삼(金貞三)을 정주(定州)에, 조사(助師) 지군일(池君一)을 박천(博川)에 파송(派送)하였다. 신임원(新任員)을 선정(選定)하니 회장(會長) 조시한(趙時漢), 서기(書記) 장규명(張奎明), 회계(會計)에 이상백(李尙白)이었다.

동년(同年) 8월(八月) 26일(二十六日)에 평북노회(平北老會) 제 26회(第二十六回)가 선천(宣川) 북예배당(北禮拜堂)에 회집(會集)하니 회원(會員)은 선교사(宣敎師) 2인(二人), 목사(牧師) 30인(三十人), 장로(長老) 49인(四十九人)이었다.

청강(淸江), 마산(馬山), 원송(元松) 3교회(三敎會)가 시년(是年)에 창립(剏立)하다. 목사(牧師) 차원환(車元煥), 김덕선(金德善), 계시항(桂時恒)의 사직원(辭職願)은 허락(許諾)하다. 장요구(長要區)에 최관흘(崔寬屹)을 위임목사(委任牧師)로, 차련관(車輦舘)에 김진근(金振瑾)을 위임목사(委任牧師)로, 진석구(眞石區)에 김덕선(金德善)을 임시목사(臨時牧師)로, 가물남(嘉物南)에 계시항(桂時恒)을 임시목사(臨時牧師)로,[97] 신창(新倉)에 차원환(車元煥)을 위임목사(委任牧師)로 임명(任命)하다. 조사시무자(助師視務者)는 원동구(院洞區)에 김경주(金敬柱), 신미도(身彌島)에 백영삼(白永三), 장곡(長谷)에 고재륜(高載崙), 영동(嶺洞)에 김상현(金相鉉) 제군(諸君)이었다. 장로(長老) 피직자(被職者)는 차련관(車輦舘)에 최용태(崔龍泰), 광화(光化)에 이세면(李世勉), 서석(西石)에 김(金)헌주, 신창(新倉)에 백(白)성은, 김(金)관한 범 5인(凡五人)이었다. 신학생(神學生) 취교자(就校者)는 박기호(朴基浩), 백중생(白重生), 고익수(高益秀) 제군(諸君)이었다. 신학준사(神學準士) 백영엽(白永燁), 정상인(鄭尙仁)을 시취(試取)하여 강도사(講道師)로 승인(承認)하다. 전도사업(傳道事業)은 길림(吉林)에 최(崔)일형, 정주(定州)에 김정삼(金貞三), 가산(嘉山)에 지군일(池君一)을 파송(派送)하다. 노회규칙(老會規則)을 편찬통과(編纂通過)하다. 장감연합(長監聯合) 미손회(會) 위탁(委託)으로 서상현군(徐相賢君)이 동경(東京) 전도목사(傳道牧師)로 피임(被任)하다.

2. 교회조직(二, 敎會組織)

　1912년(一九一二年) 임자(壬子) 철산읍교회(鐵山邑敎會)에 장관선(張寬善)이 목사(牧師)로 시무(視務)하다.
　박천구읍교회(博川舊邑敎會)가 김진화(金鎭華)를 장로(長老)로 안수(按手)하여 당회(堂會)가 성립(成立)하다.
　용천군(龍川郡) 양시교회(楊市敎會)에 김건주(金建柱)를 목사(牧師)로 장립(將立)하여 시무(視務)ㅎ게 하다.
　철산군(鐵山郡) 차련관교회(車輦舘敎會)가 김인부(金仁富)를 장로(長老)로 안수(按手)하여 당회성립(堂會成立)하다.
　정주군(定州郡) 덕흥교회(德興敎會)에서 차형준(車亨駿)을 목사(牧師)로 시무(視務)ㅎ게 하다.
　선천(宣川) 학현교회(鶴峴敎會)가 설립(設立)되다. 선시(先是)에 정인석(鄭仁碩), 정기석(鄭基碩), 정기태(鄭基泰), 장대용(張大用), 서병규(徐丙奎), 신형원(申亨元) 등(等)이 동시신주(同時信主)하고 가물남교회(嘉物南敎會)에 내왕예배(來往禮拜)하며 상호전도(相互傳道)하더니 지시(至是)하여 예배당(禮拜堂)을 신축(新築)하고 교회(敎會)를 분립(分立)하다.
　선천(宣川) 동송현교회(東松峴敎會)가 성립(成立)되다. 선시(先是)에 당지인(當地人) 최진유(崔鎭有)가 독신전도(篤信傳道) 십여년(十餘年)에 한서(寒暑)와 풍우(風雨)를 불구(不拘)하고 읍내교회(邑內敎會)에 내왕예배(來往禮拜)하더니 그 후(後) 김봉린(金鳳隣), 김치옥(金致玉)과 부인(婦人) 조영옥(趙永玉), 이계화(李啓化), 박온유(朴溫柔)가 차제(次第) 내신(來信)하니 인인(隣人)이 수감(隨感)하여 신자점가(信者漸加)하므로 교회(敎會)를 분립(分立)하니 조사(助師) 계이영(桂利榮), 김병희(金炳熙), 계시항(桂時恒) 등(等)이 시무(視務)하다.
　선천군(宣川郡) 양동교회(陽洞敎會)가 설립(設立)되다. 선시(先是)에 이형일(李亨日), 이형삼(李亨三), 박용기(朴龍基), 박문병(朴文炳), 이승화(李承華), 이병익(李炳益), 김응구(金應球) 등(等)이 계이영(桂利榮)의 전도(傳道)를 청(聽)하고 신종(信從) 후(後)에 읍교회(邑敎會)에 내왕예배(來往禮拜)하더니 그 후(後) 신자(信者) 일가(日加)하매 교통편의(交通便宜)로 고읍교회(古邑敎會)에 이속(移屬)하였다가 미구(未久)[98]에 예배당(禮拜堂)을 신축(新築)하고 교회(敎會)를 분립(分立)하니 조사(助師) 한응수(韓應秀), 김병희(金炳熙), 김경두(金景斗) 등(等)이 시무(視務)하다.

선천군(宣川郡) 인곡교회(仁谷敎會)가 설립(設立)되다. 선시(先是)에 박문환(朴文煥), 전효경(田孝京)의 전도(傳道)로 최사형(崔仕亨), 박중희(朴仲熙), 장경숙(張京淑), 김창묵(金昌默)과 부인(婦人) 최성순(崔聖淳) 등(等)이 신주(信主)하고 전효제(田孝齊) 가(家)에 기도회(祈禱會)로 집회(集會)하더니 2간(二間) 예배당(禮拜堂)을 신축(新築)하니 당시(當時) 선교사(宣敎師) 윤산온(尹山溫, [George Shannon McCune, 1872-1941])과 조사(助事) 계시항(桂時恒)과 영수(領袖) 김희국(金熙國)이 교회설립(敎會設立)에 노력(勞力)하다.

박천(博川) 당구교회(棠舊敎會)가 설립(設立)되다. 선시(先是)에 이응룡(李應龍)의 전도(傳道)로 임준철(林俊哲), 임성빈(林成彬), 임창흡(林昌洽), 지상운(池尙雲) 등(等)이 신주(信主)하고 남호교회(南湖敎會)에 내왕(來往)하더니 3간(三間) 예배당(禮拜堂)을 신축(新築)하고 교회분립(敎會分立)하다.

의주군(義州郡) 마전교회(麻田敎會)가 조사(助事) 장덕로(張德魯)를 장로(長老)로 안수(按手)하여 당회(堂會)를 조직(組織)하다. 인차(鱗次) 수직자(受職者) 장윤현(張允鉉), 최경린(崔景隣)이었다.

동군(同郡) 고진면(古津面) 용상회(龍上會)와 낙원교회(樂元敎會)가 합동(合同)하여 김병농(金炳禮)을 목사(牧師)로 장립시무(將立視務)ㅎ게 하다.

벽동군(碧潼郡) 동상교회(東上敎會)가 설립(設立)되다. 선시(先是)에 신자(信者) 약간인(若干人)이 김종정(金鍾貞) 가(家)에 예배(禮拜)하더니 신

(神)의 권능(權能)으로 인근(隣近) 4, 5가(四五家)가 일시(一時)에 감화(感化)되어 신종(信從)하니 즉시(卽時) 동심협력(同心協力)하여 예배당(禮拜堂)을 건축(建築)하고 교회(敎會)를 설립(設立)하다.

벽동군(碧潼郡) 남면교회(南面敎會)가 설립(設立)되다. 선시(先是)에 김태형(金泰亨)이 귀도(歸道)하고 현승빈(玄承彬), 박봉학(朴鳳鶴) 2인(二人)이 신주(信主)하여 예배당(禮拜堂)을 작정(作定)하고 교회(敎會)를 설립(設立)하다.

후창읍교회(厚昌邑敎會)가 설립(設立)하다. 선시(先是)에 조구만(曺九萬), 한중경(韓仲景), 공병천(公秉千), 김일순(金逸淳) 등(等)이 협력설립(協力設立)하다.

1913년(一九一三年) 계축(癸丑)에 용천군(龍川郡) 용암교회(龍岩敎會)가 김기범(金基範)을 장로(長老)로 안수(按手)하여 당회(堂會)가 성립(成立)하다.

선천군(宣川郡) 보신리교회(保新里敎會)가 신학사(神學士) 박승호(朴承浩)를 목사(牧師)로 장립시무(將立視務)ᄒ게 하고, 김치형(金致亨)을 장로(長老)로 안수(按手)하여 당회성립(堂會成立)하다.

동군(同郡) 가물남교회(嘉物南敎會)에서 신학사(神學士) 계이영(桂利榮)을 목사(牧師)로 청빙시무(請聘視務)ᄒ게 하다.

동군(同郡) 원동교회(院洞敎會)가 유상환(劉尙煥)을 장로(長老)로 안수(按手)하여 당회성립(堂會成立)하다. 기후(其後) 장로(長老)는 정봉주(鄭鳳周), 김병하(金炳夏), 정용세(鄭用世), 박세건(朴世鏈)이었다. 동군(同郡) 백현교회(白峴敎會)에 목사(牧師) 박승호(朴承浩)가 시무(視務)하고, 기후(其後) 조사(助事)는 김병희(金炳熙), 홍택기(洪澤祺), 박영근(朴永根)이었다.[99]

용천읍구교회(龍川邑舊敎會)에 성석규(成錫奎), 조시한(趙時漢)이 차제시무(次第視務)하고, 장로(長老) 김정열(金鼎說), 정세창(鄭世昌), 정흥조(鄭興祚)가 인차수선(鱗次受選)하다.

동군(同郡) 남시교회(南市敎會)가 한찬희(韓燦熙)를 장로(長老)로 안수

(按手)하여 당회(堂會)를 성립(成立)하다.

　　동군(同郡) 용봉교회(龍峰敎會)가 김익범(金益範)을 장로(長老)로 안수(按手)하여 당회(堂會)가 성립(成立)하다. 그 후(後) 원의상(元義尙), 조문옥(曺文玉)이 차제수선(次第受選)하고, 조사(助事) 조시한(趙時漢), 차원환(車元煥) 등(等)이 시무(視務)하다.

　　동군(同郡) 당령교회(堂嶺敎會)가 당회(堂會)를 성립(成立)하니 장로(長老)는 차수경(車洙敬), 이자수(李子洙), 김태정(金台鼎) 등(等)이 차제수선(次第受選)하다.

　　선천군(宣川郡) 봉동교회(鳳洞敎會)가 설립(設立)하다. 선시(先是)에 백만명(百萬名) 전도대(傳道隊)가 각지(各地)로 전도(傳道)할 시(時)에 본읍남교회(本邑南敎會)에서 파송(派送)한 전도대(傳道隊)가 본처(本處)에 십여일(十餘日) 전도(傳道)하여 신도자(信道者) 백여인(百餘人)이라. 박영채(朴永采)가 조양의숙(朝陽義塾)을 차득회집(借得會集)하더니 예배당(禮拜堂)을 건축(建築)하고 교회(敎會)를 설립(設立)하다.

　　의주군(義州郡) 읍내서교회(邑內西敎會)가 여도(女徒) 황씨은성(黃氏恩聖)을 부내권사(府內勸師)로 시무(視務)ㅎ게 하다. 개씨(盖氏)는 본읍(本邑) 향호(鄕豪) 최문(崔門)에 출가(出嫁)하여 소년(少年) 과거(寡居)하더니 구원(救援)의 도(道)를 일문(一聞)하고 번연(飜然)히 회개(悔改)하여 시가(媤家)의 핍박(逼迫)과 시모(媤母)의 학대(虐待)와 시형제(媤兄弟)의 질욕구타(叱辱毆打)를 당(當)하였으나, 지사불변(至死不變)하고 성역(聖役)에 종사(從事)하니 본읍(本邑) 여자계(女子界)에 초유(初有)의 신도(信徒)이었다.

　　동군(同郡) 용산교회(龍山敎會)가 장씨혜성(張氏惠聖)을 권사(勸師)로 시무(視務)ㅎ게 하다.

　　동군(同郡) 고성면(古城面) 태산교회(台山敎會)가 당회(堂會)를 성립(成立)하니 장로(長老)는 김현모(金賢模), 최세용(崔世用)이 인제수선(鱗第受選)하다.

　　동군(同郡) 월화면(月華面) 호암교회(虎岩敎會)가 김영훈(金永勳)을 장로(長老)로 안수(按手)하여 당회(堂會)를 성립(成立)하다.

위원군(渭原郡) 화창면(和昌面) 양강교회(兩江敎會)가 설립(設立)되다. 이신섭(李信涉)의 전도(傳道)로 교회(敎會)가 시작(始作)하여 선교사(宣敎師) 감부열(甘富悅, [Archibald Campbell, 1890-1977])이 관리(管理)하다.

동군(同郡) 대덕면(大德面) 광천동교회(廣川洞敎會)가 어석조(魚碩祚)의 전도(傳道)로 설립(設立)되다.

자성군(慈城郡) 삼풍면(三豊面) 중영교회(中營敎會)가 김문평(金文平)의 전도(傳道)로 설립(設立)되다.

지나(支那) 해룡현(海龍縣) 대황구교회(大荒溝敎會)가 설립(設立)되다. 선시(先是)에 조선신자(朝鮮信者)로 당지(當地)에 이주(移住)한 김백원(金伯元), 김치선(金致善), 강명현(姜明賢) 등(等)이 열심전도(熱心傳道)하여 교회(敎會)가 시작(始作)되다.

지나(支那) 유하현(柳河縣) 대사탄교회(大沙灘敎會)가 설립(設立)되다. 시시(是時)에 이윤팔(李潤八), 최일형(崔一亨), 김치삼(金致三) 등(等)이 협력전도(協力傳道)하여 교회시립(敎會始立)하다.

동관전현(同寬甸縣) 조양구교회(朝陽溝敎會)는 이성백(李聖伯)이 설립(設立)하고 예배당(禮拜堂)을 건축(建築)하다.

동유하현(同柳河縣) 영춘원교회(永春院敎會)는 김상용(金尙鎔), 임몽필(林夢弼)이 설립(設立)하고 예배당(禮拜堂)을 건축(建築)하다.

동통화현(同通化縣) 합니하교회(哈呢河敎會)는 이시영(李時榮), 김창환(金昌煥), 이명해(李明海) 등(等)이 설립(設立)하고 횡도교회(橫道敎會)는 문재언(文在彦), 강재호(姜在鎬), 송희(宋熙) 등(等)이 설립(設立)하고, 김두복(金斗伏) 차구교회(此溝敎會)는 안국광(安國光), 김병렬(金炳烈) 등(等)이 설립(設立)하고, 동풍현(東豊縣) 홍도하자교회(興道河子敎會)는 임사옥(林士玉), 권봉춘(權奉春), 이기조(李基祚) 등(等)이 창립(創立)하고, 김두복(金斗伏) 삼원포(三源浦) 강남교회(江南敎會)는 유건오(劉建五), 박정엽(朴禎葉) 등(等)이 설립(設立)하고 예배당(禮拜堂)을 건축(建築)하며 학교(學校)를 설립(設立)하다.

1914년(一九一四年) 갑인(甲寅)에 구성(龜城) 신시교회(新市敎會)가 김달선(金達善)을 장로(長老)로 안수(按手)하여 당회(堂會)가 성립(成立)하고, 김창협(金昌洽)이 인차수선(鱗次受選)하다.

박천군(博川郡) 남호교회(南湖敎會)가 이정선(李正善)을 장로(長老)로 안수(按手)하여 당회(堂會)가 성립(成立)하다.

용천군(龍川郡) 신창리교회(新倉里敎會)가 신학사(神學士) 송병조(宋秉祚)를 목사(牧師)로 청빙시무(請聘視務)ㅎ게 하다.

구성군(龜城郡) 남시교회(南市敎會)가 허정(許鼎)을 장로(長老)로 안수(按手)하여 당회(堂會)가 성립(成立)하다.

용천군(龍川郡) 광화교회(光化敎會)가 박성관(朴成寬)을 장로(長老)로 안수(按手)하여 당회(堂會)가 성립(成立)하다. 한도욱(韓道郁), 이세근(李世勤), 김세홍(金世鴻)이 차제수선(次第受選)하다.

동군(同郡) 무산교회(舞山敎會)가 고재륜(高載崙)을 장로(長老)로 안수(按手)하여 당회(堂會)가 성립(成立)하다.

선천군(宣川郡) 고부교회(古府敎會)가 이인창(李仁昌)을 장로(長老)로 안수(按手)하여 당회(堂會)가 성립(成立)하다.

동군(同郡) 당곡교회(棠谷敎會)가 신학사(神學士) 길종수(吉宗秀)를 목사(牧師)로 청빙시무(請聘視務)ㅎ게 하다.

용천군(龍川郡) 백암교회(白岩敎會)가 장효량(張孝良)을 장로(長老)로 안수(按手)하여 당회(堂會)를 조직(組織)하니 인차수선자(鱗次受選者)는 백창회(白昌繪), 황신호(黃信浩), 이천근(李天根), 김명환(金明煥) 제인(諸人)이었다.

의주군(義州郡) 구창교회(舊倉敎會)가 조사(助師) 이기선(李基善)을 장로(長老)로 안수(按手)하여 당회(堂會)를 조직(組織)하다. 인차수직자(鱗次受職者)는 김복설(金福說), 김영찬(金永燦) 등(等)이었다.[101]

동군(同郡) 고관면(古舘面) 관리교회(舘里敎會)가 김병조(金秉祚)를 장로(長老)로 안수(按手)하여 당회(堂會)가 성립(成立)하다. 인차수직자(鱗次受職者)는 박기건(朴基鍵), 김영근(金永根), 유용상(劉龍祥) 등(等)이었다.

고군(古郡) 토교교회(土橋敎會)가 한명학(韓明學)을 장로(長老)로 안수(按手)하여 당회(堂會)가 성립(成立)하다. 차제수선자(次第受選者)는 백영명(白永明), 유효근(柳涍根)이었다.

동군(同郡) 월화면(月華面) 남하교회(南河敎會)가 김영준(金永駿)을 장로(長老)로 안수(按手)하여 당회(堂會)가 성립(成立)하다. 인차수직자(鱗次受職者)는 이도근(李道根), 이용근(李瑢根) 등(等)이었다.

동군(同郡) 고관면(古舘面) 동상교회(東上敎會)에서 최봉상(崔鳳祥)을 장로(長老)로 안수(按手)하여 당회(堂會)가 성립(成立)하다. 최군(崔君)은 신교(信敎) 후(後)에 무한(無限) 핍박(逼迫)의 곤란(困難)을 비상(備嘗)하고 열심전도(熱心傳道)로 위기임자(爲己任者)이었다.

위원군(渭原郡) 읍교회(邑敎會)가 김정록(金正祿)을 장로(長老)로 안수(按手)하여 당회(堂會)가 성립(成立)하다.

초산군(楚山郡) 남면(南面) 당평동교회(當坪洞敎會)가 주하용(朱夏龍)의 전도(傳道)와 최선자(崔善慈)의 인도(引導)로 설립(設立)하고 예배당(禮拜堂)을 건축(建築)하다.

지나(支那) 두을령(頭乙嶺) 남북(南北)에 목사(牧師) 최봉석(崔鳳奭), 최성주(崔聖柱) 2인(二人)을 파송전도(派送傳道)하다.

동통화현(同通化縣) 옹점동(甕店洞)에 김준건(金俊建), 안해용(安海容)이 전도(傳道)하여 교회(敎會)를 설립(設立)하다.

동금두복(同金斗伏) 교회(敎會)가 정낙영(鄭洛榮)을 장로(長老)로 안수(按手)하여 당회(堂會)가 성립(成立)하다. 인차수직자(鱗次受職者)는 조대원(趙大元), 김기영(金基榮), 전학진(田鶴鎭) 제인(諸人)이었다.

동유하현(同柳河縣) 청령자(靑嶺子)에 박영호(朴永浩), 최시명(崔時明) 등(等)이 교회(敎會)를 설립(設立)하고 남산성(南山城)에 김치삼(金致三), 이영수(李永洙), 정원경(鄭元景) 등(等)이 교회(敎會)를 설립(設立)하고, 충라호하(虫羅蝴河)에 이정욱(李正旭), 노이경(盧伊景), 김응도(金應道) 등(等)이 교회(敎會)를 설립(設立)하다.

동쾌대(同快大) 무자하(茂子河), 마하자(馬河子), 옹점동(甕店洞), 대사탄(大沙灘), 대완구(大莞溝), 대왕자(大旺子), 청령자(靑嶺子) 등(等) 제교회(諸敎會)에서 각기(各其) 학교(學校)를 설립(設立)하고 교육(敎育)에 노력(勞力)하다.

1915년(一九一五年) 을묘(乙卯)에 철산군(鐵山郡) 서평교회(西平敎會)가 이상조(李尙祚)를 장로(長老)로 안수(按手)하여 당회(堂會)가 성립(成立)하다.

선천군(宣川郡) 내동교회(內洞敎會)가 길기하(吉基夏)를 장로(長老)로 안수(按手)하여 당회(堂會)가 성립(成立)하다.[102]

동군(同郡) 사교교회(沙橋敎會)가 설립(設立)하다. 초(初)에 본면(本面) 고부교회(古府敎會)에 내왕예배(來往禮拜)하더니 지시(至是)하여 분립(分立)하고 김영수(金永洙)가 대지(垈地)를 기부(寄付)하매 교회(敎會)가 합심연보(合心捐補)하여 예배당(禮拜堂)을 건축(建築)하다. 그 후(後) 당회(堂會)를 조직(組織)하니 장로(長老)는 김영수(金永洙), 김경흡(金敬洽), 문도태(文道台) 등(等)이었다.

동군(同郡) 효자동교회(孝子洞敎會)가 설립(設立)되다. 선시(先是) 본처(本處) 여사(女史) 계지도(桂志道)가 자소과거(自少寡居)하더니 구도(救道)를 일문(一聞)하고 입지독신(立志篤信)하며, 열성전도(熱誠傳道)하여 김치달(金致達), 전윤선(田允善), 김상림(金尙林), 김상민(金尙敏) 등(等)이 전가신종(全家信從)하여 예배당(禮拜堂)을 창립(創立)하니 목사(牧師) 김석창(金錫昌)이 시무(視務)하다.

동군(同郡) 승지동교회(承旨洞敎會)가 설립(設立)되다. 선시(先是) 본처인(本處人) 전인상(田隣祥)의 전도(傳道)로 이덕순(李德淳), 이남현(李南賢)과 여사(女史) 김신영(金信榮)이 신종(信從)하고 당곡교회(棠谷敎會)에 내왕예배(來往禮拜)하더니 그 후(後) 10간(十間) 예배당(禮拜堂)을 신축(新築)하다.

정주군(定州郡) 덕리교회(德里敎會)가 설립(設立)되다. 선시(先是)에 본처인(本處人) 조봉균(趙鳳均), 조황균(趙熿均), 조욱균(趙昱均), 조수균(趙遂均) 등(等)이 설가(挈家) 귀도(歸道)하여 청정교회(淸亭敎會)로 내왕예배

(來往禮拜)하더니 지시(至是)하여 건당입회(建堂立會)하다.

선천군(宣川郡) 문사교회(汶沙教會)가 설립(設立)되다. 선시(先是)에 본처인(本處人) 문경록부부(文敬錄夫婦)가 독신전도(篤信傳道)하더니 신자(信者) 이창호(李昌浩), 박준국(朴俊國), 박창복(朴昌福) 등(等)이 이래(移來)하여 합심전도(合心傳道)하여 홍연수(洪連守), 문치운(文致雲), 이관영(李寬永), 박윤엽(朴允燁) 등(等) 50여인(五十餘人)이 신종(信從)하더니 지시(至是)하여 건당입회(建堂立會)하다.

의주군(義州郡) 체마교회(替馬教會)가 이기수(李基守), 강성태(姜性泰)를 장로(長老)로 안수(按手)하여 당회(堂會)가 성립(成立)하다. 인차수직자(鱗次受職者)는 최명준(崔明俊), 이문왕(李文王)이었다.

동군(同郡) 고진(古津), 토교(土橋), 유초(柳草), 산정(山亭) 3교회(三教會)가 합(合)하여 백영엽(白永燁)을 조사(助師)로 시무(視務)ᄒ게 하다.

벽동군(碧潼郡) 읍교회(邑教會)가 이가은(李稼殷)을 장로(長老)로 안수(按手)하여 당회(堂會)가 성립(成立)하다.

동군(同郡) 남제교회(南齊教會)가 목사(牧師) 김병농(金炳穠)을 잉구시무(仍舊視務)ᄒ게 하다.

창성군(昌城郡) 전창교회(田倉教會)가 설립(設立)되다. 선시(先是)에 노회전도(老會傳道)인 김상륜(金尙倫), 백봉수(白奉守) 2인(二人)의 전도(傳道)로 김상조(金尙祚) 등(等) 십여인(十餘人)이 귀도(歸道)하여 김인택(金仁澤) 가(家)에서 예배(禮拜)함을 지시(至是)하여 협력의연(協力義捐)하더니 예배당(禮拜堂)을 매수(買收)하여 교회(教會)를 설립(設立)하다.

의주군(義州郡) 방산교회(方山教會)가 설립(設立)되다. 선시(先是)에 선교사(宣教師) 위대모(魏大模, [Norman C. Whittemore])와 장로(長老) 박형빈외(朴亨斌外) 십여인(十餘人)이 김효경(金孝慶) 사저(私邸)에서 5일간(五日間) 부흥전도회(復興傳道會)를 개(開)한 후(後)로 30여인(三十餘人)이 신종(信從)하여 교회초성(教會初成)이더니 후(後)에 조승윤(趙承允)이 계속 전도(繼續傳道)하여 신자일중(信者日衆)하므로 협력연보(協力捐補)하여 [103] 예배당(禮拜堂)을 매(買)하고 교회(教會)를 설립(設立)하다.

강계군(江界郡) 연포교회(烟浦敎會)가 설립(設立)되다. 박남훈(朴南薰), 김시형(金時亨) 2인(二人)이 열심전도(熱心傳道)하여 신자(信者) 50여인(五十餘人)이라. 예배당(禮拜堂)을 건축(建築)하고 교회(敎會)를 설립(設立)하다.

후창군(厚昌郡) 남신면(南新面) 동점교회(銅店敎會)가 설립(設立)되다. 이찬괄(李贊适)이 전도(傳道)하고 유치구(俞致九), 신영호(申永浩) 2인(二人)이 인도(引導)하여 설립(設立)하고 조사(助師) 김련(金鍊)이 인도(引導)하다.

위원군(渭原郡) 오륜대교회(五倫垈敎會)가 설립(設立)되다. 김려철(金呂徹), 김창묵(金昌默) 2인(二人)이 전도(傳道)하여 설립(設立)하고 건예배당(建禮拜堂)하다.

1916년(一九一六年) 병진(丙辰)에 선천군(宣川郡) 용경교회(龍耕敎會)가 최상규(崔尙奎)를 장로(長老)로 안수(按手)하여 당회(堂會)가 성립(成立)하다.

정주군(定州郡) 덕흥교회(德興敎會)가 문윤국(文潤國)을 장로(長老)로 안수(按手)하여 당회(堂會)가 성립(成立)하다.

용천군(龍川郡) 동산교회(東山敎會)가 설립(設立)되다. 선시(先是)에 본처인(本處人) 조형신(趙亨信)과 처(妻) 박형태(朴亨泰)가 신종(信從)하고 전도(傳道)하여 회개귀도(悔改歸道)한 자(者) 20여인(二十餘人)이라. 예배당(禮拜堂)을 건축(建築)하고 교회(敎會)를 설립(設立)하다.

철산군(鐵山郡) 신곡교회(新谷敎會)가 설립(設立)되다. 선시(先是)에 김성대(金成大), 김서범(金瑞範), 이원형(李元亨)과 부인(婦人) 장일천(張一天), 김재부(金才婦) 등(等)이 선차(先次) 신주(信主)하고 인근(隣近)에 전도(傳道)하여 다수인(多數人)이 신종(信從)하니 장일천(張一天)이 와옥(瓦屋) 십여간(十餘間)을 기부(寄附)하여 예배당(禮拜堂)을 작(作)하다.

삭주군(朔州郡) 대관교회(大舘敎會)가 구영록(具永祿)을 장로(長老)로 안수(按手)하여 당회(堂會)가 성립(成立)하다.

의주군(義州郡) 수진면(水鎭面) 송천교회(松川敎會)가 설립(設立)하다.

선시(先是) 여도(女徒) 황사성(黃思聖)이 정군모부부(鄭君模夫婦)에게 전도(傳道)하여 신종(信從)하고 의산교회(義山敎會)에 내왕예배(來往禮拜)하며 인근(隣近)에 전도(傳道)하여 신도일중(信徒日衆)이라. 지시(至是)하여 예배당(禮拜堂)을 건축(建築)하고 교회(敎會)를 분립(分立)하다.

신의주교회(新義州敎會)가 김병원(金炳元), 김치복(金致福) 2인(二人)을 장로(長老)로 안수(按手)하여 당회(堂會)를 성립(成立)하다.

삭주(朔州) 신풍교회(新豊敎會)가 창립(創立)되다. 선시(先是) 한원신(韓元信) 등(等) 십여인(十餘人)이 신도(信道)하고 예배당(禮拜堂)을 매수(買收)하여 교회점성(敎會漸成)하다.

의주군(義州郡) 소수교회(小水敎會)가 설립(設立)되다. 선시(先是)에 김지선(金志銑)이 상업(商業)으로 중국(中國)에 유행(遊行)하며 주서정(周瑞廷)에게서 도리(道理)를 청(聽)하고 귀국(歸國)하[104]여 읍서교회(邑西敎會)에 내왕예배(來往禮拜)하더니 지시(至是)하여 예배당(禮拜堂)을 건축(建築)하고 교회(敎會)를 분립(分立)하니 김지선(金志銑)의 열성(熱誠)으로 교회성립(敎會成立)하다.

의주군(義州郡) 태산령교회(台山嶺敎會)에서 장로(長老) 김현모(金賢模)가 신학(神學)을 졸업(卒業)하매 정심(正心), 다지(多智) 양교회(兩敎會)가 연합(聯合)하여 노세영(盧世永, [Cyril Ross])과 동사목사(同事牧師)로 청빙시무(請聘視務)ᄒ게 하다.

후창군(厚昌郡) 남신면(南新面) 상동교회(上洞敎會)가 설립(設立)되다. 선시(先是)에 최원순(崔元舜), 최주흡(崔柱翕), 박길환(朴吉還), 최용린(崔龍麟) 4인(四人)이 전도(傳道)하여 설립(設立)하고 예배당(禮拜堂)을 건축(建築)하다.

강계군(江界郡) 화경면(化景面) 고인리(古仁里)에 고선흥(高善興)의 전도(傳道)로 외귀면(外貴面) 건중리(乾中里)에 안상옥(安尙玉)의 전도(傳道)로, 평남(平南) 등지(等地)에 최석태(崔錫泰)의 전도(傳道)로 각각(各各) 교회(敎會)를 설립(設立)하다.

지나(支那) 통화현(通化縣) 영결부(永決府)에 전승횡(田承橫), 허영록

(許永祿)의 전도(傳道)로 마록구(馬鹿溝)에는 삼원포교회(三源浦敎會)의 분립(分立)으로 유하현(柳河縣) 흑석두(黑石頭)에 표기선(表基善), 박영범(朴永凡)의 전도(傳道)로 거류하(巨流河)에 정낙영(鄭洛榮), 황원후(黃元厚)의 전도(傳道)로 각각(各各) 교회(敎會)를 설립(設立)하다.

삼원포교회(三源浦敎會)가 당회(堂會)를 성립(成立)하니 장로(長老)는 안동식(安東植), 신윤신(申允愼), 한찬희(韓燦禧), 방경모(方敬模) 등(等)이 차제수직(次第受職)하다.

1917년(一九一七年) 정사(丁巳)에 용천군(龍川郡) 송산교회(松山敎會)에 이상겸(李尙謙)을 장로(長老)로 안수(按手)하여 당회(堂會)가 성립(成立)하다.

동군(同郡) 북평교회(北坪敎會)가 당회(堂會)를 조직(組織)하니 장로(長老)는 김중건(金重鍵), 장하식(張河植)이었다.

동군(同郡) 신도면(薪島面) 서교회(西敎會)가 김정수(金正洙)를 장로(長老)로 안수(按手)하여 당회(堂會)가 성립(成立)하다.

선천군(宣川郡) 건산교회(建山敎會)가 설립(設立)되다. 초(初)에 여사(女史) 박선옥(朴善玉)이 선신(先信)하고 전도(傳道)하여 부인(婦人) 문홍신(文弘信), 박의문(朴義文), 윤덕성(尹德成) 등(等)이 전후상신(前後相信)하고 계창욱(桂昌郁), 계창평(桂昌苹), 김승삼(金昇三) 등(等)이 계속신도(繼續信道)하여 건당입회(建堂立會)하다.

동군(同郡) 장공동교회(長公洞敎會)가 설립(設立)하다. 선시(先是)에 김정찬(金貞燦), 김영세(金永世) 등(等)이 선신주도(先信主道)하고 읍남회(邑南會)에 내왕예배(來往禮拜)하며 인인(隣人)에게 전도(傳道)하여 신자(信者) 50여인(五十餘人)이라. 예배당(禮拜堂)을 신축(新築)하고 교회(敎會)를 건설(建設)하다.

박천군(博川郡) 고성교회(古城敎會)가 설립(設立)되다. 선시(先是)에 본처인(本處人) 김종흡(金宗洽)이 신주(信主)하고 열심전도(熱心傳道)하여 자택(自宅)에 예배(禮拜)하더니 철산(鐵山) 부인전(婦人傳)[105]도회(道會)가 황용호(黃龍浩)을 파송전도(派送傳道)하여 신자일중(信者日衆)이라 건당입회(建堂立會)하다.

　구성군(龜城郡) 읍교회(邑敎會)가 설립(設立)되다. 정주(定州) 여전도회(女傳道會)가 김이순(金利淳)을 파송(派送)하여 전도(傳道)하니 불과(不過) 1개월(一個月)에 신자(信者)가 백여인(百餘人)이라 합심연보(合心捐補)하여 예배당(禮拜堂)을 신축(新築)하고 김이순(金利淳)이 인도(引導)하다.

　선천군(宣川郡) 월천교회(越川敎會)가 설립(設立)되다. 본처인(本處人) 고기엽(高基葉)이 읍교회(邑敎會)에 내왕예배(來往禮拜)하며 독신전도(篤信傳道)하여 회개귀도자(悔改歸道者) 60여(六十餘)라 건당예배(建堂禮拜)하다.

　의주(義州) 위화면(威化面) 북하교회(北下敎會)가 송석찬(宋錫燦)을 장로(長老)로 안수(按手)하여 당회(堂會)가 성립(成立)하다. 목사(牧師) 김현모(金賢模)가 위임시무(委任視務)하다.

　삭주군(朔州郡) 원풍동교회(院豊洞敎會)가 설립(設立)하다. 선시(先是)에 노회전도인(老會傳道人) 백윤홍(白允鴻)의 전도(傳道)로 십여인(十餘人)이 귀주(歸主)하고 약간(若干) 연보(捐補)로 초옥(草屋)을 매수(買收)하여 예배(禮拜)하다.

　동군(同郡) 청수교회(淸水敎會)가 설립(設立)되다. 선시(先是)에 오봉민(吳奉敏)이 5, 6년(五六年)을 독신기도(篤信祈禱)하더니 노회전도부인(老會傳道婦人) 장신희(張信希)가 내전복음(來傳福音)하여 7, 8인(七八人)이 동시귀도(同時歸道)하여 이동준(李東濬) 가(家)에 예배(禮拜)하더니 선교사(宣敎師) 위대모(魏大模, [Norman C. Whittemore]), 소열도(蘇悅道, [T. Stanley Saltau])가 연지(連至)하여 3일간(三日間) 전도(傳道)하며 사경(査經)하니 십여인(十餘人)이 일시(一時) 귀도(歸道)하여 오봉민(吳奉敏)이 와가(瓦家) 5간(五間)과 기지(基地)를 병(幷)하여 기부(寄附)함으로 교회(敎會)가 건설(建設)되다.

　1918년(一九一八年) 무오(戊午)에 정주(定州) 수두교회(水頭敎會)가 신태연(申泰衍)을 장로(長老)로 안수(按手)하여 당회(堂會)가 성립(成立)하다.

　철산(鐵山) 동문외교회(東門外敎會)가 송내경장로(宋迺京長老)로 안수

(按手)하여 당회(堂會)가 성립(成立)하다.

동군(同郡) 송교교회(松橋敎會)가 설립(設立)되다. 선시(先是)에 박봉태(朴鳳泰), 정봉기(鄭鳳基) 등(等) 수인(數人)이 신주(信主)하고 읍교회(邑敎會)에 내왕예배(來往禮拜)하더니 지시(至是)하여 신자(信者)가 일중(日衆)이라, 예배당(禮拜堂)을 신축(新築)하고 교회(敎會)를 분립(分立)하다.

선천군(宣川郡) 갈현교회(葛峴敎會)가 설립(設立)되다. 선시(先是)에 이성해(李成海), 한일용(韓日龍) 양가(兩家)가 본처(本處)에 이래(移來)하여 동인(洞人)에게 전도(傳道)하며 사저(私邸)에 회집(會集)하더니 미구(未久)에 신자일가(信者日加)라, 예배당(禮拜堂)을 신축(新築)하고 교회(敎會)를 성립(成立)하다.[106]

의주군(義州郡) 유현면(柳峴面) 영평교회(永平敎會)가 한응우(韓應祐), 조시항(趙時恒) 2인(二人)을 장로(長老)로 안수(按手)하여 당회(堂會)가 성립(成立)하다.

벽동군(碧潼郡) 읍교회외(邑敎會外) 3교회(三敎會)가 신학사(神學士) 김석항(金碩伉)을 목사(牧師)로 청빙시무(請聘視務)하게 하다.

의주군(義州郡) 고관면(古舘面) 횡산교회(橫山敎會)에서 조창묵(趙昌默)을 장로(長老)로 안수(按手)하여 당회(堂會)가 성립(成立)하다.

동군(同郡) 취봉교회(鷲峰敎會)에서 신봉상(申鳳祥)을 장로(長老)로 안수(按手)하여 당회(堂會)가 성립(成立)하다.

동군(同郡) 창원(昌元), 청전(靑田), 소수(小水), 대현(大峴) 4교회(四敎會) 목사(牧師) 백봉수(白奉守)는 지나(支那) 목릉현(穆陵縣) 전도목사(傳道牧師)로 전임(轉任)하고 김이순(金利淳)이 조사(助師)로 시무(視務)하다.

벽동군(碧潼郡) 태평(太平), 장토(章土), 창평(昌平) 3교회(三敎會)가 합(合)하여 박응규(朴應奎)를 조사(助師)로 시무(視務)하게 하다.

동군(同郡) 창평교회(昌平敎會)가 설립(設立)되다. 노회파송(老會派送) 전도인(傳道人) 박정흠(朴貞欽)이 열심전도(熱心傳道)하여 최창하(崔昌河)가 거첩(去妾) 신주(信主)하고 18인(一八人)이 일시(一時) 귀도(歸道)하여 김병필(金炳弼) 사저(私邸)에 예배(禮拜)하더니 최창하(崔昌河)의 주선(周

旋)으로 와옥예배당(瓦屋禮拜堂) 4간(四間)을 건축(建築)하다.

1919년(一九一九年) 기미(己未) 용천군(龍川郡) 원성교회(元城敎會)가 당회(堂會)를 조직(組織)하니 장로(長老)는 장윤선(張潤善), 함원택(咸元澤)이 차제수선(次第受選)하다.

용천군(龍川郡) 운용교회(雲龍敎會)가 설립(設立)되다. 선시(先是)에 본처인(本處人) 심성택형제(沈成澤兄弟)가 덕천교회(德川敎會)에 내왕예배(來往禮拜)하더니 동리(洞里)에 열심전도(熱心傳道)하여 예배당(禮拜堂)을 신축(新築)하고 교회(敎會)를 분립(分立)하다.

1920년(一九二〇年) 경신(庚申)에 선천군(宣川郡) 동림교회(東林敎會)가 당회(堂會)를 조직(組織)하니 장로(長老)는 장규명(張奎明), 최기준(崔基俊)이었다.

정주군(定州郡) 관산교회(觀山敎會)가 김익주(金益周)를 장로(長老)로 안수(按手)하여 당회(堂會)가 성립(成立)하다.

용천군(龍川郡) 신도교회(薪島敎會)가 김태일(金泰一)을 장로(長老)로 안수(按手)하여 당회(堂會)가 성립(成立)하다.

박천군(博川郡) 영의교회(嶺義敎會)가 설립(設立)되다. 선시(先是)에 본처인(本處人) 안병하(安炳夏)와 부인(婦人) 김신화(金信化), 이병순(李炳淳) 등(等)이 선신(先信)하고 동문동교회(東文洞敎會)에 내왕예배(來往禮拜)하더니 그 때에 전도인(傳道人) 조형균(趙衡均)이 내전복음(來傳福音)하여 30여인(三十餘人)이 일시(一時) 귀주(歸主)하고 예배당(禮拜堂)을 신축(新築)하다.

정주군(定州郡) 동로교회(東路敎會)가 설립(設立)하다. 선시(先是)에 부인(婦人) 김인성(金仁成), 이노의(李老義)가 신주(信主)하고 염방교회(濂坊敎會)에 내왕예배(來往禮拜)하더니 기후(其後) 이노의(李老義)가[107] 가옥(家屋)을 매수(買收)하여 예배당(禮拜堂)으로 봉납(奉納)하다.

1921년(一九二一年) 신유(辛酉)에 용천군(龍川郡) 덕동교회(德洞敎會)가 김경섭(金敬燮)을 장로(長老)로 안수(按手)하여 당회(堂會)가 성립(成立)하다.

동군(同郡) 신남시교회(新南市敎會)가 설립(設立)되다. 선시(先是) 조흥욱(趙興昱)이 무산교회(舞山敎會)로부터 본처(本處)에 이주(移住)하여 열심전도(熱心傳道)하여 신종자(信從者) 60여인(六十餘人)이라, 연보(捐補)하여 예배당(禮拜堂)을 신축(新築)하다.

철산군(鐵山郡) 동천교회(東川敎會)가 설립(設立)하다. 선시(先是)에 최문규(崔文奎), 정승국(鄭承國) 등(等)이 동시(同時) 신주(信主)하고 용폭교회(龍幅敎會)에 내왕예배(來往禮拜)하더니 지시(至是)하여 예배당(禮拜堂)을 신축(新築)하고 교회(敎會)를 설립(設立)하다.

1922년(一九二二年) 임술(壬戌)에 용천군(龍川郡) 구봉교회(鳩峰敎會)가 최정택(崔正澤)을 장로(長老)로 안수(按手)하여 당회(堂會)를 조직(組織)하다.

동군(同郡) 대성교회(大成敎會)가 이고근(李固根), 김동하(金棟廈) 2인(二人)을 장로(長老)로 안수(按手)하여 당회(堂會)가 성립(成立)하다.

선천군(宣川郡) 석화교회(石和敎會)가 설립(設立)되다. 선시(先是)에 김우성(金禹聖), 윤학겸(尹學傔), 임희민(林熙敏) 등(等)이 신주(信主)하고 봉동교회(鳳洞敎會)에 내왕예배(來往禮拜)하더니 열심전도(熱心傳道)하여 귀도자(歸道者) 일중(日衆)이라, 어시(於是)에 축당분립(築堂分立)하니라.

3. 전도(三, 傳道)

1913년(一九一三年) 계축(癸丑)에 선천군(宣川郡) 각(各) 교회(敎會) 연합여전도회(聯合女傳道會)에서 목사(牧師) 김덕선(金德善)을 지나(支那) 봉천(奉天)에, 용천부인전도회(龍川婦人傳道會)에서 정승애(鄭承愛), 이영복(李永福)을 삭주(朔州), 창성(昌城) 등(等)에, 동군(同郡) 지방전도회(地方傳道會)에서 백봉수(白奉守)를 가산(嘉山) 등지(等地)에 파송전도(派送傳道)하다.

1914년(一九一四年) 갑인(甲寅)에 철산군(鐵山郡) 영동교회(嶺東敎會)

가 안성모(安成模)로 탄도(炭島), 대화(大和), 소화(小和) 등지(等地)에 전도(傳道)하고 박천(博川), 구성(龜城) 각(各) 교회(敎會)가 연합(聯合)하여 남전도회(男傳道會)를 조직(組織)하여 남간도(南間島)와 박천(博川) 등지(等地)에 계속전도(繼續傳道)하고 양시대사경회(楊市大査經會)에 연보(捐補)하여 남회(男會)는 신기초(申基礎)를 가산(嘉山)에, 여회(女會)는 정승은(鄭承恩), 이영복(李永福)을 창성(昌城)에 파송전도(派送傳道)하고, 선천지방(宣川地方) 전도회(傳道會)는 목사(牧師) 최봉석(崔鳳奭)을 지나(支那) 남만주(南滿洲)에, 정주(定州), 박천(博川), 구성(龜城) 연합여전도회(聯合女傳道會)는 목사(牧師) 최성주(崔聖柱)를 지나(支那) 남만주(南滿洲)에, 철산여전도회(鐵山女傳道會)는 황용호(黃龍浩)를 박천(博川) 등지(等地)에 각각(各各) 파송전도(派送傳道)하다.

1915년(一九一五年) 을묘(乙卯)에 용천여전도회(龍川女傳道會)에서 황용호(黃龍浩)를 박천(博川)으로, 강태직(姜台稷)을 가산(嘉山)으로, 동지방(同地方) 전도회(傳道會)에서 목사(牧師) 차형준(車亨俊)[108]을 지나(支那) 안동(安東)과 봉황성(鳳凰城)으로, 동군(同郡) 양시교회(楊市敎會) 여사(女史) 이기원(李基園)의 임종(臨終), 연보(捐補)한 전도비(傳道費) 300원(三百圓)에서 백윤홍(白允鴻)을 구성(龜城)으로 강윤직(姜允稷)을 용천(龍川)으로 각각(各各) 파송전도(派送傳道)하고, 본노회(本老會)가 목사(牧師) 양전백(梁甸伯)을 지나(支那) 남만(南滿) 각현(各縣)에 파송(派送)하여 전도상황(傳道狀況)을 시찰(視察)ᄒ게 하다.

1916년(一九一六年) 병진(丙辰)에 용천(龍川) 읍내여전도회(邑內女傳道會)에서 황용호(黃龍浩)를 박천(博川)으로, 정주(定州) 읍내여전도회(邑內女傳道會)에서 안성모(安聖模)를 철산(鐵山)으로, 선천(宣川) 신성학교(信聖學校) 전도부(傳道部)에서 김득창(金得昌)을 충북(忠北) 옥천(沃川)으로, 용천(龍川) 각(各) 교회(敎會)에서 차형준(車亨俊)을 지나(支那) 안동(安東)으로, 동여전도회(同女傳道會)에서 강윤직(姜允稷)을 가산(嘉山)으로, 김익범(金益範)을 창성(昌城)으로, 덕천교회(德川敎會)에서 이원실(李元實)을 인근(隣近) 각지(各地)로 각각(各各) 파송전도(派送傳道)하다.

1917년(一九一七年) 정사(丁巳)에 선천읍(宣川邑) 남교회(南敎會)에서 고은준(高銀俊)을 충북(忠北) 연기군(燕岐郡)으로, 용천지방(龍川地方) 전도회(傳道會)에서 정승은(鄭承恩)과 김윤백(金允伯)을 구성(龜城), 박천(博川) 등지(等地)로, 박봉철(朴鳳喆)을 지나(支那) 관전현(寬甸縣)으로, 정주여전도회(定州女傳道會)에서 김이순(金履淳), 신봉조(申鳳祚)을 구성(龜城)으로, 용천(龍川), 광화(光化)에서 남전도대(男傳道隊)는 부근각지(附近各地)로, 신창교회(新倉敎會)에서 김수일(金守逸)을 인읍(隣邑)으로, 무산(舞山), 남시(南市), 구봉(鳩峰), 양제(良第), 서석(西石) 5교회(五敎會)의 남전도회(男傳道會)에서 정주언(鄭伷彦)과 이선문(李善文)을 부근각지(附近各地)로, 평북사경회(平北査經會)에서 박정흠(朴禎欽)을 구성(龜城)으로 각각(各各) 파송전도(派送傳道)하다.

　1918년(一九一八年) 무오(戊午)에 용천(龍川) 용암교회(龍岩敎會) 남전도회(男傳道會)에서 김기봉(金岐鳳)을 인근(隣近) 각군(各郡)으로, 용천여전도회(龍川女傳道會)에서 박봉철(朴鳳喆)을 지나(支那) 관전현(寬甸縣)으로, 철산군여전도회(鐵山郡女傳道會)에서 백봉수(白奉守)를 지나(支那) 북만각지(北滿各地)로, 선천여전도회(宣川女傳道會)에서 김영철(金永哲), 박정흠(朴禎欽)을 벽동군(碧潼郡)으로, 백중생(白重生)을 충북(忠北) 괴산(槐山)으로, 선천신성학교(宣川神聖學校) 전도부(傳道部)에서 김경두(金景斗), 김득창(金得昌)을 충북(忠北) 옥천(沃川)으로, 정주(定州), 구성(龜城), 박천(博川) 3읍(三邑) 전도회(傳道會)에서 박정흠(朴禎欽)을 애도(艾島), 장도(獐島)로 파송전도(派送傳道)하다.

　1920년(一九二〇年) 경신(庚申)에 용천여전도회(龍川女傳道會)에서 김윤백(金允伯)을 창성(昌城)으로, 선천지방(宣川地方) 전도회(傳道會)에서 이경호(李慶灝)를 경남(慶南) 김해(金海), 사천(泗川)으로, 동여전도회(同女傳道會)에서 백중생(白重生)을 충북(忠北) 청주(淸州)로, 정주(定州), 박천(博川), 구성(龜城) 3읍(三邑) 전도회(傳道會)에서 이재순(李載淳), 조봉균(趙鳳均)을 박천(博川), 남면(南面)으로 각각(各各) 파송전도(派送傳道)하다.

　1921년(一九二一年) 신유(辛酉)에 용천지방(龍川地方) 전도회(傳道會)

에서 홍태주(洪泰周)를 지나(支那) 안봉(安奉) 등지(等地)로, 신성학교(信聖學校) 전도부(傳道部)에서 김석복(金錫福)을 충북(忠北) 옥천(沃川)[109]으로, 선천여전도회(宣川女傳道會)에서 백중생(白重生)을 충북(忠北) 청주(淸州)로, 정주여전도회(定州女傳道會)에서 조형균(趙衡均)을 고현면(高峴面)으로, 정주(定州), 동삼군(東三郡) 전도회(傳道會)에서 김화식(金華植)을 박천(博川)으로, 임성일(林聖一)을 영미(嶺美)로, 평북도사경회(平北道査經會)에서 김민철(金敏哲), 고익수(高益洙)를 경남(慶南) 울산(蔚山)으로 파송전도(派送傳道)하다.

　1922년(一九二二年) 임술(壬戌)에 철산군(鐵山郡) 여전도회(女傳道會)에서 조덕찬(趙德燦)을 지나(支那) 북만(北滿) 등지(等地)로, 선천군(宣川郡) 남녀청년전도회(男女靑年傳道會)에서 김성호(金聖浩)를 구성(龜城), 영동(嶺洞)으로, 이경호(李庚灝)를 정주(定州), 고현(高峴)으로, 조형균(趙衡均)을 박천(博川), 영미(嶺美)로, 신성학교(信聖學校) 전도부(傳道部)에서 최성곤(崔聖坤)을 충북(忠北) 옥천(沃川)으로, 정주(定州), 동삼군(東三郡) 전도회(傳道會)에서 조형균(趙衡均)을 구가산(舊嘉山)으로, 용천(龍川), 광화교회(光化敎會)에서 김성심(金誠心)을 인근읍(隣近邑)으로, 용천여전도회(龍川女傳道會)에서 김윤백(金允伯)을 정주남편(定州南便)으로, 평북(平北) 연합전도회(聯合傳道會)에서 목사(牧師) 함열(咸悅)을 지나(支那) 북만주(北滿洲) 해림(海林) 동변(東邊)에 파송전도(派送傳道)하다.

4. 환난(四, 患難)

　1915년(一九一五年) 을묘(乙卯)에 지나(支那) 남만주(南滿洲) 등지(等地)에 생활난(生活難)을 인(因)하여 유리(流離)하는 동족(同族) 등(等)에 작농(作農)ᄒᆞ기 위(爲)하여 황무지(荒蕪地)를 개척(開拓)하는 중(中) 수토(水土)와 기후(氣候)의 관계(關係)로 유행병(流行病)이 발생(發生)하여 사망자(死亡者) 심다(甚多)라, 합니(哈泥), 하대(河大), 횡도(橫道), 대우(大牛), 구

영(溝永), 춘원(春院) 등지(等地)에 교회(敎會)가 폐지(廢止)되어 비참(悲
慘)한 정형(情形)을 형언(形言)할 수 없더라. 미국(美國) 우거(寓居)하는 동
족(同族) 등(等)이 구휼금(救恤金) 1,000여원(千餘圓)을 기부(寄附)하여 구
제(救濟)하고 선교회(宣敎會) 의사(醫師) 정낙언(鄭洛彦)이 내조치료(來助
治療)하다.

  1919년(一九一九年) 기미(己未)에 3월(三月) 1일(一日) 조선[독립]운동
(朝鮮○○運動)으로 33인(三十三人)이 ○○[독립]을 선언(宣言)하니 차시
(此時) 교회유직자(敎會有職者)로 참가자(參加者)는 선천(宣川) 양전백(梁
甸伯), 의주(義州) 유여대(劉如大), 김병우[조](金秉祐[祚]), 정주(定州)
이승훈(李承薰), 이명용(李明龍) 제인(諸人)이라.28 김병우[조](金秉祐
[祚(조)])는 선언(宣言) 당시(當時)에 상해(上海)로 도거(渡去)하고 그
여(餘)는 체포(逮捕)되니 유시(由是)로 일반사조(一般思潮)가 급변(急變)
하여 ○○[독립]의 성(聲)이 일창만화(一唱萬和)하여 그 세(勢)가 심대
(甚大)라. 관리(官吏)가 금과부득(禁過不得)하고 각군(各郡) 교회(敎會)
의 직원(職員), 신도(信徒), 교원(敎員), 학생(學生)이 체포구금(逮捕拘
禁)되다. 철산교회(鐵山敎會)에 안승명(安昇命)과 송교(松橋)에 김용여
(金用汝)와 연수(蓮水)에 김효운(金孝運)은 피착(被捉)되고, 선천읍(宣川
邑) 북교회(北敎會) 조사(助事) 백시찬(白時瓚), 원동교회(院洞敎會) 목
사(牧師) 박승호(朴承浩)와 효자동교회(孝子洞敎會) 목사(牧師) 계시항
(桂時恒)은 복역(服役)되고 고부교회(古府敎會) 목사(牧師) 박형빈(朴亨
彬)과 가물교회(嘉物敎會) 목사(牧師) 계이영(桂利榮)과 백현교회(白峴敎
會) 조사(助師) 김병희(金炳熙)는 출외(出外) 사직(辭職)되었고, 정주(定
州), 청정교회(情亭敎會) 목사(牧師) 문윤국(文潤國)은 복역(服役)되

---

  28 박용규, 강규찬과 평양산정현교회 (서울: 한국기독교사연구소, 2012), 156-157.
장로교인으로 독립운동에 서명한 사람은 평양장대현교회 목사 길선주, 선천북교회 목사 양전백,
신의주 동장로교회 목사 유여대, 정주장로교회 목사 김병조, 정주장로교회 장로 이승훈, 정주
덕흥장로교회 장로 이명룡, 남산장로교회 집사 이갑성 등 7명이다. 이 중에서 평양신학교를 졸
업한 사람은 길선주, 양전백, 유여대, 김병조 등 4인이고 이승훈은 평양신학교를 재학하였으나
졸업은 하지 못했다. 여기 김병우는 김병조의 오기다.

[110]어 각(各) 교회(敎會)는 참혹(慘酷)한 해(害)를 다피(多被)하니라.

동년(同年) 4월(四月)에 정주읍예배당(定州邑禮拜堂)과 오산예배당(五山禮拜堂)과 교실(校室)과 곽산예배당(郭山禮拜堂)이 전부(全部) 소실(燒失)되어 신도(信徒)가 예배무처(禮拜無處)하여 정주(定州)는 300원(三百圓)으로 교실(校室) 3간(三間)을 신건(新建)하여 임시예배처소(臨時禮拜處所)로 사용(使用)하고, 오산(五山)은 구교실(舊校室)로, 곽산(郭山)은 구예배당(舊禮拜堂) 전곽(前廓)을 수리(修理)하여 임시회집(臨時會集)하니 곤란(困難)은 불가형언(不可形言)이라, 선천(宣川) 남회(南會) 장로(長老) 홍성익(洪成益)은 신의주감옥(新義州監獄)에서 별세(別世)하고, 목사(牧師) 김석창(金錫昌)은 중대사건(重大事件)의 혐의(嫌疑)로 복역(服役)되고, 선천(宣川) 봉동(鳳洞) 박치은(朴致殷)은 평양감옥(平壤監獄)에서 사형(死刑)을 수(受)하고, 원동목사(院洞牧師) 박승호(朴承浩)는 의주감옥(義州監獄)에서 중병(重病)으로 출감익일(出監翌日) 별세(別世)하다.

5. 교육(五, 敎育)

1913년(一九一三年) 계축(癸丑)에 창성군(昌城郡) 대유동교회(大楡洞敎會)에서 학교(學校)를 설립(設立)하고 교회(敎會) 내(內) 자녀(子女)를 교육(敎育)하다.

1914년(一九一四年) 갑인(甲寅)에 의주(義州) 수진면(水鎭面) 운용교회(雲龍敎會)가 명신학교(明新學校) 교실(校室)을 건축(建築)하고 우(又) 여학교(女學校)를 설립(設立)하여 소년소녀(少年少女)의 교육(敎育)을 면력(勉力)하니라.

1917년(一九一七年) 정사(丁巳)에 의주(義州) 용산교회(龍山敎會)에서 금(金) 800여원(八百餘圓)을 연보(捐補)하여 교실(校室)을 증축(增築)하고 설비(設備)를 확장(擴張)하다.

6. 자선(六, 慈善)

의주(義州) 북하동교회(北下洞敎會) 직원(職員) 중(中) 안덕영(安德榮), 장신반(張信磐) 2인(二人)은 독신전도(篤信傳道)로 일반(一般)의 칭송(稱頌)을 수(受)하더니 성호시제(性好施濟)하여 무의사궁(無依四窮)을 진력(盡力) 구호(救護)하고 고아(孤兒)를 수양(收養)하며 자혜보급(慈惠普及)으로 주(主)께 영광(榮光)을 귀(歸)하더라.

1913년(一九一三年) 계축(癸丑)에 자성군(慈城郡) 삼풍면(三豊面) 구중영교회(舊中營敎會) 김문평(金文平)은 예배당기지(禮拜堂基地)를 기부(寄附)하고 건축(建築) 부족(不足)을 자담(自擔)하다.

1914년(一九一四年) 갑인(甲寅)에 초산(楚山) 남면(南面) 부평동교회(富坪洞敎會) 최선자(崔善慈)는 예배당(禮拜堂)을 매수(買受)하여 교회(敎會)에 기부(寄附)하고 강계군(江界郡) 중산면(中山面) 노남동(魯南洞) 김도성(金道成)은 불신자(不信者)로 예배당기지(禮拜堂基地)를 기부(寄附)하다.[111]

7. 진흥(七, 振興)

1913년(一九一三年) 계축(癸丑)에 선천(宣川) 북교회(北敎會)에서 1,500원(一千五百圓)을 들여 목사주택(牧師住宅)을 신축(新築)하다.

1914년(一九一四年) 갑인(甲寅)에 선천읍(宣川邑) 북교회(北敎會) 여사(女史) 강신삼(姜信三)이 답(沓) 7두락(七斗落)을 기부(寄附)하고 박천읍교회(博川邑敎會)에서는 예배당(禮拜堂)을 증축(增築)하다.

1915년(一九一五年) 을묘(乙卯)[에] 용천(龍川) 양시교회(楊市敎會) 한학선(韓學善)은 전(田) 2일경(二日耕)을 기부(寄附)하고 연금(捐金) 2,000

여원(二千餘圓)으로 예배당(禮拜堂)을 신축(新築)하다.

　1916년(一九一六年) 병진(丙辰)[에] 선천(宣川) 가물남교회(嘉物南敎會)는 예배당(禮拜堂)을 신축(新築)하고 정주(定州) 장요교회(長腰敎會)에 영모학교(永冒學校)는 교원(敎員) 최중겸(崔重謙), 강훈채(姜勳埰) 등(等) 9인(九人)이 3년간(三年間) 의무(義務)로 교수(敎授)하고 재정(財政)을 저축(貯蓄)하여 교실(校室) 11간(十一間)을 신축(新築)하다. 선천읍교회(宣川邑敎會) 이승과(李承菓)[는] 답(畓) 5두락(五斗落)으로, 용천(龍川) 양시교회(楊市敎會) 김영하(金永河)는 기지(基址) 400평(四百坪)으로 기부(寄附)하니라.

　1917년(一九一七年) 정사(丁巳)에 철산(鐵山) 영동교회(嶺東敎會)는 예배당(禮拜堂)을 신축(新築)하고, 박천(博川) 당동교회(棠洞敎會)에 김남포(金南浦)는 전(田) 1일반경(一日半耕)과 답(畓) 2두락(二斗落)을 기부(寄附)하고, 용천(龍川) 신창교회(新倉敎會)에서는 금(金) 1,300여원(一千三百餘圓)으로, 정주읍교회(定州邑敎會)에서는 3,000여원(三千餘圓)으로, 선천읍(宣川邑)에서 1,100원(一千百圓)으로, 동림(東林)에서 1,000여원(一千餘圓)으로, 용천(龍川), 신성(新城)과 철산(鐵山), 풍천(豊川)에서 8,500여원(八千五百餘圓)으로 예배당(禮拜堂)을 신축(新築)하니라.

　1918년(一九一八年) 무오(戊午)에 선천(宣川) 농달교회(農達敎會)에서 800여원(八百餘圓)으로, 장공동교회(長公洞敎會)에서 1,000여원(一千餘圓)으로, 내동교회(內洞敎會)에서 1,500여원(一千五百餘圓)으로, 원동교회(院洞敎會)에서 1,000여원(千餘圓)으로 예배당(禮拜堂)을 신축(新築)하다.

　1919년(一九一九年) 기미(己未)에 용천(龍川) 양시교회(楊市敎會)에서 700원금(七百圓金)으로 종각(鐘閣)을 신축(新築)하고 정주(定州) 장요교회(長腰敎會)는 36간(三十六間) 예배당(禮拜堂)을 신축(新築)하다.

　1920년(一九二〇年) 경신(庚申)에 용천(龍川) 양시교회(楊市敎會) 여도(女徒) 김경신(金敬信)이 임종(臨終) 시(時)에 금(金) 2,400원(二千四百圓)을 교회(敎會)에 제공(提供)함으로 예배당(禮拜堂) 장원(墻垣)을 신축(新築)하고 김경신(金敬信) 기념탑(紀念塔)이라 하고, 평북부인도사경회(平

北婦人道査經會) 시(時) 금(金) 1,200원(千二百圓)을 연보(捐補)하여 지나
(支那) 산동성(山東省) 선교(宣敎)를 찬조(贊助)하니라. 선천(宣川) 가물교
회(嘉物敎會) 여사(女史) 박의륜(朴義倫)은 전(田) 3일경(三日耕), 답(畓) 5
두락(五斗落)을 교회(敎會)에 기부(寄附)하고, 갑암교회(甲岩敎會) 여사(女
史) 오순애(吳順愛)는 기지(基址) 1,700여평(一千七百餘坪)을 기부(寄附)하
여 예배당(禮拜堂)을 신축(新築)ㅎ게 하고 봉동교회(鳳洞敎會)는 800원금
(八百圓金)으로 예배당(禮拜堂)을 신축(新築)하다.[112]

　1921년(一九二一年) 신유(辛酉)에 용천(龍川) 입암교회(立岩敎會)가
700원금(七百圓金)으로 전도실(傳道室)을, 동상교회(東上敎會)가 1,300원
금(一千三百圓金)으로 전도실(傳道室)을 박천(博川) 인덕리교회(仁德里敎
會) 예배당(禮拜堂) 8간(八間)을, 정주읍교회(定州邑敎會)가 교인(敎人)의
열심연보(熱心捐補)와 총회(總會)의 보조금(補助金)으로 소실(燒失)된 예배
당(禮拜堂) 42간(四十二間)을, 곽산교회(郭山敎會)가 소실(燒失)된 예배당
(禮拜堂) 24간(二十四間)을, 정주(定州) 수두교회(水頭敎會)가 3,000여원금
(三千餘圓金)으로 예배당(禮拜堂)을, 장요교회(長腰敎會)가 1,200여원금
(一千二百餘圓金)으로 예배당(禮拜堂)을 각각(各各) 건축(建築)하니라.

　1922년(一九二二年) 임술(壬戌)[에] 박천(博川) 남호교회(南湖敎會)가
금(金) 3,000여원(三千餘圓)으로, 영미교회(嶺美敎會)가 금(金) 500여원(五
百餘圓)으로 예배당(禮拜堂)을 신축(新築)하고, 정주(定州) 오산교회(五山
敎會)는 거액(巨額)의 금(金)을 출연(出捐)하여 1919년(一九一九年) 소적
(燒跡)에 예배당(禮拜堂)을 굉장(宏壯)히 신축(新築)하니라. 정주(定州) 동
로동교회(東路洞敎會) 부인(婦人) 이노의(李老義)는 예배당기지(禮拜堂基
址) 전부(全部)를 기부(寄附)하고 관산교회(觀山敎會)가 금(金) 1,000여원
(一千餘圓)으로, 신도교회(薪島敎會)가 금(金) 1,800원(一千八百圓)으로 예
배당(禮拜堂)을 신축(新築)하다.

　1913년(一九一三年) 의주군(義州郡) 내서교회(內西敎會)가 교우(敎友)
의 의연금(義捐金) 6,000여원(六千餘圓)으로 120평(一百二十坪)의 예배당
(禮拜堂)을 굉장(宏壯)히 건축(建築)하니라.

1914년(一九一四年) 창성(昌城) 대유교회(大楡敎會)가 진흥(振興)되어 예배당(禮拜堂)을 반양제(半洋制)로 신축(新築)하다. 벽동읍교회(碧潼邑敎會)에서 목사(牧師) 안승원(安承源), 장운식(張運栻)을 청요(請邀)하여 부흥전도회(復興傳道會)를 개최(開催)하여 원입자(願入者) 백여명(百餘名)이라, 어시(於是)에 남녀전도회(男女傳道會)를 조직(組織)하다. 의주군(義州郡) 위원면(威遠面) 중단교회(中端敎會)는 전도실(傳道室)을 증축(增築)하고, 유초교회(柳草敎會)는 예배당(禮拜堂)을 중건(重建)하고, 대문교회(大門敎會)는 여사(女史) 김기완(金基完)의 기지기부(基址寄附)로 예배당(禮拜堂)을 신축(新築)하고, 체마교회(替馬敎會)는 대진흥(大振興)되어 2,400여원(二千四百餘圓)의 금(金)으로 8,000평(八千坪) 예배당(禮拜堂)을 신축(新築)하니라.

1916년(一九一六年) 의주(義州) 관리교회(舘里敎會)가 대흥(大興)하여 예배당(禮拜堂)을 중건(重建)하고 부내동교회(府內東敎會)가 대흥(大興)하여 의연(義捐) 4,000여원(四千餘圓)으로 예배당(禮拜堂)을 화려(華麗)히 건축(建築)하니라.

1917년(一九一七年) 삭주읍교회(朔州邑敎會)가 대흥(大興)하여 남녀교도(男女敎徒)가 십일조(十一條)를 성납(誠納)하는 자(者) 50여인(五十餘人)이라. 익년(翌年)에 6,000원(六千圓)의 거액(巨額)으로 예배당(禮拜堂)을 신축(新築)하다. 동시(同時)에 의주(義州) 용산교회(龍山敎會)가 목사(牧師) 장운식(張運栻)의 인도(引導)로 대진(大振)하여 금(金) 4,000여원(四千餘圓)을 쟁선연보(爭先捐補)하여 예배당(禮拜堂)을 중건(重建)하다.

1918년(一九一八年) 시시(是時)에 교회대흥(敎會大興)하여 위화(威化) 상단교회(上端敎會)는 금(金) 3,500여원(三千五百餘圓)으로, 낙원동교회(樂元洞敎會)는 금(金) 600여원(六百餘圓)으로, 산정교회(山亭敎會)는[113] 금(金) 600여원(六百餘圓)으로, 북하교회(北下敎會)는 금(金) 3,000여원(三千餘圓)으로, 신창교회(新倉敎會)는 금(金) 500여원(五百餘圓)으로, 신풍교회(新豊敎會)는 금(金) 500여원(五百餘圓)으로 각각(各各) 예배당(禮拜堂)을 건축(建築)하니라. 동년(同年)에 각(各) 교회(敎會)가 대흥(大興)하여 의

주(義州), 삭주읍(朔州邑), 창성(昌城), 벽동(碧潼) 4군(四郡)에 예배당(禮拜堂)이 74(七十四), 학교(學校)가 30(三十), 목사(牧師) 14인(十四人), 장로(長老)가 60여인(六十餘人)이요, 교인(敎人)이 13,800여명(一萬三千八百餘名)이라. 노회(老會)를 분송(分送)하니 의산노회(義山老會)더라.[114]

제 4 장
평남노회(平南老會)

1918년 무오(戊午)[에] 평양 장대현교회에서 기근(饑饉)에 나(羅)한 파사국민(波斯國民)을 위하여 구제금을 의연(義捐)하여 해국(該國)에 송부하다.

조선예수교장로회사기 하

1. 총론(一, 總論)

(1) 노회설립(一, 老會設立)

 1912년(一九一二年) 임자(壬子) 1월(一月) 18일(十八日)에 평남노회(平南老會)가 설립(設立)되다. 거년(去年) 추(秋) 경북(慶北) 대구(大邱)에 독노회(獨老會)가 회집(會集)하여 전국(全國)에 교회(敎會)가 울흥(蔚興)하고 사무(事務)가 호번(浩煩)함을 인(因)하여 경충(京忠), 평북(平北), 평남(平南), 경상(慶尙), 황해(黃海), 전라(全羅), 함경(咸鏡) 7노회(七老會)로 분립(分立)ㅎ게 하고 전(前) 독노회(獨老會)는 총회(總會)로 행사(行事)ㅎ게 하니 지시(至是)하여 노회(老會)가 성립(成立)하다. 본(本) 노회지경(老會地境)은 평남(平南) 전도(全道)와 황해도(黃海道) 황주(黃州), 수안(遂安), 곡

평남노회 213

산(谷山) 3군(三郡)을 획정(劃定)하니라.

제1회(第一回) 직원(職員)은 회장(會長) 주공삼(朱孔三), 서기(書記) 사병순(史秉淳), 회계(會計) 박치록(朴致祿)이더라.

(2) 노회의안(二, 老會議案)

본(本) 노회(老會)가 평양신학교(平壤神學校) 상층(上層)에 회집(會集)하여 시무(視務)하니 박(朴)인혁, 김(金)오순, 조승(趙承)익, 이(李)재풍, 김(金)정련, 이(李)후혁, 김(金)성즙, 박(朴)종순, 임(林)익근, 최(崔)창길, 김(金)수련, 김(金)병건, 김(金)익문, 최(崔)주항, 김(金)규황, 최(崔)진태, 김(金)택순, 이(李)기순, 김(金)희태, 오(吳)하준, 정(鄭)석홍, 최(崔)동은, 김(金)상규, 양(楊)의근, 이(李)지윤, 홍(洪)병주, 정(鄭)학근, 박(朴)승엽, 이택진(李澤鎭), 임(林)정하 제인(諸人)에게 장로안수식(長老按手式)을 허락(許諾)하고, 강유훈, 김(金)창문, 송(宋)현근, 김(金)천일 4인(四人)은 목사(牧師)로 장립(將立)하고, 김(金)여현, 김(金)동형 2인(二人)은 강도(講道)를 허락(許諾)하여 조사(助師)로 시무(視務)ᄒ게 하다. 김(金)응규, 오(吳)하준, 김(金)현도, 최덕(崔德)준, 김(金)건후, 이(李)면방, 한승곤(韓承坤), 최(崔)진태, 이(李)용인, 최(崔)선택, 김(金)홍년, 김(金)경삼, 계택선, 로인묵, 양(楊)의근, 고(高)사영, 변린서(邊麟瑞), 김(金)전선, 이(李)윤모, 명(明)광호, 김(金)관일, 김(金)찬규, 곽(郭)기방, 박(朴)승엽, 로진오, 김(金)유목, 이(李)영하, 문(文)명선, 심(沈)익현, 안(安)치모, 김(金)선두, 이(李)양식, 김(金)찬원, 김(金)백원, 박(朴)영엽, 김(金)규현, 김(金)성호, 선우(鮮于)훈, 허(許)섭, 사병순(史秉淳), 김(金)수봉, 이(李)용진, 김(金)선환, 임(林)정하, 최(崔)준익, 이(李)정목, 한(韓)상호, 박(朴)인관, 하도(河道)원, 김(金)상규, 김(金)인실, 윤(尹)천각, 도석영, 임종순(林鍾純) 제인(諸人)을 신학교(神學校)에 취학(就學)ᄒ게 하다.[115]

동년(同年) 6월(六月) 13일(十三日)에 평남노회(平南老會) 제2회(第二回)가 평양신학교(平壤神學校)에 회집(會集)하여 시무(視務)하니 직원(職

員)은 여전(如前)하다, 이(李)동식, 김(金)몽한, 이(李)용식, 김(金)택보, 한(韓)복순, 로인묵, 김(金)태로, 이(李)승찬, 이(李)석영, 박(朴)도찬, 채필한, 최(崔)인즙, 김(金)찬두, 현의렵, 유리준 제인(諸人)에게 장로안수식(長老按手式)을 허락(許諾)하다. 이(李)용 1인(一人)을 신학교(神學校)에 입학(入學)ㅎ게 하다. 고(高)사영, 최(崔)덕준, 김(金)동형, 김(金)찬규 4인(四人)을 목사(牧師)로 장립(將立)하다.

동년(同年) 8월(八月) 31일(三十一日)에 평남노회(平南老會)가 평양신학교(平壤神學校)에 임시노회(臨時老會)로 회집(會集)하여 시무(視務)하다. 최(崔)선택을 목사(牧師)로 장립(將立)하고, 지(池)봉호, 장(張)운경 2인(二人)은 장로(長老)로 안수식(按手式)을 허락(許諾)하다. 목사(牧師) 안(安)봉주는 함경노회(咸鏡老會)로 이명(移名)하다.

1913년(一九一三年) 계축(癸丑) 1월(一月) 29일(二十九日)에 평남노회(平南老會) 제 3회(第三回)가 평양(平壤) 경창동(景昌洞) 부인사경실(婦人査經室)에 회집(會集)하여 시무(視務)하니 직원(職員)은 회장(會長) 정(鄭)명리, 서기(書記) 김(金)선두, 회계(會計) 박치록(朴致祿)이었다. 계(桂)택선, 한승곤(韓承坤) 2인(二人)을 목사(牧師)로 장립(將立)하다. 중화(中和) 간동 김백향(金伯鄉), 상원(祥原) 구일, 양(楊)동찬, 덕천(德川) 김(金)기황, 평양(平壤) 산정(山亭) 박(朴)정익, 장천(將泉) 정(鄭)학규, 버드동 윤(尹)원식, 두단이섬 김(金)경두, 황주(黃州) 석정(石井) 이(李)영하, 길골 안종필, 농악골 이(李)정규, 모략 정(鄭)양규, 서촌(西村) 칠곡(七谷) 홍(洪)성춘, 사창동 이(李)영석, 망덕리 조석영, 황주(黃州) 김(金)태순, 이(李)응조, 농악골 변(邊)봉조, 김(金)형재 제인(諸人)을 장로(長老)로 안수식(按手式)을 허락(許諾)하다. 윤(尹)원식, 조(趙)득린, 이(李)기섭, 최(崔)망엽, 박(朴)상순, 이(李)세택, 김(金)형식, 임(林)상화, 이(李)성국, 이(李)혜두 제인(諸人)을 신학교(神學校)에 입학허락(入學許諾)하다.

동년(同年) 6월(六月) 12일(十二日)에 평남노회(平南老會) 제 4회(第四回)가 평양신학교(平壤神學校)에 회집(會集)시무(視務)하니 회장(會長) 송(宋)인세, 서기(書記) 옥(玉)경숙, 회계(會計) 이(李)일영이더라, 목사(牧師)

송(宋)인세는 진남포(鎭南浦) 용정교회(龍井敎會)에, 이(李)일영은 평양(平壤) 남문외교회(南門外敎會)에 위임(委任) ᄒ게 하고 신학준사(神學準士) 이(李)윤모, 이(李)재풍, 김(金)선두, 김(金)수봉, 사(史)병순, 이(李)용진 제인(諸人)은 목사(牧師)로 장립(將立)하고, 황(黃)준국, 곽(郭)기방, 김(金)성호는 강도사(講道師)로 허락(許諾)하다. 김(金)이곤을 신학교(神學校)에 입학(入學)ᄒ게 하다.

동년(同年) 9월(九月) 3일(三日) 평남노회(平南老會) 제 5회(第五回)가 평양신학교(平壤神學校)에 회집(會集)하여 시무(視務)하니 직원(職員)여전(如前)하다. 정(鄭)익수, 한(韓)성은, 지석용, 김(金)관형, 김(金)승두, 김(金)인준, 신(申)상호, 이(李)태규, 이(李)혜두, 이(李)기섭, 이(李)만기, 박(朴)성인, 나(羅)형순, 이(李)정목, 김(金)용순 제인(諸人)을 시취(試取)하여 장로안수식(長老按手式)을 허락(許諾)하다. 목사(牧師) 송(宋)현근의 사임원(辭任願)은 허시(許施)하다. 심(沈)익현, 허(許)섭, 박(朴)영렵, 노진호, 김(金)유목, 이(李)영하, 박(朴)승렵, 조(趙)석영, 양의근,[116] 김(金)건우, 로인묵, 김(金)관일, 최(崔)진태, 이(李)용린, 선우(鮮于)훈, 변인세, 김(金)홍련, 김(金)형도, 임(林)정하, 이(李)종순, 이(李)진방, 최(崔)준익, 이(李)정목, 김(金)동수, 김(金)대혁, 김(金)봉호, 김(金)경삼, 김(金)선환, 박(朴)일관, 한(韓)상호, 김(金)상규, 김(金)도원, 명(明)광호, 안(安)치호, 이(李)인식, 최(崔)능익, 윤(尹)원식, 박(朴)상순, 이(李)세택, 김(金)형식, 임(林)상화, 이(李)성국, 이(李)허두, 박(朴)인혁, 조(趙)득넌, 이(李)기섭, 정(鄭)기준, 이(李)양식, 김영선 제인(諸人)은 신학교(神學校)에 취학(就學)ᄒ게 하다.

1914년(一九一四年) 갑인(甲寅) 6월(六月) 16일(十六日)에 평남노회(平南老會) 제 6회(第六回)가 평양신학교(平壤神學校)에 회집(會集)하여 시무(視務)하니 직원(職員)은 회장(會長) 김(金)선두, 서기(書記) 변(邊)인세, 회계(會計) 이(李)일영이더라. 고(高)익영, 이(李)지영, 최(崔)정수, 박(朴)정한, 김(金)윤석, 김(金)인구, 윤(尹)기화, 도게순, 최(崔)치량, 최(崔)봉한, 홍(洪)현두, 김(金)건하, 김(金)달준, 장(張)운익, 서택로, 이(李)기창, 고(高)지형, 윤(尹)석원, 하(河)도원, 한운삼, 김(金)도운, 박(朴)제진 제인(諸人)을 시취(試取)하여 장로안수식(長老按手式)을 허락(許諾)하다. 숭실대(崇實大)중학교(中學校) 전도회장(傳道會長) 김(金)인준의 청원(請願)에 의(依)하여 평남(平南) 전경(全鏡)에 전도(傳道)를 허락(許諾)하다. 목사(牧師) 계(桂)택선[은] 장천(將泉)에 위임(委任)하고 안(安)봉주는 곡산읍(谷山邑)에, 김(金)영준은 반석리(班石里)에 선교사(宣敎師)와 동사목사(同事牧師)로 시무(視務)ㅎ게 하고, 김(金)유목, 이(李)영하, 허(許)섭, 심(沈)익현 4인(四人)은 목사(牧師)로 장립(將立)하고 박(朴)영렵은 강도사(講道師)로 허락(許諾)하다. 동년(同年) 12월(十二月) 29일(二十九日)에 평남노회(平南老會) 제 7회(第七回)가 평양신학교(平壤神學校)에 회집(會集)하여 시무(視務)하니 직원(職員)은 여전(如前)하다. 목사(牧師) 정(鄭)석종은 순천(順川) 등지(等地)에, 한(韓)승곤은 산정현교회(山亭峴敎會)에, 주공삼(朱孔三)은 연화동교회(蓮花洞敎會)에 위임목사(委任牧師)로 시무(視務)ㅎ게 하고, 한(韓)병직은 평원군(平原郡) 등지(等地)에 임시목사(臨時牧師)로 시무(視務)ㅎ게 하다. 백(白)진봉, 이(李)능백, 조(趙)봉택, 김(金)홍관, 백(白)기결, 김(金)희문, 김(金)문주, 오(吳)창정, 박(朴)만겸, 김(金)태빈, 정례점, 장(張)제한, 이(李)경식, 김(金)준오, 이(李)성보, 김(金)기렵, 강정진, 김(金)진찬, 박(朴)제덕, 이(李)응렵, 김(金)용세, 지익섭, 변홍삼(邊興三) 제인(諸人)을 시취(試取)하여 장로안수식(長老按手式)을 허락(許諾)하다. 변(邊)봉조, 윤(尹)원숙, 박(朴)지선, 김(金)찬근, 이(李)영휘, 김(金)명경 등(等)에게 신학교입학(神學校入學)을 허락(許諾)하고 신학교(神學校) 전재적생(前在籍生) 51인(五十一人)에게 취학(就學)을 다시 허락(許諾)하다.

1915년(一九一五年) 을묘(乙卯) 6월(六月) 15일(十五日)에 평남노회(平南老會) 제 8회(第八回)가 평양신학교(平壤神學校)에 회집(會集)하여 시무(視務)하니 직원(職員)은 회장(會長) 방(邦)위량, 서기(書記) 심(沈)익현, 회계(會計) 이(李)윤모이었다. 김(金)승홍, 이(李)지근, 차(車)병규, 임(林)학만, 임(林)제근, 김(金)성호, 이(李)중철, 김(金)병록, 김(金)취익, 이(李)현교, 김(金)진환, 김(金)건후, 최(崔)준철, 곽(郭)준웅, 박(朴)진선, 김(金)문모, 이(李)재익, 로식봉, 이(李)섭, 최(崔)몽은 제인(諸人)을 시취(試取)하여 장로

안수식(長老按手式)을 [117] 허락(許諾)하다. 신학준사(神學準士) 박(朴)승렵, 김(金)강선, 이(李)용인, 안(安)치호 4인(四人)을 목사(牧師)로 장립(將立)하다.

1916년(一九一六年) 병진(丙辰) 1월(一月) 30일(三十日)[에] 평남노회(平南老會) 제9회(第九回)가 평양신학교(平壤神學校)에 회집(會集)하여 시무(視務)하니 직원(職員)은 여전(如前)하다. 박(朴)달삼, 박(朴)순조, 황(黃)락심, 이(李)응호, 박(朴)상순, 김(金)우석, 박(朴)승엽, 홍(洪)선의, 최(崔)광헌, 황보용삼, 이(李)태록, 장(張)몽원, 우기모, 김(金)치주, 박(朴)영렵, 김(金)영찬 제인(諸人)을 시취(試取)하여 장로안수식(長老按手式)을 허락(許諾)하다. 강도사(講道師) 로인묵은 대동군(大同郡) 등지(等地)에, 전(全)과 일은 수안(遂安), 홀골 등지(等地)에 목사(牧師)로 장립(將立)하여 선교사(宣敎師)와 동사시무(同事視務)ᄒᆞ게 하다. 양(楊)성춘, 오(吳)능조, 석(石)근옥 3인(三人)을 시취(試取)하여 신학교(神學校)에 입학(入學)ᄒᆞ게 하고 전재적생(前在籍生) 49인(四十九人)은 계속취학(繼續就學)을 허락(許諾)하다. 포교규칙(布敎規則) 설명위원(說明委員) 등(等)이 포교규칙(布敎規則)을 본(本) 노회(老會) 전(前)에 설명(說明)하니 개차(盖此) 시(時)에 총독부령(總督府令)으로 규칙(規則)이 반포(頒布)됨에 노회(老會) 하(下)에 재(在)한 사역자(使役者)나 포교자(布敎者)는 불가부지(不可不知)할 필요(必要)에 인(因)하여 노회(老會) 중(中) 해사자(解事者) 선교사(宣敎師) 마포삼열(馬布三悅, [Samuel A. Moffett]) 목사(牧師) 한(韓)승공을 위원(委員)으로 택(擇)하여 전회원(全會員)이 심득(心得)토록 설명(說明)ᄒᆞ게 하다. 동년(同年) 6월(六月) 16일(十六日)에 평남노회(平南老會) 제 10회(第十回)가 평양신학교(平壤神學校)에 회집(會集)하여 시무(視務)하니 직원(職員)은 회장(會長) 김(金)찬성, 서기(書記) 김(金)성택, 회계(會計) 이(李)윤모이었다. 줄바우어, 고리, 용강읍(龍岡邑) 3교회(三敎會)에 신학준사(神學準士) 김(金)창원, 요촌, 고창 2교회(二敎會)에 신학준사(神學準士) 김(金)경삼, 채령긴, 고리, 가동, 지재 4교회(四敎會)에서 신학준사(神學準士) 최(崔)준익을 목사(牧師)로 청원(請願)한 것은 일일이 허락(許諾)하고 목사(牧師)로 장립(將

立)하여 선교사(宣敎師)와 동사(同事)ㅎ게 하다. 박(朴)풍엽, 이(李)재형, 이(李)만, 한(韓)영희, 임(林)응익, 최(崔)상호, 이(李)사윤, 김(金)명경 제인(諸人)을 시취(試取)하여 장로안수식(長老按手式)을 허락(許諾)하다. 장천(將泉) 목사(牧師) 계(桂)택선의 사직원(辭職願)은 허시(許施)하다. 사천, 한룡 2교회(二敎會)에 목사(牧師) 송(宋)현근은 선교사(宣敎師)와 동사(同事)ㅎ게 하다. 평양(平壤) 산정현교회(山亭峴敎會) 위임목사(委任牧師) 한(韓)승곤의 사면원(辭免願)을 허락(許諾)하고, 용악동교회(龍岳洞敎會) 목사(牧師) 이(李)재풍의 사면원(辭免願)도 허락(許諾)하고, 이(李)재풍은 경상노회(慶尙老會)로 이명(移名)을 송(送)하니라.

1917년(一九一七年) 정사(丁巳) 1월(一月) 1일(一日)에 평남노회(平南老會) 제 11회(第十一回)가 평양신학교(平壤神學校)에 회집(會集)하여 시무(視務)하니 직원(職員)은 여전(如前)하다. 대동군(大同郡) 이천교회(敎會) 김(金)두화, 사창동교회(敎會) 이(李)찬성, 서문외교회(西門外敎會) 최(崔)지화, 정(丁)일선, 용강(龍岡)란 수동교회(敎會) 김(金)병록, 제재교회(敎會) 송관범(宋觀範), 덕천읍교회(德川邑敎會) 박(朴)승명, 강서(江西) 청산포교회(靑山浦敎會) 이(李)응락, 용강(龍岡) 사념교회(敎會) 박(朴)영관, 대동군(大同郡) 두단교회(敎會) 김(金)한두, 동군(同郡) 빙장동교회(敎會) 김(金)제현 제인(諸人)을 시취(試取)하여 신학교입학(神學校入學)을 허락(許諾)하고 다시 천서(薦書)를 주어 취학(就學)ㅎ게 한 자(者)는 53인(五十三人)이었다. 목사(牧師) 김(金)영준, 심(沈)익현[118] 2인(二人)의 사면원(辭免願)은 허락(許諾)하다. 진남포(鎭南浦) 용정동(龍井洞), 억량기(億兩機) 2교회(二敎會)에서 목사(牧師) 김영준(金永俊)과 대동군(大同郡) 장천(將泉), 동창동(東倉洞), 오류리 3교회(三敎會)에서 강도사(講道師) 최(崔)진태와 대동군(大同郡) 원장 강서군(江西郡) 방에다라교회(敎會)에서 목사(牧師) 심(沈)익현과 강서(江西) 이목동(梨木洞), 반석(班石), 삼곡(三谷), 대동군(大同郡) 반청 팔청동 4교회(四敎會)에서 목사(牧師) 김(金)창문과 대동군(大同郡) 무진, 추비동, 중화군(中和郡) 채송동 3교회(三敎會)에서 강도사(講道師) 선우(鮮于)훈 제인(諸人)을 선교사(宣敎師)와 동사목사(同事牧師)로 청원(請

願)한 것을 허락(許諾)하다. 강도사(講道師) 박(朴)영렵을 경남(慶南) 통영(統營) 등지(等地) 청원(請願)에 의(依)하여 목사장립(牧師將立) 후(後)에 이명(移名)하기로 허락(許諾)하다. 강돈옥, 최(崔)동석, 박(朴)승명, 황(黃)용기, 임(林)제훈, 유정목, 박(朴)영설, 이(李)응락, 공(孔)택현, 홍(洪)치념, 박(朴)영관, 로경우, 김(金)봉규, 양최환, 이(李)현규, 홍(洪)승호, 최치(崔致)현, 최(崔)게남, 박(朴)홍순, 전(田)락영, 이(李)용성, 이(李)인식, 조(趙)태형, 김(金)영준, 조(趙)홍식 제인(諸人)을 시취(試取)하여 장로안수식(長老按手式)을 허락(許諾)하다. 강도사(講道師) 최(崔)진태, 선우(鮮于)훈, 박(朴)영렵 3인(三人)을 목사(牧師)로 장립(將立)하다. 동년(同年) 6월(六月) 14일(十四日)에 평남노회(平南老會) 제12회(第十二回)가 평양신학교(平壤神學校)에 회집(會集)하여 시무(視務)하니 직원(職員)은 회장(會長) 임종순(林鍾純), 서기(書記) 김성탁(金聖鐸), 회계(會計) 이(李)윤모이었다. 김(金)광수, 이(李)명수, 최(崔)운봉, 최(崔)진상, 장(張)석간, 이(李)병하, 오(吳)응선, 최(崔)만렴, 정(丁)일선, 김(金)성기, 박(朴)리형, 로양배, 전(田)광조, 강찬규, 김(金)제도, 김(金)용전, 이(李)경모, 김(金)건후, 이(李)창호, 이(李)석팔 제인(諸人)을 시취(試取)하여 장로안수식(長老按手式)을 허락(許諾)하다. 신학준사(神學準士) 변린서(邊麟瑞)는 장대현교회(將臺峴敎會) 부목사(副牧師)로, 이인식(李仁植)은 황주읍교회(黃州邑敎會) 부목사(副牧師)로, 강(姜)규찬은 산정현교회(山亭峴敎會) 동사목사(同事牧師)로, 김(金)선환은 대동군(大同郡) 남면(南面) 대승 등지(等地)에 동사목사(同事牧師)로, 김(金)찬선은 대동군(大同郡) 빈장동 등지(等地)에 동사목사(同事牧師)로 청원(請願)한 것은 허락(許諾)하고 우(右) 제인(諸人)을 시취(試取)하여 목사(牧師)로 장립(將立)하다. 신학준사(神學準士) 박(朴)상순, 이(李)성국 2인(二人)을 강도사(講道師)로 허락(許諾)하다. 목사(牧師) 주공삼(朱孔三)을 평양(平壤) 사창동교회(敎會)에서 동사목사(同事牧師)로 청원(請願)한 것을 허락(許諾)하다. 숭실학교(崇實學校) 찬성위원(贊成委員)의 청원(請願)에 의하여 본(本) 노회경내(老會境內) 각(各) 교회(敎會)가 연중(年中) 1주일(一主日)을 택(擇)하여 연조(捐助)하게 하다.

동년(同年) 12월(十二月) 28일(二十八日)에 평남노회(平南老會) 제 13회(第十三回)가 평양신학교(平壤神學校)에 회집(會集)하여 시무(視務)하니 직원(職員)은 회장(會長) 심(沈)익현, 서기(書記) 변(邊)라세, 회계(會計) 이(李)윤모이었다. 김(金)정칠, 김(金)인준, 최(崔)달형, 윤(尹)원삼, 김(金)영두, 최(崔)원택, 곽(郭)권웅, 김(金)치근, 이(李)양수, 김(金)인구, 임(林)찬규, 김(金)선근 제인(諸人)을 시취(試取)하여 신학교(神學校)에 입학(入學)ㅎ게 하다. 목사(牧師) 이(李)원모는 대동군(大同郡) 학교리교회(敎會)에, 심(沈)익현은 대동군(大同郡) 원장, 강서군(江西郡) 박석 2교회(二敎會)에 담임목사(擔任牧師)로 시무(視務)하게 하다. 강도사(講道師) 양(楊)의근은 덕천읍(德川邑) 등지(等地)에 목사(牧師)로 장립(將立)하고 목사(牧師) 김(金)수봉은 수안(遂安)[119] 등지(等地)에 임시(臨時)로, 채(蔡)정민은 곡산읍(谷山邑)에 동사목사(同事牧師)로 시무(視務)ㅎ게 하다. 양성춘, 김(金)여환, 배정현, 이(李)성근, 김(金)익환, 김(金)익섭, 신(申)하용, 박(朴)기봉, 이(李)광섭, 정기겸, 김(金)상백, 장호현, 박(朴)대용, 김(金)준국, 김(金)덕규, 김몽학, 박(朴)봉건, 우진모, 임(林)장석, 최(崔)병제, 이(李)양수, 박(朴)호관, 유창원 제인(諸人)을 시취(試取)하여 장로안수식(長老按手式)을 허락(許諾)하다. 목사(牧師) 이(李)용진은 유병(有病) 사직(辭職)하고, 김(金)강선은 평북노회(平北老會) 이주(移住)함으로 사직(辭職)하고, 임종순(林鍾純)은 곡산교회(谷山敎會) 시무(視務)를 사면(辭免)하고 일본(日本) 동경(東京)에 전도목사(傳道牧師) 취직원(就職願)은 일일이 허락(許諾)하다. 신학생(神學生) 이(李)정규, 이(李)기창, 김(金)명경 등(等) 38인(三十八人)에게 천서(薦書)를 주어 취학(就學)ㅎ게 하다.

1918년(一九一八年) 무오(戊午) 6월(六月) 13일(十三日)[에] 평남노회(平南老會) 제 14회(第十四回)가 평양신학교(平壤神學校)에 회집(會集)하여 시무(視務)하니 직원(職員)은 여전(如前)하다. 강창직, 한(韓)용설, 박(朴)민식, 김(金)용봉, 조(趙)희생, 이(李)종운, 임(林)이걸, 김(金)점형, 최(崔)원근, 박(朴)회순, 로일용, 김(金)석환, 이(李)상하, 고(高)일규, 김(金)정수, 최(崔)문경, 김(金)형정, 김(金)인영, 마(馬)재엽, 석(石)근옥, 김(金)진기 제인(諸人)을 시취(試取)하여 장로안수식(長老按手式)을 허락(許諾)하다.
목사(牧師) 김(金)선환, 김(金)유목, 주공삼(朱孔三) 3인(三人)의 시무(視務)
사면(辭免)은 허락(許諾)하다. 강도사(講道師) 이(李)성국은 순안읍(順安邑)
등지(等地)에, 신학사(神學士) 이(李)정규는 용강군(龍岡郡) 진지동(洞) 등
지(等地)에, 신학사(神學士) 이(李)기창은 용강군(龍岡郡) 제재 등지(等地)
에 목사(牧師)로 장립(將立)하여 선교사(宣敎師)와 동사시무(同事視務)ㅎ게
하고, 목사(牧師) 안(安)치호는 황주(黃州) 겸이포에, 김유목(金有穆)은 황
주(黃州) 용연리에, 김(金)선환은 황주읍(黃州邑)에 선교사(宣敎師)와 동사
시무(同事視務)ㅎ게 하다. 목사(牧師) 최(崔)덕준은 함북노회(咸北老會)로,
김(金)천일은 경남노회(慶南老會)로 이명(移名)하다. 신학생(神學生) 이(李)
성휘에게 미국(美國) 센엔설모[St. Anselmo]신학교(神學校)에 천서(薦書)
를 주어 입학(入學)ㅎ게 하다. 동년(同年) 9월(九月) 27일(二十七日)에 평남
노회(平南老會) 임시회(臨時會)가 평양신학교(平壤神學校)에 회집(會集)하
여 시무(視務)하니 직원(職員)은 여전(如前)하다. 총회명령(總會命令)에 의
(依)하여 박(朴)상순을 목사(牧師)로 장립(將立)하여 지나(支那) 산동성(山
東省)에 선교사(宣敎師)로 파송(派送)하다. 목사(牧師) 이(李)인식을 신호신
학교(神戶神學校)에 천서(薦書)를 주어 유학(遊學)ㅎ게 하다. 동년(同年) 12
월(十二月) 31일(三十一日)에 평남노회(平南老會) 임시회(臨時會)가 평양
신학교(平壤神學校)에 회집(會集)하여 시무(視務)하다. 목사(牧師) 김(金)
창원, 김(金)성호, 심(沈)익현, 김(金)이제, 이(李)용인, 최(崔)준익 제인(諸
人)의 시무(視務) 사면(辭免)을 허락(許諾)하다.

　1919년(一九一九年) 기미(己未) 1월(一月) 29일(二十九日)에 평남노회
(平南老會) 제 15회(第十五回)가 평양신학교(平壤神學校)에 회집(會集)하
여 시무(視務)하니 직원(職員)은 여전(如前)하다. 목사(牧師) 최(崔)선택은
청원(請願)에 의(依)하여 함북노회(咸北老會)에 이명(移名)하다. 장(張)운
경, 황(黃)석량, 김(金)성구, 윤(尹)군세, 이(李)회섭, 김(金)건호, 임(林)이걸,
송(宋)정근,[120] 오(吳)창정, 계(桂)성근, 우기모, 강병필, 김(金)레진, 최
(崔)정필, 이(李)영환, 김(金)태화, 장(張)제한, 김(金)의창, 박(朴)정린, 정석

록 제인(諸人)을 시취(試取)하여 신학교(神學校)에 입학(入學)호게 하다. 목사(牧師) 최(崔)춘익은 도학리 덕해교회(敎會)에, 심(沈)익현은 원장교회(敎會)에, 김(金)리제는 태평도교회(敎會)에, 김(金)경삼은 내동교회(敎會)에, 이(李)정규는 진지동교회(敎會)에, 김(金)건후는 허린, 말고창 2교회(二敎會)에, 김(金)영준은 남포(南浦) 비석리교회(碑石里敎會)에 담임목사(擔任牧師)로 시무(視務)호게 하고 목사(牧師) 최(崔)진태는 겸이포(兼二浦) 등지(等地)에, 채(蔡)영민은 항성동 등지(等地)에, 전(全)관일은 수안(遂安) 남지경(南地境)에, 김(金)수봉은 수안(遂安) 두대동 등지(等地)에 선교사(宣敎師)와 동사시무(同事視務)호게 하다. 김(金)응일, 명(明)욱도, 차(車)원석, 김(金)시언, 임(林)태진, 김(金)희수, 김(金)성구, 김(金)찬근, 이(李)의두, 김(金)필로, 이(李)태화, 박(朴)양림, 이(李)용찬, 최(崔)창헌, 오(吳)창규, 최(崔)지화 제인(諸人)을 시취(試取)하여 장로안수식(長老按手式)을 허락(許諾)하다. 신학교(神學校) 전재학생(前在學生) 김(金)정칠, 김(金)인준 등(等) 35인(三十五人)에게 천서(薦書)를 주어 취학(就學)호게 하다. 1919(一九一九)[년] 기미(己未) 6월(六月) 13일(十三日)에 평남노회(平南老會) 제 16회(第十六回)가 평양신학교(平壤神學校)에 회집(會集)하여 시무(視務)하니 직원(職員)은 회장(會長) 이(李)치수, 서기(書記)에 이(李)병하, 회계(會計)에 김(金)성택이었다. 유정목, 최(崔)두경, 홍(洪)종호, 김(金)정훈, 박(朴)두선, 김(金)찬화, 왕(王)병기, 김(金)치근 제인(諸人)을 시취(試取)하여 장로안수식(長老按手式)을 허락(許諾)하다. 박대흥(朴大興)을 시취(試取)하여 신학교(神學校)에 입학(入學)호게 하다. 동년(同年) 7월(七月) 23일(二十三日)에 평남노회(平南老會)가 임시회(臨時會)로 평양신학교(平壤神學校)에 회집(會集)하여 시무(視務)하다. 목사(牧師) 김(金)이제는 대동군(大同郡) 태평동교회(敎會)를 사면(辭免)하고 동군(同郡) 신흥동교회(敎會)에 담임목사(擔任牧師)로, 이(李)용진은 평원군(平原郡) 한천교회(敎會) 담임목사(擔任牧師)로, 이(李)인식은 평양(平壤) 창동에서 선교사(宣敎師)와 동사목사(同事牧師)로, 정(鄭)명리는 황주(黃州) 내성리교회(敎會) 담임(擔任)을 사면(辭免)하고 동군(同郡) 통소동에서 선교사(宣敎師)와 동사목사(同事牧師)

로, 이(李)영하는 석정교회(敎會) 담임목사(擔任牧師)로 허락(許諾)하다. 신학사(神學士) 이(李)병하는 강서군(江西郡) 청산포(靑山浦)에, 최(崔)만렵은 동(同) 심정리, 탄포리, 일이섬 3교회(三敎會)에 담임목사(擔任牧師)로 허락(許諾)하고, 김(金)찬근을 황주(黃州) 내서리교회(敎會)에 선교사(宣敎師)와 동사목사(同事牧師)로 허락(許諾)하다. 목사(牧師) 김(金)찬선은 음주흡연(飮酒吸煙)하며 행위(行爲)가 불미(不美)함으로 본직(本職)을 면(免)ㅎ게 하다. 김(金)희수, 김(金)취익, 김(金)재유, 김(金)필성, 김(金)이숙, 백(白)락일, 황(黃)성랑, 김(金)정칠, 박(朴)성린, 이(李)영춘 제인(諸人)을 시취(試取)하여 신학교(神學校)에 입학(入學)을 허락(許諾)하다. 이(李)태근, 문(文)두익, 안(安)형호, 김(金)봉걸, 김(金)응철, 김(金)익준, 박(朴)기영, 박(朴)경헌, 이(李)희섭, 고(高)진한, 한(韓)극모, 강정두, 강승두, 김(金)정억, 송(宋)승범 제인(諸人)을 시취(試取)하여 장로안수식(長老按手式)을 허락(許諾)하다. 신학생(神學生)으로 천서(薦書)를 주어 취학(就學)ㅎ게 한 자(者)가 54인(五十四人)과 신입생(新入生) 10인(十人)을 합(合)하면 64인(六十四人)이었다.[121]

　1920년(一九二〇年) 경신(庚申) 6월(六月) 10일(十日)에 평남노회(平南老會) 제 18회(第十八回)가 평양신학교(平壤神學校)에 회집(會集)하여 시무(視務)하니 직원(職員)은 회장(會長) 로인묵, 서기(書記) 이(李)인식, 회계(會計) 주공삼(朱孔三)이었다. 한재(旱災)로 인(因)하여 전노회(全老會) 지경(地境) 각(各) 교회(敎會)에서 금(金) 3,300여원(三千三百餘圓)을 연보(捐補)하여 구제(救濟)하다. 차(車)이록, 이(李)성모, 이(李)창근, 김(金)득창, 김(金)충국, 박(朴)계송, 이(李)태근, 김(金)락용, 배기동, 박(朴)치록, 김(金)진규, 김(金)이숙 제인(諸人)을 시취(試取)하여 장로안수식(長老按手式)을 허락(許諾)하다. 박(朴)홍순, 유지풍 2인(二人)을 시취(試取)하여 신학교(神學校)에 입학(入學)ㅎ게 하다. 목사(牧師) 이(李)병하는 북간도(北間島)에 전도목사(傳道牧師)로 파송(派送)하고 함남노회(咸南老會)에 이명(移名)하다. 목사(牧師) 이(李)재풍은 서면(西面) 칠곡교회(七谷敎會)를 담임(擔任)하다. 영원군(寧遠郡) 사창교회(敎會)를 함북노회(咸北老會)로 관할(管轄)

ㅎ게 하다. 신학사(神學士) 정(鄭)학근은 안주(安州) 지경(地境) 전도목사(傳道牧師)로 장립(將立)하다.

동년(同年) 12월(十二月) 28일(二十八日)에 평남노회(平南老會) 제 19회(第十九回)가 평양신학교(平壤神學校)에 회집(會集)하여 사무(事務)를 집행(執行)하니 직원(職員)은 여전(如前)하다. 김(金)형재, 강세웅, 강승두, 김(金)필선, 임(任)익재, 유정목, 임(林)장석, 나(羅)시산, 이(李)우백, 이(李)만영, 박(朴)임현, 김(金)승건 제인(諸人)을 시취(試取)하여 신학교(神學校)에 입학(入學)ㅎ게 하다. 평양교우(平壤敎友) 30인(三十人)이 연서(連署) 헌의(獻議)한 목사(牧師)의 임기(任期)는 장로회(長老會) 정치(政治)에 위반(違反)임으로 불허(不許)하다. 신학교(神學校)에 취학천서(就學薦書)를 여(與)한 자(者)는 61인(六十一人)이었다. 윤(尹)원삼(三), 차(車)진일, 장(張)운경, 안(安)치호, 박(朴)계송, 고(高)영필, 로경우, 김(金)충국, 임(林)희석, 김(金)림수, 한(韓)익준, 김선두, 고(高)건석, 고(高)찬두, 김(金)리극, 임(林)태훈, 박(朴)도근, 홍명(洪明)숙, 최(崔)유진, 최(崔)윤택, 한(韓)시운, 김(金)득창, 김(金)선근, 신(申)만균, 정창익, 김(金)건영, 이(李)영춘, 한(韓)석겸, 최(崔)화준, 윤(尹)지순, 이(李)경휘, 방리찬, 김(金)두찬, 홍(洪)승복, 조(趙)정빈 제인(諸人)은 시취(試取)하여 장로안수식(長老按手式)을 허락(許諾)하다. 신학사(神學士) 김(金)상규, 양(楊)의근, 황보(皇甫)덕삼, 김(金)건우, 석(石)근옥, 김(金)우석 6인(六人)을 목사(牧師)로 장립(將立)하다.

1921년(一九二一年) 신유(辛酉)에 평남노회(平南老會) 제 20회(第二十回)가 평양신학교(平壤神學校)에 회집(會集)하여 시무(視務)하니 직원(職員)은 회장(會長) 강(姜)규찬, 서기(書記) 김(金)우석, 회계(會計) 주공삼(朱孔三)이었다. 목사(牧師) 정학근은 선교사(宣敎師)와 동사목사(同事牧師)로 허락(許諾)하고, 김(金)건후는 생활곤란(生活困難)을 인(因)하여 상업(商業)을 경영(經營)함으로 목사직(牧師職)을 사면(辭免)함을 허락(許諾)하다. 정봉련, 김(金)풍한, 박(朴)병용, 안(安)호순, 홍(洪)재형, 김(金)락현, 이(李)재욱, 백(白)락일, 한(韓)종윤, 강관옥, 김(金)화식, 김(金)제각, 강기수, 임(林)신목, 윤(尹)유삼, 이(李)양목, 박(朴)기정, 김(金)용률, 최(崔)원택, 오(吳)치우, 정양목, 정형태, 한(韓)희순, 임(林)창호 제인(諸人)을 시취(試取)하여 장로안수식(長老按手式)을 허락(許諾)하다. 조(趙)득린이 미국신학교(美國神學校)에 입학(入學)하고 본(本) 노회(老會)에 천서(薦書)를 청구(請求)한 것을 허(許)[122]락(諾)하다.

　1922년(一九二二年) 임술(壬戌) 1월(一月) 4일(四日)에 평남노회(平南老會) 제 21회(第二十一回)가 평양신학교(平壤神學校)에 회집(會集)하여 시무(視務)하니 직원(職員)은 여전(如前)하다. 반석(班石) 목사(牧師) 심(沈)익현, 칠곡(七谷) 목사(牧師), 창문, 제재 등지(等地) 목사(牧師) 이(李)기창, 겸이포 목사(牧師) 최(崔)진태, 이천 등지(等地) 목사(牧師) 로인묵 제인(諸人)의 시무사면(視務辭免)은 허락(許諾)하고, 심(沈)익현은 칠곡(七谷)에, 김(金)우석은 연화동(蓮花洞)에 담임목사(擔任牧師)로, 이(李)기창은 겸이포 등지(等地)에, 로인묵은 포대리에, 최(崔)진태는 장천(將泉) 등지(等地)에 선교사(宣敎師)와 동사목사(同事牧師)로 시무(視務)ㅎ게 하고 신학사(神學士) 조두섭(趙斗燮)은 황주(黃州) 안심촌 등지(等地)에, 김성탁(金聖鐸)은 송오리에, 김(金)숭두는 황주(黃州) 룽성리 등지(等地)에 목사(牧師)로 장립(將立)하여 시무(視務)ㅎ게 하다. 윤(尹)처훈, 이(李)만영, 이(李)우백, 김(金)계춘, 나(羅)시림, 정(鄭)익환, 안(安)호순, 박(朴)영호, 김(金)치학, 김(金)태웅, 각익선, 채동훈, 김(金)종권, 김(金)정칠, 최(崔)창홀, 한(韓)이호, 정학린, 홍(洪)종후, 오(吳)현두, 김(金)상은, 이(李)영배, 홍(洪)원표 제인(諸人)을 시취(試取)하여 장로안수식(長老按手式)을 허락(許諾)하다. 작년(昨年) 총회결의(總會決議)에 의(依)하여 본(本) 평남노회(平南老會)를 3노회(三老會)로 분립(分立)하니 평양(平壤)과 평서(平西)와 안주(安州)라. 평양노회(平壤老會)는 평남노회(平南老會)를 계승(繼承)한 자(者)니 1922년(一九二二年)으로 위시(爲始)하니라.

2. 교회조직(二, 教會組織)

1912년(一九一二年) 임자(壬子)에 중화군(中和郡) 풍동면(風洞面) 능성리교회(綾盛里教會)가 로인묵을 장로(長老)로 안수(按手)하여 당회(堂會)가 조직(組織)되다. 평양부(平壤府) 장대현교회(章垈峴教會)에서 전도실(傳道室) 6간(六間)을 예배당(禮拜堂) 남문내(南門內)에 건축(建築)하고 주일소아반(主日小兒班)을 주일소아회(主日小兒會)로 변경(變更)하여 감영(監營)에 길선회장(吉善會長)에 박치록(朴致祿), 부회장(副會長)에 왕향숙(王鄕淑)과 반장(班長) 15인(十五人)을 막(寞)하니 차(此)가 해노회(該老會) 유년주교(幼年主校)의 근기(根基)가 되니라.

동년(同年)에 평양(平壤) 창동교회(倉洞教會)가 이춘섭(李春燮)을 장로(長老)로 안수(按手)하여 당회(堂會)가 성립(成立)하다.

동년(同年)에 성천군(成川郡) 서동교회(瑞洞教會)가 설립(設立)되다. 선시(先是)에 김성호(金聲瑚)의 전도(傳道)로 수인(數人)이 신주(信主)하고 김재학(金在學) 사저(私邸)에서 예배(禮拜)하더니 거년(去年) 서면(西面) 부흥전도대(復興傳道隊)가 내(來)하여 전도(傳道) 중(中) 장시철(張時哲)의 전가귀주(全家歸主)하여 교회성립(教會成立)하고 조사(助師) 김성호(金聲瑚)가 시무(視務)하다.

동(同) 11월(十一月)에 수안군(遂安郡) 천곡면(泉谷面) 평원시교회(坪院市教會)가 성립(成立)하다. 선시(先是)에 평양(平壤) 장태현교인(將台峴教人) 김병찬(金炳贊)이 이주(移住)하여 본지형편(本地形便)을 장태현교회(將台峴教會)에 세진(細陳)이러니 지시(至是)하여 신윤협(申允協)을 파송전도(派送傳道)한 결과(結果)로 교회성립(教會成立)하다. 선교사(宣教師) 허대전(許大典, [J. Gordon Holdcroft]), 조사(助師) 최선택(崔善澤)이 시무(視務)[123]하다.

동년(同年)에 평원군(平原郡) 용암리(龍岩里) 덕지교회(德池教會)에서 이형섭(李亨燮), 이한붕(李漢鵬) 2인(二人)을 장로(長老)로 안수(按手)하여 당회(堂會)를 조직(組織)하고 조사(助師) 박기봉(朴基鳳), 주공삼(朱孔三), 김찬규(金燦奎) 등(等)이 상계(相繼)시무(視務)하더니 후(後)에 김찬규(金燦奎)가 목사(牧師)로 시무(視務)하였다.

　동년(同年)에 순천군(順川郡) 문창리교회(文昌里敎會)에서 조기연(趙基璉), 이지윤(李枝潤) 2인(二人)을 장로(長老)로 안수(按手)하여 당회성립(堂會成立)하고 후(後)에 더욱 발전(發展)하다.

　동년(同年)에 강서군(江西郡) 사천교회(沙川敎會)에서 최원근(崔遠根), 고건섭(高健涉)을 장로(長老)로 안수(按手)하여 당회(堂會)가 성립(成立)하고 목사(牧師) 송현근(宋賢根), 이용린(李用麟) 등(等)이 상계시무(相繼視務)하다.

　동년(同年)에 진남포(鎭南浦) 비석리교회(碑石里敎會)에 당회(堂會)가 성립(成立)하니 제1회(第一回) 장로안수(長老按手)를 수(受)한 자(者)는 정석홍(鄭錫弘)이요, 그 후(後)에 김용순(金龍淳), 김인구(金仁九), 이기화(李基和), 이세택(李世澤), 박계송(朴啓松), 김충국(金忠國), 이상홍(李商弘), 장원용(莊元瑢), 박진영(朴振榮), 강명수(康命洙) 등(等)이 인차수직(鱗次受職)하고 방기창(邦基昌), 김응주(金應周), 김효섭(金孝涉), 박승구(朴昇球), 김창문(金昌文), 송린서(宋麟瑞), 김건우(金鍵祐), 박종은(朴鍾恩), 김인구(金仁九), 김영준(金永俊), 유원봉(柳遠鳳), 김성탁(金聖鐸) 등(等)이 조사(助師)와 목사(牧師)로 상계시무(相繼視務)하다.

　동년(同年)에 강서군(江西郡) 반석(盤石) 이목동교회(梨木洞敎會)에 당회(堂會)가 성립(成立)하니 장로(長老)는 지봉호(池鳳湖), 김제도(金濟道), 김이극(金利極) 등(等)이 인차수직(鱗次受職)하고 목사(牧師) 심익현(沈益鉉), 김창문(金昌文), 김건우(金鍵祐) 등(等)이 상계(相繼)시무(視務)하다.

　동년(同年)에 대동군(大同郡) 용악리교회(龍岳里敎會)에 당회(堂會)가 성립(成立)하니 장로(長老) 이정규(李正奎), 변봉조(邊鳳朝), 김관형(金觀衡), 한혁(韓赫), 임태록(林泰錄), 김선주(金善宙), 박인설(朴仁卨) 등(等) 인차수선(鱗次受選)하고 노기두(盧基斗), 송현근(宋賢根), 이재풍(李在豊), 황보덕삼(皇甫德三), 변봉조(邊鳳朝), 윤군선(尹君善), 이응락(李應洛) 등(等)이 사역자(使役者)로 계무(繼務)하다.

동년(同年)에 평원군(平原郡) 미칙리(彌勅里) 갈원교회(葛院敎會)에 당회(堂會)가 성립(成立)하니 장로(長老)는 김상규(金尙奎), 김익준(金益俊), 이치룡(李致龍), 정창익(鄭昌翼) 등(等)이 인차수선(鱗次受選)하다.

동년(同年)에 덕천군(德川郡) 구정리(九政里) 송동교회(松洞敎會)가 설립(設立)되다. 초(初)에 안승모(安承模), 전사철(全士喆), 안낙원(安樂園), 유석규(劉錫奎) 등(等)이 도내교회(道內敎會)에 내왕예배(來往禮拜)하더니 지시(至是)하여 건당분립(建堂分立)하였다.

동년(同年)에 맹산군(孟山郡) 대흥리(大興里) 와동교회(瓦洞敎會)가 설립(設立)되다. 선시(先是)에 길창록(吉昌祿), 김성낙(金成洛)이 신주(信主)하고 본읍교회(本邑敎會)에 내왕예배(來往禮拜)하더니 열심전도(熱心傳道)하는 중(中) 신도일가(信徒日加)하여 건당분립(建堂分立)하고 사역자(使役者)는 이만기(李萬基), 이인택(李仁澤), 김탁하(金倬河), 김사길(金士吉) 등(等)이 상계시무(相繼視務)하다.[124]

1913년(一九一三年) 계축(癸丑)에 대동군(大同郡) 문발리교회(文發里敎會)에 허섭(許燮)을 장로(長老)로 장립(將立)하여 당회(堂會)가 성립(成立)하고 그 후(後)에 목사(牧師) 허섭(許燮), 장로(長老) 김희문(金希文), 한시영(韓時英) 등(等)이 계속시무(繼續視務)하다.

동년(同年)에 대동군(大同郡) 대동강면(大同江面) 두원교회(斗園敎會)가 김경주(金擎柱)를 장로(長老)로 안수(按手)하여 당회(堂會)가 성립(成立)하고 목사(牧師) 허섭(許燮)이 시무(視務)하다.

동년(同年)에 대동군(大同郡) 명촌교회(明村敎會)가 김택보(金宅甫)를 장로(長老)로 안수(按手)하여 당회(堂會)가 성립(成立)하고 목사(牧師) 양성춘(楊成春), 장로(長老) 김응일(金應鎰) 등(等)이 상계시무(相繼視務)하다.

동년(同年)에 대동군(大同郡) 임원면(林原面) 청호리교회(淸湖里敎會)가 성립(成立)하다. 선시(先是)에 선교사(宣敎師) 마포삼열(馬布三悅,

[Samuel A. Moffett])의 전도(傳道)로 유계준(劉啓俊) 외(外) 수인(數人)이 신주(信主)하고 매주일(每主日)에 미림교회(美林敎會)에 내왕예배(來往禮拜)하더니 지시(至是)하여 분립(分立)하다.

동년(同年)에 강동군(江東郡) 구지면(區地面) 신리교회(新里敎會)가 성립(成立)하다. 선시(先是)에 노수복(盧受福)이 신주(信主)하고 연리교회(蓮里敎會)에 내왕예배(來往禮拜)하더니 본군(本郡) 효제직회(孝諸職會)에서 전도인(傳道人) 이윤성(李允成)을 파송전도(派送傳道)하여 주자익증(住者益增)함으로 지시(至是)하여 석용(石茸) 4간옥(四間屋)을 매수(買收)하여 예배당(禮拜堂)으로 사용(使用)하고 목사(牧師) 박승엽(朴昇燁)가 시무(視務)하다.

동년(同年)에 중화군(中和郡) 천곡면(天谷面) 각금리교회(覺金里敎會)가 설립(設立)하다. 동(同) 9일(九日)에 동군(同郡) 시찰지경(視察地境) 전도회(傳道會)에서 한용찬(韓用贊)을 파송전도(派送傳道)하니 나영엽(羅永燁), 이만근(李萬根) 등(等)이 동시(同時) 신주(信主)하여 교회(敎會)가 설립(設立)되니 선교사(宣敎師) 허대전(許大殿, [J. Gordon Holdcroft]) 외(外) 3인(三人)과 조사(助師) 장제한(張齊翰) 외(外) 4인(四人) 상계시무(相繼視務)하다.

동년(同年)에 황주군(黃州郡) 청용면(靑龍面) 구노리교회(九老里敎會)가 설립(設立)되다. 선시(先是) 정현숙(鄭賢淑)과 김자형(金字瀅) 2인(二人)이 신주(信主)하고 매주일(每主日) 이규섭(李奎燮) 가(家)에서 예배(禮拜)하더니 지시(至是)하여 신자(信者)가 일증(日增)하여 예배당(禮拜堂) 7간(七間)을 건축(建築)하고 교회(敎會)를 설립(設立)하다.

동년(同年)에 수안군(遂安郡) 대천면(大千面) 남정리교회(楠亭里敎會)가 설립(設立)되다. 선시(先是)에 차지(此地)에 서양인(西洋人)이 금광(金礦)을 개업(開業)함에 각처다인(各處多人)이 내왕(來往)하더니 그 중(中) 신자기인(信者幾人)이 유(有)하여 상회예배(相會禮拜)하더니 지시(至是)하여 수곡전도회(遂谷傳道會)에서 김태윤(金泰允)을 파송전도(派送傳道)하여 신자일증(信者日增)하여 교회(敎會)를 설립(設立)하니 목사(牧師) 채정민(蔡

廷敏), 장로(長老) 김경찬(金敬贊)이 상계시무(相繼視務)하다.

　　동년(同年)에 강서군(江西郡) 탄포리교회(灘浦里敎會)에 당회(堂會)가 성립(成立)하니 장로(長老) 김달준(金達俊), 최운봉(崔雲鳳), 홍선의(洪善義), 안치호(安致護) 등(等)이 인차수선(鱗次受選)하고 목사(牧師) 김이제(金利濟),[125] 이용진(李用鎭), 최만엽(崔萬燁), 최준익(崔俊翼) 등(等)이 상계시무(相繼視務)하다.

　　동년(同年)에 대동군(大同郡) 재형리(在亨里) 빙압교회(冰壓敎會)가 당회(堂會)를 조직(組織)하니 장로(長老) 김형걸(金亨杰), 황용기(黃鏞基), 김제현(金濟賢) 등(等)이 계속수선(繼續受選)하고 사역자(使役者) 강유훈(康有勳), 김종섭(金宗燮), 김창문(金昌文), 심익현(沈益鉉), 김창선(金昌善), 우기모(禹琦模) 등(等)이 상계시무(相繼視務)하다.

　　동년(同年)에 평원군(平原郡) 영유면(永柔面) 탑현교회(榻峴敎會)가 김종건(金宗健)을 장로(長老)로 안수(按手)하여 당회(堂會)가 성립(成立)하고 사역자(使役者)는 김찬성(金燦星), 김천일(金千一), 강유훈(康有勳) 등(等)이 상계시무(相繼視務)하다.

　　동년(同年)에 안주(安州) 연동교회(鷰洞敎會)가 설립(設立)하다. 거년(去年) 성내교회(城內敎會) 주장(主張)으로 부흥회(復興會)를 개최(開催)할 시(時)에 정진조(鄭鎭祚), 김병호(金炳浩) 등(等) 수십인(數十人)이 신도(新道)이더니 지시(至是)하여 전도실(傳道室)을 송림리(松林里)로 이전(移轉)하고 예배(禮拜)하니 교회시성(敎會始成)하다.

　　동년(同年)에 평원군(平原郡) 율지교회(栗枝敎會)가 어파교회(漁波敎會)에서 분립(分立)하다. 평양부(平壤府) 장대현교회(章坮峴敎會)에 금(金) 2,636원(二千六百三十六圓零)을 연보(捐補)하여 예배당(禮拜堂)을 중수(重修)할째 부인방(婦人房) 하층(下層) 16간(十六間)과 누(樓) 8간(八間)과 남녀출입구(男女出入口) 현관(玄關)과 중현관(中玄關) 1간(一間)을 증축(增築)하고 중추(中樞)를 개조(改造)하다.

　　동년(同年)에 대동군(大同郡) 추을미면(秋乙美面) 이목교회(梨木敎會)에 장로(長老) 노인묵(盧仁默)이 피택취임(被擇就任)하니 당회성립(堂會成

立)하다.

동년(同年)에 연화동교회(蓮花洞敎會)에서 홍현두(洪玄斗)를 장로(長老)로 안수(按手)하여 당회성립(堂會成立)하다. 목사(牧師) 주공삼(朱孔三), 김우석(金禹錫), 장로(長老) 최계남(崔啓南), 박규현(朴奎顯) 등(等)이 상계시무(相繼視務)하다.

동년(同年)에 대동군(大同郡) 암산점교회(岩山店敎會)가 사인장교회(舍人場敎會)에서 분립(分立)하다. 초(初)에 전도인(傳道人) 임봉학(林鳳鶴)이 평양(平壤)에서 이래(移來)하여 전도(傳道)하여 남녀(男女) 십여인(十餘人)이 신주(信主)하고 황기수(黃基洙) 가(家)에 예배(禮拜)하더니 지시(至是)하여 예배당(禮拜堂)을 건축(建築)하고 교회(敎會)를 설립(設立)하다. 선교사(宣敎師) 허대전(許大殿, [J. Gordon Holdcroft])과 조사(助師) 안동식(安東植), 윤천각(尹天覺) 등(等)이 상계시무(相繼視務)하다.

동년(同年)에 강동군(江東郡) 만달면(晩達面) 괴음리교회(槐陰里敎會)가 설립(設立)되다. 평양(平壤) 동면(東面) 전도회(傳道會) 전도인(傳道人) 박이혁(朴履赫) 부부(夫婦)를 본리(本里)에 송(送)하여 전도(傳道)하고 전도회원(傳道會員) 중(中) 최치량(崔致良)은 초가(草家) 3간(三間)을 매수(買收)하여 기도실(祈禱室)로 기부(寄附)하니 교회설립(敎會設立)되다. 조사(助師) 한복순(韓復淳)이 시무(視務)하다.

동년(同年)에 황주군(黃州郡) 삼전면(三田面) 철도교회(鐵島敎會)가 설립(設立)되다. 당지인(當地人) 임정재(任貞宰), 송관옥(宋寬玉) 2인(二人)이 신주(信主)하고 임정재(任貞宰) 가(家)에서 신주(信主)하더니[126] 지시(至是)하여 신도일증(信徒日增)하여 건당입회(建堂立會)하다.

동년(同年)에 순천읍(順川邑) 관하리교회(舘下里敎會)에서 최봉환(崔鳳煥)을 장로(長老)로 안수(按手)하여 당회(堂會)를 조직(組織)하다. 목사(牧師) 정석(鄭碩)이 시무(視務)하다.

동년(同年)에 대동군(大同郡) 태평외리교회(太平外里敎會)가 발전(發展)하여 와옥(瓦屋) 수십간(數十間) 예배당(禮拜堂)을 중건(重建)하다.

동년(同年)에 강서군(江西郡) 고창교회(高昌敎會)가 당회(堂會)를 조직

(組織)하니 장로(長老) 김진환(金鎭煥), 이양직(李養稷), 김필로(金弼魯) 등(等)이 차제수직(次第受職)하고 조사(助師) 이응주(李應周), 방승건(方昇健), 오하준(吳夏準), 김인구(金仁九), 이희섭(李禧涉) 등(等)과 목사(牧師) 김건후(金建厚), 김건우(金鍵祐) 등(等)이 상계시무(相繼視務)하다.

동년(同年)에 강서군(江西郡) 송호리교회(松湖里敎會)가 전진(前進)하여 예배당(禮拜堂) 십여간(十餘間)을 증축(增築)하였다.

1915년(一九一五年) 을묘(乙卯) 강동군(江東郡) 원탄면(元灘面) 관학리교회(冠鶴里敎會)에 이상하(李尙夏), 김필수(金弼脩) 2인(二人)을 장로(長老)로 안수(按手)하여 당회(堂會)가 성립(成立)하다.

연동(年同)에 황주군(黃州郡) 송림면(松林面) 석탄리교회(石灘里敎會)에서 정예점(鄭禮漸)을 장로(長老)로 안수(按手)하여 당회(堂會)가 성립(成立)하다. 목사(牧師) 김동형(金東亨)과 장로(長老) 최진상(崔鎭常)이 시무(視務)하다.

연동(年同)에 수안군(遂安郡) 대천면(大千面) 경도리교회(敬道里敎會)에서 봉이섭(奉履燮)을 장로(長老)로 안수(按手)하여 당회(堂會)가 성립(成立)하다. 목사(牧師) 곽기방(郭基方), 김수봉(金守鳳), 전관일(全觀一) 등(等)이 상계시무(相繼視務)하다.

동년(同年)에 대동군(大同郡) 율리면(栗里面) 삼합리교회(三合里敎會)가 설립(設立)되다. 초(初)에 홍성모(洪性模), 유정풍(劉正豊), 오정익(吳貞益) 3인(三人)이 신주(信主)하고 장천예배당(將泉禮拜堂)에 내왕예배(來往禮拜)하더니 수월(數月) 후(後)에 홍성근(洪性謹), 황병모(黃炳模), 김철호(金喆鎬) 등(等) 다인(多人)이 신종(信從)함으로 신도일증(信徒日增)하여 예배당(禮拜堂)을 건축(建築)하고 교회(敎會)를 설립(設立)하니 홍성모(洪性模), 홍성근(洪性謹) 양인(兩人)이 집사(執事)로 시무(視務)하다.

동년(同年)에 중화군(中和郡) 신흥면(新興面) 성천리교회(城川里敎會)가 설립(設立)되다. 선시(先是)에 본동거여(本洞居女) 박성실(朴聖實)이 황주친가(黃州親家)에 귀녕(歸寧)하여 복음(福音)을 청(聽)하고 감동(感動)을 수(受)하여 신주(信主)하고 시가(偲家)에 귀(歸)하여 열심전도(熱心傳道)하여 신자일가(信者日加)함으로 연금(捐金) 축당(築堂)하고 대수암교회(大壽岩敎會)에서 분립(分立)하니 박진준(朴鎭俊)이 내도(來導)하다.

동년(同年)에 황주군(黃州郡) 도치면(都峙面) 대송리교회(大松里敎會)가 설립(設立)되다. 초(初)에 이봉조(李奉祚), 이준영(李俊永) 2인(二人)이 신주(信主)하고 읍내교회(邑內敎會)에 내왕(來往)하여 예(禮)[127]배(拜)하며 열심전도(熱心傳道)하여 신자일증(信者日增)이라, 지시(至是)하여 예배당(禮拜堂)을 건축(建築)하고 교회(敎會)를 설립(設立)하다.

동년(同年)에 곡산군(谷山郡) 멱미면(覓美面) 문성장교회(文城場敎會)가 설립(設立)되다. 초(初)에 김관일(金觀一)이 차지(此地)에 복음(福音)을 전(傳)하여 김득연(金得淵), 장봉렬(張鳳烈), 이명준(李明俊) 등(等)이 신주(信主)하고 장봉렬(張鳳烈) 가(家)에서 예배(禮拜)하더니 지시(至是)하여 건당입교(建堂立敎)하고 김득연(金得淵), 장봉렬(張鳳烈)이 집사(執事)로 시무(視務)하다.

동년(同年)에 평원군(平原郡) 송림동교회(松林洞敎會)가 당회(堂會)를 조직(組織)하니 장로(長老) 박호관(朴豪寬), 김도건(金道鍵)이 차제수직(次第受職)하고 목사(牧師) 김창원(金昌源)이 시무(視務)하였다.

동년(同年)에 용강군(龍岡郡) 난마리교회(蘭麻里敎會)가 당회(堂會)를 조직(組織)하니 장로(長老) 임학만(林學晩), 김병록(金秉錄), 임장석(林章錫), 임희석(林希錫), 김덕춘(金德春) 등(等)이 차제수직(次第受職)하고 사역자(使役者)는 김창원(金昌源), 이용린(李用麟), 이병하(李炳夏), 최수엽(崔壽燁), 이헌교(李憲敎), 이수영(李壽英) 등(等)이 상계시무(相繼視務)하다.

동년(同年)에 안주군(安州郡) 입석교회(立石敎會)가 당회(堂會)를 조직(組織)하니 장로(長老) 김전문(金錢文), 김득창(金得昌)이 시무(視務)하다.

동년(同年)에 강서군(江西郡) 심정리교회(心貞里敎會)가 당회(堂會)를 조직(組織)하니 장로(長老) 이헌교(李憲敎), 이석팔(李錫八), 이연희(李衍熙) 등(等)이 수직(受職)하고 사역자(使役者) 김이제(金利濟), 이용진(李用鎭), 최가엽(崔嘉燁) 등(等)이 상계시무(相繼視務)하다.

동년(同年)에 평원군(平原郡) 송정동교회(松井洞敎會)가 당회(堂會)를 조직(組織)하니 김영선(金永善), 박도건(朴道健)이 장로(長老)로 피선(被選)하고 목사(牧師) 김종섭(金宗燮), 김창문(金昌文) 등(等)이 시무(視務)하다.

동년(同年)에 대동군(大同郡) 팔청리교회(八淸里敎會)가 당회(堂會)를 조직(組織)하니 장로(長老) 노식(盧植), 오응선(吳應善), 한익준(韓益俊) 등(等)이요, 목사(牧師) 송현근(宋賢根), 심익현(沈益鉉) 등(等)이 상계시무(相繼視務)하다.

동년(同年)에 순천군(順川郡) 기탄교회(岐灘敎會)가 당회(堂會)를 조직(組織)하니 장로(長老)는 임서근(林瑞根), 임태권(林泰權), 임응익(林應益), 임신묵(林信默) 등(等)이 차제수선(次第受選)하다.

1916년(一九一六年) 병진(丙辰)에 황주군(黃州郡) 주남면(州南面) ○봉교회(○峰敎會)가 설립(設立)되다. 초(初)에 목사(牧師) 안치호(安致護)가 전도(傳道)하더니 지시(至是)하여 본읍교회(本邑敎會) 전도회(傳道會)가 차지(此地)에 기도실(祈禱室)을 치(置)함으로 교우(敎友)가 회집예배(會集禮拜)하다. 선교사(宣敎師) 소안륜[론, William L. Swallen]), 편하설(片夏薛, [Charles F. Berheisel]), 조사(助師) 최정필(崔貞弼), 백승건(白承健) 등(等)이 상계시무(相繼視務)하다.

동년(同年)에 황주군(黃州郡) 천주면(天柱面) 내교리교회(內橋里敎會)가 설립(設立)하다. 선시(先是)에 박형채(朴亨彩) 외(外) 수인(數人)이 내동교회(內東敎會)에 내왕예배(來往禮拜)하더니 지시(至是)하여 신자일다(信者日多)하여 교당(敎堂)을 축(築)하며 교회(敎會)를 입(立)하고 목사(牧師) 김유목(金有穆), 조사(助事) 김재유(金在洧)가 시무(視務)하다.[128]

동년(同年)에 평원군(平原郡) 외서창교회(外西倉敎會)가 당회(堂會)를 조직(組織)하니 장로(長老) 정건용(鄭鍵鎔), 이재형(李在衡)이 차제수직(次第受職)하고 목사(牧師) 송린서(宋麟瑞), 정건용(鄭鍵鎔), 박용린(朴容麟)이 상계시무(相繼視務)하다.

동년(同年)에 강서군(江西郡) 고창교회(高昌敎會)에서 김건후(金鍵厚)를 청빙(請聘)하여 목사(牧師)로 시무(視務)하게 하다.

동년(同年)에 강서군(江西郡) 반삼리교회(班三里敎會)가 당회(堂會)를 조직(組織)하니 장로(長老) 박양림(朴養淋), 박한성(朴翰晟)이 인차수직(鱗次受職)하고 목사(牧師) 이용린(李用麟), 김영준(金永俊), 심익현(沈益鉉) 등(等)이 시무(視務)하다.

동년(同年)에 진남포(鎭南浦) 억량기교회(億兩機敎會)가 당회(堂會)를 조직(組織)하니 장로(長老)는 이경모(李景模), 박근영(朴根榮)이 수직(受職)하고 목사(牧師) 송린서(宋麟瑞), 김건우(金健祐), 박종은(朴鍾恩), 김인구(金仁九), 김이신(金二呻), 김영준(金永俊) 등(等)이 상계시무(相繼視務)하다.

동년(同年)에 강서군(江西郡) 태성리교회(台城里敎會)가 당회(堂會)를 조직(組織)하니 장로(長老) 홍치원(洪致源), 이희섭(李禧涉), 이우백(李友栢), 홍병순(洪炳舜) 등(等)이 차제수직(次第受職)하고 사역자(使役者) 김이제(金利濟), 이용진(李用鎭), 김병록(金秉祿), 이응낙(李應洛) 등(等)이 상계시무(相繼視務)하다.

동년(同年)에 평원군(平原郡) 석암리교회(石岩里敎會)가 당회(堂會)를 조직(組織)하니 지용헌(池用軒)이 장로(長老)로 수직(受職)하다.

동년(同年)에 평원군(平原郡) 갈산리교회(葛山里敎會)가 설립(設立)되다. 선시(先是) 본(本) 교회(敎會) 교우(敎友) 등(等)이 숙천읍교회(肅川邑敎會)에 내왕예배(來往禮拜)하더니 지시(至是)하여 예배당(禮拜堂)을 신축(新築)하고 교회(敎會)를 분립(分立)하니 여성도(女聖徒) 김결백(金潔白)이 금(金) 300원(三百圓)을 연보(捐補)하다.

동년(同年)에 개천군(价川郡) 용현리(龍峴里) 군우교회(軍隅敎會)가 설립(設立)하다. 선시(先是)에 평원시찰부(平原視察部)에서 파송(派送)한 전도인(傳道人) 양의근(楊義根), 정학근(鄭學根), 이경식(李璟植)이 상계전도(相繼傳道)하여 교회설립(敎會設立)하고 건당예배(建堂禮拜)하니 조사(助師) 김인상(金仁相), 목사(牧師) 이우혁(李雨赫) 등(等)이 시무(視務)하다.

동년(同年)에 대동군(大同郡) 대동강면(大同江面) 동대원교회(東大院敎會)가 김인영(金仁永)을 장로(長老)로 안수(按手)하여 당회(堂會)가 조직

(組織)되고 목사(牧師) 김건후(金健厚)가 시무(視務)하다.

1917년(一九一七年) 정사(丁巳)에 평양부(平壤府) 장대현교회(章坮峴敎會)에서 변린서(邊麟瑞)를, 길선주(吉善宙)와 동사목사(同事牧師)로 시무(視務)하다.

동년(同年)에 대동군(大同郡) 대동강면(大同江面) 동대원교회(東大院敎會)가 김인영(金仁永)을 장로(長老)로 안수(按手)하여 당회(堂會)가 조직(組織)되고 목사(牧師) 김건후(金建厚)가 시무(視務)하니라.

동년(同年)에 강동군(江東郡) 삼등면(三登面) 봉래리교회(鳳來里敎會)가 설립(設立)되다. 선시(先是)에 본군(本郡) 동삼동교회(東三洞敎會) 신자(信者) 이기반(李基磻)이 이주전도(移住傳道)하여 황기풍내외(黃基豊內外)[129]가 일시신주(一時信主)하고 그 후(後) 교회점왕(敎會漸旺)하여 교회설립(敎會設立)하다.

동년(同年)에 황주군(黃州郡) 청수면(淸水面) 인포리교회(仁浦里敎會)가 설립(設立)되다. 초(初)에 한양훈(韓陽薰)이 문도각수(聞道恪守)하며 안익수외(安益洙外) 수인(數人)이 신주(信主)하고 인포동교회(仁浦洞敎會)에 내왕예배(來往禮拜)하더니 지시(至是)하여 건당입교회(建堂立敎會)하다.

동년(同年)에 강서군(江西郡) 반석교회(班石敎會)가 당회(堂會)를 조직(組織)하니 장로(長老) 최능섭(崔能燮), 최기락(崔基洛) 등(等)이요, 목사(牧師) 방기창(邦基昌), 강유훈(康有勳), 사병순(史秉淳), 심익현(沈益鉉) 등(等)이 상계시무(相繼視務)하다.

동년(同年)에 용강군(龍岡郡) 도학리교회(島鶴里敎會)가 당회(堂會)를 조직(組織)하니 장로(長老) 최창현(崔昌鉉), 박영관(朴永寬), 이명수(李命洙), 김인수(金麟洙), 유정걸(劉正杰) 등(等)이 인차수직(鱗次受職)하고 사역자(使役者)는 김창원(金昌源), 최준익(崔俊翼), 이용린(李用麟), 송관범(宋觀範), 이헌교(李憲敎) 등(等)이 상계시무(相繼視務)하다.

동년(同年)에 강서군(江西郡) 철산교회(鐵山敎會)가 복립(復立)되다. 태평시찰부(太平視察部)에서 김형걸(金亨杰)을 파송(派送)하여 열심전도(熱心傳道)하여 퇴락(頹落)된 예배당(禮拜堂)을 중수(重修)하고 교회(敎會)가 복립(復立)하다.

　동년(同年)에 대동군(大同郡) 차리교회(遮里敎會)가 부흥(復興)하여 응암서편(應岩西便)에 와옥(瓦屋) 수십간(數十間)을 개축(改築)하고 예배당(禮拜堂)을 이전(移轉)하다. 목사(牧師) 김이제(金利濟), 김창원(金昌源), 송린서(宋麟瑞), 황보덕삼(皇甫德三)이 차제시무(次第視務)하다.

　동년(同年)에 덕천군(德川郡) 달리교회(達里敎會)가 당회(堂會)를 조직(組織)하니 장로(長老)는 정의겸(鄭義謙)이요, 사역자(使役者) 김려현(金勵顯), 박승명(朴承明), 양의근(楊義根), 김사길(金士吉), 임호선(林浩善) 등(等)이 차제시무(次第視務)하다.

　동년(同年)에 안주군(安州郡) 상팔리교회(上八里敎會)가 부흥(復興)하다. 전(前) 신자(信者) 정진조(鄭鎭祚)의 배교(背敎)도 다소(多少) 영향(影響)이 유(有)하더니 지시(至是)하여 조사(助師) 김전문(金錢文), 김득창(金得昌) 등(等)이 열성시무(熱誠視務)하여 예배당(禮拜堂)을 개축(改築)하고 교회(敎會)를 부흥(復興)케 하다.

　동년(同年)에 맹산군(孟山郡) 두암리교회(頭岩里敎會)가 부흥(復興)되어 와옥예배당(瓦屋禮拜堂)을 신축(新築)하고 사역자(使役者) 김여현(金勵顯), 이만기(李萬基), 명광호(明光浩), 김요하(金滜河), 김사길(金士吉) 등(等)이 질상시무(迭相視務)하다.

　동년(同年)에 덕천군(德川郡) 화순리교회(和順里敎會)가 설립(設立)되다. 선시(先是) 박문백(朴文伯)이 열심전도(熱心傳道)하므로 장학건(張學健)이 전가귀도(全家歸道)하여 영원읍교회(寧遠邑敎會)로 내왕(來往)[130] 예배(禮拜)하더니 인인(隣人) 최명순(崔明淳), 장학선(張學善), 차기숙(車基淑) 3인(三人)이 그 신행(信行)을 감복(感服)하여 설가귀도(挈家歸道)하여 설립교회(設立敎會)하다.

　1918년(一九一八年) 무오(戊午)에 황주군(黃州郡) 삼전면(三田面) 신정리교회(新井里敎會) 창립(創立)하다. 시년(是年)에 조성일(趙聖一)이 신주(信主)하고 사저(私邸)에 예배(禮拜)하더니 신자일증(信者日增)하여 교회(敎會)를 설립(設立)하고 조사(助師) 김인실(金仁實), 집사(執事) 홍승연(洪

承淵)이 인도(引導)하다.

　동년(同年)에 곡산군(谷山郡) 하도면(下圖面) 하남리(河南里) 평촌교회(坪村敎會)가 설립(設立)하다. 선시(先是)에 김관일(金觀一)이 전도(傳道)하여 임봉학(林鳳學) 등(等) 수인(數人)이 신주(信主)하고 자가(自家)에서 예배(禮拜)하다가 교우일가(敎友日加)하여 예배당(禮拜堂)을 매수(買收)하고 교회(敎會)를 창립(刱立)하다.

　동년(同年)에 대동군(大同郡) 신흥교회(新興敎會)가 당회(堂會)를 조직(組織)하니 장로(長老) 방승건(方昇健), 이용진(李用鎭), 임정하(林貞夏), 김홍관(金弘寬), 황보덕삼(皇甫德三) 등(等)이 차제수직(次第受職)하고 조사(助師) 방승건(方昇健), 사병순(史秉淳), 이용쇄(李用鎖), 김성호(金聲瑚), 황보덕삼(皇甫德三) 등(等)이 상계시무(相繼視務)하다.

　동년(同年)에 용강군(龍岡郡) 덕해교회(德海敎會)가 당회(堂會)를 조직(組織)하니 장로(長老) 노양배(魯養培), 김용복(金容復)이요, 조사(助師) 김인구(金仁九), 목사(牧師) 김창원(金昌源), 최준익(崔俊翼) 등(等)이 상계시무(相繼視務)하다.

　동년(同年)에 강동군(江東郡) 만달면(晚達面) 승호리교회(勝湖里敎會)가 설립(設立)되다. 십여년(十餘年) 전(前)에 양석회회사(洋石灰會社)가 차지(此地)에 건설(建設)됨에 각처인(各處人)이 다수(多數) 내왕(來往)하더니 신도(信徒) 방건중(方建仲), 김찬호(金贊浩), 유기화(柳基和), 임성원(任聖元), 김광익(金光益) 등(等)이 역시(亦是) 내왕(來往)하여 교회(敎會)를 설립(設立)하니 조사(助師) 박병용(朴炳龍), 목사(牧師) 김승주(金昇柱), 이만영(李萬英)이 상계시무(相繼視務)하다.

　동년(同年)에 안주군(安州郡) 대교리교회(大橋里敎會)가 설립(設立)되다. 선시(先是)에 부인(夫人) 신경신씨(申敬信氏)가 장부(丈夫)의 핍박(逼迫)을 인내(忍耐)하며 독실신주(篤實信主)하더니 그 후(後) 수년(數年)에 그 부(夫) 김치범(金致範)과 손자(孫子) 김이곤(金利坤)이 동시(同時) 수감(受感)하여 귀주(歸主)하고, 인근인(隣近人) 유택룡(劉澤龍)이 역시(亦是) 열심신주(熱心信主)하여 김치범(金致範) 사랑(舍廊)에 회집예배(會集禮拜)하더니 후(後)에 신경신(申敬信)이 연금(捐金) 매옥(買屋)하여 예배당(禮拜堂)으로 사용(使用)하고 조사(助師) 김인상(金仁相)이 시무(視務)하더니 지시(至是)하여 교회대흥(敎會大興)하여 용담리교회(龍潭里敎會)와 남칠리교회(南七里敎會) 양교회(兩敎會)가 분출(分出)하고 조사(助師) 홍성모(洪聖模)가 시무(視務)하다.

동년(同年)에 순천군(順川郡) 봉창리교회(鳳倉里敎會)가 설립(設立)되다. 선시(先是)에 평양부(平壤府) 장대현교회(將坮峴敎會)가 전도인(傳道人) 최근준(崔根俊)을 파견전도(派遣傳道)하여 불과(不過) 1년(一年)에 안형열(安亨烈), 백응봉(白應鳳) 등(等) 30여인(三十餘人)이 신종(信從)하여 회당(會堂)을 건(建)하고 교회(敎會)를 성(成)하다.[131]

1919년(一九一九年) 기미(己未)에 용강군(龍岡郡) 연봉리교회(延鳳里敎會)가 와옥(瓦屋) 수십간(數十間)의 예배당(禮拜堂)을 중건(重建)하고 당회(堂會)를 조직(組織)하니 장로(長老)는 김용익(金龍益), 김준국(金俊國), 임승연(任承淵) 등(等)이 차제수직(次第受職)하고 사역자(使役者)는 방기창(邦基昌), 김창문(金昌文), 변봉조(邊鳳朝), 이응낙(李應洛), 김용익(金龍益) 등(等)이 상계시무(相繼視務)하다.

강서군(江西郡) 고창교회(高昌敎會)에서 김필로(金弼魯)를 장로(長老)로 장립(將立)하여 당회(堂會)를 계속조직(繼續組織)하다.

평양부(平壤府) 장대현교회(章坮峴敎會) 목사(牧師) 길선주(吉善宙)는 만세사건(萬歲事件)에 33대표(三十三代表) 중(中) 1인(一人)으로 지목(指目)되니라.

동년(同年)에 강서군(江西郡) 반석교회(班石敎會)가 만세사건참(萬歲事件慘)을 인(因)하여 대환난(大患難)을 당(當)ㅎ게 되어 교인(敎人)은 4처(四處)로 분산(分散)하고 제직(諸職)은 태반(太半)이나 재감(在監)하고 혹(或) 사망(死亡)하여 일시(一時) 비(悲)이 막극(莫極)하더니 후복여전(後復如前)하였다.

동년(同年)에 안주성내(安州城內) 목사(牧師) 김찬성(金燦星)이 만세사건(萬歲事件)의 관계자(關係者)로서 지나(支那)로 이주(移住)하니 목사(牧

師) 안봉주(安鳳周)가 시무(視務)하다.

동년(同年)에 순천군(順川郡) 문창리교회(文昌里敎會)가 열심연보(熱心捐補)하여 예배당(禮拜堂)을 주봉산하(周峰山下)에 개축(改築)하고 이전(移轉)하다.

동년(同年)에 평원군(平原郡) 검흥리(檢興里) 검산교회(檢山敎會)가 설립(設立)되다. 숙천읍교회(肅川邑敎會)에서 분립(分立)한 후(後)에 숭실중학교(崇實中學校) 전도부(傳道部)가 파송(派送)한 한재경(韓載慶)이 열심전도(熱心傳道)하여 교회진흥(敎會進興)하고 사역자(使役者) 이치수(李致洙), 김전문(金錢文)이 시무(視務)하다.

동년(同年)에 안주군(安州郡) 용담리교회(龍潭里敎會)가 설립(設立)되다. 선시(先是)에 여사(女史) 백용길(白龍吉), 박공계(朴公繼), 백윤오(白允五) 3씨(三氏)가 독실신주(篤實信主)하고 문교리교회(文橋里敎會)에 내왕예배(來往禮拜)하더니 지시(至是)하여 성내(城內) 부인전도회(婦人傳道會) 연보금(捐補金)과 본(本) 교회(敎會) 연보(捐補)를 합(合)하여 예배당(禮拜堂) 7간(七間)을 매수(買收)하고 김인오씨(金仁梧氏) 기지(基址) 200여평(二百餘坪)을 기부(寄附)하여 교회(敎會)를 견립(堅立)하니 여권찰(女勸察) 김숙정(金肅正)은 현종(縣鍾) 1좌(一座)와 김정숙(金貞淑)은 강실안(講室案) 1좌(一座)를 기부(寄附)하여 영광(榮光)을 귀주(歸主)하다. 조사(助師) 김원식(金元湜)이 시무(視務)하다.

1920년(一九二〇年) 경신(庚申)에 평양부(平壤府) 장대현교회(章坮峴敎會)에서 고진한(高鎭翰)을 장로(長老)로 장립(將立)하다.

대동군(大同郡) 임원면교회(林原面敎會)가 설립(設立)되다. 초(初)에 각처빈민(各處貧民)이 운집(雲集)하니 기중(其中) 남녀교우(男女敎友) 수십인(數十人)이 매주일(每主日) 김명주(金明珠) 가(家)에 회집예배(會集禮拜)하더니 성내(城內) 창동교회(倉洞敎會)와 서문외교회(西門外敎會)가 찬상협조(贊相協助)하여 교회(敎會)가 발전(發展)하니 목사(牧師) 김경삼(金敬三), 장로(長老) 윤정호(尹鼎浩)가 시무(視務)하다.

동년(同年)에 곡산군(谷山郡) 상도면(上圖面) 지경리(地境里) 간도교회

(間島敎會)가 설립(設立)되다. 거년(去年)에 김재순(金載淳)이 전도(傳道)
하니 장현순(張玄淳) 등(等) 십여인(十餘人)이 신주(信主)하고 장(張)[132]
재순(載淳) 사저(私邸)에 예배(禮拜)하더니 정세환(鄭世煥) 등(等) 십여인
(十餘人)이 우(又) 신종(信從)하여 교회흥왕(敎會興旺)이라. 목사(牧師) 김
관일(金觀一)이 시무(視務)하다.

동년(同年)에 곡산군(谷山郡) 멱미면(覓美面) 문암리(文岩里) 신평교회
(新坪敎會)가 설립(設立)되다. 시시(是時)에 수곡전도회(遂谷傳道會)에서
파송(派送)한 전도인(傳道人)이 차지(此地)에 전도(傳道)하여 김병섭(金炳
燮), 이명길(李明吉) 등(等)이 신주(信主)하고 생왕리교회(生旺里敎會)에 내
왕예배(來往禮拜)에 혹(或) 이명길(李明吉) 가(家)에 회집예배(會集禮拜)하
더니 수십교인(數十敎人)이 열심연보(熱心捐補)하여 예배당(禮拜堂)을 매
수(買收)하고 교회(敎會)를 설립(設立)하니 목사(牧師) 김관일(金觀一)이
인도(引導)하다.

동년(同年)에 곡산군(谷山郡) 서촌면(西村面) 도이포리교회(桃李浦理
敎會)가 설립(設立)하다. 초(初)에 수안군(遂安郡) 천곡면(泉谷面) 옥련동교
회(玉蓮洞敎會)에 오사복(吳士福), 김문길(金文吉)이 복음(福音)을 내전(來
傳)하여 신자(信者) 40여명(四十餘名)이라. 이상준(李相俊) 가(家)에 예배
소(禮拜所)를 정(定)하고 목사(牧師) 김관일(金觀一), 곽기방(郭基邦), 조사
(助師) 유지풍(柳志豊) 등(等)이 시무(視務)하다.

동년(同年)에 황주군(黃州郡) 주남면(州南面) 금산리교회(金山里敎會)
가 설립(設立)되다. 초(初)에 이영현(李永賢)이 신주(信主)하고 읍교회(邑敎
會)에 내왕예배(來往禮拜)하더니 익년(翌年)에 교우(敎友) 40인(四十人)이
예배소(禮拜所)를 정(定)하고 김익진(金益鎭)이 인도(引導)하더니 지시(至
是)하여 예배당(禮拜堂)을 신축(新築)하다.

동년(同年)에 용강군(龍岡郡) 경전교회(瓊田敎會)가 설립(設立)되다. 선
시(先是)에 계보옥(桂輔玉), 배일엽(裵日燁), 김희모(金希模) 등(等)이 신주
(信主)하고 현암교회(鉉岩敎會)에 내왕(來往)하며 열심전도(熱心傳道)하더
니 계관옥(桂寬玉), 이정오(李正悟), 유관빈(柳寬彬) 등(等) 50여인(五十餘

人)이 신종(信從)하고 협력연보(協力捐補)하여 예배당(禮拜堂)을 매수(買收)하고 교회(敎會)를 분립(分立)하니 목사(牧師) 김치근(金致根)이 시무(視務)하다.

　동년(同年)에 평원군(平原郡) 관성리(舘城里) 삼관교회(三舘敎會)가 당회(堂會)를 조직(組織)하니 장로(長老) 윤처훈(尹處訓), 임한국(林漢國)이었다.

　동년(同年)에 개천군(价川郡) 용치리(龍治里) 무주대교회(無晝垈敎會)가 당회(堂會)를 조직(組織)하니 장로(長老) 박기영(朴基榮)이요, 사역자(使役者)는 이치수(李致洙), 이우혁(李雨赫), 최운상(崔雲祥)이 상계시무(相繼視務)하다.

　동년(同年)에 평원군(平原郡) 갈산교회(葛山敎會)가 김익섭(金益燮)을 장로(長老)로 안수(按手)하여 당회(堂會)를 조직(組織)하니 김전환(金錢煥), 김전호(金錢浩)가 차제수선(次第受選)하다. 조사(助師) 이치수(李致洙), 박인관(朴仁寬)이 시무(視務)하다.

　1921년(一九二一年) 신유(辛酉)에 평양부(平壤府) 장대동교회(章垈洞敎會)에서 윤원삼(尹愿三)을 장로(長老)로 장립(將立)하고 금(金) 3,716원(三千七百十六圓)의 경비(經費)로 해교회(該敎會) 내(內) 남청년회관(男靑年會舘) 26간(二十六間)을 예배당(禮拜堂) 동문(東門) 내(內)에 건축(建築)하였다.[133]

　동년(同年)에 강동읍교회(江東邑敎會)가 장경운(張景雲)을 장로(長老)로 안수(按手)하니 당회(堂會)가 성립(成立)하다.

　동년(同年)에 황주군(黃州郡) 겸이포면(兼二浦面) 형제정교회(兄弟井敎會)가 설립(設立)하다. 선시(先是)에 곽공서(郭公瑞) 등(等) 수인(數人)이 겸이포교회(兼二浦敎會)에 내왕(來往)하더니 지시(至是)하여 예배당(禮拜堂)을 건축(建築)하고 교회(敎會)를 분립(分立)하다.

　동년(同年)에 황주군(黃州郡) 도치면(都峙面) 노동교회(蘆洞敎會)가 설립(設立)하다. 수년(數年) 전(前)에 오근배(吳根培) 등(等) 수십인(數十人)이 신주(信主)하고 자가(自家)에서 예배(禮拜)하며 읍교회(邑敎會)에 원조

(援助)를 청(請)하여 조승관(趙承觀)이 내조(來助)하더니 지시(至是)하여 예배당(禮拜堂)을 건축(建築)하고 이병설(李炳卨)을 집사(執事)로 택(擇)하니 교회(敎會) 성립(成立)하다.

동년(同年)에 곡산군(谷山郡) 동촌면(東村面) 한달리교회(閑達里敎會)가 설립(設立)하다. 시년(是年)에 곡산읍(谷山邑) 부인전도회(婦人傳道會)에서 박마태(朴馬太)를 파송전도(派送傳道)할쌔 남녀(男女) 수십인(數十人)이 신주(信主)하므로 조경건(趙敬虔) 가(家)에서 회집(會集)하여 기도(祈禱)하더니 동(冬) 11월(十一月)에 교회(敎會)를 분립(分立)하다.

동년(同年)에 평원군(平原郡) 송정동교회(松井洞敎會)가 목사(牧師) 우기모(禹琦模)의 열심목회(熱心牧會)함으로 진흥(振興)하여 예배당(禮拜堂) 수십간(數十間)을 건축(建築)하다.

동년(同年)에 순천군(順川郡) 후탄면(厚灘面) 화오리교회(和五里敎會)가 진흥(振興)함에 따라 예배당(禮拜堂)을 신축(新築)하다.

동년(同年)에 강서군(江西郡) 수산동교회(秀山洞敎會)가 오치우(吳致禹)를 장로(長老)로 안수(按手)하여 당회(堂會)를 성립(成立)하다.

동년(同年)에 순안(順安) 동평리교회(東坪里敎會)가 김준오(金俊五), 김경수(金璟秀) 2인(二人)을 장로(長老)로 안수(按手)하여 당회(堂會)를 성립(成立)하다.

동년(同年)에 덕천군(德川郡) 추동교회(楸洞敎會)가 장림교회(長林敎會)에서 분립(分立)하여 예배당(禮拜堂)을 중건(重建)하다. 사역자(使役者)는 명광호(明光浩), 정기준(鄭基俊), 최운상(崔雲祥) 등(等)이 상계시무(相繼視務)하다.

동년(同年)에 황주군(黃州郡) 구락면(龜洛面) 덕양리교회(德陽里敎會)가 김상(金相)은을 장로(長老)로 안수(按手)하여 당회(堂會)가 성립(成立)하다.

3. 전도(三, 傳道)

1915년(一九一五年) 을묘(乙卯)[에] 황주군(黃州郡) 구락면(龜洛面) 덕양리교회(德陽里敎會)에서 남녀전도회(男女傳道會)를 조직(組織)하다.

1916년(一九一六年) 병진(丙辰)에 곡산군(谷山郡) 화촌면(花村面) 도이동교회(桃李洞敎會)에서 여전도회(女傳道會)를 조직(組織)하고 대동군(大同郡) 율리면(栗里面) 장천교회(將泉敎會)에서 남녀전도회(男女傳道會)를 조직(組織)하고 평양부(平壤府) 장대현교회(將坮峴敎會)에서 대동군(大同郡) 임원면(林源面) 노성리(魯聖里)에 고진한(高鎭翰)을 파송전도(派送傳道)한 결과(結果)로 교회(敎會)를 성립(成立)하고 동년(同年)[134] 9월(九月)에 동교회(同敎會) 청년회(靑年會)에 장천(將泉), 학교리(鶴橋里) 등지(等地)에 순회전도(巡廻傳道)하다. 강동군(江東郡) 만달면(晩達面) 괴음리교회(槐陰里敎會)에서 전도회(傳道會)를 조직(組織)하다.

1917년(一九一七年) 정사(丁巳)에 평양(平壤) 남문외교회(南門外敎會)에서 남전도인(男傳道人) 최재봉(崔在鳳)과 여전도인(女傳道人) 윤찬복(尹贊福)을 택립전도(擇立傳道)하다.

1918년(一九一八年) 무오(戊午)에 평양(平壤) 창동교회(倉洞敎會)에서 청년전도회(靑年傳道會)를 조직(組織)하고 중화군(中和郡) 중화면(中和面) 장산교회(長山敎會)에서 남녀전도회(男女傳道會)를 조직(組織)하고 대동군(大同郡) 부산면(釜山面) 남궁리교회(南宮里敎會)에서 여전도(女傳道)를 조직(組織)하고 평양(平壤) 산정현교회(山亭峴敎會)에서 남청년전도회(男靑年傳道會)를 조직(組織)하다. 동년(同年)에 평양부(平壤府) 장대현교회(將坮峴敎會)에서 정익로(鄭爲魯)는 금전(金錢)을 자담(自擔)하여 전도인(傳道人) 김태현(金泰鉉)으로 본(本) 노회경내(老會境內)에 1년간(一年間) 전도(傳道)하고 동교회(同敎會)에 최근준(崔根俊)을 순천군(順川郡) 봉빈면(鳳貧面)에 파송(派送)하여 6년간(六年間) 전도(傳道)에 80여명(八十餘名) 회집(會集)의 교회(敎會)를 설립(設立)하고 동시(同時)에 동회교인(同會敎人) 조익순(趙益洵)은 월봉(月俸)을 자담(自擔)하고 전도인(傳道人) 김봉오(金鳳梧), 석창인(石昌麟), 양기훈(梁基勳) 등(等)을 평원군(平原郡) 서해면(西海面) 연풍리(延豊里)에 계속파송(繼續派送)하여 4, 5년(四五年) 전도(傳道)에 70여명(七十餘名) 회집(會集)의 교회(敎會)를 설립(設立)하다.

1919년(一九一九年) 기미(己未)에 대동군(大同郡) 용연면(龍淵面) 유리교회(柳里敎會)에서 남녀전도회(男女傳道會)를 조직(組織)하고, 평양(平壤) 연화동교회(蓮花洞敎會)에서 남녀전도회(男女傳道會)를 조직(組織)하고 전도(傳道)에 면력(勉力)하여 동교회(同敎會) 청년전도회(靑年傳道會)에서 양각도(羊角島)에 전도구역(傳道區域)을 정(定)하고 열심전도(熱心傳道)하여 수년간(數年間) 남녀교인(男女敎人)이 50여명(五十餘名)이었다.

1920년(一九二〇年) 경신(庚申)에 대동군(大同郡) 벽지도교회(碧只島敎會)에서 청년전도회(靑年傳道會)를 조직(組織)하고 평양(平壤) 서문외교회(西門外敎會)에서 주일여자청년전도회(主日女子靑年傳道會)를 조직(組織)하여 교회부흥(敎會復興)에 여력(勵力)하였다.

1921년(一九二一年) 신유(辛酉)[에] 중화군(中和郡) 장원리교회(長院里敎會)에서 채동훈(蔡東勳)을 파송(派送)하여 다기장리(多崎嶂里)에 전도(傳道)하고 평양(平壤) 서문외교회(西門外敎會) 청년전도회(靑年傳道會)에서 입암리(立岩里), 주촌(朱村), 봉수동(烽峀洞) 3처(三處)에 전도(傳道)하다. 동년(同年)에 황주군(黃州郡) 흑교리(黑橋里), 용연리교회(龍淵里敎會)에서 남녀청년전도회(男女靑年傳道會)와 여전도회(女傳道會)를 조직(組織)하고 전도인(傳道人)을 파송(派送)하여 각처(各處) 기도회처소(祈禱會處所)를 설립(設立)하다. 동군(同郡) 천주면(天柱面) 외하리교회(外下里敎會)에서 청년연합전도회(靑年聯合傳道會)를 조직(組織)하고 전도인(傳道人)을 파송(派送)하다. 동군(同郡) 송림면(松林面) 겸이포교회(兼二浦敎會)에서 남녀전도회(男女傳道會)를 조직(組織)하다.

1922년(一九二二年) 임술(壬戌)에 평양(平壤) 창전리교회(倉田里敎會)에서 전도회(傳道會)를 조직(組織)하고 대동군(大同郡) 고평면(古坪面) 명촌교회(明村敎會)에서 여전도회(女傳道會)를 조직(組織)하다.[135] 창전리 교회(倉田里敎會) 전도회(傳道會)에서 대동군(大同郡) 임원면(林原面)에 전도(傳道)하여 교회(敎會)를 설립(設立)하고 동교회(同敎會) 청년전도회(靑年傳道會)에 동면(同面) 와산리(臥山里)에 교회(敎會)를 설립(設立)하다.

1923년(一九二三年) 계해(癸亥)[에] 황주군(黃州郡) 도치면(都峙面) 노동교회(蘆洞敎會)에 여전도회(女傳道會)를 조직(組織)하다. 동년(同年)에 평양(平壤) 장대현교회(將坮峴敎會) 전도회(傳道會)에서 대동군(大同郡) 서천면(西川面) 남리(南里)에 방효정(方孝貞)을 파송전도(派送傳道)하여 회개취교자(悔改就敎者)가 70여명(七十餘名)이었다.

4. 환난(四, 患難)

1948년(一九四八年) 갑오(甲午) 하(夏) 평안도(平安道) 관찰사(觀察使) [혹칭(或稱) 감사(監司), 혹칭(或稱) 도백(道伯)] 민병석(閔丙奭) [당시(當時) 민왕후(閔王后)의 친족(親族)]의 박해사(迫害事)에 대(對)하여 상권(上卷) 제 2편(第二編) 제 2장(第二章) 75(七五), 76(七六) 양혈(兩頁)에 약기(略記)한 바가 유(有)하였으나 금(今)에 해사(該事)의 전말(顚末)을 상기(詳記)하여 해감(該鑑)에 공(供)함이 유보(有補)할 줄로 인(認)하고 좌(左)에 갱술(更述)함.

초(初)에 선교사(宣敎師) 마포삼열(馬布三悅, [Samuel A. Moffett]) 과 한석진(韓錫晋)이 평양(平壤) 판동(板洞)에 가옥(家屋)을 매수(買收)하여 예배당(禮拜堂)으로 사용(使用)하며 전도이래(傳道移來) 수년(數年)에 당지(當地) 소재(所在) 삼아문(三衙門)[감영(監營), 본부(本府), 중영(中營)] 관속(官屬)에게 무고(無故)히 견증(見憎)되어 종종(種種)의 침욕(侵辱)을 수(受)하던 바 평양부(平壤府) 간리(奸吏) 김호영(金好英) 위명자(爲名者)가 서문내(西門內)에 거주(居住)하며 교회내정(敎會內情)을 규시(窺視)하다가 당시(當時) 예방비장(禮房裨將)으로 덕천부사(德川府使)와 평양서

윤(平壤庶尹)의 겸관(兼官)을 대(帶)한 신덕균(申德均)에게 무고(誣告)하기를 평양(平壤)의 부호자제(富豪子弟)가 다수(多數) 입교(入敎)하였으니 1차(一次) 거사(擧事)하면 대이(大利)를 가득(可得)이라 하매 신부사(申府使)는 차언(此言)을 신청(信聽)하고 당시(當時) 감사(監司) 민병석(閔丙奭)에게 진언(進言)하기를 이교(異敎)를 수입(輸入)하여 다수(多數)의 양민(良民)을 유혹(誘惑)ㅎ게 하며 외인(外人)으로 협잡(挾雜)하는 유(類)를 방지(防止)하며 금지(禁止)하는 것이 가(可)ㅎ다고 한즉 학자(學者)로 집지(執贄)하고 경의제(經義齊)를 다설(多設)하여 유교(儒敎)를 존숭(尊崇)하며 차이(且以) 국척(國戚)으로 권위세력(權威勢力)이 흔천동지(掀天動地)하던 민백(閔伯)으로 차(此)를 일문(一聞)함에 기회가득(機會可得)이라 하여 일망타진(一網打盡)할 계획(計劃)으로 그 막하(幕下)인 중군(中軍)에게 영(令)을 하(下)하여 8명(八名)의 포교(捕校)를 발(發)하여 난역죄인(亂逆罪人)을 포나(捕拿)하는 일양(一樣)으로 1894년(一八九四年) 4월(四月) 6일(六日) 효두(曉頭) 계이명시(鷄二鳴時)에 판동예배당(板洞禮拜堂) 숙사(宿舍)에 돌입(突入)하여 어명(御命)이라 칭(稱)하면서 한석진(韓錫晋)과 급기(及其) 공숙(共宿)하던 최치량(崔致良), 신상호(申尙昊), 송린서(宋麟瑞), 우지룡(禹之龍) 등(等)을 홍승(紅繩)과 12철(十二鐵) 환구(環具) 2계(二械)로 일일(一一)이 결박(結縛)한 후(後) 천주신도(天主信徒)가 수모수모(誰某誰某)인가 힐문(詰問)함이 한석진(韓錫晋)에 명부(名簿)가 재차(在此)라 하고 출급(出給)한즉 거배(渠輩)가 해명부(該名簿)를 조사(調査)[136]하다가 송린서(宋麟瑞)의 기명(記名)됨을 견(見)하고 일시난타(一時亂打)함은 피착시(被捉時)에 불신자(不信者)라고 휘언(諱言)한 고(故)이었다. 거배(渠輩)가 언(言)하기를 군등(君等)은 장지사지자(將至死地者)니 사칙기의(死則已矣)어니와 오등(吾等)은 한지생활자(汗地生活者)인즉 발차례(發差例)나 [당시(當時) 관례배(官隷輩)가 피착(被捉)되는 인(人)에게 정전(情錢)이라고 토색(討索)하는 예(例)가 유(有)함] 출급(出給)하라 함에 한석진(韓錫晋)이 매명(每名) 10량식(十兩式) 80량(八十兩)을 출급(出給)하겠다 한즉 거배(渠輩)가 언(言)하기를 불일내(不日內) 사(死)에 처(處)ㅎ게 될 자(者)가 금전

(金錢)이 귀(貴)한 줄은 안다 하며 8명(八名)이 직목봉(直木棒) 1개식(一個式) 가지고 불문긴헐(不問緊歇)하고 무수난타(無數亂打)하니 정신(精神)을 불수(不收)하고 혼도(昏倒)하게 되었더라. 수경(數頃) 후(後)에 회소(回甦)하여 해급여측(該急如厠)할새 요부(腰部)가 사절(似折)하여 타인(他人)의 부족(扶簇)을 뇌(賴)할지라도 행보(行步)가 말유(末由)함으로 양수(兩手)로 거지복행(据地腹行)하는데 포교(捕校) 3, 4명(三四名)이 좌우(左右)를 파수(把守)하였더라. 차(此)를 목격(目擊)하는 최치량(崔致良)은 포교(捕校) 1명(一名)을 대동(帶同)하고 자택(自宅)에 왕(往)하여 금전(金錢) 300량(三百兩)을 변통이래(變通移來)하이 포교배(捕校輩)에게 간걸(懇乞)하기를 군등(君等)의 요구(要求)는 천량(千兩)이나 목하(目下) 변출(辨出)이 무로(無路)인즉 추후(追後) 비완(備完)하마 하니 거배(渠輩)도 부득기(不得己) 차(此)를 수령(受領)하는데 동방(東方)에 일승(日昇)하는지라. 최(崔), 신(申), 송(宋), 우(禹) 4인(四人)은 방송(放送)하고 한석진(韓錫晋)과 해가구주(該家舊主) 홍재응(洪在鷹)을 병위퇴거(並爲退去)하여 포청(捕廳) 뇌수옥(牢囚獄)에 착가뇌수(着枷牢囚)하였는데 홍(洪)은 해가옥(該家屋)을 예배당(禮拜堂)으로 매도(賣渡)한 죄(罪)이더라. 소언(小焉)에 서문내(西門內) 감리회(監理會) 전도인(傳道人) 김창식(金昌植), 이항선(李恒善)과 기가구주(其家舊主) 김모(金某)까지 역위나도(亦爲拿到)되어 동수(同囚)하게 되었다. 기익(其翌)에는 불문시비(不問是非)하고 옥(獄)에 이수(移囚)되었는데 옥졸(獄卒)은 무시(無時)로 난타(亂打)하며 금전(金錢)을 토색(討索)하되 수응(酬應)이 무책(無策)하여 곤욕(困辱)을 받는 것 외(外)에 타도(他道)가 무(無)하였었다. 제 3일(第三日) [4월(四月) 8일(八日)]에 감리회(監理會) 선교사(宣敎師) 겸(兼) 의사(醫師) 호을(胡乙, [William James Hall])이 내방(來訪)하여 위론일(慰論日) 국왕(國王)의 칙지(勅旨) [속칭(俗稱) 전교(傳敎)]가 내(來)하였으니 무사방송(無事放送)되리라 하고 착거(捉去) 후(後) 수시간(數時間)이 불과(不過)하여 대호령(大號令)이 하(下)하더니 감영나졸(監營羅卒)이 하래(下來)하여 한(韓), 김(金) 등(等)을 해옥(該獄) 동고(東庫) [사형자(死刑者) 뇌수장소(牢囚場所)]에 이수(移囚)하며 난타질욕

(亂打叱辱)이 비전배가(比前倍加)하고 전문(傳聞)에는 호을(胡乙, [William James Hall])도 견욕(見辱)한다 하니 차(此)는 호을(胡乙, [William James Hall])이 평양(平壤)에 재(在)하여 사건(事件)의 발생(發生)을 보고 경성(京城)에 주재(住在)한 영국공사(英國公使)에게 타전(打電)하였더니 해공사(該公使)가 외아문(外衙門) 독변(督辨)에게 교섭(交涉)하여 평백(平伯) 민병석(閔丙奭)에게 착수자(捉囚者)를 방송(放送)하라고 타전(打電)하니 민백(閔伯)은 외국인(外國人)에게 부(附)한 협잡배(挾雜輩)가 동학류(東學類)와 무이(無異)하여 별유사문사(別有査問事)라 회전(回電)하였고 호을(胡乙, [William James Hall])의 재전(再電)으로 영미(英美) 양공사(兩公使) [평양(平壤)에서 선교(宣敎)하는 마포삼열(馬布三悅, [Samuel A. Moffett])은 미국인(美國人)인 고(故)로 미공사(美公使)도 협동(協同) ᄒᆞ게 된 것이라]는 예궐(詣闕)하여 궁중(宮中)에 교섭(交涉)한 결과(結果) 착수인(捉囚人) 방송(放送)하라는 칙지(勅旨)의 전보(電報)가 하(下)한즉 민백(閔伯)은 반(反)히 대노(大怒)하여 사형자(死刑者)와 동일(同一)히 뇌수(牢囚)한 것이 [137]라. 차(此) 정황(情況)을 당(當)한 호을(胡乙, [William James Hall])은 자신(自身)의 위험(危險)도 난면(難免)될 줄로 인(認)하고 재삼(再三) 전착(電捉)한즉 영미(英美) 양공사(兩公使)는 사세(事勢)가 불순(不順)함을 간파(看破)하고 당시(當時) 경성(京城)에 주답(駐劄)한 청국공사(淸國公使) 원세개(袁世凱)에게 통고(通告)하기를 영미(英美) 양국(兩國)은 부득기(不得已) 군함(軍艦)을 평양(平壤)에 파견(派遣)하여 자국인(自國人)과 기동업인(其同業人)의 생명(生命)을 구출(救出)할 수밖에 없다 하고 일변(一邊)으로는 예궐직주(詣闕直奏)할새 원세개(袁世凱)가 역위부궐(亦爲赴闕)하여 당시(當時) 국왕(國王)에게 협주(協奏)한 결과(結果) 불문곡직(不問曲直)하고 즉방(卽放)하라시는 엄절(嚴切)하신 어명(御命)의 전보(電報)가 하(下)함에 민백(閔伯)의 위권(威權)으로도 세무내(勢無奈) 한(韓), 김(金) 등(等)을 방송(放送)ᄒᆞ게 된지라, 가로방방(街路坊坊)에 나졸(羅卒)을 나열(羅列)하고 감영비장(監營裨將) 청전정(廳前庭)에 위의(威儀)를 성장(盛張)한 후(後) 한(韓), 김(金) 등(等)을 착치(捉致)하여 위협공갈(威脅恐

喝)하되 이등(爾等)이 천주(天主)를 욕(辱)하라 하매 김창식(金昌植)은 부(否)라 하고 한석진(韓錫晋)은 하유(何由)로 욕(辱)할가 언미필(言未畢)에 좌우나졸(左右羅卒)이 난타(亂打)하기를 여(如) 축구동양(蹴球同樣)으로 하여 문외(門外)에 구출(驅出)하니 김창식(金昌植)은 체중(體重)함으로 수상파중(受傷頗重)하여 와이불기(臥而不起)하였고 한석진(韓錫晋)은 체경(體輕)함으로 근근(僅僅)히 기신(起身)하여 귀가(歸家)하였으나 통와중(痛臥中)에 마포삼열(馬布三悅, [Samuel A. Moffett])이 8인교(八人橋)로 자경내평(自京來平)하여 위안(慰安)하였고 영미(英美) 양공사(兩公使)는 항의(抗議)를 제기(提起)하여 손해금(損害金) 500원(五百圓)을 징상(徵償)ㅎ게 됨에 민백(閔伯)은 더욱 분노(憤怒)하여 기인(幾人)을 타죄명(他罪名)으로 선참후계(先斬後啓)할 계획(計劃)이 유(有)하였으나 차(此)를 미수(未遂)하고 불과(不過) 기월(幾月)에 일청(日淸)이 교전(交戰)ㅎ게 됨에 민백(閔伯)은 피신출성(避身出城)한 후(後) 잉위(仍爲) 거직(遽職)되고 교회(敎會)는 차(此) 핍박(逼迫)을 인(因)하여 전도(傳道)의 문(門)은 광개(廣開)되고 교회(敎會)의 기초(基礎)는 익고(益固)ㅎ게 되었다.

1912년(一九一二年) 임자(壬子)에 평양(平壤) 장대현교회(將坮峴敎會) 정익로(鄭益魯), 이덕환(李德煥), 변린서(邊麟瑞), 윤원삼(尹愿三), 길진형(吉鎭亨), 창동교회(倉洞敎會) 이춘섭(李春燮), 산정현교회(山亭峴敎會) 김동원(金東元), 서문외교회(西門外敎會) 신상호(申尙昊) 등(等)이 경성총감부(京城總監府)에 피착(被捉)되어 구치감(拘置監)에 구감(拘監)하여 곤란(困難)을 다애(多愛)하고 1년(一年) 후(後)에 방면(放免)하니 차(此)는 교회(敎會) 내(內) 105인(一百五人) 사건(事件)이었다.

1919년(一九一九年) 기미(己未)에 평양(平壤) 장대현교회(將臺峴敎會) 목사(牧師) 길선주(吉善宙)는 3·1운동(三一運動) 33인(三十三人) 대표(代表)의 1인(一人)으로 경성(京城)에 구금(拘禁)이다가 1년(一年) 6개월(六個月) 후(後)에 견방(見放)하고 남문외교회(南門外敎會) 목사(牧師) 이일영(李一永)은 집행유예(執行猶豫)되고 동교회(同敎會) 곽권응(郭權應), 서문외교회(西門外敎會) 김선두(金善斗), 정일선(丁一善), 윤기화(尹基化), 산정

현교회(山亭峴敎會) 목사(牧師) 강규찬(姜奎燦), 장로(長老) 조만식(曺晩植), 장대현교회(將坮峴敎會) 이덕환(李德煥), 윤원삼(尹愿三), 연화동교회(蓮花洞敎會) 김우석(金禹錫), 대동군(大同郡) 부산면(釜山面) 남궁리교회(南宮里敎會) 이종순(李鍾淳), 이의주(李義疇), 동면(同面) 배산점(裵山店), 임봉학(林鳳鶴), 임찬규(林燦奎), 강동(江東) 구지면(區池面) 원리(遠里) 김치백(金致伯), 황주군(黃州郡) 화천면교회(和川面敎會) 나형순(羅亨淳), [138] 동군(同郡) 석탄리교회(石灘里敎會) 김동형(金東亨), 최진상(崔鎭常), 김기형(金基亨), 중화읍교회(中和邑敎會) 김선환(金善煥) 등(等)은 각각(各各) 복역(服役)하다.

　1923년(一九二三年) 계해(癸亥)에 대동군(大同郡) 고평면(古坪面) 명촌교회(明村敎會)와 두단교회(斗團敎會)에는 유사이래(有史移來) 미증유(未曾有)한 대홍수(大洪水)가 창일(漲溢)하여 교회가옥(敎會家屋) 60여호(六十餘戶)가 전궤(全潰)하고 기타(其他) 가구(家具) 농작물(農作物)은 조유(鳥有)에 귀(歸)하니 환난(患難)이 극(極)히 참담(慘憺)하나 주(主)의 은혜(恩惠)로 위로(慰勞)를 특수(特受)하여 교회(敎會)의 회집(會集)이 의구(依舊)하였다.

5. 교육(五, 敎育)

　숭덕학교(崇德學校)는 평양부내(平壤府內) 각(各) 교회(敎會) 경영(經營)으로 교인(敎人) 자제(子弟)의 초등교육(初等敎育)을 시(施)하는 기관(機關)이니 위치(位置)를 장대현(將坮峴)에 정(定)하고 평양부(平壤府) 각(各) 교회(敎會)에 속(屬)한 사숙(私塾)을 집합(集合)하여 고등소학제(高等小學制)로 보통(普通) 6학년(六學年)과 고등(高等) 2학년제(二學年制)를 치(置)하였더니 1921년(一九二一年)에 보통과(普通科)만 수용(收容)하고 고등과(高等科)를 분립(分立)하여 신교실(新敎室)을 건축(建築)하고 사립숭인학교(私立崇仁學校)라 명칭(名稱)하니 신교육회(新敎育會)에 의(依)하여 수업연한(受業年限) 5년(五年)의 고등보통학교제(高等普通學校制)로 하다. 인재(人材)를 배출(輩出)하니 졸업생(卒業生) 중(中) 혹(或)은 선교사(宣敎師)로, 혹(或)은 장로(長老)로, 혹(或)은 교원(敎員)으로, 혹(或)은 실업가(實業家)로 종사(從事)하였다.

숭실학교(崇實學校)는 평양부(平壤府) 각(各) 교회(敎會) 경영(經營)으로 교회내(敎會內) 여자(女子)에게 초등교육(初等敎育)을 시(施)하는 자(者)이니 보통과(普通科) 6년(六年)과 고등과(高等科) 2년제(二年制)를 사용(使用)하였다. 보통과(普通科)와 고등과(高等科)에 다수(多數)한 졸업생(卒業生)을 산출(産出)하니 이상학교(以上學校)는 실(實)로 평남(平南) 각처(各處)에 교육중심점(敎育中心點)이 되었고 기허다학교(其許多學校) 중(中) 설비초완(設備稍完)하고 백명이상(百名以上) 학생(學生)이 유(有)한 자(者)는 대동군(大同郡) 용산면(龍山面) 하리(下里) 창덕학교(彰德學校)와 남관면(南串面) 벽상도(碧上島) 인실학교(仁實學校)와 중화읍(中和邑) 경의학교(儆義學校)와 황주읍(黃州邑) 양성학교(養性學校)와 곡산읍(谷山邑) 삼락학교(三樂學校)요, 기여(其餘)는 진술(盡述)ㅎ기 난(難)하였다.

1914년(一九一四年) 갑인(甲寅)에 대동군(大同郡) 대동강면(大同江面) 두단교회(斗團敎會)가 창신학교(彰新學校)를 설립(設立)하다.

1915년(一九一五年) 을묘(乙卯)에 대동군(大同郡) 고천면(高泉面) 도덕리교회(道德里敎會)가 학교(學校)를 설립(設立)하다.

1917년(一九一七年) 정사(丁巳)에 평양(平壤) 장대현교회(將坮峴敎會)에서 유아원(幼稚園)을 창립(創立)하고, 창전교회(倉田敎會)에서도 유치원(幼稚園)을 설립(設立)하다.

1918년(一九一八年) 무오(戊午)에 평양(平壤) 연화동교회(蓮花洞敎會) 경영(經營)으로 의성제(義成齊)를 설립(設立)하다.

1921년(一九二一年) 신유(辛酉)에 평양(平壤) 창전리교회(倉田里敎會)에서 부인계(婦人界) 폐풍악습(弊風惡習)을 개량(改良)할 목적(目的)으로 개량회(改良會)를 조직(組織)하다.[139]

1922년(一九二二年) 임술(壬戌)에 성천읍교회(成川邑敎會)에 청년면려회(靑年勉勵會)를 조직(組織)하고 일반청년(一般靑年)에게 성경(聖經)의 지식(智識)을 연마(硏磨)하게 하다. 동년(同年)에 평양(平壤) 산정현교회(山亭峴敎會)에 최정서(崔鼎瑞)가 수십만원(數十萬圓)의 거액(巨額)을 투(投)하여 유치원(幼稚園)을 설립(設立)하니 본(本) 교회(敎會) 제직(諸職)이 기성의(其誠意)를 감(感)하여 정의유치원(鼎義幼稚園)이라 사명(賜名)하고 원(園)에 최군(崔君)의 사진(寫眞)으로 기념(紀念)하다.

6. 자선(六, 慈善)

1918년(一九一八年) 무오(戊午)[에] 평양(平壤) 장대현교회(將坮峴敎會)에서 기근(饑饉)에 나(羅)한 파사국민(波斯國民)을 위(爲)하여 구제금(救濟金)을 의연(義捐)하여 해국(該國)에 송부(送付)하다. 동년(同年)에 본(本) 교회(敎會) 장로(長老) 정익로(鄭益魯)가 연금(捐金)하여 빈한형제(貧寒兄弟)를 구제(救濟)하다. 장대현교회(將坮峴敎會) 김열심(金熱心)이 금(金) 100원(一百圓)을 출연(出捐)하여 예배당(禮拜堂) 내(內) 양측(兩側) 의자(椅子)를 설치(設置)하고 평원군(平原郡) 원천면(源川面) 궐재토지(厥在土地) 자기소유(自己所有) 전부(全部)를 교회(敎會)에 기부(寄附)하고, 강대은(姜大恩)이 대동군(大同郡) 서천면(西川面) 소재토지(所在土地)를 교회(敎會)에 기부(寄附)하다. 장대현교회(將坮峴敎會)에 선교사(宣敎師) 모의리(牟義理, [Eli M. Mowry])가 주선(周旋)하여 미국(美國) 시카고에 있는 부인(夫人) 막캄미쥐[McCormick]의 기부(寄附)한 금(金) 400원(四百圓)과 자기(自己)가 변비(辨備)한 600원(六百圓)을 합(合)하여 1,000원(一千圓) 가치(價値)의 풍금(風琴)을 기부(寄附)하다.

1919년(一九一八年) 기미(己未)에 황주읍내(黃州邑內) 서리교회(西里敎會) 지응룡(池應龍)이 이세시(離世時) 유언(遺言)으로 금(金) 100원(百圓)을 교회(敎會)에 기부(寄附)하다. 대동군(大同郡) 용산면(龍山面) 하리교회(下里敎會)에 최화순(崔和順)은 700원(七百圓) 가치(價値)의 토지(土地)

를 기부(寄附)하다.

    1920년(一九二○年) 경신(庚申)에 평양(平壤) 장대현교회(將坮峴敎會)에 김성복(金成福)은 대동군(大同郡) 서천면(西川面) 궐재(厥在) 답(畓) 3,900여평(三千九百餘坪)을 교회(敎會)에 성납(誠納)하다. 평양부(平壤府) 장대현교회(將坮峴敎會) 김정겸(金晶謙)이 자기부인(自己婦人)의 유언(遺言)으로 의(依)하여 금(金) 500원(五百圓)을 교회(敎會)에 기부(寄附)하다.

    1921년(一九二一年) 신유(辛酉)에 황주군(黃州郡) 겸이포(兼二浦) 형제정교회(兄弟井敎會) 지응섭(池應涉)이 예배당(禮拜堂) 기지(基址)와 종(鐘) 1좌(一座)를 기부(寄附)하다. 동년(同年) 삼전면(三田面) 내송리교회(內松里敎會) 조정빈(趙正彬)은 수백원(數百圓) 가치(價値)의 토지(土地)를, 안문점(安文漸), 안대점(安大漸), 안인풍(安仁豊), 김준(金俊) 제인(諸人)은 각(各) 금(金) 100원(一百圓)씩을 기부(寄附)하다.

    강동군(江東郡) 구지면(區池面) 신리교회(新里敎會)에 불신인(不信人) 홍순관(洪淳觀)이 예배당(禮拜堂) 기지(基址) 900평(九百坪)을 교회(敎會)에 기부(寄附)하다.

    1923년(一九二三年) 계해(癸亥)에 평양(平壤) 장대현교회(將坮峴敎會) 원일정(元一情)이 금(金) 1,000원(一千圓)을 교회(敎會)에 기부(寄附)하여 500원(五百圓)은 전도회(傳道會)를 위(爲)하여 쓰고 500원(五百圓)은 예배당(禮拜堂) 건축(建築)을 위(爲)하여 쓰게 하고 동교회(同敎會) 한덕순(韓德順)의 모친(母親)은 별세시(別世時) 금(金) 100원(一百圓)을 교회(敎會)에 기부(寄附)하였다.[140]

    1924년(一九二四年) 갑자(甲子)에 평양(平壤) 산정현교회(山亭峴敎會) 오경건(吳敬虔)이 전도기본금(傳道基本金) 500원(五百圓)을 기부(寄附)하다. 순천군(順川郡) 사인면(舍人面) 덕상리(德上里) 거주(居住) 황지화(黃芝嬅)는 토지(土地) 12,000평(萬二千坪)을 평양(平壤) 장대현교회(將坮峴敎會)에 기부(寄附)하다.

7. 진흥(七, 振興)

　1912년(一九一二年) 임자(壬子)[에] 평양(平壤) 연화동교회(蓮花洞教會)가 진흥(振興)하여 4,000여원(四千餘圓)을 연금(捐金)하여 예배당(禮拜堂) 24간(二十四間)을 건축(建築)하고 후(後) 4년(四年)에 16간(十六間)을 증축(增築)하다.

　1915년(一九一五年) 을묘(乙卯)[에] 황주군(黃州郡) 구성면(九聖面) 홍촌교회(洪村教會)가 연와옥(煉瓦屋) 예배당(禮拜堂) 12간(十二間)을 건축(建築)하다. 중화군(中和郡) 상원면(祥原面) 신읍교회(新邑教會)가 예배당(禮拜堂) 20간(二十間)을 신축(新築)하다.

　1917년(一九一七年) 정사(丁巳)에 대동군(大同郡) 율리면(栗里面) 구동창교회(舊東倉教會)가 2,500원(二千五百圓)의 연보(捐補)로 연와제(煉瓦制) 예배당(禮拜堂) 16간(十六間)을 건축(建築)하다.

　1918년(一九一八年) 무오(戊午)에 대동군(大同郡) 대동강면(大同江面) 두단리교회(斗團里教會)가 1,500원(一千五百圓)의 연보(捐補)로 연와제(煉瓦制) 예배당(禮拜堂) 14간(十四間)을 신축(新築)하다. 평양(平壤) 산정현교회(山亭峴教會)가 점진(漸進)하여 예배당(禮拜堂)이 협착(狹窄)함으로 4,000여평(四千餘坪)을 증축(增築)하니 경비(經費)가 4,000원(四千圓)이라.

　1920년(一九二〇年) 경신(庚申)에 대동군(大同郡) 고평면(古平面) 명촌교회(明村教會)가 점진(漸進)하여 예배당(禮拜堂)이 협착(狹窄)함으로 금(金) 3,000원(三千圓)을 각연(各捐)하여 연와제(煉瓦制) 예배당(禮拜堂) 55평(五十五坪)을 건축(建築)하다. 황주군(黃州郡) 구락면(龜洛面) 덕양리교회(德陽里教會)가 금(金) 1,000여원(千餘圓)을 각연(各捐)하여 예배당(禮拜堂) 12간(十二間)을 건축(建築)하다. 대동군(大同郡) 부산면(釜山面) 남궁리교회(南宮里教會)가 진흥(振興)하여 예배당(禮拜堂)을 신축(新築)하니 혹

(或) 금전(金錢), 혹(或) 재목(材木), 혹(或) 지환(指環), 혹(或) 월자(月子) 등(等)으로 극력출연(極力出捐)하였다.

　동년(同年)에 평양성(平壤城) 각(各) 교회(敎會)가 장대현교회(將坮峴敎會)에 회집(會集)하여 1주간(一周間) 대부흥회(大復興會)를 개(開)한 결과(結果) 원입교자(願入敎者) 600여인(六百餘人)에 지(至)하였고 동년(同年) 하(夏)에 숭덕고등학교(崇德高等學校)를 건축(建築)하기 위(爲)하여 김익두(金益斗)를 청빙(請聘)하여 특별부흥회(特別復興會)를 개(開)하니 본부(本府) 내(內) 7교회(七敎會) 형제자매(兄弟姉妹) 등(等)이 대수감동(大受感動)하여 토지(土地), 금(金), 은(銀), 월자(月子), 지환(指環) 등(等)으로 60,000원(六萬圓) 거액(巨額)을 연보(捐補)하였다.

　1921년(一九二一年) 신유(辛酉)에 평양(平壤) 서문외교회(西門外敎會)가 예배당(禮拜堂) 건축비(建築費)로 의연금액(義捐金額)이 5,000원(五千圓)이라. 동(同) 10월(十月)에 시역(始役)하여 연와제(煉瓦制) 2층(二層) 150여평(一百五十餘坪)을 건축(建築)하니 총공비(總工費) 30,000원(三萬圓)이라. 선교사회(宣敎師會) 기지(基址)와 학교(學校) 구건물(舊建物)과 금(金) 10,000원(一萬圓)을 수조(受助)하였다.[141]

　1922년(一九二二年) 임술(壬戌)에 황주군(黃州郡) 천주면(天柱面) 외하리교회(外下里敎會)에서 전도실(傳道室)을 건축(建築)하고 내교리(內橋里)에 교회(敎會)를 설립(設立)하였다. 중화군(中和郡) 해압면(海鴨面) 광석리교회(廣石里敎會)가 불과(不過) 50(五十)의 소수인(小數人)이 1,300여원(千三百餘圓)을 연보(捐補)하여 8간(八間) 예배당(禮拜堂)을 신축(新築)하다. 대동군(大同郡) 추을미면(秋乙美面) 미림교회(美林敎會)가 점진(漸進)하여 예배당(禮拜堂)이 협착(狹窄)함으로 각(各) 열심연보(熱心捐補)하여 연와제(煉瓦制) 20간(二十間)을 건축(建築)하니 총공비(總工費) 3,600원(三千六百圓)이었다.

　평양(平壤) 남문외교회(南門外敎會)가 열심연보(熱心捐補)하여 예배당(禮拜堂)을 건축(建築)하니 총공비(總工費) 17,000원(一萬七千餘圓)이었다. 평양(平壤) 창동교회(倉洞敎會)가 연와제(煉瓦制)로 140평(百四十坪) 예배당(禮拜堂)을 건축(建築)하니 총공비(總工費) 27,000여원(二萬七千餘圓)이 었다.

1923년(一九二三年) 계해(癸亥)에 강동군(江東郡) 원탄면(元灘面) 동삼리교회(東三里敎會)가 예배당(禮拜堂)을 건축(建築)하니 본(本) 교회(敎會) 김응진(金應晋)이 공비(工費) 4분의 3(四分의三)과 기지(基地)를 병(並)하여 기부(寄附)하였다.

평양(平壤) 창동교회(倉洞敎會)가 진흥(振興)하여 대동군(大同郡) 임원면(林源面) 홍부(興部)와 동면(同面) 와산리(臥山里)에 지회(支會)를 설립(設立)하다.

1924년(一九二四年) 갑자(甲子)[에] 대동군(大同郡) 대동강면(大同江面) 동대원교회(東大院敎會)가 진흥(振興)하여 와즙(瓦葺) 12간(十二間) 예배당(禮拜堂)을 건축(建築)하였다.[142]

제 5장
황해노회(黃海老會)

1917년 정사(丁巳)에 봉산군 신원교회 목사 김장호(金庄鎬)가 교리(敎理)의 이단(異端)을 주장하여 장로회 헌법을 불복하므로 노회가 휴직을 명하니 종내(終乃) 불복하고 교무를 여전 집행하므로 면직하고 기교회는 책벌하니라.

1919년 기미(己未)에 장연군 용정동교회는 3·1운동 사건으로 다수 교인이 재감(在監) 중에 장로 방형묵(方亨默)과 조사 최현식(崔賢植)이 더욱 곤란(困難)을 수(受)하고 신천읍교회에도 다수 교인이 재감(在監)하며 부상자(負傷者)도 다(多)하니라.

황해노회, 조선예수교장로회사기 하

1. 총론(一, 總論)

(1) 노회설립(一, 老會設立)

1911년(一九一一年) 신해(辛亥) 12월(一二月) 8일(八日)에 봉산군(鳳山郡) 영천면(面) 모동예배당(禮拜堂)에 총회명령(總會命令)에 의(依)하여 소집장(召集長) 이원민(李元敏)의 인도(引導)로 조직회(組織會)를 개최(開催)

하고 제 1회(第一回) 황해노회(黃海老會)를 창립(刱立)하니 회원(會員)은 선교사(宣敎師) 3인(三人), 목사(牧師) 3인(三人), 장로(長老) 16인(十六人)이고, 직원(職員)을 선정(選定)하니 회장(會長) 구례빈, 서기(書記) 이원민(李元敏), 회계(會計) 김(金)경률이더라.

(2) 노회의안(二, 老會議案)

각(各) 지방정형(地方情形)을 주찰(周察)ᄒᆞ기 위(爲)하여 시찰구(視察區)를 4분(四分)하니 1(一)은 장연(長淵), 송화(松禾), 신천(信川)이요, 2(二)는 재령(載寧), 봉산(鳳山)이요, 3(三)은 안악(安岳), 장연(長淵), 은율(殷栗), 구풍천(舊豊川), 구문화(舊文化)이요, 4(四)는 서흥(瑞興), 평산(平山)이더라. 우종서(禹鍾瑞)를 종산교회(鍾山敎會) 위임목사(委任牧師)로 임명(任命)하다. 신학생(神學生) 김(金)덕화, 장선국, 김종삼, 유만섭, 이승철, 김(金)장호, 오(吳)응식, 한경선, 신(申)종각, 임택권(林澤權), 박태로(朴泰魯), 장(張)덕상, 최(崔)병은, 황(黃)인성, 윤(尹)문옥, 최(崔)승현, 이(李)기영, 길규현, 박두명 제군을 다시 신학(神學)하기로, 양(梁)석진, 유진선, 김석노, 김윤점, 임정찬 3인[5인](三人[五人])은 새로 신학입학(神學入學)하기로 허락(許諾)하다. 피택장로(被擇長老) 해창(海倉)에 김상현, 김용수, 송천(松川)에 홍종옥, 서흥(瑞興)에 장(張)덕상, 재령(載寧)에 박태로(朴泰魯), 중흥에 신종학, 석탄에 박기순, 신천(信川)에 최(崔)상식, 용현에 김종삼 제군(諸君)에게 안수(按手)하기로 허락(許諾)하다. 학무부(學務部) 청원(請願)에 의(依)하여 본(本) 경내(境內) 각(各) 학교(學校) 고등과(高等科)를 협찬(協贊)하기 위(爲)하여 130여(一三〇餘) 교회(敎會)를 5등(五等)에 분급(分級)하여 매년(每年) 600원식(六〇〇圓式) 보조(補助)ᄒᆞ게 규칙(規則)을 제정(制定)하다. 전도부(傳道部) 청원(請願)에 의(依)하여 평산남편(平山南便)에 최(崔)정한, 신천남편(信川南便)에 유만섭을 파송(派送) 전도(傳道)ᄒᆞ게 하다.

1912년(一九一二年) 계축[임자](癸丑[壬子]) 6월(六月) 28일(二八日)에 황해노회(黃海老會) 제 2회(第二回)가 재령읍(載寧邑) 남산예배당(南山禮

拜堂)에 회집(會集)하니 회원(會員)은 선교사(宣敎師) 3인(三人), 목사(牧師)[143] 3인(三人), 장로(長老) 19인(一九人)이고, 직원(職員)은 여전(如前)하더라. 사무(事務)를 집행(執行)할 때 규칙부(規則部)의 청원(請願)에 의(依)하여 조사(助師)에게 학습인(學習人) 시취(試取)하는 권(權)을 허락(許諾)하다. 문산, 상동 등(等) 제교회(諸敎會)의 청원(請願)에 의(依)하여 우종서(禹鍾瑞)를 전도목사(傳道牧師)로 파송(派送)하다. 신학준사(神學準士) 박태로(朴泰魯), 최병은 2인(二人)을 안수(按手)하여 재령(載寧)과 모동교회(敎會) 위임목사(委任牧師)로 임명(任命)하다. 피택장로(被擇長老) 정(鄭)찬유군(君)을 안수(按手)하기 허락(許諾)하다. 전도부(傳道部) 청원(請願)에 의(依)하여 선교사(宣敎師)를 청국지방(淸國地方)에 파송(派送)하여 전도(傳道)하게 하기로 총회(總會)에 헌의(獻議)하게 하고 최(崔)정한을 평산남편(平山南便)의 전도인(傳道人)으로 임명(任命)하다. 시년(是年)에 각(各)지방(地方)에 시무(視務)하는 조사(助師)는 오순동, 양웅주, 서상봉, 신(申)종각, 방(方)학선, 임택권(林澤權), 박(朴)규순, 김(金)석노, 김(金)규현, 이(李)기봉, 윤(尹)문옥, 김익(金益)수, 황(黃)인성, 이(李)춘형, 이(李)중근, 정원형(鄭元衡), 양(梁)석진, 유지선, 김(金)덕화, 장(張)선국, 최(崔)승현, 이승철, 김종삼, 김(金)영우, 오득언, 오응식, 김(金)장호, 장(張)덕상, 조(趙)두섭, 김윤점 제군(諸君)이더라. 사경부(査經部) 청원(請願)에 의(依)하여 동기사경(冬期査經)을 12월(一二月) 11일(一一日)부터 교수(敎授)하기로 결정(決定)하다.

1912년(一九一二年) 임자(壬子) 12월(一二月) 5일(五日)에 황해노회(黃海老會) 제 3회(第三回)가 송천교회(松川敎會) 예배당(禮拜堂)에서 회집(會集)하여 부회장(副會長) 한(韓)위렴의 인도(引導)로 개회(開會)하니 회원(會員)은 선교사(宣敎師) 3인(三人), 목사(牧師) 3인(三人), 장로(長老) 13인(一三人)이더라. 직원(職員)을 선택(選擇)하니 회장(會長) 사우업(史佑鄴, [Charles Edwin Sharp]), 서기(書記) 박태로(朴泰魯), 회계(會計) 정(鄭)찬유 제인(諸人)이더라. 사무(事務)를 집행(執行)할새 정사부(定事部) 청원(請願)에 의(依)하여 김익두(金益斗)를 신산읍교회(信山邑敎會)에 사우업(史佑

鄴, [Charles Edwin Sharp]) 선교사(宣敎師)와 동사목사(同師牧師)로 위임(委任)하다. 문화(文和), 은율(殷栗) 등(等) 교회(敎會)에 우종서(禹鍾瑞)를 전도목사(傳道牧師)로 임명(任命)하다. 문답부(問答部) 청원(請願)에 의(依)하여 피택장로(被擇長老)로 은행에 김(金)두현, 갈천(葛川)에 김(金)봉수, 동촌(東村)에 김(金)관현, 은파에 윤상조, 웃골에 홍(洪)영범, 장촌에 김(金)덕회, 서의에 한치조 제군(諸君)을 안수(按手)하기 허락(許諾)하다. 신학생(神學生) 김(金)덕회, 김(金)종삼, 최(崔)승현, 장(張)선국, 임(林)정찬, 유만섭, 이승철, 황(黃)인성, 김(金)규현, 이(李)기영, 양응수, 박득(朴得)명, 양(梁)석진, 유지선, 임택권(林澤權), 신(申)종각, 김(金)성로, 최승현 제군(諸君)을 다시 신학(神學)하기로 김(金)영우, 이춘(李春)영, 이(李)중근, 김(金)현점, 강(姜)학련, 오(吳)득인, 전승근, 김태석(金泰錫), 방(方)학성, 김익수(金益秀), 정원형(鄭元衡) 제군(諸君)을 새로 신학(神學)하기로 결정(決定)하다. 정치부(政治部) 보고(報告)에 의(依)하여 신학생(神學生) 최승현군(君)을 정학(停學)ㅎ게 하다. 사경위원(査經委員) 청원(請願)에 의(依)하여 하기 제직사경(諸職査經)은 재령읍교회당(載寧邑敎會堂)에서 7월(七月) 1일(一日)부터 교수(敎授)ㅎ게 하다.[144]

　1913년(一九一三年) 계축(癸丑) 6월(六月) 27[일](二七[日])에 황해노회(黃海老會) 제 4회(第四回)가 신천읍회당(信川邑會堂)에 회집(會集)하여 회장(會長) 사우업(史佐鄴, [Charles Edwin Sharp])의 인도(引導)로 개회(開會)하니 회원(會員)은 선교사(宣敎師) 3인(三人), 목사(牧師)는 새로 안수(按手)하는 인병(人幷) 10인(一〇人)이고, 장로(長老) 25인(二五人)이더라. 사무(事務)를 집행(執行)할새 서기(書記) 박태로대(朴泰魯代)에 최병은군(崔秉恩君)이 피택(被擇)되다. 정사부(定事部) 청원(請願)에 의(依)하여 신학준사(神學準士) 평북노회(平北老會)에서 이명(移名)한 김용승(金龍承)과 윤(尹)문옥, 장(張)덕상, 최(崔)승현, 이(李)기영, 양응수, 황(黃)인성 제군(諸君)을 안수(按手)하여 각(各) 교회(敎會) 청원(請願)한 곳에 선교사(宣敎師)와 위임(委任) 동사목사(同事牧師)로, 김(金)균현군(君)을 강도사(講道師)로 임명(任命)하다. 문답부위원(問答部委員) 청원(請願)에 의(依)

하여 임촌에 박(朴)순록, 전도선, 최(崔)익환 제군(諸君)을 장로(長老)로 안수(按手)하기 허락(許諾)하다. 학무부(學務部) 청원(請願)에 의(依)하여 이전(以前) 규정(規定)하였던 고등과(高等科) 보조(補助)하는 사(事)는 폐(廢)하고 재전(在前) 수납금(收納金)은 해교회(該敎會)에 환송(還送)하며 재령(載寧) 이외(以外) 몇 곳 유력교회(有力敎會)에 교육기본금(敎育基本金)을 적립(積立)하라고 권면(勸勉)하는 서신(書信)을게[을] 발송(發送)하다. 전도부(傳道部) 청원(請願)에 의(依)하여 성경학교(聖經學校) 수입금(收入金) 55원(五五圓)은 전도비(傳道費) 보용(補用)하게 하고 전도인(傳道人)은 여전(如前) 파송(派送)하다. 총회전도국(總會傳道局)에서 박태로(朴泰魯) 청빙(請聘)하는 서신(書信)을 접수(接受)하고 재령교회(載寧敎會)의 위임목사(委任牧師)의 직(職)은 사면(辭免)되다.

규칙부(規則部)에 명(命)하여 혼인(婚姻)에 대(對)한 서식(書式)을 작성(作成)하게 하다. 사경부(査經部) 청원(請願)에 의(依)하여 동기사경(冬期査經)은 12월(一二月) 9일(九日)부터 개최(開催)하고 선생(先生)은 감리교회(監理敎會) 목사(牧師)를 청(請)하게 하다.

동년(同年) 12월(一二月) 5일(五日)에 황해노회(黃海老會) 제 5회(第五回)가 사리원예배당(沙里院禮拜堂)에 회집(會集)하여 회장(會長)의 인도(引導)로 개회(開會)하니 회원(會員)은 선교사(宣敎師) 4인(四人), 목사(牧師) 8인(八人), 장로(長老) 28인(二八人)이더라. 회중(會中)이 신직원(新職員)을 선정(選定)하니 회장(會長) 공위량(孔韋亮, [William Kerr]), 서기(書記) 최(崔)승현, 회계(會計)에 정(鄭)찬유 제인(諸人)이더라. 사무(事務)를 집행(執行)할새 정사부(定事部) 보고(報告)에 의(依)하여 강도사(講道師) 김(金)규현을 목사(牧師)로 장립(將立)하고 종산교회(鍾山敎會)에 청원(請願)한 우종서군(禹鍾瑞君)은 위임목사(委任牧師)로 허락(許諾)하다.

문답부(問答部) 보고(報告)에 의(依)하여 피택장로(被擇長老) 은율(殷栗)에 권사복, 해창(海倉)에 이(李)완의, 상거동에 홍재섭, 동군읍(邑)에 박(朴)태환, 장연읍(長淵邑)에 이(李)기화 제군(諸君)을 안수(按手)하기 허락(許諾)하다. 신학생(神學生) 오(吳)득인, 이춘용, 전승근, 신(申)종각, 김(金)

태석, 임택권(林澤權), 박득명(朴得明), 김(金)성로, 양석진, 유진선, 김(金)익수, 김(金)현점, 정원형(鄭元衡), 김(金)윤점, 상학린, 이(李)중근, 이(李)승철, 김(金)덕회, 김(金)종삼, 김(金)영우, 장(張)선국, 유만섭,[145] 임(林)정찬, 최(崔)현식 제군(諸君)을 다시 신학(神學)하기로, 김(金)근하, 최(崔)영환, 장홍범(張弘範), 김정묵(金正默), 최(崔)진섭, 우창하 제군(諸君)은 새로 신학(神學)에 입학(入學)하게 허락(許諾)하다. 전도부(傳道部) 청원(請願)에 의(依)하여 전도인(傳道人)을 여전(如前)히 파송(派送)하다. 규칙부(規則部) 보고(報告)에 의(依)하여 규칙(規則) 중(中) 여간(如干) 개정(改正)하고 당회록(堂會錄) 기재(記載)할 법규(法規)를 출간(出刊) 분배(分配)ㅎ게 하다. 사경부(査經部) 보고(報告)에 의(依)하여 하기사경(夏期査經)은 6월(六月) 21일(二一日)부터 교수(敎授)하기 결정(決定)하다.

 1914년(一九一四年) 갑인(甲寅) 6월(六月) 26일(二六日)에 황해노회(黃海老會) 제 6회(第六回)가 재령읍(載寧邑) 성경학교(聖經學校)에 회집(會集)하니 직원(職員)은 여전(如前)하고 회원(會員)은 선교사(宣敎師) 4인(四人), 목사(牧師) 15인(一五人)이고, 장로(長老) 33인(三三人)이더라. 정사부(定事部) 보고(報告)에 의(依)하여 재령읍(載寧邑)에 김승룡(金承龍), 해창(海倉)에 황(黃)인성, 상거동에 윤(尹)문옥을 위임목사(委任牧師)로 허락(許諾)하고 양응수는 안악(安岳) 등지(等地)에 선교사(宣敎師) 공위량[孔韋亮, William Kerr]과 전도목사(傳道牧師)로 동사(同事)ㅎ게 하다. 문답부(問答部) 보고(報告)에 의(依)하여 신학준사(神學準士) 김(金)장호, 신(申)종각, 박(朴)득명, 임택권(林澤權) 제군(諸君)을 안수(按手)하여 청원(請願)한 교회(敎會)에 전도목사(傳道牧師)로 임명(任命)하고 최(崔)승현군(君)은 강도사(講道師)로 승인(承認)하다. 시년(是年)에 장로안수(長老按手) 허락(許諾)한 자(者)는 사리원(沙里院)에 김익수(金益秀), 동창(東倉)에 한(韓)석규, 금(金)곡에 윤봉오, 새원에 정(鄭)창묵, 서흥읍(瑞興邑)에 노진하, 무석에 오게한, 은파에 김문홍, 당포에 박(朴)태화, 은즐기에 임(林)병철 제군(諸君)이더라. 학무부(學務部) 청원(請願)에 의(依)하여 각(各) 시찰경내(視察境內)에 위원(委員) 3인식(三人式)을 택립(擇立)하여 기본금(基本金)을 적립(積立)

ㅎ게 하고 평양부중학교(平壤府中學校)를 찬조(贊助)하기 위(爲)하여 각 (各) 교회(敎會)로 연보금(捐補金)을 수송(收送)ㅎ게 하다. 규칙부(規則部) 청원(請願)에 의(依)하여 흡연(吸煙)하는 인(人)에겐 장로(長老)를 불허(不許)하고 신학생(神學生)은 학식(學識)이 상당(相當)한 자(者)로 시취(試取)ㅎ게 하다.

전도부(傳道部) 청원(請願)에 의(依)하여 전도인(傳道人)의 월봉(月俸)을 여전(如前)히 보조(補助)하여 파송(派送)하다. 사경부(查經部) 청원(請願)에 의(依)하여 하기사경(夏期查經)은 사경위원장(查經委員長)에게 전임(專任)하여 준비(準備)ㅎ게 하다.

동년(同年) 12월(一二月) 3일(三日)에 북율면(北栗面) 상거동예배당(禮拜堂)에 황해노회(黃海老會) 제 7회(第七回)가 회집(會集)하니 회원(會員)은 선교사(宣敎師) 3인(三人), 목사(牧師) 16인(一六人), 장로(長老) 38인(三八人)이더라. 회중(會中)이 직원(職員)을 선정(選定)하니 회장(會長) 최(崔)승현, 서기(書記) 황(黃)인성, 회계(會計) 피득(彼得, [Alexander A. Pieters])이더라. 시년(是年)에 신학지원자(神學志願者)를 시취(試取)하고 천서(薦書)를 사(賜)한 자(者)는 오(吳)택윤, 유(柳)원봉, 김도헌, 최(崔)영식, 이(李)지양, 박(朴)순, 윤(尹)계조 제군(諸君)이고, 신학계속자(神學繼續者)는 김(金)덕회, 종삼, 이(李)승철, 유(柳)만섭, 장(張)선국, 최(崔)헌식, 김(金)정목, 임(林)정찬, 우창하, 장흥범(張弘範), 김(金)석노, 오(吳)득인, 황(黃)치헌, 박(朴)벽, 전승[146]근, 최(崔)진섭, 오(吳)응식, 조(趙)두섭 제인(諸人)이더라. 정사부(定事部) 보고(報告)에 의(依)하여 봉산(鳳山) 신원에 김(金)장호, 종산(鍾山)에 우종서(禹鍾瑞)를 위임목사(委任牧師)로 사리원(沙里院)에 이원민(李元敏), 풍산읍(豊山邑)에 장(張)덕상을 선교사(宣敎師) 공위량과 동사(同事) 전도목사(傳道牧師)로 임명(任命)하다. 문답부(問答部) 보고(報告)에 의(依)하여 피찬장로(被撰長老)로 중흥에 김(金)창식, 누촌에 이(李)응순, 내동에 장(張)후국, 율윤에 이상근, 신흥에 이치곤, 계림에 박(朴)제경, 종산(鍾山)에 김(金)원중, 이(李)병언, 염촌에 김(金)기황, 안악읍(安岳邑)에 현(玄)태용, 석탄에 박(朴)영빈, 장연읍(長淵邑)에 김(金)윤성,

용정에 김(金)익노, 태탄에 김(金)영헌, 화장에 이(李)근성, 장연읍(長淵邑)에 최(崔)상윤, 무석에 차승용 제군(諸君)에게 안수(按手)하기 허락(許諾)하다. 최상식(崔相植), 유해천(柳海天)에게 임시조사(臨時助師)로 허락(許諾)하다. 사평에 최은곤, 구풍산읍(舊豊山邑)에 한(韓)지순, 장로장립(長老將立)됨을 해지방(該地方) 시찰(視察)이 보고(報告)하다. 전도부(傳道部) 청원(請願)에 의(依)하여 평산(平山), 온정, 재령(載寧), 청석 등지(等地)에 조사(助師)의 봉금(俸金)을 약간(若干) 보조(補助)하여 복음(福音)을 전(傳)하게 하고, 성탄연금(聖誕捐金)은 각(各) 교회(敎會)가 수봉(收俸)하여 본(本) 전도국(傳道局)에 전액(全額) 납부(納付)ㅎ게 결정(決定)하다. 헌의(獻議) 청원(請願)에 의(依)하여 주일학교과정(主日學校課程)을 일치(一致)하게 하고 명년(明年)부터는 신학(神學)을 계속(繼續)하는 인(人)에게도 시취(試取)ㅎ게 하고, 총회(總會)는 3년(三年)에 1차식(一次式)하고, 각(各) 노회지방(老會地方)을 분(分)하여 소총회(小總會)에 설립(設立)하게 총회(總會)를 헌의(獻議)ㅎ도록 결정(決定)하다. 사경부(査經部) 청원(請願)에 의(依)하여 하기사경선생(夏期査經先生)은 송린서목사(宋麟瑞牧師)를 청(請)하고 기타절차(其他節次)는 해부(該部)에 전임(專任)ㅎ게 하다. 중학교(中學校)를 설립(設立)하기 위(爲)하여 당석(當席)에서 약간(若干) 연보(捐補)하다.

1915년(一九一五年) 을묘(乙卯) 6월(六月) 24일(二四日)에 재령읍성경학교(載寧邑聖經學校)에 황해노회(黃海老會) 제 8회(第八回)가 회집(會集)하니 직원(職員)은 여전(如前)하고 회원(會員)은 선교사(宣敎師) 3인(三人), 목사(牧師) 16인(一六人), 장로(長老) 43인(四三人)이더라.

서흥읍(瑞興邑) 장로(長老) 김(金)한복은 범과책벌(犯過責罰)하고 봉산읍(鳳山邑) 윤(尹)게조는 범죄(犯罪)로 인(因)하여 신학(神學)을 정지(停止)함을 해시찰(該視察)이 보고(報告)하다.

정사부(定事部) 보고(報告)에 의(依)하여 신학준사(神學準士) 최승현(崔承鉉), 오응식(吳應植), 김덕회(金德會), 김종삼(金宗三), 이승철(李承哲), 유만섭(柳萬燮) 제군(諸君)을 안수(按手)하여 청원(請願)한 각(各) 교회(敎會)에 선교사(宣敎師)와 동사(同事) 전도목사(傳道牧師)로 임명(任命)하다.

임택권목사(林澤權牧師)의 휴양(休養)하기 위(爲)한 사면원(辭免願)은 접수(接受)하다. 피택장로(被擇長老) 봉산읍(鳳山邑)에 김(金)승인, 신천읍(信川邑)에 장(張)관옥, 풍천읍(豊川邑)에 정(鄭)기호, 동창(東倉)에 임(林)성근, 별기에 장의탁(張義鐸), 양지에 송(宋)병환 제군(諸君)을 문답(問答) 후(後) 안수(按手)하기 결정(決定)하다. 규칙부(規則部) 청원(請願)에 의(依)하여 각(各) 당회(堂會) 명부검사(名簿檢査)는 명년(明年)부터 폐(廢)하게 하다. 증명위원(證明委員) 청원(請願)에 의(依)하여 각(各) 교회(敎會) 부(不) [147]동산(動産)을 속(速)히 증명(證明)에 수속(手續)하게 하다. 전도부(傳道部)에서 전도상황(傳道狀況)을 보고(報告)하고 계속(繼續)하여 전도(傳道)하게 하고 노회(老會) 시(時)에 전도인(傳道人) 식비(食費)를 지출(支出)하게 하다. 재단위원(財團委員) 5인(五人)을 선정(選定)하다. 사경부(査經部) 청원(請願)에 의(依)하여 동기사경절차(冬期査經節次)를 해위원(該委員)에게 전임(專任) 준비(準備)하게 하다.

　동년(同年) 12월(十二月) 2일(二日)에 신천군(信川君) 문산동예배당(禮拜堂)에 황해노회(黃海老會) 제 9회(第九回)가 회집(會集)하니 회원(會員)은 선교사(宣敎師) 4인(四人), 목사(牧師) 18인(十八人), 장로(長老) 44인(四四人)이더라. 직원(職員)을 선정(選定)하니 회장(會長) 김익두(金益斗), 서기(書記) 김(金)장호, 회계(會計)에 피득(彼得, [Alexander A. Pieters])이더라. 봉산(鳳山) 신원교회(信院敎會)에서 안수집사(按手執事) 4인(四人) 택립(擇立)함을 해시찰(該視察)이 보고(報告)하다. 정사부(定事部) 청원(請願)에 의(依)하여 장(張)덕상, 이원민(李元敏)을 위임목사(委任牧師)로 임명(任命)하고 박(朴)득명은 전도목사(傳道牧師)로 허락(許諾)하다. 별위원(別委員) 보고(報告)에 의(依)하여 최(崔)승현은 품행불미(品行不美)로 목사(牧師)의 직(職)을 얼마 동안 거두기로 결정(決定)하다. 우종서(禹鍾瑞)의 목사(牧師) 사임원(辭任願)을 허락(許諾)하다. 문답부(問答部) 청원(請願)에 의(依)하여 신학생(神學生) 이(李)종근, 김익수(金益秀), 박(朴)기철, 김(金)현점, 양(梁)석진, 이(李)춘영, 정원형(鄭元衡), 유진섭, 강학린, 오(吳)득인, 전승근, 장(張)홍번, 최(崔)진섭, 박(朴)순, 우창해, 김(金)성노, 김태석(金

泰錫), 이(李)지양, 최(崔)영식 제군(諸君)은 계속(繼續)하여 천서(薦書)를 주게 하고 신학지원자(神學志願者) 오(吳)순형, 허간(許偘), 유해천(天), 김(金)봉섭 제군(諸君)을 새로 입학(入學)하기로 허락(許諾)하다. 피택장로(被擇長老) 최홍규, 함덕화, 박(朴)영래, 허간(許偘), 윤(尹)희선, 홍(洪)재선, 문(文)성모, 이(李)찬영, 홍순기, 이(李)우룡 제군(諸君)을 안수(按手)하기 허락(許諾)하다. 전도부(傳道部)에서 금년(今年) 전도(傳道)한 결과(結果) 학습(學習) 20여인(二〇餘人)을 입(立)하고 예배당(禮拜堂)을 두 곳에 새로 설립(設立)됨을 보고(報告)하다. 사경부(査經部) 청원(請願)에 의(依)하여 하기(夏期) 제직사경(諸職査經)은 7월(七月) 4일(四日)부터 개최(開催)하고 절차(節次)는 해부(該部)에 전임(專任)하다.

 1916년(一九一六年) 병진(丙辰) 6월(六月) 30일(三〇日)에 재령읍(載寧邑) 남산현예배당(南山峴禮拜堂)에 황해노회(黃海老會) 제 10회(第一〇回)가 회집(會集)하니 회원(會員)은 선교사(宣敎師) 5인(五人), 목사(牧師) 20인(二〇人), 장로(長老) 49인(四九人)이요, 직원(職員)은 여전(如前)하다. 신학준사(神學準士) 양(梁)석진을 안수(按手)하여 유동, 유천 양교회(兩敎會)의 전도목사(傳道牧師)로 임명(任命)하다. 피택장로(被擇長老) 장(張)인식, 안(安)형찬, 장영록, 김두찬, 문(文)영신 제군(諸君)을 시취(試取) 후(後) 안수(按手)하기 허락(許諾)하다.

 임시조사(臨時助師) 이(李)승헌, 김용선(金龍善)을 시취(試取)하여 조사(助師)로 결정(決定)하다. 부위원(副委員) 보고(報告)에 의(依)하여 김장호 목사(金庄鎬牧師)의 성경해석(聖經解釋)이 불합(不合)함을 권면(勸勉)하고 금년(今年) 총회총대(總會總代)는 정지(停止)하게 하다. 학무부(學務部) 청원(請願)에 의(依)하여 학교조사(學校助師) 1인(一人)을 입(立)하여 각(各) 학교(學校)를 순회찬조(巡廻贊助)[148]하게 하다. 전도부원(傳道部員)이 전도(傳道)의 결과(結果)로 각처(各處)가 부흥(復興)됨을 보고(報告)하다.

 동년(同年) 11월(十一月) 17일(十七日)에 신천읍예배당(信川邑禮拜堂)에 황해노회(黃海老會) 제 11회(第十一回)가 회집(會集)하니 회원(會員)은 선교사(宣敎師) 4인(四人), 목사(牧師) 20인(二〇人), 장로(長老) 40인(四〇

人)이더라. 직원(職員)을 선정(選定)하니 회장(會長)은 김용승(金龍承), 서기(書記) 이원민(李元敏), 회계(會計) 피득(彼得, [Alexander A. Pieters])이더라. 신학생(神學生) 장(張)선국, 임(林)정찬, 김(金)익수, 최(崔)상식, 김(金)두헌, 김정묵, 유원봉(柳遠鳳), 유해천(柳海天), 허간(許侃), 김(金)윤점, 김(金)현점, 강(姜)학린, 정(鄭)원형, 이(李)춘영, 오(吳)택윤, 이(李)종근, 유진선, 조(趙)두섭, 박(朴)기철, 김(金)봉섭 제군(諸君)을 계속(繼續) 공부(工夫)ㅎ게 하며, 신학지원자(神學志願者) 김(金)근하, 김(金)태연, 황(黃)치헌, 이(李)승우 제군(諸君)을 시취(試取)하여 천서(薦書)를 두어 신학교(神學校)에 입학(入學)하게 하다. 피택장로(被擇長老) 태탄에 전성근, 신천읍(信川邑)에 박(朴)창항, 묘동에 장주성, 사리원(沙里院)에 김(金)병훈, 미생촌에 김(金)광옥, 답안동에 박(朴)광배, 서리에 장원용, 소광에 나학겸 제군(諸君)을 시취(試取)하여 안수(按手)하기 결정(決定)하다. 우종서(禹鍾瑞)는 구문화읍(舊文化邑) 추동 양교회(兩敎會) 전도목사(傳道牧師)로 임택권(林澤權)은 은율읍교회(殷栗邑敎會) 위임목사(委任牧師)로 임명(任命)하다. 이(李)항섭, 이(李)승길, 박(朴)기영 제군(諸君)을 시취(試取)하여 조사(助師)로 하다. 규칙부(規則部) 청원(請願)에 의(依)하여 조사봉급(助師俸給)을 10원(一〇圓) 이상(以上)으로 지출(支出)ㅎ게 하다. 전도국(傳道局) 청원(請願)에 의(依)하여 제주도(濟州島) 내(內) 전도인(傳道人) 파송(派送)하기 위(爲)하여 전라노회(全羅老會)에 교섭(交涉)ㅎ게 하다. 사경부(査經部) 청원(請願)에 의(依)하여 하기사경회(夏期査經會)는 5월(五月) 8일(八日)로 정(定)하고 기타절차(其他節次)는 해부(該部)에 전임(專任)하다.

1917년(一九一七年) 정사(丁巳) 5월(五月) 4일(四日)에 신천읍예배당(信川邑禮拜堂)에 황해노회(黃海老會) 제 12회(第十二回)가 회집(會集)하니 회원(會員)은 선교사(宣敎師) 3인(三人), 목사(牧師) 20인(二〇人), 장로(長老) 48인(四八人)이더라. 신학지원자(神學志願者) 이(李)승길, 김진헌, 최(崔)정환, 김용선(金龍善), 이(李)항섭, 장(張)주성, 김형식 제군(諸君)을 시취(試取) 후(後) 입학천서(入學薦書)를 주기로 결정(決定)하다. 피택장로(被擇長老) 자곡에 강명달, 장연읍(長淵邑)에 방우성, 서의동에 장규환, 청계에 문(文)병석, 유촌에 임(林)국승, 고현에 배영수, 덕산(山)에 정(鄭)계로, 동창(東倉)에 김(金)태형 제군(諸君)을 시취(試取)하여 안수(按手)하기 허락(許諾)하다. 전도부(傳道部) 청원(請願)에 의(依)하여 장덕상목사(張德尙牧師)를 제주도(濟州島)에 파송전도(派送傳道)하게 하고, 해본교회(該本敎會)에 서신(書信)으로 교섭(交涉) 위문(慰問)ㅎ게 하다. 사경부(査經部) 청원(請願)에 의(依)하여 동기사경(冬期査經)은 재령읍교회(載寧邑敎會)에서 12월(一二月) 11일(一一日)부터 개최(開催)하게 결정(決定)하다.

　동년(同年) 8월(八月) 31일(三一日) 사리원예배당(沙里院禮拜堂)에 황해노회(黃海老會)가 임시(臨時)로 회집(會集)하니 회원(會員)은 목사(牧師) 9인(九人), 장로(長老) 16인(一六人)이더라. 신학준(神學準)[149]사(士) 임(林)정찬을 시취(試取) 후(後) 부회장(副會長) 이(李)기영의 주례(主禮)로 안수(按手)하여 목사(牧師)로 임명(任命)하다.

　동년(同年) 12월(十二月) 6일(六日)에 해창예배당(海倉禮拜堂)에 황해노회(黃海老會) 제 13회(第一三回)가 회집(會集)하니 회원(會員)은 선교사(宣敎師) 2인(二人), 목사(牧師) 19인(一九人), 장로(長老) 55인(五五人)이더라. 직원(職員)을 선정(選定)하니 회장(會長) 이원민(李元敏), 서기(書記) 임택권(林澤權), 회계(會計) 피득(彼得, [Alexander A. Pieters])이더라. 신학생(神學生) 장(張)홍번, 유진선, 최(崔)준섭, 황(黃)치헌, 이(李)지양, 박(朴)순, 유해천, 김형식, 유원봉(柳遠鳳), 김(金)익수, 김(金)정묵, 김(金)두헌, 김태연(金泰淵), 허(許)간, 최(崔)상식, 조(趙)두섭, 박(朴)기철 제군(諸君)을 시취(試取)하여 계속(繼續) 공부(工夫)하기로 신학지원자(神學志願者) 이(李)창실, 간(簡)병제, 현(玄)태용, 유종구, 이(李)승현 제군(諸君)을 새로 천서(薦書) 주기로 결정(決定)하다. 피택장로(被擇長老) 김용선(金龍善), 임(林)인국, 안(安)영서 제군(諸君)을 시취(試取)하여 안수(按手)하기 허락(許諾)하다. 원춘도를 시취(試取)하여 조사(助師)로 택립(擇立)하다. 신학준사(神學準士)를 시취(試取) 안수(按手)하여 김(金)윤점은 미생촌교회(敎會)에, 강(姜)학린은 초미교회에, 김(金)현점은 은파교회(敎會)에, 정(鄭)원형은 주촌, 신환포 양교회(兩敎會)에, 전(田)승근은 금산교회에, 오득(吳

得)인은 안악읍교회(安岳邑敎會)에 전도목사(傳道牧師)로 임명(任命)하여 선교사(宣敎師)와 동사(同事) 시무(視務)ᄒ게 하다. 양(梁)석진을 유동교회(敎會)의 위임목사(委任牧師)로 임명(任命)하다. 장연(長淵) 최(崔)승현은 별위원(別委員) 보고(報告)에 의(依)하여 출교(黜敎)하다. 전도부(傳道部)에서 제주도(濟州島)에 임(林)정찬을 전도목사(傳道牧師)로 파송(派送)한 상황(狀況)을 보고(報告)하며 전도사무국(傳道事務局)을 설립(設立)함과 규칙(規則)을 새로 제정(制定)함을 청원(請願)함에 대(對)하여 허락(許諾)하다. 학무부(學務部) 청원(請願)에 의(依)하여 재령읍고등학교(載寧邑高等學校)에 금(金) 300원(三〇〇圓)을 보조(補助)ᄒ게 하다. 노회(老會)를 내년(來年) 위시(爲始)하여 1년(一年)에 1차(一次) 회집(會集)하게 제의(提議)하다. 이(李)승철의 목사(牧師) 사임원(辭任願)은 접수(接受) 허락(許諾)하다. 사경부(査經部) 청원(請願)에 의(依)하여 사경반(査經班)은 6소(六所)에 분(分)하여 7월(七月) 5일(五日)부터 교수(敎授)하기 결정(決定)하다.

    1918년(一九一八年) 무오(戊午) 7월(七月) 12일(十二日)에 남산현예배당(南山峴禮拜堂)에 황해노회(黃海老會) 제 14회(第一四回)가 회집(會集)하니 회원(會員)은 선교사(宣敎師) 3인(三人), 목사(牧師) 29인(二九人), 장로(長老) 54인(五四人)이고, 직원(職員)은 여전(如前)하더라. 신학준사(神學準士)를 안수(按手)하여 최(崔)진섭은 사평교회(敎會)에, 장홍범(張弘範)은 동창교회(東倉敎會)에, 이(李)춘형은 당포교회(敎會)에 전도목사(傳道牧師)로 임명(任命)하다. 태탄교회(敎會)에 김(金)현점을 전도목사(傳道牧師)로, 안악교회(安岳敎會)에 오득인(吳得仁)을 위임목사(委任牧師)로 임명(任命)하다. 김(金)규현, 윤(尹)문옥 양(兩) 목사(牧師)의 사면원(辭免願)은 의원(依願) 허시(許施)하다. 은율읍(殷栗邑) 목사(牧師) 임택권(林澤權)은 신학교(神學校)의 추천생(推薦生)으로 피택(被擇)되어 일본(日本) 동경(東京)에 유학(留學)함으로 사직(辭職)되다. 간(簡)병제, 김(金)병식 2인(二人)을 조사(助師)로 택립(擇立)하다. 신학생(神學生) 박기철(朴基哲), 조두섭(趙斗燮)은 계속(繼續)하기로 하고 신학(神學)[150]지원자(志願者) 김(金)탁, 박(朴)창항, 원(元)춘도, 허(許)성목, 김(金)창덕, 박(朴)정훈, 박(朴)

기영, 백(白)성건, 장(張)의택 제군(諸君)에게 새로 천서(薦書)를 주어 입학
(入學)하게 결정(決定)하다. 피택장로(被擇長老) 이(李)승룡, 정(鄭)기영, 조
병표, 이(李)준영, 이(李)택주, 방(方)영묵, 이(李)근필, 이(李)봉율 제군(諸
君)을 시취(試取)하여 안수(按手)하기로 결정(決定)하다. 전도부(傳道部)에
서 제주도(濟州島)에 파송(派送)한 임(林)정찬목사(牧師)의 전도발전상황
(傳道發展狀況)과 각(各) 교회(敎會) 부인(婦人)들이 전도회(傳道會)를 조
직(組織)하여 본(本) 노회전도부(老會傳道部)를 찬조(贊助)함을 보고(報告)
하다. 교회사편집위원(敎會史編輯委員) 3인(三人)을 선정(選定)하다. 별위
원(別委員) 보고(報告)에 의(依)하여 김장호(金庄鎬)는 성경진리(聖經眞理)
를 위반(違反)하여 교인(敎人)을 인도(引導)함을 6개월간(六個月間) 휴직
(休職)하고 한(韓)위렴목사(牧師)를 별택(別擇)하여 해교회(該敎會)를 고견
(顧見)ㅎ게 하게 하다.

　　동년(同年) 12월(十二月) 6일(六日)에 안악읍예배당(安岳邑禮拜堂)에
황해노회(黃海老會) 제 15회(第十五回)가 회집(會集)하니 회원(會員)은 선
교사(宣敎師) 3인(三人), 목사(牧師) 25인(二五人), 장로(長老) 49인(四九
人)이더라. 직원(職員)을 개선(改選)하니 회장(會長) 황인성(黃寅晟), 서기
(書記) 임국승(林國承), 회계(會計) 함덕희(咸德羲)이더라. 신학생(神學生)
조두섭(趙斗燮), 박기철(朴基哲), 김진헌(金鎭憲), 최정환(崔正煥), 이승현
(李承賢), 오택윤(吳宅允), 김근하(金根河), 오순동(吳舜烔), 간병제(簡秉濟),
이승길(李承吉), 김용선(金龍善), 이종근(李鍾根), 이항섭(李恒燮), 황치헌
(黃致憲), 유종구(柳宗九), 이창실(李昌實), 김봉섭(金鳳燮), 박순(朴淳), 이
지양(李枝陽), 유원봉(柳遠鳳), 유해천(柳海天), 김형식(金亨植), 최상식(崔
相植), 장계성(張桂性), 김정묵(金正默), 김두헌(金斗憲), 허간(許偘), 김태연
(金泰淵) 제군(諸君)은 계속공부(繼續工夫)하기로, 신학지원자(神學志願者)
최희준(崔熙俊), 박상제(朴相齊)는 새로 입학(入學)하기로 결정(決定)하다.
피택장로(被擇長老) 박재환(朴載煥), 최인환(崔仁煥), 안정선(安正善), 민영
하(閔永河) 제군(諸君)을 시취(試取)하여 안수(按手)하기 허락(許諾)하다.
임사부(任事部) 청원(請願)에 의(依)하여 상거동에 윤문옥(尹文玉), 주촌 갈

산에 정원형(鄭元衡), 청계에 김종삼(金宗三), 장연(長淵) 3교회(三敎會)에 김덕회(金德會), 재령외촌교회(載寧外村敎會)에 김규현(金奎鉉), 창촌에 박득명(朴得明) 제군(諸君)을 전도목사(傳道牧師)로 임명(任命)하다. 강학린목사(姜鶴麟牧師)의 이명(移名)을 함북노회(咸北老會)로, 임정찬목사(林貞燦牧師)의 이명(移名)은 전남노회(全南老會)로 선송(繕送)하다. 전도부(傳道部)에서 제주도(濟州島)에 임정찬목사(林貞燦牧師) 가족(家族) 반이(搬移)함과 부인전도회(婦人傳道會)로서 이경신(李敬信)을 동지(同地)에 파송(派送)하여 전도(傳道)의 성적(成績)이 양호(良好)함을 보고(報告)하다. 전노회(前老會) 시(時) 휴직(休職)시킨 김장호(金庄鎬)가 불복(不服)하고 기교회(其敎會)를 여전(如前) 인도(引障)함으로 전화(電話)로 권유(勸喩)하되 역시(亦是) 회개(悔改)ㅎ지 아니함에 대(對)하여 피득(彼得, [Alexander A. Pieters]) 선교사(宣敎師)로 신원교회(新院敎會)를 고견(顧見)ㅎ게 하고 김장호(金庄鎬)는 휴직(休職)ㅎ게 결정(決定)하다.

 1919년(一九一九年) 기미(己未) 7월(칠월) 15일(一五日) 남산현예배당(南山峴禮拜堂)에 황해노회(黃海老會) 제 16회(第一六回)가 회집(會集)하니 회원(會員)은 선교사(宣敎師) 3인(三人), 목사(牧師) 21인(二一人), 장로(長老) 41인(四一人)이더라. 서기(書記) 미참(未參)으로 부서기(副書記) 장홍범(張弘範)이 대임(代任)하다. 피택장로(被擇長老) 장항례(蔣恒禮), 서경연(徐景淵), 황정구(黃貞九), 윤명우(尹明祐) 제군(諸君)을 시취(試取)하여 안수(按手)하기 허락(許諾)하다. 김규현(金奎鉉), 이원민(李元敏)의 목사(牧師) 사직원(辭職願)은 의원(依願) 허시(許施)하다. 장홍범(張弘範)은 해창(海倉) 전도목사(傳道牧師)로 이전(移傳)하다. 사기편집위원(史記編輯委員)의 각(各) 교회사(敎會史)를 필기(畢記)함을 보고(報告)함에 검열위원(檢閱委員) 4인(四人)을 택(擇)하여 검열(檢閱)ㅎ게 하다. 전도부(傳道部) 청원(請願)에 의(依)하여 제주도(濟州島) 전도목사(傳道牧師) 임정찬군(林貞燦君)의 월봉부족금(月俸不足金) 300원(三〇〇圓)을 각(各) 교회(敎會)에 통지(通知)하여 7월(七月) 22일(二二日) 주일(主日)에 일제(一齊) 출연(出捐)ㅎ게 하다. 사경부(査經部) 청원(請願)에 의(依)하여 동기사경(冬期査

經)에 대(對)한 건(件)을 전(全)혀 해부(該部)에 위임(委任)하다. 시년(是年) 춘(春) 3월(三月) 1일(一日) 조선[독립]만세사건(朝鮮○○萬歲事件)으로 교회(敎會)에서 시무(視務)하던 사역자(使役者) 급(及) 평신도(平信徒)와 학교(學校)에서 근무(勤務)하던 강사(講師) 급(及) 학생(學生)까지 혹(或)은 재감(在監) 혹(或)은 피살(被殺) 혹(或)은 구금(拘禁) 혹(或)은 복역(服役)됨을 각(各) 시찰(視察)이 보고(報告)하매 노위교회(盧位敎會)에 교역자(敎役者) 봉급(俸給) 보조(補助)하기 위(爲)하여 당석(當席)에 출연(出捐)한 금액(金額)이 240원(二四○圓)이더라.

동년(同年) 12월(一二月) 8일(八日)에 재령읍성경학교(載寧邑聖經學校)에 황해노회(黃海老會) 제 17회(第一七回)가 회집(會集)하니 회원(會員)은 선교사(宣敎師) 3인(三人), 목사(牧師) 18인(一八人), 장로(長老) 38인(三八人)이더라. 직원(職員)을 선정(選定)하니 회장(會長) 최병은(崔秉恩), 서기(書記) 장홍범(張弘範), 회계(會計) 박재환(朴載煥) 제인(諸人)이더라. 신학생(神學生) 조두섭(趙斗燮), 박기철(朴基哲), 오택윤(吳宅允), 김두헌(金斗憲), 유원봉(柳遠鳳), 유해천(柳海天), 김형식(金亨植), 박창항(朴昌恒), 이상설(李相卨), 허간(許侃), 오순형(吳舜炯), 이승길(李承吉), 이승현(李承鉉), 최정환(崔貞煥), 김용선(金龍善), 김진헌(金鎭憲) 제군(諸君)은 다시 공부(工夫)하기로 신학지원자(神學志願者) 임시택(林時澤), 방계승(方啓承), 윤여현(尹汝鉉) 제군(諸君)은 새로 입학천서(入學薦書)를 주게 허락(許諾)하다. 피택조사(被擇助師) 방계승(方啓承), 윤여현(尹汝鉉), 정한용(鄭漢鏞), 최순필(崔順弼) 4군(四君)을 시취(試取)하여 조사(助師)로 입(立)하다. 피택장로(被擇長老) 원호희(元昊喜), 박종근(朴宗根), 이홍선(李弘善), 백인성(白仁誠) 4군(四君)을 시취(試取)하여 안수(按手)하기 허락(許諾)하다. 오응식군(吳應植君)을 사리원(沙里院) 전도목사(傳道牧師)로 임명(任命)하고, 김태석군(金泰錫君)의 목사(牧師) 사직원(辭職願)은 의원(依願) 허시(許施)하다. 사기검열위원(史記檢閱委員)이 사기편집(史記編輯)이 잘됨을 보고(報告)하다. 사경부원(査經部員)의 청원(請願)에 의(依)하여 7월(七月) 9일(九日)부터 은율읍교회당(殷栗邑敎會堂)에서 개최(開催)하기로 결정(決定)

하다.

1920년(一九二〇年) 경신(庚申) 7월(七月) 6일(六日)에 은율읍예배당(殷栗邑禮拜堂)에 황해노회(黃海老會) 제 18회(第一八回)가 회집(會集)하니 선교사(宣敎師) 3인(三人), 목사(牧師) 20인(二〇人), 장로(長老) 45인(四五人)이며 직원(職員)은 여전(如前)하다. 신학생(神學生) 황치헌(黃致憲), 김봉섭(金鳳燮), 이창실(李昌實), 허성묵(許聖默), 현태용(玄泰龍), 유종구(柳宗九), 장의택(張義擇), 방학성(方學聖), 임시택(林時澤), 이승길(李承吉), 이승현(李承賢), 김용선(金龍善), 백승건(白承鍵), 박기영(朴基永), 간병제(簡秉濟), 최정환(崔貞煥), 김병식(金秉植), 윤여현(尹汝鉉), 유원봉(柳遠鳳), 허간(許偘), 김두헌(金斗憲), 박창식(朴昌植), 박상설(朴相卨), 유해천(柳海天), 장주성(張柱聖) 제군(諸君)을 다시 공부(工夫)하기로 신학지원자(神學志願者) 이근필(李根弼)을 새로 입학(入學)하기 허락(許諾)하다. 피택장로(被擇長老) 박상설(朴相卨),[152] 우창하(禹昌河), 김형식(金亨植), 최순필(崔順弼), 이기호(李基浩) 제군(諸君)을 시취(試取)하여 안수(按手)하기 허락(許諾)하다. 윤문옥(尹文玉), 정원형(鄭元衡) 양군(兩君)의 목사(牧師) 사직원(辭職願)은 의원(依願)하여 허시(許施)하다. 신학준사(神學準士) 이종근(李鍾根), 박기철(朴基哲), 오순형(吳舜炯), 김정묵(金正默) 4군(四君)을 시취(試取)하여 청원(請願)한 각(各) 교회(敎會)에 전도목사(傳道牧師)로 임명(任命)하다. 임사부(任事部) 청원(請願)에 의(依)하여 사리원(沙里院)에 오권식(吳權植)을 담임목사(擔任牧師)로, 유만섭(柳萬燮)을 신산읍(信山邑) 동사목사(同事牧師)로, 김(金)현점을 선교사(宣敎師) 피득(彼得, [Alexander A. Pieters])과 동사목사(同事牧師)로, 장홍범(張弘範)을 모동 전도목사(傳道牧師)로 임명(任命)하다. 전도부(傳道部)에서 제주도(濟州島)에 임정찬목사(林貞燦牧師)와 오인권여사(吳仁權女史)의 전도발전(傳道發展)한 결과(結果) 그 곳 교우(敎友)들의 조사(助師) 1인(一人)의 월봉(月俸) 반부(半部)를 담당(擔當)하게 된 사항(事項)을 보고(報告)하다. 정치부(政治部) 보고(報告)에 의(依)하여 교회(敎會) 내(內)에 무슨 회(會)를 조직(組織)할 시(時)에는 당회(堂會)의 허락(許諾)을 받고 동사(同事)에 당회(堂會)의

지도(指導)를 수(受)하게 하다. 독립사건(獨立事件)으로 재감(在監)한 교역자(敎役者)에게 위로(慰勞)하는 서신(書信)을 발송(發送)하게 하다.

1921년(一九二一年) 신유(辛酉) 2월(二月) 2일(二日)에 신천읍예배당(信川邑禮拜堂)에서 황해노회(黃海老會)가 임시(臨時)로 회집(會集)하니 회원(會員)은 선교사(宣敎師) 2인(二人), 목사(牧師) 13인(一三人), 장로(長老) 10인(一〇人)이더라. 최병은(崔秉恩), 장덕상(張德尙) 양군(兩君)의 목사(牧師) 사면(辭免)을 의원(依願) 허시(許施)하다. 이춘형(李春瀅)은 장촌교회(敎會) 동사목사(同事牧師), 유동교회에 장덕상(張德尙)을 전도목사(傳道牧師)로 임명(任命)하다. 신학생(神學生) 현태용(玄泰龍), 허성묵(許聖默), 최현식(崔賢植), 원춘도(元春道), 방학성(方學聖), 유원봉(柳遠鳳), 박창항(朴昌恒), 김두헌(金斗憲), 김형(金亨), 허간(許偘)과 신학지원자(神學志願者) 김병식(金秉植), 이학진(李學軫), 정한용(鄭漢鏞) 등을 시취(試取) 허락(許諾)하다.

동년(同年) 3월(三月) 21일(二一日)에 정상리예배당(禮拜堂)에 황해노회(黃海老會) 제 19회(第一九回)가 회집(會集)하니 회원(會員)은 선교사(宣敎師) 2인(二人), 목사(牧師) 21인(二一人), 장로(長老) 42인(四二人)이고, 직원(職員)을 선정(選定)하니 회장(會長) 장덕상(張德尙), 서기(書記) 장홍범(張弘範), 회계(會計)에 정찬유(鄭贊裕)이더라. 신학재적생(神學在籍生) 2인(二人)과 지원자(志願者) 정택현(鄭擇鉉), 허응숙(許應俶), 오윤호(吳允浩), 서경연(徐景淵), 백수연련(白壽淵鍊), 장응곤(張應坤), 진학철(陳學喆) 제군(諸君)을 시취(試取) 허락(許諾)하다. 허응숙(許應俶)을 시취(試取)하여 조사(助師)로 피임(被任)하다. 이종근(李鍾根), 김윤점(金允漸) 양군(兩君)의 목사(牧師) 사직(辭職)은 의원(依願) 허시(許施)하다. 별가, 내동 양교회(兩敎會)에 윤문옥(尹文玉)을 임시목사(臨時牧師)로 재령서부(載寧西部)에 임택권(林澤權)을 담임목사(擔任牧師)로, 성상리에 김윤점(金允漸)을 임시목사(臨時牧師)로 임명(任命)하다. 목사(牧師) 신종옥(申鍾玉)은 천년(天年)으로 시년(是年) 추(秋)에 별세(別世)하다. 별위원(別委員) 5인(五人)을 택(擇)하여 재령읍(載寧邑) 동면교회(東面敎會)를 분계(分界)하게 하다. 피택장로(被擇長老) 이상옥(李尙玉), 조진형(趙鎭亨), 손영곤(孫永坤), 김영만(金榮萬), 강선량(姜善良), 임도성(林道聖), 최덕순(崔德淳) 제군(諸君)을 안수(按手)하기 허락(許諾)하다. 전도부(傳道部) 청원(請願)에 의(依)하여 전도목사(傳道牧師) 임정찬군(林貞燦君)을 추기노회(秋期老會)에 내참(來參)ᄒ게 하다. 사경부(査經部) 청원(請願)에 의(依)[153]하여 재령읍(載寧邑)에 6월(六月) 1일(一日)부터 하기사경회(夏期査經會)를 개회(開會)하게 결정(決定)하다.

동년(同年) 7월(七月) 8일(八日)에 재령읍성경학원(載寧邑聖經學院)에 황해노회(黃海老會)가 임시(臨時)로 회집(會集)하니 회원(會員)은 선교사(宣敎師) 1인(一人), 목사(牧師) 18인(一八人), 장로(長老) 18인(一八人)이더라. 제주(濟州) 전도(傳道)하는 사업(事業)을 폐(廢)하고 임정찬(林貞燦)을 소환(召還)하자는 의안(議案)에 대(對)하여 전북노회(全北老會)에 교섭(交涉)한 후(後) 내노회(來老會) 시(時)에 결정(決定)ᄒ게 하다. 환국(還國)한 사우업(史佑鄴, [Charles Edwin Sharp]), 피득(彼得, [Alexander A. Pieters]) 양(兩) 선교사(宣敎師)의 전도국(傳道局)을 부근(附近) 교역자(敎役者)에게 위임(委任) 고견(顧見)ᄒ게 하다.

동년(同年) 8월(八月) 30일(三〇日)에 신천읍예배당(信川邑禮拜堂)에 황해노회(黃海老會) 제 20회(第二〇回)가 회집(會集)하니 선교사(宣敎師) 1인(一人), 목사(牧師) 23인(二三人), 장로(長老) 41인(四一人)이더라. 신학생(神學生) 25인(二五人)과 신학지원자(神學志願者) 오재원(吳在元), 정해룡(鄭海龍), 민영율(閔永律), 이병언(李炳彦), 최순필(崔淳弼) 제군(諸君)을 시취(試取) 허락(許諾)하다. 김덕창(金德昌)을 시취(試取)하여 조사직(助師職)을 피임(被任)하다. 피택장로(被擇長老) 이성규(李成圭), 조석윤(曹錫允), 정경섭(鄭敬燮) 제군(諸君)을 시취(試取)하여 안수(按手)하기 허락(許諾)하다. 임사부(任事部) 청원(請願)에 의(依)하여 담임목사(擔任牧師)로 허락(許諾)한 자(者)는 유동에 장덕상(張德尙), 하운동에 최병은(崔秉恩), 신환포에 정원형(鄭元衡) 제군(諸君)이고, 김종근(金鍾根)은 신막교회(敎會)에 임시목사(臨時牧師)로 임명(任命)하다. 박기철목사(朴基哲牧師)의 사직원(辭職願)은 의원(依願) 허시(許施)하다. 목사(牧師) 이기영씨(李基英氏)의 천년(天年)으로 시년(是年)에 별세(別世)함에 대(對)하여 당석(當席)에서 금(金) 130원(百三〇圓)을 연보(捐補)하여 기유가족(其遺家族)에게 송치(送致)하다. 전도부(傳道部) 청원(請願)에 의(依)하여 제주(濟州) 전도(傳道)는 여전(如前) 계속(繼續)하고 평산지방(平山地方)에 전도(傳道) 1인(一人)을 파송(派送)ㅎ게 하다. 주일학교(主日學校) 진흥부(振興部) 청원(請願)에 의(依)하여 강습소(講習所)를 2처(二處)에 분(分)하여 11월(一一月) 15일(一五日)부터 22일(二二日)까지 각(各) 교회(敎會) 주일목사(主日牧師)를 소집(召集)하여 양성(養成)ㅎ게 하다. 학생(學生)의 신앙(信仰)을 장성(長成)하기 위(爲)하여 1년(一年)에 2차식(二次式) 각(各) 학교(學校)에서 사경(査經)하기를 총회(總會)에 헌의(獻議)하다.

사경부(査經部) 청원(請願)에 의(依)하여 재령읍(載寧邑)에서 12월(一二月) 6일(六日)부터 개회(開會)ㅎ게 하다.

동년(同年) 10월(一〇月) 10일(一〇日)에 재령읍(載寧邑) 동부예배당(東部禮拜堂)에서 황해노회(黃海老會)가 임시(臨時)로 회집(會集)하니 회원(會員)은 선교사(宣敎師) 1인(一人), 목사(牧師) 11인(一一人), 장로(長老) 4인(四人)이더라. 목사(牧師) 오순형(吳舜炯), 김현점(金炫漸) 양군(兩君)의 이명(移名)을 함남노회(咸南老會)로 선송(繕送)하다.

1922년(一九二二年) 임술(壬戌) 3월(三月) 21일(二一日)에 재령읍(載寧邑) 남산현예배당(南山峴禮拜堂)에 황해노회(黃海老會) 제 21회(第二十一回)가 회집(會集)하니 회원(會員)은 선교사(宣敎師) 2인(二人), 목사(牧師) 17인(一七人), 장로(長老) 43인(四三人)이더라.[154]

직원(職員)을 선정(選定)하니 회장(會長)에 임택권(林澤權), 서기(書記) 이춘형(李春瀅), 회계(會計) 박춘환(朴春煥)이더라. 임사부(任事部) 청원(請願)에 의(依)하여 사평교회(敎會)에 최진섭(崔鎭燮)을 담임목사(擔任牧師)로, 고현교회(敎會)에 이지양(李枝陽)을 임시목사(臨時牧師)로, 칠동교회(敎會)에 김종삼(金宗三)을 임시목사(臨時牧師)로, 문화교회(文化敎會)에 최현식(崔賢植)을 임시목사(臨時牧師)로 임명(任命)하다.

문답부(問答部) 청원(請願)에 의(依)하여 이승길(李承吉), 장진식(張鎭植), 송종만(宋鍾萬), 한재선(韓在善), 임재형(林載衡), 김용삼(金龍三), 오덕수(吳德洙), 나일건(羅日乾), 박순(朴淳), 강필건(姜弼健), 최영식(崔永植) 제군(諸君)을 장로(長老)로 안수(按手)하게 하고, 신학생(神學生)은 여전(如前) 입학이(入學而) 신학지원자(神學志願者) 엄창권(嚴昌權)을 시취(試取) 허락(許諾)하다. 신학준사(神學準士) 최현식(崔賢植), 이지양(李枝陽) 양군(兩君)을 안수(按手)하여 청원(請願)한 교회(敎會)에 임시목사(臨時牧師)로 임명(任命)하다. 전도부(傳道部) 청원(請願)에 의(依)하여 제주(濟州), 평산(平山) 양처(兩處) 전도비(傳道費)를 위(爲)하여 4월(四月) 제 1주일(第一主日)에 각(各) 교회(敎會)가 1,500원(一千五百圓)의 수(數)가 되도록 협력(協力) 연보(捐補)하게 하다.

동년(同年) 7월(七月) 25일(二五日)에 재령읍성경학원(載寧邑聖經學院)에 황해노회(黃海老會)가 제 22회(二二回)로 회집(會集)하니 회원(會員)은 목사(牧師) 12인(一二人), 장로(長老) 38인(三八人)이더라. 전(前) 신학생(神學生) 14인(一四人)과 신학지원자(神學志願者) 김원식(金元植), 정도련군(鄭道鍊君)을 시취(試取) 허락(許諾)하다.

피택장로(被擇長老) 기재천(奇載天), 김익권(金益權) 양군(兩君)을 시취(試取)하여 안수(按手)하기 허락(許諾)하다. 김태석(金泰錫), 김현식(金賢植)의 목사(牧師) 사직원(辭職願)은 의원(依願) 허시(許施)하다. 시년(是年)에 목사(牧師) 이원민씨(李元敏氏)가 천년(天年)으로 별세(別世)하다. 평산(平山) 등지(等地)에 전도인(傳道人)을 계속(繼續) 파송(派送)ㅎ게 하다. 별위원(別委員)의 청원(請願)에 의(依)하여 본(本) 노회(老會)를 분립(分立)하여 동편(東便)은 황해노회(黃海老會)로 서편(西便)은 해서노회(海西老會)로 명명(命名)하여 내총회(來總會) 시(時) 재가(裁可) 있기를 결정(決定)하다.

동년(同年) 11월(一一月) 11일(一一日)에 재령읍(載寧邑) 남산현예배당(南山峴禮拜堂)에 황해노회(黃海老會)가 임시(臨時)로 회집(會集)하니 목사(牧師) 14인(一四人), 장로(長老) 11인(一一人)이더라. 총회(總會)에서 사리원(沙里院)에 감리교파(監理敎派) 전도(傳道)하기를 허락(許諾)한 것은 불합(不合)한 줄로 내총회(來總會)에 쟁변서(諍辨書)를 저출(著出)ㅎ게 하다. 정사부(定事部) 청원(請願)에 의(依)하여 목사구역(牧師區域)을 혹(或) 병립(并立)하며, 혹(或)은 선교사(宣敎師)에게 부여(付與)하다. 평양노회(平陽老會)에서 선송(繕送)한 유원봉목사(柳遠鳳牧師)의 이명증서(移名證書)를 접수(接受)하다.

동년(同年) 12월(一二月) 20일(二〇日)에 재령읍(載寧邑) 서부예배당(西部禮拜堂)에 황해노회(黃海老會) 제 23회(第二三回)가 회집(會集)하여 직원(職員)을 선정(選定)하니 회장(會長) 장홍범(張弘範), 서기(書記) 정원형(鄭元衡), 회계(會計) 박태환(朴泰煥)이더라. 출석회원(出席會員)은 목사(牧師) 20인(二〇人), 장로(長老) 35인(三五人), 합(合) 54인(五四人)이더라. 피택장로(被擇長老) 김승신(金承信), 오덕형(吳德炯), 안경화(安京化), 곽련주(郭璉周), 계성(繼聖) 제군(諸君)을 시취(試取)하여 안수(按手)하기 허락(許諾)하다. 김원려군(金元麗君)을 시취(試取)하여 조사(助師)로 피임(被任)하다. 주일학교부(主日學校部) 청원(請願)에 의(依)하여 신학교(神學校) 주일학교(主日學校) 교사(敎師) 양성반(養成班)에 1인(一人)을 택송(擇送)ㅎ게 하다.[155]

정치부(政治部) 청원(請願)에 택(擇)하여 양석진(梁錫鎭), 임정찬(林貞燦), 최진섭(崔鎭燮)을 청원(請願)한 각(各) 교회(敎會)에 담임목사(擔任牧師)로 임명(任命)하고 이종근(李鍾根), 박기철(朴基哲), 김종삼(金鍾三) 제군(諸君)의 목사(牧師) 사직원(辭職願)은 의원(依願) 허시(許施)하다. 양응서(梁應瑞), 이지양(李枝陽), 유원봉(柳遠鳳)은 청원(請願)한 교회(敎會)에 임시목사(臨時牧師)로 임명(任命)하다. 전도부(傳道部) 청원(請願)에 의(依)하여 노회(老會) 내(內) 청년전도회(靑年傳道會)를 후원(後援)ㅎ게 하다. 학무부(學務部) 청원(請願)에 의(依)하여 명신학교(明新學校) 고등과(高等科) 찬조(贊助)하기 위(爲)하여 매(每) 9월(九月) 제 1주일(第一主日)에 각(各) 교회(敎會)가 연보(捐補)하게 하다. 사경부(査經部) 청원(請願)에 의(依)하여 동기사경(冬期査經)은 명년(明年)부터 처소(處所)를 은율(殷栗), 안악(安岳), 신천(信川), 재령(載寧), 사리원(沙里院) 등(等) 5처(五處)로 분(分)하여 연년(年年)이 차서(次序)로 회집(會集)하게 하다.

 1923년(一九二三年) 계해(癸亥) 4월(四月) 19일(一九日) 신천읍예배당(信川邑禮拜堂)에 황해임시노회(黃海臨時老會)가 회집(會集)하니 회원(會員)은 목사(牧師) 16인(十六人), 장로(長老) 13인(一三人)이더라. 총회전도비(總會傳道費) 감사연보금(感謝捐補金)을 세례인(洗禮人) 명하(名下) 40전(四○錢) 비례(比例)로 각(各) 교회(敎會)가 협동(協同) 출연(出捐)하게 하기 위(爲)하여 권장위원(勸獎委員)을 선정(選定)하다.

 동년(同年) 4월(四月) 20일(二○日)에 동장소(同場所)에서 황해노회(黃海老會) 제 24회(第二四回)가 회집(會集)하니 회원(會員)은 선교사(宣敎師) 1인(一人), 목사(牧師) 22인(二二人), 장로(長老) 54인(五四人)이더라. 종전(從前) 신학생(神學生) 10인(一○人)과 신학지원자(神學志願者) 서경연군(徐景淵君)을 시취(試取) 허락(許諾)하다. 피택장로(被擇長老) 해창(海倉)에 홍성두(洪性斗), 유동에 박기영(朴基永) 양군(兩君)을 안수(按手)하기 허락(許諾)하다. 정사부(定事部) 청원(請願)에 의(依)하여 은질기, 광탄, 하금산, 간촌 4교회(四敎會)에 이종근(李鍾根)을 임시목사(臨時牧師)로, 원내동외(元內洞外) 4교회(四敎會)에 박기철(朴基哲)을 임시목사(臨時牧師)로, 사리원(沙里院)에 김윤점(金允漸)을 임시목사(臨時牧師)로, 풍천읍(豊川邑)에 정원형(鄭元衡)을 임시목사(臨時牧師)로, 장촌에 양석진(梁錫鎭)을, 신천읍(信川邑)에 유만섭(柳萬燮)을 담임목사(擔任牧師)로 일일(一一)이 임명(任命)하다. 김응율(金應律), 방식일(方植一) 양군(兩君)을 시취(試取)하여 조사(助師)로 승인(承認)하다. 선교사(宣敎師) 안두화(安斗華, [Edward A. Adams])가 시년(是年)에 내도(來到)하여 귀국(歸國)한 한(韓)위[William B. Hunt] 목사(牧師) 구역(區域)에서 선교(宣敎)하다. 김규현목사(金奎鉉牧師)의 이명(移名)을 간도노회(間島老會)로 선송(繕送)하다. 최현식목사(崔賢植牧師)가 시년(是年) 1월(一月)에 천년(天年)으로 영면(永眠)하다. 학무부(學務部) 청원(請願)에 의(依)하여 명신학교(明新學校)를 위(爲)하여 예년(例年) 연금(捐金) 3,000원(三千圓)을 담부(擔付)하게 하다. 신학준사(神學準士) 허간(許偘)을 시취(試取) 안수(按手)하여 목사(牧師)로 임명(任

命)하다. 전승근군(田承根君)의 불미(不美)한 사건(事件)을 재판위원(裁判委員)의 조사(調査) 판결(判決)에 의(依)하여 목사(牧師)의 직(職)을 면직(免職)하고 수찬(受餐) 정지(停止)ᄒᆞ게 하다. 주일학교부(主日學校部) 청원(請願)에 의(依)하여 장홍범군(張弘範君)을 신학교(神學校) 주일학교(主日學校) 강습반(講習班)에 파송(派送) 공부(工夫)케 하다. 전도부(傳道部) 청원(請願)에 의(依)하여 목사(牧師) 김정묵(金正默)과 박창항(朴昌恒)을 평산지방(平山地方)에 파송(派送) 전도(傳道)하다. 시년(是年) 10월(一〇月)에 전도위원(傳道委員)을 9대(九隊)로 조직(組織)하여 각(各) 교회(敎會)에 순회(巡廻) 강연(講演)하다. 동기사경(冬期査經)은 12월(十二月) 12일(十二日)부터 은율읍(殷栗邑)에서 개회(開會)ᄒᆞ게 하다.[156]

1923년(一九二三年) 12월(十二月) 18일(十八日)에 은율읍예배당(殷栗邑禮拜堂)에 황해노회(黃海老會) 제 25회(第二五回)가 회집(會集)하니 회원(會員)은 선교사(宣敎師) 1인(一人), 목사(牧師) 19인(一九人), 장로(長老) 52인(五二人)이더라. 직원(職員)을 선정(選定)하니 회장(會長) 유만섭(柳萬燮), 서기(書記) 유원봉(柳遠鳳), 회계(會計) 오득인(吳得仁)이 피임(被任)하다. 종전(從前) 신학생(神學生) 6인(六人)과 신학지원자(神學志願者) 최응순(崔應淳)을 시취(試取) 입학(入學)ᄒᆞ게 하다. 피택장로(被擇長老) 내(內)안리교회(里敎會) 박중익(朴仲益)을 시취(試取)하여 안수(按手)하기 허락(許諾)하다. 정사부(定事部) 청원(請願)에 의(依)하여 장연외촌(長淵外村) 3교회(三敎會)에 김종삼(金宗三), 임정찬(林貞燦)을 임시목사(臨時牧師)로, 안악읍(安岳邑)에 정일선(丁一善)을 담임목사(擔任牧師)로 임명(任命)하다. 정일선목사(丁一善牧師)의 이명(移名)이 평양노회(平壤老會)로부터 내(來)한 것을 접수(接受)하다. 선교사(宣敎師) 배의림(裵義林, [William M. Baird, Jr])군(君)이 시년(是年)에 내도(來到)함으로 장연(長淵), 송화(松禾), 등지(等地)를 선교지방(宣敎地方)으로 지정(指定)하다. 평산(平山) 누천교회(敎會) 예배당(禮拜堂)을 위(爲)하여 당석(當席)에서 금(金) 175원 75전(一百七五圓七五錢)을 출연(出捐)하다.

전도부(傳道部) 청원(請願)에 의(依)하여 신학준사(神學準士) 유해천

(柳海天)을 시취(試取)하여 전도목사(傳道牧師)로 임명(任命)하되 안수예식 위원(按手禮式委員)은 회장(會長), 서기(書記) 외(外) 기인(幾人)으로 하게 하다. 신학준사(神學準士) 이승길(李承吉), 김두헌(金斗憲)을 안수(按手)하여 목사(牧師)로 임명(任命)하여 청원(請願)한 교회(敎會)에 위임(委任)하다.

1924년(一九二四年) 갑자(甲子) 4월(四月) 22일(二二日)에 신천읍예배당(信川邑禮拜堂)에 황해임시노회(黃海臨時老會)가 회집(會集)하니 회원(會員)은 선교사(宣敎師) 1인(一人), 목사(牧師) 12인(十二人), 장로(長老) 7인(七人)이더라. 종산교회(鍾山敎會)와 우종서(禹鍾瑞)와의 분쟁사유(紛爭事由)를 조사(調査)할 위원(委員) 3인(三人)을 택송(擇送)하다.

동년(同年) 7월(七月) 8일(八日)에 송화읍예배당(松禾邑禮拜堂)에 황해노회(黃海老會) 제 26회(第二六回)가 회집(會集)하니 선교사(宣敎師) 2인(二人), 목사(牧師) 26인(二六人), 장로(長老) 59인(五九人)이 출석(出席)이더라. 신학재적생(神學在籍生) 5인(五人)과 신학지원자(神學志願者) 박구섭(朴九燮)을 시취(試取) 입학(入學)하게 하다. 남정렬(南廷烈)을 시취(試取)하여 장로(長老)로 안수(按手)하기 허락(許諾)하다. 허간(許侃)을 미생촌, 상거리 양교회(兩敎會) 임시목사(臨時牧師)로 임명(任命)하다. 선교사(宣敎師) 배의림(裵義林, [William M. Baird, Jr])은 해서지방(海西地方)에서 선교(宣敎)하게 하다. 정치위원(政治委員) 보고(報告)에 의(依)하여 우종서(禹鍾瑞)와 종산교회(鍾山敎會)와의 분쟁(紛爭)한 과실(過失)에 대(對)하여 양방(兩方)을 계책(誡責)하게 하다. 혼인(婚姻)은 신자간(信者間)에 하되 총회규칙(總會規則)대로 연령(年齡) 만기(滿期)하고 재전(財錢)을 사용(使用)하지 아니한 자(者)에게 혼례(婚禮)를 행(行)하게 하다. 주일학교부(主日學校部)에서 장홍범군(張弘範君)을 신학교(神學校) 주일강습반(主日講習班)에 1삭간(一朔間) 파송(派送)하여 공부(工夫)한 것과 탐손박사(博士)를 청(請)하여 재령읍(載寧邑)에 1주일간(一週日間) 강습회(講習會)한 상황(狀況)의 보고(報告)가 유(有)하다. 입원(入院)한 김원정조사(金元貞助師)를 위(爲)하여 당석(當席)에 금(金) 77원 70전(七七圓七〇錢)을 출연(出捐)하다. 명신학교(明新學校) 장려위원(獎勵委員) 4인(四人)을 더 택(擇)하다.

전도부(傳道部) 청원(請願)에 의(依)하여 평산(平山) 유천예배당(禮拜堂) 건축상황(建築狀況)을 김정묵목사(金正默牧師)로 각(各) 교회(敎會)에 순회(巡廻) 보고(報告)ㅎ게 하다. 사경부(査經部) 청원(請願)에[157] 의(依)하여 재전(在前) 작정(作定)한 장소(場所)의 일정(一定)한 곳은 정지(停止)하고 수시(隨時) 합의(合宜)한 곳에 회집(會集)ㅎ게 하다.

동년(同年) 12월(十二月) 16일(一六日)에 장연읍예배당(長淵邑禮拜堂)에 황해노회(黃海老會) 제 27회(第二七回)가 회집(會集)하니 선교사(宣敎師) 3인(三人), 목사(牧師) 25인(二五人), 장로(長老) 52인(五二人)이 출석(出席)이더라. 직원(職員)을 선정(選定)하니 회장(會長) 정원형(鄭元衡), 서기(書記) 임재형(林載衡), 회계(會計)에 정찬유(鄭讚裕) 제인(諸人)이더라. 신학지원자(神學志願者) 김원려(金元麗), 김홍수(金鴻壽), 김영만(金永萬), 유충수(柳充秀), 장필석(張弼錫), 오장환(吳章煥) 제군(諸君)을 시취(試取)하여 입학(入學)ㅎ게 하다. 피택장로(被擇長老) 최봉주(崔鳳周), 오진형(吳鎭炯), 박헌식(朴憲植) 제군(諸君)을 시취(試取)하여 안수(按手)하기 허락(許諾)하다.

송화군(松禾郡) 석탄이외(以外) 3교회(三敎會)에 윤문옥(尹文玉)을 임시목사(臨時牧師)로, 송화읍교회(松禾邑敎會)에 신학준사(神學準士) 장의택(張義鐸)을 안수(按手)하여 임시목사(臨時牧師)로 임명(任命)ㅎ게 하다. 양응수(梁應需), 최진섭(崔鎭燮) 양군(兩君)의 목사사직원(牧師辭職願)은 허락(許諾)하다. 주일학교부(主日學校部)에서 강습회(講習會)를 장연읍(長淵邑), 사리원(沙里院) 기타(其他) 2처(二處)에서 하기를 청원(請願)하다. 유해천(柳海天)은 문화읍(文化邑) 목사(牧師)를 사면(辭免)하고 안악(安岳) 등지(等地)에서 전도목사(傳道牧師)로 시무(視務)ㅎ게 하다. 장의택군(張義擇君)을 목사(牧師)로 안수(按手)할 별위원(別委員) 7인(七人)을 택(擇)하다.

2. 교회조직(二, 敎會組織)

1912년(一九一二年) 임자(壬子)에 송화군(松禾郡) 연교교회(鈆敎會)가 예배당(禮拜堂)을 건축(建築)하다.

동년(同年) 장연군(長淵郡) 동촌교회(東村敎會)가 설립(設立)되다. 선시(先是)에 김관영(金寬永)의 전도(傳道)로 교회(敎會)를 창립(創立)하고 후(後)에 김관영(金寬永) 부부(夫婦)가 예배당(禮拜堂)을 건축(建築)하기 위(爲)하여 금식기도(禁食祈禱)하며 매일(每日) 식량(食糧) 중(中) 미(米) 1합식(一合式) 저축(貯蓄)하여 예배당(禮拜堂)을 건축(建築)하니라.

동년(同年)에 봉산군(鳳山郡) 토성교회(土城敎會)가 설립(設立)하다. 선시(先是)에 은파지교회(銀波支敎會)에 속(屬)해 있더니 지시(至是)하여 분립(分立)하니라.

동년(同年)에 송화군(松禾郡) 신촌교회(新村敎會)가 설립(設立)하다. 선시(先是)에 덕흘리지교회(德屹里支敎會)로 성립(成立)하고 지시(至是)하여 유동승(劉東承), 김형묵(金亨默)이 입교(入敎)하여 합심(合心) 근무(勤務)함으로 진흥(振興)하니라.

동년(同年)에 장연군(長淵郡) 용정동교회(龍井洞敎會)가 김종삼(金宗三)을 장로(長老)로 안수(按手)하여 당회(堂會)를 성립(成立)하니라.

1913년(一九一三年) 계축(癸丑)에 봉산군(鳳山郡) 사리원교회(沙里院敎會)가 미가(尾家)로 예배당(禮拜堂)을 건축(建築)하고 학교(學校)를 설립(設立)하고 학육(學育)을 면려(勉勵)하니라.[158]

동년(同年)에 안악군(安岳郡) 신덕리교회(新德里敎會)가 안병학(安秉學)을 장로(長老)로 안수(按手)하여 당회(堂會)를 설립(設立)하니라.

동년(同年)에 신천군(信川郡) 추동교회(楸洞敎會)가 설립(設立)하다. 선시(先是)에 지방(地方) 제직회(諸職會)의 전도(傳道)로 김창인(金昌仁), 이창봉(李昌奉)의 신교(信敎) 후(後) 합심근면(合心勤勉)하므로 교회(敎會)가 성립(成立)하니라.

　1914년(一九一四年) 갑인(甲寅)[에] 은율군(殷栗郡) 읍내교회(邑內敎會)가 예배당(禮拜堂)을 건축(建築)하고 이상근(李尚根), 김정교(金貞敎), 이찬영(李贊永)을 장로(長老)로 안수(按手)하여 당회(堂會)를 성립(成立)하고 남녀학교(男女學校)를 입(立)하고 교육(敎育)을 면려(勉勵)하니라.

　동년(同年)에 은율군(殷栗郡) 고현(古縣) 배영주(裵永周)를 장로(長老)로 안수(按手)하여 당회(堂會)를 성립(成立)하니라.

　동년(同年)에 봉산군(鳳山郡) 유정교회(楡亭敎會)가 예배당(禮拜堂)을 건축(建築)하다. 본회(本會) 여도(女徒) 김태신(金台信), 이승신(李承信), 김충신(金忠信) 3인(三人)이 합심(合心) 기도(祈禱)하므로 예배당(禮拜堂)을 건축(建築)하고 교우(敎友) 흥왕(興旺)하였고 목사(牧師) 양석진(梁錫晋)으로 시무(視務)ᄒ게 하니라.

　동년(同年)에 재령군(載寧郡) 화암교회(花岩敎會)가 설립(設立)하다. 선시(先是)에 한택서(韓宅西)가 신(信)하고 읍내교회지회(邑內敎會支會)가 되었다가 지시(至是) 분립(分立)하니라.

　동년(同年)에 은율군(殷栗郡) 화천교회(花川敎會)가 설립(設立)하다. 선시(先是)에 신종각(申宗珏)의 전도(傳道)로 신자(信者)가 다흥(多興)하여 교회(敎會)가 성립(成立)하니라.

　동년(同年)에 재령군(載寧郡) 부성리교회(富城里敎會)가 설립(設立)되다. 읍교회(邑敎會) 전도(傳道)로 이진영(李鎭英), 이재영(李載英), 정창현(鄭昌賢) 등(等)이 신교(信敎)하고 교회(敎會) 성립(成立)하니라.

　1915년(一九一五年) 을묘(乙卯)에 안악군(安岳郡) 덕산교회(德山敎會)가 정계로(鄭啓老)를 장로(長老)로 안수(按手)하여 당회(堂會)를 성립(成立)하고 미가예배당(尾家禮拜堂)을 건축(建築)하니라.

　동년(同年)에 송화군(松禾郡) 장촌교회(張村敎會)가 김덕회(金德會)를 장로(長老)로 안수(按手)하여 당회(堂會)를 성립(成立)하다. 예배당(禮拜堂)을 건축(建築)하고 남녀학교(男女學校)도 건축(建築)하여 교육(敎育)을 무(務)하니라.

1916년(一九一六年) 병진(丙辰)에 송화군(松禾郡) 덕안리교회(德安里敎會)에 여도(女徒)인 선애(善愛)가 토지(土地) 40여두락(四○餘斗落)을 기부(寄附)하고 예배당(禮拜堂) 건축(建築) 시(時)에 기지(基地)도 성납(誠納)하니라.

동년(同年)에 장연군(長淵郡) 백촌교회(白村敎會)가 장인식(張仁植)을 장로(長老)로 안수(按手)하여 당회(堂會)를 성립(成立)하니라.

동년(同年)[에] 송화군(松禾郡) 학리교회(鶴里敎會)가 장영록(張永祿)을 장로(長老)로 안수(按手)하여 당회(堂會)를 성립(成立)하다.[159]

동년(同年)에 동군(同郡) 칠정리교회(七井里敎會)가 여운남(呂運南), 허응숙(許應淑)의 봉사(奉仕)로 교회(敎會) 진흥(振興)하여 예배당(禮拜堂)을 건축(建築)하니라.

동년(同年)에 재령군(載寧郡) 내초동교회(內草洞敎會)가 설립(設立)하다. 선시(先是)에 광탄교회(廣灘敎會)에서 전도(傳道)하므로 김종경(金宗敬), 최정섭(崔貞涉) 2인(二人)이 신종(信從)하여 교회(敎會)를 성립(成立)하니라.

동년(同年)에 은율군(殷栗郡) 관산교회(觀山敎會)가 설립(設立)하다. 고현교회(古縣敎會) 전도(傳道)로 성립(成立)하니라.

동년(同年)에 재령군(載寧郡) 구자오교회(舊者五敎會)가 설립(設立)하다. 상거동교회(上巨洞敎會)가 전도(傳道)하여 설립(設立)하니라.

동년(同年)에 송화군(松禾郡) 수사리교회(水舍里敎會)가 설립(設立)하다. 초(初) 장덕상(張德尙)의 전도(傳道)로 여재상(呂在尙), 여승홍(呂承弘) 등(等)이 신교(信敎)하고 교회(敎會)가 점차(漸次) 성립(成立)하니라.

동년(同年)에 송화군(松禾郡) 토정리교회(土井里敎會)가 설립(設立)하다. 선시(先是)에 여도(女徒) 윤성삼(尹聖三), 남인(男人) 김달주(金達周), 유덕상(劉德尙) 등(等)이 입교(入敎)하여 덕흘리교회(德屹里敎會)에 내왕(來往) 예배(禮拜)하더니 지시(至是)하여 분립(分立)하고 윤성삼(尹聖三)이 절식(節食) 저미(貯米)하여 전도비(傳道費)를 제공(提供)하므로 교회(敎會) 대진(大進)하니라.

동년(同年) 재령군(載寧郡) 청석두교회(靑石頭敎會)가 설립(設立)하다. 선시(先是)에 지방(地方) 제직회(諸職會) 전도(傳道)로 신자(信者)가 다기(多起)하여 교회(敎會)를 성립(成立)하고 조사(助師) 최정환(崔正煥)이 근무(勤務) 중(中)에 진흥(振興)하니라.

1917년(一九一七年) 정사(丁巳)에 봉산군(鳳山郡) 신원교회(新院敎會) 목사(牧師) 김장호(金庄鎬)가 교리(敎理)를 위반(違反)하고 노회(老會)를 부진(不振)한 사(事)로 면직(免職)을 당(當)하고 당교회(當敎會)도 노회(老會)를 불복(不服)하므로 치리(治理)하니라.

동년(同年)에 재령군(載寧郡) 은북지교회(銀北只敎會)가 예배당(禮拜堂)을 건축(建築)하니라.

동년(同年)에 장연(長淵) 청산교회(靑山敎會)가 진흥(振興)하여 예배당(禮拜堂)을 건축(建築)하니라.

동년(同年)에 부성리교회(富城里敎會)가 이재기(李在基)를 장로(長老)로 안수(按手)하여 당회(堂會)를 성립(成立)하여 월(越) 2년(二年)에 교회(敎會) 진흥(振興)하여 예배당(禮拜堂)을 건축(建築)하니라.

1918년(一九一八年) 무오(戊午)에 재령군(載寧郡) 해창동교회(海倉洞敎會) 목사(牧師) 황인성(黃寅晟)이 사무(辭務)하고 장홍범(張弘範)이 상계시무(相繼視務)하다.

동년(同年)에 안악군(安岳郡) 동창교회(東倉敎會)가 신도(信徒) 임성근(林成根)이 열심봉사(熱心奉仕)하므로 교회(敎會) 진흥(振興)하여 예배당(禮拜堂)을 갱축(更築)하다. 한석규(韓錫奎), 임성근(林成根) 등(等)을 장로(長老)로 안수(按手)하여 당회(堂會)를 성립(成立)하니라.[160]

동년(同年)에 송화군(松禾郡) 읍내교회(邑內敎會)에 김광선(金光善)이 금(金) 1천원(一千圓)을 연보(捐補)하고 서광호(徐光昊)가 금(金) 100원(一百圓)을 연보(捐補)하여 예배당(禮拜堂)을 건축(建築)하니라. 목사(牧師) 김덕회(金德會)가 시무(視務)하다.

1919년(一九一九年) 기미(己未)[에] 안악군(安岳郡) 덕산교회(德山敎會) 장로(長老) 정계로(鄭啓老)가 3 · 1운동(三一運動) 사건(事件)으로 중환

(中丸) 입감(入監)ㅎ게 되므로 교회(敎會) 점약(漸弱)하니라.

동년(同年)에 안악군(安岳郡) 대원면(大遠面) 원동교회(元洞敎會)가 설립(設立)하다. 김병집부부(金炳輯夫婦)가 열심(熱心) 신주(信主)하여 예배당(禮拜堂)을 매수(買受) 예배(禮拜)하더니 기후(其後)에 점점(漸漸) 미약(微弱)하여 해산상태(解散狀態)로 수년(數年)을 경과(經過)하더니 지시(至是)하여 용제교인(龍濟敎人) 임인표(林仁彪)가 자기전랑(自己前廊)을 예배당(禮拜堂)으로 성납(誠納)하니다[라]. 기후(其後) 김병집(金炳輯)이 금(金) 400원(四百圓)과 토지(土地) 약간(若干)을 봉헌(奉獻)하여 교회(敎會)를 영구(永久) 유지(維持)하니라.

1920년(一九二〇年) 경신(庚申)에 봉산군(鳳山郡) 은파교회(銀波敎會) 미가(尾家) 12간(一二間) 예배당(禮拜堂)을 건축(建築)하다. 목사(牧師) 김현점(金鉉漸)이 시무(視務)하니라.

1922년(一九二二年) 임술(壬戌)에 수안군(遂安郡) 대평면(大坪面) 외암교회(外岩敎會)가 박영호(朴永浩)를 장로(長老)로 안수(按手)하여 당회(堂會)를 성립(成立)하다. 선시(先是)에 함문일(咸聞一), 박재실(朴在實) 2인(二人)이 열심신주(熱心信主)하더니 지시(至是)하여 당회(堂會) 성립(成立)이라. 선교사(宣敎師) 허웍[대]전(許六[大]典, J. Cordon Holdcroft])과 목사(牧師) 김수봉(金守鳳)이 시무(視務)하니라.

3. 환난(三, 患難)

상편(上編) 79혈(七九頁) 13행(一三行)으로 80혈(八〇頁) 8행(八行) 기사(記事) 중(中)에 이근택(李根澤), 김영준(金永俊)이오 관찰부속(觀察府屬) 중(中) 1인(一人)이라는 자(者)는 은율읍교회(殷栗邑敎會) 영수(領袖) 홍성서(洪性瑞), 홍명기부자(洪明基父子)가 오재(誤載)이므로 차(此)에 갱(更)히 약기(略記)하노라. 초(初)에 미국인(美國人)이 경성(京城)에 전차(電車)를 부설(敷設)하므로 경무사(警務使) 김영준(金永俊)과 내장원경(內藏院卿)

이용익(李容翊)이 건의(建議)하되 전차(電車) 잉치(仍置)하면 국재(國財)
경갈(傾竭)이라 하여 시민(市民)을 금병(禁秉)하니 미인(美人)이 탐지(探知)
하고 황상(皇上)에게 봉달(奉達)하여 엄칙(嚴勅)이 하(下)하였더니 김(金),
이(李) 양인(兩人)은 차(此)를 심한(深恨)하여 서양인(西洋人) 기독교도(基
督敎徒)를 전멸(全滅)할 계획(計劃)으로 기독교(基督敎) 폐해(弊害)를 천폐
(天陛)에 무주(誣奏)하고 칙령(勅令)을 강(降)하여 동년(同年) 12월(一二月)
1일(一日)에 국내(國內)에 거주(居住)하는 선교사(宣敎師)와 기독교도(基督
敎徒) 도륙(屠戮)할 비지(秘旨)를 각도(各道)에 밀포(密布)하니 당시(當時)
교회(敎會)의 운명(運命)이 정(正)히 위급(危急)에 재(在)할 시(時)에 경성
(京城)에 주재(住在) 조선(朝鮮)에 선래(先來)한 선교사(宣敎師) 원두우(元
杜尤, [Horace G. Underwood])가 해주(海州)에 잠사(暫寫)하였더니 관찰
부(觀察府)로부터 기독도(基督徒) 도륙(屠戮) 비지(秘旨)를 각군(各郡)에
비통(秘通)하여 비밀리(秘密裡) 거사(擧事)○○○○○○○○○○○○
○○[를 각 군에서 일시에 단행하려 하니라.]

　동군향장(同郡鄕長) 조모(趙某)가 겸리군무(兼理郡務)하더니 동향장
(同鄕長)은 은율읍교회(殷栗邑敎會) 영수(領袖) 홍성서(洪性瑞)와 친사간
(親査間)이다. 혼가봉변(婚家逢變)을 긍휼(矜恤)히 여겨[161] 홍성서(洪性
瑞)의 백부(伯父)에게 비지(秘旨)를 밀고(密告)하여 면화(免禍)의 방(方)을
고구(考究)하라 간권(懇勸)이러니 홍성서(洪性瑞)가 차언(此言)을 문(聞)하
고 기자(其子) 명기(明基)를 해주(海州)에 파송(派送)하여 선교사(宣敎師)
원두우(元杜尤, [Horace G. Underwood])에게 급보(急報)를 전(傳)하니 원
두우(元杜尤, [Horace G. Underwood])는 급보(急報)을 받고 경성(京城)
제중원(濟衆院) 의사(醫師) 어비신(魚丕信, [Oliver R. Avison])에게 전통
(電通)하여 어비신(魚丕信, [Oliver R. Avison])으로 미공사(美公使)에게
전(傳)하니 본(本) 공사(公使)가 폐견상(陛見上) 주(奏)하여 엄준(嚴峻)한
칙전(勅電)을 각도(各道)에 급발(急發)하여 외국인(外國人)과 교도(敎徒)를
보호(保護)하게 하니 혹화(酷禍)를 면(免)하다.

　1919년(一九一九年) 기미(己未)에 장연군(長淵郡) 용정동교회(龍井洞

敎會)는 3·1운동(三一運動) 사건(事件)으로 다수(多數) 교인(敎人)이 재감(在監) 중(中)에 장로(長老) 방형묵(方亨默)과 조사(助師) 최현식(崔賢植)이 더욱 곤란(困難)을 수(受)하고 신천읍교회(信川邑敎會)에도 다수(多數) 교인(敎人)이 재감(在監)하며 부상자(負傷者)도 다(多)하니라. 재령군(載寧郡) 양생촌교회(養生村敎會)는 재감자(在監者)와 부상자(負傷者)가 다(多)한 중(中)에 장로(長老) 김병식(金炳植)은 거의 사경(死境)이다가 겨우 복소(復蘇)하니라.

4. 이단(四, 異端)

선시(先是)에 재령군(載寧郡) 신원교회(新院敎會)에서 이서(異瑞) 출생(出生)하였는데 교인(敎人) 수모(誰某)를 물론(勿論)하고 개위(皆爲) 동등(同等)이니 수(誰)의 인도(引導)라도 불수(不受)한다 하고 퇴교(退敎)하여 자유교(自由敎) 선생(先生)을 청(請)하여 자유회(自由會)를 설립(設立)하고 장로회(長老會) 치리(治理)를 불수(不受)하더니 불과(不過) 수년(數年)에 쇠멸(衰滅)하니라.

1915년(一九一五年) 을묘(乙卯)에 장연군(長淵郡) 태탄교회(苔灘敎會) 조사(助師) 김영유(金永裕)가 토요일교(土曜日敎)의 유혹(誘惑)을 수(受)하여 교우(敎友) 40여명(四〇餘名)을 인솔(引率) 귀부(歸附)하니라.

1917년(一九一七年) 정사(丁巳)에 봉산군(鳳山郡) 신원교회(新院敎會) 목사(牧師) 김장호(金庄鎬)가 교리(敎理)의 이단(異端)을 주장(主張)하여 장로회(長老會) 헌법(憲法)을 불복(不服)하므로 노회(老會)가 휴직(休職)을 명(命)하니 종내(終乃) 불복(不服)하고 교무(敎務)를 여전(如前) 집행(執行)하므로 면직(免職)하고 기교회(其敎會)는 책벌(責罰)하니라.[162]

제 6 장
전라노회(全羅老會)

1913년 계축(癸丑) 무안군 경암교회에서는 예배당 건축에 동민(洞民)이 동회(洞會)를 개(開)하고 강익수(姜益秀)를 초치(招致)하여 무수(無數)히 능욕하며 건물에 방화ㅎ고자 하여 일시 경색이 태(殆)히 위험하였으나 백절불굴(百折不屈)로 더욱 복음을 역전(力傳)하며 인내부동(忍耐不動)하니 점차(漸次) 진정(鎭定)하였느니라.

전라노회, 조선예수교장로회사기 하

1. 총론(一, 總論)

(1) 노회설립(一, 老會設立)

호남(湖南)은 토지(土地)가 비옥(肥沃)하고 기후(氣候)가 온화(溫和)하여 수륙(水陸)의 물산(物産)이 풍부(豊富)하고 인민(人民)의 생활(生活)이 요족(饒足)하여 낙토(樂土)라 가위(可謂)할지라. 연이(然而)나 차세(此世) 인간(人間)에는 완전(完全)한 행복지(幸福地)가 무(無)하느니라. 당시(當時) 빈관(貧官)의 학정(虐政)에 구축(驅逐)되는 궁부잔민(窮蔀殘民)이 요생(聊生)을 부득(不得)하여 인정(人情)이 극도(極度)로 오오(嗷嗷)할 제(際)에 구속(救贖)의 복음(福音)이 선전(宣傳)되어 음옥(陰屋)에서 신음(呻吟)하던 잔민(殘民)을 소생(蘇生)ㅎ게 되었나니 즉(卽) 1892년(一八九二年) 11월(十一月)에 미국(美國) 남장로회(南長老會) 전도국(傳道局)에서 파송(派送)한 선교사(宣敎師) 최의덕(崔義德, [Lewis Boyd Tate])과 기매(其妹) 최(崔)매리[Mattie S. Tate]양(孃)과 이눌서(李訥瑞, [William David Reynolds, 1867-1951]) 부부(夫婦)와 김위렴(金衛廉) 부부(夫婦)와 데비느[Linnie Davies]양(孃) 등(等)이 도래(渡來)하여 장로공의회(長老公議會)의 결의(決議)로 전라도(全羅道)에서 선교(宣敎)ㅎ게 되매 기익년(其翌年)부터 선교(宣敎)에 착수(着手)할새 전주(全州), 군산(群山)을 전도(傳道)의 중심지(中心地)로 정(定)하고 무한(無限)의 노력(努力)을 공(供)한 결과(結果) 신자(信者)가 여귀(如歸)하고 교회(敎會)가 일흥(日興)하여 1909년(一九○九年)에는 조선야소교장로회(朝鮮耶蘇敎長老會) 독립노회(獨立老會)가 조직(組織)되고, 불과(不過) 5년(五年) [후]인 1912년(一九一二年)에는 총회(總會)를 조직(組織)하게 됨을 따라 전선장로회(全鮮長老會)를 분(分)하여 경기(京畿), 충청(忠淸), 경상(慶尙), 전라(全羅), 황해(黃海), 평남(平南), 평북(平北), 함경(咸鏡) 등(等) 8노회(八老會)를 설립(設立)하게 되므로 1911년(一九一一年) 10월(一○月) 11일(一一日)에 본(本) 노회(老會)가 설립(設立)되니라.

(2) 노회의 의안(二, 老會의 議案)

본(本) 노회(老會) 의안(議案)에 대(對)하여 1911년(一九一一年) 10월(一○月) 11일(一一日) 조직노회록(組織老會錄)과 제 1회록(第一回錄)을 구지부득(求之不得)하여 해의안(該議案)은 세무나누락(勢無奈漏落)ㅎ게 되니 역일한사(亦一恨事)이나 후일(後日)에 보유(補遺)될 시기(時期)가 유(有)할 줄로 인(認)하노라.

1912년(一九一二年) 임자(壬子) 8월(八月) 25일(二五日) 제 2회(第二回) 전라노회(全羅老會)가 임파(臨坡) 택촌예배당(宅村禮拜堂)에 개최(開

催)하니 회원(會員)은 목사(牧師) 13인(一三人), 장로(長老) 19인(一九人),[163] 합(合) 32인(三二人)이오, 회장(會長)에 마로덕(馬路德, [Luther O. McCutchen]), 부(副) 이기풍(李基豊), 서기(書記)에 이승두(李承斗), 부서기(副書記) 김규배(金圭培), 회계(會計)에 김필수(金弼秀), 부(副) 최국현(崔國鉉)이 피선(被選)되니라. 임실(任實) 삼길리(三吉里), 도마치(道馬峙), 하천(下泉), 홍덕(興德), 신촌(新村), 함열(咸悅)고개, 한산(韓山), 완길(完吉), 래곡(谷), 황화정(皇華亭), 구암(九岩), 보성(寶城), 무만동, 여수(麗水), 장천, 김제(金堤), 육당리(六唐里), 만경(萬頃), 송지동(松枝洞), 정읍(井邑), 천원(川原), 부안(扶安), 관동(冠洞), 전주(全州) 서문외(西門外), 목포(木浦), 전주(全州) 남문외(南門外), 제주읍(濟州邑), 순천읍(順天邑) 교회(敎會)에서 장로(長老) 각(各) 1인식(一人式) 택(擇)함을 허(許)하다. 조사(助師)의 자격(資格)과 진실여부(眞實與否)를 해지방(該地方) 목사(牧師)가 매년(每年) 노회정사위원(老會定査委員)에게 보고(報告)하여 허락(許諾)을 받은 후(後) 학습문답(學習問答)하는 것을 허(許)하기로 결의(決議)하다. 신학졸업생(神學卒業生) 최대구(崔大球)는 강도사(講道師)로 인허(認許)하여 마로덕(馬路德, [Luther O. McCutchen])과 시무(視務)하게 하고 신학생(神學生) 황재삼(黃在三), 최응수(崔應洙), 최상섭(崔尙燮), 이창규(李昌珪), 김응규(金應圭), 김성식(金聲植), 김창국(金昶國), 유내춘(劉乃春), 이경필(李敬弼), 이재언(李在彦), 최경률(崔景律), 이목익(李目益), 임성옥(任成玉) 등(等)의 취학(就學)을 허(許)하고 신학생(神學生) 입학(入學)은 25세(二五歲) 이하(以下)는 중학졸업생(中學卒業生) 중(中) 체질(體質)과 자격(資格)있는 자(者)로, 25세(二五歲) 이상(以上)은 중학졸업생(中學卒業生)이 아니라도 신심(信心)과 사역(事役)의 성적(成績)과 학문(學問)이 초우(稍優)한 자(者)를 해지방(該地方) 목사(牧師)가 천(薦)하여 입학(入學) 문답(問答)을 허(許)하기로 결의(決議)하고 신학생(神學生) 학비보조책(學費補助策)에 대(對)하여는 우선 1년간(一年間) 세례인(洗禮人)에게 1전식(一錢式) 수합(收合)하여 신학준시위원(神學準試委員)으로 평균(平均) 분배(分配)하게 하기로 결정(決定)하니라.

동년(同年) 9월(九月) 2일(二日) 평양신학교(平壤神學校)에서 개최(開催)한 임시노회(臨時老會)에서 당회(堂會) 미조직교회(未組織敎會)에서는 서리집사(署理執事)만 택(擇)할 것과 태인매(泰仁梅)계 황운섭(黃雲燮)이 조합교회(組合敎會)에 이거(移去)하였으므로 본(本) 장로회(長老會)에서 제명(除名)하기로 결의(決議)하고, 제주전도사업(濟州傳道事業)은 본(本) 노회(老會)에서 담당(擔當)하기로 결의(決議)하니라.

동년(同年) 10월(一〇月) 9일(九日) 전주(全州) 서문외예배당(西門外禮拜堂)에 개최(開催)한 임시노회(臨時老會)에서 강도사(講道師) 최대구(崔大球)를 목사(牧師)로 장립(將立)하여 금구(金溝) 밧정, 구(九)봉리교회(里敎會)에 위임목사(委任牧師)로, 평북노회(平北老會) 목사(牧師) 김병례(金炳禮)는 전주(全州) 서문외교회(西門外敎會)에 위임목사(委任牧師)로 임명(任命)하니라.

1913년(一九一三年) 계축(癸丑) 8월(八月) 15일(一五日) 제 3회(第三回) 노회(老會)가 목포(木浦) 양동예배당(陽洞禮拜堂)에 개회(開會)하니 회원(會員)은 목사(牧師) 15인(一五人), 장로(長老) 19인(一九人), 합(合) 34인(三四人)이오 회장(會長)에 최의덕(崔義德, [Lewis Boyd Tate]), 부회장(副會長)에 윤식명(尹植明), 서기(書記) 김인전(金仁全), 부서기(副書記) 이승두(李承斗), 회계(會計) 김필수(金弼秀), 부회계(副會計) 타마자(打馬字, [J. V. N. Talmage])가 선임(選任)되니라. 신학졸업생(神學卒業生) 임성옥(任成玉)은 강도사(講道師)로 인허(認許)하고 김성식(金聲植)은 목사(牧師)로 장립(將立)하여 전주(全州) 보상리(寶上里) 등(等) 5교회(五敎會)에 마로덕(馬路德, [Luther O. McCutchen])과 동사목(同事牧)[164]사(師)로 시무(視務)ㅎ게 하고 함열(咸悅), 동련(東蓮), 익산(益山), 남(南)차문(門), 한산(韓山) 다리목, 전주(全州), 삼례(參禮), 보상리(寶上里), 금구(金溝) 밧정리(里), 구봉리, 초득리(草得里), 조약도, 신(申)뭉리, 백양리(白楊里), 축현(峴), 영계, 금구(金溝) 접주리(接周里), 전주(全州) 면상리(棉上里) 등(等) 각(各) 교회(敎會)에서 장로(長老) 각(各) 1인식(一人式) 택(擇)함을 허(許)하다. 재학(在學) 중(中) 신학생(神學生)은 각기(各其) 지방시찰

위원(地方視察委員)이 시취(試取)ㅎ여 준시위원(準試委員)에게 보고(報告)
ㅎ게 하기로 결정(決定)하고 목사(牧師), 장로(長老) 등(等)의 장립(將立)
및 위임(委任) 시(時)와 유아세례(幼兒洗禮) 시(時)와 혼례(婚禮) 시(時) 문
답기(問答記)를 제정(制定)할 것을 총회(總會)에 헌의(獻議)하고 기개교회
(幾箇敎會)가 연합(聯合)ㅎ여 목사(牧師)를 청빙(請聘)할 여부(與否)를 총
회(總會)에 헌의(獻議)하기로 결정(決定)하니라. 학무위원(學務委員)의 보
고(報告)에 의(依)ㅎ여 교회(敎會)와 학교(學校)를 다 완전(完全)ㅎ게 하기
위(爲)ㅎ여 교회형편(敎會形便)과 지방원근(地方遠近)에 따라 기처교회(敎
會)이든지 연합(聯合)ㅎ여 합당처(合當處)에 학교(學校)를 설립(設立)할 사
(事)와 각(各) 지방교회(地方敎會)가 세례인(洗禮人) 차례(此例)에 의(依)ㅎ
여 매명(每名) 20전식(二十錢式) 연보(捐補)ㅎ여 각기(各其) 지방목사(地方
牧師)가 시찰위원(視察委員)과 협의사용(協議使用)ㅎ게 하니라. 제주전도
사업(濟州傳道事業)은 금년(今年)을 위시(爲始)ㅎ여 총회(總會)가 본(本)
노회(老會)에 위임(委任)ㅎ게 하되 전도비(傳道費)가 부족(不足)한 경우(境
遇)에는 총회(總會)에서 도와주기를 헌의(獻議)하고 제주전도(濟州傳道)를
위(爲)ㅎ여 각(各) 교회(敎會)가 춘추(春秋)로 1회식(一回式) 연보(捐補)ㅎ
여 전도국(傳道局) 회계(會計)에게 보내기로 결정(決定)하고 또 노회당석
(老會當席)에서 연보(捐補)한 금액(金額)이 160여원(一百六〇餘圓)이더라.

동년(同年) 9월(九月) 6일(六日) 경성(京城) 승동예배당(勝洞禮拜堂)에
개최(開催)한 임시노회(臨時老會)에서 여산군(礪山郡) 황산지방(黃山地方)
이 은율군(恩律郡) 강경지방(江景地方)에 이속(移屬)됨으로 인(因)ㅎ여 감
리회(監理會)가 지방구역(地方區域)을 따라 황산교회(黃山敎會)를 인도(引
導)하라는 요구(要求)는 기(其)대로 허(許)하되 이후(以後)는 하사(何事)든
지 선교사(宣敎師)를 경유(經由)ㅎ지 말고 본(本) 노회(老會)에 직접교섭(直
接交涉)ㅎ게 하기로 결의(決議)하니라. 동월(同月) 11일(十一日) 동임시노
회(同臨時老會)에서는 총회(總會)가 신문편집인(新聞編輯人)을 목사(牧師)
김필수(金弼秀)로 청(請)하는 사(事)는 불허(不許)하고 강도사(講道師) 임
성옥(任成玉)을 장립(將立)ㅎ여 강진군(康津郡) 신풍(新豊) 등(等) 3교회

(三敎會)에 유서백(柳瑞伯, [J. S. Nisbet])과 동사목사(同事牧師)로 시무(視務)ㅎ게 하고 목포교회(木浦敎會) 목사(牧師) 윤식명(尹植明)의 청원(請願)에 대(對)하여는 특별위원(特別委員)을 택(擇)하여 목포교회(木浦敎會)와 밧정리(里)와 구봉교회(九峰敎會)의 목사(牧師)에게 심의(審議)하기로 결의(決議)하니라.

1914년(一九一四年) 갑인(甲寅) 5월(五月) 15일(一五日) 전주(全州) 서문외예배당(西門外禮拜堂)에 개최(開催)한 임시노회(臨時老會)에서 전주(全州) 서문외교회(西門外敎會) 목사(牧師) 김병례(金炳禮)의 사면청원(辭免請願)을 불허(不許)하기로 결의(決議)하니라.

동년(同年) 8월(八月) 15일(十五日) 제 4회(第四回) 노회(老會)가 광주군(光州郡) 양림동(楊林洞) 숭일학교(崇一學校) 내(內)에 개최(開催)하니 회원(會員)은 목사(牧師) 17인(一七人), 장로(長老) 21인(二一人), 합(合) 38인(三八人)이오, 임원(任員)은 회장(會長)에 배유지(裵裕祉, [E. Bell, 1868-1925]), 부회장(副會長) 이기풍(李基豊), 서기(書記) 김인전(金仁全), 부서기(副書記) 이원필(李元弼), 회계(會計) 김필수(金弼秀), 부회계(副會計) 이승두(李承斗)가 피선(被選)[165]되다. 목포교회(木浦敎會) 목사(牧師) 윤식명(尹植明)의 청원사건(請願事件)에 대한 특별위원(特別委員)의 보고(報告)는 윤식명(尹植明)의 사면사(辭免事)에 관한 원인(原因)은 형태(形態)에 나타난 것은 혈기(血氣)요, 직분(職分)의 연고(緣故)인 고(故)로 수모(誰某)의 선불선(善不善)을 불문(不問)하고 직(職)은 정지(停止)하고 직분(職分)을 사용(使用)할 사(事)가 있으면 시찰원(視察員)이 임시자해(臨時自解)하여 사용(使用)할 것이요, 장로(長老)와 집사(執事)를 택(擇)할 일은 내노회(來老會)까지 기다리게 하고 다수(多數)한 교인(敎人)이 원류(願留)한 고(故)로 윤식명(尹植明)의 사면(辭免)은 불허(不許)하고 당회(堂會)가 정지(停止)되었은즉 교회치리(敎會治理)는 시찰위원(視察委員)이 대리(代理)ㅎ게 하였다 함에 그대로 채용(採用)하니라. 신학지원자(神學志願者) 박성엽(朴聖燁), 최진하(崔鎭河), 서(徐)명오, 백운기(白雲基), 이춘원(李春元), 최홍종(崔興鍾)은 허(許)하고 박응춘(朴應春), 김(金)영배, 최재선(崔在善), 정사귀(鄭士龜), 이일문(李一文) 등(等)은 형편(形便)대로 하게 하니라. 제주전도사업(濟州傳道事業)은 노회(老會)가 담임경영(擔任經營)하되 전도목사(傳道牧師) 1인(一人)을 가파(加派)하여 1인(一人)은 제주(濟州)에서, 1인(一人)은 대정(大靜)에 위치(位置)를 정(定)ㅎ게 하고 경비(經費)는 1,000여엔(一千餘円)으로 예산(豫算)하고 노회경내교회(老會境內敎會) 감사연금(感謝捐金) 중(中) 3분의 2(三分의二)와 성탄주일연금(聖誕主日捐金)으로 충당(充當)ㅎ게 하니라. 자유교(自由敎)를 주창(主唱)하던 최중진(崔重鎭)이 회개복귀(悔改復歸)하므로 환영(歡迎)하여 그 지방시찰(地方視察)로 돌아보게 하다. 신학졸업생(神學卒業生) 이재언(李在彦)은 목사(牧師)로 장립(將立)하여 김제군(金堤郡) 대장리(大將里), 냉정리(冷井里), 후둑 3교회(三敎會)에 부위렴(夫緯廉, [W. F. Bull]) 동사목사(同事牧師)로 시무(視務)ㅎ게 하고 유내춘(柳乃春)은 군산중학교(羣山中學校) 성경목사(聖經牧師)로 시무(視務)ㅎ게 하고, 이원필(李元弼), 김인전(金仁全), 유내춘은 강도사(講道師)로 인허(認許)하여 이원필(李元弼)은 변요한(邊約翰, [John Fairman Preston]) 지방(地方), 거문제(巨文齊) 등지(等地)에서 시무(視務)ㅎ게 하고, 동복읍(同福邑), 강진군(康津郡) 병영(兵營), 함평군(咸平郡) 세정리(里), 무안리(務安里), 강진(康津), 축현, 전제(全堤) 구봉리(九峰里), 강진군(康津郡) 월남(月南), 금산읍(錦山邑), 금산군(錦山郡) 금복, 익산군(益山郡) 두화(杜花), 동군(同郡) 현내(縣內), 김제군(金堤郡) 요래, 옥구군(沃溝郡) 구암(九岩), 군산(羣山), 개교동(開橋洞), 익산군(益山郡), 양리(兩里) 교회(敎會)에 장로(長老) 각(各) 1인식(一人式) 택(擇)할 일과 남평군(南平郡) 신창리(里), 나주군(羅州郡) 동산, 김제군(金堤郡) 대명리교회(大明里敎會)에 장로(長老) 각(各) 2인(二人)을 택(擇)할 일과 나주군(羅州郡) 상촌교회(敎會)에 장로(長老) 3인(三人) 택(擇)할 사(事)를 허(許)하니라. 신학교장(神學校長) 마포삼열(馬布三悅, [Samuel A. Moffett])에게서 온 신학교규칙(神學校規則)은 노회록(老會錄)에 기재(記載)하기 결정(決定)하니라. 장성군(長城郡) 영산교인(敎人)이 소유토지(所有土地)를 기부(寄附)한 일은 전도부(傳道部)에 위임(委任)ㅎ게 하니라. 규칙위원(規則委員)의 보고(報告)에 의(依)하여 미조직교회(未組織敎會)에서 장로(長老)를 세우려면 시찰위원(視察委員)이 노회(老會)에 허락(許諾)을 받은 후(後)에 택(擇)하게 하고 문답(問答)할 것이오, 장로(長老)가 이명증서(移名證書)를 받아 가지고 타(他) 교회(敎會)에 이명(移名)하였다가 본(本) 교회(敎會)에 복귀(復歸)할지라도 피택(被擇)ㅎ지 못하면 장로(長老)로 시무(視務)ㅎ지 못하기로 규정(規定)하니라. 학무부(學務部)의 보고(報告)에 의(依)하여 1군(一郡) 경내(境內)에 2개(二個)의 학교(學校)가 있어 유지(維持)할 방침(方針)이 없는 때에는 합병(合倂)할 사(事)와 인허(認許)가 없는[166] 학교(學校)는 사립학교회(私立學校會)에 의(依)하여 인허(認許)를 받을 것과 여자(女子)의 교육(敎育)에 힘쓰기로 결정(決定)하니라.

동년(同年) 9월(九月) 5일(五日) 재령읍성경학당(載寧邑聖經學堂)에 개최(開催)한 임시노회(臨時老會)에서 목포교회(木浦敎會) 목사(牧師) 윤식명(尹植明), 전주(全州) 서문외교회(西門外敎會) 목사(牧師) 김병례(金炳禮)의 사임원(辭任願)을 허(許)하니라. 동사목사(同事牧師)의 취임예식(就任禮式)은 어떻게 할 것과 노회(老會)의 계속회(繼續會)와 임시회(臨時會)에 목사(牧師), 장로(長老) 기인(幾人)이 집회(集會)하는 예식(禮式)은 어떻게 하여야 할 것을 총회(總會)에 문의(問議)하기로 결의(決議)하니라.

동년(同年) 10월(一〇月) 10일(一〇日) 전주(全州) 서문외예배당(西門外禮拜堂)에 개최(開催)한 임시노회(臨時老會)에서는 총회(總會)에서 수의(垂議)한 총회총대(總會總代)에 대(對)하여 규칙개정(規則改定)하여 총회(總會)는 총대입회집(總代立會集)하기로 전수(全數) 가결(可決)하니라. 강도사(講道師) 김인전(金仁全), 이원필(李元弼)을 목사(牧師)로 장립(將立)하여 김인전(金仁全)은 서문외교회(西門外敎會)에 이눌서(李訥瑞, [William David Reynolds, 1867-1951])와 동사목사(同事牧師)로, 이원필(李元弼)은 목포교회(木浦敎會)에 유서백(柳西伯)과 동사목사(同事牧師)로 위임(委任)하고, 금구(金溝) 밧정리, 구봉리교회(敎會) 목사(牧師) 최대진(崔大珍)은 강진군(康津郡) 무영교회(無營敎會)에 유서백(柳西伯)과 동사목사(同事牧師)로 이임(移任)하고, 최중진(崔重珍)은 강도사(講道師)로 인허

(認許)하니라.

　1915년(一九一五年) 을묘(乙卯) 8월(八月) 28일(二八日) 제 5회(第五回) 노회(老會)가 옥구군(沃溝郡) 구암리예배당(九岩里禮拜堂)에 개최(開催)하니 회원(會員)은 목사(牧師) 28인(二八人), 장로(長老) 31인(三一人) 합(合) 59인(五九人)이오, 임원(任員)은 회장(會長) 부위렴(夫緯廉, [W. F. Bull]), 부회장(副會長) 김필수(金弼秀), 서기(書記)에 이원필(李元弼), 부서기(副書記) 홍종필(洪鍾弼), 회계(會計)에 김인전(金仁全), 부회계(副會計)에 김면수(金冕洙)가 피선(被選)하다. 신학졸업생(神學卒業生) 김창국(金昶國)은 목사(牧師)로 장립(將立)하여 삼례(參禮) 등(等) 4교회(四敎會)에 유한목사(有限牧師)로 시무(視務)ᄒᆞ게 하고 이경필(李敬弼), 이자익(李自益)은 강도사(講道師)로 인허(認許)하고, 만자산, 금독군(金犢郡) 냉경리(里), 동군(同郡) 독리(犢里), 광주군(光州郡) 일곡, 전주군(全州郡) 송삼, 김제군(金堤郡) 접주리(里), 목포부(木浦府) 양동(陽洞), 강진군(康津郡) 병영(兵營), 월남리(月南里), 제주군(濟州郡) 서문내교회(西門內敎會)에 장로(長老) 각(各) 1인(一人)과 전주군(全州郡) 서문외교회(西門外敎會)에 장로(長老) 2인(二人)을 택(擇)하기로 허(許)하고 목포교회(木浦敎會) 목사(牧師) 이원필(李元弼)과 전주(全州) 서문외교회(西門外敎會) 목사(牧師) 김인전(金仁全)은 각기(各其) 교회(敎會)에 위임목사(委任牧師)로 임명(任命)하고, 제주(濟州) 전도목사(傳道牧師) 이기풍(李基豊)은 성음(聲音)이 부족(不足)ᄒᆞ게 되므로 1개년(一個年) 육지(陸地)에서 쉬게 하되 그 동안은 최대진(崔大珍)을 전도목사(傳道牧師)로 제주(濟州)에 시무(視務)ᄒᆞ게 하고 이기풍(李基豊)의 쉼에 관한 사(事)는 광주지방(光州地方) 시찰(視察)에 위임(委任)하고 강도사(講道師) 최중진(崔重珍)은 이름 다른 교회(敎會)에 갔으므로 제명(除名)하니라. 제주전도사업(濟州傳道事業)은 진전(進展)되어 교회당(敎會堂)에 3처(三處) 기도회(祈禱會), 5처(五處) 교인(敎人) 250여명(二百五〇餘名)에 달(達)함을 전도국(傳道局)에 보고(報告)하고 부채보상(負債報償)을 위(爲)하여 당석(當席)에서 연보(捐補)함을 청원(請願)하니라. 강도사(講道師) 이자익(李自益)은 목사(牧師)로 장립(將立)하여 금구(金溝) 구봉교회

(九峰敎會)에 다년(多年) 전도(傳道)[167]목사(牧師)로 동(同) 이경필(李敬弼)을 목사(牧師)로 장립(將立)하여 황화정교회(皇華亭敎會)에 전도목사(傳道牧師)로 임명(任命)하니라.

동년(同年) 10월(一〇月) 29일(二九日) 광주(光州) 양림리(楊林里) 기념각(紀念閣)에 개최(開催)한 임시노회(臨時老會)에서는 총회결의(總會決議)로 기독신보(基督申報) 주필(主筆)에 피선(被選)된 군산(群山), 구암교회(九岩敎會) 위임목사(委任牧師) 김필수(金弼秀) 해임(解任) 여부(與否)에 대(對)하여 토의(討議)한 결과(結果) 해임(解任)을 허(許)하니라.

1916년(一九一六年) 병진(丙辰) 8월(八月) 25일(二五日) 제 6회(第六回) 임시노회(臨時老會)가 전주(全州) 동문외예배당(東門外禮拜堂)에 개회(開會)하니 회원(會員)은 목사(牧師) 25인(二五人), 장로(長老)는 38인(三八人), 합(合) 63인(六三人)이오, 임원(任員)은 회장(會長) 김인전(金仁全), 부회장(副會長) 이기풍(李基豊), 서기(書記) 홍종필(洪鍾弼), 부서기(副書記) 곽우영(郭宇盈), 회계(會計)에 남궁혁(南宮爀), 부 최의덕(崔義德, [Lewis Boyd Tate])이 피선(被選)하다. 제주전도사업(濟州傳道事業)에 관(關)한 토의회(討議會)에서 연보(捐補)한 금액(金額)이 39원(三九圓零)이 되다. 각(各) 지방(地方) 시찰위원회(視察委員會)가 그 지방(地方) 각(各) 교회(敎會)의 보고(報告)를 수합(收合)하여 총괄보고(總括報告)하고 각(各) 당회총계표(堂會總計表)도 수합(收合)하여 사권보고(査權報告)ᄒ게 하고 각(各) 당회(堂會) 회록(會錄)은 검사(檢査)한 후(後) 보고(報告)만 하기 규정(規定)하니라. 신문위원(新聞委員)은 교인(敎人)들이 기독신보(基督申報)를 잘 구람(購覽)ᄒ게 할 방침(方針)을 연구(研究) 보고(報告)하였는데 목사(牧師), 장로(長老), 조사(助師)는 개인(個人)이 의례(依例)히 구독(購讀)하고 교인(敎人)에게 특별(特別)히 권면(勸勉)하여 구람(購覽)ᄒ게 하기로 하니라. 목사(牧師) 이기풍(李基豊)은 광주(光州) 북문내교회(北門內敎會)에 위임목사(委任牧師)로, 이자익(李自益)은 구봉리, 밧정리교회(敎會)에 전도목사(傳道牧師)로, 최대진(崔大珍)은 1년간(一年間) 제주도(濟州島)에 자업전도목사(自業傳道牧師)로, 목포교회(木浦敎會) 목사(牧師) 이원필(李元弼)은 군산부(群山府) 개복동교회(開福洞敎會)에 위임목사(委任牧師)로 이임(移任)ㅎ게 하고, 장성군(長城郡) 하나말, 전주군(全州郡) 보상리(寶上里), 해남군(海南郡) 우수영(右水營), 무안군(務安郡) 비금, 해남군(海南郡) 좌당리(左堂里), 진도군(珍島郡) 분로동, 완도군(莞島郡) 조약도(助藥島), 함평군(咸平郡) 성정리교회(里敎會)에 장로(長老) 각(各) 1명식(一名式) 택(擇)할 것을 허(許)하고 신학지원자(神學志願者) 강병준(康秉準)의 취학(就學)을 허(許)하니라. 제주전도사업(濟州傳道事業)에 대(對)하여 예산(豫算)은 700원(七〇〇圓)으로, 선교사(宣敎師) 1인(一人), 남전도(男傳道) 2인(二人), 여전도(女傳道) 1인(一人)으로 정(定)하고, 경비(經費)는 각(各) 교회(敎會)의 성탄연보(聖誕捐補)로 충당(充當)하고 본(本) 노회(老會) 내(內)에 40원(四〇圓) 이상(以上) 연보(捐補)하는 교회(敎會)는 1인식(一人式) 본(本) 전도국위원(傳道局委員)으로 참렬(參列)ㅎ게 하기로 결정(決定)하다. 규칙위원(規則委員)이 시찰위원(視察委員)과 전도위원(傳道委員)과 신학경시위원(神學經試委員)의 여비규정(旅費規程)을 제정보고(制定報告)하매 채용(採用)하니라.

동년(同年) 9월(九月) 5일(五日) 평양부(平壤府) 신학교(神學校) 내(內)에 개최(開催)한 임시노회(臨時老會)에서는 황해노회(黃海老會) 전도국(傳道局)이 제주(濟州)에 선교사(宣敎師) 1인(一人) 파송(派送)하기를 청(請)하는 사(事)는 중요(重要)한 사(事)인즉 본(本) 노회(老會) 전도국(傳道局)에 위임(委任)하여 형편(形便)을 보아 유익(有益)하도록 교섭처리(交涉處理)ㅎ게 하니라.[168]

동년(同年) 12월(一二月) 13일(一三日) 전주(全州) 서문외예배당(西門外禮拜堂)에 개최(開催)한 임시노회(臨時老會)는 강진군(康津郡) 축현 등지(等地) 4교회(四敎會) 목사(牧師) 임성옥(任成玉)의 사직원(辭職願)을 허(許)하고, 해교회(該敎會)는 선교사(宣敎師) 유서백(柳西伯, [Nisbet John Samuel, 1869-1942])에게 위임치리(委任治理)ㅎ게 하다.

1917년(一九一七年) 정사(丁巳) 5월(五月) 3일(三日) 목포(木浦) 양동예배당(陽洞禮拜堂)에 개최(開催)한 임시노회(臨時老會)에서는 전도국(傳

道局) 재정부족(財政不足)에 대(對)하여 노회(老會) 내(內) 각(各) 교회(敎會)가 6월(六月) 10일(一○日) 주일(主日)에 특별연보(特別捐補)하기로 결정(決定)하고 제주(濟州) 전도목사(傳道牧師) 최대진(崔大珍)의 사직(辭職) 청원(請願)을 허(許)하고 목포교회(木浦敎會)와 제주교회(濟州敎會)에서 목사(牧師) 이기풍(李基豊)을 청빙(請聘)하는 사(事)는 불허(不許)하고 익산현내교회(益山縣內敎會)에서 선교사(宣敎師) 하연렴(河練廉 [河緯廉, W. B. Harrison])의 치리(治理)를 아니 받게 하는 사(事)에 대(對)하여 하연렴씨(河練廉氏)가 사면(辭免)하므로 청허(聽許) 후(後) 개복동교회(開福洞敎會) 목사(牧師) 이원필(李元弼)로 임시치리(臨時治理)ᄒ게 하니라.29

동년(同年) 8월(八月) 24일(二四日) 제 7회(第七回) 노회(老會)가 광주군(光州郡) 양림리(楊林里) 기념각(紀念閣)에 개회(開會)하니 회원(會員)은 목사(牧師) 24인(二四人), 장로(長老) 39인(三九人), 합(合) 63인(六三人)이오, 임원(任員)은 회장(會長) 이원필(李元弼), 부회장(副會長) 유서백(柳西伯, [Nisbet John Samuel, 1869-1942]), 서기(書記) 홍종필(洪鍾弼), 부서기(副書記) 김창국(金昶國), 회계(會計)에 남궁혁(南宮爀), 부회계(副會計)에 김면수(金冕洙)이더라. 총회(總會)에서 수의(垂議)한 총대(總代) 규칙(規則) 중(中) 5당회(五堂會)에 목사(牧師), 장로(長老) 각(各) 1인식(一人式)으로, 7당회(七堂會) 목사(牧師), 장로(長老) 각(各) 1인식(一人式)으로 변갱(變更)하자는 사(事)에 대(對)하여 변갱(變更)하기로 결정(決定)하니라. 신학지원자(神學志願者) 남궁혁(南宮爀), 최(崔)앙국, 오석주(吳錫柱), 이(李)호종, 김(金)탁, 이(李)창규, 김(金)영배의 취학(就學)과 조상학(趙尙學), 홍종필(洪鍾弼), 김정복(金正福), 조남명, 김중수(金重洙), 곽우영(郭宇盈), 이춘원(李春元), 유재남(柳在南), 이일문(李一文), 최흥종(崔興琮), 이창규(李昌珪), 박창욱(朴昶旭), 황재삼(黃在三), 조의환(曹義煥), 백용기(白容基), 김

---

29 한국교회에서 노회 소속 장로교 선교사를 치리하기로 결정한 것은 매우 이례적이다. 상당히 많은 교회에서 선교사와 한국인 목사가 동사 목사로 시무하는 경우가 많았는데 총대권은 한국인 목사에게 부여하고 선교사에게는 투표권이 없고 언권만 부여했다. 그러나 만약 한국인 목사가 부재할 경우 선교사가 총대로 참석하여 모든 권한을 행사할 수 있게 하였다.

응규(金應圭), 김성원(金誠原), 정태인(鄭泰仁) 등(等)의 계속수학(繼續修學)을 허(許)하고, 서명오(徐明五), 최경률(崔景律)은 정학(停學)하고, 최상섭(崔尙燮), 박(朴)승엽은 규칙(規則)에 의(依)하여 불허(不許)하니라. 규칙위원(規則委員)이 규칙(規則) 70조(七〇條)를 제정(制定)하매 채용(採用)하다[규칙(規則)은 생략(省略)함]. 제주전도(濟州傳道) 형편보고회(形便報告會)에 목포(木浦) 무명씨(無名氏)가 제주전도사업(濟州傳道事業)을 위(爲)하여 200원(二〇〇圓)을 연보(捐補)한 사(事)를 이기풍(李基豊)이 설명(說明)하매 회중(會中)이 감사(感謝)한 마음으로 받드니라.

정사부(定事部) 보고(報告)에 의(依)하여 목사(牧師) 이경필(李敬弼)은 목포(木浦) 양동교회(陽洞敎會)에 임시목사(臨時牧師)로, 최대진(崔大珍)은 익산(益山) 신덕리교회(里敎會)에 그 지방(地方) 선교사(宣敎師)와 동사목사(同事牧師)로 시찰(視察)ㅎ게 하고 신학졸업생(神學卒業生) 김성원(金誠原), 김응규(金應圭), 정태인(鄭泰仁)은 목사(牧師)로 장립(將立)하여 김성원(金誠原)은 전주(全州) 동남지방(東南地方)에 강운림(康雲林, [William M. Clark])과 동사목사(同事牧師)로, 김응규(金應圭)는 김제(金堤) 남편지방(南便地方)에 이눌서(李訥瑞, [William David Reynolds, 1867-1951])와 동사전도목사(同事傳道牧師)로, 정태인(鄭泰仁)은 보성(寶城), 흥양(興陽) 5처(五處) 교회(敎會)에 구례인(具禮仁, [John Curtis Crane])과[169] 동사전도목사(同事傳道牧師)로 임명(任命)하고, 목사(牧師) 김성식(金聲植), 김창국(金昶國)의 사직원(辭職願)과 순천읍교회(順天邑敎會)에서 목사(牧師) 방효원(方孝元)을 변백한(邊伯翰)과 동사목사(同事牧師)로 청원(請願)함은 청허(聽許)하고 전주군(全州郡) 두현리, 무주군(茂州郡) 석항, 널갖, 진안군(鎭安郡) 기니진, 상동, 학동, 금으로, 남평읍(南平邑), 광주군(光州郡) 구소 도조산, 장성군(長城郡) 하라리(河羅里) 장성(長城), 소도리, 영광읍(靈光邑), 장흥군(長興郡), 도청리(都廳里), 해남군(海南郡) 어은동(洞), 무안군(務安郡) 기촤리(里), 해남군(海南郡) 사동리(里), 강진군(康津郡) 백양리(白羊里), 곡성(谷城) 청룡리(靑龍里), 무주군(茂州郡) 무만동, 만항읍(萬項邑), 정읍군(井邑郡) 천원교회(川源敎會)에 장로(長老) 각(各) 1인식(一人

式)과 순천읍(順天邑), 광양군(光陽郡) 문동, 흥양읍교회(興陽邑敎會)에 장로(長老) 각(各) 2인식(二人式) 택(擇)함을 허(許)하고 전주(全州) 동남지방(東南地方) 5처(五處) 교회(敎會)에서 김성식(金聲植) 청원(請願)하는 사(事)는 노회(老會)에서 직결(直決)하기로 결정(決定)한 후(後) 노회(老會)는 동사건(同事件)을 전주지방(全州地方) 시찰(視察)에게 전권(專權)으로 위임(委任)하여 더 살펴 본(本) 후(後) 결정(決定)ㅎ게 하다. 전도국(傳道局) 보고(報告)에 의(依)하여 제주경내(濟州境內) 김창국(金祖國)을 전도목사(傳道牧師)로 파송(派送)하고 전도국(傳道局) 사무국(事務局)을 광주(光州)에 설치(設置)할 것과 남녀전도인(男女傳道人)을 폐지(廢止)하고 성서공회(聖書公會)에 교섭(交涉)하여 남매서(男賣書) 2인(二人)을 파송(派送)ㅎ게 할 것과 경비(經費)는 850원(八五〇圓)으로 산정(算定)하고 황해노회(黃海老會)에서 청구(請求)하는 제주(濟州) 전도구역(傳道區域) 분할(分割)에 관(關)한 사(事)는 내정기노회(來定期老會)까지 기다려 완정(完定)하기로 결의(決議)하다. 총회(總會) 규칙(規則) 중(中) 혼인조건(婚姻條件)에 대(對)하여 책벌(責罰)과 해벌기한(解罰期限)에 대(對)하여 총회(總會)에 질의(質議)하기로 결의(決議)하니라. 익산읍내교회(益山邑內敎會) 예배당(禮拜堂) 건축비(建築費)를 위(爲)하여 노회(老會)가 당석(當席)에서 185원(一八五圓零)을 연보(捐補)하여 기부(寄附)하고 회원(會員)들이 교회(敎會)에 각귀(各歸)하여 연보(捐補) 찬조(贊助)ㅎ게 하기로 하니라. 목사가족(牧師家族) 구조(救助)를 위(爲)하여 각(各) 교회(敎會)에서 연보(捐補)하기로 결정(決定)하다. 회원(會員) 중(中) 엄명진(嚴明振)이 신병(身病)으로 입원(入院)하였으므로 위로금(慰勞金)을 수금(收金)하여 기부(寄附)하고 위문(慰問)하니라.

　동년(同年) 9월(九月) 2일(二日) 경성(京城) 승동예배당(勝洞禮拜堂)에 개최(開催)한 임시노회(臨時老會)에서 분립(分立)에 관(關)한 유안건(留案件)을 재론(再論)한 후(後) 형편상(形便上) 분립(分立)이 합당(合當)하므로 분립청원(分立請願)을 총회(總會)에 제출(提出)하기로 결의(決議)하고 제주전도사업(濟州傳道事業)은 분립(分立)되어도 1년간(一年間) 협동(協同) 진행(進行)하기로 결의(決議)하니라.

　동월(同月) 4일(四日) 임시노회(臨時老會)에서는 노회분립(老會分立)에 대(對)하여 총회(總會)가 전라노회(全羅老會)를 분(分)하여 전라북도(全羅北道)는 전북노회(全北老會), 전라남도(全羅南道)는 전남노회(全南老會)라 칭(稱)할 것과 전북노회구역(全北老會區域)은 충남(忠南) 각부(各部)을 포함(包含)하고 전남노회구역(全南老會區域)은 제주도(濟州島)를 포함(包含)할 것과 전북노회(全北老會) 조직회장(組織會長)은 이원필(李元弼), 전남노회(全南老會) 조직회장(組織會長)은 유서백(柳西伯, [Nisbet John Samuel, 1869-1942])으로 재정(財政)을 반분(半分)하고 문부(文簿)는 전북노회(全北老會)에 보존(保存)ㅎ게 하기로 승허(承許)한 것을 회장(會長)이 공고(公告)하고 남북노회(南北老會) 조직일자(組織日字) 및 논취(論取)에 대(對)하여는 전북노회(全北老會)는 10월(一〇月) 10일(一〇日) 하오(下午) 8시(八時)에 전주군(全州郡) 서문외예배당(西門外禮拜堂)에[170]서, 전남노회(全南老會)는 9월(九月) 20일(二〇日) 하오(下午) 1시(一時)에 목포(木浦) 양동예배당(陽洞禮拜堂)에서 개최(開催)하기로 결의(決議)하니라.

2. 교회조직(二, 敎會組織)

　1912년(一九一二年) 임자(壬子) 전주군(全州郡) 서문외교회(西門外敎會)에서 목사(牧師) 김병례(金炳禮)를 청빙(請聘)하여 시무(視務)ㅎ게 하고 기후(其後) 김인전(金仁全), 최의덕(崔義德, [Lewis Boyd Tate]), 여전사(呂傳師), 배은희(裵恩希)가 상계(相繼)하였고 조사(助師)는 최상섭(崔祥燮), 이수현(李守鉉) 등(等)이 시무(視務)하니라.

　김제군(金堤郡) 두정리교회(豆亭里敎會)에서 최대진(崔大珍)을 목사(牧師)로 청빙(請聘)하여 선교사(宣敎師) 최의덕(崔義德, [Lewis Boyd Tate])과 동사(同事)로 시무(視務)ㅎ게 하고 기후(其後)는 이자익(李自益)이 계속시무(繼續視務)하니라.

장성군읍교회(長城郡邑敎會)가 설립(設立)되다. 선시(先是)에 선교사(宣敎師) 배유지(裵裕祉, [E. Bell, 1868-1925])가 조사(助師) 변창연(邊昌淵), 김기찬(金基贊) 등(等)으로 전도(傳道)하여 3, 40인(三四十人)의 신자(信者)가 집회(集會)하였고 기후(其後) 선교사(宣敎師) 도대선(都大善, [Samuel K. Dodson])과 김세열(金世烈)이 인도(引導)할 시(時)에 영수(領袖) 정의(鄭蟻)가 열심진력(熱心盡力)하니라.

화순군(和順郡) 품평리교회(品坪里敎會)가 설립(設立)되다. 선시(先是)에 신자(信者) 민치도(閔致道)가 본리(本里)에 이주(移住)하여 진력(盡力) 전도(傳道)하므로 30여인(三〇餘人)의 신자(信者)를 얻어 자택(自宅)에서 예배(禮拜)하였으며 선교사(宣敎師) 노라복(魯羅福, [Robert Knox]), 타마자(打馬字, [J. V. N. Talmage])와 조사(助師) 민태현(閔泰鉉)이 시무(視務)하니라.

광주군(光州郡) 봉선리교회(鳳仙里敎會)가 설립(設立)되다. 선시(先是)에 선교회(宣敎會) 의사(醫師) 우월순(禹越淳, [Robert Manton Wilson])이 나병자(癩病者) 20여인(二〇餘人)을 산곡(山谷)에 집합(集合)하고 의약(醫藥)으로 치료(治療)할새 선교사(宣敎師)와 제중원(濟衆院) 사무인(事務人) 최흥종(崔興琮)과 이만준(李萬俊) 등(等)이 3년간(三年間) 전도(傳道)하여 신자(信者)를 얻어 교회(敎會)가 설립(設立)ㅎ게 되니라.

제주도(濟州島) 모슬포교회(慕瑟浦敎會)가 설립(設立)되다. 선시(先是)에 노회(老會)에서 파송(派送)한 전도목사(傳道牧師) 이기풍(李基豊)이 이재순(李載淳), 강병한(康秉漢), 최대현(崔大賢) 등(等)과 협력전도(協力傳道)하여 강흥주(姜興周), 정응호(鄭應浩), 신창호(申昌浩), 김씨나명(金氏拿鳴) 등(等)을 얻고 기후(其後) 전도목사(傳道牧師) 윤식명(尹植明)과 전도인(傳道人) 원용혁(元容爀), 김경신(金敬信) 등(等)의 전도(傳道)로 이씨화숙(李氏華淑), 김씨순전(金氏順全), 고씨수선(高氏守善)과 송경서(宋敬瑞), 최정숙(崔正淑), 고계형(高桂炯), 장례규(張禮圭), 고훈장(高訓長)의 부인(夫人) 등(等)이 신종(信從)하여 신창호(申昌浩) 가(家)에 회집(會集)하여 예배(禮拜)하다가 연보(捐補)하여 초가(草家) 예배당(禮拜堂)을 건축(建築)하니라.

　보성군(寶城郡) 동막교회(東幕敎會)가 설립(設立)되다. 선시(先是)에 선교사(宣敎師) 안채륜(安彩倫, [Charles Henry Pratt])이 조사(助師) 목치숙(睦致淑)으로 전도(傳道)ᄒ게 하여 임종대외(林鍾大外) 수삼인(數三人)의 가족(家族)이 신종(信從)하다가 봉개퇴보(奉皆退步)되고 임종대(林鍾大), 정기신(鄭基信)의 대소가(大小家)가 회심출연(會心出捐)하여 6간(六間) 예배당(禮拜堂)을 매수(買收)하니라.[171]

　순천군(順天郡) 압곡리교회(鴨谷里敎會)가 설립(設立)되다. 선시(先是)에 본리인(本里人) 황성연(黃性淵)이 신병(身病)으로 광주(光州) 나병원(癩病院)에 입원(入院)하여 1년간(一年間) 치료(治療) 중(中) 전도(傳道)를 듣고 믿은 후(後)에 귀가(歸家)하여 가족일동(家族一同)으로 더불어 순천읍교회(順天邑敎會)에 내왕(來往)하면서 정여신(鄭汝信), 김경도(金敬道) 등(等)으로 협력(協力)하여 가곡리교회(佳谷里敎會)를 설립(設立)한 후(後) 점차(漸次) 교회(敎會)의 발전(發展)에 따라 본리(本里)에도 교회(敎會)를 분립(分立)하여 황학연(黃學淵) 가(家) 사랑(舍廊)에서 집합(集合)하여 예배(禮拜)하였고 선교사(宣敎師) 고라복(高羅福, [Robert Thornwell Coit])와 조사(助師) 김창수(金昌洙), 집사(執事) 황학연(黃學淵), 황종식(黃鍾植) 등(等)이 교회(敎會)를 인도(引導)하니라.

　1913년(一九一三年) 계축(癸丑) 김제군(金堤郡) 송지동교회(松枝洞敎會)에서 최치국(崔致國), 엄명진(嚴明振)을 장로(長老)로 장립(將立)하여 당회(堂會)를 조직(組織)하니라.

　완도군(莞島郡) 관산리교회(冠山里敎會)에서 최병호(崔秉鎬)를 장로(長老)로 장립(將立)하여 당회(堂會)를 조직(組織)하였고 기후(其後) 선교사(宣敎師) 변요한(邊約翰, [John Fairman Preston]), 맹현리(孟顯理, [Henry D. McCallie])와 조사(助師) 노학구(盧學九), 임성옥(任成玉), 마서규(馬瑞奎), 장천오(張千五), 최병호(崔秉浩), 김영식(金英植) 등(等)이 성역(聖役)에 종사(從事)하였고 장로(長老)로는 박선래(朴善來), 김상순(金尙順) 등(等)이 차제(次第)로 시무(視務)하니라.

화순군(和順郡) 칠정리교회(漆井里敎會)에서 오태욱(吳太郁)을 장로(長老)로 장립(將立)하여 당회(堂會)가 조직(組織)되었더니 기해장로(其該長老)가 타처(他處)에 이주(移住)하게 됨을 인(因)하여 당회(堂會)가 폐지(廢止)되니라.

순천군(順天郡) 이의교회(二義敎會)에서 초가(草家) 4간(四間) 예배당(禮拜堂)을 신축(新築)하고 회집(會集)하니라.

금산군(錦山郡) 역평리교회(驛坪里敎會)가 설립(設立)되다. 선시(先是)에 본지거(本地居) 이덕봉(李德奉)이 최선(最先) 신주(信主)하고 선교사(宣敎師) 마로덕(馬路德, [Luther O. McCutchen])과 협력전도(協力傳道)하여 신자(信者)들 얻어 예배당(禮拜堂)을 건축(建築)하니라.

영암군(靈岩郡) 쌍효리교회(雙孝里敎會)가 행산리교회(杏山里敎會)에서 분립(分立)하다. 당시(當時)에 이방진외(李芳珍外) 14인(一四人)과 교인(敎人) 전부(全部) 4, 5십인(四五十人)이 이방진(李芳珍) 사저(私邸)에 1개년간(一個年間) 회집(會集)하다가 57원(五七圓)을 연보(捐補)하여 예배당(禮拜堂)을 신축(新築)하고 분립(分立)하니라.

강진군(康津郡) 남성리교회(南城里敎會)가 설립(設立)되다. 선시(先是)에 선교사(宣敎師) 유서백(柳瑞伯, [J. S. Nisbet])이 조사(助師) 최경화(崔敬化)를 파송전도(派送傳道)하여 신자(信者)를 얻어 김두삼(金斗三) 가(家)에서 예배(禮拜)하였고 선교사(宣敎師) 남대리(南大理, [LeRoy T. Newland])가 관리(管理)하게 된 후(後) 예배당(禮拜堂)을 건축(建築)하니라.

함평군(咸平郡) 죽암리교회(竹岩里敎會)가 설립(設立)되다. 선시(先是)에 무안거(務安居) 신자(信者) 양동익(梁東翊)이 동척회사(東拓會社) 사음(舍音)으로 이래(移來)한 후(後) 소작인(小作人)에게 전도(傳道)하여 신자(信者)를 얻어 예배당(禮拜堂)을 매수(買收)하였더니 기후(其後) 직원(職員)의 이동(移動)으로 인(因)하여 일시(一時) 교회(敎會)가 퇴보(退步)하니라. 교인(敎人)들이 분발(奮發)하여[172] 열심전도(熱心傳道)하며 동정리(東井里)에 있는 예배당(禮拜堂)을 동동(東洞)에 이건(移建)한 후(後) 교회(敎會)

가 초진(稍振)하고 선교사(宣敎師) 남대리(南大理, [LeRoy T. Newland]),
민도마(閔道磨, [Miss T. D. Murphy])와 조사(助師) 서치일(徐致一), 서성
일(徐成一) 등(等)이 차제시무(次第視務)하니라.

　1914년(一九一四年) 갑인(甲寅) 서천군(舒川郡) 종초동교회(鍾楚洞敎
會)에서 유성렬(劉性烈)을 장로(長老)로 장립(將立)하여 당회(堂會)를 조직
(組織)하다.

　김제군(金堤郡) 구봉리교회(九峯里敎會)에서 최대진(崔大珍)을 목사
(牧師)로 청빙(請聘)하여 시무(視務)ᄒ게 하고 강평국(姜平國)을 장로(長老)
로 장립(將立)하여 당회(堂會)를 조직(組織)하였고 기후(其後) 목사(牧師)
는 이자익(李自益), 장로(長老)는 조공진(曹工珍), 김준기(金準基) 등(等)이
계속시무(繼續視務)하니라.

　광주군(光州郡) 봉선리교회(鳳仙里敎會)에는 시년(是年)을 위시(爲始)
하여 선교사(宣敎師) 타마자(打馬字, [J. V. N. Talmage])가 시무(視務)ᄒ
게 되고 남녀(男女) 10여인(一〇餘人)에게 세례(洗禮)를 시(施)하여 김태옥
(金泰玉)을 영수(領袖)로, 정덕범(鄭德凡)은 집사(執事)로 선거(選擧)한 후
(後) 교회(敎會)가 점진(漸進)하니라.

　김제군(金堤郡) 만경군교회(萬頃郡敎會)가 설립(設立)되다. 선시(先是)
에 본지인(本地人) 정엄규(鄭嚴圭), 곽영욱(郭永郁)이 믿고 읍내(邑內)에 전
도(傳道)하여 다수(多數)한 신자(信者)를 얻어 교회(敎會)를 설립(設立)하
게 되니라.

　김제군(金堤郡) 선인동교회(仙人洞敎會)가 설립(設立)하다. 선시(先是)
에 본동거(本洞居) 안백선(安伯善)이 믿고 열심전도(熱心傳道)한 결과(結
果)로 예배당(禮拜堂)을 신건(新建)하고 교회(敎會)를 인도(引導)하니라.

　제주도(濟州島) 중문리교회(中文里敎會)가 설립(設立)되다. 선시(先是)
에 강진거(康津居) 교인(敎人) 최대현(崔大賢)이 내도(來到)하여 전도(傳道)
할새 이기언(李奇彦), 강규언(姜圭彦), 김성하(金成河) 3인(三人)을 얻었으
며 독노회(獨老會)에서 파송(派送)한 전도목사(傳道牧師) 이기풍(李基豊),
조사(助師) 이재순(李載淳)과 광주(光州) 봉선리교회(鳳仙里敎會)에서 파송

(派送)한 원용혁(元容爀)과 광주(光州) 부인전도회(婦人傳道會)에서 파송(派送)한 김경신(金敬信) 등(等)이 열심전도(熱心傳道)하므로 교회(敎會)가 발전(發展)되었고 기후(其後)에는 윤식명(尹植明), 이경필(李敬弼)이 전도(傳道)에 노력(勞力)하니라.

순천군(順天郡) 월곡리교회(月谷里敎會)가 설립(設立)되다. 선시(先是)에 조병식(趙秉軾), 조영규(趙永奎), 황보은(黃保恩), 조영조(曹永祚) 등(等)이 복음(福音)을 듣고 신종(信從)한 후(後) 부근교회(附近敎會)에 내왕(來往)하더니 선교사(宣敎師) 안채륜(安彩倫, [Charles Henry Pratt])과 협의(協議)하고 합심연보(合心捐補)하여 6간(六間) 가옥(家屋)을 매수(買收)하여 예배당(禮拜堂)으로 사용(使用)하니라. 기후(其後)엔 선교사(宣敎師) 구례인(具禮仁, [John Curtis Crane])와 조사(助師) 한익수(韓翊洙) 등(等)이 교회(敎會)를 인도(引導)하니라.

순천군(順天郡) 가곡리교회(佳谷里敎會)가 설립(設立)되다. 선시(先是)에 선교사(宣敎師) 구례인(具禮仁, [John Curtis Crane]), 변요한(邊約翰, [John Fairman Preston])과 최경의(崔璟義) 등(等) 3인(三人)이 전도(傳道)하여 김경도(金敬道), 정순여(鄭順旅) 등(等)이 [173] 신종(信從)하고 70원(七〇圓)을 합심연보(合心捐補)하여 기지(基地) 100평(一〇〇坪)을 매수(買收)하여 6간(六間) 예배당(禮拜堂)을 건축(建築)하고 조사(助師) 문보현(文寶現)과 집사(執事) 김경도(金敬道), 정순여(鄭順旅), 김재곤(金在坤) 등(等)이 협심인도(協心引導)하니라.

1915년(一九一五年) 을묘(乙卯) 익산군(益山郡) 선리교회(船里敎會)에서 최재순(崔在淳)을 장로(長老)로 장립(將立)하여 당회(堂會)를 조직(組織)하니라.

전주군(全州郡) 삼례교회(參禮敎會)에서 김창국(金昶國)을 청빙(請聘)하여 목사(牧師)로 시무(視務)ᄒ게 하였고 기후(其後)에는 목사(牧師) 김인전(金仁全), 이창규(李昌珪)와 장로(長老) 정근(鄭根), 정영선(鄭榮善) 등(等)이 상계시무(相繼視務)하니라.

익산군(益山郡) 두화교회(杜花敎會)에서 서명오(徐明五)를 장로(長老)

로 장립(將立)하여 당회(堂會)를 조직(組織)하니라.

전주군(全州郡) 고산교회(高山敎會)에서 정찬도(鄭燦道)를 장로(長老)로 장립(將立)하여 당회(堂會)를 조직(組織)하니라.

나주군(羅州郡) 삼도리교회(三道里敎會)에서 이계수(李桂洙)를 장로(長老)로 장립(將立)하여 당회(堂會)를 조직(組織)하니라. 기후(其後) 선교사(宣敎師) 배유지(裵裕祉, [E. Bell, 1868-1925]), 오기현(吳基賢), 남대리(南大理, [LeRoy T. Newland]), 변요한(邊約翰, [John Fairman Preston])과 목사(牧師) 백용기(白容基)와 장로(長老) 양민수(梁玟洙), 김찬지(金贊知)와 조사(助師) 변창연(邊昌淵), 마서규(馬瑞奎), 임성옥(任成玉), 노응표(盧應杓), 조상학(趙尙學) 등(等)이 봉직시무(奉職視務)하니라.

광주군(光州郡) 양림교회(楊林敎會)에서 목사(牧師) 이기풍(李基豊)을 청빙(請聘)하여 시무(視務)ᄒᆞ게 하니라.

나주군(羅州郡) 덕림교회(德林敎會)에서 이문규(李文奎), 김대홍(金大洪)을 장로(長老)로 장립(將立)하여 당회(堂會)를 조직(組織)하니라.

강진군(康津郡) 서산리교회(瑞山里敎會)에서 김경화(金敬化)를 장로(長老)로 장립(將立)하여 당회(堂會)를 조직(組織)하니라. 기후(其後)엔 선교사(宣敎師) 유서백(柳瑞伯, [J. S. Nisbet]), 조하파(趙夏播, [Joseph Hopper])와 조사(助師) 김영진(金永鎭), 김시완(金時完), 김정관(金正寬)과 장로(長老) 김형태(金亨泰) 등(等)이 협력시무(協力視務)하니라.

순천군(順天郡) 이미교회(二美敎會)에서는 풍우(風雨)로 인(因)하여 예배당(禮拜堂)이 전복(顚覆)되어 교회(敎會) 퇴보(退步)되었더니 선교사(宣敎師) 구례인(具禮仁, [John Curtis Crane])과 조사(助師) 한익수(韓翊洙), 집사(執事) 심기필(沈基必)의 열심전도(熱心傳道)로 교우(敎友)를 새로이 얻어 4간(四間) 예배당(禮拜堂)을 건축(建築)하니라.

무안군(務安郡) 장고리교회(長庫里敎會)가 설립(設立)되다. 선시(先是)에 선교사(宣敎師) 맹현리(孟顯理, [Henry D. McCallie])가 조사(助師) 김경운(金京云), 마서규(馬瑞奎) 등(等)을 파송(派送)하여 전도(傳道)하므로 신자(信者)가 생기(生起)하여 박태필(朴泰弼) 방(方)에서 예배(禮拜)하였고 조사(助師) 최병호(崔秉浩), 정관진(鄭寬珍), 김주환(金周煥), 박도삼(朴道三) 등(等)과 선교사(宣敎師) 민도마(閔道磨, [Miss T. D. Murphy])가 교회(敎會)를 인도(引導)하니라.

보성군(寶城郡) 영암교회(永岩敎會)가 설립(設立)되다. 선시(先是)에 선교사(宣敎師) 노라복(魯羅福, [Robert Knox])과 전도인(傳道人) 김지환(金之煥)의 전도(傳道)로 신자(信者)가 점진(漸進)하여 35원(三五圓)을 연(捐)[174]보(補)하여 예배당(禮拜堂)을 건축(建築)하니라.

나주군(羅州郡) 토계리교회(土界里敎會)가 설립(設立)되다. 선시(先是)에 조상학(趙尙學) 장모(丈母)의 전도(傳道)로 인(因)하여 정문겸(鄭文謙)의 처(妻)와 김영희(金英熙) 등(等)이 신종(信從)하여 서문정교회(西門町敎會)에 내왕(來往)하면서 정유익(丁有益), 정순선(程順善), 심관례(沈貫禮), 김덕례(金德禮), 이재모(李在模), 양준희(梁俊熙) 등(等)을 인도(引導)하여 신자(信者)가 점진(漸進)하므로 합심연보(合心捐補)하여 110원(一一〇圓)으로 초가(草家) 8간(八間)을 매득(買得)하여 예배당(禮拜堂)으로 사용(使用)하고 선교사(宣敎師) 남대리(南大理, [LeRoy T. Newland])와 조사(助師) 허원삼(許元三) 등(等)이 시무(視務)하니라.

담양군(潭陽郡) 개동리교회(開東里敎會)가 설립(設立)되다. 선시(先是)에 장성인(長城人) 김순보(金順甫)가 당지(當地)에 이주(移住)하여 열심전도(熱心傳道) 중(中)에 강사흥장로(姜土興長老)가 계속내도(繼續來到)하여 손경심외(孫景心外) 수인(數人)과 더불어 합력활동(合力活動)하므로 교회(敎會)가 완성(完成)되니라.

제주도(濟州島) 수원교회(洙源敎會)가 설립(設立)되다. 선시(先是)에 전도목사(傳道牧師) 이기풍(李基豊)과 이씨선광(李氏善光)과 김영진(金永鎭), 조창권(趙昌權) 등(等)이 본도(本島)를 순회전도(巡廻傳道)할새 본리거(本里居) 김중현(金中鉉), 양운용(梁雲龍), 김흥수(金興洙), 안씨평길(安氏平吉), 사씨일청(沙氏一淸), 이씨순효(李氏順孝) 6인(六人)이 신종(信從)하여 양운용(梁雲龍) 가(家)에서 예배(禮拜)하다가 김흥수(金興洙)가 자기가옥(自己家屋) 6간(六間)을 예배당(禮拜堂)으로 공헌(供獻)하여 회집(會集)하게 되었으며 기후(其後)에는 윤식명(尹植明), 김욱국(金旭國), 이창규(李昌珪) 등(等)이 목사(牧師)로 차제시무(次第視務)하니라.

고흥군(高興郡) 오천교회(五泉敎會)가 설립(設立)되다. 선시(先是)에 우도리(牛島里) 신성주(愼晟珠), 황재연(黃在淵)과 신흥리(新興里) 한상하(韓相夏)의 전도(傳道)로 신자(信者)가 계출(繼出)하여 초가(草家) 6간(六間)을 매득(買得)하이 예배당(禮拜堂)으로 사용(使用)하였고 신평교회(新平敎會)에서 황보익(黃保翊), 오현규(吳賢奎) 양인(兩人)이 내왕(來往)하므로 교회(敎會)에 다대(多大)한 노력(努力)을 공(供)하였고 기후(其後)에 황봉익(黃鳳翊)이 교회(敎會)를 인도(引導)하니라.

고흥군(高興郡) 길두리교회(吉頭里敎會)가 읍교회(邑敎會)에서 분립(分立)하다. 선시(先是)에 고제태(高濟太), 우창기(禹昌琪) 등(等)이 신주(信主)하고 다년간(多年間) 읍내교회(邑內敎會)에 내왕(來往)하며 본리(本里)에 전도(傳道)하여 예배처소(禮拜處所)를 설립(設立)하였더니 선교사(宣敎師)가 유천석(柳天錫)을 파송(派送)하여 사숙(私塾)을 설립(設立)하며 복음(福音)을 전(傳)하여 신도(信徒)가 일가월증(日加月增)하므로 예배당(禮拜堂)을 건축(建築)하고 읍교회(邑敎會)에서 분립(分立)하였으며 기후(其後)에 선교사(宣敎師) 구례인(具禮仁, [John Curtis Crane]), 목사(牧師) 이기풍(李基豊)이 차제시무(次第視務)하니라.

1916년(一九一六年) 병진(丙辰) 전주군(全州郡) 유상리교회(柳上里敎會)에서 이일문(李一文)을 장로(長老)로 장립(將立)하여 당회(堂會)를 조직(組織)하였고 후에는 이일문(李一文)이 목사(牧師)로 시무(視務)하였느니라.

함평군(咸平郡) 순성교회(純成敎會)에서 서치일(徐致一)을 장로(長老)로 장립(將立)하여 당회(堂會)를 조직(組織)하였고 선교사(宣敎師) 변요한(邊約翰, [John Fairman Preston]), 노라복(魯羅福, [Robert Knox]), 남대리(南大理, [LeRoy T. Newland]), 유서백(柳瑞伯, [J. S. Nisbet]), 민(閔)[175]도마(道磨, [Miss T. D. Murphy])와 장로(長老) 서성일(徐成一)이 계속시무(繼續視務)하니라.

나주군(羅州郡) 덕곡리교회(德谷里敎會)에서 정도행(鄭道行)을 장로(長老)로 장립(將立)하여 당회(堂會)를 조직(組織)하니라. 선교사(宣敎師) 오기면[원](吳基冕[元], [C. C. Owen]), 변요한(邊約翰, [John Fairman Preston]), 마라복(馬羅福), 남대리(南大理, [LeRoy T. Newland])와 목사(牧師) 유내춘(柳乃春)과 조사(助師) 오태욱(吳太郁), 조경주(曺景周), 이문규(李文奎) 등(等)이 차제시무(次第視務)하니라.

영암군(靈岩郡) 쌍효리교회(雙孝里敎會)에서 이방진(李芳珍)을 장로(長老)로 장립(將立)하고 당회(堂會)를 조직(組織)하였으며 선교사(宣敎師) 유서백(柳瑞伯, [J. S. Nisbet]), 조하파(趙夏播, [Joseph Hopper]), 남대리(南大理, [LeRoy T. Newland])와 영수(領袖) 강주언(姜周彦), 윤사중(尹士仲) 등(等)이 차제시무(次第視務)하니라.

김제군(金堤郡) 대동리교회(大東里敎會)가 설립(設立)되다. 선시(先是)에 본지인(本地人) 중(中) 기인(幾人)이 주(主)를 신(信)하고 송지동교회(松枝洞敎會)에 내왕(來往) 예배(禮拜)하더니 기후(其後)에 신자(信者)가 증가(增加)하여 기도회(祈禱會) 처소(處所)를 설립(設立)하였다가 엄명진(嚴明振)이 열심(熱心)으로 각(各) 교회(敎會)에 연보(捐補)를 얻어 예배당(禮拜堂)을 건축(建築)하니라.

광주군(光州郡) 월성리교회(月城里敎會)가 설립(設立)되다. 선시(先是)에 선교사(宣敎師) 배유지(裵裕祉, [E. Bell, 1868-1925])가 전도(傳道)하여 신자(信者)가 초진(稍進)함을 인(因)하여 가옥(家屋) 1좌(一坐)를 매수(買收)하여 예배당(禮拜堂)으로 사용(使用)하였고 조사(助師) 이계수(李桂洙)가 다년(多年) 시무(視務)하니라.

담양군(潭陽郡) 읍교회(邑敎會)가 설립(設立)되다. 선시(先是)에 선교사(宣敎師) 배유지(裵裕祉, [E. Bell, 1868-1925])가 조사(助師) 노응표(盧應杓)를 파송전도(派送傳道)하여 서(徐)다비다와 김(金)사라 외(外) 수인(數人)의 신자(信者)를 얻어 개동리교회(開東里敎會)에 내왕(來往) 예배(禮拜)하다가 만성리(萬城里)에 예배당(禮拜堂) 3간(三間)을 매수(買收)하더니 교인(敎人)이 점차(漸次) 증가(增加)하여 객사리(客舍里)에 초가(草家) 8간

(八間)을 330원(三百三〇圓)에 매수(買收)하여 170원(一百七〇圓)으로 수리(修理)하여 사용(使用)하였고 기후(其後) 선교사(宣敎師) 타마자(打馬字, [J. V. N. Talmage])의 연보(捐補)를 얻어 반양제(半洋制) 2층(二層) 예배당(禮拜堂)을 건축(建築)하였느니라.

　나주(羅州)[군(郡)] 대안리교회(大安里敎會)가 설립(設立)되다. 당시(當時)에 상촌교회(上村敎會) 교인(敎人) 조경주(曺景周)와 외(外) 70여인(七〇餘人)이 분립(分立)하여 당지(當地)에 교회(敎會)를 설립(設立)하고 열성(熱誠)으로 전도(傳道)하여 점차(漸次) 발전(發展)되어 선교사(宣敎師) 노라복(魯羅福, [Robert Knox]), 남대리(南大理, [LeRoy T. Newland]), 목사(牧師) 유내춘(柳乃春), 장로(長老) 조경주(曺景周), 조형률(曺亨律)이 계속시무(繼續視務)하니라.

　함평군(咸平郡) 내교리교회(內橋里敎會)가 설립(設立)되다. 선시(先是)에 선교사(宣敎師) 남대리(南大理, [LeRoy T. Newland])가 조사(助師) 노형렬(盧亨烈)을 파송전도(派送傳道)하여 신자(信者) 56인(五十六人)을 얻어 예배소(禮拜所)를 정(定)하고 집합(集合)하였는데 기후(其後) 선교사(宣敎師) 유서백(柳瑞伯, [J. S. Nisbet]), 민도마(閔道磨, [Miss T. D. Murphy])가 차제시무(次第視務)하니라.

　함평군(咸平郡) 석성리교회(石城里敎會)가 설립(設立)되다. 선시(先是)에 본지교인(本地敎人) 김만실외(金萬實外) 수인(數人)이 용성교회(龍城敎會)에 내임(來臨)하더니 교인(敎人)의 열심(熱心) 추구(追求)에 응(應)[176]하여 서경구(徐京九), 마율아(馬律亞)의 보조(補助)로 초가(草家) 4간(四間)을 매수(買收)하여 예배당(禮拜堂)으로 사용(使用)하였고 선교사(宣敎師) 남대리(南大理, [LeRoy T. Newland]), 유서백(柳瑞伯, [J. S. Nisbet]), 민도마(閔道磨, [Miss T. D. Murphy])와 조사(助師) 서지일(徐枝一), 박화윤(朴化允), 서성일(徐成一) 등(等)이 계속시무(繼續視務)하니라.

　영암군(靈岩郡) 동호리교회(東湖里敎會)가 설립(設立)되다. 선시(先是)에 교인(敎人) 기명(幾名)이 열심(熱心)으로 협력(協力) 전도(傳道)하여 신자(信者)를 얻어 교회(敎會)가 설립(設立)되었으나 여러 가지 핍박(逼迫)으로 인(因)하여 퇴보(退步)되었다가 다시 점차(漸次) 발전(發展)ㅎ게 되니라.

영광군(靈光郡) 백년리교회(白年里教會)가 설립(設立)되다. 선시(先是)에 신자(信者) 2, 3인(二三人)이 목포(木浦)에서 당지(當地)에 이주(移住)한 전경윤(田景允) 가(家)에 회집(會集)하여 예배(禮拜)하더니 기후(其後) 교우(教友)들이 성심(誠心) 출연(出捐)하여 4간(四間) 예배당(禮拜堂)을 신축(新築)하였고 선교사(宣教師) 남대리(南大理, [LeRoy T. Newland]), 이아각(李雅各, [James I. Paisley])과 조사(助師) 김종인(金宗仁), 김판대(金判大), 노성빈(盧聖彬) 등(等)이 차제(次第)로 시무(視務)하니라.

1917년(一九一七年) 정사(丁巳) 전주군(全州郡) 소용리교회(巢龍里教會)에서 정영선(鄭榮善)을 장로(長老)로 장립(將立)하여 당회(堂會)를 조직(組織)하니라.

전주군(全州郡) 두현리교회(斗峴里教會)에서 김인화(金仁化)를 장로(長老)로 장립(將立)하여 당회(堂會)를 조직(組織)하니라.

김제군(金堤郡) 후독교회(後犢教會)에서 서공선(徐公善)을 장로(長老)로 장립(將立)하여 당회(堂會)로 조직(組織)하니라.

진도군(珍島郡) 채토리교회(彩土里教會)에서 정경숙(鄭京淑)을 장로(長老)로 장립(將立)하여 당회(堂會)가 조직(組織)되다.

해남군(海南郡) 고당리교회(古堂里教會)에서 정관빈(鄭寬彬), 조병선(趙秉善)을 장로(長老)로 장립(將立)하여 당회(堂會)를 조직(組織)하였고 기후(其後) 선교사(宣教師) 변요한(邊約翰, [John Fairman Preston]), 맹현리(孟顯理, [Henry D. McCallie])와 조사(助師) 임성옥(任成玉), 김영진(金永鎭), 마서규(馬瑞奎), 김달성(金達成), 최병호(崔秉浩) 등(等)이 상계시무(相繼視務)하니라.

무안군(務安郡) 성남리교회(城南里教會)에서 강익수(姜益秀)를 장로(長老)로 장립(將立)하여 당회(堂會)를 조직(組織)하였고 선교사(宣教師) 변요한(邊約翰, [John Fairman Preston]), 노라복(魯羅福, [Robert Knox]), 유서백(柳瑞伯, [J. S. Nisbet]), 민도마(閔道磨, [Miss T. D. Murphy])와 조사(助師) 정현모(鄭賢模), 임성옥(任成玉), 최경률(崔敬律)과 장로(長

老) 정자곤(鄭子坤) 등(等)이 계속시무(繼續視務)하니라.

광주군(光州郡) 일곡교회(日谷敎會)에서 이주상(李周庠)을 장로(長老)로 장립(將立)하여 당회(堂會)를 조직(組織)하였고 교회(敎會)는 점차(漸次) 발전(發展)되어 판촌(板村), 용전(龍田)에 교회(敎會)를 분립(分立)하게 되니라.

제주도(濟州島) 성내교회(城內敎會)에서 김재원(金在元), 홍순흥(洪淳興)을 장로(長老)로 장립(將立)하여 당회(堂會)를 조직(組織)하고 목사(牧師) 최대진(崔大珍), 김창국(金昶國), 이창규(李昌珪), 김정복(金正福)[177] 등(等)과 장로(長老) 고영흥(高永興) 등(等)이 계속시무(繼續視務)하니라.

광주군(光州郡) 봉선리교회(鳳仙里敎會)에서 이종수(李鍾守)를 장로(長老)로 장립(將立)하여 당회(堂會)를 조직(組織)하였고 선교사(宣敎師) 원가리(元佳里, [James K. Unger]), 목사(牧師) 김창국(金昶國), 김영식(金英植), 조사(助師) 고려정(高麗停)과 장로(長老) 김용옥(金容玉), 오근욱(吳根郁), 박춘갑(朴春甲)이 상계(相繼)하여 성심(誠心) 공직(供職)하느니라.

보성군(寶城郡) 무만리교회(武萬里敎會)에서 정태인(鄭泰仁)을 목사(牧師)로 청빙(請聘)하여 시무(視務)ㅎ게 하다.

광양군(光陽郡) 희동교회(熙東敎會)에서 서병준(徐丙準), 장기용(張基容) 2인(二人)을 장로(長老)로 장립(將立)하여 당회(堂會)를 조직(組織)하니라.

광주군(光州郡) 금당리교회(金塘里敎會)가 설립(設立)되다. 선시(先是)에 선교사(宣敎師) 배유지(裵裕祉, [E. Bell, 1868-1925])가 2, 3년간(二三年間) 전도(傳道)하여 삼정지교회(三町旨敎會)가 설립(設立)되고 시년(是年)에 본리(本里)에 교회(敎會)가 분립(分立)하게 되니라.

해남군(海南郡) 이진교회(梨津敎會)가 설립(設立)되다. 선시(先是)에 본리거(本里居) 하성원(河成元)의 처(妻)와 박순금(朴順今)이 선교사(宣敎師) 맹현리(孟顯理, [Henry D. McCallie])의 전도(傳道)를 듣고 믿은 후(後) 인리(隣里)에 성심전도(誠心傳道)하여 신자(信者)가 증가(增加)되매 자택(自宅)을 예배당(禮拜堂)으로 매도(賣渡)하였으며 조사(助師)인 이경일(李

敬一)이 다년간(多年間) 근무(勤務)하니라.

　보성읍교회(寶城邑敎會)가 설립(設立)되다. 선시(先是)에 선교사(宣敎師) 안채륜(安彩倫, [Charles Henry Pratt])과 장천교회(長川敎會) 이두실(李斗實)과 무만교회(武萬敎會) 정종규(鄭鍾珪) 등(等)이 협력전도(協力傳道)하여 교회(敎會)를 설립(設立)하고 합심출연(合心出捐)하여 예배당(禮拜堂) 6간(六間)을 신건(新建)하였더니 미구(未久)에 집회(集會)가 폐지(廢止)되고 예배당(禮拜堂)은 정종규(鄭鍾珪)의 채무(債務)로 견실(見失)하였으며 조사(助師) 이형숙(李亨淑), 정기신(鄭基信)의 내왕전도(來往傳道)로 인(因)하여 예배당(禮拜堂)을 건축(建築)하게 되고 기후(其後)에 목치숙(睦致淑)이 조사(助師)로 시무(視務)하니라.

3. 전도(三, 傳道)

　1913년(一九一三年) 계축(癸丑)에 전라노회(全羅老會)가 제주읍(濟州邑) 전도사업(傳道事業)을 총회(總會)에서 인수(引受)하여 목사(牧師) 이기풍(李基豊), 조사(助師) 이재순(李載淳), 강병담(康秉淡)을 제주(濟州)에 의구파송(依舊派送)하여 전도(傳道)하였으며 기후(其後) 윤식명(尹植明)을 제주(濟州) 모슬포(慕瑟浦)에 파송(派送)하여 전도(傳道)하니라.

　1915년(一九一五年) 을묘(乙卯) 제주(濟州) 전도목사(傳道牧師) 이기풍(李基豊)은 신병(身病)으로 피로ㅎ게 되매 목사(牧師) 최대진(崔大珍)을 파송(派送)하여 1년간(一年間) 전도(傳道)하였고 1917년(一九一七年)에는 김창국목사(金昶國牧師)를 전도목사(傳道牧師)로 제주(濟州)에 파송(派送)하여 제주(濟州) 서편지방(西便地方)을 노회(老會)의 전도구역(傳道區域)으로 확장(擴張)하였고 동년(同年) 이(以)[178]후(後)로 노회(老會)가 진흥부(振興部)를 조직(組織)하여 교회(敎會)가 없는 부안(扶安), 무주(茂朱), 임실(任實), 명산(鳴山), 이리(裡里), 고부(古阜) 등지(等地)에 1주일식(一週日式) 전도(傳道)하여 교회(敎會)가 설립(設立)된 처(處)가 다(多)하니라.

4. 환난(四, 患難)

1913년(一九一三年) 계축(癸丑) 무안군(務安郡) 경암교회(景岩敎會)에서는 예배당(禮拜堂) 건축(建築)에 동민(洞民)이 동회(洞會)를 개(開)하고 강익수(姜益秀)를 초치(招致)하여 무수(無數)히 능욕(凌辱)하며 건물(建物)에 방화(放火)ㅎ고자 하여 일시(一時) 경색(景色)이 태(殆)히 위험(危險)하였으나 백절불굴(百折不屈)로 더욱 복음(福音)을 역전(力傳)하며 인내부동(忍耐不動)하니 점차(漸次) 진정(鎭定)하였느니라.

5. 교육(五, 敎育)

1913년(一九一三年) 계축(癸丑) 광주군(光州郡) 송정리교회(松汀里敎會)에서는 남선의숙(南鮮義塾)을 설립(設立)하여 학령빈동(學齡貧童)에게 더욱 유익(有益)을 주니라.

1915년(一九一五年) 을묘(乙卯) 전주군(全州郡) 삼리교회(參裡敎會)에서는 사립(私立) 영흥학교(永興學校) 교실(校室)을 증축(增築)하고 영신학교(永新學校)로 명칭(名稱)을 변경(變更)하였고 백여명(百餘名) 학도(學徒)를 교육(敎育)하는데 성적(成績)이 양호(良好)하니라.

익산군(益山郡) 고현리교회(古縣里敎會)는 여소학(女小學)을 설립(設立)하여 50여명(五〇餘名)의 생도(生徒)를 교수(敎授)하였고 대붕암교회(大鵬岩敎會)는 부용학교(芙容學校)를 설립(設立)하여 다수(多數) 생도(生徒)를 교수(敎授)하여 성적(成績)이 양호(良好)하므로 유지(有志)의 기부(寄附) 천여원(千餘圓)을 부(附)하여 교실(敎室)을 신건(新建)하니라.

1916년(一九一六年) 병진(丙辰) 광주군(光州郡) 봉선리교회(鳳仙里敎會)와 장성군(長城郡) 소용리교회(小龍里敎會)에서 각기(各其) 소학교(小學

校)를 설립(設立)하여 다수(多數)한 학생(學生)을 교수(敎授)ㅎ게 하니라.

1917년(一九一七年) 정사(丁巳) 나주군(羅州郡) 삼도리교회(三道里敎會)에서는 기독광명의숙(基督光明義塾)을 설립(設立)하였고 당진군(唐津郡) 서산교회(瑞山敎會)에서는 교실(校室) 6간(六間)을 신건(新建)하였고 동중서당(洞中書堂) 정관산림(町管山林)과 마당을 학교(學校)에 부속(附屬)하니라.

6. 진흥(六, 振興) [179]

1912년(一九一二年) 임자(壬子) 광양군(光陽郡) 웅동교회(熊洞敎會)는 교인(敎人)의 열심연보(熱心捐補)로 6간(六間) 예배당(禮拜堂)을 신건(新建)하고 구예배당(舊禮拜堂)은 학교(學校)로 사용(使用)하니라.

1913년(一九一三年) 계축(癸丑) 무안군(務安郡) 성암교회(星岩敎會)에서 예배당(禮拜堂)을 증축(增築)하였으며 교인(敎人) 중(中) 김봉신(金奉信)은 80노인(八〇老人)으로 매일(每日) 1차식(一次式) 금식(禁食)하여 3년간(三年間) 저금(貯金)한 금(金) 40여원(四〇餘圓)으로써 종(鐘) 1좌(一坐)를 교회(敎會)에 기부(寄附)하니라.

1915년(一九一五年) 을묘(乙卯) 부안군(扶安郡) 대수리교회(大水里敎會)는 최중진(崔重珍)의 자유교(自由敎)로 전부(全部) 해산(解散)되고 기중(其中)에 독신(篤信)하는 부인(婦人) 3명(三名)이 있으니 1(一)은 안맹(眼盲)이오, 1(一)은 극노인(極老人)이라. 그러나 두 부인(婦人)이 낙심(落心)ㅎ지 않고 전도(傳道)와 기도(祈禱)에 열심(熱心)하여 주일(主日)이면 예배(禮拜)를 불폐(不廢)하고 양인(兩人)이 집회(集會)하니 동민(洞民)들이 그 열성(熱誠)에 감복(感服)되어 3, 4년간(三四年間) 예배당(禮拜堂) 개초(蓋草)까지 각자(各自) 부담(負擔)하였으며 기후(其後)에 목사(牧師) 이자익(李自益)이 교회(敎會)를 인도(引導)할쌔 두 부인(婦人)이 협력(協力) 전도(傳道)하여 교인(敎人) 10여명(一〇餘名)이 증가(增加)되고 폐지(廢止)되었던 학교

(學校)까지 계속(繼續)ㅎ게 되니라.

　　동년(同年)에 고흥군(高興郡) 옥하리교회(玉下里敎會)에서는 설립(設立) 이후(以後)로 일익발전(日益發展)되었으므로 천등(天燈), 관리(管里), 한천(漢泉)에 교회(敎會)를 분립(分立)하니라.

　　동년(同年) 순천군(順天郡) 가곡교회(佳谷敎會)에서는 교우(敎友) 정보앙(丁甫鞅)이 전(田) 130평(一百三〇坪)을 교회(敎會)에 공헌(供獻)하였으며 동군(同郡) 평촌교회(平村敎會)에서는 열심(熱心) 연보(捐補)하여 예배당(禮拜堂)을 건축(建築)하니라.

　　1916년(一九一六年) 병진(丙辰) 광양군(光陽郡) 대방동교회(大芳洞敎會)에서는 예배당(禮拜堂)을 매수(買收)하였고 순천(順川) 대치리교회(大峙里敎會)에서는 예배당(禮拜堂)을 신건(新建)할쌔 교우(敎友)가 200여원(二百餘圓)을 연보(捐補)하였고 압곡리교회(鴨谷里敎會)에서는 황성연(黃性淵)이 40여원(四〇餘圓)을 독담(獨擔)하여 예배당(禮拜堂)을 매수수리(買收修理)하니라.

　　동년(同年) 옥구군(沃溝郡) 구암리교회(九岩里敎會)는 교우(敎友)들이 열심연보(熱心捐補)하여 2,300원(二千三百圓)으로 반양제(半洋制) 예배당(禮拜堂) 60간(六〇間)을 신건(新建)하니라.

　　동년(同年)에 무안군(務安郡) 구정리교회(九井里敎會)에서는 6간(六間) 예배당(禮拜堂)을 매수(買收)하여 5, 60인(五六〇人)이 집회(集會)하였으며 후(後)에 2간(二間)을 다시 증축(增築)하니라. 제주도(濟州島) 고산리교회(高山里敎會) 추씨산옥(秋氏山玉)은 70세(七〇歲) 노인(老人)인데 금(金) 300원(三百圓)으로 예배당(禮拜堂)을 매수(買收)하여 기부(寄附)하였고 나주(羅州) 덕림교회(德林敎會)에서는 교회(敎會)가 발전(發展)되어 본촌(本村) 중앙(中央)으로 이전(移轉)하고 기후(其後)에 교회(敎會)는 점차(漸次) 진흥(振興)하여 덕곡(德谷), 금정총지(金井總枝), 동정리(同井里)에 교회(敎會)가 분립(分立)되니라.

　　1917년(一九一七年) 정사(丁巳) 군산(群山) 개복동교회(開福洞敎會)는 점차(漸次) 발전(發展)하여 연금(捐金) 4,500원(四千五百圓)으로 기지(基

地) 2,000여평(二千餘坪)과 건물(建物) 90여평(九十餘坪) 예배당(禮拜堂)을 신축(新築)하니라.[180]

제 7장
경상노회(慶尙老會)

1913년(一九一三年) 계축(癸丑)에 경산군 선곡교회에 관청에서 주일 불구하고 부역(負役)을 명하므로 불응하니 기시(其時)로 교인을 호출하여 공갈(恐喝) 구타(毆打)하니라.

경상노회, 조선예수교장로회사기 하

1. 총론(一, 總論)

(1) 노회설립(一, 老會設立)

1911년(一九一一年) 신해(辛亥) 12월(一二月) 6일(六日)에 경상노회(慶尙老會)가 부산진예배당(釜山鎭禮拜堂)에 회집(會集)하여 소집장(召集長) 왕길[지]목사(王吉[志]牧師)의 사회(司會)로 총회명령(總會命令)에 의(依)하여 제1회(第一回) 노회(老會)를 조직(組織)하니 회장(會長) 왕길[지](王吉志, [G. Engel]), 서기(書記) 겸(兼) 회계(會計) 홍승한(洪承漢)이더라.

(2) 노회의안(二, 老會議案)

　선교사(宣敎師) 15인(一五人), 목사(牧師) 2인(二人), 장로(長老) 15인(一五人)이 출석(出席)하여 회무(會務)를 처리(處理)하다. 선교사(宣敎師) 지경(地境)을 12구(一二區)에 분(分)하여 각기전도(各其傳道)ㅎ게 하다. 경산(慶山), 울산(蔚山), 기타(其他) 몇 교회(敎會)에 피택장로(被擇長老) 유(有)함을 보고(報告)하다. 몇 교회(敎會)에서 장로선택(長老選擇)과 장로문답(長老問答)함을 청원(請願)함에 대(對)하여 허락(許諾)하다. 시년(是年)에 조사(助師) 피택자(被擇者)는 박덕일(朴德一), 김만일(金萬一)이더라.

　종전(從前) 조사(助師)로 근무(勤務)하던 이(李)순구, 이(李)영하, 김(金)공명, 박영조(朴永祚), 전치헌, 이문주(李文主), 김(金)성도, 김(金)내언, 서(徐)성오, 김(金)성삼, 최(崔)일형, 이(李)윤조, 서(徐)성숙, 김(金)낙순, 송(宋)취영, 곽경문, 최(崔)경호, 박(朴)경애, 문(文)덕일, 학습문답(學習問答)할 권(權)을 여(與)하다. 학무위원(學務委員) 4인(四人)을 택정(擇定)하다.

　1912년(一九一二年) 임자(壬子) 3월(三月) 6일(六日)에 경상노회(慶尙老會) 제 2회(第二回)가 대구(大邱) 남문내예배당(南門內禮拜堂)에 회집(會集)하니 선교사(宣敎師) 6인(六人), 목사(牧師) 2인(二人), 장로(長老) 9인(九人)이 출석(出席)하더라. 선교사(宣敎師) 지방(地方)을 분구(分區)하여 전도(傳道)ㅎ게 하다. 시년(是年)에 선교사(宣敎師) 권(權)일두[M. Willis Greenfield]가 초도(初到)하다. 신학생(神學生) 정덕생(鄭德生), 김(金)기원, 서(徐)성오, 김(金)공명, 박(朴)영조, 정재순(鄭在淳), 김(金)성삼, 박(朴)경애, 박덕일(朴德一), 김(金)응진 제군(諸君)에게 천서(薦書)를 주다. 이문주(李文主), 이(李)순구, 이(李)[181]만집(萬集), 권(權)경도, 최(崔)일영을 시취(試取)하여 신학(神學)을 허락(許諾)하다. 계성학교(啓聖學校) 위탁(委託)으로 울릉도(蔚陵島)에 김복출(金福出), 창원지방(昌原地方) 보조금(補助金)으로 김길창(金吉昌) 포왜(布哇)에 거(居)한 포상옥의 의금(義金)으로 밀양지방(密陽地方)에 선둔삼 제인(諸人)이 시년(是年)에 전도(傳道)하여 성적(成績)이 양호(良好)하다. 전도위원(傳道委員) 3인(三人)을 선정(選定)하다. 김(金)사경을 풍기읍교회(豊基邑敎會) 조사(助師)로 피임(被任)하다. 지례, 송내교회(敎會)에 피택장로(被擇長老) 이(李)영화와 마산(馬山)에 최(崔)경오의 문답(問答)이 잘 됨을 보고(報告)하다. 피택장로(被擇長老) 정재순(鄭在淳), 서(徐)자명, 서성숙, 이(李)춘서, 신주현 제군(諸君)은 문답(問答)할 공부(工夫)를 허락(許諾)하다. 조선교회(朝鮮敎會)에서 월봉(月俸) 반부이상(半部以上)을 수(受)하는 조사(助師)를 노회(老會)가 주관(主管)하게 하다. 울릉도(欝陵島) 전도인(傳道人) 파송(派送)하는 사(事)를 별위원(別委員)에게 위임(委任)하다.

제 3회(第三回)는 회록원본(會錄原本)이 무(無)하여 기재(記載)하지 못함.

동년(同年) 8월(八月) 31일(三一日)에 경상노회(慶尙老會) 제 4회(第四回)가 평양부신학교(平壤府神學校)에 회집(會集)하니 선교사(宣敎師) 3인(三人), 목사(牧師) 7인(七人), 장로(長老) 12인(一二人)이더라. 김해읍(金海邑) 배(裵)성두, 갈전에 서(徐)성숙 2군(二君)의 장로(長老)로 안수(按手)한 보고(報告)가 유(有)하다. 대구읍(大邱邑)에 백신칠(白信七), 연선에 김(金)주관에게 장로(長老) 문답(問答) 공부(工夫)하게 허락(許諾)하다. 김(金)공명을 장로(長老)로 안수(按手)하기 허락(許諾)하다. 남성정교회(南城町敎會)에 홍승한(洪承漢)을 어도만(魚塗萬, [Walter C. Erdman, 1877-1948])과 동사목사(同事牧師)로, 안동읍외(安東邑外) 2교회(二敎會)에 김영옥(金永玉)을 오월번(吳越藩, [Arthur G. Welbon])과 동사목사(同事牧師)로 허락(許諾)하다. 부산부(釜山府) 영선이외(以外) 2교회(二敎會)에 한득룡목사(韓得龍牧師)를 선교사(宣敎師)와 동사시무(同事視務) ᄒ게 하다.

대구(大邱) 장의사(張醫師)를 목사(牧師)로 안수(按手)하기를 총회(總會)에 헌의(獻議) ᄒ게 하다. 몇 교회(敎會)의 장로선택원(長老選擇願)을 허락(許諾)하다.

동년(同年) 12월(一二月) 19일(一九日)에 경상노회(慶尙老會) 제 5회(第五回)가 대구(大邱) 남성정예배당(南城町禮拜堂)에 회집(會集)하니 선교

사(宣敎師) 14인(一四人), 목사(牧師) 3인(三人), 장로(長老) 10인(一〇人)이더라. 직원(職員)을 선정(選定)하니 회장(會長) 안의와(安義窩, [James Edward Adams]), 서기(書記) 홍승한(洪承漢)이더라. 박영조(朴永祚)는 유성교회(敎會) 장로(長老)로 안수(按手)되다. 피택장로(被擇長老) 급(及) 지원신학자(志願神學者)를 시취(試取)할 위원(委員) 6인(六人)을 선정(選定)하다. 시취부(試取部) 청원(請願)에 의(依)하여 대구(大邱)에 백신칠(白信七), 박(朴)순조, 개현에 김(金)내언, 영선현에 김(金)주관, 영도에 이춘서 제인(諸人)을 장로(長老)로 안수(按手)하기 허락(許諾)하다. 신학검사위원(神學檢査委員)의 청원(請願)에 의(依)하여 재적생(在籍生) 정덕생(鄭德生), 김(金)기원, 서(徐)성오, 박영조(朴永祚), 김(金)성삼, 박(朴)성애, 이문주(李文主), 이만집(李萬集), 최(崔)일영, 정재순(鄭在淳), 김(金)응진, 박(朴)승명과 신입생(新入生) 박(朴)영숙, 문(文)덕인, 강석진(姜錫晋), 권(權)중해, 김인옥(金仁玉), 김(金)원휘, 허일(許一, [Harry James Hill]), 이(李)동태, 권(權)경도 제군(諸君)에게 천서(薦書)를 사(賜)하다. 조사(助師) 이(李)순구, 전치헌, 이(李)[182]문주(文主), 김(金)성도, 김(金)내인, 서(徐)성오, 최(崔)일형, 김(金)성삼, 김(金)낙준, 송(宋)취영, 곽(郭)경묵, 김인옥(金仁玉), 박(朴)성애, 문(文)덕인, 황(黃)보기, 이(李)기언, 최(崔)군중, 박(朴)성태, 박(朴)영순 제군(諸君)에게 학습문답권(學習問答權)을 여(與)하여 시무(視務)하다. 전도국(傳道局)을 창립(刱立)하고 위임(委任) 3인(三人)을 택정(擇定)하다. 포왜(布哇) 포상옥의 의금(義金)을 전도국(傳道局)에 위임(委任)하고 부활주일(復活主日) 연보금(捐補金)도 본국(本局)의 재정(財政)으로 수납(收納)하게 하다.

1913년(一九一三年) 계축(癸丑) 7월(七月) 2일(二日)에 경상노회(慶尙老會) 제 6회(第六回)가 영선현여학교(女學校)에 회집(會集)하니 선교사(宣敎師) 6인(六人), 목사(牧師) 4인(四人), 장로(長老) 11인(一一人)더라. 선교사(宣敎師) 지경(地境)에 총계위원(總計委員)을 각각(各各) 택립(擇立)하다. 정사위원(定事委員) 3인(三人)을 택정(擇定)하다. 김(金)정수, 김(金)석호, 이(李)동태, 김(金)병우, 박(朴)원일 제군(諸君)을 조사(助師)로 임명(任命)

하여 각(各) 지방(地方)에 시무(視務)ㅎ게 하다.

정국현(鄭國賢), 김(金)병우를 시취(試取)하여 장로(長老)로 안수(按手)ㅎ게 하다. 노회(老會) 규칙위원(規則委員)과 수권위원(委員)을 택정(擇定)하다. 송내장로(長老) 이(李)영화 범과(犯過)로 6개월간(六個月間) 정직(停職)하다. 김해읍(金海邑)과 대구서편교회(大邱西便敎會)에서 목사(牧師) 청(請)하는 사(事)는 해지방(該地方) 목사(牧師)에게 위임(委任)하다.

동년(同年) 9월(九月) 6일(六日)에 경상노회(慶尙老會)가 임시(臨時)로 경성(京城) 승동예배당(勝洞禮拜堂)에 회집(會集)하니 선교사(宣敎師) 5인(五人), 목사(牧師) 3인(三人), 장로(長老) 5인(五人)이더라. 신학준사(神學準士) 전훈석의 함경노회(咸鏡老會) 이명서(移名書)를 안수(按手)하다. 마산교회(馬山敎會)의 청원(請願)에 의(依)하여 전훈석을 목사(牧師)로 안수(按手)하기 허락(許諾)하다. 예식위원(禮式委員)을 택정(擇定)하다. 한득룡목사(韓得龍牧師)는 부산교회(釜山敎會)를 사면(辭免)하고 김해읍교회(金海邑敎會) 목사(牧師)로 임명(任命)하다.

동년(同年) 9월(九月) 10일(一〇日)에 경상노회(慶尙老會)가 임시(臨時)로 계속회집(繼續會集)하니 회원(會員)은 여전(如前)하다. 웅천지방(熊川地方) 5교회(五敎會)에서 김덕선목사(金德善牧師) 청원건(請願件)은 허락(許諾)하다.

동년(同年) 9월(九月) 21일(二十一日)에 경상노회(慶尙老會)가 임시(臨時)로 마산예배당(馬山禮拜堂)에 회집(會集)하니 회원(會員)은 선교사(宣敎師) 4인(四人), 장로(長老) 1인(一人)이더라. 재전청원(在前請願)한 전훈석을 안수(按手)하여 마산교회(馬山敎會) 동사목사(同事牧師)로 임명(任命)하다.

동년(同年) 12월(一二月) 31일(三一日)에 경상노회(慶尙老會) 제 7회(第七回)가 마산포교회(馬山浦敎會)에 회집(會集)하니 선교사(宣敎師) 15인(一五人), 목사(牧師) 4인(四人), 장로(長老) 13인(一三人)이 출석(出席)이더라. 회장(會長) 부해리(傅海利, [Hernry Munro Bruen]), 서기(書記) 이(李)현필, 회계(會計) 홍승한(洪承漢)이 피선(被選)되다. 피택장로(被擇長

老) 자인읍(邑)에 한(韓)기원, 마산포(馬山浦)에 이(李)승규, 동산(東山)에 정재순(鄭在淳), 비안에 박(朴)원일 제군(諸君)을 지방목사(地方牧師)로 안수(按手)하게 하다. 정사부(定事部) 청원(請願)에 의(依)하여 심용명(沈龍明)을 부산진(釜山鎭) 합직처에서 왕[183]길지(王吉志, [G. Engel])와 동사목사(同事牧師)에 임명(任命)하다. 규칙부(規則部) 청원(請願)에 의(依)하여 정직장로(停職長老) 이(李)영화는 개전(改悛)하지 아니하므로 삭직(削職)하게 하다. 선교지방(宣敎地方)을 변경(變更)하여 7구(七區)에 분(分)하다. 시년(是年)에 조사(助師) 신임자(新任者)는 이문길(李文吉), 조(曺)계환, 박문찬(朴汶燦), 강석진(姜錫晋), 김(金)익현, 서(徐)하선, 권(權)영해, 김(金)홍수 제군(諸君)이더라. 신학준사(神學準士) 김(金)기원을 시취합격(試取合格)하다.

1914년(一九一四年) 갑인(甲寅) 1월(一月) 16일(一六日)에 경상노회(慶尙老會)가 임시(臨時)로 웅천읍예배당(熊川邑禮拜堂) 회집(會集)하여 임시회장(臨時會長) 왕길지(王吉志, [G. Engel])의 주례(主禮)로 김(金)기원을 목사(牧師)로 안수(按手)하여 웅천교회(熊川敎會)에서 인로절(印魯節, Roger E. Winn]) 선교사(宣敎師)와 동사(同事)로 임명(任命)하다.

동년(同年) 7월(七月) 1일(一日)에 경상노회(慶尙老會) 제 8회(第八回)가 대구성경학원(大邱聖經學院)에 회집(會集)하니 선교사(宣敎師) 13인(一三人), 목사(牧師) 6인(六人), 장로(長老) 12인(一二人)이더라. 손내교회(敎會) 이(李)영화의 회개(悔改)함을 보고(報告)하다. 정사부(定事部) 보고(報告)에 의(依)하여 마산포(馬山浦) 목사(牧師) 사면원(辭免願)은 불허(不許)하다. 안동지방(安東地方)의 선천신성학교(宣川信聖學校)에 전도인(傳道人)을 파송(派送)하여 회개(悔改)한 인(人)이 다수(多數)하여 교회설립(敎會設立)됨을 보고(報告)하다. 피택장로(被擇長老) 박(朴)상순, 허일(許一, [Harry James Hill])을 시취(試取)하여 안수(按手)하기 허락(許諾)하다. 각(各) 지방(地方)에 시찰위원(視察委員)을 치(置)하여 교회(敎會)를 주찰(周察)하게 하다. 대구(大邱) 남성정교회(南城町敎會) 분립원(分立願)은 해시찰(該視察)에게 위임(委任)하다. 조사(助師) 서(徐)하서, 김(金)병우에게 학습문답권(學習問答權)을 사(賜)하여 시무(視務)ㅎ게 하다.

1914년(一九一四年) 12월(一二月) 30일(三〇日)에 경상노회(慶尙老會) 제 9회(第九回)가 부산진(釜山鎭) 일신여학교(日新女學校)에 회집(會集)하니 선교사(宣敎師), 목사(牧師) 4인(四人), 장로(長老) 19인(一九人)이 출석(出席)하더라. 회장(會長) 어도만(魚塗萬, [Walter C. Erdman, 1877-1948]), 서기(書記) 이(李)현필, 회계(會計) 홍승한(洪承漢)이 피임(被任)하다. 사들에 문(文)사인, 생게에 박영화(朴永化), 동산(東山)에 권(權)회윤, 정재순(鄭在淳), 서(徐)자명, 시세(是歲)에 장로안수(長老按手)하다. 청송지방(地方)에 김(金)기수, 통영지방(統營地方)에 진종학(陳宗學) 양군(兩君)이 조사(助師)로 피임(被任)하다. 신학생(神學生) 서(徐)성오, 정재순(鄭在淳), 박영조(朴永祚), 이희봉(李希鳳), 허일(許一, [Harry James Hill]), 임종하(林鍾夏), 유선장, 권영해(權永海), 박덕일(朴德一), 이만집(李萬集), 이문주(李文主), 김충한(金忠漢), 박(朴)성애, 박영(朴永)숙, 김(金)응진, 정덕생(鄭德生), 김인옥(金仁玉), 방(方)영화, 김(金)원휘, 엄(嚴)응삼, 권주백, 강석진(姜錫晋), 전기석과 신학지원자(神學志願者) 최(崔)경호, 조계환, 박문찬(朴汶燦), 김복출(金福出) 제군(諸君)을 시취허락(試取許諾)하다. 전도부(傳道部)에서 남도(南道)에 임치수, 북도(北道)에 김(金)주현을 파송전도(派送傳道)한 상황(狀況)을 보고(報告)하다. 한득룡목사(韓得龍牧師)가 책임(責任)을 잘못하므로 인(因)하여 책망(責望)하는 서신(書信)을 선송(繕送)하다. 청송지방(地方)에 김(金)기수, 산운지경(地境)에 이대(李大)성을 조사(助師)로 신임(新任)하다. 마산교회(馬山敎會)를 시찰(視察)한 위원(委員)의 보고(報告)에 의(依)하여 전훈석목사(牧師)의 사면(辭免)을 접수(接受)하다.[184]

1915년(一九一五年) 을묘(乙卯) 6월(六月) 20일(二〇日)에 경상노회(慶尙老會) 제 10회(第一〇回)가 대구(大邱)성경학교(學校)에 회집(會集)하니 선교사(宣敎師) 13인(一三人), 목사(牧師) 5인(五人), 장로(長老) 16인(一六人)이더라. 전라노회(全羅老會) 김병례목사(金炳禮牧師)의 이명서(移名書)를 접수(接受)하다. 각(各) 시찰(視察)이 조사(助師)의 시찰상황(視察狀況)

을 보고(報告)하다. 김충한군(金忠漢君)이 비정교회(敎會) 장로(長老)로 안수(按手)ㅎ게 하다. 강우건을 정척읍(邑) 조사(助師)로 허락(許諾)하다. 박성애(朴性愛), 박영창(朴永敞), 엄(嚴)응삼, 정(鄭)규호, 정(鄭)춘모, 유지성을 시취(試取)하여 장로(長老)로 안수(按手)케 하다. 신학준사(神學準士) 서성오(徐性五), 정재순(鄭在淳), 정덕생(鄭德生) 3인(三人)을 시취(試取)하여 서성오(徐性五), 정덕생(鄭德生)은 강도사(講道師)로 승인(承認)하고 정재순(鄭在淳)은 목사(牧師)로 안수(按手)하여 동산외(東山外) 2교회(二敎會)에 위임(委任)하다. 전도부(傳道部) 청원(請願)에 의(依)하여 부활주일(復活主日) 보조(補助)를 각(各) 교회(敎會)가 일치진력(一致盡力)하여 금년(今年)에도 전도(傳道)에 활동(活動)ㅎ게 하다.

동년(同年) 12월(一二月) 29일(二九日)에 경상노회(慶尙老會) 제 11회(第一一回)가 구마산예배당(舊馬山禮拜堂)에 회집(會集)하니 선교사(宣敎師) 14인(一四人), 목사(牧師) 7인(七人), 장로(長老) 23인(二三人)이 출석(出席)이더라. 제 9회(第九回), 제 10회(第一〇回) 회록(會錄)을 규칙위원(規則委員)에게 위임(委任) 출간(出刊)ㅎ게 하다.

동년(同年) 7월(七月) 13일(一三日) 경상노회(慶尙老會)가 영주동예배당(禮拜堂)에 특별회(特別會)로 회집(會集)하다. 임시회장(臨時會長) 매(梅)게시의 사회(司會)로 개회(開會)하니 회원(會員)은 선교사(宣敎師) 4인(四人), 목사(牧師) 2인(二人), 장로(長老) 6인(六人)이더라. 전회(前會)의 허락(許諾)에 의(依)하여 강도사(講道師) 정덕생(鄭德生)은 안수(按手)하여 영주 이외(以外) 3교회(三敎會) 목사(牧師)로 임명(任命)하다. 직원(職員)을 선정(選定)하니 회장(會長) 홍승한(洪承漢), 서기(書記) 정덕생(鄭德生), 회계(會計) 정재순(鄭在淳)이더라. 목사(牧師) 한득룡(韓得龍)을 평북노회(平北老會)로 이명(移名)하다. 시년(是年)에 남성정(南城町)에서 남산회(南山會)와 분립(分立)하고, 소란회(會)는 읍(邑)으로 합(合)하고, 울신회(會)는 이전(移轉)하고, 흥각회(會)는 읍(邑)으로 합(合)하다. 생게, 삼분, 하연, 괴당 4교회(四敎會)가 연합출연(聯合出捐)하여 박영화(朴永和), 박(朴)영신, 박(朴)영환, 오(吳)이근 4인(四人)을 파송전도(派送傳道)한 결과(結果) 의성지방(義城地方)에 교회(敎會)가 창립(刱立)하다. 피택장로(被擇長老) 백운동(白雲洞)에 소병식, 마장에 임주필, 황금정(黃金町)에 전승집, 청도에 김(金)내언, 김(金)석번, 괴일에 황(黃)경성, 이현주 제인(諸人)을 안수(按手)하기 허락(許諾)하다. 신학생(神學生) 이문주(李文主), 권영해(權永海), 임종하(林鍾夏), 허일(許一, [Harry James Hill]), 김충한(金忠漢), 조(曹)기환, 박문찬(朴汶燦), 유진성 제군(諸君)은 계속공부(繼續工夫)하고 신학지원자(神學志願者) 염봉남(廉鳳南), 최(崔)재교, 배은휘(裵恩輝)는 시취취학(試取就學)하다. 전(前) 신학생(神學生) 김(金)원회, 김인옥(金仁玉), 권(權)주백, 강(姜)석진, 서(徐)화선, 엄(嚴)응삼, 박영화(朴永化) 제군(諸君)에게 천서(薦書)를 여(與)하여 입학(入學)하다. 최(崔)재교, 배은휘(裵恩輝), 이만집(李萬集)이 조사(助師)로 피임(被任)하다. 김영옥(金永玉)은 안동지방(安東地方) 목사(牧師)로 임명(任命)하다.[185]

동년(同年) 7월(七月) 11일(一一日)에 경상노회(慶尙老會)가 고산면 사월예배당(禮拜堂)에 임시(臨時)로 회집(會集)하니 회원(會員)은 목사(牧師) 2인(二人), 장로(長老) 2인(二人)이더라. 전(前) 노회(老會)의 허락(許諾)에 의(依)하여 김병례목사(金炳禮牧師)의 위임식(委任式)을 거행(擧行)하다. 전도부(傳道部)에서 전(前) 노회(老會) 작정(作定)대로 매월봉(每月俸) 금(金) 7원식(七圓式) 하여 전도인(傳道人)을 시찰(視察) 각(各) 지경(地境)에 파송시무(派送視務)함을 보고(報告)하다. 피택장로(被擇長老) 손덕우(孫德宇), 권(權)응집을 시취(試取)하여 안수(按手)하게 하다. 신학생(神學生) 김도식(金道植)을 계속입학(繼續入學)하게 하다. 신학준사(神學準士) 박(朴)영도를 안수(按手)하여 김천지방(金川地方) 목사(牧師)로 임명(任命)하다. 김(金)기원을 김해지방(金海地方) 목사(牧師)로 임명(任命)하다.

1916년(一九一六年) 병진(丙辰) 6월(六月) 22일(二二日)에 경상노회(慶尙老會) 제 12회(第一二回)가 대구성경학교(大邱聖經學校)에 회집(會集)하니 회원(會員)은 선교사(宣敎師) 13인(一三人), 목사(牧師) 7인(七人), 장로(長老) 25인(二五人)이더라. 피택장로(被擇長老) 흥해(興海)에 박문찬(朴汶燦), 김천(金川)에 김(金)석범, 이령에 김(金)세민, 풍작에 최재(崔在)교, 괴

일에 허일(許一, [Harry James Hill]), 마산지방(馬山地方)에 이(李)현주, 황(黃)찬주, 이(李)순상, 송내에 이(李)사윤 제군(諸君)에게 안수(按手)하기 허락(許諾)하다. 강도사(講道師) 서성오(徐聖五), 이희봉(李希鳳)을 시취안수(試取按手)하여 목사(牧師)로 임명(任命)하다. 전도위원(傳道委員)이 전도인(傳道人) 4인(四人)을 남북도(南北道)에 파송(派送)하여 전도(傳道)한 성적(成績)이 양호(良好)함을 보고(報告)하다. 평남노회(平南老會) 목사(牧師) 이재풍(李在豊) 이명서(移名書)를 안수(按手)하다. 대구(大邱) 서문외교회(西門外敎會) 전자생, 유인경 2인(二人)의 고소(告訴)에 대(對)하여 별위원(別委員) 4인(四人)을 택(擇)하여 조사(調査)ㅎ게 하다. 본(本) 노회(老會)를 남북도(南北道)에 각기(各其) 분립(分立)하기로 총회(總會)에 청원(請願)을 제출(提出)하게 결정(決定)하다.

2. 교회조직(二, 敎會組織)

　1912년(一九一二年) 임자(壬子)에 김천군(金泉郡) 송천교회(松川敎會)가 이재욱(李載旭)을 장로(長老)로 안수(按手)하여 당회(堂會)가 성립(成立)하다. 기후(其後) 이사윤(李士允)이 계속시무(繼續視務)하다.

　동년(同年)에 동군(同郡) 유성교회(柳城敎會)가 박영조(朴永祚)를 장로(長老)로 안수(按手)하여 당회(堂會)를 조직(組織)하다. 기후(其後) 최도연(崔道淵)이 장로(長老)가 되고 목사(牧師) 박영조(朴永祚)가 시무(視務)하니라.

　동년(同年)에 김해읍교회(金海邑敎會)가 배성두(裵聖斗)를 장로(長老)로 안수(按手)하여 당회(堂會)가 성립(成立)하다. 기후(其後) 계속자(繼續者)는 정국견(鄭國見), 오규옥(吳奎玉), 이성백(李成伯)이오, 목사(牧師)는 한득룡(韓得龍), 김천일(金千一), 이기선(李基宣)이 상계시무(相繼視務)하니라.

　동년(同年)에 구마산교회(舊馬山敎會) 최경호(崔景鎬)를 장로(長老)로 안수(按手)하여 당회(堂會)가 성립(成立)하다. 계속자(繼續者)는 이승규(李承奎), 손덕우(孫德宇), 이상소(李相召) 등(等)이오, 선교사(宣敎師)[186] 손안락[로](孫安洛[路, [Andrew Adamson]), 나대벽(羅大闢, [D. M. Lyall, 1876-1921]), 맹호은(孟浩恩, [Frederick J. L. MacRae])과 목사(牧師) 전훈석(全勳錫), 한석진(韓錫晋), 박정찬(朴禎燦) 등(等)이 상계시무(相繼視務)하니라.

동년(同年)에 곤양읍교회(昆陽邑敎會)가 설립(設立)하다. 초(初)에 조용익(趙鏞益)이 신종(信從)하고 자기(自己) 사저(私邸)에서 예배(禮拜)하더니 지시(至是)하여 설립자(設立者) 조용익(趙鏞益)이 금(金) 3,000여원(三千餘圓)을 독담(獨擔)하여 목양제(木洋制) 36평(三十六坪) 예배당(禮拜堂)을 신축(新築)하니라.

동년(同年)에 동래군(東萊郡) 평전교회(平田敎會)가 설립(設立)하다. 초(初)에 선교사(宣敎師) 왕길지(王吉志, [G. Engel])의 인도(引導)로 신재일(辛在一), 박장하(朴長夏), 신재덕(辛在德), 신필수(辛弼秀) 등(等)이 신도(信道)하고 후(後) 예배당(禮拜堂)을 신축(新築)하다. 박성태(朴聖泰), 신재일(辛在一) 등(等)이 조사(助師)로 시무(視務)하니라.

동년(同年)에 동래군(東萊郡) 신평교회(新坪敎會)가 설립(設立)하다. 초(初)에 선교사(宣敎師) 왕길지(王吉志, [G. Engel]) 조사(助師) 정덕생(鄭德生) 전도(傳道)로 구연호외(具然昊外) 수십여인(數十餘人)이 일시(一時) 신종(信從)하고 예배당(禮拜堂)을 신건(新建)하니라.

동년(同年)에 동래군(東萊郡) 대연리교회(大淵里敎會)가 설립(設立)하다. 본(本) 교회(敎會)는 부산진지회(釜山鎭支會)로 예배당(禮拜堂)을 매수사용(買收使用)하여 박성태(朴聖泰), 양인석(梁仁錫)이 조사(助師)로 시무(視務)하니라.

동년(同年)에 안동군(安東郡) 수동교회(水洞敎會)가 성심(誠心) 출연(出捐)하여 예배당(禮拜堂) 7간(七間)을 건축(建築)하다.

동년(同年)에 동래군(東萊郡) 원림교회(院林敎會)가 예배당(禮拜堂)을 건축(建築)하다. 김복룡(金福龍), 임봉식(林鳳植), 권재삼(權在三), 최수목

(崔壽木), 남성민(南星珉)이 성심(誠心) 봉사(奉事)하고 선교사(宣敎師) 오월번(吳越藩, [Arthur G. Welbon]), 인노절(印魯節, [Roger E. Winn]), 연위득(延位得, [Emily Anderson Winn]) 순무(巡務)하였으며 김인옥(金仁玉), 권수백(權秀栢), 장사성(張師聖), 권중한(權重漢), 윤영문(尹永文), 임학수(林鶴洙), 김중환(金重煥), 임경수(林鏡秀) 등(等)이 조사(助師)로 호상시무(互相視務)하니라.

동년(同年)에 안동군(安東郡) 고천교회(高川敎會)가 설립(設立)하다. 선시(先是)에 박시양(朴時陽), 배태근(裵太根), 이칠성(李七星)이 신종(信從)하여 설립(設立)하다.

동년(同年)에 창원군(昌原郡) 내서면(內西面) 용담교회(龍潭敎會)가 설립(設立)하다. 서덕문(徐德文), 김정유(金正裕) 양씨(兩氏)가 지도(指導)하여 설립(設立)되었으며 기후(其後) 윤남조(尹南祚), 이석봉(李石奉) 양씨(兩氏)가 열심(熱心)으로 봉사(奉事)하여 보조(補助)하니라.

1913년(一九一三年) 계축(癸丑)에 의성군(義城郡) 비봉동교회(飛鳳洞敎會)가 김충한(金忠漢)을 장로(長老)로 안수(按手)하여 당회(堂會)가 성립(成立)하다. 목사(牧師) 김원휘(金原輝)가 시무(視務)하니라.

동년(同年)에 김천군(金泉郡) 봉천교회(鳳川敎會)가 설립(設立)하다. 선시(先是)에 부해리(傅海利, [Hernry Munro Bruen])의 전도(傳道)로 김석만(金錫滿), 오순남(吳順南) 등(等)이 신종(信從)하여 설립(設立)하다.[187]

동년(同年)에 연일군(延日郡) 성법교회(省法敎會)가 설립(設立)하다. 선시(先是)에 맹의와(孟義窩, [E. F. Mcfarland])의 전도(傳道)로 박균상(朴均祥), 권상룡(權相龍) 등(等)이 신종(信從)하여 설립(設立)하다.

동년(同年)에 김천군(金泉郡) 교동교회(校洞敎會)가 설립(設立)하다. 선시(先是)에 김벽파여사(金碧波女史)가 70여세(七〇餘歲)에 신종(信從)하여 10여리(一〇餘里) 외(外)에서 황금정교회(黃金町敎會)에 내왕(來往) 예배(禮拜)하더니 열심전도(熱心傳道)하여 신자일증(信者日增)이라. 연보(捐補)하여 예배당(禮拜堂)을 신건(新建)하고 분립(分立)하다. 조사(助師) 박영조(朴永祚)가 시무(視務)하니라.

동년(同年)에 부산진(釜山鎭) 초량교회(草梁敎會)가 김주관(金周寬)을 장로(長老)로 안수(按手)하여 당회(堂會)가 성립(成立)하고 김성국(金成國)이 계속(繼續)하여 장로(長老)되니라. 목사(牧師) 한득룡(韓得龍)이 시무(視務)하니라.

동년(同年)에 부산부(釜山府) 영선동교회(瀛仙洞敎會)가 이춘서(李春瑞)를 장로(長老)로 안수(按手)하여 당회(堂會)가 성립(成立)하다. 후계자(後繼者) 이천오(李千五)요, 목사(牧師)는 한득룡(韓得龍), 정덕생(鄭德生), 김이곤(金二坤), 심취명(沈就明), 박성애(朴成愛)가 계속시무(繼續視務)하니라.

동년(同年)에 김해군(金海郡) 칠산교회(七山敎會)가 설립(設立)하다. 선시(先是)에 김한령(金漢令)이 신종(信從)하고 예배당(禮拜堂)을 건축(建築)하더니 방매(放賣)하고 교우(敎友)는 7, 8인(七八人)이 사가(私家)에서 회집예배(會集禮拜)하니라.

동년(同年) 부산부(釜山府) 조도교회(朝島敎會)가 설립(設立)하다. 선시(先是)에 위철치(魏喆治, [George H. Winn])의 전도(傳道)로 김순옥(金純玉), 손만수(孫萬守) 등(等)이 신종(信從)하여 교회(敎會)가 설립(設立)하고 궐후(厥後)에 신도(信徒) 일증(日增)하여 와가예배당(瓦家禮拜堂)을 건축(建築)하다. 목사(牧師) 정덕생(鄭德生)이 시무(視務)하니라.

동년(同年) 3월(三月)에 산청군(山靑郡) 단계교회(丹溪敎會)가 설립(設立)하다. 선시(先是)에 선교사(宣敎師) 권임함(權任咸, [Frank William Cunningham])의 전도(傳道)로 강대형(姜大馨)이 신종(信從)하여 외고리(外古里)에 예배당(禮拜堂)을 건축(建築)하더니 지시(至是)하여 교우(敎友) 등(等)이 성심연보(誠心捐補)하여 단계리(丹溪里)에 예배당(禮拜堂)을 건축(建築)하니라.

동년(同年) 거창군(居昌郡) 성기리교회(聖基里敎會)가 설립(設立)하다. 선시(先是)에 선교사(宣敎師) 맹호은(孟浩恩, [Frederick J. L. MacRae])의 전도(傳道)와 권서인(勸書人) 오형선(吳亨善)의 전도(傳道)로 신종자(信從者) 다(多)하여 설립(設立)하니라.

동년(同年)에 동래군(東萊郡) 초읍교회(草邑敎會)가 설립(設立)하다. 선시(先是)에 부산진지회(釜山鎭支會)로 인정(認定)되더니 기후(其後) 교우왕성(敎友旺盛)하여 설립(設立)하니라.

동년(同年)에 동래군(東萊郡) 화전리교회(花田里敎會)가 설립(設立)하다. 선시(先是)에 선교사(宣敎師) 매견시(梅見施, [James Noble Mackenzie, 1865-1956])와 조사(助師) 정덕생(鄭德生)의 전도(傳道)로 양한준(梁漢俊) 전가(全家)가 귀주(歸主)하고 한준(漢俊)이 기외(其外) 친우(親友) 수십여인(數十餘人)에게 전도(傳道)함으로 설립(設立)하니라.[188]

1914년(一九一四年) 갑인(甲寅)에 김천군(金泉郡) 황금정교회(黃金町敎會)가 박상순(朴相淳)을 장로(長老)로 안수(按手)하여 당회(堂會)가 성립(成立)하다. 최용수(崔龍洙), 강종하(姜宗夏)가 계속피선(繼續被選)하고 조사(助師)는 이희봉(李喜鳳), 이철락(李哲洛), 김재수(金載洙), 김중환(金重煥)이 차제시무(次第視務)하니라. 목사(牧師)는 박영조(朴永祚), 김성로(金聖魯)가 시무(視務)하다.

동년(同年)에 동군(同郡) 관기교회(館基敎會)가 유진성(兪鎭成)을 장로(長老)로 안수(按手)하여 당회(堂會)가 성립(成立)하니라.

동년(同年)에 경산군(慶山郡) 송정교회(松井敎會)가 황재연(黃在淵)을 장로(長老)로 안수(按手)하여 당회(堂會)가 성립(成立)하니라.

동년(同年)에 연일군(延日郡) 대전교회(大田敎會)가 설립(設立)하다. 선시(先是)에 이익호(李翼鎬)가 경성여행(京城旅行) 시(時)에 복음(福音)을 신종(信從)하고 감리교(監理敎)에서 수세(受洗)한 후(後) 귀가미구(歸家未久)에 신심점약(信心漸弱)하더니 지시(至是)하여 조사(助師) 박문찬(朴文燦)이 심방(尋訪)하고 권면(勸勉)하므로 초신(初信)을 회복(回復)하여 열심(熱心) 전도(傳道)한 결과(結果) 신자점다(信者漸多)하여 자가(自家)에 임시예배(臨時禮拜)하므로 교회시작(敎會始作)하니라. 선교사(宣敎師)는 유[권]일두(柳[權]日斗, [M. Willis Greenfield]), 조사(助師) 강만호(姜萬浩)더라.

동년(同年)에 달성군(達城郡) 대명동교회(大明洞敎會)가 설립(設立)하다. 선시(先是)에 선교사(宣敎師) 별이추(鼈离湫, [Archibald Gray Fletcher, 1882-1970])가 박덕일(朴德一), 이근배(李根培)와 동(同)히 본처(本處)에 내도(來到)하여 전도(傳道)하므로 신신자(新信者)가 번다(煩多)하나 예배당(禮拜堂)이 무(無)하더니 제중원(濟衆院)에서 가옥(家屋) 8간(八間)을 매수(買收) 기부(寄附)하므로 교회(敎會) 설립(設立)하니라. 선교사(宣敎師) 부해리(傅海利, [Hernry Munro Bruen]), 영수(領袖) 이근배(李根培) 인도(引導)하니라.

동년(同年)에 경산군(慶山郡) 읍교회(邑敎會)가 설립(設立)하다. 선시(先是)에 선교사(宣敎師) 유[권]일두(柳[權]日斗, [M. Willis Greenfield])가 지방조사(地方助師)와 권서(勸書)를 대동(帶同)하고 본리(本里)에 내도(來到)하여 김처진(金處鎭) 방(方)에 임시전도소(臨時傳道所)를 정(定)하고 협력(協力) 전도(傳道)하므로 수신자(數信者)가 기(起)하여 교회(敎會) 시작(始作)하니 영수(領袖) 홍정순(洪精淳), 조사(助師) 허일(許鎰)이 시무(視務)하니라.

동년(同年)에 경산군(慶山郡) 평사교회(平沙敎會)가 설립(設立)하다. 선시(先是)에 본처인(本處人) 정인효(鄭仁孝)가 선교사(宣敎師) 안의와(安義窩, [James Edward Adams])의 전도(傳道)로 신종(信從)하고 구지동교회(求芝洞敎會)에 내왕예배(來往禮拜)하더니 기후(其後) 교회(敎會) 분립(分立)하니 정인효(鄭引孝)가 인도(引導)하니라.

동년(同年)에 산청군(山淸郡) 색동교회(塞洞敎會)가 예배당(禮拜堂)을 건축(建築)하고 조사(助師) 주남락(周南樂)이 시무(視務)하다.

동년(同年)에 함양군(咸陽郡) 석천리교회(石川里敎會)가 설립(設立)하다. 초(初)에 선교사(宣敎師) 길아각(吉雅各, [James T. Kelly])이 전도(傳道)하여 교도(敎徒) 시흥(始興)이더니 지시(至是) 부흥(復興)하다. 봉당지회(鳳堂支會)에서 분립(分立)하다. 목사(牧師) 이재풍(李載豊)이 시무(視務)하니라.

동년(同年)에 영덕군(盈德郡) 원전교회(院前敎會)가 부흥(復興)하다. 영덕지방전도회(盈德地方傳道會)에서 전도인(傳道人) 김건호(金建浩)를 파송

(派送)하여 원전동(院前洞)을 중심(中心)으로 정(定)하고 열(熱)[189]심전도(心傳道) 중(中) 신신도자(新信徒者) 10여인(一〇餘人)을 득(得)하였고 김대지(金大智) 사저(私邸)로 기도실(祈禱室)을 이정(移定) 집합(集合)하더니 지시(至是)하여 교회(敎會)가 발전(發展)하여 예배당(禮拜堂)을 건축(建築)하니라.

동년(同年)에 영덕군(盈德郡) 오포교회(烏浦敎會)가 부흥(復興)하다. 전도인(傳道人) 김달호(金達浩)가 내(來)하여 열심전도(熱心傳道)하는 중(中) 다수(多數) 신자(信者)가 기(起)하였고 예배당(禮拜堂)을 건축(建築)하기 위(爲)하여 간구(懇求) 중(中)에 동군인(同郡人) 불신노파(不信老婆)가 교우(敎友) 등(等)의 성심기도(誠心祈禱)에 감동(感動)하여 금(金) 20원(二〇圓)을 연보(捐補)하므로 차금(此金)이 동기(動機)되어 예배당(禮拜堂)을 즉시(卽時) 매(買)ㅎ게 되니라. 본(本) 교회(敎會)는 설립당시(設立當時)부터 핍박(逼迫)이 항유(恒有)하더니 지시(至是)하여 부흥(復興)하니라.

1915년(一九一五年) 을묘(乙卯)에 청도군(淸道郡) 송서교회(松西敎會)가 최재교(崔在敎)를 장로(長老)로 안수(按手)하여 당회(堂會)가 성립(成立)하다. 조사(助師) 금석범(琴錫範)이 시무(視務)하니라.

동년(同年)에 선산군(善山郡) 청산동교회(靑山洞敎會)가 목사(牧師) 이희봉(李喜鳳)을 청빙시무(請聘視務)ㅎ게 하다.

동년(同年)에 김천군(金泉郡) 상부교회(上部敎會)가 설립(設立)하다. 선시(先是)에 본지(本地) 교인(敎人)이 선신(先信) 복음(福音)하고 열심전도(熱心傳道)하여 교회설립(敎會設立)을 목적(目的)하더니 대구(大邱) 남성정(南城町) 부인(婦人) 박순도(朴順道)가 금(金) 50원(五〇圓)을 연보(捐補)함으로 예배당(禮拜堂)을 신축(新築)하다. 선교사(宣敎師) 부해리(傅海利, [Hernry Munro Bruen]), 영수(領袖) 이춘화(李春華), 집사(執事) 이연발(李蓮發), 조사(助師) 이한규(李漢奎) 등(等)이 근무(勤務)하니라.

동년(同年)에 연일군(延日郡) 조사교회(祖師敎會)가 설립(設立)하다. 선시(先是)에 조선기독교(朝鮮基督敎) 신도(信徒) 허준(許濬)이 동교도(同敎徒) 12인(一二人)과 협의(協議)하고 장로회(長老會)로 이거(移居)하여 자가

(自家)에 예배(禮拜)하니 교회(教會) 시작(始作)하다. 선교사(宣教師) 위철호[치](魏喆浩[治], George H. Winn), 조사(助師) 박문환(朴文煥)이 시무(視務)하니라.

동년(同年)에 달성군(達城郡) 내당동교회(內塘洞教會)가 설립(設立)하다. 선시(先是)에 제중원장(濟衆院長) 별이추(鱉离湫, [Archibald Gray Fletcher, 1882-1970])가 영미나병환자(英美癩病患者) 구제회(救濟會)의 소개(紹介)로 연와제(煉瓦製) 가옥(家屋)을 건축(建築)하고 가련(可憐)한 병자(病者) 남녀(男女) 수백인(數百人)을 수용(受容)하여 무료(無料)로 시약(施藥)하니 기중(其中)에서 신자(信者) 일출(日出)하여 교회(教會)가 시작(始作)하니라.

동년(同年)에 달성군(達城郡) 효목교회(孝睦教會)가 설립(設立)하다. 선시(先是)에 본지인(本地人) 김만도(金萬道) 등(等)이 신도(信道)하고 대구(大邱) 남성정교회(南城町教會)에 내왕예배(來往禮拜)하더니 열심전도(熱心傳道)하여 신자증가(信者增加)라 예배당(禮拜堂)을 신축(新築)하고 교회(教會) 분립(分立)하니라.

동년(同年)에 영덕군(盈德郡) 삼사교회(三思教會)가 설립(設立)하다. 선시(先是)에 여사(女史) 남수령(南壽令)이 복음(福音)을 신(信)하고 장사회(長沙會)로 내왕(來往) 예배(禮拜)하더니 기후(其後) 교회점진(教會漸進)하여 교회(教會)를 분립(分立)하니라. 선교사(宣教師) 위철치(魏喆治, [George H. Winn])와 인도자(引導者) 박해문(朴海文), 최정호(崔正浩) 등(等)이더라.[190]

동년(同年)에 대구부(大邱府) 남산정교회(南山町教會)가 설립(設立)하다. 선시(先是)에 다수(多數) 신도(信徒)가 남성정교회(南城町教會)에 내왕예배(來往禮拜)하더니 지시(至是)하여 분립(分立)하니라.

동년(同年)에 예천군(醴泉郡) 신전교회(薪田教會)가 부흥(復興)하여 예배당(禮拜堂)을 신건(新建)하다. 전도인(傳道人) 이대영(李大榮), 양재정(梁在貞), 신택희(申澤熙), 김인규(金仁奎) 등(等)이 내전(來傳)하므로 신신자(新信者) 다기(多起)하니라. 선교사(宣教師) 인노절(印魯節, [Roger E.

Winn]), 안대선(安大善, [Wallace Jay Anderson]), 오월번(吳越藩, [Arthur G. Welbon])과 조사(助師) 김익현(金翊顯), 강신충(姜信忠), 신택희(申澤熙), 임학수(林鶴洙), 손영균(孫永均), 김기석(金基碩), 황영규(黃永奎) 등(等)이 질상시무(迭相視務)하니라.

동년(同年)에 봉화군(奉化郡) 구천교회(九川敎會)가 설립(設立)하다. 선시(先是)에 본지인(本地人) 송재용(宋在用)이 종신(從信)하여 교회설립(敎會設立)하니라.

동년(同年)에 의성군(義城郡) 장림교회(長林敎會)가 설립(設立)하다. 선시(先是)에 본지인(本地人) 오택근(吳澤根), 이상규(李尙奎)가 설립(設立)한 교회(敎會)더니 기후(其後) 이상규(李尙奎)를 장로(長老)로 안수(按手)하여 당회(堂會)가 성립(成立)하니라.

동년(同年)에 의성군(義城郡) 외곡교회(外谷敎會)가 설립(設立)하다. 선시(先是)에 임영화(林永和), 소성영(蘇晟永)이 신종(信從)하여 설립(設立)하다.

동년(同年)에 울산군(蔚山郡) 평동교회(平洞敎會)가 설립(設立)하다. 선시(先是)에 선교사(宣敎師) 매견시(梅見施, [James Noble Mackenzie])의 전도(傳道)로 추대홍(秋大鴻) 외(外) 수십교도(數十敎徒)가 서생교회(西生敎會)에 내왕(來往) 예배(禮拜)하더니 지시(至是)하여 예배당(禮拜堂)을 건축(建築)하고 교회(敎會)를 분립(分立)하니라. 조사(助師) 임성옥(任成玉)이 시무(視務)하다.

동년(同年)에 창원군(昌原郡) 양곡리교회(梁谷里敎會)가 설립(設立)하다. 선시(先是)에 이재상(李在相)과 여사(女史) 김인화(金仁華), 정회진(鄭檜陳), 황묘임(黃妙任)이 신교(信敎) 설립(設立)하다. 기후(其後)에 교회(敎會) 점진(漸進)하여 교회(敎會)를 신설(新設)하고 김주견(金周見)이 조사(助師)로 시무(視務)하다.

1916년(一九一六年) 병진(丙辰)에 연일군(延日郡) 하옥교회(下玉敎會)가 설립(設立)하다. 선시(先是)에 선교사(宣敎師) 위철치(魏喆治, [George H. Winn])가 전도(傳道)하여 신자(信者)를 다득(多得)하니 교회(敎會)를

설립(設立)하고 예배당(禮拜堂)을 신축(新築)하니라. 박문찬(朴文燦)이 조사(助師)로 시무(視務)하다.

동년(同年)에 달성군(達城郡) 감삼교회(甘三敎會)가 설립(設立)하다. 선시(先是)에 권일관(權馹寬), 김덕항(金德項) 등(等)이 선신(先信)하고 남성정교회(南城町敎會)에 내왕예배(來往禮拜)하더니 열심전도(熱心傳道)하여 신자(信者) 10여인(一〇餘人)이라. 신당리교회(新塘里敎會)에 이속(移屬)이더니 궐후(厥後) 신자(信者)가 일증(日增)하여 교회(敎會)가 분립(分立)하니라. 선[교사]목사(宣[敎師]牧師) 부해리(傅海利, [Hernry Munro Bruen]), 영수(領袖)에 권일관(權馹寬), 조사(助師) 염봉남(廉鳳南)이 시무(視務)하니라.

동년(同年)에 예천군(醴泉郡) 문곡교회(文谷敎會)가 설립(設立)하다. 초(初)에 박재수(朴在樹)와 조만승(曺萬承)의 모친(母親) 양(兩) 노인(老人)이 신주(信主)하고 풍기교회(豊基敎會)에 내왕예배(來往禮拜)하[191]더니 궐후(厥後) 기자(其子) 박재수(朴在樹), 조만승(曺萬承) 전가(全家)가 신종(信從)하여 교회(敎會)를 설립(設立)하고 예배당(禮拜堂)을 건축(建築)하니라.

동년(同年)에 영양군(英陽郡) 서부동교회(西部洞敎會)가 설립(設立)하다. 선시(先是)에 전도인(傳道人) 신택희(申澤熙), 강우근(姜右根)이 3개월간(三個月間) 전도(傳道)한 결과(結果)로 오현팔(吳鉉八)이 신종(信從)하고 신자일증(信者日增)하여 교회설립(敎會設立)하니라.

동년(同年)에 고성군(固城郡) 은월리교회(銀月里敎會)가 설립(設立)하다. 선시(先是)에 선교사(宣敎師) 왕대선(王大善, [Robert D. Watson]), 전순국(全順國)의 전도(傳道)로 유익중(劉益重)이 신종(信從)하고 개천교회(介川敎會)에 내왕예배(來往禮拜)하니라. 기후(其後)에 김권실(金權實), 김상찬(金相讚), 김상세(金相世), 김삼용(金三用)이 동시(同時) 신주(信主)하고 김삼용(金三用)은 자기토지(自己土地)를 성납(誠納)하므로 예배당(禮拜堂)을 건축(建築)하다. 조사(助師) 김상세(金相世)가 시무(視務)하니라.

3. 전도(三, 傳道)

1913년(一九一三年) 계축(癸丑)으로 1916년(一九一六年)까지 청도군(靑道郡) 송서(松西)와 연일군(延日郡) 흥해(興海)와 고령군(高靈郡) 월곡(月谷) 용기(容基)와 청송군(靑松郡) 수락(水洛)과 경주읍(慶州邑) 각(各) 교회(敎會)에서는 남녀전도회(男女傳道會)를 조직(組織)하여 전도(傳道)하다.

4. 환난(四, 患難)

1913년(一九一三年) 계축(癸丑)에 경산군(慶山郡) 선곡교회(仙谷敎會)에 관청(官廳)에서 주일(主日) 불구(不拘)하고 부역(負役)을 명(命)하므로 불응(不應)하니 기시(其時)로 교인(敎人)을 호출(呼出)하여 공갈(恐喝) 구타(毆打)하니라.

1915년(一九一五年) 을묘(乙卯)에 울릉도(菀陵島) 장안교회(長安敎會)는 토요일(土曜日) 회인(會人)이 잠입(潛入)하여 교인(敎人)으로 미혹(迷惑)ㅎ게 하므로 1년간(一年間) 분정(紛淨) 중(中)에 재(在)하였고 동도(同島) 도동교회(道洞敎會)는 영수(領袖) 김성서(金性瑞)가 이미 자기가옥(自己家屋)을 예배당(禮拜堂)으로 봉납(奉納)이더니 토요회(土曜會)의 유혹(誘惑)을 수(受)하여 교인(敎人)의 예배(禮拜)를 불허(不許)하고 자기(自己) 소유(所有)로 갱탈(更奪)하니 각기(各其) 자가(自家)에서 예배(禮拜)하니라.

5. 교육(五, 敎育) [192]

1913년(一九一三年) 계축(癸丑)에 대구(大邱) 남성교회(南城敎會) 서춘

완(徐春緩), 박순도(朴順道)가 거액(巨額)의 금전(金錢)을 출연(出捐)하여 남녀학교(男女學校)에 기부(寄附)하므로 기열성(其熱誠)을 기념(紀念)하기 위(爲)하여 남대남학교(南大男學校)는 춘완(春緩)으로, 여학교(女學校)는 순도(順道)로 명명(命名)하다. 영천(永川) 자천교회(慈川敎會)에서 남학교(男學校)를 설립(設立)하여 50명(五〇名)의 생도(生徒)를 교육(敎育)하다.

동년(同年)에 안동군(安東郡) 신평교회(新坪敎會)와 봉화군(奉化郡) 문촌교회(文村敎會) 광신학교(廣信學校)와 문창학교(文昌學校)를 각기(各其) 설립(設立)하고 수다(數多)한 영재(英才)를 교육(敎育)하다.

1915년(一九一五年) 을묘(乙卯)에 경산군(慶山郡) 삼산교회(三山敎會)는 계동학교(啓東學校)에 기본금(基本金) 300원(三〇〇圓)을 적립(積立)하다.

동년(同年)에 안동군(安東郡) 녹전교회(祿田敎會)에서도 학교(學校)를 설립(設立)하고 아동(兒童)을 교육(敎育)하다.

1916년(一九一六年) 병진(丙辰)에 연일(延日)[군(郡)] 조사교회(祖師敎會)는 진명학교(進明學校)를 설립(設立)하고 동리(洞里) 불신자(不信者)의 자녀(子女)에게 교육(敎育)을 보급(普及)ㅎ게 하다. 명호(嗚呼)라 오동(吾東)에 고래(古來)로 종교(宗敎)를 언(言)하면 유불선(儒彿仙) 3교(三敎)가 구행(俱行)되었으되 교육기관(敎育機關)을 설치(設置)하고 교외여자(敎外女子)를 교육(敎育)함은 역사상(歷史上) 미증유(未曾有)의 사실(事實)이라. 유독(惟獨) 야소교(耶蘇敎)가 차(此) 의거(義擧)를 선점(先占)하니 하고야(何故也)요 비타(非他)라. 유불선(儒彿仙)은 개인(皆人)의 교(敎)요, 야소교(耶蘇敎)는 신(神)의 진교(眞敎)인 소이(所以)라. 영광(榮光)과 찬송(讚頌)을 진신(眞神)에게 귀(歸)할지어다.

1919년(一九一九年) 을미(乙未)에 웅천(熊川) 마천교회(馬川敎會)에서 남녀학교(男女學校)를 설립(設立)하고 교명(校名)을 계광(啓光)이라 하다. 남학교(男學校)는 1912년(一九一二年)부터 설립(設立)이러니 지시(至是)하여 교육(敎育)의 편필(偏躓)을 혐(嫌)하여 여학교(女學校)를 병설(並設)하니라.

6. 진흥(六, 振興)

　1913년(一九一三年) 계축(癸丑)에 영천군(永川郡) 신녕교회(新寧敎會)는 예배당(禮拜堂)을 신설(新設)하기 위(爲)하여 거액(巨額)을 연보(捐補)하므로 예배당(禮拜堂)과 전도실(傳道室)을 굉장(宏壯)하게 신축(新築)할새 남자(男子)는 70리(七〇里) 밖에서 목재(木材)를 부래(負來)하고 부인(婦人)은 40리(四〇里) 밖에서 개옥(蓋屋) 재래(載來)하여 남부여재(男負女載)하므로 불일성지(不日成之)하니라. 교우(敎友) 김원석(金元碩)은 소유(所有), 전지(田地), 가옥(家屋)을 교회(敎會)에 성납(誠納)하다.
　동년(同年)에 영천(永川)[군(郡)] 보현교회(普賢敎會)는 예배당(禮拜堂)을 신축(新築)할새 이재수(李在樹)는 기지(基址) 3천평(三千坪)과 이중순(李重順)은 목재(木材) 전부(全部)를 기부(寄附)하여 화려(華麗)히 건축(建築)하니라.[193]
　동년(同年)에 대구(大邱) 신정교회(新町敎會)는 울흥(蔚興)하여 회집장소(會集場所)가 심협(甚狹)하므로 연와제(煉瓦制) 예배당(禮拜堂)을 개축(改築)하니라.
　동년(同年)에 대구(大邱) 남성정교회(南城町敎會)에 여사(女史) 최우진(崔愚震)은 답(沓) 5두락(五斗落)을 교회(敎會)에 성납(誠納)하다.
　1915년(一九一五年) 을묘(乙卯)에 고령군(高靈郡) 헌문교회(軒門敎會)는 회집협착(會集狹窄)으로 예배당(禮拜堂)을 증축(增築)하니라.
　1916년(一九一六年) 병진(丙辰)에 의성군(義城郡) 제오교회(提梧敎會)는 예배당(禮拜堂)을 증축(增築)하다.
　동년(同年)에 연일군(延日郡) 조사교회(祖師敎會)는 목동(木洞)에 300여년(三百餘年) 소유(所有)로 전래(傳來)하던 불당(佛堂)을 동인(洞人)의 승낙(承諾)으로 교회(敎會)에 편입(編入)하여 예배당(禮拜堂)을 신축(新築)하니라.[194]

제8장
함경노회(咸鏡老會)

1913년 계축(癸丑)에 간도 용정시교회에서 영신소학교(永信小學校)를 설립하고 선교회경영으로는 명신여학교(明信女學校)를 설립하여 교육에 병력전진(併力前進)하므로 지금 [모두] 다 중학교로 승격되고 계속(繼續)하여 선교회에는 은진중학교(恩進中學校)를 설립하다.

조선예수교장로회사기 하

1. 총론(一, 總論)

(1) 노회설립(一, 老會設立)

1912년(一九一二年) 임자(壬子) 1월(一月) 29일(二九日)에 함경노회(咸鏡老會)가 창립(刱立)되어 원산(元山) 상리 상동예배당(禮拜堂)에 제1회(第一回)로 회집(會集)하다. 선년(先年)에 조선예수교장로회독노회(朝鮮예수敎長老會獨老會)가 총회(總會)를 창설(刱設)할 비준(備準)로 국내(國內)에 산재(散在)한 대리회(代理會)를 7노회(七老會)로 조직(組織)호기 선고(宣告)이러니 지시(至是)하여 소집장(召集長) 부두일(富斗一, [W. R. Foote])이 우(右) 취지(趣旨)를 회중(會中)에 명(明)하고 함경노회직원(咸

鏡老會職員)을 선정(選定)하니 회장(會長) 김영제(金永濟), 서기(書記) 김종섭(金鍾涉), 회계(會計) 김훈석(金薰錫)이더라. 회원(會員)은 선교사(宣敎師) 8인(八人), 목사(牧師) 4인(四人), 장로(長老) 7인(七人)이더라.

(2) 노회의안(二, 老會議案)

회무(會務)를 처리(處理)ᄒ기 위(爲)하여 정사(定事), 전도(傳道), 학무(學務), 재정(財政), 총계(總計), 문답위원(問答委員)을 선정(選定)하다. 신학생(神學生) 취교자(就校者)는 김(金)여용군(君)이더라. 각(各) 교회형편(敎會形便)을 주찰(周察)하며 사무(事務)를 처리(處理)하기 위(爲)하여 원산(元山), 함흥(咸興), 함북(咸北)에 대리회(代理會)를 분립(分立)하고 조직회장(組織會長)은 원산(元山)에 부두일(富斗一, [W. R. Foote]), 함흥(咸興)에 마구례(馬具禮, [D. M. McRae]), 함북(咸北)에 구례선(具禮善, [R. G. Grierson])이더라. 대리회(代理會) 권리(權利)는 장로(長老)와 집사(執事)를 선택(選擇) 장립(將立)ᄒ게 하다. 전(前) 대리회(代理會) 시(時)에 신학(神學) 허락(許諾)을 수(受)한 자(者) 강두화(姜斗華), 강두송(姜斗松), 이(李)정화, 오문근(吳文根), 박명석(朴明錫), 한원칠(韓元七), 장(張)예학 제인(諸人)에게 천서(薦書)를 여(與)하다. 선회(先會) 창립(剏立)된 사(事)를 가나다교회(敎會)와 선시(先是) 선교(宣敎)하던 기일(奇一, [James S. Gale]), 소안론(蘇安論, [William L. Swallen]) 목사(牧師)에게 타전(打電)하다.

동년(同年) 8월(八月) 15일(一五日)에 함경노회(咸鏡老會) 제 2회(第二回)가 함흥군(咸興郡) 신창리예배당(新昌里禮拜堂)에 회집(會集)하니 회원(會員)은 선교사(宣敎師) 6인(六人), 목사(牧師) 6인(六人), 장로(長老) 8인(八人)이더라.

신임원(新任員)은 회장(會長) 업아력(鄴亞力, [A. F. Robb]), 서기(書記) 이(李)두성, 회계(會計) 전계은이더라. 신학생(神學生) 취교자(就校者)는 이동휘(李東輝), 김(金)우정, 김현찬(金鉉贊), 홍(洪)기진, 김(金)[195]중

석(仲錫)과 이전(以前) 입학자(入學者)더라. 김영준(金永俊)은 성진지방(城津地方)에 목사(牧師) 노아력[A. Russell Ross]과 동사목사(同事牧師)로, 한득룡(韓得龍)은 갑산지방(甲山地方)에 업아력(鄴亞力, [A. F. Robb]) 선교사(宣敎師)와 동사목사(同事牧師)로 임명(任命)하고 목사(牧師) 김영제(金永濟), 김종섭(金鍾燮), 한병직(韓秉稷), 박례헌(朴禮憲)은 각기(各其) 임지(任地)에서 의전(依前) 시무(視務)하니라.

동년(同年) 9월(九月) 4일(四日)에 함경노회(咸鏡老會)가 평양부신학교(平壤府神學校)에 임시(臨時)로 회집(會集)하여 갑산(甲山) 순회목사(巡廻牧師) 한득룡(韓得龍)의 사면원(辭免願)은 접수허락(接受許諾)하다. 평양노회(平壤老會) 목사(牧師) 안봉주(安鳳周)를 갑산지방(甲山地方) 순회목사(巡廻牧師)로 허락(許諾)하다.

1913년(一九一三年) 계축(癸丑) 8월(八月) 26일(二十六日) 함경노회(咸鏡老會) 제 3회(第三回)가 원산(元山) 상리 창전동예배당(禮拜堂)에 회집(會集)하니 회원(會員)은 목사(牧師) 9인(九人), 장로(長老) 10인(一〇人)이더라. 신임원(新任員)은 회장(會長) 박례헌(朴禮憲), 서기(書記) 장례학(張禮學), 회계(會計) 김영준(金永俊)이더라. 신학생(神學生) 취교자(就校者)는 김광표(金光票), 김(金)리현, 이(李)명봉, 전은식, 김문삼(金文三), 최(崔)기준, 나(羅)대학, 채필근(蔡弼近), 이(李)순영 범 9인(凡九人)이더라. 신학준사(神學準士) 김내범(金迺範), 박창영(朴昌英)을 안수(按手)하여 목사(牧師)로 임명(任命)하고 김훈석(金薰錫), 박(朴)치형을 시취(試取)하여 강도사(講道師)로 승인(承認)하다.

김종섭목사(金鍾燮牧師)의 사직원(辭職願)은 허락(許諾)하다. 해삼위(海蔘威) 전도목사(傳道牧師) 최관흘(崔寬屹)이 배약(背約)하고 희랍교(希臘敎)로 거(去)하므로 가통(可痛)히 여겨 권면(勸勉)하는 서신(書信)을 선송(繕送)하다. 해삼위(海蔘威) 시찰위원(視察委員) 2인(二人)을 선택(選擇)하다. 임사부(任事部) 보고(報告)에 의(依)하여 선교사(宣敎師) 지경(地境)과 동사목사(同事牧師)를 임명(任命)하니 박걸(朴傑, [A. H. Barker]), 김내범(金迺範)은 북간도지방(北間島地方)에 동사목사(同事牧師)로, 매도날(梅道

捺, [D. A. MacDonald]), 김영제(金永濟)는 회령지방(會寧地方) 동사목사(同事牧師)로, 노아력(魯亞力, [A. Russell Ross]) 김영준(金永俊)은 성진북지경(城津北地境)에 동사목사(同事牧師)로, 업아력(鄴亞力, [A. F. Robb]), 안봉주(安奉周)는 성진서지경(城津西地境)에 동사목사(同事牧師)로, 박창영(朴昌英), 업아력(鄴亞力, [A. F. Robb])은 성진중앙(城津中央) 동사목사(同事牧師)로, 마구례(馬具禮, [D. M. McRae]), 한병직(韓秉稷)은 함흥지경(咸興地境) 동사목사(同事牧師)로, 업아력(鄴亞力, [A. F. Robb])은 함흥남편(咸興南便) 목사(牧師)로, 부두일(富斗一, [W. R. Foote])은 원산북편(元山北便) 목사(牧師)로, 부두일(富斗一, [W. R. Foote]), 박례헌(朴禮憲)은 원산남편(元山南便) 동사목사(同事牧師)로 분계시무(分界視務)하다. 해삼위(海蔘威) 시찰위원(視察委員) 여비(旅費) 위(爲)하여 당석(當席) 의연금(義捐金)이 50원(五〇元)이더라.

동년(同年) 9월(九月) 9일(九日)에 함경노회(咸鏡老會)가 경성(京城) 승동예배당(勝洞禮拜堂)에 임시(臨時)로 회집(會集)하여 목사(牧師) 안봉주(安鳳周)의 사면원(辭免願)은 허락(許諾)하다. 강도사(講道師) 김훈석(金薰錫)[은] 경상노회(慶尙老會)로, 목사(牧師) 안봉주(安鳳周)는 평남노회(平南老會)로 이명(移名)하다.

1914년(一九一四年) 갑인(甲寅) 8월(八月) 26일(二六日) 함경노회(咸鏡老會) 제4회(第四回)가 함흥(咸興) 신창리예배당(新昌里禮拜堂)에 회집(會集)하니 회원(會員)은 목사(牧師) 10인(一〇人), 장로(長老) 13인(一三人)이더라. 신임원(新任員)은 회장(會長) 부두일(富斗一, [W. R. Foote]), 서기(書記) 장례학(張禮學), 회계(會計) 업아력(鄴亞力, [A. F. Robb])이더라. 신학생(神學生) 취교자(就校者) 강두화(姜斗華), 강두송(姜斗松), 채필근(蔡弼近),[196] 이두섭(李斗涉), 이정화(李正華), 김택서(金宅瑞), 최(崔)기준, 한원칠(韓元七), 김중석(金仲錫), 김현찬(金鉉賛), 김광표(金光票), 이(李)명봉, 오문근(吳文根), 박명석(朴明錫), 김(金)은석, 이(李)순영, 김(金)리현, 홍(洪)기순, 김(金)여용, 김(金)창현, 장례학(張禮學), 김(金)두석, 김(金)정현, 정해룡(鄭海龍), 강(姜)찬우, 김응길(金應吉), 정기헌(鄭耆憲), 김(金)계안

범29인(凡二九人)이더라. 목사(牧師) 김영준(金永俊)의 이명서(移名書)를 평남노회(平南老會)로 선송(繕送)하다. 신학준사(神學準士) 전계은, 강도사(講道師) 박(朴)치형을 안수(按手)하여 목사(牧師)로 임명(任命)하다.

박례헌(朴禮憲)은 원산(元山) 위임목사(委任牧師)로, 박(朴)치형은 함흥(咸興) 동사목사(同事牧師)로, 전계은은 문천(文川) 고원지방(高原地方) 동사목사(同事牧師)로, 김영제(金永濟)는 원산남편(元山南便) 동사목사(同事牧師)로 임명(任命)하다. 해삼위지방(海蔘威地方) 전도(傳道)를 위(爲)하여 부활주일(復活主日) 연보(捐補)를 각(各) 교회(敎會)로 진력(盡力) 연보(捐補)ㅎ게 하다.

1915년(一九一五年) 을묘(乙卯) 8월(八月) 25일(二五日)에 함경노회(咸鏡老會) 제 5회(第五回)가 원산부(元山府) 상리 상동예배당(禮拜堂)에 회집(會集)하니 회원(會員)은 목사(牧師) 11인(一一人), 장로(長老) 14인(一四人)이더라. 신임원(新任員)은 회장(會長) 김내범(金迺範), 서기(書記) 김(金)리현, 회계(會計) 영재형(榮在馨, [Lither Lisgar Young])이더라. 해삼위(海蔘威) 시찰(視察) 부두일(富斗一, [W. R. Foote])의 보고(報告)에 교회형편(敎會形便)은 관원(官員)의 위협(威脅)과 희랍교(希臘敎)의 침해(侵害)로 예배당(禮拜堂)을 봉쇄(封鎖)하여 교인(敎人)이 회집(會集)하지 못하나 신앙심(信仰心)은 여전(如前)하며 세례(洗禮)와 학습(學習)도 많이 허시(許施)하고 직분(職分)도 집사(執事)와 주일학교(主日學校) 교사(校師)를 여러 곳에 택립(擇立)하였으며 희랍교(希臘敎)로 간 최관흘(崔寬屹)은 희랍교회(希臘敎會)의 월봉(月俸)을 수(受)하고 사역(事役)하는지 3년(三年)에 아직 회개(悔改)의 희망(希望)이 무(無)하더라. 최관흘(崔寬屹)[은] 1차(一次) 더 권면(勸勉)하기로 결정(決定)하다. 장로회(長老會)의 직(職)을 신임자(新任者)는 갑산면(甲山面) 당덕에 문(文)성기, 명동에 김(金)약연, 신명에 백(白)용홍, 고원(高原)에 강범규 범 4인(凡四人)이더라. 신학생(神學生) 취교자(就校者) 이정화(李正華), 김(金)택서, 김(金)쌍용, 김관식(金觀植), 강두화(姜斗華), 강두송(姜斗松), 채필근(蔡弼近), 정기헌(鄭耆憲), 오문근(吳文根), 박(朴)명식, 홍(洪)기진, 한선칠(韓先七), 장례학(張禮學), 김현찬(金鉉贊), 김중석(金仲錫), 김광표(金光票), 이(李)진명, 김(金)정헌, 김(金)여용, 김(金)창현, 김(金)은석, 김(金)리현, 김이곤(金二坤), 이(李)순영, 윤(尹)화수, 도맹(孟)진, 엄치상(嚴致相), 정해룡(鄭海龍), 조제민(趙濟民) 범29인(凡二九人)이더라. 신학준사(神學準士) 이두섭(李斗涉)을 안수(按手)하여 목사(牧師)로 임명(任命)하다.

해삼위(海蔘威) 시찰원(視察員)은 선교사(宣敎師), 목사(牧師) 2인(二人)을 선정(選定)하다. 전도사업(傳道事業)은 원산(元山)과 함흥지방(咸興地方)에 여전도(女傳道) 각(各) 1인(一人)과 회령(會寧) 간도지방(間島地方)에 남전도(男傳道) 3인(三人) 급(及) 조사(助師) 2인(二人)이 복음선전(福音宣傳)에 결과(結果)가 다(多)하더라. 정사부(定事部) 보고(報告)에 의(依)하여 선교사(宣敎師) 및 목사(牧師)의 지방(地方)을 분계(分界)하니 원산지방(元山地方)에 업아력(鄴亞力, [A. F. Robb]), 김영제(金永濟), 원산북편(元山北便)에 업아력(鄴亞力, [A. F. Robb]), 전계은, 함흥읍(咸興邑)에 박(朴)치형, 마구례(馬具禮, [D. M. McRae]), 성진서편(城津西便)에 이두섭(李斗涉), 영재형(榮在馨, [Lither Lisgar Young]), 성진(城津)에 박창영(朴昌英), 구례선(具禮善, [R. G. Grierson]), 북간도(北間島)에 김내범(金迺範), 박걸(朴傑, [A. H. Barker])이더라.[197]

1914년(一九一四年) 9월(九月) 23일(二三日) 함경노회(咸鏡老會)가 문천군예배당(文川郡禮拜堂)에 별노회(別老會)로 회집(會集)하여 목사(牧師) 전계은의 위임식(委任式)을 거행(擧行)하다.

1916년(一九一六年) 병진(丙辰) 8월(八月) 23일(二三日)에 함경노회(咸鏡老會) 제6회(第六回)가 안일군(安逸郡) 영춘예배당(永春禮拜堂)에 회집(會集)한 선교사(宣敎師) 7인(七人), 목사(牧師) 8인(八人), 장로(長老) 18인(一八人)이 출석(出席)이더라. 신임원(新任員)은 회장(會長) 영재형(榮在馨, [Lither Lisgar Young]), 서기(書記) 김(金)리현, 회계(會計) 업아력(鄴亞力, [A. F. Robb])이더라. 신학생(神學生) 취교자(就校者)는 김이곤(金二坤), 엄치상(嚴致相), 이(李)순영, 조제민(趙濟民), 최경재(崔璟在), 김(金)기정, 채필근(蔡弼近), 정기헌(鄭耆憲), 김관식(金寬植), 강두화(姜斗華), 정

(鄭)순영, 배영근(裵永根) 범 12인(凡一二人)이더라. 장로(長老)의 직(職)을 신임자(新任者), 홍(洪)순욱, 허(許)주, 김(金)병의 3인(三人)이더라. 희랍교(希臘敎)에 간 목사(牧師) 최관흘(崔寬屹)을 면직(免職)하다. 신학준사(神學準士) 강두송(姜斗松)을 안수(按手)하여 청진교회(淸津敎會) 목사(牧師)로 임명(任命)하다. 전도사업(傳道事業)은 발전(發展)하여 각처(各處)에 남녀전도인(男女傳道人) 급(及) 조사(助師)로 복음(福音)을 선전(宣傳)한 결과(結果) 결신자(決信者) 봉기(蜂起)하고 교회당(敎會堂) 설립(設立)한 처(處)도 다(多)하더라.

박(朴)치영을 해삼위(海蔘威) 전도목사(傳道牧師)로 선정(選定)하다. 정사부(定事部) 보고(報告)에 의(依)하여 업아력(鄴亞力, [A. F. Robb])을 원산남편(元山南便)에 전계은과 원산북편(元山北便)에 마구례(馬具禮, [D. M. McRae]), 영재형(榮在馨, [Lither Lisgar Young]), 도율림(都栗林, [Donald W. MacDonald])은 함북남북지방(咸北南北地方)에, 서(徐)고도, 이두섭(李斗涉)은 성진서편(城津西便)에 부(富)록도, 김영제(金永濟)는 성진북편(城津北便)에, 업아력(鄴亞力, [A. F. Robb]), 서고도[William Scott]는 성진남편(城津南便)에 구(具)례선, 서고도[William Scott], 박창영(朴昌英)은 성진(城津) 회령(會寧)에, 매도날(梅道捺, [D. A. MacDonald])은 회령남편(會寧南便)에 선교(宣敎) 급(及) 목사(牧師)에 임명(任命)하다.

1917년(一九一七年) 정사(丁巳) 8월(八月) 22일(二二日)에 함경노회(咸鏡老會) 제 7회(第七回)가 성진군(城津郡) 욱정예배당(郁町禮拜堂)에 회집(會集)하니 선교사(宣敎師) 10인(十人), 목사(牧師) 8인(八人), 장로(長老) 16인(一六人) 출석(出席)하다. 신임원(新任員)은 회장(會長) 이두섭(李斗涉), 서기(書記) 김이현(金利賢), 회계(會計) 영재형(榮在馨, [Lither Lisgar Young]) 이더라. 선교사구역(宣敎師區域)을 분정(分定)하니 원산남편(元山南便)에 업아력(鄴亞力, [A. F. Robb]), 원산북편(元山北便)에 배례사(裵禮仕, [Edward J. O. Fraser]), 함흥남편(咸興南便)과 중하리(中荷里)에 도율림(都栗林, [Donald W. MacDonald]), 함흥북편(咸興北便)과 신창리에

영재형(榮在馨, [Lither Lisgar Young]), 성진항(城津港)과 급(及) 남편(南便)에 업아력(鄴亞力, [A. F. Robb]), 성진북편(城津北便)에 부두일(富斗一, [W. R. Foote])이더라. 장로(長老)의 직(職)을 신임자(新任者)는 판춘에 강석준, 회령(會寧) 각(各) 교회(敎會)에 박(朴)병수, 이(李)봉구, 박(朴)태환, 채필근(蔡弼近), 정기헌(鄭耆憲), 강두화(姜斗華), 김관식(金觀植), 최경재(崔璟在), 김이곤(金二坤), 김(金)기정, 서(徐)창회, 이(李)순명, 엄치상(嚴致相), 조제민(趙濟民) 범14인(凡一四人)이더라. 경상노회(慶尙老會) 김훈석 목사(金薰錫牧師)의 이명서(移名書)를 접수(接受)하다. 신학준사(神學準士) 한원칠(韓元七)을 안수(按手)하여 목사(牧師)로 임명(任命)하다. 해삼위(海蔘威) 전도목사(傳道牧師) 박(朴)치형의 품행불미(品行不美)로 휴직(休職)을 선언(宣言)하고 권면(勸勉)하는 서신(書信)을 선송(繕送)하니라. 정사부(定事部) 보고(報告)에 의(依)하여 목사(牧師)의 이동(移動)이 유(有)하니 김내범(金迺範)은 명월기우 각(各) 교회(敎會)에 부두일(富斗一, [W. R. Foote])와 동사목사(同事牧師)로, 강두송(姜斗松)은 청진지방(淸津地方)에 매도날(梅道捺, [D. A. MacDonald])과 동사목사(同事牧師)로, 김영제(金永濟)는 길주(吉州) 명천교회(明川敎會)에 부록도(富祿道, [Samuel J. Proctor])[198]와 동사목사(同事牧師)로, 이두섭(李斗涉)은 삼수갑산(三水甲山)에서 부록도(富祿道, [Samuel J. Proctor])와 동사목사(同事牧師)로, 박창영(朴昌英)은 이원(利原) 송천지방(松川地方)에 업아력(鄴亞力, [A. F. Robb])과 동사목사(同事牧師)로, 한원칠(韓元七)은 홍원지방(洪原地方)에 영재형(榮在馨, [Lither Lisgar Young])과 동사목사(同事牧師)로, 전계은은 문천지방(文川地方)에 배례사(裵禮仕, [Edward J. O. Fraser])와 동사목사(同事牧師)로 시무(視務)하니라. 노회(老會)를 분립(分立)하되 함경남도(咸鏡南道)와 함북(咸北), 성진(城津), 길주(吉州), 명천(明川) 3부(三部)에 함남노회(咸南老會)로 하고 우(右) 3군(三郡)을 제(除)한 함북지경(咸北地境)과 간도(間島)를 함북노회(咸北老會)로 명명(命名)하여 총회(總會)에 청원(請願)을 제출(提出)하다. 전도사업(傳道事業)은 각부(各部), 남녀전도인(男女傳道人)과 조사(助師)를 파송(派送)하여 열심전도(熱心傳道)에 교회

(敎會) 울기여(鬱旣與)하니라.

2. 교회조직(二, 敎會組織)

1912년(一九一二年) 임자(壬子)에 경성군(鏡城郡) 읍교회(邑敎會)에 정기헌(鄭耆憲)이 내도(來到)하여 매서직(賣書職)으로 전도(傳道)하고 익년(翌年)에 동부인(同婦人) 나움이 역(亦) 전도인(傳道人)으로 시무(視務)하다.

동년(同年)에 성진(城津) 선교사(宣敎師) 박걸(朴傑, [A. H. Barker])는 북간도(北間島) 일대(一帶)를 선교구역(宣敎區域)으로 정(定)하고 용정(龍井)으로 이주(移住)하고 선교사(宣敎師) 매도날(梅道捺, [D. A. Mac-Donald])와 목사(牧師) 김영제(金永濟)는 동사시무(同事視務)하였다.

동년(同年)에 명천군(明川郡) 대암교회(臺岩敎會)가 초가(草家) 8간(八間)을 예배당(禮拜堂)으로 매수(買收)하여 기후(其後)에 신축(新築)하였다.

동년(同年)에 이원군(利原郡) 은룡덕교회(隱龍德敎會)에 선교사(宣敎師) 구례선(具禮善, [R. G. Grierson])이 내(來)하여 수일(數日) 체류전도(滯留傳道)하는 중(中)에 8, 9신도(八九信徒)에게 세례(洗禮)를 시(施)하니 천국서광(天國曙光)이 초조(初照)라 잉(仍)하이 집사(執事)도 선정(選定)하더니 궐후(厥後) 장로(長老)를 선택(選擇)하고 당회(堂會)를 성립(成立)하다. 선교사(宣敎師) 업아력(鄴亞力, [A. F. Robb])이 동고전도(同苦傳道)하였다.

동년(同年)에 경흥(慶興) 서포항교회(西浦項敎會)에 성진구역(城津區域) 목사(牧師) 박창영(朴昌英)이 내방(來訪)하여 주(主)의 말씀을 많이 가르쳤으며 기후(其後)에 교인(敎人)들은 외타(外他)라는 명칭하(名稱下)에 피(避)ㅎ지 못할 사정(事情)에 의(依)하여 동평덕(東平德)이라는 곳에 이거(移居)하여 1교회(一敎會)를 창설(創設)하게 됐다.

동년(同年)에 단천(端川) 상고교회(敎會)가 설립(設立)됐다. 시년(是年)

에 복음(福音)의 말씀이 되고 목사(牧師) 한득룡씨(韓得龍氏)의 시무(視務)하는 중(中) 교도(敎徒) 일반(一般)은 더욱 신앙(信仰)이 돈독(敦篤)하였다 한다.[199]

동년(同年)에 부녕교회(富寧敎會)가 설립(設立)됐다. 시년(是年) 10월(十月)에 전도인(傳道人) 노춘섭(盧春燮)이 이 곳에 내도(來到)하여 교회(敎會)를 설립(設立)하고 수년(數年)을 노력(勞力)하다가 기후(其後)에 김하운(金河雲)이 계래(繼來)하여 1년간(一年間)을 전도(傳道)하였고 김유보(金有寶)도 1년간(一年間) 전도(傳道)하였으며 기후(其後) 조운섭(趙雲燮)도 1년간(一年間)을 전도(傳道)하였으나 기후(其後)는 사정(事情)에 의(依)하여 전도인(傳道人)이 내(來)ㅎ지 못하게 되매 김창섭(金昌燮), 김연택(金淵澤) 양인(兩人)이 김한나부녀(金罕拿婦女)가 교회(敎會)를 인도(引導)하고 금일(今日)까지 내(來)하였다. 기후(其後)는 5년간(五年間)을 청진교회(淸津敎會)의 방조(幇助)를 수(受)하다.

동년(同年)에 간도(間島) 구사평교회(九沙坪敎會)가 되다. 선시(先是)에 이태(李泰)가 전도(傳道)하여 동중(洞中)에 3, 4(三四)인이 신교(信敎)하고 다수(多數)한 시험(試驗) 중(中)에 교회(敎會)가 설립(設立)되어 목사(牧師) 이병하(李炳夏)가 임무(任務)하다.

동년(同年)에 간도의란구남(間島依蘭溝南) 탕동교회(湯洞敎會)가 설립(設立)되다. 초(初)에 최석화(崔錫和)가 당지(當地)에 내주(來住)하여 전도(傳道)하므로 신신자(新信者)가 증가(增加)하여 예배당(禮拜堂)을 건축(建築)하고 김내범목사(金迺範牧師)의 성력(誠力)으로 교회(敎會)가 전진(前進)되어 당회(堂會)가 조직(組織)되었으니 장로(長老)는 김순문(金舜文)이 장래(將來)되어 임무(任務)하였고 목사(牧師) 박걸(朴傑, [A. H. Barker]), 부두일(富斗一, [W. R. Foote]), 최덕준(崔德俊)이 연계임무(連繼任務)하였다.

동년(同年)에 명천군(明川郡) 상가면(上加面) 와연동교회(瓦硯洞敎會)가 설립(設立)되다. 선시(先是)에 김계안(金桂顔), 이동휘(李東輝), 김문삼(金文三), 김택서(金宅西), 이정화(李正華), 이종범(李宗範) 등(等)이 전도

(傳道)하여 근방각처(近方各處)에 교회(敎會)를 설립(設立)하게 됨으로 와석촌(瓦碩村)에 교회(敎會)가 설립(設立)되니 동시(同時)에 가장동(佳庄洞)에도 교회(敎會)가 시작(始作)되어 이기재(李基在) 댁(宅)에 회집(會集)하여 예배(禮拜)보다가 시세(時勢)를 따라서 각처(各處)에 교회(敎會)가 왕성(旺盛)하다가 고래(古來)의 제사문제(祭祀問題)로 퇴교(退敎)하는 자(者)가 다수(多數)함으로 교회(敎會)가 자연(自然) 쇠패(衰敗)하더니 시년(是年)에 평양(平壤) 김영준목사(金永俊牧師)가 동지방(同地方)에 내임(來臨)하여 순찰(巡察)ㅎ게 되매 우(右) 5동(五洞)을 연합(聯合)하여 교회(敎會)를 조직(組織)하고 가장동(佳庄洞) 이기재(李基在) 댁(宅)에 임시(臨時)로 회집(會集)하게 하다. 동시(同時)에 와석동(瓦碩洞)에 괴치(壞置)한 예배당(禮拜堂) 재목(材木)을 운반(運搬)하여 가장동(佳庄洞)에 건축(建築)하려고 하매 일동(一洞)이 이가(離家)의 재목(材木)이라고 칭(稱)하고 반항(反抗)함으로 성진선교부(城津宣敎部)에서 성진경찰서(城津警察署)에 고소(告訴)하여 당서(當署)의 설유(說諭)로 무사(無事)히 동(同) 9월(九月)에 설립(設立)되어 헌당식(獻堂式)을 거행(擧行)하다.

1913년(一九一三年) 계축(癸丑)에 회령(會寧)에서 박걸(朴傑, [A. H. Barker]) 선교사(宣敎師)가 간도(間島)로 이거(移去)하고 선교사(宣敎師) 매도날(梅道捺, [D. A. MacDonald])이 내고(來顧)할 때 조사(助師) 박병수(朴丙壽)는 전임(轉任)되고 김대벽(金大闢), 정기헌(鄭耆憲)이 계속시무(繼續視務)하다.[200]

동년(同年)에 청진(淸津), 포항교회(浦項敎會)가 설립(設立)되다. 초(初)에 신자(信者) 김유보(金有寶), 김하운(金河雲), 김운룡(金雲龍), 윤마리아(尹馬利亞), 박희겸(朴希謙) 제인(諸人)이 남(南)으로부터 이주(移住)하매 예배처소(禮拜處所)를 작정(作定)하고 예배(禮拜)하다.

동년(同年)에 함북노회(咸北老會)에서 장로(長老) 1인(一人) 택(擇)하기로 허락(許諾)을 받고 익년(翌年)[주일(主日)]에 30여명(三十餘名)의 입교인(入敎人)이 투표(投票)하여 이응호(李應鎬)를 택(擇)하여 장로(長老)로 장립(將立)하니 당회(堂會)가 비로소 조직(組織)되다. 차시(此時)에 지(至)

하기까지 직원(職員)은 목사(牧師) 김영제(金永濟), 집사(執事) 박원오(朴元五), 한진덕(韓進德), 김관식(金觀植), 이응호(李應鎬)를, 최경재(崔景在), 영수(領袖) 정기헌(鄭耆憲) 제인(諸人)이 차제(次第)로 시무(視務)하다.

동년(同年)에 이원군(利原郡) 이덕리교회(梨德里敎會)에서 영수(領袖) 이창규(李昌奎), 집사(執事) 이범재(李範在), 교인일동(敎人一同)의 열심연보(熱心捐補)로 와가(瓦家)를 매득(買得)하여 다시 중수(重修)하고 헌당예식(獻堂禮式)을 거행(擧行)하다.

동년(同年)에 온성읍교회(穩城邑敎會)에 최경재(崔景在)가 [현재(現在) 회령교회(會寧敎會) 목사(牧師)] 내도(來到)하여 3, 4개월(三四個月)을 체류(滯留)하면서 열심으로 권면(勸勉)하고 전도(傳道)하였으나 완고(頑固)하여 역시(亦是) 동정(同情)하는 자(者) 무(無)하여 섭섭히 돌아갔다.

동년(同年)에 회령전도부(會寧傳道部)로부터 종성읍교회(鍾城邑敎會)에 박병수(朴秉洙)를 조사(助師)로 파견(派遣)하였다.

동년(同年)에 이원군(利原郡) 서면(西面) 이덕리교회(梨德里敎會)에서 영수(領袖) 이창규(李昌奎), 집사(執事) 이범재(李範在), 교인일동(敎人一同)이 열심(熱心) 연보(捐補)로 와가(瓦家)를 매득(買得)하여 갱(更)히 중수(重修)하고 헌당예식(獻堂禮式)을 거행(擧行)하다.

동년(同年)에 간도(間島) 합명당교회(蛤螟塘敎會)가 설립(設立)되다. 선시(先是)에 교인(敎人) 구태선(具泰善), 계봉우(桂奉禹) 등(等) 십여인(十餘人)이 당지(當地)에 내(來)하여 우거(寓居)하는 중(中) 예배당(禮拜堂)을 건축(建築)하고 김내범목사(金迺範牧師)가 내(來)하여 교회(敎會)를 설립(設立)하였으며 기후(其後)에 선교사(宣敎師) 박걸(朴傑, [A. H. Barker]), 부두일(富斗一, [W. R. Foote]), 배례사(裵禮仕, Fraser, Edward J. O.])와 목사(牧師) 최덕준(崔德俊)이 연속임무(連續任務)하고 당회(堂會)를 조직(組織)하니 장로(長老) 구춘선(具春先), 김지송(金芝松) 2인(二人)이 상계시무(相繼視務)하였으며 교우(敎友) 중(中) 40여인(四十餘人)이 이상(異常)한 토질병(土疾病)으로 사(死)한 고(故)로 의사(醫師) 민산해(閔山海 [Stanley H. Martin])가 내(來)하여 위생(衛生)에 적당(適當)한 식료(食料)를 지시

(指示)함으로 후(後)에는 비참(悲慘)한 형편(形便)을 말할 수 없고 지금(只今)은 점차(漸次) 영육(靈肉)의 사업(事業)이 전진(前進)되는 중재(中在)한다.

동년(同年)에 간도(間島) 구세동교회(救世洞敎會)가 설립(設立)되다. 선시(先是)에 이종식(李鍾植) 등(等) 십여인(十餘人)이 당지(當地)에 내왕(來往)하여 중국인(中國人)으로 토지(土地)를 매수(買收)하고 동(洞)[201]명(名)을 구세(救世)라 하며 합심협력(合心協力)하여 예배당(禮拜堂)을 건축(建築)하고 교인(敎人)이 증가(增加)되며 교회(敎會)가 성립(成立)되었고 김내범목사(金迺範牧師)와 선교사(宣敎師) 부두일(富斗一, [W. R. Foote]), 박걸(朴傑, [A. H. Barker]), 조사(助師) 김계안(金桂顏)이 교회(敎會)를 연속순시(連續巡視)하다.

동년(同年)에 간도(間島) 광제촌교회(廣濟村敎會)가 설립(設立)되다. 선시(先是)에 안극선(安極善), 김경필(金慶弼) 양인(兩人)이 당지(當地)에서 교회(敎會)를 시작(始作)하다. 동년(同年)에 간도(間島) 명동교회(明東敎會)에 여전도회(女傳道會)를 조직(組織)하고 전도(傳道)하므로 수처교회(數處敎會)가 설립(設立)되고 조사(助師) 정재면(鄭載冕)이 임무(任務)하다.

동년(同年)에 간도(間島) 명신동교회(明信洞敎會)가 설립(設立)되다. 초(初)에 이봉구(李鳳九) 등(等) 십여가(十餘家) 신자(信者)가 당지(當地)에 내우(來寓)하여 예배당(禮拜堂)을 건축(建築)하고 예배(禮拜)하기를 시작(始作)하므로 김내범목사(金迺範牧師)가 내(來)하여 교회(敎會)를 설립(設立)하고 당회(堂會)를 조직(組織)하니 장로(長老)는 이봉구(李鳳九), 채원휘(蔡元輝), 노종욱(盧宗旭) 등(等)이 상계임무(相繼任務)하니 교우(敎友)는 200여명(二百餘名)이요, 환난(患難)이 심(甚)한 생명(生命)의 해(害)는 받지 아니하였고 목사(牧師) 부두일(富斗一, [W. R. Foote]), 이하영(李夏永), 김유목(金有穆) 등(等)이 연계(連繫)하여 시무(視務)하다.

동년(同年)에 간도(間島) 용정시교회(龍井市敎會)에 선교사(宣敎師) 박걸(朴傑, [A. H. Barker])가 역(亦) 내왕(來往)하여 전도(傳道)에 착수(着手)하였으며 계속(繼續)하여 부두일(富斗一, [W. R. Foote]), 서고도(徐高

道, [William Scott]), 배례사(裵禮仕, Fraser, Edward J. O.]) 등(等)이 연접내도(連接來到)하여 교회(敎會)를 임무(任務)하였고 금년(今年)에 함경노회(咸鏡老會)가 파견(派遣)한 전도목사(傳道牧師) 김내범(金迺範)도 내차(來此)하여 많은 교회(敎會)의 설립자(設立者)가 되었으며 동시(同時)에 조사(助師) 김계안(金桂顏)을 장로(長老)로 장립(將立)하여 당회조직(堂會組織)되며 강두화(姜斗和), 정재면(鄭載冕), 박상룡(朴尙龍), 김선관(金善寬), 황신기(黃信其), 김여용(金汝用), 한덕일(韓德一), 김택근(金澤根), 이태준(李泰俊), 장석함(張錫咸) 등(等)이 상계(相繼)하여 장로직(長老職)에 임무(任務)하다.

1914년(一九一四年) 갑인(甲寅)에 성진교회(城津敎會)에 교인(敎人)이 점차(漸次) 증가(增加)함을 따라 예배당(禮拜堂)이 협착(狹窄)하여 예배당(禮拜堂)을 건축(建築)하기로 가결(可決)하고 동년(同年)에 교인(敎人)이 열심연보(熱心捐補)함과 선교회(宣敎會)의 연보(捐補)로써 공사(工事)를 시작(始作)하여 동년(同年)에 헌당식(獻堂式)을 거행(擧行)할새 일반교인(一般敎人)이 기쁨과 찬송(讚頌)을 하나님께 돌리었다.

동년(同年)에 목사(牧師) 김내범(金迺範)이 교회(敎會)를 설립(設立)하고 선교사(宣敎師) 부두일(富斗一, [W. R. Foote]), 박걸(朴傑, [A. H. Barker]), 서고도(徐高道, [William Scott])와 최덕준목사(崔德俊 牧師)가 계속임무(繼續任務)하였다. 당회(堂會) 우(又) 조직(組織)하니 장로(長老)는 허상훈(許相勳)이 임무(任務)하였다.

동년(同年)에 간도(間島) 하래성남교회(河來城南敎會)가 설립(設立)되었다. 선시(先是)에 명천교인(明川敎人) 김종필(金宗弼)이 당지(當地)에 내(來)하여 열심전도(熱心傳道)하므로 교인(敎人)이 증가(增加)[202]되며 예배당(禮拜堂)을 건축(建築)하고 교회(敎會)가 설립(設立)되어 목사(牧師) 김내범(金迺範), 박걸(朴傑, [A. H. Barker]), 부두일(富斗一, [W. R. Foote])가 연속임무(連續任務)하였고 당회(堂會)가 조직(組織)하니 장로(長老)는 김종필(金宗弼)이 임무(任務)되었으나 토벌대(討伐隊) 환난(患難) 후(後) 교회(敎會)와 학교(學校)는 차전우승(此前優勝)ㅎ게 수축(修築)되었고 전진(前進)하였다.

　동년(同年)에 간도(間島) 칠도구(七道溝) 광암교회(筐岩敎會)가 설립(設立)되었다. 선시(先是)에 신자(信者) 이창언(李昌彦), 김용연(金湧涓), 김영옥(金永玉) 사저(私邸)에서 예배(禮拜)하며 십여호(十餘戶) 신자(信者)가 취미(趣味)있게 전진(前進)하다.

　동년(同年)에 간도(間島) 희망봉교회(希望峰敎會)가 설립(設立)되다. 선시(先是)에 최창규(崔昌奎), 채학구(蔡學九) 양인(兩人)[이] 최선신주(最先信主)하고 조덕관(趙德舘), 박창익(朴昌翼) 양인(兩人)이 학교교사(學校敎師)로 내임(來任)하게 되며 학생일동(學生一同)과 예배(禮拜)하기를 시작(始作)할 시(時)에 최덕준목사(崔德俊牧師)가 내(來)하여 교회(敎會)를 설립(設立)하였고 조사(助師) 허상훈(許相勳), 김순문(金舜文) 양인(兩人)이 시무(視務) 중(中) 토벌대(討伐隊)에 교회(敎會)를 폐지(廢止)되다.

　동년(同年)에 간도(間島) 창강교회(彰綱敎會)가 설립(設立)되다. 선시(先是)에 명동교인(明東敎人) 박창익(朴昌翼)이 당지학교(當地學校)의 교사(敎師)가 되어 학생(學生)을 권집(勸集)하여 예배(禮拜)하는 중(中) 교회(敎會)가 시작(始作)되어 서고도(徐高道, [William Scott]), 박걸(朴傑, [A. H. Barker]) 양(兩) 목사(牧師)가 교회(敎會)를 설립(設立)하고 최선택목사(崔善澤牧師)가 임무(任務)하다.

　동년(同年)에 간도(間島) 영생동교회(永生洞敎會)가 설립(設立)되었다. 초(初)에 유우일(兪愚一)의 전도(傳道)로 신자(信者)가 다(多)하였고 중국인(中國人)의 토지(土地)를 매수(買收)하여 개척(開拓)하는 중(中) 신자(信者)들이 각처(各處)로 이래(移來)하여 예배당(禮拜堂)을 건축(建築)하며 동명(洞名)을 영생(永生)이라 하고 목사(牧師) 김내범(金迺範)이 교회(敎會)를 설립(設立)하였으며 당회(堂會)가 조직(組織)되며 김택조(金澤祚), 이용권(李容權), 유한풍(劉漢豊)이 장로(長老)로 임무(任務)하였다.

　동년(同年)에 간도(間島) 혼춘(琿春) 두도구교회(頭道溝敎會)가 설립(設立)되다. 초(初)에 구현문(具賢文), 이경호(李京鎬) 양인(兩人)이 신교(信敎)하고 교회(敎會)를 설립(設立)하므로 목사(牧師) 박걸(朴傑, [A. H.

Barker]), 서고도(徐高道, [William Scott])와 조사(助師) 박극항(朴克恒)이 순시임무(巡視任務)하였다.

동년(同年)에 간도(間島) 남별리교회(南別里教會)가 설립(設立)되다. 초(初)에 모태환(毛泰煥)이 전도(傳道)하고 목사(牧師) 김내범(金迺範)이 교회(教會)를 설립(設立)하였으며, 최천약(崔天若), 이명순(李明淳), 한인준(韓仁俊)이 집사(執事)로 인도자(引導者)가 되었으며 당회(堂會)가 조직(組織)되어 이명순(李明淳)이 장로(長老)로 시무(視務)하였고 교회(教會)는 전진(前進)되던 중(中) 일본토벌대(日本討伐隊)에게 최천약(崔天若)과 동시피해(同時被害)하였다. 계속장로(繼續長老)된 자(者)는 한준인(韓俊仁)이었다.

동년(同年)에 간도(間島) 사도구교회(四道溝教會)가 설립(設立)되다. 선시(先是)에 이정권(李正權), 서윤훈(徐允勳) 양인(兩人)이 신교(信教)하고 열심전도(熱心傳道)하므로 교회(教會)가 설립(設立)되며 [203] 집사(執事) 최두철(崔斗哲), 이영신(李永信), 권정해(權正海)가 인도(引導)하다가 토벌대(討伐隊)에게 무참(無慘)하게 피해(被害)되었다.

동년(同年)에 원산부(元山府) 신풍리교회(新豊里教會)가 예배당(禮拜堂)을 건축(建築)하다.

동년(同年)에 영흥읍교회(永興邑教會)에서 한창조(韓昌祚)를 장로(長老)로 장립(將立)하여 당회(堂會)까지 조직(組織)되었으며 초(初)에 신교인(信教人) 죄로(罪路)에 복적(複的)한 자(者) 되므로 출교(出教)하며 퇴보부진(退步不進)하였고 선교사(宣教師) 업아력(鄴亞力, [A. F. Robb]), 배례사(裵禮仕, [Edward J. O. Fraser])와 조사(助師) 차을경(車乙慶), 김내범(金迺範), 김인곤(金仁坤)과 목사(牧師) 김계은(金啓殷)이 상계시무(相繼視務)하였다 한다.

1915년(一九一五年) 을묘(乙卯) 회령교회(會寧教會) 집사(執事) 김기현(金基鉉), 장규현(張奎鉉), 황학빈(黃鶴彬), 서창희(徐昌熙), 최경재(崔璟在) 제인(諸人)이 피선시무(被選視務)하다.

동년(同年)에 회령교회(會寧教會)에 선교사(宣教師)가 이래(移來)하였으며 시년(是年) 직원(職員)은 영수(領袖) 황학빈(黃鶴彬), 장홍규(張弘奎),

집사(執事) 최병악(崔秉嶽), 김기정(金基定) 제씨(諸氏)가 가선(加選)되다.

동년(同年)에 온성군(穩城郡) 웅기교회(雄基敎會)가 설립(設立)되다.

동년(同年)에 청진부(淸津府) 신암동교회(新岩洞敎會) 목사(牧師) 강두송(姜斗松)이 본(本) 교회(敎會)를 겸무(兼務)하다.

동년(同年)에 포교령(布敎令)에 의(依)하여 포교(布敎)가 발포(發布)되매 회령구역(會寧區域) 선교사(宣敎師) 매도날(梅道捺, [D. A. MacDonald])이 명의(名義)로 포교굴(布敎屆)를 제출(提出)하고 교회(敎會)는 장로교회(長老敎會)로 적(的)하였다.

동년(同年)에 포교령(布敎令)에 의(依)하여 회령구역(會寧區域) 선교사(宣敎師) 매도날(梅道捺, [D. A. MacDonald])을 포교담임자(布敎擔任者)로 제출(提出)하고 기후(其後)에 장로교회(長老敎會)로 변경(變更)되다.

1916년(一九一六年) 선교사(宣敎師) 서고도(徐高道, [William Scott])와 이두섭(李斗燮), 이정화(李正華) 양인(兩人)이 경흥교회(慶興敎會)에 내방(來訪)하여 사경(査經)도 하며 문답(問答)도 하고 전예식(全禮式)도 거행(擧行)하다.

동년(同年)에 간도(間島) 태양동교회(太陽洞敎會)가 설립(設立)되다. 초(初)에 김봉택(金鳳澤), 김중흡(金仲洽) 2인(二人)이 예배(禮拜)보기를 시작(始作)하므로 신도(信徒)가 증가(增加)되며 김내범목사(金迺範牧師)가 교회(敎會)를 설립(設立)하고 인도(引導)하는 중(中) 점진(漸進)되며 당회(堂會)를 조직(組織)하니 장로(長老)는 백용흥(白容興)[퇴거감리회(退去監理會)], 김여술(金汝述), 김선관(金善官), 조석칠(趙錫七), 곽계순(郭啓淳) 등(等)이 상계(相繼)하여 임무(任務)하다가 역시(亦是) 토벌대(討伐隊)에게 혹화(酷禍)를 당(當)하고 여지(餘地)가 무(武)한 상태(狀態)이셨으나 교회(敎會)가 다시 부흥(復興)되어 비전우승(比前優勝)하였다. 동년(同年)에 간도(間島) 응조암교회(應鳥岩敎會)가 설립(設立)되다. 선시(先是)에 최병주(崔秉宙)가 당지(當地)에 이주(移住)하여 교회(敎會)를 설립(設立)하고 기후(其後)에 부두일(富斗一, [W. R. Foote]), 이하영목사(李夏永牧師)가 계속임무(繼續任務)하였으며 당회(堂會)가 조직(組織)되며 태현(台現) 정형준(鄭亨俊)이 상계시무(相繼視務)하다. 동년(同年)에 간도(間島) 동불타교(銅佛陀教)[204]회(會)가 설립(設立)되다. 선시(先是)에 오병원(吳炳元)이 단독예배(單獨禮拜)하기를 수년(數年)이 경과(經過)하여 점점(漸漸) 신자(信者)가 증가(增加)되어 예배당(禮拜堂)을 건축(建築)하고 교회(敎會)가 성립(成立)되다. 차제(此際)에 이하영목사(李夏永牧師)가 내(來)하여 교회(敎會)를 설립(設立)하였고 목사(牧師) 김내범(金迺範)이 임무(任務)하였으며 당회(堂會)를 조직(組織)하니 장로(長老)는 오병원(吳炳元), 이춘재(李春宰), 한처은(韓處殷) 등(等)이 연(連)하여 임무(任務)하였다.

동년(同年)에 간도(間島) 압막동교회(壓幕洞敎會)가 설립(設立)되다. 선시(先是)에 최치도(崔致道) 등(等)의 십여호(十餘戶)가 당지(當地)에 이주(移住)하여 예배당(禮拜堂)을 건축(建築)하고 김내범목사(金迺範牧師)가 교회(敎會)를 설립(設立)한 후(後)에 최덕준(崔德俊), 이하영(李夏永) 2목사(二牧師)가 관리(管理)하였고 이춘삼장로(李春三長老)를 장립(將立)하므로써 당회(堂會)가 조직(組織)되다.

동년(同年)에 간도(間島) 상통납자교회(相桶磖子敎會)가 설립(設立)되다. 초(初)에 황병길(黃炳吉)이 신주(信主)하고 전도(傳道)하므로 신도자(信徒者) 다(多)하여 교회(敎會)가 설립(設立)되고 목사(牧師) 박걸(朴傑, [A. H. Barker])가 순시(巡視)하는 중(中) 집사(執事) 김창건(金昌鍵), 정대윤(鄭大允)이 인도자(引導者)가 되었고 학교(學校)를 설립(設立)하고 전진(前進) 지망(之望)이 다유(多有)하더니 일본토벌대(日本討伐隊)로 인(因)하여 미약퇴보(微弱退步)하다.

동년(同年)에 간도(間島) ○지구교회(支溝敎會)가 설립(設立)되다. 초(初)에 문병철(文秉哲)이 신주(信主) 후(後) 교회(敎會)를 설립(設立)하고 집사(執事) 김수경(金秀京), 황윤익(黃尹益)이 인도자(引導者)가 되었다.

동년(同年)에 간도(間島) 전선촌교회(電線村敎會)가 설립(設立)되다. 선시(先是)에 방두원(方斗圓), 한창동(韓昌東) 양인(兩人)이 전도(傳道)하므로 신자(信者)가 점차증가(漸次增加)되어 박걸(朴傑, [A. H. Barker]) 목사(牧師)가 교회(敎會)를 설립(設立)하고 남녀학교(男女學校)를 시설(施設)함으로 중국관헌(中國官憲)에게 다소곤난(多少困難)을 수(受)한 중(中)에도 교회(敎會)는 전진(前進)되어 당회(堂會)가 조직(組織)되니 장로(長老)는 한수량(韓秀良)이었다.

　　1916년(一九一六年) 병진(丙辰)에 성진교회(城津敎會)에 선교사(宣敎師) 이래(移來)하였으며 시년(是年) 직원(職員)은 영수(領袖) 황학빈(黃鶴彬), 장홍규(張弘奎), 집사(執事) 최병옥(崔秉獄), 김기정(金基定) 제씨(諸氏)가 가선(加選)되다.

　　동년(同年)에 경성읍예배당(鏡城邑禮拜堂)을 신건축(新建築)하기로 결의(決議)하고 위선(爲先) 기지(基地)를 준비(準備)하다.

　　동년(同年)에 명천군(明川郡) 아간당양교회(阿間堂陽敎會)[에] 김택서조사(金宅西助師)가 시무(視務)하다가 동년(同年)부터 동(同) 20년(二十年)까지 목사(牧師) 김영제(金永濟), 이두섭(李斗燮) 양인(兩人)이 차제시무(次第視務)하다. 기후(其後)부터 조사(助師) 김우필(金雨弼), 이영수(李英洙), 여전도인(女傳道人) 신마리아(申馬利亞), 김(金)한나 제인(諸人)이 시무(視務)하다.[205]

　　동년(同年)에 회령교회(會寧敎會)에 선교사(宣敎師) 이래(移來)하였으며 시년(是年) 직원(職員)은 영수(領袖) 황학빈(黃鶴彬), 장홍규(張弘奎), 집사(執事) 최병악(崔秉嶽), 김기정(金基定) 제씨(諸氏)가 가선(加選)되다.

　　동년(同年)에 길주군(吉州郡) 용동교회(龍洞敎會)에 김병의(金秉義)를 용동(龍洞), 창전(蒼前), 불로(不老) 3교회(三敎會)에 합당장로(合堂長老)로 장립(將立)하여 시무(視務)하다.

　　동년(同年)에 길주군(吉州郡) 옥포동교회(玉浦洞敎會)에서 장로(長老)를 투표(投票)하여 허주(許柱)가 피선(被選)되므로 동년(同年) 7월(七月)에 장립(將立)을 받고 시무(視務)하니 시(時)에 교인(敎人)이 7, 80명(七八十名)에 달(達)하다. 후(後)에 교회(敎會)가 김병덕(金秉德)을 또한 장로(長老)로 택(擇)하여 장립(將立)하다.

　　동년(同年)에 무산읍교회(茂山邑敎會)가 설립(設立)되다.

　　동년(同年)에 무산읍교회(茂山邑敎會)에서 선교사(宣敎師) 배례사(裵

禮仕, Fraser, Edward J. O.])와 이응학(李應鶴), 최경재(崔璟在), 김기정(金基定) 제인(諸人)이 내도(來到)하여 일시(一時) 전도(傳道)에 노력(勞力)하는 중(中) 교회당(敎會堂)이 무(無)함을 유감(遺憾)으로 사(思)하더니 십여인(十餘人) 소녀(少女)의 성력(誠力)의 결정(結晶)인 16전(十六錢)의 저금(貯金)을 근거(根據)로 하여 46원(四十六圓) 가격(價格)의 예배당(禮拜堂)을 매수(買收)하니 소녀(少女)의 성력(誠力) 전도사업(傳道事業)에 대감동(大感動)을 고동(鼓動)하였다.

동년(同年)에 갑산군(甲山郡) 혜산진교회(惠山鎭敎會)가 설립(設立)되다. 선시(先是)에 전도인(傳道人) 김택서(金宅西)가 내(來)하여 전도(傳道)하매 이인규(李麟圭) 사저(私邸)에서 양가족(兩家族)이 회집(會集)하여 예배(禮拜)하니 비로소 교회(敎會)가 설립(設立)되다.

동년(同年)에 간도(間島) 용정시교회(龍井市敎會)에서 예배당(禮拜堂) 중건(重建)을 경영(經營)할 때 목사(牧師) 김내범(金迺範) 등(等)의 열성협력(熱誠協力)하므로 천여명(千餘名)을 수용(收容)할 만한 예배당(禮拜堂)을 광대(廣大)하게 건축(建築)하였고 동년(同年)에 의사(醫師) 민산해(閔山海, [Stanley H. Martin])가 내(來)하여 병원(病院)을 설립(設立)하였으며 부인전도회(婦人傳道會)를 조직(組織)하고 임(林)뵈뵈, 정신태(鄭信泰), 김철나(金徹拿)가 상계시무(相繼視務) 중(中) 성적(成績)이 양호(良好)하였다.

동년(同年)에 간도(間島) 칠도구(七道溝) 연수동교회(延壽洞敎會)가 설립(設立)되다. 선시(先是)에 김경일(金京一), 김순영(金順永) 양가(兩家)가 내왕(來往)하여 기지(其地)를 개척(開拓)하므로 교인(敎人)이 다수이래(多數移來)하여 예배당(禮拜堂)을 건축(建築)하고 박걸(朴傑, [A. H. Barker]) 목사(牧師)가 교회(敎會)를 설립(設立)한 후(後) 목사(牧師) 최선택(崔善澤)이 임무(任務)하다.

1917년(一九一七年) 정사(丁巳)에 성진교회(城津敎會)에서는 박병수(朴丙壽)를 장로(長老)로 장립(將立)하고 동년(同年)에 이원군(利原郡) 남면(南面) 포항리교회(浦項里敎會)에 갱(更)히 예배당(禮拜堂)을 신축(新築)하다.[206]

동년(同年)에 온성읍교회(穩城邑敎會)가 설립(設立)되다. 동년(同年)에 명천이남(明川以南)을 함남노회구역(咸南老會區域)으로 종성이북(鍾城以北) 간도(間島)까지를 함북노회(咸北老會)로 분립(分立)하다.

동년(同年)에 온성읍교회(穩城邑敎會)에서 전도부인(傳道婦人) 전씨은혜(全氏恩惠)가 1년간(一年間) 전도(傳道)에 노력(勞力)하여 김씨은수(金氏恩秀), 김씨명애(金氏明愛) 2인(二人)이 믿기를 작정(作定)하매 실(實)로 온성교회(穩城敎會)의 설립자(設立者)가 되었으며 점점(漸漸) 신자(信者)가 증가(增加)되며 남녀교인(男女敎人)이 십여인(十餘人)에 달(達)하니 하나님을 찬송(讚頌)하는 노래가 온성(穩城)에 처음 들렸으며 옥토(沃土)에 떨어진 복음(福音)의 씨가 비로소 발아(發芽)하였다.

동년(同年)에 권서(勸書) 권순천(權順天)이 1년간(一年間) 전도(傳道)하매 교인(敎人)이 점점증가(漸漸增加)되어 남녀(男女) 20여인(二十餘人)에 달(達)하매 신도(信徒)의 열성(熱誠)이 비등(沸騰)한지라 예배처소(禮拜處所)가 없음을 유감(遺憾)으로 지내든 중(中) 하나님의 신(神)이 도우사 선교사(宣敎師)와 기외(其外) 제인(諸人)의 도움을 받아 조선제(朝鮮製) 와가(瓦家) 6간(六間)을 매수(買收)하여 예배당(禮拜堂)으로 사용(使用)하여 오늘까지 내려오매 교회(敎會)는 더욱 왕성(旺盛)하여 현재(現在) 남녀교인(男女敎人)이 백여명(百餘名)에 달(達)하였으며 장래(將來)에는 희망(希望)이 유(有)한 교회(敎會)이다.

동년(同年)에 명천군(明川郡) 상가면(上加面) 와연동교회(瓦硯洞敎會) [가] 노회(老會)에 장로(長老) 택(擇)할 허락(許諾)을 받아 투표(投票)한 결과(結果) 이영수(李永洙)가 피선(被選)되었으나 사면(辭免)함으로 교회(敎會)가 조직(組織)은 되었으나 점진(漸進)하여 15성상간(十五星霜間)에 풍파(風波)와 고경(苦境)을 많이 지냈으며 교역자(敎役者)는 조사(助師) 2인(二人)과 권서(勸書) 1인(一人)이 교역(敎役)에 종사(從事)하며 2인(二人)은 신학교(神學校)에 입학(入學)하였고 전도기관(傳道機關)과 교육(敎育)과 교회유지방침(敎會維支方針)에 대(對)하여 진력(盡力)함으로 진흥(進興)되어서 교인(敎人)이 백여명(百餘名)에 달(達)하였다.

동년(同年)에 간도(間島) 낙원동교회(樂園洞敎會)가 설립(設立)되다. 선시(先是)에 공리준(孔理俊)이 차지(此地)에 내(來)하여 중국인(中國人)의 토지(土地)를 매수(買收)하고 수십명(數十名) 인접회집(隣接會集)하고 예배당(禮拜堂)을 건축(建築)하여 예배(禮拜)하기를 시작(始作)함으로 김내범목사(金迺範牧師)가 내(來)하여 교회(敎會)를 설립(設立)한 후(後) 동명(洞名)을 낙원동(樂園洞)이라 하다.

동년(同年)에 간도(間島) 무봉촌교회(舞鳳村敎會)가 설립(設立)되다. 선시(先是)에 배용규(裵龍奎)가 당지(當地)에 내왕(來往)한 후(後) 20여인(二十餘人)이 연속이래(連續移來)함으로 예배당(禮拜堂)을 건축(建築)하고 교회(敎會)를 설립(設立)하였으며 목사(牧師) 최덕준(崔德俊), 김내범(金迺範)이 연속임무(連續任務)하다.

동년(同年)에 간도(間島) 청산리(靑山里) 영신동교회(永信洞敎會)가 설립(設立)되다. 초(初)에 이봉섭(李鳳燮), 이문섭(李文燮), 조윤실(趙允實) 3인(三人)이 당지(當地)에 내(來)하여 교인(敎人)을 다수(多數)히[207] 인도(引導)하여 집회(集會)ᄒ게 됨으로 예배당(禮拜堂)을 건축(建築)하고 교회(敎會)가 성립(成立)되었으며 목사(牧師) 박걸(朴傑, [A. H. Barker])가 교회(敎會)를 설립(設立)한 당회(堂會)가 조직(組織)되어 이사윤(李仕允), 서인한(徐仁漢), 이청춘(李靑春) 등(等)이 연(連)하여 장로직(長老職)에 임무(任務)하였으며 교회(敎會)는 일본토벌대(日本討伐隊)와 중국마적(中國馬賊)에게 환난(患難)과 횡포(橫暴)를 무한(無限)히 당(當)하였으되 신앙(信仰)이 진실(眞實)하여 선(善)히 인내(忍耐)하므로 전진(前進)하다.

동년(同年)에 간도(間島) 낙타하교회(駱駝河敎會)가 설립(設立)되다. 선시(先是)에 김계안(金桂顔)의 전도(傳道)하므로 교회(敎會)가 설립(設立)되고 집사(執事) 이기홍(李基弘)이 인도(引導)한 후(後) 점점전진(漸漸前進)하다.

동년(同年)에 원산(元山) 신풍리교회(新豊里敎會)에서 당회(堂會)가 조직(組織)되어 안윤흡(安允洽), 김이현(金利鉉), 김기원(金基元), 강기찬(康基瓚)이 장로직(長老職)에 상계시무(相繼視務)하다.

3. 전도(三, 傳道)

1914년(一九一四年) 갑인(甲寅)에 이원읍교회(利原邑敎會)가 부흥(復興)하다. 평양(平壤)으로부터 김희조부부(金熙祚夫婦)가 내왕(來往)하여 열심전도(熱心傳道)함으로 교회부흥(敎會復興)하고 율지리(栗枝里)와 수항리(壽港里)에 교회(敎會)가 설립(設立)되며 송단리(松端里) 4처(四處)가 합당회(合堂會)를 조직(組織)하다.

1915년(一九一五年) 을묘(乙卯)에 단천군(端川郡), 하전리교회(荷田里敎會)가 개인전도(個人傳道)에 노력(勞力)하기를 시작(始作)하고 기후(其後) 여전도회(女傳道會)를 조직(組織)하여 연금(捐金)을 저축(貯蓄)하여 전도(傳道)를 준비(準備)하다.

동년(同年)에 길주군(吉州郡) 용동(龍洞), 창전(蒼前), 불로(不老) 3교회(三敎會)가 연합전도회(聯合傳道會)를 조직(組織)하고 목사(牧師) 김영제(金永濟), 이두섭(李斗燮) 2인(二人)을 차제(次第)로 택(擇)하여 전도(傳道)를 상계(相繼)ᄒ게 하고 후(後)에 이주석(李周錫)을 조사(助師)로 시무(視務)ᄒ게 하다.

1917년(一九一七年) 정사(丁巳)에 함흥(咸興) 중하리교회(中荷里敎會)가 평양(平壤) 길선주목사(吉善宙牧師)를 청요(請邀)하여 부흥회(復興會)를 개(開)한 결과(結果)로 신력(信力)을 다득(多得)하여 금(金) 300원(三百圓)을 연보(捐補)하여 전도(傳道)의 기본(基本)을 입(立)하고 차윤록(車允錄)을 본(本) 구내(區內)에 전도(傳道)ᄒ게 하다.

4. 환난(四, 患難)

1916년(一九一六年) 병진(丙辰)에 장백교회(長白敎會)가 불신자(不信

者)의 모해(謀害)로 중국관헌(中國官憲)에게 심(甚)한 박축(迫逐)을 당(當)하는 중(中)에 가택(家宅)을 수색(搜索)하여 성경(聖經)과[208] 교과서(敎科書)를 전부소화(全部燒火)하고 의복기명(衣服器皿)을 약탈(掠奪)하며 교인(敎人) 남녀노소(男女老少)를 무수난타(無數亂打)하므로 중상(重傷)을 당(當)하되 1인(一人)도 낙심(落心)ㅎ지 않고 순수(順受)하였다.

5. 교육(五, 敎育)

1913년(一九一三年) 계축(癸丑)에 간도(間島) 용정시교회(龍井市敎會)에서 영신소학교(永信小學校)를 설립(設立)하고 선교회경영(宣敎會經營)으로는 명신여학교(明信女學校)를 설립(設立)하여 교육(敎育)에 병력전진(倂力前進)하므로 지금(至今) 다 중학교(中學校)로 승격(昇格)되고 계속(繼續)하여 선교회(宣敎會)에는 은진중학교(恩進中學校)를 설립(設立)하다.[209]

제9장
경북노회(慶北老會)

전도부에서 김병두로 계속 전도한 결과 신신자(新信者)가 4처에서 많이 생긴 일과 울릉도를 위하여 백 여원을 연보하여 화재 당한 사람에게 구제함을 보고하다. 나병원을 위하여 매년 9월 제 2차 주일에 연보하게 하다.

경북노회, 조선예수교장로회사기 하

1. 총론(一, 總論)

(1) 노회설립(一, 老會設立)

1916년(一九一六年) 병진(丙辰) 12월(一二月) 27일(二七日)에 경북노회(慶北老會) 제 1회(第一回)가 남성정예배당(南城町禮拜堂)에 회집(會集)하니 회원(會員)은 선교사(宣敎師) 6인(六人), 목사(牧師) 6인(六人), 장로(長老) 17인(一七人)이었다.

(2) 노회의안(二, 老會議案)

직원(職員)을 선정(選定)하니 회장(會長) 박영조(朴永祚), 서기(書記)

김충한(金忠漢), 회계(會計) 정재순(鄭在淳)이더라. 분립(分立)한 경남(慶南)에 지금(只今)은 남북(南北)에 대립(對立)하였으나 구의(舊誼)를 회고(回顧)하여 통일적(統一的) 정신(精神)으로 영구연합(永久聯合)할 의미(意味)의 서신(書信)을 선송(繕送)하다. 공천위원(公薦委員) 보고(報告)에 의(依)하여 공천정사규칙(公薦定事規則) 전도재정학무문답(傳道財政學務問答), 검사(檢查), 조사(助師), 시찰(視察) 각(各) 위원(委員)을 연조(年組)로 선정(選定)하다. 피택장로(被擇長老) 이(李)경욱은 안수(按手)하기 허락(許諾)하다. 신학지원자(神學志願者) 백남칠(白南七), 이대영(李大榮)을 시취(試取)하여 입학천서(入學薦書)를 여(與)하다. 시년(是年)에 신학계속자(神學繼續者)는 서화선(徐華善), 엄응삼(嚴應三), 강석진(姜錫晉), 김인옥(金仁玉), 권주백(權周伯), 박영화(朴永和) 제군(諸君)이더라.

시찰지방(視察地方)을 7구(七區)에 분(分)하여 소재지시무목사(所在地視務牧師), 장로(長老)로 주찰(周察)케 하다. 신학생(神學生) 권영해(權永海), 염봉남(廉鳳南), 이문주(李文主), 김복출(金福出), 이만집(李萬集), 임종하(林鍾夏), 김충한(金忠漢), 박문찬(朴文燦), 허일(許一[許鎰]), 유진성, 배은휘(裵恩輝), 최(崔)재교 제군(諸君) 역시(亦是) 취학(就學)하다. 전도부(傳道部)에서 울산지방(蔚山地方)에 전도인(傳道人) 파송(派送)하기를 보고(報告)하다.

1917년(一九一七年) 정사(丁巳) 6월(六月) 19일(一九日)에 경북노회(慶北老會) 제 2회(第二回)가 동산성경학원(東山聖經學院)에 회집(會集)하니 회원(會員)은 선교사(宣敎師) 4인(四人), 목사(牧師) 6인(六人), 장로(長老) 10인(一〇人)이었다. 경남노회답장(慶南老會答狀)을 접수낭독(接受朗讀)하다. 규칙부(規則部) 보고(報告)에 의(依)하여 각(各) 교회(敎會) 청원보고사건(請願報告事件)은 해지방시찰(該地方視察)을 경유(經由)하여 제출(提出)흐게 하다. 정사위원(定事委員)의 보고(報告)에 의(依)하여 황해노회(黃海老會) 김성로(金聖魯)를 목사(牧師)로 장립(將立)하여 고령지방(高靈地方)에 시무(視務)ㅎ게 하다. 전도부(傳道部)[210]에서 울릉도(欝陵島)에 황경선(黃敬善)을 파송(派送)하여 전도(傳道)한 결과(結果) 신신인(新信人)이 다수(多數)하여 예배당(禮拜堂)을 건축(建築)하고 안식교인(安息敎人)도 10여인(一○餘人)이 귀래(歸來)함을 보고(報告)하며 목사(牧師)나 선교사(宣敎師)를 파송시찰(派送視察)ㅎ게 하다. 피택장로(被擇長老) 소병식(蘇秉植), 김홍주(金洪柱), 김순여(金舜汝), 이석윤(李錫潤), 조치옥(趙致玉), 이태성(李泰成), 김주현(金周鉉)을 시취(試取)하여 안수(按手)하기를 허락(許諾)하다. 신학준사(神學準士) 권영해(權永海), 이만집(李萬集)을 시취안수(試取按手)하여 목사(牧師)로 임명(任命)하다.

1918년(一九一八年) 무오(戊午) 1월(一月) 1일(一日)에 경북노회(慶北老會) 제3회(第三回)가 동산성경학원(東山聖經學院)에 회집(會集)하니 회원(會員)은 선교사(宣敎師) 7인(七人), 목사(牧師) 8인(八人), 장로(長老) 11인(一一人)이었다. 회장(會長) 이희봉(李希鳳), 서기(書記) 김충한(金忠漢), 회계(會計) 정재순(鄭在淳)이 피임시무(被任視務)하다. 전(前) 노회(老會) 허락(許諾)에 의(依)하여 임시노회(臨時老會)가 거년(去年) 9월(九月) 8일(八日)에 동산성경학원(東山聖經學院)에 회집(會集)하여 신학준사(神學準士) 김성로(金聖魯)를 시취안수(試取按手)하여 목사(牧師)로 임명(任命)한 것과 동월(同月) 19일(一九日)에 동지(同地)에 임시노회(臨時老會)로 회집(會集)하여 총회전도국(總會傳道局) 선택(選擇)으로 홍승한(洪承漢)을 중국(中國) 산동성(山東省) 선교사(宣敎師)로 피임(被任)하므로 남성정교회(南城町敎會) 목사(牧師)의 직(職)은 사면(辭免)되다. 각(各) 시찰청원(視察請願)에 의(依)하여 피택장로(被擇長老)의 문답(問答)을 허락(許諾)하다. 신학생(神學生)을 계속입학(繼續入學)ㅎ게 하다. 신학지원자(神學志願者) 백신칠(白信七), 김병(金炳)회, 윤(尹)성태, 배(裵)석주, 김(金)보곤, 김(金)용태, 조기절 제군(諸君)을 시취(試取)하여 입학(入學)을 허락(許諾)하다. 시년(是年)에 조사피임자(助師被任者)는 박영화(朴永和), 엄응삼(嚴應三), 강석진(姜錫晋), 김(金)세영, 이(李)상동, 박문찬(朴文燦), 김(金)달호, 조기절 제군(諸君)이었다. 이만집(李萬集)을 남성정교회(南城町敎會) 목사(牧師)로 임명(任命)하여 어도만(魚塗萬, [Walter C. Erdman, 1877-1948])과 동사시무(同事視務)ㅎ게 하다. 전도부(傳道部) 청원(請願)에 의(依)하여 황경신(黃

敬信)을 울릉도(欝陵島)에 파송(派送)하여 조사겸(助師兼) 전도(傳道)로 시무(視務)하게 하고 서성오목사(徐聖五牧師)로 해지방(該地方)을 시찰(視察)ᄒ게 하다. 소아위원(小兒委員) 4인(四人)을 선정(擇定)하다. 김영옥(金永玉), 박영조(朴永祚)를 신학별과생(神學別科生)으로 택(擇)하고 학비(學費)를 보조(補助)ᄒ게 하다.

동년(同年) 6월(六月) 18일(一八日)에 경북노회(慶北老會) 제 4회(第四回)가 동산성경학원(東山聖經學院)에 회집(會集)하니 회원(會員)은 선교사(宣敎師) 9인(九人), 목사(牧師) 8인(八人), 장로(長老) 25인(二五人)이었다. 안동(安東)에 김(金)정모, 갈전에 황(黃)영규, 포항(浦項)에 최(崔)경성, 송문수, 진라에 김(金)순여 제군(諸君)의 장로(長老) 안수(按手)함을 보고(報告)하다. 경산읍(鏡山邑)에 김(金)성률, 압량에 정운학을 시취(試取)하여 장로(長老)로 안수(按手)하게 하다. 현풍에 이(李)영우, 광기에 김(金)원기, 객기에 홍(洪)재우, 경주(鏡州)에 백선오(白先五)를 시취(試取)하여 장로(長老)로 안수(按手)케 하다. 시년(是年)에 조사피임자(助師被任者)는 강석진(姜錫晋), 김(金)원회, 신(申)태희, 신(申)장준, 강우근, 김(金)익현, 강신중, 서화강(徐華姜) 제군(諸君)이었다. 정사부(定事部) 보고(報告)에 의(依)하여 서성오(徐聖五)는 경산읍교회(鏡山邑敎會) 담임목사(擔任牧師)로 김기원은 동군(同郡) 외촌교회(外村敎會) 임시목사(臨時牧師)로 임명(任命)하다. 신학준사(神學準士) 이문주(李文主), 박영화(朴永和)를 시취안수(試取按手)하여 청원(請願)한 교회(敎會)의 임시목사(臨時牧師)로 임명(任命)하다. 남산정교회(南山町敎會)에서 대명동[211]교회(敎會)가 시세(是歲)에 분립(分立)하다. 전도국(傳道局) 보고(報告)에 의(依)하여 금년(今年)에 전도인(傳道人) 3인(三人)을 입(立)하여 울릉도(欝陵島)에 여전파송(如前派送)ᄒ게 하다. 목사(牧師) 김(金)기원 이명(移名)을 경남노회(慶南老會)로 선송(繕送)하다.

동년(同年) 12월(一二月) 18일(一八日)에 경북노회(慶北老會) 제 5회(第五回)가 동산성경학교(東山聖經學校)에 회집(會集)하니 회원(會員)은 선교사(宣敎師) 7인(七人), 목사(牧師) 11인(一一人), 장로(長老) 32인(三二

人)이었다. 회장(會長) 정재순(鄭在淳), 서기(書記) 이만집(李萬集), 회계(會計) 이(李)경옥 피임(被任)되다. 김(金)기원목사(牧師)의 이명서(移名書)가 경남노회(慶南老會)로서 내(來)한 것을 접수(接受)하다. 선교사(宣敎師) 현거선[Harold H. Henderson]이 시년(是年)에 초도(初到)하다. 남성정교회(南城町敎會) 장로(長老) 3인(三人)이 총사직(總辭職)한 보고(報告)가 유(有)하다. 경북공진회(慶北共進會) 시(時)에 200원(二百圓)의 경비(經費)로 전도(傳道)한 상황보고(狀況報告)가 유(有)하다. 황금정교회(黃金町敎會) 박(朴)상순군(君)이 정기연보(定期捐補) 외(外)에 매삭(每朔) 금(金) 15원(一五圓)을 자담(自擔)하여 전도(傳道)한 사(事)를 보고(報告)하다. 동편시찰지경(東便視察地境)에 명년(明年)부터 조사(助師) 5인(五人)을 더 두어 일하게 하다. 피택장로(被擇長老) 객기에 구명순, 설화에 염봉남(廉鳳南), 남산정(南山町)에 홍(洪)동섭, 백남채(白南采), 산(山)운에 강만호 제군(諸君)을 시취(試取)하여 안수(按手)하기를 허락(許諾)하다. 신학지원자(神學志願者) 이(李)경욱, 강신창, 강병주, 김주현, 소병권, 권(權)영찬을 시취허락(試取許諾)하다. 소아회(小兒會) 위원(委員)의 명의(名義)를 변경(變更)하여 유년주일학교(幼年主日學校) 위원(委員)이라 하다. 박덕일(朴德一), 이(李)태학 양인(兩人)이 시년(是年)에 조사(助師)의 직(職)을 신임(新任)하다. 이문주(李文主)를 칠곡교회(敎會)에서 선교사(宣敎師) 방혜법(邦惠法, [Herbert E. Blair])과 동사시무(同事視務)케 하다. 신학재적생(神學在籍生)은 의원입학(依願入學)ㅎ게 하다. 송서교회(松西敎會) 최재(崔在)괴 장로(長老)의 범과(犯過)는 면직(免職)할 권(權)을 해지방(該地方) 목사(牧師)에게 여(與)하다. 전도부(傳道部)에서 김(金)병두로 계속전도(繼續傳道)한 결과(結果) 신신자(新信者)가 4처(四處)에서 많이 생긴 일과 울릉도(鬱陵島)를 위(爲)하여 백여원(百餘圓)을 연보(捐補)하여 화재(火災) 당(當)한 인(人)에게 구제(救濟)함을 보고(報告)하다. 나병원(癩病院)을 위(爲)하여 매년(每年) 9월(九月) 둘째 주일(第二次 主日)에 연보(捐補)하게 하다. 남성정교회(南城町敎會) 불평(不平)한 사(事)를 조사(調査)할 위원(委員) 7인(七人)을 택정(擇定)하다. 남산정교회(南山町敎會) 목사(牧師) 급(及) 제직(諸

職)이 각기(各其) 자복(自服)함을 별위원(別委員)이 보고(報告)하다.
 1919년(一九一九年) 기미(己未) 6월(六月) 17일(一七日)에 경북노회(慶北老會) 제 6회(第六回)가 동산성경학교(銅山聖經學校)에 회집(會集)하니 회원(會員)은 선교사(宣敎師) 6인(六人), 목사(牧師) 5인(五人), 장로(長老) 20인(二〇人)이었다. 시년(是年) 조사직(助師職) 신임자(新任者)는 허(許)담, 강신창, 윤(尹)성대, 김(金)홍두, 김(金)봉달, 이(李)석락, 서(徐)재옥, 송(宋)문수 제군(諸君)이었다.[212]
 피임장로(被任長老) 강채만, 이성직, 이(李)주하, 이(李)상기, 백(白)중흥, 조(曺)계환 제군(諸君)을 시취(試取)하여 안수(按手)하기 허락(許諾)하다. 신학지원자(神學志願者) 이(李)태학, 이(李)춘황, 박(朴)영흥 제군(諸君)을 시취허락(試取許諾)하다. 전도부(傳道部) 청원(請願)에 의(依)하여 울릉도(鬱陵島)에 여전(如前)히 전도인(傳道人)을 파송(派送)하게 하다. 학무부(學務部) 청원(請願)에 의(依)하여 계성학교장(啓聖學校長)을 본부(本部)에 동참(同參)하여 학교사(學校事)를 협의(協議)ㅎ게 하다. 시년(是年)에 조선[독립]만세사건(朝鮮〇〇萬歲事件)으로 각처(各處)에 시무(視務)하던 교역자(敎役者)가 재감(在監)하므로 위원(委員) 6인(六人)을 택(擇)하여 위문(慰問)하며 기가족(其家族)을 고견(顧見)ㅎ게 하다. 시년(是年)에 만세사건(萬歲事件)으로 당국(當局)의 취체(取締) 구인(拘引) 검속(檢束)이 혹심(酷甚)한 중(中)에 각(各) 교회(敎會)에서 연보(捐補)한 금액(金額)은 차전배가(此前倍加)하고 예배당(禮拜堂)을 신축(新築)하기 경영(經營)한 곳이 다(多)하므로 노회일동(老會一同)은 영광(榮光)을 상주(上主)에게 귀(歸)하고 감사(感謝)와 찬송(讚頌)으로 폐회(閉會)하였다.
 1920년(一九二〇年) 경신(庚申) 1월(一月) 21일(二一日)에 경북노회(慶北老會) 제 7회(第七回)가 동산성경학교(銅山聖經學校)에 회집(會集)하니 회원(會員)은 선교사(宣敎師) 7인(七人), 목사(牧師) 7인(七人), 장로(長老) 23인(二三人)이었다. 직원(職員)을 선정(選定)하니 회장(會長) 김성로(金聖魯), 서기(書記) 백신칠(白信七), 회계(會計) 이문주(李文主)이었다. 7구(七區) 시찰위원(視察委員)의 보고(報告) 중(中) 조선〇〇만세사건(萬歲事件)

으로 재감(在監)이던 교역자(教役者)도 약간(若干) 출옥(出獄)되고 각(各) 교회(教會)는 연보(捐補)와 전도(傳道)와 성경공부(聖經工夫)에 용력(用力)하여 교회(教會)가 진흥(振興)하였다 하다.

유년주일학교위원(幼年主日學校委員) 청원(請願)에 의(依)하여 동년(同年) 10월(一〇月)에 동경(東京)에 개최(開催)하는 만국주일학교(萬國主日學校) 대회(大會)에 총대(總代) 3인(三人)을 택(擇)하여 파송(派送)할 위원(委員)을 선정(選定)하다. 시년(是年)에 김천교회(金川教會)에서 김익두 목사(金益斗牧師)를, 대구(大邱)에서 윤산온(尹山溫, [George Shannon McCune, 1872-1941])목사(牧師)를 청빙(請聘)하여 사경(査經)하는 중(中) 신신자(新信者)도 다기(多起)하며 연보금(捐補金)이 다수(多數)히 됨을 보고(報告)하다. 정식위원(定式委員)이 거년(去年)에 각(各) 교회(教會)가 연보(捐補) 잘됨과 신학생(神學生) 학비보조(學費補助)하기 제의(提議)하다. 학무부(學務部)에서 각(各) 교회(敎會)에 야학(夜學)을 설(設)하여 문맹(文盲)을 타파(打破)하기 제의(提議)하다. 신학재적생(神學在籍生)은 여전(如前)히 허락(許諾)하고 신학지원자(神學志願者) 박(朴)동위, 송(宋)병근, 진권두, 박(朴)근수 제군(諸君)을 시취(試取)하여 입학천서(入學薦書)를 여(與)하다. 피택장로(被擇長老) 장한진, 최(崔)종철, 이(李)정우, 이(李)한규, 이(李)종태 제군(諸君)을 시취(試取)하여 안수(按手)하기 허락(許諾)하다. 전도부(傳道部) 보고(報告)에 의(依)하여 울릉도(欝陵島)에 전도성적(傳道成績)이 양호(良好)하여 사역자봉급(事役者俸給)을 약간(若干) 담당(擔當)할 수 유(有)하니 재전전도인(在前傳道人)을 계속파송(繼續派送)하게 하다. 진흥부(振興部) 보고(報告)에 의(依)하여 2월(二月) 22일(二二日)부터 29일(二九日)까지 각(各) 교회(敎會)가 공동(共同)으로 진흥(振興)에 착수(着手)하여 전도(傳道)하게 하다. 신학부위원(神學部委員) 보고(報告)에 의(依)하여 신학생(神學生) 내왕차비(來往車費)를 보조(補助)하게 하다.[213]

1920년(一九二〇年) 6월(六月) 11일(一一日)에 경북노회(慶北老會) 제8회(第八回)가 안동읍예배당(安東邑禮拜堂)에 회집(會集)하니 회원(會員)은 선교사(宣敎師) 5인(五人), 목사(牧師) 9인(九人), 장로(長老) 40인(四〇

人)이었다. 각(各) 시찰(視察) 보고(報告)에 의(依)하여 혹(或) 교회(敎會)를 위(爲)하며 혹(或) 학교(學校)를 위(爲)하여 기백원(幾百圓)으로 기천원금(幾千圓金)을 연보(捐補)한 사(事) 유(有)하였다. 전도부위원(傳道部委員) 청원(請願)에 의(依)하여 전도인(傳道人) 김(金)병두의 채금(債金) 160원(一百六〇圓)을 부활주일연보(復活主日捐補)로 보급(報給)하게 하며 울도교회당(鬱島敎會堂) 건축(建築)을 위(爲)하여 당석(當席)에서 출연금(出捐金)이 150원(一百五〇圓)이었다. 공천위원(公薦委員)의 보고(報告)에 의(依)하여 동경(東京) 주일학교대회(主日學校大會)에 참여(參與)할 위원(委員) 7인(七人)을 택(擇)하다. 진흥부(振興部) 보고(報告)에 의(依)하여 6월(六月) 29일(二九日)부터 7월(七月) 5일(五日)까지 대대적(大大的) 전도(傳道)하기 결정(決定)하다.

김(金)기원목사(牧師) 이명서(移名書)를 경남노회(慶南老會)로 선송(繕送)하다. 신학준사(神學準士) 박문찬(朴文燦), 김(金)병호, 염봉남(廉鳳南), 배은휘(裵恩輝), 박덕일(朴德一), 임종하(林鍾夏) 제군(諸君)을 시취안수(試取按手)하여 목사(牧師)로 임명(任命)하여 청원(請願)한 각(各) 교회(敎會)에 위임(委任)하다. 피택장로(被擇長老) 오대에 김(金)창휘, 죽원에 김해(金海)수, 신동에 이(李)재규, 척곡에 김(金)종숙, 락평에 신동한 제군(諸君)을 시취(試取)하여 장로(長老)로 안수(按手)하게 하다.

1921년(一九二一年) 신유(辛酉) 1월(一月) 12일(一二日) 경북노회(慶北老會) 제 9회(第九回)가 동산성경학교(銅山聖經學校)에 회집(會集)하니 회원(會員)은 선교사(宣敎師) 8인(八人), 목사(牧師) 15인(一五人), 장로(長老) 44인(四四人)이었다. 직원(職員)은 개선(改選)하니 회장(會長) 염봉남(廉鳳南), 서기(書記) 백신칠(白信七), 회계(會計) 백남채(白南采)이었다. 신학준사(神學準士) 이대영(李大榮), 강석진(姜錫晋)을 시취안수(試取按手)하여 목사(牧師)로 임명(任命)하다. 학무부(學務部) 보고(報告)에 의(依)하여 별신학생(別神學生)은 서성오(徐聖五), 이희봉(李希鳳)으로 선송(繕送)하고 계성학교(啓聖學校)와 신명여학교(新明女學校)를 위(爲)하여 6월(六月) 첫째 주일(第一主日)에 각(各) 교회(敎會)가 연보(捐補)하게 하다. 신학생(神

學生) 장(張)한진, 윤(尹)성래, 김충한(金忠漢), 김(金)원휘, 박(朴)영홍, 강(姜)만호, 신중상, 김인옥(金仁玉), 서(徐)화선, 전기식, 강(姜)병주, 임학수(林學洙), 강(姜)석조, 김(金)달호, 임(林)경수, 윤(尹)호영, 신장균, 김(金)세영, 박근수(朴根秀), 백(白)석수 제군(諸君)은 계속공부(繼續工夫)하고 김(金)병희, 김(金)영규, 문(文)사인, 조병영, 손(孫)인식, 주(朱)성택, 김(金)태연, 허(許)담, 김(金)병규 제군(諸君)을 시취입학(試取入學)하다. 유년주일학교부(幼年主日學校部) 청원(請願)에 의(依)하여 대구성경학교(大邱聖經學校)에서 춘기(春期) 주일학교강습회(主日學校講習會)를 개최(開催)하게 하다. 사경부(査經部)에서 거(去) 1월(一月) 4일(四日)로 12일(一二日)까지 대구성경학교(大邱聖經學校)에서 540여인(五百四〇餘人)은 회집(會集)하여 선교사(宣敎師) 급(及) 목사제인(牧師諸人)의 인도(引導)로 은혜(恩惠)가 풍부(豊富)함을 보고(報告)하다. 각(各) 시찰(視察)이 교회형편(敎會形便)이 점점(漸漸) 부흥(復興)됨을 보고(報告)하다. 시년(是年)에 목사이동자(牧師移動者)는 안동읍(安東邑)에 이대영(李大榮), 내매에 강석진(姜錫晋), 계성학교(啓聖學校)에 이희봉(李希鳳), 경산읍(鏡山邑)에 염봉남(廉鳳南), 안동지방(安東地方)에 김인옥(金仁玉) 제인(諸人)이 선교사(宣敎師)로 동사시무(同事視務)하였다. 전도부(傳道部) 청원(請願)[214]에 의(依)하여 울릉도전도사업(欝陵島傳道事業)은 계속(繼續)하고 부활주일연보수전(復活主日捐補收錢)은 목사조사(牧師助事)로 우회계(友會計)를 정(定)하다.

동년(同年) 6월(六月) 15일(一五日)에 경남[북]노회(慶南[北]老會) 제10회(第一〇回)가 동산성경학교(銅山聖經學校)에 회집(會集)하니 회원(會員)은 선교사(宣敎師) 5인(五人), 목사(牧師) 18인(一八人), 장로(長老) 44인(四四人)이었다. 서기(書記) 배은휘(裵恩輝)가 임시시무(臨時視務)하다. 안동지경시찰(安東地境視察) 청원(請願)에 의(依)하여 노회분립(老會分立)할 원서(願書)를 총회(總會)에 제출(提出)ᄒ게 하다. 총회명령(總會命令)에 의(依)하여 고등교육장려부(高等敎育獎勵部)를 입(立)하다. 박(朴)영수, 이상백을 시취(試取)하여 조사(助師)로 피임(被任)하다.

교역자수양회(敎役者修養會)를 7월(七月) 1일(一日)부터 양처(兩處)에 분(分)하여 개회(開會)ᄒ게 하다. 피택장로(被擇長老) 홍해(興海)에 김(金)대현, 월산에 유개원, 신정에 박(朴)문영, 광기에 이(李)한봉, 칠곡에 장기호, 범어에 정(鄭)일수, 경주읍(慶州邑)에 오(吳)친구, 말방에 송영훈, 안림에 백(白)억용, 화(和)천에 김(金)용규, 동호에 김(金)치영, 안(安)기용 제군(諸君)을 시취(試取)하여 안수(按手)하기 허락(許諾)하다. 전도부(傳道部)에서 6개월(六個月) 동안 각(各) 지방(地方)에 전도(傳道)한 결과(結果) 기백명식(幾百名式) 혹(或) 기십명식(幾十名式) 신신자(新信者)가 주일(主日)을 선수(善守)하고 울릉도(鬱陵島)에는 변성옥조사(助師)를 파송(派送)하여 성적(成績)이 양호(良好)함을 보고(報告)하다. 주일학교부(主日學校部)에서 남궁혁(南宮赫), 한석원(韓錫源) 양씨(兩氏)를 청(請)하여 강습회(講習會)를 설(設)한 결과(結果)가 각(各) 교회(敎會) 보급(普及)됨을 보고(報告)하다. 신학생(神學生)은 여전(如前)히 공부(工夫)하다. 목사(牧師) 배은휘(裵恩輝)의 사면원(辭免願)은 허락(許諾)하다.

 1922년(一九二二年) 임술(壬戌) 1월(一月) 4일(四日)에 경북노회(慶北老會) 제11회(第一一回)가 동산성경학교(銅山聖經學校)에 회집(會集)하니 회원(會員)은 선교사(宣敎師) 6인(六人), 목사(牧師) 14인(一四人), 장로(長老) 42인(四二人)이었다. 직원(職員)을 선정(選定)하니 회장(會長) 박문찬(朴文燦), 서기(書記) 이문주(李文主), 회계(會計) 박(朴)상순 제군(諸君)이었다. 헌의부(獻議部) 청원(請願)에 의(依)하여 각(各) 교회사기(敎會史記) 초안(草案)을 편집(編輯)하여 평양부(平壤府) 왕길지(王吉志, [G. Engel]) 목사(牧師)에게 수송(收送)ᄒ게 하다. 신학준사(神學準士) 김(金)원휘를 시취안수(試取按手)하여 목사(牧師)로 임명(任命)하다. 주일학교부(主日學校部)와 진흥부(振興部)가 연합(聯合)하여 사업(事業)을 계속활동(繼續活動)ᄒ게 하다. 목사(牧師) 김(金)원휘를 의성읍교회(義城邑敎會)에 위임(委任)하다. 조사(助師)는 지금(只今)부터 노회시취(老會試取) 후(後)에 시무(視務)ᄒ게 결정(決定)하다. 계성학교(啓聖學校)를 노회(老會)에서 합동경영(合同經營)ᄒ게 하다. 분립(分立)한 경안노회(慶安老會)에 축하전보(祝賀電報)를 서기(書記)로 발송(發送)ᄒ게 하다. 피택장로(被擇長老) 박(朴)상하,

정(鄭)재봉, 이(李)종진, 박(朴)수곤, 서남도(徐南道), 김(金)용태, 권(權)허중, 김(金)만성을 시취(試取)하여 안수(按手)하기 허락(許諾)하다. 조사지원자(助師志願者)를 시취(試取)하여 조기한, 박(朴)재두 2인(二人)이 피택(被擇)하다. 신학지원자(神學志願者) 임(林)원조, 강(姜)신창, 김(金)문원, 김(金)만성, 이(李)태학, 이(李)상백 제군(諸君)을 시취(試取)하여 입학(入學)을 허락(許諾)하다. 이전신학생(以前神學生)은 의원계속공부(依願繼續工夫)하게 하다. 김(金)[215]영옥(永玉)을 경산이외(鏡山以外) 2교회(二敎會) 목사(牧師)로 임명(任命)하다. 전도부(傳道部)에서 신설(新設)된 교회(敎會)가 52처(五二處)요, 결신자(決信者)가 2,000여명(二千餘名)이며 전도인(傳道人)은 3인(三人)이 시무(視務)함을 보고(報告)하다. 목사(牧師) 이문주(李文主)를 상주교회(尙州敎會)에 위임(委任)하다. 주일학교부(主日學校部)에서 순회목사(巡廻牧師) 2인(二人)을 입(立)하여 각(各) 교회(敎會) 주일학교(主日學校) 조직(組織)과 설비(設備)와 교수(敎授) 등(等)을 찬조(贊助)하게 함을 보고(報告)하다. 조사위원(調査委員)이 신정교회(新町敎會)와 이만집(李萬集), 박영조(朴英祚) 상대(相對)로 소송건(訴訟件)과 교인(敎人) 홍(洪)재석외(外) 6인(六人)의 청원건(請願件)은 권면(勸勉)하여 평화(平和)됨을 보고(報告)하다. 선교사구역(宣敎師區域)에 교회창립(敎會創立)한 곳에 지방목사(地方牧師)로 고견(顧見)하게 하다.

　　동년(同年) 6월(六月) 14일(一四日) 경북노회(慶北老會) 제 12회(第一二回)가 동산성경학교(銅山聖經學校)에 회집(會集)하니 회원(會員)은 선교사(宣敎師) 5인(五人), 목사(牧師) 14인(一四人), 장로(長老) 42인(四二人)이었다. 경안노회(慶安老會) 김영옥목사(金永玉牧師) 이명서(移名書)를 접수(接受)하다. 재전신학생(在前神學生)은 계속공부(繼續工夫)하게 허락(許諾)하다. 신정교회(新町敎會)가 도당회(都堂會) 급(及) 대구시찰구(大邱視察區)에 탈퇴(脫退)함을 허락(許諾)하다. 진흥부장(振興部長) 청원(請願)에 의(依)하여 내도사경(來都査經) 시(時)에 주일학교강습반(主日學校講習班)을 가입(加入)하여 공부(工夫)하게 하다. 각(各) 시찰(視察)이 교회형편(敎會形便)을 보고(報告)하는 중(中) 결신자(決信者)도 다(多)하고 연보(捐補)

의 열성(熱誠)과 전도(傳道)의 열심(熱心)이 진흥(振興)되었다. 조진용, 이(李)성재, 박(朴)장호 3인(三人)을 시취(試取)하여 조사(助師)로 피임(被任)하다. 피택장로(被擇長老) 이(李)영세, 이(李)근배, 김(金)영술, 정순측 제군(諸君)을 시취(試取)하여 안수(按手)하기 허락(許諾)하다. 전도부(傳道部)에서 남전도(男傳道) 5인(五人), 여전도(女傳道) 1인(一人)을 파송전도(派送傳道)에 교회(敎會)가 50여처(五〇餘處)에 결신자(決信者) 900여인(九百餘人) 득(得)함과 울도(鬱島)에는 직원(職員) 20여인(二〇餘人)이 열심근무(熱心勤務)에 교회부흥(敎會復興)함을 보고(報告)하다. 시년(是年)에 목사(牧師)의 이동(移動)이 약유(略有)하다.

　　1923년(一九二三年) 계해(癸亥) 1월(一月) 3일(三日)에 경북노회(慶北老會) 제 13회(第一三回)가 경산읍예배당(慶山邑禮拜堂)에 회집(會集)하여 선교사(宣敎師) 4인(四人), 목사(牧師) 14인(一四人), 장로(長老) 42인(四二人)이 출석시무(出席視務)하다. 직원(職員)을 선정(選定)하니 회장(會長) 방혜법(邦惠法, [Herbert E. Blair]), 서기(書記) 김(金)원휘, 회계(會計) 이문주(李文主)였다. 재전신학생(在前神學生)은 의원입학천서(依願入學薦書)를 여(與)하다. 신학지원자(神學志願者) 김삼(金三)도에게 천서(薦書)를 여(與)하여 일본(日本) 신호신학(神戶神學)에 입학(入學)ㅎ게 하다. 계성학교(啓聖學校) 청원(請願)에 의(依)하여 임종하목사(林鍾夏牧師)로 해교(該校)에 시무(視務)ㅎ게 하다. 학무부(學務部) 청원(請願)에 의(依)하여 각(各) 시찰지방(視察地方)에 학무위원(學務委員) 2인식(二人式) 택립(擇立)하고 선교회(宣敎會)에서 경영(經營)하는 학교(學校)에 총회명령(總會命令)에 의(依)하여 협의원(協議員) 3인(三人)을 정(定)하고 3월(三月) 첫째 주일(第一次主日) 연보금(捐補金)은 총회학무부(總會學務部)로 수송(收送)ㅎ게 하다. 피택장로(被擇長老) 남성정(南城町)에 서(徐)병우, 유성에 임(林)순경, 남성(南城)에 정(鄭)광준, 경주읍(邑)에 김덕(金德)배, 신정(新町)에 이(李)재인, 침산에 박(朴)경묵, 현풍에[216] 이(李)주천, 김(金)금록, 개표에 임(林)문길, 의성에 정건진, 칠목에 김(金)언령, 경산읍(慶山邑)에 김(金)유서, 사돌에 한(韓)명수, 영천읍(永川邑)에 김(金)중집 제인(諸人)을 시취(試取)하여 안수(按手)하기 허락(許諾)하다. 주일학교부(主日學校部) 보고(報告)에 의(依)하여 2월(二月) 8일(八日)부터 대구(大邱)에서 강습회(講習會)를 개최(開催)ᄒ게 하다. 남성정교회(南城町敎會) 분규사건(紛糾事件)에 대(對)하여 별위원(別委員) 6인(六人)을 택(擇)하여 조사처리(調査處理)ᄒ게 하다. 여용섭의 고소(告訴)는 본(本) 당회(堂會)로 환부(還付)ᄒ게 하다. 전도부(傳道部) 청원(請願)에 의(依)하여 전도비(傳道費)를 입교(入敎) 급(及) 학습인명하(學習人名下)에 평균(平均) 10전식(一〇錢式) 수봉(收俸)하여 의전전도(依前傳道)ᄒ게 하다. 각(各) 시찰부장(視察部長)이 교회상황(敎會狀況)을 보고(報告)함에 전도야(傳道也), 연보야(捐補也), 기도야(祈禱也) 기타(其他) 자선(慈善) 등(等) 사업(事業)이 시년(是年)에 진흥(振興)하였다. 동년(同年) 3월(三月) 1일(一日)에 경남노회(慶南老會)가 별노회(別老會)로 동산성경학원(銅山聖經學院)에 회집(會集)하다가 이만집(李萬集) 일파(一派)의 폭행(暴行)으로 인(因)하여 동월(同月) 6일(六日)에 경산읍예배당(慶山邑禮拜堂)으로 장소(場所)를 이전(移轉)하고 회무(會務)를 처리(處理)하니 회원(會員)은 선교사(宣敎師) 5인(五人), 목사(牧師) 13인(一三人), 장로(長老) 29인(二九人)이었다. 이만집(李萬集) 일파(一派)의 횡포(橫暴)와 불복(不服)에 대(對)하여 여좌(如左)히 처리(處理)하다.

　(1) 목사(牧師) 이만집(李萬集) 정직(停職)
　(2) 장로(長老) 김(金)덕경, 김(金)태현, 홍(洪)몽섭, 장한진, 이(李)송진 5인(五人)은 면직(免職)
　(3) 장립집사(將立執事) 김(金)종수 면직(免職)
　(4) 교인(敎人) 이(李)영실, 여규진, 주재성, 곽임의, 이(李)만근, 이(李)기옥 책벌(責罰)

동년(同年) 4월(四月) 3일(三日)에 경북노회(慶北老會)가 경북서원(慶北書院)에 별노회(別老會)로 회집(會集)하니 회원(會員)은 선교사(宣敎師) 3인(三人), 목사(牧師) 10인(一〇人), 장로(長老) 18인(一八人)이었다. 상회

명령(上會命令)을 불복(不服)하고 교회(敎會)를 문란(紊亂)ㅎ게 하는 이만집(李萬集) 일파(一派)를 여좌(如左)히 치리(治理)하다.

(1) 목사(牧師) 이만집(李萬集), 박영조(朴永祚)는 노회명부(老會名簿)에 제명(除名)하다.
(2) 자치선언(自治宣言)한 김덕경, 김(金)태연, 홍(洪)몽섭, 이종진, 장한진, 김(金)종수, 여규진, 이만근, 박인태, 이두술 제인(諸人)은 세례명부(洗禮名簿)에 제명(除名)하다.

남성(南城), 남산(南山) 양(兩) 교회사건(敎會事件)으로 소송위원(訴訟委員) 7인(七人)을 선정(選定)하다. 백신칠(白信七), 장처(張處)중 2인(二人)을 시취(試取)하여 장로(長老)로 안수(按手)ㅎ게 하다.[217]
동년(同年) 6월(六月) 13일(一三日)에 경북노회(慶北老會) 제 14회(第一四回)가 동산성경학교(銅山聖經學校)에 회집(會集)하니 회원(會員)은 선교사(宣敎師) 4인(四人), 목사(牧師) 2인(二人), 장로(長老) 48인(四八人)이었다. 피택장로(被擇長老) 경산(慶山)에 이(李)종성, 남산(南山)에 정(鄭)인식, 남성(南城)에 강(姜)만채, 의성(義城)에 김(金)두연 제인(諸人)을 시취(試取)하여 안수(按手)하다. 신학재적생(神學在籍生) 의원(依願)하여 계속(繼續)ㅎ게 하다. 정(鄭)건진을 시취(試取)하여 조사(助師)로 피임(被任)하다. 미국신학(美國神學)에 지원자(志願者) 김(金)지수, 김(金)태술 2군(二君)에게 천서(薦書)를 여(與)하다. 전도부(傳道部) 청원(請願)에 의(依)하여 전도사업(傳道事業)에 각(各) 교회(敎會)가 열심연보(熱心捐補)ㅎ게 하다. 자치(自治)를 선언(宣言)한 이만집사건(李萬集事件)에 대(對)하여 총회(總會)와 당국일(當局日) 진정서(陳情書)를 제출(提出)ㅎ게 하다. 내년(來年) 1월(一月) 1일(一日)부터 대구(大邱)에서 도사경회(都査經會)를 개최(開催)ㅎ게 하다.
동년(同年) 9월(九月) 19일(一九日) 경북노회(慶北老會)가 대구부(大邱府) 신정예배당(新町禮拜堂)에 별노회(別老會)로 회집(會集)하니 회원(會

員)은 선교사(宣敎師) 3인(三人), 목사(牧師) 4인(四人), 장로(長老) 14인(一四人)이었다. 자치파(自治派)에 참가(參加)한 이희봉목사(李希鳳牧師)는 노회명부(老會名簿)에 제명(除名)하고 김천교회(金泉敎會) 교인(敎人) 중(中) 악화(惡化)된 기인(幾人)은 입교안(入敎案)에 제명(除名)하기 결정(決定)하다.

1924년(一九二四年) 갑자(甲子) 1월(一月) 9일(九日) 경북노회(慶北老會) 제 15회(第一五回)가 동산성경학원(銅山聖經學院)에 회집(會集)하니 회원(會員)은 선교사(宣敎師) 4인(四人), 목사(牧師) 10인(一○人), 장로(長老) 48인(四八人)이었다. 직원(職員)을 선정(選定)하니 회장(會長) 방(邦)혜법, 서기(書記) 김(金)원휘, 회계(會計) 이문주(李文主)이었다. 서성오목사(徐聖五牧師)가 전답(田畓) 1,395평(一千三百九五坪)을 자진(自進)하여 기부(寄付)하므로 감사(感謝)히 수(受)하다. 신학지원자(神學志願者) 배(裵)승환, 정(鄭)건진은 평양신학(平壤神學)에, 정(鄭)상훈은 미국신학(美國神學)에 천서(薦書)를 여(與)하다. 피택장로(被擇長老) 이(李)생백, 김(金)봉안, 임(林)원팔, 이(李)만성을 시취(試取)하여 지방시찰(地方視察)에게 위임안수(委任按手)하기 허락(許諾)하다. 전도부(傳道部) 청원(請願)에 의(依)하여 울릉도전도(鬱陵島傳道)를 계속(繼續)하고 외지전도회(外地傳道會)를 조직(組織)하게 하다. 사기위원(史記委員)의 청원(請願)에 의(依)하여 유급사무위원(有給事務委員)을 택(擇)하여 편집(編輯)하게 하다. 이춘중, 안상기 2인(二人)이 시년(是年)에 조사(助師)로 피임(被任)하다. 귀국(歸國)하였던 선교사(宣敎師) 맹의와(孟義窩, [E. F. Mcfarland])가 시춘(是春)에 내도(來到)하여 여전선교(如前宣敎)하다. 신학준사(神學準士) 배석주(裵錫柱), 김충한(金忠漢), 강(姜)만호 3군(三君)을 시취안수(試取按手)하여 청원(請願)한 교회(敎會)에 목사(牧師)로 임명(任命)하다. 주일학교부(主日學校部) 청원(請願)에 의(依)하여 신학교(神學校) 주일학교(主日學校) 교사반(敎師班)에 이철락(李哲洛)을 계속공부(繼續工夫)하게 하고 6월(六月) 1일(一日)부터 6일간(六日間) 대구부(大邱府)에서 주일학교강습회(主日學校講習會)를 개최(開催)하게 하다. 각(各) 시찰(視察)이 교회부흥(敎會復興)된 형편(形

便)을 보고(報告)하다.

　동년(同年) 2월(二月) 19일(一九日)에 경북노회(慶北老會) 제 15회(第一五回)가 동장소(同場所)에 계속회집(繼續會集)하니 회원(會員)은 선교사(宣敎師) 3인(三人), 목사(牧師) 6인(六人), 장로(長老) 6인(六人)이[218]었다. 남성정교회(南城町敎會)에서 청빙(請聘)한 박문찬목사(朴文燦牧師) 위임식(委任式)을 거행(擧行)할 위원(委員)을 택(擇)하다. 안의와(安義窩, [James Edward Adams])목사(牧師)가 본(本) 노회경내(老會境內) 전도목사(傳道牧師) 6인(六人)의 봉금(俸金)을 자담(自擔)할 청원(請願)을 접수(接受)하다.

　동년(同年) 3월(三月) 25일(二五日)에 경북노회(慶北老會) 제 15회(第一五回)가 계속(繼續)하여 동산성경학교(銅山聖經學校)에 회집(會集)하니 회원(會員)은 선교사(宣敎師) 2인(二人), 목사(牧師) 9인(九人), 장로(長老) 14인(一四人)이었다. 선교사(宣敎師) 안의와(安義窩, [James Edward Adams])의 위탁(委托)에 의(依)하여 전도사(傳道師) 3인(三人) 청빙위원(請聘委員)을 선정(選定)하다. 시시(是時)에 상주읍교회(尙州邑敎會) 이문주목사(李文主牧師)가 남산교회원목사(南山敎會員牧師)로 이임(移任)하다.

　동년(同年) 6월(六月) 12일(一二日)에 경북노회(慶北老會) 제 16회(第一六回)가 동산성경학교(銅山聖經學校)에 회집(會集)하니 회원(會員)은 선교사(宣敎師) 2인(二人), 목사(牧師) 14인(一四人), 장로(長老) 45인(四五人)이었다. 사기부원(史記部員)이 편집(編輯)한 사기(史記)를 교열위원(校閱委員)에게 교정(校正)하여 완전(完全)함을 보고(報告)하다. 주일학교(主日學校) 청원(請願)에 의(依)하여 성탄(聖誕) 급(及) 부활주일(復活主日)과 진흥주일(振興主日)에 예배순서(禮拜順序)를 각(各) 교회(敎會)가 일치(一致)하게 하고 주일장년(主日壯年) 급(及) 유년부(幼年部) 연보금(捐補金) 중(中) 10분지 1(十分之一)을 본부(本部)에 납부(納付)하게 하다. 전도부(傳道部)에서 선교사(宣敎師) 안의와(安義窩, [James Edward Adams])의 위탁(委託)으로 목사(牧師) 김병농(金炳穠), 김민철(金敏哲), 선우훈(鮮于薰), 김강선(金剛璇) 4인(四人)을 청(請)하여 본(本) 노회경내(老會境內)에 전도

(傳道)한 성적(成績)이 양호(良好)함을 보고(報告)하다. 학무부(學務部) 청원(請願)에 의(依)하여 하기(夏期) 사범강습소(師範講習所)를 설립(設立)하며 아동성경학교(兒童聖經學校)를 조직(組織)ㅎ게 하다. 제병원(濟病院)에서 목사(牧師) 2인(二人), 남전도(男傳道) 1인(一人), 여전도(女傳道) 3인(三人)[여전도(女傳道) 1인(一人)은 신명학교보조(新明學校補助)]을 파송(派送)하여 복음(福音)을 선전(宣傳)한 결과(結果)로 교회(敎會)가 다립(多立)함을 보고(報告)하다. 김병농목사(金炳禯牧師)로 다시 전도(傳道)ㅎ게 하다. 박(朴)내승, 오(吳)기주, 강(姜)만조 3인(三人)을 시취(試取)하여 조사(助師)로 피임(被任)하다. 피택장로(被擇長老) 한의중, 조(趙)병익, 이(李)태학을 시취(試取)하여 안수(按手)하기 허락(許諾)하다. 신학생(神學生)을 계속공부(繼續工夫)하기 허락(許諾)하다.

동년(同年) 9월(九月) 8일(八日)에 경북노회(慶北老會) 제 16회(第一六回)가 동산성경학교(銅山聖經學校)에 회집(會集)하니 회원(會員)은 선교사(宣敎師) 2인(二人), 목사(牧師) 14인(一四人), 장로(長老) 23인(二三人)이었다. 경주읍교회(慶州邑敎會) 분규공소사건(紛糾控訴事件)으로 인(因)하여 재판부(裁判部)를 입(立)하다. 경주읍교회(慶州邑敎會) 분쟁(紛爭)에 대(對)하여 조사위원(調査委員)의 보고(報告)가 유(有)하다.

2. 교회조직(二, 敎會組織)

1917년(一九一七年) 정사(丁巳)에 김천(金泉) 대양리교회(大陽里敎會)가 김호계(金浩桂)를 장로(長老)로 안수(按手)하여 당회(堂會)가 성립하다.[219]

동년(同年)에 선산군(善山郡) 청산동교회(靑山洞敎會)가 소병식(蘇秉植)을 장로(長老)로 안수(按手)하여 당회(堂會)가 성립(成立)하였다. 기후(其後) 소부영(蘇富永) 계속피선(繼續被選)하였다.

동년(同年)에 고령군(高靈郡) 객기교회(客基敎會)가 홍재우(洪在友)를 장로(長老)로 안수(按手)하여 당회(堂會)가 성립(成立)하다. 기후(其後) 피선자(被選者)는 구성순(具聖淳)이었다.

동년(同年)에 의성군(義城郡) 산운교회(山雲敎會)가 이태성(李泰成), 강만호(康萬浩)를 장로(長老)로 안수(按手)하여 당회(堂會)가 성립(成立)하여 목사(牧師) 김원휘(金原輝)가 시무(視務)하였다.

동년(同年)에 영덕군(盈德郡) 송천교회(松川敎會)에서 예배당(禮拜堂)을 개축(改築)하다.

동년(同年)에 연일군(延日郡), 덕성군교회(德城郡敎會)가 설립(設立)하다. 선시(先是)에 지방조사(地方助師) 박문찬(朴文燦)과 대전영수(大田領袖) 이익호(李瑴鎬), 열심전도(熱心傳道)하여 신자일증(信者日增)함에 초가(草家) 3간(三間)을 매(買)하여 예배당(禮拜堂)을 작정(作定)하고 영수(領袖)가 시무(視務)하였다.

동년(同年)에 고령군(高靈郡) 삼대교회(三大敎會)가 설립(設立)하다. 선시(先是)에 본지인(本地人) 10여명(一○餘名)이 사도동교회(沙島洞敎會)에 내왕예배(來往禮拜)하며 열심전도(熱心傳道)하여 신자일증(信者日增)함에 교회(敎會)가 분립(分立)하다. 기후(其後)에 영수(領袖) 김경우(金景祐)와 집사(執事) 김춘백(金春伯)과 목사(牧師) 김성로(金聖魯)가 봉직시무(奉職視務)하다.

동년(同年)에 의성군(義城郡) 대리교회(大里敎會)가 설립(設立)되다. 선시(先是)에 본지(本地) 신자(信者) 8인(八人)이 비봉동교회(飛鳳洞敎會)로 내왕예배(來往禮拜)하며 윤순구(尹順九) 가(家)에 기도처소(祈禱處所)를 정(定)하였더니 미구(未久)에 예배당(禮拜堂)을 신축(新築)하고 교회(敎會)가 분립(分立)하다. 선교사(宣敎師) 위철치(魏喆治, [George H. Winn]), 영수(領袖) 윤상구(尹尙九), 조사(助師) 김충모(金忠謨)가 시무(視務)하다.

동년(同年)에 칠곡군(漆谷郡) 신동교회(新洞敎會)가 설립(設立)하다. 선시(先是)에 달성(達城) 지산교회(池山敎會) 이재민(李在玟), 이재구(李在玖), 이재완(李在琓), 이재기(李在琦) 4형제(四兄弟)가 본리(本里)에 이주(移住)한 후(後)에 인근(隣近)에 전도(傳道)하여 교회(敎會)가 시작(始作)하다. 선교사(宣敎師) 방혜법(邦惠法, [Herbert E. Blair]), 영수(領袖) 이재구(李在玖) 시무(視務)하였다.

동년(同年)에 영주군(榮州郡) 내매교회(乃梅敎會)가 강재원(姜載元), 강석진(姜錫晋)을 장로(長老)로 안수(按手)하여 당회(堂會)가 성립(成立)하다. 강병주(姜炳周), 강신오(姜信五), 강호(姜浩), 강신유(姜信裕), 강석초(姜錫初) 등(等)이 상계(相繼) 피선(被選)하였다. 강석진(姜錫晋)은 목사(牧師)로 시무(視務)하다.

동년(同年)에 예천군(醴泉郡) 효갈동교회(孝葛洞敎會)가 황영규(黃永奎)를 장로(長老)로 안수(按手)하여 당회(堂會)가 성립(成立)하다. 기후(其後)에 윤재명(尹在明), 황영주(黃永周)가 계속피선(繼續被選)하였다.

1918년(一九一八年) 무오(戊午)에 달성군(達城郡) 하동교회(下洞敎會)가 이영우(李永祐)를 장로(長老)로 안수(按手)하여 당회(堂會)가 성립(成立)하다. 이규천(李圭千)이 기후(其後) 피선(被選)하고 조사(助師) 이상철(李相澈), 김무원(金武源)이 시무(視務)하였다.[220]

동년(同年)에 연일군(延日郡) 포항교회(浦項敎會) 최경성(崔景成), 이문수(李文壽) 등(等)을 장로(長老)로 안수(按手)하여 당회(堂會)가 성립(成立)하다. 목사(牧師) 김병호(金炳鎬)가 시무(視務)하였다.

동년(同年)에 경산군(慶山郡) 북일교회(北日敎會)가 이경률(李慶律)을 장로(長老)로 안수(按手)하여 당회(堂會)가 성립(成立)하다. 조사(助師) 윤성천(尹成天)이 시무(視務)하였다.

동년(同年)에 달성군(達城郡) 성당교회(聖堂敎會)가 설립(設立)하다. 선시(先是)에 대구(大邱) 미순병원장(美順病院長) 미국여사(美國女史) 배부인(裵婦人)이 본리(本里)에 전도(傳道)하여 신자점흥(信者漸興)하여 사저(私邸)에 예배(禮拜)하더니 미구(未久)에 예배당(禮拜堂)을 건축(建築)하다.

1919년(一九一九年) 기미(己未)에 영천군(永泉郡) 신녕교회(新寧敎會)가 조주환(曺柱煥)을 장로(長老)로 안수(按手)하여 당회(堂會)가 성립(成立)하다.

동년(同年)에 의성군(義城郡) 도동교회(道洞敎會)가 이주하(李主夏)를 장로(長老)로 안수(按手)하여 당회(堂會)가 성립(成立)하다.

　동년(同年)에 영덕군(盈德郡) 송천교회(松川敎會)가 3·1운동(三一運動)으로 인(因)하여 조사(助師) 정규하(丁奎河)와 김위환(金渭煥), 김도식(金道植)이 재감(在監)하므로 다소(多少)의 환난(患難)을 조(遭)하여 교회(敎會)가 미약(微弱)하였는데 시년(是年) 동(冬)에 목사(牧師) 김영옥(金永玉)을 청빙(請聘)하여 부흥사경(復興査經) 중(中)에 은혜(恩惠)를 다수(多受)하여 점점복구(漸漸復舊)하였다.

　동년(同年)에 영덕군(盈德郡) 황사동(黃賜洞) 흘무곡교회(屹無谷敎會)는 3·1사건(三一事件)으로 인(因)하여 집사(執事) 주명우(朱明宇) 등(等)이 피수(被囚)되므로 교회(敎會)가 영향(影響)을 수(受)하여 예배(禮拜)를 폐쇄(閉鎖)에 시유(時有)하다.

　동년(同年)에 영덕군(盈德郡) 금호동교회(錦湖洞敎會)가 3·1사건(三一事件)으로 강우근(姜右根), 이정규(李正奎) 등(等)이 감금(監禁)되므로 교회곤란(敎會困難)을 경과(經過)하였고 점점복구(漸漸復舊)하였다.

　동년(同年)에 김천군(金泉郡) 교동교회(校洞敎會)가 김재령(金在寧)을 안수(按手)하여 당회(堂會)가 성립(成立)하다.

　동년(同年)에 대구(大邱) 남산정교회(南山町敎會)가 백남채(白南埰)를 장로(長老)로 안수(按手)하여 당회(堂會)가 성립(成立)하다.

　동년(同年)에 영천군(永川郡) 당지교회(唐池敎會)가 설립(設立)하다. 선시(先是)에 신자(信者) 10여인(一〇餘人)이 신녕교회(新寧敎會)로 내왕예배(來往禮拜)하더니 기후(其後) 교회(敎會) 점점왕성(漸漸旺盛)하여 교회(敎會)가 분립(分立)하다. 선교사(宣敎師) 방혜법(邦惠法, [Herbert E. Blair]), 영수(領袖) 김수인(金壽仁), 조사(助師) 이철락(李哲洛)이 시무(視務)하였다.

　동년(同年)에 봉화군(奉化郡) 문촌교회(文村敎會)가 장도문(張道文)을 장로(長老)로 안수(按手)하여 당회(堂會)가 성립(成立)하다.

　동년(同年)에 안동군(安東郡) 만촌교회(晩村敎會)가 신택희(申澤熙), 신응한(申應漢)을 장로(長老)로 안수(按手)하여 당회(堂會)가 성립(成立)하

다.[221]

　동년(同年)에 안동군(安東郡) 오대교회(梧垈敎會)와 영덕군(盈德郡) 낙평교회(洛坪敎會)가 3·1사건(三一事件)으로 인(因)하여 다대(多大)한 환난(患難)을 당(當)하고 김혁동(金赫東), 김세영(金世榮), 김태동(金台東) 등(等)은 재감(在監)하므로 교회(敎會) 잠약(暫弱)이더니 미구(未久)에 복구(復舊)하였다.

　동년(同年)에 의성군(義城郡) 대사동교회(大司洞敎會)가 3·1사건(三一事件)으로 인(因)하여 회직전부(會職全部)가 피수(被囚)되었다.

　동년(同年)에 영양군(英陽郡) 포산동교회(葡山洞敎會)가 교인(敎人)이 점다(漸多)하여 예배당(禮拜堂)을 신축(新築)하였다.

　동년(同年)에 봉화군(奉化郡) 내성교회(乃城敎會)[가] 설립(設立)하다. 선시(先是)에 강익영(姜翼永)의 전도(傳道)로 엄우섭(嚴禹燮)이 신종(信從)하고 점점(漸漸) 신자다기(信者多起)하여 설립(設立)하였다.

　1920년(一九二〇年) 경신(庚申)에 청송군(靑松郡) 수락교회(水洛敎會)가 박영수(朴永洙)를 장로(長老)로 안수(按手)하여 당회(堂會)가 성립(成立)하다. 조사(助師) 박영수(朴永洙)가 시무(視務)하였다.

　동년(同年)에 경산군(慶山郡) 삼북교회(三北敎會)가 김성률(金成律)을 장로(長老)로 안수(按手)하여 당회(堂會)가 성립(成立)하다. 궐후(厥後)에 김감렬(金敢烈), 김윤서(金潤瑞), 엄상필(嚴相弼) 등(等)이 상계시무(相繼視務)하였다.

　동년(同年)에 달성군(達城郡) 침산교회(砧山敎會)[가] 서남도(徐南道)를 장로(長老)로 안수(按手)하여 당회(堂會)가 성립(成立)하다. 박경묵(朴敬默), 김금계(金今繼) 등(等)이 상계피선(相繼被選)하고 조사(助師) 이문주(李文主)와 목사(牧師) 권영해(權永海)가 시무(視務)하였다.

　동년(同年)에 동군(同郡) 신당교회(新塘敎會)가 설립(設立)하여 선시(先是)에 김문진(金汶振)이 신교(信敎) 후(後)에 남성정교회(南城町敎會)에 열심출석(熱心出席)하더니 점차(漸次) 교우일증(敎友日增)하여 구학숙(舊學塾)으로 예배당(禮拜堂)을 정(定)하고 교회(敎會)가 분립(分立)하다. 김영호(金榮浩)가 조사(助師)로 시무(視務)하였다.

　동년(同年)에 칠곡군(漆谷郡) 옥계교회(玉溪敎會)가 이재구(李在玖)를 장로(長老)로 안수(按手)하여 당회(堂會)가 성립(成立)하다.

　동년(同年)에 영덕군(盈德郡) 매정교회(梅亭敎會)가 진흥(振興)하여 회집장소(會集場所)가 협착(狹窄)하므로 예배당(禮拜堂)을 중건(重建)하였다.

　동년(同年)에 김천군(金泉郡) 봉천교회(鳳川敎會)가 김석영(金錫榮)을 장로(長老)로 안수(按手)하여 당회(堂會)가 성립(成立)하다.

　동년(同年)에 달성군(達城郡) 신천교회(新川敎會)가 설립(設立)하다. 선시(先是)에 본지인(本地人) 신정학(申貞學), 김만수(金万守) 등(等)이 신종(信從)하고 효목교회(孝睦敎會)에 내왕(來往)하며 열심전도(熱心傳道)하므로 신자일증(信者日增)하여 교회(敎會)가 분립(分立)하다. 선교사(宣敎師) 부해리(傅海利, [Hernry Munro Bruen]), 조사(助師) 배석주(裴碩柱)[가] 시무(視務)하였다.

　동년(同年)에 연일군(延日郡) 일월동교회(日月洞敎會)가 설립(設立)하다. 선시(先是) 본지인(本地人) 정일용(鄭日用), 임일규(林一圭), 김동수(金東守), 유명오(柳明五), 임순학(林順鶴), 변두칠(卞斗七) 등(等)이 기가(其家)[222]족(族) 20여인(二〇餘人)으로 합심신종(合心信從)하고 장흥교회(長興敎會)로 내왕(來往)하며 전도(傳道)하더니 박문찬목사(朴文燦牧師)가 내(來)하여 기일(幾日) 사경(査經)한 결과(結果)로 교우(敎友) 등(等)이 신열심(新熱心)을 득(得)하여 연보(捐補)하여 예배당(禮拜堂)을 신축(新築)하고 교회(敎會)가 분립(分立)하다. 선교사(宣敎師) 안의와(安義窩, [James Edward Adams]), 영수(領袖) 유명오(柳明五), 조사(助師) 양찬언(梁讚彦)이 시무(視務)하였다.

　동년(同年)에 연일군(延日郡) 마북교회(馬北敎會)가 설립(設立)하다. 선시(先是)에 전도인(傳道人) 오기주(吳基周)가 전도(傳道)하여 신자다기(信者多起)하여 교회시작(敎會始作)하니 영수(領袖) 정기호(鄭基浩), 집사(執事) 김일동(金日東)이 시무(視務)하였다.

　동년(同年)에 연일군(延日郡) 가사리교회(加士里敎會)가 설립(設立)되다. 선시(先是)에 전도인(傳道人) 오기주(吳基周)의 전도(傳道)로 본리인(本里人) 중(中)에 신신자(新信者)가 다수증가(多數增加)하여 예배당(禮拜堂)을 설립(設立)하니 선교사(宣敎師) 위철치(魏喆治, [George H. Winn])요, 영수(領袖)는 김석봉(金錫鳳)이 교회(敎會)를 인도(引導)하다.

동년(同年)에 청송군(靑松郡) 개일교회(開日敎會)가 설립(設立)되다. 선시(先是)에 선교사(宣敎師) 안의와(安義窩, [James Edward Adams])가 파송(派送)한 전도인(傳道人) 박낙현(朴洛鉉)이 본리(本里)에 내전복음(來傳福音)하여 교회(敎會)가 시작(始作)되니 남문창(南文昌)은 영수(領袖)로, 남정철(南貞喆)은 집사(執事)로 시무(視務)하다.

동년(同年)에 울릉도(鬱陵島) 태하교회(台霞敎會)가 설립(設立)되다. 선시(先是)에 지방조사(地方助師) 변선욱(卞善旭)이 순회전도(巡回傳道)할 때 본처(本處)에서 선신복음(先信福音)한 자(者)는 이상락(李尙洛)인데 평리교회(平里敎會)로 내왕(來往)하며 근동(近洞)에 전도(傳道)하여 20여인(二○餘人)의 신자(信者)를 얻어 자기가(自己家)에 임시예배당(臨時禮拜堂)을 정(定)하고 교회(敎會)가 분립(分立)되니 영수(領袖)는 이상락(李尙洛)으로, 집사(執事)는 이학락(李鶴洛)이었다.

동년(同年)에 영주군(榮州郡) 읍내교회(邑內敎會)가 예배당(禮拜堂) 40평(四○坪)을 건축(建築)하다. 강명여숙(剛明女塾)을 설립(設立)하고 인가(認可)를 수(受)하여 기본금(基本金) 수만원(數萬圓)을 모집(募集)하였더니 영주군(榮州郡) 수손해진(守孫海震)의 방해(妨害)로 기본금해산(基本金解散)을 당(當)하여 미성(未成)하다.

동년(同年)에 영덕군(盈德郡) 낙평교회(洛坪敎會)에서 신동한(申東翰)을 장로(長老)로 장립(將立)하여 당회(堂會)를 조직(組織)하다.

동년(同年)에 영주군(榮州郡) 풍기교회(豊基敎會)에서 김용휘(金用彙), 김창기(金昌豈)를 장로(長老)로 장립(將立)하여 당회(堂會)를 조직(組織)하다.

동년(同年)에 의성군(義城郡) 대사동교회(大司洞敎會)에서 이종출(李鍾出)을 장로(長老)로 장립(將立)하여 당회(堂會)를 조직(組織)하였다.

동년(同年)에 영덕군(盈德郡) 화천교회(華川敎會)에서 김종숙(金鍾淑)을 장로(長老)로 장립(將立)하여 당회(堂會)를 조직(組織)하고 교우(敎友)들이 각각(各各) 일연보(日捐補)를 작정(作定)하여 풍호(豊湖)[223]리(里)에 전도(傳道)하므로 교회(敎會)를 설립(設立)하였다.

동년(同年)에 안동군(安東郡) 중평교회(中平敎會)가 설립(設立)되다. 선시(先是)에 선교사(宣敎師) 인노랑[절](印魯郞[節], [Roger Earl Winn])의 인도(引導)로 유진호(兪鎭浩), 유재희(劉載熙)가 신종(信從)하였다 한다.

동년(同年)에 안동군(安東郡) 옹천교회(瓮泉敎會)가 설립(設立)되다. 선시(先是)에 강대홍(姜大弘), 김홍진(金洪鎭), 강대극(姜大極)이 신종(信從)하여 설립(設立)되다.

동년(同年)에 영주군(榮州郡) 유전교회(柳田敎會)가 설립(設立)되다. 선시(先是)에 전도인(傳道人) 황택진(黃澤鎭)의 전도(傳道)로 박무인(朴武仁), 김동필(金東弼), 이주해(李周海), 김성목(金聖睦), 김규식(金圭植) 외(外) 부녀(婦女) 70여명(七〇餘名)이 신종(信從)하므로 설립(設立)되다.

동년(同年)에 예천군(醴泉郡) 포동교회(浦洞敎會)가 설립(設立)되다. 선시(先是)에 황택진(黃澤鎭)의 전도(傳道)로 이종락(李鍾洛)이 신종(信從)하므로 교회(敎會)가 설립(設立)되다.

동년(同年)에 안동군(安東郡) 인계교회(仁溪敎會)가 설립(設立)되다. 선시(先是)에 김성규(金晟圭)의 전도(傳道)로 김상렬(金相烈), 신남규(申南奎) 등(等)이 신종(信從)하여 설립(設立)하다.

동년(同年)에 영덕군(盈德郡) 낙평교회(洛坪敎會)가 신동한(申東翰)을 장로(長老)로 안수(按手)하여 당회(堂會)가 성립(成立)하다.

1921년(一九二一年) 신유(辛酉)에 상주군(尙州郡) 서정교회(西町敎會)에서 김덕서(金德瑞)를 장로(長老)로 장립(將立)하여 당회(堂會)가 조직(組織)되었으며 이희봉(李喜鳳), 이문주(李文主)가 목사(牧師)로 상계시무(相繼視務)하였다.

동년(同年)에 영덕군(盈德郡) 황장동(黃腸洞) 흘무곡교회(屹無谷敎會)에서 점차복구(漸次復舊)되어 당회(堂會)를 조직(組織)할 때 포산교회(葡山

敎會)와 합(合)하여 장로(長老) 이상동(李相東)을 장립(將立)하여 시무(視務)ᄒ게 하였으며 김세영(金世榮)이 조사(助事)를 임무(任務)하는 중(中) 열심(熱心)으로 성력(誠力)하여 예배당(禮拜堂) 12간(一二間)을 개축(改築)하고 교회(敎會)는 진흥(進興)되었다.

　동년(同年)에 영덕군(盈德郡) 삼읍교회(三邑敎會)가 설립(設立)되었다. 선시(先是)에 구(舊) 평해읍(平海邑) 감리교회(監理敎會)의 청년회(靑年會)에서 목사(牧師) 황병호(黃炳虎)에게 복음(福音)을 전문(傳聞)하고 결심신종(決心信從)하고 4개월간(四個月間) 30리(三〇里) 되는 곳에서 주일예배(主日禮拜)를 각수(恪守)하여 자기가(自己家)에 전도회(傳道會)를 개(開)하니 청중(聽衆) 40여인(四〇餘人) 중(中)에 결신자(決信者)가 다(多)하므로 유상진(柳相鎭) 가(家)에 기도회소(祈禱會所)를 정(定)하고 임시(臨時)로 예배(禮拜)하다가 신자(信者)가 거익증가(去益增加)하여 50여인(五〇餘人)에 달(達)함에 200여원(二百餘圓)의 연보(捐補)로 예배당(禮拜堂)을 신축(新築)하고 12월(一二月) 성탄(聖誕)에 봉헌식(奉獻式)을 거행(擧行)하다. 설립자(設立者)는 선교사(宣敎師) 유[권]찬영(柳[權]粲永, [John Young Crothers])이고 조사(助師)는 김원호(金遠浩)이었다.[224]

　동년(同年) 대구부(大邱府) 칠성정교회(七星町敎會)가 설립(設立)되었다. 선시(先是)에 본처교우(本處敎友)들이 남성회(南城會)로 다수왕(多數往)하더니 교회(敎會) 발전(發展)되므로 인(因)하여 지시(至是) 분립(分立)하니 설립자(設立者)는 선교사(宣敎師) 위철치(魏喆治, [George H. Winn])요, 이장신(李章信)은 영수(領袖)로, 이희봉(李喜鳳)은 목사(牧師)로 시무(視務)하였다.

　동년(同年)에 영천군(永川郡) 치일교회(致日敎會)[가] 설립(設立)하다. 선시(先是)에 본처교우(本處敎友) 기인(幾人)이 가족(家族)으로 경산(慶山) 덕촌교회(德村敎會)로 다니다가 기후(其後)에 박사교회(博沙敎會)로 이속(移屬)함. 교우(敎友)들이 열심(熱心) 전도(傳道)한 결과(結果) 교회(敎會)가 분립(分立)하니 선교사(宣敎師) 위철치(魏喆治, [George H. Winn])와 영수(領袖) 김재천(金在天)이 교회(敎會)를 인도(引導)하다.

동년(同年)에 김천군(金泉郡) 신암교회(新岩敎會)가 설립(設立)되었다. 선시(先是)에 선교사(宣敎師) 부해리(傅海利, [Hernry Munro Bruen])의 전도(傳道)로 본처(本處)에 신자기인(信者幾人)을 얻어 교회(敎會)가 시작(始作)되니 집사(執事) 김영기(金永基)는 예배당(禮拜堂)을 독담신건(獨擔新建)하였으며 윤병혁(尹炳爀)은 조사(助師)로 시무(視務)하였다.

동년(同年)에 김천군(金泉郡) 황계동교회(黃溪洞敎會)가 설립(設立)되었다. 선교사(宣敎師) 부해리(傅海利, [Hernry Munro Bruen])가 설립자(設立者)로 조사(助師) 조진용(曺晋鏞)이 교회(敎會)를 인도(引導)하다.

동년(同年)에 김천군(金泉郡) 신곡교회(新谷敎會)가 설립(設立)되다. 선시(先是)에 본처인(本處人)으로 선신(先信)하는 자(者)는 김용식(金容植)이니 인근(隣近)에 전도(傳道)를 열심(熱心)으로 하여 교회(敎會)가 시작(始作)하니 설립자(設立者)는 선교사(宣敎師) 부해리(傅海利, [Hernry Munro Bruen])이고 집사(執事)는 김용식(金容植)이었다.

동년(同年)에 선산군(善山郡) 원동교회(院洞敎會)가 설립(設立)되었다. 선시(先是)에 선교사(宣敎師) 방혜법(邦惠法, [Herbert E. Blair])의 전도(傳道)로 교회(敎會)가 시작(始作)되어 영수(領袖) 지세명(池世明)과 집사(執事) 지세호(池世鎬)가 인도자(引導者)가 되었다.

동년(同年)에 연일군(延日郡) 유계동교회(柳溪洞敎會)가 설립(設立)되었다. 선시(先是)에 본처인(本處人) 이성호(李聖鎬)가 기(其) 중형(仲兄) 익호(翊鎬)의 전도(傳道)로 신종(信從) 후(後) 질(姪) 상호(相浩)에게 전도(傳道)하므로 미구(未久)에 신자(信者)가 증가(增加)하매 90원(九○圓)의 연보(捐補)로 기도실(祈禱室)을 신건(新建)하고 덕성교회(德城敎會)로 다니더니 교회(敎會)가 분립(分立)된 후(後) 목사(牧師) 박문찬(朴文燦)과 조사(助師) 허담(許澹)이 봉직시무(奉職視務)하였다.

동년(同年)에 연일군(延日郡) 상옥교회(上玉敎會)가 설립(設立)되었다. 선시(先是)에 선교사(宣敎師) 안의와(安義窩, [James Edward Adams])가 파송(派送)한 전도인(傳道人) 오기주(吳基周)가 본처(本處)에 전도(傳道)하여 교회(敎會)가 시작(始作)되니 설립자(設立者)는 선교사(宣敎師) 위철치

(魏喆治, [George H. Winn])이고 영수(領袖)는 정태술(鄭泰述)이며 조사(助師)는 김병규(金炳奎)이었다.

동년(同年)에 연일군(延日郡) 용산교회(龍山敎會)가 설립(設立)되었다. 선시(先是)에 전용환(傳龍煥) 가(家)에서 임시집회(臨時集會)하다가 내구(來久)에 연보(捐補)하여 예배당(禮拜堂)을 신건(新建)하니 영수(領袖) 천두록(千斗祿)과 집사(執事) 김해천(金海千)이 교회(敎會)를 인도(引導)하였다.[225]

동년(同年)에 연일군(延日郡) 정자교회(亭子敎會)가 설립(設立)되었다. 선시(先是)에 신자(信者) 기인(幾人)이 대평교회(大坪敎會)에 다니면서 본리(本里)에 전도(傳道)하여 예배당(禮拜堂)을 신건(新建)하고 교회(敎會)가 분립(分立)하니 선교사(宣敎師) 위철치(魏喆治, [George H. Winn])와 영수(領袖) 박영수(朴永洙)가 교회(敎會)를 인도(引導)하였다.

동년(同年)에 연일군(延日郡) 중감교회(中甘敎會)가 설립(設立)되었다. 선시(先是)에 본처인(本處人)으로 선신(先信)하고 전도(傳道)한 자(者)는 김원직(金元直)이니 장흥교회(長興敎會)에 내왕(來往)하며 예배(禮拜)하더니 교회(敎會)를 설립(設立)하기 위하여 금(金) 60원(六〇圓)으로 예배당(禮拜堂) 4간(四間) 건축(建築)을 전담(專擔)하고 교회(敎會)가 분립(分立)되니 설립자(設立者)는 선교사(宣敎師) 안의와(安義窩, [James Edward Adams])이고 영수(領袖) 박춘목(朴春睦)과 조사(助師) 양찬언(梁讚彦)이 시무(視務)하였다.

동년(同年)에 의성군(義城郡) 정자교회(亭子敎會)가 설립(設立)되었다. 선시(先是)에 선교사(宣敎師) 위철치(魏喆治, [George H. Winn])의 전도(傳道)로 신자(信者)를 얻어 교회(敎會)가 시작(始作)되니 영수(領袖) 김암회(金岩回)와 집사(執事) 김영석(金永石)이 인도(引導)하였다.

동년(同年)에 의성군(義城郡) 공정교회(孔亭敎會)가 설립(設立)되었다. 선시(先是)에 선교사(宣敎師) 안의와(安義窩, [James Edward Adams])가 파송(派送)한 전도인(傳道人) 김병규(金炳奎)가 내전복음(來傳福音)하매 신종자(信從者) 다(多)하여 교회(敎會)가 시작(始作)된 후(後) 영수(領袖) 김병주(金炳柱), 오치익(吳治翊), 김붕한(金鵬漢) 등(等)이 상계시무(相繼視務)하였다.

　동년(同年)에 의성군(義城郡) 교상교회(橋上敎會)가 설립(設立)되었다. 선교사(宣敎師) 위철치(魏喆治, [George H. Winn])는 설립자(設立者)로, 이원봉(李元鳳), 이명곤(李名坤)은 영수(領袖)로, 이호곤(李護坤), 박주만(朴柱萬)은 집사(執事)로 교회(敎會)를 인도(引導)하였다.

　동년(同年)에 달성군(達城郡) 본리교회(本里敎會)가 설립(設立)되었다. 선시(先是)에 대구(大邱) 제중원(濟衆院)에서 파송(派送)한 목사(牧師) 박덕일(朴德逸)의 전도(傳道)로 교회(敎會)가 시작(始作)되어 김동해(金東海)가 영수(領袖)로 교회(敎會)를 인도(引導)하였다.

　동년(同年)에 경주군(慶州郡) 옥산교회(玉山敎會)가 설립(設立)되었다. 선시(先是)에 본처인기인(本處人幾人)이 소정교회(蘇亭敎會)로 다니더니 교회(敎會)가 분립(分立)하여 선교사(宣敎師) 위철치(魏喆治, [George H. Winn])와 영수(領袖) 이상순(李相淳)과 조사(助師) 이태학(李泰鶴)이 인도(引導)하다.

　동년(同年)에 경주군(慶州郡) 물천교회(勿川敎會)가 설립(設立)되다. 선시(先是)에 선교사(宣敎師) 안의와(安義窩, [James Edward Adams])가 파송(派送)한 전도인(傳道人) 이상규(李相奎)가 본리(本里)에 전도(傳道)하므로 신종자(信從者)가 다(多)하기 때문에 연보(捐補)하여 예배당(禮拜堂)을 신건(新建)하니 교회(敎會)가 시작(始作)되었다. 박춘서(朴春瑞)는 영수(領袖)로, 신백승(辛伯承)은 집사(執事)로 임무(任務)하였다.

　동년(同年)에 청도군(淸道郡) 수야교회(水也敎會)가 설립(設立)되였다. 선시(先是)에 본처인(本處人) 장치견(張致見), 조창국(曺昌國) 등(等)이 선신(先信)하고 송서교회(松西敎會)로 다니더니 시(時)에[226] 선교사(宣敎師) 안의와(安義窩, [James Edward Adams])가 파송(派送)한 김재곤(金在坤)의 전도(傳道)로 신자(信者)가 격증(激增)되어 초가(草家) 3간(三間)의 예배당(禮拜堂)을 신건(新建)하고 교회(敎會)가 분립(分立)되니 조성익(曺成翼), 장재호(張在浩)는 영수(領袖)로, 김순여(金順汝)는 조사(助師)로 시무(視務)하였다.

　동년(同年)에 청도군(淸道郡) 거연교회(巨淵敎會)가 설립(設立)되었다. 선시(先是)에 선교사(宣敎師) 안의와(安義窩, [James Edward Adams])가 파송(派送)한 김재곤(金在坤)의 전도(傳道)로 교회(敎會)가 시작(始作)되니 영수(領袖) 홍재술(洪在述)과 조사(助師) 김재곤(金在坤)이 인도(引導)하였다.

　동년(同年)에 청도군(淸道郡) 귀촌교회(龜村敎會)가 설립(設立)되었다. 선시(先是) 시(時)에 전도인(傳道人) 김재곤(金在坤)이 내전복음(來傳福音)하여 신자기인(信者幾人)을 얻어 예배당(禮拜堂)을 신건(新建)하고 교회(敎會)가 시작(始作)되니 정진규(鄭鎭奎)가 영수(領袖)로 시무(視務)하였다.

　동년(同年)에 청송군(靑松郡) 복전교회(福田敎會)가 설립(設立)되었다. 선시(先是)에 선교사(宣敎師) 안의와(安義窩, [James Edward Adams])가 파송(派送)한 전도인(傳道人) 박낙현(朴洛鉉)의 전도(傳道)로 신자(信者)가 다기(多起)하여 예배당(禮拜堂)을 신건(新建)하고 영수(領袖)는 윤은조(尹殷朝), 조병국(趙炳國)과 조사(助師) 김공명(金公明)이 교회(敎會)를 인도(引導)하다.

　동년(同年)에 청송군(靑松郡) 도동교회(道東敎會)가 설립(設立)되었다. 선시(先是)에 선교사(宣敎師) 안의와(安義窩, [James Edward Adams])의 파송(派送)한 박낙현(朴洛鉉)이 본처(本處)에 내전복음(來傳福音)하여 교회(敎會)가 시작(始作)되니 김성호(金成浩), 박제섬(朴濟贍)은 영수(領袖)로, 김기석(金基錫), 이춘득(李春得)은 집사(執事)로 피임(被任)되었다.

　동년(同年)에 도청군(道淸郡) 신지교회(薪旨敎會)가 설립(設立)되었다. 선시(先是) 대구동산제중원(大邱銅山濟衆院) 전도회(傳道會)에서 파송(派送)한 최경애(崔敬愛)가 내전복음(來傳福音)한 결과(結果) 신자(信者) 20여 인(二〇餘人)이 생(生)하고 인도자(引導者) 박치일(朴致日) 가(家)에서 예배(禮拜)하였다.

　동년(同年)에 영천군(永川郡) 이곡교회(梨谷敎會)가 설립(設立)되었다. 선시(先是)에 대구동산제중원(大邱銅山濟衆院) 전도회(傳道會)에서 파송

(派送)한 허일(許鎰)이 내도본리(來到本里)하여 열심전도(熱心傳道)하므로 20인(二〇人)의 신자(信者)를 득(得)하여 예배당(禮拜堂) 3간(三間)을 매득(買得)하여 집회(集會)하다.

동년(同年)에 영주군(榮州郡) 대평교회(大坪敎會)에서 예배당(禮拜堂) 6간(六間)을 신축(新築)하고 신도(信徒) 40여인(四〇餘人)이 집회(集會)하는 중(中) 조사(助師) 김용휘(金用彙)가 시무(視務)하였다 한다.

동년(同年)에 의성군(義城郡) 대사교회(大司敎會)에서 이종출(李鍾出)을 장로(長老)로 장립(將立)하여 당회(堂會)가 조직(組織)되었고 선교사(宣敎師) 권월[일]두(權月[日]斗, [M. Willis Greenfield]), 인노랑[절](印魯郞[節], [Roger Earl Winn])과 목사(牧師) 김인옥(金仁玉)이 관리(管理)하는 중(中) 교회(敎會)는 진흥(進興)되어 사부교회(沙阜敎會)가 분설(分設)되었으며 조사(助事)는 박영화(朴永和), 목사(牧師)는 김인옥(金仁玉)이 상계시무(相繼視務)하다.

동년(同年)에 영덕군(盈德郡) 원전교회(院前敎會)에서 이상옥(李相玉)을 장로(長老)로 장립(將立)하여 당회(堂會)가 조직(組織)되고 목사(牧師) 김세영(金世榮)이 시무(視務)하는 중(中) 교우(敎友)들이[227] 탕진심력(湯盡心力)하여 전토(田土)를 기부(寄附)하며 출연(出捐)하여 예배당(禮拜堂) 12간(一二間)을 개축(改築)하였다.

동년(同年)에 봉화군(奉化郡) 문촌교회(文村敎會)에서 장도문(張道文)을 장립(將立)하야(여) 당회(堂會)를 조직(組織)하였다.

동년(同年)에 영덕군(盈德郡) 화천교회(華川敎會)에서 김용(金溶)을 장로(長老)로 장립(將立)하여 당회(堂會)를 조직(組織)하였다.

동년(同年)에 영양군(英陽郡) 주곡교회(注谷敎會)에서 진명학당(進明學堂)도 설립(設立)하였다.

동년(同年)에 안동군(安東郡) 소호리교회(蘇湖里敎會)가 설립(設立)되었다. 선시(先是)에 한산(韓山) 이대산(李大山)의 종손(宗孫) 이시복(李時馥)이 신종(信從)하고 종댁(宗宅)을 예배당(禮拜堂)으로 봉헌(奉獻)하므로 교회(敎會)가 설립(設立)되었고 이씨종중(李氏宗中)의 핍박(逼迫)이 있었으나 대적(對敵)하지 못하였다.

　동년(同年)에 안동군(安東郡) 망호리교회(望湖里敎會)가 오정수(吳貞秀), 이시복(李時馥)이 신종(信從)하여 설립(設立)되고 이시복(李時馥)은 원래(元來) 안빈낙도(安貧樂道)의 한사(寒士)로서 있은 후(後)에 와가(瓦家) 1동(一棟)을 예배당(禮拜堂)으로 연보(捐補)하였다.

　동년(同年)에 영주군(榮州郡) 용오리교회(龍五里敎會)가 설립(設立)되어 선시(先是)에 유노열(劉魯烈), 유희열(劉熙烈)이 신종(信從)하였고 유노열(劉魯烈)은 가신자(駕信者)로서 예배당(禮拜堂)을 자담(自擔)하며 종(鐘)을 살 때에 대금(代金) 반분(半分)을 연보(捐補)하였고 현금(現今) 회집교인(會集敎人)이 백여명(百餘名)인데 예배당(禮拜堂)을 다시 건축(建築)하기로 경영(經營) 중(中)이다.

　동년(同年)에 의성군(義城郡) 하화동교회(下禾洞敎會)가 설립(設立)되다. 선시(先是)에 김두환(金斗煥)이 신종(信從)하므로 설립(設立)되다.

　동년(同年)에 권중선(權重銑), 장기만(張奇萬)이 신종(信從)[의]로 안동군(安東郡) 조천교회(鳥川敎會)가 설립(設立)되었다.

　동년(同年)에 안동군(安東郡) 대곡교회(大谷敎會)가 설립(設立)되었다. 선시(先是)에 전도인(傳道人) 신택희(申澤熙)의 인도(引導)로 금익기(琴益基), 신응락(申應洛), 이유원(李裕元), 손생락(孫生樂) 등(等)이 신종(信從)하여 설립(設立)되었다.

　동년(同年)에 봉화군(奉化郡) 가곡교회(佳谷敎會)가 설립(設立)되었다. 선시(先是)에 엄주범(嚴柱範), 우규진(禹圭鎭)이 신주(信主)하여 설립(設立)되었다.

　동년(同年)에 박영화(朴永和), 이상혁(李相赫)이 신종(信從)하므로 의성군(義城郡) 화신동교회(花新洞敎會)가 설립(設立)되었다.

　동년(同年)에 영덕군(盈德郡) 삼읍교회(三邑敎會)가 설립(設立)되었다. 선시(先是)에 윤병은(尹炳殷)이 신종(信從)하므로 설립(設立)되었다.

　동년(同年)에 안동군(安東郡) 구수동교회(九水洞敎會)가 설립(設立)되었다. 선시(先是)에 탁용수(卓容洙)의 전도(傳道)로 탁계영(卓桂英)이 신종

(信從)하여 설립(設立)되었다.[228]

동년(同年)에 예천군(醴泉郡) 신풍리교회(新豊里敎會)가 설립(設立)되었다.

동년(同年)에 안동군(安東郡) 하회동교회(河回洞敎會)가 설립(設立)되었다. 선시(先是)에 이난강(李蘭崗)과 유장하(柳長夏)가 신종(信從)하였고 당지(當地)는 겸암(謙菴), 서애(西崖) 양(兩) 선생(先生)의 출생지(出生地)요 겸(兼)하여 해선생(該先生)의 후예(後裔)가 300여년(三百餘年)을 명문거족(名門巨族)으로 대진(大振)하든 동리(洞里)이므로 핍박(逼迫)히 심(甚)하였으나 주(主)의 권능(權能)으로 교회(敎會)가 일진(日進)하였다.

1922년(一九二二年) 임술(壬戌) 칠곡군(漆谷郡) 종오교회(宗烏敎會)에서 정재봉(鄭在鳳)을 장로(長老)로 장립(將立)하여 당회(堂會)가 조직(組織)되었다.

동년(同年)에 김천군(金泉郡) 파천교회(巴川敎會)에서 김용태(金容泰)를 장로(長老)로 장립(將立)하여 당회(堂會)가 조직(組織)되었다.

동년(同年)에 영천군(永川郡) 청로교회(靑路敎會)에서 김병규(金炳奎)를 장로(長老)로 장립(將立)하여 당회(堂會)가 조직(組織)되었다.

동년(同年)에 연일군(延日郡) 조사교회(祖師敎會)에서 허담(許澹)을 장로(長老)로 장립(將立)하여 당회(堂會)가 조직(組織)되었다.

동년(同年)에 달성군(達城郡) 내당동교회(內塘洞敎會)에서 이근배(李根培)를 장로(長老)로 장립(將立)하여 당회(堂會)가 조직(組織)된 후(後) 시무(視務)하는 목사(牧師)는 박덕일(朴德逸)이요, 장로(長老)는 도병일(都炳鎰), 안판중(安判仲)이 피선(被選)되었다.

동년(同年)에 달성군(達城郡) 효목교회(孝睦敎會)에서 이영서(李永瑞)를 장로(長老)로 장립(將立)하여 당회(堂會)가 조직(組織)되었다.

동년(同年)에 영천군(永川郡) 안천교회(安川敎會)가 설립(設立)되었다. 선시(先是)에 선교사(宣敎師) 안의와(安義窩, [James Edward Adams])가 파송(派送)한 이상기(李相基)의 전도(傳道)로 본리(本里)에 신자(信者)가 증가(增加)하여 초가(草家) 3간(三間)의 예배당(禮拜堂)을 신건(新建)하니 설립자(設立者)는 선교사(宣敎師) 위철치(魏喆治, [George H. Winn])요, 영수(領袖)에 김주환(金周煥)과 집사(執事)에 박언광(朴彦光)이었다.

동년(同年)에 경산군(慶山郡) 귀미교회(龜尾敎會)가 설립(設立)되었다. 선시(先是)에 선교사(宣敎師) 방혜법(邦惠法, [Herbert E. Blair])이 조사(助師)와 내전복음(來傳福音)하여 교회(敎會)가 시작(始作)되니 박만준(朴萬俊)은 영수(領袖)로, 윤도향(尹道鄕)은 집사(執事)로, 윤병혁(尹炳爀)은 조사(助事)로 시무(視務)하였다.

동년(同年)에 연일군(延日郡) 사산교회(師山敎會)가 설립(設立)되었다. 선시(先是)에 선교사(宣敎師) 안의와(安義窩, [James Edward Adams])의 파송(派送)한 전도인(傳道人) 이기주(李基周)가 본처(本處)에서 복음(福音)을 전(傳)하므로 신종자(信從者) 다(多)하여 예배처소(禮拜處所)를 정(定)하고 교회(敎會)가 시작(始作)되니 이장영(李章榮), 권영회(權永繪)는 영수(領袖)로, 이연우(李演雨), 신학주(辛學柱)는 집사(執事)로 시무(視務)하였다.[229]

동년(同年)에 의성군(義城郡) 수계교회(水溪敎會)가 설립(設立)되었다. 선시(先是)에 선교사(宣敎師) 위철치(魏喆治, [George H. Winn])는 설립자(設立者)로, 박근배(朴根培), 김한권(金漢權)은 영수(領袖)로, 김귀석(金貴石)은 집사(執事)로, 박장호(朴章鎬)는 조사(助事), 군위(軍威), 선곡(仙谷), 문덕(文德), 매성(梅城)을 겸무(兼務)하였다.

동년(同年)에 의성군(義城郡) 용이동교회(龍已洞敎會)가 설립(設立)되었다. 선시(先是)에 주전택(朱銓澤) 등(等) 10여인(一〇餘人)이었고 선산교회(善山敎會)도 10여년간(一〇餘年間) 내왕(來往)하다가 분립(分立)하니 선교사(宣敎師) 방혜법(邦惠法, [Herbert E. Blair])과 영수(領袖) 이대성(李大成)이 교회(敎會)를 인도(引導)하였다.

동년(同年)에 칠곡군(漆谷郡) 낙산교회(洛山敎會)가 설립(設立)되었다. 선시(先是)에 선교사(宣敎師) 오월반[번](吳越潘[藩], [Arthur G. Welbon])의 전도(傳道)로 다수(多數)한 신자(信者)를 얻어 교회(敎會)가 시작(始作)되니 영수(領袖)에 신상선(申相善)과 집사(執事)에 최만상(崔萬相),

정재중(鄭在重)이 임무(任務)하였다.

　동년(同年)에 경주인동교회(慶州仁同敎會)가 설립(設立)하였다. 선시(先是)에 전도인(傳道人) 오기주(吳基周)가 내전복음(來傳福音)하여 교회(敎會)가 시작(始作)할 때 한영서(韓永瑞)는 800여원(八百餘圓)의 가격(價格)되는 자택(自宅) 와가(瓦家)를 수리(修理)하여 예배당(禮拜堂)으로 제공(提供)하였으며 영수(領袖) 이성영(李成榮), 박성식(朴成植), 양우원(梁雨元), 김중근(金仲根)은 집사(執事)로, 김해천(金海千)은 조사(助事)로 시무(視務)하였다.

　동년(同年)에 청송군(靑松郡) 지소동교회(智所洞敎會)가 설립(設立)되었다. 선시(先是)에 전도인(傳道人) 오기춘(吳基春)이 본처(本處)에 내도(來到)하여 열심전도(熱心傳道)한 결과(結果) 교회(敎會)가 되니 설립자(設立者)는 선교사(宣敎師) 위철치(魏喆治, [George H. Winn])요, 조사(助事)는 강원백(姜元伯)이요, 영수(領袖)는 오춘발(吳春發)이었다.

　동년(同年)에 상주군(尙州郡) 수상교회(水上敎會)가 설립(設立)되었다. 선시(先是)에 선교사(宣敎師) 방혜법(邦惠法, [Herbert E. Blair])의 전도(傳道)로 교회(敎會)가 시작(始作)되니 영수(領袖) 김문석(金文錫)과 조사(助事) 서상룡(徐相龍)이 교회(敎會)를 인도(引導)하였다.

　동년(同年)에 성주군(星州郡) 명포동교회(明浦洞敎會)가 설립(設立)되었다. 선시(先是)에 대구동산제중원(大邱銅山濟衆院) 전도회(傳道會)에서 파송(派送)한 목사(牧師) 박덕일(朴德逸)과 명신여학교(明信女學校) 전도인(傳道人) 최경애(崔敬愛)의 전도(傳道)로 남녀신도(男女信徒) 10여인(一〇餘人)을 득(得)하여 교회(敎會)가 시작(始作)되니 설립자(設立者)는 선교사(宣敎師) 부해리(傅海利, [Hernry Munro Bruen])요, 영수(領袖)는 김석규(金錫奎)와 집사(執事) 유병주(劉炳周)가 교회(敎會)를 인도(引導)하였다.

　동년(同年)에 성주군(星州郡) 용산교회(龍山敎會)가 설립(設立)되었다. 선시(先是)에 본처교인(本處敎人) 기인(幾人)이 전도(傳道)하여 교회(敎會)가 시작(始作)되니 영수(領袖) 김윤옥(金潤玉), 목사(牧師) 서성오(徐聖五)가 교회(敎會)를 인도(引導)하였다.[230]

동년(同年)에 성주군(星州郡) 적송교회(赤松敎會)가 설립(設立)되다. 선시(先是) 동산제중원(銅山濟衆院)에서 파송(派送)한 허담(許澹)이 본처(本處)에 내도(來到)하여 복음(福音)을 전파(傳播)하니 신도(信徒)가 다(多)하므로 연보(捐補)하여 예배당(禮拜堂)을 신건(新建)하니 이택의(李宅儀)는 집사(執事)로, 인도자(引導者)는 김재곤(金在坤)이었다.

동년(同年)에 성주군(星州郡) 용봉교회(龍鳳敎會)가 설립(設立)되었다. 선시(先是)에 본처인(本處人) 최재연(崔在淵)이 복음(福音)을 듣고 신종(信從)하며 전도(傳道)하다가 집사(執事)로 교회(敎會)를 인도(引導)하였다.

동년(同年)에 성주군(星州郡) 인촌교회(仁村敎會)가 설립(設立)되었다. 선시(先是)에 본처인(本處人) 김재연(金在淵)이 선신복음(先信福音)하고 근처교회(近處敎會)로 내왕(來往)하더니 예배당(禮拜堂)을 신건(新建)하고 집사(執事) 이주호(李周鎬)가 인도(引導)하였다.

1923년(一九二三年) 계해(癸亥) 칠곡군(漆谷郡) 왜관교회(倭舘敎會)에서 김영원(金永源)을 장로(長老)로 장립(將立)하여 당회(堂會)가 조직(組織)되었다.

동년(同年)에 의성군(義城郡) 삼산교회(三山敎會)에서 김두연(金斗演)을 장로(長老)로 장립(將立)하여 당회(堂會)를 조직(組織)하였다.

동년(同年)에 영덕군(盈德郡) 송천동교회(松川洞敎會)에서 김송한(金松漢)을 장로(長老)로 장립(將立)하여 당회(堂會)를 조직(組織)하였다.

동년(同年)에 의성군(義城郡) 삼산교회(三山敎會)에서 김두연(金斗演)을 장로(長老)로 장립(將立)하여 당회(堂會)를 조직(組織)하였다.

동년(同年)에 영덕군(盈德郡) 송천동교회(松川洞敎會)에서 김상한(金相漢)을 장로(長老)로 장립(將立)하여 당회(堂會)를 조직(組織)하였다.

동년(同年)에 김천군(金泉郡) 대신교회(大新敎會)가 설립(設立)되었다. 선시(先是)에 선교사(宣敎師) 부해리(傅海利, [Hernry Munro Bruen])는 설립자(設立者)로, 유만석(柳萬錫)은 집사(執事)로, 윤병혁(尹炳爀)은 조사(助事)로, 황계(黃溪), 신곡(新谷), 인의(仁義) 3처(三處)를 겸무(兼務)하였다.

동년(同年)에 연일군(延日郡) 두마리교회(斗麻里敎會)가 설립(設立)되었다. 선시(先是)에 대구성경학원(大邱聖經學院) 전도회(傳道會)에서 파송(派送)한 김기(金基)의 전도(傳道)로 교회(敎會)가 시작(始作)되며 점차(漸次)로 발전(發展)되니 영수(領袖)는 박상택(朴祥宅), 정원용(鄭元龍)과 집사(執事)는 우효룡(禹孝龍), 천덕기(千德基)와 조사(助事)는 박낙현(朴洛鉉)이 피임(被任)하였다.

동년(同年)에 달성군(達城郡) 본리교회(本里敎會)가 설립(設立)되었다. 선시(先是)에 본처교인(本處敎人) 기인(幾人)이 인근교회(隣近敎會)로 내왕(來往)하더니 상전(相傳)하여 증가(增加)되어 선교사(宣敎師) 부해리(傳海利, [Hernry Munro Bruen])가 교회(敎會)를 설립(設立)하고 영수(領袖) 김판수(金判秀)와 조사(助事) 이영우(李靈雨)가 인도(引導)하였다.

동년(同年)에 달성군(達城郡) 오산교회(午山敎會)가 설립(設立)되었다. 선시(先是)에 선교사(宣敎師) 부해리(傳海利, [Hernry Munro Bruen])의 전도(傳道)로 신자(信者)를 얻어 교회(敎會)가 시작(始作)되니 영수(領袖) 현우전(玄佑典)[231]이 교회(敎會)를 인도(引導)하였다.

연일군(延日郡) 생지교회(生旨敎會)가 설립(設立)되었다. 선시(先是)에 이상기(李相基)의 전도(傳道)로 남녀(男女) 30여명(三〇餘名)의 신자(信者)가 청년회관(靑年會舘)에서 임시예배처소(臨時禮拜處所)를 정(定)하였다가 기후(其後)에 초가(草家)의 예배당(禮拜堂)을 신건(新建)하고 교회(敎會)가 시작(始作)되니 설립자(設立者)는 선교사(宣敎師) 위철치(魏喆治, [George H. Winn])요, 영수(領袖)는 이석수(李石守), 집사(執事)는 양근실(梁根實), 조사(助師)는 김해천(金海千)이 피임(被任)되었다.

동년(同年)에 칠곡군(漆谷郡) 팔달동교회(八達洞敎會)가 설립(設立)되었다. 선시(先是)에 대구부(大邱府) 동산제중원(銅山濟衆院) 전도회(傳道會)에서 파송(派送)한 박덕일(朴德逸)과 명신여학교(明信女學校) 전도회(傳道會)에서 파송(派送)한 최경애(崔敬愛)가 내도(來到)하여 전도(傳道)하므로 수 10인(數一〇人)의 신자(信者)를 득(得)하여 김진모(金瑨模)는 영수(領袖)로, 이원후(李元厚)는 집사(執事)로 피임(被任)되었다.

동년(同年)에 경주군(慶州郡) 포석동교회(鮑石洞敎會)가 설립(設立)되었다. 선시(先是)에 대구동산제중원(大邱銅山濟衆院) 전도회(傳道會)에서 파송(派送)한 박덕일(朴德逸)과 신명여학교(信明女學校) 전도인(傳道人) 최경애(崔敬愛)가 내전복음(來傳福音)한 결과(結果) 남녀(男女) 수 10인(數一〇人)의 신자(信者)를 득(得)하여 예배당(禮拜堂)을 신건(新建)하니 김광수(金光洙)는 영수(領袖)로, 김기인(金基仁)은 집사(執事)로 시무(視務)하였다.

동년(同年)에 경주군(慶州郡) 강교교회(江橋敎會)가 설립(設立)되었다. 선시(先是)에 대구동산제중원(大邱銅山濟衆院)에서 파송(派送)한 목사(牧師) 박덕일(朴德逸)과 명신여학교(明信女學校) 전도인(傳道人) 송복희(宋福姬)가 내도(來到)하여 전도(傳道)한 결과(結果) 30여인(三〇餘人)의 신자(信者)가 신진(新進)하여 연보(捐補)하므로 예배당(禮拜堂)을 신건(新建)하니 정병한(鄭柄翰)은 영수(領袖)로, 이주호(李周鎬)는 집사(執事)로 시무(視務)하였다.

3. 전도(三, 傳道)

1917년(一九一七年) 정사(丁巳)에 대구부(大邱府) 신정교회(新町敎會)는 남녀전도회(男女傳道會)에서 이복순(李福順)을 전도인(傳道人)으로 택(擇)하여 본(本) 교회지경(敎會地境)에서 전도(傳道)ㅎ게 하고 경산(慶山) 삼복교회(三福敎會)는 여전도회(女傳道會)에서 손복록(孫福祿)으로 전도(傳道)ㅎ게 하고 경산(慶山) 북사교회(北四敎會)는 여전도회(女傳道會)를 조직(組織)하였다.

동년(同年)에 대구(大邱) 여성학교(女聖學校)에서 전도회(傳道會)를 조직(組織)하여 전도인(傳道人)을 파송(派送)한 결과(結果)가 양호(良好)하였다.[232]

1918년(一九一八年) 무오(戊午)에 대구(大邱) 신정교회(新町敎會)와 칠

곡(漆谷) 왜관교회(倭舘敎會)와 신동교회(新洞敎會)는 각기(各其) 전도회(傳道會)를 설립(設立)하였는데 기중(其中) 신동(新洞) 이재구(李在玖) 모친(母親)이 임종시(臨終時)에 자기저금(自己貯金)으로 전도인(傳道人) 세우기를 유언(遺言)하매 김재이(金在伊)로 전도인(傳道人)을 택립(擇立)하였다. 대구(大邱) 명신여학교(明信女學校)에서 전도회(傳道會)를 조직(組織)하여 전도인(傳道人)을 파송(派送)하니 학비곤란(學費困難)을 불고(不顧)하고 매월(每月) 20원(二〇圓)을 수합(收合)하여 전도(傳道)하므로 교회(敎會)를 다수(多數) 설립(設立)하였다.

1919년(一九一九年) 기미(己未)에 연일군(延日郡) 대도교회(大島敎會)에서는 부인(婦人) 박이진(朴伊眞)을 연일(延日) 포항(浦項)에, 칠곡군(漆谷郡) 신동(新洞)에서는 신태근(申泰根)을 5개월간(五個月間) 근읍(近邑)에, 의성(義城) 도동(道東)에서는 손복원(孫福元)을 교회(敎會) 없는 곳에 파송전도(派送傳道)하였고, 고령(高靈) 객기(客基)에 김재관모친(金在觀母親)은 임종시(臨終時)에 금(金) 20원(二〇圓)을 연보(捐補)하였으며 울릉(欎陵), 장흥(長興)과 도내(島內) 6교회(六敎會)는 경남노회(慶南老會)에 인수(引授)하여 본(本) 노회(老會)가 김병호(金炳鎬)를 조사(助事)로 파송전도(派送傳道)하므로 교회부흥(敎會復興)하였다.

1920년(一九二〇年) 경신(庚申)에 청도(淸道) 서상(西上)과 김천(金泉) 월명(月明)과 칠곡(漆谷) 복성(福星)과 달성(達城) 범어(泛魚)와 조암(祖岩)과 김천(金泉) 인의(仁義)와 경산(慶山) 동호(東湖)와 의성(義城) 제오(堤梧)에 남녀연합전도회(男女聯合傳道會)가 설립(設立)되고 달성(達城) 침산(砧山)과 칠곡(漆谷) 읍내(邑內)에 김순남(金順男)으로, 달성(達城) 신당(新塘)과 설화(舌化)에 소쾌순(蘇快順)으로 전도인(傳道人)을 택(擇)하여 2, 3개월(二三個月) 전도(傳道)하였다.

대구(大邱) 동산제중원(銅山濟衆院) 직원일동(職員一同)이 전도회(傳道會)를 조직(組織)하여 남녀전도인(男女傳道人)을 파송(派送)하여 30여처(三〇餘處) 교회(敎會)가 설립(設立)되고 교인수(敎人數)는 수백(數百)에 달(達)하였다.

1921년(一九二一年) 신유(辛酉)에 영천성내(永川城內)에 기독청년회(基督靑年會) 전도대(傳道隊)가 활동(活動)하므로 4, 50명(四五○名)의 청년(靑年)이 신종(信從)하고 달성(達城) 하동(下洞)에서는 특별전도회(特別傳道會)가 매년(每年) 2개월식(二個月式) 전도인(傳道人)을 입(立)하여 전도(傳道)하고 연일(延日), 포항(浦項) 여전도회(女傳道會)에서 황봉의(黃鳳儀)를, 달성(達城), 설화(舌化) 여전도회(女傳道會)에서 부인(婦人) 장위련(張渭連), 이우련(李佑連)을, 경산(慶山), 삼북(三北) 여전도회(女傳道會)에서 송복희(宋福禧)와 최재학(崔在鶴)을 1, 2개월식(一二個月式) 전도(傳道)ㅎ게 하였다.

동년(同年)에 안동군(安東郡) 섬촌교회(剡村敎會)가 전도인(傳道人)을 청(請)하여 원촌동(遠村洞)에 1개월간(一個月間) 전도(傳道)하고 도산(陶山) 이퇴계서원(李退溪書院) 월편(越便) 퇴계자손(退溪子孫)에게 전도(傳道)하였다.[233]

1922년(一九二二年) 임술(壬戌)에 선산(善山) 원동(院洞), 상주(尙州) 서정(西町)에서는 각(各) 전도회(傳道會)가 설립(設立)되고 연일(延日), 포항(浦項)은 여전도회(女傳道會)에서 김선여(金善汝)를 전도인(傳道人)으로 택정(擇定)하여 시무(視務)ㅎ게 하였으며 경산읍교회(慶山邑敎會) 김응서(金應瑞)는 총회시(總會時) 산동선교연보(山東宣敎捐補)로 금(金) 1(一),○○○원(圓)을 출연(出捐)하였다.

1923년(一九二三年) 계해(癸亥)에 선산(善山) 죽원(竹院)과 노상(路上)과 연일(延日) 조사(祖師)와 덕성(德城)과 달성(達城) 효목(孝睦)과 범어(泛魚)와 경주(慶州) 장산(長山)과 의성(義城) 산운(山雲)과 청도(淸道) 오산(梧山), 영곡(榮谷), 왜관(倭舘) 각(各) 교회(敎會)에서는 남녀연합전도회(男女聯合傳道會)와 부인전도회(婦人傳道會)를 설립(設立)하여 신자(信者)를 다득(多得)하였으며 울릉도(鬱陵島) 장흥교회(長興敎會) 조사(助師) 변선욱(卞善旭)은 자기봉급(自己俸給) 중(中)에서 전도(傳道) 1인(一人)의 보수(報酬)를 담당(擔當)하여 근대처교회(近大處敎會)에 전도(傳道)ㅎ게 하다. 경산읍교회(慶山邑敎會) 시무(視務)하든 서성오(徐聖五)[는] 다년(多年)

주(主)의 사역(事役)에 진력(盡力)하더니 신병(身病)으로 휴직시(休職時)에 답(畓) 1,359평(一三五九坪)을 노회전도부(老會傳道部)에 성납(誠納)하고 자기대신(自己代身) 전도인(傳道人)을 택립(擇立)ᄒ게 하였고 선산(善山) 습례교회(習禮敎會)는 김성관(金聖寬)이 외지(外地) 전도사업(傳道事業)을 위(爲)하여 금(金) 100원(一〇〇圓)을 연보(捐補)하다.

4. 환난(四, 患難)

1918년(一九一八年) 무오(戊午)에 대구(大邱) 남성교회(南城敎會) 목사(牧師) 이만집(李萬集)이 자기반대(自己反對)하던 당회원(堂會員) 기인(幾人)과 의견(意見)이 충돌(衝突)되어 분규(紛糾)를 야기(惹起)하므로 필경(畢竟) 당회원(堂會員)이 총사(總辭)하기에 지(至)하였으며 동(同) 6월(六月) 노회(老會)의 명령(命令)으로 쌍방(雙方)에 화해(和解)를 권고(勸告)하니 사직(辭職)한 장로(長老)는 순종(順從)하나 이만집(李萬集)은 반항(反抗)하며 정치(政治)를 남용(濫用)하고 자당(自黨)을 내결(內結)하여 교회내막(敎會內幕)에 분규(紛糾)가 일익자심(日益滋甚)하였다.

1919년(一九一九年) 기미(己未)에 대구(大邱) 신정교회(新町敎會) 목사(牧師) 정재순(鄭在淳)과 장로(長老) 김영서(金永瑞)와 연일(延日) 덕성교회(德城敎會)에 오용우(吳用于) 외(外) 8인(八人)은 3·1사건(三一事件)으로 수금(囚禁)되었고 칠곡(漆谷) 진평교회(眞坪敎會)는 교인(敎人)들 혹(或) 수금(囚禁)되고 혹(或) 피거(避去)하며 관헌(官憲)은 가택(家宅)을 수색(搜索)하여 계엄(戒嚴)이 심(甚)하므로 회(會)를 잠폐(暫廢)하다.

동년(同年)에 의성군(義城郡) 삼분교회(三汾敎會)가 3·1사건(三一事件)으로 영수(領袖) 박영환(朴永環), 이형근(李亨根) 2인(二人)이 재감수고(在監受苦)하므로 교회부진(敎會不振)하더니 기후(其後)에 박종로(朴宗魯), 권병두(權炳斗), 김상렬(金相烈) 등(等)이 열심(熱心) 분발(奮發)하여 예배당(禮拜堂)을 〇기후(基後) 반석상(磐石上)으로 굉장(宏壯)하게 이축(移築)

하다. 기후(其後) 우(又) 대왕(大旺)하여 학교(學校)를 병설(並設)하고 자녀(子女)를 교육(敎育)하였다.[234]

동년(同年)에 안동군(安東郡) 섬촌교회(剡村敎會)가 3·1사건(三一事件)으로 이중무(李中珷), 이원영(李源永), 이운호(李雲鎬), 이맹호(李孟鎬) 4인(四人)이 본래(本來) 불신자(不信者)로 경성감옥(京城監獄)에서 신주(信主) 회개(悔改) 출감(出監) 후(後) 10여리(一〇餘里) 외(外) 만촌예배당(晚村禮拜堂)에 내왕(來往) 예배(禮拜)하더니 자기거(自己居) 지방(地方)에 열심(熱心) 전도(傳道)하였다.

동년(同年)에 영덕군(盈德郡) 지품면(知品面) 낙평교회(洛坪敎會)가 3·1사건(三一事件)으로 일반교우(一般敎友)가 수환(受患) 중(中) 김혁동(金爀東), 김세영(金世榮), 김태동(金台東) 3씨(三氏)는 수금(囚禁)하여 교회(敎會)가 미약(微弱)하고 기후(其後) 점왕(漸旺)하였다.

1920년(一九二〇年) 경신(庚申)에 청송(靑松) 개일교회(開日敎會)는 교회당(敎會堂) 설립굴(設立屆)를 아니한다고 본면(本面) 관헌(官憲)이 취체(取締)하여 영수(領袖)와 집사(執事)를 구인(拘引)하며 무수(無數) 구타(毆打)하다.

5. 교육(五, 敎育)

1917년(一九一七年) 정사(丁巳)에 영천(永川) 성내교회(城內敎會)는 영신여학원(永信女學院)을 설립(設立)하여 다수생도(多數生徒)를 양성(養成)하였다.

1919년(一九一九年) 기미(己未)에 청송(靑松) 구산교회(九山敎會)는 영신여자학원(永信女子學院)을 설립(設立)하였다.

1920년(一九二〇年) 경신(庚申)에 대구(大邱) 남성교회(南城敎會)는 김익두목사(金益斗牧師)를 청요(請邀)하여 부흥사경시(復興查經時) 기시기(其時期)를 이용(利用)하여 교육비(敎育費)로 합동(合同) 출(出)한 금액(金

額)이 30,000여원(三萬餘圓)이었다.

　청도(淸道) 송서교회(松西敎會)에 일신학교(日新學校)를 설립(設立)하여 남녀(男女) 40여명(四〇餘名)을 교수(敎授)하여 김호준(金浩俊)은 현금(現金) 50원(五〇圓)과 산판(山坂) 1정(一町) 300평(三百坪)을 기부(寄附)하고 김만성(金万聲)은 현금(現金) 120원(一二〇圓)과 전(田) 1,2(一二)〇〇평(坪)을 기부(寄附)하고 1년간(一年間) 의무(義務)로 교수(敎授)하였다.

　김천(金泉) 송천교회(松川敎會)에서 양성학교(養性學校)를 다시 계속(繼續)할 때 생도(生徒) 70여명(七〇餘名)이 모집(募集)되었으며 김순남(金順男)은 금(金) 26원(二六圓)으로, 송병희(宋秉熙)는 금(金) 50원(五〇圓)을 기부(寄附)하였다.

　상주(尙州) 서정교회(西町敎會) 보성여학교(普成女學校)와 부인야학(婦人夜學)을 위(爲)하여 대구(大邱) 선교사부인(宣敎師婦人)을 성(成)마르다가 금(金) 200원(二〇〇圓)으로 김재구(金在玖), 조경삼(趙敬三), 유덕규(劉德奎), 이덕규(李德奎), 이희봉(李喜鳳)이 각(各) 50원(五〇圓)을 기부(寄附)하였다.

　영덕읍교회(盈德邑敎會)에 동창학원(東昌學院)을 설립(設立)하여 수십명(數一〇名) 생도(生徒)가 회집(會集)되고 김명운(金命雲) 교사(敎師)가 시무(視務)하였다.[235]

　1921년(一九二一年) 신유(辛酉)에 대구(大邱) 남성교회(南城敎會) 소학교장(小學校長) 김의균(金宜均)은 작년(昨年) 부흥회(復興會) 시(時)에 교육연보(敎育捐補)를 수봉(收捧)하여 2층(二層) 연와제(鍊瓦制) 교실(校室)을 신축(新築)하였다.

　동년(同年)에 영덕군(盈德郡) 낙평교회(洛坪敎會)가 덕명당(德明堂)을 설립(設立)하여 교내(敎內) 자녀(子女)를 교육(敎育)하였다.

　동(同) 신정교회(新町敎會)는 장로(長老) 김영서(金永瑞)의 발기(發起)로 달서유치원(達西幼稚園)을 창립(創立)하였다.

　달성(達城) 대명동교회(大明洞敎會)는 숭도학교(崇道學校)를 설립(設立)하고 경산(慶山), 삼북(三北), 계동(啓東) 학교(學校)는 기지(基址) 1,500

평(坪)을 매수(買受)하고 사무실(事務室) 10간(一〇間)을 건축(建築)하였다. 교인(敎人) 중(中) 홍천여(洪千汝)는 임종시(臨終時)에 300원(三百圓)을 학교(學校)를 위(爲)하여 연보(捐補)하였고 대구거(大邱居) 불신자(不信者) 이상악(李尙岳)은 3,000원(圓) 가치(價值)되는 전(田) 4두락(四斗落)을 기부(寄附)하였다.

1922년(一九二二年) 임술(壬戌)에 흥해교회(興海敎會)는 명신학교(明信學校)를 위(爲)하여 당지(當地) 불신자(不信者) 편동현(片東鉉)이 3,000원(圓)의 거액(巨額)을 기부(寄附)하므로 그의 독지(篤志)를 찬성(贊成)하였다. 칠곡현(漆谷峴) 숭도교회(崇道敎會)에 숭신학교(崇信學校)와 달성(達城) 하동(下洞)에 숭덕학교(崇德學校)와 송천(松川) 신흥학교(新興學校)를 병립(倂立)하다.

1923년(一九二三年) 계해(癸亥)에 김천(金泉) 봉천교회(鳳川敎會)에 진명학교(進明學校)와 경산(慶山) 장산(長山)에 여학교(女學校)와 청도(淸道) 오산(梧山)에 계남학교(啓南學校)가 설립(設立)되었다. 영천(永川) 성내교회(城內敎會)에 유치원(幼稚園)은 개원당일(開園當日)에 500여원(餘圓)의 동정금(同情金)이 수입(收入)되었다.

6. 진흥(六, 振興)

1917년(一九一七年) 정사(丁巳)에 청송군(靑松郡) 수락교회(水洛敎會)에 김정석(金靖錫)은 자기소유(自己所有)의 토지(土地)를 학교기지(學校基地)로 기부(寄附)하고 박영수(朴永洙)는 금(金) 200원(圓)을 예배당(禮拜堂) 중수(重修)에 연보(捐補)하였다.

1918년(一九一八年) 무오(戊午)에 칠곡(漆谷) 신동교회(新洞敎會)는 600원(圓)을 연보(捐補)하여 예배당(禮拜堂)을 신축(新築)하고 영천(永川) 자천교회(慈川敎會)는 권헌중(權憲中)이 1,000원을 연보(捐補)하여 16간(一六間) 예배당(禮拜堂)을 신축(新築)하였다.

1919년(一九一九年) 기미(己未)에 영천(永川) 성내교회(城內敎會)는 김찬호(金燦鎬)가 금(金) 7,000원(圓)을 출연(出捐)하여 예배당(禮拜堂)을 신건(新建)하고 이석흠(李奭欽)은 종(鐘) 1개(一個)[236]에 양악기(洋樂器) 1조(一組)를 기독청년(基督靑年)에 기증(寄贈)하였다. 연일(延日) 대도교회(大島敎會)는 600원(六百圓)으로 달성(達城) 침산교회(砧山敎會)는 800원(八百圓)으로 하양읍교회(河陽邑敎會)는 천여원(千餘圓)으로 예배당(禮拜堂)을 신축(新築)하였다. 의성(義城) 대리교회(大里敎會)는 16간(一六間) 예배당(禮拜堂)을 건축(建築)하였다. 달성(達城) 성당교회(聖堂敎會)는 초가(草家) 3간(三間)을 매수(買收)하여 동산기도소(銅山祈禱所)로 기부(寄附)하였다. 의성(義城) 삼산교회(三山敎會)는 금(金) 2,000여원(二千餘圓)으로 예배당(禮拜堂)을 신축(新築)할 때 김형동(金亨東)은 토목역(土木役)을 전담(全擔)하고, 김준현(金俊顯)은 공사(工事)를 전담(全擔)하고, 이형식(李亨植)은 토지(土地) 백여평(百餘坪)을 교회(敎會)에 성납(誠納)하다.

1920년(一九二〇年) 경신(庚申)에 울릉도(鬱陵島) 나리교회(羅里敎會)는 경북노회(慶北老會)에서 파송(派送)한 목사(牧師) 박문찬(朴文燦)과 조사(助事) 변선욱(卞善旭)이 내교사경(來敎査經)하므로 신은(神恩)을 다수(多受)하여 예배당(禮拜堂)을 증축(增築)하였다.

고령(高靈) 개포교회(開浦敎會)에서 예배당(禮拜堂)을 건축(建築)할 때 불신자(不信者)가 300여원(三百餘圓) 가치(價値)되는 지단(地段)을 8(八),〇〇〇원(圓)에 제공(提供)하였다.

1921년(一九二一年) 신유(辛酉)에 대구(大邱) 신정교회(新町敎會)는 이현동(梨峴洞)에 기도회(祈禱會)를 설립(設立)할 시(時)에 600원(六百圓)으로, 연일(延日) 근동교회(根東敎會)는 예배당(禮拜堂) 6간(六間)으로, 동덕리교회(同德里敎會)는 예배당(禮拜堂) 9간(九間)으로, 성주(星州) 경산교회(京山敎會)는 와가(瓦家) 16간(一六間)으로, 칠곡(漆谷) 왜관교회(倭舘敎會)는 천여원(千餘圓)으로 와가(瓦家) 9간(九間)과 전도실(傳道室) 3간(三間)을 신축(新築)하였다.

1922년(一九二二年) 임술(壬戌)에 대구(大邱) 신정교회(新町敎會)는

2,600원(二千六百圓)으로, 연일(延日) 포항교회(浦項敎會)는 26간(二六間)으로, 청송(靑松) 개일교회(開日敎會)는 9간(九間)으로, 울릉도(鬱陵島) 도동회(道洞會)는 8간(八間)의 예배당(禮拜堂)을 신축(新築)하고 김천(金泉) 교동교회(校洞敎會)는 장로(長老) 남재위(南在煒)가 800원(八百圓)을 연보(捐補)하여 예배당(禮拜堂)을 개와(盖瓦)하였다.

1923년(一九二三年) 계해(癸亥)에 달성(達城) 하동교회(下洞敎會)는 예배당(禮拜堂)을 신축(新築)할 때 김달환(金達煥)이 자기소유(自己所有) 가옥(家屋)을 시가반액(時價半額)으로 교회(敎會)에 제공(提供)하고 16간(一六間) 예배당(禮拜堂)을 신축(新築)할 때 동리(洞里) 불신자(不信者)도 호상의연(互相義捐)하였다.

연일(延日) 용산교회(龍山敎會)에 유치주(兪致珠)가 자기가옥(自己家屋)을 예배당(禮拜堂)으로 봉납(奉納)하였다.

의성(義城) 양지교회(陽地敎會)에 김덕수(金德洙)는 예배당(禮拜堂) 개축비(改築費) 전부(全部)를 담당(擔當)하였다.

7. 치리(七, 治理)

1923년(一九二三年) 계해(癸亥)에 대구(大邱) 남성교회(南城敎會) 목사(牧師) 이만집(李萬集) 등(等)이 본(本) 노회(老會)를 탈퇴(脫退)하고 자치(自治)를 선언(宣言)할 때 선언서(宣言書)를 광포(廣布)하고 결(結)[237]당단취(黨團聚)하여 예배당(禮拜堂)을 점유(占有)하며 준등(準等)의 유인(誘引)을 불수(不受)하고 교우(敎友) 등(等)에 대(對)하여 본(本) 예배당(禮拜堂)에 주일예배집회(主日禮拜集會)를 거절(拒絶)하다.

선시(先是)에 남성교인(南城敎人) 50여명(五○餘名)이 본(本) 교회(敎會) 대표(代表) 목사(牧師) 이만집(李萬集) 해임청원(解任請願)을 노회연명(老會聯名) 제출(提出)한 사건(事件)으로 인(因)하여 이만집(李萬集)에게 피감(被感)한 당회(堂會)는 혹(或) 책벌(責罰), 혹(或) 출교(黜敎)하므로 불합리(不合理)를 불보(不報)함에 대(對)하여 노회(老會)가 차(此)를 수리(受理)할 때 별위원(別委員)의 전권(全權)을 위임(委任)한 바 피고(被告) 이만집(李萬集)은 차(此)를 불구(不拘)하고 결당교우(結黨敎友)를 선동(煽動)하여 경북노회(慶北老會)를 탈퇴(脫退)하고 타(他) 노회(老會)에 이속(移屬)하기를 선언(宣言)하므로 전권위원(專權委員) 등(等)은 부득기(不得已) 별노회(別老會)를 청원(請願)하였더니 피고(被告) 이만집(李萬集)은 취당임장(聚黨臨場)하여 폭동(暴動)을 감행(敢行)한 고(故)로 회장(會場)을 경산(慶山)에 이정(移定)하고 치리법(治理法)대로 이만집(李萬集)은 목사(牧師)를 정직(停職)하고 기타(其他) 장로(長老) 1인(一人)과 집사(執事) 1인(一人)은 면직(免職)하고 4명(四名)의 교인(敎人)은 벌책(罰責)하고 임종하목사(林鍾夏牧師)로 남성정교회(南城町敎會) 당회장(堂會長)을 임명(任命)하였더니 기시(其時)에 이만집(李萬集) 등(等)이 본(本) 노회(老會)를 탈퇴(脫退)하여 자치(自治)를 선언(宣言)하고 선언서(宣言書)를 광포(廣布)한 후(後) 교회(敎會)를 분립(分立)하여 자당(自黨)을 단취(團聚)하고 예배당(禮拜堂)을 점유(占有)하여 불감교인(不感敎人)의 예배집회(禮拜集會)를 거단(拒斷)하고 교회설립자(敎會設立者) 명의(名義)를 변경(變更)하라고 지방법원(地方法院)에 소송(訴訟)을 제기(提起)하니 본(本) 교회일파(敎會一派)는 부득기(不得已) 경산서원(慶山書院) 상층(上層)에 임시(臨時)로 예배(禮拜)하고 노회(老會)는 자치(自治) 이만집(李萬集), 장한진(張漢鎭), 이종진(李鍾振), 전면련(全免鍊), 김종수(金鍾洙) 등(等)은 치리법(治理法)대로 제명(除名)하고 부종(附從)하는 교인(敎人) 김내수(金乃秀), 홍재절(洪在浙), 김석진(金石鎭), 김화식(金和植), 이종석(李鍾錫), 김광수(金光秀), 이종화(李鍾華)는 의원탈적(依願脫籍)하고 장로회(長老會) 교적(敎籍)에 제명(除名)하였다.[238]

제10장
경남노회(慶南老會)

1919년 기미에 3·1사건으로 인하여 각 교회 남녀청년이 더욱 환난이 다 수하는 중 부산진 일신학교 교사 주경애와 박시련을 위시하여 묘령(妙齡)의 여학생이 부산감옥에 징역자 다(多)하였다.

경남노회, 조선예수교장로회사기 하

1. 총론(一, 總論)

(1) 노회설립(一, 老會設立)

1916년(一九一六年) 병진(丙辰) 9월(九月) 20일(二〇日)에 경남노회(慶南老會)가 부산진(釜山鎭) 일신학교(日新學校)에 회집(會集)하여 소집장(召集長) 왕길지(王吉志 [G. Engel]) 목사(牧師)의 인도(引導)로 개회(開會)하고 경남(慶南) 제1회(第一回) 노회(老會)를 총회(總會) 명령(命令)에 의(依)하여 조직(組織)하니 회원(會員)은 선교사(宣敎師) 11인(一一人), 목사(牧師) 3인(三人), 장로(長老) 11인(一一人)이었다.

(2) 노회의안(二, 老會議案)

　직원(職員)을 선정(選定)하니 회장(會長) 왕길지(王吉志, [G. Engel]), 서기(書記) 정덕생(鄭德生)이었다. 교회형편(敎會形便)을 주찰(周察)ㅎ기 위(爲)하여 시찰지방(視察地方)을 부산(釜山)과 마산(馬山), 통영(統營)과 진주(晋州), 거창(居昌) 등(等) 3구(三區)로 분(分)하여 지방목사(地方牧師)와 장로(長老)로 위원(委員) 선정(選定)하다. 이재풍목사(李在豊牧師)는 거창군(居昌郡) 각처(各處) 교회(敎會)의 전도인(傳道人)으로, 한석진(韓錫晋)은 마산교회(馬山敎會) 임시목사(臨時牧師)로 허락(許諾)하였다. 선교사(宣敎師) 9인(九人)의 선교지방(宣敎地方)을 각각(各各) 분구(分區)하여 시무(視務)하기 결정(決定)하다. 울릉도교회(鬱陵島敎會)는 경북노회(慶北老會)에 부여(附與)ㅎ게 하고 교섭위원(交涉委員)을 선정(選定)하다. 시년(是年)에 조사(助事) 시무자(視務者)는 김(金)형택, 도문규, 진종학(陳鍾學), 이(李)현필, 최(崔)경호, 장(張)상언, 정(鄭)준모, 서성숙, 박(朴)문길, 김(金)주과, 박성애(朴晟愛), 박영숙(朴永淑), 한익동(韓翼東), 문덕(文德)인, 김(金)정숙, 최(崔)성봉, 최(崔)상림, 여명섭, 김(金)정수, 이(李)용하, 이기연 제군(諸君)이었다. 총계(總計) 급(及) 전도위원(傳道委員)을 선정(選定)하였다.

　1917년(一九一七年) 정사(丁巳) 1월(一月) 23일(二三日)에 경남노회(慶南老會) 제 2회(第二回)가 구마산예배당(舊馬山禮拜堂)에 회집(會集)하니 회원(會員)은 선교사(宣敎師) 8인(八人), 목사(牧師) 5인(五人), 장로(長老) 10인(一○人)이었다. 영동교회(敎會) 김(金)제민을 장로(長老)로 안수(按手)하다. 전도부(傳道部) 청원(請願)에 의(依)하여 각(各) 교회(敎會)에서 부활주일연보금(復活主日捐補金)은 본부(本部)에 납부(納付)ㅎ게 하다. 마산교회(馬山敎會)에 한석진(韓錫晋)을 전임목사(專任牧師)로, 통영(統營)과 고성(固城) 각(各) 교회(敎會)에 이재풍(李在豊)을 임시목사(臨時牧師)로 허락(許諾)하다. 별신학(別神學)은 정덕생(鄭德生), 심취명(沈就明) 2인(二人)으로 택송(擇送)ㅎ게 하였다. 노회경내(老會境內) 도제직사경(都諸職査

經)은 1년(一年) 1차식(一次式) 하게 해위원(該委員)을 선정(選定)하였다.[239]

동년(同年) 6월(六月) 26일(二六日)에 경남노회(慶南老會) 제 3회(第三回)가 부산진예배당(釜山鎭禮拜堂)에 회집(會集)하니 회원(會員)은 선교사(宣敎師) 7인(七人), 목사(牧師) 6인(六人), 장로(長老) 14인(一四人)이었다. 언양읍교회(彦陽邑敎會)에서 김(金)순홍, 고성읍교회(固城邑敎會)에서 여병섭을 장로안수(長老按手)함을 보고(報告)하였다. 피택장로(被擇長老) 김(金)문오, 이(李)규한을 시취(試取)하여 안수(按手)하기 허락(許諾)하였다. 정덕생목사(鄭德生牧師)의 신호(神戶) 신학원(神學願)은 허락(許諾)하였다. 심취명목사(沈就明牧師)의 사면원(辭免願)은 허락(許諾)하였다. 사경위원(査經委員)이 5반(五班)에 분(分)하여 과정표(課程表)를 제정(制定)하였다. 시찰위원(視察委員)은 3구(三區)에 2인식(二人式) 두기로 결정(決定)하였다. 경북노회(慶北老會)를 교섭(交涉)한 결과(結果) 울릉도교회(欝陵島敎會)를 경북노회(慶北老會)에 부속(附屬)ㅎ게 되다.

동년(同年) 9월(九月) 1일(一日)에 경남노회(慶南老會)가 경성(京城) 승동예배당(勝洞禮拜堂)에 임시노회(臨時老會)를 회집(會集)하니 회원(會員)은 목사(牧師) 3인(三人), 선교사(宣敎師) 3인(三人), 장로(長老) 3인(三人)이었다. 동래읍(東萊邑)과 부산진(釜山鎭)에 함열(咸悅)을 임시목사(臨時牧師)로, 울산읍외(蔚山邑外) 2교회(二敎會)에서 이기선(李基宣)을 위임목사(委任牧師)로 청원(請願)한 것을 허락(許諾)하였다.

동년(同年) 9월(九月) 11일(一一日) 경남노회(慶南老會)가 울산군(蔚山郡) 우상리교회(敎會)에 임시회집(臨時會集)하여 이기선목사(李基宣牧師)의 위임식(委任式)을 거행(擧行)하였다.

동년(同年) 12월(一二月) 19일(一九日)에 경남노회(慶南老會) 제 4회(第四回)가 마산(馬山) 상남예배당(禮拜堂)에서 회집(會集)하니 회원(會員)은 선교사(宣敎師) 7인(七人), 목사(牧師) 6인(六人), 장로(長老) 16인(一六人)이었다. 직원(職員)을 선정(選定)하니 회장(會長) 한석진(韓錫晋), 서기(書記) 정덕생(鄭德生), 회계(會計) 서(徐)성숙이었다. 신학준사(神學準士)

박성애(朴晟愛)를 시취(試取)하여 강도사(講道師)로 승인(承認)하였다. 피택장로(被擇長老) 울산읍(蔚山邑)에 박(朴)민윤, 가음정에 권(權)재학을 시취(試取)하여 안수(按手)하기 허락(許諾)하였다. 신학지원자(神學志願者) 최상림(崔尙林), 김만일(金萬一), 진종학(陳宗學), 김길(金吉)창을 시취(試取)하여 신학입학(神學入學)을 허락(許諾)하였고 박영숙(朴永淑), 김도식(金道植), 여병섭은 계속공부(繼續工夫)하게 하였다. 김(金)기원목사(牧師) 사면원(辭免願)은 허락(許諾)하였다. 전도부(傳道部) 청원(請願)에 의(依)하여 부흥전도대(復興傳道隊)를 조직(組織)하였다. 별신학생(別神學生)은 이재풍(李在豊), 박(朴)영엽 2인(二人)을 택송(擇送)하였다. 정사(定事), 전도(傳道), 사경(査經), 재정(財政), 문답(問答), 기타(其他) 각부(各部)를 연조(年組)로 선정(選定)하였다.

1918년(一九一八年) 무오(戊午) 6월(六月) 25일(二五日)에 경남노회(慶南老會) 제 5회(第五回)가 부산진예배당(釜山鎭禮拜堂)에 회집(會集)하니 회원(會員)은 선교사(宣敎師) 4인(四人), 목사(牧師) 7인(七人), 장로(長老) 15인(一五人)이었다. 함열목사(咸悅牧師)를 회계(會計)로 선정(選定)하였다. 김천익(金千益)을 김해지방(金海地方) 위임목사(委任牧師)로 허락(許諾)하였다. 전도부(傳道部)에서 전도대(傳道隊)의 활동(活動)을 각(各) 지방(地方)에 결신자다기(決信者多起)함을 보고(報告)하였다. 피택장로(被擇長老) 김만일군(金萬一君)을 시취(試取)하여 안수(按手)하기 허락(許諾)하였다. 신학준사(神學準士) 박영숙(朴永淑)을 시취(試取)하여 강도사(講道師)로 승인(承認)하였다. 사경부(査經部) 보고(報告)에 의(依)하여 도제직사경(都諸職査經)을 12월(一二月) 10일(一〇日)부터 개최(開催)하되 부인제(婦人諸)[240]직(職)도 참여(參與)하게 결정(決定)하였다.

동년(同年) 7월(七月) 18일(一八日)에 경남노회(慶南老會)가 김해군(金海郡) 신봉리예배당(里禮拜堂)에 회집(會集)하여 김천익목사(金千益牧師)의 위임식(委任式)을 거행(擧行)하였다.

동년(同年) 8월(八月) 31일(三一日)에 경남임시노회(慶南臨時老會)가 선천읍(宣川邑) 여학교(女學校)에 회집(會集)하여 웅천지방(雄川地方) 5교회(五敎會)에서 황준국목사(黃濬國牧師) 청빙(請聘)을 허락(許諾) 위임(委任)ᄒ게 하고 함열(咸悅)은 다시 임시목사(臨時牧師)로 1년간(一年間) 시무(視務)하게 하였다.

동년(同年) 9월(九月) 25일(二五日)에 경남임시노회(慶南臨時老會)가 웅천읍예배당(熊川邑禮拜堂)에 회집(會集)하여 황준국목사(黃濬國牧師)의 위식(委式)을 거행(擧行)하였다.

동년(同年) 12월(一二月) 18일(一八日)에 경남노회(慶南老會) 제 6회(第六回)가 마산(馬山) 상남예배당(禮拜堂)에 회집(會集)하니 회원(會員)은 선교사(宣敎師) 7인(七人), 목사(牧師) 8인(八人), 장로(長老) 13인(一三人)이었다. 직원(職員)을 선정(選定)하니 회장(會長) 정덕삼(鄭德三), 서기(書記) 이(李)현필, 회계(會計) 함열(咸悅)이였다. 신학생(神學生) 김도식(金道植), 김길창(金吉昌)을 계속공부(繼續工夫)ᄒ게 허락(許諾)하였다. 피택장로(被擇長老) 오(吳)형선, 송(宋)상호, 장(張)종일, 최(崔)윤기, 이(李)천오, 변(邊)기상, 이상소(李相召)를 시취(試取)하여 안수(按手)하기 허락(許諾)하였다. 전도부(傳道部)에서 전도대활동(傳道隊活動)으로 결신자(決信者)가 각지(各地)에 봉기(烽起)하는 중(中) 조사(助事)와 목사(牧師)를 청빙(請聘)하는 처(處)가 유(有)함을 보고(報告)하였다. 한석진(韓錫晋), 이재풍목사(李在豊牧師)의 사면원(辭免願)은 허락(許諾)하되 한석진(韓錫晋)은 3월(三月) 말일(末日)까지 시무(視務)ᄒ게 하였다. 진주읍(晋州邑) 유봉리교회(里敎會)에서 강도사(講道師) 박성애(朴晟愛)를 목사(牧師)로 청빙(請聘)한 것은 허락(許諾)하였다. 별학생(別學生)은 이재풍(李在豊)으로 선정(選定)하였다.

1919년(一九一九年) 기미(己未) 1월(一月) 8일(八日)에 경남노회(慶南老會)가 진주읍(晋州邑) 알란애(Allen, A. W.) 집에 임시(臨時)로 회집(會集)하여 강도사(講道師) 박성애(朴晟愛)를 목사(牧師)로 안수(按手)하여 해지방(該地方) 목사(牧師)로 임명(任命)하였다.

동년(同年) 1월(一月) 7일(七日)에 경남노회(慶南老會)가 부산진(釜山鎭) 왕길지(王吉志, [G. Engel]) 댁(宅)에 회집(會集)하여 함열목사(咸悅牧

師)의 위임식(委任式)을 거행(擧行)하였다.

동년(同年) 2월(二月) 6일(六日)에 경남노회(慶南老會)가 마산(馬山) 상남예배당(上南禮拜堂)에 임시(臨時)로 회집(會集)하여 박영숙(朴永淑)을 안수(按手)하여 통영교회목사(統營敎會牧師)로 임명(任命)하였다.

동년(同年) 7월(七月) 1일(一日)에 경남노회(慶南老會) 제 7회(第七回)가 영주동학교(瀛州洞學校)에 회집(會集)하니 회원(會員)은 선교사(宣敎師) 6인(六人), 목사(牧師) 7인(七人), 장로(長老) 16인(一六人)이었다. 시년(是年)에 조사(助事)로 시무자(視務者)는 김(金)영범, 서성희, 김길창(金吉昌), 신찬오, 진종학(陳宗學) 제인(諸人)이었다. 부산(釜山) 시찰(視察)이 동편남전도(東便男傳道)에서 김(金)인수, 동(同) 여전도회(女傳道會)에서 윤경신(尹敬信)을 좌수영에 파송전도(派送傳道)한 결과(結果) 교회설립(敎會設立)의 희망(希望)이 유(有)함을 보고(報告)하였다. 문답부(問答部)에서 [241] 피택장로(被擇長老) 웅주읍(雄州邑)에 주(朱)현성, 생활리(生活里)에 배(裵)원기, 부산진(釜山鎭)에 최(崔)사옥, 김(金)덕경을 시취(試取)하여 안수(按手)하기 허락(許諾)하였다. 주일학교(主日學校) 협의회(協議會)를 조직(組織)하고 위원(委員)을 선정(選定)하였다. 고(故) 원두우(元杜尤, [Horace G. Underwood])박사(博士) 기념품(記念品)을 위(爲)하여 당석(當席)에서 출연금(出捐金)이 23원(二三圓)이었다. 목사가족구제위원(牧師家族救濟委員)의 보고(報告)에 의(依)하여 각(各) 구역(區域)이 매년(每年) 목사구(牧師區)에 5원(五圓) 이상(以上), 조사구(助師區)에 2원(二圓) 이상(以上)을 수납(收納)ㅎ게 하였다. 도직사경(都職査經)은 내(來) 3월(三月) 9일(九日)부터 개회(開會)하게 결정(決定)하였다.

동년(同年) 12월(一二月) 16일(一六日)에 경남노회(慶南老會) 제 8회(第八回)가 마산예배당(馬山禮拜堂)에 회집(會集)하니 회원(會員)은 선교사(宣敎師) 7인(七人), 목사(牧師) 8인(八人), 장로(長老) 17인(一七人)이었다. 직원(職員)을 선정(選定)하니 회장(會長) 나대벽(羅大闢, [D. M. Lyall, 1876-1921]), 서기(書記) 김만일(金萬一), 회계(會計) 이상소(李相召)이었다. 시세(是歲)에 조사(助事) 시무자(視務者)는 박(朴)성태, 김(金)인수, 김

(金)해동, 김(金)수관, 염(廉)재모, 김(金)연번, 한익동(韓翼東), 김(金)주현 제인(諸人)이었다. 피택장로(被擇長老) 김(金)석호, 안(安)성욱, 오(吳)규욱, 안(安)정순, 주(朱)남도, 서(徐)해룡을 시취(試取)하여 안수(按手)하기 허락(許諾)하였다. 신학지원자(神學志願者) 오(吳)형선, 김(金)준홍, 주남(朱南)고, 한익동(韓翼東), 주학(朱學)수 제인(諸人)을 시취(試取)하여 입학(入學)을 시(試)하고 전(前) 신학생(神學生) 김도식(金道植), 여병섭, 최상림(崔尙林), 김길창(金吉昌) 제인(諸人)을 계속공부(繼續工夫)하게 하였다. 정사부(定事部) 청원(請願)에 의(依)하여 웅천지방(雄川地方)에 황준국(黃濬國)을 전임목사(專任牧師)로, 김해지방(金海地方)에 김천일(金千鎰)을 순행목사(巡行牧師)로, 통영(統營)에 박(朴)영숙을 동사목사(同事牧師)로, 남해지방(南海地方)에 심취명(沈就明)을 동사목사(同事牧師)로 각각(各各) 허락(許諾)하였다. 전도부(傳道部) 청원(請願)에 의(依)하여 명년(明年) 부활주일(復活主日) 연보금(捐補金)을 목사구(牧師區)에 5원(五圓), 조사구(助事區)에 2원(二圓) 이상(以上)으로 납연(納捐)하게 하였다. 시년(是年) 총계표(總計表)를 견(見)하면 제반교인(諸般敎人) 도합(都合)이 9,255명(九千二百五五名)이며 지출금(支出金) 도합(都合)이 161,670원 29전(十六萬一千六百七〇圓二九錢)이었다.

1920년(一九二〇年) 경신(庚申) 7월(七月) 6일(六日)에 경남노회(慶南老會) 제 9회(第九回)가 영주동예배당(洞禮拜堂)에 회집(會集)하니 회원(會員)은 선교사(宣敎師) 5인(五人), 목사(牧師) 11인(一一人), 장로(長老) 19인(一九人)이었다.

신학생(神學生) 김길창(金吉昌), 주(朱)남고, 최상림(崔尙林), 방계성, 김(金)준홍, 김(金)응진 제인(諸人)을 계속공부(繼續工夫)하게 허락(許諾)하였다. 피택장로(被擇長老) 주순조, 이기연, 김(金)진해, 김(金)종환, 심영섭, 안(安)명환, 김(金)상재 7인(七人)을 시취(試取)하여 안수(按手)하게 허락(許諾)하였다. 임사부(任事部) 보고(報告)에 의(依)하여 신용외(外) 2교회(二敎會)에 김(金)기원을 위임목사(委任牧師)로, 양산읍(梁山邑) 2교회(二敎會)에서 함열(咸悅)을 위임목사(委任牧師)로 임명(任命)하였다. 박성애

(朴成愛), 김천일(金千一) 양인(兩人)의[242] 목사(牧師) 사면원(辭免願)을 접수(接受) 허락(許諾)하였다. 유년주일학교(幼年主日學校) 진흥위원(振興委員)을 선정(選定)하였다. 신학준사(神學準士) 김도식(金道植)을 시취(試取)하여 강도사(講道師)로 승인(承認)하였다. 부인제직사경(婦人諸職查經)은 부산진예배당(釜山鎭禮拜堂)에서 12월(一二月) 28일(二八日)에, 남인제직사경(男人諸職查經)은 12월(一二月) 8일(八日)에 마산(馬山)에서 개회(開會)하기로 결정(決定)하였다.

동년(同年) 9월(九月) 10일(十日)에 경남노회(慶南老會)가 부산부(釜山府) 영선동예배당(禮拜堂)에 별노회(別老會)로 회집(會集)하여 김이곤목사(金二坤牧師)의 위임식(委任式)을 거행(舉行)하였다.

동년(同年) 9월(九月) 15일(十五日)에 경남노회(慶南老會)가 양산읍예배당(梁山邑禮拜堂)에 별노회(別老會)로 회집(會集)하여 함열목사(咸悅牧師)의 위임식(委任式)을 거행(舉行)하였다.

동년(同年) 12월(一二月) 15일(一五日)에 경남노회(慶南老會) 제 10회(第十回)가 마산부(馬山府) 문창예배당(禮拜堂)에 회집(會集)하니 회원(會員)은 선교사(宣敎師) 6인(六人), 목사(牧師) 10[인](一〇[人]), 장로(長老) 19인(一九人)이다. 회장(會長) 심취명(沈就明), 서기(書記) 이(李)현필, 회계(會計) 손덕우(孫德宇) 피택(被擇)되다. 시세(是歲)에 조사시무자(助事視務者)는 노인수, 김(金)민수, 박(朴)성태 제군(諸君)이었다. 신학지원자(神學志願者) 노인수, 김(金)래봉, 김만일(金萬一), 금석호, 김(金)봉도, 심문태 제인(諸人)을 시취(試取)하여 입학(入學)을 허락(許諾)하고 재전신학생(在前神學生) 최상림(崔尙林), 한익동(韓翼東)은 계속공부(繼續工夫)하게 결정(決定)하였다. 피택장로(被擇長老) 강우겸, 김래봉, 김복식, 허진장, 연식지, 수정김 제인(諸人)을 시취(試取)하여 안수(按手)하기로 결정(決定)하였다. 김천일(金千一), 이기선(李基宣), 한석진목사(韓錫晋牧師)의 사면원(辭免願)은 허락(許諾)하였다. 김해읍(金海邑)에서 이기선(李基宣)을 동사목사(同事牧師)로, 부산진(釜山鎭), 동래(東萊) 2교회(二敎會)에 김현모(金賢模)를 동사목사(同事牧師)로, 양산읍(梁山邑)에 함열(咸悅)을 동사목사(同事牧

師)로, 함안(咸安) 4교회(四敎會)에서 김도식(金道植)을 동사목사(同事牧師)로 청원(請願)함에 대(對)하여 일일(一一)히 허락(許諾)하다. 강도사(講道師) 김도식(金道植)을 목사(牧師)로 안수(按手)하게 허락(許諾)하고 예식위원(禮式委員)을 선정(選定)하였다. 전도부(傳道部)에서 평북노회(平北老會)에서 전도인(傳道人) 이경호(李景灝), 안성모(安聖模) 2인(二人)을 파송(派送)하여 전도(傳道)의 성적(成績)이 양(良)함을 보고(報告)하였다.

　　1921년(一九二一年) 신유(辛酉) 7월(七月) 5일(五日)에 경남노회(慶南老會) 제 11회(第一一回)가 부산진예배당(釜山鎭禮拜堂)에 회집(會集)하니 회원(會員)은 선교사(宣敎師) 5인(五人), 목사(牧師) 11인(一一人), 장로(長老) 24인(二四人)이었다. 평남노회(平南老會) 김이제목사(金利濟牧師), 의산노회(義山老會) 김현모목사(金賢模牧師)의 이명서(移名書)를 접수(接受)하였다. 신학생(神學生) 한익동(韓翼東), 이춘(李春)화, 김길창(金吉昌), 최상림(崔尙林), 김만일(金萬一) 제군(諸君)은 계속공부(繼續工夫)하기로 허락(許諾)하다. 피택장로(被擇長老) 마산(馬山)에 김길창(金吉昌), 명동에 이(李)홍필, 고성읍(固城邑)에 최상림(崔尙林), 통영읍(統營邑)에 박시순(朴時純), 월평에 우명두 제군(諸君)을 시취(試取)하여 안수(按手)하기 허락(許諾)하였다. 김해읍(金海邑)에 김(金)준홍, 의성지방(義城地方)에 이(李)춘화, 사천지방(泗川地方)에 홍(洪)수원을 조사(助事)로 허락(許諾)하였다. 강도사(講道師) 김(金)응진을 목사(牧師)로 안수(按手)하기 허락(許諾)하였다. 황준국(黃濬國), 박성애목(朴成愛牧)[243]사(師) 사면원(辭免願)은 허락(許諾)하다. 기장읍(邑), 죽성 2교회(二敎會)에 김(金)응진, 진주읍교회(晋州邑敎會)에 김이제(金利濟)를 동사목사(同事牧師)로 허락(許諾)하였다. 전도부(傳道部) 청원(請願)에 의(依)하여 부흥전도대(復興傳道隊)를 조직(組織)하여 10월(一〇月) 12일(一二日)부터 1삭간(一朔間) 전도(傳道)하기 결정(決定)하였다. 주일학교부(主日學校部) 청원(請願)에 의(依)하여 4월(四月) 1일(一日)부터 마산교회(馬山敎會)에서 주일학교(主日學校) 사범회(師範會)를 하기로 결정(決定)하였다. 평북노회(平北老會)에서 전도인(傳道人)을 3인(三人)이나 계속파견(繼續派遣)한 사(事)에 대(對)하여 감사장(感謝狀)을 해노회(該老會)에 선송(繕送)ㅎ게 하다.

　동년(同年) 2월(二月) 4일(四日)에 경남노회(慶南老會)가 마산예배당(馬山禮拜堂)에서 임시(臨時)로 회집(會集)하여 박정찬목사(牧師)의 위임식(委任式)을 거행(擧行)하였다.

　동년(同年) 2월(二月) 6일(六日)에 경남노회(慶南老會)가 김해읍예배당(金海邑禮拜堂)에 임시(臨時)로 회집(會集)하여 이기선목사(李基宣牧師)의 위임식(委任式)을 거행(擧行)하였다.

　동년(同年) 2월(二月) 7일(七日)에 경남노회(慶南老會)가 함안읍예배당(咸安邑禮拜堂)에 임시(臨時)로 회집(會集)하여 강도사(講道師) 김(金)응진을 안수(按手)하여 함안지방(咸安地方) 전도목사(傳道牧師)로 임명(任命)하였다.

　동년(同年) 8월(八月) 18일(一八日)에 경남노회(慶南老會)가 진주읍예배당(晋州邑禮拜堂)에 임시(臨時)로 회집(會集)하여 김이제목사(金利濟牧師)의 위임식(委任式)을 거행(擧行)하였다.

　동년(同年) 9월(九月) 10일(一〇日)에 경남노회(慶南老會)가 평양부(平壤府) 신학교(神學校)에 임시(臨時)로 회집(會集)하여 평북노회(平北老會) 김민철목사(金敏哲牧師)의 이명서(移名書)를 수(受)하고 창원지방(地方)에 임시목사(臨時牧師)로 허락(許諾)하였다. 한석진목사(韓錫晋牧師)의 이명서(移名書)를 의산노회(義山老會)로 선송(繕送)하였다.

　동년(同年) 7월(七月) 15일(一五日)에 경남노회(慶南老會)가 부산진예배당(釜山鎭禮拜堂)에 임시(臨時)로 회집(會集)하여 김현모목사(金賢模牧師)의 위임식(委任式)을 거행(擧行)하였다.

　동년(同年) 7월(七月) 20일(二〇日)에 경남노회(慶南老會)가 거창읍예배당(邑禮拜堂)에 임시(臨時)로 회집(會集)하여 김(金)응진목사(牧師)의 위임식(委任式)을 거행(擧行)하였다.

　동년(同年) 12월(一二月) 13일(一三日)에 경남노회(慶南老會) 제 12회(第一二回)가 마산예배당(馬山禮拜堂)에 회집(會集)하니 회원(會員)은 선교사(宣敎師) 5인(五人), 목사(牧師) 15인(一五人), 장로(長老) 26인(二六人)

이었다. 직원(職員)을 선정(選定)하니 회장(會長) 박정찬(朴貞燦), 서기(書記) 김(金)래봉, 회계(會計)에 이(李)승수이었다. 신학생(神學生) 김(金)준홍, 김길창(金吉昌), 이춘화(李春和), 한익동(韓翼東), 심문태, 최상림(崔尙林), 강상은, 김만일(金萬一) 제군(諸君)을 계속공부(繼續工夫)하게 허락(許諾)하였다. 신학지원자(神學志願者) 홍(洪)수원, 주(朱)정택, 주(朱)기철, 강상은 4인(四人)을 시취(試取)하여 입학천서(入學薦書)를 여(與)하다. 피택장로(被擇長老) 박(朴)영출, 강상은, 임치수, 박(朴)종하 제인(諸人)을 안수(按手)하기 허락(許諾)하였다. 전도부(傳道部) 청원(請願)에 의(依)하여 신호(神戶)에 전도목사(傳道牧師) 1인(一人)을 파송(派送)하기 결정(決定)하고 각(各) 교회(敎會)에서 음(陰) 정월(正月) 둘째 주일(第二主日)에 연보(捐補)하게[244] 하였다. 울산지방(蔚山地方)에 우명범을 조사(助事)로 허락(許諾)하였다. 신호(神戶) 전도목사(傳道牧師)를 공천투표(公薦投票)에 김이곤(金二坤)이 피선(被選)되었다. 문창호사건(事件) 조사위원(調査委員)을 선정(選定)하였다.

  1922년(一九二二年) 임술(壬戌) 1월(一月) 18일(一八日)에 경남노회(慶南老會)가 창원읍(昌原邑) 박치우 사저(私邸)에 임시(臨時)로 회집(會集)하여 박성애목사(朴成愛牧師)의 위임식(委任式)을 거행(擧行)하였다.

  동년(同年) 6월(六月) 20일(二〇日)에 경남노회(慶南老會) 제 13회(第一三回)가 마산(馬山) 문창예배당(文昌禮拜堂)에 회집(會集)하니 회원(會員)은 선교사(宣敎師) 7인(七人), 목사(牧師) 14인(一四人), 장로(長老) 38인(三八人)이었다. 사기편집위원(史記編輯委員)을 선정(選定)하였다. 신학생(神學生) 주(朱)기철, 김길창(金吉昌), 심문태, 주(朱)남고, 최상림(崔尙林), 김(金)민수, 노인수, 김(金)래봉, 김만일(金萬一) 제군(諸君)을 다시 공부(工夫)하기로 허락(許諾)하였다. 황준국(黃濬國), 박영숙목사(朴永淑牧師)의 사면원(辭免願)은 수(受)하고 김민철목사(金敏哲牧師)의 이명(移名)을 평북노회(平北老會)로 선송(繕送)하였다. 피택장로(被擇長老) 진종학(陳宗學)을 시취(試取)하여 안수(按手)하기 허락(許諾)하였다. 박영숙(朴永淑)을 거창지방(居昌地方) 전도목사(傳道牧師)로 임명(任命)하였다. 제직사경(諸職査

經)을 마산교회(馬山敎會)에서 명년(明年) 1월(一月) 3일(三日)부터 개회(開會)하기 결정(決定)하였다.

동년(同年) 7월(七月) 13일(一三日)에 경남노회(慶南老會)가 통영(統營) 사동예배당(禮拜堂)에 임시(臨時)로 회집(會集)하여 박(朴)영희목사(牧師)의 위임식(委任式)을 거행(擧行)하였다.

동년(同年) 9월(九月) 9일(九日)에 경남노회(慶南老會)가 경성(京城) 승동예배당(勝洞禮拜堂)에 임시(臨時)로 회집(會集)하여 신호(神戶) 전도목사(傳道牧師) 김이곤(金二坤) 귀환(歸還)하는 사(事)를 총회(總會)에 보고(報告)ᄒ게 하였다.

1923년(一九二三年) 계해(癸亥) 1월(一月) 10일(一〇日)에 경남노회(慶南老會) 제 14회(第一四回)가 마산(馬山) 문창예배당(文昌禮拜堂)에 회집(會集)하니 회원(會員)은 선교사(宣敎師) 7인(七人), 목사(牧師) 12인(一二人), 장로(長老) 31인(三一人)이었다. 직원(職員)을 선정(選定)하니 회장(會長)에 이기선(李基宣), 서기(書記) 김만일(金萬一), 회계(會計) 이상소(李相召)였다. 선교사(宣敎師) 추마전[Martin Trudinger]을 김해지방(金海地方)에 전도(傳道)하게 하였다. 신학생(神學生) 김만일(金萬一), 김(金)주홍, 김(金)민수, 한익동, 심문태, 유진성, 최상림(崔尙林), 진종학(陳宗學), 박시(朴時)순, 강상은을 계속공부(繼續工夫)하게 하였다. 피택장로(被擇長老) 김해읍(金海邑)에 이(李)성백, 고성읍(固城邑)에 윤(尹)상신, 초량(草梁)에 김(金)성극, 진주읍(晋州邑)에 김(金)정수, 강성화 제인(諸人)을 시취(試取)하여 안수(按手)하기 허락(許諾)하였다. 금년(今年) 부활주일(復活主日)의 연보(捐補)는 교인(敎人) 매인(每人)에 10전(一〇錢) 비례(比例)로 하게 하였다. 신학사(神學士) 김창길(金昌吉)을 시취(試取)하여 거창읍교회(居昌邑敎會) 목사(牧師)로 임명(任命)하였다. 신학부(神學部) 위원(委員)을 선정(選定)하고 매년(每年) 음(陰) 정월(正月) 첫째 주일(第一主日)에 각(各) 교(敎)[245]회(會)가 협동(協同) 연보(捐補)ᄒ게 [하]였다.

동년(同年) 2월(二月) 25일(二五日)에 경남노회(慶南老會)가 통영(統營) 대화정교회(大和町敎會)에 임시(臨時)로 회집(會集)하여 황준국목사(黃

瀋國牧師)의 위임식(委任式)을 거행(擧行)하였다.

동년(同年) 7월(七月) 4일(四日)에 경남노회(慶南老會) 제 15회(第一五回)가 부산(釜山) 초량예배당(草梁禮拜堂)에 회집(會集)하니 회원(會員)은 선교사(宣敎師) 6인(六人), 목사(牧師) 13인(一三人), 장로(長老) 35인(三五人)이었다. 피택장로(被擇長老) 김해읍(金海邑)에 김성철(金聲哲), 동하리(東下里)에 박(朴)인근, 사등에 송(宋)진울, 신룡에 최(崔)학천[을] 시취(試取)하여 안수(按手)하기 허락(許諾)하[고] 신학생(神學生) 유진성, 주남(朱南)고, 김만일(金萬一), 김(金)래봉, 김(金)준흥, 진종학(陳宗學), 최상림(崔尙林)을 계속공부(繼續工夫)하게 하였다. 평양노회(平壤老會)에서 전도인(傳道人)은 밀양지방(密陽地方)에 파송(派送)하여 성적(成績)이 양호(良好)함을 감사(感謝)하다 하였고, 박영(朴永)화목사(牧師) 사면원(辭免願)을 허락(許諾)하였다. 마산교회(馬山敎會)에 청원(請願)한 박승명(朴承明)은 조사(助事)로 허락(許諾)하였다. 노회총대(老會總代)는 목사구역(牧師區域)에 장로(長老) 1인(一人), 조사구역(助事區域)에 장로(長老) 1인식(一人式) 하기로 총회(總會)에 헌의(獻議)하기 결정(決定)하였다.

1924년(一九二四年) 갑자(甲子) 1월(一月) 2일(二日)에 경남노회(慶南老會) 제 16회(第一六回)가 마산(馬山) 문창예배당(文昌禮拜堂)에 회집(會集)하니 회원(會員)은 선교사(宣敎師) 7인(七人), 목사(牧師) 13인(一三人), 장로(長老) 33인(三三人)이다. 직원(職員)을 선정(選定)하니 회장(會長) 정덕생(鄭德生), 서기(書記) 최상림(崔尙林), 회계(會計) 김만일(金萬一)이다. 신학생(神學生) 한익동, 심문태, 주(朱)남고, 김(金)준흥, 주(朱)거철, 진종학(陳宗學), 강상은 제군(諸君)을 계속공부(繼續工夫)하게 하였다. 피택장로(被擇長老) 마산(馬山)에 리약순, 박(朴)경조, 사등에 임(林)숙범, 거창읍(居昌邑)에 심문태, 서리에 방(方)한필 제군(諸君)을 시취(試取)하여 안수(按手)하기 허락(許諾)하였다. 신학준사(神學準士) 김만일(金萬一)을 시취(試取)하여 강도사(講道師)로 승인(承認)하였다.

신학지원자(神學志願者) 최(崔)명돈, 우봉석을 시취(試取)하여 입학허락(入學許諾)하였다. 김(金)기원, 황준국(黃濬國), 김도식목사(金道植牧師)

의 사면원(辭免願)을 허락(許諾)하였다. 별신학생(別神學生) 박성애(朴成愛), 김길창(金吉昌) 2인(二人)이 피선(被選)되었다.

동년(同年) 2월(二月) 17일(一七日)에 경남노회(慶南老會)가 통영(統營) 대화정예배당(大和町禮拜堂)에 임시(臨時)로 회집(會集)하여 강도사(講道師) 김만일(金萬一)을 안수(按手)하여 통영교회(統營敎會) 목사(牧師)로 위임(委任)하였다.

동년(同年) 7월(七月) 1일(一日)에 경남노회(慶南老會) 제 17회(第一七回)가 부산(釜山) 초량예배당(草梁禮拜堂)에 임시(臨時)로 회집(會集)하니 회원(會員)은 목사(牧師) 12인(一二人), 선교사(宣敎師) 4인(四人), 장로(長老) 33인(三三人)이었다.[246]

신학부(神學部) 청원(請願)에 의(依)하여 각(各) 시찰구역(視察區域)에 연보금(捐補金) 수입(收入)할 우회계(友會計) 1인식(一人式) 선정(選定)하였다. 신학생(神學生) 최상림(崔尙林), 진종학(陳宗學), 박시순(朴時純), 강상은, 유진성, 박승시(朴承時), 이(李)홍식 제인(諸人)을 계속공부(繼續工夫)하게 하였다.

피택장로(被擇長老) 장항에 윤(尹)창무, 대지리(里)에 이(李)병수, 영도에 김(金)화일 제인(諸人)을 시취(試取)하여 안수(按手)하기 허락(許諾)하였다. 전도부(傳道部) 청원(請願)에 의(依)하여 내(來) 10월(一〇月)부터 전도사업(傳道事業)을 착수(着手)하게 하였다. 김도식목사(金道植牧師) 화재구제금(火災救濟金)으로 50원(五〇圓)을 목사가족구제부(牧師家族救濟部)에 위탁(委托)하여 지불(支拂)하다. 김(金)기원 목사퇴로(牧師退老)에 대(對)하여 당석(當席)에서 동정금(同情金) 약간(若干)을 연보(捐補)하였다.

동년(同年) 9월(九月) 13일(一三日)에 경남노회(慶南老會)가 함흥군(咸興郡) 성산여관(旅館)에 임시(臨時)로 회집(會集)하여 부산진당회(釜山鎭堂會)가 본(本) 노회(老會)를 상대(相對)로 상고(上告)함에 대(對)하여 답변(答辯)할 위원(委員) 3인(三人)을 선정(選定)하였다.

동년(同年) 12월(一二月) 30일(三〇日)에 경남노회(慶南老會) 제 18회(第一八回)가 마산(馬山) 문창예배당(文昌禮拜堂)에 회집(會集)하니 회원

(會員)은 선교사(宣敎師) 5인(五人), 목사(牧師) 12인(一二人), 장로(長老) 27인(二七人)이었다. 직원(職員)을 선정(選定)하니 회장(會長) 김만일(金萬一), 서기(書記) 최상림(崔尙林), 회계(會計) 이현필(李賢弼)이었다. 신학생(神學生) 최명(崔明)돈, 이(李)홍식, 이(李)약신, 박(朴)군현, 김(金)주홍, 최상림(崔尙林), 진종학(陳宗學), 강상은, 유진성, 주남(朱南)고, 금석호, 주(朱)기철 제인(諸人)은 다시 공부(工夫)하기로 허락(許諾)하였다.

동경(東京) 청산학원(靑山學院) 신학부(神學部)에 입학(入學)한 권남선(權南善)의 천서(薦書)를 여(與)하다. 피택장로(被擇長老) 김(金)현표, 이(李)진수, 정(鄭)관혁, 문(文)재천, 김(金)순홍, 김(金)주현, 최(崔)일선 제인(諸人)을 시취(試取)하여 안수(按手)하기 허락(許諾)하였다. 동래지방(東萊地方)에 안(安)영두를 양산읍(梁山邑)에 재선을 조사(助事)로 임명(任命)하였다. 전도부(傳道部) 청원(請願)에 의(依)하여 전도사업(傳道事業)은 의전계속(依前繼續)하고 후원회(後援會)에 참가(參加)할 회원(會員)을 교역자(敎役者)가 많이 모집(募集)ㅎ게 하였다. 임사부(任事部) 보고(報告)에 의(依)하면 하동지방(地方)에 한(韓)익동, 웅천지방(雄川地方)에 김(金)웅진, 마산(馬山)에 박승명(朴承明)을 목사(牧師)로 청원(請願)함을 허락(許諾)하였다. 마산목사(馬山牧師) 박정찬(朴貞燦)은 총회사명(總會使命)으로 서비리조선인(西非利朝鮮人)에게 전도(傳道)하게 되어 사직(辭職)함을 수(受)하다. 신학준사(神學準士) 박승명(朴承明), 한익동(韓翼東)을 시취안수(試取按手)하여 목사(牧師)로 임명(任命)하였다. 학무부(學務部) 청원(請願)에 의(依)하여 각(各) 학교(學校) 목사강습회(牧師講習會)를 예비(豫備)하여 내노회(來老會) 후(後)에 실행(實行)하기로 결정(決定)하였다.

2. 교회조직(二, 敎會組織)

1917년(一九一七年) 정사(丁巳)에 울산군(蔚山郡) 병영교회(兵營敎會)가 이규한(李珪漢)을 장로(長老)로 안수(按手)하여 당회(堂會)가 성립(成立)

하였다. 기후(其後) 방한필(方漢弼)이 피선(被選)하고[247] 목사(牧師) 이기선(李基宣)이 시무(視務)하였다.

동년(同年)에 김해군(金海郡) 생곡리교회(生谷里敎會)가 발전(發展)하여 연와제(煉瓦制) 예배당(禮拜堂)을 신축(新築)하였다.

동년(同年)에 함양군(咸陽郡) 봉산교회(鳳山敎會)가 목사(牧師) 이재풍(李在豊)으로 청빙시무(請聘視務)ㅎ게 하니라.

동년(同年)에 고성읍교회(固城邑敎會)가 여병섭(呂炳燮)을 장로(長老)로 안수(按手)하여 당회(堂會)가 성립(成立)하였다.

동년(同年)에 울산군(蔚山郡) 굴대리교회(屈大里敎會)에 목사(牧師) 김기선(金基宣)과 조사(助事) 박성태(朴聖泰)가 시무(視務)하였다.

동년(同年)에 울산군(蔚山郡) 언양면(彦陽面) 동부교회(東部敎會)가 김준홍(金俊洪)을 장로(長老)로 안수(按手)하여 당회(堂會)가 성립(成立)하였다.

1918년(一九一八年) 무오(戊午)에 김해군(金海郡) 신룡교회(新龍敎會)가 발전(發展)하여 교우(敎友) 등(等)이 합심연보(合心捐補)하여 예배당(禮拜堂)을 신축(新築)하였다.

동년(同年)에 거창읍교회(居昌邑敎會)가 오형선(吳亨善)을 장로(長老)로 안수(按手)하여 당회(堂會)가 성립(成立)하였다. 기후(其後) 주남락(朱南樂)이 장로(長老)로 피선(被選)되고 목사(牧師) 김창(金昌)이 시무(視務)하였다.

동년(同年)에 함양군(咸陽郡) 백연교회(栢淵敎會)가 설립(設立)하였다. 선시(先是)에 선교사(宣敎師) 길아각(吉雅各, [James T. Kelly])의 전도(傳道)로 설립(設立)하다.

동년(同年)에 칠원군(漆原郡) 귀성교회(龜城敎會)가 1주간(一周間) 지방남녀사경회(地方男女査經會)로 회집(會集)하니 선교사(宣敎師) 맹호은(孟浩恩, [Frederick J. L. MacRae])과 조사(助事) 김길창(金吉昌)과 목사(牧師) 한석진(韓錫晋) 등(等)이 교수(敎授)하여 영은(靈恩)이 풍부(豊富)하였다. 기시(其時)에 영수(領袖) 손종일(孫鍾一)이 장로(長老)로 피선(被選)

하였다.

　　1919년(一九一九年) 기미(己未)에 울산군(蔚山郡) 굴대리교회(屈大里敎會)가 안경욱(安敬勗)을 장로(長老)로 안수(按手)하여 당회(堂會)가 성립(成立)하였다.

　　동년(同年)에 통영군(統營郡) 대화정교회(大和町敎會)가 진흥(振興)하여 50간(五〇間) 예배당(禮拜堂)을 중건(重建)하다. 선교사(宣敎師) 손안륜[로](孫安倫[路, Andrew Adamson])과 목사(牧師) 박영엽(朴永燁), 박영숙(朴榮淑), 황준국(黃俊國), 김만일(金萬一) 등(等)이 상계(相繼)시무(視務)하였다.

　　동년(同年)에 김해군(金海郡) 생곡리교회(生谷里敎會)가 배원기(裵源基)를 장로(長老)로 안수(按手)하여 당회(堂會)가 성립(成立)하였다.

　　동년(同年)에 하동군(河東郡) 좌하리교회(左河里敎會)가 김장환(金長煥)의 열심(熱心)과 교우(敎友) 등(等)의 성의(誠意)로 거대금액(巨大金額)을 연보(捐補)하여 연와제(煉瓦制) 예배당(禮拜堂)을 신축(新築)하였다.

　　동년(同年)에 함안군(咸安郡) 외암리교회(外岩里敎會)가 3·1사건(三一事件)으로 교회직원(敎會職員)이 피수(被囚)되어 1년간(一年間)을 교회(敎會)에 시무(視務)하지 못하고 기여(其餘) 남녀신(男女信)[248]도(徒)를 속포(速捕)하기 위(爲)하여 순사(巡査), 헌병(憲兵)이 예배당(禮拜堂)을 파수(把守)하므로 3주일간(三週日間)을 회집(會集)하지 못하였다.

　　동년(同年)에 진주군(晋州郡) 천곡리교회(泉谷里敎會)가 설립(設立)하였다. 선시(先是)에 선교사(宣敎師) 권임실[함](權任實[咸, Frank William Cunningham])의 전도(傳道)로 박경윤(朴鏡允), 박근제(朴根濟) 등(等)이 신종(信從)하여 신도(信徒)가 일중(日衆)하므로 교회(敎會)가 설립(設立)하였다.

　　1920년(一九二〇年) 경신(庚申) 김해군(金海郡) 내삼리교회(內三里敎會)가 부흥(復興)하다. 기년전(幾年前)에 본회(本會)가 미약(微弱)하여 무한교회(武漢敎會)와 병합(倂合)이더니 지시(至是)하여 본리거(本里居) 송말영(宋末永)이 전도(傳道)하여 신입교문자(新入敎門者)가 20여인(二〇餘人)이 되매 연보(捐補)하여 가옥(家屋)을 매수(買受)하여 예배당(禮拜堂)으로 사용(使用)하였다. 잉(仍)하여 야학부(夜學部)를 설치(設置)하고 교수(敎授)하더니 동민(洞民)이 협의(協議)하여 가옥(家屋) 4간(四間)을 신건(新建)하여 야학교(夜學校)로 사용(使用)ㅎ게 하였다.

동년(同年)에 하동군(河東郡) 입석교회(立石敎會)가 심영섭(沈英燮)을 장로(長老)로 안수(按手)하여 당회(堂會)가 성립(成立)하다. 여종(女從) 김정선(金淨善)이 답(畓) 4두락(四斗落)을 교회(敎會)에 성납(誠納)하다. 조사(助事) 한익광(韓益光)이 시무(視務)하였다.

동년(同年)에 하동군(河東郡) 좌하리교회(左河里敎會)가 김상재(金相才)를 장로(長老)로 안수(按手)하여 당회(堂會)가 성립(成立)하였다.

동년(同年)에 남해군(南海郡) 북변교회(北邊敎會)가 김진해(金震海)를 장로(長老)로 안수(按手)하여 당회(堂會)가 성립(成立)하다.

동년(同年)에 통영군(統營郡) 대화정교회(大和町敎會)가 박시순(朴始順), 김현표(金顯杓) 2인(二人)을 장로(長老)로 안수(按手)하여 당회(堂會)가 성립(成立)하였다. 여전도인(女傳道人) 이경애(李敬愛)와 조사(助事) 김낙진(金洛眞), 여병섭(呂炳燮), 최상림(崔相林) 등(等)이 상계시무(相繼視務)하여 교회(敎會)가 전진(前進)하였다.

1921년(一九二一年) 신유(辛酉)에 고성읍교회(固城邑敎會)가 최상림(崔相林)을 장로(長老)로 안수(按手)하니 조사직(助事職)을 겸무(兼務)하다.

시년(是年)에 교회대진(敎會大振)하여 금(金) 5,000여원(五千餘圓)을 연보(捐補)하여 반양제(半洋制)로 예배당(禮拜堂)을 웅장(雄壯)히 건축(建築)하였다.

동년(同年)에 통영군(統營郡) 동항리교회(東港里敎會)가 진흥(振興)하여 수천여원(數千餘圓)의 연금(捐金)으로 70평(七十坪)의 반양제(半洋制)의 예배당(禮拜堂)을 건축(建築)하였다.

동년(同年)에 진주군(晋州郡) 남성동교회(南城洞敎會)가 지수정(池水定)을 장로(長老)로 안수(按手)하여 당회(堂會)가 성립(成立)하였다. 금(金) 1,000여원(一千餘圓)을 연보(捐補)하여 연와제(煉瓦制) 예배당(禮拜堂)을 건축(建築)하다. 목사(牧師) 황준국(黃濬國)이 위임(委任)하고 김민철(金敏哲), 김응진(金應振)이 임시시무(臨時視務)하였다. 동년(同年)에 남해군(南海郡) 북변교회(北邊敎會)가 연보(捐補)하여 연와제(煉瓦製) 예배당(禮拜堂)을 신축(新築)하였다.[249]

동년(同年)에 울산군(蔚山郡) 월평교회(月坪敎會)가 우영두(禹永斗)를 장로(長老)로 안수(按手)하여 교회(敎會)가 성립(成立)되었다.

동년(同年)에 남해군(南海郡) 당항리교회(唐項里敎會)가 강우경(姜禹炅)을 장로(長老)로 안수(按手)하여 당회(堂會)가 성립(成立)되었다.

동년(同年)에 하동군(河東郡) 대산교회(大山敎會)가 설립(設立)하다. 선시(先是)에 선교사(宣敎師) 권임함(權任咸, [Frank William Cunningham])이 전도(傳道)하여 설립(設立)하고 후기년(後幾年)에 정동석(鄭銅錫), 한재열(韓在烈) 등(等)이 특별연금(特別捐金)하여 여학교(女學校)를 병설(倂設)하였다. 조사(助事) 한익훈(韓益勳)이 시무(視務)하였다.

동년(同年)에 함안군(咸安郡) 평림리교회(平林里敎會)가 설립(設立)하다. 선시(先是)에 선교사(宣敎師) 맹호은(孟浩恩, [Frederick J. L. MacRae])이 전도(傳道)하여 설립(設立)하다. 목사(牧師) 김도식(金道植)과 조사(助事) 김연범(金演範)이 시무(視務)하니라.

1922년(一九二二年) 임술(壬戌)에 동래군(東萊郡) 기장면(機張面) 동부교회(東部敎會)가 거액(巨額)의 금(金)을 연보(捐補)하여 예배당(禮拜堂)을 신축(新築)하였다.

동년(同年)에 통영군(統營郡) 동항리교회(東港里敎會)가 박시출(朴時出), 박인건(朴仁建), 강상은(姜尙殷) 등(等)을 장로(長老)로 안수(按手)하여 당회(堂會)가 성립(成立)하다. 선교사(宣敎師) 왕대선(王大善, [Robert D. Watson]), 조사(助事) 강상은(姜尙殷)이 시무(視務)하였다. 유치원(幼稚園)을 설립(設立)하고 유년(幼年)을 교육(敎育)하였다.

동년(同年)에 칠원군(漆原郡) 귀성교회(龜城敎會)가 평양목사(平壤牧師) 길선부(吉善富)를 청요(請邀)하여 1주간(一週間) 부흥회(復興會)를 개(開)하고 교우(敎友)의 영적신앙(靈的信仰)을 경성(警醒)하니 성신(聖神)의 감화(感化)를 다수(多受)하여 예배당(禮拜堂)을 개축(改築)하기로 열심연보(熱心捐補)하니 600여원(六百餘圓)의 금(金)이라 신축(新築)이 부족(不足)하므로 월수년(越數年)에 예배당(禮拜堂)을 건축(建築)하였다.

동년(同年)에 진주군(晋州郡) 일반(一班) 성촌교회(城村敎會)가 진흥(振興)하여 열심연보(熱心捐補)하여 반양제(半洋制) 예배당(禮拜堂)을 신축(新築)하다. 이영숙(李永淑)은 영수(領袖)로 예배당(禮拜堂) 건축비(建築費)를 교인(敎人) 1배(一倍)를 가담(加擔)하여 기황(饑荒)이 무(無)하니라. 운천리(雲川里) 허사원(許士源)의 처(妻) 이씨(李氏)는 기부(其夫) 사원(士源)의 박해(迫害)을 인내(忍耐)로 승(勝)하고 종내신주(終乃信主)하였다.

동년(同年)에 울산군(蔚山郡) 지당교회(池塘敎會)가 박종하(朴鍾廈)를 장로(長老)로 안수(按手)하여 당회(堂會)가 성립(成立)하였다.

동년(同年)에 동래군(東萊郡) 월면(月面) 내리교회(內里敎會)가 설립(設立)하다. 선교사(宣敎師) 매견시(梅見施, [James Noble Mackenzie])의 전도(傳道)로 박기선(朴基善)이 신종(信從)하고 전도(傳道)하여 신자(信者) 점차(漸次) 증가(增加)ㅎ더니 우동전도회(又東傳道會)에서 파송(派送)한 전도인(傳道人) 황보흠(皇甫欽)이 전도(傳道)하여 시년(是年) 동(冬)에 교회(敎會)를 설립(設立)하니 목사(牧師) 임성옥(任成玉)이 시무(視務)하였다.[250]

동년(同年)에 김해군(金海郡) 임리교회(林里敎會)가 설립(設立)하였다. 선시(先是)에 선교사(宣敎師) 예설배(芮薛[元]培, [Albert C. Wright])의 전도(傳道)로 설립(設立)하고, 조사(助師) 오성문(吳聖文)이 시무(視務)하였다.

동년(同年)에 김해군(金海郡) 도도교회(桃島敎會)가 설립(設立)하다. 선시(先是)에 선교사(宣敎師) 예설배(芮薛[元]培, [Albert C. Wright])의 전도(傳道)로 박순일(朴順日), 정삼룡(鄭三龍)이 신종(信從)하여 설립(設立)하다. 조사(助師) 양인석(梁仁錫)이 시무(視務)하였다.

동년(同年)에 의령군(宜寧郡) 마산교회(馬山敎會)가 설립(設立)하다. 선시(先是)에 권임함(權任咸, [Frank William Cunningham])이 전도(傳道)

로 이태상(李泰尙), 문덕언(文德彦)이 신종(信從)하여 설립(設立)하다. 조사(助事) 김인범(金仁範)이 시무(視務)하였다.

 1923년(一九二三年) 계해(癸亥)에 협천군(陜川郡) 구원동교회(舊原洞敎會)가 부흥(復興)하여 기년전(幾年前) 수일(水溢)로 예배당(禮拜堂)이 반붕(半崩)하고 교인(敎人) 2인(二人)이 압사(壓死)하여 교회(敎會) 쇠퇴(衰退)하더니 지시(至是)하여 진흥(振興)하였다. 선교사(宣敎師) 맹호은(孟浩恩, [Frederick J. L. MacRae]), 별조사(別助師) 이윤팔(李允八), 최성봉(崔聖捧), 최영돈(崔永敦)이 차제시무(次第視務)하였다.

3. 전도(三, 傳道)

 1918년(一九一八年) 무오(戊午)에 진주읍교회(晋州邑敎會)가 전도회(傳道會)를 조직(組織)하고 여전도인(女傳道人) 김성심(金誠心)을 청구(請求)하여 진주지방(晋州地方)에 전도(傳道)하였다.

 1921년(一九二一年) 신유(辛酉)에 부산부(釜山府) 초량교회(草梁敎會) 부인(婦人) 등(等)이 전도회(傳道會)를 조직(組織)하여 매삭월(每朔月) 연금(捐金)과 연미(捐米)를 수합(收合)하여 전도부인(傳道婦人) 양주의(梁周儀)를 청(請)하여 당지(當地)에 전도(傳道)하였다.

 동년(同年)에 밀양읍교회(密陽邑敎會)에서 전도부인(傳道婦人) 안철나미(安撤羅米)를 청(請)하여 전도(傳道)하다.

 동년(同年)에 함안읍교회(咸安邑敎會)에서 전도회(傳道會)를 조직(組織)하고 여전도인(女傳道人)을 택(擇)하여 본(本) 교회(敎會)에서 전도(傳道)하였다.

 1923년(一九二三年) 계해(癸亥)에 부산(釜山) 각(各) 교회(敎會)가 부산수산공진회기회(釜山水産共進會期會) 기회(機會)를 이용(利用)하여 전도(傳道)하기를 의결(議決)하고 전도지(傳道紙) 5,000매(五千枚)를 인쇄(印刷)하여 분전(分傳)할쌔 1개월간(一個月間) 각(各) 회당(會堂)을 따라 열심전도(熱心傳道)하였다.

4. 환난(四, 患難)

1919년(一九一九年) 기미(己未)에 3·1사건(三一事件)으로 인(因)하여 각(各) 교회(敎會) 남녀청년(男女靑年)이 더욱 환난(患難)이 다수(多受)하는 중(中) 부산진(釜山鎭) 일신학교(日新學校) 교사(敎師) 주(朱)[251]경애(敬愛)가 박시련(朴時連)을 위시(爲始)하여 묘령(妙齡)의 여학생(女學生)이 부산감옥(釜山監獄)에 징역자(懲役者) 다(多)하였다.

5. 진흥(五, 振興)

1919년(一九一九年) 기미(己未)에 마산부교회(馬山府敎會)가 이승규(李承奎) 손자(孫子) 이상소(李相召)가 장로(長老)의 직(職)을 선공(善供)하여 충심(忠心)으로 노력(勞力)하고 목사(牧師) 전훈석(全勳錫), 한석진(韓錫晋), 박정찬(朴禎燦) 등(等)이 차제시무(次第視務) 중(中)에 교회진흥(敎會振興)하여 13,000여원(一萬三千餘圓)의 석재(石材) 예배당(禮拜堂) 80평(八十坪)을 건축(建築)하였다.

부산부(釜山府) 초량교회(草梁敎會)는 목사(牧師) 정덕생(鄭德生)이 다년(多年) 시무(視務) 중(中) 윤복태(尹馥泰), 전석준(全錫準), 신상익(愼尙翼), 지영진(池榮璡) 등(等) 진실(眞實), 신주위주활동(信主爲主活動)에 교회(敎會) 진흥(振興)이라. 문상우(文尙宇), 안희제(安熙濟), 김시룡(金時龍)[을] 위시(爲始)하여 기미구락부(己未俱樂部) 의연금(義捐金) 6,700여원(六千七百餘圓)과 정재룡(鄭在龍)의 1,000여원(一千餘圓)과 교인(敎人)의 연보금(捐補金)을 수합(收合)하여 오스트랄리아전도회(傳道會)로부터 예배당(禮拜堂) 기지(基地) 680평(六百八〇평坪)을 수십년(數十年) 매수(買收)한

원가(元價)에 의(依)하여 매수(買收)하여 금(金) 12,500원(一萬二千五百圓) 가치(價値)의 전제(磚制) 예배당(禮拜堂) 70여평(七〇餘坪)을 미려(美麗)히 건축(建築)하였다.

　1922년(一九二二年) 임술(壬戌)에 김해교회(金海敎會)는 목사(牧師) 이기선(李基宣)이 시무(視務)한지 불과(不過) 1년(一年)에 교회진흥(敎會振興)하여 금(金) 7,000여원(七千餘圓)을 연보(捐補)하여 양제(洋制) 예배당(禮拜堂)을 건축(建築)하였다.

　1923년(一九二三年) 계해(癸亥)에 동래읍교회(東萊邑敎會)가 목사(牧師) 김현모(金賢模)와 장로(長老) 김만일(金萬一)이 교회(敎會)를 위(爲)하여 노력(努力)하는 중(中) 김만일(金萬一)이 금(金) 1,000원(一千圓)과 한동년(韓東年)의 금(金) 500원(五百圓)과 기타(其他) 교인(敎人) 일반(一般)의 열심연보(熱心捐補)하여 합(合) 4,000여원(四千餘圓)으로 양제(洋制) 예배당(禮拜堂) 50여평(五〇餘坪)을 건축(建築)하였다.[252]

제 11장
산서노회(山西老會)

1917년 정사(丁巳)에 대황구(大荒溝) 각처교회가 대박해를 당하다. …
1919년 기미(己未)에 초산군(楚山郡) 회목동교회 의사 백운경(白雲卿)은
자선심(慈善心)이 풍부하여 일반환자에게 무료시술하다.

산서노회, 조선예수교장로회사기 하

1. 총론(一, 總論)

(1) 노회설립(一, 老會設立)

개차(盖此) 산서일경(山西一境)은 배산임류(背山臨流)의 벽양산협(僻陽山峽)에 불과(不過)하나 천부(天父)의 홍은(鴻恩)으로 진리(眞理)가 파전이래(播傳以來) 나초위(羅初胃), 노세영(盧世永, [Cyril Ross]), 위대모(魏大模, [Norman C. Whittemore]), 방혜법(邦惠法, [Herbert E. Blair]), 노해리(魯解理, [Harry A. Rhodes]), 함가륜(咸嘉倫, [Clarence S. Hoffman]), 감부열(甘富悅, [Archibald Campbell, 1890-1977]) 등(等) 제선교사(諸宣敎師)와 안승원(安承源), 이기형(李基馨), 김대건(金大鍵), 송윤진(宋潤鎭), 김기형(金基亨) 등(等) 제목사(諸牧師)와 함석용(咸錫

溶), 오현비(吳賢備), 김창욱(金昌郁), 주하룡(朱夏龍), 이만기(李萬基), 김련(金鍊), 최가진(崔家鎭), 곽치서(郭致瑞) 등(等) 제조사(諸助師)의 충실(忠實)한 사역(事役)에 의(依)하여 주(主)의 무한(無限)한 권능(權能)이 해행(偕行)한 결과(結果) 교회(敎會)가 백여처(百餘處)에 달(達)하고 교인(敎人)이 시가일증(時加日增)함으로 총회(總會)의 승인(承認)을 득(得)하여 평북노회(平北老會)에서 분리(分離)하여 초산(楚山), 위원(渭原), 강계(江界), 자성(慈城), 후창(厚昌) 등(等) 5군(五郡) 간도일대(間島一帶)를 구역(區域)으로 정(定)하고 노회(老會)를 조립(組立)ㅎ게 되니 실(實)로 영광(榮光)을 천부(天父)에게 귀(歸)할 대행사(大幸事)이라 위(謂)하노라.

(2) 노회의 의안(二, 老會의 議案)

1917년(一九一七年) 정사(丁巳) 2월(二月) 13일(一三日)에 산아노회(山亞老會) 제 1회(第一回) 조직회(組織會)가 강계읍(江界邑) 남장대예배당(南將坮禮拜堂)에 회집(會集)하니 회원(會員)은 목사(牧師) 7인(七人), 장로(長老) 6인(六人)이요, 임원(任員)을 선거(選擧)하니 회장(會長)에 함가륜(咸嘉倫, [Clarence S. Hoffman]), 부(副) 안승원(安承源), 서기(書記) 한경희(韓敬禧), 부(副) 김승호(金承浩), 회계(會計) 김대건(金大鍵), 부(副) 김진근(金振瑾)이더라. 공천위원(公薦委員)은 규칙위원(規則委員)을 겸임(兼任)ㅎ게 하고 회원(會員)이 불다(不多)함으로 회장(會長)과 서기(書記)도 위원(委員)에 피선(被選)되게 하기로 결정(決定)하다.

규칙위원(規則委員)이 규칙(規則)을 제정(制定) 보고(報告)하여 채용(採用)되었는데, 노회(老會)는 1년(一年) 2회식(二回式) 회집(會集)하되 2월(二月)과 8월(八月) 중(中)으로 기년(朞年)은 8월(八月)로 정(定)하고 직원(職員)과 위원(委員)은 기년(朞年) 노회(老會)에서 투표(投票) 선정(選定)하고 시찰구역(視察區域)은 3구(三區)로 분(分)하되 자성(慈城), 후창(厚昌), 장진(長津), 강계(江界)는 동구역(東區域)으로, 초산(楚山), 위원(渭原)은 서구역(西區域)으로, 서간도(西間島)는 북구역(北區域)으로 정(定)하고 각(各)

시찰(視察)이 그 구역교회(區域敎會)의 정형(情形)을 노회(老會)에 보고(報告)ᄒ게 하고 하기(夏期) 제직(諸職)[253]도사경회(都査經會)는 노회(老會) 회집장소(會集場所)에 정(定)하기로 하고 신학생(神學生)은 계속(繼續)하는 자(者)이라도 매년(每年) 시취(試取)하고 장로(長老)는 피택(被擇)한 기차 노회(其次老會)에 문답(問答)하기로 한다. 목사가족(牧師家族) 구조금(救助金)은 각(各) 교회(敎會)가 부활주일(復活主日)에 힘써 연보(捐補)하여 위원(委員)에게 보내고 위원(委員)은 10원(一○圓)부터 우편(郵便)에 저금(貯金)ᄒ게 하기로 결정(決定)하다. 전도국(傳道局) 보고(報告)에 의(依)하여 당년(當年) 도사경회시(都査經會時)에 전도금(傳道金)을 연보(捐補)하여 사경전도회(査經傳道會) 명의(名義)로 전도(傳道)ᄒ게 할 사(事)와 각(各) 교회내(敎會內) 전도회(傳道會) 재정(財政)을 노회전도부(老會傳道部)가 관할(管轄)할 사(事)와 각(各) 교회내(敎會內) 전도회(傳道會) 재정(財政)을 본(本) 전도부(傳道部)에 보내어 전도부(傳道部) 명의(名義)로 전도인(傳道人)이나 선교사(宣敎師)를 파송(派送)할 사(事)와 아무 교회(敎會)든지 전도비(傳道費)를 모아 지방전도인(地方傳道人)을 택(擇)하고 전도(傳道)하기를 청원(請願)하면 본(本) 위원(委員)이 결의(決議) 후(後) 허락(許諾)할 사(事)와 각(各) 교회내(敎會內) 남녀전도회(男女傳道會) 재정(財政)을 기년(朞年) 노회시(老會時)에 전도부(傳道部)에 보고(報告)하고 임시전도인(臨時傳道人)을 파송(派送)하는 사(事)는 본(本) 전도부(傳道部)에 맡겨 파송(派送)한 후(後) 노회(老會)에 보고(報告)하기로 결정(決定)하다. 시취위원(試取委員)의 보고(報告)에 의(依)하여 피택장로(被擇長老) 이원균(李元鈞), 지(池)화약, 허선흥(許善興) 등(等)의 장립(將立)과 신학생(神學生) 오현척(吳賢倜)의 계속수학(繼續修學)을 허(許)하다. 평북노회(平北老會) 전도국(傳道局) 공함(公函)에 의(依)하여 매기년(每朞年) 노회(老會)에서 서간도(西間島) 선교사(宣敎師) 1인식(一人式)을 평북노회(平北老會)에 출석(出席)ᄒ게 하고 선교사(宣敎師)의 관할지(管轄地)를 변동(變動)할 시(時)는 산서노회(山西老會)에 교섭(交涉)하여 발행(發行)하고 서간도(西間島) 선교사(宣敎師)를 치리(治理)하는 권(權)은 산서노회(山西老會)에 상의(相議)하여 하고 선교사(宣敎師) 3인(三人) 중(中) 2인(二人)은 별신학(別神學) 1인(一人)은 총회(總會)에 총대(總代)가 될 사(事)를 결정(決定)하다. 정사부(定事部)의 보고(報告)에 의(依)하여 주하룡(朱夏龍)은 월봉(月俸) 12원(一二圓), 강계(江界), 수하동(洞) 등지(等地)에 임시전도조사(臨時傳道助師)로, 박창선(朴昌善)은 월봉(月俸) 8원(八圓), 목사(牧師) 최봉석(崔鳳奭)은 구역(區域) 서편(西便) 7교회(七敎會)에 임시조사(臨時助師)로, 이(李)정목은 연봉(年俸) [곡식 12단(一二團)과 금(金) 35원(三五圓)], 목사(牧師) 최성주(崔聖柱)로 구역(區域) 동편(東便) 4교회(四敎會)에 임시조사(臨時助師)로, 이(李)탁은 연봉(年俸)[곡식 13단(一三團)과 금(金) 50원(五〇圓)], 한경희목사(韓敬禧牧師)는 구역(區域) 서편(西便) 8교회(八敎會)에 임시조사(臨時助師)로 허(許)하고, 위원(渭原) 한당교회(敎會), 강산 얼두우교회(敎會), 홍사현(興糸縣) 왕청문 장년교회(敎會), 시륵교회(敎會)에 장로(長老) 각(各) 1인식(一人式) 택(擇)함을 허(許)하다.

　　1917년(一九一七年) 정사(丁巳) 8월(八月) 20일(二十日)에 산서노회(山西老會)가 제 2회(第二回)로 초산읍예배당(楚山邑禮拜堂)에 회집(會集)하니 회원(會員)은 목사(牧師) 10인(一〇人), 장로(長老) 11인(一一人)이오, 임원(任員)을 선정(選定)하니 회장(會長)에 안승원(安承源), 부(副) 김진근(金振瑾), 서기(書記)에 한경희(韓敬禧), 부(副) 김대건(金大鍵), 회계(會計) 김대건(金大鍵), 부(副) 김진근(金振瑾)이더라. 동구역시찰(東區域視察)의 청원(請願)에 의(依)하여 왕청문 등(等) 4교회(四敎會)에 조사(助師) 이(李)근진, 통화현(通化縣) 쾌다모즈 등(等) 4교회(四敎會)에 조사(助師) 이(李)정목, 얼두거우 등(等)[254] 5교회(五敎會)에 조사(助師) 박창선(朴昌善)의 계속시무(繼續視務)함을 허(許)하고, 서구역시찰(西區域視察)의 청원(請願)에 의(依)하여 위원읍(渭原邑) 등(等) 12교회(一二敎會)에 권형모(權衡模)를 조사(助師)로 신임(新任)하는 것과 초산(楚山) 누틤리(里) 등(等) 12교회(一二敎會)에 조사(助師) 함석용(咸錫溶)의 계속시무(繼續視務)함을 허(許)하고, 강계(江界), 수하, 고산진(鎭) 등(等) 8교회(八敎會)에 김대건(金大鍵)을 함가륜(咸嘉倫, [Clarence S. Hoffman])과 다시 동사목사(同事牧師)로

될 것과 후창읍(厚昌邑) 등(等) 9교회(九敎會)에서 인(印)국원을 내노회(來老會)까지 임시조사(臨時助師)될 일을 허(許)하고, 자성읍(慈城邑) 등(等) 6교회(六敎會)에서 이기형(李基馨)을 함가륜(咸嘉倫, [Clarence S. Hoffman])과 다시 동사목사(同事牧師) 되기를 청원(請願)한 것과 장성(長城) 등(等) 8교회(八敎會)에서 오현척(吳賢倜)을 다시 조사(助師)로 청원(請願)하는 것과 강계읍교회(江界邑敎會)에서 김진근(金振瑾)을 함가륜(咸嘉倫, [Clarence S. Hoffman])과 동사목사(同事牧師)됨을 청원(請願)하는 것은 허(許)하다. 문답위원(問答委員)의 보고(報告)에 의(依)하여 이창훈(李昌勳), 방경모(方敬模), 조기학(趙基學), 인(印)국원 등(等)의 신학(神學)을 허(許)하고, 피택장로(被擇長老) 김도준(金道俊), 이(李)근진, 송(宋)인당 등(等)의 장립(將立)과 장로(長老) 신기(申基)초의 후임(後任)을 허(許)하다. 정사위원(定事委員)의 보고(報告)에 의(依)하여 집안현(輯安縣), 신흥리(新興里) 등(等) 5교회(五敎會)에 강제현(姜齊賢)을 임시조사(臨時助師)로 신학준사(神學準士) 송윤진(宋潤鎭)을 다황거우 등(等) 7교회(七敎會)에 한경희(韓敬禧), 국유치(鞠裕致, [Welling Thomas Cook])와 동사목사(同事牧師)로 동(同) 이지은(李枝殷)은 진무허 등(等) 4교회(四敎會)에 최성주(崔聖柱), 소열도(蘇悅道, [T. Stanley Saltau])의 동사목사(同事牧師)로 하되 이지은(李枝殷)은 평북노회(平北老會)에서 안수(按手)를 받게 할 것과 김(金)기형은 강계(江界), 수상(水上) 등지(等地) 14교회(一四敎會)에 새로 조사(助師)될 것과 주하룡(朱夏龍)은 강계(江界), 수하(水下) 등지(等地) 14교회(一四敎會)에 새로 조사(助師)될 일과 유하현(柳下縣) 다스탄교회(敎會)와 왕청문 니시거우교회(敎會)와 강계읍교회(江界邑敎會)에 장로(長老) 각(各) 1인식(一人式) 택(擇)할 일을 허(許)하고 초산읍(楚山邑) 등(等) 3교회(三敎會)에서 안승원(安承源)을 함가륜(咸嘉倫, [Clarence S. Hoffman])과 다시 동사목사(同事牧師)로 청원(請願)함과 유하현(柳下縣), 삼원포(三源浦) 등(等) 5교회(五敎會)에 이(李)탁을 새로 조사(助師)로 청원(請願)하는 것은 허(許)하고 유하(柳下), 해룡(海龍), 동풍(東豊), 서풍(西豊) 등(等) 4현(四縣) 지방(地方)은 한경희(韓敬禧), 국유치(鞠裕致, [Welling Thomas

Cook])의 동사선교지방(同事宣敎地方)으로 홍경(興京), 임강(臨江) 2현(二縣)과 통화현(通化縣), 후마령 북편(北便)은 최성주(崔聖柱), 소열도(蘇悅道, [T. Stanley Saltau])의 동사선교지방(同事宣敎地方)으로 집안(輯安), 회인(懷仁) 2현(二縣)과 통화현(通化縣), 후마령 북편(北便)은 최성주(崔聖柱), 소열도(蘇悅道, [T. Stanley Saltau])의 동사선교지방(同事宣敎地方)으로 결정(決定)하니라.

학무위원(學務委員)은 매년(每年) 6월(六月) 제 2회(第二回) 주일(主日)은 아해주일(兒孩主日)로 정(定)하고 힘써 연보(捐補)하여 교육사업(敎育事業)에 사용(使用)ᄒ게 함을 청원(請願)하며 허락(許諾)하다. 평북노회(平北老會)에서 안승원(安承源)을 이명(移名)하라고 전보(電報)하였으매 이명(移名) 못한다고 회전(回電)하다. 전도부(傳道部) 청원(請願)에 의(依)하여 자성(慈城), 후창월편(厚昌越便) 중국지방(中國地方)에 거생(居生)하는 동족(同族)에게 전도인(傳道人)을 파송(派送)할 사(事)는 전도부(傳道部)에 다시 맡겨 파송(派送)ᄒ게 하고 통화동편(通化東便)에 전도인(傳道人)을 파송(派送)하자는 사(事)는 그대로 채용(採用)하니라. 서구역시찰(西區域視察)의 청원(請願)에 의(依)하여 초산동남지경(楚山東南地境)에 이용빈(李龍彬)으로 6개월간(六個月間) 전(傳)[255]도(道)하되 전도인(傳道人) 관리(管理)는 해지방목사(該地方牧師) 안승원(安承源)에게 위임(委任)하고 강계(江界), 수상(水上), 후창(厚昌), 영동(嶺東) 등지(等地)에 전도인(傳道人) 파송(派送)할 일은 강계읍(江界邑) 당회(堂會)에 위임(委任)하고 임강현동편(臨江縣東便) 등지(等地)엔 정낙영(鄭洛英)으로 6개월간(六個月間) 전도(傳道)ᄒ게 하되 관리(管理)는 자성목사(慈城牧師) 이기형(李基馨)에게 위임(委任)하기로 결정(決定)하다. 주일학교(主日學校) 위원(委員)은 각(各) 교회(敎會)는 주일학교(主日學校)를 힘써 조직(組織)하고 공과(工課)는 총회(總會)에서 제정(制定)한 공과(工課)대로 하고 유년주일학교(幼年主日學校) 학생(學生)의 연령(年齡)은 17세(一七歲) 이하(以下)로 자미(滋味)있게 진행(進行)하기를 보고(報告)하여 채용(採用)되다. 노회(老會)가 신학준사(神學準士) 송윤진(宋潤鎭)을 의정(議定)한 순서(順序)대로 목사임직(牧師任職)

하는 안수식(按手式)을 거행(擧行)하다. 노회(老會)는 춘추(春秋) 양기(兩期)로 회집(會集)하되 기년(朞年)은 추기(秋期)로 정(定)하다. 노회(老會)는 총회(總會)에서 수의(垂議)한 총회총대규칙(總會總代規則) 개정안(改正案) 3당회(三堂會)에 목사(牧師), 장로(長老) 각(各) 1인식(一人式)을 매(每) 5당회(五堂會)에 목사(牧師), 장로(長老) 각(各) 1인식(一人式)으로 변경(變更)하자는 의안(議案)]에 대(對)하여 투표(投票)하였는데 총투표(總投票) 20(二〇) 중(中) 가표(可票)가 17(一七)이더라.

    1918년(一九一八年) 무오(戊午) 1월(一月) 2일(二日)에 산서노회(山西老會)가 제 3회(第三回)로 강계읍성경학교(江界邑聖經學校)에 회집(會集)하니 회원(會員)은 목사(牧師) 12인(一二人), 장로(長老) 15인(一五人)이더라. 동구역시찰(東區域視察)의 청원(請願)에 의(依)하여 당석(當席)에 미참(未參)된 신학(神學) 3학년(三學年) 오현척(吳賢倜)의 답(答)하는 것은 자성사경회(慈城查經會)에 회집(會集)하는 시찰위원(視察委員)에게 위임(委任)하기로 결정(決定)하고 서구역시찰(西區域視察)의 청원(請願)에 의(依)하여 초산군(楚山郡) 평당(坪塘) 등지(等地) 9교회(九敎會) 조사구역(助師區域)은 선교사(宣敎師) 함가륜(咸嘉倫, [Clarence S. Hoffman])으로 돌아보게 하다. 목사가족구조부(牧師家族救助部) 보고(報告)에 의(依)하여 부활주일(復活主日)에 각(各) 교회(敎會)가 힘써 연보(捐補)하기로 결정(決定)하다.

    문답위원(問答委員)의 보고(報告)에 의(依)하여 신학생(神學生) 권형모(權衡模), 김기형(金琪亨), 주하룡(朱夏龍), 이(李)용규, 2년생(二年生) 김병렬(金炳烈)의 계속(繼續)과 피택장로(被擇長老) 박성삼, 최광혜, 서필환의 장립(將立)과 당석(當席) 미참(未參)한 신학생(神學生) 박창선(朴昌善)의 문답(問答)은 최성주(崔聖柱), 이지은(李枝殷), 최봉석(崔鳳奭) 3씨(三氏)에게, 함석용(咸錫溶)의 문답(問答)은 함가륜(咸嘉倫, [Clarence S. Hoffman]), 안승원(安承源)에게 위임(委任)하는 것을 허락(許諾)하다. 학무부(學務部) 청원(請願)에 의(依)하여 내년(來年) 음력(陰曆) 정월(正月) 14일(十四日) 주일(主日)에 각(各) 교회(敎會)가 영인중학교(永寅中學校) 기본금(基本金)을 위(爲)하여 연보(捐補)하기로 결정(決定)하다.

임사부(任事部) 보고(報告)에 의(依)하여 유하현(柳下縣) 삼원포교회
(三源浦敎會)에 장로(長老) 2인(二人), 통화현(通化縣) 진두허교회(敎會)에
장로(長老) 1인(一人) 택(擇)할 사(事)를 허(許)하고 강계군(江界郡) 니판동
(洞), 시천당, 자신동(洞) 3교회(三敎會)는 목사(牧師) 김대건(金大鍵)의 구
역(區域)에 합부(合付)ᄒᆞ게 하고 다황거우 등지(等地) 6교회(六敎會)에서
시무(視務)하던 목사(牧師) 송윤진(宋潤鎭)의 사면(辭免)은 허락(許諾)하고
초산목사(楚山牧師) 안승원(安承源)의 사면(辭免)은 해구역시찰부(該區域
視察部)에 위탁(委托)하여 형편(形便)을 보아 작정ᄒᆞ게 하고 초산읍(楚山邑)
등(等) 4교회(四敎會)에[256]서 송윤진(宋潤鎭)을 함가륜(咸嘉倫, [Cla-
rence S. Hoffman])과 임시동사목사(臨時同事牧師)로 청원(請願)하는 것
은 봉환(封還)하기로 하고 북구역(北區域) 삼원포(三源浦) 등지(等地) 5교
회(五敎會)에서 한경희(韓敬禧)를, 왕청문 등지(等地) 3교회(三敎會)에서
최성주(崔聖柱)를 지방목사(地方牧師)로 청빙(請聘)하는 사(事)는 평북노회
(平北老會) 전도부(傳道部)에서 전도목사(傳道牧師)로 임용(任用)하지 못한
다는 통첩(通牒)이 내(來)한 후(後) 허락(許諾)하되 시찰부(視察部)에 위임
(委任)하여 작정(作定)ᄒᆞ게 하고 김(金)리올은 자성(慈城), 후창(厚昌) 등지
(等地)에서 새로 조사(助師)됨을 허(許)하기로 결정(決定)하다. 다황거우 등
지(等地) 6교회(六敎會)에 교역자(敎役者) 세울 일을 북구역시찰부(北區域
視察部)에 위임(委任)하다. 진두휘 등지(等地) 4교회(四敎會)에 이지은(李
枝殷)을 소열도(蘇悅道, [T. Stanley Saltau])와 동사목사(同事牧師)로 시
무(視務)ᄒᆞ게 하기로 결정(決定)하다.

1918년(一九一八年) 무오(戊午) 8월(八月) 17일(十七日)에 산서노회(山
西老會)가 제 4회(第四回)로 중국(中國) 봉천성(奉天省) 통화현(通化縣) 강
산이도구(岡山二道溝)(강산얼두거우)예배당(禮拜堂)에 회집(會集)하니 회
원(會員)은 목사(牧師) 9인(九人), 장로(長老) 15인(一五人)이오, 임원(任員)
을 선정(選定)하니 회장(會長)에 김진근(金振瑾), 부회장(副會長) 최성주(崔
聖柱), 서기(書記)에 한경희(韓敬禧), 부서기(副書記)에 김대건(金大鍵), 회
계(會計) 김대건(金大鍵), 부회계(副會計) 이지은(李枝殷)이더라. 목사(牧

師) 안승원(安承源)은 평북노회(平北老會)에 이명(移名)하기로 결정(決定)하다.

　　서구역시찰(西區域視察)의 청원(請願)에 의(依)하여 초산군(楚山郡) 동장(東場) 등지(等地) 12교회(十二敎會)에 함석용(咸錫溶)이 다시 조사(助師)될 것을 허(許)하고 북구역시찰부(北區域視察部)의 청원(請願)에 의(依)하여 나(羅)시채 등(等) 5교회(五敎會)에 강제현(姜齊賢)과 얼두거우 등(等) 5교회(五敎會)에 박창선(朴昌善)의 다시 조사(助師)되는 것과 그 구역(區域)은 평북노회(平北老會) 전도목사(傳道牧師) 최봉석(崔鳳奭)으로 관리(管理)함을 허(許)하고 선교사(宣敎師) 소열도(蘇悅道, [T. Stanley Saltau]) 소관구역(所管區域) 7교회(七敎會)에 조사(助事) 세우는 일을 시찰부(視察部)에 위임(委任)하는 일은 허(許)하고 동구역시찰(東區域視察)의 청원(請願)에 의(依)하여 자성읍(慈城邑) 등(等) 6교회(六敎會)에서 이기형(李基馨)을 함가륜(咸嘉倫, [Clarence S. Hoffman])과 동사목사(同事牧師)로 강계(江界), 수하(水下) 등(等) 9교회(九敎會)에서 김대건(金大鍵)을 함가륜(咸嘉倫, [Clarence S. Hoffman])과 동사목사(同事牧師)로, 강계읍교회(江界邑敎會)에서 김진근(金振瑾)을 함가륜(咸嘉倫, [Clarence S. Hoffman])과 동사(同事)로 임직(任職)함을 허(許)하고, 자성(慈城), 신흥동(新興洞) 등(等) 14교회(一四敎會)에 오현척(吳賢倜), 강계(江界), 수하동편(水下東便)의 고진 등(等) 11교회(一一敎會)에 주하룡(朱夏龍), 강계(江界), 수상(水上), 황봉리(里) 등(等) 10교회(一○敎會)에 김기형(金基亨)을 계속조사(繼續助師) 되기를 청원(請願)함을 허(許)하고 강계(江界), 수상구역(水上區域)은 선교사(宣敎師) 함가륜(咸嘉倫, [Clarence S. Hoffman]), 수하동구역(水下東區域)과 후창(厚昌), 장진(長津) 등지(等地)는 선교사(宣敎師) 감부열(甘富悅, [Archibald Campbell, 1890-1977])로 시무(視務)ᄒ게 하기로 결정(決定)하다. 문답부(問答部) 보고(報告)에 의(依)하여 신학준사(神學準士) 권형모(權衡模), 김익수(金益洙)의 목사장립(牧師將立)과 피택장로(被擇長老) 신윤탐(申潤耽), 김기영(金基永), 김(金)별령 등(等)의 장립(將立)을 허(許)하다. 임사부(任事部) 보고(報告)에 의(依)하여 송윤모(宋潤模)는

초산읍(楚山邑) 3교회(三敎會)에 함가륜(咸嘉倫, [Clarence S. Hoffman])
과 임시동사목사(臨時同事牧師)로, 한경희(韓敬禧)는 청영자 등(等) 5교회
(五敎會)에 지방목사(地方牧師)로, 최성주(崔聖柱)는 장난 등(等) 4교회(四
敎會)에, 이지은(李枝殷)은 진두휘 등(等) 4교회(四敎會)에 지방목사(地方
牧師)로, 김익수(金益洙)는 다스탄 등(等)[257] 4교회(四敎會)에 지방목사
(地方牧師)로, 권형모(權衡模)는 위원지방(渭原地方) 11교회(一一敎會)에
함가륜(咸嘉倫, [Clarence S. Hoffman])과 임시동사목사(臨時同事牧師)
로 허(許)하고, 양수패스 등(等) 8교회(八敎會)와 그 지방(地方)은 선교사
(宣敎師) 소열도(蘇悅道, [T. Stanley Saltau])로, 쾌대무자(快大茂子) 등
(等) 8교회(八敎會)는 선교사(宣敎師) 국유치(鞠裕致, [Welling Thomas
Cook])로 시무(視務)ㅎ게 하고 초산(楚山) 안찬리교회(安贊里敎會)와 위원
(渭原) 한장교회(漢場敎會)와 유하현(柳下縣) 다스탄교회(敎會)와 흥사현
(興糸縣) 장난교회(敎會)와 통화현(通化縣) 쾌대무자교회(快大茂子敎會)와
강계(江界) 흥판동교회(興判洞敎會)와 거문산교회(巨文山敎會)와 안도동교
회(安道洞敎會)와 자성읍교회(慈城邑敎會)와 중강교회(中江敎會)와 위원
(渭原) 동장교회(東場敎會)에 장로(長老) 각(各) 1인식(一人式) 택(擇)함을
허(許)하기로 결정(決定)하다. 노회(老會)는 의정순서(議定順序)대로 신학
준사(神學準士) 김익수(金益洙), 권형모(權衡模)를 목사(牧師)로 안수장립
(按手將立)하다. 규칙부(規則部) 보고(報告)에 의(依)하여 총회(總會)에서
수의(垂議)한 교육기본금(敎育基本金)을 위(爲)하여 세례인(洗禮人) 매명
(每名)에 1전식(一錢式) 수합(收合)하기로 정(定)하고 신학(神學) 계속자
(繼續者)의 문답(問答)은 각(各) 시찰부(視察部)에 위임(委任)하고 신학신
입생(神學新入生)과 장로(長老)의 문답(問答)은 종전(從前)과 여(如)히 노
회(老會)에서 시취(試取) 문답(問答)하고 공과위원(工課委員)은 성경공과위
원(聖經工課委員)으로 개정(改定)하다.

전도부(傳道部)는 정낙영(鄭洛榮)을 임강현(臨江縣) 등지(等地)에 파송
전도(派送傳道) 결과(結果) 신자(信者) 50여명(五〇餘名)에 달(達)하고, 예
배처소(禮拜處所)가 3처(三處)가 되고 강계읍(江界邑) 남녀전도회(男女傳

道會) 청원(請願)대로 김(金)치울을 수상(水上) 등지(等地)에 파송전도(派送傳道)한 결과(結果) 신자(信者)가 30여명(三〇餘名)이 되고 초산읍부인전도회(楚山邑婦人傳道會) 청원(請願)에 의(依)하여 이용빈(李龍彬)을 풍면(豊面), 송명(松明) 등지(等地)에 파송전도(派送傳道)의 결과(結果) 신신자(新信者)가 200여명(二百餘名)에 달(達)하고 예배처소(禮拜處所)가 3, 4처(三四處)됨을 보고(報告)하고 정낙영(鄭洛英)을 임강현(臨江縣) 등지(等地)에 다시 파송전도(派送傳道)할 것과 강계읍남녀전도회(江界邑男女傳道會) 청원(請願)대로 장진(長津) 등지(等地)에 전도인(傳道人) 1인(一人) 파송(派送)할 사(事)와 노회전도부(老會傳道部) 연보금(捐補金) 모집방법(募集方法)은 양편(兩便) 도사경시(都査經時) 특연보(特捐補)할 것과 각(各) 구역(區域)과 각(各) 교회(敎會)에 남녀전도회(男女傳道會)를 조직(組織)하고 개인전도(個人傳道)를 면려(勉勵)할 것을 청구(請求)하여 그대로 결정(決定)하다. 후창(厚昌) 등지(等地)에 조사(助師) 세우는 사(事)는 시찰부(視察部)에 위임(委任)하고 북구시찰부(北區視察部)에서 청원(請願)한 성경학교(聖經學校)는 강습소(講習所)로 개정(改正)하여 설립(設立)하게 하기를 결정(決定)하다.

1919년(一九一九年) 기미(己未) 2월(二月) 15일(一五日)에 산서노회(山西老會)가 제 5회(第五回)로 강계읍성경학교(江界邑聖經學校)에 회집(會集)하니 회원(會員)은 목사(牧師) 11인(一一人), 장로(長老) 7인(七人)이러라. 회장(會長) 김진근(金振瑾)이 평북노회(平北老會)에 이임(移任)하고 사면(辭免)하였으므로 이명(移名)하기로 결정(決定)하고, 회장(會長)에 최성주(崔聖柱), 부회장(副會長)에 이기형(李基馨)으로 선정(選定)하다.

북구역시찰부(北區域視察部) 보고(報告)에 의(依)하여 신학생(神學生) 지(池)석응, 방경모(方敬模)의 계속신학(繼續神學)과 선교사(宣敎師) 지경(地境) 7교회(七敎會)에 백몽량(白夢良)을 조사(助師)로 시무(視務)ㅎ게 [258] 한 사(事)을 승인(承認)하고 북구역시찰부(北區域視察部) 보고(報告)에 의(依)하여 후창(厚昌) 급(及) 장진(長津) 등지(等地)에 이용빈(李龍彬)을 임시조사(臨時助師)로, 강계읍교회(江界邑敎會)에 김대건(金大鍵)을 1삭반간(一朔半間) 목사(牧師)로, 수하서편(水下西便) 등지(等地)에 정준(鄭駿)을 임시조사(臨時助師)로 세운 사(事)와 신학생(神學生) 주하룡(朱夏龍), 오현척(吳賢倜), 인(印)국원 등(等)의 계속취학(繼續就學)을 승인(承認)하고 서구역시찰부(西區域視察部) 보고(報告)에 의(依)하여 신학생(神學生) 함석용(咸錫溶)의 계속취학(繼續就學)과 초산(楚山) 동장교회(東場敎會) 장로(長老) 최명현(崔命賢)을 혼인위반(婚姻違反)으로 면직(免職)한 사(事) 승인(承認)하기로 결정(決定)하다. 전도부(傳道部) 보고(報告)에 의(依)하여 정낙영(鄭洛英)을 임강현(臨江縣) 등지(等地)에 다시 파송전도(派送傳道)할 사(事)를 허(許)하다.

총회결의사항(總會決議事項)에 대(對)하여 총회비(總會費) 6전(六錢), 교육비(敎育費) 1전식(一錢式)을 이지은(李枝殷)이 수합(收合)하여 보내게 하고 고(故) 원두우(元杜尤, [Horace G. Underwood])박사(博士)의 기념비(紀念碑)와 나병원(癩病院) 구조비(救助費)는 아무쪼록 잘 되도록 사기수집위원(史記收集委員)은 각(各) 시찰부장(視察部長)으로 정(定)하고 내기년(來朞年) 노회시(老會時)에 다 가져오게 하기로 결정(決定)하고 상해(上海)와 해삼위전도(海蔘威傳道)를 위(爲)하여 연보(捐補)하는 일은 송윤진(宋潤鎭)에게 맡겨 일자(日字)를 정(定)하여 각(各) 교회(敎會)에 편지(便紙)하기로 결정(決定)하고 목사가족(牧師家族) 구조연보(救助捐補)는 목사지방(牧師地方)에 5원(五圓) 이상(以上), 조사지방(助師地方)에 3원(三圓) 이상(以上)으로 하되 연보(捐補)하는 일자(日字)는 매년(每年) 부활주일(復活主日)로 정(定)하고, 예배시(禮拜時)에 낭독(朗讀)하는 성경(聖經)은 한문성경(漢文聖經)을 사용(使用)하기로 결정(決定)하다.

종금이후(從今以後) 목사(牧師)의 월급(月給)은 20원(二〇圓) 이상(以上), 조사(助師)의 월급(月給)은 15원(一五圓) 이상(以上)으로 하기로 결정(決定)하다. 학무부(學務部) 보고(報告)에 의(依)하여 내(來) 4월(四月) 6일(六日)에 각(各) 교회(敎會)가 특별연보(特別捐補)하여 영인중학교(永寅中學校) 기본금(基本金)에 보충(補充)하기로 결정(決定)하다. 피택장로(被擇長老) 김치삼(金致三), 조창엽(趙昌燁), 주하룡(朱夏龍), 이창훈(李昌薰), 전원석(田瑗錫), 박관길(朴寬吉) 등(等)의 장립(將立)을 허(許)하기로 결정(決定)하다. 임사부(任事部) 보고(報告)에 의(依)하여 정준(鄭駿)은 초산(楚山), 송명 등지(等地)에 전도겸(傳道兼) 조사(助師)로, 이만기(李萬基)는 후창(厚昌) 급(及) 장진지방(長津地方)에 전도겸(傳道兼) 조사(助師)로, 김대건(金大鍵)을 강계읍교회(江界邑敎會)에 함가륜(咸嘉倫, [Clarence S. Hoffman])과 동사목사(同事牧師)로, 이기형(李基馨)은 자성북편(慈城北便) 등지(等地) 13교회(一三敎會)에 지방목사(地方牧師)로, 오현척(吳賢倜)은 자성남편(慈城南便) 등지(等地) 5교회(五敎會)에 조사(助師)로 허(許)하고 다황구, 장난, 리수구중(中), 강(江)진, 두휘 등(等) 교회(敎會)에 장로(長老) 각(各) 1인식(一人式) 강계읍교회(江界邑敎會)에 장로(長老) 2인(二人) 택(擇)함을 허(許)하고, 라시채 등(等) 6교회(六敎會)에 최봉석(崔鳳奭)을 지방목사(地方牧師)로 청원(請願)한 사(事)는 평북노회(平北老會), 전도부(傳道部)에 교섭(交涉)하여 영내(嶺內) 화전자(花田子) 1교회(一敎會)만 맡기고 다시 전도목사(傳道牧師)로 시무(視務)ㅎ게 하고 강계(江界), 수하서편(水下西便) 등지(等地)에 목사(牧師)를 청(請)하는 사(事)는 동구역시찰부(東區域視察部)에 맡기기를 결정(決定)하다.

　규칙부(規則部) 보고(報告)에 의(依)하여 권찰장(勸察長) 급(及) 권찰(勸察)과 주일학교(主日學校) 교사(敎師)는 당회(堂會)가 택(擇)하고 당회(堂會) 없는 곳에는 목사(牧師)의 주장(主張)으로 택(擇)할 사(事)[259]와 총회총대(總會總代) 중(中)에 회장(會長)을 예겸(例兼)할 사(事)와 총대(總代)될 인수(人數) 중(中) 4인식(四人式) 5년간(五年間) 택(擇)하여 두고 미비수(未備數)는 투표(投票)로 택(擇)할 사(事)와 회장(會長)으로 총대(總代)되었던 자(者)와 투표(投票)로 피택(被擇)하여 총대(總代)되었던 자(者)는 기후(其後) 총대(總代)될 순번(順番)이라도 가지 못할 사(事)를 결정(決定)하다.

　시년(是年) 추기(秋期)에 회집(會集)한 7회(七回) 회록(會錄)은 접수(接受)ㅎ지 못함을 인(因)하여 예회(豫回)의 의안(議案)은 부득기(不得已) 누기(漏記)되니라.

1920년(一九二〇年) 경신(庚申) 2월(二月) 5일(五日)에 산서노회(山西老會)가 제 7회(第七回)로 강계읍성경학교(江界邑聖經學校)에 회집(會集)하니 회원(會員)은 목사(牧師) 9인(九人), 장로(長老) 12인(一二人)이더라. 부서기(副書記)를 투표(投票)하여 송윤진(宋潤鎭)으로 택(擇)하다. 서간도(西間島)와 합(合)하여 회집(會集)ㅎ지 못하고 양처(兩處)에 모여 사무(事務)를 처리(處理)하고 회록(會錄)은 합(合)하여 편집(編輯)하기로 하다. 북구역시찰부(北區域視察部) 보고(報告)에 의(依)하여 목사(牧師) 한경희(韓敬禧)의 구역(區域) 5교회(五敎會)에서 이봉태(李鳳泰)를 임시조사(臨時助師)로 허(許)하고 남구역시찰부(南區域視察部) 보고(報告)에 의(依)하여 쾌데모스 등(等) 3교회(三敎會)에 변봉조(邊鳳朝)를 조사(助師)로, 지리거우 등(等) 3교회(三敎會)에 지석(池錫)용을 조사(助師)로 허(許)하기로 결정(決定)하다.

임사부(任事部) 보고(報告)에 의(依)하여 초산읍교회(楚山邑敎會), 신(新)도당교회(敎會), 자성(慈城)장서교회(敎會), 다황거우교회(敎會), 다스탄교회(敎會), 쌍양진교회(敎會)에 장로(長老) 각(各) 1인식(一人式) 택(擇)할 사(事)와 강계(江界), 수하(水下) 등지(等地) 11교회(一一敎會)에 곽치서(郭致瑞)를 임시조사(臨時助師)로, 얼누거우, 방화촌 양교회(兩敎會)에 김건후(金鍵厚)를 국유치(鞠裕致, [Welling Thomas Cook])와 임시동사목사(臨時同事牧師)로 청(請)함을 허(許)하다. 전도사(傳道師) 청원(請願)에 의(依)하여 다황거우, 홍두허자 2교회(二敎會)의 위탁(委托)으로 황(黃)겨선을 해룡, 통풍, 정풍 등지(等地)에 1년간(一年間) 전도(傳道)할 사(事)와 삼원포교회(三源浦敎會)의 위탁(委托)으로 정낙영(鄭洛英)을 길림성이남(吉林省以南) 등지(等地)와 장전자 등지(等地)에 전도(傳道)할 사(事)와 다스탄교회(敎會)의 위탁(委托)으로 3삭(三朔) 이상(以上) 유하현서편(柳下縣西便) 등지(等地)에 전도(傳道)할 사(事)를 허(許)하다.

문답부(問答部) 보고(報告)에 의(依)하여 한현희(韓賢禧), 백신관(白信寬) 양(兩) 장로(長老)의 부임(復任)과 피택장로(被擇長老) 박창선(朴昌善), 이응주(李應柱), 최석태(崔錫泰), 이창(李昌)목, 오현척(吳賢倜), 김병식(金

炳植), 김인도(金仁道), 이효근(李孝根)의 장립(將立)과 신학생(神學生) 4년생(四年生) 오현척(吳賢倜)의 계속(繼續) 수학(修學)과 신입생(新入生) 이만기(李萬基)의 입학(入學)을 허(許)하다.

강계(江界), 수하동편구역(水下東便區域) 조사(助師) 김련(金鍊)의 유고사면(有故辭免)을 인(因)하여 곽(郭)치서를 임시조사(臨時助師)로 시무(視務)할 일을 허(許)하다.

수상지방(水上地方)을 양구(兩區)로 분(分)하여 광성 등(等) 2교회(二敎會)에는 이만기(李萬基)를 임시조사(臨時助師)로 강계읍(江界邑) 등(等) 4교회(四敎會)에는 김대건(金大鍵)을 함가륜(咸嘉倫, [Clarence S. Hoffman])과 동사목사(同事牧師)로 청원(請願)함과 찬원군(贊原郡) 서편목사(西便牧師) 권형모씨(權衡模氏)의 사면대(辭免代)에 김창(金昌)욱을 임시조사(臨時助師)로 청원(請願)함을 허(許)하다.[260]

영인학교(永寅學校) 기본금(基本金)에 대(對)한 연보(捐補)는 3월(三月) 14일(一四日)로 정(定)하다.

1920년(一九二○年) 경신(庚申) 9월(九月) 18일(一八日)에 산서노회(山西老會)가 제 8회(第八回)로 강계군(江界郡) 외귀면(外貴面) 홍판동예배당(興判洞禮拜堂)에 회집(會集)하니 회원(會員)은 선교사(宣敎師) 2인(二人), 목사(牧師) 8인(八人), 장로(長老) 23인(二三人)이오, 임원(任員)을 선정(選定)하니 회장(會長)에 이기형(李基馨), 부회장(副會長)에 최성주(崔聖柱), 서기(書記)에 송윤진(宋潤鎭), 부서기(副書記)에 김익수(金益洙), 회계(會計)에 김승호(金承浩), 부회계(副會計)에 이지은(李枝殷)이더라.

동구역시찰부(東區域視察部) 보고(報告)에 의(依)하여 신학생(神學生) 이만기(李萬基)의 계속수학(繼續修學)을 허(許)하고 강계읍교회(江界邑敎會)에서 김대건(金大鍵)을 함가륜(咸嘉倫, [Clarence S. Hoffman])과 동사목사(同事牧師)로, 인가해 등(等) 5교회(五敎會)에 김(金)창욱을 조사(助師)로, 자성남편(慈城南便) 8교회(八敎會)에 오현척(吳賢倜)를 조사(助師)로, 자성북편(慈城北便) 12교회(一二敎會)에 이기형(李基馨)을 지방목사(地方牧師)로, 강계(江界), 수하동편(水下東便) 12교회(一二敎會)에 곽치서(郭

致瑞)를 조사(助師)로, 수하서편(水下西便) 11교회(一一敎會)에 김기형(金
琪亨)을 조사(助師)로, 수상(水上) 9교회(九敎會)에 이만기(李萬基)를 조사
(助師)로, 후창(厚昌) 급(及) 장진(長津) 등지(等地) 8교회(八敎會)에 김련
(金鍊)을 조사(助師)로 시무(視務)ㅎ게 함을 허(許)하고 서구역시찰부(西區
域視察部) 보고(報告)에 의(依)하여 초산읍(楚山邑) 급(及) 신(新)도랑 양교
회(兩敎會)에 송윤진(宋潤鎭)을 지방목사(地方牧師)로, 외촌(外村) 11교회
(一一敎會)에 함석용(咸錫溶)을 조사(助師)로, 초산군(楚山郡) 남편(南便)
5교회(五敎會)에 최(崔)종진을 전도조사(傳道助師)로 시무(視務)케 함을 허
(許)하고 북구역시찰부(北區域視察部) 보고(報告)에 의(依)하여 다황거우
등(等) 8교회(八敎會)에 장관선(張寬善)을 지방목사(地方牧師)로, 다스탄
등(等) 5교회(五敎會)에 김익수(金益洙)를 지방목사(地方牧師)로, 삼원포
(三源浦) 등(等) 5교회(五敎會)에 한경희(韓敬禧)를 지방목사(地方牧師)로,
이봉태(李鳳泰)를 조사(助師)로 시무(視務)ㅎ게 함을 허(許)하고 남구역시
찰부(南區域視察部) 보고(報告)에 의(依)하여 홍경북편(興京北便) 소열도
(蘇悅道, [T. Stanley Saltau]) 지방(地方) 5교회(五敎會)에 김내열(金內
烈)을 조사(助師)로, 화전자(花田子), 신흥리(新興里), 나시채 등지(等地)에
최봉석(崔鳳奭)을 내노회(來老會)까지 지방목사(地方牧師)로, 홍경동편(興
京東便) 장난, 얼누거우, 꺼우리청 3교회(三敎會)에 최성주(崔聖柱)를 내노
회(來老會)까지 지방목사(地方牧師)로 시무(視務)함을 하고 시부, 리시거우,
줄리허 3교회(三敎會)에서 지방목사(地方牧師)로 청원(請願)하는 일을 해
시찰부(該視察部)에 위임(委任)하고 목사청빙(牧師請聘)하기까지 치리권
(治理權)을 시찰부(視察部)에 위탁(委托)하기로 결정(決定)하고 홍사현(興
糸縣) 동창(東倉)거우 등(等) 7교회(七敎會)에서 백몽량(白夢良)을 조사(助
師)로, 쾌데모자 등(等) 5교회(五敎會)에 변봉조(邊鳳朝)를 조사(助師)로,
얼두열차 등(等) 3교회(三敎會)에 심석(沈錫)용을 조사(助師)로 시무(視務)
ㅎ게 하는 것과 관전지방(寬甸地方) 쌀루허, 초황거우, 부다열 3교회(三敎
會)는 의산노회(義山老會)에 교섭(交涉)하여 본(本) 노회(老會) 관할(管轄)
에 속(屬)하여 심석용(沈錫溶)조사(助師)의 구역(區域)이 되게 하여 달라는

청원(請願)을 허(許)하고 강신 얼루거우 등지(等地)에서 시무(視務)하던 목사(牧師) 김건후(金鍵厚)의 사면(辭免)에 대(對)하여 조사(調査)한즉 신병(身病)이 아니오, 교인(敎人) 김(金)종원 가(家)에 왕(往)하여 불법행위(不法行爲)를 하고 퇴거(退去)한다는 서약서(誓約書)를 서급(書給)한[261] 사(事)가 있는 고(故)로 사면(辭免)은 받고 그 사실(事實)을 평남노회(平南老會)에 통지(通知)ᄒ게 하는 사(事)는 그대로 허(許)하기로 결정(決定)하다.

문답부(問答部) 보고(報告)에 의(依)하여 피택장로(被擇長老) 김(金)지연, 김(金)용범, 안병한(安丙漢), 이(李)재명, 하(河)재빈, 안(安)기경, 백(白)옥현 등(等)의 장립(將立)과 신학지원자(神學志願者) 김(金)운현, 김인도(金仁道), 원정고(元定固), 김봉(金鳳)수 등(等)의 입학(入學)과 피택장로(被擇長老) 중(中) 전학진, 홍(洪)그두 양인(兩人)은 노회(老會)에서 문답(問答)하고 장립(將立)ᄒ게 함을 허(許)하기로 결정(決定)하다. 전도부(傳道部) 보고(報告)에 의(依)하여 전도국(傳道局)을 위(爲)하여 도사경시(都査經時)와 지방조사시(地方助師時)에 특별연보(特別捐補)하기를 허(許)하고, 다황거우교회(敎會)의 담당(擔當)으로 황(黃)경신을 전일(前日)에 전도(傳道)하던 지방(地方)에 파송전도(派送傳道)할 것과 진두휘교회(敎會)의 담당으로 홍(洪)혜범을 장전자 등지(等地)에 계속파송(繼續派送) 전도(傳道)함을 청원(請願)하는 것을 허(許)하고 남만전도회(南滿傳道會) 담당(擔當)으로 길림(吉林) 등지(等地)에 전도목사(傳道牧師)를 파송(派送)하여 계속전도(繼續傳道)할 사(事)와 삼원포(三源浦), 청룡자 양교회(兩敎會)의 담당(擔當)으로 길림(吉林) 등지(等地)에 전도인(傳道人) 파송(派送)할 사(事)는 시찰부(視察部)에 위임(委任)하기를 청원(請願)함을 허(許)하고 전도대(傳道隊) 조직(組織)할 사(事)는 진흥위원(振興委員)과 협의(協議) 전도(傳道)하기를 결정(決定)하다. 임사부(任事部) 보고(報告)에 의(依)하여 화전자교회(花田子敎會)와 꺼우리교회(敎會)에 장로(長老) 각(各) 2인(二人), 리시거우교회(敎會), 꽤데모즈교회(敎會), 청룡자교회(靑龍者敎會), 싸양진교회(敎會), 홍두허자교회(敎會)에 장로(長老) 각(各) 1인식(一人式) 택(擇)할 사(事)와 강산 얼두거우와 방화촌교회(敎會)에 계이영(桂利榮)을 춘기노회(春期老會)까지

국유치(鞠裕致, [Welling Thomas Cook])와 동사목사(同事牧師)로, 쌍나구, 허영경부 양교회(兩敎會)에 송경오(宋敬五)를 지방목사(地方牧師)로 청원(請願)함을 허(許)하고, 진두휘교회(敎會)에서 이기은(李技殷)을 전임목사(專任牧師)로 청원(請願)함은 교회기지(敎會基址)가 불완(不完)하므로 지방목사(地方牧師)로 갱허(更許)하기로 결정(決定)하고 주일학교(主日學校) 연구회(硏究會)는 임시(臨時)로 사무(事務)를 보고 규칙(規則)을 제정(制定)하여 춘기노회(春期老會)에 통과(通過)ᄒ게 할 사(事)와 서간도(西間島)에 고아원설립(孤兒院設立)은 허(許)하고 위원지방(渭原地方) 14교회(一四敎會)에 주하룡(朱夏龍)을 조사(助師)로 시무(視務)ᄒ게 할 일과 자성읍(慈城邑) 속사동(洞) 외귀진 3교회(三敎會)에 장로(長老) 각(各) 1인식(一人式) 택(擇)하기로 결정(決定)하다.

서간도대표(西間島代表) 김익수(金益洙)의 서신(書信)은 감사(感謝)히 받고 노회분립(老會分立)에 관(關)한 건(件)은 총회(總會)에 청원(請願)하기로 결정(決定)하다.

영실중학교(永實中學校) 건축(建築)을 위(爲)하여 각(各) 교회(敎會)에 순행연보(巡行捐補)하기로 결의(決議)하다.

1921년(一九二一年) 신유(辛酉) 2월(二月) 11일(一一日)에 산서노회(山西老會)가 제 9회(第九回)로 강계읍(江界邑) 남장대예배당(南將坮禮拜堂)에 회집(會集)하니 회원(會員)은 선교사(宣敎師) 2인(二人), 목사(牧師) 3인(三人), 장로(長老) 9인(九人)이더라. 회장(會長)에 이기형(李基馨)이 산서노회(山西老會)에서 남포노회(南浦老會)가 분립(分立)됨을 공포(公布)하고 양(兩) 노회(老會)를 위(爲)하여 함가륜(咸嘉倫, [Clarence S. Hoffman])[262]으로 기도(祈禱)ᄒ게 하다.

동편시찰부(東便視察部) 보고(報告)에 의(依)하여 강계(江界), 수하(水下) 동구역(東區域) 14교회(一四敎會)에 곽(郭)치서를 조사(助師)로, 수상(水上) 11교회(一一敎會)에 이만기(李萬基)를 조사(助師)로 시무(視務)함을 허(許)하고, 서편시찰부(西便視察部) 보고(報告)에 의(依)하여 위원지방(渭原地方)에 목사(牧師)되었던 권형모(權衡模)의 불미(不美)한 사(事)에 대

(對)하여 조사(調査)할 특별위원(特別委員)은 함가륜(咸嘉倫, [Clarence S. Hoffman]), 감부열(甘富悅, [Archibald Campbell, 1890-1977]), 이기형(李基馨), 송윤진(宋潤鎭), 주하룡(朱夏龍)으로 정(定)하기로 결의(決議)하다. 재감(在監)한 김대건(金大鍵), 전원석(田瑗錫), 양익준, 안(安)성준, 이호근(李浩根), 강석진(姜碩辰) 등(等)에게 서기(書記)로 위문서(慰問書)를 보내기로 결정(決定)하고, 사기편집위원(史記編輯委員) 김대건(金大鍵)을 찬조편집(贊助編輯)할 위원(委員)은 함가륜(咸嘉倫, [Clarence S. Hoffman])으로 택(擇)하고 각(各) 교회(敎會)가 예배일지(禮拜日誌)를 수치(修置)하기로 정(定)하고 함가륜(咸嘉倫, [Clarence S. Hoffman])에게 위탁(委托)하여 노회인장(老會印章)과 도권(叨權)을 멱래(覓來)하되 약혹(若或) ○실(失)되었으면 제조(製造)하기로 결정(決定)하다.

문답부(問答部) 보고(報告)에 의(依)하여 피택장로(被擇長老) 이(李)성호, 이용빈(李龍彬), 김효순(金孝順), 위승룡(魏承龍) 등(等)의 장립(將立)과 인국원(印國原), 김련(金鍊), 최(崔)종진 등(等)의 신학입학(神學入學)을 허하기로 결정(決定)하다.

전도부(傳道部) 보고(報告)에 의(依)하여 강계읍교회(江界邑敎會) 여전도회(女傳道會)에서 김(金)희영이 1개년간(一個年間) 성내(城內)에 전도(傳道)하겠다는 청원(請願)은 허(許)하고 각(各) 교회(敎會)가 날로 전도(傳道)에 힘쓰게 하기로 결정(決定)하다.

임사부(任事部) 보고(報告)에 의(依)하여 강계중구성내(江界中區城內) 오모리(里), 북리(北里) 2교회(二敎會)는 수상지방(水上地方)에, 인가해, 두흥리(里), 속사동(洞) 3교회(三敎會)는 수하동구역(水下東區域)에 이속(移屬)하기로 결정(決定)하다.

구조부(救助部) 보고(報告)에 의(依)하여 사충노회대표(糸忠老會代表) 윤예빈(尹芮彬)의 서탁(書託)한 중화민국(中華民國) 구황사건(救荒事件)은 함가륜(咸嘉倫, [Clarence S. Hoffman])에게 위탁(委托)하여 각(各) 교회(敎會)에 기서(寄書)하여 구조(救助)ㅎ게 하고 부활주일연보(復活主日捐補)는 구조부장(救助部長) 송윤진(宋潤鎭)에게 위탁(委托)하여 각(各) 교회(敎

會)에 통지(通知)하여 수합(收合)ㅎ게 하기로 결정(決定)하다. 특별위원(特別委員)의 보고(報告)에 의(依)하여 목사(牧師) 권형모(權衡模)는 정직(停職)하고 특별위원(特別委員)에게 맡겨 더욱 정밀(精密)히 조사(調査)하여 재판(裁判)한 후(後) 내추기노회(來秋期老會)에 보고(報告)ㅎ게 하기로 결정(決定)하다.

학무부(學務部) 보고(報告)에 의(依)하여 영실중학교(永實中學校)를 위(爲)하여 4월(四月) 10일(一〇日)에 연보(捐補)ㅎ게 하되 함가륜(咸嘉倫, [Clarence S. Hoffman])에게 위임(委任)하게 각(各) 교회(敎會)에 청연서(請捐書)를 발(發)[263]송(送)ㅎ게 하고 총회고등교육(總會高等敎育) 장려부(獎勵部) 회원모집(會員募集) 사(事)는 각(各) 지방(地方) 목사(牧師), 조사(助師)에게 위임(委任)하여 여행(勵行)ㅎ게 하기로 결정(決定)하다.

1921년(一九二一年) 신유(辛酉) 8월(八月) 30일(三〇日)에 산서노회(山西老會)가 제 10회(第十回)로 강원읍(江原邑) 파렬성경학원(聖經學院)에 회집(會集)하니 회원(會員)은 선교사(宣敎師) 2인(二人), 목사(牧師) 3인(三人), 장로(長老) 15인(一五人)이오, 임원(任員)을 선정(選定)하니 회장(會長)에 함가륜(咸嘉倫, [Clarence S. Hoffman]), 부회장(副會長)에 김대건(金大鍵), 서기(書記)에 안병한(安秉翰), 부서기(副書記)에 주하룡(朱夏龍), 회계(會計)에 송윤진(宋潤鎭), 부회계(副會計)에 이성호(李成鎬)이더라.

서편시찰부(西便視察部) 보고(報告)에 의(依)하여 위원(渭原) 전경(全境) 합(合) 14교회(一四敎會)에 곽(郭)치서를 조사(助師)로, 초산읍교회(楚山邑敎會)에 송윤진(宋潤鎭)을 지방목사(地方牧師)로, 초산북구역(楚山北區域) 신도당 등(等) 10교회(一〇敎會)에 함석용(咸錫溶)을 조사(助師)로, 초산남구역(楚山南區域) 어해동(東) 등(等) 7교회(七敎會)에 최종진(崔宗軫)을 조사(助師)로 시무(視務)함을 허(許)하고, 신학생(神學生) 함석용(咸錫溶)의 계속수학(繼續修學)을 허(許)하기로 결정(決定)하다.

전도부(傳道部) 보고(報告)에 의(依)하여 각(各) 지방사경회(地方査經會)와 도사경회(都査經會)에서 특별연보(特別捐補)하여 노회(老會) 전도부(傳道部)에 보낼 일과 각(各) 지방사경시(地方査經時) 전도대(傳道隊)를 사용(使用)할 사(事)와 각(各) 교회(敎會) 전도회(傳道會)에서는 재정(財政)과 상황(狀況)을 보고(報告)ㅎ게 할 사(事)를 결정(決定)하다. 동편시찰부(東便視察部) 보고(報告)에 의(依)하여 신학생(神學生) 김(金)향욱, 김기형(金琪亨), 오현척(吳賢倜), 주하룡(朱夏龍)의 계속(繼續)을 허(許)하고 수하동구역(水下東區域)을 분(分)하여 이령서편(梨嶺西便) 이령동(梨嶺洞), 안도동(安道洞), 외귀(外貴), 진건중리(鎭乾中里), 문약동(洞), 연포동(烟浦洞), 홍판동(興判洞), 도쌍포(道雙浦) 등(等) 8교회(八敎會)를 수하동구역(水下東區域)이라 칭(稱)하고 이령동편(梨嶺東便) 각담원, 종포진(從浦鎭), 고당동(古堂洞), 사령골, 남주(南州), 매골, 취남, 인가해(仁可海), 속사동(洞) 등(等) 9교회(九敎會)를 강계중구역(江界中區域)이라 칭(稱)함을 허(許)하고 수하동구역(水下東區域) 8교회(八敎會)에 주하룡(朱夏龍)을 조사(助師)로, 강계중구역(江界中區域) 9교회(九敎會)에 김창욱(金昌郁)을 조사(助師)로, 후창구역(厚昌區域) 읍내(邑內) 등(等) 8교회(八敎會)에 김련(金鍊)을 조사(助師)로, 성남구역(城南區域) 10교회(一〇敎會)에 오현척(吳賢倜)을 조사(助師)로 수하서구역(水下西區域) 익토(益土) 등(等) 11교회(一一敎會)에 김기형(金琪亨)을 조사(助師)로, 수상구역(水上區域) 11교회(一一敎會)에 이만기(李萬基)를 조사(助師)로, 자성북구역(慈城北區域) 12교회(一二敎會)에 이기형(李基馨)을 지방목사(地方牧師)로, 강계읍교회(江界邑敎會)에 김대건(金大鍵)을 함가륜(咸嘉倫, [Clarence S. Hoffman])과 동사목사(同事牧師)로 시무(視務)함을 허(許)하다.

진흥부(振興部)를 설치(設置)하고 위원(委員)을 감부열(甘富悅, [Archibald Campbell, 1890-1977]), 이기형(李基馨), 송윤진(宋潤鎭), 주하룡(朱夏龍)으로 선정(選定)하고 노회경내(老會境內) 기독신보(基督申報) 지국(支局)을 설치(設置)하되 위치(位置)는 강계읍(江界邑) 구을리(其乙里) 이서관(理書舘)으로 지국장(支局長)은 안병한(安秉翰)으로 선정(選定)하기로 하고 회장(會長)에 위임(委任)하여 교섭(交涉)ㅎ게 하다.

재감(在監) 중(中) 회원(會員) 안성준(安成俊), 양익준, 강석진(姜碩辰), 전원석(田瑗錫) 등(等)에게 부서기(副書記)로 위문서(慰門書)를 송(送)하기

로 결정(決定)하다.[264]

　총회총대(總會總代)에 자동차비(自動車費)를 총회(總會)에서 지출(支出)하기를 총대(總代)들도 총회(總會)에 청원(請願)하기로 결의(決議)하다.

　문답부(問答部) 보고(報告)에 의(依)하여 곽(郭)치서, 안상기(安祥基), 김병희(金炳熙), 인국원(印國元) 등(等)의 신학취학(神學就學)을 허(許)하고, 피택장로(被擇長老) 최(崔)광훈, 이춘삼(李春三) 등(等)의 장립(將立)을 허(許)하다.

　진흥부(振興部) 청원(請願)에 금년(今年)도 10월(一〇月) 31일(三一日)부터 11월(一一月) 2일(二日)까지 특별기도(特別祈禱)를 하고 각(各) 직원(職員) 교우(敎友)들이 각(各) 교인(敎人) 가(家)를 수호심방(遂戶尋訪) 피택(被擇)하기로 결정(決定)하다.

　학무부(學務部) 보고(報告)에 의(依)하여 각지교회(各地敎會)에서 인허(認許)있는 학교(學校)를 위(爲)하여 1원(一圓) 이상(以上)으로 연보(捐補)하는 일은 각지(各地) 학무위원(學務委員)이 기독려행(基督勵行)하기로 결정(決定)하다.

　임사부(任事部) 보고(報告)에 의(依)하여 초산(楚山) 동장교회(東場敎會), 귀평교회(龜坪敎會), 광성교회(敎會), 흥판동교회(興判洞敎會), 황추동교회(洞敎會)에 장로(長老) 각(各) 1인식(一人式) 택(擇)함을 허(許)하고 초산읍(楚山邑)과 초산남구역(楚山南區域), 북구역(北區域), 위원(渭原), 수하서구역(水下西區域), 수하동구역(水下東區域) 합(合) 6구역(六區域)은 서편시찰구역(西便視察區域)이라 칭(稱)하고 강계읍(江界邑)과 수상(水上), 강계중구역(江界中區域), 후창(厚昌), 자성(慈城) 남구역(南區域), 북구역(北區域) 합(合) 6구역(六區域)은 동편시찰구역(東便視察區域)이라 칭(稱)하기로 결정(決定)하다.

　규칙부(規則部) 보고(報告)에 의(依)하여 초산북구역(楚山北區域) 중강창(中江倉), 어해동(漁海洞) 양교회(兩敎會)는 남구역(南區域)에, 신도당교회(敎會)는 북구역(北區域)에 속(屬)하게 하고 성경공과부(聖經工課部)를 사경부(査經部)로 개정(改定)하기로 하고 남만노회관내(南滿老會管內) 봉천성(奉天省) 집안현(輯安縣) 유수면 리양자교회(敎會)에서 본(本) 노회(老會)에 부속(附屬)되기를 청원(請願)하는 사(事)에 대(對)하여는 로일령이남(以南)은 본(本) 노회(老會)에 부속(附屬)ㅎ게 하기를 총회(總會)에 청원(請願)하기로 결정(決定)하다.

1922년(一九二二年) 임술(壬戌) 2월(二月) 15일(一五日)에 산서노회(山西老會)가 제 11회(第一一回)로 강계읍(江界邑) 남장태예배당(南將台禮拜堂)에 회집(會集)하니 회원(會員)은 목사(牧師) 4인(四人), 장로(長老) 9인(九人)이더라.

신학생(神學生) 이만기(李萬基), 함석용(咸錫溶), 주하룡(朱夏龍)의 계속수학(繼續修學)을 허(許)하고 서편시찰부(西便視察部) 보고(報告)에 의(依)하여 수하서구역(水下西區域) 13교회(一三敎會)에서 신학준사(神學準士) 김기형(金琪亨)을 함가륜(咸嘉倫, [Clarence S. Hoffman])과 위임동사목사(委任同事牧師)로 청원(請願)하는 것과 초산읍교회(楚山邑敎會)에 송윤진(宋潤鎭)은 전임목사(專任牧師)로 청원(請願)하는 것을 허(許)하기로 결정(決定)하고 작년(昨年) 중화민국(中華民國) 구황연보금(救荒捐補金) 잔액(殘額) 53원(五三圓)은 아메니아 유아구제(幼兒救濟)에 충용(充用)하기로 결정(決定)하다.[265]

총회(總會)에 수의(垂議)한 총대선정규칙변경안(總代選定規則變更案) [전일(前日) 7당회(七堂會)에 총대목사(總代牧師) 장로(長老) 각(各) 1인식(一人式) 선택(選擇)하던 것을 학무부(學務部) 청원(請願)에 의(依)하여 각(各) 교회(敎會)는 10당회(十堂會)에서 목사(牧師) 장로(長老) 각(各) 1인식(一人式)]에 대(對)하여 투표(投票)한 결과(結果) 총투표(總投票) 13표(一三票) 중(中) 11표(一一票)로 가결(可決)하다. 경남노회(慶南老會) 전도국장(傳道局長) 정덕생(鄭德生)의 요구(要求)한 신호(神戸) 전도연보(傳道捐補)에 대(對)하여 본(本) 노회경내(老會境內)에서는 기부(寄附) 허가(許可)가 없이 연보(捐補)하기가 극난(極難)하니 총독부(總督府)에 교섭(交涉)하고 통지(通知)하면 연보이송(捐補以送)하겠다고 답함(答函)하기로 결정(決定)하다. 임사(任事)대로 행(行)하자는 청원(請願)은 허(許)하기로 결정(決定)

하다.

학무부(學務部) 청원(請願)에 의(依)하여 각(各) 교회(敎會)는 서당령(書堂令)에 의(依)하여 서당(書堂)을 세워 자녀(子女)를 양성(養成)할 것과 인허(認許)있는 학교(學校)를 위(爲)하여 그 지방(地方) 각(各) 교회(敎會)가 6월(六月) 첫째 주일(第一主日)에 1원(一圓) 이상(以上)으로 연보(捐補)할 것과 인허(認許)받은 학교(學校)는 교실(校室)과 설비(設備)를 완전(完全)하게 하기로 결정(決定)하다.

임사부(任事部) 보고(報告)에 의(依)하여 초산교회(楚山敎會), 자성(慈城) 장성교회(長城敎會), 수하(水下) 연산동교회(延山洞敎會), 후창(厚昌) 상동교회(洞敎會)에 장로(長老) 각(各) 1인식(一人式) 투표(投票)할 것과 고산진교회(高山鎭敎會)에 장로(長老) 1인(一人) 가택(加擇)할 것과 종금이후(從今以后)로 조사월봉(助師月俸)을 35원(三五圓) 이상(以上)을 지출(支出)하기를 힘써 권면(勸勉)하기로 결정(決定)하다. 여집사(女執事)의 의무(義務)와 직권(職權)에 어떠한 것을 총회(總會)에 문의(問議)하고 명년(明年) 총회처소(總會處所)를 강계읍(江界邑)으로 정(定)할 것과 총회총대(總會總代)의 자동차비(自動車費) 계속지급(繼續支給)을 총회(總會)에 청원(請願)하기로 하고 감사연보(感謝捐補)를 경관(警官)의 취체(取締)로 인(因)하여 수합(收合)하기 난(難)하니 이(以)에 대한 방책(方策)을 지시(指示)할 것과 교인(敎人)의 이명증서(移名證書)를 일치(一致)하게 사용(使用)하되 민적(民籍)과 여(如)히 등본(謄本)을 사용(使用)하기를 총회(總會)에 헌의(獻議)하고 중화민국(中華民國) 집안현(輯安縣) 등지(等地) 5교회(五敎會)와 임강현(臨江縣) 등지(等地) 3교회(三敎會)는 남만노회(南滿老會)에 환부(還付)하게 하기를 총회(總會)에 청원(請願)하기로 결정(決定)하다.

여권사(女勸師)는 여조사(女助師)라고 칭(稱)하기로 결정(決定)하다.

자성북구역(慈城北區域) 중(中) 서간도(西間島)에 있는 2교회(二敎會)의 총노회비(總老會費) 미수금(未收金)은 교통불편(交通不便)을 인(因)하여 면제(免除)하기로 결정(決定)하다.

1923년(一九二三年) 계해(癸亥) 3월(三月) 3일(三日)에 산서노회(山西

老會)가 제 13회(第一三回)로 자성읍(慈城邑) 동문외예배당(東門外禮拜堂)에 회집(會集)하니 회원(會員)은 목사(牧師) 7인(七人), 장로(長老) 14인(十四人)이더라.

 회장(會長)에 송윤진(宋潤鎭) 출타(出他)하였음으로 부회장(副會長) 감부열(甘富悅, [Archibald Campbell, 1890-1977])을 회장(會長)에 임(任)하고 부회장(副會長)에 함가륜(咸嘉倫, [Clarence S. Hoffman])을 투표선정(投票選定)하다.

 평북노회(平北老會)에서 송윤진(宋潤鎭)을 이명(移名)하라는 전보(電報)에 대(對)하여는 정치(政治)에 위반(違反)되므로 불허(不許)한다고 답전(答電)하기를 결의(決議)하다.[266]

 서편시찰부(西便視察部) 청원(請願)에 의(依)하여 초산읍교회(楚山邑敎會) 목사(牧師) 송윤진(宋潤鎭)의 사면(辭免)을 허(許)한 후(後) 당회장(堂會長)은 함가륜(咸嘉倫, [Clarence S. Hoffman])으로 정(定)하고 동편시찰부(東便視察部) 청원(請願)에 의(依)하여 강계(江界), 수상(水上) 10교회(一〇敎會)에 원(元)정국을 조사(助師)로 허(許)하고 안주읍(安州邑) 신자(信者) 이(李)경태가 후창(厚昌), 자성(慈城) 등지(等地)에 상업(商業)을 인(因)하여 체류(滯留) 중(中) 열심전도(熱心傳道)하여 교회(敎會)가 신설(新設)되며 연약(軟弱)한 교회(敎會)가 부흥(復興)ᄒ게 되어 양호(良好)한 성적(成績)이 특수(特殊)하므로 노회일동(老會一同)이 기립(起立)하여 찬의(贊意)를 표(表)하다.

 임사부(任事部)는 신학준사(神學準士) 오현척(吳賢倜)와 주하룡(朱夏龍)와 피택장로(被擇長老) 최두흡(崔斗洽)의 문답(問答)이 잘 되었으니 장립(將立)을 허(許)함이 가(可)함을 보고(報告)하다. 임사부(任事部) 보고(報告)에 의(依)하여 신학준사(神學準士) 주하룡(朱夏龍), 오현척(吳賢倜)를 목사(牧師)로 장립(將立)할 것과 수하부(水下部) 보고(報告)에 의(依)하여 강계읍교회(江界邑敎會)에 장로(長老) 3인(三人) 택(擇)함을 허(許)하고 수하동구역(水下東區域) 6교회(六敎會)에 주하룡(朱夏龍)을 조사(助師)로 시무(視務)할 것과 수하동구역(水下東區域) 중(中) 흥판동(興判洞), 도쌍포(道雙

浦) 양교회(兩敎會)를 수하서구역(水下西區域)에 부속(附屬)할 것과 신학준사(神學準士) 김기형(金琪亨)을 목사(牧師)로 장립(將立)함을 허(許)하기로 결정(決定)하다.

사경부(査經部) 보고(報告)에 의(依)하여 11월(一一月) 17일(一七日) 석(夕)부터 27일(二七日) 석(夕)까지 강계읍(江界邑) 남장대교회(南將坮敎會)에서 도사경회(都査經會)를 개최(開催)하기를 결정(決定)하다. 학무부(學務部) 보고(報告)에 의(依)하여 영실학교(永實學校)를 위(爲)하여 연보(捐補)할 것을 해교장(該校長) 함가륜(咸嘉倫, [Clarence S. Hoffman])에게 맡겨 일자(日字)를 정(定)하여 각(各) 교회(敎會)에 통지(通知)ㅎ게 하기로 결정(決定)하다.

1922년(一九二二年) 임술(壬戌) 8월(八月) 26일(二十六日)에 산서노회(山西老會)가 제 12회(第十二回)로 강계읍(江界邑) 남장대예배당(南章坮禮拜堂)에 회집(會集)하니 회원(會員)은 선교사(宣敎師) 2인(二人), 목사(牧師) 4인(四人), 장로(長老)가 16인(十六人)이요, 임원(任員)을 선정(選定)하니 회장(會長)에 송윤진(宋潤鎭), 부회장(副會長)에 감부열(甘富悅, [Ar-chibald Campbell, 1890-1977]), 서기(書記)에 남병한(南秉翰), 부서기(副書記)에 주하룡(朱夏龍), 회계(會計)에 함가륜(咸嘉倫, [Clarence S. Hoffman]), 부회계(副會計)에 이기형(李基馨)이더라.

동편시찰부(東便視察部) 보고(報告)에 의(依)하여 신학생(神學生) 오현척(吳賢倜), 김발(金鉢), 이용빈(李龍彬) 등(等)의 계속취학(繼續就學)을 허(許)하고 강계읍교회(江界邑敎會)에 김대건(金大鍵)을 함가륜(咸嘉倫, [Clarence S. Hoffman])과 동사목사(同事牧師)로, 강계중구역(江界中區域) 13교회(十三敎會)에 김창욱(金昌郁)을 조사(助師)로, 수상구역(水上區域) 15교회(十五敎會)에 이만기(李萬基)를 목사(牧師)로, 자성북구역(慈城北區域) 8교회(八敎會)에 이기형(李基馨)을 지방목사(地方牧師)로, 자성남구역(慈城南區域) 10교회(十敎會)에 오현척(吳賢倜)을 조사(助師)로, 후창지방(厚昌地方) 6교회(六敎會)에 김발(金鉢)을 조사(助師)로 계속(繼續)함을 허(許)하다.[267]

서편시찰부(西便視察部) 보고(報告)에 의(依)하여 신학생(神學生) 함석용(咸錫溶), 최(崔)종진, 주하룡(朱夏龍) 등(等)의 계속취학(繼續就學)을 허(許)하고 초산북구역(楚山北區域) 10교회(十敎會)에 함석용(咸錫溶)을 조사(助師)로, 초산남구역(楚山南區域) 6교회(六敎會)에 최(崔)종진을 전도조사(傳道助師)로, 위원지방(渭原地方) 13교회(十三敎會)에 곽(郭)치서를 조사(助師)로, 수하서구역(水下西區域) 13교회(十三敎會)에 김기형(金琪亨)을 함가륜(咸嘉倫, [Clarence S. Hoffman])과 위임동사목사(委任同事牧師)로, 수하동(水下洞) 9교회(九敎會)에 주하룡(朱夏龍)을 조사(助師)로 시무(視務)함을 허(許)하다.

목사가족구조부(牧師家族救助部) 보고(報告)에 의(依)하여 부활주일연보(復活主日捐補)는 목사가족구제부(牧師家族救濟部) 회계(會計)가 선교사(宣敎師)에게 부탁(付托)하여 각(各) 교회(敎會)에 기서(寄書)하여 연보(捐補)하는 사(事)와 연보(捐補)는 목사지방(牧師地方)에 10원(十圓) 이상(以上), 조사지방(助師地方)에 5원(五圓) 이상(以上)으로 하자는 청원(請願)을 허(許)하기로 결정(決定)하다. 문답부(問答部) 보고(報告)에 의(依)하여 피택장로(被擇長老) 한봉민(韓鳳敏), 김군흡(金君洽), 한병원(韓丙元), 김찬석(金贊碩), 전병현(田丙鉉), 백화석(白化碩) 등(等)의 장립(將立)을 허(許)하고 신학신입생(神學新入生)의 입학시험(入學試驗)에 대(對)하여 본(本) 노회(老會)는 원지(遠地)인 고(故)로 왕환(往還)이 곤란(困難)하니 서기(書記)에게 위탁(委托)하여 신학교장(神學校長)에게 교섭(交涉)하여 시험문제(試驗問題)를 보내어 차지(此地)에서 시취(試取)한 후(後) 답안(答案)을 받아 신학교장(神學校長)에게 보내어 평점(評點) 후(後) 합격여부(合格與否)를 통지(通知)ㅎ게 하기로 결정(決定)하다. 동구역(東區域) 10교회(十敎會)에 주하룡(朱夏龍)을 전도목사(傳道牧師)로, 자성남구역(慈城南區域) 10교회(十敎會)에 오현척(吳賢倜)을 지방위임목사(地方委任牧師)로, 수상조사(水上助師) 이만기(李萬基)는 초산읍교회(楚山邑敎會)에 조사(助師)로 시무(視務)ㅎ게 할 사(事)와 초산읍교회(楚山邑敎會), 안도동교회(安道洞敎會)에 장로(長老) 각(各) 1인식(一人式) 택(擇)할 사(事)를 허(許)하기로 결정(決

定)하다. 노회(老會)가 의정순서(議定順序)에 의(依)하여 주하룡(朱夏龍), 오현척(吳賢倜) 양씨(兩氏)를 임직(任職)하는 안수식(按手式)을 행(行)한 후(後) 잉(仍)하여 오현척(吳賢倜)의 위임식(委任式)까지 행(行)하다. 전도부(傳道部)는 강계읍교회(江界邑敎會) 여전도회(女傳道會)에서 강계(江界) 종서면(從西面) 새원에 주보석(朱寶石)을 파송전도(派送傳道)하여 신도(信徒) 수십명(數十名)을 얻어 교회(敎會)가 신설(新設)된 것과 선교사(宣敎師) 함가륜(咸嘉倫, [Clarence S. Hoffman])이 순행(巡行) 중(中) 만포진(滿浦鎭)에 유숙(留宿) 시(時)에 투석(投石)함을 당(當)하고 해지방(該地方) 가련(可憐)한 영동(靈童)을 구원(救援)ᄒ기 위하여 김효순(金孝順)을 파송전도(派送傳道)한 결과(結果) 1개월(一個月) 내(內)에 신자(信者) 60여인(六十餘人)을 얻어 교회(敎會)가 신설(新設)됨을 보고(報告)하고, 초산읍교회(楚山邑敎會) 남녀전도회(男女傳道會)에서 초산남구역(楚山南區域)에 전(傳)할 사(事)와 자성(慈城) 하단동교회(下端洞敎會) 남녀전도회(男女傳道會)의 3삭간(三朔間) 전도청원(傳道請願)과 중강교회(中江敎會) 여전도회(女傳道會)의 3삭간(三朔間) 전도청원(傳道請願)은 허(許)하되 각기(各其) 해지방목사(該地方牧師)에게 위임관리(委任管理)ᄒ게 하기로 결정(決定)하다. 진흥부(振興部)를 주일학교부(主日學校部)로 변경(變更)하고 부장(部長) 감부열(甘富悅, [Archibald Campbell, 1890-1977])의 대(代)에 함가륜(咸嘉倫, [Clarence S. Hoffman])을 선정(選定)하고 각(各) 교회(敎會)가 총회결의(總會決議)대로 6월(六月) 제 1주일(第一主日) 연보(捐補)는 노회회계(老會會計)에 송치(送致)하여 반액(半額)은 총회주일학교부(總會主日學校部)에 보내고 반액(半額)은 본(本) 노회주일학교강사(老會主日學校講師) 안병한(安秉翰)의 학비(學費)로 사용(使用)할 것과 각(各) 교회(敎會)가 5월(五月) 제 1주일(第一主日) 연보(捐補)는 고(故) 원두우(元杜尤, [Horace G. Underwood])박사(博士) 기념비연보(紀念費捐補)로 송(送)하[268]기로 결정(決定)하다.

동년(同年) 8월(八月) 23일(二十三日)에 산서노회(山西老會)가 제 14회(第一四回)로 강계읍(江界邑) 남장대예배당(南章擡禮拜堂)에 회집(會集)하

니 회원(會員)은 목사(牧師) 6인(六人), 장로(長老) 18인(十八人)이오, 임원(任員)을 선정(選定)하니 회장(會長)에 김대건(金大鍵), 부회장(副會長)에 김기형(金琪亨), 서기(書記) 안병한(安秉翰), 부서기(副書記)에 주하룡(朱夏龍), 회계(會計)에 함가륜(咸嘉倫, [Clarence S. Hoffman]), 부회계(副會計)에 안병한(安秉翰)이러라. 수하서구역(水下西區域) 중(中) 광대동교회(洞敎會)를 중구역(中區域)에 부속(附屬)하게 하다.

동편시찰부(東便視察部)는 중강교회(中江敎會) 장로(長老) 강제선(姜齊善)은 흡연(吸煙)을 인(因)하여 정직(停職)하고, 강계읍교회(江界邑敎會) 장로(長老) 최광훈(崔光勳)은 7계(七誡) 범(犯)함을 인(因)하여 면직(免職)함을 보고(報告)하고, 신학생(神學生) 원(元)정국의 계속수학(繼續修學)하게 할 것과 서선지방(西鮮地方) 수재(水災)를 위(爲)하여 각(各) 교회(敎會)가 연보(捐補)할 것과 강중교회(江中敎會)에서 목사청원(牧師請願)하는 사(事)는 군제직회(郡諸職會) 시(時)에 별노회(別老會)를 소집처리(召集處理)하기를 청원(請願)하매 허(許)하기로 결정(決定)하다. 구제부(救濟部) 보고(報告)에 의(依)하여 부활주일(復活主日)은 각(各) 교회(敎會)가 특별(特別)한 순서(順序)로 일치(一致)하게 지키게 하되 순서(順序)를 제정분송(制定分送)하는 일은 함가륜(咸嘉倫, [Clarence S. Hoffman])에게 위탁(委托)하고 부활주일연보(復活主日捐補)를 장려수합(獎勵收合)하여 본부회계(本部會計)에게 보내게 하고 각(各) 교회(敎會)가 부활주일(復活主日)에 특별찬양대(特別讚揚隊)를 조직(組織)하여 순행찬송(巡行讚頌)하여 기념(紀念)하게 하기로 결정(決定)하다. 문답부(問答部) 보고(報告)에 의(依)하여 피택장로(被擇長老) 이만기(李萬基), 신영호(申永浩)의 장립(將立)과 신학지원자(神學志願者) 안병한(安秉翰)의 입학(入學)을 허(許)하다. 주일학교부(主日學校部) 보고(報告)에 의(依)하여 평양신학교(平壤神學校) 주일학교과(主日學校科) 강습생(講習生) 안병한(安秉翰)의 학비(學費)를 지불(支拂)하기로 결정(決定)하다. 재정부(財政部) 보고(報告)에 의(依)하여 종금(從今) 후(後)로는 각(各) 회계(會計) 보고(報告)와 문부검사(文簿檢査)는 춘기노회(春期老會)에서 할 일과 안병한(安秉翰)의 주일학교과(主日學校科) 강습비

(講習費)는 도제직회(都諸職會) 시(時)에 각(各) 교회(敎會)가 화주일연보(花主日捐補)를 수합(收合)하여 별노회(別老會)에 보고(報告)하고 지불(支拂)하기로 결정(決定)하다. 임사부(任事部) 보고(報告)에 의(依)하여 송윤진(宋潤鎭)은 평북노회(平北老會)에 이명(移名)할 것과 안(安)상기의 신학계속(神學繼續)할 것과 안병한(安秉翰)을 유년학교총장(幼年學校總長)으로 택(擇)할 것과 자성(慈城) 연풍동교회(延豊洞敎會), 연포동교회(煙浦洞敎會)에 장로(長老) 각(各) 1인식(一人式), 안도동교회(安道洞敎會)에 장로(長老) 2인(二人) 택(擇)할 사(事)를 허(許)하기로 결정(決定)하다. 학무부(學務部)는 보고(報告)하되 본(本) 노회(老會)에 학무총장(學務總長)을 치(置)하여 노회내(老會內) 각(各) 학교(學校)와 강습소(講習所)를 관리(管理)하며 교사선택(敎師選擇)과 과목(科目) 급(及) 규칙(規則)을 일일(一一)히 지도(指導)ㅎ게 하되 해총장(該總長)은 이창훈(李昌勳), 부총장(副總長)은 한봉민(韓鳳敏)으로 택(擇)하자는 사(事)와 영실중학교(永實中學校)를 위(爲)하여 각(各) 교회(敎會)가 매(每) 1년(一年)에 매인(每人) 20전식(二十錢式) 연보(捐補)하는 것이 가(可)하다 하매 허(許)하기로 결정(決定)하다. 전도부(傳道部)는 강계읍교회(江界邑敎會) 여전도회(女傳道會)는 후창(厚昌) 각(各) 교회(敎會)는 전도대금(傳道代金)을 수합(收合)하여 후창(厚昌) 동(東)[269]신면(新面)에 송영하(宋永賀)를 파송전도(派送傳道)하여 2처(二處) 교회(敎會)가 신설(新設)되어 신자(信者) 50여인(五十餘人)에 달(達)하고 중강교회(中江敎會) 남녀전도회(男女傳道會)는 자성(慈城) 삼풍면(三豊面) 속포동(屬浦洞)에 차정운(車貞云)을 파송전도(派送傳道)의 결과(結果) 신자(信者) 40여명(四十餘名)을 얻어 교회(敎會)가 신설(新設)되고 강계읍여전도회(江界邑女傳道會)는 수상(水上), 별하(別河) 등지(等地)에 김경을(金炅乙)을 파송전도(派送傳道)의 결과(結果) 신자(信者) 40여명(四十餘名)을 얻어 신설(新設)된 교회(敎會)가 2처(二處)이요, 강계읍남전도회(江界邑男傳道會)는 수하외(水下外) 귀면(貴面), 이남동(吏南洞)에 주보석(朱輔碩)을 파송전도(派送傳道)의 결과(結果) 신자(信者) 60여인(六十餘人)을 얻어 교회(敎會)가 신설(新設)되고, 초산(楚山) 구평동교회(九坪洞敎會) 김칠성

(金七星)은 동면(東面) 건양동(建陽洞)에서 의무(義務)로 전도(傳道)한 결과(結果) 교회(敎會)가 신설(新設)되고 신자(信者)가 30여인(三十餘人)에 달(達)한 사(事)를 보고(報告)하고, 후창(厚昌) 동신면(東新面) 포평시(葡坪市) 신설(新設)된 교회(敎會)에서 전도(傳道)를 계속(繼續)하여 달라는 청구(請求)는 함가륜(咸嘉倫, [Clarence S. Hoffman])에게 위탁처리(委托處理)ᄒ게 하자는 청원(請願)은 허(許)하기로 결정(決定)하다. 사경부(査經部) 보고(報告)에 의(依)하여 성경학교(聖經學校)에 주일학교(主日學校) 사범과(師範科)를 설치(設置)하기로 결정(決定)하다. 본회서기(本會書記)가 수년간(數年間) 회록편집(會錄編輯)에 수고(受苦)하였으므로 기념품(紀念品)을 선시(宣施)하기로 의결(議決)하다.

동년(同年) 9월(九月) 1일(一日)에 산서노회(山西老會)가 강계읍예배당(江界邑禮拜堂)에 전회결의(前回決議)대로 특별회집(特別會集)하니 회원(會員)은 목사(牧師) 6인(六人), 장로(長老) 8인(八人)이더라. 중강교회(中江敎會)의 목사청원사(牧師請願事)에 대(對)하여 이기형(李基馨)의 이전(移轉)을 정지(停止)하고 월봉(月俸) 40원(四十圓)에 독목사(獨牧師)를 청빙(請聘)ᄒ게 하되 총회총대(總會總代) 김기형(金基亨), 오현척(吳賢倜)에게 위탁(委托)하여 청빙파송(請聘派送)ᄒ게 하고, 청빙(請聘) 전(前)에는 이기형(李基馨)으로 잉전시무(仍前視務)ᄒ게 하기로 결정(決定)하다. 자성북구역(慈城北區域) 중(中) 장성(長城), 호하(湖下), 토성(土城), 연풍(延豊) 등(等) 4교회(四敎會)에서 목사(牧師) 이기형(李基馨)을 청원(請願)한 것은 허(許)하되 중강교회(中江敎會)에서 목사(牧師)를 청빙(請聘)ᄒ게 될 시(時)까지 기다리게 하기로 결정(決定)하다. 재정부(財政部) 보고(報告)에 의(依)하여 꼭 주일연보(主日捐補) 수입금(收入金) 중(中) 60원(六十圓)은 주일학교(主日學校) 강사(講師) 안병한(安秉翰)에 학비(學費)로 지출(支出)하고 20원(二十圓)은 총회주일학교부(總會主日學校部)에 송부(送付)할 사(事)와 총회감사연보(總會感謝捐補)는 지방경찰관(地方警察官)의 취체(取締)로 인(因)하여 근근(僅僅) 수입(收入)이 375원(三百七十五圓)인즉 총회배정액(總會排定額)에 475원(四百七十五圓)이 부족(不足)된다는 보고(報告)는 받아 기사유(其事由)를 총회(總會)에 보고(報告)할 사(事)와 본(本) 노회(老會)는 원지방(遠地方)인 고(故)로 총대(總代)의 왕환(往還) 자동차비(自動車費) 지불(支拂)을 총회(總會)에 청구(請求)하되 차(此)를 불허(不許)할 시(時)에는 압록강(鴨綠江) 기반비(汽般費)의 지불(支拂)을 총회(總會)에 청구(請求)ᄒ기로 결정(決定)하다.

2. 교회조직(二, 敎會組織)[270]

1917년(一九一七年) 정사(丁巳)에 자성군(慈城郡) 유본동교회(柳本洞敎會)가 진보(進步)하여 예배당(禮拜堂)을 신축(新築)하다. 선교사(宣敎師) 방혜법(邦惠法, [Herbert E. Blair])과 노해리(魯解理, [Harry A. Rhodes])와 감부열(甘富悅, [Archibald Campbell, 1890-1977])과 이기형(李基馨)이 계속시무(繼續視務)하다.

동년(同年)에 강계군(江界郡) 천산리교회(天山里敎會)가 설립(設立)하다. 선시(先是)에 이운익(李雲翼), 설정국(設鼎國)의 전도(傳道)로 교회(敎會)가 설립(設立)되다. 동군(同郡) 무평교회(武坪敎會)가 설립(設立)하다. 본읍(本邑) 부인전도회(婦人傳道會)가 전도인(傳道人)을 파송(派送)하므로 설립(設立)되고 장인서(張麟瑞)의 원조(援助)로 예배당(禮拜堂)을 건축(建築)하니라. 위원군(渭原郡) 구읍교회(舊邑敎會)가 설립(設立)하다. 초(初)에 장용봉(張用鳳), 김여옥(金麗玉)의 전도(傳道)로 신종일증(信從日增)이라. 열심의연(熱心義捐)하여 예배당(禮拜堂)을 신축(新築)하다. 선교사(宣敎師) 감부열(甘富悅, [Archibald Campbell, 1890-1977])과 조사(助師) 곽치서(郭致瑞)가 시무(視務)하다. 남만(南滿) 삼도구(三道溝)와 홍경현(興京縣) 육가교회(陸街敎會)가 설립(設立)하다. 왕청문(旺淸門) 오도구교회(五道溝敎會)는 김봉수(金鳳洙), 장명신(張明信)이 설립(設立)하다. 오성희(吳聖禧), 최항린(崔恒麟) 신육보교회(新六堡敎會)를 설립(設立)하다. 백성련(白聖連), 백시정(白時貞)은 집안현(輯安縣) 화전자(華甸子)에 교회(敎會)를 설립(設立)하다. 남만구교회(南滿溝敎會)가 지화약(池華若)을 장로(長老)로 안수(按手)하여 당회(堂會)가 성립(成立)하다. 김행조(金幸祚), 하재빈(河在濱)이 상계피임(相繼被任)하다. 동(同) 강남교회(江南敎會)가 김도준(金道俊)을 장로(長老)로 안수(按手)하여 당회(堂會)가 성립(成立)하다. 이근진(李根眞), 백옥현(白玉鉉)이 상계피임(相繼被任)하다.

동(同) 대사탄(大沙灘), 대황구(大荒溝) 등지(等地)에 목사(牧師) 송윤진(宋允鎭)을 순행목사(巡行牧師)로 파송(派送)하다. 궐후(厥後) 김익수목사(金益洙牧師)가 지방(地方)을 순시(巡視)하다. 동(同) 금두복교회(金斗伏敎會)는 근방(近傍) 5교회(五敎會)를 합(合)하여 이지은(李枝殷)을 목사(牧師)로 시무(視務)ㅎ게 하니라.

1918년(一九一八年) 무오(戊午)에 강계군(江界郡) 종포동교회(從浦洞)교회(敎會)가 설립(設立)하다. 선시(先是)에 곽치서(郭致瑞)가 중석광채굴사(重石鑛採掘事)로 본동(本洞)에 내(來)하여 열심전도(熱心傳道)하므로 교회설립(敎會設立)되다. 곽치서(郭致瑞)가 조사(助師)로 시무(視務)하니라.

동년(同年)에 전도목사(傳道牧師)를 변개(變改)하여 지방목사(地方牧師)로 시무(視務)ㅎ게 하다. 삼원포(三源浦)에는 한경희(韓敬禧)로, 왕청문(旺淸門)에는 최성주(崔聖柱)로, 이도구(二道溝)에는 최봉석(崔鳳奭)으로 시무(視務)ㅎ게 하고 선교사(宣敎師) 국유지(鞠裕祉)는 쾌대무자(快大茂子)에, 소열도(蘇悅道, [T. Stanley Saltau])는 홍경지방(興京地方)에 시무(視務)하다.

1919년(一九一九年) 기미(己未)에 초산군(楚山郡) 회목동교회(檜木洞敎會)가 설립(設立)하다. 선시(先是)에 이원백(李元伯)과 조사(助師) 최종백(崔宗伯)의 전도(傳道)로 설립(設立)하다. 예배당(禮拜堂)을 건축(建築)하다.

동년(同年)에 이도구교회(二道溝敎會)에 장관선(張寬善)을 임시목사(臨時牧師)로 파송시무(派送視務)ㅎ게 하니라.[271]

유하현(柳下縣) 향양진교회(嚮陽鎭敎會)가 설립(設立)하다. 초(初)에 김세탁(金世鐸), 방일영(方一榮), 황화전도(黃華傳道)하여 설립(設立)하다. 임순모(林淳模), 방일영(方一榮) 2인(二人)이 10간(十間) 가옥(家屋)을 예배당(禮拜堂)으로 성납(誠納)하다. 깐증자교회(子敎會)가 설립(設立)하다. 초(初)에 권명지(權明志), 오일철(吳一哲), 오유철(吳有哲) 3인(三人)이 전도(傳道)하여 설립(設立)하다. 남산성교회(南山城敎會)는 합마당(蛤蟆塘)으로 이전(移轉)하여 예배당(禮拜堂)을 건축(建築)하고 합마당교회(蛤蟆塘敎會)로 개칭(改稱)하니라. 만구교회(萬溝敎會)는 삼원포(三源浦)에서 분립(分立)하니라. 정개교회(井介敎會)가 설립(設立)하다. 초(初)에 신계준(辛啓俊), 신수정(申秀貞), 이영백(李永伯) 3인(三人)이 전도(傳道)하여 설립(設立)하다. 옥석동교회(玉石洞敎會)가 설립(設立)하다. 선시(先時)에 서병영(徐炳榮)이 전도(傳道)하여 설립(設立)되니라.

동년(同年)에 하류하(下流河)에 교회(敎會)가 설립(設立)하니 김복순(金福淳), 지유현(池裕賢) 등(等)이 전도(傳道)하고 부다이(富多二)에 교회(敎會)가 설립(設立)하니 전도자(傳道者)는 공택룡(孔澤龍), 김복명(金福明) 2인(二人)이더라. 위원군(渭原郡) 동장교회(東場敎會)가 박관길(朴觀佶)을 장로(長老)로 안수(按手)하여 당회(堂會)가 성립(成立)하다. 동년(同年)에 예배당(禮拜堂)을 건축(建築)하다. 초산군(楚山郡) 귀평교회(龜坪敎會)가 김인도(金仁道)를 장로(長老)로 안수(按手)하여 당회(堂會)가 성립(成立)하니라. 동시(同時)에 예배당(禮拜堂)을 신축(新築)하다. 강계군(江界郡) 홍주동교회(興州洞敎會)가 이용근(李庸根)을 장로(長老)로 안수(按手)하여 당회(堂會)가 성립(成立)하다. 자성군(慈城郡) 자성동교회(慈城洞敎會)가 예배당(禮拜堂)을 신축(新築)하다. 선교사(宣敎師) 감부열(甘富悅, [Archibald Campbell, 1890-1977])이 시무(視務)하니라. 강계군(江界郡) 동사동교회(東沙洞敎會)가 최석태(崔碩泰)를 장로(長老)로 안수(按手)하여 당회(堂會)가 성립(成立)하다. 기후(其後) 위승룡(魏承龍)이 상계피임(相繼被任)하니라. 자성읍교회(慈城邑敎會)가 오현척(吳賢倜)을 장로(長老)로 안수(按手)하여 당회(堂會)가 성립(成立)하다. 선교사(宣敎師) 방혜법(邦惠法, [Herbert E. Blair]), 노해리(魯解理, [Harry A. Rhodes]), 감부열(甘富悅, [Archibald Campbell, 1890-1977])과 목사(牧師) 이기형(李基馨), 장로(長老) 이성호(李成鎬)가 상호시무(相互視務)하니라. 강계군(江界郡) 성우시(城于市)에 교회(敎會)가 설립(設立)하다. 초(初)에 이만기(李萬基), 김형원(金亨元) 2인(二人)의 전도(傳道)로 설립(設立)하다.

1921년(一九二一年) 신유(辛酉)에 자성군(慈城郡) 이평리교회(梨坪里敎會)가 설립(設立)하다. 이동률(李東律)의 전도(傳道)로 설립(設立)하고 선교사(宣敎師) 감부열(甘富悅, [Archibald Campbell, 1890-1977])이 시무(視務)하니라.

1922년(一九二二年) 임술(壬戌)에 자성군(慈城郡) 장성동교회(長城洞敎會)가 이춘삼(李春三)을 장로(長老)로 안수(按手)하여 당회(堂會)가 성립(成立)하다.

동년(同年)에 강계군(江界郡) 창덕교회(倉德敎會)가 차정운(車貞雲)의 전도(傳道)로 설립(設立)하다. 김희택(金熙澤)이 교회(敎會)를 인도(引導)하니라.

1923년(一九二三年) 계해(癸亥)에 초산군(楚山郡) 고장시교회(古場市敎會)가 최종진조사(崔宗鎭助師)의 전도(傳道)로 설립(設立)하니 신도(信徒)는 50여인(五十餘人)이더라.

3. 환난(三, 患難) [272]

1917년(一九一七年) 정사(丁巳)에 대황구(大荒溝) 각처교회(各處敎會)가 대박해(大迫害)를 당(當)하다. 시(時)에 지나마적(支那馬賊)이 강성(强盛)하여 교회(敎會)를 박해(迫害)하니 예배당(禮拜堂)을 충화(衝火)하며 학교비품(學校備品)을 약거(掠去)하고 재산(財産)을 몰수늑탈(沒數勒奪)하므로 교회(敎會)가 대영향(大影響)을 수(受)하니라.

1919년(一九一九年) 기미(己未)에 탁호(蠾蝴), 하청(河靑), 영자(嶺子), 삼원(三源), 흑석두(黑石頭) 각(各) 교회(敎會)에서 지방인(地方人)의 핍박(逼迫)으로 예배당내(禮拜堂內) 기구(器具)를 파쇄(破碎)하며 집회(集會)를

금지(禁止)하고 목사(牧師)와 교인(敎人)을 포박(捕縛)하여 난타(亂打)하였으며 마적(馬賊)에게는 피박도현(被縛倒懸)을 수(受)하고 금전토색(金錢討索)을 당(當)하는 중(中) 생명(生命)이 위독(危篤)에 빈(濱)하니라.

4. 자선(四, 慈善)

1919년(一九一九年) 기미(己未)에 초산군(楚山郡) 회목동교회(檜木洞敎會) 의사(醫師) 백운경(白雲卿)은 자선심(慈善心)이 풍부(豊富)하여 일반환자(一般患者)에게 무료시술(無料施術)하다.[273]

제 12장
전북노회(全北老會)

1919년 기미(己未) 3·1운동이 시작된 후 교회 중 직원과 교인과 학생의 참가자가 대(多)한데 익산군 남전리교회에는 문정관, 박영문, 장경춘 등 3인은 피해되고, 목사 최대진은 출외사직하고, 서천군 종지동교회에는 장로 유성렬이 수감되고 경관은 기허간(幾許間) 예배를 금지하였으며 옥구 구암리교회에서는 장로 박연세(朴淵世)와 교사 이두열(李斗烈), 김수영(金秀英), 김인묵(金仁默)과 학생 십여인과 군산부(群山府) 개복동교회에서는 교인 김성은(金聖恩), 정지선(鄭之善), 유희순(兪希淳), 홍종억(洪鍾億), 전종식(田鍾植) 등(等)이 피해되었고 금위서문외교회에서는 목사 김인전은 상해에 왕(往)하였다가 해지에서 별세하니라.

전북노회, 조선예수교장로회사기 하

1. 총론(一, 總論)

(1) 노회설립(一, 老會設立)

1917년(一九一七年) 정사(丁巳) 10월(十月) 10일(十日) 하오(下午) 8시(八時)에 전북노회(全北老會)가 설립(設立)되다.

전능(全能)하신 구주(救主)의 춘우(春祐)와 성신(聖神)의 계도(啓導)에 뇌(賴)하여 복음(福音)의 파전(播傳)이 교남전경(嶠南全境)에 보급(普及)됨을 따라 지방(地方)은 광활(廣闊)하고 사무(事務)는 복잡(複雜)한데 교통(交通)이 불편(不便)하여 집합(集合)이 곤란(困難)함을 인(因)하여 사무발전(事務發展)에 지장(支障)이 불소(不小)하고 경제방면(經濟方面)에도 손해(損害)가 다단(多端)한지라. 형편(形便)에 감(鑑)하여 분리(分離)의 필요(必要)를 심각(深覺)ᄒ게 되어 노회(老會)의 남북분립(南北分立)을 총회(總會)에 청구(請求)하매 승인(承認)된지라. 예정(豫定)한 일시(日時)에 전주(全州) 서문외예배당(西門外禮拜堂)에 집합(集合)하여 전북노회(全北老會)를 조직(組織)ᄒ게 되니 당시회원(當時會員)은 목사(牧師) 15인(一五人), 총대장로(總代長老) 20인(二十人), 합(合) 35인(三十五人)이요, 임원(任員)을 선거(選擧)하니 회장(會長)에 이원필(李元弼), 부(副) 강운림(康雲林, [William M. Clark]), 서기(書記)에 홍종필(洪鍾弼), 부(副) 강평국(姜平國), 회계(會計)에 김인전(金仁全), 부(副) 김필수(金弼秀)가 피선(被選)되고 각부(各部)를 조직(組織)하여 위원(委員)을 선정(選定)하고 회무(會務)를 처리(處理)하니라.

(2) 노회의 의안(二, 老會의 議案)

헌의위원(獻議委員)의 보고(報告)에 의(依)하여 매년(每年) 2차(二次) 정기회(定期會)로 회집(會集)하되 개회(開會) 전(前)에 한(限) 4일간(四日間) 특별수양회(特別修養會)를 개최(開催)할 것과 각(各) 교회(教會)를 진흥(振興)ᄒ게 하되 기방침(其方針)은 선교사구역(宣敎師區域)에서부터 시작(始作)하여 수차진행(遂次進行)ᄒ게 하고 갑(甲)의 구역(區域)에서 진흥회(振興會)를 개(開)할 시(時)에는 을병정(乙丙丁) 등(等)의 구역(區域) 각(各) 교역자(敎役者) 일동(一同) 내회(來會)하여 공수동력(共手同力)으로 전도(傳道)하고 기차(其次)에 을구(乙區)와 병구(丙區)에 차제(次第)로 실시(實施)하여 호성적(好成績)을 기수(期收)하기로 결정(決定)하고 특별수양회(特別修養會)에 대(對)한 준비위원(準備委員)은 김필수(金弼秀), 이눌서(李訥

瑞, [William David Reynolds, 1867-1951]), 김인전(金仁全), 이원필(李元弼), 홍종필(洪鍾弼)로 진흥회(振興會)에 대(對)한 위원(委員)은 이눌서(李訥瑞, [William David Reynolds, 1867-1951]), 김인전(金仁全), 마로덕(馬路德, [Luther O. McCutchen]), 부위렴(夫緯廉, [W. F. Bull], 최대진(崔大珍), 이원필(李元弼), 홍종필(洪鍾弼)로 선정(選定)하다.[274]

규칙(規則)은 제 7회(第七回) 전라노회(全羅老會)에 제정통과(制定通過)한 규칙(規則)을 1년간(一年間) 임시채용(臨時採用)한 후(後) 내정기회(來定期會)에서 결정(決定)하기로 하고 본(本) 노회(老會) 정기회(定期會)는 1년(一年) 2차식(二次式) 회집(會集)하되 춘기(春期)는 3월(三月) 둘째주일(第二主日) 후(後) 화요일(火曜日)로, 추기(秋期)는 매춘기회(每春期會)에서 정(定)하기로 결의(決議)하니라.

주일학교(主日學校) 확장(擴張)에 대(對)하여는 목사(牧師)와 조사(助師)가 주일학교(主日學校) 없는 곳을 돌아보아 설립(設立)하기를 힘쓰고 주일학교(主日學校) 있는 교회(敎會)는 그 없는 곳을 도와 설립(設立)ᄒ게 하기로 결의(決議)하니라.

수양회(修養會)는 매년(每年) 1차식(一次式) 춘기노회시(春期老會時) 1주일(一週日) 전기(前期)하여 4일간(四日間) 회집(會集)하되 과정(課程)은 매일성경(每日聖經)과 의회통용규칙(議會通用規則)과 의문해답(疑問解答) [성경(聖經)과 정치(政治)에 대(對)한 의문(疑問)]을 교수(敎授)하고, 매일(每日) 특별강연회(特別講演會)를 개(開)하기로 결정(決定)하니라. 노회임원(老會任員)과 상비위원(常備委員)은 추기노회(秋期老會)에서 택정(擇定)하고 정기위원(定期委員)은 춘기정기회(春期定期會)에서 택(擇)하기로 결정(決定)하다.

전라남북노회(全羅南北老會) 경내(境內)에 있는 선교사(宣敎師)의 25년(二十五年) 선교(宣敎)를 위(爲)하여 11월(十一月) 4일(四日)에 각(各) 교회(敎會)가 일반적(一般的)으로 기념(紀念)하되 10월(十月) 28일(二十八日) 주일(主日)에는 각(各) 교회(敎會) 인도자(引導者)가 떼신 회소재예배당(會所在禮拜堂)에 회집(會集)하여 그 지방선교사(地方宣敎師)와 같이 기념식

(紀念式)을 집행(執行)하기로 결정(決定)하고 해기념식(該紀念式)에 본(本)
노회(老會)는 대표(代表) 3인(三人)을 선정송(選定送)하니라. 춘추정기회
(春秋定期會) 사무처리(事務處理)는 동일(同一)하되 총계보고(總計報告)만
추기노회(秋期老會)에 접수(接受)하기로 결정(決定)하니라.

　1918년(一九一八年) 무오(戊午) 3월(三月) 12일(十二日) 제 2회(第二
回) 노회(老會)가 군산부(群山府) 개복동예배당(開福洞禮拜堂)에 개최(開
催)하니 회원(會員)은 목사(牧師) 16인(十六人), 장로(長老) 23인(二十三
人), 합(合) 39인(三十九人)이더라. 소송사건(訴訟事件)이 있음으로 심사(審
査)할 분위원(分委員) 3인(三人)을 선정(選定)하다.

　신학지원자(神學志願者) 고득순(高得恂)의 입학(入學)과 홍종필(洪鍾
弼), 백용기(白容基), 황재삼(黃在三), 최상섭(崔尙燮), 김창순(金昌淳), 이일
문(李一文), 이창규(李昌奎) 등(等)이 계속수학(繼續修學)을 허(許)하고, 신
학지원자(神學志願者) 이수현(李洙鉉)은 평양(平壤)에 현주(現住)인 고(故)
로 신학준시위원장(神學準試委員長) 이눌서(李訥瑞, [William David
Reynolds, 1867-1951])와 본회서기(本會書記) 홍종필(洪鍾弼)과 신학교장
(神學校長) 마포삼열(馬布三悅, [Samuel A. Moffett])에게 위탁준시(委托
準試)하게 하니라. 전주군(全州郡) 보상리(寶上里) 등(等) 5교회(五敎會) 목
사(牧師) 김성주(金聲柱)의 사직원(辭職員)과 전주(全州) 소룡리교회(里敎
會)에 장로(長老) 1인(一人)과 전주(全州) 삼례교회(參禮敎會)에 장로(長老)
2인(二人) 택(擇)할 것을 허(許)하였다.

　전주시찰구역(全州視察區域)을 3구(三區)로 분(分)하고 노회총대(老會
總代)의 여비규정(旅費規定) 중(中) 육행자(陸行者)에 관(關)한 조문(條文)
을 개정(改定)하여 60리(六十里) 이상(以上)부터 매(每) 10리(十里) 10
(十)[275]전식(錢式) 기산지급(起算支給)하기로 결정(決定)하니라.

　본(本) 노회(老會) 기본금(基本金)을 적립(積立)하기 위(爲)하여 노회원
자격(老會員資格)이 있는 자(者)는 매년(每年) 1단(一丹) 이상(以上) 의연
(義捐)하여 은행(銀行)에 저치(貯置)하기로 결정(決定)하다. 분위원(分委員)
이 중재(仲裁)한 결과(結果) 소송(訴訟)이 화해(和解)됨을 보고(報告)하니

라. 진흥회(振興會)를 위(爲)하여 4월(四月) 둘째 주일(第二主日)에 각(各) 교회(敎會)가 기도(祈禱)하고 연보(捐補)하기로 결정(決定)하니라.

동년(同年) 5월(五月) 2일(二日) 군산부(群山府) 개복동예배당(開福洞禮拜堂)에서 개최(開催)한 임시노회(臨時老會)에서 제 7계(第七誡)를 범(犯)한 개복동교회(開福洞敎會)와 익산군(益山郡) 현문교회(縣門敎會) 목사(牧師) 이원필(李元弼)은 면직출교(免職黜敎)하고, 개복동교회(開福洞敎會) 임시당회장(臨時堂會長) 부위렴(夫緯廉, [W. F. Bull], 현문교회(縣門敎會) 임시당회장(臨時堂會長)은 하위렴(河緯廉, [W. B. Harrison])으로 결정(決定)하니라.

동년(同年) 8월(八月) 26일(二十六日) 제 3회(第三回) 노회(老會)가 옥구군(沃溝郡) 구암리예배당(九岩里禮拜堂)에 개최(開催)하니 회원(會員)은 선교사(宣敎師) 4인(四人), 목사(牧師) 7인(七人), 장로(長老) 28인(二十八人), 합(合) 40인(四十人)이요, 임원(任員)은 회장(會長)에 최대진(崔大珍), 부(副) 이보익(李寶益), 서기(書記)에 홍종필(洪鍾弼), 부(副) 정기오, 회계(會計)에 김인전(金仁全), 부(副) 이승두(李承斗)더라. 장로(長老)는 제주전도목사(濟州傳道牧師) 김창국(金昶國)의 전도형편(傳道形便) 설명(說明)을 듣고 당석(當席)에서 연보(捐補)하니 27원 70여전(二十七圓七十餘錢)이더라.

신학졸업생(神學卒業生) 이창규(李昌珪)를 목사(牧師)로 장립(將立)하여 전주군(全州郡) 보상리(寶尙里), 우산리(牛山里) 양교회(兩敎會)에 마로덕(馬路德, [Luther O. McCutchen])과 동사전도목사(同事傳道牧師)로 임직(任職)ᄒ게 하고, 김응규(金應圭)는 김제군(金堤郡) 6처(六處) 교회(敎會)에 강운림(康雲林, [William M. Clark])과 동사전도목사(同事傳道牧師)로, 이자익(李自益)은 김제군(金堤郡) 구용리(里), 팟정리(里) 양교회(兩敎會)에 최의덕(崔義德, [Lewis Boyd Tate])과 위임동사목사(委任同事牧師)로 시무(視務)ᄒ게 하고, 전주군(全州郡) 삼례교회(參禮敎會)에서 전주서문외(全州西門外)에 위임목사(委任牧師) 김인전(金仁全)을 마로덕(馬路德, [Luther O. McCutchen])와 동사목사(同事牧師)로 겸임시무(兼任視務)ᄒ

게 하기를 청원(請願)함을 허(許)하고, 진안(鎭安) 장수지방(長水地方) 각
(各) 교회(敎會)에서 김성식(金聲植)을 강운림(康雲林, [William M.
Clark])과 동사전도목사(同事傳道牧師)로 계속청원(繼續請願)함을 허(許)
하고, 신학졸업생(神學卒業生) 백용기(白容基)는 강도사(講道師)로 인허(認
許)하여 군산지방시찰위원(群山地方視察委員)에게 전권(全權)을 위탁(委
托)하여 춘기노회(春期老會) 전(前)이라도 청원처(請願處)가 있으면 장립
(將立)과 위임(委任) 같이 하기를 허(許)하고 서천군(舒川郡) 구동리(九洞
里), 동군(同郡) 화산리(華山里), 금산군(錦山郡) 지방동(芝坊洞), 전주군(全
州郡) 관동(舘洞), 동군(同郡) 밀파리(密波里), 익산군(益山郡) 황화리(皇華
里), 김제군(金堤郡) 접주리(里), 만항읍교회(萬項邑敎會)에 장로(長老) 각
(各) 1인(一人) 택(擇)함을 허(許)하니라. 학교기본금(學校基本金)을 저축
(貯蓄)하기 위(爲)하여 춘추(春秋)에 교인(敎人) 매호(每戶)에 조맥(租麥)
1두식(一斗式) 수합(收合)하되 그 지방시찰(地方視察)에게 위임(委任)하여
관리(管理)ㅎ게 하고 각(各) 학교(學校)가 매월(每月) 1차식(一次式) 학부형
(學父兄)을 청(請)하여 교육(敎育)에 관(關)한 강연(講演)도 하고 학교(學
校)의 성적(成績)도 포장(襃獎)하여 교육(敎育)을 장려(獎勵)하기로 하
다.[276]

　　규칙위원(規則委員)이 노회규칙(老會規則)을 개정보고(改正報告)하매
그대로 채용(採用)하였는데 각(各) 부원(部員)의 증감(增減)과 시찰구역(視
察區域)의 변경(變更)이 있고 전도국(傳道局)을 부(部)로, 정사위원(定事委
員)을 임사부(任事部)로 변경(變更)한 것이더라. 고(故) 원두우(元杜尤,
[Horace G. Underwood])박사(博士)를 전국교회(全國敎會)가 일치적(一
致的)으로 기념(紀念)ㅎ게 할 사(事)와 교회도보(敎會道步)와 신령(神靈)한
은혜(恩惠) 받기 위(爲)하여 본(本) 총회내(總會內) 각(各) 교회(敎會) 일반
신자(一般信者)가 본년(本年) 9월(九月) 29일(二十九日)부터 1주간(一週間)
특별기도(特別祈禱)하기를 총회(總會)에 헌의(獻議)하기로 결정(決定)하다.

　　전주(全州) 서문외교회(西門外敎會)에서 개최(開催)하는 고(故) 포의사
추도회(醫師追悼會)에 본(本) 노회(老會)가 대표(代表) 1인(一人)을 선송

(選送)하고 그 유족(遺族)에게 위문상수송(慰問狀修送)할 것과 교회(敎會)의 정도(程度)와 장래(將來)를 생각하여 자금(自今) 3년(三年) 후(後)부터는 성경학원졸업증서(聖經學院卒業證書)가 무(無)한 자(者)에게 영수(領袖)와 장로(長老)의 직(職)을 불허(不許)할 것과 목사(牧師)의 봉급(俸給)에 대(對)하여 곤란(困難)을 면(免)하도록 지급(支給)ㅎ게 하기를 그 지방시찰위원(地方視察委員)에게 위임(委任)하기로 결의(決議)하다.

주일학교(主日學校)를 발전(發展)ㅎ게 하기 위(爲)하여 각(各) 교회(敎會)에서 교사(敎師)를 양성(養成)ㅎ게 하고 반분(班分)하여 교수(敎授)하는 것과 문답(問答)하는 것을 유익(有益)하게 할 것과 미조처(未組處)는 곧 조직(組織)ㅎ게 하기로 결의(決議)하다. 목사가족구조연보(牧師家族救助捐補)는 규칙(規則)에 의(依)하여 매년(每年) 2월(二月) 첫째 주일(第一主日)에 노회내(老會內) 각(各) 교회(敎會)가 연보(捐補)하되 노회(老會)는 매(每) 2구(二區)에 별위원(別委員) 2인식(二人式) 선정(選定)하여 대사경시(大査經時)에 차(此) 연보(捐補)의 필요(必要)를 설명(說明)하고 열심출연(熱心出捐)ㅎ게 하기로 결의(決議)하다. 전도부(傳道部) 보고(報告)는 선천(宣川) 총회시(總會時)까지 전부(全部) 유안(留案)하기로 결정(決定)하다.

진흥회(振興會)는 계속(繼續)하여 진행(進行)하되 연보(捐補)할 사(事)는 해사무국위원(該事務局委員)에게 위탁(委託)하여 일자(日字)를 작정(作定)하고 각(各) 교회(敎會)에 통지(通知)하기로 하다. 수양회(修養會)는 춘기노회(春期老會) 개회(開會) 전(前) 5일(五日)부터 김성기일목사(金城奇一牧師)를 청요(請邀)하기로 예정(豫定)함을 해위원(該委員)에 보고(報告)하여 채용(採用)되니라.

부안읍예배당(扶安邑禮拜堂) 건축비(建築費)를 위(爲)하여 연보청구(捐補請求)하는 사(事)는 해지방(該地方) 선교사(宣敎師)와 조사(助師)에 위탁실행(委託實行)ㅎ기로 결정(決定)하다.

현내예배당(縣內禮拜堂) 연보(捐補)는 당초(當初)에 이리(裡里)에 건축(建築)하려다가 재정부족(財政不足)으로 현내(縣內)에 건축(建築)하였은즉 작년(昨年) 광주노회시(光州老會時) 연보작정(捐補作定) 해인(該人)에게 위치변경(位置變更)을 통지(通知)하고 승약(承若)대로 출금여부(出金與否)를 탐문(探問)하여 의구지불(依舊支拂)하겠다면 차(此)를 수금(收金)하였다가 내회(來會)에 처리(處理)ᄒ게 하기로 결정(決定)하다.

동년(同年) 9월(九月) 3일(三日) 선천군(宣川郡) 신성학교(信聖學校)에 개최(開催)한 임시노회(臨時老會)에서 전라남북노회(全羅南北老會)의 전도국(傳道局) 분립사(分立事)는 남북노회(南北老會)가 합석회의(合席會議)하 [277]기로 결정(決定)하고 김필수(金弼秀)는 기독신보주필(基督申報主筆)로 2년간(二年間) 갱속(更續)하기로 결정(決定)하다.

동월(同月) 4일(四日) 동임시노회(同臨時老會)에서 전도국사건(傳道局事件)에 대(對)하여 남북노회(南北老會)가 합의(合議)한 결과(結果) 남북(南北)이 분립(分立)ᄒ게 되었으므로 전도국(傳道局)을 새로 조직(組織)하여 위원선정(委員選定)하고 재정(財政) 수입방법(收入方法)은 전부(全部) 그 위원(委員)에게 위탁처리(委託處理)하고 전도목사주택(傳道牧師住宅)을 매각상환(賣却相換)할 사(事)는 김창국(金昶國)에게 위탁(委託)하고 김창국(金昶國)은 전북노회원(全北老會員)으로 이명(移名)ᄒ게 하기를 전남노회 전도국(全南老會傳道局)에 교섭(交涉)하기로 결정(決定)하다.

1919년(一九一九年) 기미(己未) 1월(一月) 10일(十日) 전주(全州) 서문외예배당(西門外禮拜堂)에 개최(開催)한 임시노회(臨時老會)에서 목사(牧師) 김응규(金應圭)를 김제군(金堤郡) 대송리(大松里), 옥산리(玉山里), 신두리(新頭里) 3교회(三敎會)의 청원(請願)대로 강운림(康雲林, [William M. Clark])과 동사전도목사(同事傳道牧師)로 시무(視務)ᄒ게 하니라.

동년(同年) 4월(四月) 2일(二日)에 제 4회(第四回) 노회(老會)가 전주(全州) 서문외예배당(西門外禮拜堂)에 개최(開催)하니 회원(會員)은 선교사(宣敎師) 5인(五人), 목사(牧師) 6인(六人), 장로(長老) 21인(二十一人), 합(合) 32인(三十二人)이더라.

춘기노회시(春期老會時) 사세(事勢)로 인(因)하여 한 수양회(修養會)는 추기노회(秋期老會) 4일(四日) 전기(前期)하여 진행(進行)ᄒ기로 결정(決定)하다.

목사(牧師) 김성식(金聲植)은 혼인법위반(婚姻法違反)과 자기사업(自己事業)으로 인(因)하여 교회(敎會)에 방해(妨害)되므로 추기노회(秋期老會)까지 휴직(休職)하다. 전도부(傳道部)는 선천(宣川) 총회시(總會時) 남북노회(南北老會)가 연합회의(聯合會議)한 결과(結果) 본(本) 노회(老會)는 제주(濟州) 김창국(金昶國) 지방(地方)을 담임전도(擔任傳道)하는 것과 사무국(事務局)을 전주(全州)에 치(置)한 것과 각(各) 교회(敎會)가 열심진행(熱心進行)하는 것과 제주(濟州) 삼(三)양리(里) 오(吳)주병이 자기사택(自己私宅)을 예배당(禮拜堂)으로 기부(寄附)한 것을 보고(報告)하고 김창국목사(金昶國牧師)의 병(病)에 대(對)한 치료비(治療費)를 청구(請求)하매 당석(當席)에서 14원 40전(十四圓四十錢)을 연보기부(捐補寄附)하니라.

동년(同年) 8월(八月) 12일(十二日) 전주(全州) 신흥학교(新興學校)에 개최(開催)한 임시노회(臨時老會)에서 추기노회일자(秋期老會日子)를 9월(九月) 2일(二日)로 개정(改定)하고 강도사(講道師) 백용기(白容基)를 전남노회(全南老會)에 이명(移名)하여 보내니라.

동년(同年) 9월(九月) 2일(二日) 제 5회(第五回) 노회(老會)가 군산부(群山府) 개복동예배당(開福洞禮拜堂)에 개최(開催)하니 회원(會員)은 목사(牧師) 12인(十二人), 장로(長老)가 29인(二十九人), 합(合) 41인(四十一人)이요, 임원(任員)은 회장(會長)에 이자익(李自益), 부(副) 이창규(李昌珪), 서기(書記) 강평국(康平國), 부(副) 이일문(李一文), 회계(會計) 부위렴(夫緯廉, [W. F. Bull]), 부(副) 양석주(梁石柱)가 피선(被選)되다.

목사(牧師) 김성식(金聲植)은 전주(全州) 만동리(萬東里), 익산구읍(益山舊邑) 양교회(兩敎會)에 내춘기노회(來春期老會)까지 마로덕(馬路德, [Luther O. McCutchen])와 위임동사목사(委任同事牧師)로, 김응규(金應珪)는 김제군(金堤郡) 옥산리(玉山里)[278] 등(等) 3교회(三敎會)에 이눌서(李訥瑞, [William David Reynolds, 1867-1951])와 동사전도목사(同事傳道牧師)로 시무(視務)ㅎ게 하고, 전주군(全州郡) 서문외교회(西門外敎會) 전임목사(專任牧師) 김인전(金仁全)의 사직청원(辭職請願)을 받고 최의덕(崔義德, [Lewis Boyd Tate])을 동교회(同敎會) 임시당회장(臨時堂會長)

으로 선정(選定)하고, 김제군(金堤郡) 서(西)두리(里), 동군(同郡) 서리(西里), 전주(全州) 만동리(萬東里), 동군(同郡) 고(古)내곡(谷), 금산군(錦山郡) 쇠실, 진안군(鎭安郡) 세동리교회(細同里敎會)에 장로(長老) 각(各) 1인식(一人式) 택(擇)함을 허(許)하다.

제주전도목사(濟州傳道牧師) 김창국(金昶國)의 봉급(俸給)은 1년(一年) 540원(五百四十圓)과 교제비(交際費) 60원(六十圓)을 결정(決定)하고 제주전도연보(濟州傳道捐補)는 입교인(入敎人) 매명(每名) 30전(三十錢) 비례(比例)로 연보(捐補)하여 성탄일(聖誕日) 내(內)에 전도부(傳道部) 회계(會計) 마로덕(馬路德, [Luther O. McCutchen])에게 송치(送致)하기로 결정(決定)하다.

신학지원자(神學志願者) 곽전근(郭塡根)의 입학(入學)을 허(許)하고 재학생(在學生)은 작정(作定)한 대로 추기입학(秋期入學)ᄒ게 하고 목사가족구조연보(牧師家族救助捐補)는 총회규정(總會規定)대로 2월(二月) 첫째 주일(第一主日)에 수합(收合)하여 해위원부(該委員部) 회계(會計) 부위렴(夫緯廉, [W. F. Bull])에게 보내기로 결정(決定)하다.

진흥회(振興會)는 금추(今秋) 시기불편(時期不便)을 인(因)하여 정지(停止)하다. 내년(來年) 춘기(春期)에 경영(經營)하기를 해위원(該委員)에게 위임(委任)하다.

회원(會員) 중(中) 별세한 유호택, 이성일의 약사를 회록에 기재하여 기념을 견하기로 결정(決定)하다.

1920년(一九二〇年) 경신(庚申) 2월(二月) 23일(二十三日) 전주군(全州郡) 서문외예배당(西門外禮拜堂)에 개최(開催)한 임시노회(臨時老會)에서 목사(牧師) 윤식명(尹植明)을 군산부(群山府) 개복동(開福洞), 옥구군(沃溝郡) 구암리(九岩里) 양교회(兩敎會)에서 청빙(請聘)함을 허(許)하나니라.

동년(同年) 4월(四月) 6일(六日) 제 6회(第六回) 노회(老會)가 옥구군(沃溝郡) 구암리예배당(九岩里禮拜堂)에 개최(開催)하니 회원(會員)은 선교사(宣敎師) 6인(六人), 목사(牧師) 5인(五人), 장로(長老) 27인(二十七人), 합(合) 38인(三十八人)이더라.

제주전도사업(濟州傳道事業)에 대(對)한 강연회(講演會)에서 당석연보액(當席捐補額)이 1,335원 50전(一千三百三十五圓五十錢)이더라. 진흥위원(振興委員)의 보고(報告)에 의(依)하여 교회(敎會)의 진흥(振興)은 제직(諸職)이 먼저 은혜(恩惠)를 받으매 있으므로 전주군(全州郡) 서문외성경학원(西門外聖經學院)에 각(各) 교회(敎會) 장로(長老), 집사(執事), 영수(領袖), 조사(助師), 권서(勸書)를 일절(一切) 회집(會集)하여 진흥예배사경회(振興豫備査經會)를 개(開)하기로 결정(決定)하니라.

목사(牧師) 이창규(李昌珪)는 전주군(全州郡) 삼례교회(參禮敎會)에 마로덕(馬路德, [Luther O. McCutchen])와 동사위임목사(同事委任牧師)로 이임(移任)하고 익산(益山) 남(南)참문교회(門敎會) 목사(牧師) 최대진(崔大振)이 사임원(辭任願)과 전주군(全州郡) 서문외(西門外), 남문외(南門外), 김제군(金堤郡) 맞덕리(里) 임천(林川)옥실, 전주군(全州郡) 마채, 고창군(高敞郡) 강변촌교회(江邊村敎會)에 장로(長老) 각(各) 1인(一人) 택(擇)할 것과 전주읍(全州邑) 서문(西門)[279]양교회(兩敎會)가 황해노회(黃海老會) 목사(牧師) 김익두(金益斗) 청빙(請聘)하는 사(事)를 허(許)하고, 미조직교회(未組織敎會)에 관(關)한 권리(權利)는 해지방(該地方) 선교사(宣敎師)와 목사(牧師)에게 위임(委任)하기로 결정(決定)하다. 신학지원자(神學志願者) 고(高)민상의 입학(入學)과 엄(嚴)치섭, 곽전근(郭塡根), 이일문(李一文), 황재삼(黃在三)의 계속수학(繼續修學)과 이재언(李在彦), 김창국(金昶國)의 별신학(別神學)을 허(許)하다. 제주전도비예산(濟州傳道費豫算)은 1,446원(一千四百四十六圓)으로 정(定)하고, 목사(牧師) 1인(一人), 남녀전도인(男女傳道人) 각(各) 1인(一人)을 사역(事役)ㅎ게 하다.

동년(同年) 9월(九月) 14일(十四日) 제 7회(第七回) 노회(老會)가 전주읍(全州邑) 서문외예배당(西門外禮拜堂)에 개회(開會)하니 회원(會員)은 목사(牧師) 16인(十六人), 장로(長老) 26인(二十六人), 합(合) 42인(四十二人)이요, 임원(任員)은 회장(會長)에 김응규(金應圭), 부(副) 이창규(李昌奎), 서기(書記)에 정근(鄭根), 부(副) 김중수(金重洙), 회계(會計) 부위렴(夫緯廉, [W. F. Bull]), 부(副) 곽(郭)영옥이 피임(被任)되니라.

선교사(宣敎師) 최의덕(崔義德, [Lewis Boyd Tate])의 청원(請願)에 의(依)하여 정읍군(井邑郡) 숙구지와 신덕리(里) 양교회(兩敎會)를 합(合)하게 하다.

금후(今後)로는 교회당(敎會堂)을 타인(他人)의 소유지(所有地)에 건축(建築)하지 아니하기로 결정(決定)하다.

전주(全州) 신흥학교(新興學校) 학생음악부(學生音樂部)의 청원(請願)에 의(依)하여 당석(當席)에서 108원 30전(百八圓三十錢)을 연보(捐補) 기부(寄附)하다. 신학생(神學生) 고득순(高得恂), 곽전근(郭塡根), 이춘원(李春元), 김정복(金正福)은 추기수학(秋期修學)을 허(許)하다.

목사(牧師) 김성환(金聲桓), 이재언(李在彦)의 사직원(辭職願)을 허(許)하고, 목사(牧師) 김성원(金誠源)은 전주(全州) 동남지방(東南地方) 교회(敎會)에 강운림(康雲林, [William M. Clark])과 동사전도목사(同事傳道牧師)로, 김응규(金應圭)는 김제군(金堤郡) 접주리교회(里敎會)에 이눌서(李訥瑞, [William David Reynolds, 1867-1951])와 위임동사목사(委任同事牧師)로, 동군(同郡) 읍내(邑內), 신두리(新頭里) 양교회(兩敎會)에는 동사전도목사(同事傳道牧師)로 겸임(兼任)하고, 익산군(益山郡) 웅포리(熊浦里), 동군(同郡) 동연리(東蓮里), 김제군(金堤郡) 선인동(仙人洞), 남원읍(南原邑), 금산읍(錦山邑), 남원군(南原郡) 고정리교회(高亭里敎會)에 장로(長老) 각(各) 1인(一人) 택(擇)함을 허(許)하고, 김제읍교(金堤邑敎)[회(會)]와 전주군(全州郡) 유상리교회(柳上里敎會)에서 장로(長老) 1인식(一人式) 택(擇)하기를 청원(請願)한 사(事)는 해지방시찰(該地方視察)에게 전권위임(專權委任)하기로 결정(決定)하다. 제주전도사업(濟州傳道事業)에 대(對)하여 남전도인(男傳道人)은 전도국(傳道局)에서 부담(負擔)하고 여전도인(女傳道人)은 제주교회(濟州敎會)에게 부담(負擔)ᄒ게 하고 경비(經費)는 각(各) 교회(敎會)에 배정(配定) 연보(捐補)하기로 결정(決定)하다. 광주(光州)에 개최(開催)되는 주일학교(主日學校) 강습회(講習會)에 대표(代表) 2인(二人)을 파송(派送)하기로 하다.

고(故) 원두우(元杜尤, [Horace G. Underwood])박사(博士) 기념품(紀

念品) 연보(捐補)는 내년(來年) 1월(一月) 제 1주일(第一主日)에 수합(收合)하기로 결정(決定)하다. 노회규칙(老會規則)을 일신수정(一新修正)하여 회계(會計)에 첨부(添附)하니라.

　1921년(一九二一年) 신유(辛酉) 3월(三月) 15일(十五日) 제 8회(第八回) 노회(老會)가 군산부(群山府) 개복동예배당(開福洞禮拜堂)에 개최(開催)하니 회원(會員)은 선교사(宣敎師) 7인(七人), 목사(牧師) 7인(七人),[280] 장로(長老) 32인(三十二人)이더라. 서기(書記)의 청구(請求)에 의(依)하여 문부장치(文簿藏置)할 간반을 준비(準備)ᄒ게 하니라.

　사기편집(史記編輯)을 위(爲)하여 위원(委員) 4인(四人)을 선정(選定)하니 이자익(李自益), 최의덕(崔義德, [Lewis Boyd Tate]), 하위렴(河緯廉, [W. B. Harrison]), 홍종필(洪鍾弼)이러라. 남만노회(南滿老會)의 참변사건(慘變事件)에 대(對)하여 각(各) 교회(敎會)에 연보구조(捐補救助)ᄒ게 하기로 결정(決定)하다. 옥구군(沃溝郡) 구암리(九岩里), 복죽리(里), 서천군(舒川郡) 상당동(桑堂洞), 동군(同郡) 구동리(九洞里), 동군(同郡) 종지리(鍾芝里), 익산군(益山郡) 늘문리(里), 전주군(全州郡) 우산리교회(牛山里敎會)에 장로(長老) 각(各) 1인(一人)과 군산(群山) 개복동(開福洞) 일장리교회(一長里敎會)에 장로(長老) 각(各) 2인(二人) 택(擇)함을 허(許)하다.

　목사(牧師)를 매년(每年) 하기(下期)에 1개월간(一個月間) 수양(修養)ᄒ게 하기로 결정(決定)하다.

　진흥회경비(振興會經費)를 위(爲)하여 노회당석(老會當席)에서 연보(捐補)하니 140원(一百四十圓)이더라.

　신학지원자(神學志願者) 박승엽(朴承燁), 김수영(金秀英), 이은섭(李殷燮), 고윤팔(高允八), 김정관(金正寬), 김가전(金嘉全), 서정현(徐廷賢)의 입학(入學)과 이춘원(李春元), 엄태섭(嚴泰燮), 고득순(高得恂), 곽전근(郭塡根), 고민상(高敏祥), 홍종필(洪鍾弼), 김정복(金正福), 최상섭(崔尙燮), 박창욱(朴昶旭) 등(等)의 계속수학(繼續修學)과 김응규(金應圭), 김성원(金誠源)의 별신학(別神學)을 허(許)하다.

　동년(同年) 7월(七月) 6일(六日) 전주(全州) 서문외예배당(西門外禮拜

堂)에 개최(開催)한 임시노회(臨時老會)에서 신학졸업생(神學卒業生) 김중수(金重洙)는 익산군(益山郡) 신덕리교회(新德里敎會)에 부위렴(夫緯廉, [W. F. Bull])과 위임동사목사(委任同事牧師)로, 이일문(李一文)은 김제군(金堤郡) 난산(卵山), 송삼, 전주군(全州郡) 유상(柳上) 3교회(三敎會)에 위임목사(委任牧師)로, 황재삼(黃在三)은 익산군(益山郡) 웅포리(熊浦里), 동연리(同蓮里), 현내리(縣內里) 3교회(三敎會)에 1년간(一年間) 동사목사(同事牧師)로 임명(任命)하고, 일본(日本) 동경(東京)에 개최(開催)하는 만국주일학교(萬國主日學校) 연합회(聯合會)에 출석(出席)할 총대(總代)를 개선(改選)하니 박전근(朴墺根), 이은섭(李殷燮), 김가전(金嘉全), 이일문(李一文), 홍종필(洪鍾弼), 김중수(金重洙), 정근(鄭根)이더라.

동년(同年) 8월(八月) 23일(二十三日) 제 9회(第九回) 노회(老會)가 옥구군(沃溝郡) 구암리예배당(九岩里禮拜堂)에 개최(開催)하니 회원(會員)은 선교사(宣敎師) 5인(五人), 목사(牧師) 11인(十一人), 장로(長老) 32인(三十二人)이요, 임원(任員)은 회장(會長) 이창규(李昌奎), 부(副) 최학삼(崔學三), 서기(書記) 김중수(金重洙), 부(副) 김연표(金連豹), 회계(會計) 강운림(康雲林, [William M. Clark]), 부(副) 홍종필(洪鍾弼)이 피선(被選)되니라.

사기편집위원(史記編輯委員) 4인(四人)이 부족(不足)하므로 해위원(該委員) 등(等)의 임의(任意)대로 방조위원(幇助委員)을 택(擇)하게 하다. 진흥위원(振興委員)을 상비위원(常備委員)으로 개정(改定)하다. 제주전도사업(濟州傳道事業)에 대(對)한 강연(講演)을 들은 후(後) 당석(當席)에서 연보(捐補)하니라.

진흥목사(振興牧師)를 이창규(李昌奎)로 선정(選定)하고 진흥부(振興部) 사무국(事務局)을 설치(設置)하다. 고등교육장려비(高等敎育獎勵費)는 수입(收入)되는 대로 적립(積立)하기로 결정(決定)하다.[281]

제주(濟州)에 학교(學校)를 설립(設立)하기 위(爲)하여 당석(當席)에서 출연(出捐)한 금액(金額)이 329원(三百二十九圓)이요, 부족액(不足額) 200원(二百圓)은 전도목사(傳道牧師) 김창국(金昶國)이 중요지방(重要地方)에서 동정금(同情金) 모집(募集)함을 허(許)하다.

신학지원자(神學志願者) 강성원(姜誠源), 이병남(李秉南), 이근호(李根浩)의 입학(入學)과 재적생(在籍生) 최상섭(崔尙燮), 홍종필(洪鍾弼), 이수현(李秀賢), 박승섭(朴承燮), 엄태섭(嚴泰燮), 고만상(高萬祥), 곽전근(郭塡根), 김가전(金嘉全), 고군필(高君弼), 박창욱(朴昌旭), 이은섭(李殷燮) 등(等)의 계속취학(繼續就學)을 허(許)하다.

전주(全州) 서문외교회(西門外敎會)에서 임시시무(臨時視務)하는 배은희(裴恩希)를 해교회(該敎會)에 선교사(宣敎師) 여부솔([呂傳率, Finley M. Eversole])과 위임동목사(委任同牧師)로 허(許)하되 가춘(家春)이 반이(搬移)한 후(後) 위임식(委任式)을 거행(擧行)하기로 결정(決定)하고, 전남노회(全南老會) 목사(牧師) 김영식(金英植)을 익산군(益山郡) 고현교회(古縣敎會)의 목사(牧師)로 임명(任命)하고 목사(牧師) 최대주(崔大珠)는 경기충청노회(京畿忠淸老會)에 이명(移名)하고 이일문(李一文)의 김제군(金堤郡) 송삼교회당(敎會堂) 회장(會長)은 사면(辭免)하고 김제군(金堤郡) 임상교회(林上敎會)의 직무(職務)를 담임(擔任)하게 하고, 황재삼(黃在三)은 익산군(益山郡) 웅포리교회(熊浦里敎會)에 선교사(宣敎師)와 동사전도목사(同事傳道牧師)로 임명(任命)하고, 김제군(金堤郡) 일송리교회(一松里敎會) 목사(牧師) 김응규(金應圭)의 사면(辭免)은 허(許)하고 김제군(金堤郡) 일창리교회(一昌里敎會) 구역내(區域內) 죽동(竹洞) 명량리(明良里)에서 교회당(敎會堂)을 신축(新築)하고 분립(分立)을 청원(請願)하는 사(事)는 해시찰위원(該視察委員)에게 전권위임(專權委任)하고 고현리교회(古縣里敎會)의 분립(分立)은 허(許)하고 해지방시찰원(該地方視察員)으로 분계(分界)하여 주게 하고 부여군(扶餘郡) 문거리(文巨里), 전주군(全州郡) 신평리(新坪里), 김제군(金堤郡) 사라리(沙羅里), 옥구군(沃溝郡) 황리(皇里), 보령군(保寧郡) 도화담교회(挑花潭敎會)에 장로(長老) 각(各) 1인(一人)과 김제읍(金堤邑), 옥구군(沃溝郡) 지경리교회(地境里敎會)에 장로(長老) 2인식(二人式) 택(擇)함을 허(許)하다.

제주전도(濟州傳道)에 대(對)한 예산(豫算)은 1,536원(一千五百三十六圓)으로 정(定)하고 목사(牧師) 1인(一人), 남전도(男傳道) 1인(一人)으로

사역(事役)ㅎ게 하다.

　동년(同年) 9월(九月) 10일(十日) 평양신학교(平壤神學校)에 개최(開催)한 임시노회(臨時老會)에서 소삼교회(敎會)가 목사(牧師) 김성원(金誠源)을 청(請)하는 것과 진흥목사(振興牧師) 이창규(李昌圭)의 사면청원(辭免請願)과 선교사(宣敎師) 이눌서(李訥瑞, [William David Reynolds, 1867-1951]), 지방(地方)에서 전남(全南) 목사(牧師) 윤식명(尹植明)을 청빙(請聘)하는 것과 김성식(金聲植)이 본(本) 노회구역(老會區域) 외(外)에서 사역(事役)하는 것을 허(許)하고 각(各) 선교사(宣敎師)에게 당회권(當會權)과 각(各) 지방(地方) 조사(助事)에게 학습문답권(學習問答權)을 허(許)하니라.

　동월(同月) 14일(十四日) 계속회(繼續會)에서 경성(京城)에 개최(開催)할 주일학교대회(主日學校大會)에 관(關)한 통지사(通知事)는 9월(九月) 내(內)로 하게 하고 본(本) 노회구역(老會區域) 내(內)에 주일학교(主日學校) 강습회(講習會)를 3개소(三個所)에 개(開)하기로 결정(決定)하고 총계(總計)에 보고(報告)한 대로 교육비(敎育費)는 78원 82전(七十八圓八十二錢)을 은행(銀行)에 저치(貯置)하기로 결정(決定)하다.[282]

　1922년(一九二二年) 임술(壬戌) 3월(三月) 14일(十四日) 제 14회(第十四回) 노회(老會)가 김제군(金堤郡) 옥산리예배당(玉山里禮拜堂)에서 개최(開催)하니 회원(會員)은 선교사(宣敎師) 5인(五人), 목사(牧師) 10인(十人), 장로(長老) 36인(三十六人)이더라. 선교사(宣敎師) 최의덕(崔義德, [Lewis Boyd Tate])의 구역내(區域內) 서당촌(書堂村), 강건촌(江建村)이 서로 분쟁(紛爭)하는 사(事)를 해결(解決)하기 위(爲)하여 별위원(別委員) 3인(三人)을 선정(選定)하다. 김제읍교회(金堤邑敎會)의 곤란(困難)한 상태(狀態)를 듣고 노회(老會)가 당석(當席)에서 213원(二百十三元)을 연보기부(捐補寄附)하다. 총회(總會)에서 수의(垂議)한 총대규칙(總代規則) 중(中) 10당회(十堂會)에 목사(牧師), 장로(長老) 1인식(一人式)을 개정(改定)하자는 안(案)에 대(對)하여 가부(可否)를 문(問)하니 부결(否決)되다. 각(各) 학교(學校) 교사(敎師)를 1주일간(一週日間) 강습(講習)ㅎ게 하기로 결정(決定)하

고 학무위원(學務委員)에게 위임(委任)하다. 김제읍교회(金堤邑敎會) 목사(牧師) 김응규(金應珪)의 사면원(辭免願)을 받고 전남노회경내(全南老會境內)에 이임(移任)함과 김성식(金聲植)은 전남(全南) 강진군(康津郡) 3처(三處) 교회(敎會)의 청빙(請聘)을 받아 이임(移任)함을 허(許)하고 신학졸업생(神學卒業生) 박창욱(朴昶旭), 최상섭(崔尙燮)을 목사(牧師)로 장립(將立)하여 박창욱(朴昶旭)은 신촌(新村) 등(等) 3교회(三敎會)에 전도목사(傳道牧師)로, 최상섭(崔尙燮)은 부여군(扶餘郡) 청포리교회(靑浦里敎會)에 선교사(宣敎師)와 동사목사(同事牧師)로 임명(任命)하고 김제(金堤) 한산 송지동교회(敎會)에 장로(長老) 각(各) 1인식(一人式) 택(擇)함을 허(許)하고 윤식명(尹植明)은 김제읍교회(金堤邑敎會)에 선교사(宣敎師)와 동사목사(同事牧師)로 시무(視務)ㅎ게 하다. 분규화해위원(紛糾和解委員)은 보고(報告)하되 서당촌(書堂村)과 신촌교회(新村敎會)가 분립(分立)함이 규칙상(規則上) 위반(違反)임으로 서당촌교인(書堂村敎人)을 신촌교회(新村敎會)에 합(合)하고 서당촌(書堂村)과 강일촌(江逸村)의 분쟁(紛爭)은 금전(金錢) 30원(三十圓)에 관계(關係)가 있으므로 반분식(半分式) 분배(分配)ㅎ게 하되 그 지방(地方) 시찰위원(視察委員)에게 위탁처리(委託處理)함이 가(可)하다 하매 채용(採用)하다. 임원(任員) 중(中) 부서기(副書記), 부회계(副會計)는 노회시(老會時)마다 출석(出席)ㅎ게 하고 여비(旅費)는 총대(總代)와 동일(同一)ㅎ게 지불(支拂)하기로 하다. 제주(濟州) 전도목사(傳道牧師) 김창국(金昶國)의 사직원(辭職願)을 받고 그 대(代)는 전남노회원(全南老會員) 곽우익(郭宇益)을 선정(選定)하고, 종금이후(從今以後)는 매년(每年) 추기노회(秋期老會) 시(時)에만 전도목사(傳道牧師)가 출석(出席)ㅎ게 하기로 결정(決定)하다. 신학지원자(神學志願者) 박성준(朴成俊), 박연세(朴淵世), 박재강(朴在康), 이근호(李根浩), 이채(李采)남, 김윤성(金允成), 이세직(李世稷), 강성원(姜聖源), 김(金)방한의 입학(入學)과 재적생(在籍生) 이규원(李圭元), 이은섭(李殷燮), 이수현(李秀賢), 고득순(高得恂), 김가전(金嘉全)의 계속수학(繼續修學)을 허(許)하고 규칙(規則)에 의(依)하여 부활주일(復活主日) 연보(捐補)를 수합(收合)하여 본(本) 노회(老會) 회계(會計)에 위탁

(委托)하여 신학신입생(神學新入生) 보보(補補)[조(助)]금(金)으로 처리(處理)ㅎ게 하다.

동년(同年) 4월(四月) 28일(二十八日) 전주(全州) 서문외성경학원(西門外聖經學院)에 개최(開催)한 임시노회(臨時老會)에서 전주군(全州郡) 보상(寶上), 우산(牛山), 삼례(參禮) 3교회(三敎會) 목사(牧師) 이창규(李昌奎)의 사직원(辭職願)을 받고 이리(裡里)와 삼례(參禮) 양교회(兩敎會)에서만 시무(視務)ㅎ게 하기로 결정(決定)하다.

동년(同年) 8월(八月) 22일(二十二日) 제 11회(第十一回) 노회(老會)가 전주군(全州郡) 서문외예배당(西門外禮拜堂)에 회집(會集)하니 회원(會員)은 선교사(宣敎師) 4인(四人), 목사(牧師) 14인(十四人), 장로(長老)가 39인(三十九人)이요, 임원(任員)은 회장(會長)에 배은(裵恩), 부(副) 김성원(金誠源), 서기(書記)에 김가전(金嘉全), 부(副) 곽전근(郭瑱根), 회계(會計) 최의덕(崔義德, [Lewis Boyd Tate]), 부(副) 김영식(金英植)이 피선(被選)하다. 옥구군(沃溝郡) 구암리교회(九岩里敎會) 김(金)성삼의 공소사건(控訴事件)에 대(對)하여 재판위원(裁判委員) 18(十八)[인(人)]을 선정(選定)하다. 사기자료수합(史記資料收合)이 영성(零星)하나 그대로 금년(今年) 총회(總會)에 제출(提出)하기로 결정(決定)하다. 성경학교장(聖經學校長) 마로덕(馬路德, [Luther O. McCutchen])의 성경교사(聖經敎師) 청원(請願)하는 사(事)는 위원(委員)을 선정(選定)하여 각(各) 그 당회(堂會)에 교섭(交涉) 보고(報告)ㅎ게 하다. 제주(濟州) 전도형편(傳道形便) 시찰위원(視察委員)이 상황보고(狀況報告)를 들은 후(後) 제주예배당(濟州禮拜堂) 건축(建築)을 위(爲)하여 당석(當席)에서 연보(捐補)한 금액(金額)이 140원(一百四十圓)이더라. 조선야소장로회정치(朝鮮耶蘇長老會政治)는 채용(採用)하기로 전원(全員)이 가결(可決)하다. 진흥목사(振興牧師) 이자익(李自益)의 사면청원(辭免請願)을 받고 그대로 이창규(李昌奎)로 택(擇)하되 진흥목사(振興牧師) 유고시(有故時)는 보결(補缺)하는 일을 해사무국(該事務局)에 위임(委任)하기로 결정(決定)하다. 제주(濟州) 전도목사(傳道牧師) 선택(選擇) 급(及) 파송사(派送事)는 전도국(傳道局)에 위임(委任)하고 경비예산(經費

豫算)은 전년(前年)과 동일(同一)하게 하기로 결정(決定)하다. 이창규(李昌圭)의 삼례교회(參禮敎會)의 사역사면(事役辭免)은 허락(許諾)하고 삼례교회(參禮敎會) 원류안(願留案)에 대(對)하여는 해지방시찰(該地方視察)에게 위탁조사(委托調査)하여 내(來) 9월(九月) 계속노회(繼續老會)에 보고(報告)ᄒᆞ게 하다. 황재삼(黃在三)은 웅포리교회(熊浦里敎會)에 매요한(梅夭漢[梅約翰, John McEachern])과 동사위임목사(同事委任牧師)로, 김영식(金英植)은 익산군(益山郡) 고현교회(高峴敎會)에 매요[약]한(梅夭漢[梅約翰])과 동사위임목사(同事委任牧師)로, 이재언(李在彦)은 김제군(金堤郡) 명량리교회(明良里敎會)에 부위렴(夫緯廉, [W. F. Bull])과 동사전도목사(同事傳道牧師)로 시무(視務)ᄒᆞ게 하고, 마산리교회(里敎會) 목사(牧師) 이일문(李一文)의 사직원(辭職願)과 김제군(金堤郡) 죽동(竹洞), 정읍군(井邑郡) 한교리(漢橋里), 옥구군(沃溝郡) 덕리(德里), 전주군(全州郡) 두현리(斗峴里), 부안군(扶安郡) 관동교회(舘洞敎會)에 장로(長老) 각(各) 1인(一人)과 김제군(金堤郡) 둑산, 전주군(全州郡) 유상리교회(柳上里敎會)에 장로(長老) 각(各) 2인식(二人式) 택(擇)함을 허(許)하다. 신학생(神學生) 박(朴)승섭, 엄(嚴)태섭, 박연세(朴淵世), 김가전(金嘉全), 김정복(金正福) 등(等)의 계속취학(繼續就學)을 허(許)하고, 자금이후(自今以後) 재적생(在籍生) 중(中) 계속수업(繼續修業)ᄒᆞ고저 하는 자(者)는 해당회(該當會)의 천서(薦書)를 본(本) 위원(委員)에게 교부(交附)한 후(後) 입학(入學)을 허(許)하고 본(本) 노회(老會) 서기(書記)에게 통지(通知)ᄒᆞ게 하기로 결정(決定)하다. 재판위원(裁判委員)은 김성삼(金聖三)의 공소사건(控訴事件)에 대(對)하여 심사(審査)한 결과(結果) 판결(判決)이 상당(相當)하다고 보고(報告)하매 채용(採用)되다.

동년(同年) 9월(九月) 9일(九日) 경성부(京城府) 승동예배당(勝洞禮拜堂)에 개최(開催)한 임시노회(臨時老會)에서 목사(牧師) 김성원(金誠源)은 송삼, 선인동(仙人洞), 사방말 3처(三處) 교회(敎會)에 최의덕(崔義德, [Lewis Boyd Tate])과 동사전도목사(同事傳道牧師)로, 이일문(李一文)은 유상리(柳上里) 등(等) 7교회(七敎會)에 최의덕(崔義德, [Lewis Boyd

Tate])과 동사전도목사(同事傳道牧師)로 시무(視務)ㅎ게 하고 임택권(林澤權)의 판행(判行)한 이적증명(異跡證明)이란 서책(書册)에 대(對)하여 총회(總會)에 제출(提出)한 헌의(獻議)는 해씨(該氏)가 본회(本會)에 대(對)하여 사과(謝過)하고 본회(本會)에 관(關)한 범사(犯事)는 전부(全部) 삭제(削除)하[284]고 기독신보(基督申報)에 1개월간(一個月間) 사과광고(謝過廣告)를 게재(揭載)하겠다 하므로 해헌의(該獻議)는 취하(取下)ㅎ기로 결정(決定)하다.

    1923년(一九二三年) 1월(一月) 23일(二十三日) 제 12회(第十二回) 노회(老會)가 군산부(群山府) 개복동예배당(開福洞禮拜堂)에 개최(開催)하니 회원(會員)은 선교사(宣敎師) 4인(四人), 목사(牧師) 12인(十二人), 장로(長老) 30인(三十人)이요, 정·부회장(正副會長)이 출석(出席)ㅎ지 않으므로 임시회장(臨時會長)을 택(擇)하기로 결정(決定)하고 이창규(李昌圭)를 투표선정(投票選定)하다. 구암리(九岩里) 김성삼(金聖三)의 공소사건(控訴事件)은 본(本) 노회(老會)에 관계(關係)가 없으므로 반환(返還)하다. 본회관하(本會管下) 각(各) 교회(敎會) 명부(名簿)를 노회계(老會係)에 첨부간행(添付刊行)ㅎ기로 결정(決定)하다. 신학지원인(神學志願人) 김수영(金秀英), 김(金)현근, 박(朴)승준의 입학(入學)과 김가전(金嘉全), 김정복(金正福), 곽전근(郭塡根), 고득순(高得恂), 고성모(高聖模), 박연세(朴淵世)의 계속수학(繼續修學)을 허(許)하다. 신학졸업생(神學卒業生) 홍종필(洪鍾弼)을 목사(牧師)로 장립(將立)하여 개복동교회(開福洞敎會)에 전임목사(專任牧師)로 임명(任命)하고, 김중수(金重洙)는 이리교회(裡里敎會)에 매약한(梅約翰, [John McEachern])과 동사전도목사(同事傳道牧師)로, 최상섭(崔尙燮)은 부여군(扶餘郡) 청포리교회(靑浦里敎會)에 부위렴(夫緯廉, [W. F. Bull])과 동사전도목사(同事傳道牧師)로 시무(視務)ㅎ게 하고 김제군(金堤郡) 두정리교회(里敎會) 목사(牧師) 이개익(李開益)과 익산군(益山郡) 남전리교회(南田里敎會) 목사(牧師) 김중수(金重洙)와 고현리교회(古縣里敎會) 목사(牧師) 김영식(金英植)과 김제군(金堤郡) 송삼 등(等) 3교회(三敎會) 목사(牧師) 김성원(金誠源) 등(等)의 사직원(辭職願)을 일절(一切) 허락(許諾)하고 익산군(益山郡) 용산리(龍山里), 신등리(新登里), 서천군(舒川郡) 영당리(榮堂里), 완포리(完浦里), 정읍군(井邑郡) 천원리(川原里), 금산군(錦山郡) 지방동(芝防洞), 익산군(益山郡) 판문리(里), 신동리(信洞里), 무주군(茂州郡) 석항리(石項里), 부여군(扶餘郡) 청포리교회(靑浦里敎會)에 장로(長老) 각(各) 1인식(一人式) 택(擇)함과 선교사(宣敎師) 부위렴(夫緯廉, [W. F. Bull])과 매약한(梅約翰, [John McEachern])의 청원(請願)한 바 군산동북지방(群山東北地方) 시찰구역(視察區域)에 속(屬)한 부여군(扶餘郡) 5처(五處) 교회(敎會)를 군산서북지방(群山西北地方) 시찰구역(視察區域)에 이속(移屬)하여 달라는 것은 허(許)하고 옥구군(沃溝郡) 지경리교회(地境里敎會)의 분립청원사건(分立請願事件)은 해지방(該地方) 시찰위원(視察委員)에게 전권위탁(專權委托)하여 처리(處理)ᄒ기로 결정(決定)하다. 규칙위원(規則委員)이 무흠교인(無欠敎人)과 책벌교인(責罰敎人)의 결혼(結婚)은 해벌시(解罰時)까지 기다릴 것과 입교인(入敎人)과 제명(除名)된 학습인(學習人)과는 결혼(結婚) 못할 것과 입교인(入敎人)과 학습인(學習人)의 혼인(婚姻)은 무애(無碍)할 것과 부모(父母)가 다 학습인(學習人)이면 그 유아(幼兒)에게 세례(洗禮)주지 못할 것과 책벌(責罰)한 입교인(入敎人)의 자녀(子女)에게 세례(洗禮)는 그 부모(父母)의 해벌(解罰)까지 기다릴 것과 연령미만자(年齡未滿者) 혼인(婚姻)과 신자(信者)와 불신자(不信者)의 혼인(婚姻)으로 인(因)하여 책벌(責罰)한 자(者)는 회개(悔改)의 결과(結果)가 현저(顯著)하기까지 기다릴 것과 부모(父母) 중(中) 1인(一人)은 입교인(入敎人)이오, 1인(一人)은 학습인(學習人)된 자녀(子女)에게 세례(洗禮)줌의 여부(與否)는 총회(總會)에 헌의(獻議)하기로 결정(決定)하다. 미국북장로회(美國北長老會)에서 파견(派遣)한 「아멘트리」 씨(氏)를 청요(請邀)하여 2월(二月) 16일(十六日)부터 19일(十九日)까지는 군산(群山) 개복동교회(開福洞敎會)에서 주일학교(主日學校) 강습회(講習會)를 개최(開催)하고, 동(同) 19일(十九日)부터 23일(二十三日)까지는 전주성경학당(全州聖經學堂)에 본(本) 노회관내(老會管內) 각(各) 주일학교(主日學校) 교사(敎師)를[285] 소집(召集)하여 대강습회(大講習會)를 개(開)하고 통역원(通譯員)의 여비(旅

費)와 3월(三月) 1일(一日)부터 평양신학교(平壤神學校)에 파견(派遣)할 권
흥위원(勸興委員)의 여비(旅費)는 각(各) 교회(敎會)에서 연보(捐補)하기로
결정(決定)하다. 황해노회(黃海老會)에서 담임전도(擔任傳道)하던 제주지
방(濟州地方)은 남북노회(南北老會)가 분담(分擔)하되 전도지분계(傳道地
分界)는 양(兩) 전도목사(傳道牧師)가 상의협정(相議協定)ㅎ게 하고 전도목
사(傳道牧師)는 김창규(金昌圭)로 선정(選定)하고 1년(一年) 전도예산(傳道
豫算)은 1,806원(一千八百六圜)으로 결정(決定)하다.

동년(同年) 2월(二月) 20일(二十日) 전주군(全州郡) 서문외주일학교(西
門外主日學校)에 개최(開催)한 임시노회(臨時老會)에서 김영식(金英植)을
남전리교회(南田里敎會)에 위임시무(委任時務)ㅎ게 하고, 전주군(全州郡)
보상리교회(寶上里敎會)에서 평서교회관내(平西敎會管內) 강도사(講道師)
송관범(宋觀範)을 청빙(請聘)하는 사(事)는 허(許)하고, 위원(委員)을 파송
(派送)하여 해노회(該老會)에 교섭(交涉)ㅎ게 하니라.

동년(同年) 4월(四月) 5일(五日) 전주(全州) 서문외예배당(西門外禮拜
堂)에 개최(開催)한 임시노회(臨時老會)에서 본(本) 노회(老會)가 부담(負
擔)한 총회전도비(總會傳道費)를 5월(五月) 13일(十三日) 주일(主日)에 연
보(捐補)ㅎ게 하고 수금(收金)이 부족(不足)할 시(時)에는 차금보충(借金補
充)하되 총회전도국(總會傳道局)이 선교사(宣敎師)를 초환(招還)할 시(時)
에는 차금(借金)하는 사(事)[는] 정지(停止)하기로 결정(決定)하다.

동년(同年) 6월(六月) 26일(二十六日)에 제 13회(第十三回) 노회(老會)
가 김제군(金堤郡) 난산예배당(卵山禮拜堂)에 개최(開催)하니 회원(會員)은
선교사(宣敎師) 7인(七人), 목사(牧師) 11인(十一人), 장로(長老) 41인(四十
一人)이오, 임원(任員)은 회장(會長)에 윤식명(尹植明), 부(副) 박윤성(朴允
成), 서기(書記) 박전근(朴塡根), 부(副) 고성모(高聖模), 회계(會計) 위인사
(魏(衛)仁士, [S. D. Winn]), 부(副) 김중수(金重洙)이더라. 전주군(全州郡)
두현리교회(斗峴里敎會)에 장로(長老) 김(金)인화, 동교회(同敎會) 교인(敎
人) 한(韓)사숙(淑)의 분쟁사건(紛爭事件)에 대(對)하여 별위원(別委員)을
선정(選定)한다. 부안읍교회(扶安邑敎會)의 분립사건(分立事件)은 위원(委

員)을 선송(選送)하여 화해(和解)ㅎ게 하고 부안(扶安) 관동교회(舘洞敎會) 신경운장로(長老)는 「모루히네」 중독자(中毒者)됨이 충분(充分)한 증거 (證據)가 있으므로 면직(免職)ㅎ게 하기로 결정(決定)하다. 고(故) 김인전목 사(金仁全牧師)의 추도회(追悼會)를 거행(擧行)하고 그 약사(略史)를 본(本) 회록(會錄)에 기입(記入)하여 기념혈(紀念頁)을 작(作)하고 기유족(其遺族) 을 위(爲)하여 당석(當席)에서 47원 46전(四十七圓四十六錢)을 출연(出捐) 하여 위문위원(慰門委員)에게 교부(交附)하니라. 노회소속목사(老會所屬牧 師) 명부록(名簿錄)을 작성비치(作成備置)ㅎ기로 하다. 조선야소교장로회 (朝鮮耶蘇敎長老會) 헌법(憲法) 제 18장(第十八章) 제 2조(第二條) 제 2항 (第二項), 제 3항(第三項)에 의(依)하여 외국선교사(外國宣敎師)는 그 본국 교회(本國敎會) 파견증서(派遣證書)를 내춘기(來春期) 노회시(老會時)까지 본회(本會)에 납부(納附)하여 회원자격(會員資格) 있는 것을 인정(認定)ㅎ 게 하기로 결정(決定)하다. 교역자(敎役者)의 십일조연보(十一條捐補)는 진 흥부(振興部)에서 수합(收合)하여 임의(任意) 사용(使用)ㅎ게 하다. 금회(今 回) 추기노회(秋期老會) 식비(食費) 전부(全部)를 난산교회(卵山敎會) 장로 (長老) 박윤성(朴潤聲)이가 목사가족구조비(牧師家族救助費)로[286] 기부 (寄附)하매 회중(會中)이 감사(感謝)하므로 받아 해구조부(該救助部)에 교 부(交附)하다. 각(各) 당회(堂會) 보고(報告)는 해지방시찰(該地方視察)이 전권(專權)으로 수집(收集)하여 보고(報告)ㅎ게 하기로 결정(決定)하다. 제 주전도경비예산(濟州傳道經費豫算) 중(中) 편입(編入)된 전도비(傳道費)는 전도목사(傳道牧師)가 임의(任意)로 사용(使用)ㅎ게 하고 전남노회(全南老 會)에서 관할(管轄)하던 전도구역(傳道區域)은 본(本) 노회(老會)가 인수 (引受)ㅎ지 않기로 결정(決定)하다. 신학지원자(神學志願者) 박재업(朴在 業), 이(李)채남, 이(李)근호의 입학(入學)과 곽전근(郭塡根), 김가전(金嘉 全), 고득순(高得洵), 이춘원(李春元), 김정복(金正福) 등(等)의 계속취학(繼 續就學)을 허(許)하다. 이리(裡里) 만항읍(萬項邑), 익산(益山) 고현리교회 (古縣里敎會)에 장로(長老) 각(各) 2인(二人)과 김제군(金堤郡) 옥산리(玉 山里), 남상리(里), 구봉리(里), 선정리(里), 정읍(井邑) 신덕리(新德里), 홍

(興)연리교회(里教會)에 장로(長老) 각(各) 2인식(二人式) 택(擇)함을 허(許)하다. 각(各) 교회(教會)를 권면(勸勉)하여 진흥(振興)을 위(爲)하여 많이 기도(祈禱)하게 하며 전도대(傳道隊)를 조직(組織)하여 연약(軟弱)한 교회(教會)를 도와주고 교회(教會)가 없는 처소(處所)에 전도(傳道)하여 교회(教會)를 설립(設立)하게 하며 10월(十月) 24일(二十四日)부터 27일(二十七日)까지 각(各) 교회(教會)가 진흥(振興)을 위(爲)하여 특별기도회(特別祈禱會)를 개(開)하고 동월(同月) 28일(二十八日) 주일(主日)에 진흥연보(振興捐補)를 수합(收合)하게 하기로 결정(決定)하다. 주일학교위원(主日學校委員)은 미국남장로전도국(美國南長老傳道局)에서 파견(派遣)하는 탐손박사(博士)가 내선(來鮮)하게 되면 1월(一月) 1일(一日)부터 7일(七日)까지는 군산(群山)에서, 2월(二月) 2일(二日)부터 12일(十二日)까지는 전주(全州)에서 대강습회(大講習會)를 개최(開催)하려 하며 6일(六日) 제 1회(第一回) 주일(主日)에 주일학교사업(主日學校事業)을 위(爲)하여 연보(捐補)하기를 보고(報告)하여 채용(採用)되다. 제주전도사업(濟州傳道事業)은 계속진행(繼續進行)하고 배당(排當)한 전도비(傳道費)를 최단수합(催但收合)하기로 결정(決定)하다. 하기교원강습회(夏期教員講習會)를 7월(七月) 21일(二十一日)부터 30일(三十日)까지 전주신흥학교(全州新興學校)에 개(開)하기로 하다. 사기(史記)는 수합(收合)되는 대로 7월(七月) 30일(三十日)까지 편집(編集)하여 총회(總會)에 상송(上送)하기로 결정(決定)하다. 별위원(別委員)은 보고(報告)하되 김인화(金仁化), 한사숙(韓士淑)의 분쟁사건(紛爭事件)을 심사(審査)한즉 김인화(金仁化)가 자기(自己)가 분쟁(紛爭)을 이르킴을 자각(自覺)하고 자면(自眠)하여 장로(長老)를 사면(辭免)하니 허락(許諾)하는 것이 가(可)하다고 김인화(金仁化)는 한사숙(韓士淑)의 상대자(相對者)인데 기소(起訴)하여 원고(願告)되어 판결(判決)한 것을 헌법(憲法)에 위반(違反)이니 해당회(該堂會)에 권계(勸戒)함이 가(可)하고 한사숙(韓士淑)을 책벌(責罰)한 일은 주일(主日)에 장로(長老)와 분쟁(紛爭)하여 구타(毆打)까지 하였으니 해당회(該堂會)의 처리(處理)는 상당(相當)한 줄로 인(認)하고 당회(當會)가 회집처리(會集處理) 중(中) 당회장(堂會長)이 장로(長老)

에게 휴직(休職)을 명(命)하였으나 완전(完全)한 당회(堂會)가 아닌데 당회장(堂會長)이 휴직(休職)을 명(命)하였다 하니 본(本) 장로회(長老會) 헌법(憲法)에 모순(矛盾)된 일이니 해당회록(該堂會錄)을 증정(證正)하는 것이 가(可)하다 하매 그대로 채용(採用)되다.

동년(同年) 9월(九月) 8일(八日) 신의주(新義州) 제일예배당(第一禮拜堂)에 개최(開催)한 임시노회(臨時老會)에서 김제군(金堤郡) 송지동교회(松枝洞敎會)에 장로(長老) 1인(一人) 택(擇)함을 허(許)하고 재단(財團)[287] 경비위원(經費委員) 2인(二人)을 선정(選定)하다.

동년(同年) 10월(十月) 11일(十一日) 익산군(益山郡) 이리예배당(裡里禮拜堂)에 임시개최(臨時開催)한 노회(老會)에서 보상리(寶上里)와 서두리(西頭里) 양교회(兩敎會)에서 김성원(金誠源)을, 김제군(金堤郡) 송지동교회(松枝洞敎會)에서 백용기(白容基)를 청빙(請聘)하는 것을 허(許)하고 부안읍교회(扶安邑敎會) 분립청원(分立請願)을 임시허락(臨時許諾)하기로 결정(決定)하다.

2. 교회의 설립[조직](二, 敎會의 設立[組織])

1918년(一九一八年) 무오(戊午) 무주군(茂朱郡) 석항리교회(石項里敎會)에서 이경문(李敬文)을 장로(長老)로 장립(將立)하여 당회(堂會)를 조직(組織)하니라. 익산군(益山郡) 고현리교회(古縣里敎會)에서 김자윤(金自允), 오덕근(吳德根)을 장로(長老)로 장립(將立)하여 당회(堂會)를 조직(組織)하였고 기후(其後) 교역(敎役)에 종사(從事)한 자(者)는 목사(牧師) 이원필(李元弼), 황재삼(黃在三), 김영식(金英植) 등(等)이러라. 진안군(鎭安郡) 진상동교회(鎭相洞敎會)에서 홍순북이(洪淳北異)를 장로(長老)로 장립(將立)하여 당회(堂會)를 조직(組織)하니라. 김제군(金堤郡) 만항교회(萬項敎會)에서 곽영욱(郭永郁)을 장로(長老)로 장립(將立)하였고 기후(其後) 곽전근(郭壥根)이 장로(長老)로 시무(視務)하다가 목사(牧師)로 피임(被任)되니

라. 김제군(金堤郡) 송삼교회(松三敎會)가 설립(設立)되다. 선시(先是)에 본처인(本處人) 정병수(鄭秉洙)가 먼저 믿고 열심전도(熱心傳道)하여 교우(敎友)를 얻어 예배당(禮拜堂)을 건축(建築)하니라. 임실군(任實郡) 옥정리교회(玉井里敎會)가 설립(設立)되다. 선시(先是)에 본처인(本處人) 송인일(宋仁一), 임화신(林化新), 임복수(林福守), 박수여(朴守汝) 등(等)이 믿고 열심(熱心)으로 복음(福音)을 전(傳)하여 신자(信者)가 다(多)하므로 예배당(禮拜堂)을 신건(新建)하고 송인일(宋仁一)이 교회(敎會)를 인도(引導)하니라. 부안군(扶安郡) 읍내교회(邑內敎會)가 설립(設立)되다. 선시(先是)에 본지인(本地人) 신영초(辛永初)가 믿고 선교사(宣敎師) 부위렴(夫緯廉, [W. F. Bull])과 협력전도(協力傳道)하였고 노회진흥대(老會振興隊)가 1주일 간(一週日間) 대전도(大傳道)한 결과(結果)로 신자(信者)를 많이 얻어 예배당(禮拜堂)을 신건(新建)하고 신영초(辛永初)가 영수(領袖)로 교회(敎會)를 인도(引導)하니라. 김제군(金堤郡) 옥산리교회(玉山里敎會)가 설립(設立)되다. 선시(先是)에 본리거(本里居) 김여삼(金汝三)이 지방전도인(地方傳道人)에게서 복음(福音)을 듣고 믿은 후(後) 전도(傳道)하여 예배당(禮拜堂)을 신건(新建)하니라. 무주군(茂朱郡) 읍교회(邑敎會)가 설립(設立)되다. 선시(先時)에 경거(京居) 이춘경(李春敬)이 본리(本里)에 이주(移住)하여 교회(敎會)가 무(無)함을 한(恨)하고 일방(一方)으로 전도(傳道)하며, 일방(一方)으로 장백리교회(長白里敎會)에 월산령(越山嶺) 통행(通行)하여 예배(禮拜)하더니 선교사(宣敎師) 강운림(康雲林, [William M. Clark]), 하위렴(河緯廉, [W. B. Harrison]), 목사(牧師) 김성원(金誠源), 이자익(李自益), 전도인(傳道人) 김택주(金宅柱), 권서(勸書) 송희중(宋喜重) 등(等)이 내(來)하여 1주간(一週間) 대전도(大傳道) 후(後) 가옥(家屋)을 매수(買收)하여 송희중(宋喜重)을 이주(移住)하게 하여 전도인(傳道人) 김택주(金宅柱)와 병력전도(併力傳道)하게 하였고 선교사(宣敎師) 강운림(康雲林, [William M. Clark]), 보이열(保伊悅, [Elmer Timothy Boyer]), 전도인(傳道人) 김용학(金容鶴), 조사(助師) 김일봉(金日奉), 박승섭(朴勝燮), 최종옥(崔鍾玉) 등(等)이 상속(相續)[시(視)][288]무(務)하니라.

1919년(一九一九年) 기미(己未) 고창군(高敞郡) 신촌교회(新村敎會)에서 송복렴(宋福廉)을 장로(長老)로 장립(將立)하여 당회(堂會)를 조직(組織)하고, 목사(牧師) 박창욱(朴昶旭)이 선교사(宣敎師) 최의진(崔義眞, [Martha "Mattie" Samuel Tate])과 동사(同事)로 시무(視務)하니라. 전주군(全州郡) 제내리교회(堤內里敎會)에서 김성식(金聲植)은 목사(牧師)로, 김재식(金載植)은 장로(長老)로 시무(視務)하니라. 익산군(益山郡) 웅포리교회(熊浦里敎會)에서 황재삼(黃在三)을 장로(長老)로 장립(將立)하여 당회(堂會)를 조직(組織)하고 기후(其後) 황재삼(黃在三)은 목사(牧師)로, 김성록(金成錄)은 장로(長老)로 시무(視務)하니라. 익산군(益山郡) 황화정교회(皇華亭敎會)에서 김원중(金元仲)을 장로(長老)로 장립(將立)하여 당회(堂會)를 조직(組織)하니라. 진안군(鎭安郡) 세동교회(細洞敎會)에서 김화실(金化實)을 장로(長老)로 임직(任職)하여 당회(堂會)를 조직(組織)하다. 옥구군(沃溝郡) 보덕리교회(寶德里敎會)가 설립(設立)되다. 선시(先是)에 본리거(本里居) 이완제(李完濟), 김재삼(金在三), 양광도(梁光道) 등(等)이 믿고 구암리(九岩里)에 내왕예배(來往禮拜)하더니 열심전도(熱心傳道)하여 신자(信者)를 얻어 예배당(禮拜堂)을 신건(新建)하고 이완제(李完濟)가 영수(領袖)로 교회(敎會)를 인도(引導)하니라.

    1920년(一九二〇年) 경신(庚申) 김제군(金堤郡) 대송리교회(大松里敎會)에서 정기남(鄭基南)을 장로(長老)로 장립(將立)하여 본회(本會를 조직(組織)하고 목사(牧師) 김응규(金應圭)가 시무(視務)하니라. 익산군(益山郡) 동연교회(東蓮敎會)에서 황재삼(黃在三)을 청빙(請聘)하여 선교사(宣敎師) 하위렴(河緯廉, [W. B. Harrison])과 동사목사(同事牧師)로 시무(視務)하였으며, 기후(其後) 장로(長老) 황계년(黃啓年), 두원식(杜元植) 등(等)이 계속시무(繼續視務)하니라. 전주군(全州郡) 신리교회(新里敎會)에서 이춘(李春)〇을 장로(長老)로 장립(將立)하여 당회(堂會)를 조직(組織)하니라. 김제군(金堤郡) 난산교회(卵山敎會)에서 박윤성(朴潤聲)은 장로(長老)로 장립(將立)하여 당회(堂會)를 조직(組織)하였고 그후 목사(牧師)에 이일문(李一文), 장로(長老)에 이병남(李秉南)이 시무(視務)하니라. 무주군(茂朱郡) 삼가리교회(三加里敎會)에서 한윤성(韓允成)을 장로(長老)로 장립(將立)하여 당회(堂會)를 조직(組織)하니라. 김제군(金堤郡) 송삼교회(松三敎會)에서 정연수(鄭年洙)를 장로(長老)로 장립(將立)하여 당회(堂會)를 조직(組織)하였고 기후(其後) 목사(牧師)에 이일문(李一文), 김성원(金誠源), 장로(長老)에 김덕수(金德守), 최경진(崔京鎭) 등(等)이 시무(視務)하니라. 정읍군(井邑郡) 신태교회(新泰敎會)가 설립(設立)되다. 선시(先是)에 김제(金堤) 구봉교회(九峯敎會) 신자(信者) 조봉구(趙鳳九)가 당지(當地)에 이래(移來)하여 인근(隣近)에 열심전도(熱心傳道)한 결과(結果) 신자(信者)를 많이 얻고 본리인(本里人) 김경술(金敬述)은 4, 5년(四五年) 전(前)에 옥구(沃溝) 구암리교회(九岩里敎會) 병원(病院)에 입원(入院)하여 전도(傳道)를 듣고 믿기로 작정(作定)하고 부가전도(婦家傳道)하여 신자(信者)가 초진(稍進)하므로 교회(敎會)가 성립(成立)되어 합심연보(合心捐補)하여 8간(八間) 예배당(禮拜堂)을 신건(新建)하고 조봉구(趙鳳九)가 교회(敎會)를 인도(引導)하니라.

　1921년(一九二一年) 신유(辛酉) 서천군(舒川郡) 구동교회(九洞敎會)에서 한백희(韓百熙)를 장로(長老)로 장립(將立)하여 당회(堂會)를 조직(組織)하다. 남원군(南原郡) 읍교회(邑敎會)에서 최극재(崔克在)를 장로(長老)로 장립(將立)하여 당회(堂會)를 조직(組織)하다. 김제군(金堤郡) 옥산리교회(玉山里敎會)에서 윤식명(尹植明)을 목사(牧師)로 청빙(請聘)하여 시무(視務)ㅎ게 하니라. 익산군(益山郡)[289] 이리교회(裡里敎會)가 설립(設立)되다. 선시(先是)에 본리인(本里人) 오천집(吳天執), 민한경(閔漢京), 최학수(崔學洙), 강자영(姜子榮), 천윤진(千允珍), 김흥춘(金興春), 김춘서(金春瑞), 이동연(李東連), 김정숙(金貞淑), 김경자(金京子), 송화성(宋化成) 등(等)이 믿고 고현리교회(古縣里敎會)에 내왕(來往)하면서 구이리(舊裡里)에 기도회(祈禱會)를 설립(設立)하고, 열심전도(熱心傳道)한 결과(結果)로 신자(信者)가 증가(增加)되매 합심연보(合心捐補)하여 금(金) 2,300원(二千三百圓)을 수합(收合)하여 예배당(禮拜堂)을 신건(新建)하고 교회(敎會)를 분립(分立)한 후(後) 이창규(李昌珪)가 목사(牧師)가 1년간(一年間) 시무(視務)하니라. 김제군(金堤郡) 명량리교회(鳴良里敎會)가 설립(設立)되다. 선시(先

是)에 동리거(東里居) 교우(敎友)가 대장리교회(大長里敎會)에 내왕예배(來往禮拜)하더니 신자(信者)가 점차(漸次) 증가(增加)하매 이재언(李在彦), 이백인(李伯仁)이 예배당건축비(禮拜堂建築費) 400여원(四百餘圓)을 자담(自擔)하였으며, 금년(今年)에 이순권(李順權)을 장로(長老)로 장립(將立)하여 당회(堂會)를 조직(組織)하니라.

1922년(一九二二年) 임술(壬戌) 임실군(任實郡) 삼길교회(三吉敎會)에서 신성언(申聖彦)을 장로(長老)로 장립(將立)하여 당회(堂會)를 조직(組織)하니라. 전주군(全州郡) 구재리교회(九宰里敎會)에서 심은택(沈殷澤)을 장로(長老)로 장립(將立)하여 당회(堂會)를 조직(組織)하니라. 김제군(金堤郡) 선인동교회(仙人洞敎會)에서 박순경(朴順京)을 장로(長老)로 장립(將立)하여 당회(堂會)를 조직(組織)하니라.

1923년(一九二三年) 계해(癸亥) 부여군(扶餘郡) 청포리교회(菁浦里敎會)에서 김진옥(金振玉)을 장로(長老)로 장립(將立)하여 당회(堂會)를 조직(組織)하였고, 최상섭(崔祥燮)이 목사(牧師)로 시무(視務)하니라. 서천군(舒川郡) 금당리교회(金堂里敎會)에서 조남명(趙南明)을 장로(長老)로 장립(將立)하여 당회(堂會)를 조직(組織)하니라. 익산군(益山郡) 이리교회(裡里敎會)에서 김중수(金重洙)를 청빙(請聘)하여 목사(牧師)로 시무(視務)하니라. 익산군(益山郡) 성당면(聖堂面) 두동리교회(杜洞里敎會)가 설립(設立)되다. 선시(先是)에 선교사(宣敎師) 하위렴(河衛廉, [William B. Harrison])과 조사(助師) 김정복(金正福)이 전도(傳道)하므로 부인(婦人)들이 믿고 부곡리교회(富谷里敎會)에 내왕(來往)하더니 안신수(安信受)의 열심전도(熱心傳道)로 신자(信者)가 점진(漸進)하매 박재신(朴在新)이 자기가옥(自己家屋) 중(中) 부속(附屬)을 차여(借與)하여 회집예배(會集禮拜)하니라.

3. 전도(三, 傳道)

1917년(一九一七年) 정사(丁巳) 남북노회(南北老會)가 분립시(分立時)

제주도(濟州島) 전도사업(傳道事業)은 남북노회(南北老會)가 구역(區域)을 분(分)하여 담당전도(擔當傳道)하기로 결정(決定)하니라.

1921년(一九二一年) 신유(辛酉) 군산(群山) 개복동교회(開福洞敎會)에서 남녀전도대(男女傳道隊)를 조직(組織)하고 5인(五人)을 옥구군(沃溝郡) 어청도(於靑島)에 파송(派送)하여 1개월간(一個月間) 전도(傳道)하므로 수십명(數十名)의 신자(信者)를 얻어 교회(敎會)가 설립(設立)되니라.

1923년(一九二三年) 노회(老會)에서 목사(牧師) 이창규(李昌珪)를 제주도(濟州島)에 파송(派送)하여 전도(傳道)ᄒ게 하니라.[290]

4. 환난(四, 患難)

1919년(一九一九年) 기미(己未) 3·1운동(三日運動)이 시작(始作)된 후(後) 교회(敎會) 중(中) 직원(職員)과 교인(敎人)과 학생(學生)의 참가자(參加者)가 다(多)한데 익산군(益山郡) 남전리교회(南田里敎會)에는 문정관(文正寬), 박영문(朴泳文), 장경춘(張京春) 등(等) 3인(三人)은 피해(被害)되고, 목사(牧師) 최대진(崔大珍)은 출외사직(出外辭職)하고, 서천군(舒川郡) 종지동교회(鍾芝洞敎會)에는 장로(長老) 유성렬(劉性烈)이 수감(收監)되고 경관(警官)은 기허간(幾許間) 예배(禮拜)를 금지(禁止)하였으며 옥구(沃溝) 구암리교회(九岩里敎會)에서는 장로(長老) 박연세(朴淵世)와 교사(敎師) 이두열(李斗烈), 김수영(金秀英), 김인묵(金仁默)과 학생(學生) 십여인(十餘人)과 군산부(群山府) 개복동교회(開福洞敎會)에서는 교인(敎人) 김성은(金聖恩), 정지선(鄭之善), 유희순(兪希淳), 홍종억(洪鍾億), 전종식(田鍾植) 등(等)이 피해(被害)되었고 금위서문외교회(金爲西門外敎會)에서는 목사(牧師) 김인전(金仁全)은 상해(上海)에 왕(往)하였다가 해지(該地)에서 별세(別世)하니라.

5. 교육(五, 教育)

　1918년(一九一八年) 무오(戊午) 임실군(任實郡) 옥정리교회(玉井里教會)에서 남소학교(男小學校)를 설립(設立)하니라.

　1919년(一九一九年) 기미(己未) 전주군(全州郡) 마산읍교회(馬山邑教會)와 김제군(金堤郡) 난산교회(卵山教會)는 남녀소학교(男女小學校)를 설립(設立)하여 신자(信者)의 자녀(子女)를 교수(教授)하니라.

　1920년(一九二〇年) 경신(庚申) 정읍군(井邑郡) 천원교회(川原教會)에서 은성소학교(恩成小學校)와 임실군(任實郡) 삼길교회(三吉教會)에서 양춘소학교(陽春小學校)는 경제곤란(經濟困難)으로 중간(中間)에 폐지(廢止)하였더니 유지(有志)의 찬조(贊助)를 얻어서 다시 계속(繼續)되다.

　1921년(一九二一年) 신유(辛酉) 익산군(益山郡) 남전리교회(南田里教會)에서는 신성소학교(信成小學校)를 설립(設立)하여 70여명(七十餘名)의 생도(生徒)를 교수(教授)하니라.

　1922년(一九二二年) 임술(壬戌) 익산군(益山郡) 장발교회(長發教會)와 전주군(全州郡) 밀파리교회(蜜波里教會)와 남원군(南原郡) 신풍리교회(新豊里教會)는 각기(各其) 소학교(小學校)를 설립(設立)하여 다수(多數)의 학생(學生)을 교수(教授)하니라.

　1923년(一九二三年) 계해(癸亥) 전주군(全州郡) 남문외교회(西門外教會)에서는 남소학교(男小學校)를 설립(設立)하였고, 군산(群山) 개복동교회(開福洞教會)에서는 영신여학원(永信女學院)을 설립(設立)하여 보통(普通) 1, 2학생(一二學生) 70여명(七十餘名)을 교수(教授)하니라.[291]

6. 진흥(六, 振興)

1918년(一九一八年) 무오(戊午) 김제군(金堤郡) 대장리교회(大長里敎會)에서는 정군실(鄭君實)이 자기(自己)의 소유(所有)를 매각(賣却)하여 종(鐘) 1개(一個)와 기도실(祈禱室) 2간(二間)을 준비(準備)ㅎ게 하니라.

1919년(一九一九年) 기미(己未) 익산군(益山郡) 동연교회(東蓮敎會)는 열심연보(熱心捐補)하여 와가(瓦家) 9간(九間)의 예배당(禮拜堂)을 개건(改建)하다.

1920년(一九二〇年) 경신(庚申) 김제군(金堤郡) 난산교회(卵山敎會)에서 장로(長老) 박윤성(朴潤聲)은 자기(自己)의 소유재산(所有財産) 중(中) 15,000원(一萬五千圓)을 교회(敎會)에 연보(捐補)하여 연와제(鍊瓦製) 2층(二層) 예배당(禮拜堂)과 남녀교실(男女校室)을 신건(新建)하니라. 익산군(益山郡) 이리교회(裡里敎會)에서는 천윤진(千允珍)이 예배당건축(禮拜堂建築)에 대(對)하여 자기(自己)의 대전(垈田) 150평(一百五十坪)을 기부(寄附)하니라.

1921년(一九二一年) 신유(辛酉) 금산군(錦山郡) 읍교회(邑敎會)에서는 3,000여원(三千餘圓)을 연보(捐補)하여 20간(二十間)의 와가예배당(瓦家禮拜堂)을 신건(新建)하니라. 익산군(益山郡) 남전리교회(南田里敎會)에서는 전심연보(全心捐補)하여 20간(二十間)의 예배당(禮拜堂)을 신건(新建)하니라.[292]

제 13장
전남노회(全南老會)

1918년 무오(戊午) [전남] 광주군 송정리교회에서 양 년간(兩年間) 이단(異端)의 교파(敎派)가 침입하여 교회에 다수한 해독을 주었다.

전남노회, 조선예수교장로회사기 하

1. 총론(一, 總論)

(1) 노회설립(一, 老會設立)

개(盖) 본(本) 지방(地方)은 남선(南鮮)의 중요지점(重要地點)으로 옥야(沃野)가 광개(廣開)하고, 물산(物産)이 풍성(豊盛)하여 인문(人文)이 진보(進步)되고, 풍속(風俗)이 순후(淳厚)하나 유교(儒敎)의 도덕(道德)으로 민성수양(民性修養)에 토대(土臺)가 되었으므로 타종교(他宗敎)를 신봉(信奉)함에 대(對)하여는 용역(容易)ㅎ지 못할 뿐만 아니라, 양이(洋夷)의 이단(異端)이라 하여 배척(排斥)과 핍박(逼迫)이 태심(太甚)하였으니 이조말엽(李朝末葉)에 지(至)하여는 불완전(不完全)한 정치(政治)의 해독(害毒)과 쇠퇴(衰頹)한 유교(儒敎)의 폐습(弊習)이 인생생활(人生生活)에 막대(莫大)한 곤고(困苦)를 감(感)ᄒ게 될 제(際)에 인류(人類)의 박애(博愛)로 현세(現世)의 진생(眞生)을 도(圖)하며 속죄구령(贖罪求靈)으로 내세(來世)의 영복(永福)을 향(享)ᄒ게 하는 기독교복음(基督敎福音)이 선전(宣傳)됨에 따라 갈자역음(渴者易飮)의 세(勢)로 귀주월도자(歸主越道者) 일가월증(日加月增)일새 미국(美國) 남장로파(南長老派)에 속(屬)한 선교사(宣敎師) 배유지(裵裕祉, [E. Bell, 1868-1925])가 경성(京城)을 경유(經由)하여 남선(南鮮)에 도(到)함을 시(始)하여 하위렴(河衛廉, [William Butler Harrison]) 부부(夫婦), 스트럽퍼([Fredrica Elizabeth Straeffer])양(孃), 오기면[원](吳基冕, [元, C. C. Owen]), 변요한(邊約翰, [John Fairman Preston]), 포싸잇(保緯廉, [Wylie H. Forsythe]), 노라복(魯羅福, [Robert Knox]), 배의만(裵義滿), 맹현리(孟顯理, [Henry D. McCallie])부부(夫婦)가 계속내도(繼續來到)하여 각기(各其) 진심갈력(盡心竭力)하여 선교(宣敎)에 종사(從事)할새 혹(或)은 교육(敎育), 혹(或)은 자선사업(慈善事業)으로 다방활동(多方活動)한 결과(結果) 교회(敎會)가 점흥(漸興)하여 사무(事務)가 복잡(複雜)하므로 전라노회(全羅老會)가 설립(設立)된지 불과(不過) 5·6재(五六載)에 남북(南北)이 분립(分立)의 필요(必要)를 각(覺)하고 총회(總會)의 승인(承認)을 득(得)하여 도계(道界)를 수(隨)하여 북(北)은 전북노회(全北老會), 남(南)은 전남노회(全南老會)라 명(命)하고 총회(總會)의 지시(指示)한 시일(時日) 급(及) 장소(場所)에 집회(集會)하여 일대노회(一大老會)를 조직(組織)ᄒ게 되니 차(此)는 인위(人爲)에 유(由)함이 아니오 천은(天恩)의 ○○인 고(故)로 쌍수(雙手)를 거(擧)하여 천부(天父)께 찬송(讚頌)과 영광(榮光)을 귀(歸)하노라 아문(啞門).

(2) 노회의안(二, 老會議案)

1917년(一九一七年) 정사(丁巳) 9월(九月) 17일(一七日)에 조선(朝鮮)예수교장로회(長老會) 전남노회(全南老會) 제1회(第一回) 조직회(組織會)로 목포부(木浦府) 양동예배당(陽洞禮拜堂)에 회집(會集)하니 임(臨)[293]

시회장(時會長) 유서백(柳西伯, [Nisbet John Samuel, 1869-1942])의 인도(引導)로 개회(開會)하니 회원(會員)은 목사(牧師) 10인(十人), 장로(長老) 13인(十三人)이요, 임원(任員)을 선택(選擇)하니 회장(會長)에 유서백(柳西伯, [Nisbet John Samuel, 1869-1942]), 부회장(副會長)에 윤식명(尹植明), 서기(書記)에 김창국(金昶國), 부서기(副書記)에 김(金)필선, 회계(會計)에 노라복(魯羅福, [Robert Knox]), 부회계(副會計)에 이득주(李得珠) 이러라. 임사부(任事部) 보고(報告)에 의(依)하여 나주군(羅州郡) 봉황면(鳳凰面) 신창리(新倉里) 쌍동(雙洞), 반남동(潘南洞), 상촌(上村) 등(等) 3교회(三敎會)에 강도사(講道師) 유내춘(柳乃春)을 노라복(魯羅福, [Robert Knox])과 임시동사목사(臨時同事牧師)로 허(許)하고, 문답(問答)한 후(後) 목사(牧師)로 임직(任職)하는 안수식(按手式)을 행(行)하다. 전라노회(全羅老會) 제 7회(第七回)에 통과(通過)한 규칙(規則)을 1년간(一年間) 임시채용(臨時採用)하고 규칙위원(規則委員)에게 맡겨 고정(稿正)하여 내노회(來老會)에 보고(報告)ㅎ게 하다. 목포지방시찰(木浦地方視察)이 보고(報告)하되 본위원(本委員) 등(等)이 목사(牧師) 임성옥(任成玉)이 시무(視務)하던 강진지방(康津地方) 5교회(五敎會)에서 목사(牧師)의 봉급(俸給)을 지불(支拂)ㅎ지 않는 사(事)를 처리한다는 위탁(委托)을 받았으나 위원(委員) 반수이상(半數以上)이 해사건(該事件)에 관계(關係)가 있어서 처리ㅎ기 난(難)함에 오태욱(吳太郁), 이기풍(李基豊)을 특별위원(特別委員)으로 선정(選定)하여 명백(明白)히 시찰(視察) 후(後) 판결(判決)ㅎ게 하기로 결정(決定)하다. 임사위원(任事委員)의 보고(報告)에 의(依)하여 해남군(海南郡) 초(草)두리교회(里敎會)에 장로(長老) 1인(一人) 택(擇)함을 허(許)하다. 명년(明年) 위시(爲始)하여 각(各) 당회록(堂會錄)과 각항(各項) 보고(報告)는 노회(老會)에 직접(直接) 올리고 총계표(總計表)만 각(各) 지방시찰회(地方視察會)가 수집(收集)하여 노회(老會)에 보고(報告)ㅎ게 하기로 결정(決定)하니라.

1918년(一九一八年) 무오(戊午) 7월(七月) 6일(六日)에 전남노회(全南老會)가 제 2회(第二回)로 강진군(康津郡) 고군면(古郡面) 병영예배당(兵營

禮拜堂)에 회집(會集)하니 회원(會員)은 목사(牧師) 10인(十人), 장로(長老) 24인(二十四人)이오, 임원(任員)을 선정(選定)하니 회장(會長)에 김창국(金昶國), 부회장(副會長)에 노라복(魯羅福, [Robert Knox]), 서기(書記)에 남궁혁(南宮爀), 부서기(副書記)에 최흥종(崔興琮), 회계(會計)에 정태인(鄭泰仁), 부회계(副會計)에 오태욱(吳太郁)이더라. 규칙위원(規則委員)이 전라노회(全羅老會) 제 7회(第七回)에서 통과한 규칙(規則)을 개정보고(改正報告)하매 채용(採用)하였는데 노회(老會)의 정기회(定期會)(定期會)는 매년(每年) 춘추(春秋)로 내회기일(來會期日)은 매정기회(每定期會)에서 정(定)하고, 시찰(視察)은 목포지방(木浦地方), 순천지방(順天地方), 광주지방(光州地方), 제주지방(濟州地方)의 4구(四區)로 분(分)하고, 임원(任員)은 1년(一年) 1차식(一次式) 개선(改選)하되 추기통상회(秋期通常會)에 투표선거(投票選擧)하고 위원부(委員部) 중(中) 전도(傳道), 임사(任事), 규칙(規則), 목사가족구조(牧師家族救助), 주일학교(主日學校), 신학준시위원(神學準試委員)은 3년조(三年組)로 분(分)하여 매년(每年) 1년조(一年組)만 개선(改選)하게 하기로 결정(決定)하다.

광주(光州) 북문내교회(北門內敎會)의 헌의(獻議)에 의(依)하여 고(故) 원두우(元杜宇, [尤, Horace G. Underwood])박사를 기념(紀念)하자고 총회(總會)에 헌의(獻議)하기를 결정(決定)하다. 전도국(傳道局)이 교회일처(敎會一處)가 신설(新設)된 것과 전도국(傳道局)은 남북노회(南北老會)가 합동경영(合同經營)할 것과 김창국(金昶國), 윤식명(尹植明)을 제주(濟州) 전도목사(傳道牧師)로 1년(一年) 더 허락(許諾)할 것과 목사봉급(牧師俸給)은 매월(每月) 3원식(三圓式) 증가(增加)하는 것과 미주(美洲) 하와이에 속류(屬留)하는 강(姜)한준이 법환리(法還里) 자기(自己)의 친족(親族)에게 전도(傳道)하여 달라고[294] 매년(每年) 미화(美貨) 60원전(六十圓錢) 5년간(五年間) 계속부송(繼續附送)하겠다는 사(事)를 보고(報告)하여 채용(採用)되다. 임사부(任事部) 보고(報告)에 의(依)하여 순천읍교회(順天邑敎會)에 정태인(鄭泰仁)을 변요한(邊約翰, [John Fairman Preston])과 동사목사(同事牧師)로, 목포양동교회(木浦陽洞敎會)에 이경필(李敬弼)을 전임목사

(專任牧師)로, 청빙(請聘)하는 것과 광주(光州) 북문내교회(北門內敎會) 전임목사(專任牧師) 이기풍(李基豊)의 휴직청원(休職請願)과 광양군(光陽郡) 신(新)황교회(敎會), 흥양(興陽) 신평교회(新坪敎會)에 장로(長老) 각(各) 2인(二人), 완도(莞島) 용계교회(敎會)에 장로(長老) 1인(一人) 택(擇)할 일과 선교사(宣敎師)에게 각기(各其) 지방당회치리권(地方堂會治理權)을 전(前)과 같이 위탁(委托)하는 것을 허(許)하기로 결정(決定)하다. 목사(牧師) 이기풍(李基豊)에 대(對)하여 목사가족구조부(牧師家族救助部)에 위탁(委托)하여 휴양(休養)하도록 구조(救助)ᄒ게 하기를 결정(決定)하고 광주(光州) 북문내교회(北門內敎會) 임시당회장(臨時堂會長)은 배유지(裵裕祉, [E. Bell, 1868-1925])로 선정(選定)하다. 총회록(總會錄) 열람위원(閱覽委員) 보고(報告)에 의(依)하여 위원명칭(委員名稱) 중(中) 정사(定事)는 임사(任事)로 회(會)는 부(部)로 개정(改正)하고 총회총대선정방법(總會總代選定方法)을 변경(變更)할 것과 사기수집위원(史記收集委員) 4인(四人)을 택(擇)하기로 결정(決定)하고, 교육(敎育) 기본금(基本金) 수합(收合)에 대(對)한 건(件)은 부결(否決)하다. 목사가족구조부(牧師家族救助部) 보고(報告)에 의(依)하여 매년(每年) 2월(二月) 첫째 주일(第一主日)로 연보(捐補)ᄒ기로 결정(決定)하다. 특별위원(特別委員)이 병영(兵營) 등(等) 5교회(五敎會)와 임성옥목사(任成玉牧師)가 상호호의(相互好意)로 타협(妥協)됨을 보고(報告)하다. 주일학교부(主日學校部) 보고(報告)에 의(依)하여 목사(牧師), 조사(助師)는 주일학교(主日學校) 없는 곳을 돌아보아 설립(設立)되도록 면려(勉勵)하고, 주일학교(主日學校)가 기설(旣設)된 교회(敎會)는 미설립(未設立)된 교회(敎會)를 도와 설립(設立)되도록 할 것과 대제직회(大諸職會)와 대사경시(大査經時)에 특별(特別)히 차(此)를 권면(勸勉)하여 주일학교(主日學校)를 확장(擴張)하기로 결정(決定)하다. 수양회(修養會) 준비위원(準備委員) 보고(報告)에 의(依)하여 매년(每年) 추기회(秋期會) 전기(前期) 1주일(一週日)하여 한(限) 4일간(四日間) 회집(會集)할 것과 금년(今年) 감사일(感謝日) 1주 주일(一週主日) 전기(前期)하여 1주간(一週間) 특별기도회(特別祈禱會)하기를 결정(決定)하다. 교회(敎會) 사기수집위원(史記收集委

員) 배유지(裵裕祉, [E. Bell, 1868-1925]), 변창연(邊昌淵), 이기풍(李基豊), 변요한(邊約翰, [John Fairman Preston])을 선정(選定)하다. 전도국(傳道局)은 전라남북노회(全羅南北老會) 연합협회(聯合協會)에서 결의(決議)한 제주전도구역(濟州傳道區域)은 3분(三分)하여 제주동편(濟州東便) 신좌, 구좌, 동중, 서중, 선의(旋義), 우면 등(等) 6면(六面)은 황해노회(黃海老會) 전도구(傳道區)로, 목사(牧師) 김창국(金昶國)의 지방(地方)은 전북노회(全北老會)의 부담구역(負擔區域)으로, 윤식명목사(尹植明牧師)의 지방(地方)은 전남노회(全南老會)의 부담구역(負擔區域)으로 정(定)하고 전도비(傳道費)를 잘 수합(收合)ᄒ기 위(爲)하여 본(本) 노회지방(老會地方)을 3분(三分)하여 광주지방(光州地方)에 250원(二百五十圓), 목포지방(木浦地方)에 200원(二百圓), 순천지방(順天地方)에 200원(二百圓), 합(合) 650원(六百五十圓)으로 정(定)하고, 광주부인전도회(光州婦人傳道會) 금(金) 40원(四十圓)과 회계잔금(會計殘金) 4원(四圓) 합(合) 44원(四十四圓)을 남북노회(南北老會) 전도국(傳道局)이 반분(半分)하기로 함을 보고(報告)하여 채용(採用)되니라. 제주(濟州) 법환리(法還里)는 황해노회(黃海老會) 전도구역(傳道區域)에 속(屬)하였으나 목사(牧師) 윤식명(尹植明)을 지방(地方)에서 보는 것이 지리상(地理上) 편리(便利)하기로 윤식명(尹植明), 최흥종(崔興琮) 양씨(兩氏)를 위원(委員)으로 택(擇)하여 황해노회(黃海老會)에 교섭(交涉)ᄒ게 하[295]기로 결정(決定)하다.

　동년(同年) 9월(九月) 4일(四日)에 전라남북노회(全羅南北老會) 연합협의회(聯合協議會)가 선천북회당(宣川北會堂)에 회집(會集)하여 회장(會長)에 배유지(裵裕祉, [E. Bell, 1868-1925]), 서기(書記)에 남궁혁(南宮爀)을 선정(選定)하고, 제주전도사업(濟州傳道事業)에 대(對)하여 황해노회(黃海老會) 교섭위원(交涉委員)이 황해노회(黃海老會) 청원서(請願書)를 제출(提出)하매 전부(全部) 채용(採用)하고, 제주전도사(濟州傳道事)에 대(對)하여 남북노회(南北老會)가 연합경영(聯合經營)하던 것을 변경(變更)하여 종금이후(從今以後)는 양(兩) 노회(老會)가 전도국(傳道局)을 각립(各立)하고 전도구(傳道區)를 분(分)하되 황해노회(黃海老會)와 계약(契約)한 것과 같이 하고 구역(區域)은 김창국목사(金昶國牧師)의 지방(地方)은 전북노회(全北老會)의 담임구역(擔任區域)으로, 윤식명목사(尹植明牧師) 지방(地方)은 전남노회(全南老會)의 담임구(擔任區)로 하기로 역결정(域決定)하다.

「황해노회(黃海老會) 전도부청원(傳道部請願)

1(一), 기위(旣爲) 허락(許諾)한 제주도동편(濟州道東便) 신좌(新左), 구좌(舊左), 동중(東中), 서중(西中), 정의(旌義), 우면(右面) 이상(以上) 6면(六面)을 황해노회(黃海老會) 전도부(傳道部)에 허여(許與)하되 본(本) 전도부(傳道部)에서 정지(停止)하는 시(時)까지 정한(定限)하여 줄 사(事).

1(一), 본(本) 전도목사(傳道牧師)는 귀노회(貴老會)에 이명(移名)하여 회원(會員)으로 참여(參與)ᄒ게 하되 전도(傳道)하는 사건(事件)과 목사(牧師) 변경(變更)하는 사건(事件)을 황해노회(黃海老會)에서 주관(主管)ᄒ게 할 사(事).

1(一), 목사(牧師)의 주택(住宅)[기지건물(基地建物)]에 대(對)하여 하시(何時)던지 본(本) 전도부(傳道部)가 주관(主管)ᄒ게 하고 예배당(禮拜堂)을 건축(建築)하는 시(時)에는 귀노회(貴老會)에서 주관(主管)할 사(事).

1(一), 장래(將來) 당회조직(堂會組織)하는 사(事)는 귀노회(貴老會)에서 주관(主管)하되 전도인(傳道人)과 조사(助師) 사용(使用)하는 것은 본(本) 전도부(傳道部)가 주관(主管)ᄒ게 함을 청원(請願)함.」

1919년(一九一九年) 기미(己未) 2월(二月) 1일(一日)에 전남노회(全南老會)가 제 3회(第三回)로 광주군(光州郡) 효천면(孝泉面) 양림리(楊林里) 숭일학교(崇一學校)에 회집(會集)하니 회원(會員)은 목사(牧師) 12인(十二人), 장로(長老) 21인(二十一人)이요, 부서기(副書記) 최흥종(崔興琮)이 광주(光州) 북문내교회(北門內敎會)에 전속(轉屬)한 결과(結果) 총대(總代)가 되지 못하므로 회장(會長)에 곽우영(郭宇盈)으로 자원보임(自願補任)하다. 황해노회(黃海老會) 목사(牧師) 임정찬(林貞燦)의 이명증(移名證)을 받고 회중(會中)이 환영(歡迎)하다. 피택장로(被擇長老) 강병담(康秉倓)이 장립(將立)되다. 임사(任事)[296]부(部) 보고(報告)에 의(依)하여 선교사(宣敎師) 배유지(裵裕祉, [E. Bell, 1868-1925]) 지방(地方) 중(中) 하나리 등(等)

3교회(三敎會)에서 백용기(白容基)를 6개월간(六個月間) 강도사(講道師)로
청원(請願)하는 것과 유안동교회(安洞敎會), 하나리교회(敎會), 구소교회
(敎會), 조실교회(敎會), 골말교회(敎會), 나주읍교회(羅州邑敎會), 송정리
교회(松汀里敎會)에 장로(長老) 각(各) 1인식(一人式), 장천교회(長泉敎會)
에 장로(長老) 2인(二人) 택(擇)할 청원(請願)과 목사(牧師) 임성옥(任成玉)
의 경남노회(慶南老會)에 이명청원(移名請願)은 허(許)하기로 결정(決定)하
다. 전도국(傳道局) 보고(報告)에 의(依)하여 광주(光州) 유안동교회(安洞敎
會)에서 제주(濟州) 여전도인(女傳道人) 1인(一人)을 담당(擔當)하겠다는
청원(請願)과 유안동교회(安洞敎會)에서 제주(濟州) 선교사(宣敎師) 윤식명
(尹植明)의 사택수리비(舍宅修理費) 40원(四十圓)을 연조(捐助)하는 것은
기쁘게 받고 제주(濟州) 남전도인(男傳道人) 개선(改選)은 윤식명(尹植明)
에게 위탁(委托)할 것과 광주(光州) 위(爲)하여 권서(勸書) 1인(一人) 파송
(派送)하기를 맹현리(孟顯理, [Henry D. McCallie])에게 위탁(委托)하여
성서공회(聖書公會)에 교섭(交涉)할 것과 제주(濟州) 법환리(法還里)에 전
도인(傳道人)은 원(元)용혁으로 월급(月給)은 15원(十五圓)으로 정(定)하고
강(姜)한준의 소송금전(所送金錢)으로 시작(始作)하고 보내는 대로 계속(繼
續)할 사(事)와 전도국(傳道局)에 사무국(事務局)을 치(置)할 것과 선교사
(宣敎師)의 봉급(俸給)은 매월(每月) 30원식(三十圓式) 지불(支拂)할 것과
전도비(傳道費) 예산(豫算)은 전도국(傳道局), 사무국(事務局)에 위탁(委托)
하여 각(各) 지방(地方) 분담액(分擔額)을 수합(收合)하여 부족액(不足額)
이 있을 시(時)에 각지시찰회(各地視察會)에 통지(通知)하여 기정(己定)한
비례(比例)대로 다시 연보(捐補)하자는 것을 허(許)하다. 이태왕전하(李太
王殿下) 붕서(崩逝)하신 사(事)에 대(對)하여 추도회(追悼會)를 거행(擧行)
하기로 의결(議決)한 후(後) 간략(簡略)한 순서(順序)로 거행(擧行)하다. 수
양회(修養會) 준비위원(準備委員)의 보고(報告)에 의(依)하여 인도(引導)할
선생(先生) 김익두(金益斗)가 오지 못할 시(時)에는 선천(宣川) 윤산온(尹山
溫, [George Shannon McCune, 1872-1941]) 목사(牧師)를 청래(請來)하
기로 결정(決定)하다. 해삼위(海蔘威)와 상해전도(上海傳道)를 위(爲)하여

연보(捐補)할 일자(日字)는 부활주일(復活主日)로 정(定)하고 광주나병원(光州癩病院) 연보(捐補)는 4월(四月) 말(末) 주일(主日)로 정(定)하기로 의결(議決)하다. 조사봉급(助師俸給)을 매월(每月) 25원(二十五圓) 이하(以下)는 허(許)하기로 결정(決定)하다. 신학준시위원(神學準試委員)의 보고(報告)에 의(依)하여 남궁혁(南宮爀), 최흥종(崔興琮), 곽우영(郭宇盈), 오석주(吳錫柱), 강병담(康秉倓), 김(金)한두, 김(金)강 등(等) 7인(七人)의 계속(繼續)과 목치숙(睦致淑), 고려위(高麗緯), 강대년(姜大年) 등(等) 3인(三人)의 입학(入學)을 허(許)하기로 결정(決定)하고 성찬식(聖餐式)을 행(行)하기로 하고 폐회(閉會)하다.

동년(同年) 9월(九月) 9일(九日)에 전남노회(全南老會)가 제 4회(第四回)로 광주군(光州郡) 효천면(孝泉面) 양림리(楊林里) 기념각(紀念閣)에 회집(會集)하니 회원(會員)은 목사(牧師) 13인(十三人), 장로(長老) 27인(二十七人)이요, 임원(任員)을 선거(選擧)하니 회장(會長)에 노라복(魯羅福, [Robert Knox]), 부회장(副會長)에 이경필(李敬弼), 서기(書記)에 남궁혁(南宮爀), 부서기(副書記)에 정태인(鄭泰仁), 회계(會計)에 이득주(李得珠), 부회계(副會計) 강병담(康秉倓)이더라. 피택장로(被擇長老) 임만지(林萬枝), 한치순(韓致順), 김(金)태호, 양민주(梁玟珠), 김(金)문삼, 조의환(曺義煥), 이(李)기홍 등(等)을 장립(將立)하니라. 전북노회(全北老會) 강도사(講道師) 백용기(白容基)의 이명증(移名證)을 접수(接受)하다. 각(各) 지교회(支敎會)의 부동산증명(不動産證明)에 관(關)한 사(事)는 규칙위원(規則委員)에게 맡겨 심사귀정(審査歸正)ㅎ게[297] 하기로 가결(可決)하다. 규칙위원(規則委員)이 규칙(規則)을 개정보고(改正報告)하여 채용(採用)하였는데 노회(老會) 추기통상회(秋期通常會)는 매년(每年) 9월(九月) 첫째 주일(第一主日)로, 춘기통상회(春期通常會)는 매년(每年) 2월(二月) 셋째 주(第三週) 수요일(水曜日)로 정(定)하고 각(各) 지교회(支敎會) 부동산등기(不動産登記)를 해지교회(該支敎會) 공유재산(共有財産)으로 등기(登記)하되 해교회(該敎會)의 대표자(代表者) 장로이하(長老以下) 제직(諸職) 5인(五人) 이상(以上)이 연명(聯名)하여 등기(登記)할 것과 또 조직(組織)ㅎ지 못한

교회(敎會)는 기타(其他) 임원(任員)이 차(此)를 행(行)할 것이라 한다. 임사부(任事部) 보고(報告)에 의(依)하여 순천읍교회(順天邑敎會), 무안(務安) 성남리교회(城南里敎會), 장성(長城) 소동리교회(里敎會)에 장로(長老) 각(各) 2인식(二人式), 곡성(谷城) 도리실교회(敎會), 강진(康津) 영풍교회(敎會), 영암(靈岩) 묘효동교회(洞敎會), 골말교회(敎會), 개동리교회(敎會)에 장로(長老) 1인식(一人式) 택(擇)함을 허(許)하고 선교사(宣敎師) 타마자(打馬子, [J. V. Talmage])의 조사(助師) 고려위(高麗緯), 이(李)주상과 동도(同都) 대선지방(大善地方)의 조사(助師) 변창연(邊昌淵), 노성빈과 동(同) 배유지(裵裕祉, [E. Bell, 1868-1925])의 지방조사(地方助師) 이계수(李桂洙)와 동(同) 노라복(魯羅福, [Robert Knox])의 지방조사(地方助師) 최종렬(崔宗烈) 등(等)에게 학습문답권(學習問答權)을 인허(認許)하고 나주군(羅州郡) 상촌(上村) 등(等) 4교회(四敎會) 당회장(堂會長) 유내춘(柳乃春)의 사면청원(辭免請願)은 허(許)하고 장성군(長城郡) 하나리 등(等) 3교회(三敎會)에서 백용기(白容基)를 선교사(宣敎師) 남대리(南大理, [LeRoy T. Newland])와 동사목사(同事牧師)로 청빙(請聘)함은 허(許)하기로 결정(決定)하다. 신학준시위원(神學準試委員)은 강도사(講道師) 백용기(白容基)의 인격(人格)과 신학지원자(神學志願者) 허(許)화준의 입학허락(入學許諾)을 보고(報告)하다. 노회(老會)는 의정(議定)한 순서(順序)대로 백용기(白容基)에게 목사(牧師)로 임직(任職)하는 안수식(按手式)을 행(行)하다. 전도국(傳道局)은 제주전도(濟州傳道)에 대(對)하여 예산금액(豫算金額)은 1,150원(一千百五十圓)으로 정(定)하고 수입방법(收入方法)은 광주지방(光州地方)이 550원(五百五十圓), 목포(木浦), 순천(順天) 양(兩) 지방(地方)엔 각(各) 300원식(三百圓式)으로 정(定)하였고 선교사(宣敎師) 윤식명(尹植明)은 매년(每年) 1개월간식(一個月間式) 광주(光州), 목포(木浦), 순천(順天) 3지방(三地方)에 윤회근무(輪廻勤務)ㅎ게 하되 금년(今年)에는 목포(木浦)에서 부흥전도(復興傳道)를 하기로 하였고 제주(濟州) 윤식명(尹植明) 지방사경(地方査經) 시(時)에 본(本) 전도부장(傳道部長) 이경필(李敬弼)로 시찰겸(視察兼) 도와주게 하였고 선교사(宣敎師) 월급(月給)은 내년(來年) 1

월(一月)부터 50원식(五十圓式) 지급(支給)하기로 하고 전도부인(傳道婦人) 택(擇)하는 사(事)는 윤식명(尹植明)에게 위탁(委托)하였고, 윤식명(尹植明)의 청구(請求)하는 대정읍(大靜邑) 전도(傳道)에 대(對)하여는 본(本) 전도부(傳道部)에서 금(金) 10원(十圓)을 지급(支給)하여 당분간(當分間)은 세옥(貰屋)을 얻어 전도(傳道)하게 한 사(事)를 보고(報告)하여 채용(採用)되다. 헌의(獻議)에 의(依)하여 고(故) 구보라(具保羅, [Paul Sackett Crane]) 급(及) 배유지[E. Bell] 부인(裵裕祉夫人)의 추도회(追悼會)를 설행(設行)하다. 주일학교부(主日學校部) 보고(報告)에 의(依)하여 소아회(小兒會)와 주일학교(主日學校)를 각(各) 교회(敎會)가 반드시 설립(設立)할 것과 학생(學生)은 반(班)을 나누어 교수(敎授)하되 매반(每班)에 15인(十五人) 이하(以下)로 하고 주일학교(主日學校)에서 연보(捐補)하여 월보(月報)를 매용(買用)ᄒ게 하기로 결정(決定)하다.

  1920년(一九二〇年) 경신(庚申) 2월(二月) 25일(二十五日)에 전남노회(全南老會)가 제5회(第五會)로 목포(木浦) 양동예배당(陽洞禮拜堂)에 회집(會集)하니 회원(會員)은 목사(牧師) 12인(十二人), 장로(長老)[298] 21인(二十一人)이더라. 진흥회위원(振興會委員)은 총회(總會)에서 선정(選定)한 3인(三人) 외(外)에 4인(四人)을 회장(會長)이 불택(不擇)하기로 결정(決定)하고 이기풍(李基豊), 양경팔(梁景八), 백용기(白容基), 김창국(金昶國)으로 선정(選定)하다. 기독신보(基督申報)는 전부(全部) 순국문(純國文)으로 편집(編輯)하여 달라고 본(本) 노회(老會) 신문위원(新聞委員)에게 맡겨 신보사(申報社)에 청요(請要)하기를 결정(決定)하다. 목사가족구조부(牧師家族救助部) 보고(報告)에 의(依)하여 본(本) 노회규칙(老會規則) 제29조(第二十九條) 제2항(第二項)에 의(依)하여 매년(每年) 2월(二月) 둘째 주일(第二主日)에 연보(捐補)하기로 완정(完定)하되 본년(本年)은 해기일(該期日)이 과(過)하였으니 금년(今年)만 한(限)하여 7월(七月) 1일(第一日)로 정(定)하여 수합(收合)하기로 결정(決定)하다. 3월(三月) 말(末) 주일(主日)에 특별구제연보(特別救濟捐補)하기로 결정(決定)하다. 만국주일학교(萬國主日學校) 대표(代表) 4인(四人) 택(擇)하는 사(事)와 그 여비(旅費) 변출(辨出)

할 사(事)는 각(各) 지방시찰부(地方視察部)에 위임처리(委任處理)ㅎ게 하
다. 피택장로(被擇長老) 김선규(金善奎), 조치연, 이계수(李桂洙), 김(金)역
평, 오(吳)자화, 한익수(韓益洙), 한태원(韓台源), 오석계(吳錫桂) 등(等)의
장립(將立)됨을 각(各) 시찰(視察)이 보고(報告)하다. 신학준시부(神學準試
部) 보고(報告)에 의(依)하여 신학지원자(神學志願者) 김(金)정선, 이(李)병
열, 허(許)화준, 정영호(鄭永浩) 등(等)의 입학(入學)과 신학재적생(神學在
籍生) 남궁혁(南宮爀), 강병담(康秉倓) 등(等)의 계속을 허(許)하다. 임사부
(任事部) 보고(報告)에 의(依)하여 순천읍교회(順天邑敎會)에 이기풍(李基
豊)을 선교사(宣敎師) 고라복(高羅福, [Robert Thornwell Coit])과 동사목
사(同事牧師)로 청빙(請聘)하는 것과 순천읍교회(順天邑敎會) 목사(牧師)
정태인(鄭泰仁)의 사임원(辭任願)과 보성군(寶城郡) 무만동교회(洞敎會)에
정태인(鄭泰仁)을 담임목사(擔任牧師)로 청빙(請聘)하는 것과 장성(長城)
하나리, 소도리 양교회(兩敎會)에서만 백용기(白容基)를 청빙(請聘)하는 것
과 여수읍교회(麗水邑敎會), 광양읍교회(光陽邑敎會)에 장로(長老) 각(各)
2인(二人), 대장교회(敎會), 고흥군(高興郡) 주교연교회(舟橋捐敎會), 화순
군(和順郡) 동복교회(同福敎會), 품평교회(敎會)에 장로(長老) 각(各) 1인식
(一人式) 택(擇)할 청원(請願)은 허(許)하고 목포(木浦) 양동교회(陽洞敎會)
목사(牧師) 이경필(李敬弼)의 해임원(解任願)에 대(對)하여 해교회(該敎會)
전부(全部)가 유임(留任)을 원(願)한즉 교회(敎會)의 형편(形便)을 생각(生
覺)하여 유(留)ㅎ게 하되 해교회(該敎會)와 협의(協議)하여 2개월간(二個月
間) 이목사(李牧師)를 한양(閒養)ㅎ게 한 후(後) 시무(視務)ㅎ게 하고 전북
(全北) 군산(群山) 개복동(開福洞), 구암리(九岩里) 양교회(兩敎會)에서 제
주(濟州) 선교사(宣敎師) 윤식명(尹植明)을 해교회(該敎會) 담임목사(擔任
牧師)로 청빙(請聘)하는 사(事)에 대(對)하여는 목포(木浦), 제주(濟州) 양
지방(兩地方) 시찰부(視察部)에 위임처리(委任處理)ㅎ게 하되 윤목사(尹牧
師)가 전임(轉任)되는 시(時)는 선교사(宣敎師) 택(擇)하는 사(事)를 전도국
(傳道局)에 위탁처리(委托處理)ㅎ게 하기로 결정(決定)하다. 진흥부(振興
部) 보고(報告)에 의(依)하여 총회(總會) 진흥위원(振興委員)의 제정표준

(制定標準)대로 각(各) 교회(敎會)가 실행(實行)하기로 하고 하지방(何地方) 하교회(何敎會)를 불문(不問)하고 부흥회(復興會)나 전도회(傳道會)를 개(開)하기 위(爲)하여 강사(講師)를 청(請)할 시(時)는 진흥회(振興會)에 의뢰(依賴)하되 해비용(該費用)은 해교회(該敎會)나 해지방(該地方)이 담당(擔當)하고 총회(總會) 진흥위원(振興委員)의 연구방침(硏究方針)과 본(本) 위원(委員)의 연구방침(硏究方針)을 각(各) 교회(敎會)가 실행(實行)하기로 결정(決定)하다. 전도부(傳道部) 보고(報告)에 의(依)하여 제주선교사(濟州宣敎師) 이전식(移轉式)에 전북노회(全北老會) 목사(牧師) 이창규(李昌珪)를 추천(推薦)하고 회장(會長)에[299]게 위탁(委託)하여 전북노회(全北老會)와 마로덕(馬老[路]德, [Luther O. McCutchen])에게 교섭(交涉)ᄒ게 하기로 결정(決定)하다. 교역자(敎役者) 봉급(俸給)에 관(關)한 별위원(別委員) 보고(報告)에 의(依)하여 목사(牧師)는 50원(五十圓)으로 농업(農業) 급(及) 기타(其他) 사(事)를 불관(不管)하고 교역(敎役)에 전무(專務)하는 조사(助師)는 매월(每月) 40원(四十圓)을 지급(支給)하되 단(但) 작농(作農)하는 조사(助師)는 형편(形便)대로 하기로 결정(決定)하다. 수양회(修養會) 준비위원(準備委員)은 강사(講師)를 청요(請邀)ᄒ기 난(難)하여 추기(秋期)에 준비(準備)하기를 보고(報告)하다.

동년(同年) 9월(九月) 4일(四日)에 전남노회(全南老會)가 제 6회(第六回)로 목포(木浦) 양동예배당(陽洞禮拜堂)에 회집(會集)하니 회원(會員)은 목사(牧師) 14인(十四人), 장로(長老) 29인(二十九人)이오, 임원(任員)을 선거(選擧)하니 회장(會長)에 이기풍(李基豊), 부회장(副會長)에 이경필(李敬弼), 서기(書記)에 오태욱(吳太郁), 부회장[서기](副會長[書記])에 김창국(金昶國), 회계(會計) 백용기(白容基), 부회계(副會計)에 오영식(吳永植)이더라. 피택장로(被擇長老)로 장립(將立)받은 자(者) 9인(九人)이더라. 임사부(任事部) 보고(報告)에 의(依)하여 광주(光州) 북문외교회(北門外敎會)에서 남문외교회(西門外敎會)를 분립(分立)ᄒ게 하고 선교사(宣敎師) 도대선(都大善, [Samuel K. Dodson]), 지방조사(地方助師) 이(李)도경, 남대리지방(南大理地方) 조사(助師) 정순모(鄭順模), 손(孫)창욱 등(等)에게 학습

내용권(學習內容權)을 인허(認許)하고 장성군(長城郡) 삼동면(三東面) 소룡리교회(龍里敎會)에 백용기(白容基)를 선교사(宣敎師) 도대선(都大善, [Samuel K. Dodson])과 동사위임목사(同事委任牧師)로 청원(請願)하는 것과 무만동교회(敎會) 함평군(咸平郡) 수정리교회(里敎會) 해남군(海南郡) 고장리교회(古場里敎會), 홍촌리교회(里敎會), 무안군(務安郡) 덕산리교회(德山里敎會)에 장로(長老) 각(各) 1인식(一人式) 택(擇)함을 허(許)하고 목포(木浦) 양동교회(陽洞敎會) 목사(牧師) 이경필(李敬弼) 사임(辭任)에 대(對)하여는 허락(許諾)할 수 없으니 본(本) 지방시찰부(地方視察部)에 위탁(委託)하여 교인(敎人)과 목사(牧師)와 장로(長老)의 책임(責任)을 들어서 권면(勸勉)하기로 하고 장성군(長城郡) 하노리교회(敎會)에서 목사(牧師) 백용기(白容基)에게 권면(勸勉)하여 내춘기(來春期) 노회시(老會時)까지 시무(視務)ㅎ게 하여 달라는 서류(書類)에 대(對)하여는 본(本) 지방시찰부(地方視察部)에 위탁(委託)하여 양방(兩方)을 시찰(視察)하여 피차(彼此)에 교회(敎會)를 유익(有益)ㅎ게 하도록 하기로 결정(決定)하다. 헌의부(獻議部) 헌의(獻議)에 의(依)하여 예배당(禮拜堂)을 신령(神靈)한 일 외(外)에는 사용(使用)ㅎ지 말 것과 매년(每年) 총계(總計)는 각(各) 시찰회(視察會)가 각(各) 당회(堂會)까지 수합(收合)하여 법(法)대로 작성(作成)하여 노회(老會)에 보고(報告)ㅎ게 하기로 결정하다. 학무부(學務部)는 장래사업(將來事業)에 대(對)하여 각(各) 학교교장(學校校長)은 매년(每年) 5월(五月) 말(末) 현재사항(現在事項)을 본(本) 노회장(老會長)에게 보고(報告)할 것과 총회(總會) 제 8회(第八回) 회록(會錄) 25항(二十五項) 제 3조목(第三條目)에 의(依)하여 사범강습소(師範講習所)를 시설(施設)하여 교원(敎員)을 양성(養成)함을 청구(請求)하여 채용(採用)되다. 전도부(傳道部)는 명년예산(明年豫算)은 1,280원(一千二百八十圓)으로 정(定)하고 수입(收入)의 분할(分割)은 광주지방(光州地方)에 금(金) 250원(二百五十圓), 봉선교회(敎會)에 300원(三百圓), 목포지방(木浦地方)에 320원(三百二十圓), 순천지방(順天地方)에 310원(三百十圓)으로 정(定)함을 보고(報告)하여 결정하다. 신학준비위원(神學準備委員) 보고(報告)에 의(依)하여 신학생(神學生) 곽우영

(郭宇盈), 남궁혁(南宮爀), 최흥종(崔興琮), 조상학(趙尙學) 등(等)의 계속수학(繼續修學)에 대(對)하여 천서(薦書)를 선송(繕送)하고, 신학지원자(神學志願者) 손(孫)장욱, 정순모(鄭順模)에 명(明)[300]년(年) 춘기(春期)에 입학(入學)하기를 허(許)하고, 별신학생(別神學生)은 이경필(李敬弼), 윤식명(尹植明)으로 정(定)하다. 진흥부(振興部)가 진흥방침(振興方針)에 대(對)하여 각(各) 구역(區域)에서 전도대(傳道隊)를 조직(組織)할 것과 교인(敎人)들이 진흥회(振興會)를 위(爲)하여 지금(至今)부터 마칠 시(時)까지 합심기도(合心祈禱)할 것과 진흥비(振興費)에 대(對)하여는 10월(十月) 셋째 주일(第三主日)에 각(各) 교회(敎會)가 특별연보(特別捐補)할 것과 특별찬양대(特別讚揚隊)와 별전도지(別傳道紙)를 사용(使用)할 것 등(等) 12조(十二條)를 제의(提議)하여 채용(採用)되다. 규칙(規則) 중(中) 노회기일(老會期日)을 변경(變更)하여 추기노회(秋期老會)는 매년(每年) 9월(九月) 말(末) 주일전(主日前) 토요일(土曜日) 하오(下午) 8시(八時)로 개정(改定)하고 춘기일자(春期日字)는 매년(每年) 추기노회(秋期老會)에서 형편(形便)을 따라 정(定)하기로 결의(決議)하다. 본(本) 노회(老會)의 사무(事務)가 미진(未盡)됨을 인(因)하여 경성(京城)에 계속회집(繼續會集)하여 결정(決定)하고 정회(停會)하다.

동년(同年) 10월(十月) 6일(六日)에 전남노회(全南老會)가 계속회(繼續會)로 경성(京城) 안동예배당(安洞禮拜堂)에 회집(會集)하니 회원(會員)은 목사(牧師) 11인(十一人), 장로(長老) 6인(六人)이더라. 제주전도사업(濟州傳道事業)에 대(對)하여 연보(捐補)하는 미국(美國) 하와이 강(姜)한준과 광주교회(光州敎會) 집사(執事) 박(朴)재화(華)의 연보(捐補) 200원(二百圓)과 무명씨(無名氏)의 200원(二百圓) 연보(捐補)한 사(事)를 기독신보(基督申報)에 게재광포(揭載廣佈)하기로 결정(決定)하고, 백용기목사(白容基牧師)와 장로(長老) 홍우종(洪祐鍾)에 위탁교섭(委託交涉)ㅎ게 하다. 제주전도사업(濟州傳道事業)을 조찰(祖察)ㅎ기 위(爲)하여 본(本) 노회전도부장(老會傳道部長) 백용기(白容基)를 파송(派送)하기로 결정(決定) 후(後) 폐회(閉會)했다.

1921년(一九二一年) 신유(辛酉) 1월(一月) 28일(二十八日)에 전남노회(全南老會)가 제 7회(第七回)로 광주군(光州郡) 양림리(楊林里) 기념각(紀念閣)에 회집(會集)하니 회원(會員)은 선교사(宣教師) 5인(五人), 목사(牧師) 3인(三人), 장로(長老) 16인(十六人)이더라. 피택장로(被擇長老) 김(金)원숙, 장(張)창화의 장립(將立)됨을 광주(光州) 지방시찰(地方視察)에 보고(報告)하다. 주일학교부(主日學校部)와 진흥부(振興部)가 협동(協同)하여 각(各) 교회(教會)의 진흥형편(振興形便)을 보고(報告)하고 시년(是年) 2월(二月) 25일(二十五日) 주일학교(主日學校) 강습소(講習所)를 광주교회(光州教會) 내(內)에 개최(開催)하니 각(各) 교회(教會)는 가합자(可合者)를 택송(擇送)할 것과 각(各) 교회(教會) 주일학교(主日學校) 부근(附近)에 소아회(小兒會)를 다수(多數) 설립(設立)할 것을 제의(提議)하여 가결(可決)하다. 신학준시위원(神學準試委員) 보고(報告)에 의(依)하여 배순(裵順)홍, 한(韓)송규, 강대년(姜大年), 한(韓)태선, 정순모(鄭順模), 양욱 등(等)의 입학(入學)과 재적생(在籍生) 남궁혁(南宮爀), 고려위(高麗偉), 김(金)정선, 조상학(趙尚學), 오석주(吳錫柱), 강병담(康秉倓), 조의환(曺義煥), 정(鄭)영호, 곽우영(郭宇盈), 최(崔)양국 등(等)의 계속수학(繼續修學)을 허(許)하고 신학준사(神學準士) 최흥종(崔興琮), 김영식(金英植)을 시취(試取)하여 강도사(講道師)로 인허(認許)하고, 최흥종(崔興琮)은 광주(光州) 북문외교회(北門外教會)에서 선교사(宣教師) 노라복(魯羅福, [Robert Knox])과 동사위임목사(同事委任牧師)로 청빙(請聘)하므로 허(許)하기로 결정(決定)하다. 학무부(學務部) 보고(報告)에 의(依)하여 강진군(康津郡) 성전면(面) 영풍리교회(永豊里教會)에서 청원(請願)한 토지사건(土地事件)은 노회(老會)에서 간섭(干涉)할 것 없이 해당회(該堂會)의 명의(名義)로 소유증명(所有證明)을 제출(提出)하여 보존(保存)하기로 결정(決定)하다. 임사부(任事部) 보고(報告)에 의(依)하여 장성군(長城郡) 신호리교회(新湖里教會)에 장로(長老) 1인(一人)[301] 택(擇)할 것과 조사(助師) 김(金)세열에게 학습문답권(學習問答權)을 허(許)하기로 결정(決定)하다. 전도부(傳道部) 보고(報告)에 의(依)하여 제주도(濟州島) 법한리(里) 전도인(傳道人) 김(金)윤식이 포와도

(布蛙島) 거류(居留) 강한준에게서 받은 금(金) 325원(三百二十五圓) 사건
(事件)에 대(對)하여 먼저는 전도인(傳道人)의 실수(失手)함을 책(責)하고
또는 해지방(該地方) 전도목사(傳道牧師)가 그 사실(事實)을 본(本) 전도국
(傳道局)에 고지(告知)ㅎ지 아니함은 과실(過失)인즉 노회서기(老會書記)로
하여금 노회(老會)의 명금(命令)으로 권책서(勸責書)를 발송(發送)하기로
결정(決定)하다. 본(本) 노회(老會) 규칙(規則)을 개정(改正)하기 위(爲)하
여 규칙위원(規則委員)에 위탁(委託)하다. 제주도교회(濟州島敎會)에서도
1920년도(一九二〇年度)부터 성탄연보(聖誕捐補)를 본(本) 노회(老會) 전
도국(傳道局)에 수납(收納)함이 가(可)하다 하여 차의(此意)를 서기(書記)
로 통지(通知)ㅎ게 하다. 총회(總會)의 배정(排定)을 인(因)하여 전남노회
(全南老會)에 부담(負擔)된 감사연보금(感謝捐補金) 800원(八百圓)을 4지
방(四地方)에 분배(分排)하되 광주지방(光州地方)에 300원(三百圓), 순천지
방(順天地方)에 200원(二百圓), 목포지방(木浦地方)에 200원(二百圓), 제주
지방(濟州地方)에 백원(百圓)으로 결정(決定)하다. 노회(老會)가 의정(擬定)
한 순서(順序)에 의(依)하여 광주(光州) 남문외예배당(西門外禮拜堂)에서
강도사(講道師) 최흥종(崔興琮)을 목사(牧師)로 장립(將立)하고 안수례(按
手禮)를 행(行)하고 잉(仍)하여 위임식(委任式)을 행(行)한 후(後) 폐회(閉
會)하다.

동년(同年) 3월(三月) 23일(二十三日)에 전남노회(全南老會)가 임시회
(臨時會)로 목포(木浦) 양동예배당(陽洞禮拜堂)에 회집(會集)하니 회원(會
員)은 선교사(宣敎師) 3인(三人), 목사(牧師) 1인(一人), 장로(長老) 8인(八
人)이더라. 김영식(金英植)의 목사장립사건(牧師將立事件) 외(外)에 기건사
(幾件事)를 더 처리(處理)하기로 일치가결(一致可決)하다. 강도사(講道師)
김영식(金英植)을 해남지방(海南地方) 9교회(九敎會)에 선교사(宣敎師) 맹
현리(孟顯理, [Henry D. McCallie])와 동사전도목사(同事傳道牧師)로 청
빙(請聘)함을 허(許)하고 목사(牧師)로 장립(將立)하기로 결정(決定)하다.
광주(光州) 송정리(松町里)와 조산 양교회(兩敎會)에서 목사(牧師) 백용기
(白容基)를 선교사(宣敎師) 남대리(南大理, [LeRoy T. Newland])와 동사

목사(同事牧師)로 청빙(請聘)하는 사(事)는 허(許)하고, 백용기(白容基)의 현금시무((現今視務)하는 소용리교회(里敎會)에 문의(問議)할 일은 광주지방(光州地方) 시찰(視察)에게 위탁(委托)하기로 결정(決定)하고, 광주(光州) 북문외교회(北門外敎會)에서 장로(長老) 2인(二人) 가택(加擇)함을 청원(請願)한 것은 미상(未詳)한 사(事)가 있어 해지방시찰(該地方視察)에게 위탁처리(委托處理)ㅎ게 하기로 결정(決定)하다. 제주도(濟州島) 법환리(法還里)에 토지(土地)와 가옥(家屋)을 매수(買收)할 사(事)는 전도국(傳道局)에 위탁(委托)하기로 결정(決定)하다. 강도사(講道師) 김영식(金英植)을 의정(擬定)한 순서(順序)에 의(依)하여 목사(牧師)로 임직(任職)하는 안수식(按手式)을 거행(擧行)한 후(後) 폐회(閉會)하다.

　동년(同年) 6월(六月) 29일(二十九日)에 전남노회(全南老會)가 제8회(第八回)로 광주(光州) 양림리(楊林里) 기념각(紀念閣)에 회집(會集)하니 회원(會員)은 선교사(宣敎師) 9인(九人), 목사(牧師) 8인(八人), 장로(長老) 35인(三十五人)이요, 임원(任員)을 선거(選擧)하니 회장(會長)에 이경필(李敬弼), 부회장(副會長)에 최흥종(崔興琮), 서기(書記)에 강병담(康秉倓), 부서기(副書記)에 김강(金剛), 회계(會計)에 오태욱(吳太郁), 부회계(副會計)에 오석계(吳錫桂)더라. 신학준시부(神學準試部) 보고(報告)에 의(依)하여 본년(本年) 신학졸업생(神學卒業生) 남궁혁(南宮爀), 곽우영(郭宇盈)은 강도사(講道師)는 아니 되었으[302]나 직접(直接) 목사(牧師)로 장립(將立)ㅎ기로 작정(作定)하고 명년도(明年度) 별신학생(別神學生)은 정태인(鄭泰仁), 임정찬(林貞燦)으로 정(定)하고 신학지원자(神學志願者) 김(金)재선, 이(李)기성, 정(鄭)기신, 고(高)시중 등(等)의 입학(入學)을 허(許)하고, 신학재학생(神學在籍生)은 각(各) 시찰부(視察部)에 위탁시취(委托試取)하여 계속수학(繼續修學)ㅎ게 하기로 결정(決定)하다. 피택장로(被擇長老)로 장립(將立)된 자(者)는 이윤삼(李允三), 구경모(具敬模), 강문수, 최(崔)정범, 최(崔)정의, 조사홍, 문(文)상현, 김(金)상순 등(等) 제인(諸人)이더라. 임사부(任事部) 보고(報告)에 의(依)하여 선교사(宣敎師) 타마자(打馬字, [J. V. N. Talmage]), 지방조사(地方助師) 고려위(高麗偉), 강(姜)사홍, 김충성(金

忠誠), 박봉수(朴鳳洙), 허(許)화준, 한(韓)종구, 이(李)병열, 강대년(姜大年) 등(等)에게 학습문답(學習問答)할 권(權)을 허(許)하고, 고흥읍교회(高興邑敎會)와 광주(光州) 북문외교회(北門外敎會)에 장로(長老) 각(各) 2인식(二人式)과 광주(光州) 송정리교회(松町里敎會), 보성군(寶城郡) 평촌교회(敎會), 무만동교회(敎會), 강진군(康津郡) 영풍교회(敎會)에 장로(長老) 각(各) 1인식(一人式) 택(擇)하는 것과 담양읍(潭陽邑) 개동, 풍월, 오룡 등(等) 교회(敎會)가 합(合)하여 담양읍(潭陽邑)에 당회(堂會)를 조직(組織)하기 위(爲)하여 장로(長老) 2인(二人)을 택(擇)함을 허(許)하고, 광주(光州) 금정교회(錦町敎會)에서 남궁혁(南宮爀)을 노라복(魯羅福, [Robert Knox])과 동사목사(同事牧師)로 청빙(請聘)하는 것과 여수(麗水), 장천, 봉양, 우학리(里) 등(等) 4교회(四敎會)에서 곽우영(郭宇盈)을 변요한(邊約翰, [John Fairman Preston])과 동사목사(同事牧師)로 청빙(請聘)하는 사(事)와 장성군(長城郡) 하나리, 조롱, 광주(光州) 송정리(松町里), 조산 등(等) 4교회(四敎會)에서 백용기(白容基)를 도대선(都大善, [Samuel K. Dodson])과 동사목사(同事牧師)로 청빙(請聘)하는 것은 허(許)하고, 목포(木浦) 북교동(北橋洞) 하영술(何榮術)이 목포당회(木浦堂會)를 대(對)하여 기송(起訟)한 안건(案件)은 서식(書式)에 불완전(不完全)함으로 반려(返戾)하고 신학생(神學生)과 장로(長老)의 자격(資格)에 대(對)하여 신학생(神學生)은

1(一), 신학교(神學校) 규칙(規則)을 준수(準守)하되 성경학교(聖經學校) 2개년(二個年) 이상(以上) 수업자(修業者).

2(二), 단연(斷烟)한 자(者)로 할 것과.

장로(長老)는

1(一), 성경학교(聖經學校) 3년(三年) 수업증(修業證)이 있는 자(者) 급(及) 차(此)와 동등(同等)의 학식(學識)이 있는 자(者).

2(二), 단연(斷烟)한 자(者)와 성경교훈(聖經敎訓)에 위반(違反)된 영업(營業)을 아니 하는 자(者).

3(三), 연령(年齡)은 30세(三十歲) 이상(以上)으로 하되 특별(特別)한 자격(資格)이 있는 자(者)는 25세(二十五歲) 이상(以上)으로 노회(老會)의 허

락(許諾)을 얻은 자(者).

    4(四), 상회(上會)에 총대(總代)가 될만한 자격(資格)이 있는 자(者).
    5(五), 기(旣)히 장로(長老)된 자(者)라도 단연(斷烟)ㅎ지 아니한 자(者)는 노회(老會)에 총대(總代)됨을 득(得)ㅎ지 못함이라고 정(定)하기로 결의(決議)하다.[303]

    노회(老會)는 기정(旣定)한 순서(順序)에 의(依)하여 남궁혁(南宮爀), 곽우영(郭宇盈)을 목사(牧師)로 임직(任職)하는 안수식(按手式)을 행(行)하다. 목사가족구조부(牧師家族救助部) 보고(報告)에 의(依)하여 목사지방(牧師地方)에 5원식(五圓式), 조사지방(助師地方)엔 2원 50전식(二圓五十錢式), 목사(牧師), 조사(助師)가 없는 지방(地方)엔 2원식(二圓式) 연보(捐補)하기로 정(定)한대로 실행(實行)하기로 결정(決定)하다. 신문위원(新聞委員) 보고(報告)에 의(依)하여 금번(今番) 노회(老會) 회원(會員) 전부(全部)가 신문위원(新聞委員)이 되어 각(各) 교회(敎會) 제직(諸職)과 교우(敎友)를 권면(勸勉)하여 다수(多數) 구람(購覽)ㅎ게 할 의무(義務)를 부담(負擔)하기로 결정하다. 선교사(宣敎師) 교섭위원(交涉委員)이 선교사회(宣敎師會)에서 예배당건축(禮拜堂建築) 기본금(基本金) 5,000원(五千圓)을 준비(準備)할 터이니 노회(老會)서도 5,000원(五千圓)을 준비(準備)하여 합(合) 10,000원(一萬圓)을 적립(積立)하고 기(其) 이자(利子)로 연약(軟弱)한 교회당(敎會堂) 건축비(建築費)를 보조(補助)하기로 하오니 본(本) 노회(老會)에서도 5,000원(五千圓)을 준비(準備)하기를 바라오며 사경회(査經會)와 성경학원위원(聖經學院委員)에 대(對)하여는 각(各) 시찰구역내(視察區域內) 위원(委員) 3인식(三人式) 두고 선교사(宣敎師)와 협의(協議)하여 당분간(當分間) 성경교사(聖經敎師)를 선교사회(宣敎師會)에서 택(擇)하는 시(時)에는 선교사(宣敎師)가 전임(專任)하고 조선인(朝鮮人)으로 택(擇)할 시(時)에는 노회위원(老會委員)과 협의(協議)하게 하고 점점(漸漸) 노회(老會)에서 제반경비(諸般經費)를 부담(負擔)하는 동시(同時)에 전부(全部) 노회(老會)가 관리(管理)ㅎ게 하자는 의향(意向)이 있음을 보고(報告)하매 노회(老會)는 채용(採用)하고 예배당비(禮拜堂費) 기본금(基本金) 변비방책연구위원(辨備方策硏究委員) 4인(四人)을 선택(選擇)하다. 주일학교위원(主日學校委員) 보고(報告)에 의(依)하여 본년(本年) 10월(十月)에 경성(京城)에서 개최(開催)하는 주일학교대회(主日學校大會)에 본(本) 노회(老會)는 강습생(講習生) 4인(四人) 이상(以上)을 파송(派送)하되 여비(旅費)는 각(各) 시찰(視察)에 맡겨 담당(擔當)ㅎ게 하고, 본(本) 노회내(老會內)에 주일학교(主日學校) 전임위원(專任委員) 4인(四人)을 치(置)하되 그 경비(經費)의 4분지 3(四分之三)은 선교사회(宣敎師會)에서, 4분지 1(四分之一)은 노회(老會)에서 부담(負擔)하되 그 금액(金額)을 조선교역자(朝鮮敎役者)의 봉급(俸給) 100분지 3(百分之三)의 연금(捐金)으로 충당(充當)할 사(事)와 주일학교(主日學校) 경비(經費)를 위(爲)하여 각(各) 교회(敎會)가 1년(一年)에 1주일(一主日)을 택(擇)하여 의연금(義捐金)을 청(請)할 것과 각(各) 지방(地方) 대사경회(大査經會)를 이용(利用)하여 주일학교(主日學校) 강습회(講習會)를 개(開)할 것과 각군(各郡) 혹(或)은 교통편리(交通便利)한 처소(處所)에 소강습회(小講習會)를 개(開)하고, 기부근(其附近) 각(各) 주일학교(主日學校) 교사(敎師) 급(及) 임원(任員) 전부(全部)를 강습(講習)ㅎ게 할 것과 주일학교(主日學校) 임원(任員)은 주일학교(主日學校)에 관(關)한 서적(書籍)을 구독(購讀)ㅎ게 하기로 결정(決定)하다.

진흥부(振興部)는 각(各) 교회(敎會)가 위(爲)하여 기도(祈禱)한 것과 본년(本年)에도 진흥주일(振興主日)[10월(十月) 셋째 주일(第三主日)]을 택(擇)하여 연보(捐補)할 것과 주일학교(主日學校)를 위(爲)하여 활동(活動)할 것, 각(各) 지방(地方) 진흥표(振興表)를 작성(作成)하여 총회진흥위원(總會振興委員)에게 보내게 함을 보고(報告)하여 채용(採用)되다. 전도부(傳道部)는 제주전도(濟州傳道) 상황(狀況)이 잘된 것과 사숙설립(私塾設立)을 위(爲)하여 특별위원(特別委員) 3인(三人)을 택(擇)한 것과 본년(本年) 예산(豫算)은 1,000원(一千圓)을 정(定)한 것과 강(姜)한준의 부탁(付託)[304]한 기도실(祈禱室) 매수사(買收事)는 윤식명(尹植明)에게 위탁(委托)함을 보고(報告)하다. 제주(濟州) 삼양리(三陽里) 예배당건축비(禮拜堂建築費)를 위(爲)하여 노회(老會) 당석(當席)에서 연보(捐補)한 금액(金額)

은 23원 30전(二十三圓三十錢)이더라.

　　동년(同年) 9월(九月) 10일(十日)에 전남노회(全南老會)가 평양부(平壤府) 신학교(神學校)에 계속회집(繼續會集)하니 회원(會員)은 선교사(宣敎師) 4인(四人), 목사(牧師) 8인(八人), 장로(長老) 7인(七人)이더라. 제주전도목사(濟州傳道牧師) 윤식명(尹植明)의 위치변경(位置變更)과 학교청원사건(學校請願事件)은 전도부(傳道部)에 위임(委任)하고 김연성(金連誠)이 목포당회(木浦堂會)를 대(對)하여 기송(起訟)한 사건(事件)은 [하영술(何榮術)의 사건(事件)까지] 목포시찰회(木浦視察會)에 위임(委任)하고 교역자(敎役者)의 봉급(俸給) 3분지 1(三分之一) 수합위원(收合委員) 4인(四人)을 선정(選定)하다. 선교사(宣敎師) 구례인(具禮仁, [John Curtis Crane])이 정태인(鄭泰仁) 사(事)에 대(對)하여 임시노회(臨時老會)를 순천(順天)에 소집(召集)하기를 청원(請願)하매 허락(許諾)하기로 결정(決定)하고 동씨(同氏)가 기독청년회(基督靑年會)를 면려청년회(勉勵靑年會)로 변경(變更)하라는 서류(書類)는 남궁혁(南宮爀), 김강(金剛) 양씨(兩氏)에게 위탁(委託)하여 검사(檢査)한 후(後) 총회(總會)에 보고(報告)ㅎ게 하기로 결정(決定)하다. 전북노회(全北老會)에서 윤식명(尹植明)을 청빙(請聘)하는 사건(事件)은 제주시찰(濟州視察)에 맡겨 시찰(視察) 후(後) 보고(報告)ㅎ게 하고 전북노회(全北老會)에서 김영식(金英植)을 청빙(請聘)하는 사건(事件)은 허(許)하기로 결정(決定)하고 전도연보(傳道捐補) 800원(八百圓)은 3지방(三地方)에 분배(分排)하기로 결정(決定)하다.

　　동년(同年) 10월(十月) 14일(十四日)에 전남노회(全南老會)가 임시회(臨時會)로 광주(光州) 숭일학교(崇一學校)에 회집(會集)하니 회장(會長)의 인도(引導)로 개회(開會)한 후(後) 목사(牧師) 최흥종(崔興琮)을 서백아선교사(西伯亞宣敎師)로 총회(總會)에서 청빙(請聘)하는 것과 윤식명(尹植明)을 전북노회(全北老會)에서 청빙(請聘)하는 것은 허(許)하고 목사(牧師) 정태인(鄭泰仁)을 고흥(高興)에서 청빙(請聘)하는 사건(事件)에 대(對)하여 순천(順天)에 임시노회(臨時老會) 소집(召集)을 불허(不許)하고 특별위원(特別委員) 6인(六人)을 택송(擇送)하기로 결의(決議)하다. 제주전도사(濟

州傳道師) 윤식명(尹植明)의 대(代)에 이경필(李敬弼)로 선정(選定)하다. 동월(同月) 24일(二十四日)에 특별위원회(特別委員會)가 순천선교사(順天宣敎師) 변요한(邊約翰, [John Fairman Preston]) 방(方)에 회집(會集)하여 임시회장(臨時會長) 곽우영(郭宇盈)의 인도(引導)로 개회(開會)하고 정태인(鄭泰仁)을 고흥군읍(高興郡邑) 등(等) 3교회(三敎會)에서 청빙(請聘)하는 사(事)를 허(許)하기로 결정(決定)하니라.

1922년(一九二二年) 임술(壬戌) 2월(二月) 27일(二十七日)에 전남노회(全南老會)가 제 9회(第九回)로 목포(木浦) 양동예배당(陽洞禮拜堂)에 회집(會集)하니 회원(會員)은 선교사(宣敎師) 8인(八人), 목사(牧師) 7인(七人), 장로(長老) 28인(二十八人)이더라. 신학졸업생(神學卒業生) 조의환(曺義煥)을 문답(問答) 후(後) 강도사(講道師)로 인허(認許)하다. 임사부(任事部) 보고(報告)에 의(依)하여 김응규(金應圭)를 목포(木浦)에서 청빙(請聘)하는 것과 광양군(光陽郡) 신항리(里) 등(等) 3교회(三敎會)에서 조의환(曺義煥)을 선교사(宣敎師) 노라복(魯羅福, [Robert Knox])과 동사목사(同事牧師)로 청빙(請聘)하는 것과 강진군(康津郡) 병영(兵營) 등(等) 3교회(三敎會)에서 김성식(金聲植)을 위임목사(委任牧師)로 청빙(請聘)하는 것과 광주(光州) 금정교회(錦町敎會) 피택장로(被擇長老) 최명(崔明)준의 장립청원(將立請願)과 동교회(同敎會)의 장(長)[305]로(老) 1인(一人) 가택청원(加擇請願)과 목사(牧師) 백용기(白容基)의 사면청원(辭免請願)은 허(許)하고 김(金)윤삼(三)은 기자(其子)를 불신자(不信者)와 결혼(結婚)한 고(故)로 기지방(其地方) 시찰회(視察會)에 맡겨 치리(治理)ᄒ게 하기로 결정(決定)하다. 전도부(傳道部)는 제주(濟州) 모슬포(慕瑟浦) 사추비청구사건(私娵費請求事件)에 대(對)하여는 해지방(該地方) 전도목사(傳道牧師) 이경필(李敬弼)로 광주(光州), 순천(順天), 목포(木浦) 3지방(三地方)에서 임의(任意)로 모집(募集)ᄒ게 한 사(事)와 사추비(私娵費) 부족액(不足額) 48원(四十八圓)은 타마자(打馬字, [J. V. N. Talmage])가 담당(擔當)한 사(事)와 강(姜)한준이 전도비(傳道費) 불송(不送)하는 사(事)를 회계(會計) 타마자(打馬字, [J. V. N. Talmage])로 직접문의(直接問議)하여 과군불송(果君不送)하는

경우(境遇)엔 광주(光州) 봉선리교회(里敎會) 전도인(傳道人) 원(元)용혁으
로 계속 시무(視務)할 사(事)와 봉선리교회(里敎會)의 청원(請願)에 의(依)
하여 불신자(不信者)에게 전도(傳道)ᄒ게 함을 허(許)한 사(事)를 보고(報
告)하여 채용(採用)되다. 광주지방시찰(光州地方視察)을 남평교회(南平敎
會)에 장로(長老) 2인(二人) 택(擇)할 청원(請願)에 대(對)하여 허(許)함을
보고(報告)하다. 주일학교위원(主日學校委員)은 정(鄭)선유가 노회주일학
교(老會主日學校) 전임위원(專任委員)으로 거년(去年) 10월(十月) 1일(一
日)부터 시무(視務)함을 보고(報告)하다. 신학준시위원(神學準試委員)은 신
학지원자(神學志願者) 이도종(李道宗), 최종(崔宗)화 합격(合格)됨과 서(徐)
과조는 정치예배(政治禮拜) 모범권징조례(模範勸懲條例)를 열람(閱覽)한
후(後) 허락(許諾)할 것과 재적생(在籍生) 조상학(趙尙學), 강병담(康秉倓),
이영(李英)희, 한태(韓台)선 등(等)은 각(各) 시찰회(視察會)에 위탁(委托)
하여 살펴보기로 함을 보고(報告)하여 채용(採用)되다. 노회(老會)는 강도사
(講道師) 조의환(曺義煥)을 목사(牧師)로 임직(任職)하는 안수식(按手式)을
행(行)하다. 목포교인(木浦敎人) 김(金)광삼(三)이 박(朴)순경을 대송(對訟)
하는 사(事)는 해지방(該地方) 시찰(視察)에게 위임(委任)하기로 결정(決定)
하다. 조산 송정리(松汀里) 당회권(堂會權)은 선교사(宣敎師) 남대리(南大
理, [LeRoy T. Newland])에게 위탁(委託)하다.

동년(同年) 4월(四月) 20일(二十日)에 전남노회(全南老會)가 임시회(臨
時會)로 광주(光州) 숭일학교(崇一學校)에 회집(會集)하여 임시회장(臨時會
長) 노라복(魯羅福, [Robert Knox])의 기도로 개회(開會)하니 회원(會員)
은 선교사(宣敎師) 7인(七人), 목사(牧師) 2인(二人), 장로(長老) 5인(五人)
이었다. 광주(光州) 금정목사(錦町牧師) 남궁혁(南宮爀)의 사면청원(辭免請
願)과 기대(其代)에 김창국(金昶國)을 노라복(魯羅福, [Robert Knox])과
동사목사(同事牧師)로 청빙(請聘)하는 것과 광주(光州) 북문외교회(北門外
敎會)에서 이창규(李昌珪)를 배유지(裵裕祉, [E. Bell, 1868-1925])와 동사
목사(同事牧師)로 청빙(請聘)하는 것은 허(許)하기로 결정(決定)하다.

동년(同年) 6월(六月) 28일(二十八日)에 전남노회(全南老會)가 제 10회

(第十回)로 목포(木浦) 양동예배당(陽洞禮拜堂)에 회집(會集)하니 회원(會員)은 선교사(宣敎師) 11인(十一人), 목사(牧師) 11인(十一人), 장로(長老) 37인(三十七人)이요, 임원(任員)를 선거(選擧)하니 회장(會長)에 곽우영(郭宇盈), 부회장(副會長)에 강병담(康秉倓), 서기(書記)에 김강(金剛), 부서기(副書記)에 오태욱(吳太郁), 회계(會計)에 오석주(吳錫柱), 부회계(副會計)에 강익수(姜益洙)러라. 경기(京畿) 충청노회(忠淸老會) 목사(牧師) 최영택(崔榮澤), 전북노회(全北老會) 목사(牧師) 김응규(金應圭)의 이명증(移名證)을 받아 회원(會員)으로 환영(歡迎)하다. 본년(本年) 총회(總會)부터 10당회(十堂會)에 총대(總代) 1인식(一人式) 될 것을 광고(廣告)로 받다. 임사부(任事部) 보고(報告)에 의(依)하여 전북노회(全北老會)로부터 반려(返戾)된 이창규목사(李昌圭牧師) 청빙서류(請聘書類)을 광주(光州) 북문외교회(北門外敎會)로 보낼 것과 광주(光州) 북문외교회(北門外敎會)에서 목사(牧師) 최영택(崔榮澤)을 배유지(裵裕祉, [E. Bell, 1868-1925])와 동사목사(同事牧師)로 청빙(請聘)[306]하는 것과 장성역전(長城驛前)교회에서 목사(牧師) 백용기(白容基)를 기지방(其地方) 선교사(宣敎師) 도대선(都大善, [Samuel K. Dodson])과 동사목사(同事牧師)로 청빙(請聘)하는 것과 강대년(姜大年), 오태욱(吳太郁) 양(兩) 조사(助師)에게 학습문답(學習問答)하는 권(權) 청원(請願)과 강진군(康津郡) 성동리교회(城東里敎會)에 장로(長老) 2인(二人) 택(擇)할 청원(請願)과 함평읍교회(咸平邑敎會), 대월교회(敎會)에 장로(長老) 1인식(一人式) 택(擇)할 청원(請願)과 순천군(順天郡) 청룡, 석곡 양(兩) 당회(堂會)의 합병청원(合倂請願)은 다 허(許)하고 순천지방(順天地方)에서 노회분립청원(老會分立請願)은 받아 분계위원(分界委員)을 선정(選定)ᄒ게 하고 화순군(和順郡) 동복(同福) 칠정리교회(里敎會)에서 장로(長老) 2인(二人) 청원(請願)하는 것은 해지방시찰부(該地方視察部)에 위임(委任)하기로 결정(決定)하다.

    노회분립(老會分立) 분계위원(分界委員)의 보고(報告)에 의(依)하여,
    1(一), 명칭(名稱)은 전남노회(全南老會) 순천노회(順天老會)로
    2(二), 지방(地方)은 전남노회(全南老會)는 제주(濟州), 목포(木浦), 광

주(光州) 3시찰구(三視察區)로 순천노회(順天老會)는 순천시찰구역(順天視察區域)으로 정(定)하고 소유물(所有物) 전부(全部)는 전남노회(全南老會)에 잉속(仍屬)ㅎ게 하기로 결정(決定)하다.

목사가족구조비(牧師家族救助費)를 총노회비(總老會費)에 첨가(添加)하여 수합(收合)하기로 가결(可決)하다. 신학준시위원(神學準試委員) 보고(報告)에 의(依)하여 황보익, 송(宋)주일의 입학(入學)을 허(許)하고 재학생(在學生)은 해지목사(該地牧師)가 살펴본 후(後) 준시위원장(準試委員長)에게 통지(通知)하면 준시위원장(準試委員長)은 노회서기(老會書記)에게 통지(通知)하여 천서(薦書)를 선교(繕交)ㅎ게 하기로 결정(決定)하다. 전도부(傳道部)는 명년(明年) 예산(豫算)을 1,260원(一千二百六十圓)으로 정(定)함을 보고(報告)하다. 학무부(學務部) 보고(報告)에 의(依)하여 각(各) 학교(學校)에서 불신자(不信者)라도 약간(若干) 받아 교육(敎育)할 것과 각(各) 학교(學校) 각반(各班)에서 매월(每月) 성경(聖經)을 교수(敎授)할 것과 예배당(禮拜堂)에서는 부득기(不得己)한 경우(境遇) 외(外)에는 교수(敎授)ㅎ지 말 것과 그 학교(學校) 관리(管理)하는 교회(敎會)와 그 지방(地方) 조사(助師)는 항상(恒常) 학교형편(學校形便)을 살필 것과 학교주장(學校主掌)은 교인(敎人)으로 하기로 결정(決定)하다. 주일학교(主日學校)의 방침(方針)은 대략(大略) 전회소보(前回所報)와 동(同)하고 매년(每年) 2회(二回) 이상(以上) 시상식(施賞式)은 소수집회(小數集會)의 주일학교(主日學校)라도 반드시 실행(實行)ㅎ게 할 것과 진흥회(振興會)는 각(各) 교회(敎會)가 해지방시찰회(該地方視察會)와 선교사회(宣敎師會)와 합동(合同)하여 유익(有益)하도록 실행(實行)하기를 제의(提議)하여 채용(採用)되니라. 조선(朝鮮) 전경내(全境內)에 수용(需用)되는 약용(藥用) 모루히네를 각(各) 채종상(菜種商)으로 판매(販賣)ㅎ지 말고 각도(各道) 자혜의원(慈惠醫院)에서 각기(各己) 의사(醫師)에게 적당(適當)하도록 발매(發賣)하기를 총회(總會)에서 헌의(獻議)하여 총독부(總督府)에 제출(提出)ㅎ게 하기로 결정(決定)하다.

동년(同年) 9월(九月) 11일(十一日)에 전남노회(全南老會) 제 10회(第十回) 계속회(繼續會)가 경성내(京城內) 인사동(仁寺洞) 승동예배당(勝洞禮

拜堂)에 회집(會集)하니 회원(會員)은 목사(牧師) 5인(五人), 선교사(宣敎師)[307] 3인(三人), 장로(長老) 6인(六人)이더라. 황해노회(黃海老會)에서 제주전도사업(濟州傳道事業)을 정지(停止)하는 사(事)에 대(對)하여 전북노회(全北老會)와 협의(協議)하기 위(爲)하여 본(本) 노회장(老會長), 서기(書記), 전도국장(傳道局長)을 협의위원(協議委員)으로 선정(選定)하다. 목포교회(木浦敎會)에서 영암군(靈岩郡) 곤종면(昆終面) 동호리교회(東湖里敎會)를 일본인(日本人) 설립교회(設立敎會)와 연합(聯合)함이 하여(何如)한가 문(問)하는 사(事)는 해지방(該地方) 시찰회(視察會)에 맡겨 처리(處理)ᄒ게 하기로 결정(決定)하다. 고려위(高麗偉)의 신학(神學) 입학(入學)을 허(許)하고 서기(書記)로 천서(薦書)를 선교(繕交)ᄒ게 하다. 제주(濟州) 성내교회(城內敎會)는 조직노회(組織老會)까지 전남장로(全南長老)가 관리(管理)하기로 결정(決定)하다.

1923년(一九二三年) 계해(癸亥) 1월(一月) 30일(三十日)에 전남노회(全南老會)가 제 11회(第十一回)로 광주(光州) 금정예배당(錦町禮拜堂)에 회집(會集)하니 회원(會員)은 선교사(宣敎師) 8인(八人), 목사(牧師) 5인(五人), 장로(長老) 25인(二十五人)이더라. 주일학교부(主日學校部) 보고(報告)에 의(依)하여 총회(總會) 제 11회(第十一回) 회록(會錄) 제 32항(第三十二項) 3행(三行)부터 제 8행(第八行)까지 채용(採用)하되 연보(捐補)한 후(後) 실행(實行)ᄒ기로 결정(決定)하다.

[참조(參助)] 제 11회(第十一回) 총회록(總會錄) 적요(摘要)

1. 주일학교(主日學校) 연합회(聯合會) 경비모집방법(經費募集方法)은 매년(每年) 6월(六月) 첫째 주일(第一主日)에 장년부(壯年部), 유년부(幼年部)가 합(合)하여 연보(捐補)할 것.

2. 각(各) 노회 내(老會 內)에 권장위원(勸奬委員) 1인식(一人式) 둘 일.

3. 노회(老會)는 신학교(神學校)에 청원(請願)하여 각(各) 주일학교(主日學校) 권장위원(勸奬委員) 둘 일을 위(爲)하여 특별(特別)한 사범과(師範科)를 경영(經營)할 사업(事業)이더라.

목포지방(木浦地方) 시찰부(視察部)에서 청원(請願)하는 영암군(靈岩

郡) 곤일종면(昆一終面) 도호리(里) 거주(居住) 일본인(日本人) 태전등조(太田藤助)는 신호신학교(神戶神學校) 졸업생(卒業生)으로 이력서(履歷書)와 목포(木浦) 일본인교회(日本人敎會) 목사(牧師) 축자익인(筑紫益人)의 증명서(證明書)가 있어 우거주지(右居住地)에서 전도(傳道)ᄒᆞ게 하자는 사(事)는 신학준시부(神學準試部)에 위임(委任)하다. 신학준시부(神學準試部) 보고(報告)에 의(依)하여 이영(李英)희, 오태욱(吳太郁)의 신학계속(神學繼續)과 김(金)정기의 신학입학(神學入學)을 허(許)하고 태전등조(太田藤助)의 사(事)는 총회규칙(總會規則)에 의(依)하여 1학기간(一學期間) 평양신학교(平壤神學校)에 가서 공부(工夫) 후(後)에 허락(許諾)하기로 결정(決定)하다. 임사부(任事部) 보고(報告)에 의(依)하여 유내춘(柳乃春)을 선교사(宣敎師) 남대리(南大理, [LeRoy T. Newland])와 같이 향사리교회(里敎會)에서 시무(視務)ᄒᆞ게 할 사(事)와 영암읍교회(靈岩邑敎會), 광주(光州) 향사리교회(里敎會)에 장로(長老) 각(各) 1인(一人) 택(擇)할 것과 나주읍교회(羅州邑敎會) 장로(長老) 이계수(李桂洙)의 사직청원(辭職請願)을 허(許)하고, 목사(牧師) 백용기(白容基)의 청원(請願)은 광주(光州) 지방시찰부(地方視察部)에 위임(委任)하고, 나주군(羅州郡) 반남면(潘南面) 상촌교회(上村敎會)를 영암군(靈岩郡) 금정면(面) 용산교회(龍山敎會)와 분립(分立)하자는 청원(請願)은 광주(光州), 목포(木浦) 양지방시찰부(兩地方視察部)에 위임(委任)하기로 결정(決定)하다. 전도부(傳道部)는 봉성리(里)[308]교회(敎會)에서 제주전도사업(濟州傳道事業)을 중지(中止)하는 사(事)에 대(對)하여 서기(書記)로 해교회(該敎會)에 기서(寄書)하여 아무쪼록 계속(繼續)하기를 권면(勸勉)하고 또 김창국(金昶國), 타마자(打馬字, [J. V. N. Talmage]) 양씨(兩氏)로 그 당회장(堂會長)과 원만(圓滿)히 교섭(交涉)하여 전도사업(傳道事業)을 임의(任意)로 행(行)하되 성탄일연보(聖誕日捐補)는 마땅히 본(本) 전도국(傳道局)에 송치(送致)ᄒᆞ게 할 사(事)를 보고(報告)하다. 전남노회(全南老會) 재단법인(財團法人)에 대(對)하여 타마자(打馬字, [J. V. N. Talmage]), 김창국(金昶國), 김강(金剛) 등(等)을 선택(選擇)하여 전부(全部) 위임(委任)ᄒᆞ기로 결정(決定)하다.

동년(同年) 7월(七月) 3일(三日)에 전남노회(全南老會)가 제 12회(第十二回)로 광주(光州) 북문외예배당(北門外禮拜堂)에 회집(會集)하니 선교사(宣敎師) 9인(九人), 목사(牧師) 7인(七人), 장로(長老) 27인(二十七人)이요, 임원(任員)을 선거(選擧)하니 회장(會長)에 오태욱(吳太郁), 부회장(副會長)에 김응규(金應圭), 서기(書記)에 강호연(姜浩然), 부서기(副書記)에 정순모(鄭順模), 회계(會計)에 맹현리(孟顯理, [Henry D. McCallie]), 부회계(副會計)에 김면수(金冕洙)더라. 제주전도상황(濟州傳道狀況) 보고(報告)를 들은 후(後) 당석(當席)에서 위(爲)하여 연보(捐補)한 금액(金額)이 80원 10전(八十圓十錢)이더라. 피택장로(被擇長老)로 안수식(按手式)을 받은 자(者)는 맹(孟)하술, 박(朴)춘봉 등(等)이더라. 광주(光州), 목포(木浦) 연합시찰(聯合視察)의 보고(報告)에 의(依)하여 나주군(羅州郡) 상촌교회(上村敎會)와 영암군(靈岩郡) 용산리교회(龍山里敎會)의 분립(分立)을 허(許)하다. 규칙개정위원(規則改正委員)이 규칙개정건(規則改正件)을 보고(報告)하여 채용(採用)되니라. 신학준시부(神學準試部) 보고(報告)에 의(依)하여 평양(平壤)에 이명(移名)한 신학생(神學生) 고려위(高麗偉)의 이명증서(移名證書)를 선송(繕送)ㅎ게 하고 신학생(神學生) 이(李)기성, 김(金)재선, 이영(李英)희 등(等)의 계속(繼續)을 허(許)하고, 노회(老會) 당석(當席)에 내참(來參)된 신학생(神學生)은 일후청원(日後請願)에 의(依)하여 준시위원(準試委員)이 살펴본 후(後)에 계속을 허(許)할 것과 노회서기(老會書記)는 노회일자(老會日字)를 본(本) 노회(老會)에 속(屬)한 신학생(神學生)에게 통지(通知)ㅎ기로 결정(決定)하다. 임사부(任事部) 보고(報告)에 의(依)하여 제주(濟州) 모슬포교회(慕瑟浦敎會)에 장로(長老) 2인(二人)과 순창군(淳昌郡) 피로리교회(里敎會), 강진읍교회(康津邑敎會)에 장로(長老) 각(各) 1인식(一人式) 택(擇)할 것과 제주산남지방(濟州山南地方) 조사(助師) 원(元)용혁에게 학습문답(學習問答)할 권(權)을 허(許)하기로 결정(決定)하고, 목사(牧師) 백용기(白容基)가 본년(本年) 5월(五月) 15일부(十五日付)로 본(本) 노회(老會) 탈퇴청원(脫退請願)한 것을 동(同) 7월(七月) 4일부(四日付)로 취소청원(取消請願)에 대(對)하여는 절실(切實)히 자복(自服)한즉 허(許)하고,

회장(會長)이 권면(勸勉)과 시책(試責)하기로 결정(決定)하고, 백용기(白容基)의 장성역전교회(長城驛前敎會) 전도목사(傳道牧師)의 사직원(辭職願)을 허락(許諾)하고 장성읍(長城邑) 정선유외(外) 12인(十二人)의 노회탈퇴서(老會脫退書)는 노회(老會)에서 취급(取扱)할 성질(性質)이 없으므로 기각(棄却)하고 기외청원(其外請願)한 5개조(五個條)에 대(對)하여는 특별위원(特別委員) 3인(三人)을 파송(派送)하여 조사(調査)ᄒ게 하기로 결정(決定)하다. 전도부(傳道部) 보고(報告)에 의(依)하여 황해노회(黃海老會)가 제주전도폐지건(濟州傳道廢止件)과 전북노회(全北老會)가 제주(濟州) 산지방(山地方)에 대(對)하여 원만(圓滿)히 해결(解決)되지 못할 시(時)에는 총회(總會)에 청원(請願)ᄒ기를 총대(總代)에게 전권위임(專權委任)ᄒ기로 결정(決定)하[309]고, 명년도(明年度) 예산(豫算)은 1,620원(一千六百二十圓)으로 정(定)하고, 금년위시(今年爲始)하여 세례인(洗禮人)과 학습인(學習人)을 합(合)하여 연보(捐補)할 표준(標準)을 삼기로 결정(決定)하다. 재단법인위원(財團法人委員)의 보고(報告)에 의(依)하여 식양지인쇄비용(式樣紙印刷費用)을 지불(支拂)할 것과 재단법인(財團法人) 대표자(代表者)를 광주(光州), 목포(木浦)에 각(各) 1인식(一人式) 택(擇)할 것과 재산명록(財産名錄)을 지금(只今)부터 준비(準備)할 것과 총회시(總會時) 타노회(他老會)와 교섭(交涉)하여 신청서(申請書)를 작성(作成)하여 보내기로 결정(決定)하고, 인쇄비(印刷費)는 노회회계(老會會計)로 지불(支拂)ᄒ게 하고 대표자(代表者)는 목포(木浦)에 최병호(崔丙浩), 광주(光州)에 타마자(打馬字, [J. V. N. Talmage])로 선정(選定)하다. 주일학교(主日學校) 보고(報告)에 의(依)하여 유급상무위원(有給常務委員)을 광주(光州), 목포(木浦)에 각(各) 1인식(一人式) 두는 일은 주일학교부(主日學校部)에 위임(委任)ᄒ기로 결정(決定)하다. 학무부(學務部)는 금번(今番) 미순회(會)에서 결의(決議)한 여학교지정(女學校指定) 인허준비사(認許準備事)에 대(對)하여 여교지정(女校指定)보다 남학교지정(男學校指定)이 더 필요(必要)하니 미순회(會)에 교섭(交涉)할 것과 본(本) 노회(老會)에 속(屬)한 학교(學校) 성경교원(聖經敎員)을 성경지식(聖經知識)이 있는 자(者)를 채용(採用)할 것과 본(本) 노회

(老會)에 속(屬)한 학교(學校) 교원강습사(敎員講習事)는 기존(旣存)한 특별위원(特別委員)에게 문의(問議)하여 기결(旣決)을 바란다는 청원(請願)에 대(對)하여 지정학교사(指定學校事)는 선교사교섭부(宣敎師交涉部)로, 교원강습사(敎員講習事)는 학무부(學務部)에 위임(委任)하기로 결정(決定)하다.

동년(同年) 9월(九月) 10일(十日)에 전남노회(全南老會) 총대회(總代會)가 신의주(新義州) 제일예배당(第一禮拜堂)에 회집(會集)하니 회원(會員)은 목사(牧師) 5인(五人), 선교사(宣敎師) 2인(二人), 장로(長老) 4인(四人)이더라. 제주지방(濟州地方) 전도사업(傳道事業)에 대(對)하여 전북노회(全北老會)에 교섭(交涉)한 특별위원(特別委員)은 전북노회(全北老會)가 명년추기(明年秋期)까지 여전(如前)히 담당(擔當)하여 보고 기후(其後)는 형편(形便)에 의(依)하여 좌우(左右)할 의향(意向)임을 보고(報告)하다. 본(本) 노회(老會) 재단법인사건(財團法人事件)에 대(對)하여 각(各) 교회(敎會)가 1원식(一圓式) 지출(支出)하여 경비(經費)를 사용(使用)하기로 작정(作定)하고 재단법인(財團法人) 성립위원(成立委員)은 타마자(打馬字, [J. V. N. Talmage])로 선정(選定)하여 전권(專權)을 위임(委任)하고, 재단법인(財團法人)에 관(關)한 규정(規定)은 전위원(前委員) 타마자(打馬字, [J. V. N. Talmage]), 김창국(金昶國), 김강(金剛) 3인(三人)에게 위임제정(委任制定)ㅎ게 하기로 결정(決定)하다.

2. 교회의 조직(二, 敎會의 組織)

1918년(一九一八年) 무오(戊午)에 장성군(長城郡) 보생리교회(寶生里敎會)에서 이재현(李載炫)을 장로(長老)로 장립(將立)하여 당회(堂會)를 조직(組織)하고 기후(其後) 목사(牧師)는 백용기(白容基), 선교사(宣敎師)는 도대선(都大善, [Samuel K. Dodson]), 장로(長老)는 김문삼(金文三)이 시무(視務)하니라. 장성군(長城郡) 소룡리교회(小龍里敎會)에서 백용(白容

基)를 청빙(請聘)하여 선교사(宣敎師) 남대리(南大理, [LeRoy T. Newland])와 동사목사(同事牧師)로 시무(視務)ᄒ게 하니라. 장흥군(長興郡) 도청리교회(都廳里敎會)에서 장천오(張千五)를 장로(長老)로 장립(將立)하여 당회(堂會)를 조직(組織)하니라. 보성군(寶城郡) 무만리교회(武萬里敎會) [310]에서 김일현(金日鉉)을 장로(長老)로 장립(將立)하여 당회(堂會)를 조직(組織)하였고, 기후(其後)에 강문수(姜文秀)가 장로(長老)로 계속재직(繼續在職)하니라. 고흥군(高興郡) 옥하리교회(玉下里敎會)에서 박용섭(朴容燮), 목치숙(睦致淑)을 장로(長老)로 장립(將立)하여 당회(堂會)를 조직(組織)하였고, 기후(其後)에는 목사(牧師)에 정태인(鄭泰仁), 이기풍(李基豊), 장로(長老)에 박무응(朴茂膺), 신영창(申永昶) 등(等)이 차제시무(次第視務)하니라. 순천군(順天郡) 읍내교회(邑內敎會)에서 정태인(鄭泰仁)을 목사(牧師)로 청빙(請聘)하여 시무(視務)하였고, 기후(其後)에는 목사(牧師) 이기풍(李基豊), 정우영(鄭宇盈), 장로(長老)에 김억칭(金憶秤), 오영식(吳永植), 최정의(崔珵義) 등(等)이 계속봉직(繼續奉職)하니라. 순창읍교회(淳昌邑敎會)가 설립(設立)되고 선시(先是)에 본리거(本里居), 이(李)사라와 함북지경(咸北地境)에서 전도(傳道)를 듣고 믿었으며, 백병택(白炳澤)은 광주병원(光州病院)에서 전도(傳道)를 듣고 믿은 후(後)에 열심병력(熱心幷力)하여 전도(傳道)한 결과(結果)로 교회(敎會)가 성립(成立)되어 초옥(草屋) 7간(七間)을 매수(買收)하여 예배당(禮拜堂)으로 사용(使用)하였고, 선교사(宣敎師) 타마자(打馬字, [J. V. N. Talmage])와 조사(助師) 고려위(高麗偉), 김세열(金世烈), 이영희(李英熙) 등(等)이 계속시무(繼續視務)하니라. 화순군(和順郡) 석고리교회(石庫里敎會)가 설립(設立)되다. 선시(先是)에 타마자(打馬字, [J. V. N. Talmage]) 선교사(宣敎師)와 전도인(傳道人)의 전도(傳道)로 인(因)하여 신자(信者)가 다기(多起)하므로 교회(敎會)가 성립(成立)되었고 기후(其後) 선교사(宣敎師) 원가리(元佳里, [James K. Unger]), 배유지(裵裕祉, [E. Bell, 1868-1925]), 도대선(都大善, [Samuel K. Dodson])과 조사(助師) 김병렬(金炳烈), 유기섭(劉基燮), 양윤묵(梁允默) 등(等)이 차제시무(次第視務)하였다. 보성군(寶城郡) 봉갑리교회(鳳甲里教會)가 설립(設立)되다. 선시(先是)에 선교사(宣教師) 타마자(打馬字, [J. V. N. Talmage])와 전도인(傳道人) 박락현(朴洛鉉) 등(等)이 전도(傳道)하여 신자점진(信者漸進)하므로 90원(九十圓)을 출연(出捐)하여 예배당(禮拜堂)을 건축(建築)하니라. 영암군(靈岩郡) 교동리교회(校洞里教會)가 설립(設立)되다. 선시(先是)에 선교사(宣教師) 남대리(南大理, [LeRoy T. Newland])가 조사(助師) 강익수(姜益洙)를 파송전도(派送傳道)하여 신자(信者)가 증진(增進)되매 예배당(禮拜堂)을 매수(買收)하였으며 기후(其後)에는 선교사(宣教師) 유서백(柳瑞伯, [J. S. Nisbet])과 조사(助師) 조명선(趙明善), 신도일(申道一), 이기성(李基性), 김정관(金正寬) 등(等)이 차제(次第)로 시무(視務)하니다(라). 제주도(濟州道) 삼양리교회(三陽里教會)를 설립(設立)하다. 선시(先是)에 독노회(獨老會)에서 파송(派送)한 전도목사(傳道牧師) 이기풍(李基豊)이 전도(傳道)하여 윤보원(尹寶元), 윤옥경(尹玉敬), 문만여(文晚汝), 박춘선(朴春先) 등(等)이 신종(信從)하여 박춘선(朴春先) 가(家)에서 기도회(祈禱會)를 집회(集會)하더니 전라노회(全羅老會)에서 파송(派送)한 전도목사(傳道牧師) 최대진(崔大珍)이 내도(來到)하여 전도(傳道)한 결과(結果) 이선일(李善一), 오주병(吳周炳), 신평석(愼平錫), 문명옥(文明玉) 가족(家族)이 상계신종(相繼信從)하였는데 오주병(吳周炳)이 자기(自己) 집을 예배당(禮拜堂)으로 제공(提供)하여 회집(會集)하였으며, 기후(其後) 윤식명(尹植明), 김창국(金昶國) 등(等)이 차제시무(次第視務)하니라. 제주도(濟州道) 세화리교회(細花里教會)가 설립(設立)되다. 선시(先是)에 한동리거(漢東里居) 부상규(夫尙奎)가 목포의사(木浦醫師)에게서 복음(福音)을 듣고 믿은 후(後) 부산(釜山)에 왕(往)하여 선교사(宣教師) 왕길지(王吉志, [G. Engel])에게 학습(學習)을 전수(傳受)하고 산지포(山池浦) 목사(牧師) 이기풍(李基豊)에게서 수세(受洗)를 받고 귀가(歸家)하여 인근(隣近)에 전도(傳道)하여 신자(信者)를 얻어 교회(教會)가 시작(始作)되었고 황해노회(黃海老會)에서 파송(派送)한 전도목사(傳道牧師) 임정찬(林貞燦)이 내도(來到)하여 전도(傳道)할 때 부상규(夫尙奎) 가(家)에서 회집예배(會集禮拜)하니라. 고흥군(高興郡) 유(油)둔리교회(里教

會)가 무만리교회(武萬里敎會)에서 분(分)[311]립(立)되자 선시(先是)에
본리거(本里居) 송춘경(宋春景)은 무만리교회(武萬里敎會)의 영수(領袖)인
데 60세(六十歲) 노인(老人)으로 병석(病席)에서 방문(訪問)한 사람에게 간
절(懇切)히 전도(傳道)하기를 위사(爲事)하였고 임종시(臨終時) 자기자(自
己子) 사원(士元)에게 신주(信主)하라고 유언(遺言)하였더니 기후(其後) 사
원(士元)이 기동지자(其同志者) 3, 4명(三四名)과 더불어 신주(信主)한 후
(後) 열심전도(熱心傳道)하였고 강은혜(姜恩惠)는 노년과부(老年寡婦)로 기
(其)의 신앙생활(信仰生活)을 인(因)하여 기서(其婿) 신지구(申之求)에게
무한(無限)한 핍박(逼迫)을 수(受)하더니 기후(其後) 신지구(申之求)가 회
개귀주(悔改歸主)하고 교회분립(敎會分立)에 협력(協力)하여 자택(自宅)에
서 임시(臨時)로 회집예배(會集禮拜)하더니 교회(敎會)가 점차발전(漸次發
展)하여 초가(草家) 8간(八間)을 매수(買收)하여 예배당(禮拜堂)으로 사용
(使用)하더니 미구(未久)에 20평(二十坪) 예배당(禮拜堂)을 신건(新建)하
였고 선교사(宣敎師) 안채륜(安彩倫, [Charles Henry Pratt]), 구례인(具
禮仁, [John Curtis Crane])과 목사(牧師) 정태인(鄭泰仁)과 조사(助師)
목치숙(睦致淑) 등(等)이 계속시무(繼續視務)하니라.

　1919년(一九一九年) 기미(己未) 광주군(光州郡) 양림교회(楊林敎會)에
서 예배당(禮拜堂)을 금정(錦町)에 이전증축(移轉增築)한 후(後) 북문외(北
門外)로 교회(敎會)를 분립(分立)하였고 목사(牧師)에 남궁혁(南宮爀), 김창
국(金昶國), 장로(長老)에 김강(金剛), 황상호(黃尙鎬), 장맹섭(張孟燮) 등
(等)이 상계봉직(相繼奉職)하였다. 장성군(長城郡) 혁호리교회(革湖里敎會)
에서 김명안(金明安)을 장로(長老)로 장립(將立)하여 당회(堂會)를 조직(組
織)하였더니 기후(其後) 타처(他處)에 이거(移居)함을 인(因)하여 당회(堂
會)가 폐지(廢止)되었다. 여수군(麗水郡) 장천리교회(長泉里敎會)에서 조의
환(曹義煥), 이기홍(李基弘)을 장로(長老)로 장립(將立)하여 당회(堂會)를
조직(組織)하였고 기후(其後) 목사(牧師)에 곽우영(郭宇盈), 조의환(曹義
煥), 장로(長老)에 박경주(朴慶柱)가 봉직시무(奉職視務)하였다. 광양군(光
陽郡) 신황리교회(新黃里敎會)에서 박희원(朴禧源), 이우권(李雨權)을 장로

(長老)로 장립(將立)하여 당회(堂會)를 조직(組織)하였고 기후(其後) 목사(牧師)에 조의환(曹義煥), 조상학(趙尙學) 등(等) 시무(視務)하였다. 순천군(順天郡) 대치리교회(大峙里敎會)에서 장현중(張鉉中)을 장로(長老)로 장립(將立)하여 당회(堂會)를 조직(組織)하였고 선교사(宣敎師) 고라복(高羅福, [Robert Thornwell Coit])이 시무(視務)하였다. 영광군(靈光郡) 법성포교회(法聖浦敎會)가 설립(設立)되다. 선시(先是)에 선교사(宣敎師)의 지방전도인(地方傳道人)과 성서공회(聖書公會) 권서(勸書)가 본지(本地)에 왕래(往來)하며 복음(福音)을 전파(傳播)한 결과(結果) 수인(數人)의 신자(信者)를 얻어 청년회관(靑年會舘)을 차득(借得)하여 예배(禮拜)하다가 기후(其後)에는 김동주(金東柱) 방(方)에 회집(會集)하였다. 장흥군(長興郡) 지천교회(芝川敎會)가 설립(設立)되다. 선시(先是)에 선교사(宣敎師) 맹현리(孟顯理, [Henry D. McCallie])와 조사(助師) 김주환(金周煥)과 전도인(傳道人) 김성빈(金成彬) 등(等)의 전도(傳道)로 임기현(任基鉉), 임민수(任玟洙), 김병균(金炳均), 이장신(李長信), 김영현(金永賢), 주남기(朱南基) 등(等) 6인(六人)이 신종(信從)하여 차옥예배(借屋禮拜)하다가 120원(一百二十圓)을 연보(捐補)하여 초가(草家) 3간(三間)을 매수(買收)하여 예배당(禮拜堂)으로 사용(使用)하였고 교역(敎役)에 종사(從事)한 자(者)는 선교사(宣敎師) 조하파(趙夏播, [Joseph Hopper]), 조사(助師) 최병호(崔秉浩), 장천오(張千五), 서광조(徐光祚), 신도일(申道一) 등(等)이다. 해남군(海南郡) 예락리교회(曳洛里敎會)가 설립(設立)되다. 선시(先是)에 김인찬(金仁贊), 김권선(金權先) 등(等)이 우수영교회(右水營敎會)에 다니면서 본리(本里)에 전도(傳道)하여 신자(信者)가 점진(漸進)하매 예배당(禮拜堂)을 매수(買收)하여 회집(會集)하니[312] 교회(敎會)가 성립(成立)되었고, 선교사(宣敎師) 맹현리(孟顯理, [Henry D. McCallie])와 조사(助師) 정관빈(鄭寬彬), 조병선(趙炳善), 정관진(鄭寬珍), 정인배(鄭仁培), 손정현(孫正鉉) 등(等)이 차제시무(次第視務)하였다. 제주도(濟州島) 내도리교회(內都里敎會)가 설립(設立)되다. 선시(先是)에 전북교회(全北敎會)에서 파송(派送)한 목사(牧師) 김창국(金昶國)의 전도(傳道)로 안치덕(安致德), 박연일(朴連日)이 신종(信從)한

후(後) 상호전도(相互傳道)하여 신자(信者)가 증가(增加)되매 예배당(禮拜堂)을 신건(新建)하였고 조사(助師) 김재선(金在善)과 전도인(傳道人) 이덕운(李德運)과 목사(牧師) 이창규(李昌珪)가 계속노력(繼續努力)하였다. 고창군(高敞郡) 무장리교회(茂長里敎會)가 설립(設立)되다. 선시(先是)에 선교사(宣敎師) 도마리아(都瑪利亞, [Mary Lucy Dodson])양(孃)과 전도인(傳道人) 이도숙(李道淑) 등(等)이 전도(傳道)하여 신자(信者)가 점진(漸進)하여 교회(敎會)가 성립(成立)되었고 기후(其後) 선교사(宣敎師) 이아각(李雅各, [James I. Paisley])과 조사(助師) 배순홍(裵順洪), 김종인(金宗仁) 등(等)이 차제시무(次第視務)하였다. 순천군(順天郡) 평중리교회(平仲里敎會)가 설립(設立)되다. 선시(先是)에 김성규(金聖圭)가 믿고 전도(傳道)하여 신종자(信從者)가 다(多)하므로 이택(移宅)하여 예배(禮拜)하다가 구면사무소(旧面事務所)를 차득(借得)하여 회집(會集)하였으며 기후(其後)에 96원(九十六圓)을 연보(捐補)하여 기지(基地) 300여평(三百餘坪)과 초가(草家) 4간(四間)을 매수(買收)하여 예배당(禮拜堂)으로 사용(使用)하였다. 선교사(宣敎師) 변요한(邊約翰, [John Fairman Preston])과 조사(助師) 문보현(文寶現)이 교회(敎會)를 인도(引導)하였다. 순천군(順天郡) 마륜교회(馬輪敎會)가 월곡리교회(月谷里敎會)에서 분립(分立)되었다. 선시(先是)에 오곡리거(五谷里居) 정현례부인(丁玄禮夫人)이 매곡리(梅谷里) 선교사(宣敎師)의 부인(夫人)에게서 전도(傳道)를 듣고 믿음 후(後) 월곡리교회(月谷里敎會)에 왕래예배(往來禮拜)하면서 인리(隣里)에 전도(傳道)하였고 전도인(傳道人) 김정하(金鼎夏)가 본리(本里)에 내왕(來往)하여 자가(自家)에 집회(集會)하고 전도(傳道)하므로 박내향(朴來香), 박인열(朴仁烈), 박상열(朴尙烈), 박철수(朴哲守) 등(等)이 신종(信從)한 후(後) 박인열(朴仁烈) 가(家)에 예배처소(禮拜處所)를 정(定)하고 분립(分立)하였더니 미구(未久)에 교인(敎人)과 지방유지(地方有志)의 찬조(贊助)로 금(金) 백원(百圓)을 수합(收合)하여 가옥(家屋)을 매수(買收)하여 예배당(禮拜堂)으로 사용(使用)하였다. 광양군(光陽郡) 학동교회(鶴洞敎會)가 설립(設立)되다. 선시(先是)에 지절교회(旨節敎會) 독신자(篤信者) 구경지(具敬之)가 본리(本里)에 이주(移

住)한 후(後) 박노주(朴魯周)와 더불어 합심전도(合心傳道)하여 예배당(禮拜堂) 3간(三間)을 건축(建築)하고 수십(數十)의 교우(敎友)가 예배(禮拜)하였는데 선교사(宣敎師) 노라복(魯羅福, [Robert Knox]), 영수(領袖) 구경지(具敬之), 집사(執事) 박노주(朴魯周), 이석용(李石用)이 교회(敎會)를 인도(引導)하였다.

1920년(一九二〇年) 경신(庚申)에 광주군(光州郡) 요기리교회(堯基里敎會)에서 김응선(金應先)을 장로(長老)로 장립(將立)하여 당회(堂會)를 조직(組織)하였고 기후(其後)에 목사(牧師) 백용기(白容基)와 장로(長老) 장창화(張昌化) 등(等)이 재직(在職)하여 계속시무(繼續視務)하였다. 광주군(光州郡) 송정리교회(松汀里敎會)에서 김원숙(金元淑)을 장로(長老)로 장립(將立)하여 당회(堂會)를 조직(組織)하였고 기후(其後)에 목사(牧師) 백용기(白容基), 유내춘(柳乃春)과 장로(長老) 박춘봉(朴春奉)이 계속봉역(繼續奉役)하였다. 장성군(長城郡) 소룡리교회(小龍里敎會)에서 정도명(丁道明), 최한익(崔漢翊), 성재원(成在遠) 등(等)을 장로(長老)로 장립(將立)하여 당회(堂會)를 조직(組織)하였고, 기시(其時)에 선교사(宣敎師) 도대선(都大善, [Samuel K. Dodson])와 조사(助師) 이계수(李桂洙), 김방호(金邦昊)가 차제시무(次第視務)하였다. 영광군(靈光郡)[313] 무령교회(武靈敎會)에서 당지(當地)에 이주(移住)한 장로(長老) 오태욱(吳太郁)을 본(本) 교회장로(敎會長老)로 위임(委任)하여 당회(堂會)를 조직(組織)하였고 기후(其後) 목사(牧師)는 선교사(宣敎師) 배유지(裵裕祉, [E. Bell, 1868-1925]), 남대리(南大理, [LeRoy T. Newland]), 이아각(李雅各, [James I. Paisley])과 장로(長老) 조두현(曺斗鉉), 편진옥(片晋鈺) 등(等)이 계속시무(繼續視務)하였다. 해남군(海南郡) 원진교회(院津敎會)에서 예배당(禮拜堂)을 동창리(東昌里)로부터 재차(再次) 원진(院津)에 이설(移設)하였고, 기시(其時) 선교사(宣敎師) 맹현리(孟顯理, [Henry D. McCallie])와 조사(助師) 마서규(馬瑞奎), 김달성(金達成) 등(等)이 차제시무(次第視務)하였다. 고흥군(高興郡) 신평리교회(新平里敎會)에서 오석주(吳錫柱)를 장로(長老)로 위임(委任)하여 당회(堂會)를 조직(組織)하였고, 기후(其後) 목사(牧師)에 정태인(鄭泰

仁), 장로(長老)에 박수홍(朴秀洪)이 공직(供職)하였다. 장성군(長城郡) 두월리교회(斗月里敎會)가 설립(設立)되다. 선시(先是)에 장병식(張秉植), 장기수(張基洙) 양인(兩人)이 입석교회(立石敎會)에서 이래(移來)하여 영신교회(永信敎會)에 내왕(來往)하면서 본리(本里)에 전도(傳道)하여 신자(信者)가 점다(漸多)ㅎ게 되므로 예배당(禮拜堂)을 신건(新建)하여 교회(敎會)가 성립(成立)되고 선교사(宣敎師) 도대선(都大善, [Samuel K. Dodson])와 조사(助師) 고시중(高時仲), 박정필(朴正弼), 홍우종(洪祐鍾) 등(等)이 재직노력(在職勞力)하였다. 광주군(光州郡) 북문외교회(北門外敎會)가 금정교회(錦町敎會)에서 분리(分離)하여 별설(別設)되다. 양림교회(楊林敎會)가 예배당(禮拜堂)을 금정(錦町)에 이건(移建)함을 인(因)하여 교회(敎會)를 차(此)에 분립(分立)하였다. 장성군(長城郡) 화평리교회(華坪里敎會)가 설립(設立)되다. 선시(先是)에 권윤석(權允錫)이 청운교회(靑雲敎會)에 내왕(來往)하면서 전도(傳道)하여 김(金)상(相)규(奎), 김창중(金暢中), 김변수(金邊洙) 등(等)이 상계신종(相繼信從)하였고 당지(當地) 보통학교(普通學校) 교원(敎員) 중(中) 1인(一人)은 황해도(黃海道)에서 내우(來寓)한 신자(信者)인데 권윤석(權允錫) 등(等)과 동심협력(同心協力)하여 교회(敎會)가 설립(設立)되었고 선교사(宣敎師) 도대선(都大善, [Samuel K. Dodson])가 내도(來到)하여 김상규(金相奎) 방(方)에 예배처소(禮拜處所)를 정(定)하였다가 기후(其後)에 최윤호(崔允鎬)의 사저(私邸)에 이전(移轉)하였다. 고창군(高敞郡) 대덕리교회(大德里敎會)가 설립(設立)되었다. 선시(先是)에 선교사(宣敎師) 남대리(南大理, [LeRoy T. Newland])와 장로(長老) 오태욱(吳太郁)이 법성포(法聖浦)에서 전도(傳道)하다가 회로(回路)에 본리(本里)에 신자(信者) 1인(一人)이 유(有)하다 함을 문(聞)ㅎ고 방문시(訪問時) 동민(洞民)에게 전도(傳道)하여 신자(信者) 약간인(若干人)을 얻고 권서(勸書) 성재원(成在元)을 파송(派送)하여 인도(引導)ㅎ게 하므로 교회(敎會)가 성립(成立)되었고, 기후(其後)에 선교사(宣敎師) 이아각(李雅各, [James I. Paisley])과 영수(領袖) 나상희(羅相熙)가 시무(視務)하였다. 화순군(和順郡) 원리교회(院里敎會)가 설립(設立)되다. 선시(先是)에 선교사(宣敎師) 노라복(魯羅福,

[Robert Knox])과 도대선(都大善, [Samuel K. Dodson]), 조사(助師) 최원갑(崔元甲) 등(等)이 차제(次第)로 전도(傳道)하여 교회(敎會)를 설립(設立)하고 인도(引導)하였다. 화순군(和順郡) 백암리교회(白岩里敎會)가 설립(設立)되다. 선시(先是)에 선교사(宣敎師) 타마자(打馬字, [J. V. N. Talmage])와 전도인(傳道人) 김태진(金泰鎭)이 전도(傳道)하여 신자(信者)가 점진(漸進)하매 최병환(崔秉煥) 방(方)에 회집예배(會集禮拜)하엿으며 기후(其後) 선교사(宣敎師) 원가리(元佳里, [James K. Unger]), 배유지(裵裕祉, [E. Bell, 1868-1925]), 도대선(都大善, [Samuel K. Dodson])와 조사(助師) 김태진(金泰鎭), 이우열(李雨烈), 유기섭(劉基燮), 양윤묵(梁允默) 등(等)이 차제시무(次第視務)하였다. 무안군(務安郡) 자라리교회(紫羅里敎會)가 설립(設立)되다. 선시(先是)에 선교사(宣敎師) 맹현리(孟顯理, [Henry D. McCallie])가 조사(助師) 마서규(馬瑞奎)를 파송(派送)하여 전도(傳道)하므로 교회(敎會)가 설립(設立)되고 기후(其後)에 선교사(宣敎師) 민도마(閔道磨, [Miss T. D. Murphy])가 조사(助師) 김주환(金周煥)을 파송(派送)하여 교회(敎會)를 인도(引導)하였다. 해남군(海南郡) 의야리교회(義也里敎會)가 설립(設立)되다. 선시(先是)에[314] 선교사(宣敎師) 맹현리(孟顯理, [Henry D. McCallie])가 전도인(傳道人) 김정윤(金正允)을 파송(派送)하여 3개월간(三個月間) 전도(傳道)하므로 배창구(裵昌九), 정자성(鄭子成) 등(等)이 시신(始信)하고 조사(助師) 이경일(李敬一)이 인도(引導)함을 인(因)하여 교인(敎人) 4, 50인(四五十人)이 회집예배(會集禮拜)하였다. 진도읍교회(珍島邑敎會)가 설립(設立)되다. 선시(先是)에 본지청년(本地靑年)들이 신종(信從)하고 교회(敎會)를 설립(設立)하고 선교사(宣敎師) 맹현리(孟顯理, [Henry D. McCallie])가 전도인(傳道人)을 파송(派送)하여 협력전파(協力傳播)한 결과(結果) 60여인(六十餘人)의 신자(信者)가 남동(南洞)에 세옥(貰屋)을 차(借)하여 예배(禮拜)하다가 합심연보(合心捐補)하여 200원(二百圓)으로 8간(八間) 초가(草家)를 매수(買收)하여 예배당(禮拜堂)으로 사용(使用)하였다. 순천군(順天郡) 사룡리교회(四龍里敎會)가 설립(設立)되다. 선시(先是)에 조사(助師) 김영진(金榮鎭)의 전도(傳道)로 장상수외

(張相守外) 기인(幾人)이 믿었으나 예배(禮拜)할 장소(場所)가 무(無)한지라,
장상수(張相守)가 생활(生活)이 곤난(困難) 중(中)에 재(在)할지라도 기지
(基地) 백여평(百餘坪)과 초가(草家) 4간(四間) 약(約) 150여원(一百五十餘
圓)의 가치(價値)되는 것을 교회(敎會)에 공헌(供獻)하므로 회집(會集)ㅎ게
되었으며 선교사(宣敎師) 변요한(邊約翰, [John Fairman Preston]), 조사
(助師) 문보현(文寶現), 집사(執事) 장상수(張相守), 심원제(沈遠提) 등(等)
이 교회(敎會)를 인도(引導)하였다. 보성군(寶城郡) 벌교리교회(筏橋里敎會)
가 무만리교회(武萬里敎會)에서 분립(分立)되다. 선시(先是) 무만리교회(武
萬里敎會)가 본리(本里)에 교회(敎會)를 설립(設立)하였고 전도(傳道)에 용
력(用力)하였으나 결과(結果)를 득(得)ㅎ지 못하였더니 선교사(宣敎師) 구례
인(具禮仁, [John Curtis Crane])과 목사(牧師) 이기풍(李基豊), 정태인
(鄭泰仁) 등(等)이 무만리교회(武萬里敎會) 남녀신자(男女信者) 중(中) 전도
(傳道)에 유력자(有力者)를 탐(探)하여 전도대(傳道隊)를 조직(組織)하여 벌
교청루(筏橋靑樓)로 사용(使用)하던 빈야옥(濱野屋)을 세차(貰借)하여 1주
일간(一週日間) 대전도(大傳道)의 결과(結果)로 남녀(男女) 5, 60명(五六十
名)의 신자(信者)를 얻어 해지방(該地方) 청년회관(靑年會舘)에서 임시예배
(臨時禮拜)하다가 교우일동(敎友一同)과 무만리교회(武萬里敎會)의 주선(周
旋)으로 합력연보(合力捐補)하여 8간(八間) 초가(草家)를 매수(買收)하여 회
집예배(會集禮拜)하므로 무만리교회(武萬里敎會)에서 분립(分立)하였다. 조
필형(趙弼衡), 황자윤(黃子允), 김용국(金容國) 등(等)이 교회분립(敎會分立)
에 다대(多大)한 노력(努力)이 유(有)하였던 것이다. 고흥군(高興郡) 대덕리
교회(大德里敎會)가 주교교회(舟橋敎會)에서 분립(分立)되다. 선시(先是)에
백상래(白相來), 백형월(白炯月), 남상복(南相福), 김동영(金同榮), 양회수
(梁會洙), 남상대(南相大), 정창섭(鄭昌燮) 등(等)이 면려청년회원(勉勵靑年
會員)으로 주교교회(舟橋敎會)에 내왕예배(來往禮拜)하면서 주교교우(舟橋
敎友)들과 협동(協同)하여 본리(本里)에 전도(傳道)하여 약간(若干)의 신자
(信者)가 있으므로 초가(草家) 8간(八間)을 매수(買收)하여 예배당(禮拜堂)
을 건설(建設)하고 주교교회(舟橋敎會)에서 분립(分立)하였다. 광양군(光陽

郡) 조사리교회(鳥沙里敎會)가 설립(設立)되다. 선시(先是)에 선교사(宣敎師) 노라복(魯羅福, [Robert Knox])이 전도대(傳道隊) 박희원(朴禧源), 정자삼(丁子三), 장현중(張鉉中) 등(等)을 파송(派送)하여 복음(福音)을 전파(傳播)할 때 최아현(崔雅鉉)이 문도량신(聞道輛信)하고 선즉전도(旋卽傳道)하므로 신자(信者)가 다기(多起)하였더니 기후(其後)에 최아현(崔雅鉉)이 점락(漸落)하고 교회(敎會)가 부진(不振)하므로 선교사(宣敎師) 노라복(魯羅福, [Robert Knox])이 조사(助師) 박희원(朴禧源)을 파송거주(派送居住)하여 시무(視務)케 하였다. 광양군(光陽郡) 대인도교회(大仁島敎會)가 설립(設立)하다. 선시(先是)에 이영국(李榮國)은 본도(本島)의 노인(老人)인데 전도인(傳道人)에게 문도(聞道)하고 신심(信心)이 발생(發生)하여 비단(非但) 자기(自己)[315]만 믿을 뿐 아니라 타인(他人)에게 즉시(卽時) 전도(傳道)하였고 신황리교인(新黃里敎人) 등(等)의 내조(來助)와 조사(助師) 서병준(徐丙準)의 2년간(二年間) 시무(視務)로 교회(敎會)가 성립(成立)되었다. 독신(篤信)하는 과부임씨(寡婦林氏)는 자기(自己)의 3간(三間) 가옥(家屋)을 예배당(禮拜堂)으로 공헌(供獻)하였으며 선교사(宣敎師) 노라복(魯羅福, [Robert Knox])과 집사(執事) 정충헌(鄭忠憲), 정시운(鄭時運) 등(等)이 교회(敎會)를 인도(引導)하였다. 광양군(光陽郡) 금호도교회(金湖島敎會)가 설립(設立)되다. 선시(先是)에 김성수(金性洙), 강학천(姜學千) 등(等)이 대인교회(大仁敎會) 조사(助師) 서병준(徐丙準)에게 전도(傳道)를 듣고 있을 때 강학천(姜學千)은 삼부자(三父子)의 가춘(家春)이 거개입교(擧皆入敎)하여 자기(自己)의 저택(邸宅)에서 예배(禮拜)하다가 미구(未久)에 해가옥(該家屋)을 전부(全部) 예배당(禮拜堂)으로 공헌(供獻)하였으며 선교사(宣敎師)에 노라복(魯羅福, [Robert Knox]), 집사(執事)에 강학천(姜學千)이 교회(敎會)를 인도(引導)하였다.

1921년(一九二一年) 신유(辛酉) 장성군(長城郡) 율곡리교회(栗谷里敎會)는 변창연(邊昌淵)이 타처(他處)에 이거(移居)함으로 인(因)하여 당회(堂會)가 폐지(廢止)되었다. 나주군(羅州郡) 내산교회(內山敎會)에서 정순모(鄭順模)를 장로(長老)로 위임(委任)하여 당회(堂會)가 조직(組織)되었다.

제주도(濟州島) 금성리교회(錦城里敎會)에는 전북노회(全北老會)에서 파송(派送)한 전도목사(傳道牧師) 김창국(金昶國)이 내왕시무(來往視務)하였다. 광주군(光州郡) 월성리교회(月城里敎會)에서 구경모(具敬模)를 장로(長老)로 장립(將立)하여 위회(委會)를 조직(組織)하였다. 광양군(光陽郡) 웅동리(熊洞里), 섬거리(蟾居里), 지랑리(旨郎里), 원당리(元堂里), 황죽리(黃竹里), 지계리(智溪里) 등(等) 6교회(六敎會)에서 연합(聯合)하여 조의환(曺義煥)을 목사(牧師)로 청빙(請聘)하여 시무(視務)하게 하였다. 여주군(麗州郡) 복흥리교회(福興里敎會)가 설립(設立)되다. 선시(先是)에 선교사(宣敎師) 남대리(南大理, [LeRoy T. Newland])와 조사(助師) 강사흥(姜士興), 김현수(金鉉洙), 김종인(金宗仁), 이도숙(李道淑), 김판대(金判大)의 전도(傳道)로 교회(敎會)가 설립(設立)되고 영수(領袖) 오창언(吳昌彦), 김내성(金乃聲) 등(等)이 교회(敎會)를 인도(引導)하였다. 영광군(靈光郡) 지양리교회(池陽里敎會)가 설립(設立)되다. 선시(先是)에 본리거(本里居) 조우형(趙愚衡)이 광주병원(光州病院)에 입원(入院)하였을 때 전도(傳道)를 듣고 믿은 후(後)에 귀가(歸家)하여 자가(自家) 1동(一棟)을 예배당(禮拜堂)으로 공헌(供獻)하고 열심(熱心)히 전도(傳道)하여 교회(敎會)가 성립(成立)되었고 선교사(宣敎師) 남대리(南大理, [LeRoy T. Newland]), 이아각(李雅各, [James I. Paisley])과 조사(助師) 이도숙(李道淑), 김종인(金宗仁) 등(等)이 시무(視務)하였다. 순창군(淳昌郡) 발산리교회(鉢山里敎會)가 설립(設立)되다. 선시(先是)에 고창거(高敞居), 김경호(金京鎬)가 당지(當地) 처가(妻家)에 내(來)하였다가 전도(傳道)하여 송판종가족(宋判宗家族)과 추병환(秋秉煥)이 믿고 송판종(宋判鍾) 가(家)에 회집예배(會集禮拜)하였고, 선교사(宣敎師) 도대선(都大善, [Samuel K. Dodson])과 김경서(金景瑞)가 교인(敎人)들과 열성(熱誠)으로 전도(傳道)하여 가옥(家屋)을 매수(買收)하여 예배당(禮拜堂)으로 사용(使用)하였다. 무안군(務安郡) 복길리교회(卜吉里敎會)가 설립(設立)되다. 선시(先是)에 본리인(本里人) 이채(李采)가 경성유학(京城遊學) 시(時)에 믿고 종교교회(宗橋敎會)에서 세례(洗禮)를 받고 귀가시(歸家時) 전도(傳道)하므로 신자(信者)가 다기(多起)하여 30여인(三十餘人)이 회집예배(會集禮拜)하여 합심연보(合心捐補)하여 6간(六間) 가옥(家屋)을 매수(買收)하여 예배당(禮拜堂)을 사용(使用)하더니 미구(未久)에 협착(狹窄)하여 2간(二間)을 증축(增築)하였고, 선교사(宣敎師) 유서백(柳瑞伯, [J. S. Nisbet]), 민도마(閔道磨, [Miss T. D. Murphy])와 조사(助師) 강익수(姜益洙)가 인도(引導)하였다. 화순군(和順郡) 학천리교회(鶴川里敎會)가 설립(設立)되다. 선(先)[316]시(是)에 선교사(宣敎師) 노라복(魯羅福, [Robert Knox])과 조사(助師) 최원갑(崔元甲)이 전도(傳道)하여 설립(設立)되었다. 보성군(寶城郡) 장동교회(長洞敎會)가 설립(設立)되다. 선시(先是)에 전도인(傳道人) 박락현(朴洛鉉)의 전도자(傳道者)를 얻었고 교회(敎會)가 핍박(逼迫) 중(中)에서 성립(成立)되었다. 제주도(濟州島) 용수리교회(龍水里敎會)가 설립(設立)되다. 선시(先是)에 전남노회(全南老會)에서 파송(派送)한 목사(牧師) 윤식명(尹植明)의 전도(傳道)로 이명춘(李明春), 이봉춘(李逢春)의 양(兩) 가족(家族)과 김기평(金基坪), 홍성칠(洪成七) 등(等)이 신종(信從)하여 이봉춘(李逢春)은 예배당(禮拜堂) 기지(基地) 60평(六十坪)을 기부(寄附)하고 교인(敎人)은 60여일(六十餘日)을 연보(捐補)하여 예배당(禮拜堂)을 신건(新建)하였고, 기후(其後)에는 목사(牧師) 이경필(李敬弼), 영수(領袖) 이명춘(李明春)이 전도(傳道)하여 인도(引導)하였다. 여수군(麗水郡) 서교회(西敎會)가 설립(設立)되다. 선시(先是)에 주영수(朱英洙)의 전도(傳道)로 천사언외(千士彥外) 기인(幾人)이 믿고 예배당(禮拜堂)을 건축(建築)할 때 신불신(信不信)의 연금(捐金)이 195원(壹百九十五圓)이 되다. 선교사(宣敎師) 변요한(邊約翰, [John Fairman Preston])과 조사(助師) 주영숙(朱英淑)이 교회(敎會)를 인도(引導)하였다. 여수군(麗水郡) 봉전리교회(鳳田里敎會)가 설립(設立)되다. 선시(先是)에 김영진(金榮鎭), 주영숙(朱英淑) 등(等)이 전도(傳道)로 교회(敎會)가 설립(設立)될 때 강민수(姜敏秀)가 각(各) 방면(方面)으로 노력(努力)하였고, 예배(禮拜)할 처소(處所)가 없이 고경(苦境)에 있다가 열심연보(熱心捐補)하여 초가(草家) 3간(三間)을 매수(買收)하여 예배당(禮拜堂)으로 사용(使用)하였고 선교사(宣敎師) 변요한(邊約翰, [John Fairman Preston])과 조사(助師) 주영

숙(朱英淑)이 시무(視務)하였다. 보성군(寶城郡) 칠동교회(七洞敎會)가 설
립(設立)되다. 선시(先是)에 선교사(宣敎師) 구례인(具禮仁, [John Curtis
Crane])이 조사(助師) 지원근(池元根)을 본리(本里)에 파송(派送)하여 복음
(福音)을 전(傳)함에 최기춘(崔基春), 조학송(趙學松), 이용근(李容根) 등
(等)이 신종(信從)하여 해지서당(該地書堂)을 임시예배처소(臨時禮拜處所)
로 사용(使用)하다가 초가(草家) 8간(八間)의 예배당(禮拜堂)을 건축(建築)
하였다. 고흥군(高興郡) 관리교회(官里敎會)가 설립(設立)되다. 선시(先是)
에 선교사(宣敎師) 안채륜(安彩倫, [Charles Henry Pratt])과 조사(助師)
정태인(鄭泰仁), 목치숙(睦致淑) 등(等)이 가가(家家)에 개인전도(個人傳道)
할새 본리인(本里人) 박창규(朴敞奎)가 신종(信從)하고, 기외(其外) 수인(數
人)의 신자(信者)가 축기(蹴起)하여 교회(敎會)가 성립(成立)되고 선교사
(宣敎師) 구례인(具禮仁, [John Curtis Crane]), 조사(助師) 이형숙(李亨淑)
이 교회(敎會)를 인도(引導)하여 점익발전(漸益發展)되어[었]다. 고흥군(高
興郡) 내발리교회(內鉢里敎會)가 설립(設立)되었[다]. 선시(先是)에 선교사
(宣敎師) 구례인(具禮仁, [John Curtis Crane])과 조사(助師) 오석주(吳錫
柱), 목치숙(睦致淑) 등(等)이 본리(本里)에 다일(多日) 전도(傳道)한 결과
(結果) 수개인(數個人)에 신종(信從)하므로 고흥읍교회(高興邑敎會)에서 매
월(每月) 1일(一日) 예배(禮拜)를 담임인도(擔任引導)하였고, 기후(其後)에
는 전도인(傳道人) 김석하(金錫夏)와 지방교역자(地方敎役者)들이 출연(出
捐)하여 6간(六間) 초가(草家)를 매수(買收)하여 예배당(禮拜堂)으로 사용
(使用)하였고, 이형숙(李亨淑)이 조사(助師)로 시무(視務)하였다. 고흥군(高
興郡) 동정리교회(東亭里敎會)가 신평리교회(新平里敎會)에서 분립(分立)
하다. 선시(先是)에 본리거(本里居) 김치곤(金致坤), 정익원(鄭益元), 최자
신(崔子信), 최관숙(崔寬淑) 등(等)이 믿고 신정리교회(新井里敎會)로 다니
더니 시년(是年)에 선교사(宣敎師) 구례인(具禮仁, [John Curtis Crane])과
조사(助師) 오석주(吳錫柱)가 내조전도(來助傳道)하여 6간(六間) 예배당(禮
拜堂)을 건축(建築)하고 분립(分立)하였다. 광양군(光陽郡) 원당리교회(元
堂里敎會)가 설립(設立)되다. 선시(先是)에 선교사(宣敎師) 노라복(魯羅福,

[Robert Knox])과 정자삼(丁子三), 정영호(鄭永浩), 박희원(朴禧源) 등(等)이 본리(本里)에 내도(來到)하여 전도(傳道)한 결과(結果)로 이보석(李輔錫) 급(及) 기자제(其姉弟) 보홍(輔洪),[317] 장상순(張相淳) 등(等)이 신종(信從)하여 이보석(李輔錫) 방(方)에서 반년간(半年間) 예배(禮拜)하다가 교인(敎人)들이 합심연보(合心捐補)하여 4간(四間) 예배당(禮拜堂)을 신건(新建)하였고 기후(其後)에는 조의환(曺義煥), 조상학(趙尙學)이 목사(牧師)로 시무(視務)하였다. 광양군(光陽郡) 광포리교회(廣浦里敎會)가 설립(設立)되다. 선시(先是)에 순천(順天) 선교사(宣敎師)와 동행(同行) 3, 4신자(三四信者)가 내도(來到)하여 복음(福音)을 전(傳)하고서 한태현외(韓太鉉外) 기인(其人)이 신종(信從)하여 정운만(鄭運萬) 가(家)에서 1년간(一年間) 집회(集會)하고 있는 중(中) 이양권(李兩權)이 내왕(來往)하며 인도(引導)하였고, 사숙목사(私塾牧師) 김성봉(金性奉)이 열심교수(熱心敎授)하여 교회(敎會)에 막대(莫大)한 유익(有益)이 되었으며, 선교사(宣敎師) 노라복(魯羅福, [Robert Knox])과 집사(執事) 정운회(鄭運會), 한대현(韓大鉉)이 교회(敎會)를 위(爲)하여 노력(勞力)하였다.

1922년(一九二二年) 임술(壬戌) 진도군(珍島郡) 분토리교회(粉土里敎會)는 장로(長老)가 휴직(休職)됨을 인(因)하여 당회(堂會)가 폐지(廢止)되었으며, 기(其) 후에는 선교사(宣敎師) 맹현리(孟顯理, [Henry D. McCallie])와 조사(助師) 최병수(崔秉洙)가 시무(視務)하였다. 장성군읍교회(長城郡邑敎會)가 선교사(宣敎師)와 불합(不合)할 일이 생겨 신도(信徒)가 타락(墮落)되며 학교(學校)가 폐지(廢止)되었더니 선교사(宣敎師) 도대선(都大善, [Samuel K. Dodson]), 조사(助師) 고시중(高時仲)이 열성(熱誠)을 다하여 권면(勸勉)하여 광주(光州)에서 이주(移住)한 문태원(文泰元)이 협동노력(協同努力)한 결과(結果) 교회(敎會)가 다시 진흥(振興)되었다. 담양읍교회(潭陽邑敎會)에서 강사홍(姜士興), 문남선(文南先), 허화준(許華俊), 송흥진(宋興眞) 등(等)을 장로(長老)로 장립(將立) 당회(堂會)를 조직(組織)하였다. 광주군(光州郡) 금당리교회(金唐里敎會)가 고시중(高時仲)을 장로(長老)로 장립(將立)하여 당회(堂會)를 조직(組織)하였고, 기후(其後)

선교사(宣敎師) 도대선(都大善, [Samuel K. Dodson])과 조사(助師) 변창
연(邊昌淵), 박정필(朴正弼), 홍우종(洪祐鍾) 등(等)이 차제시무(次第視務)
하였다. 제주도(濟州島) 세화리교회(細花里敎會)에서 본리인(本里人) 최문
환(崔文煥)이 신종(信從)하고, 금(金) 60원(六十圓)으로 3간(三間)의 초가
(草家)를 매수(買收)하여 예배당(禮拜堂)으로 기부(寄附)하니 차시(此時)로
부터 예배당(禮拜堂)을 본리(本里)에 이전(移轉)하여 세화리교회(細花里敎
會)라 칭(稱)하게 되었으며, 목사(牧師) 이경필(李敬弼)과 영수(領袖) 부상
규(夫尙奎)가 전도(傳道)하여 교회(敎會)를 위(爲)하여 노력(勞力)하였다.
제주도(濟州島) 부재리교회(扶才里敎會)가 설립(設立)되다. 선시(先是)에
모슬포(慕瑟浦) 신자(信者) 최정숙(崔正淑)이 이도종(李道宗)을 전도인(傳
道人)으로 파송(派送)하였고, 전남노회(全南老會)에서 파송(派送)한 목사
(牧師) 이경필(李敬弼)이 광주(光州) 봉선리교회(鳳仙里敎會)에서 파송(派
送)한 전도인(傳道人) 원용혁(元容爀)과 광주(光州) 부인전도회(婦人傳道
會)에서 파송(派送)한 김씨경신(金氏敬信)과 협동전도(協同傳道)하여 교회
(敎會)가 성립(成立)되었다. 광주군(光州郡) 향사리교회(鄕社里敎會)가 북
문외교회(北門外敎會)에서 분립(分立)하다. 지리상(地理上) 형편(形便)과
거리(距離)의 관계(關係)로 집합(集合)의 편익(便益)을 위(爲)하여 분립(分
立)하게 되었고 당시(當時)에는 목사(牧師) 유내춘(柳乃春)이 봉직시무(奉
職視務)하였고, 기후(其後) 목사(牧師) 김영식(金英植)과 영수(領袖) 최석현
(崔錫玄)이 교회(敎會)를 인도(引導)하였다. 광주군(光州郡) 내방리교회(內
坊里敎會)가 북문외교회(北門外敎會)에서 분립(分立)되다. 선시(先是)에 내
방리거(內坊里居) 이춘삼(李春三), 이춘화형제(李春化兄弟)가 믿고 북문외
교회(北門外敎會)에 내왕예배(來往禮拜)하더니 선교사(宣敎師) 서로득(徐
路得, [M. L. Swinehart])이 김기석(金基錫)으로 주일학교(主日學校)를
설(設)[318]립(立)하고 인도(引導)ᄒ게 하매 신자(信者)가 점다(漸多)하여
교회(敎會)를 분립(分立)하게 되었고, 목사(牧師) 유내춘(柳乃春)과 선교사
(宣敎師) 남대리(南大理, [LeRoy T. Newland]), 영수(領袖) 이춘삼(李春
三)이 교회(敎會)를 인도(引導)하였다. 장성군(長城郡) 역전교회(驛前敎會)

가 설립(設立)되다. 선시(先是)에 목사(牧師) 백용기(白容基)가 전도(傳道)하여 남녀(男女) 수십인(數十人)의 신자(信者)를 얻어 자택(自宅)에서 예배당(禮拜堂)을 정(定)하고 예배(禮拜)하더니 교회(敎會)에 분쟁(紛爭)이 발작(發作)하여 1년간(一年間) 폐지(廢止)되었다가 목사(牧師) 이영희(李英熙)와 선교사(宣敎師) 도대선(都大善, [Samuel K. Dodson])이 동사(同事)로 전도(傳道)에 노력(努力)한 결과(結果) 교회(敎會)가 초진(稍振)되었고, 기후(其後)에 조사(助師) 고시중(高時仲)이 교회(敎會)를 인도(引導)하였다. 제주도(濟州島) 두모리교회(頭毛里敎會)가 설립(設立)되다. 선시(先是)에 전남노회(全南老會)에서 파송(派送)한 목사(牧師) 윤식명(尹植明)이 전도인(傳道人) 원용혁(元容爀), 김진배(金珍培), 김진성(金振聲) 등(等)으로 전도(傳道)하여 양중향부인(梁重鄉夫人)과 양인규(梁仁奎), 양의규(梁義奎), 고태행(高泰行) 등(等)이 믿고 동년(同年)에 초가(草家) 2동(二棟)의 5간(五間) 예배당(禮拜堂)을 건축(建築)하였으며 기후(其後) 목사(牧師) 이경필(李敬弼)과 영수(領袖) 고봉행(高奉行)이 전도(傳道)하여 교회(敎會)를 인도(引導)하였다. 해남군(海南郡) 연당리교회(蓮塘里敎會)가 설립(設立)되다. 선시(先是)에 본리거(本里居) 조영환(曺永煥)이 대구지방(大邱地方)에 방황(彷徨)하다가 복음(福音)을 듣고 믿은 후(後) 환향(還鄉)하여 유년주일학교(幼年主日學校)를 설립(設立)할새 경비부족(經費不足)으로 인장조각(印章彫刻)과 이발(理髮) 등(等)으로 수입(收入)된 금액(金額)을 가지고 무산아동(無產兒童)의 학자(學資)를 공급(供給)하고 주교(主校)의 경비(經費)를 보충(補充)하며 가정(家庭)과 관인(官人)의 핍박(逼迫)이 자심(滋甚)하나 소불고념(少不顧念)하고 강태행(姜泰行) 방(房)에 남녀아동(男女兒童) 40여인(四十餘人)을 모집교수(募集敎授)하며 열심전도(熱心傳道)하니 신자(信者)가 다기(多起)한 중(中) 기석현(奇錫炫), 김진성(金珍聲), 윤판길(尹判吉), 임홍진(林洪珍), 정사팔(鄭士八), 박경진(朴京珍) 등(等)이 신종(信從)하여 교회(敎會)가 성립(成立)되었고, 선교사(宣敎師) 맹현리(孟顯理, [Henry D. McCallie])와 조사(助師) 정관진(鄭寬珍)이 교회(敎會)를 인도(引導)하였으며 기후(其後)에 교회(敎會)가 퇴보(退步)하였다가 박옥츄(朴玉

秋), 서병열(徐丙烈), 박봉현(朴奉鉉), 김태룡(金泰龍) 등(等)이 상계신종(相繼信從)하므로 교인(敎人)이 합심연보(合心捐補)하여 97원(九十七圓)으로 예배당(禮拜堂)을 건축(建築)하였고, 조사(助師) 정관진(鄭寬珍), 마서규(馬瑞奎), 김정윤(金正允) 등(等)이 차제(次第)로 시무(視務)하였다. 강진군(康津郡) 만덕리교회(萬德里敎會)가 설립(設立)되다. 선시(先是)에 김두찬(金斗贊)이 신주(信主)하고 벽화동(碧花洞)과 선장리(船長里) 양처교회(兩處敎會)로 내왕예배(來往禮拜)하며 본리(本里)에 전도(傳道)하여 신자(信者)가 증가(增加)되매 3간(三間) 예배당(禮拜堂)을 건축(建築)하여 교회(敎會)가 설립(設立)된 후(後) 선교사(宣敎師) 유서백(柳瑞伯, [J. S. Nisbet]), 조하파(趙夏播, [Joseph Hopper])와 조사(助師) 오채규(吳采奎), 신도일(申道一) 등(等)이 교회(敎會)를 인도(引導)하여 전도(傳道)에 종사(從事)하였다.

나주군(羅州郡) 등수리교회(等樹里敎會)가 설립(設立)되다. 선시(先是)에 서관서(徐官西)가 과리교회(菓里敎會)로 다니다가 본리(本里)에 신자(信者)가 증가(增加)되매 따라 예배당(禮拜堂)을 신건(新建)하고 집합예배(集合禮拜)하니 교회(敎會)가 성립(成立)되었고 선교사(宣敎師) 남대진[리](南大珍[理]), 배유지(裵裕祉, [E. Bell, 1868-1925])와 조사(助師) 김정순(金貞淳), 이계수(李桂洙) 등(等)이 상계시무(相繼視務)하였다.

제주도(濟州島) 성읍리교회(城邑里敎會)가 설립(設立)하다. 선시(先是)에 목사(牧師) 이기풍(李基豊)과 전도인(傳道人) 김홍련(金弘連), 이득방(李得芳)의 전도(傳道)로 정학석(鄭鶴錫), 이학인(李鶴仁), 강홍(康弘)[319]보(甫), 강광은(康光恩), 김보배(金寶培), 강남서(康南瑞), 양범수(梁範洙), 유삼룡(劉三龍), 천씨아나(千氏亞拿) 등(等)이 신종(信從)하여 천씨아나(千氏亞拿)은 초가(草家) 6간(六間)을 공헌(供獻)하므로 기도회(祈禱會)를 시작(始作)하였으며, 시년(是年)에 교우(敎友)가 출연(出捐)하여 15간(十五間) 예배당(禮拜堂)을 증축(增築)하였으며, 황해노회(黃海老會)에서 파송(派送)한 전도목사(傳道牧師) 임정찬(林貞燦)이 전도사업(傳道事業)에 다년간(多年間) 노력(勞力)하였다.

제주도(濟州島) 법환리교회(法還里敎會)가 설립(設立)되다. 선시(先是)

에 목사(牧師) 이기풍(李基豊)이 전도(傳道)하였으며 기후(其後)에 전남노회(全南老會)에서 파송(派送)한 목사(牧師) 윤식명(尹植明)이 김진성(金振聲), 원용혁(元容爀), 김씨나홍(金氏拿鴻), 천씨아나(千氏亞拿)로 협력전도(協力傳道)하여 신자(信者)가 점가(漸加)하므로 교회(敎會)가 완성(完成)하였고 특(特)히 포와(布蛙)에 기우(寄寓)한 본도인(本島人) 강한준(姜漢俊)이 전도인(傳道人)을 세워 전도(傳道)하므로 교회(敎會)가 더욱 발전(發展)되었으며, 본리(本里) 신씨매선(申氏梅先) 가(家)에 집합(集合)하더니 시년(是年)에 강한준(姜漢俊)의 기송금(寄送金) 325원(三百二十五圓)으로 82평(八十二坪)의 기지(基地)와 2동(二棟) 6간(六間)의 초가(草家)를 매수(買收)하여 예배당(禮拜堂)으로 사용(使用)하였고, 목사(牧師) 이경필(李敬弼)과 영수(領袖) 강운석(康云石)이 교회(敎會)를 인도(引導)하였다.

광주군(光州郡) 비아리교회(飛鴉里敎會)가 설립(設立)되다. 선시(先是)에 조사(助師) 고시중(高時仲)의 전도(傳道)로 약간(略干)의 신자(信者)를 얻어 계리(桂里) 유병식(劉炳植) 가(家)에 집회(集會)하다가 본리(本里)에 예배당(禮拜堂)을 건축(建築)하고 이전집회(移轉集會)하니 교회(敎會)가 완성(完成)되었고, 선교사(宣敎師) 도대선(都大善, [Samuel K. Dodson])과 조사(助師) 박정필(朴正弼)이 시무(視務)하였다.

광주군(光州郡) 금곡리교회(金谷里敎會)가 설립(設立)되다. 선시(先是)에 선교사(宣敎師) 타마자(打馬字, [J. V. N. Talmage])와 조사(助師) 이주상(李周庠)과 전도인(傳道人) 정씨라선(鄭氏羅仙) 등(等)의 전도(傳道)로 신자(信者)가 점진(漸進)하여 교회(敎會)가 시성(始成)되었고, 장로(長老)에 변창연(邊昌淵)이 이주(移住)하여 교회(敎會)를 인도(引導)하였다.

고흥군(高興郡) 송천리교회(松川里敎會)가 주교교회(舟橋敎會)에서 분립(分立)하다. 선시(先是)에 유(油)둔교회(敎會) 신자(信者) 황순명(黃順明)이 자기(自己)의 종형(從兄) 의순(義順)에게 전도(傳道)하여 주교교회(舟橋敎會)에 내왕(來往)하면서 예배(禮拜)하더니 시년(是年)에 유(油)둔, 주교(舟橋) 양교회(兩敎會)에서 합력전도(合力傳道)의 결과(結果) 신자(信者)가 증가(增加)하여 초가(草家) 8간(八間)의 예배당(禮拜堂)을 건축(建築)하고

분립(分立)하였으며, 선교사(宣敎師) 구례인(具禮仁, [John Curtis Crane])
와 조사(助師) 정기신(鄭基信)이 교회(敎會)를 인도(引導)하였다.

고흥군(高興郡) 화전리교회(花田里敎會)가 화덕교회(火德敎會)에서 분
립(分立)하다. 선시(先是)에 주교교회(舟橋敎會) 신자(信者) 박홍준(朴鴻俊)
의 전도(傳道)로 강사문(姜士文), 김봉조(金鳳祚), 김병조(金秉祚), 박재일
(朴在日), 김채수(金彩洙) 등(等)이 신종(信從)하고 화덕리교회(火德里敎會)
에 내왕예배(來往禮拜)하더니 선교사(宣敎師) 구례인(具禮仁, [John Curtis
Crane])가 조사(助師) 파송내조(派送來助)하므로 신자(信者)가 다수(多數)
증가(增加)하여 초가(草家) 8간(八間) 예배당(禮拜堂)을 건축(建築)하고 분
립(分立)하였으며, 조사(助師) 정기신(鄭基信)이 시무(視務)하였다.[320]

고흥군(高興郡) 천등리교회(天燈里敎會)가 설립(設立)되다. 선시(先是)
에 선교사(宣敎師) 안채륜(安彩倫, [Charles Henry Pratt])과 조사(助師)
오석주(吳錫柱), 목치숙(睦致淑) 등(等)이 본리(本里)에 내도(來到)하여 당
지(當地) 서당(書堂)을 임시전도소(臨時傳道所)로 정(定)하고 천여명식(千
餘名式) 집회전도(集會傳道)한 결과(結果) 다인(多人)의 신자(信者)를 얻었
고, 금산(錦山) 신평교회(新平敎會)에서 매주일(每週日) 내조(來助)하였으
나 미구(未久)에 집회(集會)가 폐지(廢止)되었더니 1921년(一九二一年)에
이장우(李張雨), 유중환(柳仲桓) 등(等)이 신주(信主)하고 고흥읍교회(高興
邑敎會)에 내왕(來往)하면서 본리(本里)에 열심전도(熱心傳道)하므로 김사
윤(金士允), 김용수(金龍洙)가 상계신종(相繼信從)하여 김용수(金龍洙) 가
(家)에서 예배(禮拜)하였는데 교우(敎友)가 합심연보(合心捐補)하여 82원
50전(八十二圓五十錢)으로 예배당(禮拜堂) 12평(十二坪)을 건축(建築)하였
고, 선교사(宣敎師) 구례인(具禮仁, [John Curtis Crane])과 목사(牧師) 오
석주(吳錫柱)가 동사(同事)로 시무(視務)하였다.

보성군(寶城郡) 조성교회(鳥城敎會)가 설립(設立)되다. 선시(先是)에 선
교사(宣敎師) 구례인(具禮仁, [John Curtis Crane]), 조사(助師) 황보익(黃
保翌), 목치숙(睦致淑), 한익수(韓翊洙)와 전도인(傳道人) 신성일(申性日) 등
(等)이 본리(本里)에 내도(來到)하여 전도(傳道)하므로 수십인(數十人)이 신

종(信從)하더니 미구(未久)에 거개(擧皆) 타락(墮落)하고 박남수(朴南洙)만 견신분투(堅信奮鬪)하더니 지방교역자(地方敎役者)의 내조(來助)와 교우(敎友)의 열성(熱誠)으로 8간(八間) 예배당(禮拜堂)을 건축(建築)하였고, 조사(助師) 정기신(鄭基信), 목치숙(睦致淑) 등(等)이 차제(次第)로 시무(視務)하였다.

1923년(一九二三年) 계해(癸亥) 광주군(光州郡) 중흥리교회(中興里敎會)는 시년위시(是年爲始)하여 북문외교회(北門外敎會)와 연합(聯合)하여 목사(牧師) 최영택(崔榮澤), 이수현(李守鉉)의 치리(治理)를 받았고, 장로(長老) 최병준(崔丙俊)이 조사(助師)로 시무(視務)하였다.

제주도(濟州島) 금성리교회(錦城里敎會)에 전북노회(全北老會)에서 파송(派送)한 목사(牧師) 이창규(李昌珪)가 내왕전도(來往傳道)할새 이덕년(李德年)은 영수(領袖)로, 이규황(李奎黃), 김도원(金道源)은 집사(執事)로 시무(視務)하였다.

영광군(靈光郡) 법성포교회(法聖浦敎會)는 예배당(禮拜堂)을 신건(新建)하였고, 선교사(宣敎師) 남대리(南大理, [LeRoy T. Newland]), 이아각(李雅各, [James I. Paisley])과 전도인(傳道人) 김판대(金判大), 노성빈(盧聖彬), 편종옥(片鍾鈺), 김양보(金良寶) 등(等)이 계속전도(繼續傳道)하며 교회(敎會)를 인도(引導)하였다. 보성군(寶城郡) 반석리교회(盤石里敎會)가 설립(設立)되다. 선시(先是)에 선교사(宣敎師) 타마자(打馬字, [J. V. N. Talmage])와 조사(助師) 박락현(朴洛鉉)이 전도(傳道)하여 신자(信者)가 점가(漸加)하여 80원(八十圓)을 연보(捐補)하여 예배당(禮拜堂)을 건축(建築)하였다.

나주군(羅州郡) 송촌교회(松村敎會)가 설립(設立)되다. 선시(先是)에 선교사(宣敎師) 남대리(南大理, [LeRoy T. Newland])가 조사(助師) 손장욱(孫章旭), 유윤호(劉倫灝) 등(等)을 파송전도(派送傳道)하여 교회(敎會)가 설립(設立)되었고 기후(其後)에 선교사(宣敎師) 민도마(閔道磨, [Miss T. D. Murphy])와 조사(助師) 박화윤(朴化允)이 계속시무(繼續視務)하였다.

영암군(靈岩郡) 용산리교회(龍山里敎會)가 설립(設立)되다. 선시(先是)

에 조사(助師) 조명선(趙明善)의 전도(傳道)로 오중삼외(吳仲三外) 수인(數人)이 신종(信從)하고 상호전도(相互傳道)하므로 교회(敎會)가 [321] 설립(設立)되었으며, 선교사(宣敎師) 조하퍼(趙夏播, [Joseph Hopper])와 조사(助師) 김정관(金正寬)이 교회(敎會)를 인도(引導)하였다.

제주도(濟州島) 고산리교회(高山里敎會)가 설립(設立)되다. 선시(先是)에 용수리(龍水里) 김기평(金基坪)이 본리(本里)에 복음(福音)을 선파(宣播)하였고, 광주양화상(光州洋靴商) 박재하(朴宰夏)가 1년간(一年間) 김진배(金珍培)를 파송전도(派送傳道) 후(後) 목사(牧師) 윤식명(尹植明)과 전도인(傳道人) 원용혁(元容爀), 김씨신경(金氏信敬)이 계속전도(繼續傳道)하여 신자(信者)가 초진(稍進)하여 강명수(康鳴洙) 가(家)에 기도회(祈禱會)로 회집(會集)하더니 시년(是年) 추(秋)에 추씨산옥(秋氏山玉)이 기지(基地)와 초가(草家) 3간(三間)을 금(金) 290원(二百九十圓)에 매수(買收)하여 교회(敎會)에 기부(寄附)하여 예배당(禮拜堂)으로 사용(使用)하였고, 기후(其後)에 목사(牧師) 이경필(李敬弼)이 교회(敎會)를 인도(引導)하였다.

함평군(咸平郡) 가덕리교회(加德里敎會)가 설립(設立)되다. 선시(先是)에 여도(女徒) 김씨(金氏)가 향교리교회(鄕校里敎會)에 내왕(來往)하면서 본리(本里)에 전도(傳道)하여 김봉관(金奉寬), 양회덕(梁回德) 등(等)이 신종(信從)하였고, 조사(助師) 서성일(徐成一)의 전도(傳道)로 양해성(梁海成), 임란수(任蘭秀) 등(等)이 상계신종(相繼信從)하여 용성리교회(龍城里敎會)에 내왕(來往)하다가 교인(敎人) 등(等)이 합심연보(合心捐補)하여 가옥(家屋)을 매수(買收)하여 예배당(禮拜堂)으로 사용(使用)하게 되었고 선교사(宣敎師) 유서백(柳瑞伯, [J. S. Nisbet]), 민도마(閔道麿, [Miss T. D. Murphy])가 차제(次第)로 교회(敎會)를 인도(引導)하였다.

3. 전도(三, 傳道)

1917년(一九一七年) 정사(丁巳)에 본(本) 노회(老會)가 분립(分立)된 후

(後) 전라노회(全羅老會)에서 전관(專管)하던 제주전도사업(濟州傳道事業)을 분(分)하여 본(本) 노회(老會)는 산남지(山南地)에 모슬포(慕瑟浦)를 중심(中心)으로 하고 목사(牧師) 윤식명(尹植明), 이경필(李敬弼)을 계속파송(繼續派送)하여 전도(傳道)하므로 교회(敎會)를 설립(設立)하였고, 순천노회(順天老會)가 분립(分立)한 후(後)로 연합전도국(聯合傳道局)을 치(置)하여 유지진행(維支進行) 중(中)이었다.

1918년(一九一八年) 무오(戊午) 광주군(光州郡) 봉선리교회(鳳仙里敎會)에서 원용혁(元容爀)을 제주(濟州)에 파송(派送)하여 5년간(五年間) 전도(傳道)ㅎ게 하고 기후(其後)에는 김재진(金在眞)을 파송(派送)하여 계속 전도(繼續傳道)하였다.

1919년(一九一九年) 기미(己未) 광주군(光州郡) 양림교회(楊林敎會)에서는 청년전도회(靑年傳道會)를 조직(組織)하여 전도사업(傳道事業)에 활동(活動)하였다.

1922년(一九二二年) 임술(壬戌) 함평군(咸平郡) 내교리교회(內橋里敎會)에서는 여전도회(女傳道會)를 조직(組織)하여 전도인(傳道人)을 세워 전도(傳道)에 종사(從事)하였다.

1923년(一九二三年) 계해(癸亥) 제주도(濟州島) 모슬포교회(慕瑟浦敎會)에서 부인전도회(婦人傳道會)를 조직(組織)하고 순번(順番)을 따라 교체(交替)하여 열성전도(熱誠傳道)하므로 부인(婦人)[322]야학(夜學)까지 설립(設立)되었다.

4. 환난(四, 患難)

1918년(一九一八年) 무오(戊午) 9월(九月) 2일(二日)에 제주도(濟州島) 법환리교회(法還里敎會)에서 전도(傳道)에 종사(從事)하는 목사(牧師) 윤식명(尹植明)이 원용혁(元容爀), 김진성(金振聲), 김씨나홍(金氏拿鴻), 천씨아나(千氏亞拿)로 더불어 본리(本里)에 전도(傳道)하러 나오는 도중(道中)에 다수(多數)한 태을교도(太乙敎道)가 방포일성(放鉋一聲)에 석(石)으로 매장(埋葬)하자는 소리를 지르며 각기(各其) 목봉(木棒)으로 무수(無數)히 난타(亂打)하니 김진성(金振聲)은 다행(多幸)히 피신(避身)하여 중문리(中文里) 천제연(天帝淵) 수중(水中)에 들어가서 재석구명(載石救命)하였고 김나홍(金拿鴻, 천아나(千亞拿)는 1, 2차(一二次) 목봉(木棒)을 받고 피신(避身)하였으며, 윤식명(尹植明), 원용혁(元容爀) 양인(兩人)은 중상(重傷)하여 혼도(昏倒)하니 상처(傷處)가 분열(分裂)되어 선혈(鮮血)이 임탄(淋灘)한지라 중문리(中文里) 주재소(駐在所) 경관(警官)과 면직원일동(面職員一同)이 야중(夜中)에 현장(現場)에 내도(來到)하여 양인(兩人)을 담성(擔成)하며 서귀포(西歸浦) 소천의원(小川醫院)에 입원(入院)하여 1개월간(一個月間) 치료(治療) 후(後)에 간신히 기동(起動)ᄒ게 되어 모슬포(慕瑟浦)로 내(來)하는 선중(船中)에서 목포수비대(木浦守備隊)에게 체포(逮捕)되어 압거(押去) 중(中)에 있는 태을교도(太乙敎徒) 68명(六十八名)을 봉착(逢着)ᄒ게 되매 윤(尹), 원(元) 양인(兩人)은 자기(自己)의 고통(苦痛) 중(中)이었음에도 불구(不拘)하고 ○○절절(切切)히 해교도(該敎徒)에게 대(對)하여 전도(傳道)하니 해교도(該敎徒) 중(中) 전일(前日) 자기(自己)의 난폭(亂暴)한 행동(行動)을 각오(覺悟)하고 감동(感動)되어 낙루(落淚)하는 자(者)도 있었으며 이를 목격(目擊)한 순사(巡査) 박덕우(朴德佑)는 믿기로 작정(作定)하였다. 기후(其後)에 치료(治療)가 불완전(不完全)하므로 목포병원(木浦病院)에 내(來)하여 완치(完治)되었으나 결국(結局) 윤식명(尹植明)은 우완(右腕)이 병신(病身)되고 원용혁(元容爀)은 두골(頭骨)이 병신(病身)되어 항시(恒時) 불인(不仁)ᄒ게 되니 그는 제주(濟州)에 교회(敎會) 설립(設立)된 후(後) 초유핍박(初有逼迫)이었다.

1919년(一九一九年) 기미(己未) 화순군(和順郡) 칠정리교회(漆井里敎會)[동(同) 복읍교회(福邑敎會)]에서는 3·1운동(三一運動) 사건(事件)으로 교회(敎會)가 3년간(三年間) 대핍박(大逼迫)을 받았다가 기후(其後) 다시 흥왕(興旺)ᄒ게 되었고 장성군(長城郡) 소룡리교회(小龍里敎會)도 기운동(其運動)으로 인(因)하여 송두일(宋斗日), 조병권(曺秉權) 등(等)이 수감(收

監)되었으므로 환난핍박(患難逼迫)이 자심(滋甚)하였다.

    1921년(一九二一年) 경신(庚申) 장성군(長城郡) 영신교회(永信教會)에서는 신자(信者)가 500여명(五百餘名)에 달(達)하더니 울산(蔚山) 김학규(金學圭) 3형제(三兄弟)의 핍박(逼迫)을 인(因)하여 400여인(四百餘人)이 타락(墮落)하였다.[323]

5. 교육(五, 教育)

    1918년(一九一八年) 무오(戊午) 완도군(莞島郡) 관산교회(冠山教會)에서는 남녀학생(男女學生)을 예배당(禮拜堂)에서 교수(教授)하더니 교실(教室)을 건축(建築)하고 학교(學校)를 확장(擴張)하였다. 무안군(務安郡) 성암교회(星岩教會)에서 남녀소학교(男女小學校)를 설립(設立)하여 교회(教會)에 유익(有益)됨이 불소(不少)하였다.

    광주군(光州郡) 요기리교회(堯基里教會)에서 여도(女徒) 선신애(宣信愛)가 학교건축(學校建築)에 대(對)하여 다대(多大)한 금전(金錢)과 전(田) 3두락(三斗落)을 기부(寄附)하였다.

    1920년(一九二〇年) 경신(庚申) 함평군(咸平郡) 용성리교회(龍城里教會)에서 소학교(小學校)를 설립(設立)하여 교회(教會)에 다대(多大)한 유익(有益)이 있었다. 순창군(淳昌郡) 금성리교회(金城里教會)에서는 종래(從來) 경영(經營)하던 학교(學校)를 일신확장(一新擴張)하여 기독영흥학교(基督永興學校)라 칭(稱)하고 박대권(朴大權), 손귀남(孫貴男), 이영휴(李永休) 등(等)이 교수(教授)하므로 교회(教會)를 찬익(贊益)하였다.

    1921년(一九二一年) 신유(辛酉) 순창군(淳昌郡) 읍내교회(邑內教會)에서는 여자야학(女子夜學)을 경영(經營)하다가 신명여자의숙(信明女子義塾)으로 변경(變更)하여 방영숙(方英淑)이 교수(教授)에 노력(努力)하므로 점차(漸次) 발전(發展)되었다.

    나주군(羅州郡) 방산리교회(芳山里教會)에서는 경영(經營)하던 학교

(學校)에 교사(校舍)를 신건(新建)하고 여자부(女子部)를 신모(新募)하여 남녀학교(男女學校)를 유지(維支)하였다.

장흥군(長興郡) 지천리교회(芝川里敎會)에서는 소학교(小學校)를 설립(設立)하여 다대(多大)한 유익(有益)이 있었다.

여수군(麗水郡) 봉전교회(鳳田敎會)에서 사숙(私塾)을 설립(設立)하고, 순천군(順天郡) 신평리교회(新坪里敎會)에서는 남녀사숙(男女私塾)을 설립(設立)하고, 고흥군(高興郡) 관리교회(官里敎會)에서는 여자사숙(女子私塾)을 설립(設立)하여 다수(多數)의 학생(學生)을 교육(敎育)하므로 교회(敎會)에 막대(莫大)한 보익(補益)이 되었다.

증년(曾年)에 폐지(廢止)되었던 순천군(順天郡) 매산학교(梅山學校)가 다시 시년(是年)에 개교(開校)ㅎ게 되매 남녀학생(男女學生)이 다수(多數) 응모(應募)하여 영재(英才)를 교육(敎育)하므로 교회발전(敎會發展)에 막대(莫大)한 효과(効果)를 여(與)하였다.

1922년(一九二二年) 임술(壬戌)에 광주군(光州郡) 향사리교회(鄕社里敎會)에서는 주일학교(主日學校)를 기초(基礎)로 하여 배영학교(培英學校)가 설립(設立)되어 교실(校室)을 신건(新建)하고 다수(多數)의 학생(學生)을 교육(敎育)하였으며, 담양군(潭陽郡) 읍교회(邑敎會)에서는 광덕학교(光德學校)를 설립(設立)하여 남녀(男女) 80여명식(八十餘名式) 교수(敎授)하고 무안군(務安郡) 복길리교회(卜吉里敎會)[324]에서는 소학(小學)을 설(設)하여 교회전도(敎會傳道)에 다대(多大)한 조익(助翊)이 되었다.

6. 진흥(六, 振興)

1918년(一九一八年) 무오(戊午)에 나주군(羅州郡) 대안리교회(大安里敎會)에서는 6간(六間) 예배당(禮拜堂)을 증축(增築)하고 기후(其後) 180원(壹百八十圓)으로 종각(鐘閣)을 건축(建築)하였으[며,] 순창군(淳昌郡) 반월리교회(半月里敎會)에서는 선교사(宣敎師) 도대선(都大善, [Samuel K.

Dodson])의 진성공직(眞誠供職)으로 교회(敎會)가 진흥(振興)되고 소아(小兒) 신창윤(申昌允)의 신앙(信仰)의 기초(基礎)와 모본(模本)되[어] 교회(敎會)가 더욱 발전(發展)되었다.

　1919년(一九一九年) 기미(己未)에 광양읍교회(光陽邑敎會)에서는 조사(助師) 조상학(趙尙學)이 내왕(來往)하여 교회(敎會)를 인도(引導)할새 교우(敎友)가 점차(漸次) 진흥(振興)하여 성황(盛況)[을] 정(呈)하였으며, 기후(其後) 교사(敎師) 오석주(吳錫柱)가 시무(視務)할새 교인(敎人)이 천여원(千餘圓)을 연보(捐補)하여 반양제(半洋製) 22평(二十二坪)의 예배당(禮拜堂)을 건축(建築)하고 선교사(宣敎師) 고라복(高羅福, [Robert Thornwell Coit])은 300원(三百圓)을 연보(捐補)하여 교역자(敎役者)의 사택(舍宅) 5간(五間)을 건축(建築)하였다.

　고흥군(高興郡) 주교교회(舟橋敎會)에서는 신도(信徒)가 증가(增加)하여 200여명(二百餘名)이 집합(集合)ᄒ게 되므로 8간(八間)의 예배당(禮拜堂)을 건축(建築)하였고, 화덕(火德), 송천(松川), 화전(花田) 등(等) 3처(三處) 교회(敎會)로 분립(分立)되었다.

　1920년(一九二〇年) 경신(庚申) 영광군(靈光郡) 무령교회(武靈敎會)에서는 1,800여원(一千八百餘圓)을 연보(捐補)하여 연와제(鍊瓦製) 12간반(十二間半)의 예배당(禮拜堂)을 신축(新築)하였고, 동군(同郡) 서문정교회(西門町敎會)에서는 6간(六間)의 예배당(禮拜堂)을 증축(增築)하였으며, 광주군(光州郡) 북문외교회(北門外敎會)에서는 1,000여원(一千餘圓)을 연보(捐補)하여 와가(瓦家) 36간(三十六間) 예배당(禮拜堂)을 신건(新建)하였고, 기후(其後)에 천여원(千餘圓)으로 반양제(半洋製) 18간(十八間)을 증축(增築)하였다.

　1921년(一九二一年) 신유(辛酉) 장성군(長城郡) 월평교회(月坪敎會)에서는 비신자(非信者) 김주환(金胄煥)의 방해(妨害)로 교회(敎會)가 분요(紛撓)하다가 시년(是年)에 교회(敎會)가 진흥(振興)되어 백여인(百餘人)에 달(達)하였다.

　1922년(一九二二年) 임술(壬戌)에 광주군(光州郡) 봉선리교회(鳳仙里

敎會)에서는 목사(牧師) 김익두(金益斗)를 논요(論邀)하여 부흥사경(復興査
經) 중(中)에 600여명(六百餘名)의 신자(信者)가 대감동(大感動)을 받아 결
심자(決心者)가 70여인(七十餘人)이고, 교역자(敎役者)를 위(爲)하여 백여
원(百餘圓)을 연보(捐補)하였다. 담양읍교회(潭陽邑敎會)에서는 교회(敎會)
가 발전(發展)되어 백(百)[325]여인(餘人)의 신자(信者)가 연보(捐補)한
500여원(五百餘圓)과 선교사(宣敎師) 타마자(打馬子, [J. V. Talmage])의
연보(捐補)로 반양제(半洋製) 2층(二層) 36평(三十六坪)의 예배당(禮拜堂)
을 건축(建築)하였다.

고흥읍교회(高興邑敎會)에서는 목사(牧師) 김익두(金益斗)를 청(請)하
여 1주간(一週間) 부흥회(復興會)를 진행(進行)하는 중(中) 박용섭(朴容燮)
은 목재(木材) 1,000원(一千圓)의 가치(價値)되는 것과 신서구(申瑞求)는 현
금(現金) 천원(千圓)과 오중구(吳仲九), 정태인(鄭泰仁), 오석주(吳錫柱) 등
(等)은 금(金) 100원식(一百圓式)과 기타(其他) 교인(敎人)의 성심연보(誠
心捐補)로 옥하리(玉下里)에 와가(瓦家) 30평(三十坪)의 예배당(禮拜堂)을
건축(建築)하였다.

여수군(麗水郡) 우학리교회(牛鶴里敎會)에서는 안규봉(安圭鳳)이 답
(畓) 1두락(一斗落)은 교회(敎會), 답(畓) 2두락(二斗落)은 교육기본금(敎育
基本金)으로 납부(納付)하고 기부인(其夫人)은 거액(巨額)의 종(鐘) 1개(一
個)를 기부(寄付)하였으며, 종래(從來) 동민(洞民)들이 설립(設立)한 동계
(洞契)에 신자(信者)들이 관계(關係)되는 부분(部分)을 취환(取還)하여 교
회(敎會)에 부속(附屬)ㅎ게 하였는데 답(畓) 1두 5승락(一斗五升落), 전(田)
1석락(一石落), 산림(山林) 만여평(萬餘坪), 학교(學校) 교실(校室) 4간내
(四間乃) 기부지(其敷地) 등(等)이었다.

순천군(順天郡) 월곡교회(月谷敎會)에서는 조동식(趙東軾)이 130원(一
百三十圓)을 출연(出捐)하여 예배당(禮拜堂) 8간(八間)을 건축(建築)하였
다.

1923년(一九二三年) 계해(癸亥)에 제주도(濟州島) 부재리교회(扶才里
敎會)에서는 270원(二百七十圓)을 연보(捐補)하여 예배당(禮拜堂)을 건축

(建築)하였고, 동도(同島) 중문리교회(中文里敎會)에서는 임씨수가(林氏守家)는 예배당기지(禮拜堂基地) 90평(九十坪)을 기부(寄附)하므로 8간(八間)의 예배당(禮拜堂)을 건축(建築)하였고, 강진군(康津郡) 서산교회(瑞山敎會)는 교회설립(敎會設立) 후(後)로 점차(漸次) 발전(發展)되어 50호(五十戶) 동리내(洞里內)에 40호(四十戶)가 믿었는데 김성칠(金成七)은 시계(時計) 1개(一個), 김영근(金永根)은 2개년 간(二個年間) 조사(助師)의 식비(食費)를 담당(擔當)하고, 한동준(韓東俊)은 소유토지(所有土地) 7두락(七斗落) 중(中) 2두락(二斗落)을 교회(敎會)에 기부(寄附)하였다.

광주군(光州郡) 중흥리교회(中興里敎會)에서는 16간(十六間) 함석제(製)의 예배당(禮拜堂)을 건축(建築)하고 말기(末幾)에 8간(八間)을 증축(增築)하였다. 제주도(濟州島) 성내교회(城內敎會)에서는 반양제(半洋製) 52평(五十二坪)의 예배당(禮拜堂)을 신건축(新建築)하였다.

7. 이단(七, 異端)

1918년(一九一八年) 무오(戊午) 광주군(光州郡) 송정리교회(松汀里敎會)에서 양년간(兩年間) 이단(異端)의 교파(敎派)가 침입(侵入)하여 교회(敎會)에 다수(多數)한 해독(害毒)을 주었다.

1923년(一九二三年) 계해(癸亥)에 장성군(長城郡) 월평교회(月坪敎會)에서는 조선야소교자치교(朝鮮耶蘇敎自治敎)라는 명칭(名稱)과 집사교(執事敎)라는 것이 백용기(白容基), 정선진(鄭善珍), 손(孫)[326]동선(東鮮) 등(等)의 주창(主唱)으로 발생(發生)되어 당시(當時) 부근일대(附近一帶)의 교회(敎會)를 요란(擾亂)ᄒᆞ게 하고 교인(敎人) 정판성외(丁判成外) 부인(婦人) 2명(二名)이 배교(背敎)하였더니 말기(末幾)에 자치주창(自治主唱)들이 오해(誤解)를 각오(覺悟)하고 노회(老會)에 자복(自服)하므로 자연(自然)히 해산(解散)되었고, 무안군(務安郡) 남성리교회(南城里敎會)에서는 안식교(安息敎)로 인(因)하여 집사(執事) 정경선(鄭敬善)이 배교(背敎)하였으며,

강진군(康津郡) 서산리교회(瑞山里敎會)에서도 안식교인(安息敎人)의 유혹(誘惑)으로 기인(幾人)의 신자(信者)가 타락(墮落)되어 교회(敎會)가 일시(一時) 분요(紛擾)하였다.[327]

제 14장
함남노회(咸南老會)

1919년 기미에 [함남] 명천군 수서동교회와 이원군 신흥리교회가 전토(田土), 삼림(森林), 기지(基地) 등사(等事)로 무한한 곤란을 당하였으나 순(順)히 승리하였다. 이원군 곡구교회와 장문리교회와 송당리교회 등에 조선(祖先)의 신주(信主) 소화(燒火) 등사(等事) 장례부동속(葬禮不同俗)의 위반으로 인리친척(隣里親戚)의 박해군축(迫害窘逐)과 곤경을 당하고 교회도 타격을 수함이 종종 유하니 인내와 은유로 승리하다.

함남노회, 조선예수교장로회사기 하

1. 총론(一, 總論)

(1) 노회설립(一, 老會設立)

1918년(一九一八年) 무오(戊午) 3월(三月) 27일(二十七日)에 함남노회(咸南老會)가 창립(刱立)하다. 선시(先是)에 함경노회(咸鏡老會)가 남북(南北)으로 분립(分立)하기를 총회(總會)에 청원(請願)이더니 허락(許諾)을 득(得)한지라. 지시(至是)하여 조직장(組織長) 이두섭(李斗涉)의 인도(引導)로 함흥군(咸興郡) 신창리예배당(新昌里禮拜堂)에 조직회(組織會)를 회집

(會集)하여 본(本) 노회(老會)의 창립(刱立)을 선언(宣言)하다.

동년(同年) 월(月) 18일(十八日)에 함남노회(咸南老會) 제 1회(第一回)가 동장소(同場所)에 회집(會集)하니 회원(會員)은 선교사(宣敎師) 6인(六人), 목사(牧師) 5인(五人), 장로(長老) 7인(七人)이었다.

(2) 노회의안(二, 老會議案)

사무분담위원(事務分擔委員)을 선정(選定)하니 정사(定事), 재정(財政), 총계(總計), 학무(學務), 헌의(獻議), 전도(傳道), 규칙(規則), 신학(神學), 준시(準試), 절차(節次) 등(等)이었다. 해삼위교회형편(海蔘威敎會形便)은 단체(團體)가 변경(變更)함으로 인(因)하여 종교상(宗敎上) 자유(自由)가 유(有)하여 전도(傳道)의 문(門)의 광개(廣開)함을 해시찰(該視察)의 보고(報告)가 유(有)하다. 신창리교회(新倉里敎會)에 전계은을 선교사(宣敎師) 마구례(馬具禮, [D. M. McRae])와 동사목사(同事牧師)로 임명(任命)하다. 전도사업(傳道事業)은 해삼위(海蔘威)에 박정찬목사(朴貞燦牧師)로 파송(派送)하다. 시년(是年)에 신학생(神學生) 취교자(就校者)는 김택서(金擇瑞), 김(金)형숙, 김(金)종규 제군(諸君)이었다.

동년(同年) 3월(三月) 31일(三十一日)에 함남노회(咸南老會)가 신창리예배당(新昌里禮拜堂)에 임시(臨時)로 회집(會集)하여 목사(牧師)의 위임식(委任式)을 거행(擧行)하다.

동년(同年) 8월(八月) 24일(二十四日)에 함남노회(咸南老會) 제 2회(第二回)가 원산부(元山府) 상동예배당(上洞禮拜堂)에 회집(會集)하니 회원(會員)은 선교사(宣敎師) 4인(四人), 목사(牧師) 4인(四人), 장로(長老) 18인(十八人)이었다. 신임원(新任員)은 회장(會長) 구례선(具禮善, [R. G. Grierson]), 서기(書記) 김광표(金光票), 회계(會計) 영재형(榮在馨, [Lither Lisgar Young])이었다. 시찰지경(視察地境)은 원산(元山), 함흥(咸興), 성진(城津)을 3구(三區)로 분(分)하여 교회사정(敎會事情)을 주찰(周察)ᄒ게 하다. 신학생(神學生) 취교자(就校者)는 이(李)순영, 조제민(趙濟民), 김(金)

거성, 김(金)리현, 이(李)종남, 이동백(李東伯), 김광표(金光票),[328] 박명석(朴明錫), 김중석(金仲錫), 배영근(裵永根), 장경규, 김(金)형숙, 김(金)종규 범12인(凡十二人)이었다. 해삼위(海蔘威) 전도지방형편(傳道地方形便)의 보고(報告)를 위(爲)하여 희랍교인(希臘敎人)이 점점(漸漸) 귀래(歸來)하는 자(者) 다(多)하며 최관흘(崔寬屹)도 회개(悔改)한 증거(證據)가 유(有)하고 단(但) 불행(不幸)한 사(事)는 박(朴)치형군(君)이 적당(賊黨)에게 피살(被殺)되었다. 신학준사(神學準士) 오문근(吳文根), 김현찬(金賢贊)을 안수(按手)하여 목사(牧師)로 임명(任命)하다. 최관흘목사(崔寬屹牧師)의 참회(懺悔)하는 서신(書信)에 대(對)하여 위로(慰勞)의 답장(答狀)을 선송(繕送)하다. 목사(牧師)의 이동(移動)이 유(有)하니 길주(吉州), 명천지방(明川地方)에 이(李)두섭을 전도목사(傳道牧師)로, 원산부(元山府) 상동교회(上洞敎會)에 김영제(金永濟)를 위임목사(委任牧師)로, 북간도(北間島) 용정(龍井)에 박례헌(朴禮憲)을 동사목사(同事牧師)로, 정평(定平) 남구역(南區域) 3교회(三敎會)에 오문근(吳文根)을 동사목사(同事牧師)로 임명(任命)하다. 전도사업(傳道事業)은 해삼위(海蔘威)에 박찬목사(朴燦牧師)를 계속파송(繼續派送)하다.

1919년(一九一九年) 기미(己未) 9월(九月) 17일(十七日)에 함남노회(咸南老會) 제 3회(第三回)가 신창리예배당(新昌里禮拜堂)에 회집(會集)하니 회원(會員)은 선교사(宣敎師) 4인(四人), 목사(牧師) 4인(四人), 장로(長老) 14인(十四人)이러라. 신임원(新任員)은 회장(會長) 김영제(金永濟), 서기(書記) 김광표(金光票), 회계(會計) 업아력(鄴亞力, [A. F. Robb])이었다. 조선독립만세사건(朝鮮獨立萬歲事件)으로 전국교회(全國敎會)가 환난(患難)을 당(當)한 중(中) 함남(咸南) 교역자(敎役者) 급(及) 남녀신도(男女信徒)가 혹(或) 구금(拘禁), 혹(或) 처역(處役), 혹(或) 피살(被殺)되어 노회회집(老會會集)에도 곤란(困難)이 막심(莫甚)하였다. 장로(長老) 김창(金昌)보를 정평교회(定平敎會)에서 목사(牧師)로 장립원(將立願)은 총회(總會)에 헌의(獻議)하게 하다. 선교사(宣敎師)의 시무지경(視務地境)을 구분(區分)하니 자안십지정평(自安辻至定平) 업아력(鄴亞力, [A. F. Robb]), 자함흥서

북지장진(自咸興西北至長津) 도률림, 자함흥북편지풍산(自咸興北便至豊山) 마구례(馬具禮, [D. M. McRae]), 자성진남편지이원(自城津南便至利原) 노아력[A. Russell Ross], 자성진북편지명천(自城津北便至明川) 부록도 (富祿道, [Samuel J. Proctor])이더라. 이원군교회(利原郡敎會)에서 박창영(朴昌英)을 동사목사(同事牧師)로 임명(任命)하다. 시년(是年)에 신학생(神學生) 취교자(就校者)는 김택서(金澤瑞), 이정화(李正華), 김(金)한용, 이(李)영수, 안(安)상필, 이동백(李東伯) 범6인(凡六人)이었다. 전도사업(傳道事業)은 해삼위(海蔘威) 전도목사(傳道牧師) 박정찬(朴貞燦)의 사면원(辭免願)은 허락(許諾)하고, 본(本) 사무국(事務局)에 위임(委任)하여 전도(傳道)의 방책(方策)을 강구실행(講究實行)하게 하다.

1920년(一九二〇年) 경신(庚申) 8월(八月) 25일(二十五日) 함남노회(咸南老會) 제 4회(第四回)가 홍원읍(洪原邑) 주의면(面) 도정리예배당(里禮拜堂)에 집회(集會)하니 회원(會員)은 선교사(宣敎師) 2인(二人), 목사(牧師) 9인(九人), 장로(長老) 22인(二十二人)이었다. 신임원(新任員)은 회장(會長) 한선칠(韓先七), 서기(書記) 김광표(金光票), 회계(會計) 업아력(鄴亞力, [A. F. Robb])이었다. 장로(長老)의 직(職)을 신임자(新任者)는 해삼위(海蔘威) 신한촌교회(新韓村敎會)에 손(孫)영보, 김(金)윤선, 채(蔡)성하 제군(諸君)이었다. 신학생(神學生) 취교자(就校者)는 엄치상(嚴致相), 이(李)순영, 김중석(金仲錫), 김광표(金光票), 조병진, 배영근(裵永根), 장(張)경규, 김(金)정현, 김(金)종규, 김택서(金澤瑞), 안(安)상필, 강운학, 이(李)연숙, 방(方)수익, 김(金)학수, 강귀찬, 김(金)이두, 김(金)[329]신근, 김(金)형숙, 이(李)인섭, 이(李)인점 범21인(凡二十一人)이었다. 해삼위(海蔘威) 전도목사(傳道牧師) 김현찬(金賢贊)이 해지교회(該地敎會)의 환난(患難)과 신앙(信仰)과 희망(希望)이 유(有)함을 보고(報告)하다. 신학준사(神學準士) 박명석(朴明錫)을 안수(按手)하여 목사(牧師)로 임명(任命)하고, 이정화(李正華)를 시취(試取)하여 강도사(講道師)로 승인(承認)하다. 전도사업(傳道事業)은 함북노회(咸北老會)와 합동경영(合同經營)을 정지(停止)하고 해삼위(海蔘威)에 계속전도(繼續傳道)하기 위(爲)하여 당석(當席)에서 329원(三百二十九圓)

을 의연(義捐)하다. 박창영(朴昌英), 이두섭목사(李斗涉牧師)의 사면원(辭免願)은 허락(許諾)하다. 박창영(朴昌英)을 단천교회(端川敎會) 동사목사(同事牧師)로 허락(許諾)하다. 선교사구역(宣敎師區域)은 원산(元山), 함흥(咸興), 성진(城津)을 3구(三區)로 정(定)하고 각각(各各) 분계시무(分界視務)하였다.

1919년(一九一九年) 11월(十一月) 23일(二十三日)에 함남노회(咸南老會)가 신창리예배당(新昌里禮拜堂)에 별노회(別老會)로 회집(會集)하여 총회(總會)에 허락(許諾)을 득(得)한 김(金)창보를 목사(牧師)로 장립(將立)하고, 동년(同年) 24일(二十四日)에 정평군(定平郡) 작동예배당(禮拜堂)에 계속회집(繼續會集)하여 김(金)창보목사(牧師)의 위임식(委任式)을 거행(擧行)하다.

1921년(一九二一年) 신유(辛酉) 9월(九月) 1일(一日)에 함남노회(咸南老會) 제 5회(第五回)가 신창리예배당(新昌里禮拜堂)에 회집(會集)하니 회원(會員)은 선교사(宣敎師) 6인(六人), 목사(牧師) 8인(八人), 장로(長老) 25인(二十五人)이었다. 신임원(新任員)은 회장(會長) 박창영(朴昌英), 서기(書記) 엄치상(嚴致相), 회계(會計) 영재형(榮在馨, [Lither Lisgar Young])이었다. 장로(長老)의 직(職)을 신임자(新任者)는 안과(安过)에 이(李)귀찬, 원산(元山)에 최경모(崔景模), 이(李)순영 제군(諸君)이었다. 박창영목사(朴昌英牧師)를 차호교회(遮湖敎會)로 전임(轉任)하고, 김(金)창보목사(牧師)는 정평교회시무(定平敎會視務)를 사면(辭免)하다. 성진구역(城津區域)을 함북(咸北)에 합부(合付)하기 위(爲)하여 총회(總會)에 청원(請願)하게 하다. 신학생(神學生) 취교자(就校者) 김제서(金濟瑞), 안(安)상필, 이(李)영순 제군(諸君)이더라. 전도사업(傳道事業)은 해삼위(海蔘威) 급(及) 만서 등지(等地)에 목사(牧師) 급(及) 전도인(傳道人)을 파송(派送)하다. 조선독립사건(朝鮮獨立事件)으로 교회직원(敎會職員) 급(及) 남녀신도(男女信徒), 학교교사(學校敎師) 급(及) 학생(學生)이 혹(或) 출감(出監)하였으나 복역(服役) 구금자(拘禁者) 상다(尙多)하였다.

1920년(一九二〇年) 12월(十二月) 26일(二十六日)에 함남별노회(咸南

別老會)가 함흥군(咸興郡) 중하리예배당(中荷里禮拜堂)에 회집(會集)하여 신학준사(神學準士) 김광표(金光票), 김중석(金仲錫)을 안수(按手)하여 김광표(金光票)는 중하리교회(中荷里敎會) 동사목사(同事牧師)로, 김중석(金仲錫)은 신창리교회(新昌里敎會) 동사목사(同事牧師)로 임명(任命)하다.

    1922년(一九二二年) 임술(壬戌) 3월(三月) 29일(二十九日)에 함남노회(咸南老會) 제 6회(第六回)가 원산부(元山府) 광석예배당(廣石禮拜堂)에 회집(會集)하니 회원(會員)은 선교사(宣敎師) 3인(三人), 목사(牧師) 5인(五人), 장로(長老) 10인(十人)이었다. 신임원(新任員)은 회장(會長)에 김광표(金光票), 서기(書記) 엄치상(嚴致相), 회계(會計) 영재형(榮在馨, [Lither Lisgar Young])이었다. 신학준사(神學準士) 엄치상(嚴致相)을 안수(按手)하여 안과(安过) 합당교회(敎會) 동사목사(同事牧師)로 임명(任命)하고, 취임식거행(就任式擧行)할 위원(委員)을 선정(選定)하다. 영생학교실(永生學校室) 소화(燒火)의 재해(災害)를 원조(援助)하기 위(爲)하여 [330] 5월(五月) 제 1차주일(第一次主日) 각 교회(敎會)가 연보(捐補)하게 하다. 안과읍교회(安过邑敎會) 장로(長老) 김(金)경연, 김(金)지현은 치리상(治理上) 불미(不美)로 인(因)하여 면직(免職)하였다.

    동년(同年) 8월(八月) 12일(十二日) 함남노회(咸南老會) 제 9회(第九回)가 신창리예배당(新昌里禮拜堂)에 회집(會集)하니 회원(會員)은 선교사(宣敎師) 3인(三人), 목사(牧師) 3인(三人), 장로(長老) 19인(十九人)이었다. 신임원(新任員)은 회장(會長) 김중석(金仲錫), 서기(書記) 모학복, 회계(會計) 한(韓)영호이었다. 시년(是年)에 신학교(神學校) 취학자(就學者)는 김(金)학수, 강봉기, 김(金)상인, 차(車)용운, 홍순국(洪淳國), 이(李)순영 범6인(凡六人)이었다. 김관식목사(金觀植牧師)는 카나다장로회(長老會) 전도부(傳道部)의 조사(助師)를 수(受)하여 미주신학교(美洲神學校)에 유학(留學)하기 허락(許諾)하다. 미순회 경영(經營)하던 고등학교(高等學校)를 함흥(咸興)에 위치(位置)를 정(定)하다. 선교사구역(宣敎師區域)을 분정(分定)하니 원산남북(元山南北)에 매도날(梅道捺, [D. A. MacDonald]), 함흥북편(咸興北便)에 마구례(馬具禮, [D. M. McRae]), 함흥서편(咸興西便)에 도율림

(都栗林, [Donald W. MacDonald]), 함흥남편(咸興南便)에 업아력(鄴亞力, [A. F. Robb])을 각각(各各) 당회장(堂會長)의 권리(權利)를 여(與)하여 시무(視務)하다. 전도사업(傳道事業)은 전도대(傳道隊)를 조직(組織)하여 부활주일연보(復活主日捐補)로 연합전도(連合傳道)에 용력(用力)하게 하다.

1923년(一九二三年) 계해(癸亥) 8월(八月) 15일(十五日)에 함남노회(咸南老會) 제 8회(第八回)가 정평군(定平郡) 춘루면(面) 판춘예배당(禮拜堂)에 회집(會集)하니 회원(會員)은 선교사(宣敎師) 2인(二人), 목사(牧師) 5인(五人), 장로(長老) 24인(二十四人)이었다. 신임원(新任員)은 회장(會長) 김영제(金永濟), 서기(書記) 이(李)순영, 회계(會計) 최(崔)영학이었다. 목사(牧師)의 이동(移動)이 유(有)하니 전계은은 문천지방(文川地方) 3교회(三敎會) 목사(牧師)로, 오문(吳文)근은 정평읍교회(定平邑敎會) 독목사(獨牧師)로 임명(任命)하다. 신학생(神學生) 취교자(就校者)는 김(金)종규, 장(張)경규, 김(金)재황, 박(朴)원측 제군(諸君)이었다. 이순기(李舜基)를 신학교(神學校) 주일학교강습생(主日學校講習生)으로 선정(選定)하다. 장로(長老)의 직(職)을 신임자(新任者)는 신창리(新昌里)에 이순기(李舜基), 조병건, 간도에 이(李)도재, 함흥남북지경(咸興南北地境)에 김용(金容)흡, 노은리(里)에 이(李)숭호, 북청읍(北靑邑)에 김(金)순현, 안곡(安谷)에 이(李)석풍, 광석동(廣石洞)에 서(徐)창균 범8인(凡八人)이었다. 엄치상목사(嚴致相牧師)의 사직청원(辭職請願)을 허락(許諾)하다. 해삼지방(海蔘地方) 전도(傳道)하는 이정화목사(李正華牧師)와 권승경조사(權昇經助師)의 전도성적(傳道成績)이 양호(良好)하다.

1924년(一九二四年) 갑자(甲子) 6월(六月) 17일(十七日)에 함남노회(咸南老會) 제 9회(第九回)가 정평읍(定平邑) 남산현예배당(南山峴禮拜堂)에 회집(會集)하니 회원(會員)은 선교사(宣敎師) 4인(四人), 목사(牧師) 7인(七人), 장로(長老) 25인(二十五人)이었다. 신임원(新任員)은 회장(會長) 김광표(金光票), 서기(書記) 이순당(李舜堂), 회계(會計) 홍(洪)저진이었다. 전도사업(傳道事業)은 부활주일연보(復活主日捐補)로 해삼위(海蔘威) 전도목사(傳道牧師)를 계속(繼續)하고 12월(十二月) 말(末) 차주일(次主日)에 각각

(各各) 교회(敎會)가 각(各) 지방(地方)에서 전도(傳道)에 전력(專力)하게 하다. 장로(長老)의 직(職)을 신임자(新任者)는 광석동(廣石洞)에 김(金)지현, 박(朴)윤조, 이(李)가순, 이(李)종명외(外) 석교(石橋)에 박(朴)유빈, 적지에 정(鄭)기순, 영흥읍(永興邑)에 정기(鄭基)조, 아양리(亞陽里)에 김(金)[331]태유, 원풍리(元豊里)에 이(李)연숙, 사회리(司會里)에 조진윤, 서호(西湖)에 이(李)영은 제군(諸君)이었다. 신학생(神學生) 취교자(就校者)는 김(金)래황, 조병건, 김(金)두석, 김(金)종규, 나영화(羅永化), 박(朴)한석, 김(金)진근, 이(李)인섭, 장경규, 황(黃)형숙 범11인(凡十一人)이었다. 주일학교사업(主日學校事業)은 원산(元山), 함흥(咸興) 양처(兩處)에 주일학교강습회(主日學校講習會)를 개(開)하고 교회(敎會) 제직(諸職) 급(及) 반장(班長)으로 교수법(敎授法)을 연구(硏究)하게 하며, 하기방학시기(夏期放學時期)에 아동(兒童)을 소집(召集)하여 성경(聖經)을 교도(敎導)ㅎ게 하다.

동년(同年) 2월(二月) 3일(三日)에 함남(咸南) 별노회(別老會)가 광석동예배당(廣石洞禮拜堂)에 개최(開催)하여 신학준사(神學準士) 홍순국(洪淳國)을 안수(按手)하여 원산교회(元山敎會) 목사(牧師)로 임명(任命)하다.

2. 교회의 조직(二, 敎會의 組織)

1918년(一九一八年) 무오(戊午) 9월(九月)에 함흥군(咸興郡) 천서면(川西面) 신흥리교인(新興里敎人) 이도재(李挑幸)씨가 신흥군(新興郡) 동토면(東土面) 내간리(內間里)에 이래(移來)하여 열심전도(熱心傳道)한 결과(結果) 교회(敎會)가 설립(設立)되고 동년(同年)에 금액(金額) 백여단(百餘丹)으로 예배당(禮拜堂)을 건축(建築)하며 장로(長老)를 장립(將立)하고 조사(助師)와 전도시무(傳道視務)를 금일(今日)까지 진행(進行)하다. 동년(同年)에 신흥군(新興郡) 영고면(永高面) 동평리교인(東坪里敎人) 이연숙씨(李連淑氏)가 본군(本郡) 동토면(東土面) 원풍리(元豊里)에 이래(移來)하여 열심전도(熱心傳道)한 결과(結果) 교회(敎會)가 설립(設立)되다.

1919년(一九一九年) 기미(己未)에 함남(咸南) 신흥읍교회(新興邑敎會)가 설립(設立)되다. 함흥읍(咸興邑) 선교사(宣敎師) 도율림(都栗林, [Donald W. MacDonald])이 여전도인(女傳道人) 도양숙(都陽淑) 모(母)를 본읍(本邑)에 파송(派送)하여 전도(傳道)한 결과(結果) 한대정(韓大定), 김노이사(金老以斯)가 신종(信從)하여 처음에는 김노이사(金老以斯) 댁(宅)에서 예배(禮拜)하고 그 다음에는 한대정(韓大定) 댁(宅)에서 예배(禮拜)하는 중(中) 한씨가족(韓氏家族)이 다 신종(信從)한 후(後) 한대정씨(韓大定氏)의 장남(長男) 한숙종(韓淑鍾)이 자기토지(自己土地) 백여평(百餘坪)을 교회(敎會)에 기부(寄附)하고 교회(敎會)와 합력(合力)하여 예배당(禮拜堂)을 건축(建築)하고 영수(領袖)로 시무(視務)하며, 기후(其後)에 한숙종(韓淑鍾)의 장남(長男) 한영린(韓永麟)은 장로(長老)로, 차남(次男) 영집(永集)은 집사(執事)로 각각(各各) 시무(視務)하였고, 조사(助師) 차윤하(車允夏), 이(李)용제(薺), 김두석(金斗錫), 김홍(金洪)탁, 김태유(金泰有), 전도부인(傳道婦人) 김효숙(金孝淑), 김계월(金桂月), 김노이사(金老以斯), 선교사(宣敎師) 도율림(都栗林, [Donald W. MacDonald]), 마구례(馬具禮, [D. M. McRae]), 목사(牧師) 김현찬(金賢贊), 조병건(曺秉鍵), 홍순국(洪淳國) 제씨(諸氏)가 시무(視務)하였다.

1920년(一九二〇年) 경신(庚申) 홍원군(洪原郡) 삼호교회(三湖敎會)에서 독(獨)히 당회(堂會)가 조직(組織)되어 최배건(崔培建)을 장로(長老)로 장립(將立)하였고 김승명(金承明)이 역(亦) 장로(長老)가 되어 1,600원(一千六百圓)으로 신선(新鮮)한 예배당(禮拜堂)을 건축(建築)하고 성경학원(聖經學院)도 설립(設立)되다.

동년(同年)에 함흥군(咸興郡) 서천면(西川面) 광대리(廣大里) 도안시(道安市)에 금(金) 500여원(五百餘圓)을 입(入)하여 예배당(禮拜堂)을 건축(建築)하여 교회(敎會)를 설립(設立)하고 시무(視務)하였다. 신흥군(新興郡) 동토면(東土面) 원풍리(元豊里)에 교인(敎人) 이연숙씨(李璉淑氏)의 열심전도(熱心傳道)한 결과(結果) 교회(敎會)가 설립(設立)되다. 신흥군(新興郡) 동토면(東土面) 신성리교회(新成里敎會)가 설립(設立)되고 50여원(五十餘

圓)으로 예배당(禮拜堂)을 건축(建築)하고 금일(今日)까지 시무(視務)하니 신흥군(新興郡) 토원천면(土元川面) 풍동리교회(豊東里敎會)가 설립(設立)되다. 하원천면(下元川面) 서양리(西陽里) 김연근(金淵根), 김홍작(金洪綽), 한영욱(韓永煜), 임종설(林鍾卨) 4인(四人)이 동기(動起)하여 기독교(基督敎)를 신종(信從)ㅎ고자 하며, 동평리(東坪里) 이용제(李鏞薺), 풍동리(豊東里) 김태유(金泰有) 2인(二人)을 청(請)하여 전도(傳道)를 받고 신주(信主)하여 교회(敎會)를 설립(設立)하고 예배당(禮拜堂)까지 건축(建築)한 후(後) 장로(長老) 김태유(金泰有), 이경갑(李景甲), 영수(領袖) 김연근(金淵根), 집사(執事) 임종설(林鍾卨), 한학종(韓學鍾), 김홍작(金洪綽), 김가진(金可鎭), 김희성(金熙星), 선교사(宣敎師) 도율림(都栗林, [Donald W. MacDonald]), 마구례(馬具禮, [D. M. McRae]), 목사(牧師) 김현찬(金賢贊), 조병건(曺秉鍵), 홍순국(洪淳國) 제씨(諸氏)가 시무(視務)하였다. 북청군(北靑郡) 하차서면(下車書面) 임자동교회(荏子洞敎會)가 설립(設立)하다. 초(初)에 선교사(宣敎師) 영재형(榮在馨, [Lither Lisgar Young])이 전도(傳道)하여 신설(新設)되다. 조사(助師) 이인섭(李寅涉), 강석록(姜錫祿) 등(等)이 진력(盡力)한 결과(結果) 일신진흥(日新振興)되다.

1921년(一九二一年) 신유(辛酉)에 북청군(北靑郡) 하차서면(下車書面) 하신흥리교회(下新興里敎會)가 설립(設立)하다. 동군(同郡) 상차서면(上車書面) 암동리교회(巖東里敎會)가 설립(設立)되다. 동군(同郡) 상차서면(上車書面) 중돌리교회(中乭里敎會)가 설립(設立)되다. 선교사(宣敎師) 영재형(榮在馨, [Lither Lisgar Young]), 조사(助師) 이인섭(李寅涉) 등(等)이 열심(熱心)함으로 교회(敎會)가 일신진흥(日新振興)하다.

3. 전도(三, 傳道)

1922년(一九二二年) 임술(壬戌)에 갑산군(甲山郡) 운용리교회(雲龍里敎會) 이학준(李學濬) 등(等) 5, 6인(五六人)이 혜산진교회(惠山鎭敎會) 부

홍사경(復興査經)에 왕래(往來)하여 은혜(恩惠)를 특수(特受)하고 금식기도(禁食祈禱)함으로 연보(捐補)하여 전도인(傳道人) 조성규(趙聖奎)를 파송(派送)한 결과(結果) 40여명(四十餘名) 신자(信者)를 득(得)하여 교회진흥(敎會振興)하니라. 성진군(城津郡) 간동교회(間洞敎會) 여도(女徒) 김기선(金基善)은 전도(傳道)에 열심(熱心)하더니 연로(年老)하여 자유(自由)롭지 못함으로 금(金) 120원(一百二〇圓)을 교회(敎會)에 기부(寄附)하여 전도(傳道)하니라. 길주군(吉州郡) 옥포동교회(玉浦洞敎會)는 선교사(宣敎師)와 목사(牧師) 제인(諸人)이 열심전도(熱心傳道)로 다수(多數)의 신자(信者)를 득(得)하고 부인전도회(婦人傳道會)는 허씨신덕(許氏信德)을 택(擇)하여 열심(熱心)으로 전도(傳道)하게 하였다. 명천군(明川郡) 아간장교회(阿間場敎會)는 전도목사(傳道牧師) 한득룡(韓得隴), 김영준(金永俊), 조사(助師) 김택서(金宅西), 여전도(傳道) 신마리아(申馬利亞), 김한라(金漢羅) 제인(諸人)[333]의 열심전도(熱心傳道)로 교회(敎會)가 신력(信力)을 익장(益張)하고 입교자(入敎者)가 다(多)하였다. 이원군(利原郡) 장문리교회(場門里敎會)는 선교사(宣敎師)와 개인(個人)의 열심전도(熱心傳道)로 인가귀도(引家歸道)한 자(者) 다교(多敎)하며 장홍규(張弘奎)는 8간(八間) 와가(瓦家)를 매수(買收)하여 예배당(禮拜堂)으로 공헌(貢獻)하였다. 단천군(端川郡) 용양리교회(龍陽里敎會) 교우(敎友) 등(等)이 단연회(斷烟會)를 조직(組織)하고 전도(傳道)할 목적(目的)으로 저축(貯蓄)된 금액(金額)이 500여원(五百餘圓)에 달(達)하고, 부인회(婦人會)에도 전도회(傳道會)를 조직(組織)하고 출연저축(出捐貯蓄)하여 전도사업(傳道事業)을 준비(準備)하였다.

4. 환난(四, 患難)

1919년(一九一九年) 기미(己未)에 명천군(明川郡) 수서동교회(水西洞敎會)와 이원군(利原郡) 신흥리교회(新興里敎會)가 전토(田土), 삼림(森林), 기지(基地) 등사(等事)로 무한(無限)한 곤란(困難)을 당(當)하였으나 순(順)

히 승리(勝利)하였다. 이원군(利原郡) 곡구교회(谷口敎會)와 장문리교회(場門里敎會)와 송당리교회(松堂里敎會) 등(等)에 조선(祖先)의 신주(信主) 소화(燒火) 등사(等事) 장례부동속(葬禮不同俗)의 위반(違反)으로 인리친척(隣里親戚)의 박해군축(迫害窘逐)과 곤경(困境)을 당(當)하고 교회(敎會)도 타격(打擊)을 수(受)함이 종종(種種) 유(有)하니 인내(忍耐)와 은유(恩裕)로 승리(勝利)하다.

5. 진흥(五, 振興)

1919년(一九一九年) 기미(己未)에 이원군(利原郡) 곡구교회(谷口敎會)가 진흥(振興)하다. 선시(先是)에 시세변역(時勢變易)[이]라 교인(敎人) 등(等)의 타락(墮落)함으로 인(因)하여 침체부진(沈滯不進)하더니 궐후(厥後) 성서공회(聖書公會) 권서대(勸書隊) 일행(一行)이 열심전도(熱心傳道)하여 예배회집(禮拜會集)을 갱시(更始)하고 도령(到令)하여 여전도(女傳道) 김(金)루리아와 조사(助師) 장홍규(張弘奎)의 열성전도(熱誠傳道)한 결과(結果)로 백여명(百餘名) 교인(敎人)이 회집예배(會集禮拜)하였다. 동군(同郡) 문평리교회(文坪里敎會)가 장로(長老)와 제직(諸職)이 열심전도(熱心傳道)한 결과(結果)로 신입자(新入者) 다기(多起)하여 400여명(四百餘名) 수용(受容)할 만한 예배당(禮拜堂)을 건축(建築)하여 대진(大進)하였다.[334]

제15장
함북노회(咸北老會)

1919년 기미에 … [간도] 용정시(龍井市)를 중심(中心)으로 하고 수만군중이 열광(熱狂)으로 운집하여 만세를 병창(並唱)하는 중(中) 중국 육군에게 총살을 당한 자 17인이오, 구류감금된 교인과 교회의 곤란은 불가형언이며 외타(外他) 각 교회도 곤란의 파급을 당하였다.

1919년 기미 이래로 간도(間島) 각 교회가 교육에 일층전력하여 각기 세력대로 남녀학교를 설립하고 자녀를 교수하다.

함북노회, 조선예수교장로회사기 하

1. 총론(一, 總論)

(1) 노회설립(一, 老會設立)

애(愛)와 의(義)가 무한(無限)하신 하나님께서 우리 조선민족(朝鮮民族)도 긍휼(矜恤)히 여기사 북미합중국(北美合衆國) 북장로회(北長老會) 전도국(傳道局)에서 선교사(宣敎師) 파견(派遣)하여 복음(福音)을 전파(傳播)ᄒ게 되매 불과(不過) 기년(幾年)에 전선각지(全鮮各地)에 교회(敎會)가 일가시증(日加時增)하였도다. 1897년(一千八百九十七年)에 미국북장로회(美國

北長老會) 선교사(宣敎師) 소안론(蘇安論, [William L. Swallen])이 전군보(田君甫)와 원산(元山)에 내주(來住)하여 경성읍(鏡城邑)까지 전도(傳道)하였고, 기후(其後) 카나다전도국(傳道局)에서 파송(派送)한 선교사(宣敎師) 구례선(具禮善, [R. G. Grierson]) 부자(父子)의 전도(傳道)함을 위시(爲始)하여 함경일대(咸鏡一帶)와 간도방면(間島方面)까지 복음(福音)이 보급(普及)되고 교회(敎會)가 점진(漸振)하게 되므로 함경노회(咸鏡老會)가 설립(設立)되고 기후(其後) 6년(六年)만에 노회(老會)는 지리(地理)의 형편(形便)과 집합(集合)의 편익(便益)을 위(爲)하여 남북분립(南北分立)의 필요(必要)를 양각(諒覺)하고 경성이북(鏡城以北)과 간도일대(間島一帶)는 함북노회(咸北老會), 명천이남(明川以南)과 해삼위(海蔘威)는 함남노회(咸南老會)로 분(分)하기를 결의(決議)한 후(後) 총회(總會)의 승인(承認)을 경(經)하야 1917년(一千九百十七年) 11월(十一月) 20일(二十日)에 함북노회(咸北老會)가 조직(組織)하게 되니 차막대(此莫大)의 은혜(恩惠)를 시(施)하신 삼위일체(三位一體) 하나님께 영광(榮光)과 존귀(尊貴)와 감사(感謝)와 찬송(讚頌)을 세세(世世)에 돌리리로다. 아멘.

(2) 노회의 의안(二, 老會의 議案)

1917년(一九一七年) 정사(丁巳) 11월(十一月) 20일(二十日)에 조선야소교장로회(朝鮮耶蘇敎長老會) 함북노회(咸北老會)가 조직회(組織會)로 북간도(北間島) 용정예배당(龍井禮拜堂)에 회집(會集)하여 조직회장(組織會長) 부두일(富斗日, [William R. Foote])의 기도(祈禱)로 개회(開會)하니 회원(會員)은 선교사(宣敎師) 3인(三人), 목사(牧師) 2인(二人), 장로(長老) 7인(七人)이오, 임원(任員)을 선정(選定)하니 회장(會長)에 부두일(富斗日, [William R. Foote]), 부회장(副會長) 김내범(金迺範), 서기(書記)에 채필근(蔡弼近), 부서기(副書記) 강두화(姜斗華), 회계(會計)에 매도날(梅道捺, [D. A. MacDonald]), 부회계(副會計) 김(金)약연이더라. 노회(老會) 내(內)에 임사(任事), 재정(財政), 총계(總計), 학무(學務), 헌의(獻議), 규칙(規則), 신

학(神學), 준시(準試), 시찰(視察) 등(等) 각부(各部)를 치(置)하여 사무(事務)를 분담(分擔)ㅎ게 하다. 학무위원(學務委員)은 각기(各其) 구역(區域) 내(內)에 있는 교회(敎會)[335]의 학교(學校)에 춘추(春秋)로 순행(巡行)하여 학과(學課)를 통일(統一)ㅎ게 하며 제반형편(諸般形便)을 시찰(視察)하여 인도(引導)하고 각(各) 학교(學校)의 결정(決定)한 사항(事項)은 기당회(其堂會)를 경유(經由)하여 시행(施行)하는 원리(原理)를 확실이행(確實履行)하기로 결정(決定)하다. 본(本) 노회(老會)에 전도국(傳道局)을 설치(設置)하고 전도국위원(傳道局委員) 중(中)에서 총대(總代)를 택(擇)하여 함경연합전도국위원(咸鏡聯合傳道局委員)이 되게 하기로 결정(決定)하고, 구주성탄연보(救主聖誕捐補) 중(中) 2분지 1(二分之一)은 본(本) 교회(敎會)에서 수의사용(隨意使用)하고 2분지 1(二分之一)은 노회전도국(老會傳道局)에 송치(送致)하기로 결정(決定)하다. 간도(間島) 시거우당회(堂會)에서 장로(長老) 1인(一人) 가택(加擇)할 것과 서(西)포항, 굴포, 로구산 등(等) 3교회(三敎會)에 장로(長老) 1인(一人)과 국자가교회(國子街敎會)와 혼춘(琿春) 남이리교회(南利里敎會)에 장로(長老) 1인식(一人式) 택(擇)함을 허(許)하다. 임사부(任事部)의 보고(報告)에 의(依)하여 감리교회(監理敎會)에서 이명(移名)하여 온 협성신학교(協成神學校) 졸업생(卒業生) 이하영(李夏榮)은 준시위원(準試委員)에게 위탁준시(委託準試) 후(後) 강도사(講道師)로 세우고 장로회신학교(長老會神學校) 별신학과(別神學科)에 수학(修學)ㅎ게 할 것과 신학교정례(神學校定例)에 의(依)하여 본(本) 노회(老會)에서도 별신학과(別神學科) 교비생(校費生) 2인(二人)을 택송(擇送)하되 함경노회(咸鏡老會) 시(時)에 허락(許諾)받은 김내범(金迺範)과 새로 강두송(姜斗松)을 천송(薦送)하기로 결정(決定)하다. 노회(老會)는 신학준시위원(神學準試委員)의 준시(準試)를 경(經)하여 이하영(李夏榮)을 강도사(講道師)로 인허(認許)하다. 태양동교회(太陽洞敎會) 김성모(金聖模)가 명월거우에 있는 90원(九十圓) 가치(價値)의 전토(田土)를 노회전도국(老會傳道局)에 납부(納付)하여 북만주(北滿州)에 있는 중국인민(中國人民)에게 전도(傳道)한 기본금(基本金)으로 삼기를 원(願)한다 하매 회중(會中)이 기쁘게 받고 서기(書

記)로 감사장(感謝狀)을 보내기로 결정(決定)하다. 본(本) 노회경내(老會境內)에 있는 신학생(神學生) 채필근(蔡弼根), 김이곤(金二坤), 정기헌(鄭耆憲), 김관식(金觀植), 강두화(姜斗華), 최경재(崔璟在), 서창희(徐昌熙) 등의 계속수학(繼續修學)과 박태환(朴泰煥), 정재면(鄭在冕)의 신입학(新入學)을 허(許)하기로 결정(決定)하다.

 1918년(一九一八年) 무오(戊午) 8월(八月) 9일(九日)에 함북노회(咸北老會) 제 2회(第二回)가 회령예배당(會寧禮拜堂)에 회집(會集)하니 회원(會員)은 선교사(宣敎師) 2인(二人), 목사(牧師) 3인(三人), 장로(長老) 12인(十二人)이었다. 평남노회(平南老會)에 이래(移來)한 목사(牧師) 최덕준(崔德俊)의 이명증(移名證)을 받고 회원(會員)으로 권영(勸迎)하다. 시년(是年)에 피택장로(被擇長老)로 장립식(將立式)을 받은 자(者)는 김(金)태훈, 김(金)문협, 정기헌(鄭耆憲), 최경재(崔璟在), 김(金)정규, 정(鄭)재명, 유찬, 남(南)인상, 이하영(李夏榮), 이(李)순창, 양형식, 정(鄭)명주 등(等)이었다. 국자가(國子街), 와룡동(臥龍洞), 관도거우, 구세동(救世洞), 태양동(太陽洞), 청진(淸津), 간장암, 잠던동, 하마탕, 의랑거우, 적안평, 영생동(명월거우), 양무정자 등(等) 교회(敎會)에 장로(長老) 각(各) 1인식(一人式)과 용정(龍井), 간동(間洞) 양교회(兩敎會)에 장로(長老) 각(各) 2인식(二人式) 택(擇)함을 허(許)하다. 신학생(神學生) 정기헌(鄭耆憲), 최경재(崔璟在), 서창희(徐昌熙), 강두화(姜斗華), 김관식(金觀植), 정재면(鄭在冕), 박(朴)태환 등(等)의 계속(繼續)과 이(李)태현, 이(李)송상 등(等)의 입학(入學)을 허(許)하다. 적한(賊漢)에게 피해(被害)한 목(牧)[336]사(師) 박치형(朴致衡)의 가족(家族)을 위(爲)하여 각(各) 교회(敎會)에서 특별(特別)히 연보(捐補)하여 구조(救助)하기로 결정(決定)하고 위원(委員) 2인(二人)을 선정(選定)하다. 전회(前會)에서 김성모(金聖模)의 기부(寄附)한 토지(土地)를 기본(基本)삼아 작정(作定)한 전도범위(傳道範圍)에 대(對)하여 재론(再論)하여 북만(北萬)에 있는 중국인민(中國人民)에만 한(限)할 것이 아니오, 하나님께서 기회(機會) 주시는데 하처(何處)에서든지 사용(使用)하기로 결정(決定)하다. 임사부(任事部) 보고(報告)에 의(依)하야 목사(牧師) 최덕준(崔德俊)은 국자가(國子

街), 용동(龍洞), 간장암, 잠던동 등(等) 4교회(四敎會)에서 선교사(宣敎師) 부두일(富斗日, [William R. Foote])과 동사목사(同事牧師)로, 강도사(講道師) 이하영(李夏榮)은 목사(牧師)로 장립(將立)하여 동불사(銅佛寺), 관도구(溝), 명신동(明信洞), 천보산(天寶山) 등(等) 4교회(四敎會)에서 선교사(宣敎師) 매도날(梅道捺, [D. A. MacDonald])과 동사목사(同事牧師)로, 강도사(講道師) 채필근(蔡弼根)은 목사(牧師)로 장립(將立)하여 경흥읍(慶興邑), 웅기(雄基), 고읍(古邑) 등(等) 3교회(三敎會)에 매도날(梅道捺, [D. A. MacDonald])와 동사목사(同事牧師)로, 목사(牧師) 박례헌(朴禮獻)은 용정교회(龍井敎會)에 선교사(宣敎師) 서고도(徐高道, [William Scott])와 동사목사(同事牧師)로 허락(許諾)하기로 결정(決定)하다. 조사(助師)의 자격(資格)은 시찰위원(視察委員)에게 위탁(委託)하여 성경(聖經)의 상식(常識)과 신앙(信仰)의 형편(形便)과 학식(學識)의 정도(程度)를 시취(試取)하여 노회(老會)에 보고(報告)ㅎ게 하고 조사(助師)의 권한(權限)은 학습문답(學習問答)하는 사(事)를 기지방(其地方) 목사(牧師)의 지휘감독(指揮監督)하는 대로 시무(視務)ㅎ게 하기로 결정(決定)하다. 노회(老會)는 의정(議定)한 순서(順序)에 의(依)하여 이하영(李夏榮), 채필근(蔡弼根)을 목사(牧師)로 임직(任職)하는 안수식(按手式)을 행(行)하다. 헌의(獻議)에 의(依)하여 말세(末世)가 절박(切迫)한 연고(緣故)인지 근래(近來)에 신구약성경(新舊約聖經)에 예언(預言)과 묵시(默示)와 이적(異蹟)을 정당(正當)히 신앙(信仰)ㅎ지 아니하고 이상(異常)히 해석(解釋)하는 자(者)가 다(多)하오니 그러한 교역자(敎役者)나 신자(信者)는 엄(嚴)히 징치(懲治)하는 방법(方法)을 세워달라고 총회(總會)에 헌의(獻議)할 것과 간도구역(間島區域)에서 성리(聖理)가 우리교회(敎會)와 연합(聯合)하려 하면 어떻게 교섭(交涉)할 것을 의정(議定)한 후(後) 교섭위원(交涉委員)을 파송(派送)하여 그들의 의향(意向)과 형편(形便)을 알아보고(報告) 내회(來會)에 보고(報告)ㅎ게 하기로 결정(決定)하고 성리교회(聖理敎會) 교섭위원(交涉委員)은 부두일(富斗日, [William R. Foote]), 서고도(徐高道, [William Scott]), 최덕준(崔德俊)으로 선정(選定)하고 또 해사(該事)에 대(對)하여 협의찬조(協議贊助)할 위원

(委員)도 3인(三人)을 택정(擇定)하였다. 노회(老會)는 전도국(傳道局) 자금수취방법(資金收取方法)을 의논(議論)하다가 즉석(卽席)에서 연보(捐補)하였는데 221원(二百二十一圓)이더라. 임사부(任事部) 계속보고(繼續報告)에 의(依)하여 선교사(宣敎師) 부두일(富斗日, [William R. Foote])은 간도북구역당회위원(間島北區域堂會委員) 권리(權利)를, 선교사(宣敎師) 서고도(徐高道, [William Scott])는 용정(龍井)과 간도동남구역당회위원(間島東南區域堂會委員) 권리(權利)를, 선교사(宣敎師) 매도날(梅道捺, [D. A. MacDonald])은 회령동서구역당회위원(會寧東西區域堂會委員) 권리(權利)를 허(許)하고, 목사(牧師) 김내범(金迺範)은 투후두거우, 장은평, 구세동(救世洞), 태양(太陽) 4교회(四敎會)에 전임목사(專任牧師)로, 강두송(姜斗松)은 청진(淸津), 나남(羅南), 경성(鏡城) 3교회(三敎會)에서 매도날(梅道捺, [D. A. MacDonald])과 동사목사(同事牧師)로 시무(視務)ㅎ게 하기로 결정(決定)하다. 일본(日本) 신호신학교(神戶神學校)에 입학(入學)하기 위(爲)하여 지원서(志願書)를 제출(提出)한 방(方)원생을 시취(試取)하여 가합(可合)하므로 허락(許諾)하다. 규칙위원(規則委員)이 규칙(規則) 33조(三十三條)를 제정보고(制定報告)하매 개정채용(改正採用)[337]하다. 북감리회(北監理會)에서 간도(間島)에 전도(傳道)하라는 사건(事件)에 대(對)하여 선교사회(宣敎師會)에서 의논(議論)한 바를 선교사(宣敎師) 부두일(富斗日, [William R. Foote])이 설명(說明)하매 해감리감독(該監理監督) 웰취에게 함문(啣問)할 사(事)를 부장(副長)과 서기(書記)에게 위탁(委託)하기로 결정(決定)하다.

동년(同年) 9월(九月) 2일(二日)에 함북노회(咸北老會)가 별노회(別老會)로 선천군(宣川郡) 남예배당(南禮拜堂)에 회집(會集)하니 회원(會員)은 선교사(宣敎師) 2인(二人), 목사(牧師) 2인(二人), 장로(長老) 2인(二人)이더라. 함남노회(咸南老會)에서 이래(移來)한 박례헌(朴禮獻)의 이명증(移名證)을 접수(接受)하여 교역자명부(敎役者名簿)에 기입(記入)하기로 결정(決定)하고 총회(總會)에 제출(提出)할 정형보고(情形報告)를 통과(通過)한 후(後) 개회(開會)하다.

1919년(一九一九年) 기미(己未) 1월(一月) 11일(十一日)에 함북노회(咸北老會)가 제 3회(第三回)로 간도(間島) 명동학교실(明東學校室)에 집회(集會)하니 회원(會員)은 선교사(宣敎師) 2인(二人), 목사(牧師) 6인(六人), 장로(長老) 12인(十二人)이었고, 임원(任員)을 선정(選定)하니 회장(會長)에 김내범(金迺範), 부회장(副會長)에 강요송(姜料松), 서기(書記)에 채필근(蔡弼根), 부서기(副書記)에 정재면(鄭在冕), 회계(會計)에 박걸(朴傑, [A. H. Barker]), 부회계(副會計)에 박례헌(朴禮獻)이더라. 서남편(西南便)으로 경성월편(鏡城越便) 정동부터 동북편(東北便)으로 온성월편(穩城越便) 미전까지 장(長)이 15, 60리(百五六十里)요, 서북(西北)은 태략산맥(太略山脈)에 한(限)하고 동남(東南)은 두만강(豆滿江)으로 정(定)하여 광(廣)이 20리(二十里) 내지(乃至) 70리(七十里) 가량(可量)까지 되게 하기로 하고 전도목사(傳道牧師)가 오는 동시(同時)에는 이명(移名)하여 본(本) 노회(老會) 회원(會員)이 될 것이오, 거주지(居住地)는 추후(追後) 상론(相論)하기로 결정(決定)하다. 규칙(規則) 중(中) 제 17조(第十七條) 제 2항(第二項) 규칙위원(規則委員) 2인(二人)은 5인(五人)으로 개정(改定)하고, 제 18조(第十八條) 제 2항(第二項)에 규칙위원(規則委員)의 직무(職務)는 동회(東會)에서 위임(委任)하는 규칙(規則)에 관(關)한 사건(事件)을 처리보고(處理報告)하다는 첨입(添入)하기로 결정(決定)하다. 노경전도(露傾傳道)에 대(對)하여 1년간(一年間) 전도경비(傳道經費)는 500원(五百圓)으로 예산(預算)하고 추계(秋季) 정기노회(定期老會)에는 조사(助師) 1인(一人)을 택송(擇送)하되 금춘(今春)에는 목사(牧師) 중(中) 1인(一人)을 파송시찰(派送視察)하기로 결정(決定)하고 해시찰(該視察)은 목사(牧師) 채필근(蔡弼根)에게 임시(臨時) 당회원(堂會員) 권리(權利)를 맡겨 파송(派送)ᄒ기로 결의(決議)하다. 헌의위원(獻議委員)의 보고(報告)에 의(依)하여 목하물가(目下物價)가 폭등(暴騰)함을 인(因)하여 교역자(敎役者) 생활(生活)이 곤란(困難)한즉 봉급(俸給)을 증가(增加)ᄒ기 위(爲)하여 정재면(鄭在冕), 강두화(姜斗華)를 임시(臨時) 위원(委員)으로 선정(選定)하여 각(各) 교회(敎會)에 사실(事實)을 들어 서면(書面)을 발송(發送)ᄒ게 하고 노회(老會)와 각(各) 교회(敎會)의 문부(文簿)을 통일(統一)ᄒ기 위(爲)하여 서식위원(書式委員) 3인(三人)을 택정(擇定)하여 경영인쇄(經營印刷)ᄒ게 하다. 추계노회(秋季老會)는 개회(開會) 전(前)에 노회원(老會員)을 위(爲)하여 수일간(數日間) 사경회(查經會)를 개(開)하기 위(爲)하여 선교사(宣敎師)에게 위탁준비(委托準備)ᄒ게 하고 7월(七月) 첫째 주일(第一主日) 저녁부터 둘째 주일(第二主日) 저녁까지 구역내(區域內) 각(各) 교회(敎會)가 과거(過去) 반년사(半年事)에 대(對)하여 자복(自服)하고, 오는 반년(半年)을 위(爲)하여 서원(誓願)하는 특별기도회(特別祈禱會)를 매야(每夜) 개(開)하[338]기로 결정(決定)하다. 목사(牧師) 채필근(蔡弼根)의 유학청원(留學請願)에 대(對)하여 본(本) 노회 명의(老會名義)로 자격증명서(資格證明書)를 교부(交附)하고 재학(在學) 중(中)에라도 본(本) 노회원(老會員) 될 권리(權利)를 허락(許諾)하기로 결정(決定)하다. 신호신학교(神戶神學校) 재학(在學) 중(中) 방(方)원성이 영국(英國), 카나다에 유학(留學)가게 될 시(時)에는 본(本) 노회(老會)가 자격증명서(資格證明書)를 교부(交付)하기로 결의(決議)하다. 웅기(雄基), 웅(雄)사, 장인강, 혼춘(琿春), 남(南)양천(川) 각(各) 교회(敎會) 장로(長老) 각(各) 1인식(一人式) 택(擇)할 것과 명동교회(明洞敎會) 피택(被擇)된 윤(尹)하현을 장로(長老)로 장립(將立)할 것과 김이곤(金二坤)의 신학계속(神學繼續)할 것을 허락(許諾)하다. 간도(間島) 시찰(視察)의 구역(區域)이 광윤(廣潤)하므로 간도(間島), 동간도(東間島), 서간도북(西間島北)의 3구(三區)로 분립(分立)하다.

1919년(一九一九年) 기미(己未) 9월(九月) 13일(十三日)에 제 4회(第四回) 노회(老會)가 간도(間島) 와룡동예배당(臥龍洞禮拜堂)에 회집(會集)하니 회원(會員)은 선교사(宣敎師) 3인(三人), 목사(牧師) 6인(六人), 장로(長老) 14인(十四人)이더라. 각(各) 당회(堂會)가 노회(老會)에 직접보고(直接報告)하는 것은 폐지(廢止)하고 각(各) 구역(區域) 시찰(視察)이 각(各) 교회(敎會) 보고건(報告件)을 종합보고(綜合報告)ᄒ게 하다. 노령(露領) 보셋[쎄]트에 전도조사(傳道助師)를 파송(派送)하되 봉급(俸給)은 매삭(每朔) 39식(三十九式) 거주(居住)하는 보셋트(목거우) 정(定)하기로 결정(決定)하다. 회령(會寧) 시찰구역(視察區域) 경북전도부(鏡北傳道部)에서 노령(露領) 보셋트에 전도인(傳道人)을 파송(派送)하겠으니 전도구역(傳道區域)을 작정(作定)하여 달라 하므로 전도부(傳道部)와 해지방시찰위원(該地方視察委員)에게 위임작정(委任作定)하기로 결의(決議)하다. 임사부(任事部)는 선교사(宣敎師) 부두일(富斗日, [William R. Foote])은 간도(間島) 서북서구역(西北西區域), 동(同) 서(徐)고도는 간도(間島) 동구역(東區域) 동(同) 박걸(朴傑, [A. H. Barker])은 매도날(梅道捺, [D. A. MacDonald]) 귀래(歸來) 시(時)까지 회령구역(會寧區域)에서 당회위원(堂會委員) 권리(權利)를 행사(行使)하고 매도날(梅道捺, [D. A. MacDonald])은 4환부회(四還復會) 영동구역(寧東區域)에서만 시무(視務)ㅎ게 할 사(事)와 목사(牧師) 박례헌(朴禮獻)은 용정교회(龍井敎會)에서 서고도(徐高道, [William Scott])와 동사목사(同事牧師)로, 동(同) 최선탁(崔善鐸)은 명동, 양무정재 급(及) 기부근(其附近)에서 서고도(徐高道, [William Scott])와 동사목사(同事牧師)로, 동(同) 이하영(李夏榮)은 관도구(溝), 동불사(東佛寺), 장인강(江), 시거우 4교회(四敎會)에서 부두일(富斗日, [William R. Foote])과 동사목사(同事牧師)로, 동(同) 최덕준(崔德俊)은 국자가(國子街), 간장암, 장턴동, 와룡동, 적인평교회(敎會)에서 부두일(富斗日, [William R. Foote])과 동사(同事)로, 동(同) 강두송(姜斗松)은 청진교회(淸津敎會)에서 박걸(朴傑, [A. H. Barker])과 동사(同事)하다가 매도날(梅道捺, [D. A. MacDonald]) 귀임(歸任) 후(後)에는 매도날(梅道捺, [D. A. MacDonald])과 동사(同事)로, 동(同) 채필근(蔡弼根)은 경흥(慶興), 고읍(古邑), 웅기(雄基) 3교회(三敎會)에서 박걸(朴傑, [A. H. Barker])와 동사(同事)로 시무(視務)ㅎ게 할 사(事)를 보고(報告)하다. 주일학교(主日學校) 위원부(委員部) 보고(報告)에 의(依)하여 각(各) 교회(敎會)가 주일성경학교(主日聖經學校)를 힘써 설립(設立)하고 제 2세(第二世) 교인(敎人)을 양육지도(養育指導)하기 위(爲)하여 유년주일학교(幼年主日學校)를 설립(設立)할 것과 각(各) 교회(敎會)에서 청년(靑年)을 택(擇)하여 주일학교(主日學校) 교사양성반(敎師養成班)을 조직(組織)하여 예비공부(豫備工夫)에도 참여(參與)ㅎ게 하며 신문잡지(新聞

雜誌)와 주일학교(主日學校) 교사양성법(敎師養成法)과 교수법(敎授法) 등(等) 서책(書册)을 열독(閱讀)하도록 면려(勉勵)할 것과 각(各) 교회(敎會)는 남녀청년(男女靑年)들로 유년지도(幼年指導)[339]에 자미(滋味)얻도록 지도(指導)하고 유년(幼年)들로 하여금 믿지 않는 동료를 인도(引導)하기에 여미(與味)가 나도록 용력(用力)할 것과 교과서(敎科書)는 주일학교(主日學校) 공과서(工科書)와 참고서(參考書)와 성경(聖經) 이야기와 도화상(圖畵像)을 사용(使用)할 사(事)를 결정(決定)하다. 헌의위원부(獻議委員部) 보고(報告)에 의(依)하여 간도(間島) 3시찰(三視察) 구역(區域)이 합(合)하여 도사경회(都査經會)를 개(開)하고 은혜(恩惠)를 받은대로 각(各) 교회(敎會)에 가서 사경(査經)도 하고 전도(傳道)도 하기로 결정(決定)하다. 목사가족구조부(牧師家族救助部) 보고(報告)에 의(依)하여 목사구역(牧師區域)에 5원(五圓) 이상(以上), 조사구역(助師區域)에 3원(三圓) 이상(以上) 수합(收合)하기로 결의(決議)하다. 모아산교회(山敎會)와 구호동교회(洞敎會)에 장로(長老) 각(各) 1인식(一人式) 신택(新擇)할 것과 와룡동교회(洞敎會)와 시거우교회(敎會)와 두도구교회(頭道溝敎會)와 웅기교회(雄基敎會)에 장로(長老) 각(各) 1인식(一人式) 가택(加擇)할 것과 하마탕교회(敎會)에 장로(長老) 2인(二人) 가택(加擇)할 것과 신학생(神學生) 이(李)태현, 지(池)송, 강두화(姜斗華), 김관식(金觀植), 박(朴)태환, 정재면(鄭載冕), 정기헌(鄭耆憲), 최경재(崔璟在), 서(徐)창희 등(等)의 계속수학(繼續修學)과 지원자(志願者) 나(羅)대화와 박(朴)태주 입학(入學)을 허락(許諾)하다. 피택(被擇)한 자(者) 중(中) 안수식(按手式)을 받은 장로(長老)는 기춘(其春)선, 지(池)병학, 현(玄)기윤, 지(池)송, 서성권(徐成權), 이(李)태현, 허(許)인성, 조명환, 이권(李權)수, 김(金)러술, 윤(尹)하현, 홍(洪)재우, 김(金)석홍 등(等) 제인(諸人)이더라. 각(各) 시찰부(視察部)는 신설(新設)된 교회(敎會)와 학교(學校)가 다수(多數)하고 독립운동(獨立運動) 사망자(死亡者), 중상자(重傷者)와 수금(囚禁)된 자(者)가 다수(多數)함을 보고(報告)하다.

　　1920년(一九二〇年) 경신(庚申) 2월(二月) 14일(十四日)에 제 5회(第五回) 노회(老會)가 간도(間島) 두도구예배당(頭島溝禮拜堂)에 개회(開會)하

니 회원(會員)은 선교사(宣敎師) 1인(一人), 목사(牧師) 4인(四人), 장로(長老) 7인(七人)이오, 임원(任員)을 개선(改選)하니 회장(會長)에 박걸(朴傑, [A. H. Barker]), 부회장(副會長)에 박례헌(朴禮獻), 서기(書記)에 채필근(蔡弼根), 부서기(副書記)에 김문협(金文協), 회계(會計) 박영헌(朴永獻), 부회계(副會計) 강두송(姜斗松)이었다. 노령(露領) 보셋트 전도조사(傳道助師)는 김(金)영보로 정(定)하고 천서(薦書)를 선급(繕給)하였다. 목사(牧師) 김내범(金迺範)은 영생동(永生洞) 등지(等地) 교회(敎會)에 선교사(宣敎師) 부두일(富斗日, [William R. Foote])과 동사시무(同事視務)ㅎ게 하였다. 경흥(慶興), 웅기(雄基), 고읍(古邑) 등(等) 교회(敎會)에서 시무(視務)를 사면(辭免)하매 허락(許諾)하고 해교회(該敎會)가 해씨(該氏)의 다년근로(多年勤勞)를 기념(紀念)하여 연봉(年俸) 50원(五十圓) 이상(以上) 위한(爲限)하고 은급목사(恩給牧師)로 정(定)하고 재학(在學) 중(中)과 타처(他處)에 취직(就職)되기까지 해당회(該堂會)에 참석(參席)ㅎ게 하기를 청원(請願)함을 인허(認許)하고 우(右) 3교회(三敎會)에는 김관식(金觀植)을 조사(助師)로 시무(視務)ㅎ게 하였다. 영고탑(寧古塔)에 신자(信者)가 많이 이주(移住)한다는 고(故)로 간도(間島) 북시찰부(北視察部)에 맡겨 목사(牧師) 최덕준(崔德峻)을 파송시찰(派送視察)하고 돌아보게 하기로 결정(決定)하다. 간도(間島) 동구역(東區域)에서 황거우예배당(禮拜堂)과 런선촌예배당(村禮拜堂) 가옥문권(家屋文卷)을 노회(老會)에 제정(提呈)하매 문권관리위원(文卷管理委員)을 회령(會寧), 간도(間島)에 각(各) 2인식(二人式) 두되 간도(間島)엔 부두일(富斗日, [William R. Foote]), 박례헌(朴禮獻), 회령(會寧)엔 박걸(朴傑, [A. H. Barker]), 김태(金泰)훈으로 택정(擇定)하였다. 평남노회(平南老會)로서 이래(移來)한 목사(牧師) 이성국(李成國)은 이명증서(移名證書)가 내도(來到)하기까지 용정(龍井)[340]교회(敎會)에 선교사(宣敎師) 부두일(富斗日, [William R. Foote])과 임시(臨時) 동사목사(同事牧師)로 시무(視務)하다가 이명증서(移名證書)가 내(來)하면 시찰부(視察部)는 규칙(規則)대로 교회(敎會)의 투표(投票)를 경(經)한 후(後) 회장(會長)에게 통지(通知)하여 별노회(別老會)를 소집(召集)하여 위임식(委任式)을 행(行)하기로 결정(決定)하다. 총회(總會) 진흥위원(振興委員) 채필근(蔡弼根)에 총회(總會)에서 진흥회(振興會)에 대(對)하여 경영(經營)을 대강(大綱) 설명(說明)하매 본(本) 노회(老會)에서는 진흥위원(振興委員) 7인(七人)을 뒤되 총회(總會)에서 선정(選定)한 3인(三人) 외(外)에 4인(四人)을 가택(加擇)하기로 작정(作定)하고 최덕준(崔德峻), 이(李)종식(植), 최선탁(崔善鐸), 강두송(姜斗松)으로 선정(選定)하다. 간도(間島) 시찰구역(視察區域)을 변경(變更)하여 남(南), 북(北) 2구역(二區域)으로 분정(分定)하다. 함경남북노회(咸鏡南北老會)가 합동경영(合同經營)하던 전도국(傳道局)은 함남노회(咸南老會)에 교섭(交涉)하여 각기(各其) 분립(分立)한 후(後) 함북노회전도부(咸北老會傳道部)는 보셋트 전도사업(傳道事業)을 전무(專務)할 것과 보셋트를 위(爲)하여 각(各) 교회(敎會)가 5월(五月) 23일(二十三日) 즉(卽) 성신강림일(聖神降臨日)에 연보(捐補)할 것과 노회(老會) 당일(當日) 오후(午後) 강설회(講說會)에서 보셋트 사정(事情)을 대강(大綱) 설명(說明)하고 별연보(別捐補)할 것과 보셋트 전도조사(傳道助師)의 봉급(俸給)은 매월(每月) 50원식(五十圓式) 지불(支拂)할 사(事)를 결정(決定)하였고, 보셋트를 위(爲)하여 노회당석(老會當席)에서 연보(捐補)한 금액(金額)이 130원(一百三十圓)이었다. 시년(是年) 10월(十月)에 동경(東京)에서 개최(開催)되는 만국주일학교연합회(萬國主日學校聯合會)에 대표(代表) 5인(五人)을 파송(派送)하되 기중(其中) 1인(一人)은 동경(東京)에 유학(留學)하게 된 채필근(蔡弼根)으로 충당(充當)하고 기중(其中) 2인(二人)은 노회(老會)에서 비용금(費用金)을 지불(支拂)하기로 결정(決定)하고 비용지불(費用支拂)받은 대표(代表)는 박례헌(朴禮獻), 강두송(姜斗松)으로 선정(選定)하다. 혼춘(渾春) 두도구교회(頭道溝敎會)에 장로(長老) 2인(二人), 낙원동교회(敎會)에 장로(長老) 1인(一人) 새로 택(擇)할 것과 용정교회(龍井敎會)에 장로(長老) 3인(三人), 명동교회(明洞敎會), 와룡동교회(洞敎會), 국자가교회(國子街敎會), 장은평교회(敎會), 태양동교회(敎會), 영생동교회(永生洞敎會) 장로(長老) 각(各) 1인식(一人式) 더 택(擇)하기를 허(許)하다.

  1920년(一九二〇年) 9월(九月) 18일(十八日)에 제 6회(第六回) 노회(老

會)가 회령예배당(會寧禮拜堂)에서 개최(開催)하니 회원(會員)은 선교사(宣教師) 2인(二人), 목사(牧師) 5인(五人), 장로(長老) 9인(九人)이었다. 간도(間島) 역강구역(區域)에 전도목사(傳道牧師)로 파견(派遣)된 평남노회(平南老會) 목사(牧師) 이병하(李炳夏)의 이명증서(移名證書)를 접수(接受)하여 회원명부(會員名簿)에 기입(記入)하기로 결정(決定)하다. 서기(書記) 채필근(蔡弼根)이 유학(留學)하게 되었음으로 다시 투표(投票)하여 서기(書記)에 김문(金文)협, 부서기(副書記)에 이병하(李炳夏)가 피선(被選)되다. 혼춘전도회(琿春傳道會) 회장(會長) 한(韓)수형이 노회(老會)에 서신(書信)를 기(寄)하였는데 내개(內開)는 중국관헌(中國官憲)이 교회(敎會)에 폭행(暴行)을 가(加)하여 예배당(禮拜堂)에 회집예배(會集禮拜)하지 못하게 하며, 교회물품(敎會物品)을 임의지거(任意持去)하며, 교인(敎人)을 치타구류(致打拘留)하며, 전도(傳道)를 방해(妨害)하며, 교인(敎人)의 경영(經營)하는 학교(學校)를 준(準)의 관립(官立)으로 하자 하여 교원(敎員)을 임의(任意)로 파송(派送)한다 하고 당년(當年) 9월(九月) 12일(十二日) 조(朝)에는 마적(馬賊)이 혼춘성(琿春城)에 돌입(突入)하여 충화약탈(衝火掠奪)[341] 시(時)에 신자(信者) 2인(二人)이 피거(被據)되고 가옥(家屋)의 손실(損失)과 물품금전(物品金錢)의 피탈액(被奪額)이 수만원(數萬圓)에 달(達)한다고 하였음에 회장(會長)에게 위임(委任)하며 중국관청(中國官廳)에 교섭처리(交涉處理)하기로 결정(決定)하다. 고녕탑(古寧塔)[태성]시찰위원(視察委員) 최덕준(崔德峻)이 보고(報告)하되 교통(交通)이 곤란(困難)하여 시찰(視察)하지 못하였고 전설(傳說)에 평북노회(平北老會)에서 돌아본다 하매 유안(留案)하였다가 다시 부의(付議)하여 보썻[써]트구역(區域)에 매도날(梅道捺, [D. A. MacDonald]), 홍(洪)재우, 태성구역(區域)에 최덕준(崔德峻), 지(池)송을 파송(派送)하여 시찰(視察)하게 하다. 혼춘구역(琿春區域) 금(金)당촌(村), 천동(洞) 양교회(兩敎會)에서 예배당(禮拜堂)을 새로 건축(建築)하고 문권(文卷)을 노회(老會)에 제정(提呈)하매 문권위원(文卷委員)에게 위임(委任)하다. 선교사(宣敎師) 박걸(朴傑, [A. H. Barker])가 미순회(會)에서 경영(經營)한 바를 보고(報告)하되 함북노회구역(咸北老會區域)에

인구(人口)가 대략(大略) 200만명(二百萬名)인데 신자(信者)를 1만 5천명
(一萬五千名)으로 약정(略定)하면 불신자(不信者) 132인(百三十二人)에 신
자(信者)[人比例]인 고(故)로 미순회(會)에서 전도방침(傳道方針)을 정(定)
하되 매일(每一) 만명(萬名)에 전도인(傳道人) 1명식(一名式) 두어 일하되
월급(月給) 40원(四十圓) 이하(以下)로 하면 미순회(會)에서 1년간(一年間)
만 4분지 3(四分之三)을 담당(擔當)하고 4분지1(四分之一)은 해처(該處) 기
성교회(旣成敎會)에서 담당(擔當)하여 권서동양(勸書同樣)으로 복음(福音)
만 전(傳)하게 하되 기성교회(旣成敎會) 십리(十里) 이외(以外)에서 전도(傳
道)하고 십리(十里) 이내(以內)에는 기성교회(旣成敎會)가 전도(傳道)하는
것이 필요(必要)한 줄로 인(認)하고 실시(實施)하기로 경영(經營)한다 하매
그대로 채용(採用)하다. 만국주일학교대회(萬國主日學校大會)에 파송(派
送)할 대표(代表)의 여비(旅費) 200원(二百圓)을 수금(收金)하여 교회(敎
會)에서 선정(選定)한 대표(代表) 2인(二人)에게 지불(支拂)하고 부족액(不
足額) 40원(四十圓)은 회장(會長)에게서 선대(先貸)하기로 하고 동경(東京)
에 유학(留學)하는 채필근(蔡弼根)과 자비(自費)하기를 지원(志願)하는 최
경재(崔璟在), 최(崔)홍범 3씨(三氏)에게 천서(薦書)를 선부(繕付)하고 본
(本) 노회(老會)가 만국주일학교대회(萬國主日學校大會)에 청원(請願)하여
본(本) 노회구역(老會區域)에 특별위원(特別委員)을 파송(派送)하여 강습회
(講習會)를 개최(開催)하기를 회장(會長)에게 위임실행(委任實行)하게 하기
로 결의(決議)하다. 포쎗[보써]트에 파송(派送)한 조사(助師)의 성적(成績)
이 양호(良好)하지 못하다 하매 특별위원(特別委員) 강두화(姜斗華), 김(金)
계안을 택(擇)하여 사실(事實)을 조사(調査)한 후(後) 전도국위원(傳道局委
員)에게 보고(報告)하여 관리(管理)할 것과 보쎗트 전도비용(傳道費用)은
부활주일(復活主日) 연보(捐補)와 성신강림주일(聖神降臨主日) 연보(捐補)
를 전부(全部) 쓰기로 결의(決議)하다. 간도(間島) 북구역(北區域) 시거우
등지(等地)에서 시무(視務)하던 목사(牧師) 이하영(李夏榮)의 사면(辭免)을
받고 간도(間島) 북구역(北區域) 와룡동(洞), 적안편, 동불사(東佛寺) 등(等)
3교회(三敎會)에 이주(移住)하여 선교사(宣敎師) 박걸(朴傑, [A. H.

Barker])와 동사목사(同事牧師)로 시무(視務)ㅎ게 할 것과 간도(間島) 은동자, 구호동(洞) 2교회(二敎會)에서 목사(牧師) 김(金)해봉을 박걸(朴傑, [A. H. Barker])와 동사목사(同事牧師)로 청원(請願)하는 것과 간도(間島) 남구역(南區域) 토성(土城)포교회(敎會)에서 목사(牧師) 강두화(姜斗華)를 박걸(朴傑, [A. H. Barker])와 동사목사(同事牧師)로 청원(請願)하는 것은 허락(許諾)하고 혼춘전도회(琿春傳道會)에서 목사(牧師)를 청빙(請聘)하는 일은 총회(總會)에 청원(請願)하고 두도구교회(頭道溝敎會)에 시무(視務)하는 [342] 목사(牧師) 이성국(李成國)과 영생동(永生洞), 낙원동(洞), 옹성나자교회(敎會)에서 시무(視務)하는 목사(牧師) 김내범(金迺範)과 국자가(國子街), 잠박골, 시거우교회(敎會)에서 시무(視務)하는 목사(牧師) 최덕준(崔德峻)과 명동(明洞), 치도구, 달나재, 양무정자, 창동교회(敎會)에서 시무(視務)하는 목사(牧師) 최선탁(崔善鐸)은 각기(各其) 선교사(宣敎師) 박걸(朴傑, [A. H. Barker])와 동사목사(同事牧師)로, 용정교회(龍井敎會) 목사(牧師) 박례헌(朴禮獻)은 선교사(宣敎師) 부두일(富斗日, [William R. Foote])과 동사목사(同事牧師)로 시무(視務)ㅎ게 하고 목사(牧師)의 취임식(就任式)을 거행(擧行)하기 위(爲)하여 각각(各各) 특별노회(特別老會)를 허락(許諾)하기로 결정(決定)하다. 장로안수(長老按手) 받은 자(者)는 김관식(金觀植), 전계림, 도윤섭 3인(三人)이요, 장로(長老) 택립(擇立)함을 허(許)한 것은 13인(十三人)이요, 새로 신학취학(神學就學)을 허(許)한 자(者)는 권(權)수천, 전태구, 전계림 3인(三人)이더라. 신학졸업생(神學卒業生) 강두화(姜斗華)를 시취(試取)하여 합격(合格)되므로 목사(牧師)로 장립(將立)하기를 허(許)하고 동월(同月) 21일(二十一日) 하오(下午) 7시(七時)에 노회(老會) 개회(開會) 중(中) 안수식(按手式)을 행(行)하다. 헌의부(獻議部)의 헌의(獻議)에 의(依)하여 당시(當時) 각(各) 지방(地方)에 교통(交通)이 불편(不便)하여 시행(施行)이 곤란(困難)한 중(中) 더욱 교역자(敎役者)에 대한 취체(取締)가 심(甚)한즉 노회(老會)는 교역자(敎役者)의 자격증명서(資格證明書)를 선부(繕付)하여 전도(傳道)에 방해(妨害)가 무(無)ㅎ게 하기로 작정(作定)하고 증서(證書)의 식양(式樣)과 조제(造製)할 사(事)는 매도날(梅道

捘, [D. A. MacDonald]), 최경재(崔璟在) 양인(兩人)에게 위탁(委托)하기로 결의(決議)하다. 간도(間島) 남구역시찰부(南區域視察部)의 청원(請願)에 의(依)하여 호천포교회(敎會)를 목사(牧師) 이병하(李炳夏)의 구역(區域)에 이처(移處)하다. 총대(總代)의 여비(旅費) 중(中) 매(買) 십리(十里) 10전식(十錢式)을 15전(十五錢)으로 개정(改定)하다. 총회시(總會時) 특별노회(特別老會)에는 총회(總會)에 보고(報告)할 일과 총대변경(總代變更)하는 권리(權利)를 허락(許諾)하기로 결의(決議)하였다.

 1921년(一九二一年) 신유(辛酉) 시년(是年)에 총회(總會)의 승인(承認)을 득(得)하여 본(本) 노회지경(老會地境)을 분(分)하여 간도(間島)에 노회(老會)를 설립(設立)하게 되고 본(本) 노회(老會)는 회령구역(會寧區域)과 성진구역(城津區域)과 해삼항구역(海蔘港區域)을 합(合)하여 전(前) 명칭(名稱)을 존속(存續)하여 함북노회(咸北老會)라 잉칭(仍稱)하니 당지방교회(當地方敎會)의 발전(發展)이 여사(如斯)히 신속(迅速)하고 위대(偉大)함을 찬송불기(讚頌不已)하는 바이다. 연이(然而) 노회명칭(老會名稱)이 잉존(仍存)함에도 불구(不拘)하고 회수(回數)의 번호(番號)를 개신(改新)함을 중복모순(重復矛盾)의 혐(嫌)이 불무(不無)하므로 차회(次回)부터는 회수(回數)의 번호(番號)를 약(略)하였고 차분립(且分立) 전(前)에 노회(老會)가 필회(必會)일듯 하나 회록(會錄)이 부도(不到)하였으므로 기술(記述)이 불능(不能)이로다. 동년(同年) 10월(十月) 10일(十日)에 함북노회(咸北老會)가 분립조직회(分立組織會)로 성진욱정(城津旭町) 남(南)존경(Mary M. Rogers)양(孃)의 사저(私邸)에 회집(會集)하니 회원(會員)은 선교사(宣敎師) 2인(二人), 목사(牧師) 3인(三人), 장로(長老) 9인(九人)이오, 임원(任員)은 회장(會長)에 박창영(朴昌英), 부회장(副會長)에 구례선(具禮善, [R. G. Grierson]), 서기(書記)에 김관식(金觀植), 부서기(副書記)에 최(崔)조윤, 회계(會計)에 부록도(富祿道, [Samuel J. Proctor]), 부회계(副會計)에 강학린(姜鶴麟)이 피선(被選)되고 각부(各部)를 조직(組織)하고 위원(委員)을 선정(選定)하였다. 시찰구역(視察區域)은 성진(城津), 회령(會寧),[343] 해삼항(海蔘港) 등(等) 2구(二區)로 정(定)하다. 황해노회(黃海老會)에서 이래

(移來)한 목사(牧師) 오순형(吳舜炯)은 해삼항교회(海蔘港敎會)에서, 부두일(富斗日, [William R. Foote])과 김현(金賢)은 수청 등지(等地) 교회(敎會)에서 선교사(宣敎師) 예시(芮時, [Frederick G. Vessy])와 동사시찰(同事視察)ㅎ게 하고, 선교사(宣敎師) 부두일(富斗日, [William R. Foote])은 해삼항(海蔘港)과 회령구역당회위원(會寧區域堂會委員)의 권리(權利)를, 동(同) 예시(芮時, [Frederick G. Vessy])는 회령(會寧)과 해삼구역당회위원(海蔘區域堂會委員)의 권리(權利)를, 동(同) 노아력(魯亞力, [A. Russell Ross])은 성진서구역당회위원(城津西區域堂會委員)의 권리(權利)를, 동(同) 부록(富祿)도는 성진동북구역당회위원(城津東北區域堂會委員)의 권리(權利)를 맡기고, 동(同) 구례선(具禮善, [R. G. Grierson])은 성진교회(城津敎會)에서 시무(視務)ㅎ게 하고 목사(牧師) 박창영(朴昌英)은 차호교회(遮湖敎會)에 선교사(宣敎師) 노아(魯亞)력과 동사(同事)로, 동(同) 강학린(姜鶴麟)은 성진교회(城津敎會)에서 선교사(宣敎師) 구례선(具禮善, [R. G. Grierson])과 동사(同事)로, 동(同) 강두송(姜斗松)은 청진교회(淸津敎會)에 선교사(宣敎師) 예씨[시]와 동사(同事)로, 동(同) 정기현(鄭耆鉉)은 웅상(雄上), 견암동(犬岩洞), 굴표, 서(西)표항 4교회(四敎會)에서 선교사(宣敎師) 예시(芮時, [Frederick G. Vessy])와 동사(同事)로, 동(同) 김관식(金觀植)은 경흥(慶興), 웅기(雄基), 고읍(古邑) 등(等) 3교회(三敎會)에서 선교사(宣敎師) 예시(芮時, [Frederick G. Vessy])와 동사(同事)로 시무(視務)ㅎ게 하다. 전도사업(傳道事業)은 함남노회(咸南老會)와 합동경영(合同經營)하고 전도비용(傳道費用)은 부활주일연보(復活主日捐補)로 충용(充用)ㅎ기로 결정(決定)하다. 신학(神學)을 청원(請願)한 김(金)태령의 입학(入學)과 전은석, 나(羅)대화, 전계렴, 안(安)상필 등(等)의 계속신학(繼續神學)을 허(許)하고 신학생(神學生)의 입학자격(入學資格)은 신학교(神學校) 규정(規定)대로 시행(施行)하기로 결정(決定)하다. 경성(京城)에 개최(開催)되는 주일학교대회(主日學校大會)에 각(各) 교회(敎會)가 대표(代表) 1인식(一人式) 파송강습(派送講習)ㅎ게 하고 귀래(歸來) 후(後)에는 서로 교환(交換)하여 각(各) 교회(敎會)에서 강습(講習)ㅎ게 하기로 결정(決

定)하다. 학무부(學務部)는 학생사경(學生査經)을 총회(總會) 결정(決定)대
로 할 것과 고등교육장려(高等敎育獎勵)에 대(對)하여 힘쓸 것과 현재교원
(現在敎員)은 하기휴학(夏期休學)을 이용(利用)하여 사범강습(師範講習)을
하게 하기로 제의(提議)하다. 장로(長老) 1인(一人) 택(擇)함을 허(許)하고
별신학교비생(別神學校費生)은 박창영(朴昌英), 김관식(金觀植)으로 선정
(選定)하다. 관내(管內) 각(各) 교역자(敎役者)는 매년(每年) 1개월간(一個
月間) 하기휴가(夏期休學暇)를 허(許)하기로 결정(決定)하다. 조사(助師)는
시찰회(視察會)에서 시취선택(試取選擇)하고 학습문답(學習問答)할 일은
위탁(委託)하기로 결정(決定)하다. 총회(總會)에서 총대(總代) 택(擇)하는
일과 신학생(神學生) 허락(許諾)하는 일을 임시(臨時)로 시찰회(視察會)에
위임(委任)하기로 결정(決定)하다.

 1922년(一九二二年) 8월(八月) 31일(三十一日)에 함북노회(咸北老會)
가 청진(淸津) 신암동예배당(新岩洞禮拜堂)에 회집(會集)하니 회원(會員)은
선교사(宣敎師) 4인(四人), 목사(牧師) 8인(八人), 장로(長老) 16인(十六人)
이었다. 규칙위원(規則委員)이 노회규칙(老會規則)을 제정보고(制定報告)
하여 채용(採用)하다. 임원선정(任員選定)에 대(對)하여 회계외(會計外)에
회장(會長), 부회장(副會長), 서기(書記), 부서기(副書記)만 개선(改選)하여
금회(今回)만 시무(視務)ㅎ게 하고 내회(來會) 집사임원(執事任員)은 폐회
(閉會) 시(時)에 전부(全部) 개선(改選)하기로 의결(議決)한 후(後) 투표(投
票)하여 회장(會長)에 김관식(金觀植), 부회장(副會長)에 강학린(姜鶴麟),
서기(書記)에 최경재(崔璟在), 부서기(副書記)에 김(金)문협이었다. 경흥읍
교회(慶興邑敎會) 목사(牧師) 김관식(金觀植)이 카나다에 유학(留學)ㅎ게
되므로 사직청원(辭職請願)을 받고, 서기(書記)로 소개천서(紹介薦書)
를 선교(繕交)ㅎ기로 하다. 각(各) 구역(區域) 시찰부(視察部)는 교인(敎人)
중(中)에서 예배당(禮拜堂)과 학교(學校)에 대(對)하여 다수(多數)한 금전
(金錢)과 물품(物品)을 기부(寄附)하는 자(者)가 다(多)한 것과 부흥회(復興
會)로 인(因)하여 각(各) 교회(敎會)가 진흥(振興)하여 신신자(新信者)가 다
(多)한 것을 보고(報告)하다. 허락(許諾)한 장로(長老)에게 안수식(按手式)

을 행(行)한 자(者)가 9인(九人)이요, 새로 택(擇)함을 허락(許諾)한 자(者)가 16인(十六人)이요, 신학생(神學生) 최경재(崔璟在), 전은석의 계속취학(繼續就學)과 지(池)송암, 최감형(崔鑑亨), 윤(尹)동철 3인(三人)의 신학신입(神學新入)을 허락(許諾)하다. 전도부(傳道部)에서 노령(露領) 고로지쌔에 전도목사(傳道牧師) 1인(一人), 조사(助師) 2인(二人)과 전도비(傳道費) 1,000원(一千圓)을 청원(請願)한 것은 전도국위원(傳道局委員)과 서백리아선교사(西伯利亞宣敎師)에게 위탁(委託)하여 경영진행(經營進行)ㅎ게 하기로 결의(決議)하다. 길주읍(吉州邑)과 쌍룡동교회(雙龍洞敎會)에서 신학준사(神學準士) 김(金)태서를 선교사(宣敎師) 부록(富祿)도와 동사목사(同事牧師)로, 웅기교회(雄基敎會)에서 목사(牧師) 이성국(李成國)을 선교사(宣敎師) 예시(芮時, [Frederick G. Vessy])와 동사목사(同事牧師)로, 경흥읍교회(慶興邑敎會)에서 목사(牧師) 김유직(金有稷)을 선교사(宣敎師) 예시(芮時, [Frederick G. Vessy])와 동사목사(同事牧師)로 청원(請願)하는 것은 허(許)하기로 결의(決議)하다. 최관흘(崔寬屹)의 해벌(解罰)에 관(關)하여 규직부(規則部)에 위임(委任)하였던 바, 해지방(該地方) 시찰부(視察部)가 충분(充分)히 증명(證明)한즉 해벌임직(解罰任職)하는 것이 합당(合當)하므로 신학준사(神學準士) 김(金)택서, 이정화(李正華) 양씨(兩氏)와 합(合)하여 하게 하고 해위원(該委員)이 임직(任職)함이 가합(可合)하다 하므로 동월(同月) 3일(三日) 하오(下午) 4시(四時)에 청진예배당(淸津禮拜堂)에서 목사(牧師)로 임직(任職)하는 안수식(按手式)을 행(行)하다. 신학준사(神學準士) 이정화(李正華)를 목사(牧師)로 임직(任職)하여서 비리아, 고로지쌔지방(地方)에 전도목사(傳道牧師)로 파송(派送)하기로 결의(決議)하다. 해삼항교회(海蔘港敎會)에서 목사(牧師) 오순형(吳舜炯)을 부두일(富斗日, [William R. Foote])과 위임동사목사(委任同事牧師)로 청원(請願)하는 것은 허(許)하기로 결정(決定)하다. 조선(朝鮮) 예수교장로회(敎長老會) 헌법(憲法)을 채용(採用)하기로 결정(決定)하다. 교역(敎役)에 종사(從事)하다가 별세(別世)한 나(羅)대하와 이(李)훈 양씨(兩氏)의 유족구조책(遺族救助策)은 그 당시(當時) 시찰구역(視察區域) 각(各) 교회(敎會)에서 연보(捐補)

ㅎ게 하고 추도식(追悼式)도 각(各) 구역(區域) 제직사경(諸職查經) 시(時)에 시찰회(視察會) 주최(主催)로 거행(擧行)ㅎ게 하고 이(李)훈은 총회(總會)에도 관계(關係)있는 전도인(傳道人)인즉 총회(總會)에 청원(請願)하여 추도식(追悼式) 결행(決行)을 청원(請願)ㅎ기로 하고 금년(今年) 11월(十一月) 첫째 주일(第一主日) 연보(捐補)로 이(李)훈을 위(爲)하여 기념비(記念碑)로 설립(設立)하기로 결의(決議)하였는데 이(李)훈은 전도인(傳道人)으로 주(主)의 복음(福音)을 위(爲)하여 많은 노력(努力)을 다하다가 불행(不幸)히 적환(賊患)을 당(當)하여 피해(被害)한 것임으로 이와 같이 결의(決議)한 것이다. 교회사기(敎會史記) 편집실행위원(編輯實行委員)은 김관식(金觀植), 박창영(朴昌英), 오순형(吳舜炯)으로 선택(選擇)하다. 별신학생(別神學生)은 최관흘(崔寬屹), 박창영(朴昌英)을 택(擇)하다. 학무부(學務部)에서 보고(報告)하되 미순회(會)의 문의(問議)에 대(對)하여 원산(元山), 함흥(咸興), 성진(城津)에 각기(各其) 고등학교(高等學校)를 설립(設立)하는 것이 가(可)하다 하고 미순회(會)가 경영(經營)하는 남녀학교(男女學校)를 위(爲)하여 매년(每年) 셋째 주일(第三主日) 특별(特別)[345]히 연보기부(捐補寄附)하고 기외사항(其外事項)은 특별위원(特別委員)을 선정(選定)하여 미순회 위원(委員)과 교섭(交涉)ㅎ게 함이 가(可)하다 하매 채용(採用)하다.

　서백리아(西伯利亞)에 노회(老會)를 분립(分立)하기로 총회(總會)에 청원(請願)하고 노회(老會)는 분립(分立)할지라도 전도국(傳道局)은 연합(聯合)하고 선교사(宣敎師)와 목사(牧師)는 선교사동사(宣敎師同事)로 시무(視務)ㅎ게 하기로 결의(決議)하다. 규칙부(規則部)의 보고(報告)에 의(依)하여 시찰(視察)의 경비(經費)는 각(各) 구역(區域)에서 연보자담(捐補自擔)하고, 조사(助師)의 자격(資格)은 연령(年齡) 25세(二十五歲) 이상(以上)된 자(者)로 성경학원(聖經學院)을 졸업(卒業)하였거나 기(其)와 동등(同等)의 실력(實力)이 있는 장차 신학(神學)에 희망(希望) 두는 자(者)로 하고, 장로(長老)의 자격(資格)은 25세(二十五歲) 이상(以上)된 남자(男子)로 국한문성경(國漢文聖經)을 낭독(朗讀)하며 상당(相當)한 교역(敎役)에 경력(經歷)이 있으며 통솔적(統率的) 능력(能力)이 있는 자(者)로 하기로 결정(決定)하다.

노령지방(露嶺地方)에 파송(派送)할 선교사(宣敎師) 2인(二人)을 총회(總會)에 청원(請願)하기로 하고, 차호교회(遮湖敎會) 목사(牧師) 박창영(朴昌英)은 나남교회(羅南敎會)에서 선교사(宣敎師) 예시(芮時, [Frederick G. Vessy])와 동사목사(同事牧師)로, 최관흘(崔寬屹)은 우지미교회(敎會)에서 선교사(宣敎師) 부두일(富斗日, [William R. Foote])과 동사목사(同事牧師)로 허(許)하다. 노령선교사(露嶺宣敎師)들에게 당회권(堂會權)을 허여(許與)하다. 예배당(禮拜堂) 사용(使用)하는 사(事)는 각(各) 당회(堂會)가 처리(處理)하되 또는 감독목사(監督牧師)가 처리(處理)하게 하다. 신임원(新任員)을 투표선정(投票選定)하니 회장(會長)에 강학린(姜鶴麟), 부회장(副會長) 강두송(姜斗松), 서기(書記) 최경재(崔璟在), 부서기(副書記)에 김문협(金文協), 회계(會計)에 최(崔)수성, 부회계(副會計) 부록도(富祿道, [Samuel J. Proctor])이었다. 신학(神學) 허락(許諾)받은 이두섭(李斗涉), 방(方)중익, 안성윤(安聖允), 안(安)상필, 김(金)경조, 이(李)영수 등(等)의 취학(就學)을 허(許)하다. 본회(本會) 서기(書記)에게 1년(一年)에 비용(費用)으로 50원(五十圓)을 지급(支給)하기로 결정(決定)하다.

1923년(一九二三年) 계해(癸亥) 2월(二月) 1일(一日)에 함북노회(咸北老會)가 성진욱정(城津旭町) 선교사(宣敎師) 노서력(魯西力) 사저(私邸)에 회집(會集)하니 선교사(宣敎師) 3인(三人), 목사(牧師) 3인(三人), 장로(長老) 4인(四人)이요, 임원(任員)을 투표선정(投票選定)하니 회장(會長)에 강학린(姜鶴麟), 부회장(副會長)에 업아력(鄴亞力, [A. F. Robb]), 서기(書記)에 최경재(崔璟在), 부서기(副書記)에 김(金)원배, 회계(會計)에 최(崔)수성, 부회계(副會計) 부록도(富祿道, [Samuel J. Proctor])이었다. 목사(牧師) 김유목(金有穆)이 유방귀향(有坊歸鄕)하므로 평남노회(平南老會)에 이명증(移名證)을 송교(送交)하였다. 별신학(別神學)은 박창영(朴昌英), 이두섭(李斗燮)으로 택정(擇定)하고 평양신학교(平壤神學校) 주일학교과(主日學校科)에 취학(就學)할 자(者)는 강학린(姜鶴麟)으로 정(定)하되 그 학비(學費)는 본(本) 노회(老會)와 미순회(會)에서 부담(負擔)하기로 정(定)하고 회령구역시찰(會寧區域視察) 예시(芮時, [Frederick G. Vessy])가 함흥(咸興)

함북노회 599

에 이전(移轉)함으로 그 대(代)에 업아력(鄴亞力, [A. F. Robb])으로 선정(選定)하고 단천(端川) 수하상료교회(敎會)의 장로청원(長老請願)을 허(許)하고 현(玄)원국의 신호신학청원(神戶神學請願)과 무산읍교회(茂山邑敎會), 청진(淸津) 신암동교회(新岩洞敎會), 포항동교회(洞敎會)에서 장로(長老) 각(各) 1인식(一人式) 청원(請願)하는 것과 포항동교회(洞敎會)의 피택장로(被擇長老) 장립청원(將立請願)은 그 구역(區域) 시찰부(視察部)에 위탁(委託)하기로 결정(決定)하다. 수권위원(收卷委員)은 재단위원부(財團委員部)로 개(改)[346]정(定)하여 교회(敎會)의 일절재산(一切財産)을 관리(管理)ㅎ게 하다. 총회(總會)의 승인(承認)한대로 서백리아노회(西伯利亞老會)가 분립(分立)하다.

1923년(一九二三年) 계해(癸亥) 8월(八月) 8일(八日)에 함북노회(咸北老會)가 청진(淸津) 신암동예배당(新岩洞禮拜堂)에 회집(會集)하니 회원(會員)은 선교사(宣敎師) 3인(三人), 목사(牧師) 7인(七人), 장로(長老) 15인(十五人)이었다. 부서기(副書記) 김(金)원배(培) 사직대(辭職代)에 최(崔)종륜을 부회계(副會計)에, 부록도(富祿道, [Samuel J. Proctor])가 사직대(辭職代)에 강(姜)응삼(三)을 투표선정(投票選定)하다. 미순회(會) 위원(委員)의 제출(提出)한 성경학원(聖經學院) 설립(設立)에 관(關)한 사건(事件)은 시찰부(視察部)와 협의(協議)ㅎ게 하다. 경흥읍교회(慶興邑敎會)와 고읍교회(古邑敎會)에서 목사(牧師) 정기헌(鄭耆憲)을 선교사(宣敎師) 업아력(鄴亞力, [A. F. Robb])과 동사목사(同事牧師)로 청원(請願)하는 것은 허락(許諾)하고, 차호교회(遮湖敎會) 목사(牧師) 신홍균(申弘均)을 청원(請願)하는 것은 정치(政治) 15장(十五章) 16조(十六條)에 의(依)하여 1년간(一年間) 선교사(宣敎師) 부록도(富祿道, [Samuel J. Proctor])와 임시동사목사(臨時同事牧師)로 허락(許諾)하고, 신암동교회(新岩洞敎會) 피택장로(被擇長老) 조정길의 문답장립청원(問答將立請願)은 허(許)하고 경흥읍(慶興邑)과 웅기(雄基)와 무산읍(茂山邑) 등(等) 각(各) 교회(敎會)의 장로장립청원(長老將立請願)은 시찰(視察)에 위임(委任)하고 회령읍(會寧邑), 경성읍(鏡城邑), 나남(羅南), 무산읍교회(茂山邑敎會)에서 1인식(一人式) 청원(請願)한 것은 당석(當席)에서 허(許)하고, 신학생(神學生) 윤(尹)동철, 방(方)주익, 안(安)상필, 김(金)경피, 조영숙, 최경재(崔璟在), 전은석의 계속(繼續)과 이(李)종남의 신입학(新入學)은 허(許)하고, 차(車)광석의 신학계속(神學繼續)은 시찰부(視察部)에 맡겨 그 신분(身分)을 다시 조사(調査)한 후(後) 허락(許諾)하기로 결정(決定)하고 또 이원읍(利原邑)과 명동교회(明洞敎會)의 장로(長老) 각(各) 1인식(一人式) 청원(請願)하는 것을 허(許)하다. 전도국(傳道局)의 청원(請願)에 의(依)하여 사무국(事務局)은 청진(淸津)에 치(置)할 사(事)와 재정(財政)의 부족(不足)을 인(因)하여 표셋트지방(地方)에만 조사(助師) 1인(一人)을 파송(派送)할 사(事)와 전도비연보(傳道費捐補)는 10월(十月) 첫째 주일(第一主日)에 수금(收金)할 사(事)와 또 노회(老會) 당석(當席)에서 연보(捐補)할 사(事)를 허(許)하고 당석(當席)에서 연보(捐補)하니 현금(現金)을 합(合)하여 308원(三百八圓)이더라. 미순회(會) 교섭위원(交涉委員)은 전일(前日)에는 동사목사(同事牧師)를 미순회(會)의 제의(提議)를 채용(採用)하였으나 금후(今後)는 노회(老會)에서 필요(必要)로 인정(認定)하는 시(時)에 미순회(會)에 교섭(交涉)하여 승낙(承諾)을 받은 것과 조선교회(朝鮮敎會)와 미순회(會)가 합력(合力)하여 지정고등보통학교(指定高等普通學校)를 설립(設立)하되 위치(位置)는 함흥(咸興)에 둘 일을 보고(報告)하여 채용(採用)되다. 헌의부(獻議部) 헌의(獻議)에 의(依)하여 노회환장(老會患章)을 수정(修整)할 사(事)와 기왕(己往) 목사(牧師)를 조사(助師)로 사용(使用)하지 말고 전도목사(傳道牧師)로 사용(使用)할 사(事)와 총회장(總會長)은 각(各) 구역(區域)에서 1인식(一人式) 공천(公薦)하여 투표(投票)하기를 총회(總會)에 헌의(獻議)할 것과 신학교(神學校) 주일학교별과생(主日學校別科生)을 1인식(一人式) 더 허락(許諾)하여 줄 것을 위원회(委員會)에 청원(請願)할 사(事)를 결정(決定)하다. 신임원(新任員)을 투표선정(投票選定)하니 회장(會長)에 업아력(鄴亞力, [A. F. Robb]), 부회장(副會長)에 강두송(姜斗松), 서기(書記)에 최경재(崔璟在), 부서기(副書記)에 최(崔)종륜, 회계(會計)에 김(金)원배(培), 부회계(副會計)에 부록도(富祿道, [Samuel J. Proctor])이더라.[347]

함북노회 601

2. 교회조직(二, 敎會組織)

　　1918년(一九一八年) 무오(戊午) 경성군(鏡城郡) 읍내교회(邑內敎會)에 조사(助師) 정기헌(鄭耆憲), 동부인(同夫人) 정영숙(鄭永淑)은 전임(轉任)하고 전도인(傳道人) 이응호(李應鎬)와 영부인(令夫人) 이리아(李利亞)가 미순회(會)에 파견(派遣)되어 전도(傳道)할 때 권인상(權仁常) 가(家)가 입교(入敎)하다.
　　길주군(吉州郡) 용동(龍洞), 창전(蒼前), 불로(不老) 3교회(三敎會)에서는 조병국(趙秉國)을 합당회장로(合堂會長老)로 장립(將立)하여 시무(視務)ㅎ게 하다.
　　성진군(城津郡) 학중면(鶴中面) 농성동교회(農城洞敎會)에서 김우필(金雨弼)을 장로(長老)로 장립(將立)하고 당회(堂會)를 조직(組織)하다.
　　명천군(明川郡) 하간면(河間面), 신암동(新岩洞), 황곡(黃谷) 3교회(三敎會)에서는 3처(三處) 교회(敎會)를 합당회(合堂會)로 최종륜(崔宗崙)을 장로(長老)로 택(擇)하여 장립(將立)하여 교회(敎會)가 더욱 왕성(旺盛)하다.
　　이원읍(利原邑), 장문(場門), 송당(松堂) 3처(三處) 교회(敎會)가 합(合)하여 장로(長老) 김재관(金載寬)을 투표(投票)하여 장로(長老)로 장립(將立)하고 당회(堂會)를 조직(組織)하다.
　　이원(利原) 차호교회(遮湖敎會)가 합당회(合堂會)를 조직(組織)하다.
　　종성읍교회(鍾城邑敎會)에 회령(會寧)으로부터 김영팔(金永八)을 파송(派送)하여 2년간(二年間) 전도(傳道)에 전력(專力)하다.
　　갑산읍교회(甲山邑敎會)에 선교사부(宣敎師部)로부터 이재연(李在然)을 파송전도(派送傳道)하여 다소(多少)의 교도(敎徒)를 득(得)하여 선교사(宣敎師) 부록도(富祿道, [Samuel J. Proctor])가 250원(二百五十圓)을 기증(寄贈)하므로 예배당(禮拜堂)을 매수(買收)하고 이래기년(移來幾年)을 경과(經過)하다가 조사(助師) 이재연(李在然)이 시국(時局)의 사정(事情)에 의(依)하여 귀거(歸去)하매 목자(牧者) 잃은 양(羊)과 여(如)한 신자(信者)들은 얼마동안 와해(瓦解)의 경(境)에 지(至)하다.

경흥군(慶興郡) 동평덕(東平德), 신창동(新昌洞), 득영동(得英洞) 3교회(三敎會)가 연합(聯合)하여 장로(長老) 1인(一人)을 택(擇)하여 시무(視務)ㅎ게 하였다.

갑산군(甲山郡) 혜산진교회(惠山鎭敎會)에 전도부인(傳道夫人) 신마리아(申馬利亞)가 내조(來助)하다.

경원교회(慶源敎會)가 설립(設立)되다. 선시(先是)에 이응호(李應鎬)가 내(來)하여 비로소 복음(福音)을 전(傳)하였으며 기후(其後) 남윤용(南允容)도 역시(亦是) 전도(傳道)에 노력(勞力)하였고 김씨은혜(金氏恩惠)와 오씨순자(吳氏順子)도 많은 노력(勞力)을 가(加)하였으나 공로(功勞)가 없이 되었으며 실(實)로 이곳의 완악(頑惡)함을 가(可)히 짐작할 수[348] 있다. 기후(其後) 김용팔(金容八)도 전도(傳道)에 노력(勞力)하였으며 이기범(李基範)이 내(來)하여 얼마 노력(勞力)하는 중(中)에 남녀(男女) 15, 6인(十五六人)의 교도(敎徒)를 득(得)하였고, 기후(其後) 조운섭(趙雲燮)이 내(來)하여 전도(傳道)하는 중(中) 예배당(禮拜堂)도 매수(買收)하고 금일(今日)까지 교회(敎會)가 그리 위대(偉大)ㅎ지 못하나 장래(將來)에 많은 희망(希望)이 있더라.

간도(間島) 용정시교회(龍井市敎會)에 박영헌목사(朴永獻牧師)가 당지(當地)에 내주(來住)하여 전임목사(專任牧師)로 시찰(視察)하였고, 선교회경영(敎會經營)으로 성경학원(聖經學院)도 설립(設立)되었으며, 교회(敎會)는 거익발전(去益發展)되는 중(中) 용정(龍井)은 간도(間島)의 인후(咽喉)라 영계(靈界)나 지식계(知識界)에 대유소생(大有所生)한 도회지(都會地)더라.

간도(間島) 양무정자교회(揚武亭子敎會)에 목사(牧師) 최선탁(崔善鐸)으로 임무(任務)ㅎ게 하다.

간도(間島) 와룡동교회(臥龍洞敎會)에서 당회(堂會)를 조직(組織)하였는데 장로(長老)는 남인상(南仁相), 지병학(池秉學), 이병익(李秉益), 함주익(咸周益), 최희중(崔希仲) 등(等)이 상계시무(相繼視務)하다.

함북노회 603

간도(間島) 전석동교회(磚石洞敎會)가 설립(設立)되다. 선시(先是)에 안영환(安永煥)이 신교(信敎) 후(後) 전도(傳道)하므로 교회(敎會)가 설립(設立)되고, 이병극(李柄極), 김기석(金基錫) 양인(兩人)이 인도자(引導者)가 되며 교회(敎會)가 전진(前進)하다.

간도(間島) 청산리(靑山里) 백운평교회(白雲坪敎會)가 설립(設立)하다. 선시(先是)에 권두혁(權斗赫), 박홍식(朴弘植) 양인(兩人)이 기지(其地)에 내주(來住)하여 인접신자(隣接信者)를 종합(綜合)하므로 교회(敎會)를 성립(成立)하였고, 합심협력(合心協力)하여 남녀전도인(男女傳道人)을 입(立)하고 복음전파(福音傳播)ㅎ게 하였고 토벌대(討伐隊)의 환난(患難)을 경과(經過) 후(後) 예배당(禮拜堂)을 중건(重建)하고 점차복구(漸次復舊)되다.

간도(間島) 구호동교회(救護洞敎會)가 설립(設立)되다. 초(初)에 김상설(金相說), 이옥현(李玉鉉) 등(等)이 신도(信徒) 7, 8가족(七八家族)으로 당지(當地)에 내주(來住)하여 예배당건축(禮拜堂建築)하고 교회(敎會)가 성립(成立)되며 이하영목사(李夏榮牧師)가 교회(敎會)를 성립(成立)한 후(後) 김상목목사(金相穆牧師)가 임무(任務)하였고 당회(堂會)가 조직(組織)되며 김상설(金相說), 채원휘(蔡元輝), 김계홍(金桂弘), 한치훈(韓致勳) 등(等)이 장로(長老)로 임무(任務)되었으며, 남녀전도인(男女傳道人)을 입(立)하고 예배당(禮拜堂)을 중건(重建)하다.

간도(間島) 옹성납자교회(甕聲磖子敎會)가 설립(設立)되다. 초(初)에 이윤지(李允智), 신학봉(中學奉) 양인(兩人)이 당지(當地)에 내주(來住)하여 점차(漸次) 교인(敎人)을 집합(集合)하고 예배당(禮拜堂)을 건축(建築)하며 교회(敎會)를 성립(成立)ㅎ게 되므로 김내범목사(金迺範牧師)가 교회(敎會)를 설립(設立)하고 장취(將就)의 탈이 다(多)하더라.

간도(間島) 장낙동교회(長樂洞敎會)가 설립(設立)되다. 선시(先是)에 문경풍(文景風)이 내우(來寓)하여 토지(土地)를 개척(開拓)하고 인접(隣接)의 교회(敎會)를 종합(綜合)하여 예배당(禮拜堂)을 건(建)[349]축(築)하고 예배(禮拜)하기를 시작(始作)하는 중(中) 김내범목사(金迺範牧師)가 내(來)하여 교회(敎會)를 설립(設立)하다.

간도(間島) 십리평교회(十里坪敎會)가 설립(設立)되다. 선시(先是)에 함광실(咸光實), 홍춘명(洪春明), 김홍순(金弘淳) 3인(三人)이 당지(當地)에 내(來)하여 예배(禮拜)하였고, 점차(漸次)로 교인(敎人)이 초집(稍集)하여 예배당(禮拜堂)을 건축(建築)하고 교회(敎會)가 성립(成立)되며 김유목목사(金有穆牧師)가 임무(任務)하니라.

1919년(一九一九年) 기미(己未)에 경성읍교회(鏡城邑敎會)에 장창일(張昌逸), 이주찬(李周燦) 등(等)이 입교(入敎)하고, 이응호부부(李應鎬夫婦)는 전임(轉任)하고, 나대화(羅大化)를 조사(助師)로 영빙(迎聘)함에 급(及)하여 교회(敎會)가 더욱 흥왕(興旺)하고, 유년주일학교(幼年主日學校)가 창시(創始)되다. 시년(是年)부터 신잉리아(申仍利亞)는 본읍(本邑) 전도(傳道)에만 시무(視務)ㅎ게 할 때 열심전도(熱心傳道)하였으며 시년(是年)에 나대화(羅大化), 장창일(張昌逸), 노춘섭(盧春燮)이 독립운동(獨立運動)으로 입감(入監)하고 익년(翌年) 7월(七月)에 강봉우(姜鳳羽)을 조사(助師)로 영빙(迎聘)하며 시년(是年) 추(秋)에 함종흡(咸鍾洽)의 일가(一家)가 입교(入敎)하다. 회령교회(會寧敎會)에서 매도날(梅道捺, [D. A. MacDonald])은 귀국(歸國)하고 박결(朴傑, [A. H. Barker])의 부부(夫婦)가 내(來)하여 시무(視務)할새 시년(是年)은 조선독립운동(朝鮮獨立運動)이 기(起)하여 직접(直接) 간접(間接)으로 인(因)하여 교회(敎會)가 자연(自然) 약(弱)하게 되다.

이원군(利原郡) 하다면(何多面) 풍화교회(豊和敎會)가 설립(設立)되다.

이원군(利原郡) 서면(西面) 문평리교회(文坪里敎會)에서 장로(長老) 강진제(姜鎭齊)를 투표(投票)하여 기익년(其翌年)에 장립시무(將立視務)ㅎ게 하다.

이원군(利原郡) 장문리교회(場門里敎會)에서는 장홍규(張弘奎)를 장로(長老)로 선택장립(選擇將立)하여 시무(視務)ㅎ게 하니 당회(堂會)가 조직(組織)되다.

단천군(端川郡) 여해진교회(汝海津敎會)에 평양(平壤) 숭실전도대(崇實傳道隊)의 일행(一行)이 이곳을 순회(巡廻)한 후(後) 더욱 교인(敎人)들은 힘을 얻어 600원(六百圓)을 연보(捐補)하였다.

　간도(間島) 양무정자교회(揚武亭子教會)에서 당회(堂會)가 조직(組織)되어 한덕일(韓德一), 강군선(康君善)이 장로직(長老職)에 상계시무(相繼視務)하였으며, 조사(助師) 문재린(文在隣)이 임무(任務)하였다.

　간도(間島) 두도구(頭道溝) 간장암교회(間獐岩教會)에 당회(堂會)가 조직(組織)된 후(後) 일본토벌대(日本討伐隊)의 참혹(慘酷)한 환난(患難)을 경과(經過)하다.

　간도(間島) 신흥교회(信興教會)가 설립(設立)되다. 초(初)에 이태현(李台現)의 전도(傳道)로 자유(自由)를 허(許)한 자(者) 6, 7인(六七人)이 신주(信主)하고 집합(集合)하여 예배당(禮拜堂)을 건축(建築)하고 예배(禮拜)하므로 최덕준목사(崔德俊牧師)가 교회(教會)를 설립(設立)한 후(後) 김내범목사(金迺範牧師)가 임무(任務)하다.[350]

　간도(間島) 중강자교회(中岡子教會)가 설립(設立)되다. 초(初)에 김관식목사(金觀植牧師)가 교회(教會)를 설립(設立)하고 집사(執事) 윤동호(尹東鎬), 최동빈(崔東斌), 박동섭(朴東涉) 3인(三人)이 인도자(引導者)가 되어 학교(學校)도 창립(創立)하였다.

　1920년(一九二〇年) 경신(庚申) 청진(淸津) 신암동교회(新岩洞教會)에서 김계렴(金啓濂)을 장로(長老)로 장립(將立)하고 투옥(投獄)되었든 최경재조사(崔璟在助師)도 출옥(出獄)되고 매도날(梅道捺, [D. A. MacDonald])도 환래(還來)하다. 시년(是年)에 예배당(禮拜堂)을 700여원(七百餘圓)을 비(費)하여 대중수(大重修)하다.

　갑산(甲山) 혜산진교회(惠山鎭教會) 1,200원(一千二百圓)으로 신예배당(新禮拜堂)을 건축(建築)하다.

　갑산(甲山) 운총리교회(雲籠里教會)가 설립(設立)되다. 운총리(雲籠里)는 교회유망지(教會有望地)라 하여 복음(福音)을 전파(傳播)하여 오던 시년(是年) 5월(五月)에 이학예(李學睿), 한상길(韓相吉) 양인(兩人)이 육영학교(育英學校) 교원(教員)으로 피임(被任)되매 해양인(該兩人)은 돈독신자(敦篤信者)라 열심전도(熱心傳道)하여 30여명(三十餘名)의 신도(信徒)를 득

(得)한 후(後)에 사저(私邸)에서 예배(禮拜)하더니 기후(其後)에 혜산진교회(惠山鎭敎會) 사경회(査經會)에 몇 신자(信者) 출석(出席)하였던 중(中) 해사경(該査經)을 받아 예배당(禮拜堂)을 매득(買得)하여 일시(一時)에 곤란(困難)한 경우(境遇)를 면(免)ㅎ게 되었으며 조사(助師) 김세형(金世衡)이 내후(來後)ㅎ게 되매 장래(將來)의 유망(有望)한 교회(敎會)가 되었더라.

간도(間島) 토성보교회(土城堡敎會)가 분립(分立)되다.

간도(間島) 호천포교회(湖泉浦敎會)에 평서노회(平西老會)로부터 전도목사(傳道牧師)를 파송(派送)하여 내조(來助)하다가 후(後)에 구역변경(區域變更)으로 조사(助師) 서창희(徐昌熙), 지송암(池松岩) 양인(兩人)이 시무(視務)되니라. 지금(至今)은 영수(領袖) 김병두(金炳斗)의 열심전진(熱心前進)하므로 장래(將來)에 대희망(大希望)이 유(有)한 교회(敎會)더라.

간도(間島) 두도구교회(頭道溝敎會)에 목사(牧師) 이성국(李成國), 최선택(崔善澤)이 관리(管理)하다.

간도(間島) 노두동교회(老頭洞敎會)가 설립(設立)되다. 본동(本洞) 신자(信者)가 본시(本是) 명신교회(明信敎會)로 다니다가 분립(分立)되며 이하영(李夏永), 김유목목사(金有穆牧師)가 임무(任務)하였다.

간도(間島) 남양동교회(南陽洞敎會)가 설립(設立)되다. 초(初)에 조성극(曺成極), 임종묵(林宗默) 양인(兩人)이 합심협력(合心協力)하여 예배당(禮拜堂)을 건축(建築)하고 예배(禮拜)ㅎ게 되므로 최덕준목사(崔德俊牧師)가 교회(敎會)를 설립(設立)한 후(後) 김내범목사(金迺範牧師)가 임무(任務)하였으며 임종묵(林宗默)이 인도자(引導者)가 되다.

간도(間島) 토성포교회(土城浦敎會)가 분립(分立)되다. 선시(先是)에 용정교회(龍井敎會)에서 분립(分立)되는 중(中) 교우(敎友)가 중국인(中國人)의 토지(土地)를 매수(買收)하는 중(中)에 대가옥(大家屋) 2동(二棟)이 입(入)함으로 1동(一棟)을 예배당(禮拜堂)으로 공헌(貢獻)하고 1동(一棟)은 학교(學校)로 사용(使用)하게 기부(寄付)되며 교회(敎會)가 성립(成立)한 후(後) 강두송목사(姜斗松牧師)가[351] 교회(敎會)를 설립(設立)하고 당회(堂會)를 조직(組織)하니 장로(長老)는 김도현(金道現), 이광수(李光洙), 김찬성(金贊成), 이은경(李殷京), 신찬선(辛瓚璿) 등(等)이 상계임무(相繼任務)하다.

간도(間島) 의란구(依蘭溝) 창신동교회(昌信洞敎會)가 설립(設立)되다. 선시(先是)에 최군왕(崔君王), 김순효(金舜孝) 2인(二人)이 합심(合心)하여 교회(敎會)를 시작(始作)하였고 익년(翌年)에 김보국(金輔國) 가족(家族)이 집합(集合)하여 예배(禮拜)하므로 흥신동교회(興信洞敎會)가 시작(始作)되었으며, 태양동(太陽洞)에는 김희순(金希淳), 김재길(金在吉) 양인(兩人)이 협력(協力)하여 교회(敎會)가 설립(設立)되다.

1921년(一九二一年) 신유(辛酉) 북간도노회(北間島老會)가 분립(分立)되면서 함북노회(咸北老會)의 회령시찰구역(會寧視察區域)과 함남노회(咸南老會)의 성진시찰구역(城津視察區域) 합동(合同)하여 함북노회(咸北老會)를 새로이 조직(組織)ㅎ게 된지라.

경성읍교회(鏡城邑敎會) 나대화조사(羅大化助師)가 출옥(出獄)하여 다시 조사직(助師職)으로 시무(視務)하다. 익년(翌年)에 병(病)에 이(罹)하여 교인(敎人)들은 호탄(呼嘆)함을 불기(不己)하니라. 동년(同年)으로부터 익년(翌年)까지 나남교회(羅南敎會)와 경성읍교회(鏡城邑敎會)와 합동(合同)하여 박창영목사(朴昌英牧師)를 영빙시무(迎聘視務)ㅎ게 하다.

청진(淸津), 포항교회(浦項敎會)에 최병악(崔秉嶽)을 장로(長老)로 장립(將立)하다. 선교사(宣敎師) 매도날(梅道捺, [D. A. MacDonald])은 원산(元山)으로 이전(移轉)되고 예시(芮時, [Frederick G. Vessy]) 목사(牧師)와 표모린(表模麟)이더라.

나남교회(羅南敎會)에 박태위(朴泰胃), 박태섭(朴泰燮) 양인(兩人)을 장로(長老)로 선정(選定)하고 장립(將立)하므로 비로소 당회(堂會)가 조직(組織)되고 기후(其後)에 우(右) 양인(兩人)은 생활(生活)을 인(因)하여 타지방(他地方)에 이주(移住)하므로 교회(敎會)에서 다시 장로(長老)될 자격(資格)을 구(求)하다.

1922년(一九二二年) 임술(壬戌) 경성읍교회(鏡城邑敎會)에서 김인서(金麟瑞)를 임시조사(臨時助師)로 영빙(迎聘)하고 시년(是年) 12월(十二月)

에 예배당(禮拜堂) 8간(八間)을 증축(增築)하고, 130여명(一百三十餘名)의 교인(敎人)이 신(神)의 은혜(恩惠)를 감사(感謝)히 생각(生覺)하다.

회령교회(會寧敎會)에서 예시(芮詩, [芮時, Frederick G. Vessy])는 함흥(咸興)으로 전근(轉勤)되고 업아력(鄴亞力, [A. F. Robb]) 선교사(宣敎師)가 내(來)하여 시무(視務)하다.

이원군(利原郡) 곡구교회(谷口敎會)에서 노회(老會)의 허락(許諾)을 받고 본면(本面) 장리교회(場里敎會)와 합(合)하여 장로(長老)를 선택장립(選擇將立)하다.

웅기교회(雄基敎會)에서 3,000여원(三千餘圓)의 거액(巨額)으로 예배당(禮拜堂)을 신건축(新建築)하다.

1923년(一九二三年) 계해(癸亥)에 나남교회(羅南敎會)에서는 회령(會寧) 선교사(宣敎師)의 보조(補助)를 받아 김상봉여사(金相奉女史)를 조사(助師)로 영빙시무(迎聘視務)ㅎ게 하다.

명천군(明川郡) 와연동교회(瓦硯洞敎會)에서 장로(長老) 2인(二人)을 투표(投票)한 결과(結果) 이영순(李永淳), 손용한(孫龍漢) 양씨(兩氏)가 피선(被選)되다.[352]

회령교회(會寧敎會)에서 최경재(崔璟在)를 조사(助師)로 택(擇)하여 목사(牧師)로 취임(就任)하기까지 조사(助師)로 시무(視務)ㅎ게 하다.

회령교회(會寧敎會)에서 신학교(神學校)를 졸업(卒業)한 본(本) 교회(敎會)의 조사(助師) 최경재(崔璟在)를 익년(翌年) 1월(一月)에 목사(牧師)로 장립(將立)하여 시무(視務)ㅎ게 하다. 금년(今年) 8월(八月)에 남윤용(南潤鎔), 안흥태(安興泰) 2인(二人)을 장로(長老)로 장립(將立)하여 시무(視務)ㅎ게 하다.

명천군(明川郡) 화태교회(花台敎會)에서 함북노회(咸北老會)의 허락(許諾)을 받아 와연동교회(瓦硯洞敎會)와 합(合)하다.

단천(端川) 여해진교회(汝海津敎會)에서 신예배당(新禮拜堂)을 건축(建築)하고 남녀교인(男女敎人) 60여인(六十餘人)에 달(達)하며 실(實)로 하나님의 은혜(恩惠)를 감사(感謝)하나라.

단천(端川) 장로교회(長老敎會)에서 선교사(宣敎師) 부록도(富錄道, [Samuel J. Proctor])씨(氏)의 도움을 받아 [매삭(每朔) 20일(二十日)] 조사(助師)까지 고빙(雇聘)하여 더욱 교회(敎會)는 재미있고 유망(有望)하게 되었느니라.

1924년(一九二四年) 갑자(甲子) 성진(城津) 사남면(寫南面) 예동교회(禮洞敎會) 이달화영수(李達和領袖)를 장로(長老)로 장립(將立)하여 시무(視務)ㅎ게 하다.

경성군(鏡城郡) 승암동교회(勝岩洞敎會)에서 함종흡(咸鍾洽), 장창일(張昌逸) 양인(兩人)을 장로(長老)로 장립(將立)하고 선교사(宣敎師) 업아력(鄴亞力, [A. F. Robb])으로 당회(堂會)가 비로소 조직(組織)되다.

이원군(利原郡) 곡구교회(谷口敎會)에서 신도(信徒)의 열심연보(熱心捐補)로 시년(是年)에 비로소 예배당(禮拜堂)을 건축(建築)하였다.

이원군(利原郡) 서면(西面) 이덕리교회(梨德里敎會)에서 이창규(李昌圭)가 계속피선(繼續被選)되어 장립시무(將立視務)하다.

명천군(明川郡) 화태교회(花台敎會)에서 시년(是年)에 지(至)하여 교회(敎會)가 대(大)히 진흥(進興)하다.

명천군(明川郡) 화태교회(花台敎會)에서 손룡(孫龍), 이영수(李永洙) 2인(二人)을 장로(長老)로 장립(將立)하고 시무(視務)ㅎ게 하니 비로소 당회(堂會)가 조직(組織)되다. 갑산(甲山) 혜산진교회(惠山鎭敎會)에서 하윤청(河允淸)을 장로(長老)로 장립시무(將立視務)ㅎ게 하다.

단천장로교회(端川長老敎會)에서 예배당(禮拜堂)을 증축(增築)하였다.

3. 전도(三, 傳道)

1918년(一九一八年) 무오(戊午)에 장백현(長白縣) 동평덕교회(東平德敎會) 조사(助師) 이은경(李殷卿), 이동직(李東直)으로 열심전도(熱心傳道)ㅎ게 한 결과(結果) 진빙(眞石), 동작동(東作洞), 달나자(達羅子)에 각각(各

各) 예배처소(禮拜處所)가 성립(成立)ᄒ게 되다.[353]

1920년(一九二〇年) 경신(庚申)에 회령읍교회(會寧邑敎會)가 고령진(高嶺鎭)에 전도(傳道)하다. 초(初)에 열심전도(熱心傳道)하여 수십여(數十餘) 신자(信者)가 유(有)하더니 본지(本地) 여도(女徒) 한씨(韓氏)의 불미행위(不美行爲)로 인(因)하여 폐지(廢止)되고, 궐후(厥後)에 목사(牧師) 길선주(吉善宙)의[와] 김익두(金益斗)를 청요(淸邀)하여 양차(兩次) 부흥전도(復興傳道)에 낙심자(落心者)가 복소(復蘇)하며 신입자(新入者)가 봉기(蜂起)하여 은혜(恩惠)가 풍성(豊盛)하매 본회(本會) 기독청년회(基督靑年會) 활동(活動)으로 고령진(高嶺鎭)에 전도(傳道)를 계속(繼續)하니 남윤용(南潤鎔)이 전도인(傳道人)으로 피선(被選)하다. 본지(本地) 전흥운(全興雲)가(家)로 예배장소(禮拜場所)를 작정(作定)하다.

1923년(一九二三年) 계해(癸亥)에 경성읍교회(鏡城邑敎會)가 김익두목사(金益斗牧師)를 청요(請邀)하여 부흥전도(復興傳道)하여 노춘섭(盧春燮)이 자원전도(自願傳道)하여 생기령(生氣嶺)에 교회(敎會)가 설립(設立)하다.

웅기교회(雄基敎會)가 설립(設立)된 이래(以來)로 개인전도(個人傳道)에 노력(努力)한 바 장로(長老) 문병호(文秉浩)가 여전도인(女傳道人)의 봉급(俸給)을 자담전도(自擔傳道)하고 경북전도회(鏡北傳道會)에 참가(參加)하여 출연전도(出捐傳道)하였다.

경성군(鏡城郡) 영원동교회(永遠洞敎會)는 6, 7교회우(六七敎會友)의 자녀(子女) 상거초원(相距稍遠)으로 예배당(禮拜堂)에 내왕(來往)ᄒ지 못하므로 유감(遺憾)으로 사유(思惟)하고 3간(三間) 초옥(草屋)을 신축(新築)하여 주일학교(主日學校)를 조직(組織)하니 김성남(金成男), 김용국(金用國), 김용남(金用男) 등(等) 청년(靑年)이 상호(相互) 교수(敎授)하매 1개(一個) 호전도기관(好傳道機關)이 성취(成就)하였다.

경원읍교회(慶源邑敎會)에서 부인전도회(婦人傳道會)를 조직(組織)하고 월연금(月捐金)을 수집(收集)하여 장래전도사업(將來傳道事業)을 준비(準備) 중(中)이며 무산읍교회(茂山邑敎會)는 조사(助師) 한응구(韓應九)의 열심전도(熱心傳道)로 서강촌(西江村)에 기도처소(祈禱處所)와 유동예배당(幽洞禮拜堂)과 삼강구(三江口)에 기도회소(祈禱會所)와 송평장(松坪場)에 교회(敎會)가 설립(設立)되었다.

청진부(淸津府) 신암동교회(新岩洞敎會)가 경성군(鏡城郡) 수성동(輸城洞)과 주촌(朱村)에 전도(傳道)한 결과(結果) 교회설립(敎會設立)하고, 동해연안(東海沿岸)에 예배처소(禮拜處所)와 포항동(浦項洞), 신도동(新道洞) 예배처소(禮拜處所)와 예배당(禮拜堂)도 성립(成立)하였다.

청진(淸津) 포항교회(浦項敎會)는 나남교회(羅南敎會)와 합동(合同)하여 전도인(傳道人) 박태섭(朴泰燮)을 경성주촌(鏡城朱村)에 파견(派遣)하여 전도(傳道)하고 선교회(宣敎會)와 합(合)하여 여전도인(女傳道人)을 파송(派送)하며 경북전도회(鏡北傳道會)에 참가(參加)하여 출연전도(出捐傳道)하였다.

4. 환난(四, 患難)

1919년(一九一九年) 기미(己未)에 3·1사건(三一事件)으로 인(因)하여 간도교회(間島敎會)는 풍운(風雲)이 제수(霽收) 할 일(日)이 무(無)하였으니 6개(六盖) 용정시(龍井市)를 중심(中心)으로[354] 하고 수만군중(數萬群衆)이 열광(熱狂)으로 운집(雲集)하여 만세(萬歲)를 병창(竝唱)하는 중(中) 중국(中國) 육군(陸軍)에게 총살(銃殺)을 당(當)한 자(者) 17인(十七人)이오, 구류감금(拘留監禁)된 교인(敎人)과 교회(敎會)의 곤란(困難)은 불가형언(不可形言)이며 외타(外他) 각(各) 교회(敎會)도 곤란(困難)의 파급(波及)을 당(當)하였다.

회령읍교회(會寧邑敎會)는 3·1사건(三一事件)으로 교회직원(敎會職員)과 학교교원(學校敎員)이 주목(注目)을 수(受)하여 감금(監禁)을 당(當)하니 예배(禮拜)를 금지(禁止)하며 회당(會堂)을 파쇄(破碎)하고 박해(迫害)가 자심(滋甚)하였다.

1920년(一九二〇年) 경신(庚申)에 토벌대(討伐隊)가 간도(間島)에 입(入)하여 〇〇파(派)를 토벌(討伐)하는 중(中) 청산(靑山) 백운교회(白雲敎會)는 촌락(村落)이 전부(全部) 함락(陷落)되는 때에 예배당(禮拜堂)과 학교(學校)는 소실(燒失)되고 참살(慘殺)을 당(當)한 자(者) 9인(九人)이오 가옥(家屋)은 다 소실(燒失)되고, 간장암교회(間獐岩敎會)는 동민(洞民) 33인(三十三人)이 참살(慘殺)을 당(當)하였고, 5가(五家) 전소(全燒) 시(時)에 교우(敎友) 14인(十四人)이 즉사(卽死)하였으며, 예배당(禮拜堂)과 학교(學校)는 전소(全燒)하고, 양정자교회(揚亭子敎會)도 예배당(禮拜堂)과 학교(學校)가 소실(燒失)되었다. 용정(龍井)에서 다년(多年) 권서(勸書)하던 이근(李根)과 의란(依蘭), 구혼(溝琿), 춘남(春南), 별리(別里) 등(等) 교회장로(敎會長老) 김문순(金文舜), 이명순(李明淳)과 교인(敎人) 50명(五十名)이 참살(慘殺)되었고 입감영면자(入監永眠者)와 징역선고(懲役宣告)를 수(受)한 자(者) 다수(多數)를 유리표박(流離飄迫)과 행방불명자(行方不明者)가 불가승수(不可勝數)더라.

동년(同年)에 장백현교회(長白縣敎會)가 3·1사건(三一事件)으로 인(因)하여 3수군(三水郡) 주재(駐在) 경관(警官)에게 예배당(禮拜堂)은 충화(衝火)를 당(當)하고 교인(敎人)은 포박(捕縛)을 당(當)하였으며, 장백현(長白縣) 중국경관(中國警官)에게 압송(押送)하여 벌금(罰金)을 징납(徵納)하고 출방(出放)하매 이은향(李殷鄕) 가(家)에 예배(禮拜)하였다.

동년(同年) 동(冬)에 토벌대(討伐隊) 장기중좌(將岐中佐) 명령(命令)으로 산붕지기(山崩地坼)할 시(時)라 목사(牧師), 장로(長老), 조사(助師), 교역자(敎役者) 전부(全部)는 자족(自足)으로 설상빙정(雪上氷程)에 왕래(往來)하며 구금(拘禁) 중(中) 고초(苦楚)를 당(當)함과 가옥수색(家屋搜索)으로 곤란(困難)을 경과(經過)하는 중(中)에 더욱 기도(祈禱)하여 신(神)의 위자(慰藉)를 다수(多受)하였으며 명동교회(明東敎會)는 중학교실(中學校室)과 9,000여원(九千餘圓) 가치(價値)의 비품(備品)을 전부(全部)하고, 교인(敎人) 중(中)에 허익근(許益根), 박용훈(朴龍勳), 최홍택(崔鴻澤) 3인(三人)이 참살(慘殺)을 당(當)하고, 김병영(金炳榮)은 중국육군(中國陸軍)에게 총살(銃殺)되었으며, 한상수(韓相洙), 장성순(張成順)은 사형(死刑)에 처(處)하고, 기여(其餘)는 복역자(服役者)와 구금자(拘禁者)가 90여인(九十餘人)이더라.

장은평교회(藏恩坪教會)는 가산(家産) 전부(全部)를 소실(燒失), 견소자(見燒者)와 피수자(被囚者)가 합(合) 십여인(十餘人)이고, 합마당교회(蛤蟆塘教會)에는 가옥(家屋) 3호(三戶) 소실(燒失)되고 피살자(被殺者) 3인(三人)이며, 구세동교회(救世洞教會)는 토벌대(討伐隊)에게 혹독(酷毒)한 환난(患難)을 형언(形言)할 수 없이 경과(經過)하고 가옥(家屋)이 역시(亦是) 피소(被燒)하였다. 기여(其餘) 합회(合會)의 소조환난(所遭患難)은 일일(一一)이 구거(救擧)하기 난(難)하였다.[355]

1923년(一九二三年) 계해(癸亥)에 성진(城津) 농성동교회(農城洞教會)가 전토(田土), 삼림(森林), 기지(基地) 등(等) 사(事)로 무리소송(無理訴訟)을 당(當)하여 무한(無限)한 곤란(困難)을 당(當)하였다가 순(順)히 승리(勝利)하였다.

5. 교육(五, 教育)

1919년(一九一九年) 기미(己未) 이래(以來)로 간도(間島) 각(各) 교회(教會)가 교육(教育)에 일층전력(一層專力)하여 각기(各其) 세력(勢力)대로 남녀학교(男女學校)를 설립(設立)하고 자녀(子女)를 교수(教授)하다. 양무정자교회(揚武亭子教會)와 모아교회(帽兒教會)와 호천포교회(湖泉浦教會)와 만진기교회(滿眞基教會)와 국자술교회(局子術教會)가 숭신학교(崇信學校) 등(等) 남녀학교(男女學校)를 유지(維持)하게 하다. 간장암교회(間獐岩教會)와 남양동교회(南陽洞教會)와 광제암교회(光濟岩教會)와 합마당교회(蛤蟆塘教會)와 구세동교회(救世洞教會)와 광제촌교회(光濟村教會)와 하동(河東) 성남구교회(城南溝教會)와 영생동교회(永生洞教會)와 혼춘교회(琿春教會)와 일송정교회(一松亭教會)와 금당촌교회(金塘村教會)가 각기(各

其) 남녀학교(男女學校)를 설립(設立)하고 교육발전(敎育發展)에 노력(努力)하였다.

와룡동교회(臥龍洞敎會)는 남녀소학교(男女小學校)를 설립(設立)하고 중등학교(中等學校)도 계속병립(繼續並立)하여 명명(命名) 창동학원(昌東學院)이라 하다.

명동교회(明東敎會)가 교육기관(敎育機關)을 노력확장(努力擴張)할 때 남녀소학교(男女小學校)와 고등과(高等科)를 설립(設立)하고 열성(熱誠)으로 자녀(子女)를 배양(培養)하고 중등졸업생(中等卒業生) 백여명(百餘名)을 산출(産出)하였다. 소이(所以)로 명동(明東)은 간도(間島)에 궐라파(厥羅巴)라는 칭예(稱譽)를 수(受)하였다.

장은평교회(藏恩坪敎會)는 남녀학교(男女學校)를 설립(設立)한 중고등과(中高等科)와 보습료(補習料)를 치(置)하여 교육(敎育)에 편의(便宜)를 여(與)하였으며, 혼춘(琿春) 두도구교회(頭道溝敎會)와 형납자교회(炯硇子敎會)와 관지구교회(關支溝敎會)와 전선촌교회(電線村敎會)와 중강자교회(中崗子敎會)와 태양동교회(太陽洞敎會)와 응암교회(應巖敎會)와 동불사교회(銅佛寺敎會)와 회막동교회(灰幕洞敎會)와 은동자교회(銀銅子敎會)와 무풍촌교회(舞風村敎會)와 영신동교회(永信洞敎會)와 동구교회(東溝敎會) 등(等) 제교회(諸敎會)에도 남녀소학교(男女小學校)를 설치(設置)하여 교육(敎育)을 전진(前進)ㅎ게 하다.

6. 진흥(六, 振興)

1919년(一九一九年) 기미(己未)에 경흥읍교회(慶興邑敎會)는 설립(設立)한지 불구(不久)에 조사(助師) 채필근(蔡弼近)이 열심전도(熱心傳道)하여 교회점흥(敎會漸興)하였다.

경흥군(慶興郡) 고읍교회(古邑敎會)는 본시(本是) 동아기독교회(東亞基督敎會)로 장로회(長老會)에 가입(加入)하여 교우(敎友)는 불과수인(不過

數人)이더니 조사(助師) 채필근(蔡弼近)이 열심전도(熱心傳道)하므로 40여명(四十餘名) 교우(敎友)에 달(達)하고 6간(六間) 예배당(禮拜堂)을 신축(新築)하였으며 기후(其後) 김관식(金觀植), 정기헌(鄭耆憲)이 목사(牧師)로 차제시무(次第視務)하는 중(中) 최치수(崔致秀)가 회개(悔改)하고 열심전도(熱心傳道)하므로 교인(敎人)이 증가진흥(增加進興)하였다.[356]

제 16장
의산노회(義山老會)

1919년 기미 3월 1일에 전조선적(全朝鮮的)으로 인심(人心)이 일전(一轉)하여 ○○[독립]을 선언하고 만세를 병창(並唱)하다. 대저(大抵) 차사(此事)는 전 조선민족이 동일한 사상과 동일한 기분으로 협력 공진한 것인데 특히 교회가 운동에 중심으로 간주되어 교역자와 유직자와 평신도에 이르기까지 혹 재감(在監)하고 혹 복역(服役)하며 혹 횡사(橫死)하고 혹 유리(流離)하며 혹 거국(去國)하여 고통과 비운을 당한 자가 부지기수(不知幾數)요, 또 각처에 예배당이 피소(被燒)한 곳 역시(亦是) 불소(不少)하더라.

의산노회, 조선예수교장로회사기 하

1. 총론(一, 總論)

(1) 노회설립(一, 老會設立)

1918년(一九一八年) 무오(戊午) 11월(十一月) 27일(二十七日)에 의산노회(義山老會) 제 1회(第一回)가 성립(成立)하다. 본(本) 노회(老會)는 평북노회(平北老會)로부터 분립(分立)한 바니 교회(敎會)가 울흥(鬱興)하여 단일(但一) 평북노회(平北老會)로 교도(敎導)와 치리(治理)에 주편(周遍)하

기 불능(不能)한지라 목사(牧師) 김현모(金賢模), 김창건(金昌鍵) 등(等)이 솔선(率先)하여 노회분립(老會分立)을 계획(計劃)하고, 총회(總會)에 헌의(獻議)함이 승인(承認)을 얻어서 차일(此日)에 노회(老會)를 조직(組織)하고 의산노회(義山老會)라 명명(命名)하니, 의주 이외(義州以外)의 삭주(朔州), 창성(昌城), 벽동(碧潼) 3산군(三山郡)을 합(合)한 의미(意味)에서 칭(稱)함이라. 교회(敎會)는 70여처(七十餘處)요, 신도(信徒)는 13,000여인(一萬三千餘人)이라. 영광(榮光)과 찬송(讚頌)은 신(神)에게 영귀(永歸)할지어다. 직원(職員)은 회장(會長) 선교사(宣敎師) 위대모(魏大模, [Norman C. Whittemore]), 서기(書記) 장덕로(張德魯), 회계(會計) 김승만(金承萬)이었다.

(2) 노회의안(二, 老會議案)

각(各) 지방(地方) 정형(情形)을 명찰(明察)하기 위(爲)하여 시찰구역(視察區域)을 3구(三區)로 분(分)하니, 삭주(朔州), 창성(昌城), 벽동(碧潼)을 산군시찰(山郡視察)로 하고, 의주동편(義州東便)은 의동시찰(義東視察)로 하였으며, 의주서편(義州西便)은 의서시찰(義西視察)로 하다. 피택장로(被擇長老) 삼하교회(三下敎會)의 백택순(白擇順), 관리교회(舘里敎會)의 안사묵(安思默), 용산교회(龍山敎會)의 최예경(崔藝競), 남동교회(南洞敎會)의 이용근(李用根), 벽동교회(碧潼敎會)의 김태형(金泰亨), 태평동교회(太平洞敎會)의 최홍구(崔洪九), 수구교회(水口敎會)의 김두만(金斗萬), 태산교회(台山敎會)의 이영록(李永祿), 의주동[교]회(義州東[敎]會)의 문봉명(文奉明) 등(等) 합(合) 9인(九人)을 장로(長老)로 안수(按手)하기로 허락(許諾)하다. 신학(神學) 5년생(五年生) 최명준(崔明俊), 조승윤(趙承允), 조유승(趙有承), 이봉태(李鳳泰)와 4년생(四年生) 김승만(金承萬), 2년생(二年生) 백일종(白一鍾), 신봉우(申鳳迂), 김태주(金泰周) 등(等) 8인(八人)의 취학(就學)을 허락(許諾)하고, 신입학(新入學)을 청원(請願)한 김이순(金利淳), 이규세(李奎世) 양군(兩君)은 입학(入學)을 허락(許諾)하다. 벽동군(碧

潼郡) 태평회(太平會), 장토회(將土會), 창평회(昌平會) 등(等) 3처(三處)에 박응규(朴應奎)를 조사(助事)로 파송(派送)하고, 동군(同郡), 학면(鶴面), 남면(南面), 성면(城面) 3교회(三敎會)와 창성군(昌城郡) 대유(大楡), 청룡(靑龍) 2교회(二敎會)를 합(合)하여 홍택기(洪澤祺)를 조사(助事)로 파송(派送)하고, 의주군(義州郡) 미산(美山), 수구(水口), 식송(植松), 연봉 4교회(四敎會)에[357] 이규세(李奎世)를 조사(助事)로 파송(派送)하다. 학무부(學務部) 청원(請願)에 의(依)하여 본(本) 노회하(老會下)에 주일학교(主日學校) 협의회(協議會)를 설치(設置)하다. 전도부(傳道部) 청원(請願)에 의(依)하여 의결(議決)함이 여하(如下)하니 의서부인전도회(義西婦人傳道會) 위탁(委托)으로 지나(支那) 관전(寬甸)에 산재(散在)한 동포(同胞)를 위(爲)하여 전도인(傳道人)을 파송(派送)하되 북부(北部)에 이경호, 남부(南部)에 박봉열이요, 삭주부인전도회(朔州婦人傳道會) 위탁(委托)으로 창성(昌城) 1군(一郡)에 김찬정을 전도인(傳道人)으로 파송(派送)하고 본(本) 노회(老會) 전도부(傳道部) 경영(經營)으로 지나(支那) 봉천성(奉天省)에 김강선을 전도목사(傳道牧師)로 파송(派送)하다. 의주(義州) 동서교회(東西敎會)가 연구(年久)히 불목(不睦)하여 불신사회인(不信社會人)까지 조소(嘲笑)함으로 본(本) 노회(老會)가 위원(委員)을 택(擇)하여 서교회(西敎會) 목사(牧師) 김창건(金昌鍵) 이하(以下) 유직(有職)과 동교회(東敎會) 목사(牧師) 유여대(劉如大) 이하(以下) 제직(諸職)을 권유(勸喩)하다. 본(本) 노회(老會) 사기(史記)를 편집(編輯)하게 하다. 춘추(春秋)로 전노회(全老會) 도사경회(都査經會)를 개최(開催)하여 일반(一般) 제직(諸職)과 교우(敎友)의 신앙(信仰)을 견고(堅固)ㅎ게 하다.

  1919년(一九一九年) 기미(己未) 9월(九月) 22일(二十二日)에 의산노[회](義山老[會]) 제 2회(第二回)가 의주동교회(義州東敎會)에서 회집(會集)하여 직원(職員)을 선정(選定)하고 사무(事務)를 집행(執行)하니 회장(會長) 안승원(安承源), 서기(書記) 김석항(金碩伉), 회계(會計) 문봉명(文奉明)이더라. 마룡교회(麻龍敎會) 고승환(高承煥), 체마교회(替馬敎會) 김계수, 중서교회(中瑞敎會) 김치화(金致和) 3인(三人)은 장로안수(長老按手)를 허락

(許諾)하고, 벽동군(碧潼郡) 남중동(南中洞), 성상동(城上洞), 벽서(碧西), 추구비 4교회(四敎會)에 김영화를 조사(助事)로 허락(許諾)하고, 창성읍(昌城邑), 사창, 전창, 대유 4교회(四敎會)에 박봉철(朴奉喆)을 조사(助事)로 허락(許諾)하고, 벽동군(碧潼郡) 권만, 태평, 장토, 창평 4교회(四敎會)에 양준식(梁俊湜)을 선교사(宣敎師) 남행리(南行里, [Henry Willard Lampe])와 동사목사(同事牧師)로 허락(許諾)하고, 의주군(義州郡) 위화(威化) 상단동(上端洞), 북하동(北下洞) 양교회(兩敎會) 목사(牧師) 김현모(金賢模)의 사직원(辭職願)은 의원허락(依願許諾)하다.

1920년(一九二〇年) 경신(庚申) 1월(一月) 27[일](二十七[日])에 의산교회(義山敎會) 제 3회(第三回)가 의주읍교회(義州邑敎會)에서 회집(會集)하여 사무(事務)를 집행(執行)하니 직원(職員)은 여전(如前)하다. 토교(土橋), 산정(山亭), 유초(柳草) 3교회(三敎會)에서 조유승(趙有承)을 선교사(宣敎師) 위대모(魏大模, [Norman C. Whittemore])와 동사목사(同事牧師)로, 북상(北上), 하단(下端), 안동(安東) 3교회(三敎會)에서 양준식(梁俊湜)을 위대모(魏大模, [Norman C. Whittemore])와 동사목사(同事牧師)로 위임(委任)하고, 신의주교회(新義州敎會)에 장성식(張晟栻), 읍동교회(邑東敎會)에 최득의(崔得義), 광성(光城) 마전교회(麻田敎會)에 홍하순(洪河順), 설천(雪川), 용운(龍雲), 수구(水口), 미산(美山), 송천(松川), 추동(鷲洞) 6교회(六敎會)에 나자승(羅子承), 위원(威遠) 중단교회(中端敎會)에 김도순(金道淳), 관리(舘里), 삼하(三下) 양교회(兩敎會)에 김응도(金應道), 천마(天摩), 창회(倉會), 중단(中端), 춘곡(春谷), 삼하(三下) 5교회(五敎會)에 박응규(朴應奎) 제씨(諸氏)를 조사(助事)로 시무(視務)하게 하다. 김벽항목사(金碧伉牧師)의 벽동교회(碧潼敎會) 사직원(辭職願)은 허락(許諾)하고 체마(替馬), 당후(堂後) 양교회(兩敎會)에 임시목사(臨時牧師)로 허락(許諾)하다. 김도순(金道淳)은 신학교(神學校)에 입학(入學)하게 하다.

1920년(一九二〇年) 9월(九月)에 의산노회(義山老會) 제 4회(第四回)가 의주(義州) 고성면(古城面) 용산교회(龍山敎會)에서 회집(會集)하여 사무(事務)를 집행(執行)하니 직원(職員)은 회장(會長)에 선교(宣敎)[358]사(師)

남행리(南行里, [Henry Willard Lampe]), 서기(書記) 김석항(金碩伉), 회계(會計) 강성태(姜成泰)였더라. 체마교회(替馬敎會)에 최명준(崔明俊), 삭주군(朔州郡), 대관(大舘), 창신 양교회(兩敎會)에 임(林)준열, 벽동군(碧潼郡) 태평(太平), 장토, 창평 3교회(三敎會)에 박정흠(朴貞欽), 창성군(昌城郡)에 이원범(李元範), 옥상(玉尙), 가산(嘉山)에 김청달(金淸達), 월화면(月華面)과 고령(高寧), 삭면남부(朔面南部)에 신봉정(申鳳廷), 고관면(古舘面) 남부(南部) 고도(古都)에 최국인(崔國仁) 등(等) 제씨(諸氏)를 조사(助事)로 시무(視務)하게 하다. 본(本) 노회(老會)가 교회진흥부(敎會振興部)를 설치(設置)하고 진흥전도대(振興傳道隊)를 조직(組織)하니 산군(山郡) 시찰경내(視察境內)에 5인(五人), 의서(義西) 시찰경내(視察境內)에 7인(七人), 의동 시찰경내(視察境內)에 5인(五人), 합(合) 17인(十七人)이더라. 신의주(新義州), 미륵동(未勒洞) 양교회(兩敎會)에 김병농(金炳禯)과 용상(龍上), 남제(南齊), 남산(南山) 3교회(三敎會)에 김석항(金碩伉)을 임시목사(臨時牧師)로 시무(視務)하게 하다. 벽동군(碧潼郡) 우장시(市)에 양광순(梁光順)을 전도인(傳道人)으로 파송(派送)하다. 3·1사건(三一事件)으로 소실(燒失)된 예배당(禮拜堂)을 위(爲)하여 본(本) 경내(境內) 각(各) 교회(敎會)가 일제(一齊) 연금(捐金)하게 도령 윤창적(尹昌迪), 유초(柳草) 장덕권(張德權), 읍서교회(邑西敎會) 김병륜(金炳綸), 대관(大舘) 김문보(金文甫) 4인(四人)에게 장로안수(長老按手)하기를 허락(許諾)하다. 관리(舘里), 삼하(三下) 양교회(兩敎會)에 이준화(李俊化)를 임시목사(臨時牧師)로 시무(視務)하게 하다.

 1921년(一九二一年) 신유(辛酉) 2월(二月)에 의산노회(義山老會) 제5회(第五回)가 의주군(義州郡) 춘현면(杶峴面) 체마교회(替馬敎會)에서 회집(會集)하여 사무(事務)를 집행(執行)하니 직원(職員)은 여전(如前)하다. 삭주읍(朔州邑), 신안 양교회(兩敎會)에 김명봉(金鳴鳳), 신풍(新豊), 원리, 우량 3교회(三敎會)에 김치화(金致化), 창성읍교회(昌城邑敎會)에 장인화, 청전(靑田), 창원(昌元), 소수(小水), 대문(大門) 4교회(四敎會)에 이(李)영수, 체마교회(替馬敎會)에 김인환, 창회(倉會), 천마(天摩), 차유령(車踰領) 3교회(三敎會)에 안(安)태염 등(等) 제군(諸君)을 조사(助事)로 허락(許諾)하다. 최명준(崔明俊)을 목사(牧師)로 장립(將立)하여 체마교회(替馬敎會)를 위임(委任)하고 상단(上端), 북하(北下), 안동(安東) 3교회(三敎會)는 박인도목사(朴麟道牧師)에게 위임(委任)하고, 남상(南上), 남제(南齊), 용상(龍上) 3교회(三敎會)는 김석항목사(金碩沆牧師)에게 위임(委任)하다. 봉천성(奉天省)에 양준식(梁俊湜)을 전도목사(傳道牧師)로 파송(派送)하고 창성영남(昌城嶺南)에 이원식과 삭주동남(朔州東南)에 백태순을 전도인(傳道人)으로 파송(派送)하다. 목사(牧師) 김현모(金賢模)는 경남노회(慶南老會)에 이명(移名)하다. 이원범(李元範), 이영수, 박세형, 김선필 4인(四人)은 신학교(神學校)에 입학(入學)을 허락(許諾)하다. 창회(倉會) 문운국, 산정(山亭) 양성룡, 영평(永平) 조만용 3인(三人)의 장로안수식(長老按手式)을 허락(許諾)하다.

동년(同年) 8월(八月)에 의산노회(義山老會) 제 6회(第六回)가 의주군(義州郡) 관리교회(舘里敎會)에서 회집(會集)하여 사무(事務)를 집행(執行)하니 직원(職員)은 회장(會長) 김석항(金碩沆), 서기(書記) 홍하순(洪河順), 회계(會計) 강성태(姜成泰)더라. 신학(神學) 1년생(一年生) 김태주(金泰周), 김(金)선필, 김경수, 조시병 4인(四人)의 취학(就學)을 허락(許諾)하고 김지웅(金志雄)은 신입(新入)을 허락(許諾)하다. 본(本) 노회(老會) 진흥부(振興部)를 주일학교(主日學校) 진흥부(振興部)로 변경(變更)하고 전노회경내(全老會境內) 대강습회(大講習會)와 각(各) 지방(地方)에 소강습회(小講習會)하는 일을 주장(主張)하게[359] 하다. 산정(山亭), 유장(柳章), 토교(土橋) 3교회(三敎會)에서 장성식(張晟栻)을 목사(牧師) 조유승(趙有承) 출감(出監) 시(時)까지 조사(助事)로 시무(視務)하게 하고, 영평(永平), 남동(南洞), 마룡(麻龍) 3교회(三敎會)에서 김지웅(金志雄)을 조사(助事)로, 벽동(碧潼), 대대교회(大垈敎會)에 김(金)도성을 조사(助事)로, 창성(昌城), 대유교회(大楡敎會)에서 조용학(趙用學)을 조사(助事)로 시무(視務)하게 하다. 선천신성학교(宣川信聖學校) 교장(校長)의 청원(請願)에 의(依)하여 본(本) 노회(老會) 내(內)에 신성학교(信聖學校) 협찬부(協贊部)를 설치(設置)하다. 유초(柳草) 김봉삼(金奉三), 도령 이세하, 동상(東上) 백세론, 용운(龍雲) 김정화, 토교(土橋) 김병율, 벽동읍(碧潼邑) 권익섭(權翊燮) 6인(六人)의 장로안수식(長老按手式)을 허락(許諾)하다. 의서부인전도회(義西婦人傳道會) 위탁(委托)으로 지나(支那) 봉천성(奉天省)에 김이순과 경북(慶北) 안동(安東)에 염동일(廉東一)을 파송전도(派送傳道)하게 하고, 의동부인전도회(義東婦人傳道會) 위탁(委托)으로 벽동(碧潼) 우장에 양(梁)광순을 파송전도(派送傳道)하게 하고, 산군(山郡) 위탁(委托)으로 삭주남부(朔州南部)에 백택순을 파송전도(派送傳道)하게 하다. 신의주(新義州)와 미륵동(未勒洞) 양교회(兩敎會)에 한석진(韓錫晋)을 임시목사(臨時牧師)로, 벽동읍교회(碧潼邑敎會)에 김병농(金炳穠)을 임시목사(臨時牧師)로 허락(許諾)하다.

1922년(一九二二年) 임술(壬戌) 2월(二月) 7일(七日)에 의산노회(義山老會) 제 7회(第七回)가 신의주예배당(新義州禮拜堂)에 회집(會集)하여 사무(事務)를 집행(執行)하니 직원(職員)을 여전(如前)하다. 김인환, 장인환, 최재형(崔在亨), 양은석 4인(四人)은 신학교(神學校)에 신입(新入)을 허락(許諾)하다. 신학준사(神學準士) 최득의(崔得義)는 고령(高寧), 삭삼교회(朔三敎會) 목사(牧師)로 장립(將立)하고 읍서교회(邑西敎會) 정명채(鄭明采)와 광평구역(廣平區域)에 이봉태, 월화(月華), 남동구역(南洞區域)에 최국인(崔國仁)을 조사(助事)로 시무(視務)하게 하다. 의주동교회(義州東敎會)의 강용상(康龍祥), 서교회(西敎會)의 박봉근(朴奉根), 김유근(金有根), 창회(倉會)의 조난철, 박응규, 영평교회(永平敎會)의 김경수, 월화(月華) 주음교회(奏音敎會)의 조신관, 백마교회(白馬敎會)의 김이선, 미륵동교회(未勒洞敎會)의 장(張)관흠, 횡산교회(橫山敎會)의 김인직(金仁稷), 용산교회(龍山敎會)의 백지엽(白志燁), 낙원교회(樂元敎會)의 김병훈, 정의건, 사창교회(敎會)의 이원범 제씨(諸氏)에게 장로안수식(長老按手式)을 허락(許諾)하다.

목사(牧師) 양준식(梁俊湜)은 7계(七誡) 혐의(嫌疑)로 본직(本職)을 면(免)하다. 지방(地方) 전도비(傳道費)로 목사(牧師) 김병직(金炳稷)을 봉천(奉天)에 파송전도(派送傳道)하게 하고, 의동부인전도회(義東婦人傳道會)의 위탁(委托)으로 임척호를 벽동(碧潼) 우량에, 의서부인전도회(義西婦人傳道會) 위탁(委托)으로 염동일(廉東一)을 창성(昌城) 우민에 파송전도(派

送傳道)ㅎ게 하다.

　동년(同年) 4월(四月) 15일(十五日)에 삭주(朔州) 대관리교회(大舘里敎會)에 별노회(別老會)가 회집(會集)하여 신학준사(神學準士) 임준철(林俊哲)을 목사(牧師)로 장립(將立)하다.

　동년(同年) 8월(八月) 29일(二十九日)에 의산노회(義山老會) 제 8회(第八回)가 의주읍(義州邑) 동교회(東敎會)에서 회집(會集)하여 사무(事務)를 집행(執行)하니 직원(職員)은 회장(會長)에 위대모(魏大模, [Norman C. Whittemore]), 서기(書記) 홍하순(洪河順), 회계(會計) 강성태(姜成泰)였더라. 평북노회(平北老會)에서 지나(支那) 안봉구역(安奉區域)을 전도인사택(傳道人舍宅)까지 본(本) 노회(老會) 관하(管下)에 양여(讓與)하여 접수(接受)하[360]다. 의주읍(義州邑) 서교회(西敎會) 목사(牧師) 김창건(金昌鍵)은 교무불근신(敎務不謹愼)한 혐의(嫌疑)로 전교회(全敎會)가 불신임(不信任)하는 형편(形便)임으로 본(本) 교회(敎會) 제직원회(諸職員會)와 본(本) 시찰부원(視察部員)이 합동결의(合同決議)하여 시무(視務)를 정지(停止)함을 보고(報告)하다. 의주읍(義州邑) 서교회(西敎會) 목사(牧師) 김창건(金昌鍵), 고관(古舘) 토교구역(土橋區域) 목사(牧師) 송문정(宋文正) 2인(二人)의 사면원(辭免願)은 허락(許諾)하다. 그리고 의주읍(義州邑) 서교회(西敎會)에 김영훈(金永勳)을 임시목사(臨時牧師)로 시무(視務)ㅎ게 하다. 삭주읍(朔州邑)과 신안 양교회(兩敎會)에 홍석민(洪錫民), 신의주교회(新義州敎會)에 김옥련, 벽단구역(碧團區域)에 임척호, 창성(昌城) 대유동(大楡洞)에 오삼갑, 미륵동교회(未勒洞敎會)에 장인화 제군(諸君)을 조사(助事)로 허락(許諾)하다. 창성읍교회(昌城邑敎會)에서 평로동(洞)과 벽서교회(碧西敎會)에서 비풍동(洞)과 횡산교회(橫山敎會)에서 관북동(舘北洞) 3회(三會) 분립(分立)을 허락(許諾)하다. 지나(支那) 상해(上海)에 우재(寓在)한 이원익목사(牧師)는 7계범(七誡犯)으로 면직책벌(免職責罰)하여 상해(上海) 한인교회(韓人敎會)에 이명(移名)하고, 면직(免職)한 양준식(梁俊湜)은 안동교회(安東敎會)에 이명(移名)하다. 의주서교회(義州西敎會) 교인(敎人) 차광환의 김창건목사(金昌鍵牧師)를 상대(相對)로 한 소장(訴狀)은 증거(證

據)가 불충(不充)함으로 퇴각(退却)하다. 의서부인전도회(義西婦人傳道會) 위탁(委托)으로 창성(昌城) 우면에 염동일(廉東一), 경북(慶北) 안동(安東)에 유인성, 의동부인전도회(義東婦人傳道會) 위탁(委托)으로 삭주(朔州) 수풍면(面)에 김이순을 파송전도(派送傳道)하고 지방(地方) 전도비(傳道費)로 목사(牧師) 김병농(金炳穠)을 봉천(奉天)에 파송전도(派送傳道)하고 산군부인전도회(山郡婦人傳道會) 위탁(委托)으로 조지환을 지나(支那) 안봉구역(安奉區域)에 파송전도(派送傳道)하고, 지나(支那) 반양현구역(潘陽縣區域)에 김강선을 전도목사(傳道牧師)로 파송(派送)하니라.

1923년(一九二三年) 계해(癸亥) 2월(二月) 27일(二十七日)에 의산노회(義山老會) 제 9회(第九回)가 의주읍(義州邑) 서교회(西敎會)에 회집(會集)하여 사무(事務)를 집행(執行)하니 직원(職員)은 여전(如前)하다.

신학생(神學生) 김도순(金道淳), 김취곤(金聚坤), 김경수(金景秀), 최국인(崔國仁), 박봉철(朴奉喆), 김청달(金淸達) 6인(六人)의 취학(就學)을 허락(許諾)하고 정명(鄭明)채는 신학교(神學校)에 입학(入學)을 허락(許諾)하다. 신학준사(神學準士) 이봉태(李鳳泰)를 목사(牧師)로 장립(將立)하여 광평구역(廣平區域) 목사(牧師)로 순행(巡行)하게 하다. 북하(北下)에 장(張)구수, 관리(舘里)에 조영준, 삼하(三下)에 김시환, 동상(東上)에 이경춘, 창회(倉會)에 이익진, 삭주읍(朔州邑)에 홍석민, 월화 상단에 김문도(金文道) 7인(七人)에게 장로안수식(長老按手式)을 허락(許諾)하다. 의동부인전도회(義東婦人傳道會) 위탁(委托)으로 구(具)영록을 삭주(朔州) 동창(東倉)에, 산군부인전도회(山郡婦人傳道會)의 위탁(委托)으로 조용학을 옥상(玉尙) 작곡에, 벽동남전도회(碧潼男傳道會) 위탁(委托)으로 이경호를 동군(同郡) 가별면에, 본(本) 노회(老會) 전도비(傳道費)로 목사(牧師) 김병농(金炳穠)을 봉천(奉天)에, 조지환을 안봉구역(安奉區域)에 파송전도(派送傳道)하다. 벽동읍교회(碧潼邑敎會) 교인(敎人) 박형룡(朴亨龍)에게 천서(薦書)를 주어 미국(美國) 신학교(神學校)에 유학(留學)하게 하다.[361]

창성읍(昌城邑), 평진(平珍) 양교회(兩敎會)에 최재형(崔在亨), 고관구역(古舘區域)에 김병희(金炳熙)를 조사(助事)로 시무(視務)하게 하다. 의주읍(義州邑) 서교회(西敎會)에서 김영훈(金永勳)을 담임목사(擔任牧師)로, 광평구역(廣平區域)에서 이봉태를 선교사(宣敎師) 남행리(南行里, [Henry Willard Lampe])와 동사위임목사(同事委任牧師)로 허락(許諾)하다.

동년(同年) 8월(八月) 27일(二十七日)에 의산노회(義山老會) 제 10회(第十回)가 지나(支那) 안동현교회(安東縣敎會)에서 회집(會集)하여 사무(事務)를 집행(執行)하니 직원(職員)은 회장(會長) 최명준(崔明俊), 서기(書記) 홍하순(洪河順), 회계(會計) 김학련(金學鍊)이더라. 의주(義州) 동교회(東敎會)에서 장로(長老) 송(宋)인홍은 7계범(七誡犯)으로 면직책벌(免職責罰)하다. 유초교회(柳草敎會)에서 조학인(趙學仁), 창성군(昌城郡) 대유교회(大楡敎會)에서 조용학, 관리(舘里) 백마(白馬) 양교회(兩敎會)에서 김세홍 등(等) 3인(三人)을 조사(助事)로 허락(許諾)하다. 조사(助事) 임척호를 신학교(神學校)에 입학허락(入學許諾)하다. 각(各) 전도인(傳道人)은 여전(如前)히 파송(派送)하다. 체마(替馬)의 윤영섭, 남재(南齋)의 조상옥, 백마(白馬)의 김만곤, 영인평(永人平)의 조시병, 삭주대관(朔州大舘)의 전영식 5인(五人)의 장로안수식(長老按手式)을 허락(許諾)하다. 북하교회(北下敎會)에 김창건(金昌鍵)을 담임목사(擔任牧師)로 허락(許諾)하다. 목사(牧師) 조유승(趙有承), 이준화(李俊化)는 시무(視務)를 사면(辭免)하다. 신의주노회(新義州老會)의 불합(不合)을 인(因)하여 별노회(別老會)를 회집(會集)ㅎ게 하다.

1924년(一九二四年) 갑자(甲子) 2월(二月) 13일(十三日)에 의산노회(義山老會) 제 11회(第十一回)가 의주(義州) 체마교회(替馬敎會)에 회집시무(會集視務)하니 회장(會長)은 김영훈(金永勳), 서기(書記) 홍하순(洪河順), 회계(會計) 김학련(金學鍊)이더라. 신학생(神學生) 신봉정(申鳳廷), 김(金)병회, 홍하순(洪河順), 홍석민(洪錫民), 최재형(崔在亨), 이원범(李元範) 제군(諸君)을 취학허락(就學許諾)하다.

위화(威化) 상단교회(上端敎會)에 김홍식(金弘軾)을 조사(助事)로 허락(許諾)하고, 각(各) 구역(區域) 조사(助事)는 여전(如前) 시무(視務)하다. 용운(龍雲) 길(吉)영세, 고관(古舘) 토교(土橋) 한창은, 용산(龍山) 최(崔)수형,

장응점, 미륵동(未勒洞) 김(金)덕렵, 당후(堂後) 김(金)경섭, 고진(古津) 토교(土橋) 박문호, 동교회(東敎會) 이창수, 삭주읍(朔州邑) 장(張)찬진, 창성(昌城) 강(姜)관현, 벽동읍(碧潼邑) 김병관 제인(諸人)에게 장로안수식(長老按手式)을 허락(許諾)하고 백마교회(白馬敎會)에 김세홍을 장로(長老)로 취임(就任)ᄒ게 하다. 의서부인전도회(義西婦人傳道會)를 대표(代表)하여 여권사(女勸師) 윤서신(尹瑞信), 박미도(朴美道) 등(等)이 지나(支那) 봉천(奉天)을 의주부인전도회(義州婦人傳道會) 전도구역(傳道區域)으로 작정(作定)하고 봉천교회(奉天敎會)가 자립(自立)할 때까지 전도비(傳道費)를 담당(擔當)하기를 청원(請願)하니 노회(老會)가 허락(許諾)하고 목사(牧師)를 파송(派送)하다. 기외(其外) 각(各) 전도인(傳道人)은 여전(如前)히 전도(傳道)하다. 평북노회(平北老會) 최성주목사(崔聖柱牧師)의 이명(移名)을 접수(接受)하다. 신학준사(神學準士) 김도순(金道淳), 김취곤(金聚坤)을 목사(牧師)로 장립(將立)하다. 삭주(朔州) 대관구역(大舘區域)의 목사(牧師) 임(林)준철의 사임원(辭任願)은 이로 허락(許諾)하고 목사(牧師) 김도순(金道淳)을 선교사(宣敎師) 남행리(南行里, [Henry Willard Lampe])와 임시(臨時) 동사(同事)ᄒ게 하다. 목사(牧師) 김취곤(金聚坤)은 신의주교회(新義州敎會)에 한석진목사(韓錫晋牧師)와 임시(臨時) 동사(同事)ᄒ게 허락(許諾)하다. 신의주(新義州) 제일교회(第一敎會)의 분립(分立) 청원(請願)은 허락(許諾)하고 목사(牧師) 최득의(崔得義)를 임시(臨時) 시무(視務)ᄒ게 하다.[362]

동년(同年) 9월(九月) 2일(二日)에 의산노회(義山老會) 제12회(第十二回)가 의주읍(義州邑) 서교회(西敎會)에 회집시무(會集視務)하니 직원(職員)은 여전(如前)하다. 백마노회(白馬老會) 백(白)택순, 고관(古舘) 토교장로(土橋長老) 한명학(韓明學) 2인(二人)은 행위불미(行爲不美)로 면직책벌(免職責罰)함을 보고(報告)하다. 원(元)성덕은 창회(倉會) 조사(助事)로 시무(視務)ᄒ게 하다. 용산(龍山) 홍(洪)석표, 남재(南齋) 김정하, 동상(東上) 최영신, 대평(大平) 김기봉, 대유(大楡) 조용학, 전창 김봉재, 삭주읍(朔州邑) 임기종, 대관(大舘) 김상현, 남동(南洞) 이형근, 서교회(西敎會) 이경인 제씨

(諸氏)에게 장로안수식(長老按手式)을 허락(許諾)하다. 조사(助事) 조학인(趙學仁)을 신학교(神學校)에 입학(入學)ᄒ게 하다. 벽동읍교회(碧潼邑敎會)에 목사(牧師) 최성주(崔聖柱)를 임시시무(臨時視務)ᄒ게 하다. 본(本) 노회(老會)가 협동(協同)하여 보성학교(保聖學校)를 후원(後援)하되 매년(每年) 500원(五百圓)을 교육비(敎育費)로 보조(補助)하고 이사(理事) 2인(二人)을 본(本) 노회(老會)가 선정(選定)ᄒ게 하다.

산군부인전도회(山郡婦人傳道會) 위탁(委托)으로 염동일(廉東一)을 창성군(昌城郡) 청산시(靑山市)에, 의주부인전도회(義州婦人傳道會)의 위탁(委托)으로 김태주(金泰周)를 봉천(奉天), 영구지방(營口地方)에 목사(牧師) 조유승(趙有承)을 무순(撫順), 소류(小流), 하우지방(河于地方)에 목사(牧師) 임(林)준철을 공태보(公太堡) 오가화사정 북갑상지방(北甲上地方)에 파송전도(派送傳道)ᄒ게 하다.

2. 교회조직(二, 敎會組織)

1918년(一九一八年) 무오(戊午) 가을 구비교회(九非敎會)가 설립(設立)되다. 선시(先是)에 이봉영여사(李奉榮女史)가 최선(最先) 수도(受道)하고 항심(恒心) 기도(祈禱)하더니 평북노회(平北老會) 전도인(傳道人) 김영철(金永哲)의 전도(傳道)로 30여인(三十餘人)이 증가(增加)하여 이춘빈(李春彬) 사제(私第)에 예배(禮拜)하더니 연금건당(捐金建堂)하고 교회(敎會)를 설립(設立)하니라.

1920년(一九二〇年) 경신(庚申) 10월(十月)에 벽동군(碧潼郡) 운시면(雲時面) 운장교회(雲場敎會)가 창립(剏立)하다. 전도인(傳道人) 박정흠(朴禎欽)이 열심전도(熱心傳道)하여 30여인(三十餘人)이 회개예배(悔改禮拜)하더니 지시(至是)하여 교회성립(敎會成立)하니라.

1921년(一九二一年) 신유(辛酉)에 도산령교회(都山領敎會)가 이세하(李世河)를 장로(長老)로 장립(將立)하니 당회(堂會)가 조직(組織)되다.

1922년(一九二二年) 임술(壬戌) 4월(四月)에 지나(支那) 봉천성(奉天省) 본계현(本溪縣) 석교자교회(石橋子敎會)가 창립(刱立)하다. 먼저 김명회(金明會), 김병필(金炳弼), 권반석(權磐石) 등(等) 십여인(十餘人)이 이곳에 내왕(來往)하여 이관옥(李官玉) 가(家)에서 예배(禮拜)하더니 조사(助事) 김병규(金炳奎)와 목사(牧師) 양준식(梁俊湜)이 교도(敎導)하여 교회(敎會)를 시설(始設)하다.

동년(同年)에 창성군(昌成郡) 면교회(面敎會)가 창립(刱立)하다. 처음에 본면(本面) 옥계동(玉溪洞) 전성제군(田成齊君)이 회개(悔改) 독신(篤信)하더니 전도인(傳道人) 염동일(廉東一)이 열심전도(熱心傳道)[363]하여 교회(敎會)를 설립(設立)하니라.

동년(同年)에 평로교회(坪路敎會)가 창성읍교회(昌成邑敎會)에서 분립(分立)하여 신도(信徒) 수백(數百)이라. 금(金) 2,500원(二千五百圓)으로 회당(會堂)을 건축(建築)하다.

동년(同年)에 벽동(碧潼) 신풍교회(信豊敎會)가 성립(成立)하다. 처음에 벽단교회(碧團敎會)가 왕성(旺盛)하더니 지시(至是)하여 신풍교회(信豊敎會)를 분립(分立)하니라.

같은 해 가을에 청성교회(淸城敎會)가 창립(刱立)하다. 먼저 김리신외(金利信外) 수십인(數十人)이 청수교회(淸水敎會)에 내왕예배(來往禮拜)하더니 지시(至是)하여 분립(分立)하니라. 또 삭주(朔州) 외남면(外南面) 남창교회(南倉敎會)가 창립(刱立)하다. 본년(本年) 춘(春) 노회(老會) 파송(派送)한 전도인(傳道人) 백택순(白澤純)이 열심전도(熱心傳道)한 결과(結果)로 교회(敎會)가 시설(始設)하다.

3. 전도(三, 傳道)

1918년(一九一八年) 무오(戊午) 11월(十一月)에 목사(牧師) 김(金)강선을 지나(支那) 봉천성(奉天省)에 전도목사(傳道牧師)로 파송(派送)하여 반

양현(瀋陽縣) 사령(沙嶺)과 신민현(新民縣) 공태보(公太堡) 등지(等地)에 유리(流離)한 우리 동포(同胞)를 위(爲)하여 교회(敎會)를 설립(設立)하여 복음(福音)을 전파(傳播)하니라.

지나(支那) 관전(寬甸)에 산재(散在)한 우리 동포(同胞)를 위(爲)하여 동지(同地) 북부(北部)에 이경호, 남부(南部) 박봉철(朴奉喆)을 파송(派送)하여 구원(救援)의 도(道)를 전파(傳播)하니라.

1921년(一九二一年) 신유(辛酉) 봄에 백택순(白澤純)을 삭주(朔州) 외남면(外南面)에 파송(派送)하여 열심전도(熱心傳道)한 결과(結果)로 남창교회(南倉敎會)가 설립(設立)되다.

4. 환난(四, 患難)

1919년(一九一九年) 기미(己未) 3월(三月) 1일(一日)에 전조선적(全朝鮮的)으로 인심(人心)이 일전(一轉)하여 ○○을 [독립(獨立)을] 선언(宣言)하고 만세(萬歲)를 병창(並唱)하다. 대저(大抵) 차사(此事)는 전(全) 조선민족(朝鮮民族)이 동일(同一)한 사상(思想)과 동일(同一)한 기분(氣分)으로 협력(協力) 공진(共進)한 것인데 특(特)히 교회(敎會)가 운동(運動)에 중심(中心)으로 간주(看做)되어 교역자(敎役者)와 유직자(有職者)와 평신도(平信徒)에 이르기까지 혹(或) 재감(在監)하고 혹(或) 복역(服役)하며 혹(或) 횡사(橫死)하고 혹(或) 유리(流離)하며 혹(或) 거국(去國)하여 고통(苦痛)과 비운(悲運)을 당(當)한 자(者)가 부지기수(不知幾數)요, 또 각처(各處)에 예배당(禮拜堂)이 피소(被燒)한 곳 역시(亦是) 불소(不少)하더라.[364]

5. 교육(五, 敎育)

최초(最初)에 의주읍(義州邑) 동서교회(東西敎會)가 양실학교(養實學

校)를 설립(設立)하고 다수(多數)한 인재(人才)와 진실(眞實)한 교역자(敎役者)를 도출(陶出)하니라. 만근(挽近)에 이르러 벽동(碧潼) 신명학교(新明學校)와 광성(光城) 마전신명학교(麻田新明學校)와 체마 신성학교(替馬 信成學校) 및 용산(龍山) 신영학교(信英學校), 상고동(上古洞) 양신학교(養信學校), 관동(舘洞) 삼광학교(三光學校), 용운동(龍雲洞) 명신학교(明新學校), 수구(水口) 배신학교(培新學校), 낙원동(樂元洞) 삼성학교(三省學校), 남산(南山) 배신학교(培信學校), 남재(南齋) 복성학교(復聖學校), 용상동(龍上洞) 의신학교(義信學校), 위화(威化), 상단(上端) 유신학교(維新學校), 식현원동(杙峴院洞) 중원학교(重遠學校)를 설립(設立)하고 교회자녀(敎會子女)를 양육(養育)하니라.

6. 진흥(六, 振興)

1919년(一九一九年) 기미(己未)에 의주(義州) 고성면(古城面) 용산교회(龍山敎會)가 목사(牧師) 김진근(金振瑾)을 청빙(請聘)하여 부흥사경(復興査經)을 개(開)하므로 원입교자(願入敎者) 백여명(百餘名)이 일어나다. 동군(同郡) 광성면(光城面) 미륵동교회(彌勒洞敎會)는 열심연보(熱心捐補)하여 예배당(禮拜堂)을 건축(建築)하니라.

1920년(一九二〇年) 경신(庚申)에 의주군(義州郡) 동교회(東敎會)에서 목사(牧師) 김상준(金相濬)을 청빙(請聘)하여 부흥사경(復興査經)을 개(開)하여 교회(敎會)가 진흥(振興)하니 금(金) 1,600원(一千六百圓)의 의연(義捐)을 얻어서 전도실(傳道室)을 신축(新築)하고 유치원(幼稚園)을 설립(設立)하니라. 동군(同郡) 고관면(古舘面) 동상교회(東上敎會)에서 사경(査經) 중(中)에 진흥(振興)하여 다수의연(多數義捐)으로 예배당(禮拜堂)을 증축(增築)하니라. 또 동군(同郡) 용산교회(龍山敎會)에서 김석항(金碩伉), 홍하순(洪河順)이 부흥사경(復興査經)을 교수(敎授)한 결과(結果)로 90여인(九十餘人)이 통회귀주(痛悔歸主)하니라.

1921년(一九二一年) 신유(辛酉) 의주군(義州郡) 광평교회(廣平敎會)에서 열심연보(熱心捐補)하여 예배당(禮拜堂)을 건축(建築)할 때 불신인(不信人) 윤재하(尹載夏)가 토지(土地) 백여평(百餘坪)을 기부(寄附)하다. 동군(同郡) 위원면(威遠面) 삼하교회(三下敎會)가 예배당(禮拜堂) 위치(位置)를 백마(白馬)로 이전(移轉)하여 예배당(禮拜堂)을 신축(新築)하고 부흥사경(復興査經)을 개(開)하니 원입교자(願入敎者) 70여명(七十餘名)이더라. 신의주교회(新義州敎會)가 진흥(振興)하여 연와제예배당(煉瓦製禮拜堂) 125평(一百二十五坪)을 헌창광대(軒敞廣大)히 신축(新築)하고 명명(命名) 제일예배당(第一禮拜堂)이라 하니 총공사비(總工事費) 18,000원(一萬八千餘圓)이더라. 동군(同郡) 용산교회(龍山敎會)가 목사(牧師) 박인도(朴麟道), 이준화(李俊化)를 청빙(請聘)하여 부흥사경(復興査經)을 여니 원입교자(願入敎者) 50(五十)[365]여명(餘名)이더라.

1922년(一九二二年) 임술(壬戌)에 지나(支那) 안동현교회(安東縣敎會)가 김석항목사(金碩伉牧師)를 청빙(請聘)하여 사경(査經)한 결과(結果) 연와제(煉瓦製)로 50여간(五十餘間) 예배당(禮拜堂)을 건축(建築)하니 총공사비(總工事費) 6,000원(六千餘圓)이더라. 동군(同郡) 송장면(松長面) 소수교회(小水敎會)에서 영수(領袖) 김지선(金志銑)의 성력(誠力)으로 3,000원(三千餘圓)의 의연(義捐)과 기지(基地)를 얻어서 예배당(禮拜堂)을 신축(新築)하다. 동회(同會) 여도(女徒) 노기반(盧基磐)은 소유토지(所有土地) 전부(全部)를 교회(敎會)에 기부(寄附)하고 고부상의(姑婦相依)하여 침공생활(針工生活)하더라. 동군(同郡) 고진면(古津面) 용토교회(龍土敎會)에서 신임목사(新任牧師) 김석항(金碩伉), 조사(助事) 홍하순(洪河順)의 부흥사경(復興査經)한 결과(結果)로 원입교자(願入敎者)가 90여인(九十餘人)이었다. 예배당(禮拜堂)이 협착(狹窄)하여 회집불편(會集不便)하므로 장로(長老) 김학련(金學鍊), 독고군(獨孤涒)과 영수(領袖) 최문곤(崔文坤) 제씨(諸氏)가 성력(誠力)을 다하며 일반교우(一般敎友)가 역시(亦是) 협의의연(協議義捐)하여 금(金) 4,000여원(四千餘圓) 거액(巨額)의 예배당(禮拜堂)을 신축(新築)하니라.

1924년(一九二四年) 갑자(甲子)에 의주(義州) 고진면(古津面) 남재교회(南齋敎會)에서 전도인(傳道人) 김영철(金永哲)을 청빙(請聘)하여 2개월(二個月) 전도(傳道)한 결과(結果)로 당지(當地) 부호(富豪) 조기벽(趙箕壁)과 그 가족(家族) 수십인(數十人)이며 한학(漢學) 명사(名士)인 조준벽(趙濬壁)과 그 전가(全家)가 회개(悔改)하고 일시(一時) 귀주(歸主)하므로 교회(敎會) 부흥(復興)하여 금(金) 2,000원(二千圓)을 의연(義捐)하여 예배당(禮拜堂)과 학교(學校)를 중수(重修)하다.[366]

제17장
평양노회(平壤老會)

> 평양 산정현교회에 최정서가 수십만원의 거액을 투하여 유치원을 전담 설립하고, … 정의유치원(鼎義幼稚園)이라 명명하고 … 김동원(金東元)이 원장으로 시무하다.
>
> 평양노회, 조선예수교장로회사기

1. 총론(一, 總論)

(1) 노회설립(一, 老會設立)

1922년(一九二二年) 임술(壬戌) 1월(一月) 6일(六日)에 평양노회(平壤老會) 제1회(第一回)가 조직(組織)되다. 거년(去年) 총회(總會)에 교인(敎人)의 수(數)는 18만(十八萬)이요, 교회(敎會)는 2천(二千)에 달(達)함으로 노회(老會)를 17(十七)로 분계(分界)하기로 결의(決議)하니 차시(此時) 평남(平南)에 교회(敎會)가 290여처(二百九十餘處)요, 교인(敎人)이 37,000여명(三萬七千餘名)이라.

1922년(一九二二年) 1월(一月)에 평남노회(平南老會) 제21회(第二十一回)로 146인(一百四十六人)의 회원(會員)이 집회(集會)하여 총회결의(總

會決議)에 의(依)해서 평양(平壤), 평서(平西), 안주(安州) 3노회(三老會)로 분계(分界)하니 평양노회(平壤老會)가 어시호(於是乎) 탄생(誕生)이라. 복음전파(福音傳播)된지 미만(未滿) 40년(四十年)에 17노회(十七老會)가 설립(設立)되니 차후(此後) 40년(四十年)이면 더욱 은혜(恩惠)가 풍성(豊盛)할 줄 신앙(信仰)하고 기도(祈禱)하오며 영광(榮光)과 권능(權能)과 존귀(尊貴)가 신(神)에게 영귀(永歸)할지어다. 아멘.

(2) 노회의안(二, 老會議案)

1922년(一九二二年) 임술(壬戌) 1월(一月) 6일(六日)에 평양노회(平壤老會) 제1회(第一回)가 평양신학교(平壤神學校)에 회집(會集)하여 시무(視務)하니 직원(職員)은 회장(會長) 김성탁(金聖鐸), 서기(書記) 김우석, 회계(會計) 김동원이더라. 박명룡, 이척수, 박영호, 노긍섭, 정효찬, 박응률(朴應律), 이보식(李寶植), 서상기(徐祥基) 제인(諸人)을 시취(試取)하여 신학교(神學校)에 입학(入學)하게 하다. 도익준을 시취(試取)하여 장로안수식(長老按手式)을 허락(許諾)하다. 신학생(神學生) 40인(四十人)에게 천서(薦書)를 주어 다시 취학(就學)하게 하다.

동년(同年) 6월(六月) 14일(十四日)에 평양노회(平壤老會) 제2회(第二回)가 평양(平壤) 장대현교회(將坮峴敎會)에 회집(會集)하여 사무(事務)하니 직원(職員)은 여전(如前)하다. 간도노회(間島老會)로부터 목사(牧師) 김(金)유목의 이명서(移名書)를 접수(接受)하여 명부(名簿)에 등록(登錄)하다. 남(南)왕우, 김준기, 고봉관, 이창수(李昌洙), 김경찬, 김채화, 이기관, 이덕우, 박도견, 도익순, 이보식(李寶植), 오윤선(吳允善), 조만식(曺萬植)을 시취(試取)하여 장로안수식(長老按手式)을 허락(許諾)하다.[367]

각(各) 교회(敎會)에 부속(附屬)한 학교(學校)에 자녀교육(子女敎育)을 위(爲)하여 사범강습과(師範講習課)를 설치(設置) 교수(敎授)하다. 방경모를 시취(試取)하여 신학교(神學校)에 입학(入學)하게 하다.

동년(同年) 12월(十二月) 27일(二十七日)에 평양노회(平壤老會) 제3회

(第三回)가 평양(平壤) 서문외교회(西門外敎會)에 회집(會集)하여 시무(視務)하니 직원(職員)은 여전(如前)하다. 목사(牧師) 정기방(鄭基邦), 김수봉(金秀鳳)에게 천서(薦書)를 주어 별신학(別神學)에 취학(就學)하게 하다. 신학생(神學生) 장운경(張雲景), 박응률(朴應律), 방경모(方敬模), 서상기(徐祥基), 김인준(金仁俊), 정권응(鄭權應) 제인(諸人)에게 취학천서(就學薦書)를 주다. 공성택을 시취(試取)하여 신학교(神學校)에 입학(入學)하게 하다. 신학사(神學士) 정일선(丁一善)은 서문외교회(西門外敎會)에, 채(蔡)영환은 유리, 대송리(大松里), 간리(間里) 3교회(三敎會)에 목사(牧師)로 장립(將立)하여 동사시무(同事視務)하게 하고, 목사(牧師) 김유목은 용연리(龍淵里), 경천리(景天里) 양교회(兩敎會)에 임시(臨時) 시무(視務)하게 하고, 목사(牧師) 정(鄭)영리, 노인묵, 김성탁(金成鐸)은 시무사면(視務辭免)하다. 목사(牧師) 김성탁(金聖鐸)은 평서노회(平西老會)로 이명(移名)하다.

1923년(一九二三年) 계해(癸亥) 6월(六月) 13일(十三日)에 평양노회(平壤老會) 제 4회(第四回)가 평양(平壤) 연화동교회(蓮花洞敎會)에 회집(會集)하여 시무(視務)하니 직원(職員)은 회장(會長) 김선환(金善煥), 서기(書記) 김우석, 회계(會計) 김동원(金東源)이더라. 차(車)재년, 이철두, 정호찬, 오영화, 윤성은, 최정서, 이인명, 정덕현, 최창점(崔昌漸) 제인(諸人)을 시취(試取)하여 장로안수식(長老按手式)을 허락(許諾)하다. 장자동에 교회(敎會)가 폐지(廢止)되었더니 차시(此時)에 은혜(恩惠)를 받아 부흥(復興)함으로 교회(敎會)를 다시 설립(設立)하다. 목사(牧師) 채(蔡)정민은 남(南)정교회(敎會)에, 정기방(鄭基邦)은 무능리(武陵里) 등(等) 7교회(七敎會)에 선교사(宣敎師)와 동사시무(同事視務)하게 하고 목사(牧師) 허섭(許燮)은 문발, 두단, 조앙 3교회(三敎會)에 담임목사(擔任牧師)로 시무(視務)하게 하다. 목사(牧師) 김건후는 생활난(生活難)으로 인(因)하여 영상(營商)하게 됨으로 본직(本職)을 사면(辭免)이더니 복직(復職)을 청원(請願)함으로 본(本) 노회(老會)가 문답(問答)하고 목사직(牧師職)을 복(復)하게 하니라.

동년(同年) 10월(十月) 18일(十八日)에 본(本) 노회(老會) 임시회(臨時會)가 연화동교회(蓮花洞敎會)에 회집(會集)하여 시무(視務)하다. 평양(平

壤) 서문외교회(西門外敎會) 목사(牧師) 김선두, 정(丁)일선이 사직(辭職)함
에 대(對)하여 별위원(別委員)을 선정(選定)하고 조사(調査)한 결과(結果)
사직(辭職)을 의시(依施)하고, 위원(委員) 2인(二人)을 재선(再選)하여 서문
외교회(西門外敎會)를 행위(行慰)하기로 결정(決定)하다. 서문외교회(西門
外敎會) 제직(諸職)은 모두 사직(辭職)하게 하다. 서문외교회(西門外敎會)
제직(諸職)을 재선(再選)하는 일은 선교사(宣敎師)와 본(本) 평양시찰(平壤
視察)에 협의(協議)하여 처리(處理)하게 하다.

    1924년(一九二四年) 갑자(甲子) 2월(二月) 3일(三日)에 평양노회(平壤
老會) 제 5회(第五回)가 황주읍교회(黃州邑敎會)에 회집(會集)하여 시무(視
務)하니 직원(職員)은 여전(如前)하다. 박선택, 노[368]영, 강태희, 김득호,
김성낙 제인(諸人)을 시취(試取)하여 신학교(神學校)에 입학(入學)하게 하
고 전(前) 재학생(在學生) 방(方)호정, 이보식, 윤(尹)필성, 방경모, 공성택,
김인실, 정호찬, 박응률, 장운경 제인(諸人)에게 취학천서(就學薦書)를 재여
(裁與)하다. 최덕신, 박만근, 김영설, 이영은, 안제연, 박승필, 조진한, 김용국,
이두칠, 박병한, 정태하, 이성휘, 강건욱, 박응률, 홍봉식, 김종걸, 윤정호,
황준영, 안대점 제인(諸人)을 시취(試取)하여 장로안수식(長老按手式)을 허
락(許諾)하다. 서문외교회(西門外敎會)에서 성리교회(敎會)를 분립(分立)하
게 하다. 목사(牧師) 이일영, 선우(鮮于)훈, 채영환, 이기창 제인(諸人)의 사
직원(辭職願)을 허락(許諾)하고, 목사(牧師) 정명리는 송오리외(外) 5교회
(五敎會)에서, 김승두는 능성리외(外) 3교회(三敎會)에서, 최진태는 장천리
외(將泉里外) 4교회(四敎會)에서, 김건후는 동대원외(外) 2교회(二敎會)에
서, 이용진은 겸이포교회(敎會)에서 임시(臨時) 시무(視務)하게 하다. 목사
(牧師) 황보(皇甫)덕삼은 남문외교회(南門外敎會)에서, 김유목은 능연리 2
교회(二敎會)에서 담임목사(擔任牧師)로 시무(視務)하게 하고 신학사(神學
士) 이학봉(李學鳳)은 황주읍교회(黃州邑敎會)에 위임목사(委任牧師)로 장
립(將立)하여 시무(視務)하게 하다. 목사(牧師) 김수봉은 두대동외(外) 4교
회(四敎會)에서 선교사(宣敎師)와 동사시무(同事視務)하게 하다. 시시(是
時)에 경기노회(京畿老會) 목사(牧師) 이여한이 곡산읍교회(谷山邑敎會)에

잠입(潛入)하여 시무(視務)함으로 본(本) 당회(堂會)를 징책(懲責)하다.
　동년(同年) 6월(六月) 10일(十日) 평양노회(平壤老會) 제 6회(第六回)가 평양 창동교회(倉洞敎會)에 회집(會集)하여 시무(視務)하니 직원(職員)은 회장(會長) 이인식(李仁植), 서기(書記) 이학봉, 회계(會計) 양성춘이더라. 목사(牧師) 김영준은 평서노회(平西老會)에서, 이여한과 선교사(宣敎師) 곽안련(郭安連, [Charles Allen Clark])은 경기노회(京畿老會)에서 본(本) 노회(老會)로 이명(移名)하다. 목사(牧師) 김영준은 평양 서문외교회(西門外敎會)에, 이여한은 곡산읍교회(谷山邑敎會)에 선교사(宣敎師)와 동사목사(同事牧師)로 허락(許諾)하다. 학무부(學務部) 보고(報告)에 의(依)하여 숭실학교(崇實學校) 이사(理事)를 선정(選定)하고 김우석을 이사(理事)로 선정(選定)하다. 이석문(李石文), 조종형, 황석구, 김정수, 김영급, 이달운, 송석봉, 박세용 제인(諸人)을 시취(試取)하여 장로안수식(長老按手式)을 허락(許諾)하다. 신학생(神學生) 김견호, 최원택, 백승견, 오상정, 박선택, 김재욱, 김영칠, 박승영 제인(諸人)에게 천서(薦書)를 재여(裁與)하게 하다.

2. 교회조직(二, 敎會組織)

　1922년(一九二二年) 임술(壬戌) 황주(黃州) 경천리교회(擎天里敎會)에서 7월(七月) 2일(二日)에 당회(堂會)가 조직(組織)되고 목사(牧師) 김유목(金有穆), 장로(長老) 정덕현(鄭德賢)이 임무(任務)하다. 대(大)[369]동군(同郡) 임원면(林原面) 황촌교회(黃村敎會)는 기성리교인(奇聖里敎人)과 합(合)하여 예배당(禮拜堂)을 기성리(奇聖里)에 건축(建築)하고 기성교회(奇聖敎會)라 개칭(改稱)하다. 황주군(黃州郡) 도치면(都峙面) 대송리교회(大松里敎會)에서 이양식(李養植)을 장로(長老)로 장립(將立)하니 당회(堂會)가 조직(組織)되다. 평양부(平壤府) 장대현교회(章臺峴敎會)가 청년전도회(靑年傳道會)를 장대현기독청년회(章臺峴基督靑年會)로 개칭(改稱)하다. 여도(女徒) 원일청(元一淸)이 본(本) 교회(敎會) 예배당(禮拜堂) 건축(建築)

과 전도회(傳道會)를 위(爲)하여 금(金) 1,000원(一千圓)을 기부(寄附)하니라. 동부(同府) 창동교회(倉洞敎會)가 진흥(振興)하여 금(金) 30,000원(三萬圓)의 거액(巨額)으로 양제(洋製) 예배당(禮拜堂)을 화려(華麗)하게 건축(建築)하니라.

　1923년(一九二三年) 계해(癸亥)에 대동군(大同郡) 용성리교회(龍成里敎會)가 남관리교회(南官里敎會)에서 분립(分立)하다. 선시(先是)에 최양섭(崔養燮), 이규조(李奎朝), 박선하(朴善河), 박희택(朴喜澤) 등(等) 십여인(十餘人)이 남관리(南官里)로 내왕예배(來往禮拜)하더니 교회진흥(敎會振興)하여 본리(本里)로 분립(分立)하니 영수(領袖) 박봉보외(朴鳳輔外) 1인(一人)과 집사(執事) 이규조외(李奎朝外) 4인(四人)이요, 목사(牧師) 박승엽(朴昇燁)이 시무(視務)하니라. 동부(同府) 연화동교회(蓮花洞敎會)가 노찬주(盧贊柱), 김치용(金致用), 박희찬(朴希贊), 문장환(文章煥) 4인(四人)을 집사(執事)로 선정(選定)하고, 홍영례(洪泳禮), 김택민(金澤民), 지봉오(池鳳梧), 조용환(曺用煥) 4인(四人)은 집사(執事)로 안수(按手)하고, 임학탈(林學脫), 황준영(黃濬英) 2인(二人)은 장로(長老)로 선택(選擇)하니라.

3. 전도(三, 傳道)

　1922년(一九二二年) 임술(壬戌)에 평양(平壤) 창동교회(倉洞敎會)가 전도회(傳道會)를 조직(組織)하여 성외성내(城外城內)에 열심전도(熱心傳道)하니라. 대동군(大同郡) 명촌교회(明村敎會)에서 여전도회(女傳道會)를 조직(組織)하여 열심전도(熱心傳道)하다.

　1923년(一九二三年) 계해(癸亥)에 대동군(大同郡) 명촌교회(明村敎會)가 임원면(林原面) 흥부(興部)에 전도(傳道)하여 교회(敎會)가 시작(始作)되고 동시(同時)에 동교회(同敎會) 청년전도회(靑年傳道會)에서 전도(傳道)하여 동면(同面) 와산리(臥山里)에 교회(敎會)를 시작(始作)하니라. 평양(平壤) 남문외교회(南門外敎會) 여전도회(女傳道會)가 확장(擴張)하여 전도(傳

道)에 열심(熱心)하니라. 황주군(黃州郡) 도치면(都峙面) 노동교회(蘆洞敎會)에서 여전도회(女傳道會)를 조직(組織)하니라. 평양(平壤) 장대현교회(章臺峴敎會)가 대동군(大同郡) 서천면(西川面) 남리(南里)에 방효정(方孝貞)을 파송(派送)하여 전도(傳道)한 결과(結果) 현재(現在) 교인(敎人)이 70여명(七十餘名)이더라.

4. 교육(四, 敎育)

    1922년(一九二二年) 임술(壬戌)에 성천읍교회(成川邑敎會)에서 청년면려회(靑年勉勵會)를 조직(組織)하고 일반청년(一般靑年)에게 성경(聖經)의 지식(知識)을 연마(硏磨)하게 하고 전도(傳道)에[370] 극력(極力)하다. 평양(平壤) 산정현교회(山亭峴敎會)에 최정서(崔鼎瑞)가 수십만원(數十萬圓)의 거액(巨額)을 투(投)하여 유치원(幼稚園)을 전담(全擔) 설립(設立)하고, 본(本) 교회(敎會) 유치원(幼稚園)을 잉계(仍繼)함으로 본(本) 제직회(諸職會)가 그 성의(誠意)를 감(感)하여 정의유치원(鼎義幼稚園)이라 명명(命名)하고 원벽(園壁)에 최씨(崔氏)의 사진(寫眞)을 괘치(掛置)하여 기념(紀念)하게 하고 김동원(金東元)이 원장(園長)으로 시무(視務)하다.

5. 자선(五, 慈善)

    1923년(一九二三年) 계해(癸亥)에 평양(平壤) 장[대]현교회(章[臺]峴敎會)에 원일청(元一淸)이 금(金) 1,000원(一千圓)을 기부(寄附)하여 500원(五百圓)은 예배당(禮拜堂) 건축(建築)으로, 500원(五百圓)은 자선사업(慈善事業)으로 쓰게 하다. 동교회(同敎會) 한덕순(韓德順)의 모친(母親)은 별세(別世) 시(時)에 금(金) 100원(一百圓)을 기부(寄附)하여 자선사업(慈善事業)에 쓰게 하다.

6. 진흥(六, 振興)

　1922년(一九二二年) 임술(壬戌)에 황주(黃州) 외하리교회(外下里敎會)가 전도실(傳道室)을 건축(建築)하고 내교리(內橋里)에 지회(支會)를 설립(設立)하니라. 중화군(中和郡) 광석리교회(廣石里敎會)가 미만(未滿) 50인(五十人)의 교우(敎友)로 1,300여원(千三百餘圓)의 거액(巨額)을 연보(捐補)하여 예배당(禮拜堂)을 건축(建築)하니라. 성천읍교회(成川邑敎會)가 진흥(振興)하여 예배당(禮拜堂)을 신축(新築)하다. 처음에 본(本) 교회(敎會)가 예배당(禮拜堂)을 위(爲)하여 누차(累次) 기도(祈禱)하더니 지시(至是)하여 정찬모(鄭贊模)의 550원(五百五十圓)과 유병식(劉秉植)의 500원(五百圓)과 김문기(金文基)의 300원(三百圓)과 그 밖의 나머지 각(各) 교인(敎人)의 연보(捐補)를 합(合)하여 2,800원(二千八百圓)으로 예배당(禮拜堂)을 신축(新築)하니라. 대동군(大同郡) 미림교회(美林敎會)가 진흥(振興)하여 총경비(總經費) 3,600원(三千六百圓)으로 연와제(煉瓦製) 예배당(禮拜堂)을 건축(建築)하니라. 평양(平壤) 남문외교회(南門外敎會)는 총경비(總經費) 17,000여원(一萬七千餘圓)으로, 창동교회(倉洞敎會)는 800원(八百圓)으로 예배당(禮拜堂)을 신축(新築)하다. 그 중(中) 동삼리(東三里) 김응진(金應晋)은 금(金) 600원(六百圓)과 예배당(禮拜堂) 기지(基址)를 기부(寄附)하니라.

　1923년(一九二三年) 계해(癸亥)에 평양(平壤) 각(各) 교회(敎會)가 미국인(美國人) 힐버를 연빙(延聘)하여 1주간(一週間) 장, 감연합대부흥회(長監聯合大復興會)를 개(開)함으로 은혜(恩惠)가 풍부(豊富)하니라. 평양(平壤) 창동교회(倉洞敎會)에서 전도(傳道)하여 대동군(大同郡) 흥부(興部)와 와산리(臥山里)에 교회(敎會)를 설립(設立)하다.[371]

제18장
안주노회(安州老會)

1922년 임술(壬戌) 2월 2일에 안주노회가 창립(刱立)하다.

안주노회, 조선예수교장로회사기 하

1. 총론(一, 總論)

(1) 노회설립(一, 老會設立)

　1922년(一九二二年) 임술(壬戌) 2월(二月) 2일(二日)에 안주노회(安州老會)가 창립(刱立)하다. 선시(先是)에 평남노회(平南老會) 왕성(旺盛)하여 3노회(三老會)로 분립(分立)하기를 총회(總會)에 청원(請願)하여 허락(許諾)을 얻으니 안주노회(安州老會)가 그 하나라. 지시(至是)하여 조직장(組織長) 안봉주(安鳳周)의 인도(引導)로 안주읍내(安州邑內) 건인리예배당(禮拜堂)에 회집(會集)하여 노회(老會)를 조직(組織)하니 회원(會員)은 선교사(宣敎師) 1인(一人), 목사(牧師) 8인(八人), 장로(長老) 20인(二十人)이러라. 신임원(新任員)은 회장(會長) 안봉주(安鳳周), 서기(書記) 석근옥(石根玉), 회계(會計) 김정선이 피선(被選)하다.

(2) 노회의안(二, 老會議案)

시찰구역(視察區域)을 분정(分定)하니 순천(順川), 영덕맹(寧德孟), 안주(安州)이러라. 사무분담임원(事務分擔任員)을 선정(選定)하니 상비부(常備部)에 임사(任事), 규칙(規則), 재정(財政), 신학(神學), 시취(試取), 학무(學務), 시찰(視察), 분계(分界), 헌의(獻議) 등(等)이요, 정기부(定期部)에 지휘(指揮), 결석(缺席), 회계조사(會計調査), 목사가족구제(牧師家族救濟), 내지전도(內地傳道), 순서제정(順序制定), 총계(總計), 당회록검사(堂會錄檢查), 천서검사(薦書檢查), 장로시취(長老試取) 등(等)이요, 특별부(特別部)에 사경(查經), 관청교섭(官廳交涉) 등(等)이더라. 피택장로(被擇長老)를 시취(試取)하여 접수(接受)하기 허락(許諾)한 자(者)는 갈산회(葛山會)의 김익보군(君)이더라. 신학지원자(神學志願者) 김인상, 우용린, 최태순, 김중길, 김화식(金化湜), 강도원을 시취(試取)하여 천서(薦書)를 주다. 맹산교회(孟山敎會) 예배당(禮拜堂) 건축비(建築費) 부채(負債)에 대(對)하여 각(各) 교회(敎會)가 동정금(同情金)을 연보(捐補)ᄒᆞ게 하다.

동년(同年) 8월(八月) 28일(二十八日)에 안주노회(安州老會) 제 2회(第二回)가 안주읍(安州邑) 건인리예배당(禮拜堂)에 회집(會集)하니 회원(會員)은 선교사(宣敎師) 1인(一人), 목사(牧師) 9인(九人), 장로(長老) 25인(二十五人)이 출석(出席)이더라. 신임원(新任員)은 회장(會長) 이치수(李致洙), 서기(書記) 석근옥(石根玉), 회계(會計) 김건영이 피선(被選)하다. 피택장로(被擇長老)를 시취(試取)하여 접수(接受)하기 허락(許諾)한 자(者)는 고종화, 주성구, 최인수, 김정각, 강도원 5인(五人)이더라. 신학생(神學生) 계속공부(繼續工夫)를 허락(許諾)하 자(者)는 김득(金得)[372]창(昌), 이우혁, 김의창 제군(諸君)이더라. 학무부(學務部) 보고(報告)에 의(依)하여 본(本) 노회내(老會內) 중등교육안조회(中等敎育按助會)를 조직(組織)하다. 목사(牧師) 양의근(楊義根)은 덕천읍회(德川邑會) 동사목사(同事牧師)로, 정석종(鄭錫鍾)은 순천읍(順川邑) 기타(其他) 3교회(三敎會)의 전임목사(專任牧師)로,

안봉주(安鳳周)는 안주읍교회(安州邑敎會) 임시목사(臨時牧師)로, 이치수(李致洙)는 숙천읍(肅川邑) 기타(其他) 3교회(三敎會)의 동사목사(同事牧師)로, 정학근(鄭學根)은 자작 기타(其他) 5교회(五敎會)의 동사목사(同事牧師)로, 김창규(金昌圭)는 갈원 기타(其他) 4교회(四敎會)의 동사목사(同事牧師)로, 석근옥(石根玉)은 순안(順安) 기타(其他) 2교회(二敎會)의 동사목사(同事牧師)로 각각(各各) 시무(視務)하다. 조사시무자(助事視務者)는 영덕맹경내(寧德孟境內)에 김의창(金義昌), 김사길, 강도원, 임호선, 김낙하, 라지한이요, 순천경내(順川境內)에 윤천각, 김석환, 최봉환, 이지운이요, 안주경내(安州境內)에 김인상, 박인혁, 홍성모, 최태순, 이우혁, 김정선, 김화식(金化湜), 박인관, 김득창(金得昌), 김영원 등(等) 21인(二十一人)이러라.

1923년(一九二三年) 계해(癸亥) 2월(二月) 5일(五日)에 안주노회(安州老會) 제 3회(第三回)가 안주읍(安州邑) 건인리예배당(禮拜堂)에 회집(會集)하니 회원(會員)은 선교사(宣敎師) 1인(一人), 목사(牧師) 9인(九人), 장로(長老) 25인(二十五人)이더라. 피택장로(被擇長老)를 시취(試取)하여 접수(接受)의 예(禮)를 허락(許諾)한 자(者)는 입석(立石)에 고한규, 박봉한, 박재극, 부비에 김용생(金龍生), 팔동에 석승연, 영유(永柔)에 김원식, 삼관에 임한국, 용문리(龍門里)에 박은섭, 임사현, 달전에 오학주(吳學周) 제인(諸人)이더라. 신학생(神學生) 취교자(就校者)는 이(李)우혁, 김득창(金得昌), 김의참, 박인관, 김원식 제군(諸君)이더라. 석근옥(石根玉)은 신학교(神學校) 주일학교강습생(主日學校講習生)으로 선정(選定)하다. 시년(是年)에 별신학생(別神學生)은 정석종(鄭錫鍾), 김상규로 선정(選定)하다. 빡쓰박사(博士)의 성찬기(盛饌器) 혜사(惠賜)함을 감사(感謝)히 수(受)하여 안주당회(安州堂會)에 위임보관(委任保管)하다.

동년(同年) 6월(六月) 12일(十二日)에 안주노회(安州老會) 제 4회(第四回)가 숙천읍예배당(肅川邑禮拜堂)에 회집(會集)하니 회원(會員)은 선교사(宣敎師) 1인(一人), 목사(牧師) 7인(七人), 장로(長老) 26인(二十六人)이 출석(出席)하다. 회장(會長) 장상규, 서기(書記) 석근옥(石根玉), 회계(會計) 김정선이 피선(被選) 시무(視務)하니라. 중국선교사(中國宣敎師) 홍승한군

(洪承漢君)이 선교상황(宣敎狀況)에 대(對)한 강연(講演)이 있다. 시년(是年)에 순천군(順川郡) 은산면 석교리(石橋里)와 동군(同郡) 동산면(東山面) 식송가(植松街)에 2교회(二敎會)가 신립(新立)하다. 정석종목사(鄭錫鍾牧師)의 사면원(辭免願)은 허락(許諾)하다. 김경수(金敬秀)를 시취(試取)하여 영유교회(永柔敎會) 조사(助師)로 허락(許諾)하다. 피택장로(被擇長老)로 안수(按手)하기로 허락(許諾)된 자(者)는 임한국, 한의경, 박인관, 임사현 4인(四人)이더라. 신학생(神學生) 취교자(就校者)는 김정선, 김화식(金化湜), 강도원 제군(諸君)이더라. 신학교(神學校) 주일학교생(主日學校生) 석근옥(石根玉)을 파송(派送)하여 각(各) 시찰경내(視察境內)에서 1주일(一週日)씩 주일학교강습회(主日學校講習會)를 개최(開催)하게 하다.[373]

동년(同年) 12월(十二月) 19일(十九日)에 안주노회(安州老會) 제 5회(第五回)가 안주읍(安州邑) 건인리예배당(里禮拜堂)에 회집(會集)하니 회원(會員)은 선교사(宣敎師) 2인(二人), 목사(牧師) 8인(八人), 장로(長老) 27인(二十七人)이더라. 교회사기(敎會史記) 편찬부(編纂部)를 세워서 총회(總會) 편집부(編輯部)에 제공(提供)하게 하다. 피택장로(被擇長老)를 시취(試取)하여 안수(按手)의 예(禮)를 허락(許諾)한 자(者)는 나기환, 표영각, 김하순, 이건도, 최윤상, 김보오, 고봉서, 김영준(金永俊) 등(等) 8인(八人)이더라. 신학생(神學生)을 시취(試取) 계속(繼續) 취교(就校)ㅎ게 한 자(者)는 유상봉, 김도묵 2군(二君)이더라. 양의근목사(楊義根牧師)의 사직청원(辭職請願)은 의원허락(依願許諾)하다. 석근옥(石根玉)을 순안읍(順安邑), 부백, 평리(里) 3교회(三敎會)의 전임목사(專任牧師)로 임명(任命)하다. 신학재적생(神學在籍生) 김득창(金得昌), 김화식(金化湜), 김원식, 김정선 제군(諸君)이 계속(繼續) 취학(就學)하다. 신학준사(神學準士) 이위혁을 안수(按手)하여 죽천읍(竹川邑) 기타(其他) 2교회(二敎會)의 목사(牧師)로, 김의창(金義昌)을 안수(按手)하여 덕천읍교회(德川邑敎會)의 목사(牧師)로 임명(任命)하다. 김원식(金元湜)을 시취(試取)하여 조사(助師)로 피임(被任)하다. 채영환(蔡永煥)을 시취(試取)하여 조사(助師)로 임명(任命)하다.

채영환(蔡永煥)을 순천읍(順川邑) 기타(其他) 4교회(四敎會)의 임시목

사(臨時牧師)로, 정석종(鄭錫鍾)을 기탄 기타(其他) 4교회(四敎會)의 임시
목사(臨時牧師)로 임명(任命)하다. 안주읍교회(安州邑敎會)가 동서(東西)로
분립(分立)하다.

1924년(一九二四年) 갑자(甲子) 6월(六月) 13일(十三日)에 안주노회
(安州老會) 제 6회(第六回)가 순천읍예배당(順川邑禮拜堂)에 회집(會集)하
니 회원(會員)은 선교사(宣敎師) 2인(二人), 목사(牧師) 10인(十人), 장로(長
老) 28인(二十八人)이러라. 신임원(新任員)은 회장(會長) 양의근(楊義根),
서기(書記) 김화식(金化湜), 회계(會計) 김정선(金廷善)이러라. 평양노회(平
壤老會) 목사(牧師) 채영환(蔡永煥), 김찬근(金贊根), 강도사(講道師) 최지화
군(崔志化君)의 이명서(移名書)를 접수(接受)하여 명부(名簿)에 기입(記入)
하다. 채영환목사(蔡永煥牧師)를 평양노회(平壤老會)에 교섭(交涉)ㅎ지 아니
하고 시무(視務)ㅎ게 함에 대(對)하여 본(本) 노회(老會)는 불찰(不察)의 책
(責)을 부(負)하고 채목사(蔡牧師)는 사과장(謝過狀)을 선송(繕送)하다. 김상
규목사(金相奎牧師)의 사면원(辭免願)을 허락(許諾)하다. 김상규(金相奎)를
괴시리교회(敎會) 전임목사(專任牧師)로 임명(任命)하다. 양의근(楊義根)을
갈원 기타(其他) 2교회(二敎會)에 임시목사(臨時牧師)로 허락(許諾)하다. 피
택장로(被擇長老) 김의탁, 장희준, 강도원, 고명수를 시취(試取)하여 안수(按
手)하기를 허락(許諾)하다. 신학생(神學生) 강도원은 계속입학(繼續入學)하
다. 숭실중학교(崇實中學校) 이사(理事) 1인(一人)을 선택(選擇)하다.

동년(同年) 12월(十二月) 20일(二十日)에 안주노회(安州老會) 제 7회
(第七回)가 안주(安州) 성내(城內) 서교회(西敎會)에 회집(會集)하니 회원
(會員)은 선교사(宣敎師) 1인(一人), 목사(牧師) 14인(十四人), 장로(長老)
30인(三十人)이더라. 신학생(神學生)을 시취(試取)하여 학교(學校)에 보낸
자(者)는 김희두, 김영원이러라. 신학준사(神學準士) 김득창(金得昌)을 안수
(按手)하여 입석교회목사(立石敎會牧師)로, 최지화(崔志化)를 안수(按手)하
여 안주(安州) 서교회목사(西敎會牧師)로 임명(任命)하다. 피택장로(被擇長
老) 김선주, 김상호(金相浩), 김관수, 김기주, 강치섭, 최선[374]겸을 시취(試
取)하여 안수(按手)하기 허락(許諾)하다. 오학수, 임홍죽을 시취(試取)하여

조사(助師)로 피임(被任)하다. 신학생(神學生) 재적자(在籍者) 우용건, 유상종, 박인관을 계속입학(繼續入學)하다. 김찬근(金贊根)을 전임목사(專任牧師)로 허락(許諾)하다. 순천(順川) 문창동교회(敎會) 학교(學校) 분규사건(紛糾事件)에 대(對)하여 조사위원(調査委員) 2인(二人)을 선정(選定)하다.

2. 교회조직(二, 敎會組織)

1922년(一九二二年) 임술(壬戌) 안주(安州) 성내교회(城內敎會)가 진흥(進興)되어 교우(敎友)들이 합심연보(合心捐補)하니 12,000원(一萬二千圓)에 달(達)하여 80여간(八十餘間) 2층(二層) 양제(洋製)로 예배당(禮拜堂)을 개축(改築)하였고 전도(傳道)의 수확(收穫)으로 신안천(新安川), 청계(淸溪), 용담(龍潭), 대교(大橋), 봉서(鳳棲), 서산동(西山洞) 제처(諸處)에 교회(敎會)가 설립(設立)하게 되었으며 본(本) 교회(敎會) 수(數)는 교인(敎人)의 수(數)가 대증가(大增加)되므로써 동서(東西) 양교회(兩敎會)로 분립(分立)하게 되다. 안주군(安州郡) 상팔리(上八里) 연조동교회(燕鳥洞敎會)에 홍성모(洪聖模)를 장로(長老)로 장립(將立)하여 회당(會堂)을 조직(組織)하고 조사직(助師職)을 겸무(兼務)하였으며, 해일(海溢)이 있어서 교인(敎人)이 사산(四散)하고 교회(敎會)가 경(更)히 미약(微弱)하였으며 김원식(金元湜)이 조사(助師)로 시무(視務)하는 중(中) 퇴락자(退落者)가 다시 들어와 교회(敎會)가 부흥(復興)되고 고명수(高明秀)가 장로(長老)로 시무(視務)하다. 평원군(平原郡) 부백리교회(孚白里敎會) 교인(敎人)들이 열심출연(熱心出捐)하여 와가(瓦家)로 예배당(禮拜堂) 12간(十二間)을 신축(新築)하니라. 익년(翌年)에 석근옥목사(石根玉牧師)를 전임(專任) 시무(視務)하게 하고 김용생(金龍生)이 장로(長老)로 시무(視務)하니라.

1923년(一九二三年) 계해(癸亥)에 순안(順安) 동평리교회(東坪里敎會)에서는 정씨관학(鄭氏官鶴), 김양학(金養學) 등(等)의 다수(多數)한 연보(捐補)로 예배당(禮拜堂) 12간(十二間)을 와가(瓦家)로 개축(改築)하였으며 석근옥목사(石根玉牧師)를 전임(專任)으로 시무(視務)ㅎ게 하니라. 평원군(平原郡) 영유면(永柔面) 탑현교회(榻峴敎會)에서 교우(敎友)가 열심연보(熱心捐補)하여 와가(瓦家) 8간(八間) 예배당(禮拜堂)을 신축(新築)하니라. 교회(敎會)도 역시(亦是) 진흥(進興)하다. 맹산군(孟山郡) 용덕리교회(龍德里敎會)에 김화순(金和順), 김영준(金永俊) 2인(二人)을 장로(長老)로 안수(按手)하여 장립(將立)하고 당회(堂會)가 성립(成立)하며 교역자(敎役者)로는 이만기(李萬基), 김려현(金勵顯), 명광호(明光浩), 이인택(李仁宅), 김사길(金士吉) 등(等)이 질상(迭相) 시무(視務)하였으며 선교사(宣敎師)는 편하셜(片夏薛, [Charles F. Bernheisel]), 필립보(弼立甫, [Charles L. Phillips])가 순시(巡視)하니라.[375]

제19장

평서노회(平西老會)

본 노회 서면부인전도회(西面婦人傳道會)가 간도(間島) 훈춘에 전도부인(傳道婦人)을 파송하니 영광(榮光)은 신(神)에게 돌아갈지어다.

평서노회, 조선예수교장로회사기 하

1. 총론(一, 總論)

(1) 노회설립(一, 老會設立)

1922년(一九二二年) 임술(壬戌) 2월(二月) 2일(二日)에 진남포(鎭南浦) 비석리예배당(碑石里禮拜堂)에 회집(會集)하여 조직장(組織長) 송린서목사(宋麟瑞牧師)의 인도(引導)로 노회(老會)를 조직(組織)하니 평서노회(平西老會)라. 거년(去年) 추기총회(秋期總會)에서 평남노회(平南老會)가 셋으로 분립(分立)할 인가(認可)를 승(承)함이라. 찬송(讚頌)하리로다. 은풍애우(恩風愛雨)에 포도다손(葡萄多孫)이요 감람(橄欖)이 영춘(迎春)이로다. 회장(會長)은 송린서(宋麟瑞)요 서기(書記)는 김치근(金致根)이요 회계(會計)는 이윤모(李潤模)이러라.

(2) 노회의안(二, 老會議案)

1922년(一九二二年) 임술(壬戌) 봄 2월(二月) 2일(二日) 하오(下午) 7시(七時)에 평서노회(平西老會)가 진남포(鎭南浦) 비석리예배당(碑石里禮拜堂)에 회집(會集)하여 사무(事務)를 집행(執行)하다. 시찰(視察)을 3구(三區)로 분(分)하니 강서(江西), 용강(龍岡), 대평(大平)이더라. 전도사업(傳道事業)은 평남노회(平南老會)에서 간도(間島) 훈춘에 목사(牧師) 이병하를 파송(派送)하여 전도(傳道)하더니 시년(是年)에 본(本) 노회(老會)가 인계(引繼)하여 파송전도(派送傳道)하니라. 유정걸, 김인수, 이영희, 박림현, 김종환, 이운성 7인(七人)을 장로(長老)로 안수(按手)하기를 허락(許諾)하다. 신학생(神學生) 김취익, 김귀근, 이응락, 김병록, 이희점, 이만영, 변봉조, 우기묘, 이현교, 송순범, 송관범, 김승건, 지관필, 나시산, 이우백, 김인구, 하도원, 박림현, 박대홍 제인(諸人)은 계속취학(繼續就學)하게 하고 조승익은 신입학(新入學)을 허락(許諾)하다.

동년(同年) 가을 7월(七月) 4일(四日) 하오(下午) 2시(二時)에 평서노회(平西老會) 제 2회(第二回)가 대동군(大同郡) 남형제산면 학교리예배당(禮拜堂)에 회집(會集)하여 시무(視務)하니 직원(職員)은 여전(如前)하다. 김건하, 김길서(金吉瑞), 최민식(崔民植), 최치요, 전달선, 박한성, 송인석, 한영걸 제인(諸人)을 장로(長老)로 안수(按手)하여 허락(許諾)하다. 신학사(神學士) 변봉조는 용악, 원장 양교회(兩敎會)의 담임목사(擔任牧師)로 허락(許諾)하고 목사(牧師) 최준익은 대재교회(敎會)에 선교사(宣敎師) 소안론(蘇安論, [William L. Swallen])과 동사목(同事牧)[376]사(師)로 하고 김창문, 제재, 장재, 주달 3교회(三敎會)에 담임목사(擔任牧師)로 허락(許諾)하다. 이응낙, 김인구, 이현교, 우기묘, 하도원, 송관범, 나시산, 김승건, 김병록, 김치근(金致根), 이만영, 송승범 제인(諸人)을 천서(薦書)를 주어 신학교(神學校)에 입학(入學)하게 하다. 한익준(韓益俊), 김지학 양인(兩人)은 신학교(神學校)에 신입학(新入學)을 허락(許諾)하다.

1923년(一九二三年) 계해(癸亥) 1월(一月) 10일(十日) 하오(下午) 2시(二時) 강서노회(江西老會) 제 3회(第三回)가 강서군(江西郡) 느차면 고창리예배당(禮拜堂)에 회집(會集)하여 시무(視務)하니 직원(職員)은 여전(如前)하다. 윤군세, 박달홍, 이병식, 이근식, 이내익, 이승화, 누형근, 김선, 김기선, 장농해, 나순희, 김재민, 임승현, 백일승 제인(諸人)을 시취(試取)하여 장로안수식(長老按手式)을 허락(許諾)하다. 김지학, 이기섭, 박대홍, 한익준, 김치근, 김병록, 김승건, 우기묘, 송승범, 이만영, 윤군세 제인(諸人)은 신학교(神學校)에 계속취학(繼續就學)하게 하고 이태복은 신입학(新入學)하게 하다. 목사(牧師) 변봉도와 이용인과 최준익과 최만렵과 송인서의 시무사면(視務辭免)은 허락(許諾)하고, 한천명 당곳에 변봉도를 담임목사(擔任牧師)로, 대재에 이용린을 담임목사(擔任牧師)로, 이로도에 최준익을 담임목사(擔任牧師)로 청원(請願)한 것은 허락(許諾)하다. 신학사(神學士) 이현교를 반석교회(敎會)에 담임목사(擔任牧師)로 청원(請願)한 것을 허락(許諾)하고 송관범, 이응낙 양인(兩人)은 강도사(講道師)로 허락(許諾)하다. 간도(間島) 훈춘에 전도사업(傳道事業)이 나날이 흥왕(興旺)함으로 전노회(全老會)가 신(神)께 영광(榮光)을 돌리고 목사(牧師) 변봉도로 기도(祈禱)하게 하다.

1923년(一九二三年) 계해(癸亥) 6월(六月) 13일(十三日) 하오(下午) 2시(二時)에 평서노회(平西老會) 제 4회(第四回)가 용강군(龍岡郡) 기운면 진디리예배당(禮拜堂)에 회집시무(會集視務)하니 회장(會長) 김성택, 서기(書記) 변봉도, 회계(會計) 이윤모더라. 강도사(講道師) 이응낙은 용강, 원장 양교회(兩敎會)의 청원(請願)에 의(依)하여 담임목사(擔任牧師)로 장립(將立)하다. 김두선, 김문준, 안영재, 김면호, 우승익, 김병주 제인(諸人)을 장로(長老)로 안수식(按手式)을 행(行)하게 하다. 교역자(敎役者) 1개월간(一個月間) 하령회(夏令會)하기를 가결(可決)하다. 조승익, 김인구, 나시산, 김취익 제인(諸人)에게 천서(薦書)를 주어 신학교(神學校)에 입학(入學)하게 하다.

동년(同年) 12월(十二月) 19일(十九日) 하오(下午) 7시(七時)에 평서노회(平西老會) 제 5회(第五回)가 진남포(鎭南浦) 비석리교회(碑石里敎會)에 회집(會集)하여 시무(視務)하니 직원(職員)은 여전(如前)하다. 목사(牧師)

김(金)성호, 이용인, 김영준, 최준익, 최만엽, 황보(皇甫)덕삼 시무사면(視務辭免)을 허락(許諾)하고 원장재, 청룡, 황강리, 반삼리 4교회(四敎會)에 김성호를 임시목사(臨時牧師)로, 태성리, 삼청리, 대안리 3교회(三敎會)에 최만엽을 임시목사(臨時牧師)로, 탄표리교회(敎會)에 최(崔)준익을[377] 임시목사(臨時牧師)로, 태평동교회(敎會)에 송인세를 담임목사(擔任牧師)로, 청산포, 수산동 2교회(二敎會)에 신학사(神學士) 김병록을 담임목사(擔任牧師)로, 고창, 허린말, 이리도 3교회(三敎會)에 신학사(神學士) 이희섭을 담임목사(擔任牧師)로, 현암, 용강읍, 경전 3교회(三敎會)에 신학사(神學士) 김치근(金致根)을 담임목사(擔任牧師)로 각각(各各) 허락(許諾)하다. 신학사(神學士) 우기묘와 미국유학생(美國留學生) 조득란(趙得蘭) 2인(二人)을 강도사(講道師)로 허락(許諾)하다. 피택장로(被擇長老) 김정록, 김병죽, 박인설, 이한진, 송홍범, 임종필, 노성현, 홍재용, 재용팔, 방시중을 시취(試取)하여 안수식(按手式)을 허락(許諾)하다. 본(本) 노회(老會) 서면부인전도회(西面婦人傳道會)가 간도(間島) 훈춘에 전도부인(傳道婦人)을 파송(派送)하니 영광(榮光)은 신(神)에게 돌아갈지어다.

2. 교회조직(二, 敎會組織)

1922년(一九二二年) 임술(壬戌)에 용강읍교회(龍岡邑敎會)가 당회(堂會)를 조직(組織)하니 장로(長老)는 김면호(金冕浩), 노현(盧鉉)이 시무(視務)하고 목사(牧師) 방승건(方昇健), 김창원(金昌源), 김치근(金致根) 등(等)이 상계시무(相繼視務)하다.

동년(同年)에 진남포부(鎭南浦府) 주달리교회(周達里敎會)가 당회(堂會)를 조직(組織)하니 장로(長老)는 김지학(金智學)이요 목사(牧師)는 방기창(邦基昌), 김창문(金昌文), 김건우(金健祐), 이기창(李基昌) 등(等)이 상계시무(相繼視務)하다.

동년(同年)에 진남포부(鎭南浦府) 인산교회(麟山敎會)가 예배당(禮拜

堂)을 건축(建築)하다. 당시(當時) 조사(助師) 이만영(李萬英), 영수(領袖) 임준호(林俊鎬), 집사(執事) 임종호(林宗鎬), 김만규(金萬圭) 등(等)이 시무(視務)하니라.

3. 교육(三, 敎育)

평서노회(平西老會) 관하(管下) 교육기관(敎育機關)으로는 강서(江西) 송호교회(松湖敎會)의 보신학교(普信學校)와 진남포(鎭南浦) 비석리교회(碑石里敎會)에 득신학교(得信學校)와 유치원(幼稚園)이 있고, 대동군(大同郡) 학교리교회(鶴橋里敎會)에 신성학교(神成學校)가 있어서 후생(後生)을 위(爲)하여 교육(敎育)에 노력(努力)하며 용강군(龍岡郡) 죽본리교회(竹本里敎會)와 덕해교회(德海敎會)와 평원군외(平源郡外) 서창교회(西倉敎會)와 진남포(鎭南浦) 억양기교회(億兩機敎會), 대동군(大同郡) 원당리교회(院堂里敎會), 용강리교회(龍岡里敎會)에 소학교(小學校)가 각각(各各) 있어서 남녀학생(男女學生)을 배양(培養)하여 제 2세(第二世) 교회(敎會)를 성취(成就)하게 하더라.[378]

4. 진흥(四, 振興)

1923년(一九二三年) 계해(癸亥) 진남포부(鎭南浦府) 용강교회(龍岡敎會)가 진흥(振興)하다. 시시(是時)에 평양노동전도회(平壤勞動傳道會)에서 최근준(崔根俊)을 파견(派遣)하여 전도(傳道)함으로 교회(敎會)가 진흥(振興)하고 열심연보(熱心捐補)하여 예배당(禮拜堂)을 건축(建築)하니 교회(敎會)가 일일(日日) 발전(發展)하니라.[379]

제 20장
경안노회(慶安老會)

1921년 9월에 총회의 승인을 득하여 경북노회에서 분리하여 노회를 조직하고 경안노회(慶安老會)라 명명하니 천부(天父)의 은혜(恩惠)를 찬하(讚賀)할 뿐이로다.

경안노회, 조선예수교장로회사기 하

1. 총론(一, 總論)

(1) 노회설립(一, 老會設立)

개차(盖此) 경안일경(慶安一境)은 동우(東隅)에 벽처(僻處)한 1소구(一小區)에 불과(不過)하나 구일(舊日) 아족(我族)의 숭봉(崇奉)하던 유교(儒敎)의 석유종사(碩儒宗師)가 배출(輩出)한 지(地)인 고(故)로 순후(純厚)한 민성(民性)과 예양(禮讓)의 풍속(風俗)이 각도(各道)에 가관(可冠)이 됨을 반(伴)하여 사고(師古)의 습관(習慣)이 태심(太甚)하고 개신(改新)의 취향(趣向)이 전몰(全沒)이었으나 전능(全能)하신 대주재(大主宰)의 수련(垂憐)을 뇌(賴)하며 구세(救世)의 진도(眞道)가 전파(傳播)되고 선교사(宣敎師) 오월번(吳越藩, [Arthur G. Welbon]), 권찬영(權燦永, [John Young

Crothers]), 연위득(延威得, [Emily Anderson Winn]), 인노절(印魯節, [Roger E. Winn]), 안대선(安大善, [Wallace Jay Anderson]), 한선(韓善, [Marjorie Lucy Hanson])양(孃), 매건시(梅建時, [Ranier J. McKenzie]) 양(孃) 등(等)이 상계내도(相繼來到)하여 협력근로(協力勤勞)한 결과(結果)로 신자(信者)가 일가(日加)하여 약(約) 7,000명(七千名)에 달(達)하고 교회(敎會)가 악증(嶽增)하여 130여처(百三十餘處)에 급(及)ㅎ게 되므로 1921년(一九二一年) 9월(九月)에 총회(總會)의 승인(承認)을 득(得)하여 경북노회(慶北老會)에서 분리(分離)하여 노회(老會)를 조직(組織)하고 경안노회(慶安老會)라 명명(命名)하니 천부(天父)의 은혜(恩惠)를 찬하(讚賀)할 뿐이로다. 아멘.

(2) 노회의 의안(二, 老會의 議案)

1921년(一九二一年) 신유(辛酉) 12월(十二月) 20일(二十日)에 경안노회(慶安老會)가 조직회(組織會)로 안동읍(安東邑) 옥리여성경학원(玉里女聖經學院)에 회집(會集)하여 조직회장(組織會長) 권찬영(權燦永, [John Young Crothers])의 기도(祈禱)로 개회(開會)하니 회원(會員)은 선교사(宣敎師) 2인(二人), 목사(牧師) 3인(三人), 장로(長老) 12인(十二人)이요, 임원(任員)을 선거(選擧)하니 회장(會長)에 김영옥(金泳玉), 부회장(副會長)에 권찬영(權燦永, [John Young Crothers]), 서기(書記)에 강석진(姜錫晋), 부서기(副書記)에 이대영(李大榮), 회계(會計) 조(趙)학규, 부회계(副會計)에 인노절(印魯節, [Roger E. Winn])이러라. 총회(總會) 전도국(傳道局)에서 이대영(李大榮)을 중국(中國) 산동성(山東省) 선교사(宣敎師)로 선정(選定)하고 승낙(承諾)을 요구(要求)하는 공함(公啣)에 대(對)하여 허락(許諾)하고 답함(答啣)하기로 결정(決定)하다. 회비(會費)는 회계(會計)에게 위탁(委托)하여 예산(豫算)ㅎ게 하되 총대(總代)의 내왕여비(來往旅費)는 각기(各其) 당회(堂會)가 담당(擔當)하고 식비(食費)는 노회(老會)에서 지출(支出)하기로 결정(決定)하다. 시찰구역(視察區域)은 선(宣)[380]교사(敎師)의

지방(地方)을 따라 분(分)하되 그 중(中) 권찬영(權燦永, [John Young Crothers]) 지방내(地方內) 영덕(盈德)이 거리(距離)가 초원(稍遠)함으로 따로 구역(區域)이 되게 하여 4시찰(四視察) 구역(區域)을 치(置)하다.

  1922년(一九二二年) 임술(壬戌) 1월(一月) 18일(十八日)에 경안노회(慶安老會)가 제 1회(第一回)로 안동읍(安東邑) 법상동예배당(法上洞禮拜堂)에 회집(會集)하니 회원(會員)은 선교사(宣敎師) 3인(三人), 목사(牧師) 2인(二人), 장로(長老) 18인(十八人)이러라. 총회(總會)에서 수의(垂議)한 총회총대규칙(總會總代規則)을 변경(變更)하여 10당회(十堂會)에서 목사(牧師), 장로(長老) 각(各) 1인(一人)씩 선정(選定)하자는 의안(議案)에 대(對)하여 투표(投票)하니 가(可)가 18인(十八人)이요, 부(否)가 3인(三人)이러라. 사기수집위원(史記收集委員)은 권찬영(權燦永, [John Young Crothers])으로 선정(選定)하다. 임사부(任事部) 보고(報告)에 의(依)하여 매정(梅井) 등(等) 6교회(六敎會)에서 강신충(姜信忠)을 선교사(宣敎師) 안대선(安大善, [Wallace Jay Anderson])과 위임동사목사(委任同事牧師)로 청빙(請聘)함을 허(許)하고, 신학준사(神學準士) 강신충(姜信忠)을 목사(牧師)로 장립(將立)하기를 결의(決議)한 후(後) 의정(議定)한 순서(順序)에 의(依)하여 안수식(按手式)을 행(行)하다. 신학졸업생(神學卒業生) 생준시과목(生準試科目) 중(中) 사기(史記)는 삭제(削除)하기로 결정(決定)하다. 임사부(任事部) 보고(報告)에 의(依)하여 경산지방(慶山地方) 하월(河月) 등(等) 3교회(三敎會)에서 목사(牧師) 김영옥(金泳玉)을 청빙(請聘)하는 것과 본(本) 지방(地方) 순행목사(巡行牧師) 김영옥(金泳玉)의 사직청원(辭職請願)은 허(許)하고 덕봉교회(德峰敎會)에서 구세군(救世軍)에게 피해(被害)되는 일을 제지(制止)ㅎ게 하여 달라고 하는 일은 총회교섭위원(總會交涉委員)에게 교섭(交涉)하기로 결정(決定)하고 안동읍당회(安東邑堂會), 내매당회(堂會), 동산(東山)하령합당회(合堂會), 풍기당회(豊基堂會), 쌍계(雙溪) 우리골합당회(合堂會)에 장로(長老) 가택(加擇)하는 것과 압동 영주읍(榮州邑) 안흥동(安興洞) 지곡교회(敎會)에서 장로(長老) 택(擇)할 청원(請願)을 허(許)하고, 안동읍교회(安東邑敎會)에서 경북목사(慶北牧師) 정재순(鄭在淳)의 청빙승인(請聘承認) 증거청원(證據請願)은 허(許)하고 신학생(神學生) 장사성(張士聖), 임학수(林鶴洙), 윤(尹)영문, 김인옥(金仁玉), 강병주(姜炳周), 강(姜)석초, 윤(尹)호영, 신장균(申長均) 등(等)에 계속수학(繼續修學)을 허(許)하기로 결정(決定)하다. 문답부(問答部) 보고(報告)에 의(依)하여 피택장로(被擇長老) 김세(金世)영, 강신오, 배연원 등(等)의 장립(將立)과 신학지원자(神學志願者) 김세영, 강우전, 남수용, 임도현 등(等)의 입학(入學)을 허(許)하기로 결정(決定)하다. 규칙부(規則部)는 규칙(規則)을 새로 제정(制定)할 것 없이 경북노회(慶北老會)에서 제정(制定)한 규칙(規則)을 사용(使用)하자고 하여 채용(採用)되다. 안동읍교회(安東邑敎會)에서 중국(中國) 산동성(山東省) 선교사(宣敎師)로 피선(被選)된 해교회(該敎會) 목사(牧師) 이대영(李大榮)을 5월(五月) 중(中)까지만 시무(視務)ㅎ게 하기를 청원(請願)한 일은 총회(總會) 전도부(傳道部)에 교섭(交涉)하기로 결정(決定)하다. 경산지방(慶山地方)에 청빙(請聘)을 받은 김영옥(金泳玉)의 이명증(移名證)을 선교(繕交)하기로 결정(決定)하다. 회장(會長) 김영옥(金泳玉)의 사면(辭免)을 허(許)하기로 결정(決定)하다.

동년(同年) 6월(六月) 14일(十四日)에 경안노회(慶安老會)가 제 2회(第二回)로 안동군(安東郡) 예안면(禮安面) 동부동(東部洞) 만촌예배당(禮拜堂)에 회집(會集)하니 회원(會員)은 선교사(宣敎師) 3인(三人), 목[381]사(師) 2인(二人), 장로(長老) 20인(二十人)이러라. 학무부(學務部) 보고(報告)에 의(依)하여 계성학교(啓聖學校) 연금(捐金)에 대(對)한 전회(前回) 결의(決議)대로 잘되지 아니했으니 다시 변경(變更)하여 세례인(洗禮人) 매명(每名)에 20전(二十錢)으로 정(定)하고, 각(各) 시찰(視察) 지방위원(地方委員) 1인(一人)씩 선정(選定)하여 수합(收合)ㅎ게 하되 금년(今年)만 경북노회(慶北老會)에 송교(送交)하고 명년(明年)부터 본(本) 노회경내(老會境內)에도 고등학교(高等學校) 설립(設立)을 위(爲)하여 저축(貯蓄)하기로 결정(決定)하다. 주일학교부(主日學校部)는 대사경(大査經) 시(時)를 이용(利用)하여 각(各) 주일학교장(主日學校長)과 각(各) 반장(班長)을 특별(特別)히 강습(講習)ㅎ게 할 것과 각(各) 지방(地方) 조사(助師), 전도인(傳道人) 주일학교장(主日學校長)을 소집(召集)하여 모범강습(模範講習)을 열기로 경영(經營)함을 보고(報告)하다. 정식연보위원(定式捐補委員)은 각(各) 교회(敎會)가 정식연보(定式捐補)와 십일조(十一條)와 성미연보(誠米捐補)를 필행(必行)하도록 장려(獎勵)함을 보고(報告)하다. 피택장로(被擇長老) 이형건, 김상한, 박영환, 김핵순, 서병옥(徐丙玉), 강덕원, 김치선(金致善), 우연석 등(等)의 문답(問答)이 잘됨을 보고(報告)하다. 경북노회(慶北老會)에서 분배(分配)된 부활주일(復活主日) 연보금(捐補金)으로 문경군경내(聞慶郡境內) 신자희소처(信者稀少處)에 전도(傳道)하기로 결정(決定)하다. 임사부(任事部) 보고(報告)에 의(依)하여 안동(安東) 국곡교회(菊谷敎會)에 장로(長老) 1인(一人) 가택(加擇)할 것과 안동읍교회(安東邑敎會)에 장로(長老) 2인(二人) 가택(加擇)할 것과 문촌과 방곡당회(堂會)에 장로(長老) 1인(一人) 가택(加擇)할 것을 허(許)하고, 신학생(神學生) 임학수(林鶴洙), 장사성(張士聖), 손(孫)영균, 신장균(申長均), 서화선(徐華善), 김달효(金達孝), 임경수, 윤(尹)영문, 김인옥(金仁玉), 김기석, 전응규, 강병주(姜炳周) 등(等)의 계속수학(繼續修學)을 허(許)하고 화매당회(花梅堂會)를 분(分)하여 화천(花川), 매정(梅井) 양당회(兩堂會)를 입(立)하되 매정교회(梅井敎會)에 장로(長老) 택(擇)함을 허(許)하고 화개(華開), 매정(梅井) 양교회(兩敎會)에 강우근을 조사(助師)로, 화천(花川), 금호(錦湖), 조포(鳥浦), 남정(南亭) 4교회(四敎會)에 김응규를 조사(助師)로 시무(視務)하게 하고 조사(助師) 강(姜)우근, 김달효(金達孝), 김세영(金世榮), 신(申)태희(熙) 등(等)에게 미조직교회(未組織敎會)에서 학습문(學習問)할 권(權)을 허(許)하고, 신학생(神學生) 보조(補助)에 대(對)하여는 경상노회(慶尙老會) 때 결정(決定)한 대로 매교회(每敎會)에 2원(二圓) 이상(以上)으로 지출(支出)하되 50인(五十人)까지 1원(一圓), 백인(百人)까지 2원(二圓), 200인(二百人)까지 4원(四圓)으로 작정(作定)하고 불납(不納)한 교회(敎會)에는 회장(會長)의 명의(名義)로 독촉(督促)하기로 결정(決定)하다. 예안(禮安) 만촌교회(萬村敎會)에서 여자학술강습회(女子學術講習會) 인가(認可)를 위(爲)하여 누차(累次) 교섭(交涉)하여도 얻지 못한다는 일에 대(對)하여 권찬영(權燦永, [John Young

Crothers]), 조학규를 위원(委員)으로 택(擇)하여 도청(道廳)과 군청(郡廳)에 교섭(交涉)하기로 결정(決定)하다. 장로장립예식(長老將立禮式)은 해지방시찰(該地方視察)에게 위임(委任)하기로 결정(決定)하다. 목사(牧師) 정재순(鄭在淳)의 이명증서(移名證書)를 접수(接受)되는 대로 선교사(宣敎師) 권찬영(權燦永, [John Young Crothers])과 동사목사(同事牧師)로 위임식(委任式)을 행(行)하기로 결정(決定)하다.

1923년(一九二三年) 계해(癸亥) 1월(一月) 10일(十日)에 경안노회(慶安老會)가 제 3회(第三回)로 안동읍(安東邑) 법상동예배당(法尙洞禮拜堂)에 회집(會集)하니 회원(會員)은 선교사(宣敎師) 1인(一人), 목사(牧師)[382] 3인(三人), 장로(長老) 22인(二十二人)이요, 임원(任員)을 선정(選定)하니 회장(會長)에 정재순(鄭在淳), 부회장(副會長)에 권찬영(權燦永, [John Young Crothers]), 서기(書記)에 강석진(姜錫晋), 부서기(副書記)에 황영규, 회계(會計)에 강신충(姜信忠), 부회계(副會計)에 전기석이더라. 임사부(任事部) 보고(報告)에 의(依)하여 신학생(神學生) 윤영문, 김달호, 임경수, 전기석, 전중한, 윤호영, 강석초 등(等)의 계속수학(繼續修學)함과 탁계영, 양재엽, 권중한 등(等)의 신학입학(神學入學)을 허(許)하고 국곡(菊谷), 수동, 영양(英陽), 계곡, 매정(梅井), 금호(錦湖), 포산, 송천(松川), 화계, 화천당(花川堂) 등(等) 각(各) 교회(敎會)에 장로(長老) 택(擇)함을 허(許)하고 동산과 하령합당회(河寧合堂會)는 분립(分立)하고, 동산과 창길(倉吉) 양교회(兩敎會)가 합당회(合堂會)가 됨을 허(許)하다. 석실교회(石室敎會)와 주남교회(做南敎會)와 원리(院里), 삼의(三宜), 형암, 답곡(畓谷) 등(等) 5교회(五敎會)는 예안시찰구역(禮安視察區域)에 부속(附屬)하기로 허(許)하고 방잠교회(敎會)를 장수동교회(長水洞敎會)에 합병(合倂)함을 허(許)하고 만촌(萬村) 등(等) 4교회(四敎會)에서 신태희를 조사(助師)로, 장수동(長水洞) 등(等) 4교회(四敎會)에서 남수용을 조사(助師)로, 청송읍(靑松邑) 등(等) 6교회(六敎會)에서 윤(尹)영효를 조사(助師)로, 영양읍(英陽邑) 등(等) 12교회(十二敎會)에서 오현팔(吳賢八)을 조사(助師)로, 풍기읍교회(豊基邑敎會)에서 신학준사(神學準士) 강병주(姜炳周)를 선교사(宣敎師) 권찬영(權燦永,

[John Young Crothers])과 동사목사(同事牧師)로, 봉화군(奉化郡) 문촌(文村) 등(等) 6교회(六敎會)에서 신학준사(神學準士) 장사성(張士聖)을 선교사(宣敎師) 권찬영(權燦永, [John Young Crothers])과 동사목사(同事牧師)로, 순흥(順興), 신암(新岩) 등(等) 14교회(十四敎會)에서 임(林)경수를 조사(助師)로, 갈밭교회(敎會)에서 황병옥을 조사(助師)로 영주(榮州) 내매교회(敎會)에서 목사(牧師) 강신충(姜信忠)을 청빙(請聘)하는 것은 전부(全部) 허(許)하고 청송지방(靑松地方)에서 전도부인(傳道婦人) 신수규를 청(請)하는 것과 예안(禮安), 영양(英陽) 등지(等地)에서 전도부인(傳道婦人) 김정숙(金貞淑)을 청(請)하는 것과 김인옥목사(金仁玉牧師) 지방(地方)에 이복순(李福順)을 전도부인(傳道婦人)으로 청(請)하는 것, 거곡교회(敎會)에서 연당에 교회(敎會) 분립(分立) 청원(請願)하는 것은 다 허(許)하기로 결정(決定)하다. 노회(老會)는 의정(議定)한 순서(順序)에 의(依)하여 신학준사(神學準士) 강병주(姜炳周), 장사성(張士聖), 김인옥(金仁玉) 등(等)을 목사(牧師)로 임직(任職)하는 안수식(按手式)을 거행(擧行)하다. 문답부(問答部)는 피택장로(被擇長老) 이상규, 임경수, 박영신, 강신유, 강신효, 배영찬, 임재봉, 강목선의 문답(問答)이 잘됨을 보고(報告)하다. 내매교회(敎會)는 북편시찰구역(北便視察區域)에 속(屬)하기로 결정(決定)하다. 재정부(財政部)는 상당(相當)한 장부(帳簿)를 비치(備置)하고 재정문부(財政文簿)로 각(各) 회계(會計)가 상세(詳細)히 조사(調査)하여 자기(自己)의 시찰구역(視察區域) 내(內)의 노회비(老會費) 지출여부(支出與否)를 보고(報告)하고 만약(萬若) 지출(支出)ㅎ지 아니 하였으면 해지방(該地方) 총대(總代)에게는 회비(會費)를 지불(支拂)ㅎ지 않기로 하고 각(各) 시찰구역(視察區域) 내(內) 회계(會計)는 즉석(卽席)에서 선정(選定)하다. 별세(別世)한 선교사(宣敎師) 인노절(印魯節, [Roger E. Winn])의 추도식(追悼式)을 설행(設行)하다. 전도부(傳道部)는 각(各) 교회(敎會)가 부활주일(復活主日) 연보(捐補)를 더욱 장려(獎勵)하여 본(本) 전도부(傳道部) 회계(會計)에게 송치(送致)하여 전도사업(傳道事業)이 전진(前進)되게 하기를 위(爲)하여 보고(報告)하다. 권서위원(勸書委員)은 각(各) 교회(敎會)에서 주일학교(主日學

校) 연보(捐補)나 혹(或)은 특별연보(特別捐補)로 4(사)[383]복음(福音)과 신구약(新舊約)과 찬송가(讚頌歌) 등(等)을 사서 불신자(不信者)에게 많이 전(傳)하여 각기(各其) 자기(自己)의 신앙(信仰)을 전진(前進)ㅎ게 하기를 보고(報告)하여 채용(採用)되다. 임사부(任事部) 계속보고(繼續報告)에 의(依)하여 삼읍(三邑) 등(等) 5교회(五敎會)에서 강우근을 조사(助師)로, 포산(葡山) 등(等) 4교회(四敎會)에서 김세영을 조사(助師)로, 화천(花川) 등(等) 4교회(四敎會)에서 김달효(金達孝)를 조사(助師)로, 고천 등(等) 4교회(四敎會)에서 윤영문을 조사(助師)로, 걸촌 등(等) 9교회(九敎會)에서 전중한을 조사(助師)로, 삼(三)분 등(等) 4교회(四敎會)에서 전기석을 조사(助師)로, 명동(鳴洞) 등(等) 6교회(六敎會)에서 황영규를 조사(助師)로, 압동(鴨洞) 등(等) 6교회(六敎會)에서 김(金)종숙을 조사(助師)로, 강신충(姜信忠)의 지방(地方)과 영주읍교회(榮州邑敎會)가 합(合)하여 천기현을 전도부인(傳道婦人)으로, 장사성(張士聖)의 지방(地方)과 김종숙의 지방(地方)이 합(合)하여 안(安)봉주를 전도부인(傳道婦人)으로, 마산 풍기교회(豊基敎會)와 순흥(順興) 등(等) 6교회(六敎會)에서 안수(安手)봉을 전도부인(傳道婦人)으로 청빙(請聘)하는 것은 전부(全部) 허락(許諾)하고, 만촌교회(敎會)와 장수동교회(長水洞敎會)에 장로(長老) 택(擇)함을 허(許)하고, 북편시찰지방(北便視察地方) 중(中)에 소산(素山), 섯밭 마산 등(等) 교회(敎會)를 남편지방(南便地方)에 이속(移屬)하고 문경지방(聞慶地方)은 선교사(宣敎師)에게 위탁(委托)하고 청송지방(靑松地方)은 영덕시찰구역(盈德視察區域)에 속(屬)하게 하기로 결정(決定)하다. 주일학교(主日學校) 전문공부(專門工夫) 갈 자(者)는 강병주(姜炳周)로, 별신학생(別神學生)은 정재순(鄭在淳), 강석진(姜錫晋)으로 피선(被選)하다. 주일학교부(主日學校部)는 주일학교(主日學校)를 위(爲)하여 5년간(五年間) 1개월(一個月)씩 평양(平壤)에 가서 공부(工夫)를 마친 후 헌신적(獻身的)으로 일하기 위(爲)하여 1인(一人)을 택정(擇定)하되 그 학비(學費)는 각(各) 주일학교(主日學校)에서 매명하(每名下)에 1전(一錢) 비례(比例)로 수합(收合)하여 지불(支拂)할 것과 경안노회(慶安老會) 내(內) 주일학교(主日學校)를 위(爲)하여 2월(二月) 초

(初)에 유명(有名)한 아메트라트 선생(先生)이 와서 강습회(講習會)를 열 때에 각(各) 주일학교(主日學校) 직원(職員)은 다수(多數) 내참(來參)함을 청구(請求)하다. 학무부(學務部)의 보고(報告)에 의(依)하여 본(本) 노회내(老會內) 고등교육(高等教育)을 위(爲)하여 10세(十歲) 이상(以上) 교인(敎人)마다 50전(五十錢)씩 연출(捐出)하여 고등학교(高等學校)를 설립(設立)하도록 면려(勉勵)할 것과 본(本) 노회내(老會內) 각(各) 학교(學校) 급(及) 강습소(講習所) 교원(敎員)을 위(爲)하여 하기강습회(夏期講習會)를 열 것을 의결(議決)하다.

동년(同年) 2월(二月) 6일(六日)에 경안노회(慶安老會) 임시회(臨時會)가 안동읍(安東邑) 법상동예배당(法尙洞禮拜堂)에 회집(會集)하니 회원(會員)은 선교사(宣敎師) 2인(二人), 목사(牧師) 2인(二人), 장로(長老) 6인(六人)이더라. 안흥동(安興洞) 등(等) 6교회(六敎會)에서 신학준사(神學準士) 서화선(徐華善)을 목사(牧師)로 청빙(請聘)하는 것은 허(許)하고 준잔(準殘)을 경(經)한 후(後) 목사(牧師)로 임직(任職)하는 안수식(按手式)을 거행(擧行)하는 후(後) 위임식(委任式)은 위원(委員)을 선정(選定)하여 위탁(委托)하다. 만촌지방(萬村地方) 9교회(九敎會) 조사(助師) 신(申)태희가 별세(別世)하였으므로 기대(其代)에 민태규로 선정(選定)하다. 도리원교회(敎會)에서 조사(助師), 선교사(宣敎師)를 청원(請願)하는 일은 해지방시찰부(該地方視察部)에 위탁(委托)하다.

동년(同年) 6월(六月) 13일(十三日)에 경안노회(慶安老會)가 제 4회(第四回)로 안동읍(安東邑) 법상동예배당(法尙洞禮拜堂)에 회집(會集)하니 회원(會員)은 선교사(宣敎師) 1인(一人), 목사(牧師) 7인(七人), 장(長)[384]로(老) 25인(二十五人)이러라.

1(一), 연령(年齡)은 30세(三十歲)로 50세(五十歲)까지

2(二), 세례(洗禮)받은 지 5년(五年)된 자(者)

3(三), 국한문성경(國漢文聖經)을 보는 자(者)

4(四), 타인(他人)에게 채무(債務)가 없는 자(者)로 정(定)하다. 문답부(問答部)는 피택장로(被擇長老) 김성삼(金聖三), 김익현(金益賢), 노계식,

강우근, 박호종, 강필영, 권수백, 김태엽 등(等)의 문답(問答) 잘됨을 보고(報告)하다. 주일학교부(主日學校部)는 평양신학교(平壤神學校) 주일학교(主日學校) 강습과(講習科)에서 수업(修業)한 강병주(姜炳周)로 각(各) 시찰구역(視察區域) 내(內)에 4일간(四日間)씩 강습(講習)하게 하기로 함을 보고(報告)하다. 임사부(任事部) 보고(報告)에 의(依)하여 만촌교회(萬村敎會)와 마골교회(敎會), 장립교회(敎會), 송천교회(松川敎會)에 장로(長老) 택함을 허(許)하고 오포, 남정(南亭) 양교회(兩敎會)가 연합당회(聯合堂會)를 조직(組織)하여 장로(長老) 택(擇)함을 청원(請願)하는 것은 허(許)하고 창길당회(倉吉堂會) 명칭(名稱)은 취소(取消)하고 하령(河寧)을 합(合)하여 녕창당회(寧倉堂會)라고 칭(稱)하기로 결정(決定)하다. 김달효(金達孝), 김기석, 전중한, 윤영문, 임학수, 양재엽 등(等)의 신학계속(神學繼續)을 허(許)하기로 결정(決定)하다. 규칙부(規則部) 보고(報告)에 의(依)하여 장립집사(將立執事)의 자격(資格)은 세례(洗禮)받은 지 5년(五年)된 자(者)로 연령(年齡) 30세(三十歲) 이상(以上) 45세(四十五歲)까지로 정(定)하기로 결정(決定)하다. 고등교육부(高等敎育部) 재정사건청원(財政事件請願) 중(中) 생일연보(生日捐補)를 일제(一齊)히 실시(實施)하기로 결정(決定)하다. 감사일(感謝日) 연보(捐補)의 미수(未收)가 이르므로 더 장려(獎勵) 권면(勸勉)하기 위(爲)하여 회계(會計)에 맡겨 각(各) 교회(敎會)에 권면서(勸勉書)를 보내기로 결정(決定)하다. 본(本) 노회(老會)에서 전도(傳道)할 장소(場所)는 문경읍(聞慶邑)으로, 시일(時日)은 6월(六月) 20일(二十日)로, 전도인(傳道人)의 봉급(俸給)은 30원(三十圓)으로, 전도인(傳道人) 택(擇)하는 것은 공천부(公薦部)에 위임(委任)하기로 결정(決定)하다. 의산노회(義山老會) 부인전도회(婦人傳道會)와 평양여성경학교(平壤女聖經學校) 부인전도회(婦人傳道會)에 감사장(感謝狀)을 보내기로 결정(決定)하다. 권서위원(勸書委員)은 풍기읍교회(豊基邑敎會) 부인전도회(婦人傳道會)가 권서(勸書)를 대(代)하여 2개월간(二個月間) 복음(福音) 1천100권(一千百卷)을 분매(分賣)하고 권서(勸書)는 교인(敎人)을 대(代)하여 전도(傳道)하였으며, 영주읍교회(榮州邑敎會) 남녀전도회(男女傳道會)에서도 권서(勸書)를 대(代)하여 3

개월간(三個月間) 복음(福音) 1,800부(一千八百部)를 분매(分賣)하고 권서(勸書)는 교인(敎人)을 대(代)하여 전도(傳道)하므로 다대(多大)한[385] 자미(滋味)를 보았으며, 봉화(奉化) 압동교회(鴨洞敎會)에서는 복음(福音) 1천권(一千卷)을 주문(注文)하여 부근(附近) 동(洞) 불신자(不信者)에게 전급(傳給)함을 보고(報告)하다.

2. 교회조직(二, 敎會組織)

1922년(一九二二年) 임술(壬戌)에 안동군(安東郡) 섬촌교회(剡村敎會)가 예배당(禮拜堂)을 건축(建築)하다. 처음에 예배당(禮拜堂) 기지(基址)가 없으므로 간신(艱辛)히 불신자(不信者)의 토지(土地) 30여평(三十餘坪)을 세득(稅得)하여 공사(工事)에 착수(着手)하니 세득토지(稅得土地)는 동국유현(東國維賢) 이퇴계서원월편(李退溪書院越便)이다. 이씨자손(李氏子孫) 중(中) 노성자(老成者) 30여인(三十餘人)이 일제(一齊) 회집(會集)하여 교우(敎友) 4인(四人)은 이문부노(李門父老)의 초대(招待)로 동(同) 이씨문회(李氏門會)에 전왕(前往)하니 이문(李門)의 반대(反對) 이유(理由)는 서양사학(西洋邪學)의 칭(稱)이 거금(距今) 131년(一百三十一年) 전(前) 각수(刻竪)한 시사단비(試士壇碑)에 재재(載在)[시사단(試士壇)은 즉과거처(即科擧處)라. 비문(碑文)에 서양사유출아동(西洋邪流出我東) ○영이남무일인오염자상(嶺以南無一人汚染者上) ○전선정유화야운운시고거과시사이명위(田先正遺化也云云是故擧科試士以銘爲)]하니 야소교회당(耶蘇敎會堂)은 도산서원(陶山書院)과 시사단(試士壇)으로 불가동재(不可同在) 1구(一區)일 뿐 아니라 섬촌(剡村)은 자래도산소유(自來陶山所有)의 구역(區域)이니 소허(少許)라도 용대(容貸)ᄒ지 못하겠다는 바 답변(答辯)에 야소교(耶蘇敎)는 조선(朝鮮)에 입래(入來)한 지 38년(三十八年)이요, 비명(碑銘)은 131년(一百三十一年) 전(前)이니 연대(年代)의 후선(後先)을 견(見)하면 비사학(碑邪學)의 지칭(指稱)은 야소교(耶蘇敎)를 지칭(指稱)함이 아니니 서원

(書院)과 비문(碑文)에 하등(何等)의 관계(關係)가 없다 하고 다단변명(多端辯明)이 있었으나 이문(李門) 제인(諸人)은 귀지호변(歸之好辯)하고 사리여하(事理如何)를 불구(不拘)하고 공사(工事)를 방해(妨害)하며 축일(逐日) 이씨문회(李氏門會)가 부절(不絶)하여 저당극난(抵當極難)하니 신(神)의 능수(能手)로 원조(援助)하시는 하(下)에서 약소(弱少)한 교우(敎友)의 힘으로 배가(倍加) ○독(督)하여 50여일(五十餘日)에 성전(聖殿)을 낙성(落成)하다. 영주군(榮州郡) 연당교회(蓮塘敎會)가 강대영(姜大榮)을 장로(長老)로 안수(按手)하여 당회(堂會)가 성립(成立)하다. 안동군(安東郡) 흥안교회(興安敎會)가 우석연(禹錫淵)을 장로(長老)로 안수(按手)하여 당회(堂會)가 성립(成立)하다. 의성군(義城郡) 하령교회(河寧敎會)가 김택순(金澤純)을 장로(長老)로 안수(按手)하여 당회(堂會)가 성립(成立)하다. 봉화군(奉化郡) 압동교회(鴨洞敎會)가 서병옥(徐炳沃)을 장로(長老)로 안수(按手)하여 당회(堂會)가 성립(成立)하다. 영주군(榮州郡) 순흥교회(順興敎會)가 기지(基址) 600여평(六百餘坪)에 예배당(禮拜堂)과 학교(學校)를 굉장히 건축(建築)하다. 의성군(義城郡) 창길동교회(倉吉洞敎會)가 설립(設立)하다. 선시(先是)에 김선실(金善實)의 전도(傳道)로 신자일기(信者日起)하여 교회설립(敎會設立)하다. 지시(至是)하여 김선실(金善實)을 장로(長老)로 안수(按手)하여 당회(堂會)가 성립(成立)하다. 안동군(安東郡) 섬촌교회(剡村敎會)가 설립(設立)하다. 선시(先是)에 선교사(宣敎師) 권찬영(權燦永, [John Young Crothers])의 전도(傳道)로 이원영(李源永), 이중(李中)○, 이운호(李雲鎬)가 신종(信從)하여 교회설립(敎會設立)하다. 영양군(英陽郡) 원리교회(院里敎會)가 설립(設立)하다. 선시(先是)에 이광호(李光浩)의 전도(傳道)로 이현준(李鉉晙)이 신종(信從)하여 설립(設立)하[386]다.

　1923년(一九二三年) 계해(癸亥)에 영주군(榮州郡) 지곡교회(芝谷敎會)가 임재봉(林在鳳), 강대영(姜大榮)을 장로(長老)로 안수(按手)하여 당회(堂會)가 성립(成立)하다. 동군(同郡) 내매교회(乃梅敎會)에 목사(牧師) 강신충(姜信忠)이 시무(視務)하고 강병창(姜炳昌), 강석대(姜錫大)를 집사(執事)로 안수(按手)하다. 본(本) 교회(敎會)가 열심전도(熱心傳道)하여 지교회(支

敎會)를 다설(多設)하니라. 동군읍교회(同郡邑敎會)가 김치선(金致善)을 장로(長老)로 안수(按手)하여 당회(堂會)가 성립(成立)하다. 계속피임자(繼續被任者)는 임종수(林鍾洙), 강덕원(姜德元)이요, 목사(牧師)는 강석진(姜錫晋)이 시무(視務)하니 교회(敎會)가 진흥(振興)하니라. 봉화군(奉化郡) 내성교회(乃城敎會)가 진흥(振興)하니라. 3·1사건(三一事件) 이후(以後)로 교회(敎會) 쇠약(衰弱)하여 기지폐지(幾至廢止)러니 홀연(忽然) 진흥(振興)하여 120여인(一百二十餘人)이 출석예배(出席禮拜)하니라.

3. 환난(三, 患難)

1922년(一九二二年)에 안동군(安東郡) 섬촌교회(剡村敎會)는 예배당(禮拜堂) 건축(建築) 시(時)부터 퇴계자손(退溪子孫) 진성이씨(眞城李氏)의 방해(妨害)를 받았던 바 예배당(禮拜堂)을 낙성(落成)하고 신축(新築)한 예배당(禮拜堂)에서 2주일(二主日)을 신(神)께 영광(榮光)을 돌리며 예배(禮拜)하니 마귀(魔鬼)의 정신(精神)으로 반대(反對)하던 이문(李門) 제인(諸人)이 거익분한(去益忿恨)하여 60여명(六十餘名) 노자(老者)들이 묵대(默隊)와 낭군(狼群)같이 구입(驅入)하여 강제(强制)로 이전(移轉)을 명(命)하기도 하며 신자(信者)의 부형(父兄)을 명(命)하여 이전(移轉)ᄒ게 하라고도 하였으니 이러한 무리(無理)한 행동(行動)은 종전(從前) 쇄국시대(鎖國時代)에 퇴계선생(退溪先生) 자손(子孫)이라 하여 향촌간(鄕村間)에서 무호동중리작호(無虎洞中狸作虎)로 토호(土豪)로 강탈(强奪) 압박(壓迫)하며 상인해물(傷人害物)하던 패악(悖惡)한 습관(習慣)이라. 피배(彼輩)가 여차(如此)히 패악(悖惡)할지라도 신도(信徒) 등(等)은 의리명철(義理明哲)하므로 겸후상대(謙厚相待)하며 안연부동(晏然不動)하니 종내(終乃) 피배(彼輩)는 혈기(血氣)로 선봉(先鋒)을 작(作)하여 최후낭독(最後狼毒)을 사(肆)하니 파상손해(破傷損害)는 당장(當場) 경관조사(警官調査)에 70여원(七十餘圓)이라. 그러나 신자(信者)는 법률(法律)보다 도덕(道德)이 자연(自然) 재선(在

先)하므로 관헌(官憲)의 간섭(干涉)을 사(辭)하고 원상(原狀)함 회복(回復)ㅎ게 하라고 요구(要求)하더니 1개월(一個月)이나 기다리되 피악배(彼惡輩)는 원상회복(原狀回復)은 고사(姑舍)하고 여존물(餘存物)까지 진파(盡破)할 주의(注意)로 관원(官員)의 주선(周旋)하므로 조화책(調和策)을 시(施)하는 경찰서(警察署)로 양방(兩方)이 호출(呼出)을 받고 3차(三次)나 대두(對頭)하였으나 호결국(好決局)을 얻지 못하고 3개월(三個月)이나 연(延)○하다가 부득기(不得己)하여 지방(地方) 선교사(宣敎師) 원상회복청구서(原狀回復請求書)를 재판소(裁判所)에 제출(提出)하여 손해(損害)는 악배(惡輩)에게 분담(分擔)ㅎ게 하고 종결(終結)하였으니 전후환난(前後患難)의 경과(經果)[387]가 7개월(七個月)이나 신(神)께서 만세전(萬世前)부터 예정(豫定)하신 뜻대로 성취(成就)하니라.

4. 교육(四, 敎育)

1923년(一九二三年) 계해(癸亥)에 영덕군(盈德郡) 원전교회(院前敎會)는 덕신학교(德新學校)를 설립(設立)하고 교회(敎會) 중(中) 자녀(子女)를 양성(養成)하다. 봉화군(奉化郡) 압동교회(鴨洞敎會)는 의명학교(義明學校)를 설(設)하고 역시(亦是) 남녀교육(男女敎育)에 노력(努力)하다.[388]

제21장
남만노회(南滿老會)

1921년 신유 4월 16일에 남만노회(南滿老會)가 창립(剏立)하다. 선시에 산서노회(山西老會)와 분립하기를 총회에 청원하여 허락을 얻은지라.

남만노회, 조선예수교장로회사기 하

1. 총론(一, 總論)

(1) 노회설립(一, 老會設立)

　1921년(一九二一年) 신유(辛酉) 4월(四月) 16일(十六日)에 남만노회(南滿老會)가 창립(剏立)하다. 선시(先是)에 산서노회(山西老會)와 분립(分立)하기를 총회(總會)에 청원(請願)하여 허락(許諾)을 얻은지라. 지시(至是)하여 조직장(組織長) 국유치(鞠裕致, [Welling Thomas Cook])의 인도(引導)로 봉천성(奉天省) 통화현(通化縣)과 대모자예배당(禮拜堂)에 회집(會集)하여 노회(老會)를 조직(組織)하니 이것이 남만노회(南滿老會)의 제 1회(第一回)라. 당시(當時) 출석자(出席者)는 선교사(宣敎師) 국유치(鞠裕致, [Welling Thomas Cook]), 목사(牧師) 최성주(崔聖柱), 장관선(張寬善), 이지

은(李枝殷), 김익수(金益秀), 장로(長老) 박창선(朴昌善), 홍기주(洪箕疇), 정(鄭)낙영, 한(韓)찬희, 안(安)기경, 조옥현(趙玉鉉) 등(等) 일인(一人)이러라. 신임원(新任員)을 선정(選定)하니 회장(會長) 국유치(鞠裕致, [Welling Thomas Cook]), 서기(書記) 김익수(金益秀), 회계(會計) 이지은(李枝殷)이 피임(被任)하다.

(2) 노회의안(二, 老會議案)

노회(老會) 규칙(規則)을 편성(編成) 통과(通過)하다. 시찰지경(視察地境)을 구분(區分)하여 신길영이남(嶺以南)을 남구역(南區域)이라 하고 이북(以北)을 북구역(北區域)이라 하다. 부원(部員)을 택(擇)하여 사무(事務)를 분담(分擔)하게 하니 임사부(任事部), 문답부(問答部), 전도부(傳道部), 구조부(救助部), 총계부(總計部), 검사부(檢查部), 공천부(公薦部), 재정부(財政部), 학무부(學務部), 시찰부(視察部) 등(等)이더라. 시년(是年)에 장로(長老)의 직(職)을 신임(新任)한 자(者)는 시푸회(會)에 백옥현(白玉賢)과 데모자에 홍기주(洪箕疇), 다사탄에 안(安)기경, 다황구(溝)에 하재빈(河在彬) 등(等) 4인(四人)이더라. 전도부원(傳道部員)은 동풍현(縣) 등지(等地)에 황경선(黃景善), 길림(吉林) 등지(等地)에 목사(牧師) 1인(一人), 전도인(傳道人) 3인(三人), 장전자에 전도인(傳道人) 1인(一人)이 시무(視務)하다가 지시(至是)하여 재정곤란(財政困難)으로 중지(中止)하다. 참혹(慘酷)한 핍박(逼迫)으로 거년(去年) 추(秋)에 참살(斬殺)을 당(當)한 자(者) 40유(四十有)여인이(餘人而) 장로(長老) 김도준(金道俊), 황원후외(黃元厚外) 4인(四人)이 역시(亦是) 피해(被害)한지라. 기유족(其遺族)에게 적위(吊慰)의 서신(書信)을 선송(繕送)하다.[389]

동년(同年) 8월(八月) 21일(二十一日)에 남만노회(南滿老會) 제 2회(第二回)가 봉천(奉天) 성경현예배당(縣禮拜堂)에 회집(會集)하니 회원(會員)은 목사(牧師) 4인(四人), 선교사(宣敎師) 1인(一人), 장로(長老) 9인(九人)이러라. 신임원(新任員)은 회장(會長) 국유치(鞠裕致, [Welling Thomas

Cook]), 서기(書記) 김익수(金益秀), 회계(會計) 이지은(李枝殷)이더라. 전북노회(全北老會)에서 참화(慘禍)와 흉년(凶年)을 당(當)하여 곤란(困難)을 미면(未免)한 자(者)에게 구제금(救濟金) 25원(二十五圓)을 혜사(惠賜)한 것은 감사(感謝)히 수(受)하다. 진두헌교회(敎會)가 시년(是年)에 상하(上下)로 분립(分立)하다. 신학생(神學生) 변봉조(邊鳳朝)에게 천서(薦書)를 주어 입학(入學)하게 하다. 장로(長老)의 안수(按手)를 허락(許諾)한 자(者)는 싸양진에 방사현, 꼬우리청에 박영순, 청녕자에 박영호, 박양수, 화전자에 백성년, 다황구(溝)의 김봉조 제군(諸君)이더라. 김익수(金益秀)는 다사탈지방(地方) 목사(牧師)로, 장관선(張寬善)은 다황구지방(溝地方) 목사(牧師)로, 계리영(桂利榮)은 왕청문지방(地方) 목사(牧師)로, 이지은(李枝殷)은 진두허지방(地方) 목사(牧師)로, 한경희(韓敬禧)는 삼(三)원포지방(地方) 목사(牧師)로 임명(任命)하다. 전도사업(傳道事業)은 길림(吉林) 등지(等地)에 최봉석(崔鳳奭), 액목현에 김봉수, 반석현에 김광현(金光賢), 동풍현에 조옥현(趙玉賢)을 계속파송(繼續派送)하다.

1922년(一九二二年) 임술(壬戌) 2월(二月) 7일(七日)에 남만노회(南滿老會) 제 3회(第三回)가 흥경현(興慶縣) 동보예배당(東堡禮拜堂)에 회집(會集)하니 회원(會員)은 선교사(宣敎師) 2인(二人), 목사(牧師) 6인(六人), 장로(長老) 12인(十二人)이더라. 조사(助事)의 직(職)을 신임(新任)한 자(者)는 김병희(金炳凞), 김봉수(金鳳秀), 김봉조(金鳳朝)이더라. 장로(長老)의 직(職)을 신임(新任)한 자(者)는 니수구(溝)에 백학철(白學哲), 장난회(會)에 서봉렵, 세우청에 김병하 제군(諸君)이더라. 선교사(宣敎師) 소열도(蘇悅道, [T. Stanley Saltau])는 전주(全州)로 이임(移任)하다. 평북노회(平北老會) 목사(牧師) 계리영(桂利榮)의 이명증서(移名證書)를 수(受)하다. 신학생(神學生) 취교자(就校者)는 김병희(金炳凞), 김병렬(金炳烈), 김광현(金光賢) 제인(諸人)이더라. 목사(牧師) 이동(移動)이 있으니 화전자지방(花田子地方)에 장관선(張寬善)을 선교사(宣敎師)와 동사목사(同事牧師)로 허락(許諾)하다. 신학준사(神學準士) 박규현(朴圭顯)을 안수(按手)하여 목사(牧師)로 임명(任命)하다. 전도사업(傳道事業)은 점점(漸漸) 발전(發展)하여 각

(各) 교회(敎會) 연보금액(捐補金額)이 파다(頗多)하여 전도국(傳道局)에 재원(財源)이 여유(餘裕)가 있는지라. 지(池)산은을 길림(吉林) 액목현에, 장현도(張顯道)를 길림(吉林) 화전현(花田縣)에, 홍혜범(洪惠範)을 반석현(磐石縣)에, 박규현(朴圭顯)을 관전현(寬甸縣)에, 조옥현(曹玉賢)을 동풍(東豊), 서풍(西豊) 등지(等地)에, 최봉석(崔鳳奭)을 길림(吉林) 각(各) 지방(地方)에, 이성진(李成秦)을 홍경남편(興慶南便)에 파송(派送)하다. 한경희목사(韓敬禧牧師)를 전도인(傳道人) 파송(派送)한 지방시찰(地方視察)로 임명(任命)하여 형편(形便)을 주찰(周察)하게 하다. 교회사기(敎會史記) 편집부(編輯部)를 세우다. 신학양성부(神學養成部)를 세우고 삼월 제 1차(第一次) 주일(主日)에 각(各) 교회(敎會)의 의연금(義捐金)을 수납(收納)하게 하다. 황해노회(黃海老會)에서 혜사(惠賜)하신 구제금(救濟金) 120원(一百二十圓)을 감사(感謝)히 수(受)하다.

　　동년(同年) 8월(八月) 21일(二十一日)에 남만노회(南滿老會) 제 4회(第四回)가 통화현(通化縣) 쾌대모자예배당(禮拜堂)에 회집(會集)하니 회원(會員)은 선교사(宣敎師) 2인(二人), 목사(牧師) 5인(五人),[390] 장로(長老) 13인(十三人)이더라. 신임원(新任員)은 회장(會長) 한경희(韓敬禧), 서기(書記) 김익수(金益秀), 회계(會計) 계리영(桂利榮)이더라. 전도사업(傳道事業)은 김(金)홍연을 액목현(縣)에, 임군석(林君錫)을 홍경현(興慶縣)에, 박규현(朴圭顯)을 통화현(通化縣)에, 조옥현(曹玉賢)을 동풍(東豊) 서풍지방(西豊地方)에, 홍혜범(洪惠範)을 반석현(縣)에 파송(派送)하다. 조사(助師)의 직(職)을 신임(新任)한 자는 김봉조(金鳳朝), 지(池)산은, 김봉수(金鳳秀) 제군(諸君)이더라. 선교사(宣敎師) 국유치(鞠裕致, [Welling Thomas Cook]), 현대선(玄大善, [Lloyd P. Henderson])은 의전시찰(依前視察)하고 목사(牧師)는 별무이동(別無移動)하니라. 학무부(學務部) 보고(報告)에 의(依)하여 재정처리(財政處理), 교원양성(敎員養成), 수업연한(授業年限), 과정균일(課程均一) 등(等) 규칙(規則)을 채납(採納)하다. 장로(長老)의 직(職)을 신임(新任)한 자(者)는 우풍누에 김덕해(金德海), 삼원포(三源浦)에 박정엽, 쌍양진에 김홍년, 싼두구(溝)에 이성규, 기타(其他) 이성진, 오홍갑 6인(六

人)이더라. 신학생(神學生) 취교자(就校者)는 김병렬(金炳烈), 김광현(金光賢), 장형도(張亨道) 제군(諸君)이더라. 신학생양성부(神學生養成部) 보고(報告)에 의(依)하여 금춘(今春) 취교(就校)한 학생(學生) 매인(每人)에게 20원금(二十圓金)을 보조(補助)하고 음력(陰曆) 2월(二月) 제 1차(第一次) 주일(主日)에 각(各) 교회(敎會)가 협심(協心) 연보(捐補)하게 하다. 전도부(傳道部) 규칙(規則)을 편성(編成) 통과(通過)하다.

 1923년(一九二三年) 계해(癸亥) 2월(二月) 27일(二十七日)에 남만노회(南滿老會) 제 5회(第五回)가 흥경현(興慶縣) 동(東) 푸[풍(豊)]예배당(禮拜堂)에 회집(會集)하니 회원(會員)은 선교사(宣敎師) 2인(二人), 목사(牧師) 2인(二人), 장로(長老) 14인(十四人)이더라. 시년(是年)에 쌍청자에 교회(敎會)가 신입(新立)하다. 신학생(神學生) 취교자(就校者)는 박치범군(朴治範君)이더라. 장로직(長老職)을 신임(新任)한 자(者)는 홍두허자에 김(金)성준, 쌍양나무골에 안원경(安元敬), 말누구(溝)에 한석영(韓錫英), 니수구(溝)에 전기용, 장난에 한시봉(韓時鳳) 등(等) 5인(五人)이더라. 계리영목사(桂利榮牧師)가 무고(無故)히 환국(還國)함으로 1삭간(一朔間) 정직(停職)하다. 목사(牧師) 송경호(宋敬浩)를 길림지방(吉林地方) 임시목사(臨時牧師)로 허락(許諾)하다. 길림성(吉林省) 전도시찰(傳道視察)이 길림(吉林) 3현(三縣) 각(各) 교회(敎會)가 연합(聯合)하여 전도회(傳道會)를 새로 조직(組織)하고 성경학교(聖經學校)에 입학지원(入學志願)도 3인(三人)이 있으며 독립(獨立)하여 목사(牧師)를 청빙(請聘)할 경영(經營)도 있음을 보고(報告)하다. 성경학교(聖經學校) 보고(報告)에 의(依)하여 입학생(入學生) 33인(三十三人)을 1삭간(一朔間) 교사(敎師) 5인(五人)이 2반(二班)에 교수(敎授)하여 성적(成績)이 양호(良好)하더라. 전도사업(傳道事業)은 김봉조(金鳳朝)를 동풍지방(東豊地方)에, 정(鄭)낙영을 집안현(輯安縣)에, 김덕해(金德海)를 반석지방(地方)에, 박정엽을 양디소지방(地方)에, 홍혜범(洪惠範)을 흥경지방(興慶地方)에, 중기초(中基礎)를 동지(同地)에, 박창식(朴昌植)을 화전지방(地方)에, 박규현(朴圭賢)을 통화현(通化縣)에, 최봉석(崔鳳奭)을 길림(吉林)에 각각(各各) 파송(派送)하다. 황해도(黃海道) 수재(水災)를 구제(救濟)하기 위(爲)하여 각(各) 교회(敎會)가 연보(捐補)한 금액(金額)이 270여원(二百七十餘圓)이더라. 선교사(宣敎師) 2인(二人)과 목사(牧師) 제인(諸人)은 여전(如前) 시무(視務)하다.

동년(同年) 5월(五月) 23일(二十三日)에 남만(南滿) 별노회(別老會)가 통화현(通化縣) 진두허예배당(禮拜堂)에 회집(會集)하여 상해(上海)에 재류(在留)하는 김윤석(金允錫)을 화전자지방(地方) 목(牧)[391]사(師)로 청빙(請聘)하게 하다. 봉천지방(奉天地方) 본(本) 노회지경(老會地境)에 연합(聯合)하기 위(爲)하여 의산노회(義山老會)에 교섭(交涉)하여 총회(總會)에 청원(請願)하게 하다.

동년(同年) 8월(八月) 21일(二十一日)에 남만노회(南滿老會) 제 6회(第六回)가 흥경현(興慶縣) 동풍예배당(東豊禮拜堂)에 회집(會集)하니 회원(會員)은 선교사(宣敎師) 2인(二人), 목사(牧師) 5인(五人), 장로(長老) 16인(十六人)이더라. 신임원(新任員)은 회장(會長) 국유치(鞠裕致, [Welling Thomas Cook]), 서기(書記) 한경희(韓敬禧), 회계(會計) 이지은(李枝殷)이더라. 조사(助師)의 피임자(被任者)는 지(池)산온, 장형도(張亨道), 김광현(金光賢), 임군석(林君錫), 정(鄭)낙영 제군(諸君)이더라. 목사(牧師) 이동(移動)은 왕책문지방(王柵門地方)에 이지은(李枝殷), 화전자지방(花田子地方)에 김윤석(金允錫), 영외지방(嶺外地方)에 최봉석(崔鳳奭), 대황구(溝)에 장관선(張寬善), 길림(吉林)에 송경오 등(等)이 임시(臨時)로 시무(視務)하다. 장로(長老)의 직(職)을 신임(新任)한 자(者)는 다황구(溝)에 박성집, 다스탄에 김윤세, 삼(三)원포(浦)에 김선두(金善斗), 화전자(花田子)에 이창형, 방화촌에 박창식(朴昌植), 흥경성내(興慶城內)에 차두호더라. 신학생(神學生) 취교자(就校者)는 오능조, 김광현(金光賢), 임군석(林君錫), 장형도(張亨道), 김창식(金昌植) 제군(諸君)이더라. 성경학교부(聖經學校部)에서 학생(學生) 40여명(四十餘名)을 교사(敎師) 5인(五人)이 1삭간(一朔間) 교수(敎授)에 성적(成績)이 양호(良好)함을 보고(報告)하다. 전도사업(傳道事業)이 점점(漸漸) 향상(向上)하여 김창식(金昌植)을 흥경지방(興慶地方)에, 박(朴)정업을 길림현(吉林縣)에, 조옥현(趙玉賢)을 동풍지방(東豊地方)에 파송(派送)하다. 선천군(宣川郡) 신성학교내(信聖學校內) 남만학우회(南滿學友會)에 금(金) 15원(十五圓)을 기부(寄附)하다. 선교사(宣敎師) 국유치(鞠裕致, [Welling Thomas Cook]), 현대선(玄大善, [Lloyd P. Henderson]) 2인(二人)이 여전(如前) 시무(視務)하니라.

    1924년(一九二四年) 갑자(甲子) 2월(二月) 15일(十五日)에 남만노회(南滿老會) 제 7회(第七回)가 흥경예배당(興慶禮拜堂)에 회집(會集)하니 회원(會員)은 선교사(宣敎師) 2인(二人), 목사(牧師) 5인(五人), 장로(長老) 16인(十六人)이더라. 의산노회(義山老會) 목사(牧師) 김윤석(金允錫), 평서노회(平西老會) 목사(牧師) 송경오(宋敬五)의 이명서(移名書)를 수(受)하다. 장로안수(長老按手) 허락자(許諾者)는 동창구에 장경신(張敬信), 장난회(會)에 김영국이더라. 신학생(神學生) 취교자(就校者)는 김병렬군(金炳烈君)이더라. 조사(助師) 시무자(視務者)는 오남송, 장형도(張亨道), 김광현(金光賢) 제군(諸君)이더라. 목사(牧師)의 이동(移動)은 진두허지방(地方)에 이지은(李枝殷)을 전임목사(專任牧師)로 임명(任命)하다. 전도부사업(傳道部事業)은 중지(中止)되었더라.

    동년(同年) 8월(八月) 11일(十一日)에 남만노회(南滿老會) 제 8회(第八回)가 삼원포예배당(三元浦禮拜堂)에 회집(會集)하니 회원(會員)은 선교사(宣敎師) 1인(一人), 목사(牧師) 5인(五人), 장로(長老) 18인(十八人)이더라. 신임원(新任員)은 회장(會長) 한경희(韓敬禧), 서기(書記) 차두호, 회계(會計) 김익수(金益秀)이더라. 목사(牧師)와 조사(助師)의 시무구역(視務區域)은 별무이동(別無移動)하다. 신학[생](神學[生]) 취교자(就校者)는 오남송, 김신경 2인(二人)이더라. 장로안수(長老按手) 허락자(許諾者)는 방화촌 백(白)시관[복임(復任)], 전우홍줄누허에 한윤학(韓允學), 지창자에 최(崔)지서, 동창구(溝)에 김명찬(金明贊) 4인(四人)이더라. 전도사업(傳道事業)은 이창형을 영외지방(嶺外地方)에, 안(安)기경, 지(池)산온을 길림(吉林) 3현(三縣)에 조사(助師)의 권한(權限)을 주어 파송(派送)하다. 학무부(學務部) 주선(周旋)으로 삼원포교회당(三元浦敎會堂)에서 동명학교(東明學校) 교원(敎員)을 선생(先生)으로 청빙(請聘)하여 7월경(七月頃)에 15일간(十五日

間)[392] 각(各) 학교(學校) 교사(敎師)를 강습(講習)함에 성적(成績)이 양호(良好)하다.

2. 교회의 설립(二, 敎會의 設立)

1921년(一九二一年) 신유(辛酉)에 영결부(永決府) 강남(江南) 서보교회(西堡敎會)가 흥왕(興旺)하여 예배당(禮拜堂)을 신축(新築)하다. 고려성교회(高麗城敎會)가 박영순(朴永淳)을 장로(長老)로 안수(按手)하여 당회(堂會)가 성립(成立)하니라. 청령자교회(靑嶺子敎會)가 박영호(朴永浩)를 장로(長老)로 안수(按手)하여 당회(堂會)가 성립(成立)하니라. 화전자교회(華甸子敎會)가 백성련(白成璉)을 장로(長老)로 안수(按手)하여 당회(堂會)가 성립(成立)하다.

3. 환난(三, 患難)

1919년(一九一九年) 기미(己未) 3·1사건(三日事件)을 인(因)하여 남만(南滿) 각(各) 노회(老會)가 무리(無理)한 참살(慘殺)을 당(當)한 자(者) 부지기수(不知其數)인데 지명자(知名者)는 여좌(如左)하다. 삼원포(三源浦) 장로(長老) 안동식(安東植), 서보교회(西堡敎會) 장로(長老) 이근진(李根眞), 금두복교회(金斗伏敎會) 장로(長老) 조대원(趙大元), 전학진(田學鎭), 강남(江南) 장로(長老) 김도준(金道俊), 황원후(黃元厚)와 대사탄(大沙灘) 영수(領袖) 김헌림(金憲林), 향양진교회(嚮陽鎭敎會) 전세탁(全世鐸), 청령자(靑嶺子) 집사(執事), 최시명(崔時明), 어양자(魚亮子) 교인(敎人) 전준쇄(田俊碎), 서보(西堡) 교인(敎人) 지하영(池夏榮), 대명자(大明子) 교인(敎人) 곽종목(郭宗穆), 청령자(靑嶺子) 교인(敎人) 전경서(全景瑞), 금두복(金斗伏) 교인(敎人) 이순구(李淳九), 서보(西堡) 교인(敎人) 최형구(崔亨九),

박병하(朴炳夏), 조종영(趙宗永), 방은일(方恩一), 방기전(方基典), 윤준태(尹俊泰), 방병걸(方炳傑), 한중달(韓中達), 함찬근(咸贊根), 박의수(朴義秀), 오정순(吳正順), 오의순(吳義淳), 이용성(李龍成), 이태석(李泰錫), 정봉길(鄭鳳吉), 신태유(申泰有), 선우찬경(鮮于贊京), 이시형(李時亨), 이봉규(李鳳奎) 등(等) 33인(三十三人)이더라.

동년(同年)에 패왕조예배당(霸王槽禮拜堂)은 충화(衝火)를 당(當)하고 화전자예배당(華甸子禮拜堂)은 마구(馬廐)로 사용(使用)하고 교인(敎人)의 가옥(家屋), 서적(書籍)은 전부(全部) 소실(燒失)되어 예배(禮拜)할 처소(處所)가 없음으로 산중(山中)에 피입(避入)하여 사가(私家)에서 주일(主日)마다 예배(禮拜)하니라. 목사(牧師) 최성주(崔聖柱), 송경오(宋敬五) 2인(二人)은 곤란막심(困難莫甚)하여 사면(辭免) 귀국(歸國)하니라.

동시(同時)에 남만천지(南滿天地)에 공전절후(空前絶後)한 대환난(大患難)이 벽력(霹靂)같이 경과(經過)하여 병화여지(兵火餘地)에 광경(光景)이 처참(悽慘)하고 인연(人烟)이 소조(蕭條)한 중(中) 목(牧)[393]사(師), 장로(長老), 조사(助師) 7인(七人)이 유하현(柳下縣) 청령자예배당(靑嶺子禮拜堂)에 회집(會集)하여 특별기도(特別祈禱)를 개(開)하고 교회부흥(敎會復興)을 위(爲)하여 간구(懇求)하는 중(中) 연약자(軟弱者) 강강(强剛)하게 되며 낙심자(落心者) 열심(熱心)하게 되어 전도(傳道)를 전력(專力)으로 면려(勉勵)함으로 교회(敎會)가 경(更)히 복구(復舊)하니라. 환난(患難)의 여파(餘波)가 항상(恒常) 부절(不絶)하여 교인(敎人) 중(中) 피착감금(被捉監禁)된 자(者)와 보민단(保民團) 천도교도(天道敎徒)에게 무리(無理)한 수색(搜索)을 당(當)하고 교인(敎人)의 성서(聖書)와 찬송가(讚頌歌)를 혹(或) 탈취파열(奪取破裂)하며, 혹(或) 압수나거(押收拏去)하여 위협공갈(威脅恐喝)이 막심(莫甚)하였고 설상가상(雪上加霜)으로 마적(馬賊)에게 살육(殺戮)을 당(當)하는 참황(慘況)이 중중유지(重重有之)하니라.[394]

제 22장
간도노회(間島老會)

> 1921년 신유 12월 1일에 간도노회가 조직회로 토성보예배당에 회집하여 조직회장 박례헌의 기도로 개회하니 회원은 선교사 2인, 목사 5인, 장로 18인이요. … 간도교회 개척자인 구례선, 김영제, 부두일 3씨에게 간도노회의 조직됨을 고지(告知)하는 서함(書函)을 보내기로 결정하다.
>
> 간도노회, 조선예수교장로회사기 하

1. 총론(一, 總論)

(1) 노회설립(一, 老會設立)

 개아(盖我) 조선민족(朝鮮民族)이 간도지방(間島地方)에 거류(居留)한 지 40여년(四十餘年)에 고향(故鄕)을 애모(愛慕)하는 한루(恨淚)가 제(霽)할 시(時)가 무(無)하고 객지(客地)에 서설(捿屑)하는 비회(悲懷)를 위(慰)할 사람이 없었다. 신고(辛苦)를 비상(備嘗)하며 성명(性命)을 근보(僅保)하던 중(中) 하행(何幸) 자애(慈愛)의 천부(天父)가 수령(垂怜)하사 사자(死者)를 소(蘇)하게 하는 복음(福音)을 전파(傳播)하게 하사 구은(救恩)을 시(施)하시니 영국(英國) 카나다 장로회(長老會)에서 파송(派送)한 선교사(宣敎

師) 구례선(具禮善, [R. G. Grierson])이 1902년(一九○二年)에 함경도(咸鏡道)를 경유(經由)하여 간도(間島)와 해삼위(海蔘威)에 전도(傳道)함과 1906년(一九○六年)에 중국교인(中國敎人) 쌘진선생(先生)의 동양리(東洋里)와 양무정자에 전도(傳道)함을 위시(爲始)하여 조사(助師) 김문삼(金文三)과 선교사(宣敎師) 업아력(鄴亞力, [A. F. Robb])과 조사(助師) 김(金)계안과 선교사(宣敎師) 부두일(富斗日, [William R. Foote]), 박걸(朴傑, [A. H. Barker]) 등(等)과 목사(牧師) 김내범(金迺範) 등(等)이 근근자자(勤勤仔仔)히 상계전도(相繼傳道)한 결과(結果) 신자(信者)가 시증(時增)하고 교회(敎會)가 일흥(日興)하여 1921년(一九二一年)에 이르러 총회(總會)의 승인(承認)을 얻어 함북노회(咸北老會)에서 분리(分離)하여 간도노회(間島老會)를 조직(組織)하게 되니 이는 천부(天父)의 사랑과 구주(救主)의 은혜(恩惠)에서 유출(流出)한 성업(聖業)이므로 감사(感謝)와 찬송(讚頌)을 귀(歸)함을 마지 아니 하노라.

(2) 노회의 의안(二, 老會의 議案)

1921년(一九二一年) 신유(辛酉) 12월(十二月) 1일(一日)에 간도노회(間島老會)가 조직회(組織會)로 토성보예배당(土城堡禮拜堂)에 회집(會集)하여 조직회장(組織會長) 박례헌(朴禮獻)의 기도(祈禱)로 개회(開會)하니 회원(會員)은 선교사(宣敎師) 2인(二人), 목사(牧師) 5인(五人), 장로(長老) 18인(十八人)이요, 임원(任員)을 선정(選定)하니 회장(會長)에 김내범(金乃範), 부회장(副會長)에 배례사(裵禮仕, Fraser, Edward J. O.]), 서기(書記)에 문재(文在)린, 부서기(副書記)에 허상훈, 회계(會計)에 강두화(姜斗華), 부회계(副會計)에 박걸(朴傑, [A. H. Barker])이더라. 목사(牧師) 김유목(金有穆)의 이명증(移名證)을 접수(接受)하고 회원(會員)으로[395] 환영(歡迎)하다. 규칙위원(規則委員)이 규칙(規則)을 제정보고(制定報告)하매 6개월간(六個月間) 임시사용(臨時使用)하기로 결정(決定)하다. 임사부(任事部) 보고(報告)에 의(依)하여 이성국목사(李成國牧師) 청빙(請聘)을 3개월(三個

月) 후(後)에 허(許)하기로 하고 응암교회(鷹巖敎會), 토성보교회(土城堡敎會), 회막동교회(會幕洞敎會), 태양동교회(太陽洞敎會), 용정교회(龍井敎會)에 장로(長老) 각(各) 1인식(一人式) 택(擇)함을 허(許)하다. 고(故) 최선탁목사(崔善鐸牧師) 추도식(追悼式)을 거행(擧行)하기로 의정(議定)하고 그 가족(家族)에게 위자금(慰藉金) 100원(壹百圓)을 송(送)하기로 결정(決定)하다. 간도교회(間島敎會) 개척자(開拓者)인 구례선(具禮善, [R. G. Grierson]), 김영제(金永濟), 부두일(富斗日, [William R. Foote]) 3씨(三氏)에게 간도노회(間島老會)의 조직(組織)됨을 고지(告知)하는 서함(書函)을 보내기로 결정(決定)하다. 피택장로(被擇長老) 서(徐)인한의 장립(將立)을 허(許)하다. 총회(總會) 구제금(救濟金)은 혼춘(琿春)에 백원(百圓), 청산(靑山)에 90원(九十圓), 하강포에 60원(六十圓), 간장암(岩)에 40원(四十圓), 양목정자(楊木亭子)에 20원(二十圓)을 분배(分配)하니라. 주일학교부(主日學校部) 보고(報告)에 의(依)하여 주일학교(主日學校) 문부(文簿)를 일치(一致)하게 할 일과 매년(每年) 1차식(一次式) 강습회(講習會)를 개(開)할 것과 내지(內地) 대강습회(大講習會)에 강습생(講習生) 2인(二人)을 파송(派送)하기로 결정(決定)하다. 전도부(傳道部) 보고(報告)에 의(依)하여 전(前) 함북노회(咸北老會) 전도국(傳道局) 자본(資本)의 3분지 1(三分之一)을 함북노회(咸北老會)로 보내기로 할 것과 재정(財政)을 세례인(洗禮人) 매명(每名)에 3전식(三錢式) 받되 총회비(總會費)와 함께 수합(收合)할 일과 성탄연보(聖誕捐補)의 3분지 1(三分之一)을 여전(如前)히 전도부(傳道部)에 송치(送致)할 일, 전도국(傳道局)은 용정(龍井)에 치(寘)할 일 등(等)을 결정(決定)하다. 임사부(任事部) 보고(報告)에 의(依)하여 목사(牧師) 박례헌(朴禮獻), 강두화(姜斗華)는 박걸(朴傑, [A. H. Barker])와 동사목사(同事牧師)로 시무(視務)하되 서고도(徐高道, [William Scott])가 귀래(歸來)할 시(時)는 박례헌목사(朴禮獻牧師)와 동사(同事)하게 하고 김내범(金迺範), 김유목(金有穆), 최덕준(崔德俊) 3목사(三牧師)와 배례사(裴禮仕, Fraser, Edward J. O.])와 동사(同事)하게 하되 배례사(裴禮仕, Fraser, Edward J. O.])가 귀국(歸國)할 시(時)에는 박걸(朴傑, [A. H.

Barker])와 동사(同事)하게 하기로 결정(決定)하다.

  1922년(一九二二年) 임술(壬戌) 6월(六月) 3일(三日)에 간도노회(間島老會)가 제 2회(第二回)로 용정예배당(龍井禮拜堂)에 회집(會集)하니 회원(會員)은 선교사(宣敎師) 1인(一人), 목사(牧師) 5인(五人), 장로(長老) 23인(二十三人)이요, 임원(任員)을 개선(改選)하니 회장(會長)에 박례헌(朴禮獻), 부회장(副會長)에 강두화(姜斗華), 서기(書記)에 허(許)상훈, 부서기(副書記)에 이종식, 회계(會計)에 강두화(姜斗華), 부회계(副會計)에 박걸(朴傑, [A. H. Barker])이더라. 각(各) 시찰부(視察部)를 경유(經由)하여 청원(請願)한 적안평(坪), 명동, 구세동(救世洞), 영신동(永新洞), 휘춘(暉春), 전선촌(村) 등(等) 각(各) 교회(敎會)에 장로(長老) 택(擇)함을 허(許)하고 기성당회(旣成堂會)라도 장로(長老)를 택(擇)하려 할 시(時)에는 노회(老會)에 청원(請願)하여 허락(許諾)을 받은 후(後)에 택(擇)하기로 결정(決定)하다. 북구역(北區域) 시찰목사(視察牧師) 김내범(金迺範)과 구호동(九戶洞) 등지(等地) 시찰목사(視察牧師) 김유목(金有穆)의 청원(請願)은 허(許)하고 김유목(金有穆)의 이명증(移名證)을 평양노회(平壤老會)에 선송(繕送)하기로 결정(決定)하고 목사(牧師) 이성국(李成國)의 이명청구(移名請求)에 대(對)하여는 개인(個人)의 이름으로 이명증서(移名證書)를 보내기로 결정(決定)하다. 평서노회(平西老會)[396]에서 파송(派送)한 이병하(李炳夏)의 전도구역(傳道區域)은 호선포 등지(等地)를 휘춘(暉春)으로 변경(變更)하기로 결정(決定)하다. 시찰구역(視察區域)은 남북(南北)인데 휘춘(暉春)을 1구역(一區域)으로 더 정(定)하다. 신학준사(神學準士) 유지선(柳芝善)을 문답(問答)하여 합격(合格)되므로 목사(牧師)로 임직(任職)하기로 결정(決定)하고 안수식(按手式)을 거행(擧行)하다. 전도부(傳道部) 보고(報告)에 의(依)하여 용정(龍井)에 있는 전삼국전도회(前三國傳道會) 가옥(家屋)을 용정교회(龍井敎會)에 기부(寄附)할 것과 금추(今秋)부터 무산(茂山), 회령(會寧), 간도(間島)에 전도인(傳道人)을 파송(派送)할 사(事)와 전도회(傳道會) 연보(捐補)는 매년(每年) 부활주일(復活主日)로 하되 편리(便利)한대로 교회(敎會)마다 사경회(查經會) 시(時)에도 하기로 결정(決定)하다. 학무부(學務部)

보고(報告)에 의(依)하여 8월(八月) 7일(七日)부터 동월(同月) 19일(十九日)까지 하기교사강습회(夏期敎師講習會)를 개(開)할 사(事)와 소학교(小學校) 교장(校長)은 필요(必要)에 응(應)하여 목사(牧師)나 선교사(宣敎師)로 임용(任用)하고 부교장(副校長)을 치(置)하여 시무(視務)하게 할 사(事)와 학교(學校)에 대한 교섭위원(交涉委員)은 김내범(金迺範), 정재면(鄭在冕), 서고도(徐高道, [William Scott])로 택(擇)할 사(事)와 학교통일(學校統一)을 위(爲)하여 소학과(小學科) 4년(四年), 고등과(高等科) 2년(二年)으로 할 것과 학교(學校)와 주일학교(主日學校)를 위(爲)하여 시학원(視學員)을 두기로 경영(經營)하는 바 월급(月給)은 선교사회(宣敎師會)에서 담당(擔當)하고 출장비(出張費)는 노회(老會)에서 담당(擔當)하기로 하되 그 금액(金額)은 각(各) 교회(敎會)에서 11월(十一月) 말(末) 주일(主日)에 특별연보(特別捐補)하기로 결정(決定)하다. 임사부(任事部) 보고(報告)에 의(依)하여 국자가교회(國子街敎會)에서 신학준사(神學準士) 유지선(柳芝善)을 선교사(宣敎師) 박걸(朴傑, [A. H. Barker])와 동사목사(同事牧師)로 청빙(請聘)하는 것은 허(許)하고 휘춘구역(琿春區域) 전도목사(傳道牧師) 이병하(李炳夏)에게 해지방교회(該地方敎會)에 당회위원권(堂會委員權)을 허(許)하고, 선교사(宣敎師) 박걸(朴傑, [A. H. Barker])와 서고도(徐高道, [William Scott])에게 남북구역(南北區域) 당회위원권(堂會委員權)을 허(許)하고, 박례헌(朴禮獻)은 용정교회(龍井敎會)에서 서고도(徐高道, [William Scott])와 동사목사(同事牧師)로, 최덕준(崔德俊)은 와룡동 등지(等地)에서 박걸(朴傑, [A. H. Barker])와 동사목사(同事牧師)로, 강두화(姜斗華)는 토성교회(土城敎會)에서 서고도(徐高道, [William Scott])와 동사목사(同事牧師)로, 명동교회(明洞敎會)에서는 박걸(朴傑, [A. H. Barker])와 동사(同事)되기로 결정(決定)하다. 목사(牧師) 김내범(金迺範)과 영생동교회(永生洞敎會)에서 특별연보(特別捐補)한 동산(動產), 부동산(不動產)을 노회(老會) 전도국(傳道局)에 기부(寄附)하겠다는 청원(請願)은 허(許)하기로 결정(決定)하다. 노회(老會)에서 전도비(傳道費) 3전식(三錢式) 받던 것은 폐지(廢止)하기로 결정(決定)하다.

동년(同年) 12월(十二月) 2일(二日)에 간도노회(間島老會)가 제 3회(第三回)로 명동학교실(明東學校室)에 회집(會集)하니 회원(會員)은 선교사(宣敎師) 2인(二人), 목사(牧師) 6인(六人), 장로(長老) 21인(二十一人)이더라. 각(各) 시찰부(視察部) 청원(請願)에 의(依)하여 동불사(銅佛寺), 로투거우, 구수허, 신(新)흥동(洞), 납발리, 일송정(一松亭), 대황구(大荒溝), 토보(土堡) 등(等) 교회(敎會)에 각(各) 장로(長老) 1인(一人)씩 택(擇)하는 것과 용정(龍井) 동산교회(東山敎會)의 분립(分立)과 장로(長老) 3인(三人) 택(擇)하는 것을 허(許)하다. 미순회의 공함(公凾)에 대(對)하여 축조(逐條)해답(解答)한 바가 유(有)한데 이는 목사(牧師)의 임직(任職) 급(及) 교회(敎會)의 조직(組織)과 교역자양성(敎役者養成)과 전도(傳道)의 방법(方法)과 학교(學校)의 관리(管理) 급(及) 유지방법(維持方法) 등(等)에[397] 대(對)하여 문의(問議)한 것이더라. 작년(昨年) 총회(總會)에서 본(本) 노회구역(老會區域) 내(內)에 있는 군대(軍隊)에게 환난(患難) 당(當)한 자(者)를 위(爲)하여 송치(送致)한 구제금(救濟金) 400원(四百圓)은 전회(前會) 시(時)에 분배(分配)한 대로 하되 3시찰부(三視察部)는 개인(個人)에 분통(分統)하기로 결정(決定)하다. 임사부(任事部) 보고(報告)에 의(依)하여 전도비(傳道費)는 노총회비(老總會費) 3전(三錢)씩 가(加)하여 수봉(收捧)하고 또 탄일연보(誕日捐補) 3분지 1(三分之一)과 부활주일연보(復活主日捐補)로 할 것과 전도지방(傳道地方)은 무산(茂山), 간도지방(間島地方)으로 정(定)할 것과 전도인(傳道人)은 허상훈으로 택(擇)할 것과 1923년(一九二三年) 1월(一月)부터 전도(傳道)를 시작(始作)하기로 결정(決定)하다. 남시찰부(南視察部)가 두도구교회상황(頭道溝敎會狀況)을 보고(報告)하매 교인(敎人)을 유인(誘引)하여 감리교(監理敎)에 이속(移屬)하도록 한 순도구교회(順道溝敎會) 장로(長老) 이순창, 조병수 양인(兩人)은 면직책벌(免職責罰)하고 관도구교회(官道溝敎會) 장로(長老) 이윤준은 면직(免職)ᄒ게 하니라. 고등교육(高等敎育) 장려부(奬勵部)에 대(對)한 수금(收金)은 도로 분통(分統)하기로 결정(決定)하다.

    1923년(一九二三年) 계해(癸亥) 6월(六月) 23일(二十三日)에 간도노회

(間島老會)가 제 4회(第四回)로 용정(龍井) 토성보예배당(土城堡禮拜堂)에 회집(會集)하니 회원(會員)은 선교사(宣敎師) 1인(一人), 목사(牧師) 6인(六人), 장로(長老) 25인(二十五人)이오, 임원(任員)을 선거(選擧)하니 회장(會長)에 김내범(金迺範), 부회장(副會長) 이병하(李炳夏), 서기(書記)에 문재린(文在璘), 부서기(副書記)에 허상훈, 회계(會計)에 박례헌(朴禮獻), 부회계(副會計)에 정재면(鄭在冕)이러라. 동불사교회(銅佛寺敎會), 응암교회(鷹岩敎會), 합마당교회(蛤蟆塘敎會), 이도구교회(二道溝敎會), 구호동교회(九戶洞敎會), 만진기교회(萬振基敎會)에 장로(長老) 각(各) 1인(一人)씩 택(擇)할 것과 육양동교회(六陽洞敎會)에 장로(長老) 2인(二人) 택(擇)할 것과 용정교회(龍井敎會)에 장로(長老) 3인(三人) 택(擇)함을 허(許)하다. 규칙(規則)은 임시(臨時) 채용(採用)하고 1년(一年) 후(後) 완전(完全)히 채용(採用)하기로 결정(決定)하다. 임사부(任事部) 보고(報告)에 의(依)하여 용동(龍洞) 등지(等地)에서 시무(視務)하는 목사(牧師) 최덕준(崔德俊)의 사면(辭免)을 허(許)하고 동불사(銅佛寺) 등지(等地)에서 청빙(請聘)하는 목사(牧師) 김(金)규헌은 내노회인(來老會仁)지 서고도(徐高道, [William Scott])와 임시(臨時) 동사목사(同事牧師)로 하고 감리회(監理會)에 대(對)한 일은 자세(仔細)한 일을 총회(總會)에 보고(報告)하되 간도지도인(間島地圖仁)지 첨부(添付)하기로 결정(決定)하다. 감리회(監理會)에 대(對)한 일은 총회(總會)에 보고(報告)할 뿐만 아니라 본(本) 장로회(長老會)가 위원(委員)을 택(擇)하여 당지(當地)에서 감리회(監理會)를 주장(主掌)하는 사람에게 교섭(交涉)하여 무례(無禮)한 행동(行動)을 하지 못하게 하기로 결정(決定)하다. 별신학생(別神學生)은 강두화(姜斗華), 이병하(李炳夏)로 선정(選定)하다. 본(本) 노회(老會)를 1년(一年)에 1차(一次)씩 회집(會集)하기로 결정(決定)하다. 노회내(老會內)에 도제직사경회(都諸職査經會)를 1년(一年) 1차식(一次式) 열되 일자(日字)와 회집방법(會集方法)은 위원(委員)을 택(擇)하여 위임(委任)ㅎ기로 결정(決定)되다. 남편시찰부(南便視察部) 청원(請願)에 의(依)하여 남구교회(南溝敎會)에 장로(長老) 1인(一人) 택(擇)할 것과 잠밧골, 계림촌(鷄林村) 2교회(二敎會)를 역강구역(區域)에 속

(屬)할 것과 남시찰부원(南視察部員)들이 두도구교회(頭道溝敎會)를 맡아서 1삭(一朔)에 1인(一人)씩 가서 1주일(一週日)씩 시무(視務)하기로 결정(決定)하다. 임사부(任事部) 보고(報告)에 의(依)하여 목사(牧師) 박례헌(朴禮獻)을 용정교회(龍井敎會)에[398] 전임목사(專任牧師)로 허(許)하다. 학무부(學務部) 보고(報告)에 의(依)하여 기독교회(基督敎會) 내(內)에 사립학교(私立學校)를 설립(設立)할 수 있음을 각현(各縣) 권학소(勸學所)에 통지(通知)할 것과 우리의 통용(通用)할 과정(課程)을 각(各) 학교(學校)에서 예배당(禮拜堂)을 사용(使用)하는 일에 대(對)하여 교섭(交涉)할 것과 노회(老會)에서 1년(一年)에 250원(二百五十圓)만 지출(支出)하면 학무부(學務部)는 각(各) 학교(學校)를 위(爲)하여 시찰원(視察員) 1인(一人)을 치(寘)하기로 결정(決定)하고 시학원(視學員) 택(擇)하는 일은 학무부(學務部)에 위탁(委托)하고 경비(經費)는 재무부(財務部)에 위탁(委托)하여 예산(豫算)ㅎ게 하기로 의결(議決)하다. 교역자(敎役者)의 봉급(俸給)은 2할(二割)을 증가(增加)하기로 결정(決定)하다. 헌의부(獻議部) 제의(提議)에 의(依)하여 영신학교(永信學校)와 은직학교간(學校間) 불화(不和)한 일을 화평(和平)ㅎ게 하기 위(爲)하여 위원(委員) 6인(六人)을 택(擇)하여 위탁(委托)하다. 교역자증명서(敎役者證明書)를 사용(使用)하기로 결의(決議)하고 제정위원(制定委員)은 3인(三人)을 선택(選擇)하여 위탁(委托)하다. 혼례(婚禮)가 교회법규(敎會法規)에 불합(不合)할 시(時)에는 책벌(責罰)하되 예식(禮式)은 거행(擧行)하여 주자고 총회(總會)에 헌의(獻議)하기로 결정(決定)하다. 최덕준목사(崔德俊牧師)는 간도시찰목사(間島視察牧師)로 서고도(徐高道, [William Scott])와 동사(同事)하게 하고 선교사(宣敎師) 배례사(裵禮仕, [Edward J. O. Fraser])에게는 해구역내(該區域內) 당회위원권(堂會委員權)을 허(許)하기로 결정(決定)하다.

2. 교회설립[조직] (二, 敎會設立[組織])

1922년(一九二二年) 임술(壬戌)에 포은동교회(浦恩洞敎會)가 경흥읍교회(慶興邑敎會)에서 분립(分立)하다. 처음에 선우화(鮮于華), 고중광(高重光)이 경흥읍교회(慶興邑敎會)에 내왕예배(來往禮拜)하더니 지시(至是)하여 예배당(禮拜堂)을 신축(新築)하고 분립(分立)하니라.[399]

제23장
순천노회(順天老會)

1922년 임술 10월 2일에 순천노회(順天老會)가 창립(剏立)하다.

순천노회, 조선예수교장로회사기 하

1. 총론(一, 總論)

(1) 노회설립(一, 老會設立)

1922년(一九二二年) 임술(壬戌) 10월(十月) 2일(二日)에 순천노회(順天老會)가 창립(剏立)하다. 선시(先是)에 전남노회(全南老會)에서 분립(分立)하기를 총회(總會)에 청원(請願)하여 허락(許諾)을 득(得)한지라. 지시(至是)하여 조직회장(組織會長) 곽우영(郭宇盈)의 인도(引導)로 순천읍(順天邑) 남성경학당(男聖經學堂)에 개회(開會)하니 회원(會員)은 선교사(宣敎師) 2인(二人), 목사(牧師) 4인(四人), 장로(長老) 11인(十一人)이더라. 회중(會中)이 신임원(新任員)을 선정(選定)하니 회장(會長) 곽우영(郭宇盈), 서기(書記) 강병담(康秉淡), 회계(會計) 이(李)기홍이더라.

(2) 노회의안(二, 老會議案)

시찰구역(視察區域)을 분정(分定)하니 순천(順天), 여수, 곡성이 제 1구(第一區)요, 광양, 구려가 제 2구(第二區)요, 보성, 고흥이 제 3구(第三區)러라. 사무집행위원(事務執行委員)을 선정(選定)하니 상비부(常備部)에 임사(任事), 규칙(規則), 신학준시(神學準試), 학무(學務), 전도(傳道), 목사가정구제(牧師家庭救濟), 주일학교(主日學校) 등(等)과 정기부(定期部)에 헌의(獻議), 회계(會計), 검사(檢査), 총회록검열(總會錄檢閱), 사기편집(史記編輯) 등(等)이더라.

1923년(一九二三年) 계해(癸亥) 2월(二月) 12일(十二日)에 순천노회(順天老會)가 광양읍예배당(禮拜堂)에 임시(臨時)로 회집(會集)하여 신학준사(神學準士) 조상학(趙尙學)을 안수(按手)하여 광양읍과 대방도교회(敎會) 목사(牧師)로 임명(任命)하다.

1923년(一九二三年) 계해(癸亥) 3월(三月) 20일(二十日)에 순천노회(順天老會) 제 1회(第一回)가 광양읍예배당(禮拜堂)에 회집(會集)하니 회원(會員)은 선교사(宣敎師) 3인(三人), 목사(牧師) 5인(五人), 장로(長老) 12인(十二人)이더라. 신임원(新任員)을 선정(選定)하니 회장(會長) 변요한(邊堯漢 [約翰, John Fairman Preston]), 서기(書記) 조상학(趙尙學), 회계(會計) 이기홍이더라. 예배당(禮拜堂) 건축부(建築部)를 입(立)하고 규칙(規則)을 제정(制定)하다. 매산학교(學校)를 방조(幇助)하기 위(爲)하여 권려위원(勸勵委員)을 선정(選定)하여 각(各) 교회(敎會)를 순회(巡回) 권유(勸喩)하게 하다. 교인(敎人)이 주일(主日)을 [400] 경건(敬虔)히 수(守)할 것과 현임장로(現任長老) 급(及) 피택장로(被擇長老)에게 흡연(吸烟)을 엄금(嚴禁)하는 경고문(警告文)을 각(各) 교회(敎會)에 발송(發送)하다. 곡성지방(地方) 전도(傳道)할 경영(經營)을 전도부(傳道部)에 위임(委任)하여 보고(報告)하게 하다.

동년(同年) 4월(四日) 13일(十三日)에 순천노회(順天老會)가 순천읍예배당(順天邑禮拜堂)에 임시(臨時) 회집(會集)하여 총회전도비(總會傳道費)를 위(爲)하여 5월(五月) 제2차(第二次) 주일(主日)에 특별연보(特別捐補)하되 입교인명하(入敎人名下) 40전(四十錢) 비례(比例)로 각(各) 교회(敎會)에 권고(勸告)하다.

동년(同年) 9월(九月) 1일(一日)에 순천노회(順天老會) 제2회(第二回)가 순천읍예배당(順天邑禮拜堂)에 회집(會集)하니 회원(會員)은 선교사(宣敎師) 2인(二人), 목사(牧師) 5인(五人), 장로(長老) 12인(十二人)이더라. 장로(長老)의 직(職)을 신임자(新任者)는 여수교회(敎會)에 곽(郭)봉승, 장천교회(敎會)에 박경수이더라. 신학생(神學生) 취교자(就校者)는 강병담(康秉淡), 정영호(鄭永浩), 오석주(吳錫柱), 정기신(鄭基信) 제군(諸君)이더라. 주일연보(主日捐補) 진흥위원(振興委員)을 선정(選定)하여 각(各) 교회(敎會)를 순회(巡廻) 권려(勸勵)하게 하다.

1924년(一九二四年) 갑자(甲子) 2월(二月) 24일(二十四日)에 순천노회(順天老會) 제3회(第三回)가 여수 장천예배당(禮拜堂)에 회집(會集)하니 회원(會員)은 선교사(宣敎師) 3인(三人), 목사(牧師) 5인(五人), 장로(長老) 15인(十五人)이더라. 신임원(新任員)은 회장(會長) 정태인(鄭泰仁), 서기(書記) 이기홍, 회계(會計) 오석주(吳錫柱)이더라. 신학준사(神學準士) 강병담(康秉淡), 오석주(吳錫柱)를 시취(試取)하여 강도사(講道師)로 승인(承認)하다. 목사(牧師) 곽우영(郭宇盈), 조의환(曺義煥)의 사면원(辭免願)은 허락(許諾)하다. 별신학생(別神學生)은 정태인(鄭泰仁), 곽우영(郭宇盈)으로 선정(選定)하다. 전도부(傳道部) 청원(請願)에 의(依)하여 곡성지방(地方) 전도인(傳道人) 김태호는 내노회(來老會) 시(時)까지 계속(繼續)하게 하고, 제주(濟州) 전도사업(傳道事業)은 전남노회(全南老會)와 협동(協同) 경영(經營)하기로 본(本) 전도부(傳道部)에 위임(委任)하다. 목사(牧師) 이동(移動)이 있으니 이기풍(李基豊)은 고흥읍교회(高興邑敎會) 목사(牧師)로, 조의환(曺義煥)은 장천교회(敎會) 목사(牧師)로, 정태인(鄭泰仁)은 무만동교회(洞敎會) 목사(牧師)로, 조상학(趙尙學)은 신항리운동교회(敎會) 목사(牧師)로, 곽우영(郭宇盈)은 순천읍(順天邑) 목사(牧師)로 시무(視務)하고, 강도사(講

道師) 강병담(康秉淡), 오석주(吳錫柱)를 안수(按手)하여 전도목사(傳道牧師)로 임명(任命)하다. 신학생(神學生) 취교자(就校者)는 목치숙군(君)이더라.

동년(同年) 7월(七月) 2일(二日)에 순천노회(順天老會) 제 4회(第四回)가 순천읍예배당(順天邑禮拜堂)에 회집(會集)하니 회원(會員)은 선교사(宣敎師) 3인(三人), 목사(牧師) 6인(六人), 장로(長老) 9인(九人)이더라. 목사(牧師) 시무(視務)는 여상(如常)하고 보성읍(寶城邑) 동막 새재에 목치숙을, 도천 화덕 화전에 정(鄭)기선을 조사(助師)로 피임(被任)하다. 신학생(神學生) 취교자(就校者) 목치숙, 황보익, 정영호(鄭永浩), 정기진 4인(四人)이더라. 전도사업(傳道事業)은 곡성지방(地方)에 계속파송(繼續派送)하고 전남노회(全南老會)와 연합(聯合)하여 제주(濟州)에 전도(傳道)하게 하다. 고등교육(高等敎育) 장학부(獎學部)를 입(立)하여 인재(人才)를 배양(培養)하게 하다. 정태인(鄭泰仁), 조의환(曺義煥)을 별신학생(別神學生)에 택송(擇送)하다.[401]

2. 교회의 조직(二, 敎會의 組織)

1923년(一九二三年) 계해(癸亥)에 광양군(光陽郡) 읍내교회(邑內敎會)에서 강성봉(姜聖奉)을 장로(長老)로 장립(將立)하여 당회(堂會)를 조직(組織)하였고 조상학(趙尙學)을 청빙(請聘)하여 목사(牧師)로 시무(視務)하니라. 광양현(光陽縣) 대방리교회(大芳里敎會)에서 시년위시(是年爲始)하여 목사(牧師) 조상학(趙尙學)이 시무(視務)하니라. 여수군(麗水郡) 서정교회(西町敎會)에서 홍봉승을 장로장립(長老將立)하여 당회(堂會)를 조직(組織)하였는데 자초(自初)로 선교사(宣敎師) 변요한(邊約翰, [John Fairman Preston])와 조사(助師) 유내춘(柳乃春), 조의환(曺義煥), 한태원(韓台源), 조상학(趙尙學), 김영진(金榮鎭)이 상계시무(相繼視務)하니라. 고흥군(高興郡) 한천교회(漢泉敎會)가 고흥읍교회(高興邑敎會)에서 분립(分立)하다. 선시(先是)에 본리(本里)에 거(居)하는 이계생(李癸生)이 신주(信主)하고 고흥교회(高興敎會)에 내왕예배(來往禮拜)하며 전도(傳道)하더니 어위(於爲) 10년간(十年間) 다수(多數)한 신자(信者)가 기(起)하여 8간(八間) 예배당(禮拜堂)을 건축(建築)하고 분립(分立)하였으며, 선교사(宣敎師) 구례인(具禮仁, [John Curtis Crane])과 조사(助師) 이형숙(李亨淑)이 교회(敎會)를 인도(引導)하니라. 순천군(順天郡) 낙성리교회(洛城里敎會)가 설립(設立)되다. 선시(先是)에 선교사(宣敎師) 구례인(具禮仁, [John Curtis Crane])과 조사(助師) 한익수(韓翊洙), 목치숙(睦致淑) 등(等)의 2일간(二日間) 전도(傳道)로 인(因)하여 방백언(方伯彦), 김정호(金正浩) 등(等)이 신종(信從)하였고, 벌교교회(筏橋敎會) 청년면려회(靑年勉勵會)에서 매주일(每主日)에 복음(福音)을 내전(來傳)하여 1년(一年) 후(後) 초가(草家) 8간(八間)의 예배당(禮拜堂)을 건축(建築)하여 교회(敎會)가 기성(旣成)하니라. 순천군(順天郡) 장안리교회(壯安里敎會)가 설립(設立)되다. 선시(先是)에 본리인(本里人) 정영호(鄭永浩)가 믿고 전도(傳道)하여 신자(信者)가 점진(漸進)함으로 사저(私邸)에 회집(會集)하더니 박민환(朴玟煥)이 초가(草家) 4간(四間)을 예배당(禮拜堂)으로 공헌(供獻)하여 교회(敎會)가 시성(始成)하였고, 선교사(宣敎師) 변요한(邊約翰, [John Fairman Preston])과 조사(助師) 김태호(金泰鎬)와 집사(執事) 박준태(朴準汰) 등(等)이 교회(敎會)를 위(爲)하여 노력(努力)하니라.

3. 진흥(三, 振興)

1923년(一九二三年) 계해(癸亥)에 순천군읍교회(順天郡邑敎會)에서는 예배당(禮拜堂)을 신축(新築)할새 미순회(會)와 합력(合力)하여 매산리(梅山里)에 연와제(鍊瓦製) 54간(五十四間)을 낙성(落成)하였고 여수군(麗水郡) 서정교회(西町敎會)에서는 교인(敎人)이 열심(熱心)히 연보(捐補)하여 3,000여원(三千餘圓)으로 신기지(新基址)에 양제(洋製) 24간(二十四間)의 예배당(禮拜堂)을 건축(建築)하였으며, 고흥군(高興郡) 관리교회(官里敎會)에서는 예배당(禮拜堂) 8간(八間)을 증축(增築)하니라.[402]

4. 교육(四, 敎育)

    1923년(一九二三年) 계해(癸亥)에 여수군(麗水郡) 장천교회(長泉敎會)에서는 종래(從來) 경영(經營)하던 소학교(小學校)의 교실(校室)이 협착(狹窄)하더니 이기홍(李基弘), 조의환(曺義煥)의 활동(活動)으로 23평(二十三坪)의 교실(校室)을 양제(洋製)로 신축(新築)하여 생도(生徒) 50여인(五十餘人)을 수용(受容)하니라.[403]

識 教會史記後

　史者事也所以記其事而成其事者也盖記事成史之法先後之序不可不從大小之倫不可不立輕重之分不可不審眞僞之辯不可不嚴善惡之判不可不明記其實而已矣苟欲實之則必先有公而不私通而不塞悉而不簡敍而不煩者而後可也私則有所蔽而失其實塞則有所味而失其實簡則有所漏而失其實煩則有耶誕而失其實蔽味漏誕皆不足以爲史也吾主耶蘇敎人之道自西洋自中華入我朝鮮迄今有六十餘年于妓矣於其間以身殉道死而無悔者不知其幾千幾百也由信得救以義爲樂者亦不知其幾萬幾千人也以傳道爲己任極人於罪惡救人於死亡者更不知其幾萬幾千人也以然則其記事成事之實若是其偉且大矣嗚呼始之以人文不贍繼之以國家多難未暇載籍延拖至今惜呼其晚也乃廣求遺傳博採往跡隨事記實略爲之編自主後一八六五年至一八九二年啓發時代事也自一八九三年至一九〇六年公議會時代事也一九〇七年至一九一一年獨老會時代事也自一九一二年至一九二三年總會時代事也其於先後大小輕重善惡眞僞善惡之別歲久事逸人去跡陳或不能無失實之嘆也然至於充逸校磏論理潤色俾成完編顧此摌遑不能承當又非其人也以竢後之君子爲

一九三〇年 庚午 八月 二十日
修正者 金永勳 識[404]

교회사기 후기

　역사는 사건이다. 사실을 기록하여 사실을 이루는 것이다. 대개 사실을 기록하여 역사를 이루는 법칙은 앞과 뒤의 차례에서 대소의 윤리를 따라야 하고, 가볍고 무거움의 분리를 세우지 않음도 불가하며, 참과 거짓에서 변론으로 심사하지 않음도 불가하고 엄정하게 선과 악을 판단하지 않음도 불가하며, 그 실체를 명확히 기록하지 않음도 불가하다. 진실로 실체의 법으로 하자면, 반드시 먼저 공적인 것이어야 하고 사적으로 통하지 않아야 하고 모두 막히지 않고 간단하게 펼치지 않으며, 번거롭지 않아야 나중에 옳은 일이다. 사(私)라는 것은 폐단이 있으니 그 열매는 사라지고 닫쳐지며 맛은 있으나 그 열매를 간단하게 잃으니 새는 바가 있어서 그 열매가 사라져 번거롭게 되므로, 탄생이 있어도 그 열매가 사라져 맛이 없고 탄생을 잃게 하니 모두가 역사로서는 부족하다.
　우리 주 예수를 가르치는 진리는 서양에서 또한 중국에서 우리 조선에 들어온 지, 지금까지 육십 여년이 되었다. 그 사이에 몸으로 진리를 전하다가 죽거나 후회 없는 이가 몇 천 몇 백이 되는지 알지 못한다. 믿음으로 구원을 얻고 의로써 즐거운 자가 또한 몇 만 몇 천의 사람인지 알지 못한다. 그러므로 사실을 기록하여 사실을 이룬 열매는 이와 같으니 그것은 위대하고 또 훌륭할 것이리라.
　아아! 사람의 글로 시작을 하였으나 넉넉하지 못하고, 이어서 국가가 어려움이 많아 서적으로 실을 여가가 지금까지 이어질 수 없었으니 안타까움도 늦었다. 이리하여 널리 연구하여 유래와 전설을 많이 수집하고, 지난날의 자취를 따라서 사실을 기록하여 간략하게 줄여서 편집을 한다.
　주후 1865년부터 1892년까지는 계발시대의 사(事), 1893년부터 1906년까지는 공의회시대의 사(事) 1907년부터 1911년까지는 독노회시대의 사(事), 그리고 1912년부터 1923년까지는 총회시대의 사(事)이다. 그것을 앞과 뒤, 크고 작음, 가볍고 무거움, 잘되고 못됨, 참과 거짓으로 선악을 구별하였고, 세월은 오래고 사건은 숨었으나 사람은 가도 흔적을 펼쳤는데 혹 열매를 잃지 않았으니 감탄이다.

그리하여 지금에 와서 숨은 것을 보충하고, 교정하여 논리와 윤색을 튼튼히 하여 조그마하게 완전 편집을 하였다. 이를 돌아 보건데, 황급하므로 계승할 자료로서는 완전한 것은 아니고 또 그 때의 사람들도 아니어서 기다리는 후세의 군자들을 위함이니라.

1930년 8월 20일
수정자 김영훈[404]

색인(索引)

ㄱ

○봉교회(○峰) 235
○지구교회(○支溝, 간도) 363
가곡교회(佳谷, 봉화) 400
가곡교회(佳谷, 순천) 322
가곡리교회(佳谷里, 순천) 308, 311
가나다(캐나다)교회 347
가덕리교회(加德里, 함평) 558
가동교회 218
가물교회(嘉物, 선천) 206, 210
가물남교회(嘉物南, 선천) 187, 189, 209
가사리교회(加士里, 연일) 391
가음정교회 419
각골교회 113
각금리교회(覺金里, 중화) 230
각담원교회 459
각익선 226
간도교회(間島) 241, 612. 677, 679
4간도노회 281, 635, 677, 678, 679, 680, 682
간동교회(間洞, 성진) 577
간리교회(間里) 636
간병제(簡秉濟) 272, 275
간장암교회(간도) 606, 613, 614
갈밭교회 660
갈산교회(葛山) 243
갈산리교회(葛山里, 평원) 236
갈원교회 644, 646
갈원교회(葛院, 평원) 229
갈현교회(葛峴, 선천) 200
감리교회 263, 394, 581

감부열(甘富悅, Campbell, Archibald) 191, 439, 447, 457, 459, 463, 466, 470, 472, 473
감삼교회(甘三, 달성) 342
갑산읍교회(甲山邑) 602
갑암교회(甲岩) 210
강건욱 637
강계교회 57, 99, 159, 162, 169, 440, 442, 443, 444, 447, 448, 451, 453, 456, 463
강계읍교회 443, 447, 449, 451, 453, 457, 463, 464, 466, 467,
강계읍교회 여전도회 457, 466, 468
강계읍남녀전도회 448, 449
강계읍당회 444
강계읍부인전도회 470
강계읍성경학교 445, 449, 452
강관옥 225
강관현 627
강광은(康光恩) 554
강교교회(江橋, 경주) 406
강군선(康君善) 606
강귀찬 570
강규언(姜圭彥) 310
강규찬(姜奎燦) 162, 164, 168, 170, 252,
강기석(姜基錫) 185
강기수 225
강기찬(康基贊) 367
강남교회(江南) 191, 471
강남서(康南瑞) 554
강대극(姜大極) 393
강대년(姜大年) 515, 522, 524,

531,
강대영(姜大榮) 665
강대은(姜大恩) 254
강대형(姜大馨) 336
강대홍(姜大弘) 393
강덕원(姜德元) 658, 666
강도원(姜道元) 43, 643, 644, 645, 646
강돈옥 220
강동읍교회(姜東邑) 243
강두송(姜斗松) 347, 349, 350, 352, 353, 581, 584, 587, 589, 590, 595, 599, 601, 607
강두화(姜斗和) 359
강두화(姜斗華) 347, 349, 350, 351, 353, 582, 585, 588, 592, 593, 678, 679, 680, 681, 683
강리형 183
강만조 386
강만채 383
강만호(姜萬浩) 337
강만호(康萬浩) 387
강명달 269
강명수(康命洙) 228
강명여숙(剛明女塾) 392
강명현(姜明賢) 191
강목선 660
강문수(姜文秀) 538
강문호(康文昊) 140
강민수(姜敏秀) 549
강범규 350
강변촌교회(江邊村, 고창) 485
강병담(康秉淡) 319, 686, 688,

색인 697

689
강병담(康秉倓) 513, 515, 518, 522, 524, 530, 531
강병주(姜炳周) 388, 657, 658, 659, 660, 661, 663
강병준(康秉準) 302
강병창(姜炳昌) 665
강병필 222
강병헌(康秉漢) 307
강봉기 572
강봉우(姜鳳羽) 605
강사문(姜士文) 556
강사홍(姜士興)
강산얼두거우예배당(岡山二道溝) 446
강상은(姜尙殷) 313, 548, 551
강서노회 651
강석대(姜錫大) 665
강석록(姜錫祿) 576
강석조 378
강석준 353
강석진(姜錫晋) 327, 329, 330, 371, 372, 373, 377, 378, 388, 655, 659, 661, 666
강석진(姜碩辰) 457, 459
강석초 659
강석초(姜錫初) 388
강석호 182
강선량(姜善良) 277
강성봉(姜聖奉) 689
강성원(姜誠源) 489
강성태(姜性泰) 166, 195
강성태(姜成泰) 621, 622, 624
강성화 427
강세웅 225
강승두 224, 225
강신삼(姜信三) 208
강신오 567
강신오(姜信五) 388
강신유 660
강신유(姜信裕) 388
강신중 373
강신창 374, 375
강신충(姜信忠) 341, 656, 659, 660, 661, 665
강신효 660

강요송(姜料松) 585
강용상(康龍祥) 623
강우건 330
강우겸 423
강우경(姜禹炅) 434
강우근(姜右根) 342, 389
강운림(康雲林, Clark, William Monroe) 304, 476, 479, 480, 482, 486, 488, 500
강운석(康云石) 555
강운학 570
강원백(姜元伯) 403
강유훈(康有勳) 231, 237
강윤직(姜允稷) 165, 167, 170, 203
강은혜(姜恩惠) 540
강응삼 600
강익수(姜益秀) 292, 317, 320
강익수(姜益洙) 531, 539, 549
강익영(姜翼永) 390
강자영(姜子榮) 502
강재원(姜載元) 388
강재호(姜在鎬) 191
강정두 224
강정진 217
강제선(姜濟善) 167
강제현(姜濟賢) 162
강제희(姜濟羲) 174
강종하(姜宗夏) 337
강주언(姜周彦) 315
강준(姜準) 117, 120
강중교회(江中) 467
강진교회 74
강진읍교회(康津邑) 535
강진제(姜鎭齊) 605
강찬규 220
강찬우 349
강창직 221
강채만 375
강치섭 646
강태직(姜台稷) 203
강태행(姜泰行) 553
강태희 637
강평국(姜平國) 310, 476
강필건(姜弼健) 279

강필순(姜弼淳) 138
강필영 663
강필태(姜弼泰) 163
강학련 262
강학린(姜鶴麟) 273, 594, 595, 596, 599
강학천(姜學千) 547, 594, 595, 596, 599
강한준 522, 555
강호(姜浩) 388
강호연(姜浩然) 535
강호보(康弘甫) 554
강화제 183
강훈ател(姜壎采) 180, 185
강훈채(姜勳埰) 209
강흥주(姜興周) 307
개동교회(담양) 525
개동리교회 516
개동리교회(開東里, 담양) 313, 315
개복동교회(開福洞, 군산) 302, 303, 322, 479, 484, 494, 496, 504, 505, 518
개복동예배당(開福洞, 군산) 478, 479, 483, 487, 494
개일교회(開日, 청송) 392, 410, 414
개천교회(价川) 342
개포교회(開浦, 고령) 413
객기교회(客基, 고령) 386, 407
객산교회(客山, 안악) 42
거곡교회 658
거문산교회(巨文山) 448
거연교회(巨淵, 청도) 398
차련관예배당(車輦舘禮拜堂) 189
거창읍교회(居昌邑) 427, 431
거창읍예배당 425
건산교회(建山) 198
건인리예배당(안주) 642, 643, 644, 645
결촌교회 661
검산교회(檢山, 평원) 241
견암동교회(犬岩洞) 595
겸이포교회(兼二浦) 243, 246, 637

경기노회 89, 637, 638
경기충청노회 89, 92, 111, 112, 125, 143, 489
경기충청대리회 112
경남노회 21, 57, 69, 75, 221, 222, 373, 374, 377, 382, 407, 416, 417, 418, 419, 420, 421, 422, 423, 424, 425, 426, 427, 428, 429, 461, 514, 622
경도리교회(敬道里) 233
경북공진회 374
경북노회 375, 376, 377, 379, 380, 381, 382, 383, 384, 385, 386, 413, 415, 417, 418, 654, 655, 657, 658
경북서원(慶北書院) 382
경북전도회(鏡北) 611, 612
경산교회(京山, 성주) 413
경산군읍교회 338
경산서원(慶山書院) 415
경산여전도회 408
경산읍교회(鏡山邑) 313
경산읍교회(慶山邑) 408
경산읍예배당(慶山邑) 381, 382
경산학교(慶山學校) 411
경상교회 122
경상노회 21, 56, 219, 324, 325, 326, 327, 328, 329, 330, 331, 332, 349, 353, 658
경성 일본기독교회 143
경성감옥 161, 410
경성교회(鏡城) 584
경성읍교회(鏡城邑) 605, 608, 611
경성읍내교회(鏡城邑內) 602
경성읍예배당(鏡城邑) 364
경신학교(儆新學校) 102, 124, 456
경안노회 21, 70, 84, 379, 380, 654, 655, 656, 657, 659, 661, 662,
경암교회(景岩) 292, 320
경원교회(慶源) 603
경원읍교회(慶源邑) 311
경의제(經義齊) 248

경의학교(儆義學校, 중화) 253
경전교회 652
경전교회(瓊田) 242
경주읍교회 분규공소사건 386
경주인동교회(慶州仁同) 403
경천리교회(擎天里) 638
경충노회 20, 156, 181
경환(慶煥) 117, 119, 123, 125, 129, 132, 134, 135,
경흥교회(慶興) 362
경흥읍교회(慶興邑) 583, 596, 597, 600, 615
계곡교회 656
계관옥(桂寬玉) 242
계광학교(啓光學校) 344
계군(桂君, Kagin, Edwin H.) 126, 129, 143, 153
계남학교(啓南學校, 청도) 412
계동학교(啓東學校) 344
계리영(桂利榮) 670, 671, 672
계림촌교회(鷄林村) 683
계보옥(桂輔玉) 242
계봉우(桂奉禹) 357
근 222
계성학교(啓聖學校) 101, 325, 377, 378, 379, 657
계시항(桂時恒) 159, 161, 162, 164, 166, 168, 169, 174, 177, 182, 184, 186, 187, 188, 206
계영수(桂英秀) 171
계지도(桂志道) 194
계창욱(桂昌旭) 198
계창평(桂昌苹) 198
계택선 214
계항순 183
고건석 225
고건섭(高健涉) 228
고경환(高京煥) 147
고계형(高桂炯) 307
고군보(高君甫) 40
고군필(高君弼) 489
고기엽(高基葉) 199
고내곡교회(古內谷, 전주) 484
고당동교회(古堂洞) 459
고당리교회(古堂里, 해남) 317

고득순(高得恂) 478, 486, 487, 491, 494, 497
고등교육장려부 68, 71, 77, 378, 72, 458, 682,
고등교육후원회 72
고라복(高羅福, Coit, Robert Thornwell) 308, 518, 541, 563
고려성교회(高麗城) 675
고려위(高麗偉) 522, 524, 533, 535, 538
고려위(高麗韓) 515, 516
고려정(高麗亭) 318
고령교회(古寧) 161, 178, 179, 183, 621, 623
고리교회 218
고만상(高萬祥) 489
고명수 646, 647
고명우(高明宇) 146
고민상(高敏祥) 487
고봉관 635
고봉상(高鳳祥) 139, 170, 176
고봉서 645
고봉행(高奉行) 553
고부교회(古府) 192, 194, 206
고사영 214, 215
고산교회(高山) 312
고산륜(高山崙) 164
고산리교회(高山里, 제주) 322, 558
고산진교회(高山鎭) 462
고은준(高銀俊) 203
고선흥(高善興) 197
고성교회(古城) 198
고성교회(固城) 417
고성모(高聖模) 494, 496
고성읍교회(固城邑) 418, 424, 427, 431, 433
고송리교회(高松里, 양평) 122, 141, 145
고씨수선(高氏守善) 307
고승화(高承華) 164
고승환(高承煥) 619
고시중(高時仲) 544, 551, 552, 553, 555
고아원(서간도) 456

색인 699

고언(高彦, Coen, Roscoe C.) 135, 137, 138, 144, 145, 146, 153
고영필 225
고영홍(高永興) 318
고윤팔(高允八) 487
고읍교회(古邑, 경홍) 600, 615
고읍교회(古邑, 양평) 129, 135, 151, 188
고익수(高益秀) 177, 178, 179, 180, 181, 182, 186
고익영 216
고일규 221
고장리교회(古場里, 해남) 520
고장시교회(古場市, 초산) 473
고재륜(高藏崙) 166, 186, 192
고정륜(高正崙) 171
고정리교회(高亭里, 남원) 486
고제태(高濟太) 314
고종화 643
고중광(高重光) 685
고지형 216
고진교회(古津) 195, 447
고진한(高鎭翰) 241, 245
고찬두 225
고창교회 74, 218, 652
고창교회(高昌, 강서) 232, 235, 240
고창리예배당 651
고천교회 661
고천교회(高川, 안동) 335
고태행(高泰行) 553
고한규 644
고현교회 278, 287,
고현교회(古縣, 익산) 489
고현교회(高峴, 익산) 493
고현리교회(古縣里, 익산) 320, 489, 494, 497, 499, 502
고훈장(高訓長) 307
고흥교회(高興) 690
고흥읍교회(高興邑) 525, 550, 556, 564, 688, 689
곡구교회(谷口, 이원) 567, 578, 609, 610
곡산교회(谷山) 221
곡산읍교회(谷山邑) 637, 638

곤양읍교회(昆陽邑) 334
골말교회 514, 516
공려회 106
공리준(孔理俊) 367
공병천(公秉千) 189
공성택 636, 637
공수(孔洙) 178, 179
공위량(孔韋亮, Kerr, William) 6, 263, 265
공정교회(孔亭, 의성) 396
공택룡(孔澤龍) 472
공택현 220
과리교회(菓里, 나주) 554
과천교회(果川) 115
곽경묵(郭敬默) 42
곽경문 325
곽경한(郭京漢) 115, 117, 119, 123, 125, 127, 129, 136, 144, 147, 150, 152, 153
곽계순(郭啓淳) 362
곽공서(郭公瑞) 243
곽권응(郭權應) 251
곽규석(郭奎錫) 146
곽기방(郭基方) 233
곽기방(郭基邦) 242
곽련주(郭璉周) 280
곽봉승 688
곽산교회 210
곽산교회당 67
곽산예배당 207
곽상하(郭尙夏) 161
곽안련(郭安連, Clark, Charles Allen) 6, 55, 57, 58, 59, 75, 76, 97, 106, 112, 115, 118, 119, 120, 123, 126, 132, 133, 137, 140, 141, 142, 638
곽영욱(郭永郁) 310, 499
곽우영(郭宇盈) 513, 515, 520, 522, 524, 525, 526, 529, 531, 540, 686, 688
곽우익(郭宇益) 491
곽임의 382
곽재윤(郭在潤) 154
곽전근(郭塡根) 484, 485, 486,

487, 489, 492, 494, 497, 499
곽종목(郭宗穆) 675
곽준웅 217
곽치서(郭致瑞) 440, 452, 453, 470, 471
관기교회(館基, 김천) 337
관도거우교회 582
관도구교회 682
관동교회(舘洞, 전주) 294, 480, 493, 497,
관리교회(舘里) 163, 165, 166, 171, 173, 174, 192
관리교회(官里, 고흥) 550, 562, 691
관리교회(舘里, 의주) 211, 618, 620, 621, 622, 624, 625, 626
관산교회(冠山, 완도) 561
관산교회(觀山) 201, 210, 287
관산리교회(冠山里, 완도) 308
관지구교회(關支溝) 615
관하리교회(舘下里, 순천) 232
관학리교회(冠鶴里, 강동) 233
광대동교회(수하서구역) 467
광덕학교(光德學校, 담양) 562
광석동교회(廣石洞) 573, 574
광석동예배당 574
광석리교회(廣石里) 257
광석리교회(廣石理, 중화) 641
광석예배당(廣石, 원산) 572
광성교회 460
광암교회(筐岩, 간도) 360
광양읍교회(光陽邑) 518, 563
광양읍예배당 687
광제암교회(光濟岩) 614
광제촌교회(光濟村) 614
광제촌교회(廣濟村, 간도) 358
광주교회(光州) 521, 522
광주나병원 514
광주노회 480
광주부인전도회 512
광천동교회(廣川洞) 191
광탄교회(廣灘) 287
광평교회(廣平) 632
광포리교회(廣浦里, 광양) 551

700 조선예수교장로회사기 하

광화교회(光化) 192, 205
광화회(光化會) 185
괴당교회 331
괴산교회(槐山) 132
괴산읍교회 125
괴시리교회 646
괴음리교회(槐陰里, 강동) 232, 245
교동교회(校洞, 김천) 335, 389, 414
교동노회(膠東) 68
교동리교회(校洞里, 영암) 539
교사강습회 681
교상교회(橋上, 의성) 397
교역자수양회 378
교육장려학교 116
교육협의위원부 92
교회사기 편집부 671
구경모(具敬模) 524, 548
구경지(具敬之) 543
구노회교회(九老里, 황주) 230
구동교회(九洞, 서천) 502
구동리교회(九洞里, 서천) 480, 487
구동창교회(舊東倉, 대동) 256
구례빈 260
구례선(具禮善, Grierson, Robert) 347, 351, 354, 568, 580, 594, 595, 677, 678, 679
구례인(具禮仁, Crane, John Curtis) 304, 311, 312, 314, 528, 540, 546, 550, 556, 557, 690
구룡리교회(九龍里, 청주) 154
구룡회(九龍會) 149
구마산교회 333
구마산예배당 417
구명순 374
구문화읍교회 269
구보라급배유지부인(具保羅及 裵裕祉夫人) 추도회 517
구봉리교회(鳩峰) 202, 204
구봉교회(九峰) 297, 301,
구봉교회(九峯, 김제) 502
구봉리교회 295, 298, 299, 301

구봉리교회(九峯里, 김제) 310, 497
구비교회(九非) 628
구사평교회(九沙坪) 355
구산교회(九山, 청송) 410
구성순(具聖淳) 387
구세군 656
구세동교회(救世洞) 582, 584, 614
구세동교회(救世洞, 간도) 680
구소교회 514
구소도조산교회(광주) 304
구수동교회(九水洞, 안동) 400
구수허교회 682
구암교회(九岩) 301
구암리교회(九岩里, 군산) 518
구암리교회(九岩里, 옥구) 322, 484, 492, 502, 504
구암리교회병원(옥구) 502
구암리예배당(九岩里, 옥구) 300, 479, 484, 488
구연호(具然昊) 334
구영록(具永祿) 168, 196
구용리교회(김제) 479
구원동교회(舊原洞, 협천) 436
구읍교회(舊邑, 위원) 470
구일 215
구자오교회(舊者五, 재령) 287
구재리교회(九宰里, 전주) 503
구정리교회(九井里, 무안) 322
구제방침제정위원(救濟方針制定委員) 116
구중영교회(舊中營) 208
구지동교회(求芝洞) 338
구창교회(舊倉) 192
구천교회(九川, 봉화) 341
구춘선(具春先) 357
구태선(具泰善) 357
구평동교회(九坪洞, 초산) 468
구현문(具賢文) 360
구호동교회 588, 593, 604, 683
구혼교회(溝琿) 613
귀성교회(龜城, 칠원) 431, 434
귀촌교회(龜村, 청도) 398
귀평교회(龜坪, 초산) 460,

472
국곡교회(菊谷) 658, 659
국곡당교회(菊谷) 659
국성리교회 116
국유치(鞠裕致, Cook, Welling Thomas) 116, 117, 119, 124, 443, 448, 452, 456, 668, 669, 671, 673, 674
국자가교회(國子街) 681
군산중학교 298
군예빈(君芮彬, Koons, Edwin Wade) 122, 123, 128, 133, 138, 140, 141
군우교회(軍隅, 개천) 236
군하리교회 124
굴대리교회(屈大里, 울산) 431, 432
굴포교회 581
권경도 325, 327
권남선(權南善) 430
권대윤(權大潤) 107
권두혁(權斗赫) 604
권만교회(벽동) 620
권명지(權明志) 472
권반석(權磐石) 629
권병두(權炳斗) 409
권봉춘(權奉春) 191
권사복 263
권상룡(權相龍) 335
권서 663
권수백 663
권수백(權秀栢) 335
권수천 593
권순천(權順天) 366
권승경(權昇經) 573
권영식(權英湜) 116, 117, 129, 131, 136
권영정(權暎涏) 128
권영찬 374
권영해(權永海) 330, 332, 371
권영회(權永繪) 402
권윤석(權允錫) 544
권응집 332
권익섭(權翊燮) 623
권인상(權仁常) 602

색인 701

권일관(權馹寬) 342
권일두(權日斗, Greenfield,
　M. Willis) 325, 337,
　338
권임함(權任咸, Cunningham,
　Frank William) 43,
　336, 434, 435
권자룡(權者龍) 149
권재삼(權在三) 334
권재학 419
권정해(權正海) 361
권주백(權周伯) 371
권중선(權重銑) 400
권중한 658
권중한(權重漢) 335
권중해 327
권찬영(權燦永, Crothers,
　John Young) 654, 655,
　656, 658, 659, 660,
　665
권허중 380
권헌중(權憲中) 412
권형모(權衡模) 161, 162, 167,
　169, 442, 445, 447, 448,
　453, 456, 458
권회윤 330
귀미교회(龜尾, 경산) 402
귀성교회(龜城) 431, 434,
근동교회(根東, 연일) 413
금곡리교회(金谷里, 광주) 555
금당리교회(金唐里, 광주) 552
금당리교회(金塘里, 광주) 318
금당리교회(金堂里, 광주) 503
금당촌교회(혼춘) 614
금두복교회(金斗伏) 675
금랑교회 125
금랑리교회(金良里, 광주) 129,
　146
금산교회 270
금산군읍교회(錦山郡邑, 금산)
　506
금산리교회(金山里) 242
금산읍교회(錦山邑) 486
금석범(琴錫範) 339
금석호 423, 430
금성리교회(순창) 562

금성리교회(제주) 548, 557
금으로교회(진안) 304
금익기(琴益基) 400
금정교회(錦町, 광주) 525, 529,
　530, 544
금호교회(錦湖) 658, 659
금호도교회(金湖島, 광양) 547
금호동교회(錦湖洞, 영덕) 389
기니진교회(진안) 304
기독(교)청년회 104
기독광명의숙(基督光明義塾)
　321
기독교연합재단법인 102
기독교청년회연합회(基督敎靑
　年會聯合會) 104
기독신보 301, 494, 517, 521
기독신보지국 459
기독영흥학교(基督永興學校)
　562
기독청년회 528, 611
기독청년회 전도대 408
기미구락부(己未俱樂部) 437
기보부인(奇普夫人, Gifford,
　Daniel L.) 40
기석현(奇錫炫) 553
기성교회(奇聖) 638
기일(奇一, Gale, James
　Scarth) 51, 57, 120,
　347
기장읍교회 424
기재천(奇載天) 279
기전여학교 101
기촤리교회(무안) 304
기탄교회(岐灘, 순천) 235
길규현 260
길기하(吉基夏) 194
길두리교회(吉頭里, 고흥) 314
길례첨(吉禮忝) 104
길선부(吉善富) 434
길선주(吉善宙) 47, 63, 97, 237,
　240, 251, 368, 611
길성수 182
길아각(吉雅各, James T.
　Kelly) 338, 431
길영세 627
길종수(吉宗秀) 161, 162, 164,

　165, 175, 176, 178, 184,
　192
길주읍교회(吉州邑) 597
길진형(吉鎭亨) 251
길창록(吉昌祿) 229
김가전(金嘉全) 72, 487, 488,
　489, 491, 492, 493, 494,
　497
김가진(金可鎭) 576
김감렬(金敢烈) 390
김갑생(金甲生) 151
김강(金剛) 524, 528, 531, 535,
　537, 540
김강선(金剛善) 173, 175,
김강선(金剛璇) 385
김거성 568
김건영 643
김건우(金鍵祐) 228, 233
김건우(金健祐) 236, 652
김건주(金建柱) 160, 178, 187
김건하 650
김건호 222
김건호(金建浩) 338
김건후 214, 217, 220, 223, 225,
　636, 637
김건후(金建厚) 233, 237
김건후(金鍵厚) 235, 452, 455
김건후(金健厚) 237
김게춘 226
김견호 638
김결백(金潔白) 236
김경덕(金鏡德) 120, 125, 127,
　129, 130, 132, 133, 138,
　141, 145
김경도(金敬道) 308, 311
김경두 215
김경두(金景斗) 188, 204
김경률 260
김경삼 214, 216, 218, 223
김경삼(金敬三) 241
김경서(金景瑞) 548
김경석(金慶錫) 154
김경섭 627
김경섭(金敬涉) 179
김경섭(金敬燮) 201
김경수 622, 623, 625, 645

702　조선예수교장로회사기 하

김경수(金璟秀)　244
김경술(金敬述)　502
김경신(金敬信)　209, 307, 311
김경연　572
김경우(金景祐)　387
김경운(金京云)　312
김경을(金㚇乙)　468
김경일(金京一)　365
김경자(金京子)　502
김경조　599
김경주(金敬柱)　175, 180, 181,
　　　183, 184, 186
김경주(金擎柱)　229
김경찬　635
김경찬(金敬贊)　231
김경피　601
김경필(金慶弼)　358
김경호(金京鎬)　548
김경화(金敬化)　312
김경환(金慶煥)　117
김경흡(金敬洽)　194
김계렴(金啓濂)　606
김계수　619
김계안(金桂顔)　355, 358, 359,
　　　367
김계월(金桂月)　575
김계은(金啓殷)　361
김계홍(金桂弘)　604
김공명　325, 326
김공명(金公明)　398
김관모(金觀模)　43
김관수　646
김관식(金觀植)　350, 353, 357,
　　　572, 582, 588, 589, 593,
　　　594, 595, 596
김관식(金寬植)　351
김관영(金寬永)　285
김관일　214, 216, 223
김관일(金貫一)　160, 161, 164,
　　　166, 167, 168, 169, 177,
　　　182, 184
김관일(金觀一)　40, 234, 239,
　　　242
김관한　186
김관현　262

김관형　216
김관형(金觀衡)　228
김광삼　530
김광선(金光善)　288
김광수　20, 22, 220
김광수(金光洙)　406
김광수(金光秀)　415
김광옥　269
김광익(金光益)　239
김광표(金光票)　348, 349, 351,
　　　568, 569, 570, 572, 573
김광현(金光賢)　670, 672, 673,
　　　674
김국명(金國明)　174
김국주(金國柱)　178
김군흡(金君洽)　465
김권선(金權先)　541
김권실(金權實)　342
김귀근　650
김귀석(金貴石)　402
김규배(金圭培)　294
김규식(金奎植)　112
김규식(金圭植)　393
김규헌　683
김규현　214, 261, 262, 263, 271
김규현(金奎鉉)　41, 273, 294
김규황　214
김균석　181
김균현　262
김근익(金斤益)　177
김근하(金根河)　272
김금계(金今繼)　390
김금록　381
김기(金基)　405
김기렴　217
김기배　133
김기범(金基範)　163, 189
김기봉　628
김기봉(金起鳳)　165
김기봉(金岐鳳)　204
김기석(金基碩)　341
김기석(金基錫)　398, 552, 604
김기선(金基宣)　431
김기선(金基善)　577
김기수　330
김기영(金基榮)　193

김기영(金基永)　447
김기완(金基完)　211
김기원(金基元)　367
김기인(金基仁)　406
김기정(金基定)　362, 364, 365
김기주　646
김기찬(金基贊)　307
김기창(金基昌)　164
김기평(金基坪)　549, 558
김기현(金其鉉)　41
김기현(金基鉉)　117, 118, 123,
　　　125, 127, 141, 144, 151,
　　　361
김기형(金基亨)　162
김기형(金基亨)　252, 439, 447,
　　　469
김기형(金琪亨)　167, 169, 445,
　　　454, 459, 461, 464, 467
김기환(金基煥)　151
김기황　215, 265
김길서(金吉瑞)　650
김길창(金吉昌)　83, 325, 420,
　　　421, 422, 424, 426, 429,
　　　431
김나명(金拿鳴)　307
김나홍(金拿鴻)　560
김낙순　325
김낙진(金洛眞)　433
김낙하　644
김남포(金南浦)　209
김내범(金迺範)　86, 348, 350,
　　　351, 353, 355, 357, 358,
　　　359, 360, 361, 362, 363,
　　　365, 367, 581, 584, 585,
　　　589, 593, 604, 606, 607,
　　　678, 679, 680, 681, 683
김내성　548
김내수(金乃秀)　415
김내언　325, 327, 332
김내열(金內烈)　454
김내인　327
김노이사(金老以斯)　575
김달선(金達善)　165, 191
김달성(金達成)　317, 543
김달주(金達周)　287
김달준(金達俊)　231

김달호(金達浩) 339
김달환(金達煥) 414
김달효(金達孝) 658, 661, 663
김대건(金大建) 161, 162
김대건(金大鍵) 169, 439, 440, 442, 446, 447, 449, 451, 453, 457, 458, 459, 464, 467
김대벽(金大闢) 356
김대지(金大智) 339
김대진(金大珍) 131
김대혁 216
김대현 379
김대현(金大鉉) 142
김대홍(金大洪) 312
김덕경 383
김덕규 221
김덕렵 627
김덕례(金德禮) 313
김덕룡 181
김덕배 381
김덕서(金德瑞) 393
김덕선(金德善) 161, 163, 167, 170, 172, 179, 181, 183, 186, 202, 328
김덕수(金德洙) 414
김덕수(金德守) 502
김덕윤(金德潤) 142
김덕창(金德昌) 277
김덕춘(金德春) 234
김덕항(金德項) 342
김덕해(金德海) 671, 672
김덕화 260, 261
김덕회(金德會) 266, 273, 286, 288
김도건(金道鍵) 234
김도목 645
김도성 622
김도성(金道成) 208
김도순(金道淳) 174, 620, 625, 627
김도식(金道植) 332, 389, 419, 420, 422, 423, 424, 428, 429, 434
김도운 216
김도원(金道源) 557

김도준(金道俊) 443, 471, 669, 675
김도현(金道現) 607
김도희(金道熙) 163, 164, 165, 166
김동수(金東守) 391
김동영(金同榮) 546
김동원 635, 636, 640
김동원(金東元) 69, 251
김동주(金東柱) 541
김동필(金東弼) 393
김동하(金棟廈) 182, 202
김동해(金東海) 397
김동형(金東亨) 233, 252
김두만(金斗萬) 618
김두복(金斗伏) 191
김두삼(金斗三) 309
김두석 349, 574, 575
김두연(金斗演) 404
김두찬(金斗贊) 225, 268, 554
김두헌(金斗憲) 272, 274, 275, 276, 283
김두현 262
김두화(金斗和) 102
김두환(金斗煥) 400
김득연(金得淵) 234
김득창(金得昌) 150, 170, 172, 173, 203, 204, 234, 238, 644, 645, 646
김득호 637
김락용 224
김락현 225
김래봉 423, 426, 428
김래황 574
김러술 588
김레진 222
김려철(金呂徹) 196
김려현(金勵顯) 214, 648
김련(金鍊) 196, 440, 453, 454, 457, 459
김례은(金禮殷) 172
김루리아 578
김리극 225
김리순(金利淳) 174
김리신(金利信) 629
김리올 446

김리제 223
김리현 348, 349, 350, 351, 352, 569
김림수 225
김만곤 626
김만규(金萬圭) 653
김만도(金萬道) 340
김만성(金万聲) 411
김만수(金万守) 391
김만실(金萬實) 316
김만일(金萬一) 325, 419, 421, 423, 424, 426, 427, 428, 429, 430, 432, 438
김맹순(金孟淳) 41
김면수(金冕洙) 300, 303, 535
김면진 134, 136
김면호 651, 652
김명경 217, 219, 221
김명록(金明祿) 185
김명봉(金明奉) 169
김명봉(金鳴鳳) 621
김명안(金明安) 540
김명애(金明愛) 366
김명운(金命雲) 411
김명주(金明珠) 241
김명진(金明振) 137
김명찬(金明贊) 674
김명환(金明煥) 180, 192
김명회(金明會) 629
김모기(金模基) 173
김몽학 221
김몽한 215
김무원(金武源) 388
김문기(金文基) 641
김문길(金文吉) 242
김문도(金文道) 625
김문모 217
김문보(金文甫) 621
김문삼(金文三) 348, 355, 538, 579
김문석(金文錫) 403
김문순(金文舜) 613
김문오 418
김문원 380
김문주 217
김문준 651

김문진(金汶振) 390
김문평(金文平) 191, 208
김문협 528, 589, 596, 599
김문흥(金文興) 41
김민수 423, 426, 427
김민찬(金敏燦) 172
김민철(金敏哲) 160, 161, 162, 163, 164, 178, 179, 180, 205, 385, 425, 426, 434
김발(金鉢) 464
김방한 491
김방호(金邦昊) 543
김백원 214
김백원(金百源) 114, 116, 117, 118, 119, 123, 125, 129, 130, 131, 133, 134, 135, 142, 143, 146
김백원(金伯元) 191
김백향(金伯鄉) 215
김벽파(金碧波) 335
김벽항(金碧伉) 620
김변수(金邊洙) 544
김별령 447
김병건 214
김병관 627
김병규(金炳奎) 173, 174, 184, 396, 401, 629
김병균(金炳均) 541
김병농(金炳禮) 160, 161, 169, 173, 188, 195, 385, 386, 621, 623, 625
김병덕(金秉德) 364
김병두(金炳斗) 607
김병렬(金炳烈) 43, 191, 445, 539, 670, 672, 674
김병례(金炳禮) 159, 295, 297, 299, 306, 330, 332
김병록 217, 219, 650, 651, 652
김병록(金秉錄) 234
김병록(金秉祿) 236
김병륜(金炳綸) 621
김병섭(金炳燮) 242
김병석 177
김병식(金秉植) 275, 276
김병식(金炳植) 291, 452
김병영(金炳榮) 613

김병우 327, 328
김병우(金秉祐) 158, 206
김병원(金炳源) 169
김병원(金炳元) 197
김병율 623
김병의 352
김병의(金秉義) 364
김병조(金秉祚) 556
김병주 651
김병주(金炳柱) 396
김병죽 652
김병즙(金炳楫) 289
김병직(金炳稷) 623
김병집(金炳輯) 289
김병찬(金炳贊) 131, 146, 227
김병필(金炳珌) 629
김병하 670
김병하(金炳夏) 189
김병호(金炳浩) 231
김병호(金炳鎬) 377, 388, 407
김병훈 269, 623
김병희(金炳熙) 169, 170, 173, 175, 187, 188, 189, 206
김병희(金炳凞) 626, 670
김보곤 372
김보국(金輔國) 608
김보배(金寶培) 554
김보오 645
김복룡(金福龍) 334
김복명(金福明) 472
김복순(金福淳) 472
김복식 423
김복설(金福說) 166, 192
김복출(金福出) 325, 330, 371
김봉걸 224
김봉관(金奉寬) 558
김봉국(金奉國) 180
김봉규 220
김봉달 375
김봉도 423
김봉린(金鳳隣) 187
김봉삼(金奉三) 623
김봉섭(金鳳燮) 272
김봉수 181, 262, 670
김봉수(金鳳洙) 455, 470
김봉신(金奉信) 321

김봉안 384
김봉오(金鳳梧) 246
김봉재 628
김봉조(金奉朝) 177
김봉조(金鳳祚) 556, 670
김봉조(金鳳朝) 670, 672
김봉준(金鳳俊) 172
김봉택(金鳳澤) 362
김봉현(金鳳鉉) 41
김봉호 216
김붕한(金鵬漢) 397
김사경 326
김사길(金士吉) 648
김사라 315
김사여(金思汝) 130, 146
김사윤(金士允) 556
김사필(金思泌) 139
김삼도(金三道) 381
김삼용(金三用) 342
김상규(金尙奎) 214, 216, 225, 229
김상규(金相奎) 544, 644, 646
김상렬(金相烈) 43, 393, 409
김상림(金尙林) 194
김상목(金相穆) 604
김상민(金尙敏) 194
김상배(金相培) 132, 148, 155
김상백 221
김상봉(金相奉) 609
김상설(金相說) 604
김상세(金相世) 342
김상순 524
김상순(金尙順) 308
김상옥(金相玉) 128, 144
김상용(金尙鎔) 191
김상윤(金尙倫) 195
김상은(金相殷) 129, 226, 244
김상인 572
김상재(金相才) 422, 433
김상조(金尙祚) 195
김상준(金相濬) 631
김상찬(金相讚) 342
김상한 658
김상한(金相漢) 404
김상현 260, 628
김상현(金尙鉉) 117, 132, 141

색인 705

김상현(金尙賢) 166, 173,
김상현(金祥賢) 168, 178, 179, 182, 184
김상현(金相鉉) 186
김상호(金相浩) 646
김서범(金瑞範) 196
김서윤(金瑞允) 144
김석규(金錫奎) 403
김석노 260, 261, 265
김석만(金錫滿) 335
김석번 332
김석복(金錫福) 205
김석봉(金錫鳳) 392
김석영(金錫榮) 391
김석윤(金錫潤) 151
김석진(金石鎭) 415
김석창(金錫昌) 47, 50, 51, 54, 56, 57, 63, 159, 160, 162, 165, 169, 171, 176, 194, 207
김석하(金錫夏) 550
김석항(金碩亢) 161, 164, 165, 166, 168, 169, 170, 173, 174, 200, 619, 621, 622, 632
김석호 327, 422
김석환 221, 644
김석홍 588
김선 651
김선관(金善寬) 359
김선관(金善官) 362
김선규(金善奎) 518
김선근 221, 225
김선두 8, 214, 215, 216, 225, 637
김선두(金善斗) 50, 51, 63, 65, 76, 83, 84, 98, 251, 673
김선실(金善實) 665
김선여(金善汝) 408
김선주 646
김선주(金善宙) 228
김선필 622
김선환 214, 216, 220, 222
김선환(金善煥) 252, 636
김성관(金聖寬) 409
김성구 222, 223

김성국(金成國) 335
김성규(金晟圭) 393
김성규(金聖圭) 542
김성극 427
김성기 220
김성기일(金城寄一) 481
김성남(金成男) 611
김성노 267
김성대(金成大) 196
김성도 325, 327
김성락 637
김성락(金成洛) 229
김성로(金成魯) 262, 264, 337, 371, 372, 375, 387
김성록(金成錄) 501
김성률(金成律) 373, 390
김성모(金聖模) 581, 582
김성목(金聖睦) 393
김성복(金成福) 255
김성봉(金聖鋒) 57
김성봉(金性奉) 551
김성빈(金成彬) 541
김성삼 325, 327, 492
김성삼(金聖三) 662
김성삼(金聖三) 공소사건 492, 493, 494
김성서(金性瑞) 343
김성수(金性洙) 547
김성순(金聖淳) 144
김성식(金聲植) 294, 295, 304, 305, 480, 483, 490, 491, 501, 529
김성실(金成實) 138
김성심(金誠心) 205, 436
김성원(金誠原) 304
김성원(金誠原) 486, 487, 490, 492, 493, 494, 499, 500, 502
김성은(金聖恩) 504
김성주(金聲柱) 478
김성준 183, 672
김성즙 214
김성집(金聖集) 137
김성찬(金聖贊) 178
김성철(金聲哲) 428
김성칠(金成七) 565

김성탁(金聖鐸) 63, 66, 72, 76, 84, 220, 226, 228, 635, 636
김성택 218, 223, 651
김성필(金聖弼) 144
김성하(金成河) 310
김성환(金聲桓) 486
김성호 179, 214, 216, 217, 222, 652
김성호(金聲瑚) 115, 227, 239
김성호(金聖晧) 138
김성호(金聖浩) 181, 205
김성호(金聖皓) 143, 154
김성호(金成浩) 398
김세경(金世經) 121, 140
김세록(金世祿) 179
김세민 332
김세열(金世烈) 307, 522, 538
김세영 657, 658, 661
김세영(金世榮) 372, 378, 390, 394, 399, 410
김세종(金世鍾) 150
김세탁(金世鐸) 471
김세형(金世衡) 607
김세홍 626, 627
김세홍(金世鴻) 179, 181, 182, 192
김소(金昭) 112, 115, 116
김송한(金松漢) 404
김수경(金秀京) 363
김수관 422
김수련 214
김수봉(金守鳳) 214, 216, 221, 223, 233, 289
김수봉(金秀鳳) 636, 637
김수영(金秀英) 487, 494, 504
김수인(金壽仁) 389
김수일(金秀日) 173
김수일(金守逸) 204
김숙정(金肅正) 241
김숙제(金肅齊) 183
김순남(金順男) 407, 411
김순문(金舜文) 355, 360
김순보(金順甫) 313
김순서(金淳瑞) 175
김순여(金舜汝) 372, 373

김순여(金順汝) 397
김순영(金順永) 365
김순옥(金純玉) 336
김순전(金順全) 307
김순현 573
김순효(金舜孝) 608
김순흥 418, 430
김숭두 226
김승건 225, 650, 651
김승구(金勝九) 116, 117, 119, 127, 151
김승두 216, 637
김승룡(金承龍) 264
김승만(金承萬) 160, 161, 162, 170, 171, 173, 618
김승명(金承明) 575
김승삼(金昇三) 198
김승신(金承信) 280
김승인 267
김승주(金昇柱) 239
김승해 134
김승호(金承浩) 167, 440, 453
김승홍 217
김시룡(金時龍) 437
김시언 223
김시완(金時完) 312
김시혁(金時赫) 170
김시형(金時亨) 195
김시환 625
김신경(金信敬) 558, 674
김신근 570
김신영(金信榮) 194
김신일(金信一) 162
김신화(金信化) 201
김신환(金信煥) 170
김쌍용 350
김암회(金岩回) 396
김약연 350, 580
김양보(金良寶) 557
김양학(金養學) 647
김억칭(金檍秤) 538
김언령 381
김여삼(金汝三) 500
김여술(金汝述) 362
김여옥(金麗玉) 470
김여용(金汝用) 349, 351, 359

김여한 126
김여환 221
김역평 518
김연근(金淵根) 576
김연범(金演範) 434
김연성(金連誠) 528
김연순(金連順) 131, 151
김연택(金淵澤) 355
김연표(金連豹) 488
김열심(金熱心) 254
김영고 142
김영구(金永耉) 86, 131, 132, 133, 135
김영국 674
김영규 378
김영근(金永根) 166, 192, 565
김영급 638
김영기(金永基) 150, 395
김영두 221
김영로(金永潞) 177
김영률(金永律) 170
김영만(金榮萬) 277
김영만(金榮萬) 284
김영배 297, 303
김영범 421
김영보 589
김영서(金永瑞) 409, 411
김영석(金永石) 396
김영선(金永善) 216, 235
김영설 637
김영세(金永世) 198
김영수(金永洙) 177, 194
김영술 381
김영식(金英植) 117, 143, 308, 318, 489, 492, 493, 494, 496, 499, 522, 523, 524, 528, 552
김영옥(金永玉) 326, 332, 360, 373, 380, 389
김영옥(金泳玉) 84, 655, 656, 657
김영우 261, 262, 264
김영원(金永源) 404, 644, 646
김영유(金永裕) 291
김영일(金永一) 180
김영제(金永濟) 347, 348, 349,

350, 351, 352, 353, 354, 357, 364, 368, 569, 573, 679
김영준(金永俊) 163, 217, 219, 220, 223, 228, 236, 289, 348, 349, 350, 356, 577, 638, 645, 648, 652
김영준(金永駿) 193
김영진(金永鎭) 312, 313, 317
김영진(金榮鎭) 546, 549, 689
김영찬 218
김영찬(金永粲) 164
김영찬(金永燦) 169, 192
김영철(金永哲) 171, 172, 173, 204, 628, 633
김영칠 638
김영팔(金永八) 602
김영하(金永河) 180, 209
김영한(金永漢) 41, 116, 117, 119, 127, 129, 132, 139, 141, 151
김영한(金榮漢) 123, 125, 127, 154
김영헌 266
김영현(金永賢) 541
김영호(金榮浩) 390
김영화 620
김영화(金永化) 164, 166, 168, 170
김영환(金榮煥) 114
김영훈(金永勳) 11, 12, 16, 17, 18, 50, 59, 95, 119, 160, 161, 163, 190, 624, 626, 694
김영희(金英熙) 313
김예달(金禮達) 178
김오순 214
김옥련(金玉鍊) 170, 172, 173, 178, 624
김요하(金淖河) 238
김용(金溶) 399
김용건(金容健) 165, 184
김용건(金容乾) 176
김용건(金容建) 178, 182
김용국(金容國) 546, 611, 637
김용규 379

색인 707

김용남(金用男) 611
김용려(金用呂) 40
김용범 455
김용복(金容復) 239
김용봉 221
김용삼(金龍三) 279
김용생(金龍生) 644, 647
김용선(金龍善) 268, 269, 270, 272, 274, 275
김용세 217
김용수 260
김용수(金龍洙) 556
김용순(金龍淳) 216, 228
김용승(金龍承) 159, 161, 262, 269
김용식(金容植) 395
김용여(金用汝) 206
김용연(金湧淵) 360
김용옥(金容玉) 318
김용율 225
김용익(金龍益) 240
김용전 220
김용제(金容濟) 152
김용진(金龍鎭) 116
김용태(金容泰) 372, 380, 401
김용팔(金容八) 603
김용학(金容鶴) 500
김용휘(金用彙) 392, 399
김용흡 573
김우석 218, 225, 226,
김우석(金禹錫) 72, 82, 84, 88, 232, 252, 635, 636, 638
김우설(金雨說) 173
김우성(金禹聖) 202
김우정 347
김우필(金雨弼) 364, 602
김욱국(金旭國) 314
김운룡(金雲龍) 356
김운현 455
김원기 373
김원려(金元麗) 280, 284
김원배 599, 600, 601
김원석(金元碩) 345
김원숙(金元淑) 522, 543
김원식 644, 645, 647
김원식(金元湜) 241

김원식(金元植) 279
김원정(金元貞) 283
김원중(金元仲) 265, 501
김원직(金元直) 396
김원집(金元集) 143
김원호(金遠浩) 394
김원휘(金原輝) 327, 330, 335, 378, 379, 381, 384, 387
김원회 332, 373
김위렴(金衛廉) 293
김위상(金渭尙) 43
김위환(金渭煥) 389
김유근(金有根) 623
김유목(金有穆) 214, 216, 217, 222, 235, 358, 599, 605, 607, 635, 636, 637, 638, 678, 679, 680
김유보(金有寶) 355, 356
김유서 381
김유직(金有稷) 597
김윤백(金允伯) 149, 172, 175, 177, 179, 181, 204, 205
김윤백(金倫伯) 170, 171,
김윤삼 529
김윤서(金潤瑞) 390
김윤석 216
김윤석(金允錫) 673, 674
김윤선 570
김윤성(金允成) 265, 491
김윤세 673
김윤식 522
김윤옥(金潤玉) 403
김윤점(金允漸) 260, 261, 264, 269, 270, 276, 281
김윤환(金潤煥) 172
김은석 349, 351
김은수(金恩秀) 366
김은혜(金恩惠) 603
김응구(金應球) 187
김응규 214
김응규(金應圭) 294, 303, 304, 479, 482, 485, 486, 487, 489, 501, 529, 531, 535, 658
김응규(金應珪) 483, 491
김응길(金應吉) 349

김응도(金應道) 193, 620
김응률(金應律) 281
김응백 182
김응서(金應瑞) 408
김응선(金應先) 543
김응수(金應秀) 184
김응일(金應鎰) 223, 229
김응주(金應周) 228
김응즙(金應楫) 181
김응진 325, 327, 330
김응진(金應晋) 258, 641
김응진(金應振) 422, 424, 425, 430, 434
김응철 224
김의건(金義健) 177
김의균(金宜均) 411
김의참 644
김의창 222, 643, 644, 645
김의탁(金義鐸) 149, 646
김의홍 183
김이곤(金利坤) 216, 239
김이곤(金二坤) 336, 351, 353, 423, 426, 427, 582, 586
김이극(金利極) 228
김이두 570
김이선 623
김이숙 224
김이순(金履淳) 172, 204
김이순(金利淳) 174, 199, 200, 618, 623, 625
김이신(金二呻) 236
김리신(金利呻) 629
김이제(金利隮) 222, 223, 231, 234, 238, 424, 425
김이현(金利賢) 352
김이현(金利鉉) 367
김익권(金益權) 279
김익노 266
김익두(金益斗) 63, 66, 133, 134, 143, 146, 257, 261, 267, 376, 410, 485, 514, 564, 611
김익량(金益良) 131, 140
김익문 214
김익범(金益範) 162, 170, 189, 203

김익보 643
김익섭(金益燮) 221, 243
김익수(金益秀) 261, 262, 264, 269, 270, 669, 670, 671, 674
김익수(金益洙) 447, 448, 453, 454, 456, 471
김익주(金益周) 175, 201
김익준 224
김익준(金益俊) 229
김익증(金益增) 172
김익진(金益鎭) 242
김익현 329, 373
김익현(金翊顯) 341
김익현(金益賢) 662
김익환 221
김인곤(金仁坤) 361
김인구(金仁九) 216, 221, 228, 233, 236, 239, 650, 651
김인규(金仁奎) 340
김인도(金仁道) 453, 455, 472
김인묵(金仁默) 504
김인범(金仁範) 436
김인부(金仁富) 160, 187
김인상 643, 644
김인상(金仁相) 236, 240
김인서(金麟瑞) 608
김인성(金仁成) 201
김인수 421, 650
김인수(金仁秀) 113
김인수(金麟洙) 237
김인승(金隣承) 173
김인실(金仁實) 214, 238, 637
김인영(金仁永) 221, 236, 237
김인오(金仁梧) 241
김인옥(金仁玉) 327, 330, 332, 335, 371, 378, 399, 657, 658, 660
김인전(金仁全) 295, 297, 298, 299, 300, 301, 306, 311, 476, 477, 479, 483, 497, 504
김인준 216, 217, 221, 223
김인준(金仁俊) 636
김인직(金仁稷) 623
김인찬(金仁贊) 541

김인택(金仁澤) 195
김인화(金仁化) 317, 496, 498
김인화(金仁華) 341
김인환 621, 623
김일경 184
김일동(金日東) 391
김일봉(金日奉) 500
김일선(金一善) 113, 114, 115, 142
김일순(金逸淳) 189
김일현(金日鉉) 538
김자경 163
김자윤(金自允) 499
김자형(金字瀅) 230
김장호(金庄鎬) 84, 260, 261, 264, 265, 267, 268, 272, 273, 288, 291
김장환(金長煥) 432
김재곤(金在坤) 311, 397, 398, 404
김재관(金載寬) 602
김재관(金在觀) 모친 407
김재구(金在玖) 411
김재길(金在吉) 608
김재령(金在寧) 389
김재민 651
김재부(金才婦) 196
김재삼(金在三) 501
김재선 524, 535, 542
김재수(金載洙) 337
김재순(金載淳) 242
김재연(金在淵) 404
김재욱 638
김재원(金在元) 318
김재유(金在洧) 224, 235
김재이(金在伊) 407
김재진(金在眞) 559
김재천(金在天) 394
김재학(金在學) 227
김재형(金在衡) 134, 136
김재황 573
김전문(金錢文) 234, 238, 241
김전선 214
김전호(金錢浩) 243
김전환(金錢煥) 243
김점형 221

김정각 643
김정겸(金晶謙) 255
김정관(金正寬) 312, 487, 539, 558
김정교(金貞敎) 286
김정규 582
김정기 534
김정련 214
김정록 652
김정록(金正祿) 165, 193
김정룡 179
김정모 373
김정목 265
김정묵(金正默) 264, 269, 270, 272, 275, 282, 284
김정복(金正福) 42, 303, 318, 486, 487, 493, 494, 497, 503
김정삼(金貞三) 185, 186
김정석(金靖錫) 412
김정선 518, 522, 642, 644, 645, 646
김정선(金淨善) 433
김정수 221, 327, 417, 427, 638
김정수(金正秀) 172
김정수(金正洙) 198
김정숙 417
김정숙(金貞淑) 241, 502, 660
김정순(金貞淳) 554
김정식(金貞植) 104
김정억 224
김정열(金貞悅) 164
김정열(金鼎說) 189
김정유(金正裕) 335
김정윤(金正允) 545, 554
김정준(金貞俊) 169, 170
김정찬(金貞燦) 198
김정칠 221, 223, 224, 226
김정하(金愼河) 161
김정하(金鼎夏) 542, 627
김정현(金正賢) 114, 116, 117, 136, 147, 150, 152, 349, 570
김정현(金正鉉) 148
김정호(金正鎬) 154
김정호(金正浩) 690

색인 709

김정화 623
김정훈 223
김제각 225
김제도(金濟道) 220, 228
김제민 417
김제서(金濟瑞) 571
김제읍교회(金堤邑) 486, 489, 490, 491
김제현(金濟賢) 219, 231
김종건(金宗健) 231
김종걸 637
김종경(金宗敬) 287
김종권 226
김종규 568, 569, 570, 573, 574
김종근(金鍾根) 277
김종삼(金宗三) 260, 261, 262, 264, 265, 266, 273, 278, 282, 285
김종삼(金鍾三) 280
김종상(金鍾商) 114
김종섭(金宗燮) 96, 231, 235
김종섭(金鍾涉) 347
김종섭(金鍾燮) 348
김종수(金鍾洙) 16, 382, 383, 415
김종숙(金鍾淑) 377, 393, 661
김종우 183
김종원 455
김종인(金宗仁) 317, 542, 548
김종정(金鍾貞) 188
김종필(金宗弼) 359
김종환 422, 650
김종흡(金宗洽) 198
김주견(金周見) 341
김주관 326, 327
김주관(金周寬) 335
김주현(金周鉉) 132, 330, 372, 374, 422, 430
김주흥 427, 430
김주환(金周煥) 313, 402, 541
김주환(金胄煥) 564
김준(金俊) 255
김준건(金俊建) 193
김준구(金駿九) 138
김준국(金俊國) 221, 240
김준기 635

김준기(金俊基) 141
김준기(金準基) 310
김준언(金俊彦) 146
김준오(金俊五) 217, 244
김준택(金俊澤) 40
김준현(金俊鉉) 132, 151
김준현(金俊顯) 413
김준홍(金俊洪) 422, 424, 426, 431
김준환(金俊煥) 172
김준흥 428
김중건(金重鍵) 198
김중근(金仲根) 403
김중길 643
김중련(金重鍊) 173
김중석(金仲錫) 349, 350, 569, 570, 572
김중수(金重洙) 303, 485, 488, 494, 496, 503
김중인(金重仁) 127, 139
김중집 381
김중현(金中鉉) 313
김중환(金重煥) 335, 337
김중흡(金仲洽) 362
김지선(金志銑) 197, 632
김지송(金芝松) 357
김지수 383
김지연 455
김지용(金志用) 164
김지웅(金志雄) 622
김지일(金志一) 182
김지하(金志河) 171
김지학 650, 651, 652
김지혁(金志赫) 179
김지현(金志賢) 175, 572, 574
김지환(金智煥) 131, 133,
김지환(金之煥) 313
김진규 224
김진근(金振瑾) 6, 160, 161, 163, 165, 176, 177, 185, 186, 440, 442, 443, 446, 447, 449, 574, 631
김진기 221
김진모(金瑨模) 405
김진배(金珍培) 553, 558
김진성(金振聲) 553, 555, 560

김진성(金珍聲) 553
김진옥(金振玉) 503
김진찬 217
김진해(金震海) 422, 433
김진헌(金鎭憲) 269, 272, 274
김진화(金鎭華) 159, 160, 161, 162, 164, 166, 167, 174, 177, 182, 187
김진환(金鎭煥) 217, 233
김찬규(金燦奎) 214, 215, 228
김찬근(金贊根) 217, 223, 224, 646, 647
김찬두 215
김찬석(金贊石) 465
김찬선 220, 224
김찬성 218
김찬성(金燦星) 231, 240
김찬성(金贊成) 607
김찬원 214
김찬정 619
김찬정(金燦貞) 170, 619
김찬지(金贊知) 312
김찬호(金贊浩) 239
김찬호(金燦鎬) 413
김찬화 223
김창(金昌) 431
김창건(金昌鍵) 65, 98, 170, 171, 363, 618, 619, 624, 625, 626
김창걸(金昌傑) 185
김창국(金昶國) 294, 300, 303, 304, 305, 311, 318, 319, 479, 482, 483, 484, 485, 488, 491, 509, 510, 512, 517, 519, 530, 534, 537, 539, 540, 541, 548
김창규(金昌圭) 496, 644
김창기(金昌豊) 392
김창덕 271
김창덕(金昌德) 136, 146
김창묵(金昌默) 188, 196
김창문(金昌文) 214, 219, 228, 231, 235, 240, 650, 652
김창보 569, 571
김창선(金昌善) 231
김창섭(金昌燮) 355

김창수(金昌洙) 308
김창순(金昌淳) 478
김창식(金昌植) 249, 251, 265, 673
김창욱(金昌郁) 440, 453, 459, 464
김창원(金昌源) 222, 234, 237, 238, 239, 652
김창인(金昌仁) 285
김창중(金暢中) 544
김창하(金昌夏) 161
김창현 349, 351
김창협(金昌洽) 159, 164, 175, 176, 177, 180, 184, 192
김창환(金昌煥)
김창휘
김창흡(金昌洽) 192
김채수(金彩洙) 556
김채화 635
김천교회(金川) 376
김천교회(金泉) 384
김천대양리교회(金泉大陽里) 386
김천모(金天模) 179
김천서(金天瑞) 178
김천원(金天源) 185
김천익(金千益) 419
김천일(金千一) 214, 222, 231, 333, 423
김천일(金千鎰) 422
김철나(金徹拏) 365
김철호(金喆鎬) 233
김청달(金淸達) 161, 164, 175, 177, 621, 625
김추옥(金秋玉) 175
김춘배(金春培) 149
김춘백(金春伯) 387
김춘삼(金春三) 117
김춘서(金春瑞) 502
김충국(金忠國) 224, 225, 228
김충모(金忠謨) 387
김충성(金忠誠) 524
김충신(金忠信) 286
김충한(金忠漢) 330, 332, 335, 371, 372, 378, 384
김취곤(金聚坤) 166, 171, 173,
625, 627
김취익 217, 224, 650, 651
김치곤(金致坤) 550,
김치근(金致根) 221, 223, 243, 649, 650, 651, 652
김치달(金致達) 194
김치만(金致萬) 185
김치백(金致伯) 252
김치범(金致範) 239
김치복(金致福) 169, 197
김치삼(金致三) 40, 191, 193, 450
김치선(金致善) 191, 658, 666
김치영 379
김치옥(金致玉) 40, 187
김치용(金致用) 639
김치출 449
김치주 218
김치학 226
김치행(金致行) 161
김치형(金致亨) 189
김치화(金致和) 619, 621
김칠성(金七星) 468
김탁 271, 303
김탁하(金倬河) 164, 183, 229
김태간(金泰幹) 173
김태동(金台東) 390, 410
김태령 595
김태로 215
김태룡(金泰龍) 554
김태빈 217
김태상(金泰相) 134, 146
김태서 597
김태석(金泰錫) 262, 263, 267, 274, 279
김태순 215
김태술 383
김태신(金台信) 286
김태연(金泰淵) 269, 270, 272, 378, 383
김태엽 663
김태옥(金泰玉) 310
김태웅 226
김태유 574, 575, 576, 676
김태윤(金泰允) 230
김태일(金泰日) 178

김태일(金泰一) 201
김태정(金台鼎) 179, 190
김태주(金泰周) 166, 172, 173, 618, 622, 628
김태진(金泰鎭) 545
김태헌(金泰軒) 183
김태현(金泰鉉) 245, 382
김태형 270
김태형(金泰亨) 189, 618
김태호 515, 688, 690
김태화(金泰和) 136, 146, 222
김태훈 582, 589
김태희(金泰熙) 128
김택근(金澤根) 359
김택민(金澤民) 639
김택보(金宅甫) 215, 229
김택서(金宅瑞) 349, 350
김택서(金宅西) 286, 355, 577
김택서(金澤瑞) 570
김택서(金擇瑞) 568, 597
김택순(金澤純) 214, 665
김택조(金澤祚) 360
김택주(金宅柱) 500
김판대(金判大) 317, 548, 557
김판수(金判秀) 405
김팽렬(金彭烈) 154
김포군교회 137
김포읍교회(金浦邑) 114, 117, 122, 124, 126, 127, 128, 130, 133, 139, 157
김풍한 225
김필로(金弼魯) 223, 233, 240
김필선 225, 509
김필성 224
김필수(金弼秀) 47, 50, 51, 53, 55, 61, 67, 83, 294, 295, 296, 297, 300, 301, 476, 482
김필수(金弼脩) 233
김필순(金弼淳) 101
김하순 645
김하운(金河雲) 355, 356
김하원(金河源) 185
김학규(金學圭) 561
김학련(金學鍊) 163, 626, 633
김학수 570, 572

색인 711

김학인(金學仁) 176
김한권(金漢權) 402
김한나(金罕拿) 355, 364
김한두 219, 515
김한라(金漢羅) 577
김한령(金漢令) 336
김한복 266
김한용 570
김해교회(金海) 438
김해동 421
김해봉 593
김해수(金海水) 377
김해읍교회(金海邑) 328, 333, 423
김해읍예배당 425
김해천(金海千) 396, 403, 405
김핵순 658
김행조(金幸祚) 471
김향욱 459
김헌림(金憲林) 675
김헌주 186
김혁동(金赫東) 390, 410
김현(金賢) 595
김현근 494
김현도 214
김현모(金賢模) 161, 162, 164, 166, 168, 169, 171, 190, 197, 199, 423, 424, 425, 438, 618, 620, 622
김현수(金鉉洙) 548
김현점 262, 264, 267, 269, 270, 271, 275
김현점(金炫漸) 41, 278
김현점(金鉉漸) 289
김현찬(金鉉贊) 62, 64, 68, 69, 75, 347, 349, 350
김현찬(金賢贊) 569, 570, 575, 576
김현표(金顯杓) 430, 433
김형(金亨) 276
김형걸(金亨杰) 231, 237
김형도 216
김형동(金亨東) 413
김형묵(金亨默) 285
김형숙 568, 569, 570
김형식(金亨植) 215, 216, 269,
270, 272, 274, 275
김형원(金亨元) 473
김형재 215, 225
김형정 221
김형태(金亨泰) 312
김형택 417
김호건(金浩鍵) 173
김호계(金浩桂) 386
김호영(金好英) 247
김호준(金浩俊) 411
김홍관(金弘寬) 217, 239
김홍기(金弘基) 134
김홍년 214, 671
김홍두 375
김홍련(金弘連) 216, 554
김홍련[金弘連(蓮)] 43
김홍수(金鴻壽) 284
김홍순(金弘淳) 605
김홍식(金洪植) 114, 119
김홍식(金弘栻) 177, 180, 183, 184
김홍식(金弘植) 116, 117, 127, 129, 133, 139, 141, 145, 151
김홍식(金弘軾) 626
김홍연 671
김홍작(金洪綽) 576
김홍주(金洪柱) 372
김홍진(金洪鎭) 393
김홍탁 575
김화순(金和順) 648
김화식(金化湜) 180, 225
김화식(金華植) 205
김화식(金和植) 415
김화식(金化湜) 643, 644, 645, 646
김화실(金化實) 501
김화일 429
김효경(金孝慶) 195
김효섭(金孝涉) 228
김효숙(金孝淑) 575
김효순(金孝順) 457, 466
김효운(金孝運) 206
김훈석(金薰錫) 347, 348, 349, 353
김흥수(金興洙) 313, 329

김흥춘(金興春) 502
김희국(金熙局) 188
김희두 646
김희모(金希模) 242
김희문(金希文) 217, 229
김희봉 175
김희성(金熙星) 576
김희수 223, 224
김희순(金希淳) 608
김희영(金熙永) 102, 457
김희조(金熙祚) 368
김희탁(金義鐸) 149
김희태 214
김희택(金熙澤) 473
깐증자교회 472
꺼우리교회 455
꺼우리칭교회 454

ㄴ

나기환(羅基煥) 43, 645
나남교회(羅南) 584, 599, 600, 608, 609, 612
나대벽(羅大闢, Ryall, D. M.) 334, 421
나대하 597
나대학 348
나대화 588, 595, 605, 608
나리교회(羅里, 울릉도) 413
나병원(癩病院) 60, 103, 308, 374, 450, 514
나봉구(羅鳳九) 40, 141
나부열(羅富悅, Roberts, Stacy L.) 66, 89, 97, 98, 159, 163, 183
나상희(羅相熙) 544
나순희 651
나시림 226
나시산 225, 650, 651
나시채교회 451, 454
나영엽(羅永燁) 230
나영화(羅永化) 574
나일건(羅日乾) 279
나자승(羅子承) 620
나정렴(羅廷濂) 67
나정일(羅正日) 147,

나주읍교회(羅州邑) 514, 534
나지한 644
나초위(羅初胃) 439
나학겸 269
나형순(羅亨淳) 216, 252
낙산교회(洛山, 칠곡) 402
낙성리교회(洛城里) 690
낙원교회(樂元) 160, 188, 623
낙원동교회(樂元洞) 211, 590, 593
낙원동교회(樂園洞, 간도) 367
낙타하교회(駱駝河, 간도) 367
낙평교회(洛坪, 영덕) 390, 392, 393, 410, 411
난마리교회(蘭麻里, 용강) 234
난산교회(卵山, 김제) 488, 497, 501, 505, 506
난산예배당(卵山, 김제) 496
남궁리교회(南宮里, 대동) 245, 252, 256
남궁혁(南宮赫) 59, 64, 69, 90, 301, 303, 379, 510, 512, 515, 518, 520, 522, 524, 525, 526, 528, 530, 540
남기종(南基宗) 146, 147, 152
남녀연합전도회 407, 408
남대남학교(南大男學校) 343
남대리(南大理, Newland, LeRoy Tate) 309, 310, 312, 313, 314, 315, 316, 317, 516, 523, 530, 534, 538, 539, 543, 544, 548, 553, 557
남대문교회 131
남대문외교회 139
남대진(南大珍) (남대리 誤記) 554
남동교회(南洞) 163, 169, 174, 618, 622
남만구교회(南滿溝) 471
남만노회 21, 68, 74, 92, 181, 460, 462, 487, 668, 669, 670, 671, 672, 673, 674
남만노회 참변사건 487
남만전도회(南滿傳道會) 455

남만학우회(南滿學友會) 674
남면교회(南面) 189, 204
남문내예배당(대구) 325
남문외교회(경성) 112, 114, 122, 123, 125, 129, 131, 133, 136, 143, 145, 146
남문외교회(南門外, 광주) 134, 519
남문외교회(南門外, 전주) 294, 485, 505
남문외교회(평양) 216, 245, 251, 257, 637, 639, 641
남문외예배당 113, 135
남문외예배당(광주) 523
남문창(南文昌) 392
남별리교회(南別里, 간도) 361
남병헌(南秉憲) 464
남북노회 306, 482, 496, 503, 504, 510, 512
남산교회(南山) 160, 383, 385
남산교회(의주) 621
남산성교회(南山城) 472
남산예배당(南山, 재령)
남산정교회(南山町, 대구) 340, 373, 374, 389
남산현예배당(南山峴) 271, 573
남산현예배당(南山峴, 재령) 51, 268, 278, 279
남상교회(南上) 622
남상대(南相大) 546
남상복(南相福) 546
남선의숙(南鮮義塾) 320
남성경학당(순천) 686
남성교회 소학교(대구) 411
남성교회(南城, 대구) 343, 409, 410, 414
남성동교회(南城洞, 진주) 433
남성리교회(南城里, 무안) 566
남성리교회(南城里, 강진) 309
남성민(南星珉) 334
남성정교회 분규사건 382
남성정교회(南城町, 대구) 326, 329, 340, 342, 345, 372, 374, 385, 390, 415
남수령(南壽令) 340
남수용 657, 659

남시교회(南市) 162, 174, 189, 192, 204
남시회(南市會) 185
남양교회(南陽洞, 간도) 607, 614
남양천교회 586
남왕우 635
남원군읍교회(南原郡邑, 남원) 502
남원읍교회(南原邑, 김제) 486
남윤용(南允容) 603, 609, 611
남인상(南仁相) 582, 603
남인제직사경(男人) 423
남자대중학교 92
남자대중학교 규칙 (男子大中學校 規則) 93
남장대예배당(南將坮, 강계) 440, 456, 464
남장대예배당(南章擡, 강계) 464, 466
남재위(南在煒) 414
남전리교회(南田里, 익산) 494, 496, 504, 505, 506
남정교회(南亭) 87, 658, 663
남정교회(南正) 70
남정교회(楠亭) 87
남정렬(南廷烈) 283
남정리교회(楠亭里, 순안) 230
남정철(南貞喆) 392
남제교회(南齊) 160, 161, 162, 169, 195, 621, 622
남존경(Rogers, Mary M.) 594
남주교회(南州) 459
남중동교회(南中洞) 620
남참포교회(익산) 485
남창교회(南倉) 174, 629, 630
남칠리교회(南七里) 240
남평교회(南平) 530
남평읍교회(진안) 324
남포노회(南浦老會) 456
남행리(南行里, Lampe, Henry Willard) 159, 620, 621, 626, 627
남호교회(南峴, 박천) 188, 192, 210

납발리교회 682
내교리교회(內橋里, 함평) 316, 559
내교리교회(內橋里, 황주) 235
내당동교회(內塘洞) 340
내당동교회(內塘洞, 달성) 401
내도리교회(內都里, 제주) 541
내동교회 223, 276
내동교회(內洞) 162, 165, 175, 194
내동교회(內東) 235
내리교회(內里, 동래) 435
내매교회(乃梅) 660
내매교회(乃梅, 영주) 388, 660, 665
내매당회 656
내발리교회(內鉢里, 고흥) 550
내방리교회(內坊里, 광주) 552
내산교회(內山, 나주) 548
내삼리교회(內三里, 김해) 432
내서교회(內西, 의주) 210
내서리교회 224
내성교회(乃城, 봉화) 390, 666
내성리교회 223
내송리교회(內松里) 255
내안리교회 282
내초동교회 287
냉정리교회(冷井里, 김제) 298
널갓교회(무주) 304
녕창당회(寧倉) 663
노경빈(盧景彬) 130, 141
노경우 220, 225
노계식 662
노계예배당(魯溪) 149
노구산교회 581
노궁섭 635
노기두(盧基斗) 228
노기반(盧基盤) 632
노동교회(盧洞) 640
노동교회(盧洞, 황주) 243, 247
노두동교회(老頭洞, 간도) 607
노라복(魯羅福, Knox, Robert) 307, 313, 314, 316, 317, 508, 509, 510, 515, 516, 522, 525, 529, 530, 543, 545,

547, 549, 551
노량진교회 135, 137, 138, 148, 157
노상교회(路上, 선산) 408
노성빈(盧聖彬) 317, 516, 557
노성현 652
노세영(盧世榮) 183
노세영(盧世永, Ross, Cyril) 158, 159, 160, 163, 183, 197, 439
노수복(盧受福) 230
노식(盧植) 235
노식봉 217
노아력(魯亞力, Ross, A. Russell) 348, 349, 570, 595
노양배(魯養培) 220, 239
노영 637
노응표(盧應杓) 312, 315
노이경(盧伊景) 193
노인묵(盧仁默) 214, 215, 216, 218, 224, 226, 227, 231, 636
노인수 423, 426
노일용 221
노정관(盧正瓘) 163
노정린(魯正麟) 171
노종욱(盧宗旭) 358
노진하 264
노진오 214
노진호 216
노찬주(盧贊柱) 639
노춘섭(盧春燮) 355, 605, 611
노투거우교회 682
노학구(盧學九) 308
노해리(魯解理, Rhodes, Harry Andrew) 5, 66, 146, 147, 159, 163, 439, 470, 472
노현(盧鉉) 652
노형렬(盧亨烈) 316
노효함(魯孝咸) 176
녹전교회(祿田, 안동) 344
놀뫼교회(고양) 117
농강리교회 124
농달교회(農達, 선천) 209
농성동교회(農城洞, 성진) 602,

614
누천교회 282
누팀리교회(초산) 442
누형근 651
늘문리교회(익산) 487
능성리교회 637
능성리교회(綾盛里, 중화) 227
능연리교회 637
니시거우교회(왕청문) 443
니판동교회(강계) 446
님상리교회(김제) 497

ㄷ

다스탄교회(유하현) 443, 448, 452, 454, 673
다지교회(多智) 197
다황거우교회 443, 446, 452, 454, 455
다황구교회 451
단계교회(丹溪, 산청) 336
단연회(斷煙會) 577
단천교회(端川) 571
단천장로교회(端川長老) 610
달나재교회 593
달리교회(達里, 덕천) 238
달서유치원 411
달성여전도회 408
달성하동특별전도회 408
담양군읍교회 315
담양읍교회(潭陽邑) 525, 551, 564
답곡교회(杳谷) 659
당곡교회(棠谷) 192, 194
당구교회(棠舊, 박천) 188
당동교회(棠洞, 박천) 209
당령교회(堂嶺) 190
당지교회(唐池, 영천) 389
당평동교회(當坪洞, 초산) 193
당포교회 271
당항리교회(唐項里, 남해) 434
당후교회(堂後) 620
대갈리교회(大葛里) 149
대교리교회(大槁里, 안주) 239
대곡교회(大谷, 안동) 400
대관교회(大舘) 172, 196, 621

대관리교회(大舘里) 642
대교교회(大橋) 647
대구동산제중원(大邱銅山濟衆院) 398, 403, 406, 407
대구서편교회 328
대구성경학교 330, 332, 378
대구성경학원 329, 405
대대교회(大垈) 622
대덕리교회(大德里, 고창) 544
대덕리교회(大德里, 고흥) 546
대도교회(大島, 연일) 407, 413
대동리교회(大東里, 김제) 315
대동촌교회(大洞村) 42
대리교회(大里, 의성) 387, 413
대명동교회(大明洞, 달성) 337, 373, 411
대명리교회(大明里, 김제) 298
대모자예배당 668
대문교회(大門) 211, 621
대방도교회 687
대방동교회(大芳洞, 광양) 322
대방리교회(大芳里) 689
대붕암교회(大鵬岩) 320
대사교회(大司, 의성) 399
대사탄교회(大沙灘) 191, 193
대산교회 여학교 434
대산교회(大山, 하동) 434
대성교회(大成) 202
대송교회(大松里) 636
대송리교회(大松里, 김제) 482, 501
대송리교회(大松里, 황주) 234, 638
대수리교회(大水里, 부안) 321
대수암교회(大壽岩) 234
대신교회(大新, 김천) 404
대신리교회 126
대안리교회(大安里, 나주) 316, 563, 652
대암교회(臺岩, 명천) 354
대연리교회(大淵里, 동래) 334
대영공회(大英公會) 100
대영성서공회 99
대완구교회(大莞溝) 193
대왕자교회(大旺子) 193
대월교회 531

대유교회(大楡, 창성) 211, 619, 620, 622, 626
대유동교회(大楡洞) 207
대인교회(大仁) 547
대인도교회(大仁島, 광양) 547
대장교회 518
대장리교회(大將里, 김제) 298
대장리교회(大長里, 김제) 503, 506
대재교회 650
대전교회(大田, 연일) 337
대치리교회(大峙里, 순천) 322, 541
대평교회(大坪, 연일) 396
대평교회(大坪, 영주) 399
대한야소교신학교 97
대현교회(大峴) 200
대화정교회(大和町, 통영) 427, 432, 433
대황구교회(大荒構) 682
대황구교회[大荒構, 지나(支那)] 191
덕곡리교회(德谷里, 나주) 315
덕동교회(德洞) 201
덕리교회(德里, 옥구) 493
덕리교회(德里, 정주) 194
덕림교회(德林, 나주) 312, 322
덕명당(德明堂) 411
덕봉교회(德峰) 656
덕산교회(德山, 안악) 286, 288
덕산리교회(德山里, 무안) 520
덕성교회(德城, 연일) 395
덕성군교회(德城郡, 연일) 387
덕신학교(德新學校) 667
덕안리교회(德安里, 송화) 287
덕암교회(德岩) 184
덕양리교회(德陽里, 황주) 244, 245, 256
덕지교회(德池) 227
덕천교회(德川) 178, 201, 203
덕천읍교회(德川邑) 219, 645
덕촌교회(德村, 경산) 394
덕해교회(德海) 653
덕해교회(德海, 용강) 239
덕해교회(도학리) 223
덕흘리교회(德屹里) 287

덕흘리지교회(德屹里支) 285
덕흥교회 206
덕흥교회(德興) 174, 178
덕흥교회(德興, 정주) 187, 196
데니스 293
도게순 216
도대선(都大善, Dodson, Samuel K.) 307, 519, 520, 525, 531, 537, 538, 542, 543, 544, 545, 548, 551, 552, 553, 555, 563
도덕리교회(道德里, 대동) 253
도도교회(桃島, 김해) 435
도동교회(道洞) 343
도동회(道洞, 울릉도) 414
도동교회(道洞, 의성) 388
도동교회(道東, 청송) 398
도령교회당 67
도리동교회(桃李洞, 곡산) 245
도리실교회(곡성) 516
도리원교회 662
도마리아(都瑪利亞, Dodson, Mary Lucy) 542
도맹진 351
도문규 417
도병일(都柄鎰) 401
도사경회 441, 458, 464, 619
도사경회(대구) 383
도산령교회(都山嶺) 629
도산서원 664
도서원(都瑞元, Toms, John U. Selwyn) 122, 127, 138, 140, 141, 143, 144, 145, 146, 148, 151, 153
도석영 214
도석원(都錫元) 124
도쌍포교회(道雙浦) 459, 463
도양숙(都陽淑) 575
도윤섭 593
도율림(都栗林, MacDonald, Donald W.) 352, 572, 573, 575, 576
도이포교회(桃李浦里) 242
도익순 635

도익준 635
도정리예배당 570
도제식사경회(都諸識,
　　간도노회) 683
도제직사경 417, 419
도직사경 421
도창원(都場元) 119
도청리교회(都廳里, 장흥) 304,
　　538
도학리교회(島鶴里, 용강) 237
도화담교회(桃花潭, 보령) 489
독고군(獨孤涒) 633
독노회 12, 13, 23, 112, 158,
　　213, 310, 539
독현도교회(毒縣島) 127
동경유학생 전도위원 48
동경주일학교대회(東京) 377
동경진재위문위원부 93
동구교회(東溝) 615
동대원교회 637
동대원교회(東大院, 대동) 236,
　　237, 258
동덕리교회(同德里, 연일) 413
동래교회 423
동래읍교회(東萊邑) 418, 438
동로교회(東路, 정주) 201
동로동교회(東路洞, 정주) 210
동림교회(東林, 선천) 201
동막교회 127
동막교회(東幕) 114
동막교회(東幕, 보성) 308
동면교회(東面, 재령) 276
동명학교(東明) 674
동문동교회(東文洞) 201
동문신교회(同汶新) 113
동문외교회(東門外, 철산) 199
동문외예배당(東門外, 자성)
　　463
동문외예배당(전주) 301
동보예배당(東堡) 670
동복교회(同福, 화순) 518
동복읍교회(同福) 298
동부교회(東部, 동래) 434
동부교회(東部, 울산) 431
동불사교회(銅佛寺) 683
동불타교회(銅佛陀, 간도) 363

동사곡교회(同砂谷) 113
동사동교회(東沙洞, 강계) 472
동산교회(東山) 196
동산교회(용정) 659, 682
동산기도소(銅山) 413
동산성경학교(銅山) 375, 377,
　　378, 379, 380, 382, 383,
　　384, 385, 386
동산성경학원(東山) 371, 372,
　　373
동산제중원(대구) 397, 398,
　　403, 404, 405, 406, 407
동산하녕합당회(東山河寧)
　　656, 659
동삼교회(東三洞) 237
동삼리교회(東三里, 강동) 641
동상교회(東上) 165, 174, 188,
　　193, 210, 632
동송현교회(東松峴, 선천) 187
동아기독교회 615
동연교회(東蓮, 익산) 501, 506
동연리교회(東蓮里, 익산) 486
동장교회(東場, 위원) 448, 472
동장교회(東場, 초산) 450, 460
동점교회(銅店) 196
동정리교회(東亭里, 고흥) 550
동중서당(洞中書堂) 321
동창거우교회(홍사현) 454
동창교회(東倉) 271, 288
동창동교회(東倉洞) 219
동창학원(東昌學院) 411
동척회사 309
동천교회(東川) 180, 202
동촌교회(장연) 285
동평덕교회(東平德) 603
동평덕교회(東平德, 장백) 610
동평리교회(東坪里) 647
동평리교회(東坪里, 순안) 244
동풍예배당(東豊) 673
동항리교회 유치원 434
동항리교회(東港里, 통영) 433,
　　434
동호리교회(東湖里, 영암) 316,
　　533
두단교회 636
두단교회(斗團, 대동) 219, 252,

　　253, 256,
두단리교회(斗團里) 256
두대동교회 637
두도구교회(頭道溝, 간도) 360,
　　588, 590, 593, 607, 615,
　　682, 684
두도구예배당(頭道構, 간도)
　　588
두동리교회(杜洞里, 익산) 503
두마리교회(斗麻里, 연일) 405
두모리교회(頭毛里, 제주) 553
두암리교회(頭岩里, 맹산) 238
두원교회(斗園, 대동) 229
두원식(杜元植) 501
두월리교회(斗月里, 장성) 544
두정리교회(김제) 494
두정리교회(豆亭里, 김제) 306
두현리교회(斗峴里, 전주) 304,
　　317, 493, 496
두화교회(杜花, 익산) 298
두휘교회 451
두홍리교회 457
둑산교회(김제) 493
둔전리교회(屯田里, 광주) 133,
　　139
득신학교 653
득영동교회(得英洞) 603
등수리교회(等樹里, 나주) 554

ㄹ

런선촌예배당 589
리수구중교회 451
리시거우교회 454, 455
리양자교회(봉천성 집안) 461

ㅁ

마구례(馬具禮, McRae,
　　Duncan M.) 347, 349,
　　351, 352, 568, 570,
　　572, 575, 576
마라복(馬羅福) 315
마로덕(馬路德, McCutchen,
　　Luther O.) 294, 295,

309, 477, 479, 483, 484, 485, 492, 519
마룡교회(痲龍) 169, 619, 622
마륜교회(馬輪, 순천) 542
마북교회(馬北, 연일) 391
마북리교회(痲北里) 143
마산교회(馬山) 186, 328, 330
마산교회(馬山, 의령) 417, 424, 427, 428, 435
마산리교회 437
마산부교회(馬山府)
마산예배당 328, 421, 425
마산읍교회(馬山邑, 전주)
　남녀소학교 505
마산포교회 328
마서규(馬瑞奎) 308, 312, 317, 543, 545, 554
마율아(馬律亞) 316
마응락(馬應洛) 154
마재엽 221
마전교회(痲田) 163
마전교회(痲田, 의주) 188, 620
마전신명학교(痲田新明) 631
마채교회(전주) 485
마천교회(馬川, 웅천) 344
마포삼열(馬布三悅, Moffett, Samuel A.) 6, 40, 53, 59, 63, 66, 84, 89, 96, 97, 100, 218, 229, 247, 250, 251, 298, 478
마하자교회(馬河子) 193
막캄미쉬(McCormick) 254
만경군교회(萬頃郡) 310
만구교회(萬溝) 472
만국기독교청년회 104
만국연합총회(總會) 47
만국장로연합협의회 77
만국장로회 47
만국장로회연합공의회 76
만국주일학교 517
만국주일학교대회 592
만국주일학교대회(東京) 376
만국주일학교연합회 65, 128, 590
만덕리교회(萬德里, 강진) 554

만동리교회(萬東里, 전주) 483, 484
만진기교회(滿眞基) 614, 683
만촌교회(晩村, 안동) 659
만촌교회(萬村, 예안) 658, 659, 661, 663
만촌예배당 657
만촌예배당(晩村, 안동) 410
만항교회(萬項, 김제) 499
만항읍교회(萬項邑, 김제) 480
만항읍교회(萬項邑, 무주) 304
만항읍교회(萬項邑, 이리) 497
말고창교회 223
망호리교회(望湖里, 안동) 400
맞더리교회(김제) 485
매건시(梅建時, McKenzie, Ranier J.) 655
매게시 331
매견시(梅見施, McKenzie, James Noble) 337, 341, 435
매고벽 76
매골교회 459
매도날(梅道捺, McDonald, Donald A.) 348, 352, 353, 354, 356, 362, 572, 580, 583, 584, 587, 591, 593, 605, 606, 608
매산남녀학교 101
매산학교(梅山, 순천) 562, 687
매약한(梅約翰, McEachern, John) 493, 494, 495
매일성경 477
매정교회(梅井) 656, 658, 659
매정교회(梅亭, 영덕) 391
맥고묵(麥古默, McCormick, Nettle F.) 여사 97, 98
맹산교회(孟山) 643
맹산읍교회(孟山邑) 43
맹의와(孟義窩, McFarland, Edwin F.) 335, 384
맹철호(孟哲鎬) 141
맹하술 535
맹현리(孟顯理, McCallie, Henry F.) 308, 312,

318, 508, 514, 535, 541, 543, 545, 551, 553
맹현리(孟顯理) 부부 508
맹호은(孟浩恩, MacRae, frederick J. L.) 334, 336, 431, 434, 436
멜본딘여학교 101
면교회(面, 창성) 629
면려청년회 106, 134, 528
명광호(明光浩) 43, 214, 216, 238, 244, 648
명근리교회(明良里, 김제) 502
명동교회(鳴洞) 681
명동교회(明洞) 586, 590, 593, 601
명동교회(明東, 간도) 358, 613, 615, 680
명동학교(明東) 585, 682
명량리교회(明良里, 김제) 502
명신교회(明信) 607
명신동교회(明信洞) 583
명신동교회(明信洞, 간도) 358
명신여학교(明信女學校) 369, 403, 405, 406, 407
명신중학교 369
명신학교(明新) 631
명신학교(明新) 207, 280, 281
명신학교(明信) 412
명옥도 223
명운행(明運行) 165
명천교회(明川, 길주) 353
명촌교회(明村) 639
명촌교회(明村, 대동) 229, 246, 252, 256
명포동교회(明浦洞, 성주) 403
모동교회 261
모동예배당 259
모슬포교회(慕瑟浦, 제주) 307, 535, 559
모아교회(帽兒) 614
모아산교회 588
모의리(牟義理, [Eli M. Mowry]) 254
모태환(毛泰煥) 361
모학복 572

색인 717

목사가족 구조위원 50, 60
목사가족구제부 121, 429, 465
목사가족구조부 61, 445, 465, 511, 517, 526, 588
목사가족구조비 497, 532
목사가족구조연보 481, 484
목치숙(睦致淑) 308, 319, 515, 538, 540, 550, 556, 557, 689, 690
목포교회 297, 299, 300, 301, 303
목포당회 525, 528
목포시찰회 528
목하전종태랑(目賀田種太郎) 105
묘곡교회 115, 140
묘동교회(妙洞, 경성) 113, 114, 117, 118, 122, 130, 142
묘동교회(妙洞, 양평) 129, 131, 135
묘동교회당 114
묘율교회(妙汩) 143
묘효동교회(영암) 516
무능리교회 636
무령교회(武靈, 영광) 543, 563
무만교회(武萬) 319
무만동교회 520, 688
무만동교회(무주) 304
무만동교회(보성) 518, 525
무만리교회(武萬里, 고흥) 540
무만리교회(武萬里, 보성) 318, 538, 546
무봉촌교회(舞鳳村, 간도) 367
무산교회(舞山) 169, 192, 201, 204
무산읍교회(茂山邑) 364, 365, 600, 611
무성교회(武城) 153
무영교회(無營) 299
무자하교회(無子河) 193
무장리교회(茂長里, 고창) 542
무주군읍교회(茂朱郡邑, 무주) 500
무주대교회(無書山) 243
무진교회(대동) 219
무평교회(武坪, 강계) 470

무풍촌교회(舞風村) 615
무한교회(武漢, 김해) 432
묵방리교회(墨坊里) 129
묵방리교회(墨坊里, 청주) 125, 150
문간국(文澗國) 170
문거리교회(文巨里, 부여) 489
문경록(文敬錄) 195
문경풍(文景風) 604
문곡교회(文谷, 예천) 342
문교리교회(文橋里) 241
문기항(文基恒) 178
문남선(文南先) 551
문덕언(文德彦) 436
문덕인(文德仁) 43, 327, 417
문덕일 325
문도태(文道台) 194
문두익 224
문만여(文晩汝) 539
문명선 214
문명옥(文明玉) 539
문명화(文明化) 137
문발교회 636
문발리교회(文發里, 대동) 229
문병석 270
문병철(文秉哲) 363
문병호(文秉浩) 611
문보현(文寶現) 311, 542, 546
문봉명(文奉明) 618, 619
문사교회(汶沙, 선천) 194
문사인 330, 378
문산교회 261
문산동예배당 267
문삼언(文三彦) 184
문상우(文尙宇) 437
문상현 524
문성기 350
문성모 268
문성장교회(文城場, 곡산) 234
문세일(文世逸) 160, 161, 164
문약동교회 459
문영신 268
문운국 622
문윤국(文潤國) 164, 165, 168, 169, 170, 173, 174, 180, 196

문장환(文章煥) 639
문재린(文在隣) 606
문재언(文在彦) 191
문재천 430
문정관(文正寬) 504
문조교회(汶潮, 양평) 119, 124, 138
문종언 182
문종우 184
문창동교회 647
문창리교회(文昌里) 228
문창리교회(文昌里, 순천) 241
문창예배당(마산부) 423, 426, 427, 428, 429
문창학교(文昌) 344
문창호사건 426
문천군예배당(文川郡) 351
문촌교회(文村) 129, 149
문촌교회(文村, 봉화) 344, 389, 399, 660
문촌당회 658
문치운(文致雲) 195
문태원(文泰元) 551
문평리교회(文坪里) 578, 605
문홍신(文弘信) 198
문화교회(文和) 262, 278
물천교회(勿川, 경주) 397
미국공회 100
미국남장로전도국 498
미국남장로파 508
미국북장로회 495, 579
미륵동교회(未勒洞) 621, 623, 624, 631
미림교회(美林) 230, 257
미림교회(美林, 대동) 641
미산교회(美山) 619, 620
미생촌교회 270, 283
미순병원(美順病院, 대구) 388
미원면교회(米院面, 청주) 147
미주신학교 572
민노아(閔老雅, Miller, Frederick S.) 112, 126, 150, 151
민도마(閔道磨, Murphy, Thomas D.) 310, 313, 314, 316, 317, 545,

549, 558
민병석(閔丙奭) 247, 248, 250
민산해(閔山海, Martin, Stanley H.) 357, 365
민영률(閔永律) 277
민영선(閔泳善) 117
민영옥(閔泳玉) 142, 143
민영하(閔永河) 272
민치도(閔致道) 307
민태규 662
민태현(閔泰鉉) 307
민한경(閔漢京) 502
민홍식(閔洪植) 149
민휴(閔休, Miler, Hugh) 100
밀러(Miller, I. M.) 105
밀양읍교회(密陽邑) 436
밀의두(密義斗, Miller, Edward Hughes) 146
밀파리교회(蜜波里, 전주) 480, 505

ㅂ

박강원(朴康原) 124
박걸(박, 朴傑, Barker, A. H.) 76, 348, 351, 354, 355, 356, 357, 358, 359, 360, 363, 365, 367, 585, 587, 589, 591, 592, 593, 605, 678, 679, 680, 681
박게송 224, 225
박경무(朴敬懋) 167
박경묵(朴敬默) 381, 390
박경수 688
박경애 325
박경윤(朴鏡允) 432
박경조 428
박경주(朴慶柱) 540
박경진 553
박경헌 224
박계송(朴啓松) 228
박공계(朴公繼) 241
박공업(朴公業) 42
박관길(朴寬吉) 451

박관길(朴觀佶) 472
박광배 269
박구섭(朴九燮) 283
박군현 430
박규서(朴奎瑞) 174
박규순 261
박규현(朴奎顯) 161, 163, 232
박규현(朴圭顯) 670, 671
박규현(朴圭賢) 672
박균상(朴均祥) 335
박극항(朴克恒) 361
박근배(朴根培) 127, 402
박근수(朴根秀) 376, 378
박근영(朴根榮) 236
박근제(朴根濟) 432
박기건(朴基鍵) 192
박기봉(朴基鳳) 221, 228
박기선(朴基善) 435
박기순 260
박기영 224, 269, 271
박기영(朴基榮) 243
박기영(朴基永) 275, 281
박기정 225
박기철 267, 269, 270
박기철(朴基哲) 271, 272, 274, 275, 277, 280, 281
박기호(朴基浩) 175, 176, 177, 179, 180, 182, 184, 186
박길환(朴吉還) 197
박낙현(朴洛鉉) 392, 398, 405
박남수(朴南洙) 567
박남훈(朴南薰) 195
박내승 386
박달삼 218
박달홍 651
박대권(朴大權) 562
박대용 221
박대흥 650, 651
박대흥(朴大興) 223
박덕우(朴德佑) 560
박덕일(朴德逸) 5, 9, 10, 11, 86, 397, 401, 403, 405, 406
박덕일(朴德一) 325, 330, 338, 359, 374, 377
박도건(朴道健) 235
박도견 635

박도근 225
박도삼(朴道三) 313
박도찬 215
박동섭(朴東涉) 606
박동위 376
박두명 260
박두선 223
박득명(朴得明) 264, 267, 273
박락현(朴洛鉉) 392, 398, 405
박래향(朴來香) 542
박례헌(朴禮獻) 76, 348, 349, 350, 569, 583, 584, 585, 587, 589, 590, 593, 678, 679, 680, 681, 683, 684
박로주(朴魯周) 543
박룡훈(朴龍勳) 613
박리형 220
박림현 650
박마태(朴馬太) 244
박만겸 217
박만근 637
박만준(朴萬俊) 402
박명석(朴明錫) 347, 349, 569, 570
박명식 350
박무웅(朴茂膺) 538
박무인(朴武仁) 393
박문길 417
박문백(朴文伯) 238
박문병(朴文炳) 187
박문영 379
박문찬(朴汶燦) 329, 330, 332
박문찬(朴文燦) 337, 341, 371, 372, 377, 379, 385, 387, 391, 395, 413
박문호 627
박문환(朴文煥) 188, 340
박미도(朴美道) 627
박민식 221
박민윤 419
박민환(朴玟煥) 690
박벽 265
박병룡 225
박병룡(朴炳龍) 239
박병수(朴丙壽) 353, 356
박병수(朴秉洙) 357

색인 719

박병수(朴丙壽)　365
박병용　225
박병하(朴炳夏)　676
박병한　637
박봉건　221
박봉근(朴奉根)　623
박봉보(朴鳳輔)　639
박봉수(朴鳳洙)　524
박봉열　619
박봉철(朴鳳喆)　166, 167, 170, 171, 172, 176, 204
박봉철(朴奉喆)　620, 625, 630
박봉태(朴奉泰)　199
박봉태(朴鳳泰)　199
박봉학(朴鳳鶴)　189
박봉한　644
박봉현(朴奉鉉)　554
박사교회(博沙)　394
박상룡(朴尙龍)　359
박상설(朴相卨)　275
박상순　215, 216, 218, 220, 222, 329, 374, 379
박상순(朴尙純)　62, 63, 68
박상순(朴相淳)　337
박상열(朴尙烈)　542
박상제(朴相齊)　272
박상택(朴祥宅)　405
박상하　379
박상훈　181
박서양(朴瑞陽)　102
박석교회(강서)　221
박선래(朴善來)　308
박선옥(朴善玉)　198
박선택　637, 638
박선허(朴善河)　639
박성관(朴成寬)　192
박성광(朴成光)　165
박성규　183
박성린(朴聖麟)　169, 170, 224
박성만(朴成滿)　152
박성삼(朴聖三)　445
박성식(朴成植)　403
박성실(朴聖實)　233
박성애(朴性愛)　327, 330
박성애(朴成愛)　336, 422, 424, 426, 429

박성애(朴晟愛)　417, 419, 420,
박성엽(朴聖燁)　297
박성인　216
박성준(朴成俊)　491
박성집　673
박성춘(朴成春)　113, 142
박성태　327
박성태(朴聖泰)　334, 421, 423, 431
박세건(朴世健)　178
박세건(朴世鍵)　189
박세용　638
박세형　622
박수곤　380
박수여(朴守汝)　500
박수홍(朴秀洪)　544
박순(朴淳)　265, 267, 270, 272, 279
박순경　530
박순경(朴順京)　503
박순금(朴順今)　318
박순도(朴順道)　339, 343
박순록　263
박순여(朴順汝)　141
박순익(朴順益)　183
박순일(朴順日)　435
박순조　218, 327
박승구(朴昇球)　228
박승렴　216, 218
박승명　219, 220, 327
박승명(朴承明)　238, 428, 430
박승봉(朴勝鳳)　115
박승섭(朴承燮)　489, 493
박승섭(朴勝燮)　500
박승시(朴承時)　429
박승엽　214, 218, 304
박승엽(朴昇燁)　230, 639
박승엽(朴承燁)　487
박승영　638
박승준　494
박승필　637
박승호(朴承浩)　159, 160, 161, 177, 178, 182, 189, 206, 207
박시련(朴時連)　437
박시모(朴時模)　161, 164, 165

박시순(朴時純)　424, 427, 429
박시순(朴始順)　433
박시양(朴時陽)　335
박시창(朴時昌)　163
박시출(朴時出)　434
박신탁(朴信鐸)　162
박신택(朴信擇)　160, 161
박신택(朴信澤)　164
박신협　184
박양림(朴養淋)　223, 236
박양수　670
박언광(朴彦光)　402
박연세(朴淵世)　491, 493, 494, 504
박연일(朴連日)　542
박영관(朴永寬)　219, 220, 237
박영근(朴永根)　189
박영도　332
박영래　268
박영렴　216, 217, 218, 220
박영문(朴泳文)　504
박영범(朴永凡)　197
박영빈　265
박영설　220
박영수(朴永洙)　378, 390, 396, 412
박영숙(朴永淑)　327, 330, 417, 419, 421, 422, 426
박영숙(朴榮淑)　432
박영순　327, 670, 675
박영신　331, 660
박영엽(朴永燁)　432
박영조　325
박영조(朴永祚)　84, 325, 327, 330, 333, 335, 337, 370, 373, 383
박영조(朴英祚)　380
박영창(朴永敞)　331
박영채(朴永采)　190
박영출　426
박영헌(朴永獻)　589, 603
박영호　635, 670
박영호(朴永浩)　193, 289, 675
박영홍　375, 378
박영화　428
박영화(朴永化)　330, 332

박영화(朴永和) 331, 371, 372, 373, 399, 400
박영환 331, 658
박영환(朴永環) 409
박영희 427
박옥추(朴玉秋) 554
박온유(朴溫柔) 187
박용거(朴用巨) 160
박용기(朴龍基) 187
박용린(朴容麟) 235
박용섭(朴容燮) 538, 564
박용의(朴容義) 153
박용익(朴容益) 155
박용희(朴容羲) 86, 88, 115, 117, 125, 127, 129, 130, 131, 134, 135, 136, 143, 148, 153
박원오(朴元五) 357
박원일 327, 329
박원측 573
박유빈 574
박윤근(朴潤根) 172
박윤삼(朴윤三) 117
박윤성(朴允成) 496
박윤성(朴潤聲) 497, 501, 506
박윤엽(朴允燁) 195
박윤조 574
박은섭 644
박응규(朴應奎) 200, 619, 620, 623
박응률(朴應律) 635, 636, 637
박응춘(朴應春) 297
박의륜(朴義倫) 210
박의문(朴義文) 198
박의수(朴義秀) 676
박이진(朴伊眞) 407
박이혁(朴履赫) 232
박인건(朴仁建) 434
박인관 214, 644, 645, 647
박인관(朴仁寬) 243
박인근 428
박인도(朴麟道) 160, 161, 163, 164, 166, 168, 169, 622, 632
박인설 652
박인설(朴仁卨) 228

박인열(朴仁烈) 542
박인태 383
박인혁 214, 216, 644
박일관 216
박임현 225
박장하(朴長夏) 334
박장호(朴章鎬) 381, 402
박재강(朴在康) 491
박재극 644
박재두 380
박재수(朴在樹) 342
박재신(朴在新) 503
박재실(朴在實) 289
박재업(朴在業) 497
박재일(朴在日) 556
박재하(朴宰夏) 558
박재화 521
박재환(朴載煥) 272, 274
박전근(朴壥根) 488, 496
박정린 222
박정업 673
박정엽 671, 672
박정엽(朴禎葉) 191
박정익 215
박정찬(朴貞燦) 72, 73, 426, 430, 570
박정찬(朴禎燦) 113, 114, 120, 125, 126, 139, 142, 334, 437
박정필(朴正弼) 544, 552, 555
박정한 216
박정훈 271
박정훈(朴定勳) 143
박정흠(朴禎欽) 160, 162, 166, 170, 171, 172, 173, 175, 204, 628
박정흠(朴貞欽) 200, 621
박제경 265
박제덕 217
박제섬(朴濟贍) 398
박제진 216
박종근(朴宗根) 274
박종로(朴宗魯) 409
박종석 179
박종순 214
박종은(朴鍾恩) 228, 236

박종하(朴鍾夏) 426, 435
박종환(朴鍾煥) 153
박주만(朴柱萬) 397
박준국(朴俊國) 195
박준석(朴俊錫) 166
박준태(朴準汰) 690
박중근(朴重根) 145
박중익(朴仲益) 282
박중희(朴仲熙) 188
박지선 217
박진선 217
박진영(朴振榮) 228
박진준(朴鎭俊) 234
박찬(朴燦) 569
박찬빈(朴贊斌) 180
박창규(朴敞奎) 550
박창복(朴昌福) 195
박창빈(朴昌彬) 149
박창선(朴昌善) 167, 169, 442, 445, 447, 452, 669
박창식 275
박창식(朴昌植) 672, 673
박창영(朴昌英) 76, 348, 349, 351, 352, 353, 354, 570, 571, 594, 595, 596, 598, 599, 608
박창욱(朴昌旭) 489
박창욱(朴昶旭) 303, 487, 491, 501
박창익(朴昌翼) 360
박창항 269, 271
박창항(朴昌恒) 274, 276, 282
박천교회(博川) 202
박천구읍교회 187
박천읍교회 208
박철수(朴哲守) 542
박춘갑(朴春甲) 318
박춘근(朴春根) 173
박춘목(朴春睦) 396
박춘봉(朴春奉) 535, 543
박춘서(朴春瑞) 397
박춘선(朴春先) 539
박춘환(朴春煥) 278
박치록(朴致祿) 214, 215, 224, 227
박치범(朴治範) 672

색인 721

박치영 352
박치우 426
박치은(朴致殷) 207
박치일(朴致日) 398
박치형 348, 350, 351, 353, 569, 582
박태로(朴泰魯) 50, 59, 63, 260, 261, 262, 263
박태선(朴泰善) 115, 137, 138, 139, 141, 144, 146, 151
박태섭(朴泰燮) 608, 612
박태주(朴泰青) 588
박태필(朴泰弼) 312
박태화 264
박태환(朴泰煥) 263, 280, 353, 582, 588
박풍엽 219
박한석 574
박한성 650
박한성(朴翰晟) 236
박해문(朴海文) 340
박헌식(朴憲植) 284
박형룡(朴亨龍) 625
박형빈(朴亨彬) 161, 162, 164, 168, 169, 174, 206
박형빈(朴亨斌) 195
박형채(朴亨彩) 235
박형태(朴亨泰) 196
박호관 221
박호관(朴豪寬) 234
박호종 663
박홍순 220, 224
박홍식(朴弘植) 604
박홍준(朴鴻俊) 556
박화순 221
박화윤(朴化允) 316, 558
박희겸(朴希謙) 356
박희병(朴熙秉) 135
박희원(朴禧源) 541, 547, 551
박희찬(朴希贊) 639
박희택(朴喜澤) 639
반남동교회(潘南洞, 나주) 509
반삼리교회 652
반삼리교회(班三里, 강서) 236
반석교회 651
반석교회(班石) 219

반석교회(班石, 강서) 237, 240
반석리교회(盤石里, 보성) 557
반월리교회(半月里, 순창) 563
발산리교회(鉢山里, 순창) 548
밧정교회 295
밧정리교회 295, 297, 299, 301
방건중(方建仲) 239
방경모(方敬模) 198, 443, 449, 635, 636, 637
방계성 422
방계승(方啓承) 134, 136, 146, 152, 153, 274
방곡당회 658
방기전(方基典) 676
방기창(邦基昌) 96, 228, 237, 240, 652
방길곤(方吉坤) 185
방노원(方老元) 59, 69, 159
방두원(方斗圓) 363
방락선(方樂善) 179
방리찬 225
방만환(方萬煥) 174
방명우(方明宇) 131
방백언(方白彦) 690
방병걸(方炳傑) 676
방사현 670
방산교회(方山) 195
방산교회당 67
방산리교회(芳山里, 나주) 562
방선관(方善寬) 182
방수익 570
방승건(方昇健) 233, 239, 652
방시중 652
방식일(方植一) 281
방에다라교회(강서) 219
방영묵 272
방영숙(方英淑) 562
방영화 330
방우성 269
방원생 584
방원성 586
방위량(邦緯良) 47, 217
방은일(方恩一) 676
방일영(方一榮) 471, 472
방잠교회 659
방주익 601

방중익 599
방창복 184
방축리교회 157
방축리교회(防築里) 149, 153
방축리교회(안성) 136
방학선 261
방학성(方摩聖) 262, 275, 276
방한필(方漢弼) 428, 431
방형묵(方亨默) 291
방혜법(邦惠法, Blair, Herbert E.) 77, 159, 374, 381, 388, 389, 395, 402, 403, 439, 470, 472
방호정 637
방화촌교회 452, 455
방효언(方孝彦) 166
방효원(方孝元) 161, 162, 164, 167, 304
방효정(方孝貞) 247, 640
배기동 224
배례사(裵禮仕, Freser, Edward J. O.) 352, 353, 357, 359, 361, 365, 678, 679, 684
배부인(裵婦人) 388
배산점(裵山店) 252
배석주(裵錫柱) 384
배석주(裵碩柱) 391
배성두(裵聖斗) 326, 333
배순홍(裵順洪) 522, 542
배승환 384
배신학교(培新) 631
배신학교(培信) 631
배연원 657
배영근(裵永根) 352, 569, 570
배영수 270
배영주(裵永周) 286
배영찬 660
배영학교(培英, 광주) 562
배용규(裵龍奎) 367
배운선(裵雲善) 113
배원기(裵源基) 421, 432
배위량(裵緯良, Baird, William M.) 70
배유지(裵裕祉, Bell, Eugene) 51, 59, 297, 307, 312,

315, 318, 508, 511, 512, 513, 516, 517, 530, 531, 538, 543, 545, 554
배은(裵恩) 492
배은휘(裵恩輝) 332, 371, 377, 378, 379
배은희(裵恩希) 306
배의림(裵義林, Baird, William M. Jr.) 282, 283
배의만(裵義滿) 508
배일엽(裵日燁) 242
배정현 221
배진성(裵振聲) 114, 116, 119, 123, 132, 133, 134, 141, 145, 152
배진형(裵振馨) 117
배창구(裵昌九) 545
배태근(裵太根) 335
배형식(裵亨湜) 91, 92
백경옥(白敬玉) 178
백기결 217
백남익 128
백남익(白南翊) 132
백남익(白南益) 146
백남채(白南采) 374, 377, 389
백남칠(白南七) 371
백년리교회(白年里, 영광) 317
백동규(白東奎) 129, 150
백락일 224, 225
백룡길(白龍吉) 241
백마교회(白馬) 623, 626, 627
백몽량(白夢良) 170, 449, 454
백병민(白炳敏) 178, 179, 181, 182, 185
백병택(白炳澤) 538
백봉리교회(栢峯里) 125, 129, 148, 149
백봉수(白奉守) 160, 161, 162, 164, 166, 168, 169, 175, 176, 177, 178, 180, 181, 183, 195, 200, 202, 204
백봉의 183
백상금 183
백상래(白相來) 546
백석수 378

백선오(白先五) 373
백성건 271
백성년 670
백성련(白成鍊) 164
백성련(白聖連) 470
백성련(白成璉) 675
백성은 186
백세론 623
백수연련(白壽淵鍊) 276
백승건(白承健) 235
백승건(白承鍵) 275
백승견 638
백시관 674
백시관(白時琯) 160, 162, 169
백시정(白時貞) 470
백시찬(白時瓚) 169, 173, 175, 178, 206
백시찬(白時贊) 171
백신관(白信寬) 452
백신칠(白信七) 82, 326, 327, 372, 375, 377, 383
백암교회(白岩) 192
백암리교회 124
백암리교회(白岩里) 249
백암리교회(白岩里, 화순) 545
백양리교회 295
백양리교회(白羊里, 강진) 304
백억용 379
백연교회(栢淵, 함양) 431
백영명(白永明) 172, 192
백영삼(白永三) 180, 181, 184, 185, 186
백영엽(白永燁) 167, 170, 185, 186, 195
백옥현(白玉鉉) 455, 471
백옥현(白玉賢) 669
백용기(白容基) 303, 312, 478, 480, 483, 499, 513, 515, 516, 517, 518, 519, 520, 521, 523, 525, 529, 531, 534, 535, 536, 537, 538, 543, 553, 566
백용흥(白容興) 362
백운경(白雲卿) 474
백운교회 613
백운기(白雲基) 297

백운평교회(白雲坪, 간도) 604
백윤룡(白允龍) 172
백윤오(白允五) 241
백윤홍(白允鴻) 181, 199, 203
백응봉(白應鳳) 240
백인성(白仁成) 274
백인우(白仁宇) 144
백일룡(白日龍) 182
백일승 651
백일종(白一鍾) 618
백일진(白日鎭) 171, 173
백정진(白貞振) 160, 162, 165, 166
백중생(白重生) 176, 178, 181, 182, 183, 185, 186, 204, 205
백중흥 375
백지엽(白志燁) 623
백진봉 217
백창회(白昌회) 168, 192
백촌교회(白村, 장연) 287
백탁안(栢卓安, Brown, James McLeary) 105
백태순 622
백택순 623, 627
백택순(白澤順) 629, 630
백택순(白擇順) 618
백학철(白學哲) 670
백현교회(白峴) 189, 206
백형월(白炯月) 546
백화석(白化碩) 465
벌교교회(筏橋) 690
벌교리교회(筏橋里, 보성) 546
범어교회(泛魚, 달성) 407
법상동예배당 659, 662
법상동예배당(法上洞, 안동) 656
법성포교회(法聖浦, 영광) 541, 557
법환리교회(法還里, 제주) 555, 560
벽단교회(碧團) 629
벽동교회(碧童) 618, 620, 622
벽동읍교회(碧洞邑) 167, 211, 623, 627, 628
벽서교회(碧西) 620, 624

벽지도교회(碧只島, 대동) 246
벽화동교회(碧花洞) 554
변기상 420
변두칠(卞斗七) 391
변라세 221
변명섭 127
변명섭(邊明燮) 151
변백한(邊伯翰) 304
변봉도 651
변봉조(邊鳳朝) 215, 217, 228, 229, 240, 452, 454, 650, 670
변선욱(卞善旭) 392, 408, 413
변성옥 379
변요한(邊約翰, Preston, John Fairman) 298, 308, 311, 312, 314, 315, 317, 508, 510, 512, 525, 529, 542, 546, 549, 550, 687, 689, 690
변요한(邊堯漢,[邊約翰 誤記]) 687
변인서(邊麟瑞) 86, 102, 214, 220, 237, 251
변인세 216
변창연(邊昌淵) 307, 312, 511, 516, 547, 555
변홍순(卞洪純) 140
변흥삼(邊興三) 217
별가교회 276
별리교회(別里) 613
별이추(鱉离湫, Fletcher, Archibald) 337, 340
병영교회(兵營) 511
병영교회(兵營, 강진) 529
병영교회(兵營, 울산) 430
병영예배당(兵營, 강진) 509
보덕리교회(寶德里, 옥구) 501
보민단(保民團) 676
보상교회(寶上, 전주) 492
보상리교회(寶尙里, 전주) 479
보상리교회(寶上里, 전주) 295, 302, 478, 496, 499
보생리교회(寶生里, 장성) 537
보성여학교(普成女學校) 411

보성읍교회(寶城邑) 319
보성학교(保聖) 628
보신리교회(保新里, 선천) 189
보신학교(普信) 653
보신회 161
보은읍교회(報恩邑) 143
보이열(保伊悅, Boyer, Elmer Timothy) 500
보현교회(普賢, 영천) 345
복길리교회(卜吉里, 무안) 548, 562
복성학교(復聖) 631
복전교회(福田, 청송) 398
복죽교회(옥구) 487
복현교회(卜峴) 154
복흥리교회(福興里, 여주) 548
본리교회(本里, 달성) 397, 405
봉갑리교회(鳳甲里, 보성) 539
봉동교회(鳳洞) 190, 202, 210
봉래리교회(鳳來里, 강동) 237
봉산교회(鳳山, 함양) 431
봉서교회(鳳棲) 647
봉선교회 520
봉선리교회(鳳仙里, 광주) 307, 310, 318, 320, 530, 552, 559, 564
봉성리교회 534
봉수동성경학원 94
봉양교회 525
봉이섭(奉履燮) 233
봉전교회(鳳田, 여수) 562
봉전리교회(鳳田里, 여수) 549
봉창리교회(鳳倉里) 240
봉천교회(奉天) 627
봉천교회(鳳川, 김천) 335, 391, 412
봉현교회(烽峴, 양주) 113, 122, 124, 132, 134
봉화현교회(烽火峴, 양주) 138, 152
부곡리교회(富谷里) 503
부내동교회(府內東) 211
부녕교회(富寧) 355
부다열교회(寬甸지방) 454
부다이교회(富多二) 472
부두일(富斗一, Foote,

William R.) 346, 347, 349, 350, 353, 355, 357, 358, 359, 362, 580, 583, 584, 587, 589, 593, 595, 597, 599, 678, 679
부례선(富禮善, Purdy, Jason G.) 146
부록도(富祿道, Proctor, Samuel J.) 353, 570, 594, 599, 600, 601, 602, 610
부백교회 645
부산감옥 437
부산교회 328
부산수산공진회기회(釜山水産共進會期會) 436
부산진교회(釜山鎭) 423
부산진당회 429
부산진예배당(釜山鎭) 324, 418, 419, 423, 424, 425
부상규(夫尙奎) 539, 552
부성리교회(富城里, 재령) 286, 288
부안읍교회(扶安邑) 499
부안읍교회(扶安邑) 분립사건 496
부안읍예배당(扶安邑) 481
부용학교(芙容) 320
부위렴(夫緯廉, Bull, William Ford) 298, 300, 477, 479, 483, 484, 485, 488, 493, 494, 495, 500
부인야학 411
부인전도회 162, 168, 273, 408, 559, 577, 611
부인제직사경 423
부인회 577
부재리교회(扶才里, 제주) 552, 565
부평동교회(富坪洞, 초산) 208
부피선(富被善) 136
부해리(富[傳]海利, Bruen, Henry Munro) 328, 335, 338, 339, 342,

391, 395, 403, 404, 405
부흥사경 389, 410, 564, 631, 632
북간도노회 608
북리교회(北里, 강계중구역) 457
북문내교회(北門內, 광주) 301, 510, 511, 513
북문외교회(北門外, 광주) 519, 522, 524, 525, 530, 531, 540, 544, 552, 557, 564
북변교회(北邊, 남해) 433, 434
북사교회(北四, 경산) 406
북상교회(北上) 620
북영공회(北英公會) 100
북일교회(北日, 경산) 388
북창교회(北倉, 맹산) 43
북평교회(北坪) 198
북하교회(北下, 의주) 199, 211, 622, 626
북하동교회(北下洞, 의주) 208, 620
분로동교회(진도) 302
분토리교회(粉土里, 진도) 551
불로교회(不老, 길주) 364, 368, 602
비금교회(무안) 302
비봉동교회(飛鳳洞, 의성) 335, 387
비석리교회(碑石里, 진남포) 223, 228, 651, 653
비석리예배당(碑石里, 진남포) 649, 650
비아리교회(飛鴉里, 광주) 555
비정교회 330
빙압교회(冰壓) 231
빙장동교회 219
빡쓰 644

ㅅ

사경전도회 441
사곡교회 126
사교교회(沙橋) 194
사기편집위원 273, 426, 457,
488
사기편집위원부 94
사념교회(용강) 219
사도구교회(四道溝, 간도) 361
사도동교회(沙島洞) 387
사동리교회(해남) 304
사동예배당(통영) 427
사라리교회(沙羅里, 김제) 489
사락수(謝樂秀, Sharrocks, Alfred M.) 50
사령골교회 459
사룡리교회(四龍里, 순천) 545
사리원교회(봉산) 285
사리원예배당(沙里院) 263, 270
사립숭인학교(私立崇仁) 252
사립연희전문학교 102
사립학교 684
사방말교회 493
사병순(史秉淳) 50, 59, 182, 214, 216, 237, 239
사부교회(沙阜, 의성) 399
사산교회(師山, 연일) 402
사우업(史佑鄴, Sharp, Charles Edwin) 261, 262, 277
사월예배당 332
사인장교회(舍人場) 232
사일청(沙一淸) 313
사창교회 224, 620, 623
사창동교회(평양) 219, 220
사천교회(沙川, 강서) 219, 228
사충노회(糸忠老會) 457
사평교회 271, 278
사평리교회(沙坪里, 괴산) 152
삭삼교회(朔三) 623
삭주읍교회(朔州邑) 169, 211, 624
삭주읍교회당 212
산군부인전도회(山郡婦人) 625, 628, 629
산동노회 47, 68
산서교회 176
산서노회 21, 57, 68, 74, 89, 439, 441, 442, 445, 446, 449, 452, 453, 456, 458, 461, 462, 464, 466, 469,
668
산운교회(山雲, 의성) 387, 408
산정교회(山亭, 산정) 620, 622
산정현교회(山亭峴) 206, 217, 219, 220, 245, 251, 254, 255, 256, 640
삼가리교회(三加里, 무주) 501
삼곡교회(三谷, 강서) 219
삼관교회(三舘) 243
삼광학교(三光) 631
삼국전도회 680
삼길교회(三吉, 임실) 503, 505
삼대교회(三大, 고령) 387
삼도구교회[三道溝, 남만(南滿)] 470
삼도리교회(三道里, 나주) 312, 321
삼등교회(三等, 강동) 40
삼락학교(三樂, 곡산) 253
삼례교회(參禮, 전주) 295, 311, 478, 479, 485, 492, 493
삼리교회(參裡, 전주) 320
삼복교회(三福, 경산) 406
삼복교회(三北, 경산) 390
삼북여전도회 408
삼북학교(三北) 411
삼분교회(三汾, 의성) 331, 409
삼사교회(三思, 영덕) 340
삼산교회(三山) 344
삼산교회(三山, 의성) 404, 413
삼성리교회(三星里, 시흥) 124, 146
삼성학교(三省) 631
삼양리교회(三陽里, 제주) 539
삼양리예배당(三陽里, 제주) 527
삼원교회(三源) 473
삼원포교회(三源浦, 유하현) 197, 198, 443, 446, 452, 454, 455
삼원포교회당(三元浦) 674
삼원포예배당 674
삼위교회(고양) 117
삼은교회(三恩) 70
삼읍교회(三邑) 661
삼읍교회(三邑, 영덕) 394, 400

삼의교회(三宜) 659
삼일사건(三·一事件) 63, 288, 291, 389, 390, 409, 410, 432, 437, 612, 613, 621, 666, 675
삼일운동 8, 9, 66, 67, 146, 251, 288, 291, 389, 504, 561
삼정지교회(三町旨) 318
삼청리교회 652
삼하교회(三下) 618, 620, 621, 632
삼하단교회당 67
삼합리교회(三合里) 233
삼호교회(三湖) 575
상가리교회(上可里) 149
상거동교회(上巨洞) 287
상거동예배당 265
상거리교회 283
상고교회(단천) 354
상남예배당(마산) 418, 420, 421
상단교회(上端) 211, 622
상단교회(上端, 위화) 626
상단동교회(上端洞, 의주) 620
상당동교회(桑堂洞, 서천) 487
상동교회 261
상동교회(上洞, 원산) 569
상동교회(진안) 304
상동교회(후창) 197, 462
상동막교회 144
상동막교회(광주) 120
상동예배당 350
상동예배당(上洞, 원산) 346, 568
상부교회(上部) 339
상심리교회(上心里) 113, 115, 117, 119, 140, 156
상옥교회(上玉, 연일) 395
상주교회(尙州) 380
상주읍교회(尙州邑) 385
상촌교회(上村, 나주) 298, 316, 509, 516, 534, 535
상통납자교회(相桶磂子, 간도) 363
상팔리교회(上八里, 안주) 238
상학린 264

상항(桑港)신학교 90
상해전도 514
상해한인교회 624
색동교회(塞洞, 산청) 338
생계교회 331
생곡리교회(生谷里, 김해) 431, 432
생지교회(生旨, 연일) 405
서간도교회 173
서경구(徐京九) 316
서경연(徐景淵) 273, 276, 281,
서경조(徐景祚) 96, 115, 123, 124, 139, 141
서고도(徐高道, Scott, William) 352, 358, 360, 361, 362, 583, 584, 587, 679, 681, 683, 684
서공선(徐公善) 317
서과조 530
서관서(徐官西) 554
서광조(徐光祚) 541
서광호(徐光昊) 288
서교회(西, 안주성내) 627, 628, 646
서남도(徐南道) 380, 390
서다비다 315
서당령(書堂令) 462
서당촌교회(書堂村) 491
서덕문(徐德文) 335
서동교회(瑞洞, 성천) 227
서두리교회(西頭里, 김제) 484, 499
서로득(徐路得, Swinehart, Martin L.) 552
서리교회(西里, 김제) 484
서리교회(西里, 안성) 148
서리교회(西里, 황주) 254
서면부인전도회 652
서명오 297
서명오(徐明五) 305, 311
서문양교회(전주) 485
서문외교회 241, 246, 294
서문외교회(대구) 333
서문외교회(西門外, 평양) 219, 246, 251, 257, 636, 637,

638
서문외교회(전주) 295, 297, 299, 300, 306, 479, 480, 483, 485, 489, 492, 496
서문외성경학원(전주) 485, 492
서문외예배당(西門外, 전주) 53, 295, 297, 299, 302, 306, 476, 482, 484, 485, 487, 492, 496
서문외주일학교 496
서문정교회(西門町) 313
서문정교회(西門町, 영광) 563
서백리아노회(西伯利亞, 시베리아노회) 74, 89, 598, 600
서백리아의 전도지분계사건(傳道地分界事件) 92
서병규(徐丙奎) 187
서병두(徐丙斗) 177
서병열(徐丙烈) 554
서병영(徐丙榮) 472
서병옥(徐丙沃) 658, 665
서병우 381
서병준(徐丙準) 318, 547
서보교회(西堡) 675
서봉렵 670
서부동교회(西部洞, 영양) 342
서산교회(瑞山, 강진) 565
서산교회(瑞山, 당진) 321
서산동교회(西山洞) 647
서산리교회(瑞山里, 강진) 312, 566
서상기(徐祥基) 635, 636
서상룡(徐相龍) 403
서상봉 261
서상상(徐相尙) 181
서상필(徐相珌) 136
서상현(徐相賢) 170, 180, 182, 186
서생교회(西生) 341
서석교회(西石) 204
서성권(徐成權) 588
서성숙 325, 326, 417, 418
서성오 325, 327, 330
서성오(徐性五) 331

서성오(徐聖五) 333, 373, 377, 384, 403, 408
서성일(徐成一) 310, 314, 316, 558
서성희 421
서윤훈(徐允勳) 361
서인한(徐仁漢) 367, 679
서자명 326, 330
서재옥 375
서정교회(西町, 상주) 393, 411
서정교회(西町, 여수) 689, 690
서정전도회(상주) 408
서정현(徐廷賢) 487
서준표(徐俊杓) 142
서지일(徐枝一) 316
서창교회(西倉) 653
서창균 573
서창희(徐昌熙) 353, 361, 582, 588, 607
서춘완(徐春緩) 343
서치일(徐致一) 310, 314
서택로 216
서편교회(경기) 120
서평교회(西平, 철산) 194
서포항교회(西浦項, 경흥) 354
서표항교회 581, 595
서필환(徐弼還) 445
서하서 329
서하선 329
서해룽 422
서화강(徐華姜) 373
서화선(徐華善) 332, 371, 378, 658, 662
석고리교회(石庫里, 화순) 538
석곡당회 531
석교교회(石橋) 574
석교리교회(石橋里) 645
석교자교회(石橋子) 629
석근옥(石根玉) 72, 218, 221, 225, 642, 643, 644, 645, 647, 648
석성리교회(石城里, 함평) 316
석승연 644
석실교회(石室) 659
석암리교회(石岩里, 평원) 236
석정교회 224

석창린(石昌麟) 246
석천리교회(石川里, 함양) 338
석탄리교회(石灘里, 황주) 233, 252
석항리교회(石項里, 무주) 304, 495, 499
석화교회(石和) 181, 202
석화리교회(石花里, 청주) 154
선곡교회(仙谷, 경산) 343
선교사연합회 86, 107
선리교회(船里, 익산) 311
선산교회(善山, 의성) 402
선신애(宣信愛) 561
선우섭(鮮于섭) 179, 185
선우찬경(鮮于贊京) 676
선우화(鮮于華) 685
선우훈(鮮于薰) 214, 216, 220, 385, 637
선인동교회(仙人洞, 김제) 310, 486, 493, 503
선장리교회(船長里) 554
선정리교회(김제) 497
선천남교회 190
선천남예배당 185, 584
선천북교회 161, 206
선천북예배당 60, 186
선천북회당 512
선천신성학교(宣川信聖) 203, 204, 329,
선천여전도회 204, 205
선천읍교회(宣川邑) 106, 209
선천읍남교회 203
선천읍북교회 206, 208
선천읍여학교 419
선천읍예배당 161
선천총회 481, 483
설정국(設鼎國) 470
설천교회(雪川) 620
설화여전도회 408
섬거리교회(蟾居里, 광양) 548
섬촌교회(剡村, 안동) 408, 410, 664, 665, 666
섯밭교회 661
성경현예배당(봉천) 669
성기리교회(聖基里, 거창) 336
성남구교회(城南溝) 614

성남리교회(城南里, 무안) 317, 516
성내교회 유치원 412
성내교회(城內) 231
성내교회(城內, 안주) 647
성내교회(城內, 영천) 410, 412, 413
성내교회(城內, 제주) 318, 533, 565
성당교회(聖堂, 달성) 388, 413
성동리교회(城東里, 강진) 531
성리교회 637
성리교회(聖理) 583
성마르다 411
성면교회(城面) 619
성법교회(省法, 연일) 335
성산여관(함흥) 429
성상동교회(城上洞) 620
성서공회 99, 305, 541, 578
성석규(成錫奎) 189
성암교회(星岩, 무안) 321, 561
성우시교회(城于市, 강계) 473
성재원(成在遠) 543
성재원(成在元) 544
성정리교회(함평) 302
성진교회(城津) 359, 364, 365, 595
성천리교회(城川里, 중화) 233
성천읍교회(成川邑) 253, 640, 641
성촌교회(城村, 진주) 435
세계주일학교대회 90
세고리교회 157
세교교회(細橋) 132
세교리교회(細橋里, 고양) 40, 117, 123, 125, 140
세동교회(細洞, 진안) 501
세동리교회(細同里, 진안) 484
세부란시(世富蘭偲)의학전문학교 83
세의전문학교 101
세중리교회(世中里, 보은) 152
세화리교회(細花里, 제주) 539, 552
센엔설모신학교(미국) 222
소도리교회(장성) 304, 518

소동리교회 516
소롱리교회(전주) 478
소룡리교회(小龍里, 장성) 320, 524, 538, 543, 561
소병권 374
소병식(蘇秉植) 331, 372, 386
소부영(蘇富永) 386
소산교회(素山) 661
소삼교회 490
소성영(蘇晟永) 341
소수교회(小水) 197, 200, 621, 632
소아회(小兒會) 374, 517
소안론(蘇安論, Swallen, William L.) 42, 235, 347, 580, 650
소열도(蘇悅道, Soltau, T. Stanley) 130, 133, 135, 143, 146, 147, 148, 149, 150, 151, 152, 153, 154, 199, 357, 365, 443, 444, 446, 447, 448, 454, 471, 670
소요리문답
　정치권징조례예배모범 78
소용리교회(巢龍里, 전주) 317
소정교회(蘇亭, 경주) 397
소진교회(騷津, 양주) 121
소찬식(蘇찬식) 179
소쾌순(蘇快順) 407
소호리교회(蘇湖里, 안동) 399
속사동교회 456, 457, 459
손경심(孫景心) 313
손귀남(孫貴男) 562
손내교회 329
손덕우(孫德宇) 332, 333, 423
손동선(孫東鮮) 566
손룡(孫龍) 610
손만수(孫萬守) 336
손복록(孫福祿) 406
손복원(孫福元) 407
손생락(孫生樂) 400
손안락(孫安洛, 孫安路 誤記) 333
손영곤(孫永坤) 277
손영균(孫永均) 341, 658

손영보 570
손영진(孫永鎭) 178
손용한(孫龍漢) 609
손인식 378
손장욱(孫章旭) 521, 557
손정욱(孫貞郁) 164
손정현(孫正鉉) 541
손종일(孫鍾一) 431
손창욱 519
손현수(孫顯秀) 144
손흥집(孫興集) 120, 126, 144, 149, 151
송경서(宋敬瑞) 307
송경오(宋敬五) 456, 673, 674, 676
송경지(宋京池) 144
송경호(宋敬浩) 672
송관범(宋觀範) 219, 237, 496, 650, 651
송관옥(宋寬玉) 232
송교교회(松橋) 199, 206
송국헌(宋國憲) 152
송내경(宋迺京) 199
송내교회 326
송단리교회(松端里) 368
송당교회(松堂) 602
송당리교회(松堂里) 578
송동교회(松洞, 덕천) 229
송두일(宋斗日) 561
송림동교회(松林洞, 평원) 234
송마리교회(松麻里, 김포) 117, 141
송마리아(宋瑪利亞) 149, 150
송말영(宋末永) 432
송문수 373, 375
송문정(宋文正) 174, 184, 624
송병근 376
송병조(宋秉祚) 160, 161, 162, 164, 165, 192
송병환 267
송병희(宋秉熙) 411
송복렴(宋福廉) 501
송복희(宋福姬) 406
송복희(宋福禧) 408
송봉서(宋奉西) 127, 141
송사원(宋士元) 540

송산교회(松山) 198
송삼교회 493
송삼교회(김제) 300, 488, 494, 500, 502
송상호 420
송서교회(松西, 청도) 339, 374, 397, 411
송석봉 638
송석찬(宋錫燦) 171, 199
송순범 650
송승범 224, 650, 651
송영하(宋永賀) 468
송영혼 379
송오리교회 637
송윤모(宋潤模) 447
송윤진(宋潤鎭) 161, 162, 167, 169, 183, 184, 185, 439, 443, 444, 446, 450, 452, 453, 454, 457, 458, 459, 461, 463, 464, 468
송윤진(宋允鎭) 471
송인당 443
송인서(宋麟瑞) 41, 96, 228, 235, 236, 238, 248, 266, 649, 651
송인석 650
송인세 215, 216, 652
송인일(宋仁一) 500
송인홍(宋麟弘) 171, 626
송자현(宋子賢) 164
송재용(宋在用) 341
송정교회(松井, 경산) 337
송정근 222
송정동교회(松井洞, 평원) 235, 244
송정리교회(松汀, 광주) 514, 523, 525
송정리교회(松汀里, 광주) 320, 525, 543, 565
송정리당회(松汀里) 530
송종만(宋鍾萬) 279
송주일 532
송준홍(宋俊弘) 178
송지동교회(松枝洞, 김제) 294, 308, 315, 491, 499
송진울 428

송찬옥(宋燦玉) 173
송창근 146
송천교회 196, 261, 620, 659, 663
송천교회(松川, 고흥) 563
송천교회(松川, 김천) 333, 411
송천교회(松川, 영덕) 387, 389
송천동교회(松川洞, 영덕) 404
송천리교회(松川里, 고흥) 557
송촌교회(松村, 나주) 557
송춘경(宋春景) 540
송취영 325, 327
송태용(宋泰用) 149
송파교회(松坡) 132, 151
송판종(宋判宗) 548
송현근(宋賢根) 214, 216, 219, 228, 235
송호교회(松湖) 653
송호리교회(松湖里) 233
송화군 읍내교회 288
송화성(宋化成) 502
송화읍교회 284
송화읍예배당(松禾邑) 283
송흥범 652
송흥진(宋興眞) 551
송희(宋熙) 191
송희중(宋喜重) 500
쇠실교회(금산) 484
수계교회(水溪, 의성) 402
수구교회(水口) 618, 619, 620
수동교회 219, 659
수동교회(水洞, 안동) 334
수두교회(水頭, 정주) 199, 210
수락교회(水洛, 청송) 343, 390, 412
수리교회(壽里, 괴산) 147
수부산교회(壽富山) 164
수사리교회(水舍里) 287
수산동교회 652
수산동교회(秀山洞, 강서) 244
수상교회(水上) 454, 456, 463
수상교회(水上, 상주) 403
수손해진(守孫海震) 392
수야교회(水也, 청도) 397
수양회 477, 482, 511, 519
수원교회(洙源, 제주도) 313

수정김 423
수정리교회(함평) 520
수창교회(數倉) 161
수청교회 595
수피아남녀학교 101
수하교회(水下) 442, 443, 447, 452
수하상료교회(단천) 600
수항리교회(壽港里) 368
수회리교회(水回里, 괴산) 146
숙구지교회(정읍) 486
숙천읍교회(肅川邑) 236, 241, 644
숙천읍예배당(肅川邑) 644
순도구교회(順道溝) 682
순도학교(順道) 344
순성교회(純成, 함평) 314
순안교회(順安) 644
순안교회(順安邑) 645
순창읍교회(淳昌邑) 538
순창읍내교회(淳昌邑內) 562
순천노회 21, 74, 84, 531, 532, 559, 686, 687, 688, 689
순천읍교회(順天邑) 294, 304, 305, 308, 510, 516, 518
순천읍교회(順川邑) 643
순천읍내교회 538
순천읍예배당(順川邑) 687, 688, 689
순흥교회(順興) 660, 661, 665
숭덕고등학교(崇德) 257
숭덕학교 252
숭덕학교(崇德, 달성하동) 412
숭도교회(崇道, 칠곡) 412
숭도학교(崇道) 411
숭신학교(崇信) 614
숭신학교(崇信, 칠곡) 412
숭실대학교 217
숭실전문학교 101, 102
숭실중학교 103, 217, 241, 646
숭실학교(崇實) 101, 220, 253, 638
숭의여교 103
숭의학교 101
숭일학교(崇一, 광주) 101, 297, 513, 528, 530

스트럽퍼(徐女史, Straeffer, Fredrica Elizabeth) 508
습례교회(習禮, 선산) 409
승동교회(勝洞) 106, 113, 117, 118, 121, 123, 125, 131, 132, 133, 140, 142
승동예배당(勝洞) 49, 57, 72, 116, 122, 125, 127, 130, 133, 135, 296, 305, 328, 349, 418, 427, 493, 533
승암동교회(勝岩洞, 경성) 610
승지동교회(承旨洞) 194
승호리교회(勝湖里) 239
시거우교회 587, 592, 593
시거우당회(간도) 581
시륵교회 442
시원(柴園)여학교 101
시천당교회(강계) 446
시흥교회 125
식송가교회(植松街) 645
식송교회(植松) 619
신(申)빠별 95
신경신(申敬信) 239, 240
신경운 497
신계준(辛啓俊) 472
신곡교회(新谷, 김천) 196, 395
신기초(申基礎) 160, 162, 164, 203, 443
신남규(申南奎) 393
신남시교회(新南市) 201
신녕교회(新寧, 영천) 345, 388, 389
신당교회(新塘, 달성) 390
신당리교회(新塘里) 342
신대교회(광주) 120
신대교회(新垈) 116, 129
신대리교회(광주) 134, 144
신대리교회(청주) 136
신덕균(申德均) 248
신덕리교회(新德里, 안악) 285
신덕리교회(新德里, 익산) 304, 488
신덕리교회(新德里, 정읍) 486, 497
신도교회(薪島) 201, 210
신도당교회 452, 458, 460

색인 729

신도랑교회 454
신도일(申道一) 539, 541, 554
신도회(薪島會) 185
신동교회(新洞, 칠곡) 387, 407, 412
신동리교회(信洞里, 익산) 495
신동운(申同運) 40
신동한(申東翰) 377, 392, 393
신두리교회(新頭里, 김제) 482, 486
신등리교회(新登里, 익산) 495
신리교회(新里, 강동) 230, 255
신리교회(新里, 전주) 501
신마리아(申馬利亞) 364, 577, 603
신막교회 277
신만균 225
신명여자의숙(信明女子義塾) 562
신명여학교 377, 406
신명학교(新明) 386, 631
신문내교회(新門內) 40, 113, 117, 122, 123, 127, 129, 135
신문내예배당 111, 112, 118, 131, 136
신백승(辛伯承) 397
신봉리예배당(김해) 419
신봉상(申鳳祥) 174, 175, 176, 178, 200
신봉우(申鳳迂) 618
신봉정(申鳳廷) 173, 174, 621, 626
신사리교회 137, 157
신산리교회[新山里, 파주(坡州)] 122, 138
신산읍교회(信山邑) 261
신상선(申相善) 402
신상익(愼尙翼) 437
신상호(申尙昊) 216, 248, 251
신서구(申瑞求) 564
신석의 183
신성리교회(新成里) 575
신성소학교(信成) 505
신성언(申聖彦) 503
신성일(申性日) 557

신성주(愼晟珠) 314
신성중학교 121
신성학교(神成) 653
신성학교(信聖, 선천) 101, 150, 165, 183, 203, 204, 205, 329, 482, 622, 674
신성학교(信成, 체마) 631
신수규 660
신수정(申秀貞) 472
신순익(申順益) 127
신순익(申淳益) 144
신시교회(新市) 191
신안교회 621, 624
신안천교회(新安川) 647
신암교회(新岩) 660
신암교회(新岩, 김천) 395
신암동교회(新岩洞, 청진) 362, 600, 606, 612
신암동예배당(新岩洞, 청진) 596, 600
신영창(申永昶) 538
신영초(辛永初) 500
신영학교(信英) 631
신영호(申永浩) 196, 467
신용교회(新龍, 김해) 422, 431
신원교회(信院) 267
신원교회(新院) 273
신원교회(新院, 봉산) 83, 265, 288, 291
신원교회(新院, 재령) 291
신육보교회(新六堡) 470
신윤신(申允愼) 198
신윤탐(申潤耽) 447
신윤협(申允協) 227
신읍교회(新邑, 중화) 256
신응락(申應洛) 400
신응한(申應漢) 389
신의주교회(信義州) 197, 620, 621, 624, 627
신의주부 제일예배당 82
신의주예배당(信義州) 623
신의주제일교회(信義州第一) 627
신의주제일예배당(信義州第一) 499, 537
신잉리아(申仍利亞) 605

신장균(申長均) 136, 378, 657, 658
신장준 373
신장희(申章熙) 102
신재덕(辛在德) 334
신재일(辛在一) 334
신전교회(薪田, 예천) 340
신점교회(新店) 114
신점리교회 141
신정교회(新町) 380
신정교회(新町, 대구) 345, 406, 409, 413
신정교회(新町, 영덕) 411
신정리교회(新井里) 238, 550
신정예배당(新町) 383
신정학(申貞學) 391
신종각(申宗珏) 260, 261, 262, 263, 264, 286
신종옥(申鍾玉) 276
신주현 326
신중상 378
신지교회(薪旨, 도청) 398
신지구(申之求) 540
신찬선(辛瓚璿) 608
신찬오 421
신창교회(新倉, 용천) 162, 163, 165, 204, 209, 211
신창동교회(新昌洞) 603
신창리교회(新倉里) 192, 509, 568
신창리교회(新昌里) 569, 571, 572
신창리예배당(新昌里, 함흥) 10, 347, 349, 567, 568
신창예배당(新昌) 88
신창윤(申昌允) 563
신창호(申昌浩) 307
신천교회(新川, 달성) 391
신천읍교회(信川邑) 291
신천읍예배당(信川邑) 268, 269, 276, 277, 281, 283
신촌교회 113, 124, 294, 491
신촌교회(광주) 127, 136
신촌교회(송화) 285
신촌교회(新村, 고창) 501
신촌예배당 119

신촌예배당(고양) 128
신태교회(新泰, 정읍) 502
신태근(申泰根) 407
신태연(申泰淵) 173
신태연(申泰衍) 199
신태유(申泰有) 676
신태희 373, 658, 659, 662
신택희(申澤熙) 340, 342, 389, 400
신평교회(新坪) 242
신평교회(新平) 314
신평교회(新平, 금산) 556
신평교회(新坪, 동래) 334
신평교회(新坪, 안동) 344
신평교회(新坪, 홍양) 511
신평리교회(新平里, 고흥) 543, 550
신평리교회(新坪里, 순천) 562
신평리교회(新坪里, 전주) 489,
신평석(愼平錫) 539
신풍교회(新豊) 197, 211, 621, 629
신풍교회(新豊, 강진) 296
신풍리교회(新豊里, 남원) 505
신풍리교회(新豊里, 예천) 401
신풍리교회(新豊里, 원산) 361, 367
신필수(辛弼秀) 334
신하용 221
신학봉(申學奉) 604
신학주(辛學柱) 402
신한촌교회(新韓村) 570
신항리운동교회 688
신형원(申亨元) 187
신호리교회(新湖里, 장성) 522
신호신학(神戶神學, 일본) 66, 381
신호신학교(神戶, 일본) 60, 222, 534, 584, 586
신호전도연보(新戶) 461
신홍균(申弘均) 116, 117, 119, 125, 126, 128, 135, 139, 600
신홍식(申弘植) 139
신화순(申和淳) 144
신환포교회 270

신황교회(광양) 511
신황리교회(新黃里, 광양) 541
신흥교회(新興) 239
신흥교회(信興, 간도) 606
신흥남학교 101
신흥동교회 682
신흥동교회(新興洞) 223, 447
신흥리교회(新興里) 443, 454
신흥리교회(新興里, 이원) 577
신흥읍교회(新興邑) 575
신흥학교(新興, 송천) 412
신흥학교(新興, 전주) 483, 486, 498
심관례(沈貫禮) 313
심기필(沈基必) 312
심문태 423, 426, 427, 428
심석용(沈錫溶) 454
심성록 182
심성택(沈成澤) 201
심영섭(沈英燮) 422, 433
심용명(沈龍明) 329
심원용(沈遠用) 129, 148
심원제(沈遠堤) 546
심윤조 181
심은택(沈殷澤) 503
심익현(沈益鉉) 214, 216, 217, 219, 221, 222, 223, 226, 228, 231, 235, 236, 237
심정리교회 224
심정리교회(心貞里, 강서) 234
심종서(沈鍾瑞) 148
심취명(沈就明) 336, 417, 418, 422, 423
심치규(沈致奎) 166, 175
십리평교회(十里坪, 간도) 605
싸양진교회 455
싼진 678
쌀루허교회[관전지방(寬甸地方)] 454
쌍계우리골합당회(雙溪) 656
쌍나구교회 456
쌍동교회(雙洞, 나주) 509
쌍령리교회(광주) 120
쌍룡동교회(雙龍洞) 597
쌍양진교회 452
쌍청자교회 672

쌍효리교회(雙孝里, 영암) 309, 315

ㅇ

아간당양교회(阿間堂陽, 명천) 364
아간장교회(阿間場, 명천) 577
아곡교회(牙谷, 용인) 145
아곡리교회 120
아동성경학교 386
아메트라트 662
아메니아 유아구제 461
아멘트리 495
아양리교회(亞陽里) 574
안경연(安慶淵) 129, 150
안경욱(安敬勖) 432
안경화(安京化) 280
안국광(安國光) 191
안국선(安國善) 136
안규봉(安圭鳳) 564
안극선(安極善) 358
안기경 455, 669, 674
안기로 183
안기수(安基秀) 128, 132, 138, 139, 155
안기창(安基昌) 43
안기환(安琦煥) 155, 156
안낙원(安樂園) 229
안대선(安大善, Anderson, Wallace Jay) 106, 107, 134, 138, 140, 141, 340, 655, 656
안대점(安大漸) 255, 637
안덕영(安德榮) 208
안도교회(安道洞) 448, 459, 465, 468
안동교회(安洞, 경성) 114, 116, 119, 120, 123, 124, 125, 129, 130, 131, 133, 146
안동교회(安東, 의주) 620, 622, 625
안동식(安東湜) 162, 168
안동식(安東植) 198, 232, 675
안동예배당(安洞, 경성) 8, 66, 114, 521

색인 731

안동읍교회(安東邑) 107, 656, 657, 658
안동읍당회(安東邑) 656
안동읍예배당(安東邑) 376
안동현교회(安東縣) 626, 632
안두화(安斗華, Adams, Edward A.) 281
안명환 422
안문점(安文漸) 255
안백선(安伯善) 310
안과읍교회(安过邑) 572
안병하(安炳夏) 201
안병학(安秉學) 285
안병한(安丙漢) 455
안병헌(安秉翰) 458, 459, 466, 467, 468, 469
안병환 182
안봉주(安鳳周) 217, 241, 348, 349, 642, 644, 661
안사묵(安思默) 618
안상기(安祥基) 384, 460, 468
안상옥(安尙玉) 197
안상필 570, 571, 595, 599, 601
안석주(安錫柱) 148
안성교회(安城) 133
안성모(安成模) 166, 175, 179, 202, 424
안성모(安聖模) 170, 173, 203
안성예배당 134
안성옥 422
안성윤(安聖允) 599
안성읍교회 121
안성준(安成俊) 457, 459
안수봉 661
안승명(安昇命) 206
안승모(安承模) 229
안승원(安承源) 82, 171, 174, 211, 439, 440, 442, 443, 444, 445, 446, 447, 619
안시중(安時中) 154, 155
안식교 142, 372, 566
안신수(安信受) 503
안악교회 271
안악읍교회 271
안악읍예배당 272
안영두 430

안영서 270
안영재 651
안영환(安永煥) 604
안원경(安元敬) 672
안윤흡(安允洽) 367
안익수(安益洙) 237
안인풍(安仁豊) 255
안정모(安正模) 165
안정선(安正善) 272
안정순 422
안제연 637
안주노회 21, 69, 635, 642, 643, 644, 645, 646
안주당회 70, 644
안주읍교회(安州邑) 644, 646
안주흡(安周洽) 177, 179, 180, 181, 183, 185
안찬리교회(安贊里, 초산) 448
안채륜(安彩倫, Pratt, Charles Henry) 308, 311, 319, 540, 550, 556
안천교회(安川, 영천) 401
안철나미(安撒羅米) 436
안치덕(安致德) 542
안치모 214
안치호(安致護) 216, 218, 222, 225, 231, 235
안태염 622
안판중(安判仲) 401
안평길(安平吉) 313
안해용(安海容) 193
안형렬(安亨烈) 240
안형찬 268
안형호 224
안호(安灝) 160
안호순 225, 226
안흥동교회(安興洞) 662
안흥태(安興泰) 609
안희제(安熙濟) 437
알래(Allen, A. W.) 420
암동리교회(巖東里) 576
암산점교회(岩山店, 대동) 232
압곡리교회(鴨谷里, 순천) 308, 322
압동교회(鴨洞, 봉화) 664, 665, 667

압막동교회(壓幕洞, 간도) 363
야소교서회 49, 99, 100, 130
양강교[兩江, 위원(渭原)] 190
양경팔(梁景八) 517
양곡리교회(梁谷里) 341
양광도(梁光道) 501
양광순(梁光順) 621, 623
양근실(梁根實) 405
양기혁(梁基赫) 178
양기훈(梁基勳) 246
양동교회(陽洞, 목포) 304, 510, 518, 520
양동교회(陽洞, 선천) 187
양동예배당(陽洞, 목포) 295, 302, 306, 508, 517, 519, 523, 529, 531
양동익(梁東翊) 309
양동찬 215
양림교회(楊林 광주) 312, 540, 544, 559
양림리기념각(광주) 301, 303, 513, 515, 522, 524
양무정자교회(간도) 582, 593, 603, 606, 614, 678
양민수(梁玟洙) 312
양민주(梁玟珠) 515
양범수(梁範洙) 554
양산읍예배당(梁山邑) 423
양생촌교회(養生村, 재령) 291
양석주(梁石柱) 483
양석진(梁錫鎭) 260, 261, 262, 264, 267, 268, 281, 271, 280
양석진(梁錫晋) 286
양성룡 622
양성춘(楊成春) 218, 221, 229, 638
양성하(梁成河) 167, 170
양성학교(養性, 황주) 253, 411
양수패스교회 448
양시교회(楊市) 160, 166, 187, 203, [208, 209
양시예배당 161, 162, 180
양신학교(養信) 631
양실학교(養實) 631

양우원(梁雨元) 403
양욱 522
양운용(梁雲龍) 313
양응주 261
양윤묵(梁允默) 538, 545
양은석(梁殷錫) 171, 623
양응서(梁應瑞) 280
양응수(梁應需) 262, 264, 284
양의규(梁義奎) 553
양의근(梁義根) 214, 216, 221, 225, 236, 238, 643, 645, 646
양익준 457, 459
양익준(梁翊俊) 168
양인규(梁仁奎) 553
양인석(梁仁錫) 334, 435
양재엽 659, 663
양재정(梁在貞) 340
양전백(梁甸伯) 5, 12, 13, 16, 17, 22, 51, 55, 63, 86, 95, 97, 160, 165, 176, 203, 206
양제교회(良第) 204
양주교회(楊州) 114
양주의(梁周儀) 436
양준식(梁俊湜) 160, 161, 162, 163, 170, 171, 172, 620, 622, 623, 624, 629
양준희(梁濬熙) 164
양준희(梁俊熙) 166, 313
양중향(梁重鄕) 553
양지교회(陽地, 의성) 414
양찬언(梁讚彦) 391, 396
양최환 220
양춘소학교(陽春) 505
양평교회 130, 133
양평리교회 125, 127, 133, 135
양평리교회(楊坪里, 시흥) 117, 123, 131, 134, 141
양평읍교회 115, 125, 126, 127, 129, 131, 140
양한준(梁漢俊) 337
양해성(梁海成) 558
양형식 582
양회덕(梁回德) 558
양회수(梁會洙) 546

어도만(魚塗萬, Erdman, Walter C.) 97, 326, 330, 372
어비신(魚丕信, Avison, Oliver R.) 102, 290
어석조(魚碩祚) 191
어은동교회(해남) 304
어파교회(漁波) 231
어해동교회(漁海洞, 초산남구역) 458, 460
억양기교회(億兩機, 진남포) 219, 236, 653
언양읍교회(彦陽邑) 418
얼두거우교회(강산) 442, 446, 447, 455
얼두열차교회 454
얼두우교회 442
엄린선(嚴麟善) 172
엄명삼(嚴明三) 152
엄명진(嚴明振) 305, 308, 315
엄상필(嚴相弼) 390
엄우섭(嚴禹燮) 390
엄응삼(嚴應三) 330, 331, 332, 371, 372
엄주범(嚴柱範) 400
엄창권(嚴昌權) 279
엄치상(嚴致相) 351, 353, 570, 571, 572, 573
엄치섭 485
엄태섭(嚴泰燮) 487, 489, 493
업아력(鄴亞力, Robb, Alexander F.) 6, 55, 76, 347, 348, 349, 351, 352, 353, 354, 361, 569, 570, 573, 599, 600, 601, 609, 610, 678
여규진 382, 383
여명섭 417
여병섭(呂炳燮) 418, 419, 422, 431, 433
여부솔(呂傳率, Eversole Finley M.) 489
여성학교(女聖, 대구) 406
여수교회(麗水) 294, 525, 688
여수서교회 549
여수읍교회(麗水邑) 518

여승지(呂承旨) 91
여승현(呂升鉉) 113, 104
여승홍(呂承弘) 287
여용섭 382
여운형(呂運亨) 114, 116
여자대학교 규칙 93
여자학술강습회 658
여재상(呂在尙) 287
여전사(呂傳師) 306
여종익 136
여해진교회(汝海津, 단천) 605, 609
역전교회(驛前, 장성) 531, 536, 553
역평리교회(驛坪里, 금산) 309
연교교회(송화) 285
연당교회(蓮塘, 영천) 660, 665
연당리교회(蓮塘里, 해남) 553
연동교회(蓮洞) 113, 117, 120, 122, 124, 131, 133, 145
연동교회(鷰洞, 안주) 231
연동예배당 115, 120
연리교회(蓮里) 230
연봉교회 174, 619
연봉리교회(延鳳里, 용강) 240
연산동교회(延山洞, 수하) 462
연수교회(蓮水) 206
연수동교회(延壽洞, 간도) 365
연식지 423
연위득[延位(威)得, Emily Anderson Winn] 335, 655
연일여전도회 408
연조동교회(燕鳥洞) 647
연포교회(烟浦) 195
연포동교회(烟浦洞) 459, 468
연풍교회(延豊) 469
연풍동교회(延豊洞, 자성) 468
연합공의회 57
연합예수교장로회 48
연화동교회(蓮花洞) 636, 639
연화동교회(蓮花洞, 평양) 217, 226, 232, 246, 252, 253, 256,
연희세부란시의학전문학교 101

연희전문학교　83, 101, 102
염동일(廉東一)　623, 624, 625, 628, 629
염방교회(濂坊)　201
염봉남(廉鳳南)　332, 342, 371, 374, 377, 378
염재모　422
영곡교회(榮谷)　408
영광읍교회(장성)　304
영국성서공회　87
영당리교회(榮堂里, 서천)　495
영덕읍교회(盈德邑)　411
영동교회(嶺東)　162, 167, 417
영동읍교회(永同邑)　131, 143, 151, 154, 156
영등포교회(시흥)　122, 125, 128, 132, 141, 144, 157
영명학교　101
영모학교(永冒)　209
영미교회(嶺美)　210
영미나병환자구제회　340
영생동교회(명월거우)　582, 589, 590, 593, 614, 681
영생동교회(永生洞, 간도)　360
영생학교(永生)　572
영선교회(부산부)　326
영선동교회(瀛仙洞, 부산진)　336
영선동예배당(부산부)　423
영선현여학교　327
영신교회(永信, 장성)　544, 561
영신동교회(永信洞, 간도)　367, 615, 680
영신소학교(永信小學校)　369
영신여학원(永信女學院)　410, 505
영신학교(永新)　320
영신학교(永信)　684
영실중학교(永實中學校)　456, 458, 468
영실학교　464
영암교회(永岩, 보성)　313
영암읍교회(靈岩邑)　534
영양교회(英陽)　659
영양읍교회(英陽邑)　659
영원동교회(永遠洞, 경성)　611
영원읍교회(寧遠邑)　238
영유교회(永柔)　645
영의교회(嶺義)　445, 450
영인중학교(永寅中學校)
영인학교(永寅)　453
영자교회(嶺子)　473
영재형(榮在馨, Young, Lither Lisgar)　350, 351, 352, 353, 568, 571, 572, 576
영주동예배당　331, 422
영주동학교　421
영주읍교회(榮州邑)　661, 663
영지포교회(永芝浦)　119
영천교회(永川)　164,
영춘예배당(永春, 안일)　351
영춘원교회(永春院)　191
영평교회(永平)　171, 200, 622, 623
영풍교회(강진)　516, 525
영풍리교회(永豊里, 강진)　522
영흥남녀학교　101
영흥읍교회(永興邑)　361, 574
영흥학교(永興)　320
예동교회(禮洞, 성진)　610
예락리교회(曳洛里, 해남)　541
예설배(芮薛培[예원배(芮元培) 誤記], Wright, Albert C.)　435
예시(芮時, Vesey, Frederick G.)　595, 597, 599, 608, 609
오건영(吳建泳)　116, 125, 127, 128, 130, 132, 134, 135, 148, 149, 153, 155
오건영(吳健泳)　121, 143, 145
오게한　264
오경건(吳敬虔)　255
오권식(吳權植)　275
오규옥(吳奎玉)　333
오규옥　422
오근배(吳根培)　243
오근욱(吳根郁)　318
오기면(吳基冕[吳基元 誤記], Owen, C. C.)　315, 508
오기주(吳基周)　152, 386. 391, 392, 395, 403
오기춘(吳基春)　403
오기현(吳基賢)　312
오남송　674
오능조　218, 673
오대교회(梧岱, 안동)　390
오덕근(吳德根)　499
오덕수(吳德洙)　279
오덕형(吳德炯)　280
오덕화(吳德化)　86
오도구교회(五道溝, 왕청문)　470
오득언　261
오득인(吳得仁)　10, 11, 262, 263, 265, 271, 282
오룡교회(담양)　525
오류리교회　219
오모리교회(강계중구역)　457
오문근(吳文根)　347, 349, 350, 569, 573
오병원(吳炳元)　363
오봉래(吳鳳來)　41
오봉민(吳奉敏)　199
오사복(吳士福)　242
오산교회(五山)　179, 184, 207
오산교회(梧山)　408
오산교회(午山, 달성)　405
오산교회(五山, 정주)　67, 210
오산교회당　67
오산예배당　207
오삼갑　624
오삼근(吳三根)　136
오상근(吳相根)　173
오상정　638
오석계(吳錫桂)　518, 524
오석주(吳錫柱)　303, 515, 522, 531, 543, 550, 556, 563, 564, 688, 689
오성문(吳聖文)　435
오성희(吳聖禧)　470
오순남(吳順南)　335
오순애(吳順愛)　210
오순자(吳順子)　603
오순형(吳舜炯)　268, 274, 275, 278, 594, 597, 598
오스트랄리아전도회　437
오영식(吳永植)　519, 538

오영화 636
오용우(吳用于) 409
오운영(吳運泳) 117, 119
오월번(吳越璠, Welbon,
　　Arthur G.) 145, 326, 334,
　　340, 402, 654
오유철(吳有哲) 472
오윤대교회(五倫垈) 196
오윤선(吳允善) 635
오윤호(吳允浩) 276
오응선(吳應善) 220, 235
오응식(吳應植) 260, 261, 265,
　　266, 274
오의순(吳義淳) 676
오이근 331
오인권(吳仁權) 275
오일철(吳一哲) 472
오자화 518
오장준(吳張俊) 142
오장환(吳章煥) 284
오재원(吳在元) 277
오재일(吳在日) 154
오정수(吳貞秀) 400
오정순(吳正順) 676
오정익(吳貞益) 233
오주병(吳周炳) 483, 539
오중구(吳仲九) 564
오중삼(吳仲三) 558
오진형(吳鎭炯) 284
오창규 223
오창언(吳昌彦) 548
오창정 217, 222
오채규(吳采奎) 554
오천교회(五泉, 고흥) 314
오천집(吳天執) 502
오천향(吳天鄕) 128, 129, 132,
　　134, 146
오춘발(吳春發) 403
오치우(吳致禹) 225, 244
오치익(吳治翊) 397
오친구 379
오태욱[吳太(泰)郁] 309, 315,
　　509, 510, 519, 524, 531,
　　534, 535, 543, 544
오택관(吳澤寬) 131, 132, 136,
　　145, 147

오택근(吳澤根) 341
오택윤[吳澤(宅)允] 265, 269,
　　272, 274
오포교회(烏浦, 영덕) 339, 663
오하준(吳夏準) 214, 233
오학수 647
오학주(吳學周) 644
오해완(吳海琓) 149
오해일(吳海一) 152
오현규(吳賢奎) 314
오현두 226
오현비(吳賢備) 439
오현척(吳賢倜) 167, 441, 443,
　　445, 447, 450, 451, 452,
　　453, 459, 463, 464, 465,
　　466, 469, 472
오현팔(吳鉉八) 342
오현팔(吳賢八) 659
오형선(吳亨善) 336, 420, 422,
　　431
오홍갑 671
옥경숙 215
옥계교회(玉溪, 칠곡) 391
옥련동교회(玉蓮洞) 242
옥리여성경학원(玉里) 655
옥산교회(玉産, 경주) 397
옥산리교회(玉山里, 김제) 482,
　　483, 497, 500, 502
옥석동교회(玉石洞) 472
옥정리교회(玉井里, 임실) 500
옥정리교회(玉井里, 임실)
　　남소학교 505
옥천읍교회(沃川邑) 150, 155
옥포동교회(玉浦洞, 길주) 364,
　　577
옥하리교회(玉下里, 고흥) 322,
　　538
온곡교회(穩谷, 경주) 124
온성읍교회(穩城邑) 357, 366
옹성나자교회 593
옹성납자교회(甕聲礰子) 604
옹점동교회(甕店洞) 193
옹천교회(瓮泉, 안동) 393
와동교회(瓦洞, 맹산) 229
와룡동교회(臥龍洞, 간도) 587,
　　588, 590, 592, 603, 615

와룡동예배당(臥龍洞) 586
와산리교회(臥山里) 247, 258,
　　639
와연동교회(瓦硯洞, 명천) 355,
　　366, 609
완포리교회(完浦里, 서천) 495
왕길(王吉) 324
왕길지(王吉志, Engel, George
　　O.) 5, 6, 7, 8, 9, 10, 11,
　　22, 50, 66, 70, 86, 97, 98,
　　329, 334, 379, 416, 417,
　　420, 539
왕대선(王大善, Watson,
　　Robert D.) 342, 434
왕병기 223
왕심리교회 123, 127
왕청문교회 442, 446
왕향숙(王鄕淑) 227
왜관교회(倭舘, 칠곡) 404, 407,
　　408, 413
외곡교회(外谷, 의성) 341
외귀교회(外貴) 459
외귀진교회 456
외덕교회(外德, 청주) 147
외서창교회(外西倉) 235
외암교회(外岩) 289
외암리교회(外岩里, 함안) 432
외촌교회(外村) 373, 454
외하리교회(外下里) 246
외하리교회(外下里, 황주) 641
요기리교회(堯基里, 광주) 543,
　　561
요촌교회 218
용강교회 651, 653
용강리교회(龍岡里) 653
용강리교회(龍康里, 김포) 151
용강읍교회(龍岡邑) 218, 652
용계교회(완도) 511
용경교회(龍耕) 196
용담교회(龍潭) 647
용담교회(龍潭, 창원) 335
용담리교회 240, 241
용동교회(龍洞, 길주) 364, 368,
　　583, 602
용봉교회(龍峰) 182, 189
용봉교회(龍鳳, 성주) 404

용산교회 125, 130, 142, 160, 171, 618, 620, 631, 632
용산교회(龍山, 성주) 403
용산교회(龍山, 연일) 396, 414
용산교회(龍山, 영암) 534
용산교회(龍山, 의주) 190, 207, 211, 623
용산리교회(龍山里, 영암) 535, 558
용산리교회(龍山里, 익산) 495
용산촌교회(龍山村) 42
용상교회(龍上) 621, 622
용성교회(龍城) 316
용성리교회(龍城里) 639
용성리교회(龍城里, 함평) 558, 561
용수리교회(龍水里, 제주) 549
용악교회 650
용악동교회(龍岳洞) 219
용악리교회(龍岳里, 대동) 228
용암교회(龍岩) 189, 204
용암교회(龍巖) 174
용양리교회(龍陽里, 단천) 577
용연리교회(龍淵里) 636
용연리교회(龍淵里, 황주) 246
용오리교회(龍五里, 영주) 400
용운교회(龍雲) 620
용이동교회(龍己洞, 의성) 402
용정교회(龍井) 216, 582, 583, 587, 589, 590, 593, 679, 680, 681, 683, 684
용정동교회(龍井洞, 장연) 290
용정동교회(장연) 285
용정동교회(진남포) 219
용정시교회(龍井市) 603
용정시교회(龍井市, 간도) 358, 365, 369
용정예배당(龍井, 북간도) 680
용진교회(龍津) 140
용천부인전도회 202
용천여전도회 203, 204, 205
용천읍구교회(龍川邑舊) 189
용토교회(龍土) 632
용폭교회(龍幅) 180, 202
우규진(禹圭鎭) 400
우기모(禹琦模) 218, 222, 231, 244
우기묘 650, 651, 652
우량교회 621
우명두 424
우명범 426
우봉석 428
우산교회(牛山, 전주) 492
우산교회(牛山里, 전주) 479, 487
우상길(禹相吉) 146, 152
우상리교회(울산) 418
우석연(禹錫淵) 665
우수영교회(右水營) 541
우수영교회(右水營, 해남) 302
우승익 651
우연석 658
우영두(禹永斗) 434
우용건 647
우용린 643
우월순(禹越淳, Wilson, Robert Manton) 307
우종서(禹鍾瑞) 260, 261, 262, 263, 265, 267, 269, 283
우지룡(禹之龍) 248
우지미교회 599
우진모 221
우창기(禹昌琪) 314
우창하(禹昌河) 264, 265, 275
우창해 267
우학리교회(牛鶴里, 여수) 525, 564
우효룡(寓孝龍) 405
욱정예배당(郁町, 성진) 352
운산교회(雲山) 184
운암리교회(雲岩里, 청주) 152
운용교회(雲龍, 의주) 201, 207
운용리교회(雲龍里, 갑산) 576
운장교회(雲場) 628
운총리교회(雲寵里, 갑산) 606
울도교회(鬱島) 377
울릉도교회 417, 418
울릉도전도사업 378, 384
울산읍교회(蔚山邑) 418
웅기교회 583, 586, 587, 588, 589, 595, 597, 609, 611
웅기교회(雄基, 온성) 362
웅동교회(熊洞) 321
웅동리교회(熊洞里, 광양) 548
웅상교회 595
웅천교회(熊川) 329
웅천읍예배당(熊川邑) 329, 420
웅포교회(熊浦, 익산) 501
웅포리교회(熊浦里, 익산) 486, 488, 489, 493
원가리(元佳理, Unger, James Kelly) 318, 538, 545
원당리교회(元堂里, 광양) 548, 551
원당리교회(院堂里, 대동) 653
원동교회(院洞) 161, 189, 206, 209
원동교회(元洞) 289
원동교회(院洞, 선산) 395
원동전도회(선산) 408
원두우(元杜尤, Underwood, Horace G.) 40, 47, 60, 90, 91, 95, 99, 102, 111, 117, 120, 121, 123, 126, 131, 137, 139, 141, 142, 143, 145, 155, 290, 421, 450, 466, 480, 486, 510
원두우박사기념비 450, 466
원두우박사기념위원 90, 95
원두우박사기념품 421
원리교회(영양) 621, 659, 665
원리교회(院里, 화순) 545
원림교회(院林, 동래) 334
원산교회(元山) 574
원성교회(元城) 200
원성덕(元性德) 177, 184, 627
원성덕(元聖德) 178, 180, 181
원성왕(元性住) 185
원세개 250
원세성(元世性) 113, 121, 127, 129
원송교회(元松) 186
원아메커(John Wanamaker, 1838-1922) 105
원용혁 514, 530, 535, 552, 553, 555, 558, 559, 560, 561
원용혁(元容爀) 307, 311
원의상(元義祥) 172

원의상(元義尙) 190
원일정(元一情) 255
원일청(元一淸) 638, 640
원장교회(대동) 221, 223, 650, 651
원장재교회 652
원전교회(院前, 영덕) 338, 399, 667
원정고(元定固) 455
원정국 463, 467
원진교회(院津, 해남) 543
원촌교회 125
원춘도(元春道) 270, 271, 276
원평교회(院坪) 139
원풍동교회(院豊洞) 199
원풍리교회(元豊里) 574, 575
원한경(元漢慶) 156
원호희(元昊喜) 274
월곡교회(月谷, 순천) 565
월곡리교회(月谷里, 순천) 311, 542
월성리교회(月城里, 광주) 315, 548
월천교회(越川) 199
월평교회(月坪, 울산) 434
월평교회(月坪, 장성) 564, 566
웰취 584
위대모(魏大模, Whittemore, Norman C.) 76, 159, 162, 163, 195, 199, 439, 618, 620, 624
위승룡(魏承龍) 457, 472
위원읍교회(渭原邑) 442
위인사(衛仁士, Winn, Samuel Dwight) 496
위철치(魏喆治, Winn, George H.) 336, 340, 341, 387, 392, 394, 395, 396, 397, 402, 403, 405
위철호(魏喆浩 [魏喆治 誤記]) 339
유개원 379
유건오(劉建五) 191
유경일(柳慶一) 143
유계동교회(柳溪洞, 연일) 395
유계준(劉啓俊) 230

유관빈(柳寬彬) 242
유기섭(劉基燮) 538, 545
유기화(柳基和) 239
유남순(劉南順) 137
유내춘(劉乃春) 294
유내춘(柳乃春) 298, 315, 316, 509, 516, 534, 543, 552, 689
유년주일학교 73, 374, 444, 553, 587, 605
유년주일학교 진흥위원 423
유년주일학교위원 376
유노열(劉魯烈) 400
유덕규(劉德奎) 411
유덕상(劉德尙) 287
유동교회 268, 271, 276
유동승(劉東承) 285
유동예배당(幽洞) 612
유둔교회 555
유둔리교회(고흥) 540
유리교회 636
유리교회(柳里, 대동) 246
유리준 215
유만석(柳萬錫) 404
유만섭(柳萬燮) 42, 260, 262, 264, 265, 266, 275, 281, 282
유명오(柳明五) 391
유병곤(劉炳坤) 178
유병식(劉炳植) 555, 641
유병주(劉炳周) 403
유병찬(劉秉燦) 126
유병찬(劉秉燦) 129
유병찬(劉秉瓚) 147, 149, 153, 155
유병찬(劉炳瓚) 155
유본동교회(柳本洞, 자성) 470
유봉리교회(진주읍) 420
유삼룡(劉三龍) 554
유상교회(柳上, 전주) 488
유상리교회(柳上里) 314
유상리교회(柳上里, 전주) 486, 493
유상봉 645
유상종 647
유상진(柳相鎭) 394

유상찬(劉尙贊) 173
유상환(劉尙煥) 163, 189
유서만(劉西萬) 69
유서백(柳西伯, Nisbet, John Samuel) 297, 302, 303, 306, 309, 312, 314, 315, 316, 317, 509, 539, 549, 554, 558
유석규(劉錫奎) 229
유선장 330
유성교회(柳城) 327, 333
유성렬(劉性烈) 310, 504
유성준(兪星濬) 131
유성칠(劉成七) 113
유성칠(劉星七) 137
유시칠(劉是七) 126
유신복(劉信福) 40
유신학교(維新) 631
유안동교회(광주) 514
유여대(劉如大) 160, 161, 164, 165, 166, 167, 206, 619
유용상(劉龍祥) 192
유우일(兪愚一) 360
유원봉(柳遠鳳) 228, 265, 269, 270, 272, 274, 275, 276, 280, 282
유윤호(劉倫顥) 558
유익중(劉益重) 342
유인경 333
유인성 625
유장하(柳長夏) 401
유재남(柳在南) 303
유재한(劉載漢) 142
유재희(劉載熙) 393
유전교회(柳田, 영주) 393
유정걸(劉正杰) 237, 650
유정교회(楡亭, 봉산) 286
유정도(柳貞道) 42
유정목 220, 223, 225
유정풍(劉正豊) 233
유종구(柳宗九) 270, 272, 275
유중환(柳仲桓) 556
유지선(柳芝善) 261, 262, 680, 681
유지성 331
유지풍(柳志豊) 224, 242

색인 737

유진선 260, 264, 269, 270
유진섭 267
유진성(俞鎭成) 332, 337, 371, 427, 428, 429, 430
유진호(俞鎭浩) 393
유찬 582
유창원 221
유천교회 268
유천석(柳天錫) 314
유천예배당 284
유초교회(柳草) 195, 211, 620, 621, 626
유충수(柳充秀) 284
유치구(俞致九) 196
유치주(俞致珠) 414
유택룡(劉澤龍) 239
유한풍(劉漢豊) 360
유해천(柳海天) 266, 268, 269, 270, 272, 274, 275, 282, 284
유현오(柳賢五) 139
유호택(柳昊宅) 484
유효근(柳孝根) 174
유효근(柳涍根) 193
유흥렬(劉興烈) 146, 149, 151
유희순(俞希淳) 504
유희열(劉熙烈) 400
육가교회(陸街, 홍경) 470
육양동교회(六陽洞) 683
육인숙(陸仁淑) 138
윤계조 266
윤경신(尹敬信) 148, 155, 421
윤계조 265
윤광수(尹光秀) 41
윤군선(尹君善) 229
윤군세 222, 651
윤기화(尹基化) 216, 251
윤남조(尹南祚) 335
윤덕성(尹德成) 198
윤도향(尹道鄕) 402
윤동철 597, 601
윤동호(尹東鎬) 606
윤두병(尹斗柄) 40
윤량기(尹良祈) 41, 42
윤마리아(尹馬利亞) 356
윤명우(尹明祐) 273

윤문옥(尹文玉) 41, 260, 261, 262, 264, 271, 272, 275, 276, 284
윤병은(尹炳殷) 400
윤병혁(尹炳爀) 395, 402, 404
윤보원(尹寶元) 539
윤복태(尹馥泰) 437
윤봉오 264
윤사중(尹士仲) 315
윤산온(尹山溫, McCune, George S.) 77, 106, 159, 173, 188, 376, 514
윤상구(尹尙九) 387
윤상신 427
윤상조 262
윤상훈(尹庠勳) 131, 135, 145
윤서신(尹瑞信) 627
윤석원 216
윤성대 378
윤성래 378
윤성삼(尹聖三) 287
윤성은 636
윤성천(尹成天) 388
윤성태 372
윤순구(尹順九) 387
윤식명(尹植明) 295, 297, 299, 307, 311, 314, 319, 484, 490, 491, 496, 502, 509, 510, 512, 513, 514, 516, 517, 518, 521, 527, 528, 529, 539, 549, 553, 555, 558, 559, 560
윤여현(尹汝鉉) 274, 275
윤영문(尹永文) 335, 657, 658, 659, 661, 663
윤영섭 626
윤영효 659
윤예빈(尹芮彬) 139, 457
윤옥경(尹玉敬) 539
윤원삼(尹愿三) 221, 243, 251, 252
윤원숙 217
윤원식 215, 216
윤유삼 225
윤은조(尹殷朝) 398
윤익건(尹益健) 138

윤재명(尹在明) 388
윤재하(尹載夏) 632
윤정호(尹鼎浩) 241
윤준태(尹俊泰) 676
윤지순 225
윤찬복(尹贊福) 245
윤창무 429
윤창적(尹昌迪) 621
윤처훈(尹處訓) 226, 243
윤천각(尹天覺) 214, 232, 644
윤치병(尹耻炳) 107
윤치소(尹致昭) 131, 133
윤판길(尹判吉) 553
윤필성 637
윤하영(尹河英) 167, 170, 171, 173, 178, 183, 184
윤하현 586, 588
윤학겸(尹學傔) 202
윤호영 378, 657, 659
윤화수 351
윤희복(尹希福) 159, 161, 163, 166, 168
윤희선 268
율곡리교회(장성) 547
율지교회(栗枝, 평원) 231
율지리교회(栗枝里) 368
은동자교회 593, 615
은룡덕교회(隱龍德, 이원) 354
은북지교회(銀北只, 재령) 288
은성소학교(恩成) 505
은암교회(殷岩) 163
은월리교회(銀月里, 고성) 342
은율교회(殷栗) 262
은율군 읍내교회 286
은율읍교회(殷栗邑) 269, 289, 290
은율읍교회당 274
은율읍예배당 275, 282
은직학교 684
은진중학교(恩進中學校) 369
은파교회(銀波) 270, 289
은파리교회(銀波里, 봉산) 41
은파지교회(銀波支) 285
읍내교회(邑內, 경성) 602
읍내교회(邑內, 광양) 689
읍내교회(邑內, 김제) 486

읍내교회(邑內, 부안)　500
읍내교회(邑內, 순천)　538, 562
읍내교회(邑內, 송화)　288
읍내교회(邑內, 영주)　392
읍내교회(邑內, 후창)　459
읍동교회(邑東)　620
읍서교회(邑西)　197, 623
파천교회(巴川, 김천)　401
응암교회(鷹巖)　615, 679, 683
응조암교회(應鳥岩, 간도)　362
의동부인전도회(義同)　623, 625
의란교회(依蘭)　613
의량거우교회　582
의명학교(義明, 봉화)　667
의산교회(義山)　196
의산노회　21, 73, 212, 424, 425, 454, 617, 618, 620, 621, 622, 623, 624, 625, 626, 627, 663, 673, 674
의서부인전도회(義西)　619, 623, 624, 625, 627
의성읍교회(義城邑)　379
의성제(義成齊)　253
의신여학교　101
의신학교　631
의야리교회(義也里, 해남)　545
의주군동교회(義州郡東)　631
의주군 내서교회　210
의주군 서예배당　167
의주노회　62
의주동교회(義州東)　619, 623, 626
의주동서교회(義州東西)　619
의주부인전도회(義州)　627, 628
의주서교회(義州西)　161, 170, 625
의주서회　172
의주읍 서교회　160, 624, 625, 626, 627
의주읍교회(義州邑)　620
의주읍내서교회　190
의주읍동교회(義州邑東)　624
의주읍동서교회(義州邑東西)　631
의회통용규칙　477
이가순　574

이가은(李稼殷)　167, 195
이강원(李康原)　122, 123, 125, 127, 129, 130, 131, 133, 135, 140
이개익(李開益)　494
이건도　645
이경갑(李景甲)　576
이경률(李慶律)　388
이경만(李擎萬)　173
이경모(李景模)　220, 236
이경문(李敬文)　499
이경성　121
이경식(李璟植)　217, 236
이경신(李敬信)　273
이경애(李敬愛)　433
이경옥　374
이경욱　371, 374
이경인　628
이경일(李敬一)　318, 545
이경즙(李景楫)　170
이경춘　625
이경태　463
이경필(李敬弼)　294, 300, 301, 304, 311, 510, 515, 516, 518, 519, 520, 521, 524, 529, 549, 552, 553, 555, 558, 559
이경호　619, 625, 630
이경호(李景灝)　172, 173, 175, 176, 177, 178, 424
이경호(李景浩)　181
이경호(李慶灝)　204
이경호(李庚灝)　205
이경호(李京鎬)　360
이경휘　225
이계생(李癸生)　690
이계수(李桂洙)　312, 315, 516, 518, 534, 543, 554
이계화(李啓化)　187
이고근(李固根)　182, 202
이곡교회(梨谷, 영천)　398
이관석(李寬錫)　174, 175, 176, 177, 183, 184
이관식(李寬植)　182, 184
이관영(李寬永)　195
이관옥(李官玉)　629

이관용(李寬鎔)　179
이광섭　221
이광수(李光洙)　607
이광현(李光鉉)　41
이광호(李光浩)　153, 665
이권수　588
이귀찬　571
이규섭(李奎燮)　230
이규세(李奎世)　618, 619
이규원(李圭元)　491
이규정(李奎正)　178
이규조(李奎朝)　639
이규천(李圭千)　388
이규한(李珪漢)　418, 430
이규황(李奎黃)　557
이근(李根)　613
이근배(李根培)　338, 381, 401
이근성　266
이근식　651
이근진(李根振)　167
이근진(李根眞)　442, 443, 471, 675
이근택(李根澤)　289
이근필(李根弼)　272, 275
이근호(李根浩)　489, 491, 497
이기관　635
이기남(李起南)　137
이기만(李基萬)　135, 138, 153
이기반(李基磻)　237
이기범(李基範)　603
이기봉　261
이기선(李基宣)　160, 161, 162, 164, 167, 333, 418, 423, 425, 427, 431, 438
이기선(李基善)　192
이기섭　215, 216, 651
이기성(李基性)　524, 535, 539
이기수(李基秀)　166
이기수(李基守)　195
이기순　214
이기언(李奇彦)　310, 327
이기연　417, 422
이기영　260, 262, 270
이기영(李基英)　278
이기옥　382
이기원(李基園)　203

이기재(李基在) 356
이기조(李基祚) 191
이기주(李基周) 402
이기창 216, 221, 222, 226, 637, 652
이기풍(李基豊) 66, 69, 96, 294, 297, 300, 301, 303, 304, 307, 310, 312, 313, 314, 319, 509, 511, 517, 518, 519, 538, 539, 546, 554, 555, 688
이기형(李基馨) 439, 443, 444, 447, 449, 451, 453, 456, 457, 459, 464, 469, 470, 472
이기호(李基浩) 275
이기홍(李基弘) 367, 515, 540, 686, 687, 688, 691
이기화(李基和) 228, 263
이길함(李吉咸, Lee, Graham) 41, 96
이난강(李蘭崗) 401
이남현(李南賢) 194
이내익 651
이노의(李老義) 201, 210
이눌서(李訥瑞, Reynolds, William D.) 6, 46, 51, 66, 97, 293, 299, 304, 477, 478, 483, 486, 490
이능백 217
이달승(李達承) 179
이달운 638
이달화(李達和) 610
이대산(李大山) 399
이대성(李大成) 330, 402
이대영(李大永) 69
이대영(李大榮) 340, 371, 377, 378, 655, 657
이덕규(李德奎) 411
이덕년(李德年) 557
이덕리교회(梨德里, 이원) 357, 610
이덕봉(李德奉) 309
이덕순(李德淳) 194
이덕우 635
이덕환(李德煥) 251, 252

이도경 519
이도경(李道敬) 175, 176
이도구교회(二道溝) 471, 683
이도근(李道根) 174, 193
이도숙(李道淑) 542, 548
이도재(李桃宰) 573, 574
이도종(李道宗) 530, 552
이동률(李東律) 473
이동백(李東伯) 569, 570
이동선(李東善) 143
이동순(李東淳) 119
이동식 215
이동연(李東連) 502
이동준(李東濬) 199
이동직(李東直) 610
이동태 327
이동휘(李東輝) 347, 355
이두섭(李斗涉) 349, 351, 352, 353, 567, 569, 571, 599
이두섭(李斗燮) 362, 364, 368
이두성 347
이두술 383
이두실(李斗實) 319
이두열(李斗烈) 504
이두칠 637
이득방(李得芳) 554
이득주(李得珠) 509, 515
이등(伊藤)공작 105, 250
이령동교회(梨嶺洞, 수하동) 459
이리교회(裡里, 익산) 502, 503, 506
이리교회(裡里, 전주) 492, 494
이리도교회 652
이리아 602
이리예배당(裡里, 익산) 499
이만 219
이만근(李萬根) 230, 382, 383
이만기(李萬基) 43, 216, 229, 238, 440, 451, 453, 454, 456, 459, 461, 464, 465, 467, 473, 648
이만성 384
이만영(李萬英) 225, 226, 239, 650, 651, 653
이만준(李萬俊) 307

이만집(李萬集) 84, 94, 325, 327, 330, 332, 371, 372, 374, 380, 382, 383, 409, 414, 415
이맹호(李孟鎬) 410
이면방 214
이명곤(李名坤) 397
이명길(李明吉) 242
이명룡(李明龍) 172, 206
이명봉 348, 349
이명수(李命洙) 220, 237
이명순(李明淳) 361, 613
이명준(李明俊) 234
이명춘(李明春) 549
이명해(李明海) 191
이명혁(李明赫) 98, 115, 117, 119, 120, 122, 124
이목교회(梨木, 대동) 231
이목동교회(梨木洞, 강서) 219, 228
이목정교회(梨木亭, 의녕) 42
이문규(李文奎) 312, 315
이문길(李文吉) 329
이문동교회[里門洞, 양주(楊州)] 122
이문섭(李文燮) 367
이문수(李文壽) 388
이문옥(李文玉) 174
이문왕(李文王) 195
이문주(李文主) 325, 327, 330, 332, 371, 373, 374, 375, 379, 380, 381, 384, 385, 390, 393
이미교회(二美, 순천) 312
이방진(李芳珍) 309, 315
이백익(李白益) 88
이백인(李伯仁) 503
이범재(李範在) 357
이병규(李炳奎) 41
이병극(李炳極) 604
이병남(李秉南) 489, 501
이병덕(李秉德) 147
이병률 182
이병설(李炳卨) 244
이병수 429
이병순(李炳淳) 201

이병식(李秉植) 144, 146, 152, 154, 155, 651
이병언(李炳彦) 265, 277
이병열 518, 524
이병익(李炳益) 187
이병익(李秉益) 603
이병주(李炳柱) 180
이병하(李炳夏) 220, 223, 224, 234, 355, 591, 594, 650, 680, 681, 683
이보석(李輔錫) 551
이보식(李寶植) 635, 637
이보익(李寶益) 479
이보홍(李輔洪) 551
이복순(李福順) 406, 660
이봉구 353
이봉구(李鳳九) 358
이봉규(李鳳奎) 676
이봉섭(李鳳燮) 367
이봉영(李奉榮) 628
이봉운(李鳳運) 178
이봉율 272
이봉조(李鳳朝) 163
이봉조(李奉祚) 234
이봉춘(李奉春) 549
이봉태(李鳳泰) 164, 166, 168, 169, 170, 173
이봉태(李鳳泰) 452, 454, 618, 623, 625, 626
이봉혁(李鳳赫) 169
이사라 538
이사윤(李士允) 219, 332, 333
이사윤(李仕允) 367
이상겸(李尙謙) 171, 198
이상규 660
이상규(李尙奎) 341
이상규(李相奎) 397
이상근(李尙根) 265, 286
이상기(李相基) 153, 375, 401, 405
이상동(李相東) 372, 394
이상락(李尙洛) 392
이상문(李相文) 127, 137
이상민(李尙敏) 181
이상백(李尙白) 88, 163, 164, 186, 378, 380

이상소(李相召) 333, 420, 421, 427, 437
이상순(李相淳) 397
이상악(李尙岳) 412
이상옥(李尙玉) 277
이상옥(李相玉) 399
이상재(李商在) 85
이상조(李尙祚) 164, 166, 170, 173, 175, 176, 177, 194
이상준(李相俊) 242
이상철(李相澈) 388
이상필(李相弼) 154
이상하(李尙夏) 221, 233
이상혁(李相赫) 400
이상호(李相浩) 395
이상홍(李商弘) 228
이생백 384
이석근(李錫根) 178
이석라 375
이석문(李石文) 638
이석봉(李石奉) 335
이석수(李石守) 405
이석연(李錫連) 41
이석영(李錫泳) 177, 215
이석용(李石用) 543
이석윤(李錫潤) 372
이석진(李錫璡) 114, 117, 119, 123, 126, 129, 131, 135, 137, 139, 148, 151
이석팔(李錫八) 220, 234
이석풍 573
이석흠(李奭欽) 413
이선광(李善光) 313
이선문(李善文) 204
이선일(李善一) 539
이섭 217
이성겸(李聖謙) 138
이성국(李成國) 215, 216, 220, 222, 589, 593, 597, 607, 678, 680
이성규(李成圭) 277, 671
이성근 221
이성모 224
이성백 427
이성백(李聖伯) 191
이성백(李成伯) 333

이성보 217
이성복(李成福) 41
이성영(李成榮) 403
이성윤(李成允) 40
이성일 42, 484
이성재 381
이성직 375
이성진(李成秦) 671
이성해(李成海) 200
이성호(李聖鎬) 395
이성호(李成鎬) 457, 458, 473
이성휘 222, 637
이세근(李世根) 174
이세근(李世勤) 192
이세면(李世勉) 186
이세직(李世稷) 491
이세택(李世澤) 215, 216, 228
이세하 623, 629
이세협(李世協) 184
이송상 582
이송진 382
이수문(李守文) 43
이수보(李壽甫) 141
이수영(李壽英) 234
이수현(李守鉉) 306, 557
이수현(李洙鉉) 478
이수현(李秀賢) 491
이순구 325, 327
이순구(李淳九) 675
이순권(李順權) 503
이순기(李舜基) 573
이순당(李舜堂) 573
이순명 353
이순상 332
이순영 348, 349, 351, 568, 570, 571, 572, 573
이순영(李淳英) 142
이순창 585, 682
이순효(李順孝) 313
이승과(李承菓) 209
이승규(李承奎) 328, 333, 437
이승길(李承吉) 90, 269, 272, 274, 275, 279, 283
이승두(李承斗) 294, 295, 297, 479
이승룡 272

색인 741

이승봉(李承鳳) 167, 170
이승수 426
이승순(李承淳) 153
이승우 269
이승욱(李承旭) 153
이승준(李承俊) 181
이승찬 215
이승철(李承哲) 260, 261, 262, 264, 265, 266, 271
이승헌 268
이승현(李承賢) 270, 272, 275
이승현(李承鉉) 274
이승호 573
이승화 651
이승화(李承華) 187
이승훈(李承薰) 170, 171, 173, 175, 206
이시건(李時健) 182
이시복(李時馥) 399, 400
이시영(李時榮) 191
이시웅(李時雄) 132, 174, 175, 177, 178, 179, 180, 181
이시원(李時元) 184
이시형(李時亨) 676
이식환(李湜煥) 90
이신섭(李信涉) 191
이아각(李雅各, Paisley, James I.) 317, 542, 543, 544, 548, 557
이약순 428
이약신 430
이양권(李兩權) 551
이양록 184
이양목 225
이양수 221
이양식 214, 216
이양식(李養植) 638
이양직(李養稷) 233
이여한 114, 116, 117, 118, 119, 121, 128, 129, 131, 136, 139, 142, 146, 637, 638
이여해(李如海) 133, 140,
이연발(李蓮發) 339
이연숙 570, 574, 575
이연우(李演雨) 402
이연희(李衍熙) 234

이영국(李榮國) 547
이영록(李永祿) 618
이영배 226
이영백(李永伯) 472
이영복(李永福) 166, 167, 170, 202, 203
이영서(李永瑞) 401
이영석 215
이영세 381
이영수 570, 599, 621, 622
이영수(李永洙) 193, 366, 610
이영수(李英洙) 364
이영숙(李永淑) 435
이영순(李永淳) 571, 609
이영신(李永信) 164, 361
이영실 382
이영용(李永容) 41
이영우(李永祐) 373, 388
이영우(李靈雨) 405
이영은 574, 637
이영춘 224, 225
이영하 214, 215, 216, 217, 224, 325
이영현(李永賢) 242
이영화 326, 328, 329
이영환 222
이영휘 217
이영휴(李永休) 562
이영희(李英熙) 530, 534, 535, 538, 553, 650
이옥현(李玉鉉) 604
이완의 263
이완제(李完濟) 501
이용 215
이용권(李容權) 360
이용규 445
이용규(李容奎) 167
이용근(李瑢根) 193
이용근(李容根) 550
이용근(李庸根) 472
이용근(李用根) 618
이용기(李容基) 169
이용린 651
이용린(李用麟) 216, 228, 234, 236, 237
이용빈(李龍彬) 444, 449, 457,
464
이용석(李容錫) 40, 144
이용설(李容卨) 146
이용성 220
이용성(李龍成) 676
이용식 215
이용와(李容窩) 136
이용우(李龍雨) 129
이용원(李庸原) 133, 138
이용익(李容翊) 290
이용인(李用麟) 214, 218, 222, 651, 652
이용인 222
이용제(李鏞齊) 575, 576
이용진 637
이용진(李用鎭) 214, 216, 221, 223, 231, 234, 236, 239
이용찬 223
이용태(李容泰) 129
이용하 417
이우권(李雨權) 541
이우련(李友連) 408
이우룡 268
이우백(李友栢) 225, 226, 236, 650
이우열(李雨烈) 545
이우혁(李雨赫) 236, 243, 643, 644
이운성 650
이운익(李雲翼) 470
이운호(李雲鎬) 410, 665
이원균(李元鈞) 441
이원긍(李源兢) 113, 122, 142, 143
이원모 221
이원민(李元敏) 41, 114, 116, 259, 260, 265, 267, 269, 270, 273, 279
이원백(李元伯) 471
이원범(李元範) 621, 622, 623, 626
이원봉(李元鳳) 397
이원서 136
이원순(李元順) 40
이원시(李元詩) 135
이원시(李源詩) 148

이원식　622
이원실(李元實)　203
이원영(李源永)　410, 665
이원읍교회(利原邑)　368, 601, 602
이원익(李元益)　161, 164, 166, 168, 170, 171, 624
이원준　182
이원필(李元弼)　297, 298, 299, 300, 301, 303, 306, 476, 477, 479, 499
이원한(李源漢)　127
이원현(李元賢)　178
이원형(李元亨)　196
이원후(李元厚)　405
이위혁　645
이유원(李裕元)　400
이윤각(李允珏)　171
이윤모(李閏模)　214, 216, 217, 218, 220, 221, 649, 651
이윤삼(李允三)　524
이윤성(李允成)　230
이윤조　325
이윤준　682
이윤지(李允智)　604
이윤팔(李潤八)　191
이윤팔(李允八)　436
이은경(李殷京)　608
이은경(李殷卿)　610
이은섭(李殷燮)　487, 488, 489, 491
이은향(李殷鄕)　613
이응길(李應吉)　43
이응락(李應洛)　219, 220, 229, 236, 240, 650, 651
이응렵　217
이응룡(李應龍)　172, 188
이응순　265
이응조　215
이응주(李應周)　233
이응주(李應柱)　452
이응학(李應鶴)　365
이응호(李應鎬)　218, 356, 357, 602, 603, 605
이의교회(二義, 순천)　309
이의두　223

이의주(李義疇)　252
이의즙(李義楫)　173
이익진　625
이익호　182
이익호(李翼鎬)　337
이익호(李翊鎬)　387, 395
이인규(李麟圭)　365
이인명　636
이인백(李仁伯)　165, 179
이인섭　570, 574, 576
이인식(李仁植)　66, 90, 216, 220, 222, 223, 224, 638
이인점　570
이인창(李仁昌)　192
이인택(李仁澤)　229
이인택(李仁宅)　648
이일문(李一文)　298, 303, 314, 478, 483, 485, 488, 489, 493, 501, 502
이일성(李日聖)　169
이일영(李一永)　215, 216, 251, 637
이자수(李子洙)　190
이자익(李自益)　300, 301, 306, 310, 321, 479, 483, 487, 492, 500
이자협　176
이장신(李章信)　394
이장신(李長信)　541
이장영(李章榮)　402
이장우(李張雨)　556
이재구(李在玖)　387, 388, 391, 407
이재규　377
이재기(李在基)　288
이재기(李在琦)　387
이재명　455
이재모(李在模)　313
이재민(李在玟)　387
이재상(李在相)　341
이재수(李在樹)　345
이재순(李在淳)　176, 178
이재순(李在順)　177
이재순(李載淳)　204, 307, 310, 319
이재언(李在彦)　294, 298, 485,

486, 493, 503
이재연(李在然)　602
이재영(李載英)　286
이재완(李在院)　387
이재욱(李載旭)　225, 333
이재익　217
이재인　381
이재풍(李在豊)　214, 216, 219, 224, 228, 333, 417, 419, 420, 431
이재풍(李載豊)　338
이재현(李載炫)　537
이재형(李載馨)　116, 117, 119, 123, 125, 126, 127, 129, 131, 133, 139, 140, 142, 145, 146, 219
이재형(李在衡)　235
이적증명(異蹟證明)　494
이정권(李正權)　361
이정규(李正奎)　215, 221, 222, 223, 228, 389
이정목　214, 216, 442
이정선(李正善)　164, 192
이정수(李正守)　140
이정오(李正悟)　242
이정우　376
이정욱(李正旭)　193
이정일(李靖逸)　164
이정준　185
이정화(李正華)　347, 349, 350, 355, 362, 570, 573, 597
이종근(李鍾根)　267, 269, 272, 276, 280, 281
이종남　569, 601
이종락(李鍾洛)　393
이종명　574
이종범(李宗範)　355
이종석(李鍾錫)　177, 415
이종섭(李鍾聶)　171
이종성　383
이종수(李鍾守)　318
이종순(李鍾淳)　216, 252
이종식(李種植)　358, 590, 680
이종운　221
이종원(李鍾元)　147, 152
이종진(李鍾振)　380, 383, 415

색인　743

이종출(李鍾出)　392, 399
이종태　376
이종화(李鍾華)　415
이주상(李周庠)　318, 516, 555
이주석(李周錫)　368
이주찬(李周燦)　605
이주천　381
이주하(李主夏)　375, 388
이주해(李周海)　393
이주호(李周鎬)　404, 406
이준영(李俊永)　234, 272
이준화(李俊化)　160, 161, 163, 164, 165, 166, 168, 169, 621, 626
이중〇(李中〇)　665
이중근　261, 262, 264
이중무(李中斌)　410
이중순(李重順)　345
이중익(李重益)　138
이중정(李重貞)　138
이중철　217
이중필(李重弼)　138
이중화(李重和)　147
이지근　217
이지양(李枝暘)　265, 268, 270, 272, 278, 279, 280
이지영　216
이지운　644
이지윤(李枝潤)　214, 228
이지은(李枝殷)　161, 164, 165, 166, 168, 169, 171, 443, 445, 446, 448, 450, 453, 471, 668, 669, 670, 673, 674
이진교회(梨津, 해남)　318
이진명　351
이진방　216
이진수　430
이진영(李鎭英)　286
이찬괄(李贊适)　196
이찬규(李燦奎)　151
이찬성　219
이찬영(李贊永)　268, 286
이창규(李昌珪)　294, 303, 311, 314, 318, 479, 483, 485, 502, 504, 519, 530, 542,

557
이창규(李昌奎)　357, 478, 485, 488, 492
이창규(李昌圭)　490, 493, 494, 531, 610
이창근　224
이창록(李昌祿)　167
이창목　452
이창봉(李昌奉)　285
이창석(李昌錫)　166
이창수(李昌洙)　627, 635
이창실　270
이창실(李昌實)　272, 275
이창언(李昌彦)　360
이창영(李昌榮)　154
이창재(李彰宰)　149, 152, 153
이창형　673, 674
이창호(李昌浩)　176, 177, 195, 220
이창훈(李昌勳)　443, 468
이창훈(李昌薰)　450
이채(李采)　548
이채남　491, 497
이척수　635
이천교회(대동)　219
이천근(李天根)　192
이천오(李千五)　336, 420
이철두　636
이철락(李哲洛)　337, 384, 389
이청춘(李靑春)　367
이춘〇(李春〇)　501
이춘경(李春景)　114, 117, 139, 141
이춘경(李春京)　137
이춘경(李春敬)　500
이춘득(李春得)　398
이춘명(李春明)　146, 152
이춘빈(李春彬)　628
이춘삼(李春三)　363, 460, 473, 552, 553
이춘서(李春瑞)　326, 327, 336
이춘섭(李春燮)　88, 227, 251
이춘영　262, 267, 269
이춘용　263
이춘원(李春元)　297, 303, 486, 487, 497

이춘재(李春宰)　363
이춘중　384
이춘형　261, 271
이춘형(李春瀅)　276, 278
이춘화(李春華)　43, 339
이춘화(李春和)　426
이춘화(李春化)　552
이춘황　375
이치곤　265
이치룡(李致龍)　229
이치수　223
이치수(李致洙)　241, 243, 643, 644
이치화(李致和)　166
이칠성(李七星)　335
이탁　442, 443
이태(李泰)　355
이태교(李泰敎)　143
이태규　216
이태근　224
이태록　218
이태복　651
이태상(李泰尙)　436
이태석(李泰錫)　676
이태선(李泰善)　136, 145
이태성(李泰成)　372, 387
이태왕전하 붕서(李太王殿下 崩逝)　514
이태준(李泰俊)　359
이태학(李泰鶴)　374, 375, 380, 386, 397
이태항(李泰恒)　40
이태현　582, 588, 606
이태화　223
이택언(李宅彦)　184
이택의(李宅儀)　404
이택주　272
이택진(李澤鎭)　214
이토영　184
이퇴계　408, 664
이평리교회(梨平里, 자성)　473
이필근(李弼根)　42
이필로(李弼魯)　133, 135, 140, 143, 151, 155
이하영(李夏永)　358, 362, 363, 607

이하영(李夏榮) 581, 582, 583, 587, 592, 604
이학락(李鶴洛) 392
이학봉(李學鳳) 175, 177, 179, 180, 182, 183, 184, 637, 638
이학봉(李學奉) 181
이학예(李學睿) 606
이학인(李鶴仁) 554
이학준 185
이학준(李學濬) 576
이학진(李學軫) 276
이한규(李漢奎) 339, 376
이한봉 379
이한봉(李漢鵬) 228
이한진 652
이항선(李恒善) 249
이항섭(李恒燮) 269, 272
이항엽(李恒燁) 174
이허두 216
이헌교(李憲敎) 234, 237
이현교 217, 650, 651
이현규 220
이현근 182
이현주 332
이현준(李鉉晙) 665
이현필(李賢弼) 328, 330, 417, 420, 423, 430
이형건 658
이형근 628
이형근(李亨根) 409
이형기(李亨基) 179, 180
이형삼(李亨三) 187
이형섭(李亨燮) 228
이형숙(李亨淑) 319, 550, 690
이형식(李亨植) 413
이형일(李亨日) 187
이형조 163
이혜두 215, 216
이호곤(李護坤) 397
이호근(李浩根) 114, 144, 457
이호재(李鎬宰) 132, 147, 15, 1541
이호종 303
이홍선(李弘善) 274
이홍식 429, 430

이홍필 424
이화숙(李華淑) 307
이효근(李孝根) 453
이훈 597, 598
이희봉(李希鳳) 330, 333, 372, 377, 378, 384,
이희봉(李喜鳳) 337, 339, 393, 394, 411
이희섭(李禧涉) 224, 233, 236, 652
이희원(李熙元) 142, 143, 145
이희점 650
이희청(李希淸) 179
익산구읍교회(益山舊邑, 전주) 483
익산읍내교회 305
익산현내교회 303
익토교회(益土) 459
인가해교회(仁可海) 453, 457, 459
인계교회(仁溪, 안동) 393
인곡교회(仁谷) 188
인국원(印國元) 460
인국원(印國原) 443, 450, 457
인노절(印魯節, Winn, Rodger Earl) 178, 329, 334, 340, 393, 399, 655, 660
인덕리교회(仁德里, 박천) 210
인산교회(麟山) 653
인실학교(仁實) 253
인촌교회(仁村, 성주) 404
인포동교회(仁浦洞) 237
인포리교회(仁浦里) 237
일곡교회(日谷, 광주) 318
일본기독교장곡천(長谷川)교회 122
일본기독교청년연합회(日本基督敎靑年聯合會) 104
일본기독교회 122, 143
일송리교회(一松里, 김제) 489
일송정교회(一松亭) 614, 682
일신여중학교 101
일신여학교(日新女學校, 부산진) 330
일신학교(日新, 부산진) 411, 416, 437

일월동교회(日月洞, 연일) 391
일이섬교회 224
일장리교회(一長里, 군산) 487
일창리교회(一昌里, 김제) 489
임경수 378, 658, 659, 660
임경수(林鏡秀) 335
임공진(林公鎭) 117
임국승(林國承) 270, 272
임군석(林君錫) 671, 673
임기종 628
임기현(任基鉉) 541
임도성(林道聖) 277
임도현 657
임란수(任蘭秀) 558
임리교회(林里, 김해) 435
임만지(林萬枝) 515
임몽필(林夢弼) 191
임문길 381
임민수(任玟洙) 541
임병철 264
임복수(林福守) 500
임봉식(林鳳植) 334
임봉학(林鳳鶴) 232, 252
임봉학(林鳳學) 239
임뵈뵈 365
임사옥(林士玉) 191
임사현 644, 645
임상교회(林上, 김제) 489
임상화 215, 216
임서근(林瑞根) 235
임성근(林成根) 267, 288
임성빈(林成彬) 188
임성옥(任成玉) 294, 295, 296, 302, 308, 312, 317, 341, 435, 509, 511, 514
임성원(任聖元) 239
임성일(林聖一) 179, 180, 181, 184, 205
임수(林守) 565
임수우(林守愚) 41
임숙범 428
임순경 381
임순모(林淳模) 471
임순익(林淳益) 147
임순학(林順鶴) 391
임순화(林順和) 138

색인 745

임승연(任承淵) 240
임승현 651
임시택(林時澤) 274, 275
임신묵(林信默) 225, 235
임씨(과부) 547
임영석(林英奭) 91
임영원(林永元) 43
임영호(任永好) 42
임영화(林永和) 341
임원면교회(林原面, 대동) 241
임원조 380
임원팔 384
임윤성 185
임응익(林應益) 219, 235
임이걸 221, 222
임익근 214
임익재(任益宰) 42, 225
임인국 270
임인표(林仁彪) 289
임일규(林一圭) 391
임자동교회(荏子洞, 북청) 576
임장석 221, 225
임장석(林章錫) 234
임재봉(林在鳳) 660, 665
임재형(林載衡) 279, 284
임정재(任貞宰) 232
임정찬(林貞燦) 260, 262, 264, 265, 269, 270, 271, 272, 273, 275, 277, 280, 282, 513, 524, 539, 555
임정하(林貞夏) 214, 216, 239
임제근 217
임제훈 220
임종대(林鍾大) 308
임종묵(林宗默) 607
임종설(林鍾卨) 576
임종수(林鍾洙) 666
임종순(林鍾純) 64, 76, 214, 220, 221
임종필 652
임종하(林鍾夏) 330, 332, 371, 377, 381, 415
임종호(林宗鎬) 653
임주필 331
임준열 621
임준철(林俊哲) 161, 164, 170, 172, 188, 624, 627, 628
임준호(林俊鎬) 653
임찬규(林燦奎) 221, 252
임창호 226
임창흡(林昌洽) 188
임처강 185
임척호 624, 626
임천옥실교회 485
임청현(林淸鉉) 130, 151
임춘득(林春得) 147
임치수 330, 426
임태권(林泰權) 235
임태록(林泰錄) 228
임태진 223
임태훈 225
임택권(林澤權) 66, 72, 82, 88, 260, 261, 262, 264, 267, 269, 270, 271, 276, 278, 494
임학만(林學晩) 217, 234
임학수(林學洙) 378
임학수(林鶴洙) 335, 341, 657, 658, 663
임학탈(林學脫) 639
임한국(林漢國) 243, 644, 645
임호선(林浩善) 238, 644
임홍죽 647
임홍진(林洪珍) 553
임화신(林化新) 500
임희민(林熙敏) 202
임희석(林希錫) 234
입석교회(立石) 544, 646
입석교회(立石, 안주) 234
입석교회(立石, 하동) 433
입암교회(立巖) 163
입암교회(立岩, 용천) 210
입암회(立巖會) 185

ㅈ

자라리교회(紫羅里, 무안) 545
자성교회(慈城) 447
자성동교회(慈城洞, 자성) 472
자성사경회 445
자성읍교회(慈城邑) 443, 447, 448, 456, 472
자성장서교회 452
자신동교회(강계) 446
자유교(自由敎) 52, 291, 298, 321
자작교회 644
자천교회(慈川, 영천) 344, 412
자치선언 383, 414, 415
자치파 384
작동예배당 571
잠던동교회 582, 583
잠박골교회 593
잠밧골교회 683
장감연합대부흥회 641
장감연합선교회 75
장감연합협의부 86
장감연합협의회 71
장감연합회의부 74
장경규 569, 570, 573, 574
장경숙(張京淑) 188
장경신(張敬信) 674
장경운(張景雲) 243
장경춘(張京春) 504
장계성(張桂性) 272
장고리교회(長庫里, 무안) 312
장공동교회(長公洞) 198, 209
장관선(張寬善) 161, 167, 168, 173, 174, 175, 187, 454, 471, 668, 670, 673
장관옥 267
장관흠 623
장구수 625
장규명(張奎明) 170, 171, 173, 174, 176, 177, 180, 181, 183, 184, 185, 186, 201
장규현(張奎鉉) 361
장규환 269
장금명(張金明) 88
장기(將岐) 613
장기만(張奇萬) 400
장기수(張基洙) 544
장기용(張基容) 318
장기조(張基祚) 169
장기학(張起學) 183
장기호 379
장낙동교회(長樂洞) 604
장난교회(홍사현) 448, 451,

454
장농해 651
장닌교회(홍사현 왕청문) 442
장대동교회 243
장대용(張大用) 187
장대현교회 220, 227, 231, 237, 240, 241, 245, 247, 251, 252, 253, 254, 255, 257, 635, 638, 640
장대현기독청년회 638
장대현예배당 68
장덕권(張德權) 621
장덕로(張德魯) 54, 55, 57, 159, 160, 161, 163, 169, 171, 174, 188, 618
장덕상(張德尙) 260, 261, 262, 265, 267, 270, 276, 277, 287
장덕환(張德煥) 179
장도문(張道文) 389, 399
장동교회(長洞, 보성) 549
장락요(張洛堯) 163
장럼교회 663
장례규(張禮圭) 307
장례학(張禮學) 348, 349, 350
장로파선교회 102
장로회선교사연합공의회 53
장로회선교사연합회 82
장로회신학교 581
장리교회(場里, 본면) 609
장림교회(長林) 244
장림교회(長林, 의성) 341
장맹섭(張孟燮) 540
장명신(張明信) 470
장몽원 218
장문교회(場門) 602
장문리교회(場門里, 이원) 577, 578, 605
장발교회(長發, 익산) 505
장백교회(長白) 369
장백리교회(長白里) 500
장백현교회(長白縣) 613
장병식(張秉植) 544
장봉열(張鳳烈) 234,
장붕(張鵬) 116, 117, 124, 125, 127

장사성(張師聖) 335
장사성(張士聖) 657, 658, 660, 661
장산교회(長山, 경주) 408
장산교회(長山, 중화) 245
장산여학교(長山女學校, 경주) 412
장상규 644
장상수(張相守) 546
장상순(張相淳) 551
장상언 417
장석간 220
장석함(張錫咸) 359
장선국 260, 261, 262, 264, 265, 269
장성교회(長城, 자성) 304, 443, 462, 469
장성군읍교회 307, 551
장성동교회(長城洞, 자성) 473
장성순(張成順) 614
장성식(張晟栻) 620, 622
장성역전교회(長城驛前) 531, 536
장수동교회(長水洞) 659, 661
장시욱(張時郁) 169
장시철(張時哲) 227
장신반(張信磐) 208
장신희(張信熙) 160, 162, 163, 170
장신희(張信希) 199
장안교회(長安, 울릉도) 343
장연수(張延洙) 174, 185
장연읍예배당 284
장영록(張永祿) 268, 287
장영수 181
장예학(張禮學) 347, 350
장요교회(長腰, 정주) 209, 210
장용봉(張用鳳) 470
장운경(張雲景) 215, 222, 225, 636, 637
장운식(張雲栻) 160, 169, 172, 211
장운익 216
장원리교회(長院里) 149
장원리교회(長院里, 중화) 246
장원용(莊元瑢) 228, 269

장위련(張渭連) 408
장윤선(張閏善) 175, 177, 180, 181, 182, 201
장윤현(張允賢) 169
장윤현(張允鉉) 188
장은평교회 584, 590, 614, 615
장응곤(張應坤) 276
장응점 627
장의탁(張義鐸) 267, 284
장의택(張義澤) 272, 275
장의택(張義澤) 284
장인강교회 586, 587
장인경 184
장인서(張麟瑞) 470
장인식 268, 383
장인식(張仁植) 287
장인화 621, 624
장인화(張仁華) 150
장인화(張麟華) 176, 178
장인환 623
장일천(張一天) 196
장자동교회 636
장재교회 650
장재순(張載淳) 242
장재호(張在浩) 397
장정수(張廷洙) 181, 183
장제한(張齊翰) 217, 222, 230
장종일 420
장주성 269
장주성(張柱聖) 275
장준(張竣) 133
장준용(張俊用) 172
장준태(張俊泰) 164
장준하교회(張竣河) 131
장진식(張鎭植) 279
장찬진 627
장창식(張昌植) 181
장창일(張昌逸) 605, 610
장창현(張昌賢) 286
장창현(張昌鉉) 237
장창화(張昌化) 522, 543
장처중(張處중) 383
장천교회 525, 688
장천교회(長川) 319
장천교회(長泉) 514, 691
장천교회(將泉, 대동) 219, 245

색인 747

장천리교회(長泉里, 여수) 540
장천리교회(將泉里, 평양) 637
장천예배당 688
장천예배당(將泉) 233
장천오(張千五) 308, 538, 541
장촌교회(張村, 송화) 276, 286
장치견(張致見) 397
장턴동교회 587
장토교회(벽동) 200, 620, 621
장토회(將土會) 619
장평리교회(長坪里, 용인) 125, 148
장필석(張弼錫) 284
장하식(張河植) 180, 198
장학건(張學健) 238
장학선(張學善) 238
장학섭(張鶴燮) 169
장한진(張漢鎭) 376, 378, 382, 383, 415,
장항례(張恒禮) 273
장현도 671
장현순(張玄淳) 243
장현중(張鉉中) 541, 547
장형도(張亨道) 672, 673, 674
장호현 221
장홍규(張弘奎) 362, 364, 577, 578, 605
장홍범(張弘範) 82, 264, 265, 271, 273, 274, 275, 276, 280, 282, 283, 288
장흥번 267, 270
장환복(張還福) 154
장효량(張孝良) 165, 192
장효삼(張孝三) 176
장후국 265
장흥교회(長興, 연일) 391, 396
장흥교회(長興, 울릉도) 408
장흥번 267, 270
장희준 646
재뉴욕북미기독교청년연합회(在紐育北米基督敎靑年聯合會) 104
재단위원 51, 85, 267,
재령교회(載寧) 263
재령외촌교회 273
재령읍 동부예배당 278

재령읍 서부예배당 280
재령읍 성경학교 264
재령읍고등학교 271
재령읍교회(載寧邑) 270
재령읍교회당(載寧邑) 262
재령읍성경학교 266, 274
재령읍성경학당 299
재령읍성경학원 277, 279
재용팔 652
적송교회(赤松, 성주) 404
적안편교회 592
적안평교회 582, 680
적인평교회 587
전경서(全景瑞) 675
전경윤(田景允) 317
전계렴 595
전계은 347, 350, 351, 352, 353, 568, 573
전과일 218
전관일(全觀一) 223, 233
전광조 220
전군보(田君甫) 580
전기석 330, 659, 661
전기식 378
전기용 672
전남노회 21, 58, 74, 273, 306, 482, 483, 489, 491, 497, 507, 508, 509, 512, 513, 515, 517, 519, 521, 523, 524, 528, 529, 530, 531, 532, 533, 534, 535, 537, 549, 552, 553, 555, 686, 688, 689
전달선 650
전도선 263
전라남북노회 477, 482
전라남북노회 연합협의회 512
전라남노회 연합협회 512
전라노회 21, 50, 51, 54, 58, 161, 269, 292, 293, 306, 319, 330, 477, 508, 509, 510, 539, 559
전략영 220
전면련(全免鍊) 415
전병현(田丙鉉) 465
전북교회 541

전북노회 21, 58, 130, 277, 306, 475, 476, 482, 508, 512, 515, 519, 528, 531, 533, 536, 537, 548, 557, 670
전사철(全士喆) 229
전상구(全相球) 152
전석동교회(磚石洞, 간도) 604
전석준(全錫準) 437
전선촌교회(電線村, 간도) 363, 615, 680
전성근 269
전성제(田成齊) 629
전성춘 132
전세탁(全世鐸) 675
전숙제(全肅齊) 185
전순국(全順國) 342
전승근(田承根) 262, 263, 265, 267, 270, 282
전승집 331
전승횡(田承橫) 197
전영식 626
전용환(傳龍煥) 396
전원석(田瑗錫) 450, 457, 459
전윤선(田允善) 194
전은석 595, 597, 601
전은식 348
전은혜(全恩惠) 366
전응규 658
전인상(田麟祥) 178, 194
전자생 333
전종갑(全宗甲) 154
전종식(田鍾植) 504
전주성경학당 495
전주신흥학교 483, 498
전준쇄(田俊碎) 675
전중한 659, 661, 663
전창교회(田倉) 195, 620
전치헌 325, 327
전태구 593
전학진(田鶴鎭) 193, 455
전학진(田學鎭) 675
전효경(田孝京) 188
전효제(田孝齊) 188
전훈석(全勳錫) 328, 330, 334, 437
전흥운(全興雲) 611

접주리교회(김제) 300, 480, 486
정개교회(井介) 472
정건용(鄭鍵鎔) 235
정건진 381, 383, 384
정경선(鄭敬善) 566
정경섭(鄭敬燮) 277
정경숙(鄭京淑) 317
정경환(鄭敬煥) 171
정계로(鄭啓老) 270, 286, 288
정관빈(鄭寬彬) 317, 541
정관진(鄭寬珍) 313, 541, 554
정관학(鄭官鶴) 647
정관혁 430
정광준 381
정구선(鄭求善) 153
정구손수남(井口孫壽男) 122
정국견(鄭國見) 333
정국현(鄭國賢) 328
정군모(鄭君模) 173, 196
정군실(鄭君實) 506
정권웅(鄭權應) 636
정규하(丁奎河) 389
정규호 331
정규환(鄭圭煥) 131, 135
정근(鄭根) 311, 485, 488
정기겸 221
정기남(鄭基南) 501
정기방(鄭基邦) 636
정기석(鄭基碩) 187
정기선 689
정기순 574
정기신(鄭基信) 308, 319, 524, 556, 557, 688
정기영 272
정기오 479
정기정(鄭基定) 86, 159, 172, 176, 177, 181
정기조 574
정기준(鄭基俊) 216, 244
정기진 689
정기태(鄭基泰) 183, 187
정기헌(鄭耆憲) 349, 350, 351, 353, 354, 356, 357, 582, 588, 600, 602, 616
정기현(鄭耆鉉) 595

정기호(鄭基浩) 267, 391
정낙영 669, 672, 673
정낙영(鄭洛榮) 193, 198, 448
정낙영(鄭洛英) 444, 449, 450, 452
정대윤(鄭大允) 363
정덕범(鄭德凡) 310
정덕생(鄭德生) 11, 60, 86, 325, 327, 330, 331, 334, 336, 337, 417, 418, 428, 437, 461
정덕현 636, 638
정도련(鄭道鍊) 279
정도명(丁道明) 543
정도행(鄭道行) 315
정동석(鄭銅錫) 434
정라선(鄭羅仙) 555
정락언(鄭洛彦) 206
정례점(鄭禮漸) 233
정명리 215, 223, 637
정명주 582
정명채(鄭明采) 40, 623, 625
정문겸(鄭文謙) 313
정병수(鄭秉洙) 500
정병한(鄭柄翰) 406
정보앙(鄭甫鞅) 322
정봉기(鄭鳳基) 200
정봉길(鄭鳳吉) 676
정봉련 225
정봉주(鄭鳳主) 165
정봉주(鄭鳳周) 189
정봉희(鄭鳳熙) 172
정사귀(鄭士龜) 297
정사팔(鄭士八) 553
정삼룡(鄭三龍) 435
정상리예배당 276
정상인(鄭尙仁) 186
정상훈 384
정석(鄭碩) 232
정석기 160
정석록 222
정석종(鄭錫鐘) 217, 643, 644, 645, 646
정석창(鄭錫昌) 151
정석홍(鄭錫弘) 228
정선유 530, 536

정선진(鄭善珍) 566
정세주(鄭世珠) 165
정세창(鄭世昌) 189
정세환(鄭世煥) 242
정순려(鄭順旅) 311
정순모(鄭順模) 519, 521, 522, 535, 548
정순선(鄭順善) 313
정순영 351
정순측 381
정승국(鄭承國) 184, 202
정승애(鄭承愛) 202
정승엽 180
정승은(鄭承恩) 162, 163, 166, 167, 170, 171, 172, 173, 203, 204
정시운(鄭時運) 547
정신여학교 103, 142
정신태(鄭信泰) 365
정신학교 101
정심교회(正心) 197
정심회(正心會) 171
정양규 215
정양목 226
정엄규(鄭嚴圭) 310
정여돈(鄭如敦) 165
정여신(鄭汝信) 308
정연수(鄭年洙) 502
정영리 636
정영선(鄭榮善) 311, 317
정영숙(鄭永淑) 602
정영호(鄭永浩) 518, 522, 551, 688, 689, 690
정용세(鄭用世) 189
정우영(鄭宇盈) 538
정운만(鄭運萬) 551
정운학 373
정운회(鄭運會) 551
정원경(鄭元景) 193
정원모(鄭元模) 136, 149, 153
정원용(鄭元龍) 405
정원익(鄭元益) 165
정원형 261, 262, 264, 267, 269, 270, 273, 275, 277, 280, 281, 284
정유익(丁有益) 313

색인 749

정윤수(鄭允洙) 113, 114, 116, 119, 122, 138, 142
정응호(鄭應浩) 307
정의(鄭蟻) 307
정의건 623
정의겸(鄭義謙) 238
정의유치원(鼎義) 254
정의유치원(鼎義) 640
정의종(鄭義鐘) 77
정익로(鄭益魯) 245, 251, 254
정익수 216
정익원(鄭益元) 550
정익환 226
정인과(鄭仁果) 90
정인배(鄭仁培) 541
정인석(鄭仁碩) 187
정인식(鄭寅熄) 130, 383
정인환(鄭寅煥) 136, 143, 144
정인효(鄭仁孝) 338
정인효(鄭引孝) 338
정일선(丁一善) 19, 20, 219, 220, 251, 282, 636, 637
정일수 379
정일용(鄭日用) 391
정자곤(鄭子坤) 391
정자교회(亭子, 연일) 396
정자교회(亭子, 의성) 396
정자삼(丁子三) 547, 551
정자성(鄭子成) 545
정재룡(鄭在龍) 437
정재면(鄭載冕) 358, 359, 588
정재면(鄭在冕) 582, 585, 681, 683
정재명 582
정재봉(鄭在鳳) 380, 401
정재순(鄭在淳) 325, 326, 327, 329, 330, 331, 371, 372, 374, 409, 656, 659, 661
정재중(鄭在重) 403
정정교회(情亭) 206
정종규(鄭鍾珪) 319
정주언(鄭伷彦) 204
정주여전도회 204, 205
정주읍교회 67, 179, 209, 210
정주읍교회당(定州邑) 67
정주읍예배당 173, 182, 207

정준(鄭駿) 450, 451
정준모 417
정지선(鄭之善) 504
정진규(鄭鎭奎) 398
정진조(鄭鎭祚) 231, 238
정찬도(鄭燦道) 312
정찬모(鄭贊模) 641
정찬유(鄭讚裕) 261, 263, 276, 284
정창권 182
정창묵 264
정창섭(鄭昌燮) 546
정창익 225
정창익(鄭昌翼) 229
정창현(鄭昌賢) 286
정춘모 331
정충헌(鄭忠憲) 547
정치편집위원 56, 58, 64
정태곤(鄭泰坤) 174
정태술(鄭泰述) 396
정태인(鄭泰仁) 304, 318, 510, 515, 518, 524, 528, 529, 538, 540, 544, 546, 550, 564, 688, 689
정태하 637
정택현(鄭擇鉉) 276
정판성(丁判成) 566
정평교회(定平) 569
정학규 215
정학근(鄭學根) 214, 225, 236, 644
정학린 226
정학석(鄭鶴錫) 554
정한용(鄭漢鏞) 274, 276
정해룡(鄭海龍) 277, 349, 351
정해익(鄭海益) 152
정현례(丁玄禮) 542
정현모(鄭賢模) 317
정현숙(鄭賢淑) 230
정형준(鄭亨俊) 363
정형태 226
정호찬 636, 637
정회진(鄭檜陳) 341
정효찬 635
정흥조 179
정흥조(鄭興祚) 189

제내리교회(提內里, 전주) 501
제병원(濟病院) 386
제오교회(提梧, 의성) 345
제일예배당(第一, 신의주) 499, 537, 632
제일학교(광주 양림동) 627
제재교회 219, 650
제주교회 303, 486
제주도교회 523
제주도성내교회 318, 565
제주시찰 528
제주예배당 492
제주전도 277, 278, 296, 304, 489, 516, 527
제주전도사업 50, 295, 296, 298, 300, 301, 302, 304, 305, 485, 486, 488, 498, 512, 521, 533, 534, 559
제중원 290, 307, 338
제중원(濟衆院, 대구) 397
제7일안식일교회 118
제7일안식일교 118
조계환 375
조경건(趙敬虔) 244
조경삼(趙敬三) 411
조경주(曺景周) 315, 316
조계환 329, 330
조공진(曺工珍) 310
조광목 185
조광준(趙光俊) 169
조구만(曺九萬) 189
조규찬(趙奎燦) 171
조기련(趙基璉) 228
조기벽(趙基璧) 633
조기절 372
조기학(趙基學) 443
조기한 380
조기환 332
조난철 623
조남명(趙南明) 303, 503
조대원(趙大源) 168
조대원(趙大元) 193, 675
조덕관(趙德舘) 360
조덕보(趙德普) 179
조덕찬(趙德粲) 163, 174, 175, 177, 178, 180, 181

조덕찬(趙德燦) 167, 176, 185, 205
조도교회(朝島, 부산부) 336
조동교회(肇洞, 영동) 153
조동식(趙東軾) 565
조동우(趙東祐) 138
조두섭(趙斗燮) 226, 261, 265, 269, 270, 271, 272, 274
조두현(曺斗鉉) 543
조득닌 216
조득란(趙得蘭) 625
조득린 215, 226
조롱교회(장성) 525
조만승(趙萬承) 342
조만식(趙晩植) 252
조만식(趙萬植) 635
조만용 622
조명선(趙明善) 539, 558
조명환 588
조문목 179
조문옥(曺文玉) 190
조병건 573, 574, 575, 576
조병국(趙炳國) 398
조병국(趙秉國) 602
조병권(趙秉權) 561
조병선(趙秉善) 317
조병선(趙炳善) 541
조병수 682
조병식(趙秉軾) 311
조병영 378
조병익 386
조병진 570
조병표 272
조보근(趙普根) 171
조봉구(趙鳳九) 502
조봉균(趙鳳均) 194, 204
조봉근 183
조봉택 217
조사교회(祖飢, 연일) 339, 344, 345, 401, 408
조사리교회(鳥沙里, 광양) 547
조사흥 524
조산교회(광주) 523, 525
조상섭(趙尙燮) 161, 162, 163, 164, 166, 168, 169, 174
조상옥 626

조상학(趙尙學) 303, 312, 313, 520, 522, 530, 541, 563, 551, 563, 687, 688, 689
조석영 215, 216
조석윤(趙錫允) 277
조석칠(趙錫七) 362
조선○○만세사건 176, 274, 375
조선기독교청년연합회 85
조선독립만세사건 569
조선독립사건 571
조선독립운동 98, 605
조선야소교연합공의회 87
조선야소교연합회의회 86
조선야소교자치교(朝鮮耶蘇教自治教) 566
조선야소교장로회 64, 87, 97
조선야소교장로회 총회 98, 109, 158
조선야소교장로회독립노회 293
조선야소교장로회헌법 72, 497
조선야소장로회정치 492
조선연합주일학교 73
조선예수교장로회신경(信經) 78
조선예수교장로총회 6, 46
조선예수교장로회 6, 7, 78, 85, 132, 142
조선예수교장로회 선교사회 92
조선예수교장로회 헌법 597
조선예수교장로회독노회 346
조선중앙기독교청년회 87
조성교회(鳥城, 보성) 557
조성규(趙聖奎) 577
조성극(曺成極) 607
조성익(曺成翼) 397
조성일(趙聖一) 238
조성하 179
조수균(趙邃均) 194
조승관(趙承觀) 244
조승윤(趙承允) 164, 166, 168, 170, 173, 195, 618
조승익 214, 650, 651
조시병 622, 626

조시한(趙時漢) 164, 166, 168, 170, 172, 173, 177, 180, 186, 189, 190
조시항(趙時桓) 200
조시환(趙時桓) 174
조신관 623
조실교회 514
조앙교회 636
조약도교회(助藥島, 완도) 302
조양구교회(朝陽溝) 191
조양의숙(朝陽義塾) 190
조영규(趙永奎) 311
조영숙 601
조영옥(趙永玉) 187
조영조(趙永祚) 311
조영준 625
조영환(趙永煥) 553
조옥현(趙玉鉉) 669
조옥현(趙玉賢) 670, 673
조옥현(曹玉賢) 671
조용익(趙鏞益) 334
조용학(趙用學) 622, 625, 626, 628
조용환(靑用煥) 639
조우형(趙愚衡) 548
조욱균(趙昱均) 194
조운섭(趙雲燮) 355, 603
조원국(趙元國) 41
조유승(趙有承) 166, 168, 170, 171, 173, 618, 620, 622, 626, 628
조윤실(趙允實) 367
조의환(曹義煥) 303
조의환(曺義煥) 515, 522, 529, 530, 540, 541, 548, 551, 688, 689, 691
조익순(趙益洵) 246
조정길 600
조정벽(趙鼎壁) 165
조정빈 225
조정빈(趙正彬) 255
조제민(趙濟民) 351, 353, 568
조종만(趙鍾萬) 134, 135, 142, 143, 145, 155
조종영(趙宗永) 676
조종형 638

색인 751

조주환(趙柱煥) 388
조준벽(趙濬壁) 633
조지환 625
조진용(曺晋鏞) 381, 395
조진윤 574
조진한 637
조진형(趙鎭亨) 277
조찬벽(趙贊壁) 172
조창국(曺昌國) 397
조창권(趙昌權) 313
조창묵(趙昌默) 173, 200
조창엽(趙昌燁) 450
조천교회(鳥川) 400
조치연 518
조치옥(趙致玉) 372
조태형 220
조포교회(鳥浦) 658
조필형(趙弼衡) 546
조하파(趙夏播, Hopper, Joseph) 312, 315, 541, 554, 558
조학규 655, 659
조학룡(趙學龍) 166
조학선(趙學璇) 170
조학송(趙學松) 550
조학인(趙學仁) 626, 628
조한혐(趙漢險) 170
조형균(趙衡均) 175, 180, 181, 201, 205
조형률(曺亨律) 316
조형신(趙亨信) 196
조홍식 220
조황균(趙璜均) 178, 181, 182, 183, 184, 185
조황균(趙愰均) 194
조흥욱(趙興昱) 201
조희생 221
종교교회(宗橋, 서울) 549
종로청년회관 114
종산교회(鍾山) 260, 263, 283
종삼 265
종성읍교회(鍾城邑) 357, 602
종오교회(宗烏, 칠곡) 401
종지동교회(鍾芝洞, 서천) 487
종지리교회(鍾芝里, 서천) 487
종초동교회(鍾楚洞, 서천) 310

종포동교회(從浦洞, 강계) 471
종포진교회(從浦鎭) 459
좌당리교회(左堂里, 해남) 302
좌하리교회(左河里, 하동) 432, 433
주거철 428
주경애(朱敬愛) 437
주곡교회(注谷, 영양) 399
주공삼(朱孔三) 66, 72, 214, 217, 220, 222, 224, 225, 228, 232
주교교회(舟橋, 고흥) 546, 547, 555, 556, 563
주교연교회(舟橋捐, 고흥) 518
주기철 426, 430
주남고 422, 426, 428, 430
주남교회(做南) 659
주남기(朱南基) 541
주남도 422
주남락(周南樂) 338
주남락(朱南樂) 431
주달교회 650
주달리교회(周達里) 652
주례삼(朱禮三) 69
주명우(朱明宇) 389
주백영(朱伯英) 175
주보석(朱寶石) 466
주보석(朱輔碩) 468
주봉루(朱鳳樓) 167
주서정(周瑞廷) 197
주성구 643
주성택 378
주순조 422
주영수(朱英洙) 549
주영숙(朱英淑) 549, 550
주원교회(朱院) 152
주음교회(奏音) 623
주의선(朱益善) 144
주일학교 사범과 134, 135, 469
주일학교강습반 282, 380
주일학교강습회 378, 486, 490, 495, 527, 574, 645
주일학교강습회(대구) 384
주일학교대회 377, 490, 527, 595
주일학교사범회 424

주일학교연구회 456
주일학교협의회 421, 619
주재성 382
주전택(朱銓澤) 402
주정택 426
주촌교회 270
주하룡(朱夏龍) 167, 440, 442, 443, 445, 447, 450, 456, 457, 458, 459, 461, 463, 464, 465, 466, 467
주학수 422
주현성 421
주현칙(朱賢則) 102, 172
죽동교회(竹洞, 김제) 489, 493
죽본리교회(竹本里) 653
죽산교회(竹山) 115
죽성교회 424
죽암리교회(竹岩里, 함평) 309
죽원교회(竹院, 선산) 408
죽원교회 157
죽원리교회(竹院里, 파주) 145
죽천읍교회(竹川邑) 645
준은리교회 126
줄허교회 454
줄바우어교회 218
중감교회(中甘, 연일) 396
중강교회 여전도회 466
중강교회(中江) 448, 467, 468, 469
중강자교회(中岡子, 간도) 606, 615
중강창교회(中江倉) 460
중기초 672
중단교회(中端, 위원) 620
중단교회(中端, 의주) 211
중돌리교회(中乭里) 576
중등교육안조회 643
중문리교회(中文里, 제주) 310, 565
중서교회(中瑞) 619
중앙리교회(보은) 144
중영교회[中營, 자성) 191
중원학교(重遠) 631
중평교회(中平, 안동) 393
중하리교회(中荷里, 함흥) 368, 572

중하리예배당(中荷里, 함흥) 572
중화민국 구황사건(救荒事件) 457
중화민국 구황연보금 461
중화읍교회(中和邑) 252
중흥리교회(中興里, 광주) 557, 565
증평교회(曾坪, 괴산) 154
지경리교회(地境里, 옥구) 489, 495
지계리교회(智溪里, 광양) 548
지곡교회(芝谷, 영주) 656, 665
지관필 650
지군일(池君一) 179, 182, 186
지나마적(支那馬賊) 473
지당교회(池塘, 울산) 435
지랑리교회(旨郞里, 광양) 548
지례교회 326
지리거우교회 452
지방남녀사경회 431
지방동교회(芝坊洞, 금산) 480, 495
지병학(池秉學) 588, 603
지봉오(池鳳梧) 639
지봉호(池鳳湖) 215, 228
지산교회(池山, 달성) 387
지산온 673, 674
지산온 671
지상운(池尙雲) 188
지새울교회 122
지석용 216, 452
지석응 449
지세명(池世明) 395
지세호(池世鎬) 395
지소동교회(智所洞, 청송) 403
지송 588, 591
지송암(池松岩) 597, 607
지수정(池水定) 433
지양리교회(池陽里, 영광) 548
지영진(池榮璡) 437
지용헌(池用軒) 236
지원근(池元根) 550
지유현(池裕賢) 472
지응룡(池應龍) 254
지응섭(池應涉) 255

지익섭 217
지절교회(旨節) 542
지재교회 218
지천교회(芝川, 장흥) 541
지천리교회(芝川里) 562
지하영(池夏榮) 675
지화약(池華若) 441, 471,
진건중리교회(鎭乾中里) 459
진권두 376
진도읍교회(珍島邑) 545
진두허교회(통화현) 446
진두허예배당 673
진두헌교회 670
진두휘교회 446, 448, 455, 456
진디리예배당 651
진명학교(進明) 344
진명학교(進明, 김천) 412
진명학당(進明學堂) 399
진무허교회 443
진상동교회(鎭相洞, 진안) 499
진영이(陳英伊) 138
진종학(陳宗學) 330, 419, 421, 426, 427, 428, 429, 430
진종학(陳鍾學) 417
진주읍교회(晋州邑) 424, 436
진주읍예배당 425
진지동교회 223
진촌교회(鎭村) 144
진평교회(眞坪, 칠곡) 409
진학철(陳學喆) 276
진흥예비사경회 485
진흥회 476, 477, 479, 481, 484, 519, 521, 532, 590
집사교(執事敎) 566
집안현교회(輯安縣) 443, 462

ㅊ

차광석 601
차광환 625
차구교회(此溝) 191
차국헌(車國軒) 43
차기숙(車基淑) 238
차두호 673, 674
차련관교회(車輦舘) 187
차련관예배당(車輦舘) 175, 184

차리교회(遮里) 238
차배관교회(車輩舘) 169
차병규 217
차상진 11, 76, 84, 86, 95, 113, 114, 116, 117, 119, 120, 122, 123, 131, 138, 139, 140, 142, 148, 394
차수경(車洙景) 164
차수경(車洙敬) 190
차승용 266
차신주(車信柱) 163
차용운 572
차원석 223
차원환(車元煥) 164, 166, 170, 172, 173, 175, 178, 182, 184, 186, 190
차유령교회(車喩領) 621
차윤록(車允錄) 368
차윤하(車允夏) 575
차을경(車乙慶) 361
차이록 224
차인규 182
차재년 636
차재명 15, 22, 66, 69, 72, 83, 113, 114, 116, 117, 119, 120, 122, 125, 127, 129, 135, 139, 141, 142, 151
차정운(車貞云) 468, 473
차주헌(車周憲) 174
차진일 225
차형준(車亨駿) 161, 164, 166, 167, 168, 171, 172, 174, 178, 181, 187, 203
차호교회(遮胡) 571, 595, 599, 600, 602
참살자 명단(33인) 613
창강교회(彰綱, 간도) 360
창길교회(倉吉) 659
창길당회(倉吉) 663
창길동교회(倉吉洞, 의성) 665
창덕교회(倉德, 강계) 473
창덕학교(彰德) 253
창동교회(간도) 593
창동교회(倉洞) 241, 251, 639
창동교회(倉洞, 평양) 223, 227, 245, 257, 258, 638, 641

색인 753

창동학원(昌東) 615
창성교회(昌城) 622
창성읍교회(昌城邑) 620, 621, 624, 626, 629
창신교회 621
창신동교회(昌信洞, 간도) 608
창신학교(彰新, 대동) 253
창원교회(昌元) 200, 218, 621
창전교회(蒼前, 길주) 364, 368, 602
창전교회(倉田, 평양) 253
창전동예배당 348
창전리교회(倉田里, 평양) 246, 247, 253
창평교회(벽동) 174, 620, 621
창평교회(昌平) 200
창평회(昌平會) 619
창회교회(倉會) 162, 167, 171, 620, 621
채동훈(蔡東勳) 226, 246
채령긴교회 218
채성하 570
채송동교회(중화) 219
채영민 223
채영환(蔡永煥) 636, 637, 645, 646
채원휘(蔡元輝) 358, 604
채정민(蔡廷敏) 221, 230, 636
채토리교회(彩土里, 진도) 317
채피득(蔡彼得, Chaffin, Victor D.) 117, 118, 120, 139
채필근(蔡弼近) 63, 348, 349, 350, 351, 353, 580, 582, 583, 585, 586, 587, 589, 590, 591, 592, 615, 616
채필한 215
채학구(蔡學九) 360
천곡리교회(泉谷里, 진주) 432
천광실(千光實) 40
천기현 661
천덕기(千德基) 405
천도교 676
천동교회 591
천두록(千斗祿) 396
천등리교회(天燈里, 고흥) 556
천마교회(天摩) 620, 621

천보산교회(天寶山) 583
천사언(千士彦) 549
천산리교회(天山里, 강계) 470
천아나(千亞拿) 560
천원교회(川源, 정읍) 304
천원교회(川原, 정읍) 505
천원리교회(川原里, 정읍) 495
천윤진(千允珍) 502, 506
철도교회(鐵島, 황주) 232
철산교회 206
철산교회(鐵山, 강서) 237
철산여전도회 203
철산읍교회 161, 167, 187
철산읍예배당 165, 184
청강교회(淸江) 186
청계교회(淸溪) 647
청년면려회 690
청년전도회 245, 246, 247, 280, 559, 638, 639
청령자교회(靑嶺子) 193, 675
청령자예배당(靑嶺子) 676
청로교회(靑路, 영천) 401
청룡교회(靑龍) 619, 652
청룡당회 531
청룡자교회(靑龍子) 455
청산교회(靑山, 옥천) 135, 138, 153
청산교회(靑山, 장연) 288
청산동교회(靑山洞, 선산) 339, 386
청산포교회 652
청산포교회(靑山浦, 강서) 219, 224
청산학원[靑山學院, 동경(東京)] 430
청석두교회(靑石頭) 288
청성교회(淸城) 629
청송읍교회(靑松邑) 659
청수교회(淸水) 199, 629
청영자교회 448
청용리교회(靑龍里, 곡성) 304
청운교회(靑雲) 544
청전교회(靑田) 200, 621
청정교회(淸亭) 161, 164, 174, 184, 194, 206
청주교회 113, 114, 117, 150

청주읍교회 113, 115, 116, 118, 119, 126, 128, 131, 132, 133, 136, 147, 150, 155
청주읍교회청년회 156
청진교회(淸津) 352, 355, 356, 582, 584, 587, 595, 608
청진신암동교회(淸津新岩洞) 600
청진예배당(淸津) 597
청포리교회(靑浦里, 부여) 491, 494, 495, 503
청호리교회(淸湖里, 대동) 229
체마교회(替馬) 195, 211, 619, 621, 622, 626
초두리교회(해남) 509
초량교회 436, 437
초량교회(草梁, 부산진) 335
초량예배당(草梁, 부산) 428, 429
초미교회 270
초산교회 462
초산읍교회 443, 446, 448, 452, 454, 458, 461, 463, 465, 466
초산읍부인전도회 449
초산읍예배당(楚山邑) 442
초읍교회(草邑, 동래) 336
초황거우교회[관전(寬甸)지방] 454
총독부 교섭위원부 94
총회 구제금 지불내역 679
최가엽(崔嘉燁) 234
최가진(崔家鎭) 440
최감형(崔鑑亨) 597
최게남 220
최경률(崔景律) 294, 304
최경률(崔敬律) 317
최경린(崔景麟) 174
최경린(崔景隣) 188
최경모(崔景模) 571
최경성(崔景成) 373, 388
최경애(崔敬愛) 398, 403, 405, 406
최경오 326
최경의(崔璟義) 311
최경재(崔璟在) 351, 353, 361,

365, 582, 588, 592, 594, 596, 597, 599, 601, 606, 609
최경재(崔景在) 357
최경진(崔景鎭) 502
최경호(崔景鎬) 325, 330, 333, 417
최경화(崔敬化) 309
최계남(崔啓南) 232
최관숙(崔寬淑) 550
최관흘(崔寬屹) 48, 185, 186, 348, 350, 352, 569, 597, 598, 599
최광헌 218
최광혜(崔光惠) 445
최광훈(崔光勳) 460, 467
최국인(崔國仁) 621, 623, 625
최국현(崔國鉉) 294
최군왕(崔君王) 608
최군중 327
최규희(崔奎熙) 174
최극재(崔克在) 502
최근준(崔根俊) 240, 245, 345
최금진(崔金珍) 52
최기락(崔基洛) 237
최기순(崔基順) 178
최기준(崔基俊) 201, 348, 349
최기춘(崔基春) 550
최남수(崔南守) 41
최능섭(崔能燮) 237
최능익 216
최달형 221
최대구(崔大球) 294, 295
최대주(崔大珠) 489
최대진(崔大珍) 129, 130, 131, 135, 145, 147, 299, 300, 301, 303, 304, 306, 310, 318, 319, 477, 479, 485, 504, 539
최대현(崔大賢) 307, 310
최덕순(崔德淳) 277
최덕신 637
최덕준(崔德俊) 114, 117, 122, 136, 138, 145, 146, 215, 222, 355, 357, 359, 363, 363, 367, 582, 583, 587,

589, 590, 591, 593, 606, 607, 679, 681, 683, 684
최도연(崔道淵) 333
최동빈(崔東斌) 606
최동석 220
최동은 214
최두경 223
최두철(崔斗哲) 361
최두흡(崔斗洽) 463
최득우(崔得雨) 172
최득의(崔得義) 164, 166, 168, 620, 623, 627
최만렴 220
최만렴 224, 651
최만상(崔萬相) 402
최만엽(崔萬燁) 231, 652
최망엽 215
최매리(Mattie S. Tate) 293
최명돈 428
최명순(崔明淳) 238
최명준(崔明俊) 162, 166, 168, 170, 173, 195, 618, 621, 622, 626
최명현(崔明賢) 162, 165
최명현(崔命賢) 450
최몽은 217
최문경(崔文景) 40, 221
최문곤(崔文坤) 633
최문규(崔文奎) 202
최문식(崔文湜) 175
최문열(崔文烈) 43
최문환(崔文煥) 552
최민식(崔民植) 650
최배건(崔培建) 575
최병규(崔秉圭) 43
최병수(崔秉洙) 551
최병악(崔秉嶽) 362, 364, 608
최병윤(崔秉允) 43
최병은(崔秉恩) 260, 261, 262, 274, 276, 277
최병제 221
최병주(崔秉宙) 362
최병준(崔丙俊) 557
최병호(崔秉鎬) 308
최병호(崔秉浩) 308, 313, 317, 541

최병호(崔丙浩) 536
최병환(崔秉煥) 545
최봉구(崔鳳九) 142
최봉상(崔鳳祥) 165, 193
최봉서(崔鳳瑞) 160
최봉석(崔鳳奭) 163, 164, 167, 170, 174, 175, 193, 203, 442, 445, 447, 451, 454, 471, 670, 671, 672, 673
최봉인(崔鳳仁) 40, 117, 141
최봉주(崔鳳周) 284
최봉한 216
최봉환(崔鳳煥) 232, 644
최사옥 421
최사형(崔仕亨) 188
최상규(崔尙奎) 169, 196
최상림(崔尙林) 417, 419, 422, 423, 424, 426, 427, 428, 429, 430
최상림(崔相林) 433
최상섭(崔尙燮) 294, 304, 478, 487, 489, 491, 494
최상섭(崔祥燮) 306, 503
최상식(崔相植) 260, 266, 269, 270, 272
최상윤 266
최상즙(崔尙楫) 171
최상호 219
최석지(崔錫祉) 170
최석태(崔錫泰) 197, 452
최석태(崔碩泰) 472
최석현 552
최석화(崔錫和) 355
최선겸 646
최선자(崔善慈) 193
최선자(崔善慈) 208
최선탁(崔善鐸) 587, 590, 593, 603, 679
최선택(崔善澤) 214, 215, 222, 227, 360, 365, 607
최성곤(崔成坤) 150
최성곤(崔聖坤) 181, 182, 185, 205
최성득 179
최성문(崔性文) 180
최성봉(崔聖捧) 417, 436

색인 755

최성순(崔聖淳)　188
최성주(崔聖柱)　164, 167, 170,
　　　173, 180, 182, 184, 193,
　　　203, 442, 443, 444, 445,
　　　446, 448, 449, 453, 454,
　　　471, 627, 628, 668, 676
최세용(崔世用)　170, 190
최수목(崔壽木)　334
최수성　599
최수엽(崔壽燁)　234
최수형　627
최순필(崔順弼)　274, 275
최순필(崔淳弼)　277
최승조(崔承祚)　173
최승현(崔承鉉)　260, 261, 262,
　　　263, 264, 265, 266, 267,
　　　271
최시명(崔時明)　193, 675
최아현(崔雅鉉)　547
최양국　522
최양섭(崔養燮)　639
최여종(崔與琮)　69
최영노(崔榮老)　143
최영돈(崔永敦)　436
최영생(崔永生)　40
최영식(崔永植)　265, 268, 279
최영신　628
최영운(崔永雲)　138
최영은(崔永恩)　181
최영택(崔榮澤)　114, 115, 116,
　　　117, 119, 125, 126, 127,
　　　131, 132, 138, 153, 531,
　　　557
최영학　573
최영환　264
최예경(崔藝競)　618
최용린(崔龍麟)　197,
최용수(崔龍洙)　337
최용태(崔龍泰)　186
최우진(崔禹眞)　174
최우진(崔愚震)　345
최운기(崔雲起)　164
최운봉(崔雲鳳)　220, 231
최운상(崔雲祥)　243, 244
최원갑(崔元甲)　545, 549
최원근(崔遠根)　221, 228

최원순(崔元舜)　197
최원진(崔元珍)　115, 128
최원택　221, 225, 638
최유진　225
최윤기　420
최윤상　645
최윤택　225
최윤호(崔允鎬)　544
최은곤　266
최응수(崔應洙)　294
최응순(崔應淳)　282
최의덕(崔義德, Tate, Lewis
　　　Boyd)　293, 295, 301, 306,
　　　479, 483, 486, 487, 490,
　　　492, 493
최의진(崔義眞)　501
최익환　263
최인수　643
최인즙　215
최인환(崔仁煥)　272
최일선　430
최일영　327
최일형(崔一亨)　186, 191, 325,
　　　327
최자신(崔子信)　550
최재괴(崔在괴)　374
최재교(崔在敎)　332, 339, 371
최재봉(崔在鳳)　245
최재선(崔在善)　297
최재순(崔在淳)　311
최재연(崔在淵)　404
최재학(崔在鶴)　408
최재형(崔在亨)　165, 623, 626
최정락　183
최정범　524
최정서(崔鼎瑞)　254, 636, 640
최정섭(崔貞涉)　287
최정수　216
최정숙(崔正淑)　307, 552
최정의(崔珵義)　524, 538
최정탁(崔正鐸)　176, 178, 179,
　　　180, 182, 183, 184, 185
최정태(崔廷泰)　167
최정택(崔正澤)　202
최정필　235
최정필(崔貞弼)　222

최정한　260
최정호(崔正浩)　340
최정환(崔貞煥)　274, 275
최정환(崔正煥)　269, 272, 288
최조윤　594
최종(崔宗)　530
최종렬(崔宗烈)　516
최종류　600, 601, 602
최종백(崔宗伯)　471
최종옥(崔鍾玉)　500
최종진(崔宗軫)　454, 457, 458,
　　　465
최종진(崔宗鎭)　473
최종철　376
최주항　214
최주흡(崔柱翕)　197
최준궁(崔俊兢)　184, 185
최준섭　270
최준익　216, 218, 222, 650, 651,
　　　652
최준익(崔俊翼)　237, 239
최준익(崔俊翼)
최준철　217
최중겸(崔重謙)　209
최중진(崔重鎭)　298
최중진(崔重鎭)　299, 300, 321
최지서　674
최지한(崔芝翰)　118, 121, 131,
　　　143, 151, 154, 155
최지화(崔志化)　219, 223, 646
최진상　220
최진상(崔鎭常)　233, 252
최진섭(崔鎭燮)　264, 265, 267,
　　　271, 278, 280, 284
최진유(崔鎭有)　187
최진태　214, 216, 219, 220, 223,
　　　226, 637
최진하(崔鎭河)　297
최창규(崔昌奎)　360
최창근(崔昌根)　132, 136
최창길　214
최창수(崔昌洙)　145
최창점(崔昌漸)　636
최창하(崔昌河)　200
최창헌　223
최창현(崔昌鉉)　237

최창홀 226
최천약(崔天若) 361
최춘익 223
최치국(崔致國) 308
최치도(崔致道) 363
최치량(崔致良) 216, 232, 248, 249
최치수(崔致秀) 616
최치요 650
최치현 220
최탁세 183
최태순 643, 644
최포천(崔抱川) 91
최하즙(崔夏楫) 166
최학삼(崔學三) 488
최학수(崔學洙) 502
최학천 428
최한익(崔漢翊) 543
최항린(崔恒麟) 470
최행권(崔行權) 41
최헌식 265
최현식(崔賢植) 264, 276, 278, 279, 281, 291
최형구(崔亨九) 675
최홍구(崔洪九) 618
최홍규 268
최홍범 592
최홍택(崔鴻擇) 613
최화순(崔和順) 254
최화준 225
최흥종(崔興琮) 75, 303, 307, 510, 512, 513, 515, 520, 522, 523, 524, 528
최흥종(崔興鍾) 297
최희준(崔熙俊) 272
최희중(崔希仲) 603
추구비교회 620
추대홍(秋大鴻) 341
추동교회 269
추동교회(鷲洞) 620
추동교회(楸洞, 덕천) 244
추동교회(楸洞, 신천) 285
추동교회당 67
추마전(Trudinger, Martin) 427
추병환(秋秉煥) 548

추비동교회(대동) 219
추산옥(秋山玉) 322, 558
축자익인(築紫益人) 534
춘곡교회(春谷) 620
춘기주일학교강습회 378
춘남교회(春南) 613
춘완학교(春緩) 343
충북전도회 147, 150, 154
충청노회 89, 155, 531
취남교회 459
취봉교회(鷲峰) 200
치도구교회 593
치일교회(致日, 영천) 394
칠곡교회 224, 374
칠노회(七老會) 213
칠대리회(七代理會) 213
칠동교회 278
칠동교회(七洞, 보성) 550
칠산교회(七山, 김해) 336
칠성정교회(七城町, 대구부) 394
칠정리교회(七井里) 287
칠정리교회(漆井里, 화순) 309, 531, 561
침산교회(砧山, 달성) 390, 413

ㅋ

카나다장로회 677
카나다장로회 전도부 572
카나다전도국 580
쾌대모자예배당 671
쾌대무자교회(快大茂子, 통화션) 448, 471

ㅌ

타마자(打馬字, Talmage, John Van Neste) 295, 307, 310, 316, 516, 524, 529, 534, 536, 537, 538, 539, 545, 555, 557, 564
탁계영(卓桂英) 400, 659
탁용수(卓容洙) 400
탁호교회 473
탄포리교회(灘浦里) 224, 231

탄표리교회 652
탐손 박사 283, 498
탑리교회(塔里) 154
탑현교회(榻峴) 231, 648
탕동교회(湯洞) 355
태근교회(邰近) 41
태리교회 126
태산교회(台山) 169, 171, 190
태산령교회(台山嶺) 197
태성리교회(台城里, 강서) 236, 652
태양교회(太陽) 584
태양동교회(太陽洞) 581, 582, 590, 608, 615, 619
태양동교회(太陽洞, 간도) 362
태전등조(太田藤助) 534
태탄교회(苔灘, 장연) 271, 291
태평교회(太平, 벽동) 200, 620, 621
태평도교회 223
태평동교회 223, 618, 652
태평외리교회 232
태평회(太平會) 619
태하교회(台霞, 울릉도) 392
택촌예배당(宅村) 293
토계리교회(土界里, 나주) 313
토교교회(土橋) 192, 195, 620, 622
토당리교회(土堂里, 고양) 124, 126, 144
토보교회(土堡) 682
토성교회(봉산) 285
토성교회(土城) 469, 681
토성보교회(土城堡, 간도) 607, 679
토성보예배당(土城堡) 678, 683
토성포교회(土城浦, 간도) 593, 607
토정리교회(土井里, 송화) 287
토지문권위원 51
통영교회(統營) 417, 421, 429
퇴계원교회 113, 119, 138
퇴계원당회 123
투후두거우교회 584
특별수양회 476

ㅍ

파락만(巴樂萬, Brockman, Frank M.) 104
파렬성경학원(강원읍) 458
판동예배당(板洞) 248
판문리교회(익산) 495
판춘예배당 573
팔달동교회(八達洞, 칠곡) 405
팔청동교회(대동) 219
팔청리교회(八淸里, 대동) 235
팟정리교회(김제) 479
패왕조예배당(霸王槽) 675
편동현(片東鉉) 412
편종옥(片鍾鈺) 557
편진옥(片晉鈺) 543
편하설(片夏薛, Bernheisel, Charles F.) 40, 235, 648
평남노회 21, 49, 69, 115, 173, 213, 214, 215, 216, 217, 218, 219, 220, 221, 222, 223, 224, 225, 226, 293, 333, 349, 350, 424, 455, 582, 589, 591, 599, 634, 642, 649, 650
평당교회(坪塘, 초산) 445
평동교회(平洞, 울산) 341
평로교회 629
평리교회(平里) 392, 645
평림리교회(平林里, 함안) 434
평북노회 21, 52, 57, 58, 62, 67, 132, 158, 160, 161, 162, 164, 165, 166, 167, 168, 170, 171, 172, 173, 175, 176, 177, 179, 180, 181, 182, 183, 184, 185, 186, 262, 295, 331, 424, 425, 440, 441, 443, 444, 447, 449, 451, 463, 468, 591, 617, 624, 627, 628, 670
평북안노회 57
평북여전도회 69
평사교회(平沙, 경산) 338
평서교회(平西) 496
평서노회 21, 70, 607, 636, 638, 649, 650, 651, 653, 674,
680
평성교회(平城) 43
평양 남문외교회 216
평양교회 129
평양노동전도회 653
평양노회 62, 70, 136, 280, 282, 428, 634, 635, 636, 637, 638, 646, 680
평양도직회(平壤都職會) 73
평양부 경창리 여성경학원 47
평양부 여성경학원 46
평양부신학교 8, 63, 302, 326, 348, 425, 528
평양부인전도회 63
평양부중학교 265
평양숭실전도대 605
평양신학교 8, 11, 86, 90, 92, 94, 109, 113, 134, 135, 206, 214, 215, 216, 217, 218, 219, 220, 221, 222, 223, 224, 225, 226, 295, 467, 490, 496, 534, 599, 635, 663
평양여성경학교 663
평양여성경학원 99
평양여전도회 78
평원시교회(坪院市) 227
평전교회(平田, 동래) 334
평중리교회(平仲里, 순천) 542
평진교회(平珍) 626
평촌교회(보성) 525
평촌교회(坪村, 곡산) 239
평촌교회(平村, 순천) 322
평택교회(平澤) 131
평해읍감리교회(平海邑) 394
포동교회(浦洞, 예천) 393
포산교회 393, 659, 661
포산동교회(葡山洞, 영양) 390
포상옥 325, 327
포석동교회(鮑石洞, 경주) 406
포싸잇(保緯廉, Forsythe, Wylie H.) 508
포은동교회(浦恩洞) 685
포의사추도회 480
포항교회(浦項, 연일) 388, 414
포항교회(浦項, 청진) 356, 608,
612
포항동교회 600
포항리교회(浦里, 이원) 365
포항여전도회 408
표기선(表基善) 197
표모린(表模麟) 608
표영각 645
품평교회(화순) 518
품평리교회(品坪里, 화순) 307
풍곡리교회(김포) 126, 135
풍기교회(豊基) 342, 661
풍기교회(豊基, 영주) 392
풍기당회(豊基) 656
풍기읍교회(豊基邑) 326, 659, 663
풍동리교회(豊東里) 576
풍월교회(담양) 525
풍화교회(豊和, 이원) 605
프린스톤대학교 90
피득(彼得, Pieters, Alexander A.) 51, 54, 63, 137, 144, 148, 151, 183, 184, 265, 267, 269, 270, 273, 275, 277
피로리교회(순창) 535
피병렬(皮炳烈) 40
피어선기념성경학원 99
피어선성경학원 95
피어선성원(皮漁善聖院) 132
필립보(弼立甫, Phillips, Charles L.) 648
핏스벅 제일장로회예배당 77

ㅎ

하고 시부교회 454
하교교회(경성) 143, 145
하교교회(河橋) 119, 122, 123, 129, 130, 136, 142, 147, 153
하기교사강습회 681
하기사범강습소 386
하기제직도사경회 441
하나리교회(장성) 513, 514, 516, 518, 525
하나말교회(장성) 302

하녕교회(河寧) 665
하노리교회(장성) 520
하단교회(下端) 620
하단동교회(下端洞, 자성) 466
하도원 214, 216, 650
하동교회(下洞, 달성) 388, 414
하라리교회(河羅里, 장성) 304
하래성남교회(河來城南, 간도) 359
하련렴(河練廉) 303
하류하교회(下流河) 472
하리교회(下里) 130
하리교회(下里, 대동) 254
하마탕교회 582, 588
하성원(河成元) 318
하신흥리교회(下新興里, 북청) 576
하안리교회(下安里, 시흥) 151, 157
하양읍교회(河陽邑, 달성) 413
하연교회 331
하영술(何榮術) 525, 528
하옥교회(下玉, 연일) 341
하월교회(河月) 656
하위렴 부부 508
하위렴(河緯廉, Harrison, William B.) 41, 479, 487, 500, 501, 503
하윤청(河允淸) 610
하재빈(河在濱) 455, 471
하재빈(河在彬) 669
하전리교회(荷田里, 단천) 368
하청교회(河靑) 473
하화동교회(下禾洞, 의성) 400
하회동교회(河回洞, 안동) 401
학교리교회(대동) 221
학교리교회(鶴橋里) 653
학교리예배당 650
학동교회(진안) 304
학동교회(鶴洞, 광양) 542
학리교회(鶴里, 송화) 287
학면교회(鶴面) 619
학천리교회(鶴川里, 화순) 549
학현교회(鶴峴, 선천) 187
학현교회(鶴峴, 시흥) 145
한경선 260

한경희(韓敬禧) 160, 161, 162, 164, 165, 167, 170, 173, 440, 442, 443, 446, 448, 452, 454, 471, 670, 671, 673, 674
한교리교회(漢橋里, 정읍) 493
한극모 224
한기원 328
한달리교회(閑達里) 244
한당교회(위원) 442
한대정(韓大定) 575
한대현(韓大鉉) 551
한덕순(韓德順) 255, 640
한덕언 182
한덕일(韓德一) 359, 606
한덕제(韓德濟) 166
한도욱(韓道郁) 171, 172, 175, 180, 181, 183, 184, 185, 192
한동년(韓東年) 438
한동준(韓東俊) 565
한득룡(韓得龒) 167, 168
한득룡(韓得隴) 577
한득룡(韓得龍) 326, 328, 330, 331, 333, 336, 348, 355
한룡교회 219
한명수 381
한명학(韓明鶴) 165
한명학(韓明學) 192, 627
한문성경 450,
한반명(韓磐明) 170
한백희(韓百熙) 502
한병원(韓丙元) 465
한병직(韓秉稷) 217, 348, 349
한복순(韓復淳) 215, 232
한봉민(韓鳳敏) 465
한사숙(韓士淑) 496, 498
한상길(韓相吉) 606
한상수(韓相洙) 614
한상하(韓相夏) 314
한상호 214, 216
한석겸 225
한석규(韓錫奎) 264, 288
한석영(韓錫英) 672
한석원(韓錫源) 379
한석진(韓錫晋) 47, 50, 51, 57,

96, 114, 116, 119, 122, 247, 248, 249, 251, 334, 417, 418, 420, 423, 425, 431, 437, 623, 627
한선(韓善, Hanson, Marjorie Lucy) 655
한선칠(韓先七) 350, 570
한성은 216
한송규 522
한수량(韓秀良) 364
한수형 591
한숙종(韓淑鍾) 575
한승곤(韓承坤) 214, 215, 217, 219
한승공 218
한시봉(韓時鳳) 672
한시영(韓時英) 229
한시운 225
한양훈(韓陽薰) 237
한영걸 650
한영린(韓永麟) 575
한영서(韓永瑞) 403
한영욱(韓永煜) 576
한영호 572
한영희 219
한용설 221
한용찬(韓用贊) 230
한운삼 216
한원신(韓元信) 197
한원칠(韓元七) 347, 349, 353
한위렴(韓偉廉, Hint, William B.) 41, 261, 272, 281
한윤성(韓允成) 502
한윤학(韓允學) 674
한응구(韓應九) 611
한응수(韓應秀) 160, 161, 162, 164, 166, 168, 169, 179, 180, 183, 184, 185, 188
한응우(韓應祐) 173, 200
한응주(韓應柱) 164
한의경 645
한의중 386
한이호 226
한익광(韓益光) 433
한익동(韓翼東) 417, 422, 423, 424, 426, 427, 428, 430

한익수(韓翊洙) 311, 312, 557, 690
한익수(韓益洙) 518
한익준(韓益俊) 225, 235, 650, 651
한익훈(韓益勳) 434
한인준(韓仁俊) 361
한일룡(韓日龍) 200
한장교회(漢場, 위원) 448
한재경(韓載慶) 241
한재선(韓在善) 279
한재열(韓在烈) 434
한종구 524
한종윤 225
한종혁(韓宗赫) 170, 173
한준겸(韓俊謙) 177
한준인(韓俊仁) 361
한중경(韓仲景) 189
한중달(韓中達) 676
한지순 266
한진덕(韓進德) 357
한찬희 669
한찬희(韓粲熙) 163
한찬희(韓燦熙) 189
한찬희(韓燦禧) 198
한창동(韓昌東) 363
한창은 627
한창조(韓昌祚) 361
한처은(韓處殷) 363
한천교회 223
한천교회(漢泉, 고흥) 689
한천명 651
한치순(韓致順) 515
한치조 262
한치훈(韓致勳) 604
한태선 522
한태원(韓台源) 518, 689
한태현(韓太鉉) 551
한택서(韓宅西) 286
한필상(韓弼相) 120
한학선(韓學善) 208
한학종(韓學鍾) 576
한혁(韓赫) 228
한현희(韓賢禧) 452
한화목(韓化睦) 43
한희순 226

함가륜(咸嘉倫, Hoffman, Clarence S.) 6, 163, 439, 440, 442, 443, 445, 446, 447, 448, 451, 453, 456, 457, 458, 459, 461, 463, 464, 465, 466, 467, 469
함경남북노회 590
함경노회 21, 50, 58, 215, 328, 346, 347, 348, 349, 350, 351, 352, 567, 580, 581
함경연합전도국 581
함광실(咸光實) 605
함남교회 224
함남노회 21, 58, 68, 69, 278, 353, 366, 567, 568, 569, 570, 571, 572, 573, 580, 584, 590, 595, 608
함남별노회(咸南別) 571
함덕화 268
함덕희(咸德義) 272
함문일(咸聞一) 289
함북노회 21, 69, 74, 222, 224, 273, 353, 356, 366, 597, 580, 582, 584, 585, 590, 591, 594, 596, 599, 600, 608, 609, 678, 679
함북노회 전도부 590
함석규(咸錫奎) 160, 161, 163, 164, 166, 167, 169
함석용(咸錫溶) 165, 169, 439, 442, 445, 447, 450, 454, 458, 461, 465
함안읍교회 436
함안읍예배당(咸安邑) 425
함열(咸悅) 114, 116, 117, 119, 120, 122, 123, 124, 137, 138, 183, 185, 205, 294, 295, 418, 419, 420, 422, 423
함원택(咸元澤) 178, 201
함재경 179
함종흡(咸鍾洽) 605, 610
함주익(咸周益) 603
함찬근(咸贊根) 676
함찬봉 183
함태영(咸台永) 6, 12, 15, 16,
17, 18, 20, 22, 28, 29, 53, 55, 59, 63, 76, 82, 116, 117, 119, 123, 125, 127, 128, 132, 133, 146, 148
함평읍교회(咸平邑) 531
합니하교회(哈呢河) 191
합당교회 572
합마당교회(蛤蟆塘) 472, 614, 683
합명당교회(蛤蟆塘, 간도) 357
해삼위교회(海蔘威) 568
해삼위전도 145, 450
해삼항교회(海蔘港) 594, 595
해창동교회(海昌洞, 재령) 288
해창예배당(海倉) 270
행산리교회(杏山里) 309
행신리교회 126
행주교회(幸州, 고양) 114, 127, 128, 144, 157
향교리교회(鄕校里) 558
향사리교회(鄕社里, 광주) 534, 552, 562
향양진교회(嚮陽鎭, 유하현) 471, 675
향항기독교청년연합회(香港基督敎靑年聯合會) 104
허간(許偘) 268, 269, 270, 272, 274, 275, 276, 281, 283
허근신(許根身) 176
허담(許澹) 375, 378, 395, 401, 404
허대전(許大殿, Holdcroft, James Gordon) 227, 230, 232, 289
허린교회 223
허린말교회 652
허사원(許士源) 435
허상일(許尙日) 174
허상훈(許相勳) 359, 360, 678, 682, 683
허서원(許瑞元) 180
허선홍(許善興) 441
허섭(許燮) 214, 216, 217, 229, 636
허성목 271
허성묵(許聖默) 275, 276

허숙(許翿) 42
허신덕(許信德) 577
허심[許心, 이성일(李性一)] 42
허엽(許燁, Hobbs, Thomas) 100
허영경부교회 456
허영록(許永祿) 197
허원삼(許元三) 313
허응숙(許應俶) 276, 287
허익근(許益根) 613
허인성 588
허일(許一, Hill, Harry James) 40, 87, 327, 329, 330, 332, 338, 371, 399
허정(許鼎) 160, 162, 164, 166, 167, 182, 185, 192
허주(許柱) 364
허준(許濬) 339
허진장 423
허화준(許華俊) 516, 518, 524, 551
헌문교회(軒門, 고령) 345
헌법 신경 정치권징조례예택모범(憲法 信經 政治勸懲條例禮擇模範) 69
혁호리교회(革湖里, 장성) 540
현거선(Henderson, Harold H.) 374
현기윤 588
현내리교회(縣內里, 익산) 488
현내예배당(縣內) 481
현대선(玄大善, Henderson, Lloyd P.) 671, 674
현문교회(縣門, 익산) 479
현승빈(玄承彬) 189
현암교회(鉉岩) 242, 652
현우전(玄佑典) 405
현원국 600
현의렵 215
현태용(玄泰龍) 265, 270, 275, 276
현흥택(玄興澤) 104
협성신학교 581
형납자교회(炯磖子) 615
형암교회 659
형제정교회(兄弟井, 황주) 243,

255
혜륜(惠倫) 100
혜산진교회(惠山鎭, 갑산) 365, 576, 603, 606, 610
호신(傲信)남학교 101
호암교회(虎岩) 190
호을(胡乙, Hall, William James) 249, 250
호천포교회(간도) 594, 607, 614
호하교회(湖下) 469
혼상례식 제정위원 86
혼인법위반 483
혼춘교회(琿春) 614
혼춘남이리교회(琿春南利里) 581
혼춘두도구교회(琿春頭道溝) 360, 590, 615
혼춘전도회(琿春) 591, 593
홍규범(洪奎範) 179
홍그두 455
홍기순 349
홍기주(洪箕疇) 669
홍기진 347, 350
홍동섭 374
홍두허자교회 452, 455
홍명기(洪明基) 289, 290
홍명숙 225
홍몽섭 382, 383
홍병순(洪炳舜) 236
홍병주 214
홍봉승 689
홍봉식 637
홍석민(洪錫敏) 179, 180
홍석민(洪錫民) 181, 624, 625, 626
홍석표 627
홍석후(洪錫厚) 102
홍선의(洪善義) 218, 231
홍성근(洪性謹) 233
홍성두(洪性斗) 281
홍성모(洪性模) 233, 644
홍성모(洪聖模) 240, 647
홍성서(洪性瑞) 40, 144, 290
홍성익(洪成益) 168, 170, 173, 175, 207

홍성춘 215
홍성칠(洪成七) 549
홍수원 424, 426
홍순관(洪順觀) 255
홍순국(洪淳國) 572, 574, 575, 576
홍순기 268
홍순북이(洪淳北異) 499
홍순옥 352
홍순흥(洪淳興) 318
홍승모(洪承模) 59
홍승복 225
홍승연(洪承淵) 238
홍승한(洪承漢) 68, 88, 324, 326, 327, 328, 330, 331, 372, 645
홍승호 220
홍연수(洪連守) 195
홍영례(洪泳禮) 639
홍영범 262
홍우종(洪祐鍾) 521, 544, 552
홍운표(洪運杓) 120
홍원표 226
홍재석 380
홍재선 268
홍재섭 263
홍재술(洪在述) 398
홍재용 652
홍재우(洪在友) 386
홍재웅(洪在膺) 249
홍재절(洪在浙) 415
홍재형 225
홍저진 573
홍정락(洪貞洛) 179
홍정순(洪精淳) 338
홍종섭(洪鍾涉) 176, 178, 180, 181, 182, 183
홍종억(洪鍾憶) 504
홍종옥 260
홍종필(洪鍾弼) 11, 82, 86, 88, 90, 95, 300, 301, 303, 476, 477, 478, 479, 487, 488, 489, 494
홍종호 223
홍종후 226
홍중언(洪重彦) 101

홍천여(洪千汝) 412
홍촌교회(洪村, 황주) 256
홍촌리교회(해남) 520
홍춘명(洪春明) 605
홍치념 220
홍치원(洪致源) 236
홍태주(洪泰周) 180, 204
홍택기(洪澤祺) 173, 175, 177, 178, 179, 181, 184, 185, 619
홍택기(洪澤祺) 189
홍하순(洪河順) 620, 622, 624, 626, 632
홍현두(洪玄斗) 216, 232
홍혜범 455, 671, 672
화개교회(華開) 658
화계교회 659
화덕(리)교회(火德里) 556
화덕교회(火德, 고홍) 556, 563
화매당교회(花梅堂) 658
화산리교회(華山里, 서천) 480
화순리교회(和順里, 덕천) 238
화신동교회(花新洞, 의성) 400
화암교회(花岩, 재령) 286
화오리교회(和五里) 244
화위량(和緯良) 76
화전교회(花田, 고홍) 563
화전리교회 141
화전리교회(양평) 145
화전리교회(花田里, 고홍) 556
화전리교회(花田里, 동래) 337
화전자교회(花田子) 451, 454, 455
화전자교회(華甸子, 집안현) 470, 675, 676
화주일연보(花主日捐補) 468
화죽리교회(花竹里) 150
화천교회(花川) 658, 661
화천교회(華川, 영덕) 393, 399
화천교회(花川, 은율) 286
화천당교회(花川堂) 659
화천당회(花川堂會) 658
화천면교회(花川面, 황주) 252
화태교회(花台, 명천) 609, 610
화평리교회(華坪里, 장성) 544
황강리교회 652

황거우예배당 589
황겨선 452
황경선(黃敬善) 371
황경선(黃景善) 669
황경성 332
황경신(黃敬信) 372, 455
황계년(黃啓年) 501
황계동교회(黃溪洞, 김천) 395
황곡교회(黃谷) 602
황금정교회(黃金町) 335, 374
황금정교회(黃金町, 김천) 337
황기수(黃基洙) 232
황기풍(黃基豊) 237
황락심 218
황리교회(皇里, 옥구) 489
황묘임(黃妙任) 341
황병길(黃柄吉) 363
황병모(黃炳模) 233
황병옥 660
황병호(黃炳虎) 394
황보기 327
황보덕삼[黃(皇)甫德三] 82, 225, 228, 238, 239, 637, 652
황보용삼 218
황보은(黃保恩) 311
황보익(黃保翊) 314
황보익(黃保翊) 532, 557, 689
황보흠(皇甫欽) 435
황봉리교회 447
황봉의(黃鳳儀) 408
황봉익(黃鳳翊) 314
황사민(黃思敏) 174
황사성(黃思聖) 196
황사영(黃思英) 174
황산교회(黃山) 296
황상호(黃尙鎬) 540
황석구 638
황석량 222
황성랑 224
황성연(黃性淵) 308, 322
황성호(黃聖浩) 172
황신기(黃信其) 360
황신호(黃信浩) 172, 192
황영규(黃永奎) 84, 341, 373, 388, 661

황영주(黃永周) 388
황용기(黃鏞基) 220, 231
황용호(黃龍浩) 170, 172, 175, 198, 203
황운섭(黃雲燮) 295
황원후(黃元厚) 198, 669, 675
황윤익(黃尹益) 363
황은성(黃恩聖) 190
황인성(黃寅晟) 260, 261, 262, 264, 265, 272, 288
황자윤(黃子允) 546
황재삼(黃在三) 42, 294, 363, 478, 485, 488, 489, 493, 499, 501
황재연(黃在淵) 314, 337
황정구(黃貞九) 273
황종식(黃鍾植) 308
황종호(黃鍾浩) 165
황주외하리교회(黃州外下里) 641
황주읍교회(黃州邑) 220, 637
황죽리교회(黃竹里, 광양) 548
황준국(黃濬國) 115, 117, 119, 124, 125, 139, 140, 420, 422, 424, 426, 427, 428, 434
황준국(黃俊國) 432
황준영 637, 639
황지화(黃芝嬅) 255
황찬주 332
황청리교회(黃淸里, 청주) 149
황촌교회(黃村) 638
황추동교회 460
황치헌(黃致憲) 265, 269, 270, 272, 275
황택진(黃澤鎭) 393
황학빈(黃鶴彬) 361, 362, 364
황학연(黃學淵) 308
황해노회 8, 21, 72, 73, 83, 84, 114, 116, 259, 260, 261, 263, 264, 266, 265, 267, 268, 269, 271, 272, 273, 274, 275, 276, 277, 278, 279, 280, 281, 282, 283, 284, 285, 302, 305, 371, 485, 496, 512, 513, 533,

536, 539, 554, 594, 671
황형숙　574
황화리교회(黃華里, 익산)　480
황화정교회(皇華亭)　294, 301
황화정교회(皇華亭, 익산)　501
회령교회(會寧)　353, 357, 361,
　　　364, 605, 609
회령읍교회(會寧邑)　600, 611,
　　　612
회녕예배당(會寧)　582, 591
회막동교회(灰幕洞)　615
회막동교회(會幕洞)　679
회목동교회(檜木洞, 초산)　471,
　　　474
횡도교회(橫道)　191, 205
횡산교회(橫山)　200, 623, 624
효갈동교회(孝葛洞, 예천)　388
효목교회(孝睦, 달성군)　340,
　　　391, 401, 408
효자동　177
효자동교회(孝子洞)　194, 206
후독교회(後犢, 김제)　317
후둑교회　298
후창읍교회(厚昌邑)　189, 443
훈춘교회(琿春)　650, 651, 652
휘춘교회(暉春)　680, 681
흑석두교회(黑石頭)　197, 473
흘무곡교회(屹無谷, 영덕)　389,
　　　393
흡연경고문 발송　687
홍경예배당(興慶)　674
홍도하자교회(興道下子)　191
홍신동교회(興信洞)　608
홍안교회(興安, 안동)　665
홍양읍교회(興陽邑)　305
홍연리교회(정읍)　497
홍주동교회(興州洞, 강계)　472
홍판동교회(興判洞, 강계)　448,
　　　459, 460,
홍판동예배당(興判洞, 강계)
　　　453
홍해교회(興海)　412
희동교회(熙東, 광양)　318
희랍교회　350
희망봉교회(希望峰, 간도)　360
힐버　641

≪선교사 영어명≫

A

Adams, James
 Edward(안의와, 安義窩)
 6, 327, 338, 385, 391,
 392, 395, 396, 397,
 398, 401, 402
Adamson, Andrew(손안로,
 孫安路) 43
Allen, A. W.(알란애) 420
Anderson, Wallace
 Jay(안대선, 安大善)
 106, 107, 134, 138,
 140, 141, 340, 655,
 656
Avison, Oliver R.(어비신,
 魚丕信) 102, 290

B

Baird, William M.(배위량,
 裵緯良) 70
Baird, William M. Jr.(배의림,
 裵義林) 282, 283
Barker, A. H.(박걸, 朴傑)
 76, 348, 351, 354, 355,
 356, 357, 358, 359,
 360, 363, 365, 367,
 585, 587, 589, 591,
 592, 593, 605, 678,
 679, 680, 681
Bell, Eugene(배유지, 裵裕祉)
 51, 59, 297, 307, 312,
 315, 318, 508, 511,
 512, 513, 516, 517,
 530, 531, 538, 543,
 545, 554
Bernheisel, Charles
 F.(편하설, 片夏薛) 40,
 235, 648
Blair, Herbert E.(방혜법,
 邦惠法) 77, 159, 374,
 381, 388, 389, 395,
 402, 403, 439, 470,

 472
Boyer, Elmer
 Timothy(보이열, 保伊悅)
 500
백탁안(栢卓安, Brown, James
 McLeary) 105
Brockman, Frank M.(파락만,
 巴樂萬) 104
Brown, James
 McLeary(백탁안, 栢卓安)
 105
Bruen, Henry
 Munro(부해리,
 (富[傳]海利) 328, 335,
 338, 339, 342, 391,
 395, 403, 404, 405
Bull, William Ford(부위렴,
 夫緯廉) 298, 300, 477,
 479, 483, 484, 485,
 488, 493, 494, 495,
 500

C

Campbell, Archibald(감부열,
 甘富悅) 191, 439, 447,
 457, 459, 463, 466,
 470, 472, 473
Chaffin, Victor D.(채피득,
 蔡彼得) 117, 118, 120,
 139
Clark, Charles Allen(곽안련,
 郭安連) 6, 55, 57, 58,
 59, 75, 76, 97, 106,
 112, 115, 118, 119,
 120, 123, 126, 132,
 133, 137, 140, 141,
 142, 638
Clark, William
 Monroe(강운림, 康雲林)
 304, 476, 479, 480,
 482, 486, 488, 500
Coen, Roscoe C.(고언, 高彦)
 135, 137, 138, 144,
 145, 146, 153

Coit, Robert
 Thornwell(고라복,
 高羅福) 308, 518, 541,
 563
Cook, Welling
 Thomas(국유치, 鞠裕致)
 116, 117, 119, 124,
 443, 448, 452, 456,
 668, 669, 671, 673,
 674
Crane, John Curtis(구례인,
 具禮仁) 304, 311, 312,
 314, 528, 540, 546,
 550, 556, 557, 690
Crothers, John
 Young(권찬영, 權燦永)
 654, 655, 656, 658,
 659, 660, 665
Cunningham, Frank
 William(권임함, 權任咸)
 43, 336, 434, 435

D

Dodson, Samuel K.(도대선,
 都大善) 307, 519, 520,
 525, 531, 537, 538,
 542, 543, 544, 545,
 548, 551, 552, 553,
 555, 563
Dodson, Mary
 Lucy(도마리아, 都瑪利亞)
 542

E

Eli M. Mowry(모의리, 牟義理)
 254
Emily Anderson
 Winn(연위득, 延位[威]得)
 335, 655
Engel, George O.(왕길지,
 王吉志) 5, 6, 7, 8, 9, 10,
 11, 22, 50, 66, 70, 86,
 97, 98, 329, 334, 379,
 416, 417, 420, 539

Erdman, Walter C.(어도만, 魚塗萬) 97, 326, 330, 372
Eversole Finley M.(여부솔, 呂傳率) 489

F

Fletcher, Archibald(별이추, 繁离湫) 337, 340
Foote, William R.(부두일, 富斗一) 346, 347, 349, 350, 353, 355, 357, 358, 359, 362, 580, 583, 584, 587, 589, 593, 595, 597, 599, 678, 679
Forsythe, Wylie H.(포싸잇, 保緯廉) 508
Freser, Edward J. O.(배레사, 裵禮仕) 352, 353, 357, 359, 361, 365, 678, 679, 684

G

Gale, James Scarth(기일, 奇一) 51, 57, 120, 347
Gifford, Daniel L.(기보부인, 奇普夫人) 40
Greenfield, M. Willis(권일두, 權日斗) 325, 337, 338
Grierson, Robert(구례선, 具禮善) 347, 351, 354, 568, 580, 594, 595, 677, 678, 679

H

Hanson, Marjorie Lucy(한선, 韓善) 655
Hall, William James(호을, 胡乙) 249, 250
Harrison, William B.(하위렴, 河緯廉) 41, 479, 487, 500, 501, 503

Henderson, Harold H.(현거선) 374
Henderson, Lloyd P.(현대선, 玄大善) 671, 674
허일(許一, Hill, Harry James) 40, 87, 327, 329, 330, 332, 338, 371, 399
Hint, William B.(한위렴, 韓偉廉) 41, 261, 272, 281
Hobbs, Thomas(허엽, 許燁) 100
Hoffman, Clarence S.(함가륜, 咸嘉倫) 6, 163, 439, 440, 442, 443, 445, 446, 447, 448, 451, 453, 456, 457, 458, 459, 461, 463, 464, 465, 466, 467, 469
Holdcroft, James Gordon(허대전, 許大殿) 227, 230, 232, 289

J

James T. Kelly(길아각, 吉雅各) 338, 431

K

Kagin, Edwin H.(계군, 桂君) 126, 129, 143, 153
Kerr, William(공위량, 孔韋亮) 6, 263, 265
Knox, Robert(노라복, 魯羅福) 307, 313, 314, 316, 317, 508, 509, 510, 515, 516, 522, 525, 529, 530, 543, 545, 547, 549, 551
Koons, Edwin Wade(군예빈, 君芮彬) 122, 123, 128, 133, 138, 140, 141

L

Lampe, Henry Willard(남행리, 南行里) 159, 620, 621, 626, 627
Lee, Graham(이길함, 李吉咸) 41, 96

M

MacDonald, Donald W.(도율림, 都栗林) 352, 572, 573, 575, 576
MacRae, frederick J. L.(맹호은, 孟浩恩) 334, 336, 431, 434, 436
Martin, Stanley H.(민산해, 閔山海) 357, 365
McCallie, Henry D.(맹현리, 孟顯理) 308, 312, 318, 508, 514, 535, 541, 543, 545, 551, 553
McCormick, Nettle F.(맥고묵, 麥古默) 여사 97, 98
McCune, George S.(윤산온, 尹山溫) 77, 106, 159, 173, 188, 376, 514
McCutchen, Luther O.(마로덕, 馬路德) 294, 295, 309, 477, 479, 483, 484, 485, 492, 519
McDonald, Donald A.(매도날, 梅道捺) 348, 352, 353, 354, 356, 362, 572, 580, 583, 584, 587, 591, 593, 605, 606, 608
McEachern, John(매약한, 梅約翰) 493, 494, 495
McFarland, Edwin F.(맹의와, 孟義窩) 335, 384
McKenzie, James

Noble(매견시, 梅見施) 337, 341, 435
McKenzie, Ranier J.(매건시, 梅建時) 655
McRae, Duncan M.(마구례, 馬具禮) 347, 349, 351, 352, 568, 570, 572, 575, 576
Miller, Frederick S.(민노아, 閔老雅) 112, 126, 150, 151
Miller, Edward Hughes(밀의두, 密義斗) 146
Miler, Hugh(민휴, 閔休) 100
Miller, I. M.(밀러) 105
Moffett, Samuel A.(마포삼열, 馬布三悅) 6, 40, 53, 59, 63, 66, 84, 89, 96, 97, 100, 218, 229, 247, 250, 251, 298, 478
Murphy, Thomas D.(민도마, 閔道磨) 310, 313, 314, 316, 317, 545, 549, 558

N

Newland, LeRoy Tate(남대리, 南大理) 309, 310, 312, 313, 314, 315, 316, 317, 516, 523, 530, 534, 538, 539, 543, 544, 548, 553, 557
Nisbet, John Samuel(유서백, 柳西伯) 297, 302, 303, 306, 309, 312, 314, 315, 316, 317, 509, 539, 549, 554, 558

O

Owen, C. C.(오기면, 吳基冕[吳基元 誤記]) 315, 508

P

Pieters, Alexander A.(피득, 彼得) 51, 54, 63, 137, 144, 148, 151, 183, 184, 265, 267, 269, 270, 273, 275, 277
Pratt, Charles Henry(안채륜, 安彩倫) 308, 311, 319, 540, 550, 556
Preston, John Fairman(변요한, 邊約翰) 298, 308, 311, 312, 314, 315, 317, 508, 510, 512, 525, 529, 542, 546, 549, 550, 687, 689, 690
Proctor, Samuel J.(부록도, 富祿道) 353, 570, 594, 599, 600, 601, 602, 610
Purdy, Jason G.(부례선, 富禮善) 146

R

Roberts, Stacy L.(나부열, 羅富悅) 66, 89, 97, 98, 159, 163, 183
Robb, Alexander F.(업아력, 鄴亞力) 6, 55, 76, 347, 348, 349, 351, 352, 353, 354, 361, 569, 570, 573, 599, 600, 601, 609, 610, 678
Rogers, Mary M.(남존경) 594
Ross, A. Russell(노아력, 魯亞力) 348, 349, 570, 595
Ryall, D. M.(나대벽, 羅大闢) 334, 421

S

Scott, William(서고도, 徐高道) 352, 358, 360, 361, 362, 583, 584, 587, 679, 681, 683, 684
Sharrocks, Alfred M.(사락수, 謝樂秀) 50
Sharp, Charles Edwin(사우업, 史佑鄴) 261, 262, 277
Soltau, T. Stanley(소열도, 蘇悅道) 130, 133, 135, 143, 146, 147, 148, 149, 150, 151, 152, 153, 154, 199, 357, 365, 443, 444, 446, 447, 448, 454, 471, 670
Straeffer, Fredrica Elizabeth(스트럽퍼, 徐女史) 508
Swallen, William L.(소안론, 蘇安論) 42, 235, 347, 580, 650
Swinehart, Martin L.(서로득, 徐路得) 552

T

Talmage, John Van Neste(타마자, 打馬字) 295, 307, 310, 316, 516, 524, 529, 534, 536, 537, 538, 539, 545, 555, 557, 564
Tate, Lewis Boyd(최의덕, 崔義德) 293, 295, 301, 306, 479, 483, 486, 487, 490, 492, 493
Toms, John U. Selwyn(도서원, 都瑞元) 122, 127, 138, 140, 141, 143, 144, 145, 146, 148, 151, 153

Trudinger, Martin(추마전) 427

U

Underwood, Horace G.(원두우, 元杜尤) 40, 47, 60, 90, 91, 95, 99, 102, 111, 117, 120, 121, 123, 126, 131, 137, 139, 141, 142, 143, 145, 155, 290, 421, 450, 466, 480, 486, 510
Unger, James Kelly(원가리, 元佳理) 318, 538, 545

V

Vesey, Frederick G.(예시, 芮時) 595, 597, 599, 608, 609

W

John Wanamaker, 1838-1922(원아메커) 105
Watson, Robert D.(왕대선, 王大善) 342, 434
Whittemore, Norman C.(위대모, 魏大模) 76, 159, 162, 163, 195, 199, 439, 618, 620, 624
Wilson, Robert Manton(우월순, 禹越淳) 307
Winn, Rodger Earl(인노절, 印魯節) 178, 329, 334, 340, 393, 399, 655, 660
Winn, Samuel Dwight(위인사, 衛仁士) 496
Wright, Albert

C.(예설배(芮薛培[예원배 (芮元培)誤記]) 435

Y

Young, Lither Lisgar(영재형, 榮在馨) 350, 351, 352, 353, 568, 571, 572, 576

    한국기독교사연구소(The Korea Institute of Church History)는 비영리단체로서 복음주의적이고 개혁주의적인 신앙에 입각하여 한국교회사 전반에 대한 역사, 문화, 출판 사업을 통해 역사의식을 고취하고, 이 시대 복음의 대사회적 문화적 민족적 책임을 충실하게 감당하여 한국교회와 사회 전 영역에 그리스도의 주권을 확립하는 것을 그 목적으로 1997년 7월 14일 창립하였다.

    2004년부터 정기학술세미나를 개최하고 있으며, 2013년 4월까지 57차 정기학술세미나 및 심포지엄을 가졌다. 평양대부흥운동과 한국기독교회사 I, II, III을 비롯해 많은 저술을 발행했으며, 홈페이지 www.1907revival.com과 www.kich.org를 통해 평양대부흥운동, 세계부흥운동, 한국교회의 정체성과 이슈를 포함하여 기독교회사에 대한 심도 있고 균형 잡힌 정보를 제공하고 있다.

주소 : 121-897 서울 마포구 합정동 376-32
전화 : (02) 3141-1964
이메일 : kich-seoul@hanmail.net
홈페이지 : www.kich.org / www.1907revival.com
후원계좌 : 국민은행 165-21-0030-176 (예금주: 한국교회사연구소)
           우체국 104984-01-000223 (예금주: 한국교회사연구소)